L'ART DU XIXe SIÈCLE

PIERRE CABANNE

L'ART DU XIXe SIÈCLE

SOMOGY

Directeur de l'édition : Aimery Somogy

Directeur littéraire : Nicolas Chaudun

Documentation er recherche iconographique : Nathalie Collin

Maquette : Michel Houdiard

ISBN : 2-85056-189-4

Imprimé en Espagne

Sommaire

8 *Introduction*

11 *Les grands courants classiques de 1800 à 1830*

41 *L'architecture et la sculpture à l'école de l'Antiquité*

71 *Le romantisme ou les délires de l'imagination*

99 *La réaction réaliste*

119 L'impressionnisme et le bonheur de peindre

163 La résistance académique et le symbolisme

211 Les chemins de la liberté

243 L'architecture entre les urbanistes et les ingénieurs

275 Vers un nouvel art de vivre

Introduction

Le XIXᵉ est le siècle de l'individu. Le XVIIIᵉ siècle avait été dominé par la société, l'homme nouveau est né avec la Révolution ; la nuit du 4 août 1789 a ouvert, avec l'abolition des privilèges d'une caste, aristocratie et clergé, la voie à la "personne" responsable d'elle-même, assurée de ses droits et de ses devoirs, assumant désormais son propre destin.

Cette promotion de l'individu, qui existait en Angleterre depuis le XVIIᵉ siècle et aux Etats-Unis depuis l'Indépendance, annonçait une évolution économique et sociale qui débouchera sur la révolution industrielle ; elle s'étendra à toute l'Europe. L'homme nouveau constitue une classe nouvelle : la bourgeoisie, symbole du progrès dans tous les domaines. Sauf un seul : l'art.

L'art va connaître durant tout le XIXᵉ siècle une succession de crises et de ruptures dans laquelle cette bourgeoisie ne reconnaîtra aucun des principes qui ont forgé son pouvoir, et d'abord l'amour de l'ordre. La création artistique dérange, par ses défis et ses conquêtes, cet ordre fondé sur la stabilité, la sécurité et la durée ; elle ne répond pas aux critères de goût de la bourgeoisie pour qui la soumission à la nature, le respect de la beauté, l'admiration des œuvres du passé, doivent être les conditions principales de la création.

Privé de l'appui et des encouragements financiers de la classe dominante qui ne se reconnaît que dans l'académisme, l'artiste va devoir faire son œuvre dans la solitude, la réprobation, souvent même le refus ; il y gagnera — mais à quel prix ! — sa liberté.

Il en profitera pour s'ouvrir à des domaines jusque-là guère inventoriées : la recherche et l'exploration des couches les plus profondes de l'homme et de la nature, l'expression des forces obscures et de l'inconscient. « L'assujettissement à un contenu spécifique, et à une manière de représentation adaptée à ce seul sujet, est pour l'artiste actuel une chose du passé, l'art étant devenu un instrument libre qu'il peut utiliser avec un égal bonheur, à la mesure de son habileté subjective, par rapport à n'importe quel contenu de quelque genre qu'il soit » écrit Hegel dans son *Esthétique* en 1835. Il ajoute : « Cependant, dans ce dépassement de soi l'art est tout aussi bien un repliement de l'homme sur sa propre nature, une descente au sein de lui-même, ce par quoi l'art se délie de toute limitation fixe à une sphère définie du contenu et de la conception de soi, l'*humanus* devenant son nouvel objet sacré... C'est donc de sa propre personne que l'artiste reçoit son contenu... ».

L'opposition entre l'artiste et le public naît avec le romantisme, pourtant issu de la bourgeoisie au pouvoir. « L'art actuel est en fâcheuse contradiction avec le présent » notait déjà Henri Heine en 1831.

Si le néo-classicisme assume et développe l'héritage de l'Antiquité qui se prolongera jusque vers 1850 dans l'architecture, le romantisme, le réalisme (ou naturalisme), l'impressionnisme, récusent l'idéalisme et la nostalgie du passé au profit de l'expression de la réalité contemporaine, des sensations et des passions portées parfois à leur paroxysme, des phénomènes de la lumière. Ainsi s'affirmaient de plus en plus la liberté du créateur, également engagé dans les conflits politiques et sociaux, et l'incompréhension voire l'hostilité à l'égard des "novateurs" pour qui le présent était une perpétuelle et exaltante découverte.

L'art du passé s'enfermait dans les musées, temples d'aspect solennel sinon rébarbatif, pour lesquels l'académisme, irréel et hors du temps, semblait fait ; celui du présent n'a pour s'exprimer que le seul espace, beaucoup plus stimulant, de la vie. Certains vont le chercher à l'autre bout de la terre ; après avoir découvert les civilisations orientales d'abord — Proche-Orient et Extrême-Orient — puis les cultures primitives et les arts exotiques, et s'en être imprégnés, les artistes seront tentés de mieux en approfondir les mobiles, le sens du sacré, et d'en épouser le contenu en se fondant en lui. Dans son œuvre impressionnante, son « testament », *D'ou venons-nous ? Que sommes-nous ? Où allons-nous ?* Gauguin pose non seulement le problème de ses rapports avec l'ethnie océanienne où il a choisi de vivre, mais ceux de l'homme et de l'avenir de l'art.

Le XIXᵉ siècle n'a ni unité, ni continuité. Alors que l'art paraissait presque entièrement dominé, jusque vers les années 1850, par l'antagonisme entre classicisme et romantisme, des changements radicaux de sentiments et de pensées surgirent tandis que les premières révolutions démocratiques secouaient l'Occident. L'Europe issue du traité de Vienne de 1815 s'écroule, un ordre nouveau s'installe, pas pour longtemps parfois, mais suffisamment pour transformer l'esprit des sociétés.

En même temps les progrès de l'industrie et de la technique bouleversent la vie quotidienne, les villes se développent, offrant de vastes champs d'exploitation à la spéculation immobilière, les quartiers industriels naissent où vit une population que sa misère ne domestiquera pas. Malgré les cris d'alarme de Proudhon l'amélioration morale du prolétariat ne va pas de pair avec le progrès technique. Comme en art l'esprit conservateur refuse de reconnaître le nouvel ordre des choses, la "beauté" n'a plus le même sens qu'au début du siècle, ni le même visage, l'échelle des valeurs du passé, la hiérarchie des genres, ont disparu ; la vie moderne a transformé aussi les habitudes et les rapports entre les individus.

Il n'empêche que, fidèle à la nature, l'artiste, de David a Cézanne, ne modifiera pas ses distances avec le monde alors que, dans le domaine de la technique et du comportement humain, le chemin de fer à partir de 1840, le télégraphe, le téléphone, la radio et, à la fin du siècle, le cinéma, les ont complètement abolies.

Le romantisme avait donné la primauté à l'imagination ; dans la seconde moitié du siècle c'est l'observation qui domine. Elle s'alliera même à la science pour mieux comprendre et pénétrer la nouvelle vision du réel ; l'art se fonde désormais non sur la subjectivité mais sur la connaissance. Celle de la matérialité des choses pour les réalistes, celle des sensations pour les impressionnistes ; la matière perd son épaisseur, il n'en reste que la forme modulée par la couleur dans la lumière.)

Les socialistes utopiques français et les théoriciens anglo-saxons s'étaient en même temps préoccupés des problèmes de la ville et de l'habitat, notamment des déplorables conditions d'existence du prolétariat ; si les premières réformes visant à un urbanisme (le mot n'est pas encore employé au XIXe siècle) plus humain viennent d'Angleterre c'est là, également, que des esprits "avancés" se préoccupent, dans les années 60, des rapports entre production industrielle et création artistique. L'Amérique, dans le dernier quart du siècle, parviendra à une adéquation absolue entre sa formidable croissance industrielle et les conquêtes d'une architecture dont, malheureusement l'Exposition de Chicago, en 1893, arrêtera l'élan. Il n'empêche, le XIXe siècle a compris — du moins les hommes d'avant-garde — qu'urbanisme et architecture étaient indissolublement liés ; sans celle-ci, celui-là restera du domaine de la sociologie et de la politique.

Or, l'architecte, bien plus que le peintre ou le sculpteur, a partie liée avec la révolution industrielle que ces derniers ont, dans l'ensemble, ignorée. « L'évolution des idées et les conditions de la vie sociale ne s'accommodent plus *uniquement* du tableau et de la statue, écrit Henry Van de Velde en 1893. C'est folie de s'en remettre à eux seuls pour pourvoir à notre existence matérielle, autant que c'est aveuglement de croire qu'ils satisfont à tous les besoins d'art de notre époque. »

En tentant de réaliser l'intégration des arts dans la vie quotidienne les hommes de l'Art Nouveau ont cherché à pallier l'une des grandes erreurs du siècle, la séparation entre les différents domaines de la création. Leur audace ne consista pas seulement à introduire des matériaux et des techniques supposés "vulgaires" dans la construction d'édifices privés, mais de donner un style à l'époque, par la forme, les symboles, le renouvellement des images et des objets. Malgré bien des erreurs ce mouvement marque la grande rupture moderne, la tradition académique et ses formules archaïques est morte, la modernité est déjà née avec la déclaration, antérieure à 1900, d'Otto Wagner : « Seul ce qui est pratique est beau. » Elle sera suivie de l'affirmation-choc de son compatriote Adolf Loos « La décoration est un crime ». Généralisée par le Bauhaus cette attitude a créé le design.

Le pouvoir de communication qu'a entrevu Cézanne à la fin de sa vie, Gauguin puis Van Gogh vont en donner des significations différentes en explorant les diverses voies qui les relient à l'homme par-delà la simple représentation de l'image, en lui donnant un contenu et des résonances plus sensibles. Ils posent le problème esthétique d'une façon totalement neuve, en le situant dans les possibilités de connaissance qu'apporte le processus pictural.

C'est au XIXe siècle qu'est né l'un des principaux moteurs de l'art : le marché. Le marchand de tableaux moderne est apparu dans les années 1860, son rôle sera considérable car il ajoutera à la fonction marchande le rôle d'intermédiaire entre les amateurs et les artistes, et de conseiller d'une catégorie sociale dont l'importance ne fera que grandir : les collectionneurs. Si le rôle des musées n'est encore que celui de conservatoire, les galeries — celles qui ne se consacrent pas à l'académisme — s'attachent à faire connaître la nouveauté dans la création et à en apprivoiser les mobiles et les formes pour le grand public. Dans la seconde moitié du XIXe siècle la société bourgeoise européenne et américaine qui bénéficie de l'évolution économique et industrielle, sera grâce aux grands marchands, confrontée avec l'œuvre d'art porteuse d'une qualité nouvelle : la valeur.

En un siècle l'art a quitté les hauteurs de la mythologie et de l'histoire pour se rapprocher de l'homme ; le paysage et la représentation de la vie moderne, *le vierge, le vivace, et le bel aujourd'hui* de Mallarmé, ont été les véhicules de cette évolution. Mais l'homme devra désormais prendre en compte l'autonomie de la peinture par rapport à lui-même. A partir de la seconde moitié du siècle elle affirme sa séparation du pouvoir parce qu'elle est devenue elle-même pouvoir.

Peu importe que partout dans le monde l'académisme soit le seul art reconnu par les régimes démocratiques ou royaux qui exercent sur les "novateurs" un impitoyable terrorisme ; le regard de Van Gogh, dans ses bouleversants autoportraits, montre bien que pour lui peinture et vie deviennent un seul et unique tourment. L'inquiétude qu'il a introduite dans la peinture, et qui est l'expression des ruptures et des crises de son temps, porte en germe celles de l'avenir.

Mais depuis le début du XIXe siècle, du romantisme au réalisme, à l'impressionnisme et au symbolisme, dans le monde entier, n'est-ce pas la même aventure pathétique qui tend à fondre la création artistique et la condition humaine ?

mai 1988

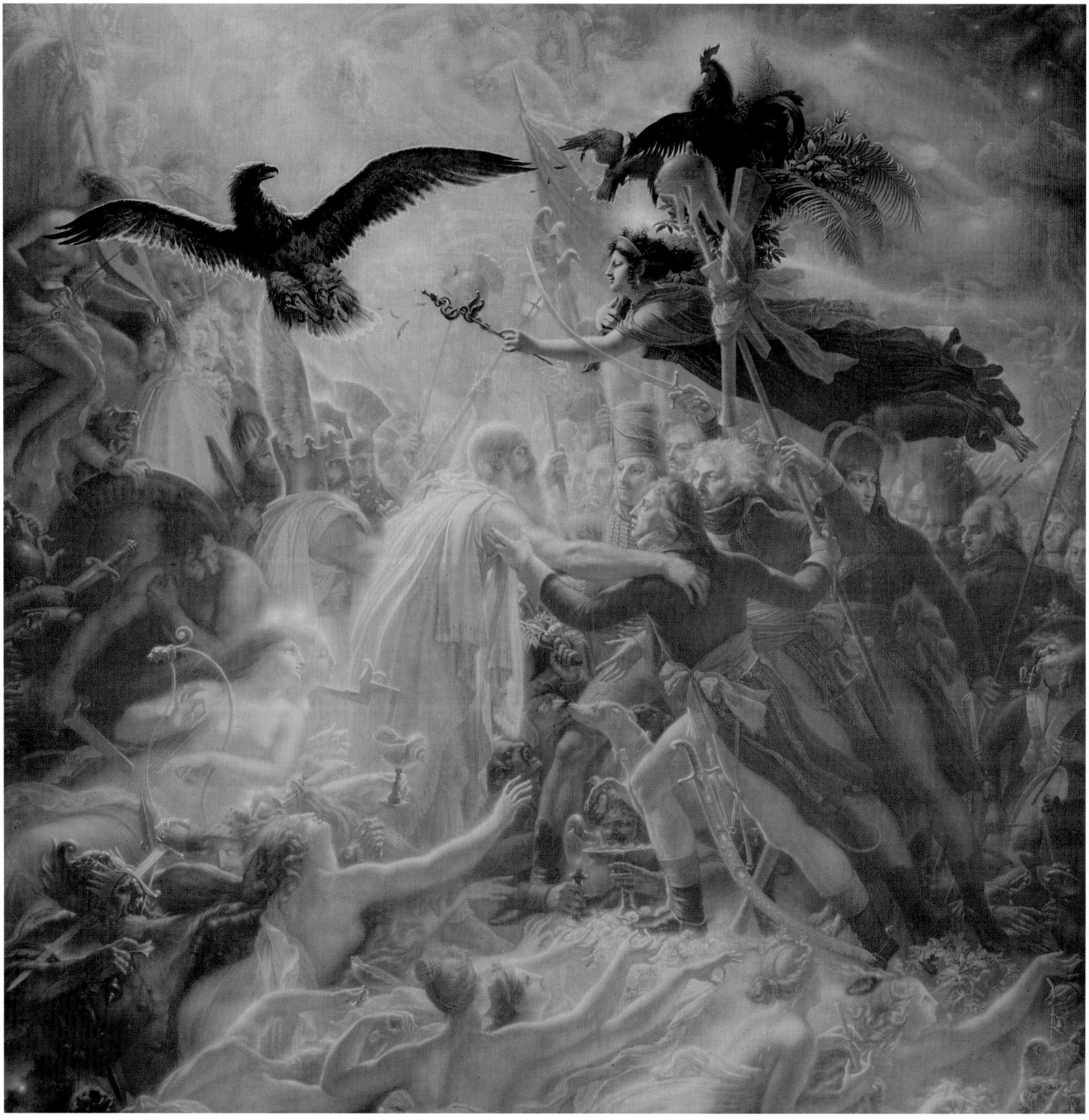

Girodet-Trioson. *L'Apothéose des Héros français morts pour la patrie.* 1800-02. Musée national du château, Malmaison.

LES GRANDS COURANTS CLASSIQUES DE 1800 A 1830

Retour aux formes anciennes et pures

L'effondrement de l'Ancien Régime et les mutations politiques, économiques et sociales provoquées par la Révolution eurent des conséquences importantes pour l'art, mais ne provoquèrent pas de ruptures capitales, ni de bouleversements. Certes on ne doit pas oublier les déprédations causées par le vandalisme révolutionnaire, et les ventes à l'encan des meubles et œuvres d'art des palais royaux, Versailles notamment ; mais l'Antiquité continue à régner sur les arts dont David est le grand maître ; il représentait une grande espérance, ce fut une cruelle déception.

Le XVIIIe siècle, qui avait fortement ébranlé la tradition classique, s'était attaché, à partir de 1750, à la restaurer non seulement pour s'opposer à l'inflation baroque et lutter contre la "petite manière" du rocaille, mais parce que les hommes de la seconde moitié du siècle revinrent, sous l'influence de l'Allemagne, aux sources anciennes et pures, c'est-à-dire à l'Antiquité. Le titre du cours donné par Mengs au Vatican, *Contre le goût français caractérisé par la profusion d'ornement,* en dit long sur l'opinion qu'on avait en Europe de la France ; mais celle-ci comprenant les dangers que le rocaille faisait courir à l'art, ne laissa à personne d'autre le soin de réagir contre elle-même, et adopta le néo-classicisme.

C'est dans l'atelier de Vien, puis dans celui de David, que se constituèrent les bataillons de choc ; l'étranger, sauf l'Angleterre, leur envoya de nombreux émissaires. Boucher avait conquis l'Europe par son style de séduction, de sensualité heureuse et de frivolité équivoque, David fera de même avec des œuvres nettement opposées aux siennes ; en même temps il remet en question toutes les conquêtes esthétiques, techniques et morales du siècle ; va-t-il envoyer aux oubliettes l'art de Watteau, de Chardin, de Fragonard ? Ce révolutionnaire qui participe à l'action au nom de la liberté, va-t-il en priver la peinture ? Son premier geste est la suppression de l'Académie.

Cette institution vénérable, soigneusement hiérarchisée, dominait la création, en France, depuis Louis XIV ; elle avait le monopole des commandes royales et ses membres seuls pouvaient participer aux Salons qui, depuis les années 1740, leur permettaient de montrer leurs œuvres à un large public et d'affronter les feux croisés de la critique. C'était un moyen unique de se faire connaître et d'avoir des clients. Ceux qui n'avaient pas le droit d'exposer protestaient et réclamaient l'ouverture de manifestations plus largement accessibles aux personnalités et aux talents les plus divers.

La "Commune des Arts", qui, dès sa première réunion, le 27 septembre 1790, rassemble environ trois cents artistes, est le premier coup porté à l'Académie dont on réclame vigoureusement la suppression. Le 8 août 1793 le chose est faite. David, principal responsable de la décision de la Convention, et lui-même académicien, exulte.

Revanche personnelle ? Il avait jadis échoué trois fois au prix de Rome avant de l'emporter, ce qu'il n'oublia jamais ; il ne devait pas grand-chose à l'Académie et les toiles peintes sous sa férule sont faibles. David ne se révèle à lui-même qu'à Rome devant les grandes œuvres de la Renaissance qui l'orientent vers l'Antiquité ; il acquiert l'assurance que l'enseignement académique est inutile et pervertit les jeunes talents. Il entre néanmoins au retour d'Italie, et grâce à son *Bélisaire* (musée de Lille), dans l'aréopage officiel en 1781 ; dix ans plus tard il est à la fois, comme l'écrira férocement Chateaubriand, « costumier et sycophante » des grandes manifestations révolutionnaires, et le pourfendeur de l'Académie. Son règne ne fait que commencer.

David, de l'Antiquité à la Révolution

Le doctrinaire intransigeant et autoritaire renoue avec Rome dans son fameux *Serment des Horaces* (1784, Louvre) dont la « géométrie provocante » (André Chastel) a un retentissement considérable ; il retourne d'ailleurs sur les rives du Tibre pour se plonger dans le climat antique ; c'est une véritable ivresse héroïque qui s'empare de lui avec le sentiment que quelque chose va changer et qu'il y contribuera. Absorbé par l'actualité révolutionnaire, David ne reviendra aux grandes compositions à l'antique qu'avec *Les Sabines arrêtant le combat entre les Romains et les Sabins* (1793-1799, Louvre) ; il conçut cette œuvre superbe dans sa prison du

Luxembourg où il en fit les premiers croquis, et où il a peint le seul paysage — frais et aéré — de son abondante production, et ne l'acheva que six ans plus tard. L'Antiquité y adopte l'aspect d'une forteresse médiévale avec tours crénelées et mâchicoulis ; serait-ce déjà le style troubadour ?

La liberté, enfin obtenue pour tous, d'exposer au Salon, multiplie considérablement les exposants et naturellement les genres, mais la peinture d'histoire, dont on pouvait légitimement attendre le triomphe, n'y domine pas. En 1793 le livret du Salon proclame que les artistes « sont libres par essence, le propre du Génie c'est l'indépendance », mais en même temps la "Commune des Arts", qui ressemblait par trop à la défunte Académie, est dissoute. Hormis David, les peintres les plus admirés sont Berthélemy, Suvée, Ménageot, Peyron, rival de l'ardent conventionnel mais qui, malade, cessera pratiquement de peindre à partir de 1789. Il attendait beaucoup de sa *Mort d'Alceste* (Louvre) ; or, le Salon de 1785 où il l'exposa, était aussi celui des *Horaces,* et la critique comme le public n'eurent d'yeux que pour David. Peyron, désabusé, renonça.

La Révolution ne porta pourtant pas chance à David en dehors de ses grandes mises en scène patriotiques ; il ne parvint pas à achever *Le Serment du Jeu de Paume* où il tentait de hausser la geste révolutionnaire au niveau des grandes solennités antiques. *Le Pelletier sur son lit de mort,* gisant percé par un terrible glaive vertical, a disparu [1] ; fort heureusement il nous reste ce chef-d'œuvre de la "chose vue", sombre et pathétique, qu'est *Marat assassiné* (1793, musée de Bruxelles), peint "à chaud" quelques heures après le crime, et le *Bara* (musée d'Avignon).

Mais David n'aura pas le temps de terminer son tableau avant le 9 thermidor, et ce jeune garçon mis à mort par les

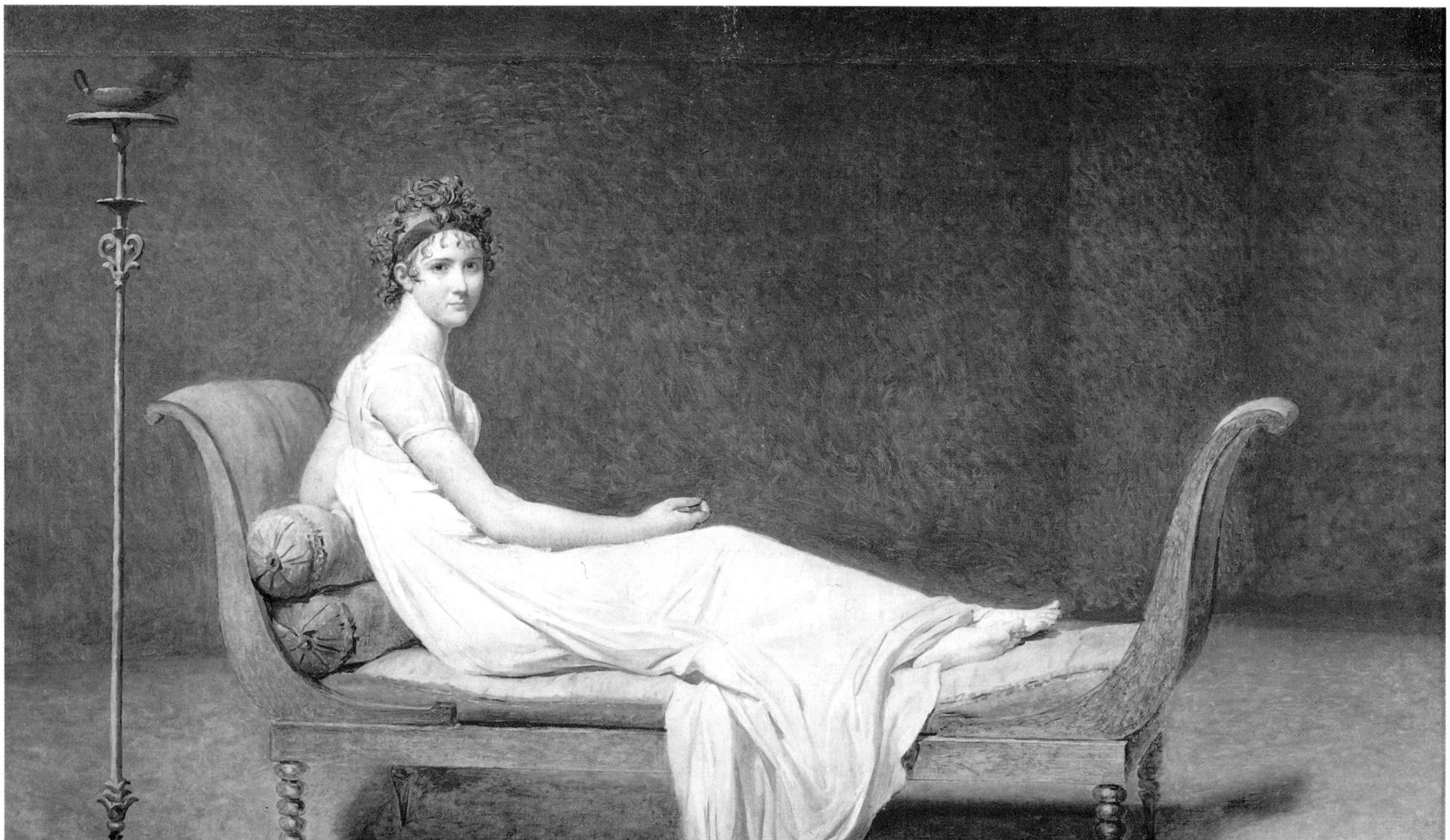

Jacques-Louis David. *Madame Récamier.* 1800. Musée du Louvre, Paris.

Chouans pour fidélité à la République, demeurera à jamais nu et asexué, pressant sur son cœur la cocarde tricolore, figure équivoque aux tons de fresque ou de pastel, les yeux mi-clos, la bouche entrouverte, sans doute l'image la plus gracieuse de la mort adolescente en un temps où celle-ci atteint, de la manière la plus expéditive, tous les âges et toutes les classes de la société.

Baudelaire a écrit du *Marat assassiné,* « Cruel comme la nature ce tableau a tout le parfum de l'idéal... Il y a dans cette œuvre quelque chose de tendre et de poignant à la fois ; dans l'air froid de cette chambre, sur ces murs froids, autour de cette froide et funèbre baignoire, une âme voltige. » A la simplicité des moyens utilisés par David s'ajoute une forte et sobre présence, l'énergie de l'expression baignée d'ombre livide ; l'horreur tragique du fait divers s'identifie au plus bouleversant des martyres. Sanglant pourvoyeur de la guillotine, Marat est sublimé par la foi révolutionnaire du peintre, il est ce Christ jacobin dont l'affaissement dans la baignoire sabot est celui des dépositions de Croix des maîtres anciens ; n'a-t-il pas lui aussi, comme Le Pelletier autre victime du fanatisme, sacrifié sa vie pour le salut des hommes ? Le loup devenu agneau par sa mort inique entre dans la galerie des allégories peintes de l'histoire de l'Art ; quel destin posthume pour le féroce journaliste de *L'Ami du Peuple,* hyène assoiffée de sang !

Le portrait, épreuve de vérité

David regardait ses portraits comme des « passe-temps », le délassement du conventionnel passionné par le visage humain avec lequel il entretient un contact presque charnel ; c'est sans doute la meilleure part de son œuvre, celle où il n'est que peintre préoccupé de peinture et de vérité. L'admirable et savant portrait de couple, *Lavoisier et sa femme* (1788, The Rockefeller University, New York) précède celui, à la sérénité épanouie de *La Marquise d'Orvilliers* (1790, Louvre), où David met au point un type d'effigie de trois-quarts, sur un siège placé devant un mur nu, plusieurs fois repris.

Au Salon de 1795 il expose les portraits de son fringant beau-frère, *Pierre Sériziat,* chez qui il s'était retiré quelque temps après sa libération, et de sa charmante femme, *Mme Sériziat,* double image du bonheur aux pimpants accords de couleurs. Robespierre a été exécuté, la Terreur est finie, la France respire. David aussi qui, ayant pris fait et cause pour l'Incorruptible, a été à deux doigts de payer cher pour avoir un jour déclaré : « Qu'est-ce qu'un peintre, qu'est-ce que la peinture à côté d'un homme comme Robespierre ! ».

Tout à l'exécution des *Sabines* qu'il a reprise, il ne peindra que peu de portraits dans les années 1796-1799 ; celui de

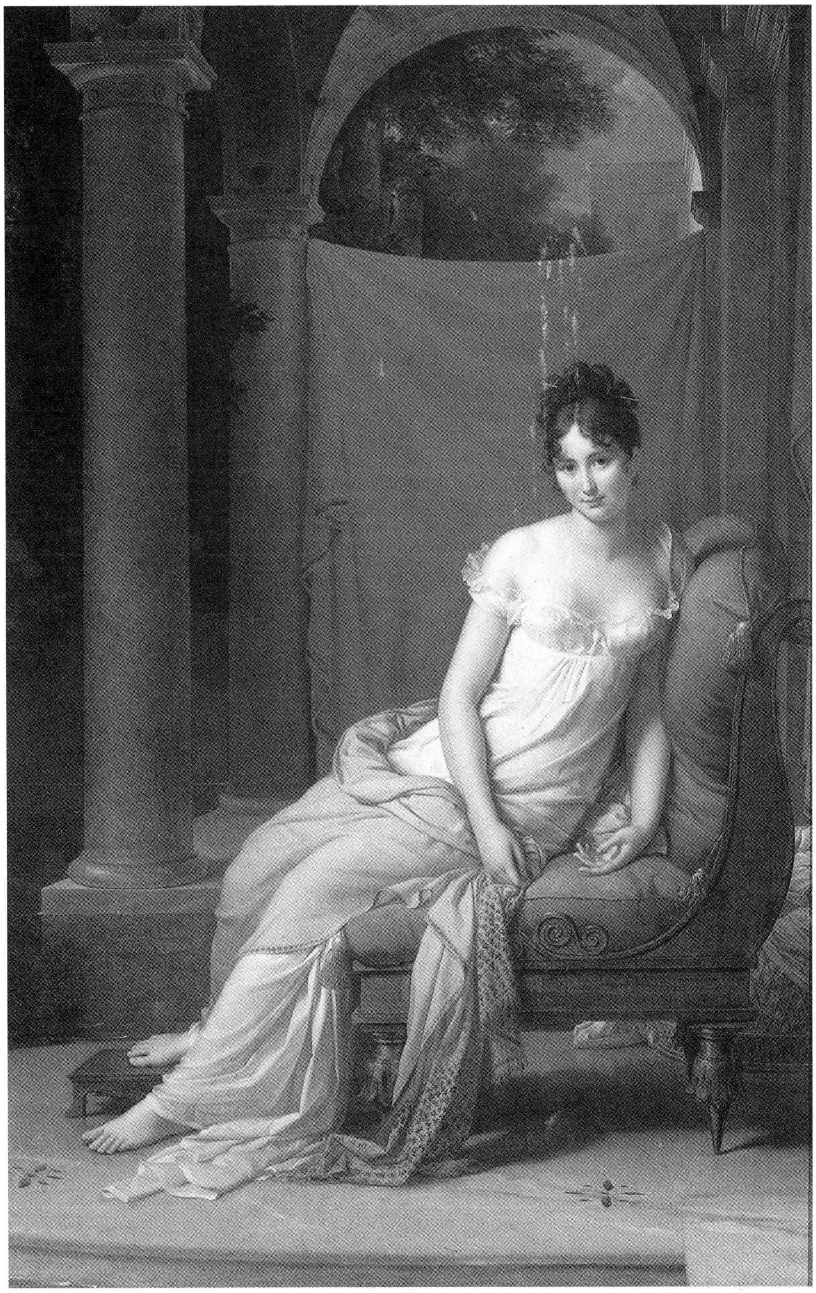

François Gérard. *Madame Récamier.* 1805. Musée Carnavalet, Paris.

Mme de Verninac (Louvre) épouse du préfet du Rhône, sœur aînée de Delacroix, est de 1799, et David y retrouve la mise en page de ses portraits d'avant thermidor. Il fait de cette jeune femme une patricienne antique comme *Mme Récamier* (Louvre) que, l'année suivante, il représente en odalisque romaine nonchalamment allongée, le buste droit, sur une méridienne signée Jacob. Cette frivole coquette de vingt-trois ans, qui ensorcellera deux générations d'adora-

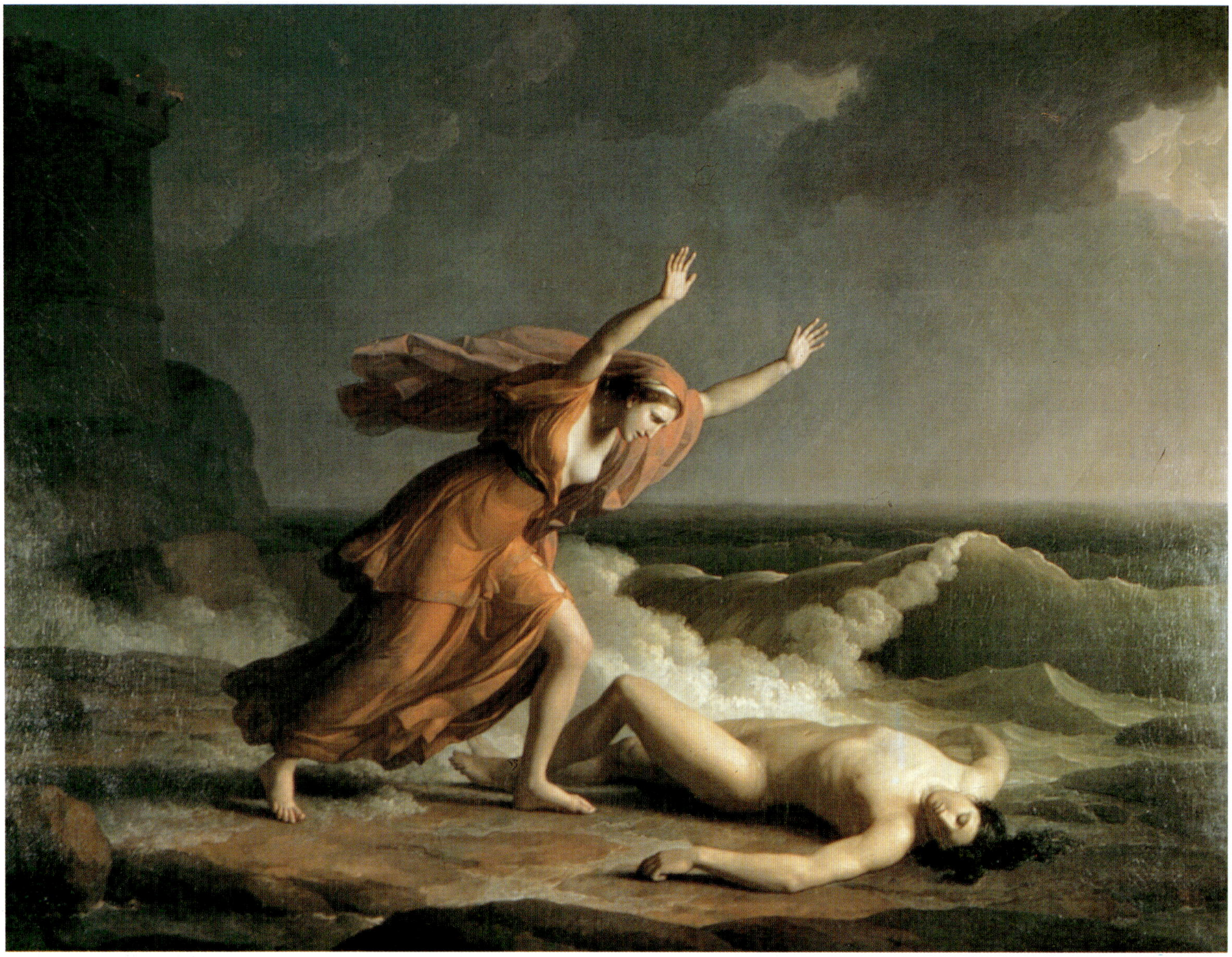

Jean Joseph Taillasson. *Héro et Léandre.* 1798. Musée de Blaye.

teurs, se détache sur un fond nu peint, comme le sol, d'un léger frottis dans le plus sévère des décors puisque l'ameublement est seulement composé de ce canapé et d'un candélabre antique. L'éclairage, savamment gradué, met bien en valeur ce corps charmant à l'attitude étudiée.

Mme Récamier, jugeant le peintre trop lent s'impatienta, et David abandonna le portrait. Gérard, que la belle appréciait davantage, la fit poser d'une manière à peu près semblable, mais la pose est conventionnelle et figée ; on mesure quand on compare cette œuvre (musée Carnavalet, Paris) avec celle de David, la distance séparant le talent du génie.

Beaucoup d'artistes vécurent, sous la Révolution, du portrait ; les peintres d'histoire eux-mêmes condescendirent à pratiquer ce genre, et, comme Vincent, Ducreux, Laneuville, Gérard, Vestier, Louis Gauffier, ne dédaignèrent pas de se mesurer aux dames-portraitistes en vogue à la fin de l'Ancien Régime, telle Mme Labille-Guiard passant sans problèmes des aristocrates poudrés aux héros de la vertu révolutionnaire. Mme Vigée-Lebrun ne l'imita pas, la portraitiste de Marie-Antoinette émigra ; elle continuera sa brillante carrière dans différentes cours d'Europe et jusqu'en Russie.

La mort, l'héroïsme et la chair

La peinture française sous la Révolution change mais ne connaît pas de cassure sérieuse ; les goûts et les valeurs de l'Ancien Régime avaient déjà évolué avant 1789, la vertu issue de Greuze et de Rousseau remplaçait la frivolité, la sévérité se substituait au sourire. Les peintres qui, naguère, séduisaient doivent désormais exalter les qualités morales, élever le public par des exemples nobles, le galvaniser par des actions héroïques. Cette évolution n'était pas directement issue de la tourmente révolutionnaire et n'avait pas été brutalement imposée par les hommes nouveaux mais le retour à l'antique, né sous Louis XVI, prend lorsque le vent tourne une autre signification. *Le Serment des Horaces* en est le détonateur. L'héroïsme antique et l'héroïsme révolutionnaire vont désormais de pair.

Ce mariage de raison donnera lieu à de nombreuses œuvres dont les sujets paraissent quelquefois aujourd'hui bien ridicules comme la grandiloquente *Mort de Caton l'Utique* (Ecole des Beaux-Arts, Paris) qui donna le premier grand prix de Rome à Guérin en 1797 ; *Hero et Léandre* de Taillasson (musée de Blaye), ou l'effarant *Dédale et Icare* de Landon (musée d'Alençon) délibérément kitsch. La plupart des artistes admirés dans les Salons de l'époque sont aujourd'hui oubliés ; ils oscillèrent entre l'idéologie et le mélodrame, l'héritage de Greuze et des dramaturges larmoyants de l'Ancien Régime, mais où la sentimentalité familiale ou amoureuse est remplacée par l'élévation civique ou héroïque, parfois à travers l'allégorie. Elle n'exclut ni l'agitation, qui confine souvent à l'hystérie collective comme dans *Le Serment des Horaces* de Caraffe (1791, château d'Arkhanguelski, U.R.S.S.) qui n'a vraiment rien de commun avec celui de David ; ni le symbolisme exaltant, mais involontairement cocasse, de *La Liberté ou la Mort* (1795, Kunsthalle, Hambourg) de Regnault où l'on voit le génie de la France, nu et pourvu d'ailes tricolores, survolant le monde entre la République, une gracieuse jeune femme pourvue des attributs thermidoriens, et la Mort, hideux squelette drapé de noir. C'est un édifiant finale d'opéra.

La mort est le thème constant de la peinture révolutionnaire, elle n'est généralement pas paisible ; de nombreuses toiles de David lui sont consacrées, de la mort en petit comité des scènes antiques à la mort en masse des batailles napoléoniennes. Le public ne paraît pas saturé de cadavres car les Salons en regorgent.

La mort c'est ce que leurs médiocres exposants réussissent

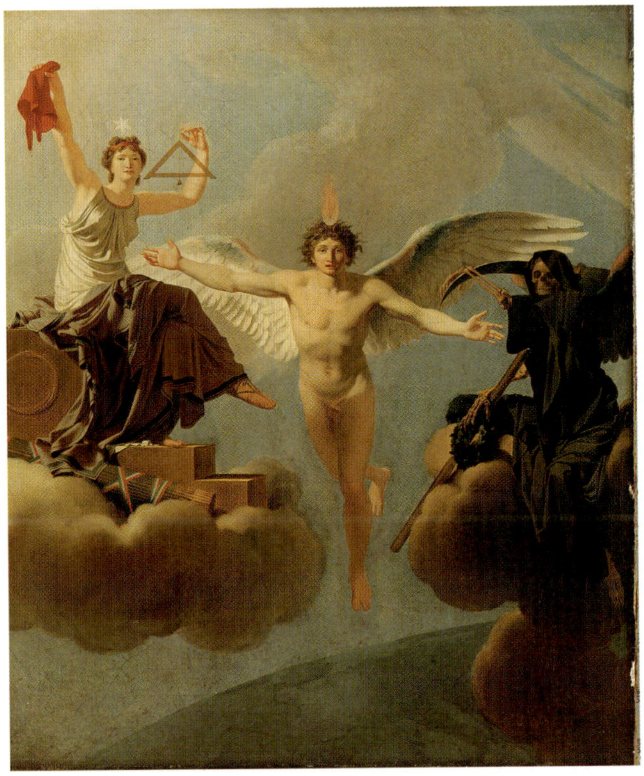

Jean-Baptiste Regnault. *La Liberté ou la Mort.* 1795. Kunsthalle, Hambourg.

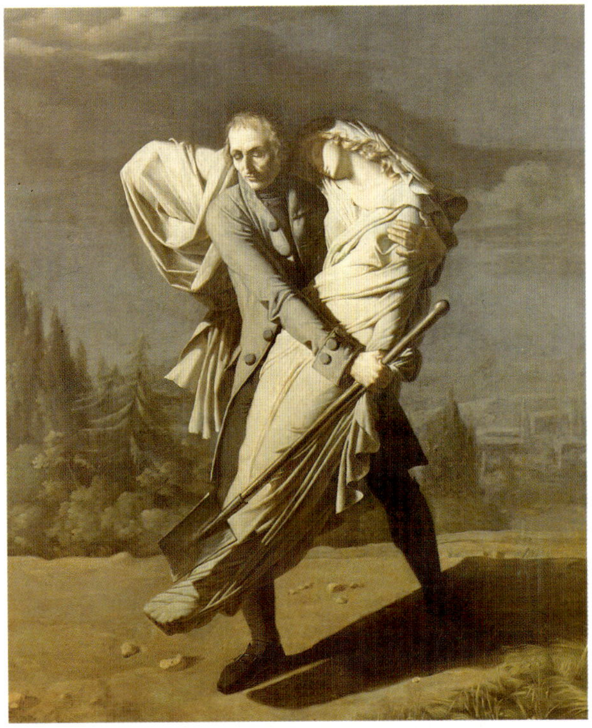

Pierre Vaflard. *Richard Young enterrant sa fille.* 1804. Musée d'Angoulême.

le mieux ; il y en a pour tous les goûts, du pathétique à la tendresse, et l'on assiste, dans la galerie de manifestations macabres dont les peintres de la fin du XVIIIe siècle se sont faits une spécialité, à une curieuse évolution de l'épisode antique à l'image romantique. Ses premières expressions apparaissent dans *La Mort de Hyacinthe* de Broc (1801, musée de Poitiers) et dans *Young enterrant sa fille* de Vafflard (1804, musée d'Angoulême).

Emotivité dramatisée à sous-entendu érotique où les chairs cireuses des deux amants homosexuels se fondent en un bloc que le peintre a sans doute voulu marmoréen, mais dont la lumière frisante accentue la mollesse dans *La Mort de Hyacinthe.* Exhibitionnisme macabre dans *Young enterrant sa fille,* la mort aura servi de passage entre le néo-classicisme du Siècle des Lumières et les crépuscules lunaires du romantisme.

Le paysage annonce aussi le XIXe siècle, mais sans rhétorique ni artifices théâtraux ; le paysage historique composé domine précédé parfois par des études sur nature dont la pratique ira grandissant. Les paysagistes demeurent fidèles, dans les Salons révolutionnaires, au genre traditionnel où la nature sert de cadre aux actions humaines, se prête aux enseignements de l'histoire et à l'évocation des grands souvenirs. La libération, pourtant, ne vas pas tarder ; elle aura pour initiateur Pierre-Henri de Valenciennes. La peinture de genre mêle le paysage et le portrait.

Les Sabines et le Beau idéal

David a-t-il été le grand peintre "révolutionnaire" que certains se sont plu à saluer ironiquement de "Raphaël des Sans-culottes" ? La Révolution est d'abord pour lui un élan sentimental, et il donne un style héroïque et lyrique à ces pulsions du cœur ; il a conscience de son rôle, dans ses scènes antiques sévères et tendues, au « rendu » impeccable. Ce n'est pas l'événement qui crée l'histoire, mais l'image que le peintre donne de cette histoire et qui l'immortalisera ; grâce à l'Antiquité la transposition de l'actualité bénéficiera de ses irremplaçables "vertus", des qualités viriles et des leçons morales de ses héros, de leurs résonances dans le public. La Révolution inspire aux grandes œuvres de David une autre vertu : la raison ; c'est au nom de la raison que cette Révolution s'est faite, et c'est la raison qui nourrit cet art, gonflé d'émotion civique, souvent froid parce que trop retenu, sobrement composé. Le dessin et la couleur correspondent à ce "beau idéal" dont les dogmatiques de la Révolution apprécient le langage dépouillé jusque dans la Déclaration des Droits de l'homme !

Et pourtant David échoua. Peut-être l'accélération des événements révolutionnaires, le temps perdu à mettre en scène les mascarades patriotiques et civiques, et autres cortèges de l'Etre Suprême, ne lui ont-ils pas permis de donner sa mesure ? C'est dans son œuvre qu'apparaît la difficulté fondamentale qui allait peser sur la peinture d'histoire au XIXe siècle ; s'il parvient dans le *Serment des Horaces* à actualiser un idéal, il s'est heurté dans le *Serment du Jeu de Paume* au problème inverse, et ne l'a pas résolu : idéaliser l'actualité. Il ne reste de la composition monumentale prévue qu'un fragment (musée de l'Histoire de France, château de Versailles) long de six mètres il est vrai, mais où seules sont peintes les têtes de certains conjurés, la composition étant simplement dessinée au trait.

Dès sa libération, la Terreur achevée, David s'est remis à l'exécution des *Sabines*. « J'ai entrepris de faire une chose toute nouvelle, dit-il à ses élèves, je veux ramener l'art aux principes que l'on suivait chez les Grecs. En faisant les *Horaces* et le *Brutus* [2] j'étais encore sous l'influence romaine. Mais Messieurs, sans les Grecs, les Romains n'eussent été que des Barbares en fait d'art. C'est donc à la source qu'il faut remonter. J'étonnerai bien des gens, toutes les figures de mon tableau sont nues. »

Les Sabines sont composées comme un bas-relief monumental ; l'action y semble suspendue, à travers les principaux protagonistes à l'anatomie impeccable, dans une lumière orange et bleue ; le surgissement des lances et des enseignes domine le grouillement de la foule dont on « entend » les clameurs. On suit sur les dessins et croquis des guerriers habillés ou nus, l'élaboration de cette page héroïque où David renoue avec la grande peinture d'histoire.

Il n'atteindra pas dans son pendant, terminé quinze ans plus tard, *Léonidas aux Thermopyles* (1814, Louvre) l'équilibre entre la grandeur des attitudes et la tension du style, le dosage du naturalisme et de l'idéal, qui fait des *Sabines* un éclatant chef-d'œuvre.

De Bonaparte à Napoléon, L'art entre la propagande et la réalité

Le peuple a besoin de héros, David va lui offrir le sien : Bonaparte. Les deux hommes sont faits pour s'entendre, l'auteur des *Horaces* a l'ambition d'élever la peinture d'histoire jusqu'au mythe, le vainqueur d'Italie est un mythe vivant. En outre il admire le peintre devant qui il consent à poser ; une seule séance suffit pour que David brosse l'étonnant portrait de celui qu'il considère comme le héros des temps modernes, mais aussi comme l'héritier de la Révolution. Visage pâle et maigre encadré de cheveux plats, bouche dédaigneuse, regard d'aigle teinté de mélancolie, Bonaparte n'est pas, sur cette superbe esquisse (1797, Louvre), le général victorieux menant l'assaut, ni l'idole des foules, mais le disciple des philosophes réfléchissant sur ses actes, en évaluant la portée, interrogeant l'avenir.

A travers le vainqueur le dictateur s'annonce.

« Je veux être peint calme sur un cheval fougueux... » déclara Bonaparte à David qui réclamait de nouvelles séances de pose toujours refusées ; c'est ce que ce dernier tenta de faire dans *Bonaparte franchisssant le Grand-Saint-Bernard*. Cette "allégorie réelle", soulevée de souffle épique, juxtapose deux images, celle du héros militaire et celle du héros romantique drapé d'un manteau gonflé de vent, désignant du doigt l'empyrée d'où les chevaliers viennent et où les dieux les attendent, parfaitement à l'aise sur son destrier cabré qu'il dompte d'une main ferme au-dessus des rébarbatives solitudes montagneuses. Bonaparte n'est pas seulement l'entraîneur de l'armée dont on aperçoit quelques hommes tirant et poussant l'artillerie, mais celui de tout le peuple français [3].

Le général, qui ne s'est pas trouvé ressemblant, a néanmoins apprécié cette image qui le dépersonnalise au profit du mythe ; les couleurs rutilantes qui l'habillent contrastent avec le sombre ciel d'orage où il se détache tel une statue ; les éléments eux-mêmes n'ont pas de pouvoir sur lui. Sur le rocher sont gravés, étonnant raccourci, son nom et ceux d'Annibal et de Charlemagne. La rupture avec l'idéal noble et grave de l'antique est consommée par l'arabesque cheval-cavalier et le mouvement qui les anime ; l'épopée napoléonienne, dont c'est là l'une des premières images, secoue la peinture de ses tempêtes. Le cliquetis des armes, le tonnerre des canons, la rude voix du chef dont les commandements claquent comme des drapeaux, la mitraille, le sang et la mort, font leur entrée dans le siècle en même temps que Napoléon Bonaparte dans l'histoire. Celui-ci comprend fort bien la signification du tableau de David auquel il demande sur-le-champ plusieurs répliques.

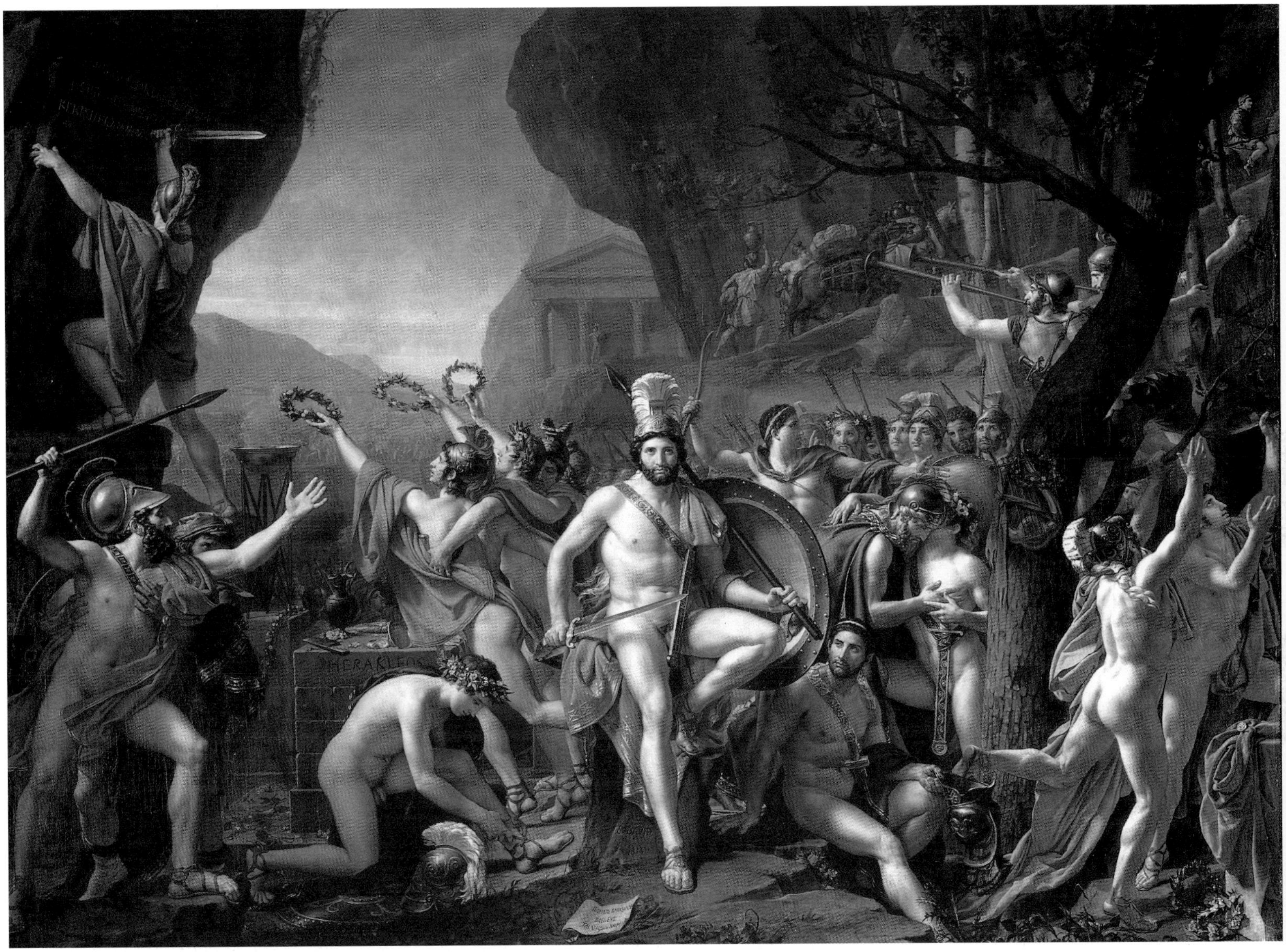

Jacques-Louis David. *Léonidas aux Thermopyles.* 1814. Musée du Louvre, Paris.

Le peintre s'institue, avec cette œuvre, le principal instrument de propagande du vainqueur. Il signifie en même temps aux artistes ce qui sera leur tâche : imager l'histoire que le héros fait. Il leur suggère une mission exaltante, créer avec lui le mythe napoléonien qui va régénérer la France ; ainsi renoueront-ils avec la tradition classique qui confère aux grands peintres le devoir, et l'honneur, de lier le génie artistique au génie politique : Rubens, Vélasquez, Le Brun.

Au lendemain du sacre, le 2 décembre 1804, Napoléon confia à David le soin de commémorer cet événement en quatre toiles distinctes, et le nomma à cette occasion premier peintre de l'Empereur ; la composition intitulée *Le Sacre,* en réalité le couronnement de Joséphine par Napoléon lui-même, est la plus connue. C'est un chef-d'œuvre de peinture, de mise en scène et de propagande (Louvre, réplique à Versailles).

David, qui assista à la cérémonie, dessina d'abord comme il l'a déclaré, « l'ensemble d'après nature », puis « séparément les groupes principaux » ; pour faire revivre son déroulement et juger de l'effet produit par la répartition des personnages, il utilisa des poupées en costumes, et demanda à l'un des décorateurs de l'Opéra de mettre en place l'architecture. L'intérêt particulier que David portait aux visages et aux mains lui fit exécuter de nombreuses esquisses, dessins

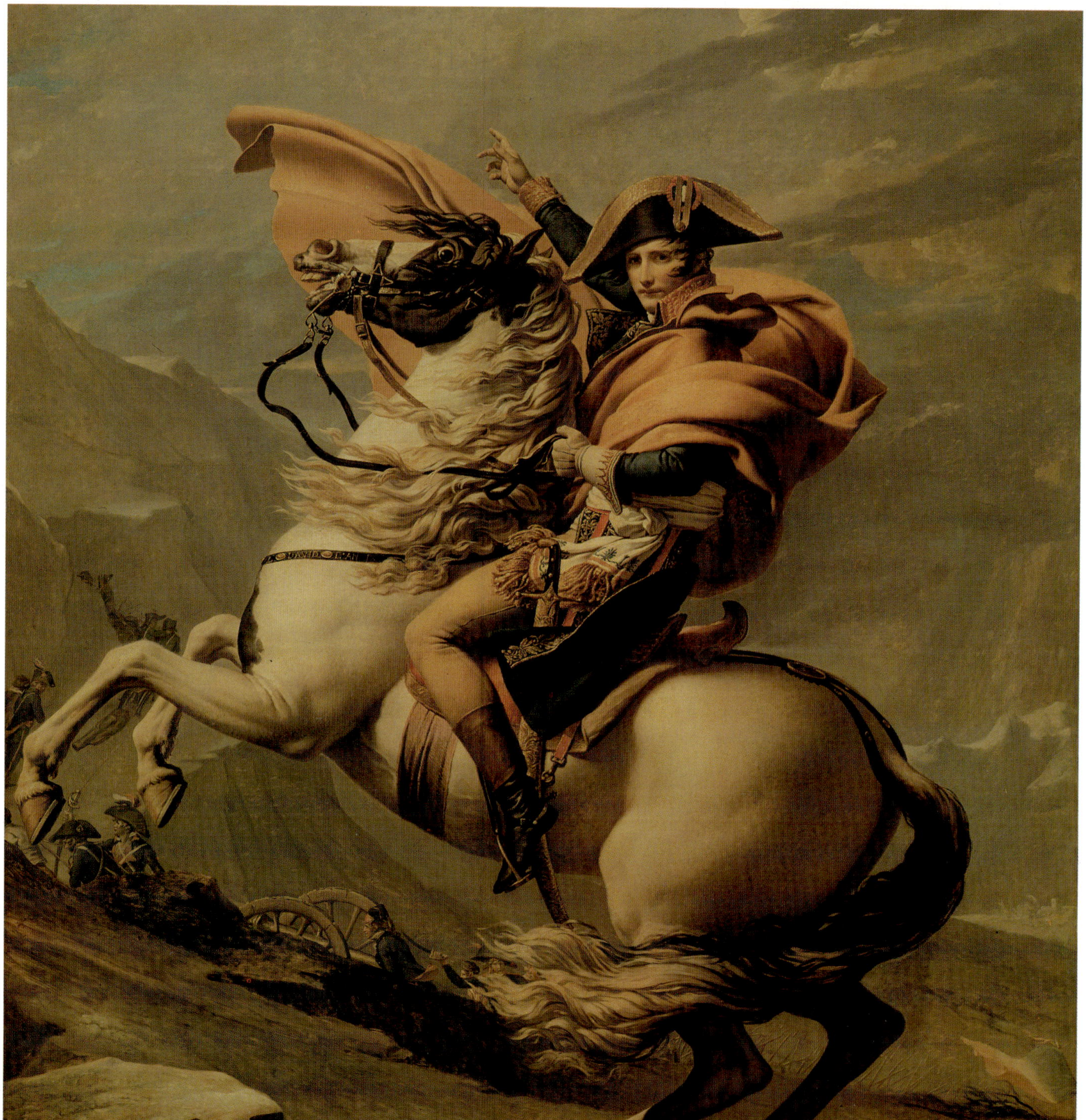

Jacques-Louis David. *Bonaparte franchissant le Grand-Saint-Bernard.* 1801. Musée national du château, Malmaison.

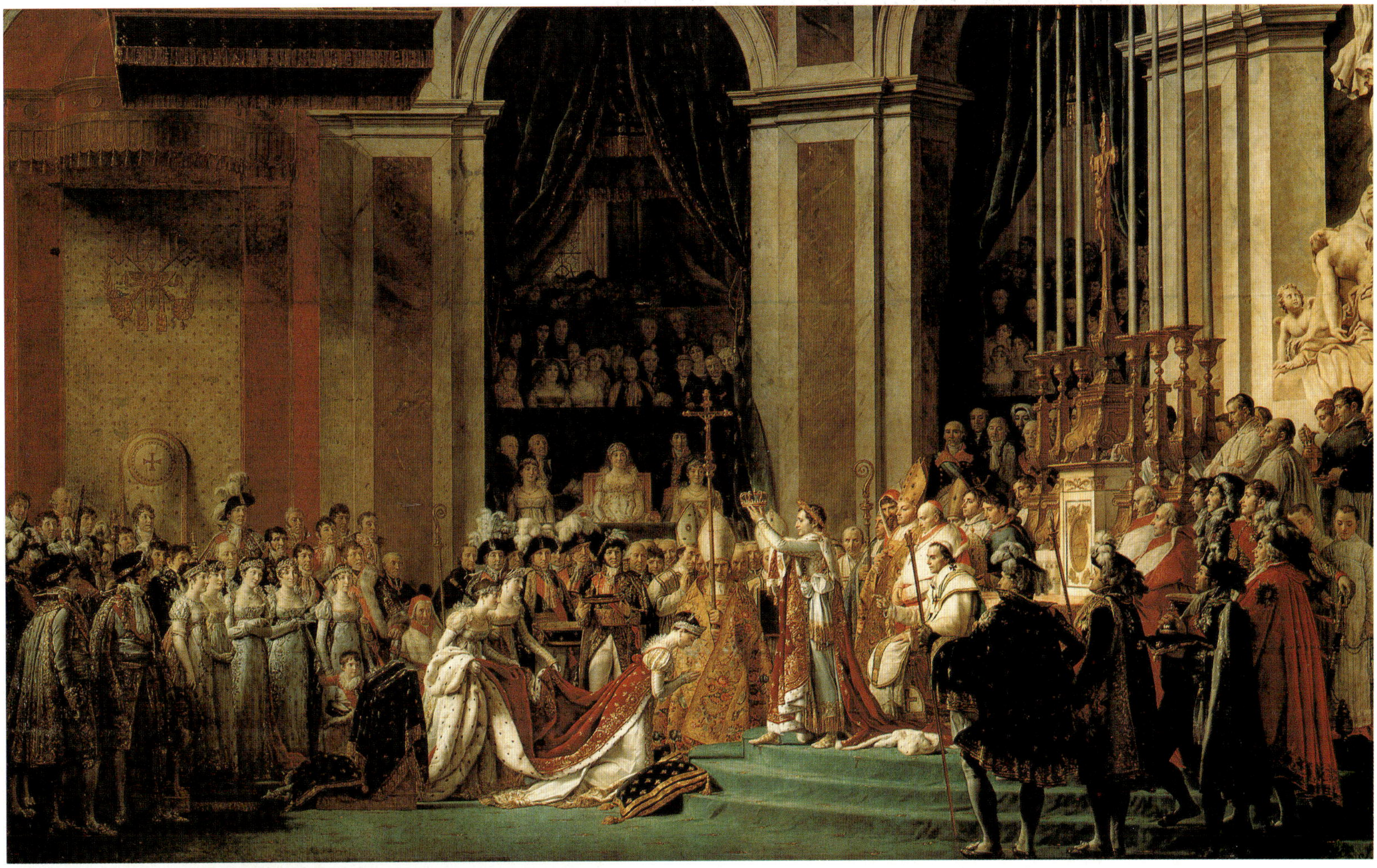

Jacques-Louis David. *Le Sacre.* 1805-07. Musée du Louvre, Paris.

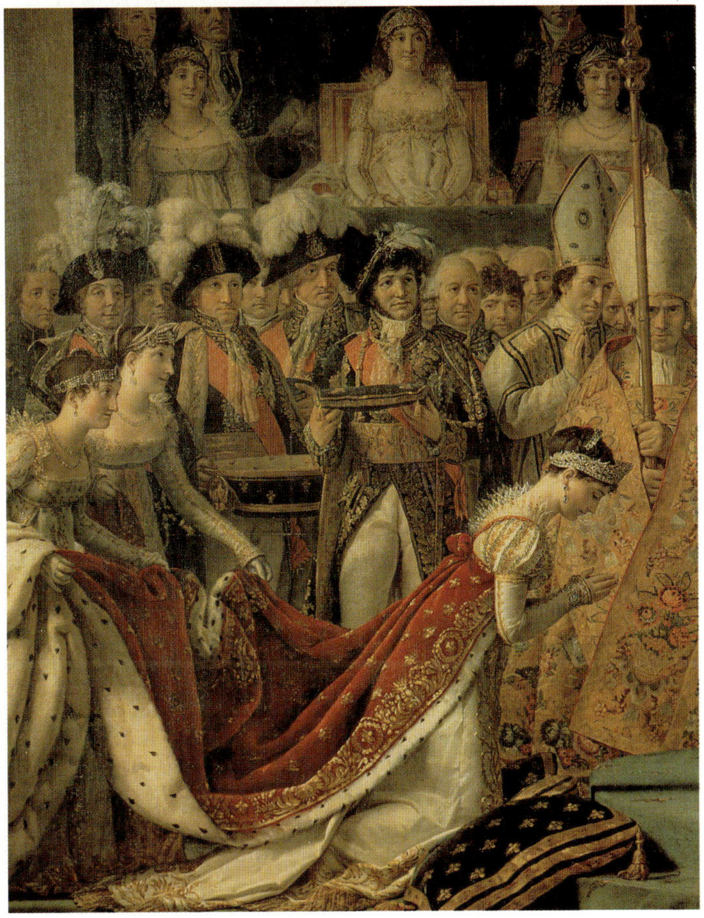

Jacques-Louis David. *Le Sacre.* Détail. Musée du Louvre, Paris.

et peintures, des principaux protagonistes, qui constituent la part la plus remarquable, et la plus libre, de cette gigantesque commande. La composition est distribuée de part et d'autre de la croix verticale tenue par un évêque, et centrée sur le groupe de Napoléon couronnant Joséphine vers lequel se tournent tous les regards. David s'inspira du *Couronnement de Marie de Médicis* peint par Rubens pour le cycle fameux du palais du Luxembourg qu'il admirait passionnément.

Ses dessins, au trait léger et souple dans leur inachèvement volontaire, campent les personnages — même Madame Mère qui, quoique esquissée « sur nature » note David, n'assistait pas à la cérémonie — avec une étonnante vérité : le dessin au crayon noir appartenant au Fogg Art Museum de Cambridge montre le pape Pie VII nu, le visage las, le dos voûté et la poitrine creuse, les mains sur ses cuisses maigres de vieillard. David, à la demande de Napoléon, en modifia la pose dans le tableau où, revêtu de ses habits pontificaux, le pape esquisse, le visage absent, le geste machinal de la bénédiction.

Le peintre avait exécuté en février 1805, sur son initiative personnelle, le *Portrait de Pie VII* (Louvre, répliques à Fontainebleau et à Versailles) qui regarde avec une sorte d'ironique — oh ! bien légère — curiosité son portraitiste régicide et franc-maçon, contempteur farouche des pontifes et organisateur des fêtes de l'Etre suprême, ami de Robespierre et suppot de la Terreur, dont il sait, néanmoins, quel respect et quelle admiration il professe à son égard, allant même jusqu'à le juger « évangélique à la lettre » !

Le Sacre ou la vérité sublimée

Ce qu'il y a d'étonnant dans l'immense tableau du *Sacre* est qu'il ne reflète en rien la commande. David est parvenu à faire d'un événement, somme toute insolite une dizaine d'années à peine après la Terreur et ses assassinats de prêtres, ses manifestations antireligieuses, alors que Bonaparte lui-même n'avait jamais montré de sentiments très chrétiens, un spectacle dont le caractère sacré avait d'ailleurs frappé tous les assistants, y compris les anciens Jacobins.

La tonalité générale du tableau se situe dans les accords de rouges et de verts relevés de plages blanches et d'or ; la touche est d'une extraordinaire virtuosité, et la transparence des couleurs est donnée par l'entrecroisement de premier jet des tons clairs et sombres, et l'usage des glacis. David a su admirablement jouer avec les satins, les soies, les velours, les damas, les brocarts, les hermines et les plumes. Chaque

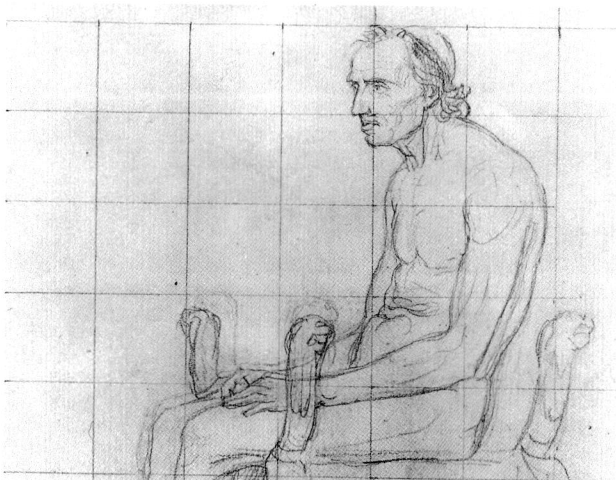

J.-L. David. *Etude pour le pape Pie VII.* Fogg Art Museum, Cambridge.

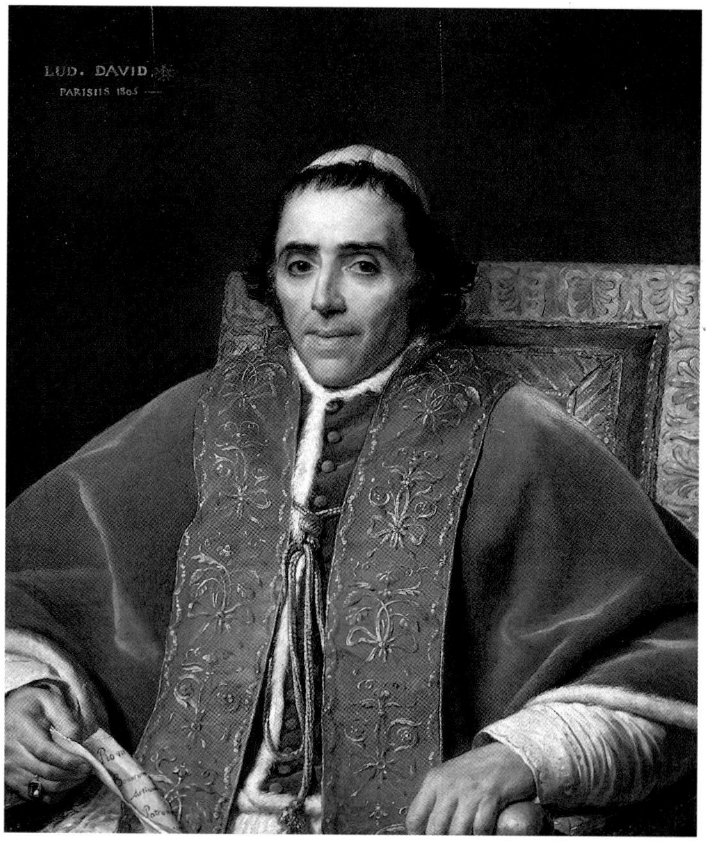

Jacques-Louis David. *Pie VII.* 1805. Musée du Louvre, Paris.

détail a sa vérité qui n'enlève nullement son unité à l'ensemble ; cet événement qui relevait à la fois de la "chose vue" et de la propagande, c'est-à-dire du réalisme et de la fiction, reflète une scène mémorable et illustre une cause : l'idée impériale, son union avec l'Eglise, l'entrée dans l'histoire d'un petit officier corse devenu l'héritier des rois. Il se présente à nous, encore aujourd'hui, avec une force incroyable.

Pendant ce temps David avait travaillé aux autres tableaux commandés par l'Empereur. *La Distribution des Aigles au Champ-de-Mars le 5 décembre 1805* (1810, musée du château de Versailles) en faisait partie, et comme précédemment le peintre fit de nombreuses études préparatoires des personnages nus ou habillés. Au cours de l'exécution qui dura cinq ans il modifia soit de sa propre autorité, soit sur l'ordre de l'Empereur, plusieurs détails, et changea les personnages ; ainsi supprima-t-il Joséphine dont, entre temps, Napoléon avait divorcé.

Cette composition est très inférieure au *Sacre* et a même des côtés ridicules comme l'idée bizarre qu'eut David de costumer le *Mercure* de Jean de Bologne en l'un des hussards jurant fidélité à l'Empereur. Néanmoins le groupe de drapeaux claquant au vent, et la masse compacte aux rouges flamboyants, chamarrée d'ors, des officiers se précipitant, dans une sorte d'élan irrésistible, aux pieds de Napoléon n'est pas sans grandeur.

Pour exécuter les importantes compositions demandées par l'Empereur, David abandonna le *Léonidas*, vaste "machine" systématique et froide, achevée seulement en 1814 ; deux ans plus tôt il avait exécuté le magnifique portrait du maître, debout dans son bureau des Tuileries (1812, National Gallery of Art, Samuel H. Kress Collection, Washington). En uniforme bleu de colonel il abandonne quelques instants, tourné vers le spectateur, le Code Napoléon qu'il est en train de rédiger (quoiqu'il fût promulgué depuis... huit ans) ; mais ce portrait est surtout remarquable par sa vérité. David bouscule sans hésiter la réalité sans le caractère de propagande de ses œuvres de commande, mais reste sans concessions face au visage bouffi et au corps trapu, lourd de graisse précoce de son modèle, alors âgé seulement de quarante-trois ans.

Onze ans ont passé depuis la fougueuse envolée du héros épique sur le Grand-Saint-Bernard ; aujourd'hui c'est dans le silence et le recueillement de son cabinet de travail que le héros législateur autocrate forge le destin de la France.

Plusieurs autres très beaux portraits, de *Mme Daru* (1810, The Frick Collection, New York), du *Comte François, de Nantes* (1811, musée Jacquemart-André, Paris), d'*Antoine Mongez et de son épouse* (1812, Louvre), du *Général Meunier,* du *Comte Estève,* de *Mme Thenard,* jalonnent ces années où les difficultés du régime mettent un terme aux entreprises officielles. David peint aussi ses filles, ses gendres et sa femme, dont l'intensité psychologique et la vérité des traits assez ingrats, sont servies par une franchise et une sûreté de touche d'une étonnante maîtrise (National Gallery of Art, Samuel H. Kress Collection, Washington). Il profite de la liberté que lui laisse l'abandon des compositions de circonstance pour consacrer plus de temps à ses élèves ; mais il revient aussi à l'antique où, hélas, il substitue la force à la grâce, et la mollesse à l'énergie et à la grandeur.

Il est vrai que les sujets, des commandes particulières surtout, sont bien mièvres. *Phaon, Sapho et l'Amour* (1809, Ermitage, Leningrad) est tout bonnement ridicule, et lorsque David, obligé de quitter la France pour avoir signé, durant les Cent Jours, les actes additionnels excluant les Bourbons du trône, s'installe à Bruxelles en 1816, il continue cette veine anacréontique en peignant *l'Amour et Psyché* (1817, Museum of Art, Cleveland), et en l'associant dans *Mars désarmé par Vénus et les Grâces* (1824, musée de Bruxelles) à une rhétorique de grand opéra rococo servie par une lumière froide et des couleurs éclatantes.

Mais David reste l'admirable portraitiste qu'il a toujours été. On peut juger *Les Adieux de Télémaque et Eucharis* (1822, collection particulière) ou *La Colère d'Achille lors du sacrifice d'Iphigénie* (1829, collection particulière) fort éloignés de la tension morale et du grand style héroïque d'autrefois, et faibles par comparaison à la qualité technique de ses œuvres antérieures. Pourtant ses portraits de l'époque bruxelloise, dont on retiendra surtout la dignité bourgeoise de la *Vicomtesse Vilain XIII et sa fille* (1816, collection particulière), et l'acuité psychologique des traits, modelés avec sûreté d'*Emmanuel-Joseph Sieyès* (1817, Fogg Art Museum, Cambridge) témoignent d'une maîtrise que l'âge, ni les mécomptes publics et privés n'ont pas altérée.

David mourut à Bruxelles le 29 décembre 1825 ; bien qu'une nombreuse postérité artistique continuât son art, l'esthétique qu'il avait incarnée ne lui survécut guère. Stendhal, dans son *Salon* de 1824 ne s'était pas privé d'écrire que les « grands tableaux... d'après les statues antiques, et les lourdes tragédies en cinq actes et en vers sont des ouvrages très respectables sans doute... » mais qu'ils « commencent à ennuyer. » Une autre époque, un autre esprit de la peinture,

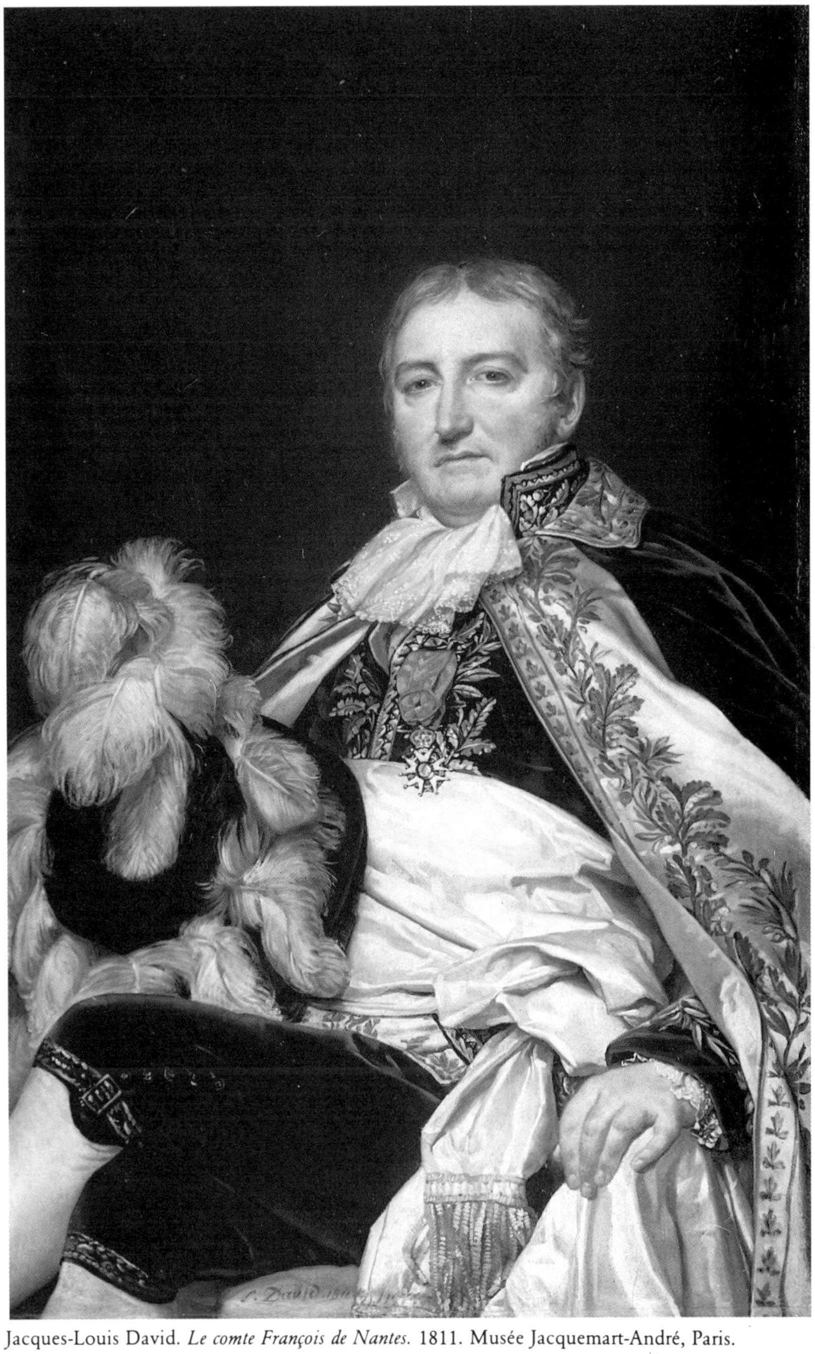

Jacques-Louis David. *Le comte François de Nantes.* 1811. Musée Jacquemart-André, Paris.

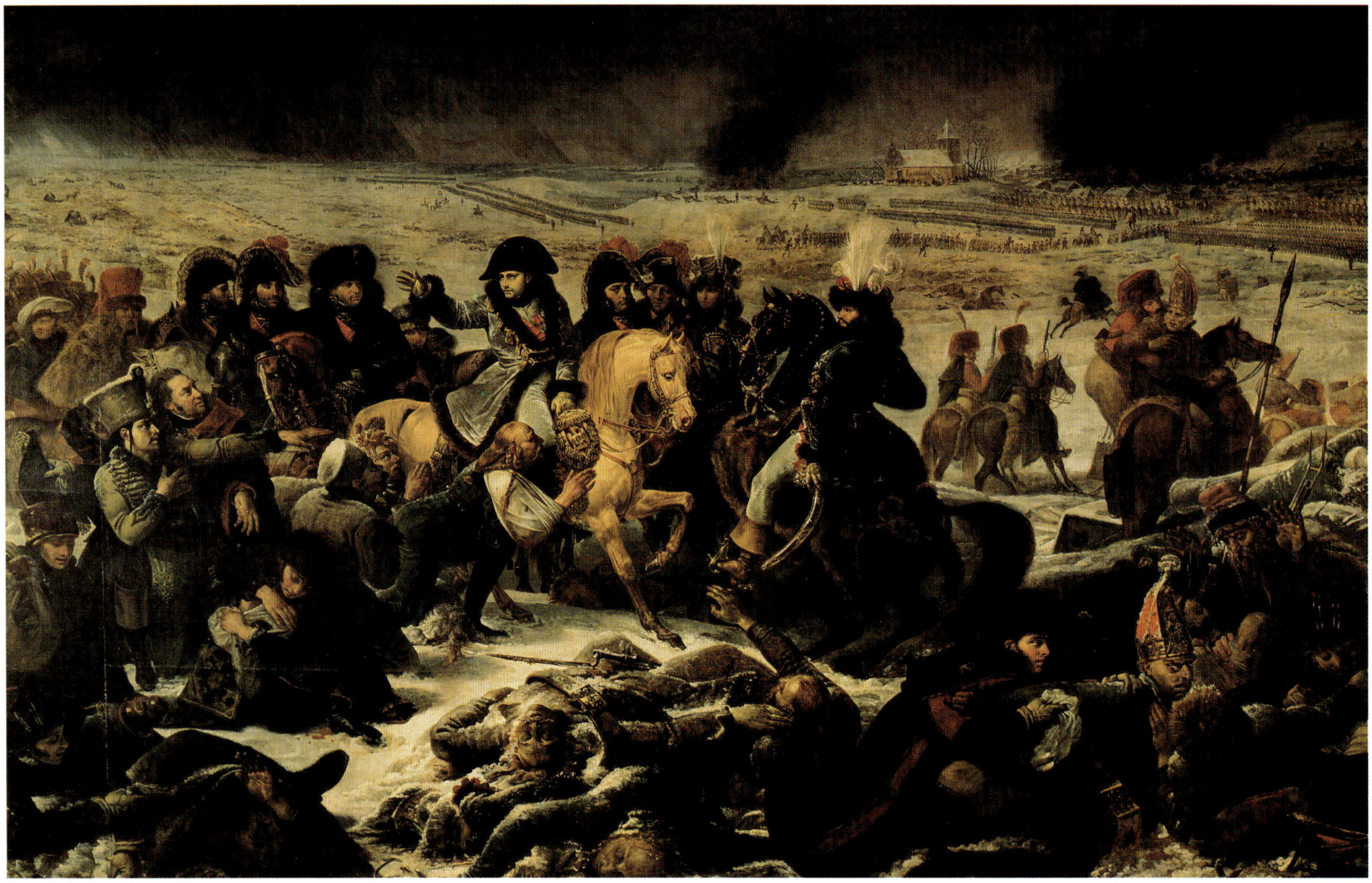

Antoine-Jean Gros. *Le champ de bataille d'Eylau.* 1808. Musée du Louvre, Paris.

avaient succédé à l'école davidienne dont les "spectres académiques" effraieront encore, longtemps après, Baudelaire.

L'histoire et la peinture de genre

Nombreux furent les peintres qui célébrèrent l'épopée napoléonienne du naturalisme le plus véridique à la fiction déclamatoire ; tous les styles y sont représentés, et Napoléon y est évoqué comme l'héritier de la Révolution, le héros des temps modernes, un dieu vivant, le restaurateur des valeurs morales et patriotiques, le chef de guerre, le pacificateur, l'homme des rêves fous mais aussi des premiers revers... Peu apte à apprécier et à juger l'art, sauf à l'aune de sa propre gloire, l'Empereur ne professait qu'un seul critère, la vérité historique, la sienne bien entendu. Il entendait que celle-ci soit accompagnée d'intentions moralisatrices, aussi encouragea-t-il un nombre incroyable d'artistes médiocres empressés à exécuter les programmes imposés ou à flatter le héros.

Gros, dont *Bonaparte visitant l'hôpital des pestiférés de Jaffa* (Louvre) avait été le clou du Salon de 1804, s'était également essayé à des sujets antiques, mais il avait pris le contrepied de David en déclarant à ses élèves : « On ne fait pas de peinture à la spartiate. » Il sera un peintre sans génie mais probe et impétueux, admiré par Delacroix dont il patrona les débuts, célébrant les grandes heures de l'Empire, autant de « sujets honorables pour le caractère national » qu'encourageait Napoléon : *La Bataille d'Aboukir* (1806, musée de Versailles), le *Champ de bataille d'Eylau* (1808, Louvre), la *Prise de Madrid* et la *Bataille des Pyramides* (1810, Versailles).

Gros, le premier, peignit des batailles où l'on agonise, où l'on meurt, le sang dégoulinant des plaies, les blessés se tordant de douleur et hurlant leur souffrance, la sueur inondant les croupes des chevaux, l'éclair du sabre s'enfonçant dans la chair. Le peintre prodigue cette « poésie des détails » que louera Delacroix, et qui fait de chacune de ses batailles une somme de reportages divers sur le même sujet ; il a la passion du vrai héritée de David, mais celui-ci ne représenta que les fastes napoléoniens. Gros, lui, montre le revers de la médaille : la victoire paie son affreux tribut d'horreur et de mort.

Excellent portraitiste, pédagogue, décorateur (il réalisa la coupole du Panthéon commandée par Napoléon, modifiée au profit de Louis XVIII), Gros passa du service de l'Empereur à celui du roi, et représenta *Louis XVIII quittant les Tuileries dans la nuit du 20 mars* (1817, Versailles), et *La Duchesse d'Angoulême s'embarquant à Pauillac* (1819, musée de Bordeaux), qui ne sont pas des événements très glorieux, mais qu'il peignit avec conviction, un mouvement déjà romantique et de chaudes couleurs lumineuses. Peut-on suivre Delacroix écrivant : « Gros a élevé les sujets modernes jusqu'à l'idéal... » ?

Certes l'actualité, entre 1804 et 1815, était suffisamment fournie, et les commandes nombreuses, pour que de nombreux peintres y cédassent ; mais bien d'autres sujets où l'on trouve parfois les véritables sentiments de cette époque, ses goûts voire ses passions, les sollicitèrent. La Bible, l'histoire romaine ou médiévale, furent autant de prétextes d'élans émotionnels, de sources d'élévation morale, d'exemples d'instruction patriotique ou chrétienne, consécutifs au rétablissement du catholicisme comme religion officielle. Le Christ, la Vierge et l'Enfant, les images et symboles chrétiens reprennent leur place dans l'art.

La peinture de genre redevient larmoyante, on célèbre la famille, l'amour maternel ou filial ; les femmes-peintres, nombreuses dans l'atelier de David, renouent avec les thèmes sentimentaux, voire même avec la sensiblerie du XVIIIe siècle. Ces scènes sont aussi appréciées que les instantanées de la vie parisienne de Boilly déjà célèbre avant la Révolution ; il fut avec Drolling et Marguerite Gérard, belle-sœur de Fragonard, l'un des meilleurs représentants de la peinture anecdotique et bourgeoise, parfois moralisatrice, lisse, précise et de petits formats à la manière des peintres hollandais du XVIIe siècle.

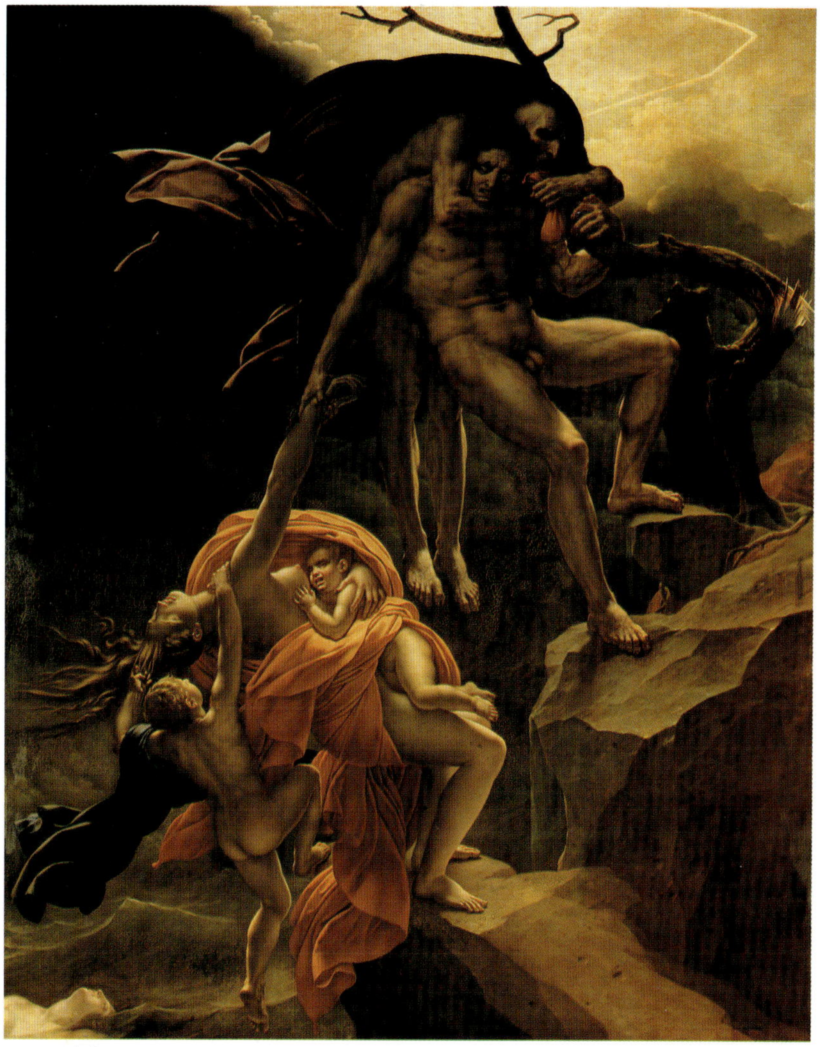

Girodet-Trioson. *Scène du Déluge.* 1806. Musée du Louvre, Paris.

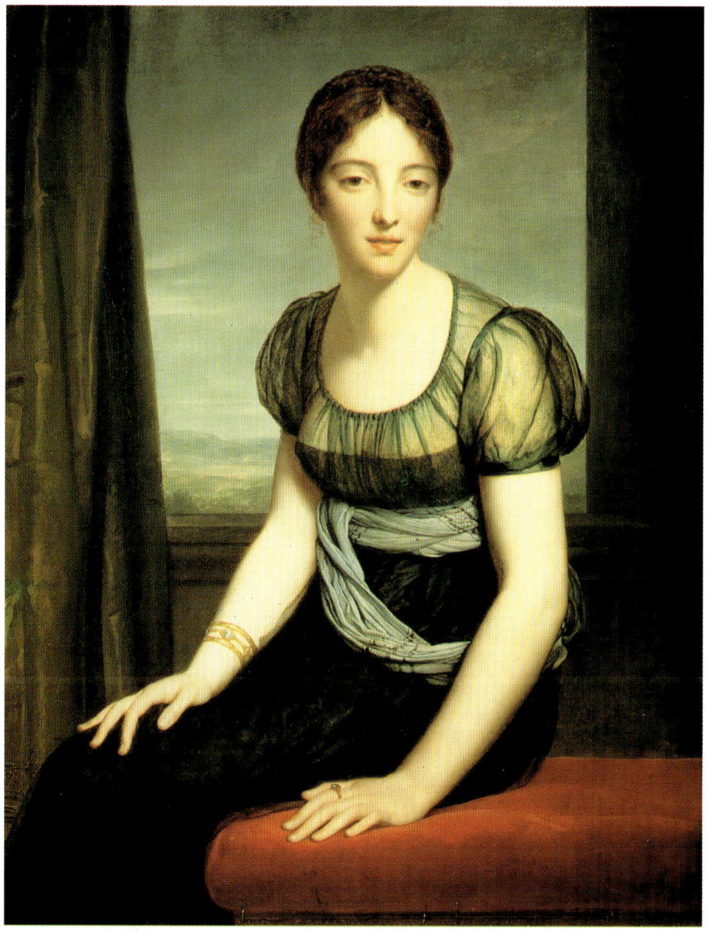

F. Gérard. *La comtesse Regnault de Saint-Jean d'Angély.* 1799. Musée du Louvre, Paris.

Le portrait est représenté par Gérard, qui ne fut pas seulement le brillant iconographe de Napoléon et de la famille impériale en grand apparat, mais de la société aristocratique, ainsi qu'en témoignent la *Comtesse Regnault de Saint-Jean-d'Angély* (1799, Louvre) ou le *Comte et la comtesse de Fries* (1804, Kunsthistorisches Museum, Vienne). Sa renommée, qui fut considérable, lui permit de passer de *Psyché et l'Amour* (Louvre), très admiré au Salon de 1798, à la *Sainte Thérèse* (1828, Infirmerie Marie-Thérèse, Paris) que Chateaubriand jugeait « incomparable », et des batailles napoléoniennes au *Sacre de Charles X* (1829, Versailles).

Le préromantisme de Girodet-Trioson dont *Les Funérailles d'Atala* (1808, musée de Montargis), sa toile la plus populaire, a caché la personnalité complexe et l'œuvre originale, récemment redécouverte, s'exprime non seulement dans des toiles d'inspiration mythologique ou symbolique parfois assez trouble (*Le Sommeil d'Endymion,* 1791, Louvre), mais dans sa tumultueuse *Scène du Déluge* (1806, Louvre) où tout ce qui plaisait au public, le réalisme déclamatoire, l'horreur, le désespoir, la mort, est réuni.

En dépit du néo-classicisme de son inspiration Girodet est un précurseur ; dès *l'Apothéose des Héros français morts pour la patrie* (1800, château de la Malmaison) il manifestait cet appel à l'imaginaire qui apparaît comme l'un des caractères marquants, avec bien d'autres tout aussi imprévus, de la peinture française de l'ère impériale.

Car des pulsions nouvelles s'arrachent au moule glacial de David, s'amplifient derrière la prestigieuse façade des mythes officiels napoléoniens. Prud'hon, tour à tour gracieux, sensuel, moralisateur, trouve dans les portraits *(Madame Anthony et ses enfants,* 1794-1796, musée de Lyon) matière à exprimer des dons de psychologue sensible mais peu profond ; son attrait pour la jeunesse, l'amour et le bonheur, font de ce tourmenté un peintre apprécié d'évocations allégoriques et idylliques qui rappellent André Chénier. Prud'hon a le goût des chairs suaves et porcelainées, de la beauté féminine frémissante — ses dessins sont admirables — mais aussi des anatomies puissantes au modelé vigoureux, des aubes cristallines et des nocturnes aux tragiques clartés lunaires.

Le peintre, dont le caractère tourmenté et le comportement ambigu expliquent les contradictions ou les antagonismes de son œuvre, n'en est pas moins l'expression des aspirations de l'époque. Sa technique est déconcertante ; travaillant par couches indéfiniment reprises, et utilisant à l'excès le bitume et une certaine pommade à la cire, il a inconsciemment contribué au noircissement de ses tableaux. Les glacis ont craquelé, et les dessous en s'obscurcissant ont souvent rendu opaques les contrastes d'ombre et de lumière. Faut-il voir dans ces négligences, qui ont sérieusement compromis la pérennité de l'œuvre de Prud'hon, la conséquence d'une vie déchirée, entre une femme à demi-folle et une compagne, Constance Mayer, malade, qui finit par se suicider, hâtant sa propre fin ?

Prud'hon eut une réputation considérable et connut les honneurs et le succès ; il apparaît comme un isolé, romantique avant la lettre ; la « dernière lueur », écrira Delacroix qui l'admirait, de cette âme blessée, *Le Christ en croix* (1821, Louvre), est d'une bouleversante intensité dramatique.

Découverte du paysage et du plein air

Le XIXe sera le siècle du paysage ; le retour à la nature de la seconde moitié du XVIIIe l'avait annoncé. Valenciennes, Bertin, Bidault, Michallon, Turpin de Crissé mêlent aux

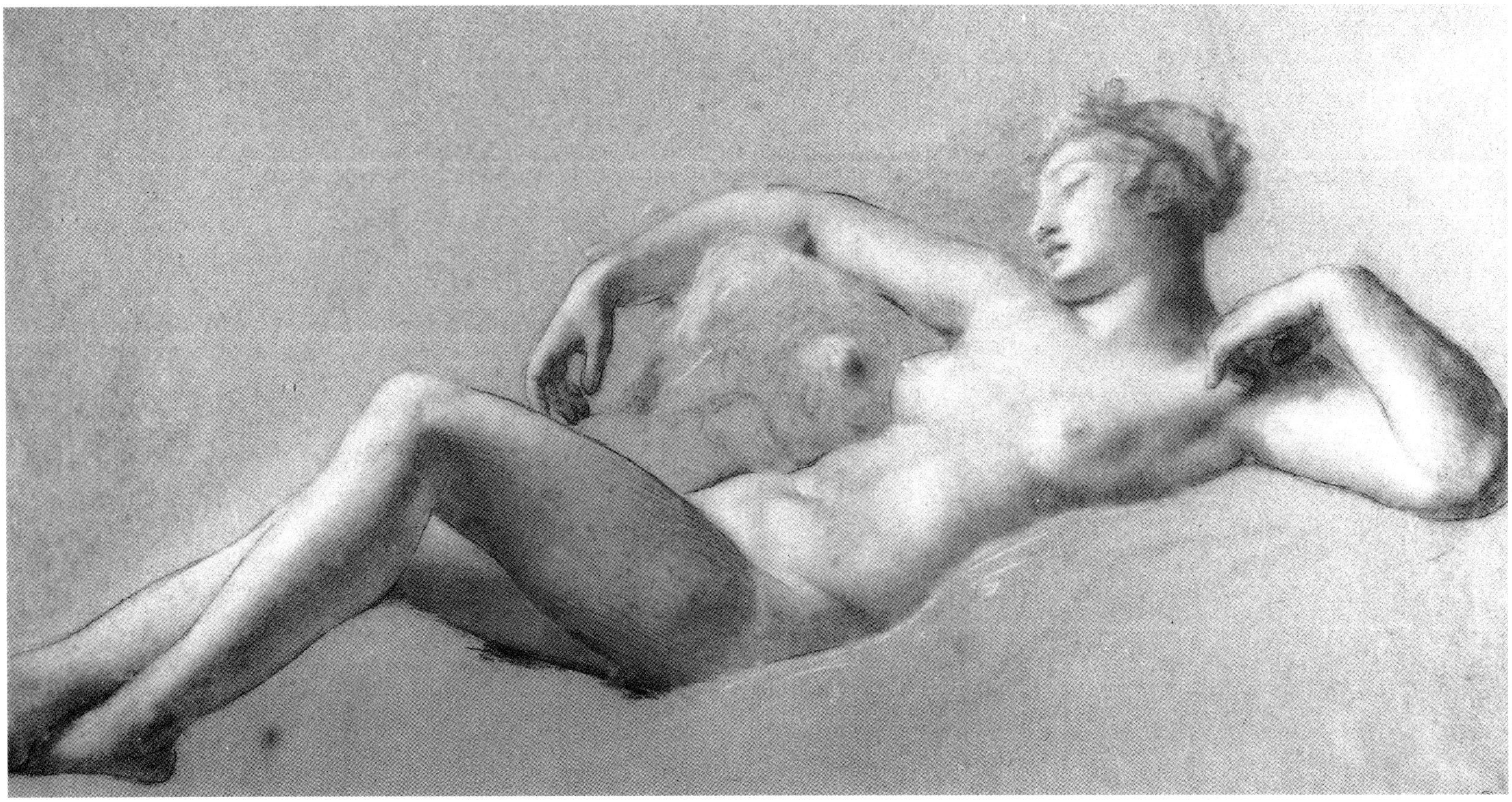

Pierre-Paul Prud'hon. *Etude de femme nue couchée.* Ecole nationale supérieure des Beaux-Arts, Paris.

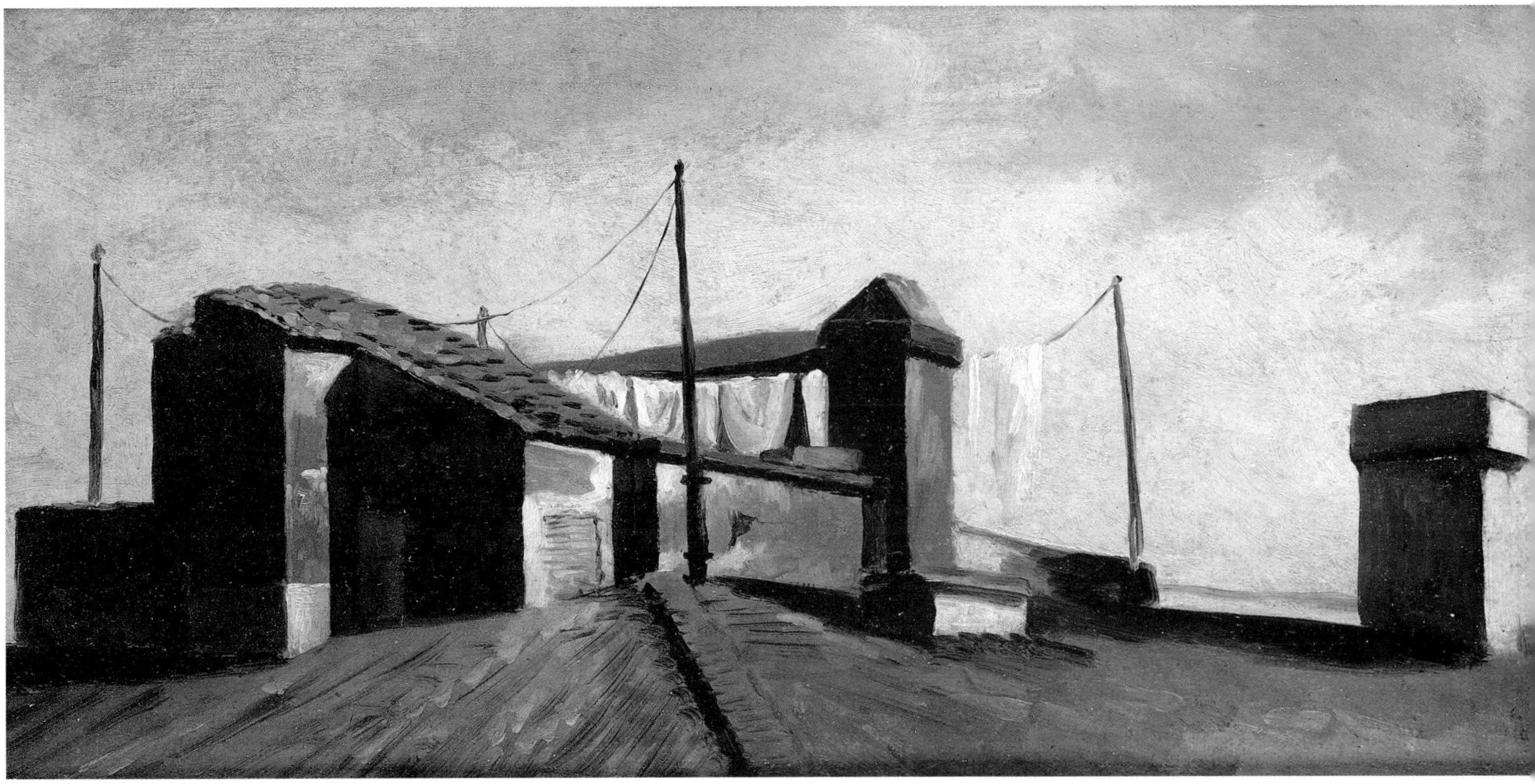

Pierre Henri de Valenciennes. *Loggia à Rome : le toît au soleil.* Musée du Louvre, Paris.

paysages composés selon les formules classiques, le goût du plein air et de la perception directe des phénomènes. Les peintres de l'épopée avaient répandu la curiosité pour le décor réel où s'étaient déroulées les batailles de la Révolution et de l'Empire. Grand voyageur, Pierre-Henri de Valenciennes ne s'est pas contenté de représenter, à partir d'études exécutées sur place, les sites de Rome, des environs de Paris, les bords de la Loire, en Bretagne, en Auvergne, etc., qui l'avaient frappé, ces études elles-mêmes, notamment celles révélées par l'entrée au Louvre de la collection de Croy en 1930, montrent un sens de l'atmosphère, de la lumière, de la "chose vue" associée à des sentiments de rêverie ou d'évocation historique, aussi libre qu'harmonieux.

Le paysage, chez Valenciennes, bouge et vit ; Georges Michel montrera les mêmes qualités dans ses vues de la banlieue de Paris alors campagnarde, avec ses grands ciels tragiques qui font de ce disciple des Hollandais le précurseur de l'école de Barbizon.

François-Marius Granet, le peintre des cloîtres romains à la lumière dorée, des sombres galeries de tombeaux et des chapelles au clair-obscur mystérieux, se fit aussi apprécier comme l'évocateur de "scènes de genre historiques" et produisit des tableaux de circonstance fades et pompeux qui le conduisirent aux honneurs, la conservation du palais de Versailles et l'Institut notamment. Il valait mieux que cela.

Il fut, en effet, un paysagiste sensible à l'aquarelle et laissa à sa mort, à sa ville natale Aix-en-Provence, un millier de ces paysages sur papier où la couleur fluide glisse sur l'esquisse au crayon, et suggère les frondaisons d'un parc, l'eau grise de la Seine, un couchant mauve et orangé sur un bouquet d'arbres, les jardins de Versailles ou la silhouette vaporeuse du Paris hivernal... Cette œuvre, inconnu du vivant de ce haut-fonctionnaire, traduit bien l'engouement, apporté par les Anglais, de l'aquarelle, notation rapide et légère, et donne une image autre que celle longtemps proposée du romantisme, de sa sentimentalité discrète, un peu nostalgique, éloignée des tumultueux orages du cœur. Elle annonce aussi l'impressionnisme.

Précurseurs d'une ère nouvelle, Prud'hon et Géricault

La Vengeance et la Justice divine poursuivant le crime, de Prud'hon, est en pleine ère impériale dominée par la dictature de David, son classicisme grandiose et exact, ses fastes

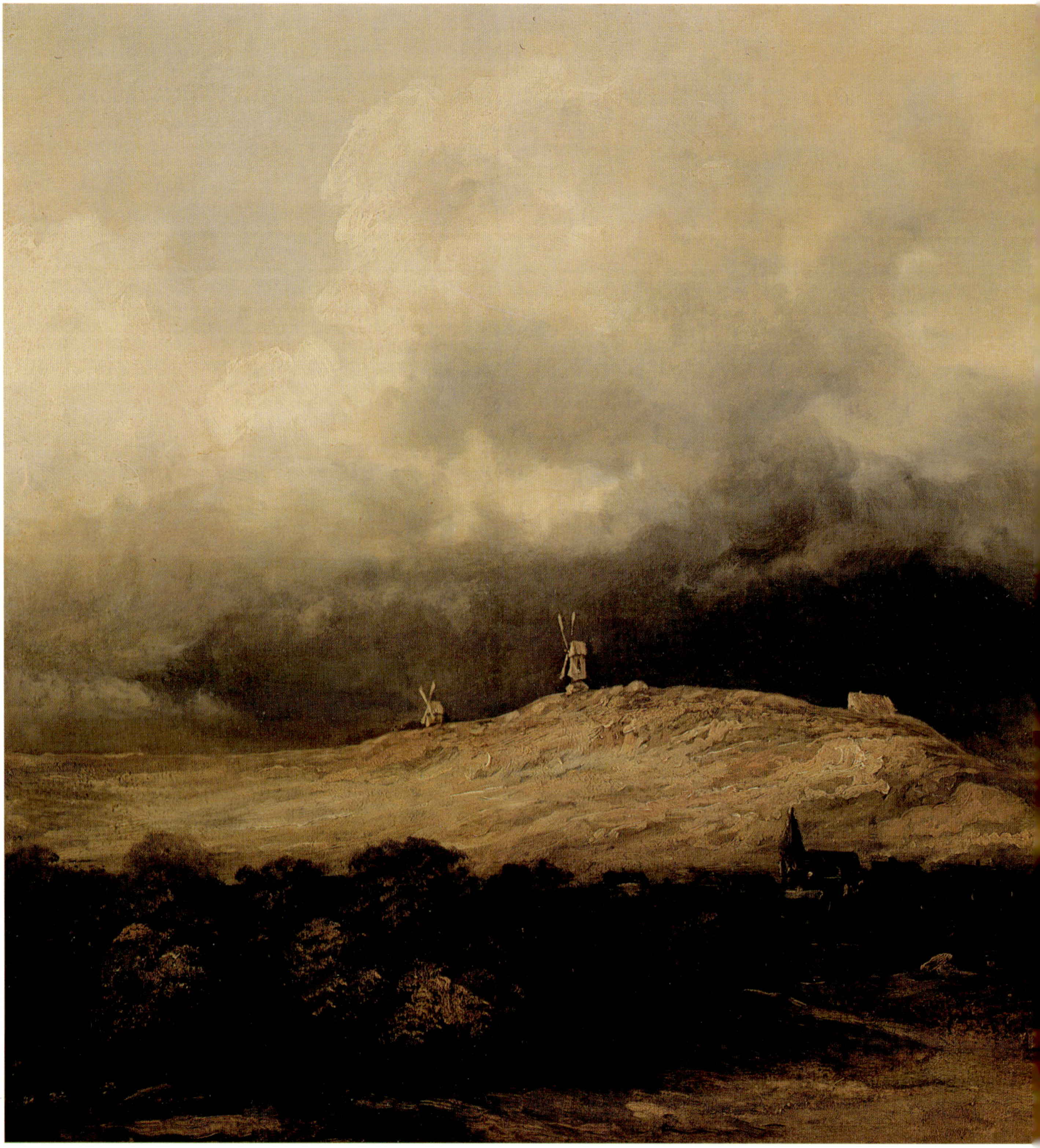

Georges Michel. *Paysage avec moulins.* Musée de Moulins.

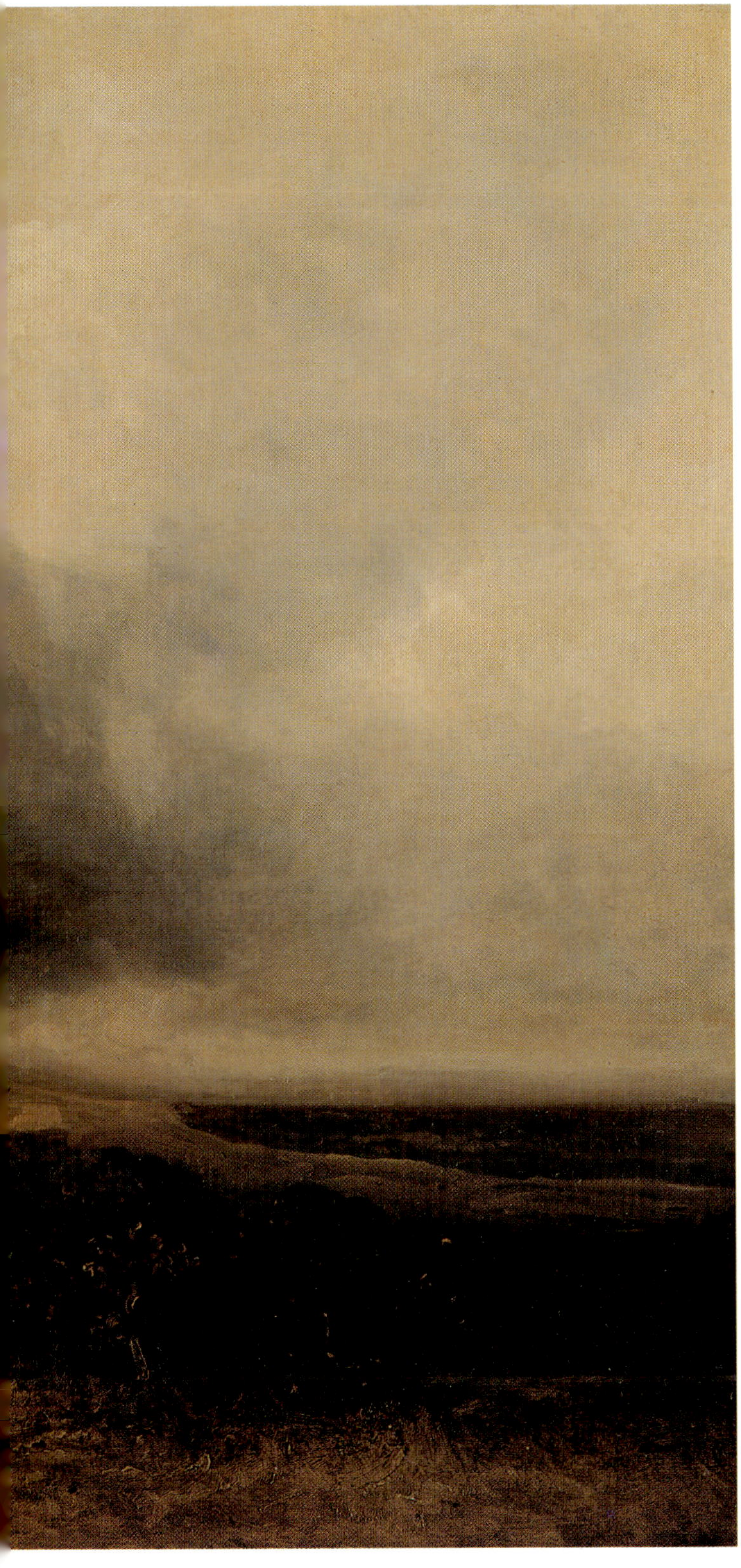

et ses fracas, comme le mystérieux message d'une sensibilité nouvelle, une poésie tragique dont les visions crépusculaires semblent vibrer des échos lointains du baroque. Le peintre voluptueux et idyllique que David regardait, non sans quelque mépris, comme « le Boucher, le Watteau de notre temps », est l'un des premiers à peindre la haine, la colère, la souffrance ou la mort, avec cette sorte de fièvre, de fureur sacrée, qui seront celles du *Radeau de la Méduse* de Géricault, des *Massacres de Scio* ou de *La Liberté guidant le peuple* de Delacroix. Il montre l'horreur des chairs blessées, le pathétique des visages douloureux, les cadavres baignés de pâleurs lunaires, et leur décor de ciels d'orage, de paysages tourmentés.

La souffrance, la mort, la tempête, la nuit sont en plein néo-classicisme les paliers du romantisme.

Bien que différent de Prud'hon, Géricault, son cadet de trente ans, est aussi l'un des annonciateurs des temps nouveaux. « D'où cela sort-il ? demande David au Salon de 1812, devant *L'Officier de chasseurs,* je ne reconnais pas cette touche ! » Il avait raison de s'étonner et de s'inquiéter, la touche de Géricault balaie de sa fougue les fantasmes froids du néo-classicisme ; il a la volonté d'un autre "grand style" que celui du maître des *Horaces,* celui de la vie.

Comme Prud'hon il fut un être déchiré ; il commence à peindre quand les premiers revers napoléoniens font vaciller l'épopée, s'engage dans les Mousquetaires du Roi, part pour l'Italie après les Cent Jours, et revenu à Paris après une exaltation éphémère pour Michel-Ange et Le Caravage, peint *Le Radeau de la Méduse* (1819, Louvre), épisode mélodramatique couvrant 35 mètres carrés, qu'il transforme après de nombreuses études préparatoires ou de détails, en une image légendaire de la réalité.

Ses portraits des officiers de l'Empire, ses courses de chevaux, ses visages de fous (*Monomane de l'envie,* vers 1821, musée de Lyon), ses paysages de mer soulevés par la tempête, ou d'un réalisme pittoresque (*Le Four à plâtre,* Louvre) annonciateurs de Courbet, illustrent la diversité de ses inspirations. Géricault ne peint pas seulement ce qu'il voit ; puisant aux sources les plus profondes de l'inconscient collectif, il choisit ses sujets pour leur choc émotionnel, prenant dans l'époque ce qui lui paraît nouveau ou unique.

Dans son œuvre tout est souffrance, tragédie ou mort. Le cheval est son symbole, il est beau, noble, fougueux, il s'emporte, il panique, ses portraits sont des autoportraits. Comme lui le cheval est tour à tour ou simultanément piaffant, entêté, capricieux, cabré, pétulant ou rapide ; il ne ménage ni les ruades, ni les brusqueries ou les refus, mais c'est une bête racée. Le cheval provoquera le drame de la vie de Géricault, l'un le blesse, un autre le tue. A trente-trois ans, l'année – 1824 – du fameux Salon où s'affrontent romantiques et classiques, Delacroix et Ingres.

Dès ses débuts, attiré par la couleur et les volumes, il s'écar-

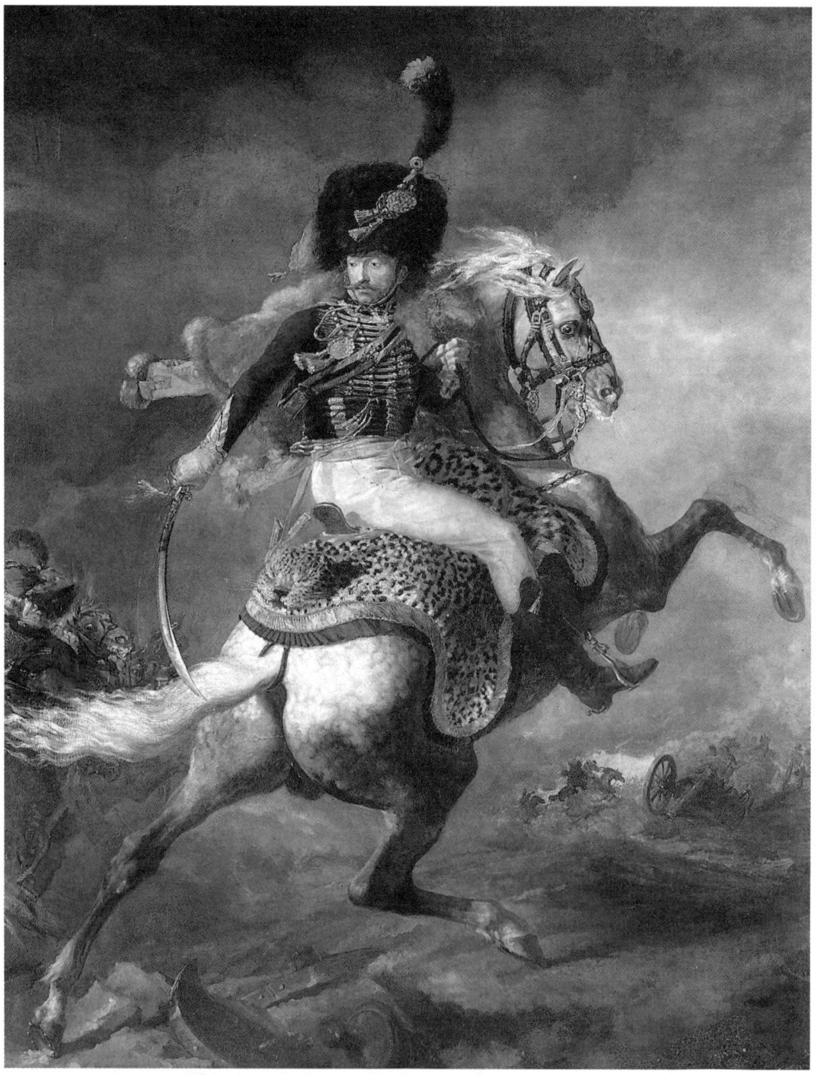

Théodore Géricault. *L'officier de chasseurs à cheval chargeant.* Salon de 1812. Musée du Louvre, Paris.

tait de la rigidité classique ; l'un de ses maîtres, Isabey, ne l'a-t-il pas traité de « cuisinier de Rubens » ? On lui reprochera plus tard de ne pas construire. « Où est le centre ? » interrogeaient les officiels académiques devant *Le Radeau de la Méduse.* Au lieu d'utiliser un espace pictural géométriquement défini comme dans les œuvres néo-classiques, Géricault crée un espace dynamique et entraîne le spectateur dans un mouvement général ; cette conception du tableau gigantesque où le regardeur participe à l'action de plain-pied avec elle, est nouvelle. Elle permet à ce dernier de prendre la mesure de l'acte même de peindre, de suivre la main tour à tour impatiente, insistante ou impulsive, de l'artiste qui caresse ou empâte la surface, alourdit ou allège tel détail, dose (couleurs et valeurs) pour donner plus de vérité aux personnages.

Il va plus loin, suit dans les salles de l'hôpital Beaujon les affres de la souffrance et de l'agonie chez les malades, exécute des études d'après les cadavres, les membres coupés ; dans ses portraits de fous Géricault se penche sur cette autre forme de désagrégation de l'individu qu'est la démence. Au drame pathétique surmonté du *Radeau* répond le drame sans remède, gagnant progressivement le corps et l'esprit, de la folie, et plongeant l'homme au plus bas de la misère.

Le symbole d'une jeunesse désaxée

L'œuvre de Géricault, dont la période active s'étend sur une dizaine d'années, apparaît comme une marche précipitée du réalisme au romantisme ; sa conception de la peinture qui bouscule les genres et oscille entre la transposition lyrique ou épique de l'événement et le rendu de la vérité la plus crue, est l'expression de son propre comportement. L'artiste supprime la distance entre l'œuvre et son créateur, il s'identifie à elle. Elle est sa projection, celle de la fuite en avant de sa vie brève et tragique à la rencontre de la mort dont le cheval est l'image-fantôme, l'instrument séduisant et maléfique à la fois.

Avec Géricault ce ne sont pas seulement la souffrance, la désagrégation du corps et la mort qui entrent dans la peinture française, mais l'expression de la laideur ; elle devient pour les jeunes artistes une notion familière à leur répertoire émotif, liée à la vérité de la vie. Ainsi l'œuvre ne sera plus uniquement destinée à plaire ou à exalter, mais à troubler, à inquiéter, à interroger, comme l'artiste lui-même réagit devant le sujet où la notion d'actualité affirme son désir de coller à la réalité la plus immédiate et la plus crue.

Géricault sera involontairement, par l'angoissante et souvent provocante intensité qu'il atteint dans ses tableaux où la puissance de la technique dépasse et transcende le sujet, l'un des premiers responsables du divorce entre l'art et le public.

Elie Faure a écrit que « la vie, la fin de Géricault symbolisent le romantisme » ; elles symbolisent aussi la fièvre de conquête, le goût de l'absolu, la hantise de la mort d'une jeunesse qui n'a connu de la fantastique épopée napoléonienne que les derniers rêves, les ultimes soubresauts de gloire. Quand le peintre du *Radeau de la Méduse* meurt, il y a presque dix ans que le régime lénifiant de la Restauration, son roi podagre mais fin politique, ses courtisans bigots et bornés, ses militaires de carnaval, ont succédé à l'Empire, à ses parades et à ses tumultes qui bousculèrent l'Europe entière. Ingres vient d'achever *Le Vœu de Louis XIII* pour la cathédrale de Montauban, et Delacroix *Les Massacres de Scio ;* Goya persécuté par ses ennemis a quitté l'Espagne pour se réfugier à Bordeaux ; il séjourne en juin et juillet 1824 à Paris, mais c'est dans la capitale de l'Aquitaine qu'il mourra quatre ans plus tard.

Goya accusateur et témoir de l'histoire

Cet astre noir qui se leva sur une Espagne assoupie et jeta sur elle sa lumière crue, l'indigna et la révolta par les excès de sa vie privée, de son œuvre et de son génie, apparaît lui aussi comme l'homme d'un monde nouveau. La progression irrésistible de son art, de la peinture de cour à la tragédie, ses convulsions, ses hantises et ses colères, n'étaient-elles pas spirituellement et techniquement semblables à celles qui conduisaient la peinture du néo-classicisme au romantisme ?

Sous son fouet aux coups cinglants et son rire de crécelle faussée, Goya pousse à bout cette Espagne de souverains stupides, de princes vaniteux et vicieux, de duchesses putains, de prêtres ignorants, d'inquisiteurs cruels, où seul le peuple a de la race. Cet homme qui appartient, dans la première période de sa vie, à un XVIIIe siècle élégant et insouciant, et peint dans des couleurs fraîches des scènes heureuses de la Cour et de la rue, bascule lorsque la maladie fond sur lui, en 1792, dans le drame. En même temps l'Espagne, sous l'influence de la Révolution française, découvre que la

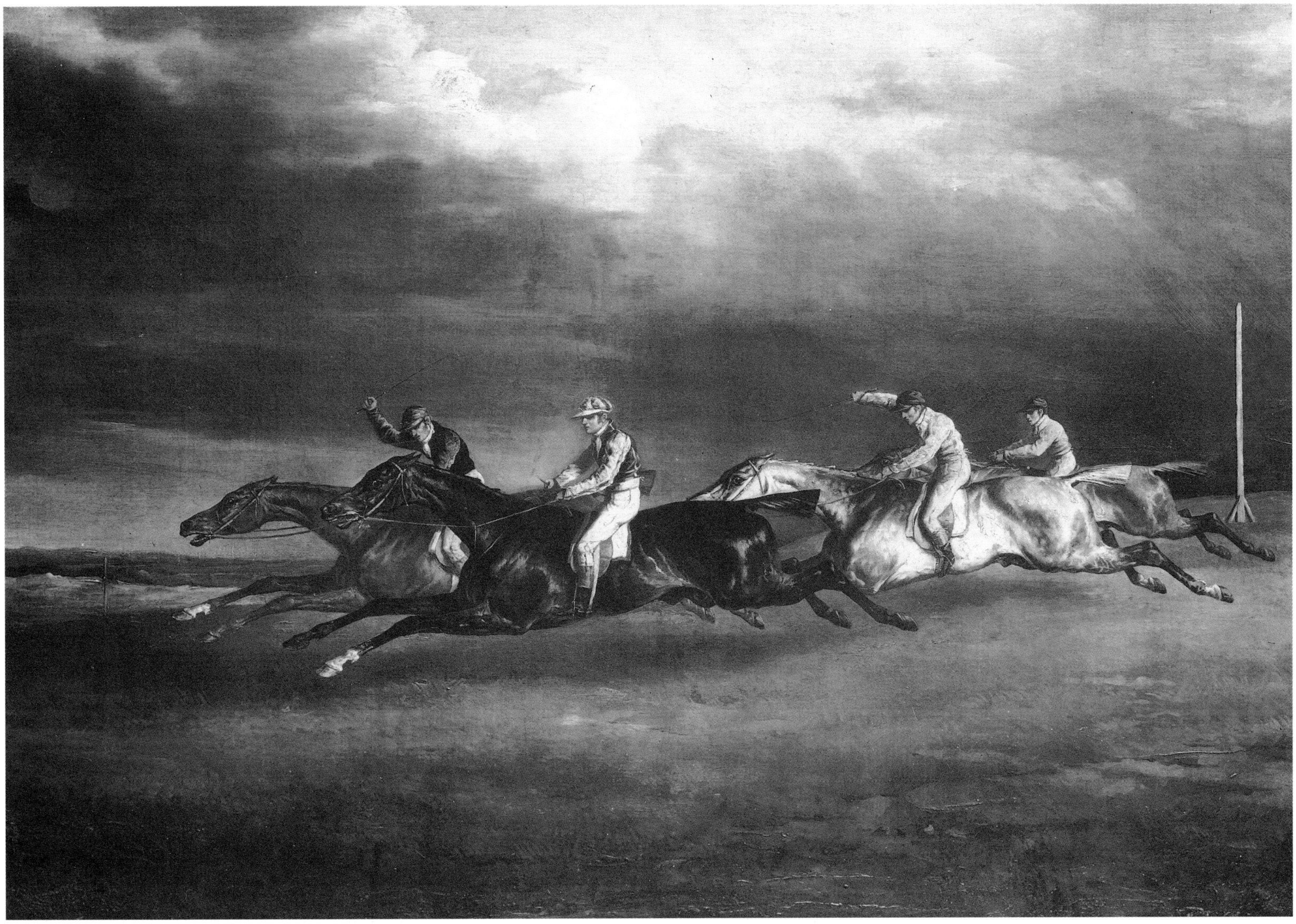

Théodore Géricault. *Le Derby d'Epsom*. 1821. Musée du Louvre, Paris.

liberté existe ; pour elle, comme pour Goya, le bouleversement est radical.

On dirait que sous le coup de la maladie (elle le laissera sourd), et de son démon de midi pour l'inconstante duchesse d'Albe, passant des scènes populaires de la coupole de San Antonio de la Florida et de *La Prairie de San Isidro* aux *Caprices*, il a ouvert les vannes de son génie.

Le haut rang de ses modèles ne le trouble pas. *La Famille de Charles IV* (1800, musée du Prado, Madrid) est un jeu de massacre ; jamais lignée royale n'a engendré, malgré quelques charmantes figures d'enfants et d'adolescents, un tel lot de dégénérés ou d'abrutis ; néanmoins la chaleur du coloris, le chatoiement des soies, des lamés et des brocarts, le clinquant des décorations et les reflets des parures ou des bijoux sauvent cette sinistre assemblée. Mais Goya n'aura plus de commandes royales...

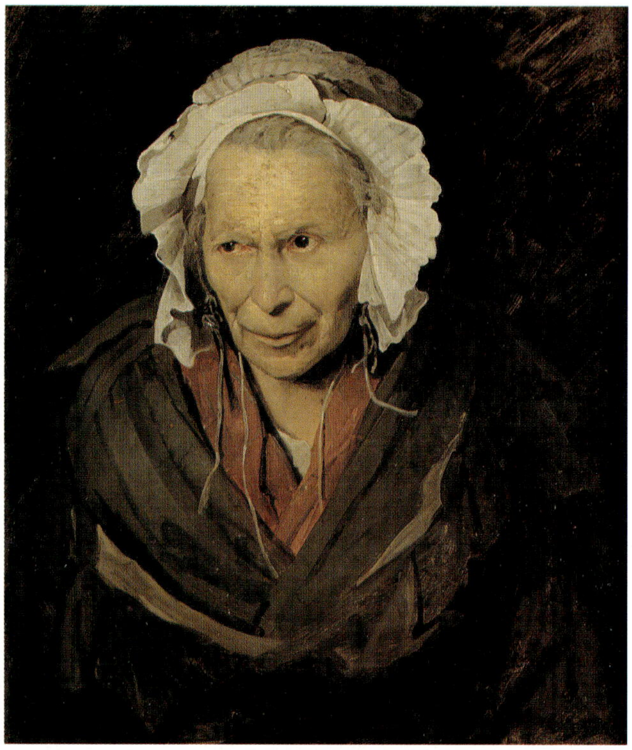

Théodore Géricault. *Monomane de l'envie dit aussi l'hyène de la Salpêtrière.* Vers 1821. Musée des Beaux-Arts, Lyon.

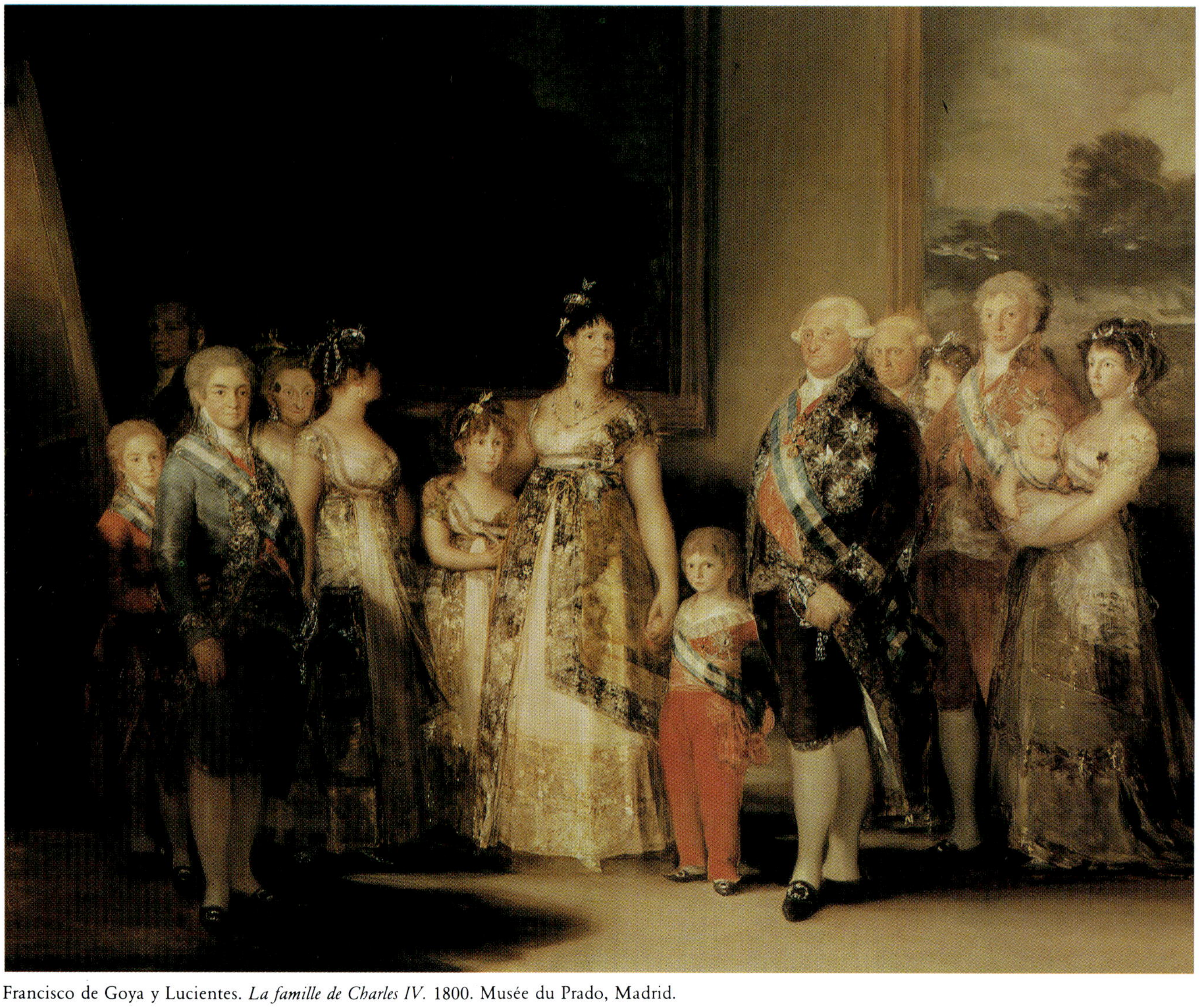

Francisco de Goya y Lucientes. *La famille de Charles IV.* 1800. Musée du Prado, Madrid.

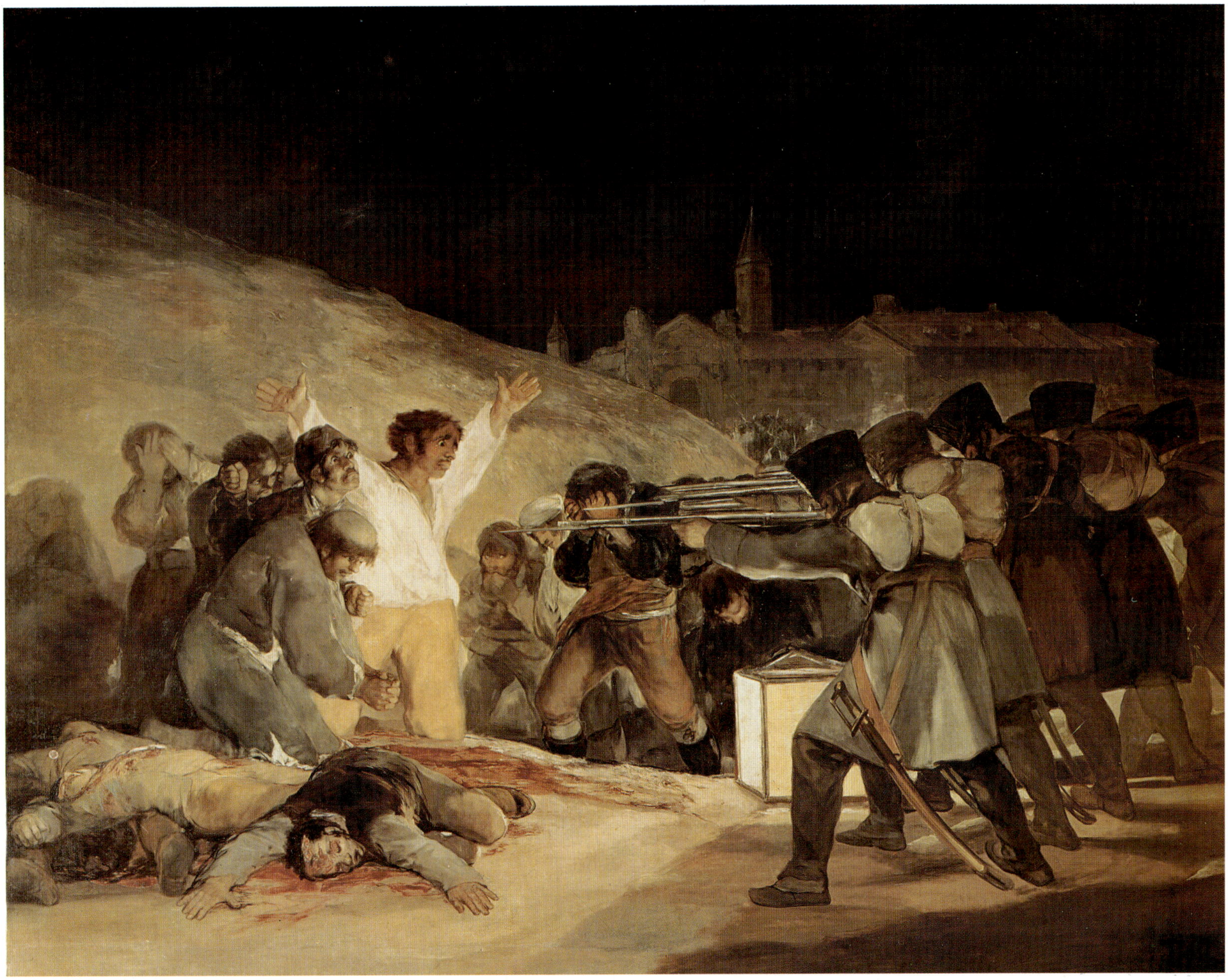

Francisco de Goya y Lucientes. *Le 3 mai 1808.* 1814. Musée du Prado, Madrid.

Ce portraitiste est un témoin. De la beauté et de la grâce comme de la fatuité, de la décrépitude, de la misère ou de la souffrance ; de la haute société madrilène comme du petit peuple, des majas au balcon aguichant le passant, des majos insolents et des toreros. Quand les armées de Napoléon envahirent l'Espagne, la vie libre et joyeuse s'arrêta, les commandes cessèrent ; le peintre, replié sur lui-même, exécute sur des petits formats des scènes de brigandage, d'assassinats, de rapts, de tortures ; Goya dénonce pour lui seul. Parallèlement il s'attaque aux vanités féminines qu'il ridiculise ou blâme. Cet homme aux aguets, angoissé, violent ou nostalgique, va découvrir lors des massacres commis par les troupes françaises à Madrid les 2 et 3 mai 1808, une voie nouvelle : l'horreur.

Le *Dos de Mayo* et le *Tres de Mayo* (1814, musée du Prado, Madrid) stimulent son sadisme féroce hérité de ses mécomptes amoureux et de sa haine des puissants. L'horreur ne le révolte pas, elle le grise, il le montre dans ses *Désas-*

tres de la guerre gravés de 1810 à 1820 ; son pinceau, son crayon et son stylet expriment avec une force incroyable, fébrile, débridée, crispée, l'épouvante et la colère. Emmuré dans sa surdité, envoûté par sa vision intérieure, Goya délivre de ses pulsions sauvages les images les plus cruelles — et hélas les plus vraies ! — de la guerre, des fusillades, des tortures. Et cet orchestrateur de cauchemar couvre les murs de sa maison, la "Quinta del Sordo", dans les faubourgs de Madrid, d'un effrayant ballet de sorciers, de vampires et d'êtres difformes ou anormaux dans des nocturnes de fin du monde.

Goya a parcouru, dans l'espace d'une vie humaine, une route à peine envisageable sur plusieurs générations. Avec lui débute une longue lignée d'artistes maudits qui, dressés contre un pouvoir ou une société qui n'admettaient pas leur liberté, se trouveront voués à l'indifférence ou à l'hostilité. Ce sera l'attitude des "classiques" à l'égard des "romantiques", puis le fossé se creusera encore davantage rejetant les "novateurs", terme alors jugé péjoratif, vers une solitude aggravée de conditions matérielles déplorables. Ainsi se créera une double histoire de l'art, celle des nantis, protégés par les institutions officielles et admirés du grand public à qui iront prébendes et commandes, et celle des insoumis.

Un préromantisme de l'esprit

Goya, pour les romantiques, sera uniquement l'auteur des *Caprices ;* ses autres séries de gravures ne seront publiées que sous le Second Empire pendant que les artistes commençaient à découvrir ses toiles en Espagne et en France. Il est donc d'abord regardé comme le peintre des monstres et des cauchemars, fantastique et visionnaire ; vers 1860 on révélera le réaliste, le graveur des *Désastres de la guerre,* le portraitiste de Charles IV et des Majas.

La fantasmagorie n'appartient pas seulement au pathétique de la "Quinta del Sordo" ; au-delà du sujet les peintres de batailles avaient tenté de transcender la réalité. Il y a du visionnaire chez Gros, chez Girodet quand il représente *l'Apothéose des héros français* accueillis par Ossian dans l'empyrée, chez Gérard dans *Ossian évoque les fantômes au son de la harpe...* (original de 1801 perdu, version à Malmaison) ou *Le Songe d'Ossian* d'Ingres (1813, musée Ingres, Montauban) commandé pour la chambre de Napoléon à Rome, dans les allégories de Franque, de Guérin ou de Prud'hon.

L'inspiration ossianique, venue des brumes scandinaves — les poèmes d'Ossian sont en réalité une supercherie —

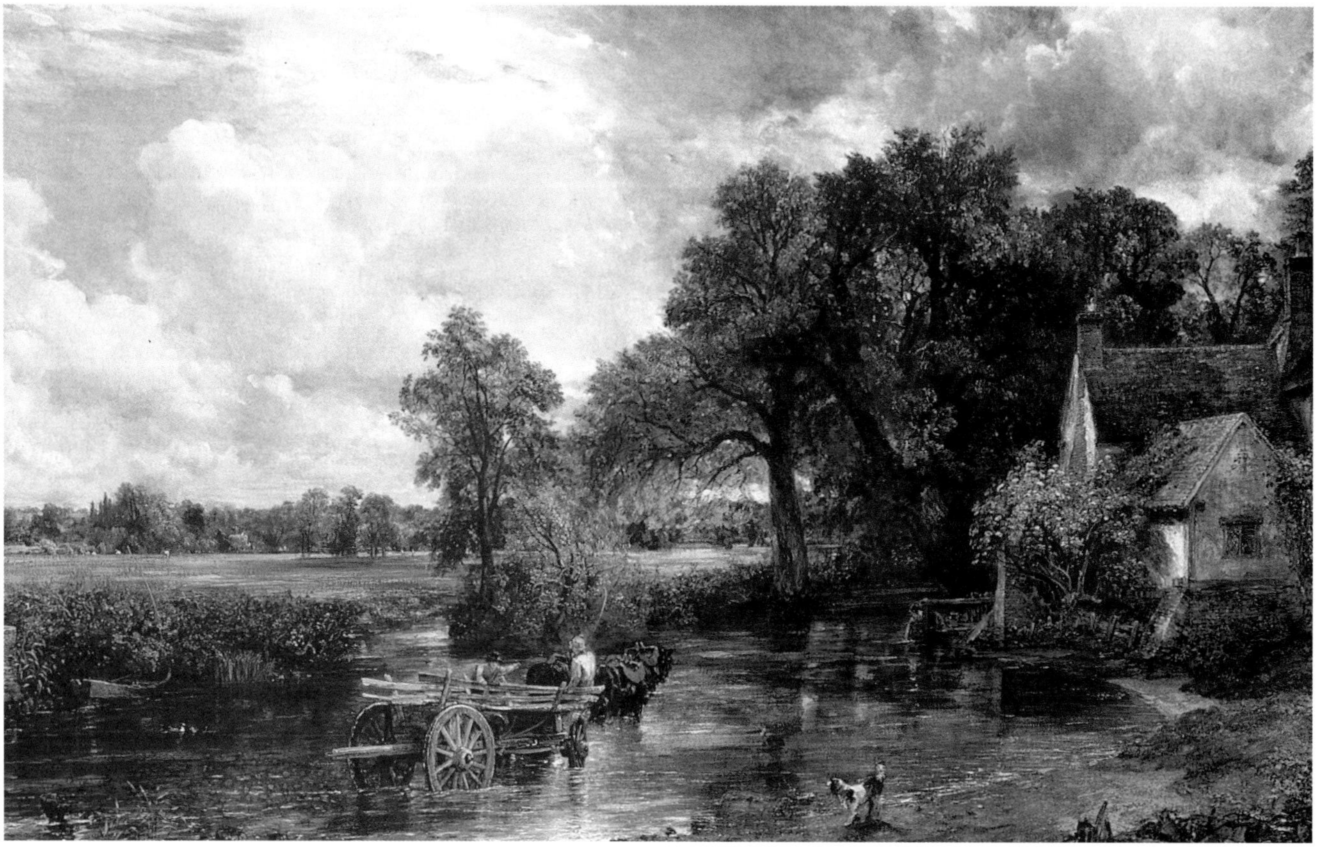

John Constable. *La charrette de foin.* 1821. National Gallery, Londres.

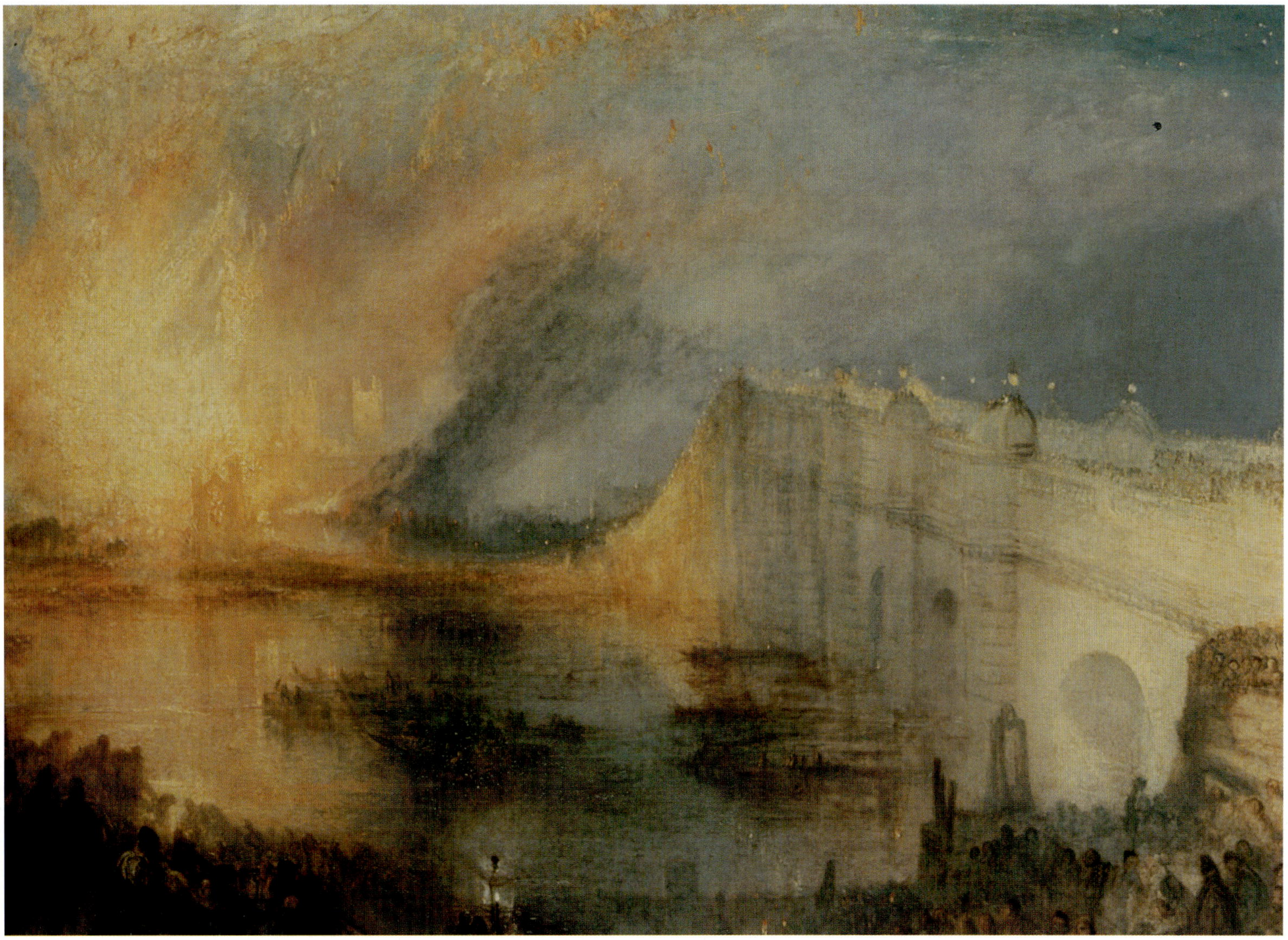

William Turner. *L'incendie de la Chambre des Lords et de la Chambre des Communes.* Vers 1835. Philadelphia Museum of Art.

dont l'audience fut considérable — toucha de façon imprévue la France pourtant peu préparée à cette littérature. Ce préromantisme de l'esprit, non de la forme, eut des résonances sensibles ; l'ossianisme introduisit dans le néo-classicisme un romanesque dont David avait horreur mais qui n'est pas très éloigné de l'émotivité excessive de certaines œuvres de l'époque où les spectres nordiques se rencontrent avec les héros de chair de l'Antiquité et du Moyen Age. Le mythe ossianique et le mythe napoléonien ont les mêmes origines héroïques et épiques ; L'Empereur ne professait-il pas une grande admiration pour "l'Homère du nord" ? C'est paradoxalement dans l'atelier de David qu'est né le courant ossianique, et si après la grande composition d'Ingres et la découverte de la supercherie, celui-ci progressivement disparaît, l'influence reste réelle. Mais Ossian, même inventé de toutes pièces par l'Ecossais James Macpherson, était trop "antique", et trop marqué par l'idéologie de la fin du siècle précédent, pour être encore compris en 1830.

Le paysage avait donné lieu, en Angleterre surtout, dans la dernière partie du XVIIIe siècle, à des évocations grandioses et terribles ; la recherche du paradis perdu passait pour certains par les voies du fantastique et du bizarre.

Celles-ci sont liées au grand mouvement de rupture des débuts du XIXe siècle, elles s'opposent aux certitudes du classicisme dont beaucoup, même parmi les davidiens, commençaient à se lasser ; il y a, dans l'Europe qu'ébranlent les guerres napoléoniennes, une volonté commune à tous les peuples de se libérer des notions anciennes, et après la chute de l'Aigle et la renaissance des nationalismes, de se débarasser en même temps de la domination française. Le recours au merveilleux fait partie de ce retour à l'imagination, aux élans subjectifs, dont en Angleterre, alors que David pèse de tout son poids sur le continent, Blake et Füssli sont les principaux représentants. Leur originalité, leurs inspirations et leurs curiosités font reculer les frontières du visible.

Les visions de Blake et les cauchemars de Füssli

Lorsque commence le siècle, William Blake, qui a quarante-trois ans, a déjà exécuté une grande partie de son œuvre, mélangeant souvent textes et dessins gravés et peints

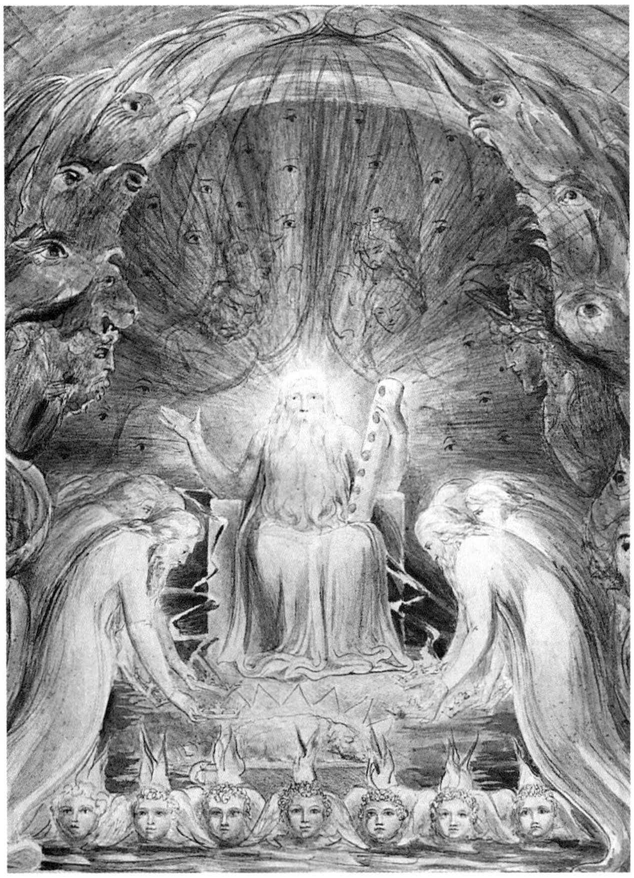

William Blake. *Les vingt-quatre Vieillards déposant leur couronne devant le trône divin.* 1805. British Museum, Londres.

dans ses ouvrages dont le premier, *Songs of Innocence,* est de 1782. Les cinq cents aquarelles, hélas refusées par l'éditeur, qu'il réalise pour l'illustration des *Nuits* de Young sont un tournant dans sa vie, comme l'échec complet de l'exposition de ses œuvres en 1809.

« La plupart des individus regardent avec leurs yeux, moi je regarde à travers comme on regarde à travers une vitre », dit Blake. Déçu par les hommes, dupé par les femmes, il s'est réfugié dans l'invisible, l'inconnaissable ; son œuvre n'est qu'un long parcours de l'intelligible à l'hermétisme le plus obscur, une insensible gradation des feux de l'aurore à la nuit. Ce visionnaire aux idées fumeuses invente, afin de venir à bout de la religion, un autre "sacré", anticlérical et hérétique, dont il projette le contenu idéologique dans des images réalisant une opération de détournement dont il est le metteur en scène inspiré. Condamnant tout ce qui touchait au fini, matérialisme, raison, conduite formaliste, Blake ne s'attache qu'à tout ce qui concerne l'infini, imagination, inspiration poétique, génie créateur, foi en la rédemption ; il englobe dans une même vision le ciel et la terre, les hommes et les animaux, le monstrueux et le divin, dialogue avec les morts « plus réellement proches que lorsqu'ils étaient visibles à la partie mortelle de notre être ». Le monde des ombres est son univers familier.

Illustrateur-enlumineur Blake a inventé un procédé, le "Relief Etching" qui consiste à dessiner sur une plaque de cuivre les caractères et les illustrations pour créer ensuite, à l'eau-forte, un stéréotype qui s'imprime dans n'importe quel ton et peut être rehaussé de couleurs. Ainsi illustre-t-il en 1820-1825 *Le Livre de Job* où, à partir des canons néo-classiques, il interprète l'Ecriture avec son double génie de peintre inspiré et de prophète ; il y fait apparaître sa connaissance profonde de la Kabbale, du néo-platonisme, et écrit Kathleen Raine, « de toute la théologie mystique de la tradition ésotérique occidentale. »

Füssli, ce Suisse qui s'installa et vécut en Angleterre, est lui aussi du parti du démon ; si l'art de Blake prend sa source dans les figurations ésotériques le sien appartient aux domaines du cauchemar et des apparitions. Son œuvre sent le soufre. Sous le couvert du qualificatif de "peintre d'histoire" qui lui sert de masque, il plonge dans les plus noires ténèbres, l'obscur, le refoulé, l'instinctuel ; il en distille les philtres avec une insidieuse volupté. Proche de Goya dont il réinvente les monstres, il illustre Homère, Dante, Shakespeare, Milton qu'il peuple de ses obsessions, de ses fantasmes, de ses hallucinations érotiques ou féeriques.

L'Angleterre, qu'il adopta comme sa véritable patrie, l'admira et le célébra. Il entre à la Royal Academy, et en 1800 y devient professeur ; couvert d'honneurs il vivra et mourra respecté en 1825 peu avant Blake dont il ne partagea ni l'inspiration prophétique, ni l'irréalité froide. Son art reste théâtral, mais il restitue le symbole avec une rare puissance comme dans *Le Silence* (vers 1799-1802, Kunsthaus, Zurich) ou *Kate la folle* (1806-1807, Goethe Museum, Francfort). Le psychanalyste aurait son mot à dire sur ses figurations féminines, reflets d'une sensualité trouble et de mécomptes conjugaux douloureux, et sur leurs énormes chevelures en pyramides ou phalliques. Ce qui, selon Füssli, manque souvent aux hommes se retrouve sur la tête des femmes démesurément agrandi et agressif !

Füssli, balayant les portraitistes à la Gainsborough et les peintres domestiques des "conversation piece" restaure en Angleterre la peinture d'histoire ; il annonce le romantisme pictural.

Constable, Turner et le paysage anglais

Le paysage est le domaine le plus incontestable de la peinture anglaise, celui qu'elle a le plus souvent marqué de son goût pour la nature et les phénomènes atmosphériques. Au terme d'une longue lignée qui commence dans la seconde moitié du XVIIIe siècle, et qui va du pittoresque de Wilson aux bizarreries d'Alexander Cozens ou de Samuel Palmer, John Constable apparaît comme le premier peintre britannique qui n'ait pas réclamé de leçon aux Hollandais. Avec Turner, dont il est néanmoins différent, il a beaucoup influé sur la peinture française ; il a surtout agi sur le romantisme alors que William Turner a joué un rôle décisif dans la formation des futurs impressionnistes. Un troisième artiste, Bonington, a également marqué son époque, notamment à travers ses aquarelles et ses dessins ; il a influencé, dans les ateliers de Gros et d'Isabey qu'il fréquenta, nombre de peintres français, principalement Delacroix, et au Salon de 1824, où *La Charrette de foin* fit sensation, Constable connut un légitime succès. Ce Salon reste une date dans l'histoire de la peinture romantique, et les Anglais y acquirent une réputation méritée. Il est vrai qu'on était au plus fort de l'anglomanie qui suivit l'écroulement du régime napoléonien ; son influence s'exerçait partout.

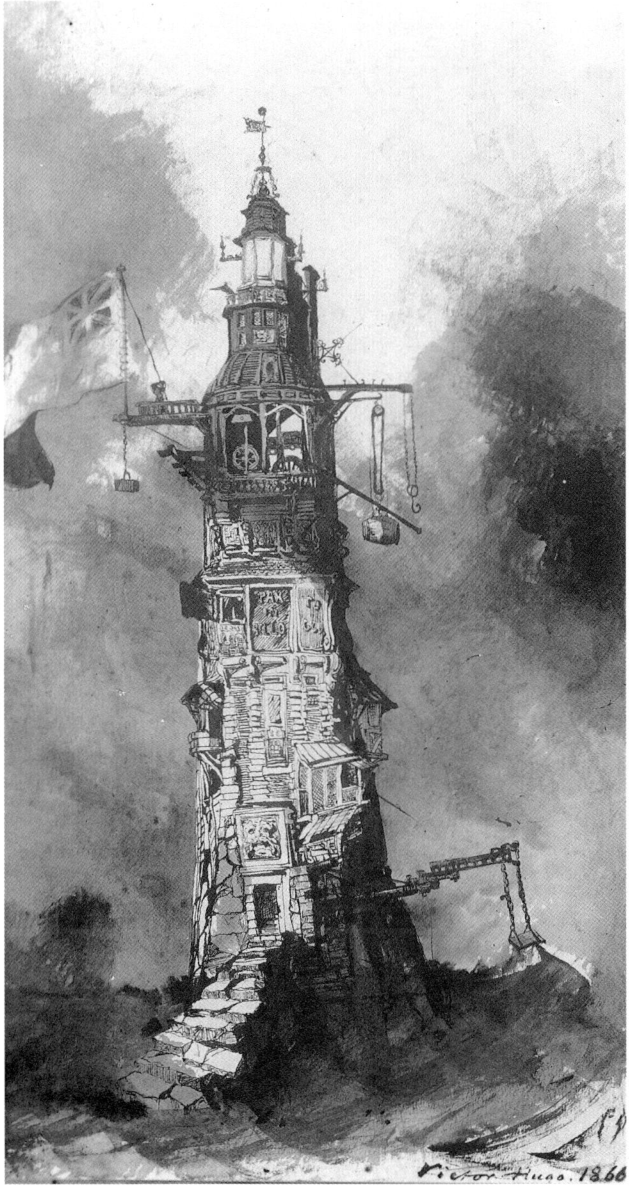

Victor Hugo. *Le phare d'Eddystone.* Musée Victor Hugo, Paris.

Les aquarelles de Bonington, qu'admirera Baudelaire et qui décideront le jeune Corot à devenir peintre, sont lumineuses et aérées ; il sait rendre la fluidité et l'élasticité des éléments, ses ciels et ses horizons invitent à la rêverie. Son goût de la précision archéologique, architecturale et topographique, qu'il manifeste dans ses nombreux voyages à travers l'Europe, l'intérêt qu'il porte à l'anecdote historique inspirée de Walter Scott ou de Dante, trouveront leurs prolongements chez de nombreux artistes du XIXe siècle, Dauzats, Louis Boulanger, Devéria, David Cox, George Cattermole, et même Victor Hugo.

Constable observe plus qu'il n'invente alors que Turner donne la préférence à l'imagination sur l'observation. Il est, par la fraîcheur de ses tons, leur luminosité, et l'étude directe de la nature, à l'origine du paysage français de plein air. Il fut l'un des premiers à se passionner pour la course de la lumière, et les changements qu'elle apporte dans la nature.

Chez Turner l'exaltation atteint à l'hallucination, à la magie. Son art est plus libre que celui de Constable parce que plus cérébral ; il part de la nature pour atteindre à sa transcendance par la lumière, mais celle-ci ne définit pas l'espace et le volume, elle est à la fois espace et volume, les contient, les signifient.

La couleur, émanation de la matière, est une flamme, elle embrase la réalité de l'intérieur vers l'extérieur, dévore le motif, crée le vide qu'emplit un maelstrom tourbillonnant, symbole du vertige de l'être dans un monde que l'absence ou l'indifférence de Dieu désorientent. Son pinceau ne suit pas la course de la lumière, il la crée, amalgame l'air, l'eau, le soleil, l'ombre, l'infini à des silhouettes fugitives, un bateau, un train, une maison qui semblent n'en jaillir que pour s'y engloutir ; elles se transforment en signes, épaves du visible dans l'irréalité.

Shakespeare, la mythologie, l'histoire d'*Hannibal passant les Alpes* (1812, Tate Gallery, Londres) au *Champ de bataille de Waterloo* (1818, Tate Gallery, Londres) ne sont que prétextes à convulsions, éruptions, avalanches, destructions. Ses naufrages, où Turner atteint la « griserie du sublime », symbolisent l'engloutissement des choses finies par l'infini de la peinture. Dans les paysages de Venise, le plus souvent exécutés à l'aquarelle, l'intensité solaire dévore les formes jusqu'à les noyer dans une brume colorée d'où surgissent ici et là les repères traditionnels de la ville des Doges.

Dans l'une de ses toiles les plus célèbres, *Pluie, vapeur et vitesse* (1844, National Gallery, Londres) Turner passe de

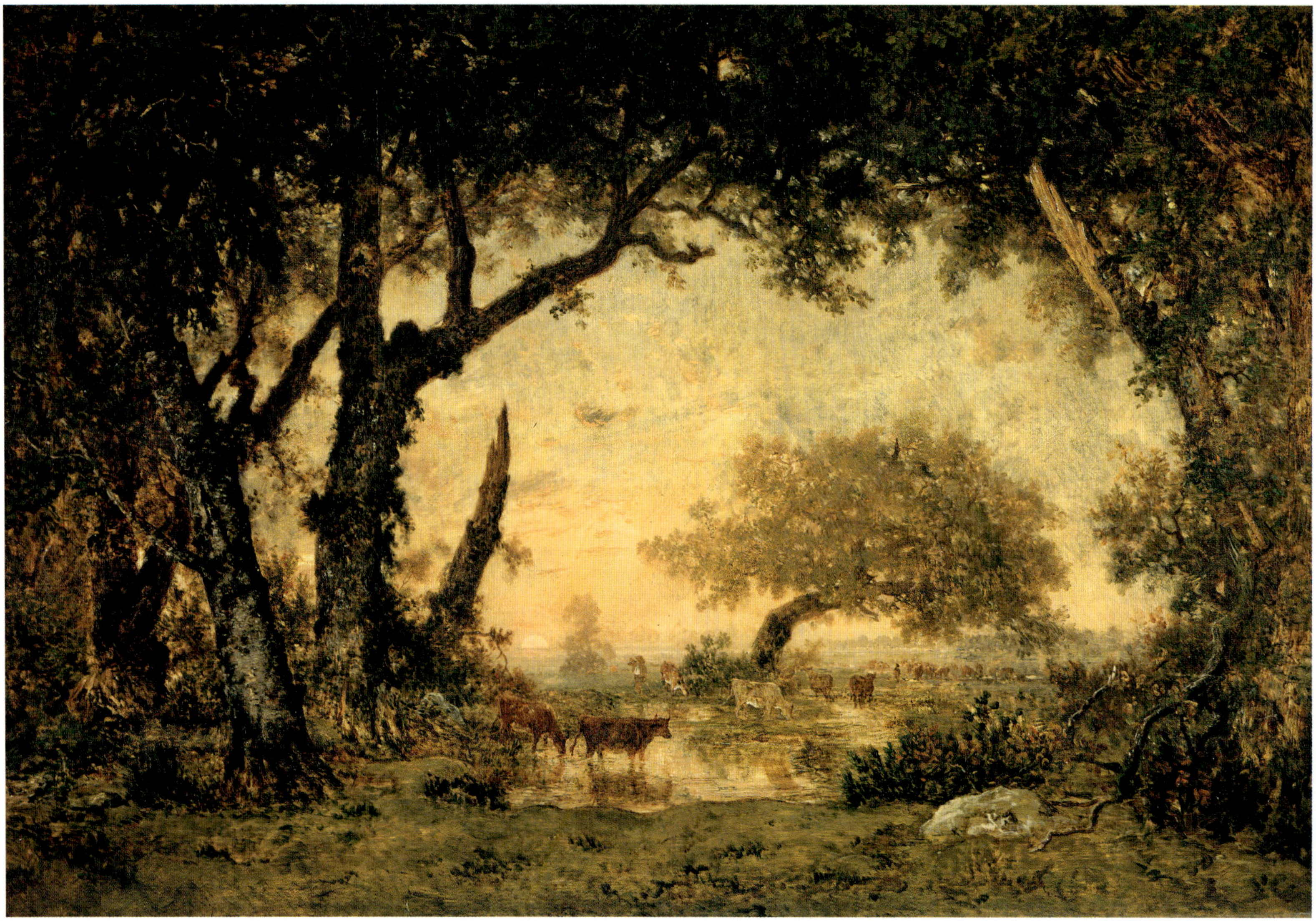

Théodore Rousseau. *Sortie de forêt à Fontainebleau, soleil couchant.* 1848. Musée du Louvre, Paris.

l'évocation des formes à la transposition des forces ; le tourbillon de la pluie, le tumulte de la vapeur, les fulgurances de la vitesse, deviennent peinture. L'homme, dans son œuvre, n'est qu'un signe minuscule, le symbole du dérisoire, l'expression de sa propre fragilité et de sa faiblesse ; il est promis à l'engloutissement, à l'anéantissement dont Turner est, à l'égal de Blake ou de Hugo l'annonciateur. Tous trois dominent la vaste constellation visionnaire du XIXe siècle.

L'école de Barbizon, réalisme et effusion

La leçon anglaise changea complètement l'optique des peintres. Elle leur permit de donner congé à l'Italie, à la nature "historisée" ennoblie par la ruine, la mythologie ou la légende, à la tradition classique. Le plein air sera l'immense atelier ouvert à tous les vents, la lumière, la pluie, la neige, des peintres du nouveau paysage dans la filiation toujours vivace des Hollandais du XVIIe siècle ; ils découvrent que la nature, les vastes espaces et les mystères forestiers, les reflets de l'eau, les grands mouvements saisonniers, sont à portée de leur regard. A quelques kilomètres de Paris, de son existence oppressante et coûteuse, dans la plaine de Fontainebleau où les villages ont, à l'écart du monde, conservé leur charme rustique : Chailly-en-Bière, Barbizon, Marlotte. Un inventaire de la nature, tel fut le propos et le bilan de ce qui est resté dans l'histoire sous le nom d'école de Barbizon.

La condition de l'artiste, qui n'acceptait pas la férule de l'Ecole et des Salons, et refusait de se soumettre aux goûts rétrogrades d'une bourgeoisie d'argent, était très aléatoire ; s'il désire conserver sa liberté c'est l'aventure avec tous ses risques, la solitude, la menace de la marginalisation et de la pauvreté, la "bohème". En se consacrant à la nature les peintres de Barbizon ajoutent à leur situation, guère enviable, un risque de plus. L'art du paysage pur n'est pas officiellement reconnu en France ; en outre remettre en question le processus traditionnel d'apprentissage de l'art, l'éducation académique, l'accès normal à la "carrière" d'artiste, vivre à l'écart de ses voies naturelles et de ses temples, refuser l'étude de l'homme, le modèle vivant, le nu, les "grands sujets" qui permettaient l'accès aux Salons, les faisaient passer pour "révolutionnaires".

L'école de Barbizon apparaît comme un mouvement

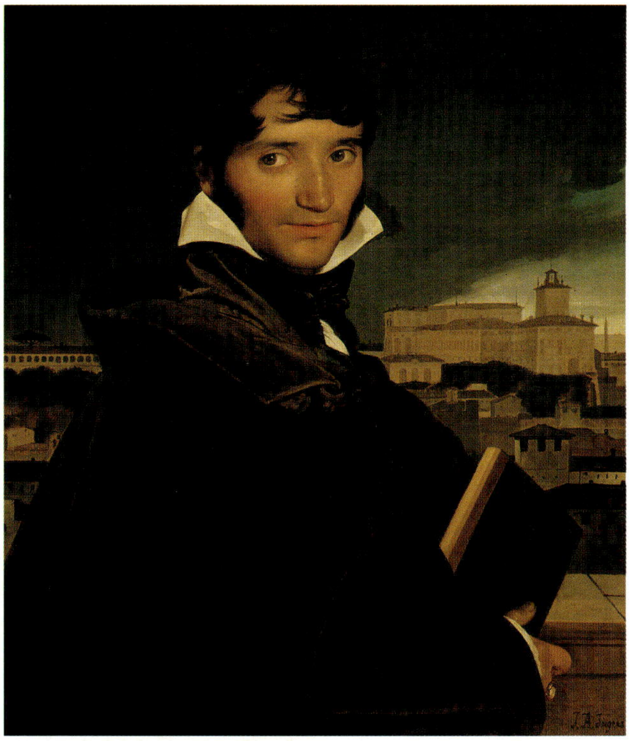

Jean Auguste Dominique Ingres. *Le peintre Granet.* Vers 1807. Musée Granet, Aix-en-Provence.

novateur non seulement sur le plan esthétique qui substitue à la forme raisonnable l'effusion du sensible, mais socialement et politiquement. Ces démocrates du pinceau, que le Salon écarte et dont les bourgeois se méfient, sont des mystiques à leur manière. Les toiles que Théodore Rousseau, Troyon, Paul Huet, Charles Jacque, Millet, Daubigny, Diaz, Dupré, Français, et quelques autres, peignent "sur le motif", en plein vent, les pieds dans la neige ou sous la pluie, ne sont pas de simples vues, ou des études atmosphériques, mais l'expression, à travers les lieux choisis, de leurs états d'âme, leur émotion devant les beautés naturelles, les forces cachées qui les animent ou les mystères qu'elles contiennent. La lumière, les secrets des sous-bois qui conservent la mémoire du chaos originel, les immenses horizons où le rêve va à la rencontre de l'infini.

« On ne copie pas ce qu'on voit avec la précision mathématique, disait Théodore Rousseau, mais on sent et on traduit un monde réel dont toutes les fatalités vous enlacent. » Rousseau fut surtout le peintre des arbres, des grands chênes aux frondaisons ombreuses, aux branches puissantes, vivantes comme des membres humains, dont les masses sombres se détachent sur le clair horizon ou les lointains brumeux.

Les peintres de Barbizon ne sont pas des romantiques, leur vision a beau être émotive elle est surtout réaliste ; s'ils fouillent, comme avec un verre grossissant, le mystère de la nature, sa genèse et son devenir, ils en détaillent minutieusement chaque élément végétal, chaque variation d'atmosphère, de saison, d'éclairage. Si Rousseau, Dupré ou Daubigny passent pour des révolutionnaires de comportement ou d'idées, leurs œuvres ne le sont guère ; elles conservent malgré les changements de conception et de vision de la nature, l'esprit traditionnel de synthèse des maîtres classiques. Parfois, lorsqu'ils se haussent jusqu'au lyrisme dramatique qui transforme un coucher de soleil en orgie colorée, ou un clair de lune en vision hallucinatoire, ils atteignent presque le génie ; parfois aussi ils poétisent avec délicatesse une humble chaumière ou une simple mare au lever du jour, et font preuve d'une modernité qui dépasse singulièrement les goûts de l'époque.

Mystiques ? Panthéistes ? Les barbizoniens, ces hors-la-loi de la peinture, furent surtout des observateurs passionnés — « apôtres de l'éphémère et de l'œil sans cerveau » a écrit un critique sévère — mais lucides, et s'ils recherchent l'effusion ils ne la séparent pas de la description. Nombre d'artistes de "second rayon" ou de "petits maîtres" travaillèrent dans les champs et les futaies bellifontaines, ou prirent la suite des pionniers des hauteurs d'Apremont ou de la plaine de Chailly ; il n'y eut pas d'école à proprement parler mais un grand mouvement de retour à la nature et au plein air, d'appréhension de la lumière, où l'on rencontre aussi Corot et Courbet.

Ingres novateur malgré lui

Le relais du classicisme a été assuré sous le règne même de David par Ingres, son élève, qui, grand prix de Rome en 1801 [4] avec une composition en tous points fidèle aux canons antiques mais élégante et animée, ne put s'y rendre qu'en 1806, faute de crédits. Il y vivra jusqu'en 1819-1820 où il s'installe à Florence ; il ne rentrera à Paris qu'en 1824.

Classique, Ingres le sera toute sa vie. Avec une fermeté farouche. « Mes adoratisons sont toujours Raphaël, son siècle, les Anciens, et avant tout les Grecs divins » ne cessera-

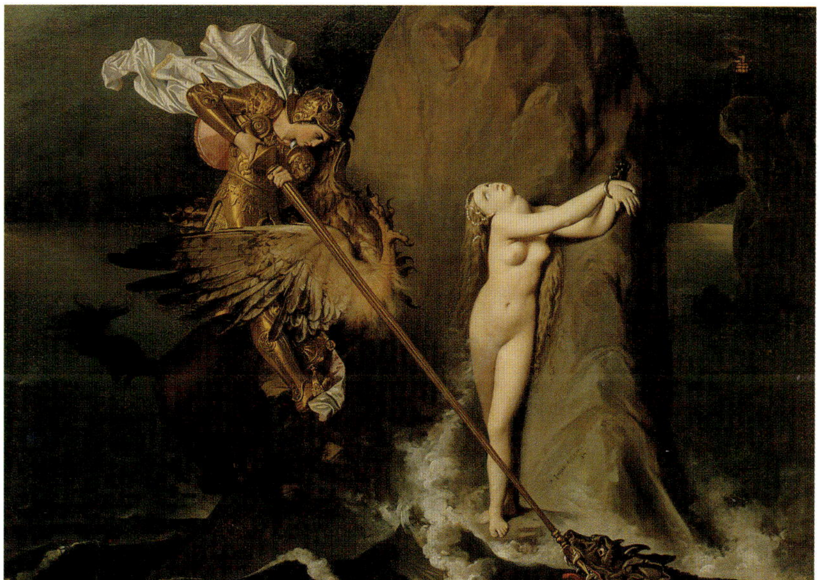

J.A.D. Ingres. *Roger délivrant Angélique.* 1819. Musée du Louvre, Paris.

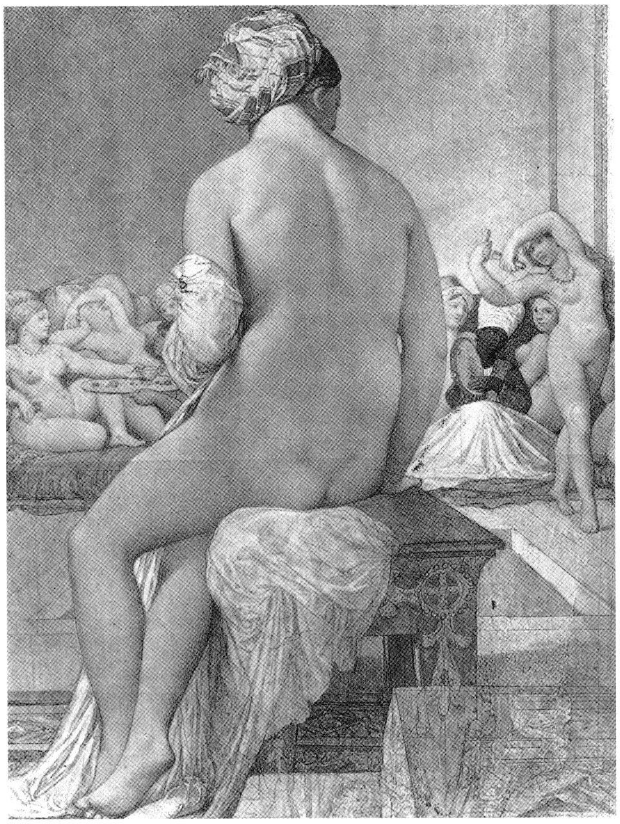

Jean Auguste Dominique Ingres. *La petite baigneuse.* 1864. Musée Bonnat, Bayonne.

t-il de dire. Et encore : « Y a-t-il rien de nouveau ? Tout est fait, tout est trouvé. Notre tâche n'est pas d'inventer mais de continuer. » Doctrinaire borné et intolérant, dès ses débuts ces principes, « qui sont la vérité » dit-il, et son style sont arrêtés. M. Ingres serait-il un grand peintre malgré lui ?

Son originalité est néanmoins sensible dans le traitement imprévu qu'il fait subir aux leçons de David. Ce passionné de l'Antiquité, soucieux d'exactitude archéologique et de "couleur historique", n'admire pas la même que celle de son maître ; il préfère les Grecs aux Romains, et met dans le rendu des anatomies une grâce ciselée certes, mais séduisante et légère, qui "abstractise" le modèle dans une stylisation sinueuse. Sa conception de l'espace est également différente, elle apparaît plus "sensée", et l'influence des camées hellénistiques y est visible.

C'est dans une petite toile du musée de Bâle, de 1805-1806, *Aphrodite blessée par Diomède remonte à l'Olympe,* que l'on voit tout ce qui sépare l'élève du maître. L'archaïsme des figures, les volumes arrondis et l'écriture linéaire aux courbures ondulantes, sont plus proches des peintures des vases grecs, de Flaxman ou de Canova, que de l'esthétique davidienne. A la veille de quitter Paris Ingres signifie son congé à l'auteur des *Sabines.*

Son œuvre romaine est d'une grande diversité : vues dessinées ou aquarellées de la ville et des environs, et un délicieux petit "tondo", *Le casino de Raphaël* (1807, musée des Arts décoratifs, Paris), nus (la *Baigneuse de Valpinçon,* la *Grande Odalisque,* Louvre), portraits, scènes historiques et petits tableaux de cabinets (différentes versions de *Raphaël et la Fornarina,* de *Paolo et Francesca),* compositions mythologiques, antiques ou légendaires *(Roger délivrant Angélique, Virgile lisant l'Enéide, Œdipe et le Sphinx, le Songe d'Ossian).* Ingres mélange les inspirations, les styles et jusqu'aux emprunts ; il se révèle un dessinateur précis et souple, un coloriste chaleureux expert en reflets et chatoiements d'une belle maîtrise.

Son œil détailleur, son goût des femmes et de la beauté, de la chair sensuelle et pleine, l'invitent même à déformer le modèle imposé par son dieu, Raphaël ; il allonge les formes, les tord aussi car il a une prédilection perverse pour les femmes torturées et souffrant, stylise selon le procédé qui lui est cher, les lignes. Il arrondit les contours jusqu'à faire oublier la charpente — M. Ingres préfère la peau aux os et aux muscles — et invente le nu lisse, sans relief, dont la lumière seule crée les accidents. D'où une originalité, des "bizarreries", que ses contemporains ne comprendront pas ; mais aussi son rôle déterminant d'annonciateur de la peinture moderne. Qu'il aurait évidemment exécrée.

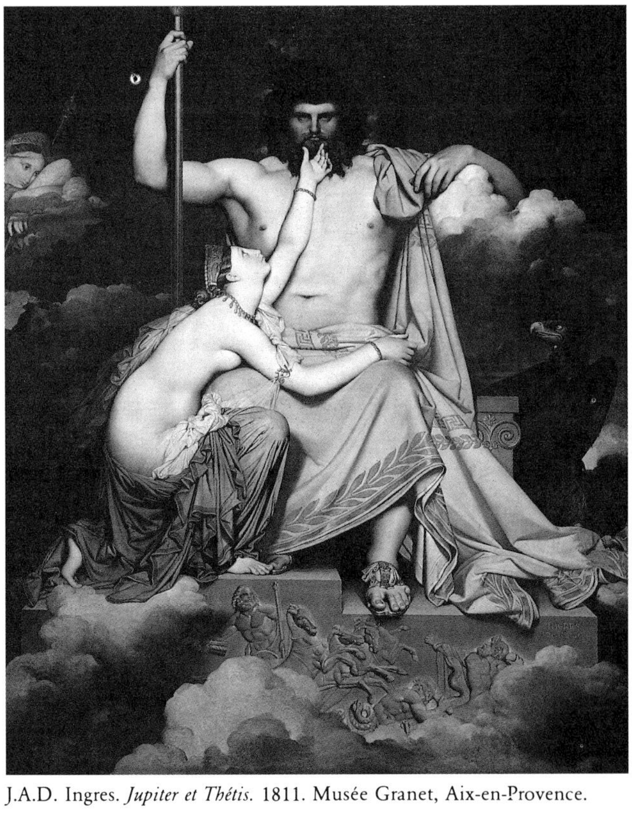

J.A.D. Ingres. *Jupiter et Thétis.* 1811. Musée Granet, Aix-en-Provence.

Ses portraits sont prodigieux d'intelligence, et fort beaux de couleurs, d'une péremptoire matérialité, ceux des hommes surtout. A Rome il l'ont éloigné à regret de la "peinture d'histoire", la seule valable à ses yeux, mais on devine néanmoins l'intérêt qu'il éprouve à pénétrer la psychologie de son modèle (*Le Peintre Granet,* musée d'Aix-en-Provence, *M. Marcotte d'Argenteuil,* 1810, National Gallery of Art, Washington) et le plaisir qu'il prend devant les dames.

Méridional sensuel et chaleureux malgré le carcan de ses principes, Ingres est très sensible à leur charme, à leur élégance, à la séduction de leurs atours aux harmonieux drapés. Ingres n'a pas son pareil pour saisir l'arrondi furtif d'une gorge, le modelé d'une épaule ou d'un bras, l'abandon d'une main qui s'égarerait plus encore volontiers. Ne serait-il pas secrètement amoureux de *Mme Rivière* (Louvre), de la troublante *Mme Devaucay* (1807, musée Condé, Chantilly), de *Mme Panckoucke* (1811, Louvre) ?

L'année de son départ pour Rome, en 1806, il a exécuté, sur une commande du corps législatif, un portrait de *Napoléon Ier sur le trône impérial* (Hôtel des Invalides, Paris) qu'il représente, à la grande stupeur de ses contemporains, comme un empereur byzantin dans un jeu de lignes très oriental, et des couleurs somptueuses. La critique fut sévère, l'un jugeant le tableau « peint aux rayons de la lune », l'autre assurant que « M. Ingres ne tend rien moins qu'à faire rétrograder l'art de quatre siècles ». Sa "manière bizarre" choqua.

La *Baigneuse à mi-corps* (1807, musée Bonnat, Bayonne) accuse la stylisation aux sinuosités parfois singulières chère au jeune artiste, ce maniérisme de la forme qui n'apparaît jamais aussi original que dans le *Jupiter et Thétis* de 1811 (musée Granet, Aix), et le non moins surprenant *Romulus porte les dépouilles opimes au temple de Jupiter,* de 1812 (Ecole des Beaux-Arts, Paris). Dernier envoi de Rome à l'Académie des Beaux-Arts qui ne l'apprécia guère, le *Jupiter* est néanmoins le grand "tableau d'histoire" qu'Ingres ambitionnait de faire depuis son arrivée à Rome — le sujet le tentait depuis 1806 comme le prouvent les notes de ses carnets — ; mais il montre dans le contraste des figures, l'une le maître des Dieux, rigide, terrifiant et de face, l'autre Thétis, agenouillée de profil, le suppliant jusqu'à désarticuler son corps qui s'enfle et s'étire voluptueusement, une audace et une liberté dont il ne se départira plus. M. Ingres, qui s'opposait violemment aux nouveautés de son siècle, en devint malgré lui, dès 1811, à trente ans, l'un des initiateurs.

La figure de Thétis, son érotisme si pleinement démonstratif dans l'arabesque savoureusement sensuelle de son corps, le gonflement du cou, l'allongement insinuant du bras, hantera toute son œuvre. Ingres crée l'odalisque de chair, l'esclave rêveuse et offerte, dont la peau laisse glisser la lumière, et qui de Courbet à Manet, de Renoir à Matisse et Picasso, s'allongera d'un chef-d'œuvre à l'autre dans leurs tableaux.

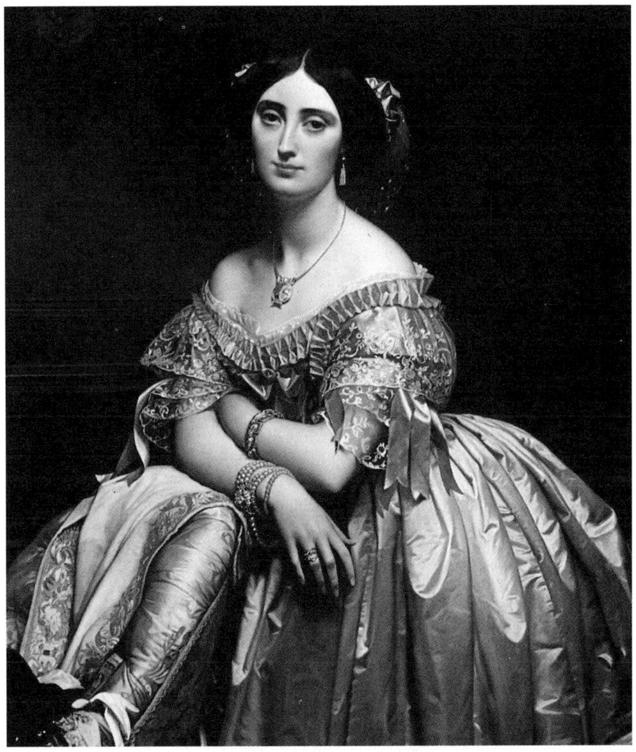

Jean Auguste Dominique Ingres. *La princesse de Broglie.* 1853. Metropolitan Museum of Art, New York.

La distance entre cette sensualité et la rigueur classique, l'idéalisme "chaud" et le naturalisme "froid", créera une tension constante dont les contradictions ou les paradoxes se retrouvent dans toute son œuvre.

En 1824, à quarante-quatre ans, Ingres reçoit sa première commande officielle, destinée à la cathédrale de Montauban, le *Vœu de Louis XIII.* « Je suis un conservateur des bonnes doctrines, et non un novateur, écrit-il à un ami. Je ne suis pas non plus, comme le prétendent mes détracteurs, un imitateur servile des écoles du XIVe et du XVe siècles. Quoique je sache m'en servir avec plus de fruits qu'ils ne savent voir. »

Le *Vœu de Louis XIII* est exposé au Salon de 1824 où Delacroix présente les *Massacres de Scio,* manifeste du romantisme en peinture, et où les paysages de Constable et Bonington apportent une nouvelle vision de la nature et de la lumière. L'œuvre d'Ingres, religieuse, historique et raphaélite, est elle aussi un manifeste, et Delacroix lui-même reconnaît son importance ; elle reçoit, malgré quelques critiques acerbes, un accueil triomphal. Ce n'est que plus tard que les deux hommes s'opposeront, et que le classicisme et le romantisme deviendront d'irréductibles ennemis.

Le succès du *Vœu de Louis XIII* marque un tournant décisif dans la vie et l'œuvre d'Ingres, une nouvelle carrière commence pour lui.

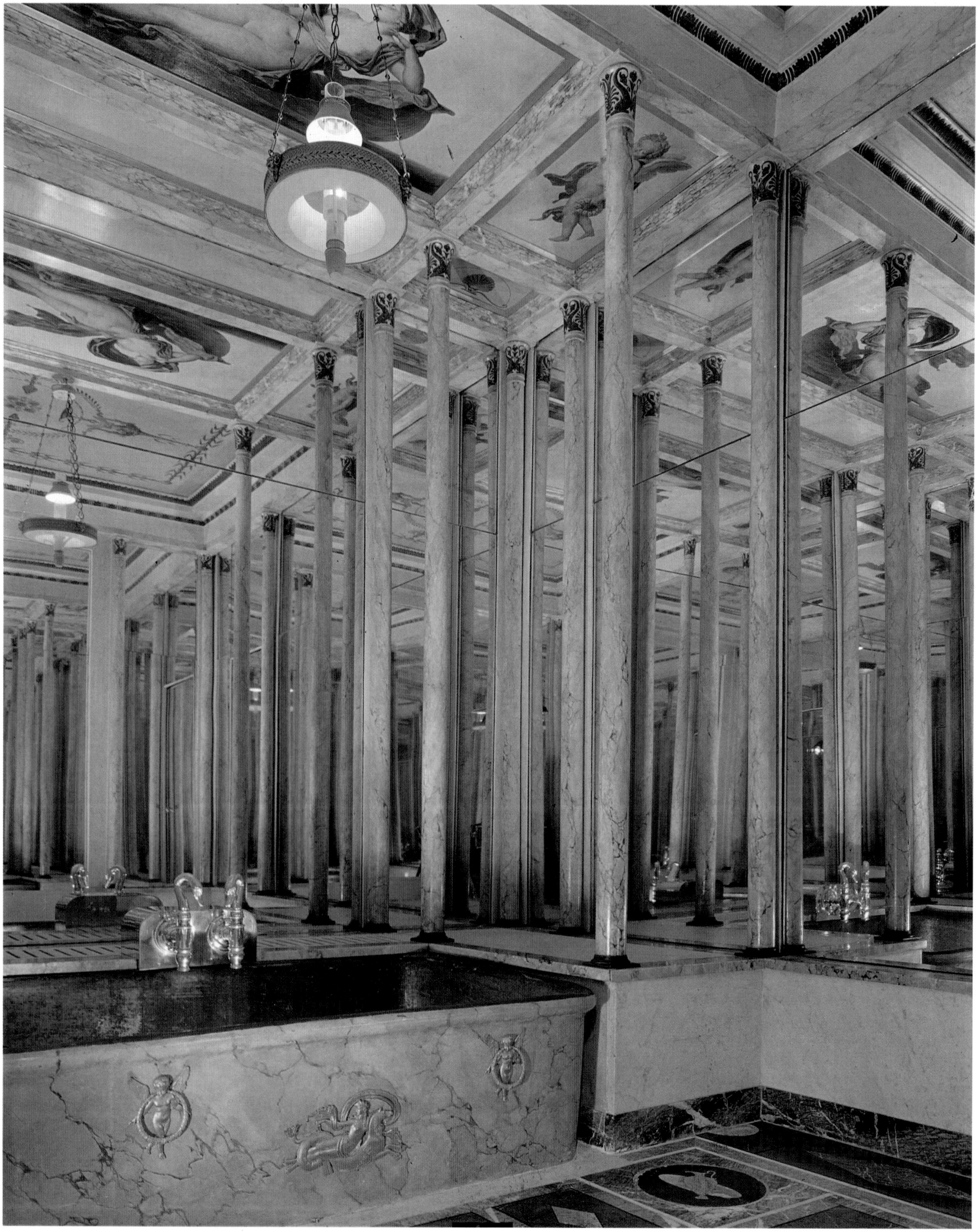

Charles Percier et Pierre François Léonard Fontaine. *Paris, hôtel de Beauharnais, 78 rue de Lille, salle de bains de style pompéien.*

L'ARCHITECTURE ET LA SCULPTURE À L'ÉCOLE DE L'ANTIQUITÉ

Naissance du style impérial

Maître de la Révolution, Napoléon, dès le Consulat, impose à la France un ensemble d'institutions destinées à apporter l'ordre à un pays désorganisé. Attaché au passé, à une tradition dont il se veut l'aboutissement, il s'est déclaré par son sacre l'oint du Seigneur ; il restitue à la cour l'apparat et le protocole de l'Ancien Régime, et renouant les relations de l'Etat avec l'Eglise confère à la notion d'Empire des fondements romains. L'Antiquité est sa référence et son modèle dans tous les domaines, et plus particulièrement dans l'art.

Fort peu "artiste" de tempérament, l'Empereur affirme de façon péremptoire la supériorité des Anciens dont il admire en architecture le sens de l'ordre, la symétrie des masses, la régularité des colonnes et l'ornementation non moins équilibrée de statues. Peu importait que l'intérieur fût incommode si l'extérieur se présentait selon une ordonnance imposante et bien composée. Quoique admirateur de la civilisation gréco-latine Napoléon n'en adhère pas moins aux courants préromantiques, il est passionné par Ossian dont il croit en l'authenticité, et conseille à Girodet et à Gérard de s'inspirer de l'"Homère du Nord". Ce qu'ils firent.

Le style impérial apparaît comme l'avatar ultime de l'antiquomanie de la dernière partie du XVIIIe siècle ; mais à partir d'une Antiquité interprétée dans le sens de la grandeur. « Il n'y a de beau que ce qui est grand » déclare Napoléon, affirmation simpliste dont il fera sa doctrine artistique. Beauté et grandeur résident à ses yeux dans cette Antiquité dont il a également une connaissance très élémentaire, qu'il révère en bloc sans distinguer les époques ni les styles. Ce qu'il en apprécie surtout c'est l'aspect "mâle", le contenu moral de la Rome républicaine qui avaient inspiré Peyron, Ledoux, Boullée, David, et dont les hommes de la Révolution avaient adopté les exemples de vertu. Tandis que les architectes s'inspiraient des temples auxquels ils empruntaient les ordres, les péristyles, les colonnes, les arcatures et les arcs de triomphe.

L'Empereur n'apprécie pas seulement la grandeur mais la simplicité, il ne veut pas dilapider l'argent de son peuple et rappelle à son entourage — à commencer par Joséphine —, aux architectes, aux décorateurs, ses stricts principes d'économie. Qui dit simplicité sous-entend utilité et efficacité. Instrument de prestige et de puissance, l'art doit être au service de la Nation, et les artistes que l'Etat patronne, protège et fait vivre, ont comme obligation, en réciprocité, de se mettre à son service. Servir l'Etat c'est servir le peuple, non selon ses idées personnnelles ou son caprice, mais à partir de règles précises. Elles doivent fort heureusement peu aux critères artistiques de Napoléon qui n'hésite pas à déclarer à

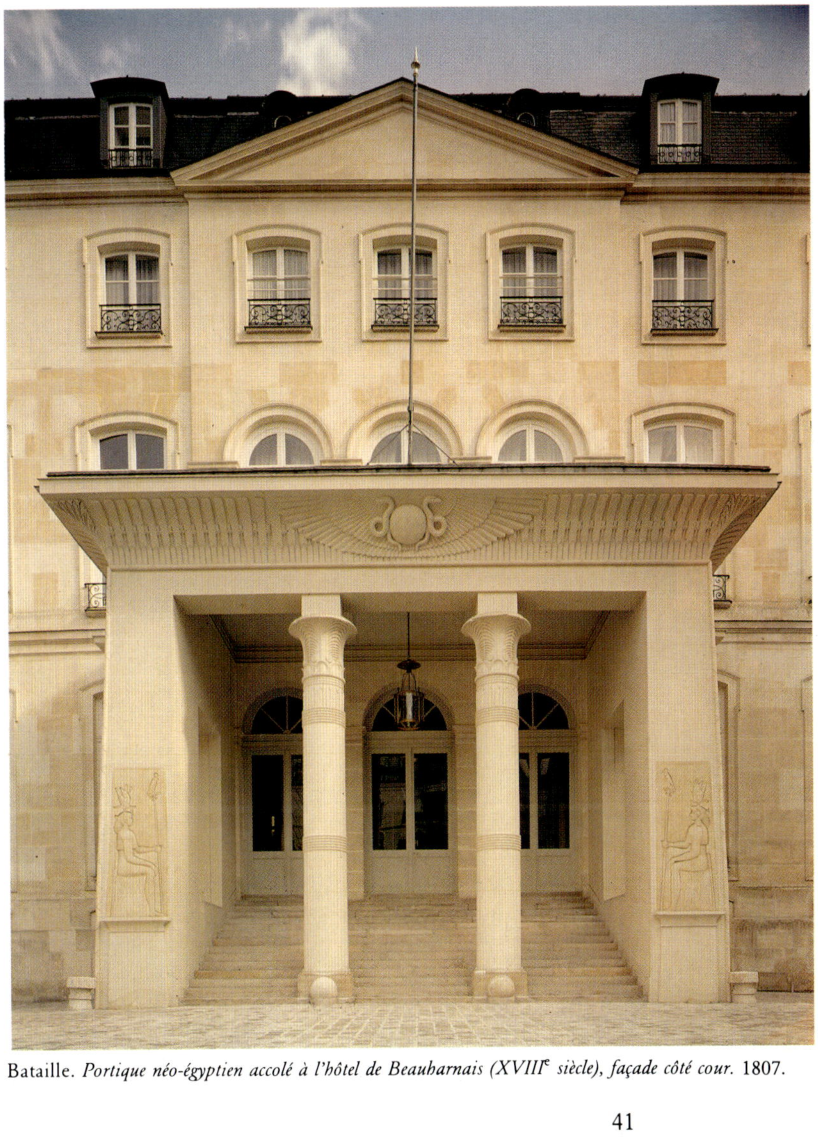

Bataille. *Portique néo-égyptien accolé à l'hôtel de Beauharnais (XVIIIe siècle), façade côté cour.* 1807.

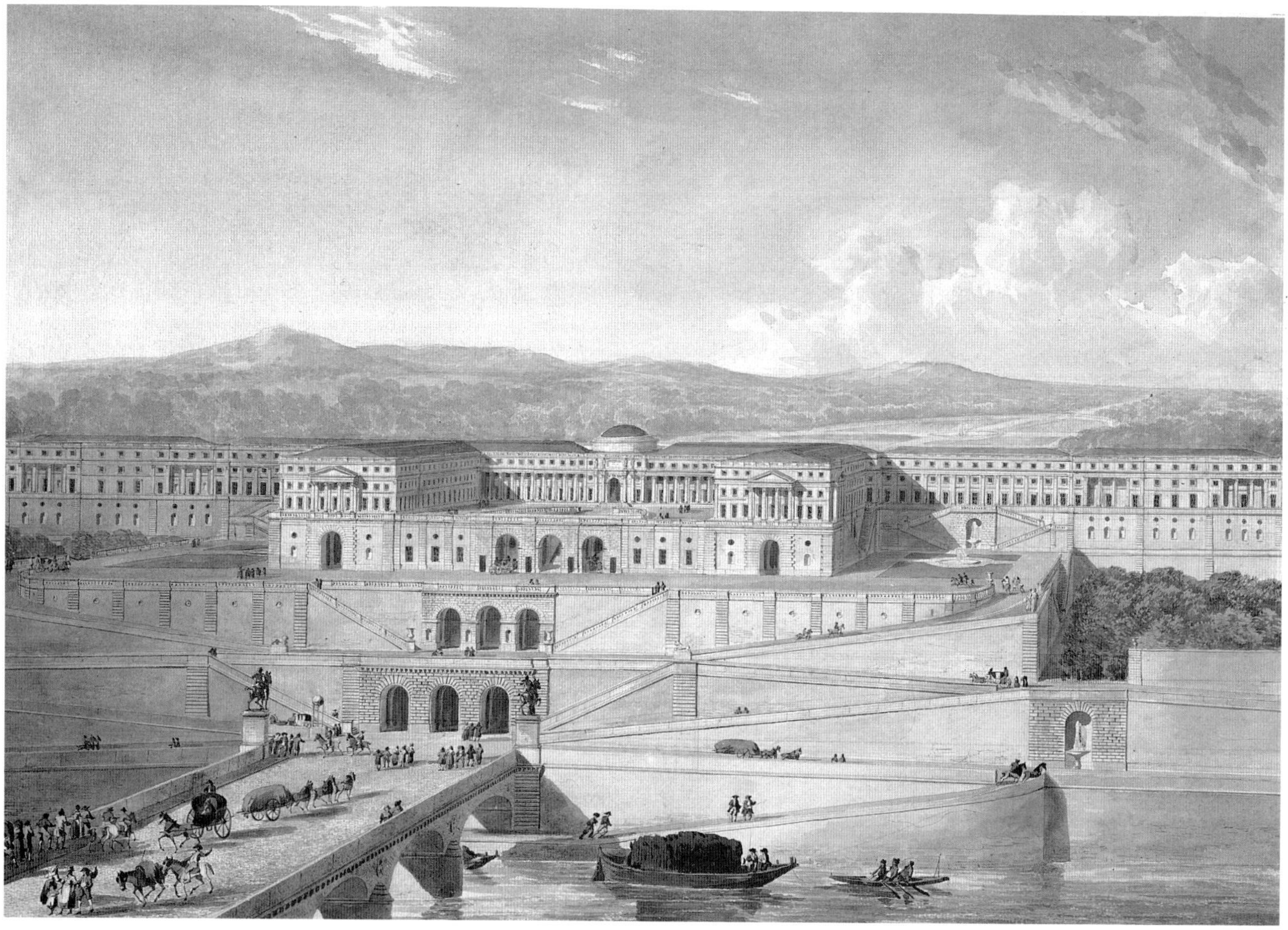

Pierre François Léonard Fontaine.
Projet pour le palais du roi de Rome sur la colline de Chaillot.
E.N.S.B.A., Paris.

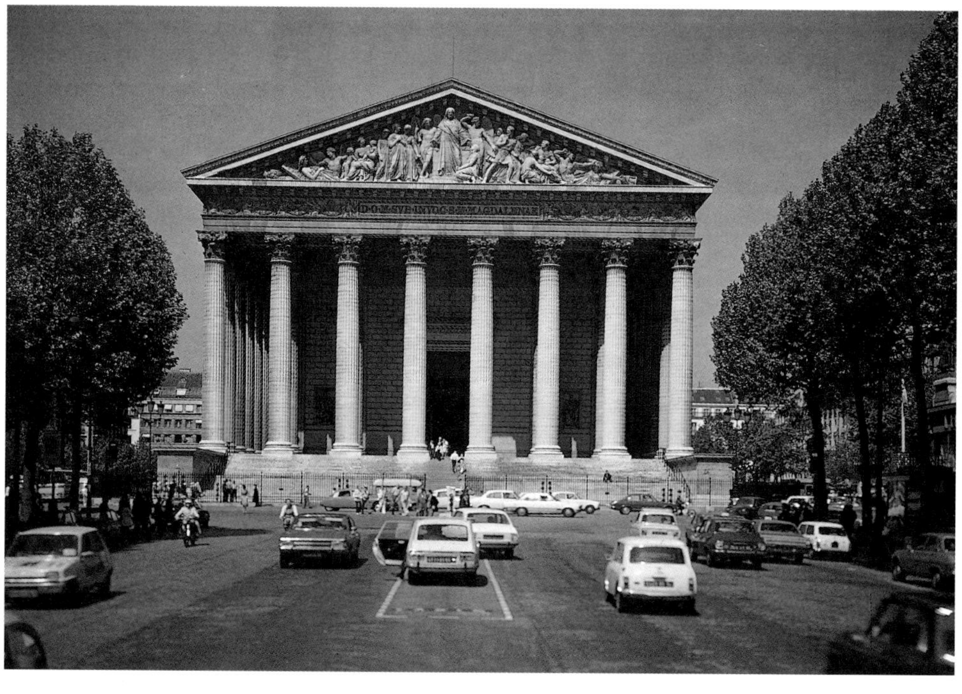

Pierre Vignon.
Paris, église de la Madeleine. 1806-42.

David — qu'il admire — devant son *Léonidas aux Thermopyles* : « Vous avez tort de vous fatiguer à peindre des vaincus. » En revanche il est fort satisfait du *Sacre*, et n'a pas assez de mots pour le louer ; pas pour la qualité de la peinture, pour sa "vérité" !...

Comme tous les bâtisseurs d'empire il donne à l'architecture la première place ; il rêve d'établissements grandioses et stables, fondés sur des structures logiques, liés à la pérennité de la tradition classique, mais bâtis "au plus économique", sinon parfois à la sauvette, sans plans ni devis, ce qui est contradictoire.

Les temples grecs sont la référence suprême de l'architecture impériale ; en témoignent la Madeleine, prévue comme Temple de la Gloire, construite par Vignon à partir de 1806, et son pendant de l'autre côté de la Seine, la façade par Poyet (1807) de l'actuelle Assemblée nationale, plaquée sur le Temple des Lois de l'ex-palais Bourbon. Brongniart élève dans le même esprit, à partir de 1808, la Bourse, défigurée par les ailes ajoutées en 1902-1907. Autres monuments "antiques", la colonne Vendôme imitant la frise en hélice de la colonne Trajane à Rome, l'arc de triomphe du Carrousel (1806-1807) copie de l'arc de Septime Sévère également à Rome. Quant à l'arc de triomphe de l'Etoile, entrepris sur les plans de Chalgrin en 1806, il ne sera terminé, et doté d'un décor sculpté monumental, que trente ans plus tard.

A cette architecture de célébration s'ajoute une architecture utilitaire, fontaines allégoriques, exotiques (le fameux *Eléphant de la Bastille* décrit par Victor Hugo) ou égyptisantes (le curieux *Fellah* de la rue de Sèvres), marchés couverts, passages et galeries à arcades (rue de Rivoli), abattoirs, trottoirs et ponts.

Exécutants fidèles, mais point serviles, des directives impériales, Percier et Fontaine sont les principaux responsables de cette création hybride : le style napoléonien.

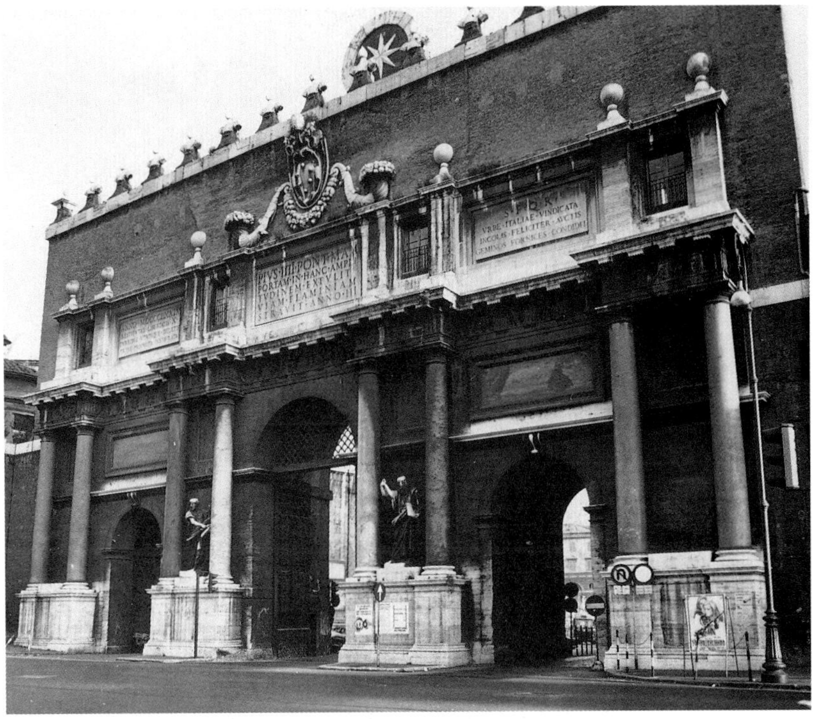

Giuseppe Valadier. *Rome, Porte du Peuple.* 1816-23.

Percier et Fontaine plus pasticheurs que novateurs

Charles Percier et Pierre Fontaine, tous deux prix de Rome et nourris de l'Antiquité, ne se montrèrent nullement dogmatiques et leur conception libérale et empirique de l'architecture déboucha sur un éclectisme mêlant l'art gréco-romain à la Renaissance — celle, plus "décorative", des Loges du Vatican et de la Farnésine — à des réminiscences du XVIIIe siècle. Percier et Fontaine ne travaillèrent pas uniquement à la transformation (qui demeura limitée) de Paris, mais à toutes les résidences impériales, en France mais également en Belgique, en Italie, et dans les pays rhénans, ce qui assura la diffusion du style napoléonien à travers l'Empire.

Si les réalisations architecturales du régime impérial ne sont pas aussi importantes qu'on aurait pu s'y attendre, c'est que Percier et Fontaine se consacrèrent tout d'abord à modifier ou à achever des monuments déjà existants, mais que surtout le temps leur manqua. Ils en perdirent beaucoup avec les projets mégalomanes de Napoléon, comme le futur palais du Roi de Rome sur la colline de Chaillot, ou ceux des Archives, de l'Université et des Beaux-Arts sur le Champs-de-Mars. Plus réaliste était la réunion du Louvre aux Tuileries qui ne sera menée à bien que cinquante ans plus tard.

Plusieurs œuvres, qui devaient marquer le premier régime impérial, seront achevées par les régimes postérieurs, Louis-Philippe par calcul politique, Napoléon III par fidélité dynastique. Dans le domaine urbanistique les percées rectilignes (la rue de Rivoli), les grands axes de dégagement (place du Carrousel, rue de Castiglione, rue de la Paix, les avenues rayonnantes de l'Etoile), la création de vastes places destinées aux déploiements militaires (place Bellecour à Lyon, forum Bonaparte avec arc de triomphe à Milan, projets pour Turin, Naples) sont surtout inspirés par le prestige et la recherche de l'espace, mais aussi par la salubrité et la commodité.

L'architecte Giuseppe Valadier transforme plusieurs quartiers de Rome, aménage de 1816 à 1823 la piazza del

Popolo et les jardins sur les pentes boisées du Pincio, remanie des façades d'églises, San Pantaleone en 1806, San Rocco en 1833, selon des structures et un esprit néo-classiques. Napoléon avait de grands projets pour la cité papale, mais il ne put réaliser que le dégagement du Forum ; néanmoins l'impulsion était donnée aux fouilles archéologiques qui allaient occuper tout le siècle.

En Hollande le roi Louis Bonaparte, en Westphalie le roi Jérôme se font aussi, comme leur illustre aîné, architectes et urbanistes. Plusieurs cités allemandes, Hambourg et Mayence notamment, sont le théâtre d'importants travaux. Les deux seules villes conçues en France sous l'Empire, Napoléon-Vendée (La Roche-sur-Yon) et Napoléonville (Pontivy) présentent un quadrillage systématique sans innovation notable.

L'architecture domestique ne comporte guère de rupture sensible avec les formules de la fin du XVIIIe siècle ; les excès sont gommés au profit d'une plus grande simplicité, et de jeux de masses inspirés du palladianisme. Les nouveautés dues à la mode sont rares ; à peine peut-on citer le portique "égyptien" plaqué par l'architecte Bataille à même la façade sur cour de l'hôtel de Beauharnais rue de Lille, aujourd'hui ambassade de la R.D.A.

Plans, coupes et élévations des plus belles maisons et des hôtels construits à Paris et dans les environs, publié au début du siècle par J.C. Krafft et N. Ransonnette, qui eut plusieurs traductions, et dont le succès fut considérable, le *Précis d'Architecture* (1802) de Nicolas-Louis Durand, plus pédagogue que bâtisseur, qui fit paraître quelques années plus tard un célèbre *Recueil parallèle des édifices de tous genres anciens et modernes*, déterminèrent les principes qui guideront l'architecture du temps. En témoignent à Paris la maison de campagne du maréchal Masséna, aujourd'hui rue Jean Dolent, et parmi quelques immeubles subsistant, l'hôtel Pinsot rue Saint-Georges, la maison-musée Chateaubriand (ancienne maison de santé Le Savoureux) à la Vallée-aux-Loups, des

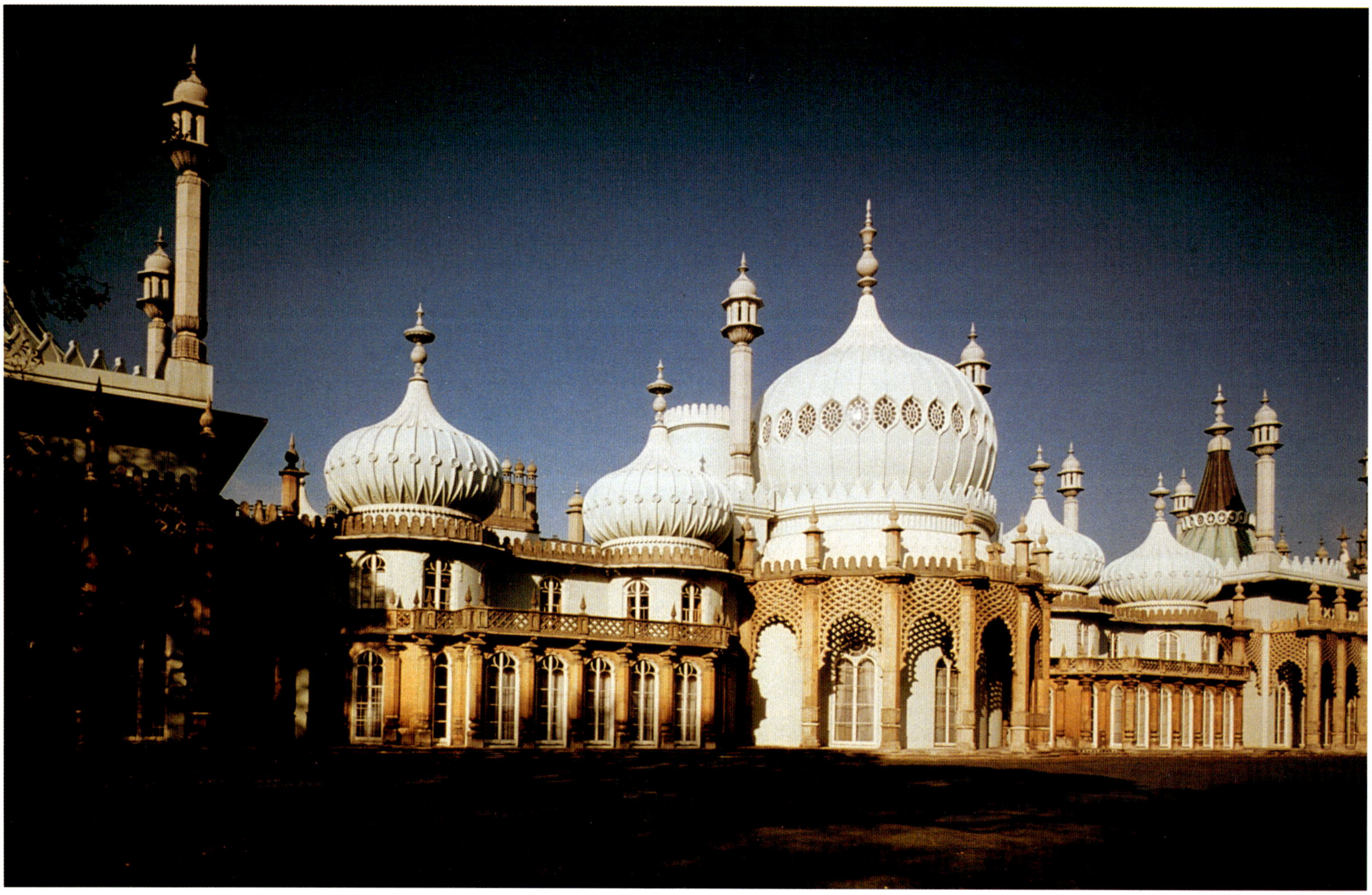

John Nash. *Brighton, Pavillon Royal.* 1815-21.

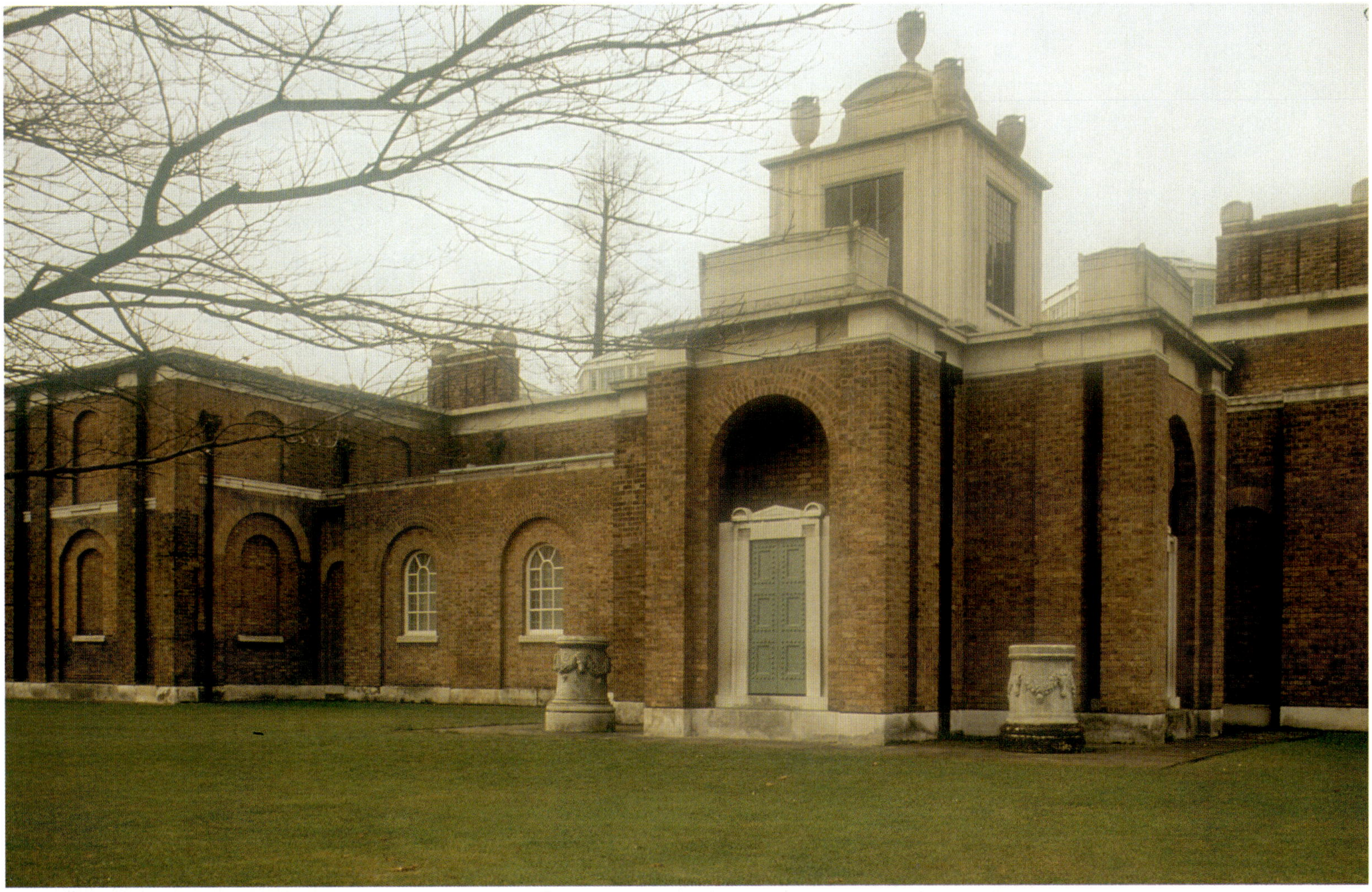

John Soane. *Londres, Dulwich Gallery.* 1811-14.

immeubles de rapport rue d'Aboukir ou rue de Penthièvre.

Architecte du comte d'Artois, pour lequel il avait élevé en 1777 le château de Bagatelle au bois de Boulogne, François-Joseph Bélanger est l'un des rares architectes de l'époque auxquels on doive une innovation architecturale. La charpente de fer dont il couvrit la rotonde de la Halle au blé (1811), que Napoléon vient inaugurer, eut un retentissement considérable bien que ce ne fût pas la première participation importante du métal à une construction. L'Empereur avait souhaité que le Temple de la Gloire (la Madeleine) fût construit en fer ; ce matériau servit à plusieurs travaux édilitaires, le pont d'Iéna et le pont des Arts (1809) notamment.

Les premières expériences de fonctionnalisme s'opposent au néo-classicisme archéologique de Percier et Fontaine ; ils se réfèrent au passé, celles-ci annoncent l'avenir.

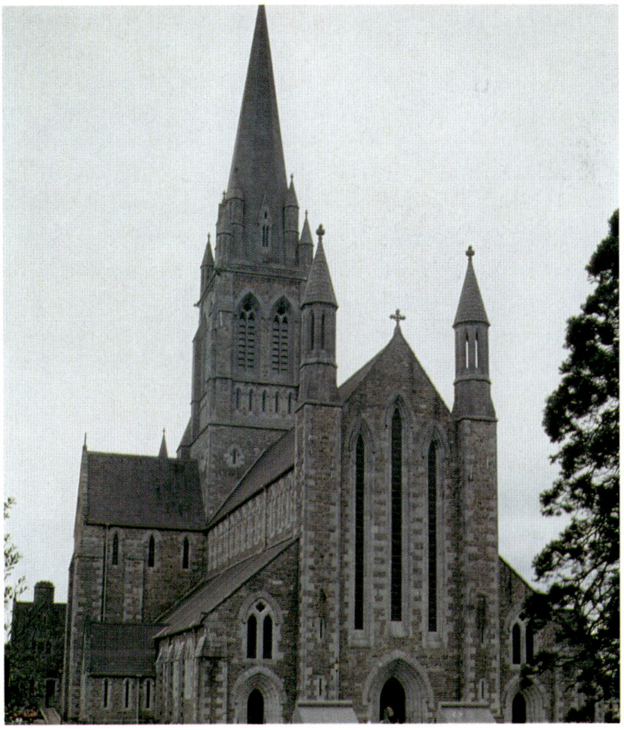

Augustus Welby Pugin. *Killarney, cathédrale Saint-Mary.* 1842.

Ornementation pompéienne et style palladien

Le décor est d'apparat dans les résidences impériales, Compiègne, le Louvre et les Tuileries, Fontainebleau, Rambouillet ; le mélange d'ornementation pompéienne, ses ara-

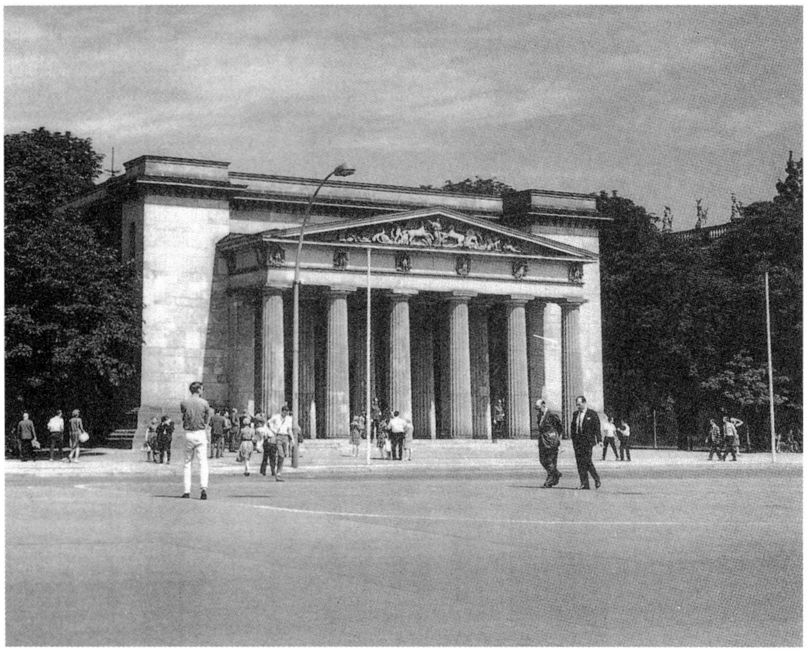

Karl Friedrich Schinkel. *Berlin-Est, Corps de Garde aujourd'hui Monument aux victimes du fascisme.* 1816.

besques et sa polychromie, et d'esprit palladien, se retrouve dans de nombreux intérieurs dont la conception monumentale est surtout fondée sur une répartition géométrique des volumes. Percier et Fontaine assurent qu'on ne peut « séparer l'architecture de la décoration » ; celle-ci soumise à celle-là mêle les motifs venus de Grèce, de Rome ou d'Egypte à tout un répertoire de fines colonnettes, de voûtes à caissons et d'arcatures, de vantaux de portes et de lambris, de panneaux géométriques encadrant, comme dans le grand salon des Saisons de l'hôtel Beauharnais, des compositions allégoriques peintes par Boisfrémont dans le style de Prud'hon. Sur des panneaux encadrés par les portes et fenêtres de la salle à manger de la Malmaison, Laffitte a représenté de gracieuses femmes à l'antique en vol.

Le grandiose le cède parfois au raffinement. Dans la salle de bains de l'hôtel Beauharnais des parois en glaces répercutent à l'infini la forêt de colonnettes entourant la baignoire, et le décor pompéien du plafond. On le retrouve, couvrant les murs de son répertoire ornemental de figures ailées, lyres, cistes, cornes d'abondance, sphinges, palmettes et médaillons, dans la salle de bains de l'Empereur au château de Rambouillet.

Comme l'art de Versailles celui de l'Empire s'européanisa ; il s'étendit partout en Europe, même après la chute de Napoléon et dans des pays, comme la Russie, qui furent politiquement et militairement ses adversaires acharnés. Saint-Pétersbourg sera l'archétype de la ville napoléonienne.

Promotion des arts industriels

Promoteur de l'architecture métallique, « de fer et de granit », où il voyait les symboles de la force, de la solidité, de la rudesse sans artifices ni afféteries, Napoléon qui avait le goût de la technologie et s'intéressait aux travaux des ingénieurs, donna une impulsion sensible à l'industrie d'art, l'une des principales nouveautés du début du XIXe siècle. Peu soucieux d'esthétique l'Empereur était en revanche intéressé par la valeur sociale de l'activité artistique ; l'œuvre unique doit être remplacée par la production en série accessible à tous, et de prix modique. Elle nécessite un outillage mécanique que le maître de la France s'attache à développer.

Le grand nombre de commandes réparties entre les différentes manufactures assure la régularité de leur activité, et leur prospérité, gage de la stabilité sociale. Malheureusement les industriels se montrent réticents au machinisme, ils ne devinent pas que son développement est une option capitale pour l'avenir. La clientèle se montre indifférente, ce qui n'encourage guère la production.

Pour la favoriser l'Empereur décide le réameublement des grandes résidences impériales ; il passe d'importantes commandes aux industries lyonnaises qui connaissent grâce à lui un remarquable renouveau. Elles fournirent des soieries, des velours, des brochés, des damas destinés à couvrir les murs et le mobilier. Les perfectionnements techniques apportés par Jacquart dans la fabrication mécanique des soieries aidèrent à cette renaissance. L'invention, en 1797, du cylindre à imprimer permit d'exécuter des rouleaux de papier peint plus longs et de simplifier le travail, d'où la vogue des "panoramas" importés d'Angleterre où les thèmes romanesques narratifs et les vues topographiques étaient accompagnés du répertoire ornemental à la mode. La production des toiles de Jouy connut également, grâce à l'essor que lui donna Oberkampf, un développement tel que l'Empereur tint à décorer lui-même leur actif promoteur.

Percier et Fontaine ne furent guère favorables à ces nouveautés, l'envahissement de la décoration intérieure par les produits industriels était à leurs yeux un obstacle à la qualité. C'était déchoir, pour un artiste, que de travailler pour la production en série !

L'Angleterre et les styles historiques

La publication, en 1762, par James Stuart et Nicolas Revett, du premier volume des *Antiquities of Athens,* porta un coup sensible à la tradition classique ; le "Greek revival", adversaire du retour au pittoresque et des inspirations gothiques — Inigo Jones construit encore en gothique la chapelle de Lincoln's Inn à Londres en 1623, Wren lui-même emploie le "late Gothic" dans plusieurs églises de la ville — prend sa source dans un retour au purisme. Mais il apparaît aussi comme une affirmation de la "véritable" Antiquité face à ses déviations ou à ses travestissements.

L'influence du grand voyageur et collectionneur hollandais Thomas Hope fut déterminante ; il avait publié un pamphlet affirmant la supériorité du style grec sur le romain, puis en 1807 son ouvrage, *Household Furniture and Interior Decoration,* donne des exemples de sa propre interprétation de ce style. A la même époque l'architecte William Wilkins emploie au portique de Downing College, à Cambridge, l'ordre ionique de l'Erechtéion, et n'hésite pas à plaquer la façade du Theséion sur celle de Grange Park.

Sa principale réalisation, la National Gallery de Londres (1832-1838), est un temple grec.

Robert Smirke est le véritable maître et le propagateur du "Greek revival". Le College of Physicians (1824-1827), la façade du General Poste Office, mais surtout le British Museum (1824-1827) illustrent, avec le portique dorique de Covent Garden, cette prééminence de l'architecture grecque stimulée par l'arrivée à Londres des marbres détachés du Parthénon par Lord Elgin de 1815 à 1830. On en trouve des exemples non seulement à Londres, mais à Plymouth, à Manchester, et surtout en Ecosse à Edimbourg.

On doit à John Nash, l'un des architectes éclectiques les plus en vue, Regent's Park et Regent's Street inspirés des ordonnances de Barth et des Salines de Ledoux, Buckingham Palace de style classicisant, imposant et froid, construit à partir de 1821, le "Royal Pavillon" de Brighton,

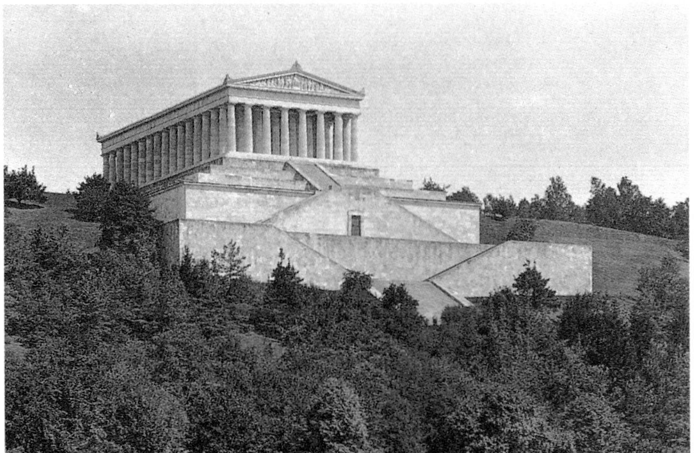

Leo von Klenze. *Près de Ratisbonne, Walhalla.* 1821-43.

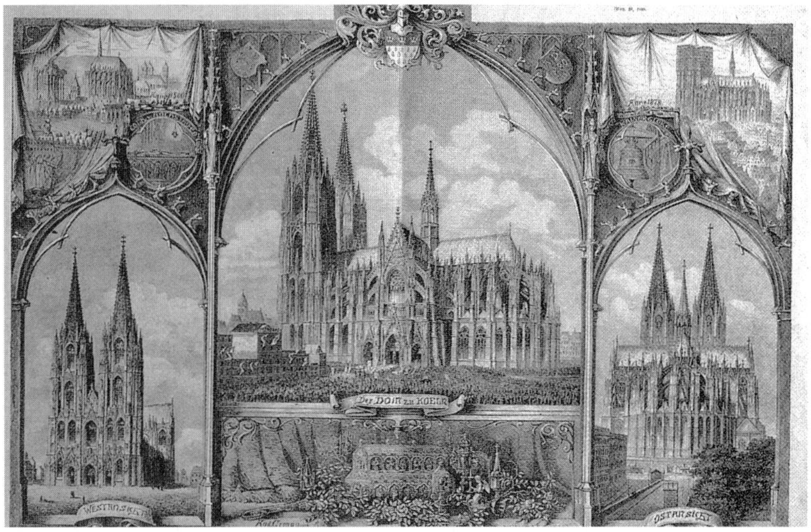

Vincent Statz. *Cologne, cathédrale gothique (1248-1500) ; une souscription permettra de terminer l'édifice et ses deux tours occidentales.* 1842-80.

étonnante réalisation hybride couverte de coupoles, de tours rondes et de minarets, que l'on disait être de "style gothique indien" ! Mais aussi Saint James's Park, Trafalgar Square, Cronkhill dans le Shropshire, villa italianisante avec emprunts rustiques, des cottages pittoresques, des maisons palladiennes, et toutes sortes d'autres constructions. Elles illustrent son extraordinaire facilité d'inspiration et d'adaptation. John Nash mit à la mode les terrasses qui donnèrent leur nom à plusieurs de ses édifices.

John Soane a une tout autre personnalité ; c'est certainement le bâtisseur le plus intelligent et le plus inventif de son temps ; malgré son admiration pour l'Antiquité il ne se soumet pas servilement aux modèles grecs. La Dulwich Gallery (1811-1814), et sa propre maison devenue musée, dans Lincoln's Inn Fields (1812-1813), sont des créations originales ; mais le chef-d'œuvre de Soane est l'Old Colonial Office (1818-1823) dont l'appréhension de l'espace, l'équilibre des rythmes et des masses sont d'un maître. Il comprit vite que l'inspiration archéologique était stérile, et que l'architecture est avant tout un libre jeu de lignes et de volumes.

La résurgence du gothique telle qu'elle se manifeste durant la première partie du XIXe siècle, dans ce que Nikolaus Pevsner appelle « le bal travesti de l'architecture » en Angleterre, n'apparaît pas seulement comme une mode littéraire stimulée par le romantisme, mais comme une réaction contre l'antiquomanie. L'éclectisme, répandu dans les jardins, n'était pas moins caractéristique du comportement britannique. A la passion pour la Grèce va se juxtaposer celle du Moyen Age ; "pittoresque" au XVIIIe siècle elle se révélera au XIXe siècle plus proche, historiquement et techniquement, de la réalité.

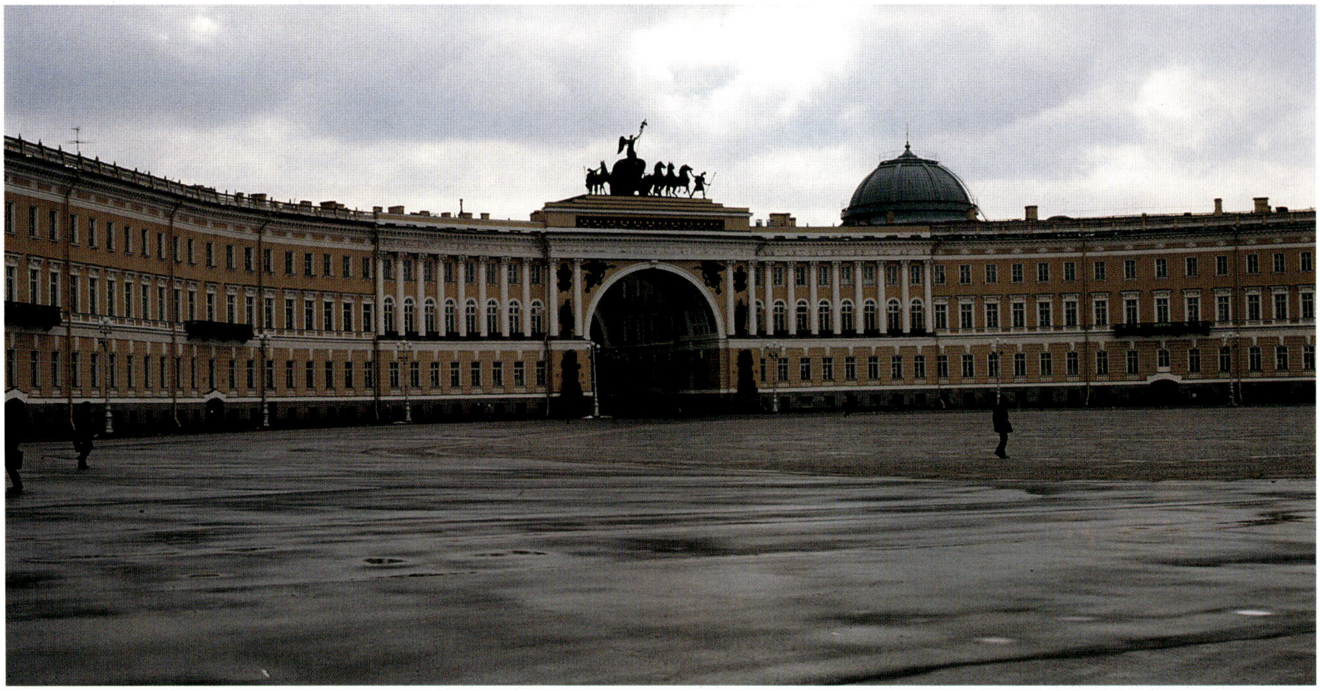

Karl Ivanovitch Rossi. *Leningrad, place des Palais.* 1819-29.

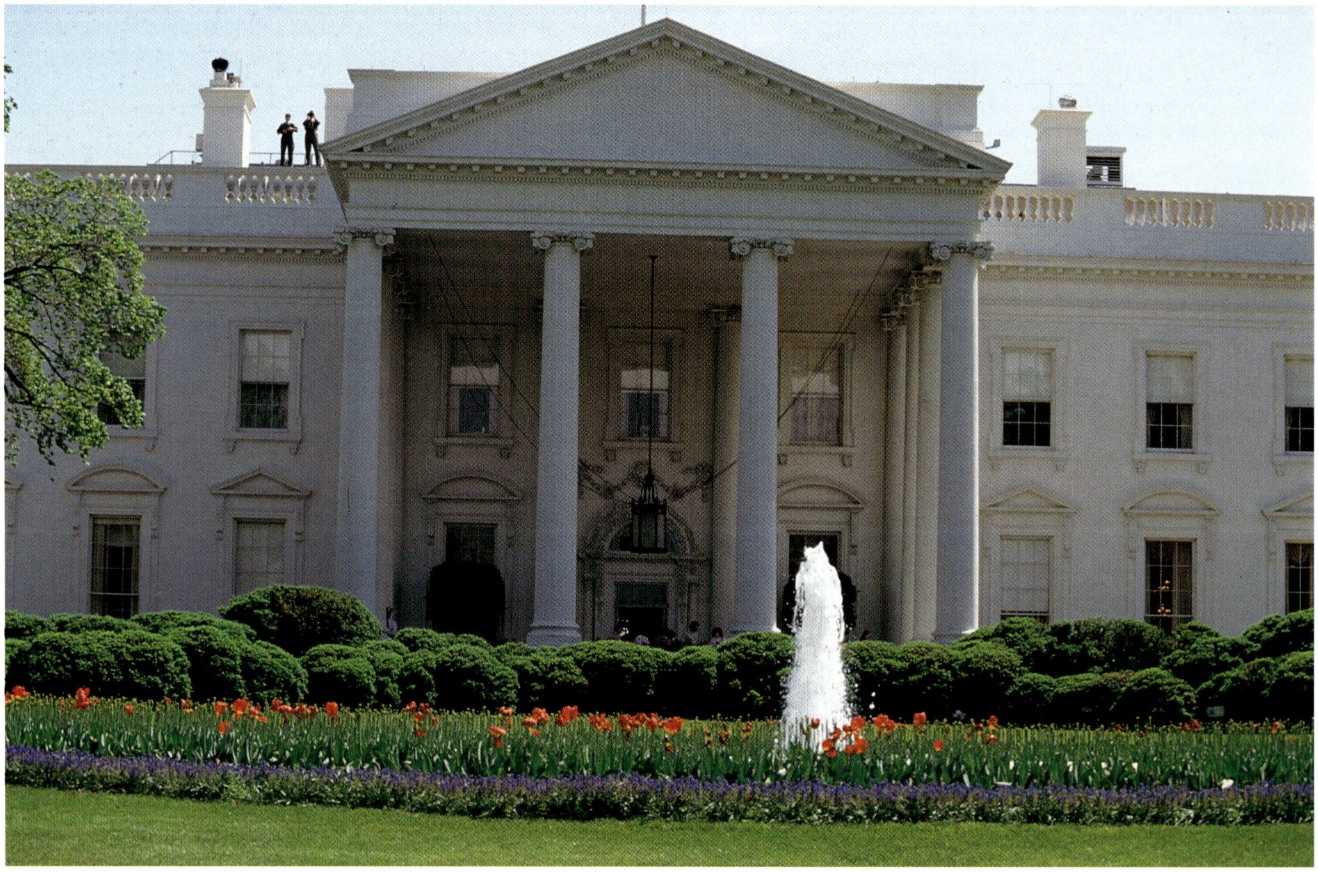

Benjamin Henri Latrobe. *Washington, Maison Blanche, portique de la façade.* 1807-08.

Le néo-gothique succède à l'antique

Sir Charles Barry, qui fut aussi célèbre que Nash et Soane, s'était d'abord fait apprécier par ses projets d'inspiration classique, qu'ils se rapprochassent de l'Antiquité ou qu'ils imitassent les palazzi italiens de la Renaissance. C'est le style gothique qui lui fut imposé lorsqu'il remporta, en 1836, le concours organisé en vue de la reconstruction du Parlement ; celle-ci durera plusieurs dizaines d'années.

Les plans et la décoration intérieure des "Houses of Parliament" sont dus à Augustus Welby Pugin. Fils d'un Français émigré, et de confession catholique, Pugin publia en 1847 une *Apology for the Present Revival of Christian Architecture in England* où il démontrait la supériorité des édifices médiévaux sur l'architecture contemporaine. Quelques années plus tôt un précédent ouvrage, *Contrasts,* avait fait sensation ; comparant « une ville catholique en 1440 et la même en 1840 » on y voyait les églises remplacées par des prisons, une usine à gaz, un asile d'aliénés, etc.

Quoiqu'il ait écrit que « seul le catholicisme pouvait restaurer le grand style de l'architecture ecclésiastique » les anglicans adoptèrent le gothique ; ils s'inspirèrent d'abord des édifices romans normands, puis des églises plus imposantes et plus ornées du XIVe siècle.

Malgré ses affirmations Pugin ne pratiquait pas un passéisme borné. L'évolution des villes ne lui paraissait pas toujours catastrophique, et il estimait que « tous les perfectionnements possibles en matière d'égouts, adductions d'eau, conduites de gaz », pouvaient être réalisés « dans un style à la fois cohérent et chrétien ». Il affirmait aussi que « le grand critère de la beauté architecturale est l'adaptation de la forme à la fonction », ce qui fait de lui l'un des premiers adeptes du fonctionnalisme.

Pugin construisit lui-même un grand nombre d'églises néo-gothiques qui surgirent partout en Angleterre ; plusieurs eurent même comme auteurs des adeptes du "Greek revival". Les châteaux suivirent cette mode, et le style "castellated" eut un incontestable succès ; mais pour les bâtiments universitaires on préférait le style Tudor.

L'Allemagne et le classicisme "antique"

Lorsque Karl Gotthard Langhaus éleva la porte de Brandebourg à Berlin, en 1789-1794, il se flatta d'avoir pris pour modèle les Propylées de l'Acropole ; son meilleur élève, Friedrich Gilly, relaya cette inspiration à la fois symbolique et idéaliste, imposante adaptation germanique de l'esthétique grecque, mais il mourut trop jeune, à vingt-huit ans, pour donner sa mesure. Nous ne possédons que ses dessins, ceux notamment des projets du grandiose mémorial de Frédéric le Grand, de la Berliner Schauspielhaus — la Comédie de Berlin — et du palais Solms-Baruth, pour illustrer les différentes inspirations dont ce génial concepteur d'espace, était nourri : l'Antiquité pour son sens du grandiose, le Louis XV dans son raffinement, et les utopistes Ledoux et Boullée pour leurs rêves de mégalomanes inventifs.

Friedrich Weinbrenner construisit, à vaste échelle des édifices de grandes dimensions dont Carlsruhe porte encore témoignage ; mais il n'évite pas toujours la lourdeur et certaines maladresses dans la répartition des masses. Son plan, non réalisé, pour l'agrandissement de la ville (vers 1815), est ambitieux, mais logique et lucidement raisonné.

L'historicisme trouva son meilleur utilisateur en la personne de Karl Friedrich Schinkel, sans doute l'architecte le plus remarquable avec Leo von Klenze, qui fut comme lui élève de Gilly, de sa génération. Très doué, grand voyageur, pratiquant tous les arts, Schinkel fit des dessins pour des objets industriels et réalisa des décors de théâtre. S'il admire le gothique, son sens de la grandeur lui fait choisir comme principale référence l'Antiquité qu'il connaît bien mais qu'il ne pastiche pas servilement.

Le Corps de Garde (Neue Wache, 1816), actuellement monument aux victimes du fascisme de Berlin-Est, le Königliches Schauspielhaus (1819-1821), l'Altes Museum (1824-1830) avec ses dix-huit colonnes ioniques et sa rotonde centrale, l'église Saint-Nicolas de Postdam (1830) et plusieurs autres bâtiments, dont des châteaux dans les environs de la capitale, témoignent, bien qu'une grande partie de ses œuvres ait été détruite ou endommagée pendant la Seconde Guerre mondiale, de la puissance imaginative de Schinkel. Mais surtout de son intelligence plastique qui va bien au-delà de l'interprétation scrupuleuse des modèles antiques, et lui fait adopter des solutions originales et sensibles.

Les contacts qu'il eut, lors d'un séjour en Angleterre, en 1826, avec les problèmes de l'architecture industrielle où, notait-il, « le sens du monument s'était perdu », lui inspirèrent l'année suivante un bâtiment marchand inondé de

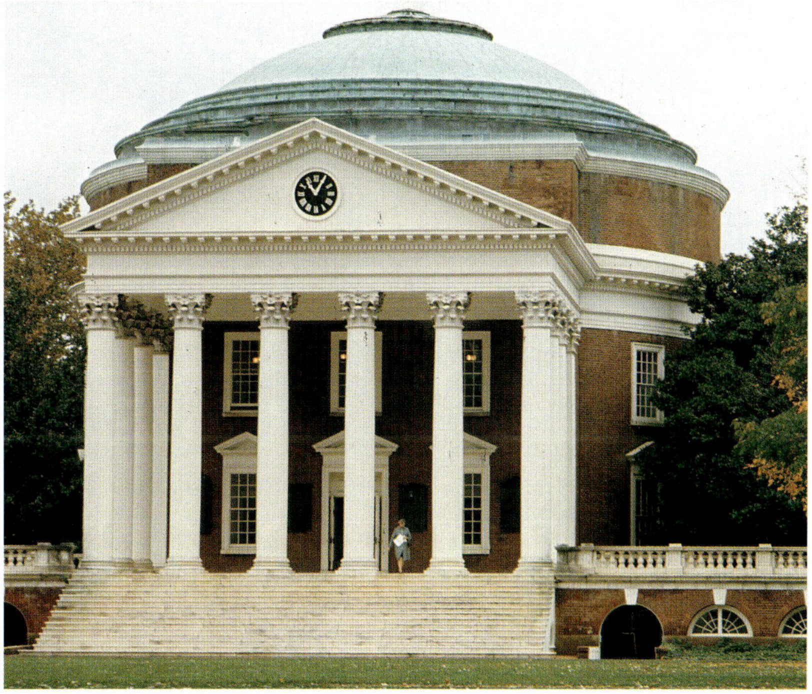

Thomas Jefferson. *Charlottesville, Université de Virginie.* 1817-27.

lumière qui reflète des préoccupations très nouvelles pour l'époque.

Hofbauintendant, c'est-à-dire architecte en chef de la cour à Munich, Leo von Klenze déploya dans la capitale de la Bavière une activité considérable ; il construisit notamment le long de deux grandes artères nouvelles, la Briennerstrasse et la Ludwigstrasse, mais ses principales œuvres, la Glyptothek (1816-1834) destinée à recevoir les collections d'antiques du Kronprinz, l'Alte Pinakothek (1826-1836), les Propylées élevés sur la Königsplatz (1848-1862), sont de monotones pastiches antiques. En revanche c'est au palais Pitti que se réfère, avec ses alignements de fenêtres en arcades, le Königsbau, l'aile de la Résidence (1826-1830), tandis que l'Allerheiligen Hofkirche (1826) s'inspire de la Chapelle palatine de Palerme.

Klenze construisit aussi l'Ermitage à Saint-Pétersbourg où il commença l'église Saint-Isaac. Son œuvre est un véritable catalogue de modèles dont la variété est le principal intérêt.

Toutefois on mettra à part pour le sens de la grandeur qu'il manifeste malgré le pastiche, l'étonnante évocation de la Grèce antique du Walhalla près de Ratisbonne (1821-1843). Ce temple dorique, dressé au faîte d'une monumentale terrasse à degrés sur une colline entourée de forêts, ne concrétise pas seulement le rêve d'une Antiquité retrouvée et magnifiée, mais l'adéquation du sentiment national germanique à cette idéalisation grandiose.

La mode néo-gothique sévit aussi en Allemagne ; le gothique n'était-il pas l'ancêtre des styles nationaux ? Si les églises prolifèrent — Vinzenz Statz en construit plus d'une centaine à lui seul, dont trente environ dans le diocèse de Cologne — châteaux-forts et citadelles adoptent le médiévisme ; le retour au Moyen Age et aux primitifs inspire à la même époque les peintres, et provoque de nombreux travaux d'archéologues et d'érudits.

Les monuments gothiques sont restaurés ou terminés, comme la gigantesque cathédrale de Cologne qui devient l'objet d'un intense mouvement de vénération ; une association très active se constitue pour son achèvement. La plus belle cathédrale médiévale, aux yeux des allemands, était aussi le symbole de la nation ; il apparut éclatant lorsque le roi protestant Frédéric-Guillaume IV de Prusse vint, en 1842, poser la première pierre de la construction du portail sud.

Rien ne peut mieux exprimer l'esprit germanique de l'époque que ces deux gestes symboliques : la construction du Walhalla de Ratisbonne "dans le plus pur goût antique", et l'admiration pour la cathédrale de Cologne, image du gothique triomphal. L'union était réalisée, dans le culte du passé, entre le profane et le sacré, Dieu et les dieux, mais l'édification du temple et l'achèvement du sanctuaire n'étaient que décors.

Saint-Pétersbourg prototype de la ville impériale

S'il est une ville impériale napoléonienne type c'est non pas Paris mais Saint-Pétersbourg telle que la transforma le tsar Alexandre Ier. Il est vrai que ses deux principaux architectes étaient des Français, Thomas de Thonon, élève de Ledoux, grand prix en 1780, qui sous la Révolution émigra en Autriche, puis en Russie, et Ricard de Montferrand, élève de Percier et Fontaine, nommé en 1817 architecte à Saint-Pétersbourg de la cathédrale Saint-Isaac, prélude à la construction de nouveaux monuments.

Les échanges et les interpénétrations entre la France et la Russie avaient été, durant le Siècle des Lumières, nombreux ; le *Recueil des grands prix d'architecture décernés par l'Académie royale de Paris* était la bible des architectes russes. Ledoux avait dédié à Alexandre Ier, en 1804, son ouvrage fameux *L'Architecture considérée sous le rapport de l'art, des mœurs et de la législation,* et la même année Thomas de Thonon construit à la pointe de l'île Vasilievski, au bord de la Néva, l'un des exemples les plus aboutis de la synthèse monument public-temple, la Bourse. Dans sa massivité, la lourdeur de ses colonnades doriques et sa large baie en arc de cercle, elle évoque à la fois, par son plan les basiliques romaines, et par le choix architectonique les temples grecs.

Si Voronikhine, à Notre-Dame-de-Kazan, à Moscou (1801-1812) évoque Soufflot, c'est Chalgrin qui inspire Zakharov — qui d'ailleurs travailla avec lui à Paris — dans sa restructuration monumentale du bâtiment de l'Amirauté. Karl Ivanovitch Rossi, auteur des imposantes constructions de la place du Palais d'Hiver, du palais Michel, du théâtre Alexandre et Starov qui a élevé le palais de Tauride à Saint-Pétersbourg également, avaient, comme la grande majorité des architectes russes, travaillé à Paris. Ils purent réaliser dans leur pays ce que leurs maîtres français avaient rêvé de faire, et qu'ils leur avaient appris.

Nourris de leçons et de modèles occidentaux les architectes russes parvinrent à ce déconcertant résultat : l'inspiration nationale disparut de leurs constructions. Il en fut de même à Varsovie où le néo-classicisme s'implanta dans les bâtiments nouveaux tout comme à Helsingfors (Helsinki) la capitale de la Finlande, lorsque en 1809 l'empereur Alexandre en devint le grand-duc.

Si la Pologne eut, en la personne de Piotr Aigner, Jakob Kubicki et l'Italien Antonio Coprazzi, d'actifs maîtres d'œuvre, la Finlande bénéficia d'un bâtisseur exceptionnel, Carl Ludwig Engel, d'origine allemande. Le style impérial français, filtré et modifié par les influences germaniques, inspira les nombreux monuments qu'il construisit.

La jeune Amérique adopte le style "grec"

L'Antiquité traversa l'Océan. A l'inspiration coloniale anglaise se juxtaposèrent le dorique austère, le ionique élégant et le corinthien fleuri. Thomas Jefferson, à la fois architecte et homme d'Etat, fut le responsable de cette évolution ; passionné de Palladio et d'art classique, il n'eut de cesse d'imposer à son pays les modèles antiques qu'il avait tant admirés lors de son séjour en Europe de 1784 à 1789. Lui-même s'était construit en 1769 une résidence campagnarde à Monticello, près de Charlottesville, dans le plus pur style "classique" ; pour le Virginia State Capitole de Richmond, élevé à partir de 1785, il collabora avec le Français Clérisseau en prenant pour modèle la Maison Carrée de Nîmes. Jefferson participa en 1792 au concours en vue de la construction de la Maison Blanche à Washington, et fut le conseiller de l'ingénieur et urbaniste français L'Enfant pour l'établissement du plan directeur de la capitale ; mais son œuvre la plus originale reste l'Université de Virginie (1817-1826).

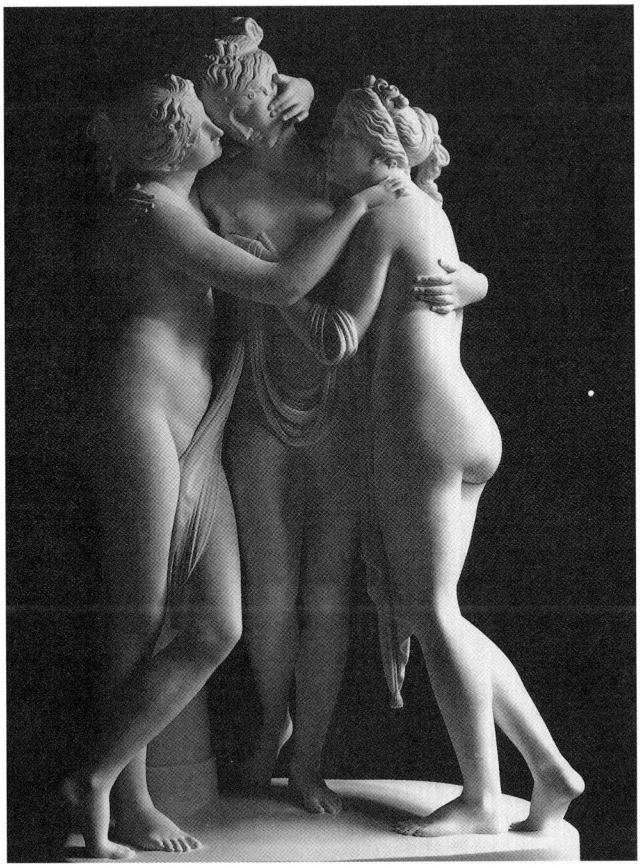

Antonio Canova. *Les Trois Grâces.* 1812. Ermitage, Leningrad.

Le contenu idéologique de l'architecture grecque trouva en Amérique un terrain fertile. Bâtiments administratifs, banques, théâtres, universités, collèges, musées, se mirent au style "grec" qui convenait parfaitement au sens de la grandeur de la jeune République, et à l'humanisme des classes dirigeantes cultivées. Athènes est la référence, Paris le relais.

C'est un Français, Hallet, qui remporta le concours pour la construction du Capitole de Washington, mais l'Anglais William Thornton, d'ailleurs formé à Paris, eut l'idée de la vaste rotonde centrale, et c'est finalement lui qui fut choisi. Latrobe, également britannique, acheva ce monument colossal ; il est l'auteur de l'un des premiers bâtiments "grecs" des Etats-Unis, la banque de Pennsylvanie à Philadelphie (1789-1800) démolie au siècle dernier.

L'Antiquité, pour les Américains, était affaire d'échelle ; les monuments grecs avaient des dimensions humaines, mais eux voyaient grand, construisaient haut, écrasaient les bâtiments d'énormes coupoles, allongeaient les colonnades et multipliaient les arcades afin de provoquer des effets de perspective ou de répétition. En substituant le gigantisme à l'harmonie, ils firent de l'architecture gréco-romaine un décor en accord avec leur puissance et leur démesure dont la signification morale était évidente.

L'Antiquité classique ne servit pas seulement à construire des monuments de prestige ; elle fut employée dans les bâtiments utilitaires, et même industriels. L'un des plus caractéristiques est la gare de Lowell, Massachusetts (1835), qui avait l'aspect d'un temple à péristyle et colonnades couronné d'un fronton. Le néo-gothique fut peu répandu outre-Atlantique ; il séduisit les architectes Mills, et surtout Strickland qui, avant de se consacrer au style "grec", conçut pour Philadelphie un Masonic Hall gothique (1809).

Canova sculpteur du "Beau idéal"

La gloire de Canova fut considérable ; on a écrit de lui qu'il fut chez les sculpteurs ce qu'était David pour les peintres et Napoléon chez les souverains. Ce n'est pas excessif. Formé dans le climat baroque vénitien, c'est sous l'influence des archéologues et des théoriciens que ce fils d'un ouvrier carrier de Possagno, village montagnard de la province de Trévise où il naquit en 1757, évolua vers le néo-classicisme. Il eut du succès très jeune et, lorsqu'il quitta Venise pour Rome il était déjà en possession d'un métier sûr, d'une technique brillante, et de qualités de sensibilité et de séduction qui, adaptés à son goût de la perfection des formes, allaient faire de ce virtuose inspiré, sous la direction éclairée de Quatremère de Quincy, le parfait représentant de la "beauté idéale" à l'antique.

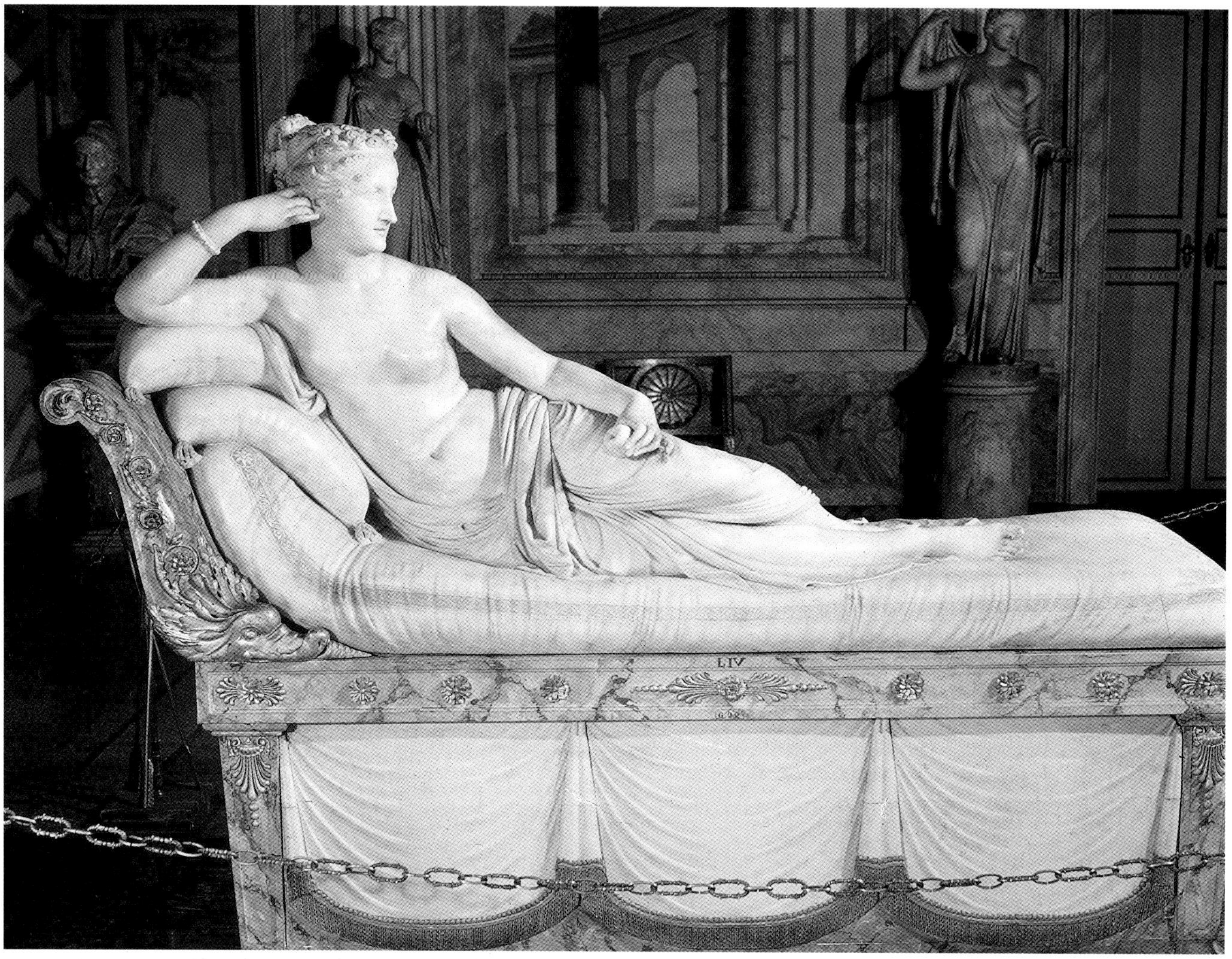

Antonio Canova. *Pauline Borghèse en « Vénus victorieuse »*. 1804-08. Villa Borghèse, Rome.

Quatremère est un guide sûr, et un maître exigeant ; cette recherche de l'idéalisation ne va-t-elle pas faire glisser Canova vers l'affectation et la mièvrerie ? Devant *L'Amour et Psyché couchée* (1792) notre théoricien-pédagogue renâcle ; il craint de voir Canova dévier, à cause de sa trop grande habileté, « des routes simples et du vrai ». « Il fallait qu'il se garde de devenir un Bernin antique ! » proteste Quatremère. Dix ans plus tard c'est ce groupe qui, remarqué par Napoléon au cours d'une fête chez les Murat au château de Villiers, allait décider de l'extraordinaire fortune du sculpteur.

L'Empereur fut-il frappé par la grâce antique de *L'Amour et Psyché*, ou devina-t-il les extraordinaires possibilités de ce plasticien qui savait allier l'admiration de la beauté sous sa forme la plus sensible à son élévation jusqu'au sublime ? Le "beau idéal" va se prêter, chez Canova, à tous les genres où, avant lui, les Anciens avaient excellé, lustres, bas-reliefs, groupes mythologiques, mausolées, statues.

Dès 1802, alors que le sculpteur, couvert de commandes, notamment des papes successifs, de la plupart des souverains et princes d'Europe, est parvenu au faîte de la gloire, Napoléon lui demande sa propre statue, mais Canova désire représenter le Premier Consul en « Mars désarmé et pacificateur », c'est-à-dire nu ; le marbre colossal réalisé en 1806 (Wellington Museum, Londres), fut refusé par son modèle que sa "nudité héroïque" choqua. Canova eut plus de chance avec la sœur de l'Empereur, Pauline Borghèse représentée à demi allongée en « Vénus victorieuse », son beau corps, mêlant l'idéalisme et le réalisme, offert à tous (Villa Borghèse, Rome).

L'Europe s'arrachait ses œuvres. *Les Trois Grâces* (1812, l'Ermitage, Leningrad) illustrent la veine voluptueuse qui, chez Canova, alterne avec la verve héroïque. Trop polie, trop blanche, trop froide parfois, la sculpture de ce créateur prolifique n'est pas exempte de mollesse ; quand il verra à Londres les sculptures du Parthénon rapportées par lord Elgin il aura la révélation de la véritable plastique grecque, et écrira à Quatremère de Quincy qu'il a découvert la « vraie chair ». C'était trop tard, le temps et la réflexion lui manquèrent pour remplacer l'idéal par le naturel. Canova poursuivit jusqu'à sa mort en 1822, malgré un émouvant *Pie VI en prière* (1821, Saint-Pierre-de-Rome), son style élégant, olympien et glacé.

Les plasticiens de la ligne pure

Le Danois romanisé Thorvaldsen, qui éblouit Stendhal, fut le seul à pouvoir rivaliser avec Canova, mais à ses yeux l'expression de la beauté résidait principalement dans la ligne enveloppante et moulante bien plus que dans le frémissement de la chair et l'expression du mouvement.

Le tombeau du comte Von der Marle (1788-1789) par l'Allemand Johann-Gottfried Schadow, dans l'église Sainte-Dorothée de Berlin [5] est l'un des meilleurs exemples du monument funéraire néo-classique que son auteur conçut, a-t-il déclaré, « dans un rêve éveillé ». Il y a plus de sensibilité et une réelle séduction dans le célèbre groupe grandeur nature des *Princesses Louise et Frédérique de Prusse* (1797, Nationalgalerie, Berlin). Le principal rival de Schadow, Christian Rauch, conçut le noble monument funéraire de la reine Louise, au Mausoleum de Charlottenburg (1811-1813) ; quant au Munichois Ludwig Schwanthaler il inaugure avec la *Batavia* la série des grandes figures allégoriques dont la seconde moitié du siècle sera friande.

Ce sont des monuments funéraires qui firent la réputation de l'Anglais John Flaxman, nourri d'hellénisme et de médiévisme. Sa réputation avait commencé avec des illustrations au trait de *L'Iliade* et de *L'Odyssée* (1793) imitées des gravures des vases grecs ; ses tombeaux monumentaux ont du caractère (Nelson à Saint-Paul de Londres, Reynolds à Westminster, etc.).

Bustes et statues sous l'Empire

Les sculpteurs de Napoléon n'osèrent pas aller jusqu'à la "nudité héroïque" de Canova ; les bustiers, dont ce dernier était le prestigieux chef de file, et Houdon « quoiqu'on eût tendance à voir en lui une sorte de dinosaure d'une ère à jamais révolue » (H. H. Arnason), la référence historique, ne chômèrent pas. Ce dernier, l'un des grands portraitistes du XVIIIe siècle, présenta au Salon de 1808 les bustes en marbre de Napoléon et de Joséphine (Versailles) ; il exécuta plusieurs autres bustes, également exposés au Salon, notamment la statue du général Joubert, et un *Voltaire debout,* dans une toge drapée à l'antique pour le Panthéon. Il mourut en 1828 à quatre-vingt-quatre ans.

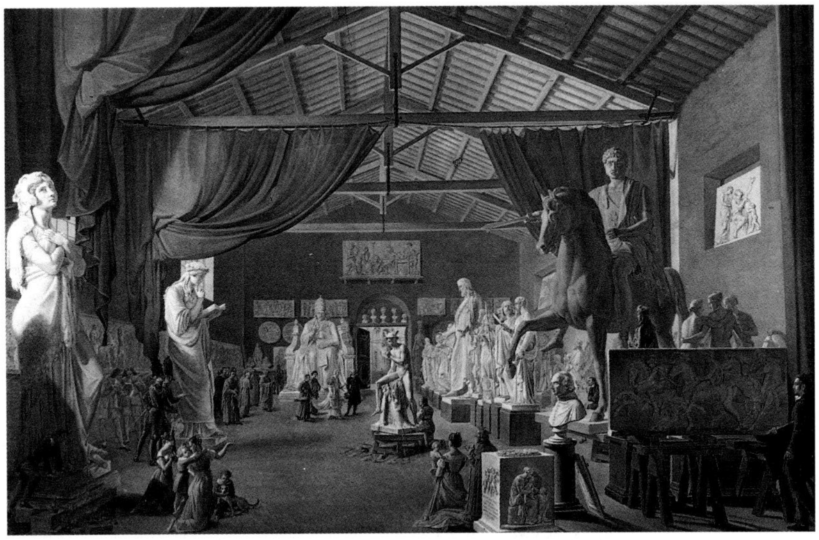

D. Martens. *Visite de Léon XIII à l'atelier de Thorvaldsen.* 1830. Thorvaldsen Museum, Copenhague

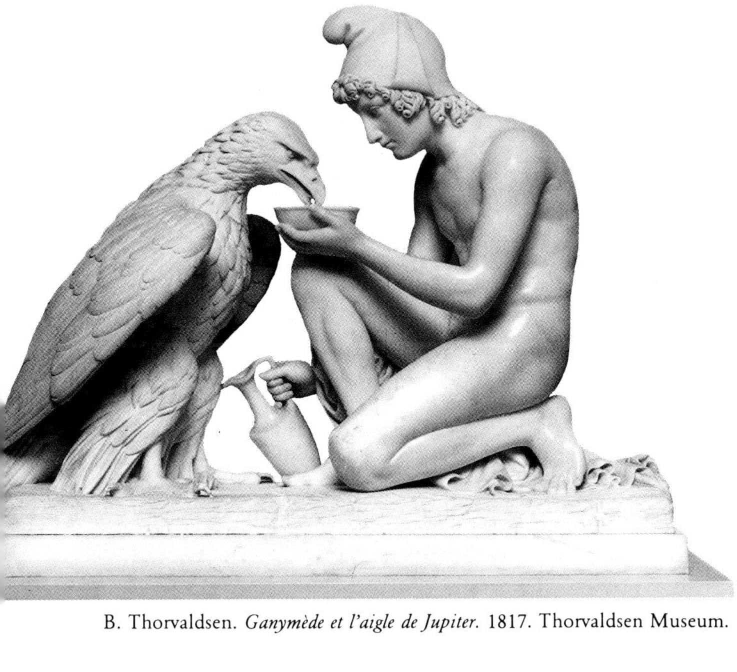

B. Thorvaldsen. *Ganymède et l'aigle de Jupiter.* 1817. Thorvaldsen Museum.

Le buste de Mme Récamier par le Lyonnais Chinard est l'une des œuvres les plus gracieuses de l'époque où la statuaire "officielle" (Dumont, Lémot, Masson, Cabet, Chaudet), mélange d'héroïsme à l'antique, d'allégorie et de mythologie, côtoie dans les Salons les Achille, les Ajax, les Epaminondas et autres Léonidas. On les retrouve, avec les gloires du jour, sur les bas-reliefs, les frontons ou la décoration des fontaines. Les illustrations traditionnelles de l'Histoire de France, Vercingétorix, Jeanne d'Arc, Du Guesclin, etc., ne sont pas oubliées ; le Monégasque Bosio, qualifié de "Canova français", sculpta les bustes des personnalités de l'Empire, mais habile politique il fit surtout carrière sous la Restauration (quadrige du Carrousel, *Louis XIV à cheval* de la place des Victoires).

Aucun des sculpteurs de l'Empire n'acquit la distance suffisante pour élever la figure de Napoléon au-dessus de sa représentation moyenne fut-elle "héroïque" ou "antique" ; il faudra attendre que celui-ci devienne une légende pour que de sa transfiguration naisse enfin autre chose qu'une figuration conventionnelle. Ce sera le *Napoléon s'éveillant à l'immortalité* de Rude (1847) auteur également de l'entraînant *Maréchal Ney* à Paris.

Ebénistes et menuisiers impériaux

Les meubles dessinés par Percier et Fontaine sont conformes à l'esprit qu'ils appliquaient dans l'architecture et la décoration intérieure. « On se flatterait en vain, écrivaient-ils dans leur *Recueil des Décorations intérieures,* de trouver des formes préférables à celles que les Anciens nous ont transmises, tant dans les arts du génie que dans ceux de la décoration et de l'industrie.» Le mobilier de l'Empire, moins ostentatoire que les intérieurs, est noble, souvent grandiose mais parfois aussi austère et froid, inspiré de la nudité romaine de préférence au style grec trop orné, comme du laconisme et de la rigueur étrusques. D'abord utilisé en placage, l'acajou devenu rare par suite de blocus, sera remplacé par des bois indigènes, loupe d'orme, citronnier, érable, peuplier, olivier, hêtre dont la vogue sera particulièrement grande sous la Restauration. Incrustations, mélanges de bois de différentes couleurs, bronzes ciselés et dorés "au mat" rehaussaient les meubles de leur polychromie ou de leur recherche décorative.

Les meubles de prix étaient demandés au plus illustre et au plus recherché des ébénistes impériaux, François-Honoré Jacob fils de Georges Jacob, dit Jacob-Desmalter. Protégé par Joséphine pour laquelle il meubla la Malmaison

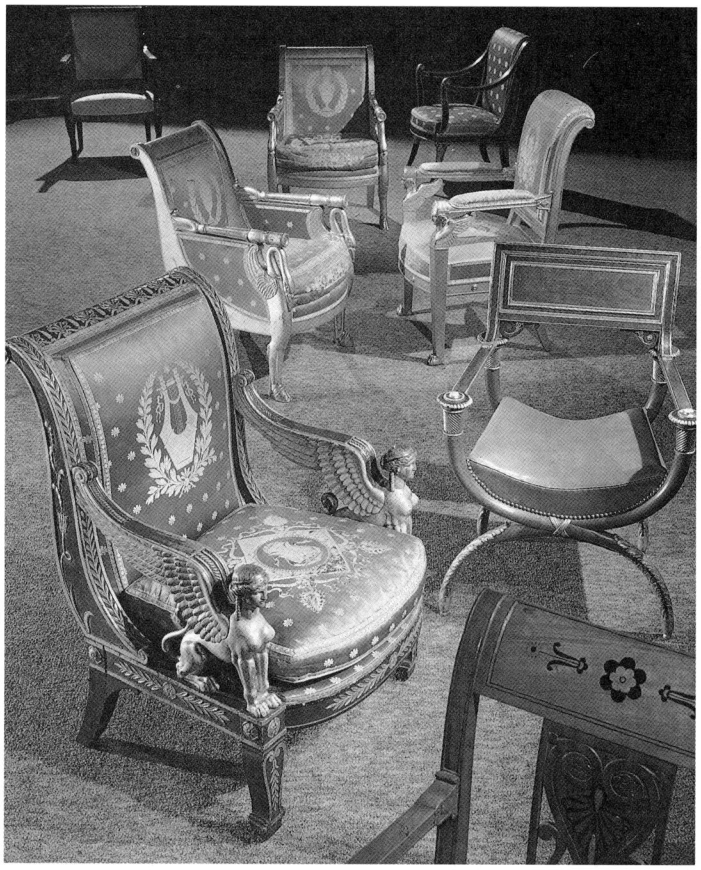

Ensemble de fauteuils Empire.

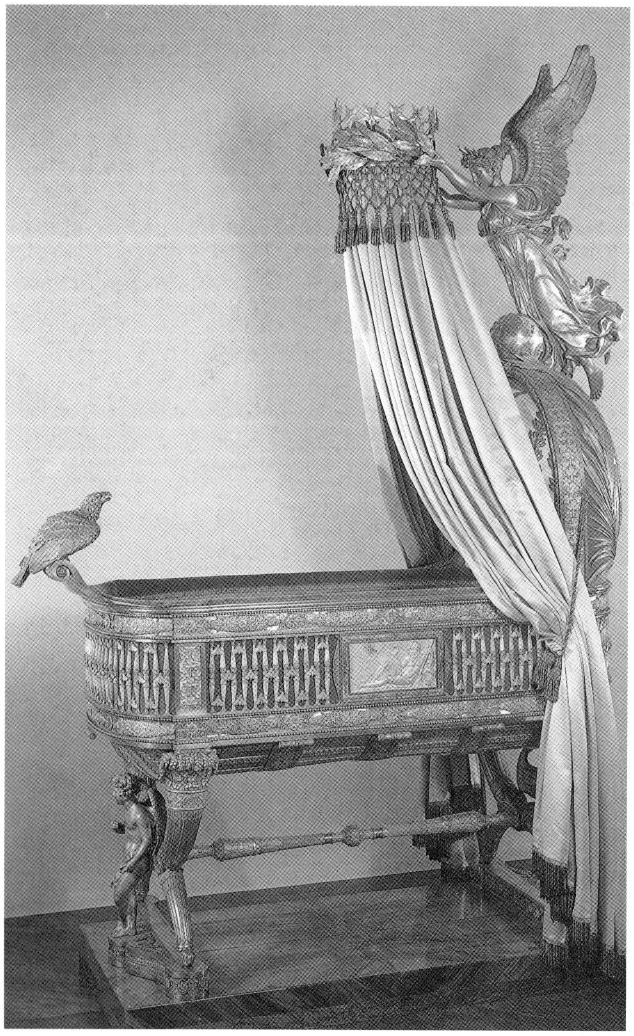

Pierre-Philippe Thomire et Jean-Baptiste Odiot. *Berceau du roi de Rome, dessiné par* Pierre Prud'hon. 1811. Kunsthistorisches Museum, Vienne.

qu'elle avait acquise en 1799, sa production fut considérable ; elle emplit les palais nationaux vidés par les ventes révolutionnaires qu'il réaménagea et remeubla : Fontainebleau, Saint-Cloud, les Tuileries, Compiègne, Rambouillet, le Grand Trianon à Versailles, et hors de France Laeken à Bruxelles, Stupinigi près de Turin, le Quirinal à Rome.

Les meubles Empire sont avant tout géométriques ; ils sont aussi parfois un peu lourds, la massivité des formes reflétant le dogmatisme de l'époque. On est loin de l'élégance et de la légèreté du Louis XVI, mais plus proche de la recherche de l'utilité et de la maniabilité du mobilier Directoire ; par sa simplicité de lignes et sa sobriété dans les volumes il annonçait le style impérial qui l'alourdit.

Commodes, secrétaires, bureaux, bonheurs-du-jour, consoles, armoires ou tables de nuit peuvent être aisément enfermés dans un parallélépipède ou un cylindre. Accostés de colonnes en forme de cariatides ou d'Egyptiennes en gaine supportant un entablement comportant un tiroir, leur aspect monumental est atténué par des appliques de faible saillie qui jouent le rôle de bas-reliefs.

Ces ornements en bronze doré et ciselé, d'une exécution

parfaite, sont dus à d'excellents bronziers dont les meilleurs sont Thomire, Jean-Baptiste Odiot et Henry Auguste ; ils s'harmonisent parfaitement avec le meuble dont ils soulignent la structure ou animent les vides. Comme dans le précieux bonheur-du-jour de Lemarchand, en acajou moiré (vers 1805, musée des Arts décoratifs, Paris), la console d'applique et le secrétaire à abattant de la Malmaison, et bien d'autres meubles, dont ceux de Jacob comptent parmi les plus remarquables.

Les lits qu'il exécuta pour les Petits Appartements de Fontainebleau sont toujours en place ; Jacob est également l'auteur de celui installé dans la chambre de l'Empereur à la Malmaison. C'est l'un des plus somptueux des débuts de l'Empire ; il provient vraisemblablement des Tuileries ou de Saint-Cloud. Celui de l'Impératrice, livré en 1810, est en bois doré et sculpté, les dossiers sont accostés de cygnes que l'on retrouve sur le lit de Mme Récamier tel qu'il est représenté dans l'ouvrage célèbre de Krafft et Ransonnette. Les montants sont en acajou, les cygnes et autres motifs décoratifs en bronze doré.

Plusieurs lits-bateaux de l'Empire peuvent être rattachés à ce modèle, ou aux dessins publiés par Percier et Fontaine ; ils sont généralement surmontés de baldaquins d'où s'échappent des rideaux suspendus au ciel-de-lit.

Les tables sont presque toujours circulaires, à un pied central ou à trois pieds souvent terminés par des têtes d'animaux mythologiques ou en griffes de lion ; elles présentent, contrairement aux consoles et guéridons, peu de variété. Ces derniers, servant à des usages multiples, sont généralement sobres ; la console est l'un des rares meubles Empire à connaître une certaine diversité d'ornementation dans ses montants de colonnes.

Quelques meubles nouveaux apparaissent : la petite coiffeuse portative, la table-coiffeuse, la psyché, grande glace

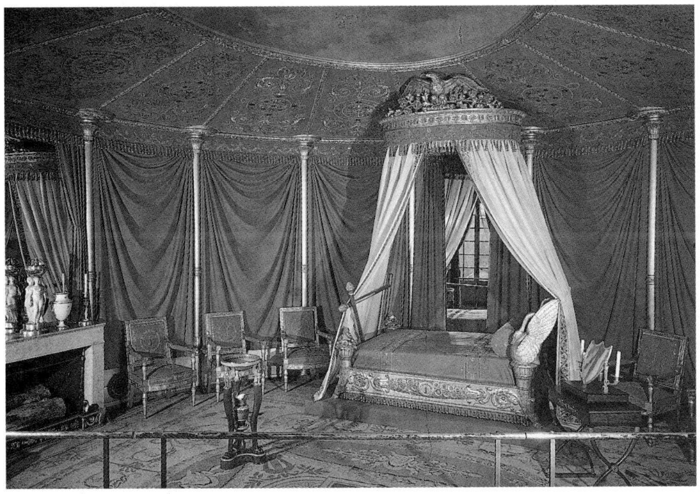

Jacob-Desmalter. *Malmaison, chambre de Joséphine.* 1810.

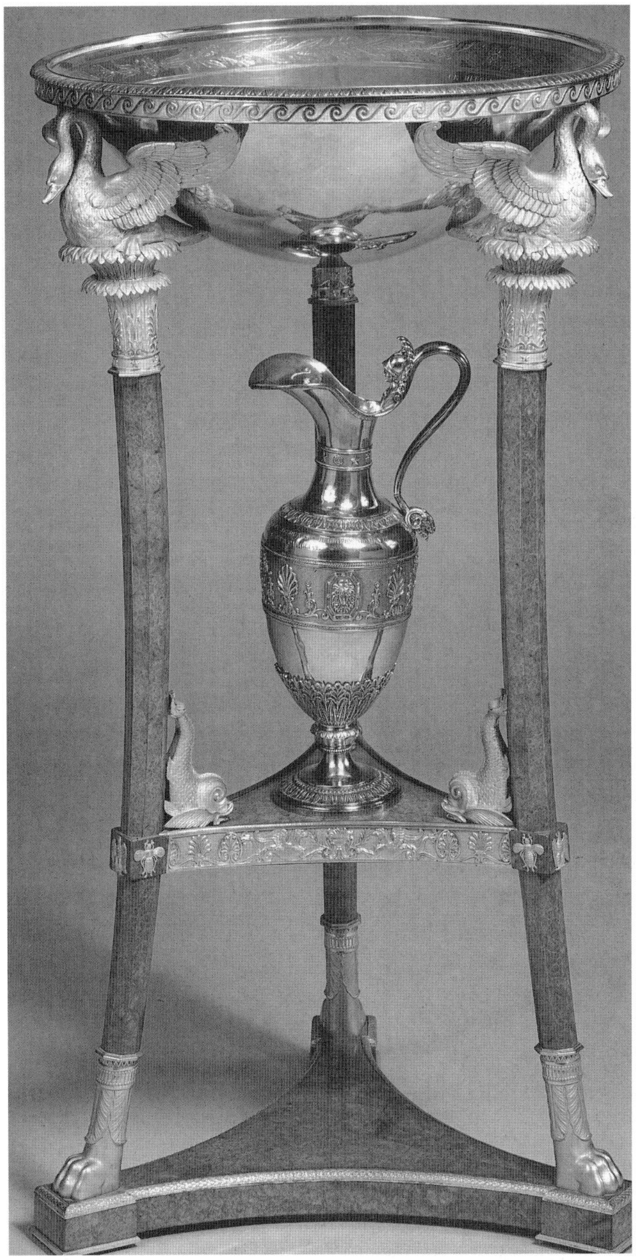

Martin-Guillaume Biennais. *Athénienne.* Avant 1804. Musée du Louvre, Paris.

mobile dans un encadrement fixe, le trépied-lavabo ou athénienne. Celui de Napoléon, œuvre du célèbre orfèvre Biennais (Louvre), est composé d'un support tripode en bois d'if et bronze ciselé et doré supportant une aiguière qui, comme la cuvette portée par des cygnes au col recourbé, est en argent.

Les sièges, sous l'Empire, sont à cause de leur uniformité et de l'absence presque complète d'ornementation, d'une grande monotonie ; rares sont les modèles nouveaux hor-

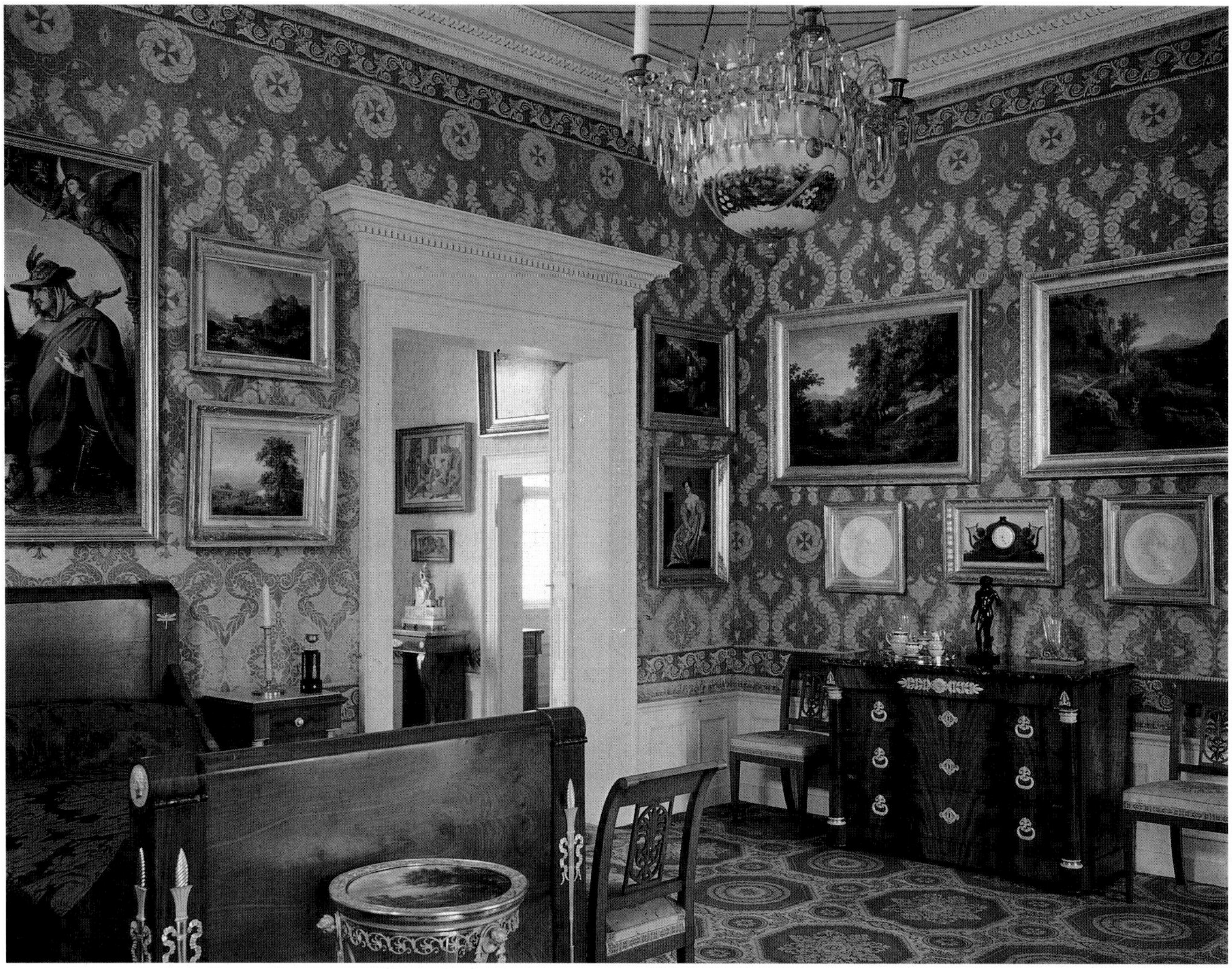

Lit et commode Empire aux fines applications de bronze doré. Château de la Fasanerie, chambre à coucher, Fulda.

mis la méridienne dont les deux dossiers d'inégale hauteur sont reliés par un dossier de fond, et la chaise longue qui est entrée dans la peinture avec le célèbre portrait de Mme Récamier par David.

Richesse et raffinement chez les bronziers

L'art des bronziers est inséparable de celui des ébénistes. Il atteint sous l'Empire une perfection technique exceptionnelle. « C'est par là que [les Français] nous surpassent... », lit-on dans le *Cabinet Dictionary* de Sheraton en 1803 parlant des bronzes dorés d'ameublement qui, en effet, dominent non seulement en Angleterre où ils sont surtout dus à des Français émigrés, mais dans toute l'Europe. Ils sont également appréciés pour leur dessin et la qualité de la fonte, et pour leur élégance décorative.

Homme du XVIIIe siècle, Pierre-Philippe Thomire s'adapta parfaitement à l'évolution des styles et du goût ; on lui doit surtout, avec Odiot, excellent ciseleur lui aussi, le fameux berceau du Roi de Rome dessiné par Prud'hon (1811, Kunsthistorisches Museum, Vienne). Thomire et Odiot travaillèrent beaucoup pour la cour impériale ; Henry Auguste, leur principal rival, cisela la couronne du sacre de Napoléon sur laquelle le joaillier Aubert enchâssa le Régent et le Sancy. Il reçut d'importantes commandes ; on lui doit un procédé tendant à substituer au travail traditionnel du marteau, la fonte au moule et la monture à froid, par écrous et vis, des ornements. Cette révolution technologique favorisa la vulgarisation des pièces d'apparat.

Le style impérial en Europe

L'Europe napoléonienne adopta les modèles et les goûts parisiens. En Allemagne le duc Frédéric II devenu en 1806 roi du Wurtemberg commanda, pour le nouveau palais de Stuttgart et le château de Ludwigsburg, d'importants travaux de décoration et des meubles à Nicolas Thouret. Malgré son nom celui-ci était sujet allemand, mais il s'inspira si bien des modèles français qu'il est parfois impossible de distinguer le mobilier qu'il conçut, toujours exposé à Ludwigsburg, de celui exécuté à Paris. Les deux appartements du roi et de la reine composent l'un des ensembles de style Empire les plus caractéristiques d'Europe.

La destruction du palais de Kassel, lors de la dernière guerre, nous a privés des transformations effectuées par le roi Jérôme de Westphalie, frère de Napoléon, et son épouse

Catherine de Wurtemberg. Les meubles venus de Paris côtoyaient ceux exécutés sur place par Frédéric Wichmann ou Carl Lauckhardt, excellent menuisier qui travailla peut-être d'après les dessins d'architecte.

A Munich le duc Maximilien-Joseph, très français de formation et d'esprit, fit de la Résidence quand il devint en 1806 roi de Bavière, un palais également français ; les transformations qu'il y dirigea, les meubles ou les objets d'art qu'il commanda sur place ou fit venir de Paris, sans parler des cadeaux de Napoléon, sont de style impérial.

C'est à partir de 1815, et jusque vers 1848, que se répandit à Vienne, qui compta près d'un millier de maîtres-menuisiers, le style dit "Biedermeier", ainsi nommé par référence à un personnage de la littérature allemande, bourgeois honnête et terre-à-terre, sans imagination. Ce style caractérisé par les courbes et la sobriété des lignes, sera particulièrement apprécié par les Sécessionistes le jugeant comme un modèle d'« œuvre d'art totale », et un exemple d'« amabilité et d'agréable joie de vivre ».

Le bois courbé devint, dès 1835-1836 la spécialité de Michel Thonet, d'origine rhénane, qui l'appliqua à des sièges fabriquées ensuite en série. Ils retinrent l'attention de

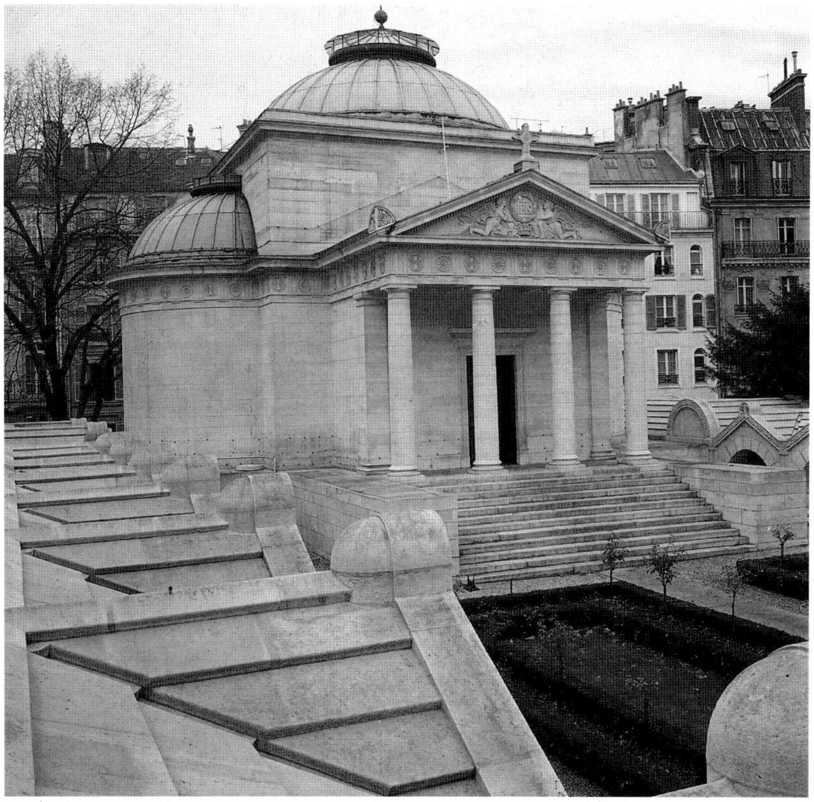

Pierre François Léonard Fontaine. *Paris, Chapelle expiatoire.* 1816-21.

Metternich qui proposa à Thonet de s'installer à Vienne où un privilège de fabrication lui fut accordé en 1842.

Les victoires napoléoniennes imposèrent en Italie le goût et l'esprit français. L'activité à Florence d'Elisa Bacciochi, sœur de l'Empereur, fut particulièrement bénéfique ; elle s'était assurée de la collaboration d'un architecte parisien, Bienaimé, et d'un ébéniste, Jean-Baptiste Youf, qui dessinèrent et exécutèrent les meubles de ses résidences avec l'aide d'artisans autochtones. Ils se trouvent aujourd'hui au palais Pitti à Florence, et dans diverses résidences, avec ceux qui furent envoyés de Paris par l'Empereur.

C'est le même mélange que l'on retrouve dans le royaume de Naples confié à Murat en 1808 ; après le retour des Bourbon le style Empire, que ceux-ci ne se cachaient pas d'apprécier, continua à se répandre dans les résidences royales.

Charles IV d'Espagne, souverain ridicule et mari publiquement trompé, dont Goya a laissé de terribles portraits, était un admirateur et un protecteur des arts. Avant d'accéder au trône il avait fait construire dans le goût de l'époque de "petites maisons" imitées de Bagatelle, du Grand Trianon ou du pavillon de Mme du Barry à Louveciennes. Devenu roi il amplifia ce programme, éleva notamment la *Casita del Labrador,* sorte de Trianon à l'italienne dû à Isidro Gonzalez Vélasquez, fit redécorer le palais royal de Madrid et effectua d'importantes transformations à l'Escurial. Il fit venir de France des meubles, des bronzes, des tissus et de nombreuses œuvres d'art ; il confia plusieurs ensembles décoratifs à Percier et Fontaine, et au décorateur français Jean-Démosthène Dugourc qui dessina également plusieurs meubles exécutés par les ébénistes royaux.

Si l'Italie et l'Espagne adhérèrent au néo-classicisme impérial pour des raisons à la fois artistiques et politiques,

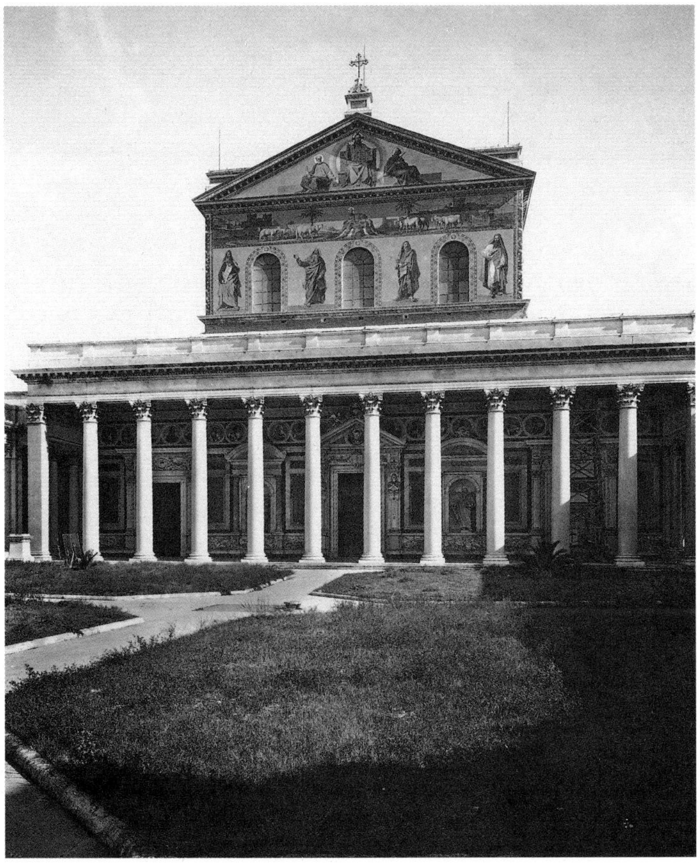

Luigi Poletti. *Rome, nouvelle basilique Saint-Paul-hors-les-Murs.* 1854.

elles n'en conservèrent pas moins leurs caractères propres ; malgré le mélange des apports des artistes et des œuvres indigènes importées, le style et le goût napoléoniens n'étouffèrent guère, ou transformèrent peu, les inspirations essentiellement nationales.

La Restauration et l'avènement de l'éclectisme

L'austérité, la rigueur géométrique des intérieurs et des ensembles décoratifs Empire ne disparurent pas avec la fin du régime napoléonien ; Louis XVIII se soucia d'autant moins de changer de style qu'il avait été, dans sa jeunesse, avec son frère le comte d'Artois, son successeur sous le nom de Charles X, parmi les propagateurs du néo-classicisme. Si "l'Usurpateur" l'avait fait impérial, rien n'empêchait qu'il redevînt royal, et que les entreprises continuassent à travailler ce dont, d'ailleurs, le roi se préoccupa dès son accession au trône.

Si Percier cessa son activité en 1814, Fontaine continua la sienne en se mettant au service des nouveaux maîtres de la France ; il entreprit en 1816 à Paris la Chapelle Expiatoire, construite à l'emplacement du cimetière où avaient été enterrés Louis XVI et Marie-Antoinette après leur exécution. C'est un monument remarquable de proportions où l'influence de l'Antiquité est marquée par un portique dorique dominant une cour rectangulaire bordée de chapelles à arcades. Cet « enchaînement de tombeaux saisit l'imagination et la remplit de tristesse » a écrit Chateaubriand.

La Chapelle Expiatoire est l'une des dernières architectures originales du néo-classicisme avant le règne du pastiche.

La Madeleine, ex-temple de la Grande Armée, devient une église après son achèvement par Huvé ; Abel Blouet termine en 1836 l'Arc de triomphe de l'Etoile entrepris trente ans plus tôt, Jean-François Penchaud s'en inspire à Marseille pour l'arc, plus modeste, élevé afin de commémorer les victoires de l'expédition d'Espagne en 1833. Labarre achève la Bourse de Brongniart (1826).

Ce n'est plus aux temples païens que les architectes de la Restauration demandent des modèles pour les églises, mais aux basiliques chrétiennes romaines. Ces nouvelles constructions sont presque toutes du même type, Notre-Dame-de-Lorette, Saint-Denis-du-Saint-Sacrement, Saint-Vincent-de-Paul à Paris, la cathédrale de Rennes, la nouvelle basilique Saint-Paul-hors-les-Murs à Rome : une sobre façade précédée d'un péristyle, et un large vaisseau ponctué de colonnes soutenant un entablement. Ce qui rappelle le type répandu par Chalgrin sous Louis XVI, et dont Saint-Philippe-du-Roule est le meilleur exemple.

Si le néo-classicisme inspire l'architecture privée, du palladianisme à Ledoux, l'éclectisme le surcharge d'éléments souvent superflus qui vont orienter hôtels et maisons de rapport vers une opulence décorative nettement opposée à la "mâle nudité" de l'antique. Cette évolution est d'ailleurs sensible dans toute l'Europe lasse d'un style qui lui avait été plus ou moins inspiré, mais qui correspondait à son état d'esprit et à ses critères de goût. L'éclectisme ne signifie pas seulement, par les libertés qu'il autorise dans le mélange des genres et des styles, le rejet de la tyrannie ; c'est aussi une revanche du sentiment sur la rigueur et la froideur antiques.

Le néo-classicisme survivra longtemps en Italie. Il apparaît en 1817 dans le "Braccio Nuovo" construit au Vatican pour abriter le musée des sculptures antiques. A Naples l'église San Francisco-de-Paola, élevée de 1816 à 1824 par Pietro Bianchi, présente un portique ionique octostyle précédant une nef comportant trente-deux colonnes corinthiennes supportant une coupole aplatie ; le modèle est le Panthéon mais flanqué d'une colonnade imitée de celle du Bernin place Saint-Pierre. A Padoue le Café Pedrocchi par Gappelli (1816-1832) doté d'une aile néo-gothique en 1837, est regardé comme « le plus bel édifice du classicisme romantique en Italie ».

Si le gothique apparaît obligatoire dans les monuments religieux — ainsi les façades des Dômes de Naples et de Florence — il ne l'est pas moins, mais comme adjonction pittoresque, dans l'architecture profane où il s'inspire souvent des palais vénitiens.

La Renaissance et le palladianisme sont également sollicités à Rome, à Naples, à Vérone, en Piémont, en Lombardie où ils se mêlent à d'autres styles avec une liberté qui peut parfois surprendre lorsque par exemple Gaetano Baccani n'hésite pas à juxtaposer au palais Borghèse, à Florence, le style florentin au néo-classique. A Saint-Roch, à Rome, Valadier adapte un portique et un fronton à l'antique à un édifice palladien à trois nefs ; un ordre colossal correspond au vaisseau central, un ordre mineur aux bas-côtés.

Le style classique se prolonge également en Suisse, à Genève avec le musée Rath (1825), en Hongrie à Budapest avec le Musée national hongrois, à Varsovie où plusieurs monuments combinent l'antique et le palladien. En Espagne on remarque, parallèlement à une atténuation des modèles antiques, différentes inspirations, roman et gothique ici, Renaissance et palladienne là, plus tard mudéjare et mauresque ; elles correspondent à l'évolution de la sensibilité au cours du siècle.

Néo-classicisme et néo-gothique cohabitent, on l'a vu, en Allemagne et en Angleterre. Convaincue d'avoir retrouvé son style national, l'Allemagne restera fidèle au gothique pendant tout le XIXe siècle, mais il est l'une des composantes de l'éclectisme représenté par Friedrich von Gärtner qui utilisa plusieurs modèles historiques, notamment à Munich

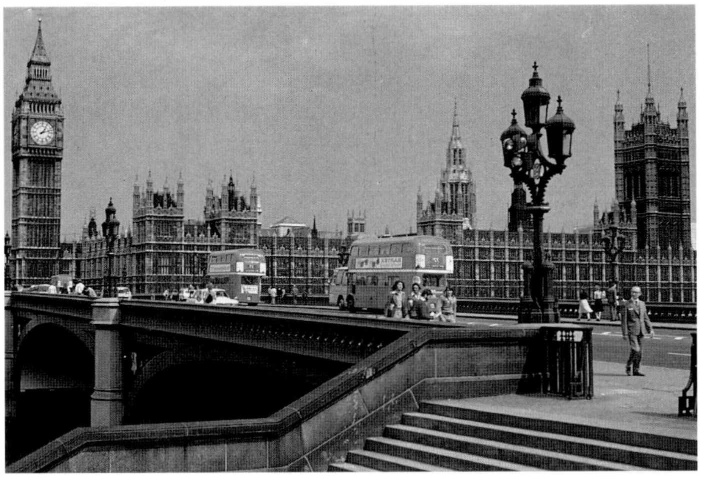

Charles Barry. *Londres, le Parlement.* 1835-60.

où les nombreux monuments qu'il construisit constituent un véritable répertoire de ses inspirations. Il en est de même à Dresde avec Gottfried Semper, la personnalité la plus remarquable de l'architecture allemande au milieu du siècle à laquelle on doit surtout le Königliches Hoftheater (le Théâtre de la Cour) ravagé par un incendie en 1868, puis reconstruit par lui avec un faste excessif.

Lorsqu'il dut quitter l'Allemagne après la révolution de 1848 Semper travailla à Londres où il devint conseiller artistique du prince consort Albert pour l'Exposition universelle de 1851 ; il y prit nettement parti en faveur de l'architecture et des arts industriels, et son ouvrage *Science, Industrie et Art* apparaît comme l'un des premiers manifestes dans ce domaine. Mais ses positions restèrent théoriques ; Semper ne put en effet, ou ne sut se dégager de l'historicisme comme le montrent les monuments qu'il construisit dans la dernière partie de sa carrière où il revint à Dresde. Il œuvra ensuite à Munich, puis à Vienne où il édifia le Burgtheater (1873), et l'année même de sa mort, en 1879, la Neue Burg, le nouveau palais impérial du Hofburg.

L'architecte vulgarisateur du passé

Le Moyen Age fut, pour l'Angleterre, un "état d'âme". Le gothique avait été de nostalgie et d'imagination avant que la vérité historique ne s'y manifeste appuyée sur plusieurs publications parmi lesquelles les *Spécimens de l'Architecture gothique* de John Britton (1823). Les dessins sont de Pugin.

L'ornement prime ; c'est lui, dont les détails ont souvent valeur symbolique, qui donne sa personnalité à l'énorme ensemble des Houses of Parliament où ni Pugin, ni Charles Barry, ne se sont souciés de fonctionnalité. Le style "perpendiculaire", alors considéré comme le gothique national par excellence, y domine ; à quelques exceptions près la réalisation est d'une noblesse et d'une grandeur incontestables.

Le placage est évident. En donnant la prééminence au décoratif l'architecte fait largement appel au pastiche ; l'histoire de l'art, science nouvelle, n'offre-t-elle pas un répertoire extrêmement varié de formes et de styles que proposent nombre de publications et recueils ornementaux ? Ruskin déclarera : « L'ornementation est la partie principale de l'architecture. » Ce qui ne laissera pas d'étonner chez un homme auquel l'étude des structures gothiques dictera les principes de ce qu'on appellera plus tard le fonctionnalisme.

Comme Pugin, Ruskin ne regarde pas le gothique uniquement comme un art d'église ; à ses yeux il est capable de s'appliquer parfaitement à toute construction moderne. Ses plaidoyers passionnés feront de lui le principal défenseur du médiévisme en architecture.

Le "Gothic revival" avait peuplé l'Angleterre de pseudo-églises des XIIIe et XIVe siècles, de cottages à tourelles et créneaux ou de châteaux fort hérissés de tours. L'éclectisme multipliera les ministères ou bâtiments administratifs Renaissance, les hôtels de ville mêlant médiévisme et palladianisme, les collèges et universités de style Tudor. L'Allemagne, passée la phase gothique, fera appel au baroque, puis reviendra, après la fondation de l'Empire, en 1871, à la Renaissance germanique qui inspirera également les grands monuments de la Vienne des années 80 et s'étendra à la Suisse, à la Suède et aux pays du Nord. La France éclectique de la Restauration qui découvre dans le Moyen Age une rénovation des monuments anciens, un "frisson nouveau", se plonge sous l'effet de la sensibilité romantique dans un retour au passé stimulé par les écrivains et les historiens qui révèlent au public les richesses méconnues de la France pro-

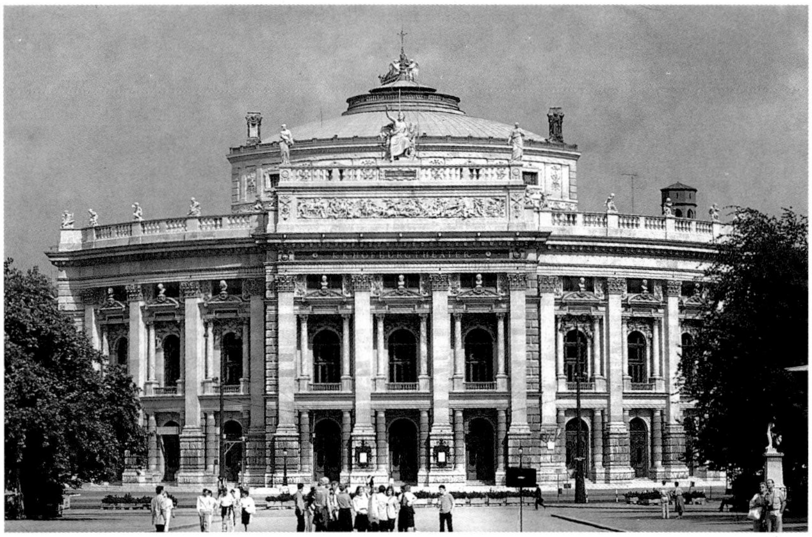

Gottfried Semper. *Vienne, Burgtheater.* 1873.

fonde. Le goût pour un Moyen Age décoratif donnera naissance au style "troubadour", surgeon ridicule du médiévisme.

Ainsi l'architecte abandonne-t-il sa mission de créateur pour adopter un comportement de vulgarisateur du passé où il se transforme soit en archéologue, soit en pédagogue, ou les deux à la fois. Le chauvinisme aidant la folie du décor

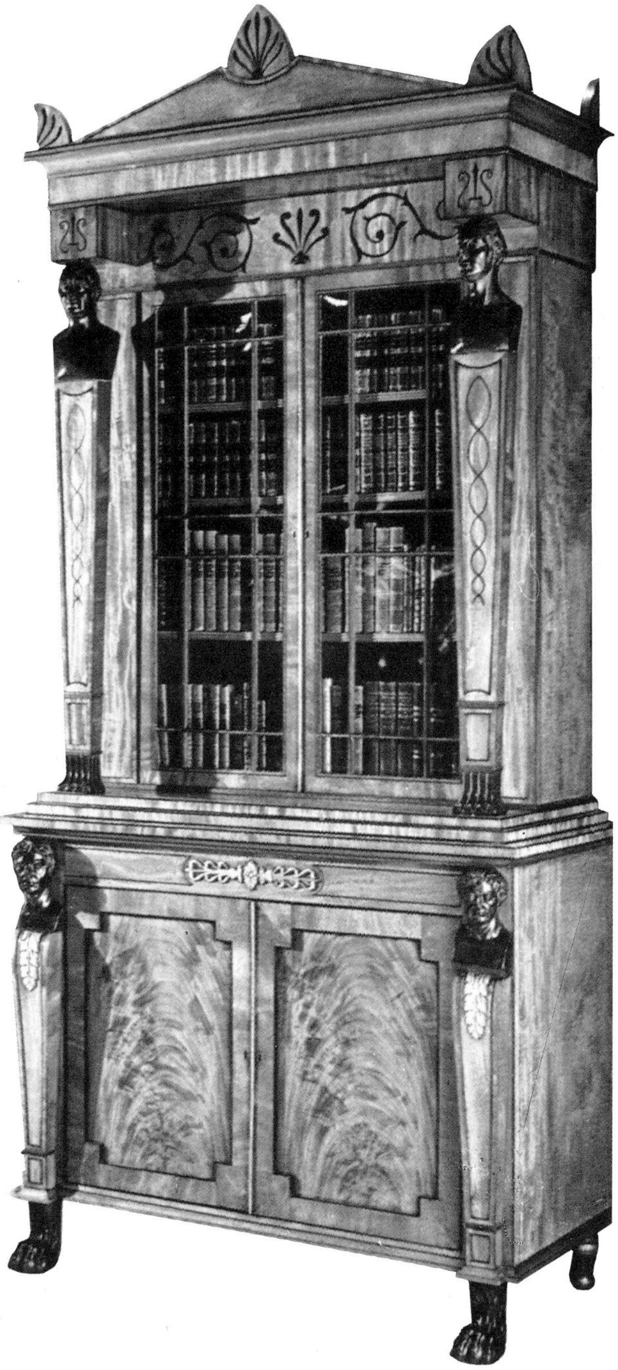

Bibliothèque en acajou. Vers 1809. Victoria and Albert Museum, Londres.

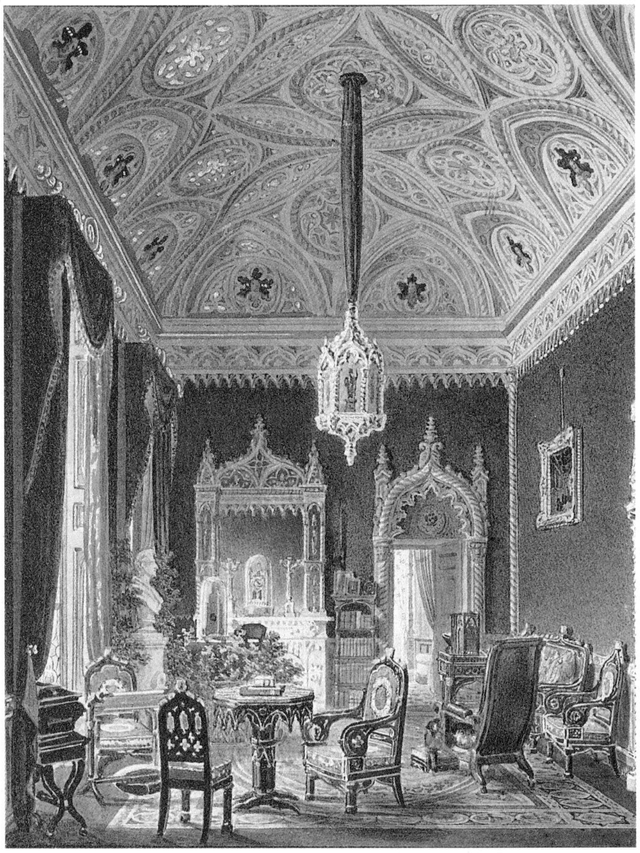

Projet de boudoir gothique. Vers 1836. Musée des Arts décoratifs, Paris.

prend l'aspect d'une revendication nationaliste ; si la France se croit encore plus française en adoptant le style troubadour, l'Allemagne pense être plus germanique en retrouvant le baroque, comme la Belgique ambitionne d'être plus flamande en répandant le style flamingant. Ce qui réconcilie le Pouvoir soucieux de prestige, et le public que le passé sécurise et exalte.

"Regency" en Angleterre, "Troubadour" en France

Augustus Charles Pugin avait dessiné en 1827 un mobilier néo-gothique pour Georges IV, et publié en 1835 un ouvrage illustré sur l'*Ameublement au XV*[e] *siècle ;* c'est l'un des avatars de ce qu'on a appelé en Angleterre le style Regency bien qu'il dépasse largement les neuf années de la Régence de George, prince de Galles, devenu roi en 1820. Chronologiquement il s'étend de la fin du XVIIIe siècle à l'ère victorienne, mais correspond plus précisément en France aux styles Directoire, Empire et Restauration. Il utilisa successivement les inspirations antiques, égyptiennes et médiévistes, et donna dans le mobilier une importance notable aux meubles de bibliothèques où apparaissent des modèles très variés. Combinés parfois avec un secrétaire, flanqués de colonnes, à pieds en griffes, en toupies, ou reposant à même le sol à la façon des meubles Empire.

Plus spécialement anglais sont le guéridon de bibliothèque et la table de sofa ; le sofa lui-même occupe une place

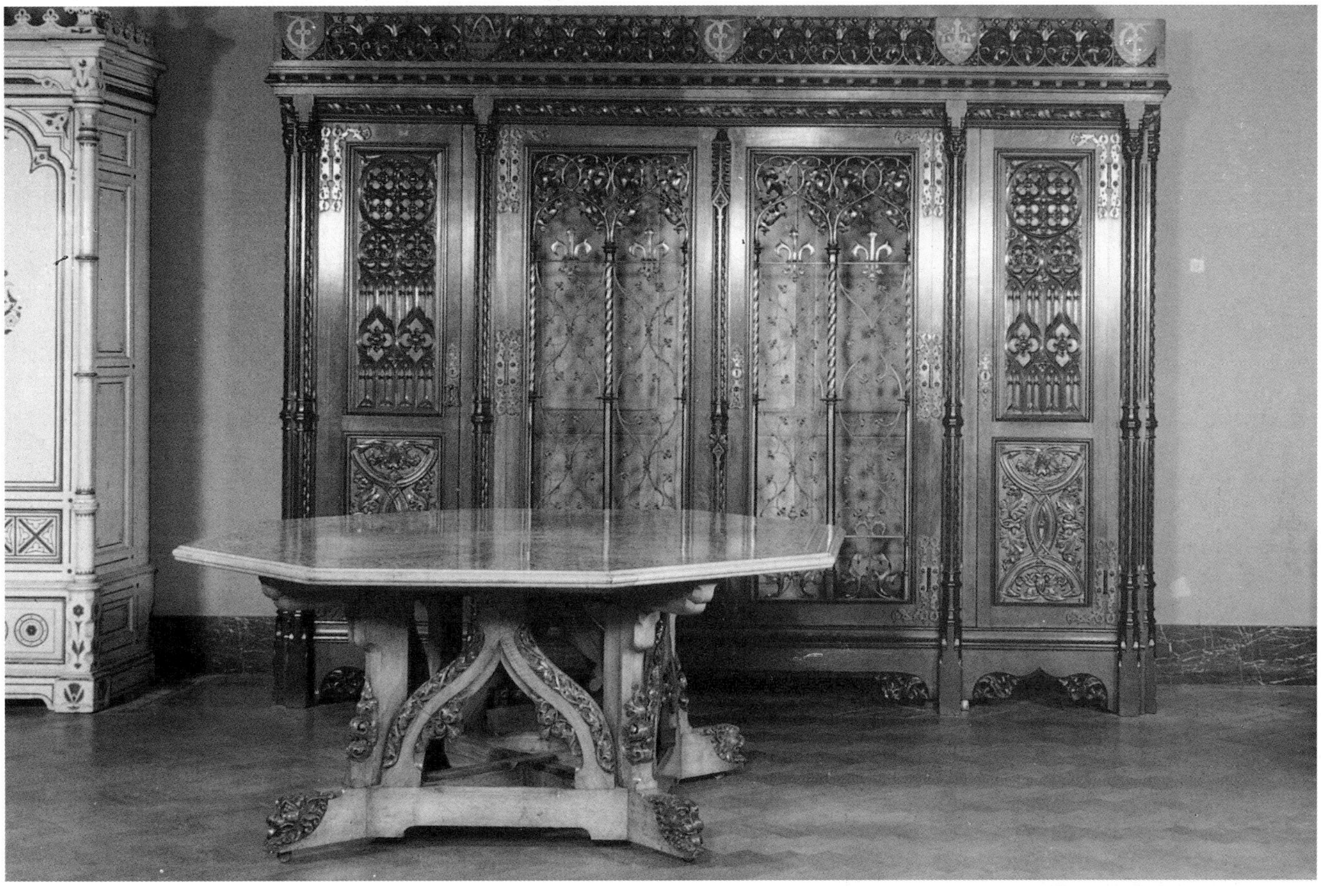

Augustus Welby Pugin. *Armoire et table.* 1851. Victoria and Albert Museum, Londres.

importante dans le mobilier Regency qui correspond à une période de recherche d'intimité et de confort. L'architecture décorative du XVIIIe siècle évolue vers une décoration "tapissière" qui marquera l'ère victorienne.

Le goût pour le gothique, grandiose dans les monuments où il se mélange à plusieurs autres styles, s'embourgeoise dans les intérieurs et devient un pur décor souvent fantaisiste, parfois même caricatural. Le cabinet de travail de Toddington Manor dû à sir Charles Barry en est l'exemple parfait (1829).

La gothicomanie et le style "troubadour" furent pour les romantiques ce que l'antiquomanie avait été pour les néo-classiques ; ils en sont, en quelque sorte, l'excès contraire. La mode "troubadour" lancée en 1829 par la duchesse de Berry se traduisit en décoration par des meubles clairs en loupe de frêne ou d'orme, buis, hêtre, citronnier, érable, agrémentés de bibelots, candélabres, pendules "à la cathédrale", coupes, boucliers Renaissance, etc. Les chaises sont à dossiers ajourés d'arcatures en ogives, ou de trilobes surmontés de trèfles ou de cœurs. Les commodes et les secrétaires sont ornés d'archivoltes gothiques.

Si les aquarelles de Garneray représentant l'intérieur de la duchesse au pavillon de Marsan montrent qu'elle sut toujours conserver une juste mesure, il n'en est pas de même du fameux boudoir "gothique" de la comtesse Foedera décrit par Balzac, « amoureux et vague comme une ballade allemande ». Grâce à lui, à Stendhal, à Théophile Gautier, nous connaissons ces intérieurs surchargés dont le médiévisme purement décoratif, comme dans l'oratoire de la princesse Marie d'Orléans aux Tuileries, dessiné par Henry de Montaut en 1848, s'encombre de mille détails suggestifs de style "cathédrale". Si le plafond est "Renaissance" à caissons, la clôture en bois est "flamboyante", et les meubles "Louis XIII" !

Les ébénistes de la Restauration

L'éclectisme des appartements aristocratiques ou bourgeois contraste avec ce médiévisme "artiste". Le pastiche domine partout, en architecture et dans les arts décoratifs ;

les projets des architectes, les aquarelles d'intérieurs exécutées par les peintres qui inspirent les décorateurs, et dont le musée des Arts décoratifs possède de nombreux exemples, illustrent ces courants qui gagnent toute l'Europe. Le goût de l'histoire, mêlé à la nostalgie des époques révolues, se retrouve en peinture et en sculpture qui ont aussi — Ingres y sacrifia — leur style "troubadour" ; le bric-à-brac des intérieurs des personnages de Balzac ressemble à celui des héros de Walter Scott de l'autre côté du "Channel", et l'Allemagne y répond par l'exaltation nationaliste de l'art des Goths, qui étaient des Germains. Leur patronyme servira à désigner l'art des XIIIe et XIVe siècle par mépris de son caractère "barbare". Le mépris a disparu, mais le terme est resté.

Faute d'études critiques sérieuses chacun imagine le Moyen Age ou la Renaissance comme il l'entend, d'où des confusions et des équivoques nombreuses. C'est aussi par manque de connaissances que les ébénistes adaptent les décors "néo" au mobilier pseudo-classique et Empire. Ou qu'ils mélangent les genres comme chez M. de Sommerard, le fameux collectionneur. Ce qu'il y avait d'authentique dans son invraisemblable bric-à-brac de meubles et d'objets Moyen Age et Renaissance, donna naissance au musée de Cluny.

Cet éclectisme gagna, pendant le règne de Louis-Philippe, le mobilier qui, sous la Restauration, était resté sobre malgré le mélange de médiévisme et de classicisme. Nourris d'une longue et solide tradition, les ébénistes possèdent un métier sûr qui leur permet d'assimiler les modes décoratives. Jacob-Desmalter, Charles-Joseph Lemarchand et son successeur Louis-Edouard passèrent sans problèmes du style Empire au style Restauration.

Jean-Jacques Werner travailla surtout pour la bourgeoisie parisienne, en Allemagne pour le prince de Wrede au château d'Ellingen, et pour Eugène de Beauharnais devenu duc de Leuchtenberg à Munich. Pierre-Antoine Bellangé, attaché au Garde-meuble royal sous Charles X, meurt en 1827 et son fils, Alexandre-Louis, reprend son atelier ainsi que celui de son oncle Louis-François décédé la même année ; la couronne d'Angleterre compte, dans les années 1820-1830, parmi ses clients. Les Janselme, véritable dynastie d'ébénistes, François Baudry auteur du célèbre lit en nacelle du musée des Arts décoratifs, Louis-François Puteaux furent également très actifs.

En France comme en Angleterre plusieurs firmes s'associent pour former des entreprises qui se chargent des différents domaines de la décoration, menuiserie, sculpture, tapisserie, dorure, etc. et répondent ainsi à tous les besoins de la clientèle. Bientôt elles vendront des meubles sur catalogue ; la fabrique viennoise de Joseph Danhauser utilisa ce procédé dès le début du siècle. Elle disparut vers 1839 et Michel Thonet, établi dans la capitale autrichienne en 1842, en prit le relais.

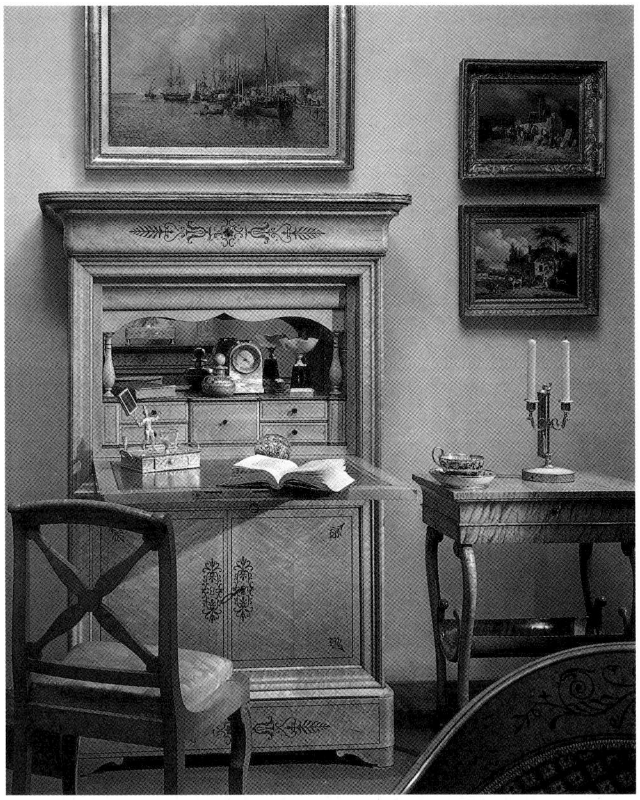

Secrétaire et table à ouvrage en bois clair marqueté d'amarante.
Epoque Charles X. Coll. part.

Le style Louis-Philippe

Eclectisme et références historiques continuent à marquer le mobilier sous le règne de Louis-Philippe caractérisé par la recherche du confort, le goût de la bourgeoisie pour la stabilité et la solidité, et par l'intervention des procédés de fabrication mécanique. Les meubles sont massifs, imposants, peu élégants, sans fantaisie ni imagination ; dans les intérieurs le tapissier règne en maître, couvre de tissus les murs et les sièges, les tentures enveloppent les fenêtres et alourdissent les alcôves. Le mobilier gothique ou Renaissance, auquel l'ornemaniste Aimé Chenavard suggère d'ajouter des inspirations chinoises, persanes et arabes, est en bois durs et foncés, comme le noyer, l'acajou et l'ébène ; le style "cathédrale", qui disparaît vers 1835, fait place au "buffet Henri II" meuble bourgeois par excellence dû au décorateur Liénard.

En 1839, Louis-Philippe commande à Georges Grohé, autre pasticheur, un meuble de style "Renaissance" qu'il paie fort cher.

La bourgeoisie se complaît à travers toute l'Europe dans ces décors encombrés de plantes vertes, vases décoratifs sur colonnes ou trépieds, bronzes d'ameublement, vitraux, tableaux de genre ou d'histoire à lourds cadres dorés. Les rideaux aux amples drapés et les tentures font obstacle à la lumière répandue par les flambeaux ou les bougeoirs ; pour ce qui est de la nature les "jardins d'hiver" remplacent les joies du plein air.

Cette époque est caractérisée par le développement des entreprises qui succèdent aux artisans ébénistes ; elles vont prendre, avec les progrès de l'industrialisation du meuble, une importance de plus en plus grande. Celui-ci n'y gagnera pas, les copies et interprétations du passé proliféreront jusqu'à la fin du siècle.

L'orfèvrerie de l'Empire à Charles X

Napoléon avait encouragé par ses commandes le développement des arts et de l'industrie. Symbole d'opulence l'orfèvrerie, principalement de vermeil, eut toutes ses faveurs, comme celles de Joséphine passionnée de luxe, et

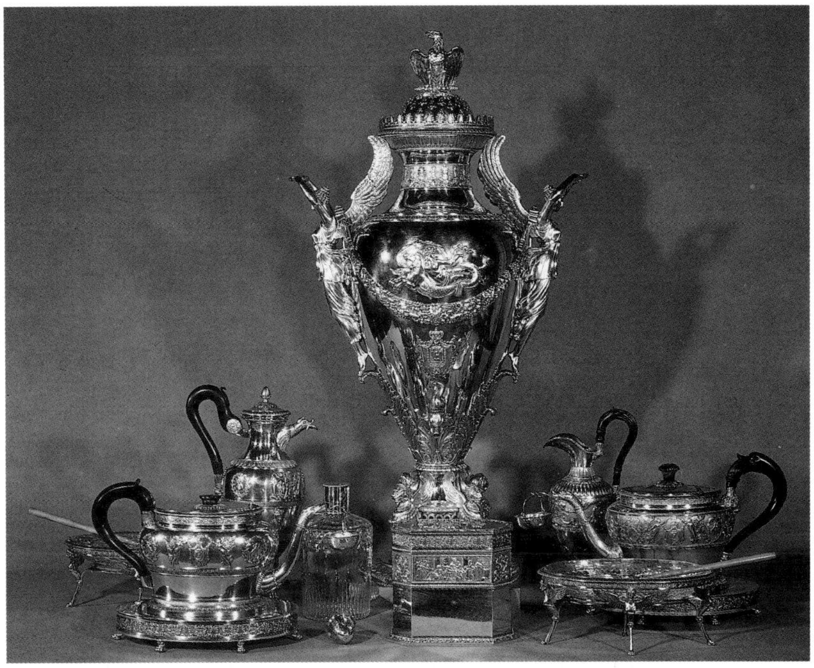

Martin-Guillaume Biennais. *Service à thé de Napoléon I.* 1809-10. Musée du Louvre, Paris.

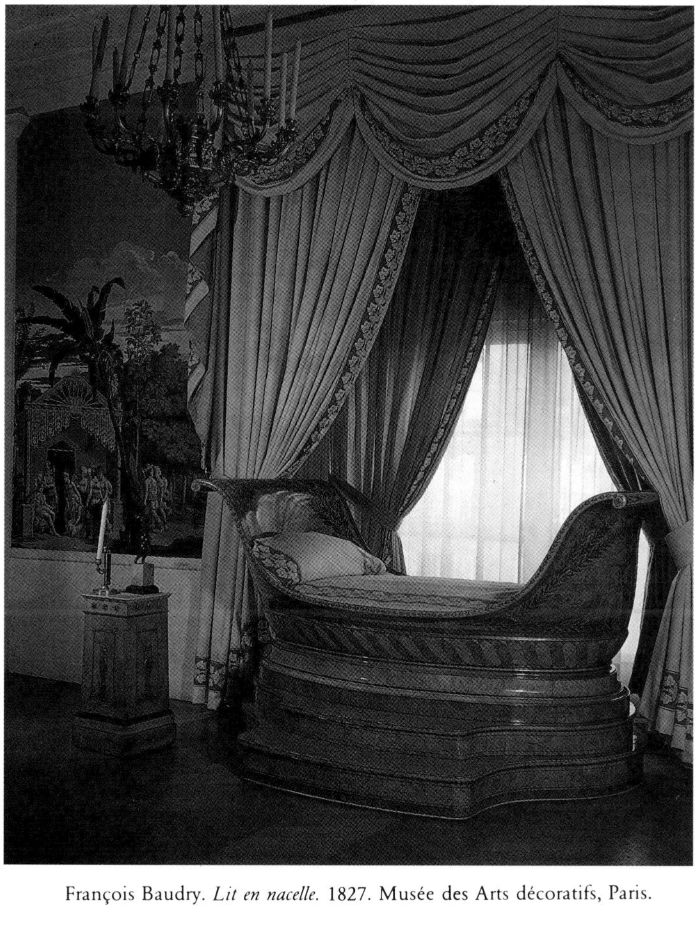

François Baudry. *Lit en nacelle.* 1827. Musée des Arts décoratifs, Paris.

de l'aristocratie qui multiplièrent les commandes aux orfèvres impériaux suivis par toute l'Europe, alliés et vassaux ; leurs productions se répandirent dans le sillage des armées victorieuses.

Percier et Fontaine publièrent en 1812 un *Recueil de décoration intérieure,* qui fut très suivi. Le peintre Prud'hon joua également un rôle important ; protégé par Joséphine, puis lié au préfet de la Seine Frochot, celui-ci le désigna pour fournir les dessins des somptueux présents offerts à la nouvelle impératrice Marie-Louise en 1810. Le maître d'œuvre en fut Jean-Baptiste Odiot l'un des trois "grands" de l'orfèvrerie Empire avec Henry Auguste, fils de l'orfèvre de Louis XVI Robert-Joseph Auguste, et Martin-Guillaume Biennais.

Il y avait à Paris, en 1806, près de neuf cents orfèvres-bijoutiers témoignant de l'extraordinaire engouement pour les métaux précieux ; chacun de ces artisans, très renommés et de formations différentes, avait sa spécialité : les nécessaires de toilette, et dans la vaisselle de table généralement en vermeil, la nef et le cadenas (coffret contenant les couverts), les seaux à glace et à bouteilles, les porte-bouteilles, les corbeilles à pain, les cloches à plats et les services à café ou à thé, les "déjeuners", comptaient parmi les pièces les mieux travaillées et les plus appréciées.

Le surtout de table de l'Empereur, signé Henry Auguste, offert par la Ville de Paris à l'occasion du sacre (aujourd'hui à la Malmaison) se situe dans la tradition néo-classique de la fin du XVIIIe siècle ; le service à thé de l'Empereur (en partie au Louvre) et son nécessaire de voyage (musée Carnavalet,

Paris) par Biennais, sont d'admirables chefs-d'œuvre de faste et de raffinement précieux. Ce dernier se fit une spécialité des "coffrets-nécessaires" ; sa réputation fut européenne, et ses ateliers fournirent d'innombrables pièces aux cours étrangères.

En dehors des trois "grands" dont les œuvres sont réparties aujourd'hui entre les principaux musées et collections du monde — l'ensemble le plus considérable, comportant mille pièces, d'une extraordinaire richesse, exécuté pour le frère du tsar Alexandre, Michel Pavlovitch, est partagé entre l'Ermitage, le Kremlin et divers autres musées — l'Empire compta plusieurs autres orfèvres de qualité : Abel-Etienne Giroux, Marc Jacquart, Marc-Augustin Lebrun, Louis-Baptiste Chéret. Le musée des Arts décoratifs de Paris possède, de la main de Giroux, un bouillon en vermeil d'une rare élégance, et le Metropolitan Museum un magnifique service à thé en argent non moins raffiné, et techniquement parfait, de Jacquart (1809-1819). Mais le décor manque de cohésion.

Odiot continua à travailler sous la Restauration où il perpétua les caractères du style Empire. Charles Cahier, son collaborateur, prit en 1819 la succession de Biennais et, nommé orfèvre du Roi, fut l'un des principaux exécutants du règne de Louis XVIII où il se fit une spécialité de l'orfèvrerie religieuse. Il réalisa plusieurs pièces pour le sacre de Charles X dans le style néo-classique dont on avait, pour la circonstance, habillé la cathédrale de Reims.

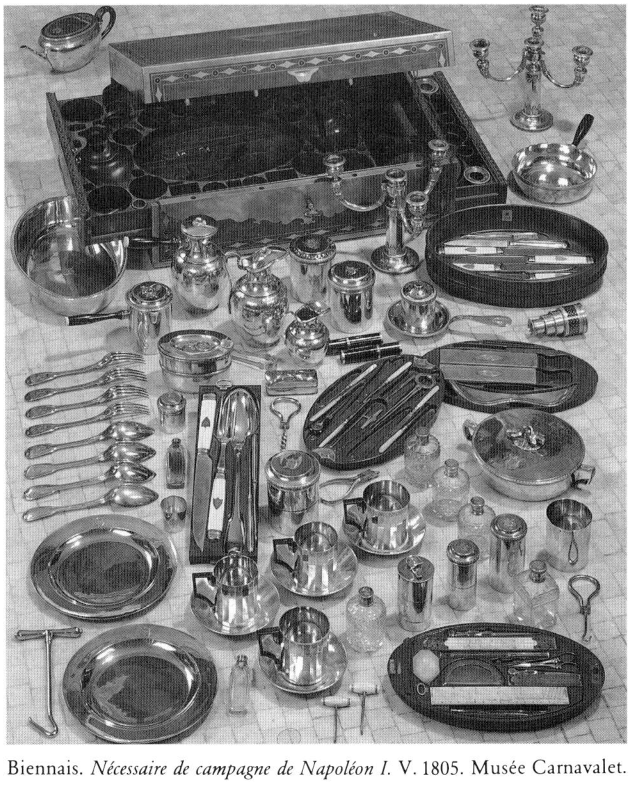

Biennais. *Nécessaire de campagne de Napoléon I.* V. 1805. Musée Carnavalet.

La duchesse de Berry passa plusieurs commandes à Jacques-Henri Fauconnier qui chercha à s'évader du répertoire traditionnel, et exécuta plusieurs pièces originales dont un service de table pour la famille royale, et de nombreux modèles d'animaux d'après Barye. Le goût pour l'antique le cèdant à l'inspiration Renaissance le travail des orfèvres du règne de Louis-Philippe n'y gagna guère en liberté ni nouveauté. Qualifié de "Benvenuto Cellini moderne", Froment-Meurice eut beaucoup de goût et d'imagination qu'il mit au service d'un éclectisme fastueux et surchargé tant dans le domaine profane que sacré.

Ciseleurs et orfèvres en Europe

En Angleterre le sculpteur Flaxman et Thomas Stothard dessinèrent des modèles d'orfèvrerie Regency, et Paul Storr l'un des orfèvres les plus réputés avec Benjamin Smith, créa des pièces décoratives. De 1808 à 1819 il exécuta en collaboration toute l'orfèvrerie royale d'inspiration néo-classique ; mais il aborda aussi le genre rocaille dans des œuvres d'une richesse décorative exubérante et surchargée. En 1819 il fonda la maison Storr, Mortimer et Hunt qui, devenue en 1842, Hunt et Roskell, se partagera avec les firmes Robert et S. Garrard, et Elkington et Hancock, la production des pièces décoratives et d'imposants trophées.

La maison Garrard se spécialisa dans la vaisselle de table d'argent abondamment et parfois lourdement décorée, dont Elkington chercha à lui disputer le marché dans le domaine usuel, tout en exécutant des pièces plus ambitieuses pour lesquelles celui-ci fit appel à des artistes français comme Jeannest, Albert Willms et Froment-Meurice.

Le célèbre ciseleur Antoine Vechte travailla presque uniquement pour la Maison Hunt et Roskell à l'intention de laquelle il exécuta le fameux *Bouclier d'argent et acier damasquiné,* illustré de scènes mythologiques et symboliques, appartenant à la Worshipful Company of Goldsmith de Londres (1850).

Quoiqu'elle y fut fort répandue et appréciée l'orfèvrerie ne produisit en Allemagne et en Italie aucun artiste majeur ; dans ce dernier pays il n'y eut pas, tout au long du XIXe siècle, de personnalité comparable à Luigi Valadier, qui se suicida en 1785, mais dont la maison poursuivit néanmoins, son activité, grâce à son fils, jusqu'en 1817.

Le style Empire eut une influence considérable sur les orfèvres américains ; Andrew E. Warner à Baltimore et Alsa Blanchard à Lexington réalisèrent des œuvres importantes, mais leur audience ne dépassa pas le cadre provincial.

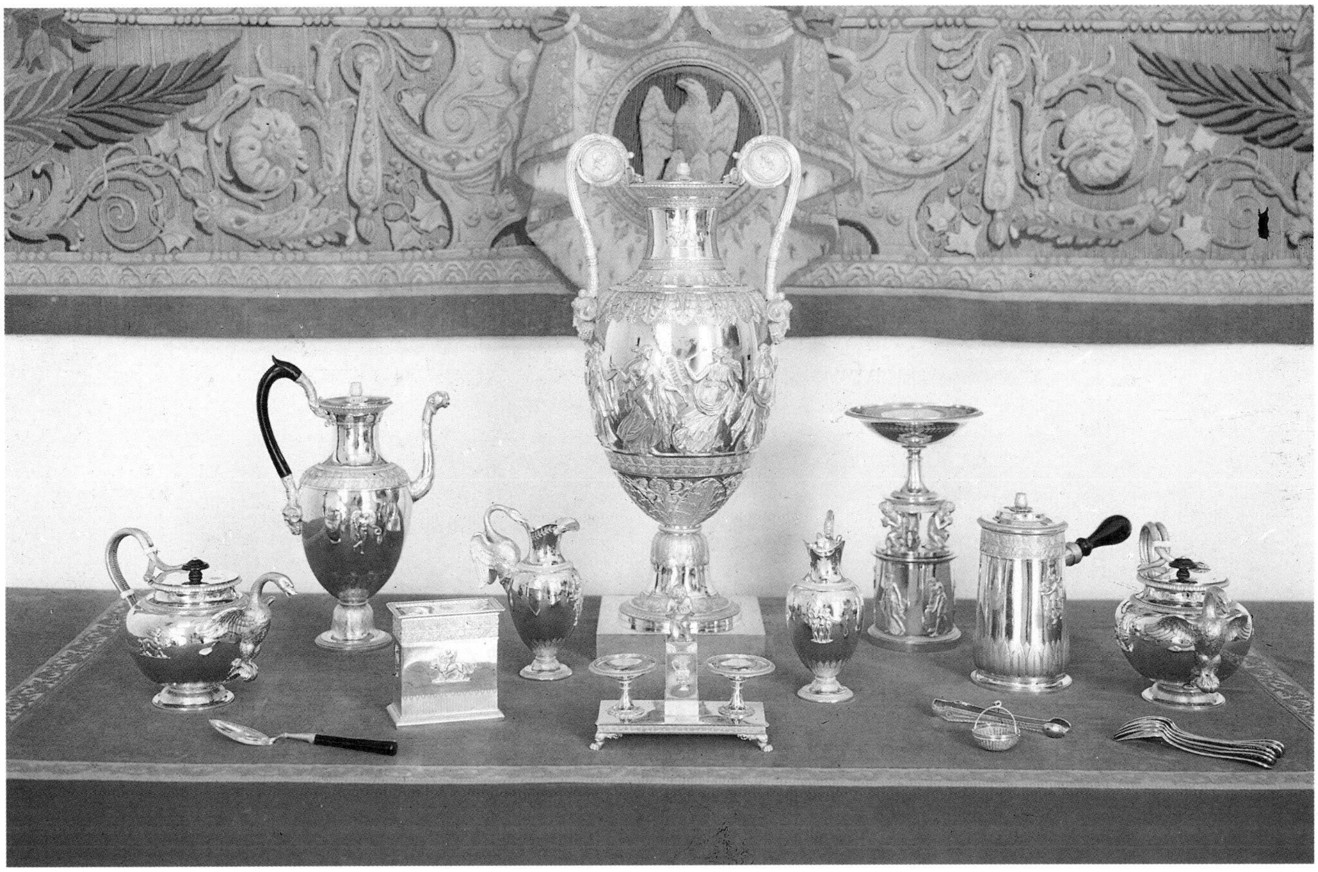

Jean-Baptiste Odiot. *Nécessaire en vermeil.* 1804. Musée du Louvre, Paris.

La céramique sert la gloire de l'Empire

Comme l'orfèvrerie la céramique servit la gloire de l'Empereur, elle lui permit de faire des cadeaux dans l'Europe entière qui, elle-même, imita le style impérial. Napoléon avait compris que cet art, auquel la manufacture de Sèvres avait, sous la monarchie, donné une qualité et un rayonnement considérables, était aussi une source d'activité rémunératrice et un prétexte de relèvement économique servant utilement le prestige de la France impériale.

Sèvres mit à son service ses excellents artisans ; la pâte tendre qu'elle avait au XVIIIe siècle portée à son plus haut degré de perfection, était remplacée par la pâte dure uniquement employée à partir de 1804 par Alexandre Brongniart chimiste éminent et administrateur de la manufacture de 1800 à 1847. C'est dire qu'il fut un fonctionnaire aussi dévoué à Napoléon qu'à ses successeurs, à l'Empire comme à la monarchie, anxieux de faire de Sèvres un "Conservatoire des arts céramique et vitrique" ouvert à tous. Attaché autant à la qualité technique qu'à la production Brongniart créa de nouveaux ateliers, une école de formation artisanale, appela des artistes extérieurs prestigieux, Ingres, Delacroix, Viollet-le-Duc, et fonda le musée Céramique dont le premier catalogue est de 1844.

L'un des ensembles les plus fameux de l'époque impériale est le Service de table de l'Empereur ; il comprenait cent soixante-dix-huit pièces, plus les vingt-trois du service à café à sujets égyptiens, et un surtout de vingt-cinq pièces dont la principale était le char de la Victoire portant le Génie des Arts. Napoléon emporta à Sainte-Hélène ce service orné par différents artistes de scènes évoquant ses campagnes.

Le procédé de la pâte dure était également utilisé par des fabriques privées comme Honoré et Dagoty ; mais celles-ci souffraient de la concurrence de Sèvres. En revanche le blocus eut un effet stimulant car ces manufactures se mirent à exécuter des pièces qui ne pouvaient plus être importées, notamment des imitations de porcelaines anglaises de Wedgwood réalisées par Nast ou Desprez. Les fabriques étrangères en profitèrent pour copier les céramiques françaises.

Conscient des difficultés suscitées par la concurrence de Sèvres Napoléon fit plusieurs commandes aux fabriques privées et leur octroya des fonds de soutien ; mais il agit souvent avec retard ou parcimonie car il craignait que le développement de l'industrie parisienne ne lui donne une importance dont l'effet se ferait sentir dans les revendications ouvrières.

Les années de paix (relative) de la Restauration virent revenir la confiance et l'activité ; néanmoins, il n'y avait à Paris, en 1819, que quatorze manufactures de porcelaine contre plus du double au début du siècle. En revanche nombre d'ouvriers, principalement décorateurs, s'étaient établis en chambre créant de petites boutiques qu'ils baptisèrent "fabriques". La cherté de la main-d'œuvre et des matières premières, la difficulté de se procurer du combustible à bon marché, provoqua par la suite plusieurs faillites et des fermetures d'entreprises privées.

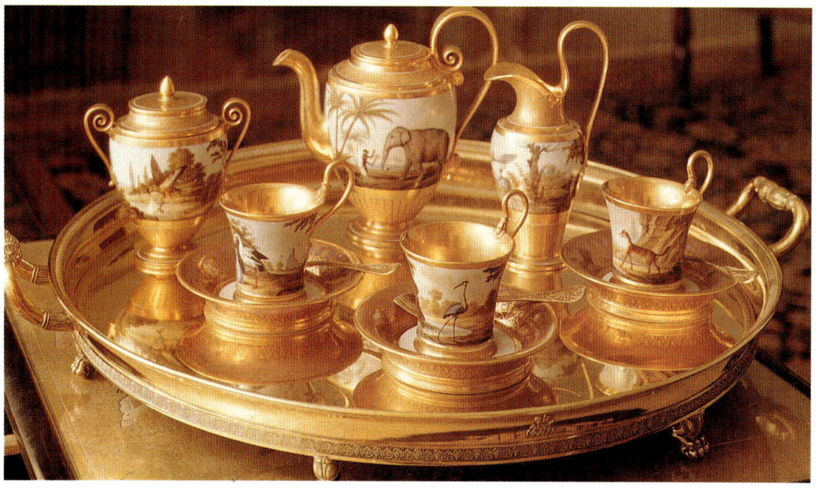

Service à café. Porcelaine de Sèvres avec décor peint « Les Fables de La Fontaine ». 1807-08.

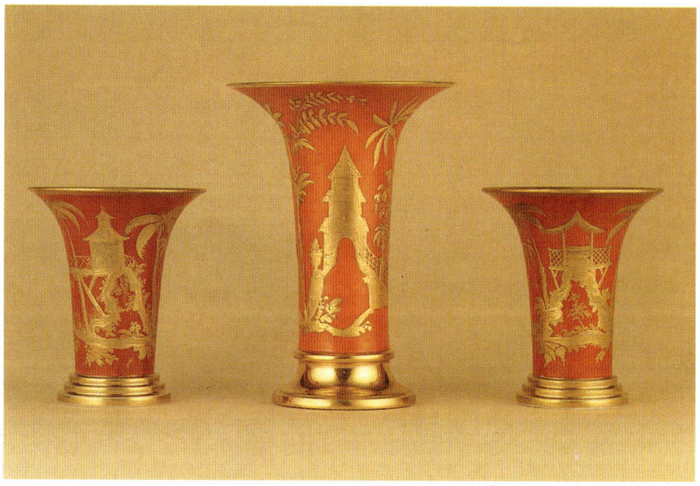

Vases. Porcelaine de la fabrique Dagoty à Paris. Vers 1810. Musée du Louvre, Paris.

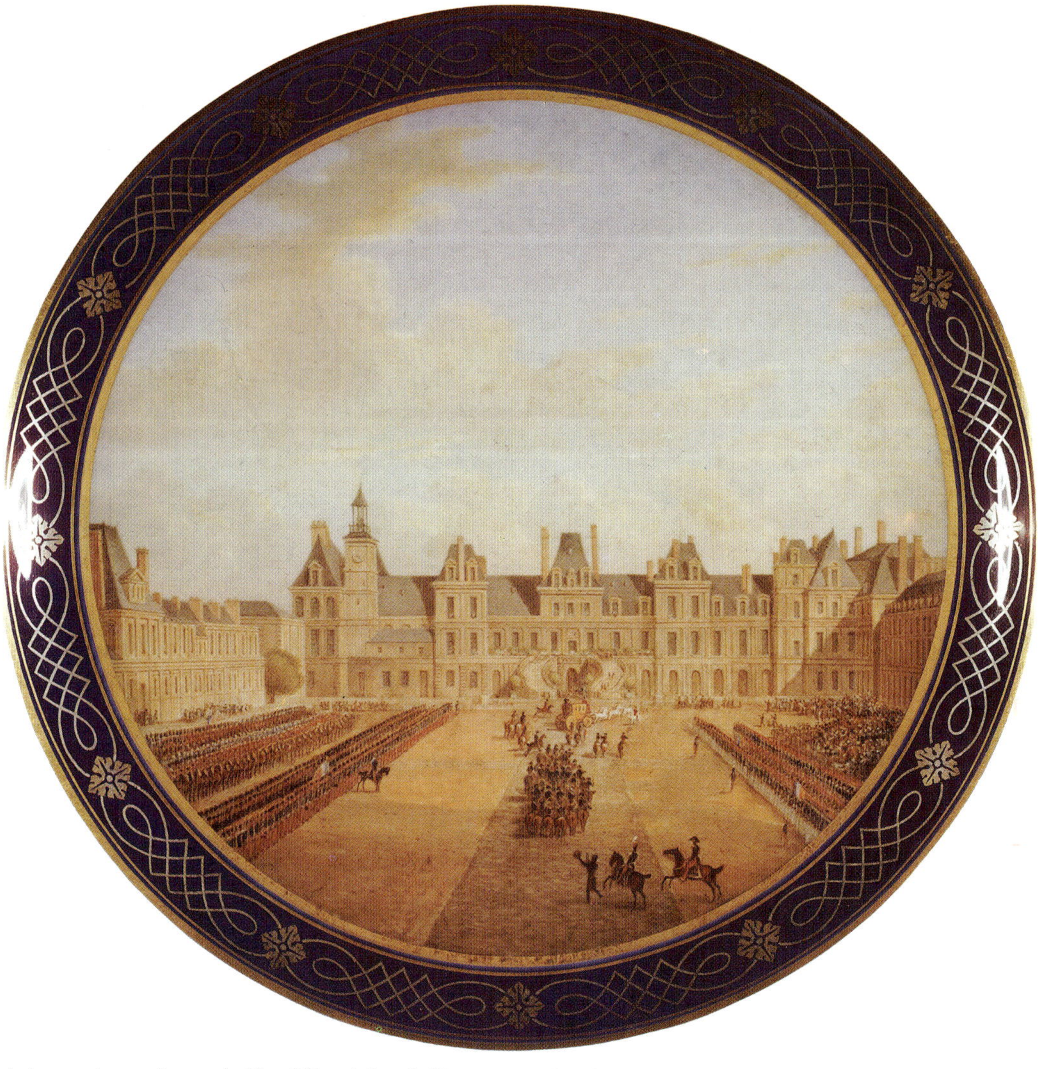

Assiette représentant la cour du Cheval blanc à Fontainebleau en 1831. Porcelaine de Sèvres. 1839-44. Musée national du château, Fontainebleau.

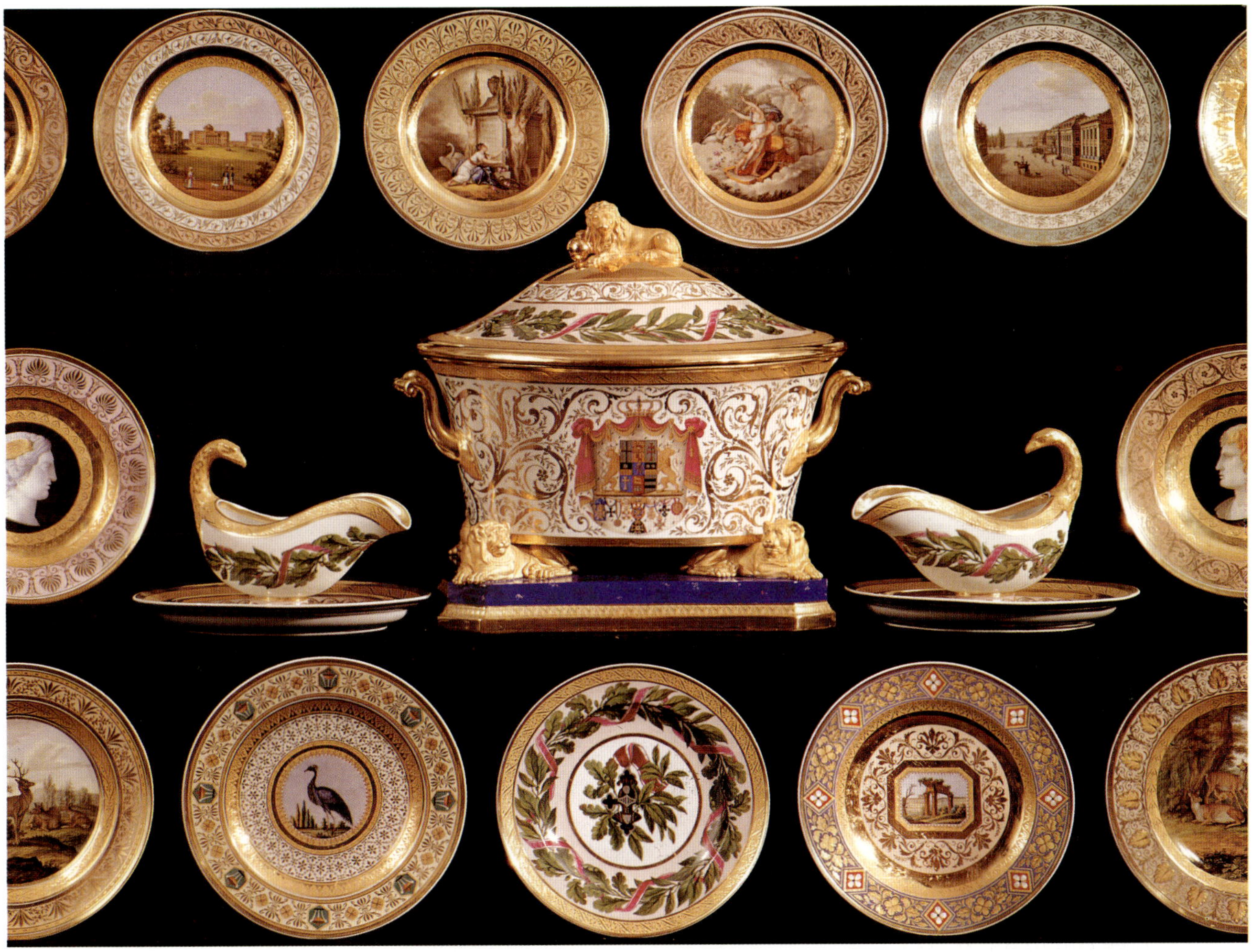

Service dit « au casque de fer ». Berlin, manufacture royale de porcelaine. 1819. Coll. Landgrave de Hesse.

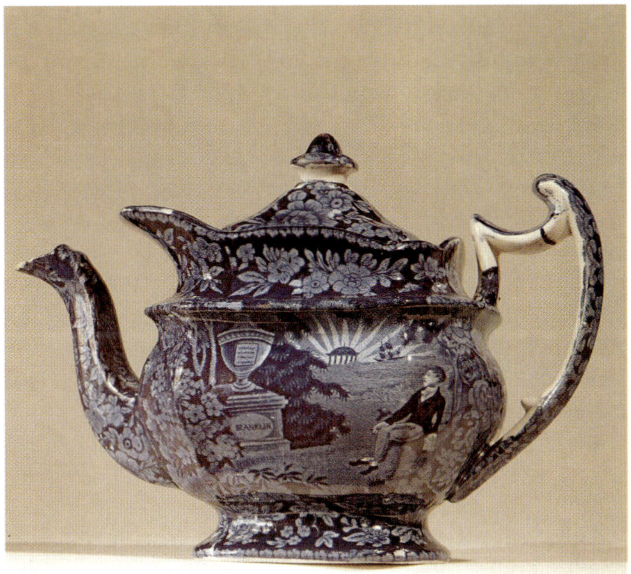

Théière. Faïence de Staffordshire. Vers 1824-25. Coll. part.

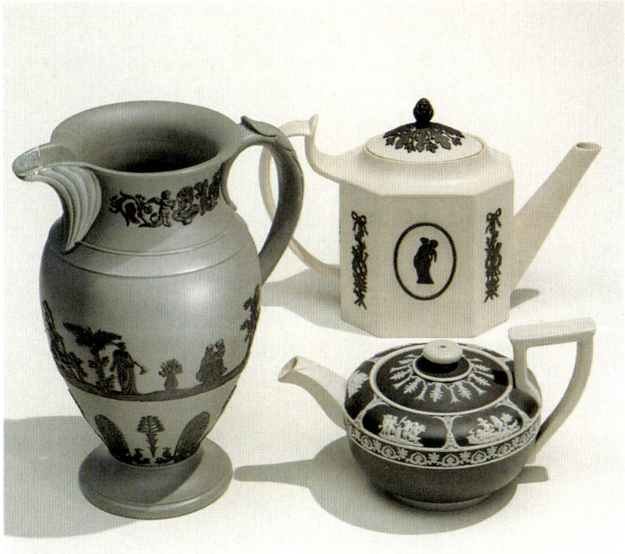

Pièces en faïence fine de Sarreguemines. 1800-20. Musée de Sarreguemines.

Les prouesses ne remplacent pas l'originalité

L'éclectisme des formes et des styles, l'influence du romantisme, le goût des décors anciens, de l'histoire et de l'anecdote, caractérisent les céramiques Restauration et Louis-Philippe ; l'héroïsme de la période impériale fait place aux modes nouvelles où le style "troubadour" apporte son répertoire "à la cathédrale" qui se manifeste surtout, dans les années 1820-1825, par des détails dans les décors. Mais l'une des curiosités de l'époque, qui continue d'ailleurs une production déjà ancienne, les "Services encyclopédiques", introduit des thèmes nouveaux, les oiseaux d'Amérique, les vues pittoresques d'Europe, les médaillons des Grands Hommes, et le célèbre "Service des Départements", commandé en 1825, ils sont accompagnés de commentaires explicatifs souvent ingénus.

Les pièces monumentales étaient très prisées, comme la Pendule géographique de plus de deux mètres de haut qui appartient aujourd'hui au musée Marmottan, ou le "Vase de Phidias" en biscuit de Sèvres, d'une hauteur égale, véritable tour de force. Vases et services de table occupent une grande partie de la production de la manufacture sous Louis-Philippe ; le Service de table historique de Fontainebleau (1839-1844) était destiné à figurer dans la Galerie des assiettes du château où il est encore.

Les reproductions de tableaux constituent l'une des prouesses de Sèvres, les copistes y montrent plus de savoir-faire que de personnalité.

Les autres manufactures, notamment celle du duc d'Angoulême, dont la qualité était très appréciée mais ferma en 1828, celle du faubourg Saint-Denis, ex-manufacture du comte d'Artois, dirigée par les Schoelcher, la faïencerie de Creil active pendant tout le siècle, ne se démarquent guère des styles et des thèmes de Sèvres où la sculpture n'eut qu'un rôle modeste. En revanche, les médaillons étaient à la mode, et le resteront longtemps.

L'arrivée à Sèvres de Jacques-Joseph Ebelmen, successeur de Brongniart, provoqua un renouvellement complet du personnel, et un retour à la pâte tendre abandonnée depuis longtemps. Mais l'esprit demeura peu inventif et les thèmes se systématisèrent ; décorateur et ornemaniste Jacob Petit couvrit de sa verve éclectique pendules, vases, encriers, porte-bouquets et statuettes en porcelaine polychrome. Le règne du bibelot aidant il eut beaucoup de succès.

Brongniart avait créé un atelier de vitraux qui, particulièrement actif sous Louis-Philippe, s'adonna à la copie sur verre de la peinture ; ils ornent encore aujourd'hui les chapelles royales de Dreux, du château d'Eu, et la chapelle funéraire du duc d'Orléans à Neuilly dont les cartons, déconcertants, sont d'Ingres.

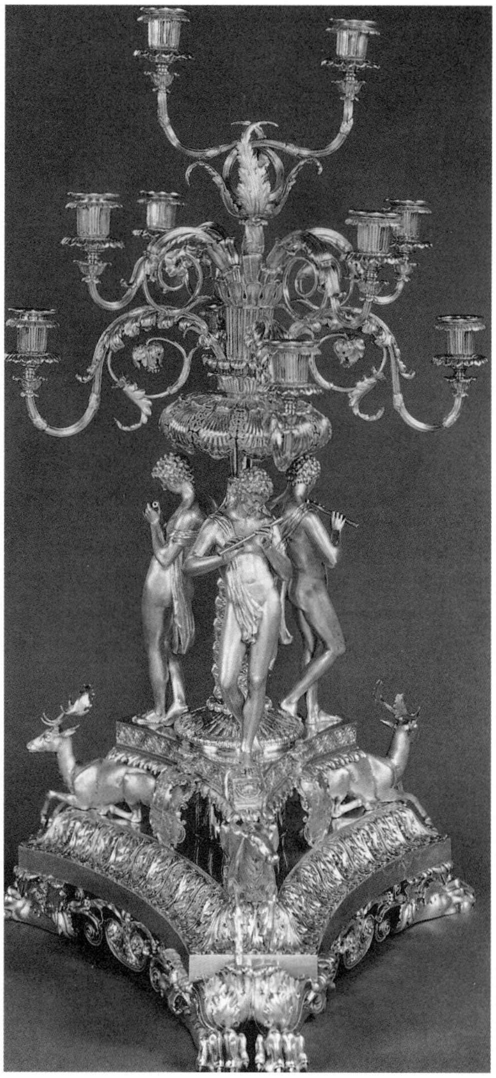

Paul Stoor. *Candélabre*. 1813. Manchester, Whitworth Art Gallery.

En province il faut surtout signaler les manufactures de porcelaine de Bayeux et de Sarreguemines où, sous l'impulsion de Francis Ulzschneider, les ateliers fabriquèrent des pièces lustrées imitant si parfaitement les faïences anglaises que la manufacture reçut le nom de "Wedgwood français". De style Empire les assiettes, services à café, jardinières, grands bougeoirs ou pichets étaient de formes élégantes et de goût raffiné.

Si, à l'étranger, Wedgwood continue la production des modèles anciens, Vienne qui avait connu de notables succès en adoptant le style Empire, déclina par la suite et ferma ses portes en 1867. Les faïences lustrées anglaises, dont Staffordshire et Leeds étaient les principaux centres, empruntent toutes les formes et les décors possibles ; pots, théières et coupes, verseuses, chopes et gobelets, mêlent les ornementations les plus variées. C'est à la franchise douanière de l'île de Jersey que les "lustres Wares" doivent d'être répandus en France sous le nom erroné de "Jersey" car il n'y avait aucune faïencerie dans l'île.

L'art naïf des statuettes du Staffordshire reste populaire et amusant. Les manufactures de Derby, qui possédait avec les Steele des décorateurs de grand talent ; celles de Worcester, de Rockingham, produisirent des pièces originales ou traditionnelles selon les influences ou les exécutants.

Tentures, soieries et papiers peints

Le XIXe a été le siècle des tapissiers. Il est vrai que la part prise par cette corporation à la décoration des intérieurs n'avait jamais été aussi grande ; ils assurèrent aux appartements une sécurité et un confort qui reflétaient les goûts de la bourgeoisie louis-philipparde en France et victorienne en Angleterre. Ceux-ci s'étendirent à toute l'Europe et confirmèrent la promotion sociale des tapissiers.

A l'époque Regency la soie a un rival sérieux, le chintz, mis à la mode à Londres par le prince de Galles à Carlton House en 1811. En France les soieries lyonnaises d'ameublement concurrencent sous l'Empire les soieries italiennes, elles resteront à la mode sous la Restauration et Louis-Philippe ; les motifs végétaux ou floraux voisinent avec les palmettes, palmes, rinceaux, casques, lyres ou étoiles. Réservées aux intérieurs royaux, princiers ou aristocratiques, les tentures de soie étaient rares ; les simples particuliers se contentaient de toiles imprimées ou de papier peint.

Celui-ci techniquement mis au point par les Anglais, adopté en France à la fin du XVIIIe siècle, était d'abord imprimé à la planche ; c'est à partir de 1841 que la première machine imprimante à cylindre inventée par l'ingénieur Preston est utilisée. Jean Zuber, Dauptain, Jacquemart et Bernard, Isidore Leroy, les Mader père et fils comptent parmi les principaux producteurs français ; de très beaux papiers peints panoramiques sont dus à Joseph Dufour qui, installé à Paris en 1808, engagea un excellent dessinateur et graveur, Xavier Mader. *L'Histoire de Psyché,* l'une de leurs créations les plus célèbres (1816), fut exportée dans toute l'Europe.

Zuber fut l'un des premiers, à partir de 1850, à industrialiser la production par l'emploi de machines à vapeur.

Toutes les manufactures importantes ont produit des papiers peints panoramiques ; les thèmes étaient très variés : *les Incas, Paul et Virginie, les Voyages d'Antenor, Renaud et Armide, les monuments de Paris.* Les papiers à motifs écossais furent particulièrement répandus en Allemagne grâce à Johann Christian Arnold, et entre 1840 et 1845 les papiers rayés connurent un grand succès. Seule l'Italie, pays du stuc et de la fresque, resta rétive au papier peint.

L'œuvre au noir de Goya

Goya fut l'un des rares, mais surtout le plus bouleversant graveur de son temps. Il a cinquante-trois ans quand à l'aube du XIXe siècle il fait paraître sa première suite, *Les Caprices,* gravée entre 1793 et 1798 ; son retentissement fut considérable notamment sur la génération romantique. Il passe de sujets quotidiens à l'imaginaire, au chimérique, il raille ou il condamne, se moque des femmes « qui prononcent le oui et tendent la main au premier qui se présente », montre la vie impudique des courtisanes, ces Majas aguichantes aux silhouettes cambrées, bafoue les vieilles coquettes. Il s'attaque aussi à l'Inquisition, aux moines, à la cour. Goya protégé par le roi, ouvre, avec *Les Caprices* les portes de son royaume nocturne, il s'en prend à l'homme et ne le lâchera plus ; ses cauchemars sont des "choses vues".

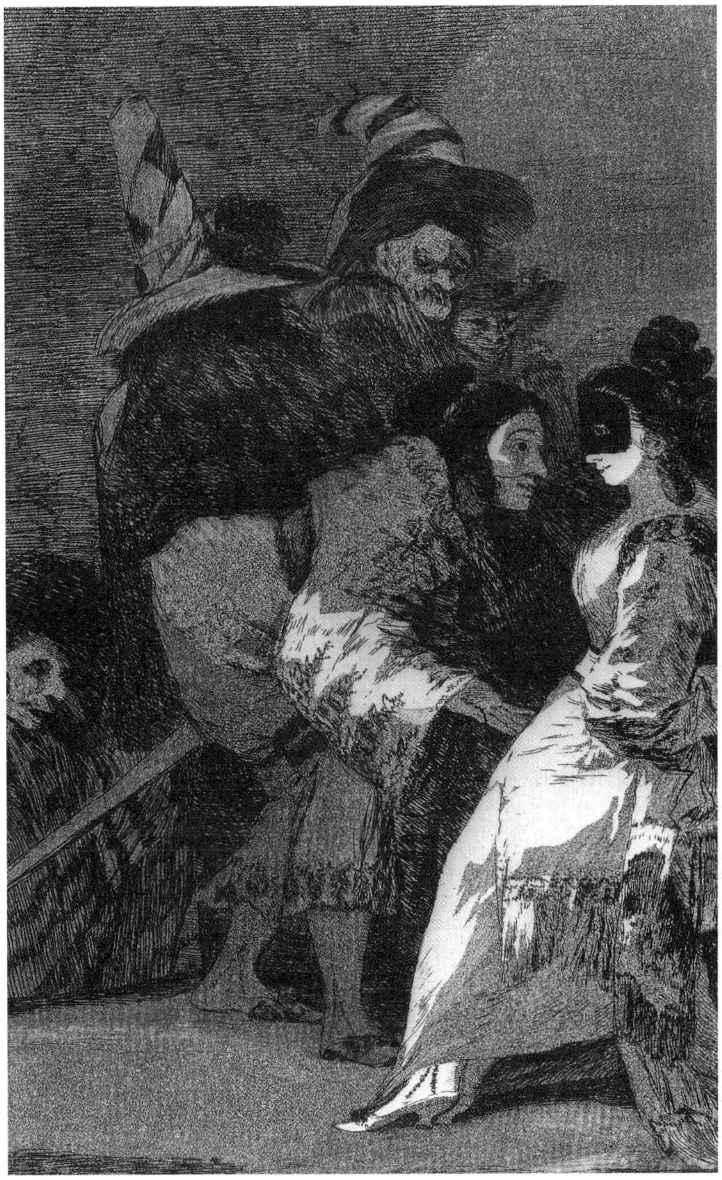

Goya. *Les Caprices, « Nadie se conoce ».* 1799. Musée du Petit-Palais, Paris.

En Angleterre Old Crome et Constable contribuent dans leurs eaux-fortes à faire découvrir à leurs compatriotes le plein air ; ils influencent Turner. L'Allemagne reste fidèle, à travers vignettistes et illustrateurs, à l'esprit XVIIIe ; la France ne pratique guère l'eau-forte, il faudra attendre Géricault, Ingres, puis Delacroix.

L'invasion de l'Espagne par les armées de Napoléon inspira à Goya sa seconde suite gravée, *Les Désastres de la Guerre* (1810-1820) terrible constat de massacres et de tortures sans pitié. *La Tauromachie* sera éditée en 1816, quant aux *Disparates,* appelés à tort *Proverbes* ou *Songes,* gravés vers 1819 mais connus seulement à partir de 1864, ils développent certains thèmes des *Caprices* dans un climat plus fantastique.

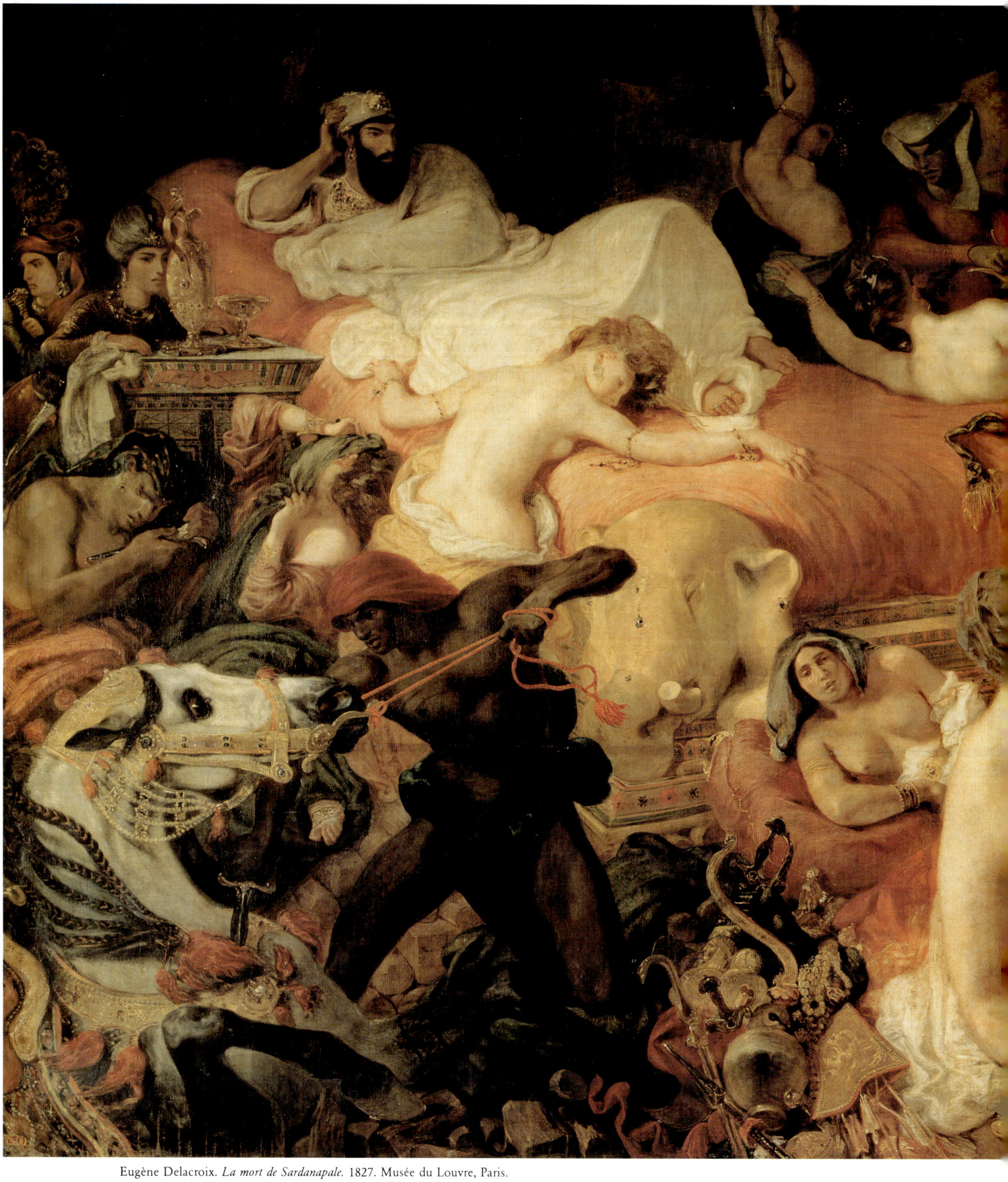

Eugène Delacroix. *La mort de Sardanapale.* 1827. Musée du Louvre, Paris.

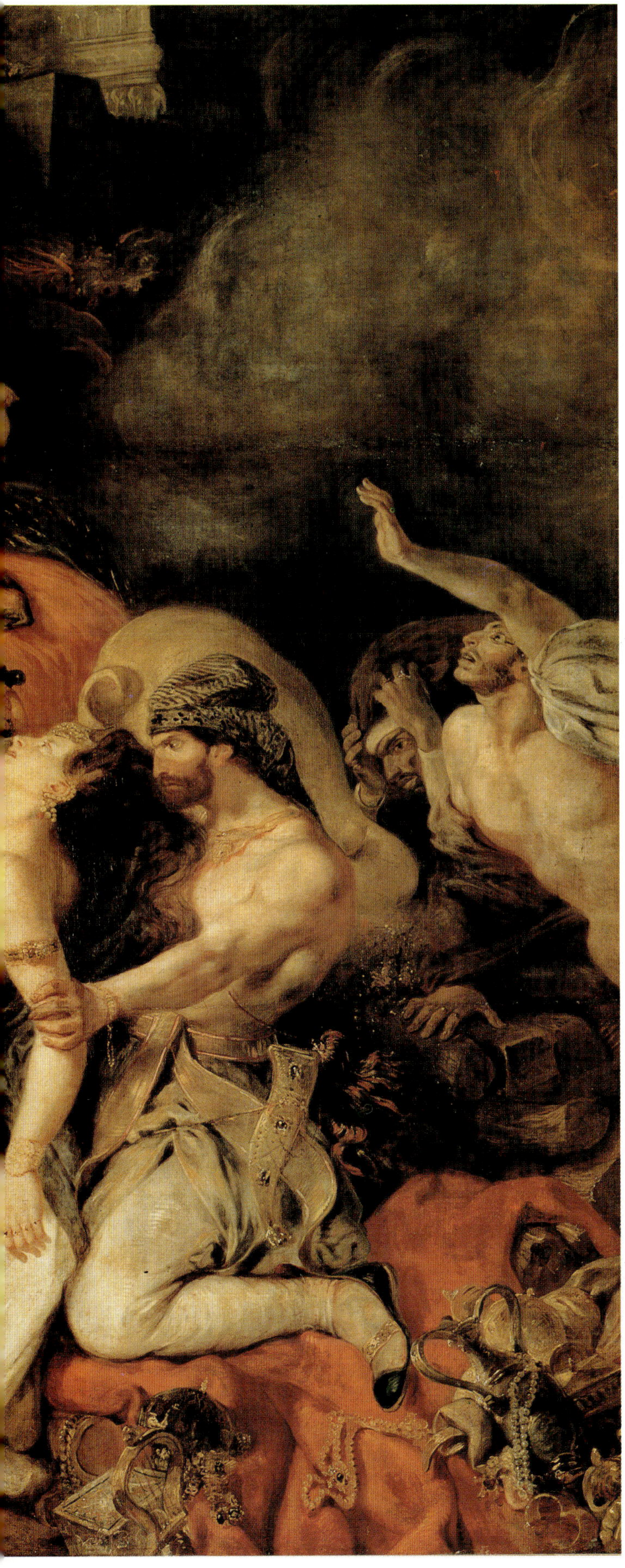

LE ROMANTISME OU LES DÉLIRES DE L'IMAGINATION

Le préromantisme de Rousseau à David

Les écrits de Rousseau avaient donné une importance nouvelle au culte de la nature et de la sensibilité ; Shakespeare était devenu un maître admiré dont le fameux acteur anglais Garrick tirait, dans l'interprétation de ses tragédies, des effets impressionnants. *Les Nuits* de Young et les poèmes du faux barde Ossian sont les livres de chevet d'une génération bouillonnante ; l'adjectif "romantique" employé d'abord en Angleterre, dans la seconde moitié du XVIIIe siècle, pour désigner un état de rêverie, est utilisé en France et en Allemagne dans un contexte littéraire. Rousseau, dans ses *Rêveries d'un promeneur solitaire,* trouvait les rives du lac de Bienne « plus sauvages et plus romantiques » que celles du lac de Genève.

Il y a du préromantisme, c'est-à-dire du sentiment excessif et confus dans les compositions mélodramatiques de Greuze, certains paysages de Fragonard et d'Hubert Robert, les allégories cauchemardesques de Füssli et les visions de Blake. Qui dit *romanesque* dit pittoresque et un peu bizarre, *romantique* apparaît plus sentimental, inspiré, tourné vers le monde intérieur. Il y a aussi de l'exotisme, de la nostalgie, du tragique, et quelque morbidezza dans ce terme. Le romantisme c'est aussi l'imagination, cette « reine des facultés » dira Delacroix ; Hegel, dans son *Esthétique,* écrit que l'art romantique « en raison de sa libre spiritualité, exige plus que ne saurait lui donner la représentation extérieure et corporelle. »

Le thème des ruines, symbole du temps qui passe, le goût du rêve, le recours à l'histoire, le refuge de la poésie, la valeur métaphysique de la nature, surtout s'il s'y trouve quelque tombeau ou cénotaphe, sont les excitants du romantisme, avec l'attrait des voyages, des "ailleurs" chers à Baudelaire. Le Nouveau Monde, l'Orient, l'Afrique, la Grèce invitent à la découverte de terres vierges et stimulantes ; quand la guerre intervient quelle exaltation de sentir l'héroïsme mêlé à la mort ! Le romantisme, épris de liberté sous toutes ses formes, est contre les tyrannies, les répressions, il est fils de la Révolution française, et il a connu sur les champs de bataille de l'Empire, dans l'odeur fauve du sang, les enivrements de la gloire.

Parmi les pères du romantisme David a joué un rôle capital ; n'était-il pas l'homme nouveau, le peintre moderne délivré des carcans du dogmatisme académique — quoique dogmatique lui-même ! — protagoniste de l'un des plus formidables bouleversements politiques, esthétiques et sociaux de l'humanité ? Il a beau être un "classique" au sens profond du terme et non circonstanciel, habiller ses personnages à l'antique, c'est-à-dire en héros "vertueux" et "virils", c'est l'histoire actuelle qu'il représente, et on s'y trompera d'autant moins que ses Romains se transformeront, le moment venu, en soldats de la Révolution, puis de la Grande Armée. Les tableaux d'histoire de David, et dans une moindre mesure ceux de Gros, ne sont pas des illustrations d'événements passés, mais des événements en eux-mêmes mis en actes picturaux. L'histoire vécue.

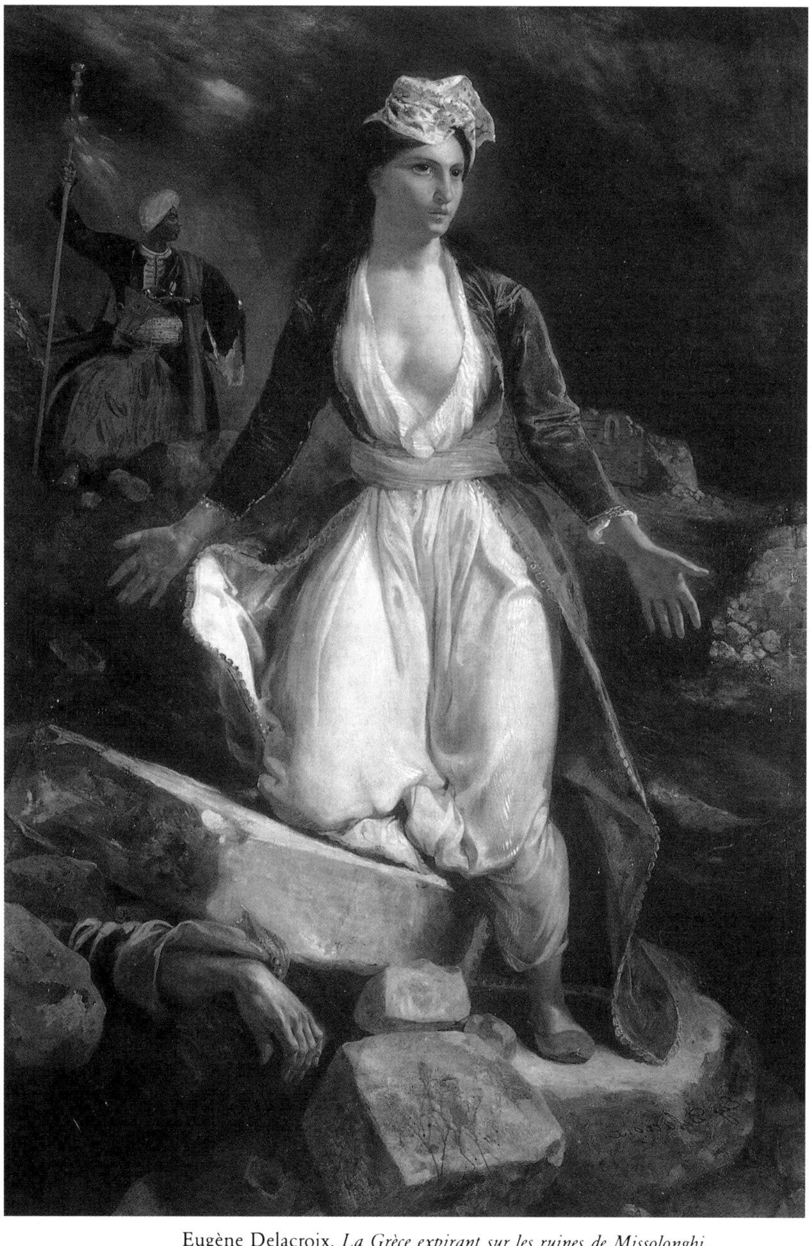

Eugène Delacroix. *La Grèce expirant sur les ruines de Missolonghi.* 1826. Musée des Beaux-Arts, Bordeaux.

D'où une appréhension directe du tragique que l'on retrouvera dans le Goya des *Dos* et *Tres de Mayo,* le Géricault du *Radeau de la Méduse,* le Delacroix de *La Grèce expirant sur les ruines de Missolonghi,* ou de *La Liberté guidant le peuple.*

Mais l'homme ne passe pas sa vie sur les champs de bataille, il y a aussi des périodes de paix ; aussi existe-t-il à côté de l'héroïsme guerrier, un « héroïsme de la vie moderne » auquel Baudelaire consacrera l'un des chapitres de son *Salon* de 1846, et qu'il exalte avec une sorte de stoïcisme nostalgique. « La beauté absolue et éternelle n'existe pas, ou plutôt elle n'est qu'une abstraction écrémée à la surface générale des beautés diverses. L'élément particulier de chaque beauté vient des passions, et comme nous avons nos passions particulières, nous avons notre beauté. » Ces passions nouvelles ne se retrouvent pas seulement dans l'héroïsme politique et militaire, « il y a des sujets privés qui sont bien autrement héroïques » ajoute Baudelaire, le romantisme s'étend jusqu'à l'exaltation du quotidien où l'on peut trouver des « sujets poétiques et merveilleux ». « Le merveilleux nous enveloppe et nous abreuve comme l'atmosphère ; mais nous ne le voyons pas » assure le poète.

L'art romantique comptera donc une part de réalisme ; irréalisme et naturalisme se côtoieront, le rêve, l'imagination, le tragique ne sont pas tout le romantisme, le "mal du siècle" n'exerce pas ses ravages partout. Certes il y a, après les tumultes napoléoniens, une instabilité, un désarroi, et aussi un certain dégoût de la vie, qui étreignent les hommes, les poussant aux excès. Mais si Delacroix a su donner corps aux pulsions et aux visions les plus hautes, exalter le plaisir et la douleur, la beauté et l'horreur, et traduire les vertiges de l'imagination, il ne perd jamais contact avec le vrai. Et Géricault, « extrême en tout », trouve dans le fait divers vécu l'aliment de sa violence pathétique, de son appréhension du réel dans ce qu'il a de plus commun, d'où tout contenu spirituel est absent.

Une force nouvelle : le peuple en action

La chute de l'Empire a mis fin à bien des rêves ; dans le désarroi général chacun cherche à tâtons quelque chose de neuf. Les impulsions qui agitent les jeunes artistes, peintres, écrivains, poètes, musiciens, sont en contradiction avec les directives du régime monarchique en matière de création esthétique et spirituelle. Les passéistes impénitents qui

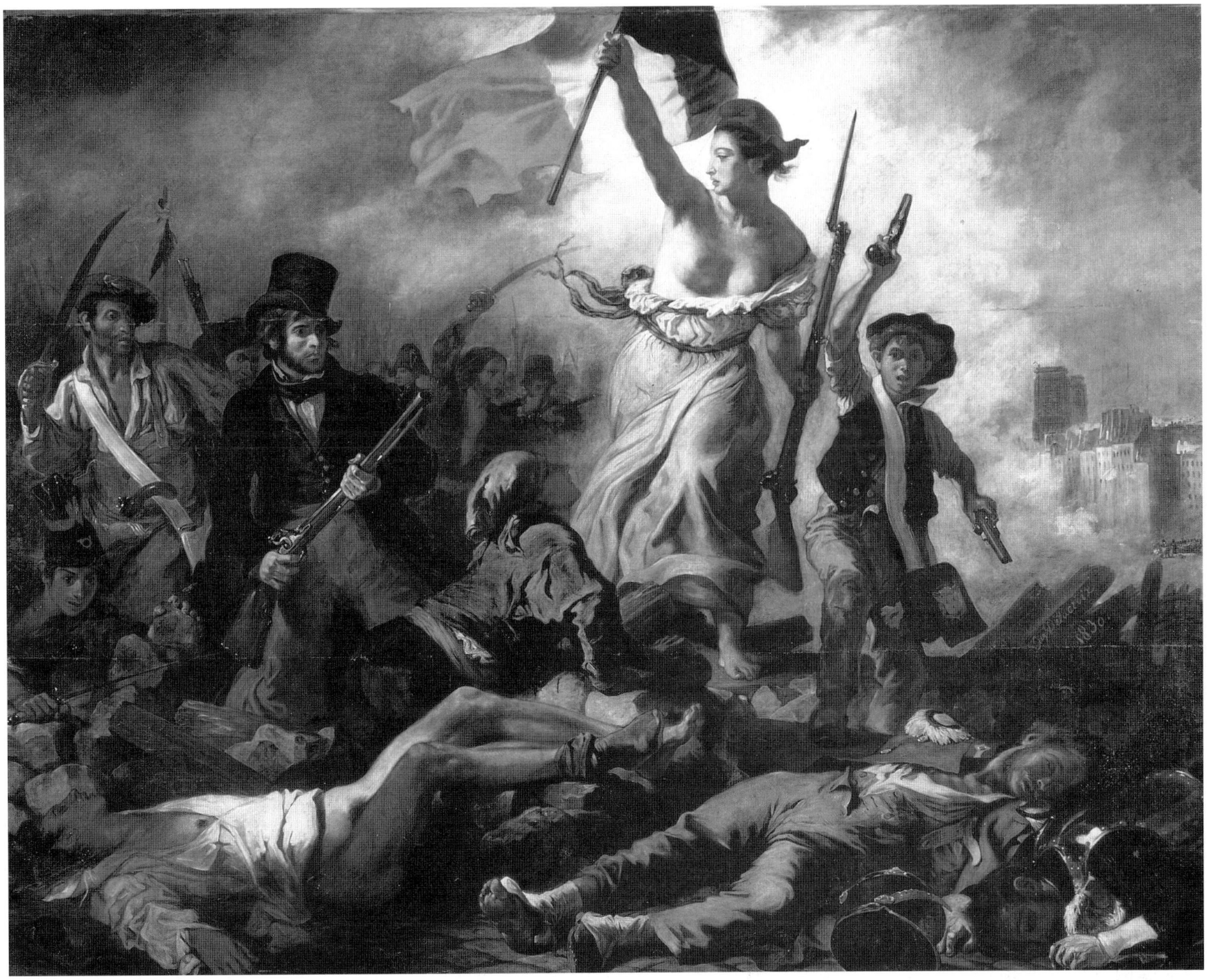

Eugène Delacroix. *La Liberté guidant le peuple.* 1830. Musée du Louvre, Paris.

occupent le pouvoir ne se rendent pas compte que l'Empire a enivré l'Europe de gloire, et qu'à cette gloire morte il faut substituer autre chose que les lénifiantes scènes de genre ou la peinture religieuse.

L'homme se regarde, s'interroge, et se juge ; les philosophes du XVIIIe siècle ont ouvert des voies nouvelles à la pensée, et les poètes à l'imagination et au rêve. Les aspirations à repenser les choses en partant de bases différentes se rencontrent avec les regains de nationalisme ; la chute de Napoléon a disloqué l'Europe qu'il tenait sous son joug, les peuples tendent autant à retrouver une liberté politique qu'une autre façon de vivre, de penser, d'agir.

Le romantisme fait éclater ces ferments longtemps comprimés ; ils se concrétisent en sentiments violents, en actions excessives, répondent au désir commun d'échapper au prémédité, au convenu.

Les libertés acquises par la Révolution, confisquées par le régime impérial, renaissent ; l'homme qui n'était jadis qu'un sujet était devenu citoyen, il est retombé sous l'Empire à sa condition d'avant 1789, chair à canon en plus. La

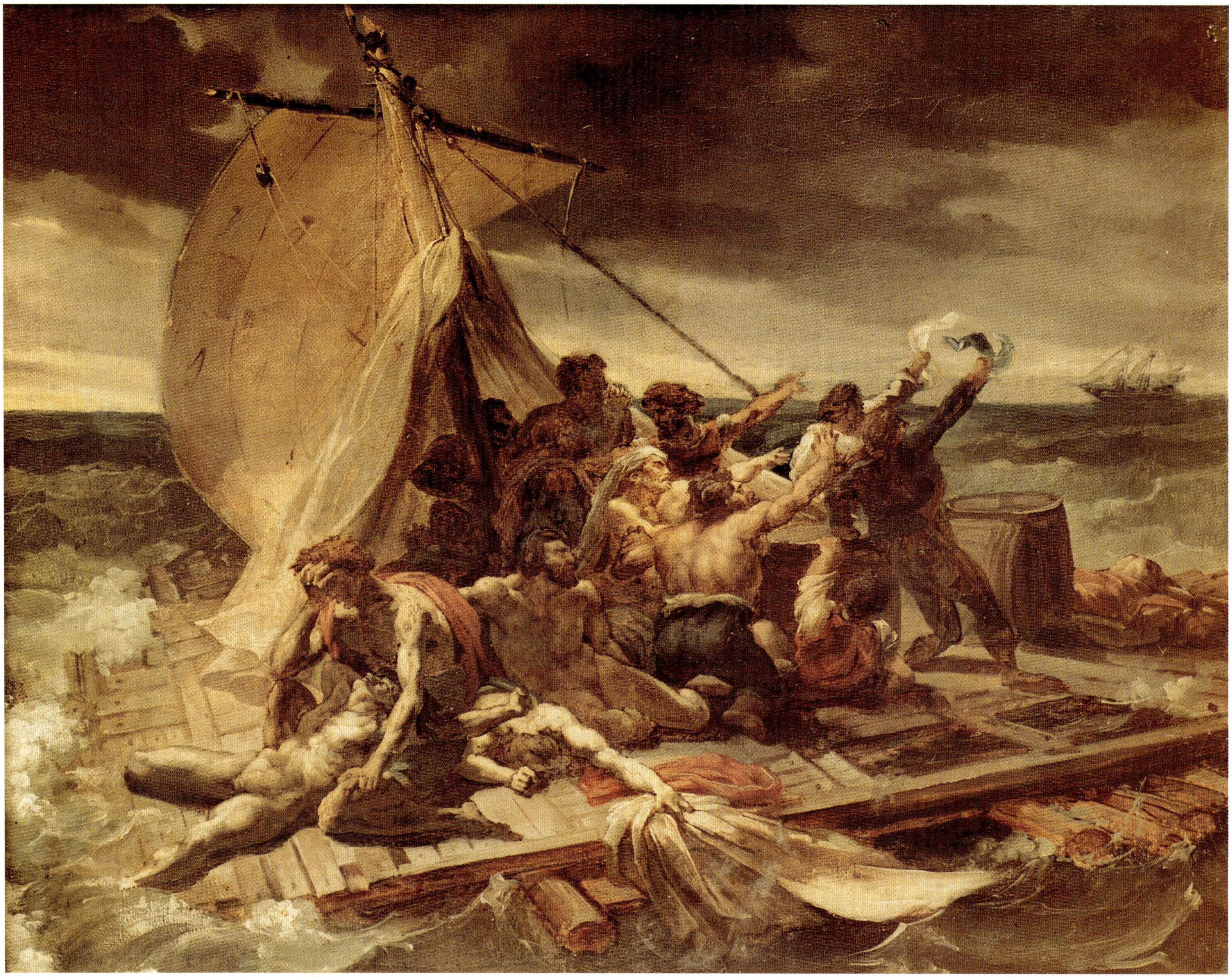

Théodore Géricault. *Le radeau de la Méduse.* Esquisse préparatoire pour le tableau du Salon de 1819. Musée du Louvre, Paris.

conscience qu'il avait de lui-même, et de son pouvoir, resurgit l'épopée achevée ; il retrouve les voies de son destin personnel capable d'influer sur le destin commun, participant à une force nouvelle, le peuple en action. D'où l'importance donnée par l'intelligentsia européenne à la lutte des Grecs contre les Turcs, symbole de la volonté farouche d'indépendance d'une nation envers ses tyrans ; elle suscita des réactions passionnées et nombre d'œuvres d'art, de Delacroix notamment, stimulèrent l'imagination des écrivains et des poètes. Les souvenirs des guerres de la Révolution et de l'Empire prenaient une brûlante actualité.

L'éloignement de la Grèce, son passé fabuleux, les ruines qui se dressaient sur son sol, les hauts faits de son histoire, ses divinités et ses mythes, ajoutèrent un "enchantement" imprévu à ce conflit sanglant : l'exotisme. A sa réalité tragique se juxtaposait une poésie intemporelle qui s'exprime dans *La Grèce sur les ruines de Missolonghi* de Delacroix ; il s'agit moins d'une action déterminée que d'une image-symbole, comme un siècle plus tard le *Guernica* de Picasso.

Gros et le tragique de la mort

Le romantisme n'exalte pas seulement des faits actuels, il récupère l'histoire. Le Moyen Age était ignoré ou méprisé, il le réhabilite, et arrache à l'oubli les civilisations européennes qui s'étaient succédées entre l'Antiquité, expression de la perfection, et la Renaissance qui en avait relayé les beautés jusqu'à l'aube des temps modernes. Il répare ces cruelles injustices et découvre le véritable visage de l'art antique, hier défiguré ou travesti, celui du gothique dont on avait fait un style "pittoresque".

Les fouilles d'Herculanum et de Pompéi, dans la seconde moitié du XVIIIe siècle, avaient été un premier jalon pour la révélation d'une Antiquité bien différente de celle qu'on admirait. Les études scientifiques, de plus en plus liées au perfectionnement des techniques, donc au progrès matériel soutenu par des institutions nouvellement créées ou rénovées, encouragé par les éléments les plus dynamiques de la bourgeoisie d'affaires, et par les cercles libéraux éclairés, ouvrent à l'homme un avenir dont la richesse alimente l'imagination.

Ainsi la société se trouve-t-elle partagée entre un pouvoir, des notables, une opinion publique conservatrice qui tient à sa sécurité et à son confort, et une jeunesse effervescente, inquiète, avide de nouveauté, qui veut transformer le monde et participer à ses changements. La bataille romantique sera l'expression de cette avidité de transformation, de la soif d'absolu, des élans d'imagination et de conquête concrétisés dans une littérature portant à son paroxysme d'exaltation individuelle les remises en question, les mutations de la sensibilité, les sensations fraîches, presque physiques, qui mettent l'homme en contact avec le réel. D'où l'attachement à certains sujets et l'abandon d'autres qui ne répondent pas à ces aspirations nouvelles ; la hiérarchie des genres du XVIIIe siècle est profondément modifiée.

Si le rôle de David apparaît déterminant dans la formation de l'homme nouveau, Gros donna dans ses tableaux une image également nouvelle de la mort. Il ne représente pas le cadavre, comme l'avait fait le peintre de Marat et de Bara assassinés, mais l'instant où l'individu passe de la vie à l'au-delà ; le regard vitreux, le tremblement des lèvres, le teint terreux, ne trompent pas. Gros saisit le moment extrêmement bref et bouleversant de ce passage qui rend si impressionnants de vérité les mourants des premiers plans de ses tableaux de bataille, véritable catalogue des différentes expressions précédant l'ultime soupir. Son *Eylau* (1808, Louvre) est un vaste et effrayant poème de la mort.

Gros encouragera Delacroix qui, comme Géricault, l'admire pour son sens du mouvement et de la couleur ; Delécluze rappellera plus tard qu'« il est hors de doute qu'après David, Gros est le peintre qui a exercé le plus d'influence sur les doctrines et la pratique des artistes, ses contemporains. »

Un élément nouveau dans l'art : la laideur

Bien des futurs romantiques furent les élèves d'un maître de formation néo-classique, Guérin, dont la gloire a été grande, et l'atelier, rival de celui de David, fort apprécié ; son œuvre, inspirée en partie par le théâtre, y trouva l'artifice et la convention. Nullement doctrinaire, pratiquant dans sa pédagogie la plus grande liberté, Guérin compta parmi ceux qu'il forma Ary Scheffer, Léon Cogniet, Paul Huet, Dedreux-Dorcy ; Géricault en 1810, et Delacroix en 1816, travaillèrent dans son atelier.

Avant d'exposer le *Radeau de la Méduse* Géricault demanda à Guérin de venir voir sa toile et écouta ses conseils ; cette œuvre immense, mélodramatique à souhait mais montrant un fait divers vécu, connut au Salon de 1819 à la fois un scandale et un triomphe. Les libéraux l'acclament, les royalistes la conspuent, toute la jeunesse prend fait et cause pour cette première bombe du romantisme. Tout y est, la charge émotionnelle de la tragédie, les corps déformés par la souffrance, marqués par la mort, livides, décharnés ; l'œuvre d'art prenait un sens nouveau, la puissance dramatique qui s'en dégageait était d'ordre physique, elle procurait une impression de malaise.

La composition ne comportait aucun message ni contenu spirituel ; ce conglomérat pathétique d'hommes abandonnés en plein océan apportait à l'art un sentiment nouveau : la laideur. Elle sera désormais l'un des éléments principaux de la peinture ; non point seulement effet de choc, mais expression de la vie courante opposée à la beauté conventionnelle des peintres académiques.

Sous l'effet du drame, de la mort, de la laideur, l'œuvre d'art change de sens ; Goya avait déjà montré la voie avec ses terribles portraits de la famille royale, ses scènes de torture,

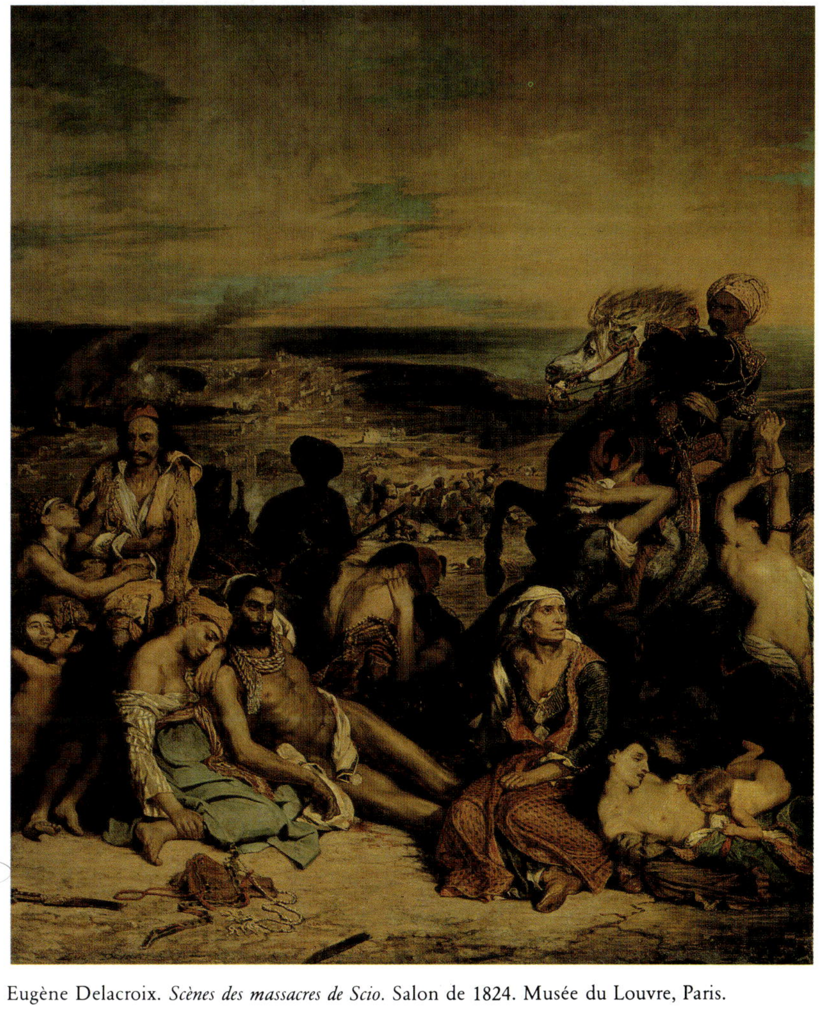

Eugène Delacroix. *Scènes des massacres de Scio.* Salon de 1824. Musée du Louvre, Paris.

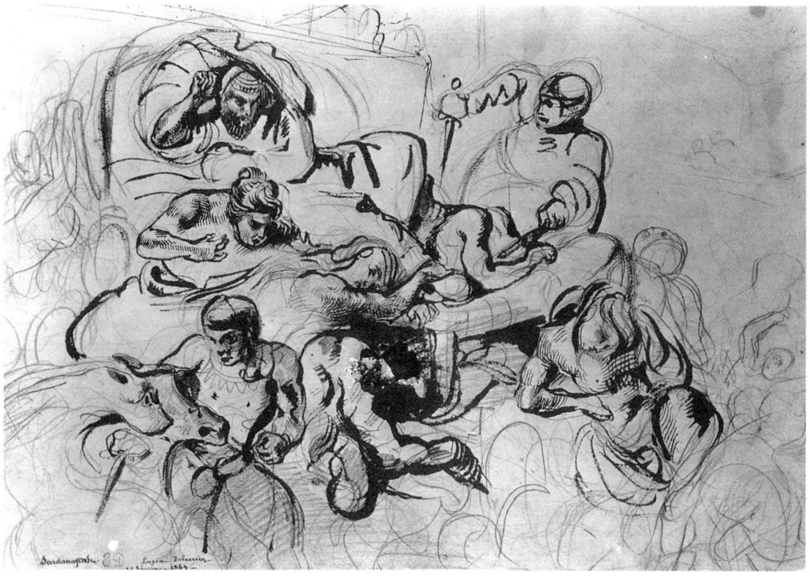

Eugène Delacroix. *Etude d'ensemble pour La mort de Sardanapale.* Musée Bonnat, Bayonne.

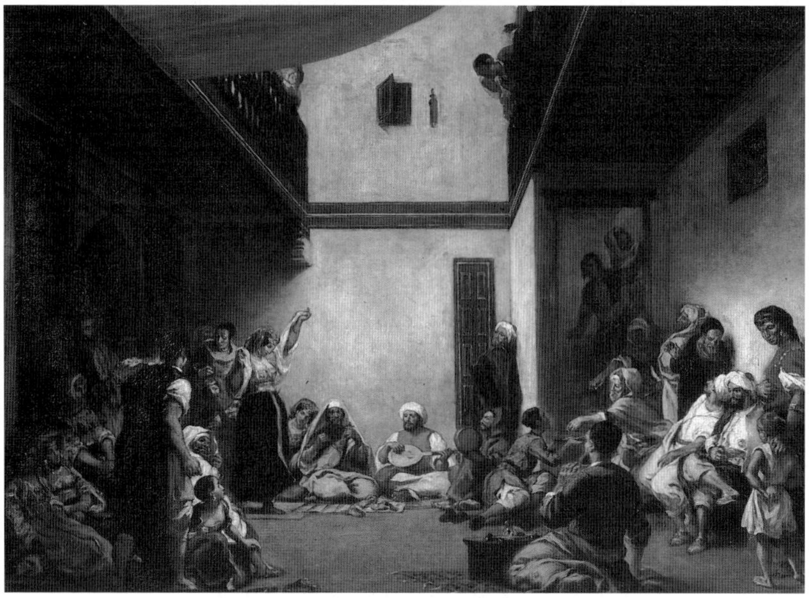

Eugène Delacroix. *Noce juive au Maroc.* Salon de 1841. Musée du Louvre, Paris.

ses *Dos* et *Tres de Mayo,* ses tauromachies. Son pathétique est à la fois témoignage et dénonciation ; pour les romantiques tragédie et mort sont des éléments familiers. La laideur perd son caractère imprévu, insolite, elle n'est plus une singularité mais l'un des aspects habituels de la vie courante. Quand Géricault peint des têtes de suppliciés ou des fragments anatomiques pour son *Radeau,* ou des portraits de fous, il s'élève au-dessus de la morbide transcription de l'horreur ; il veut montrer, dans son *Aliéné kleptomane,* son *Monomane du vol d'enfants* ou sa *Monomanie de l'envie,* la mystérieuse symbolique des forces obscures avec lesquelles sont aux prises tous les êtres. Ces forces obscures, les romantiques les délivreront ; le naufrage humain est l'un de leurs principaux sujets d'inspiration.

L'intensité de l'observation est inséparable de cette obsession du laid, du singulier. Les romantiques n'ont pas le même souci que leurs devanciers, qui consistait surtout à plaire. L'œuvre d'art reflète le sentiment de l'artiste devant le sujet, simple prétexte auquel l'actualité donne une force et une signification tout autres que les thèmes classiques. Aussi l'artiste romantique s'investit-il davantage que ses prédécesseurs dans l'œuvre ; il met dans le sujet choisi, qui n'est plus une commande, ses sentiments les plus intimes et les plus profonds. Sa technique s'en ressent, la composition, la couleur, la touche.

Avec Delacroix les pulsions passionnelles atteignent une intensité impressionnante ; l'imagination qui soulève son génie de vagues puissantes fait de l'œuvre le champ clos de ses tourments, de ses visions ou de ses songes.

Delacroix ou le romantisme de l'imagination

Génie solitaire, "sauvage" même, guère sociable, grand seigneur hautain qui manifesta la plus haute conscience pour son art, admirable écrivain dont le *Journal* est une somme de réflexions, d'interrogations et d'analyses de soi, de la peinture et des œuvres qu'il admirait, Eugène Delacroix apparaît au Salon de 1827 où il expose *La Mort de Sardanapale* face à l'*Apothéose d'Homère* qui n'est pas du meilleur Ingres, comme le maître du romantisme dont c'est alors la première manifestation publique.

Les tenants du classicisme qui, naguère, regardaient Ingres comme "archaïque" ou "gothique" n'avaient pas le choix ; il serait leur champion face aux déchaînements de violence, à la pâte furieusement triturée, aux couleurs saignantes, de cette page passionnée, de la mise en scène tonitruante et barbare du *Sardanapale.* Deux positions extrêmes s'opposaient ; malgré la présence du *Supplice de Mazeppa* de Louis Boulanger et de la *Naissance d'Henri IV* de Devéria, qui eux aussi provoquaient l'enthousiasme de la jeunesse. Ingres et Delacroix exprimaient par leur affrontement la provocation absolue, celle de deux conceptions antagonistes de la peinture, mais aussi de la sensibilité et de l'esprit.

Cette même année 1827 Victor Hugo avec sa fameuse préface de *Cromwell* ajoute une déclaration de guerre à une situation déjà passablement explosive : « La muse moderne sentira que tout dans la création n'est pas humainement beau, que le laid existe à côté du beau, le difforme près du

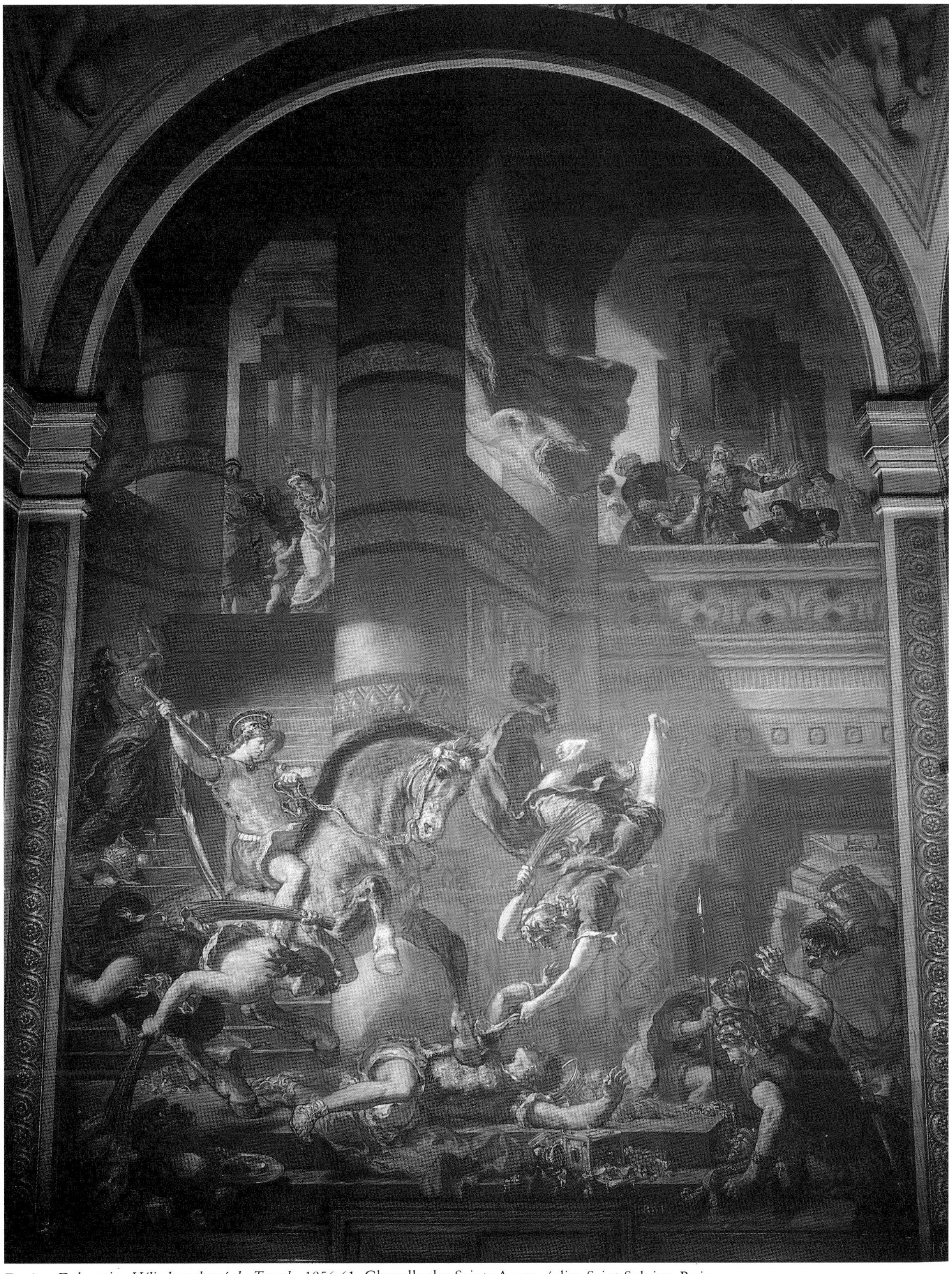

Eugène Delacroix. *Héliodore chassé du Temple.* 1856-61. Chapelle des Saints-Anges, église Saint-Sulpice, Paris.

gracieux, le grotesque au revers du sublime, le mal avec le bien, l'ombre avec la lumière. » Le terrain est préparé pour la "bataille d'Hermani".

Delacroix admire les Anciens, la mythologie, Goethe ; il rêve de grandes amours passionnées, de départs, il est fiévreux, instable, ambitieux, il est romantique. Pauvre et ignoré, obligé d'exécuter de mièvres tableaux d'église pour vivre, des copies et même des caricatures, Delacroix connaît brusquement son premier succès à vingt-quatre ans, au Salon, avec *Dante et Virgile aux Enfers* (Louvre) le voici célèbre, loué par la jeune critique et sacré porte-drapeau de la jeunesse opposée aux mornes disciplines académiques. Un journaliste d'avant-garde, Thiers, qui deviendra un illustre quoique discutable homme d'Etat, écrit dans *Le Constitutionnel* : « Je ne crois pas m'y tromper, M. Delacroix a reçu le génie »...

Adolphe Thiers ne s'est pas trompé. Si le génie c'est le tumulte de l'âme, la fougue de la touche, le chaud éclat de la couleur, l'aventure de l'imagination, alors incontestablement le peintre l'a reçu. Le voici en outre chef d'école ; *Les Massacres de Scio* au Salon de 1824 (où Ingres présente *Le Vœu de Louis XIII)*, à la fois prise de position politique, manifeste du romantisme et hommage à Byron, *Le Christ au jardin des Oliviers* au Salon de 1827, où Delacroix expose également le *Sardanapale* qui est assez mal compris et violemment attaqué par les classiques, *La Liberté guidant le peuple* au Salon de 1831, lui procurent autant d'adversaires que d'admirateurs. Or ce n'est pas un révolutionnaire et il n'est pas révolté contre tel maître ou telle école, c'est un rationaliste, un pur produit intellectuel du XVIIIe siècle. Mais cet homme malade est si profondément hanté par les passions, secoué de fièvre, d'orages, que tout en lui, peut-être même involontairement, est mouvement. Il bouscule l'ordre qu'il tente constamment d'instaurer.

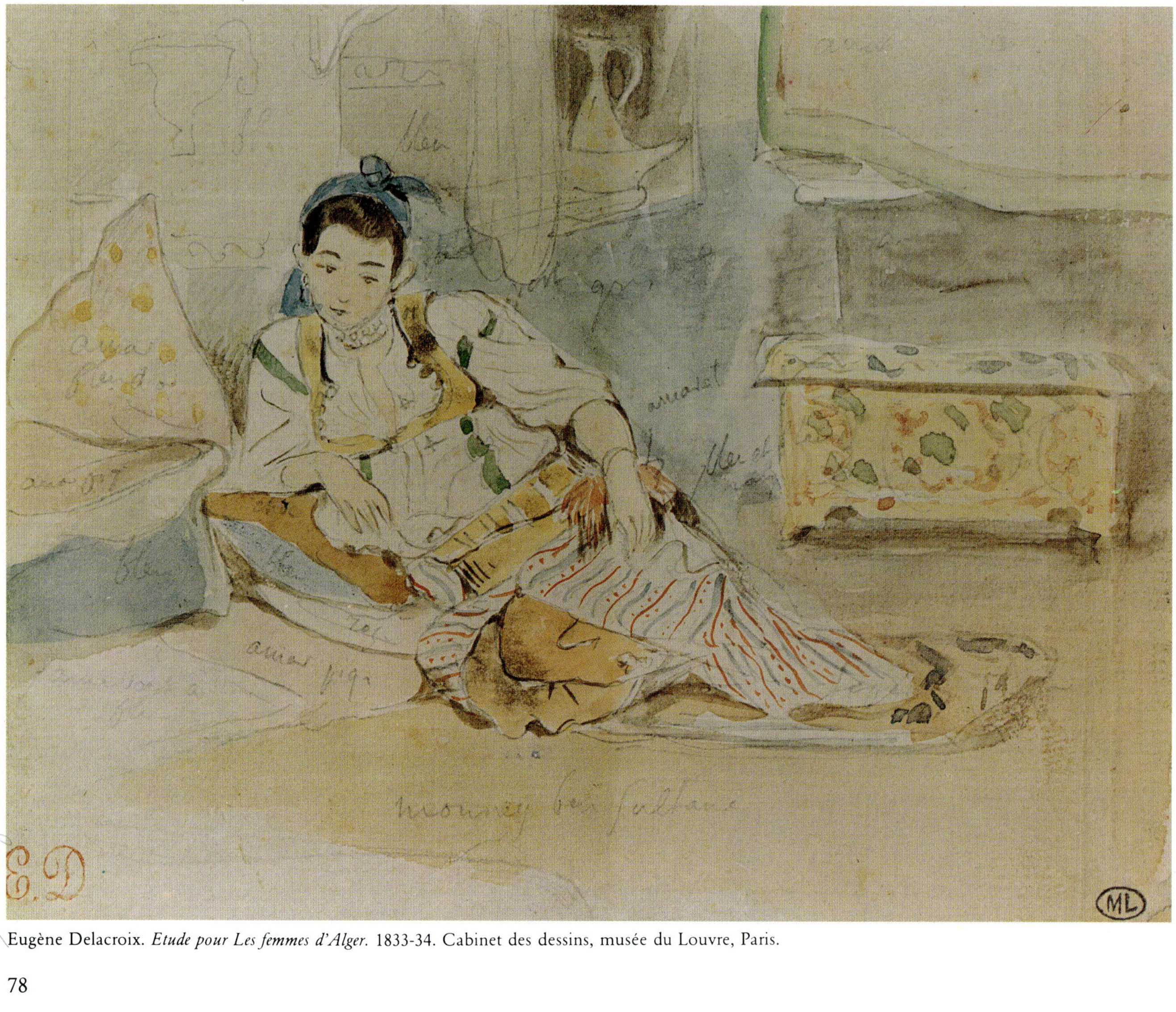

Eugène Delacroix. *Etude pour Les femmes d'Alger.* 1833-34. Cabinet des dessins, musée du Louvre, Paris.

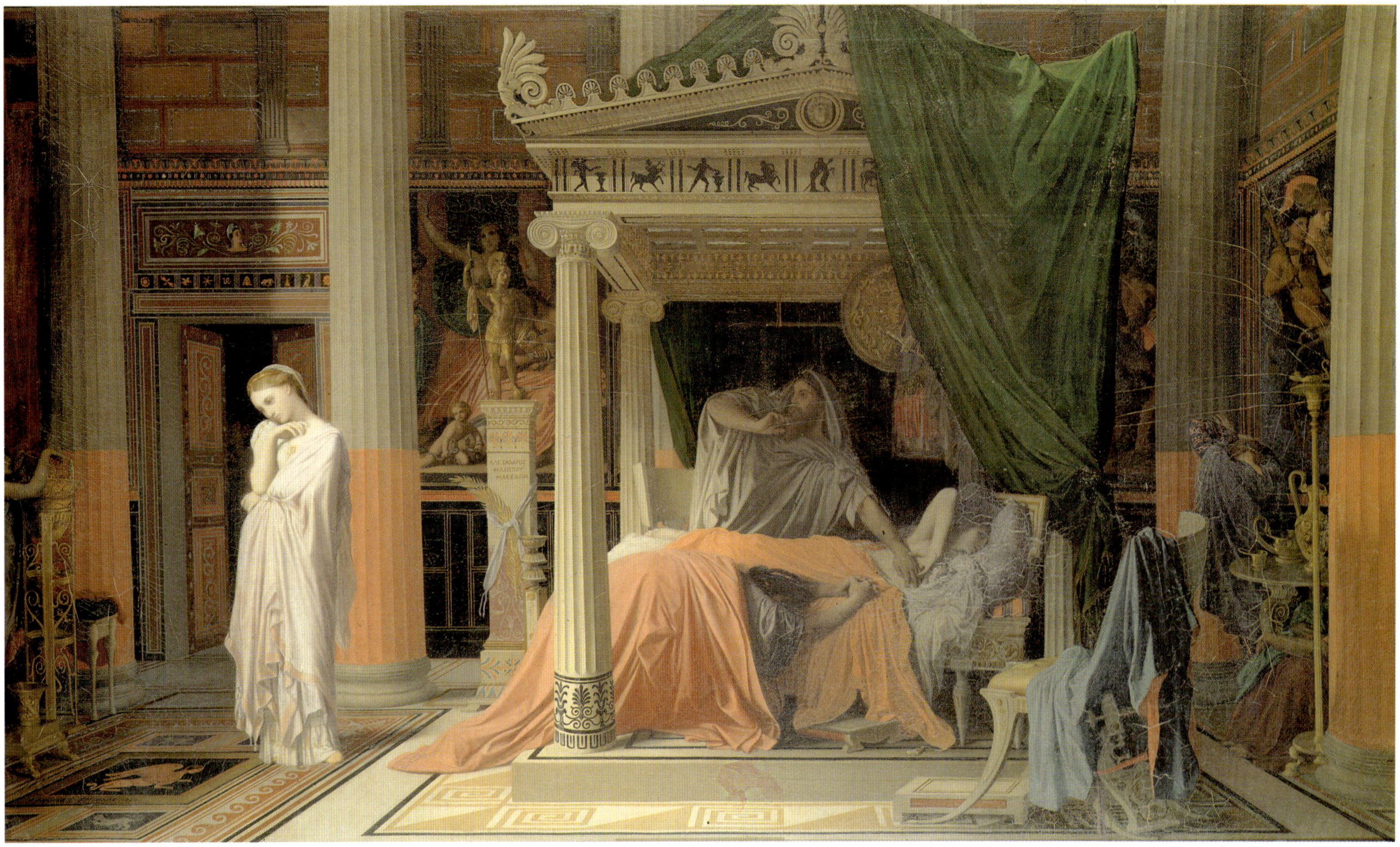

Jean Auguste Dominique Ingres. *Antochius et Stratonice.* 1840. Musée Condé, Chantilly.

Delacroix qui n'alla jamais en Italie, se rendit dès 1825 en Angleterre, curieux des nouveautés britanniques, mais le grand voyage de sa vie est le Maroc où il accompagna en 1832 une ambassade ; il passa par l'Espagne et visita aussi l'Algérie, l'"Orient" pour les imaginations romantiques.

Il n'y découvrit pas la couleur qu'il pratiquait déjà, mais de nouvelles rutilances, des éclats pourpres et dorés, et une autre lumière. La vie des Arabes, la beauté de leurs costumes, la singularité de leurs mœurs, les paysages chauds et sensuels, évoquèrent pour lui la véritable Antiquité retrouvée.

Le plus puissant décorateur de son temps

La Justice de Trajan (musée de Rouen) est une page mouvementée et grandiose qui enthousiasma le public au Salon de 1840 par la vivacité et la chaleur du coloris, aujourd'hui hélas fort atténuées. L'année suivante il expose *La Noce juive* et *L'Entrée des croisés à Constantinople,* tous deux au Louvre ; l'ampleur et la diversité de l'œuvre d'Eugène Delacroix sont considérables et les sources de son inspiration multiples. Peintre d'histoire au lyrisme épique auquel la Bible et le Nouveau Testament inspirèrent des pages violemment dramatiques. Il fit des nus sensuels au charme languide, des paysages sensibles, et se montra un portraitiste attentif et fougueux, il a été aussi le premier des orientalistes. Il apporta à la peinture non seulement une lumière différente, mais un dépaysement qui débouche sur un "merveilleux" qu'il fut le seul à rendre à la fois fantastique et familier.

A partir de 1833 Delacroix se consacre en grande partie aux compositions décoratives ; à la Chambre des députés le Salon du Roi et la Bibliothèque (1833-1847), au Sénat la Bibliothèque également (1840-1847), au Louvre le plafond de la Galerie d'Apollon (1850-1851), à l'Hôtel de Ville celui du Salon de la Paix (1851-1854, détruit en 1871), à Saint-Sulpice la chapelle des Saints-Anges (1856-1861) où il représente *La Lutte de Jacob et l'Ange* et *Héliodore chassé du temple.*

Admirables par leur ampleur décorative, le mouvement, la richesse de la couleur, ces pages superbes donnent à leur époque des leçons de grandeur. Personne n'atteint par le traitement de la matière, la hardiesse de la touche, la structure à la fois libre et impérieuse de la composition, l'audace naturelle et spontanée des rythmes colorés, torrentiels et généreux, la hauteur de la pensée, cette magie ordonnée par la raison, mais nourrie par la sensibilité, que contiennent ses œuvres.

Une sorte de formidable impulsion qu'on pourrait qualifier d'animale, farouche et pathétique, soulève de ses houles, que le peintre s'efforce de discipliner, ses visions d'histoire ou de légende, et dans le drame qu'elles montrent s'exprime une nostalgie, ressort secret du lyrisme, qui leur donne une inimitable poésie.

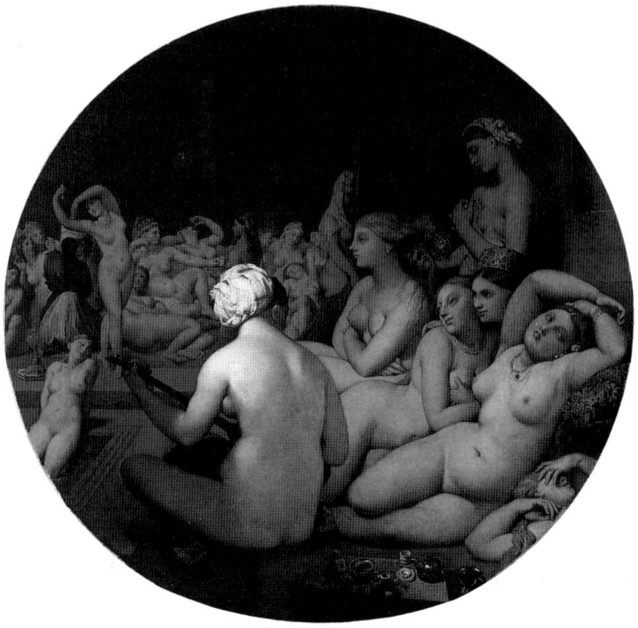

J.A.D. Ingres. *Le bain turc.* 1859-63. Musée du Louvre, Paris.

« Il y a un vieux levain, un fond tout noir à contenter » écrivait déjà en 1824 Delacroix. Plus tard : « Mes inclinations tragiques me dominent toujours, et les Grâces me sourient rarement. » Certes il s'attacha à dominer ses instincts violents, ou du moins à les combattre, mais c'est dans les épisodes dramatiques ou épiques que, contrairement à Ingres, il se trouve le plus à l'aise. Il met toutes ses facultés d'homme et d'artiste à l'expression la plus haute du tumulte, du massacre ou de l'horreur, mais il sait aussi s'attacher à rendre l'intime et chaude poésie des *Femmes d'Alger* (1849, Louvre), la lumière nacrée de la mer du Nord près de Dieppe, ou celle, violente et contrastée des paysages africains. Et il ne détaille pas avec moins de ferveur et d'attention passionnée, le miroitement de couleurs des agapanthes, des ancolies et des dahlias dont il étudie, dans son jardin de Champrosay, feuilles et fleurs.

L'austère idéal de M. Ingres

Ingres, comme Delacroix, fait partie de la grande famille romantique ; on a beau le ranger, par opposition à l'auteur du *Sardanapale,* parmi les classiques, il a sa place dans le mouvement de la sensibilité et des mœurs dont il fut au même titre que ce dernier, et comme Victor Hugo par rapport à Chateaubriand, l'un des acteurs principaux. Delacroix aime le tumulte, il est imaginatif, coloriste, il est stimulé par les thèmes épiques, la violence, le sang, il préfère les vastes décorations qui touchent un large public aux peintures de chevalet.

Ingres est plus réservé ; limité dans son inspiration il l'est aussi dans son art et ne parviendra pas à mener à bien l'ample décoration de *L'Age d'or* au château de Dampierre ; il est très attaché au dessin qui constitue l'une des parties les plus remarquables de son œuvre. Malgré les honneurs dont il est l'objet, directeur de l'Académie de France à Rome, président de l'Ecole des Beaux-Arts, Grand officier de la Légion d'honneur, sénateur d'Empire, membre de l'Académie des Beaux-Arts dont il s'acharna longtemps à interdire l'entrée à Delacroix, il vit, dit-il, « claquemuré dans sons atelier ». Rigueur, austérité, idéal sont ses principes, mais il montre aussi, quand il ne la bride pas, une extrême sensibilité qui se mêle à une volonté puissante. Celle-ci le pousse à aller jusqu'au bout de ce qu'il croit être la vérité, et il l'impose avec toute la force de son inébranlable conviction.

L'originalité de M. Ingres est faite de ces contrastes assumés jusqu'à l'angoisse, jusqu'au désarroi. « Les œuvres de M. Ingres, qui sont le résultat d'une attention excessive, veulent une attention égale pour être comprises » apprécie Baudelaire. Cet adorateur fervent de la nature qui a peint néanmoins force sujets religieux, historiques, mythologiques, *Roger délivrant Angélique* (1819, Louvre), *l'Apothéose d'Homère* (1827, Louvre), *Antiochus et Stratonice* (1840, musée Condé, Chantilly), *Jésus au milieu des docteurs* (1862, musée de Montauban), n'est en rien un visionnaire ; il éprouvait beaucoup de mal à rendre vraisemblable une scène qu'il n'avait pas vue.

Mais comme peintre d'histoire il se devait de tout affronter, de tout résoudre ; et s'il se révèle souvent incapable de mettre sur pied une composition cohérente, du moins sa passion du corps humain, féminin surtout, somme de tous ses désirs, demeure-t-elle le seul et unique prétexte de son œuvre. C'est elle qui par sa chaleur, sa sensualité, son érotisme même, réconcilie sa froide et rigoureuse appréhension de la vérité, issue de sa formation classique, avec les tensions et les émois de son tempérament romantique.

C'est dans le corps féminin (*Odalisque à l'esclave,* 1842, Walters Art Gallery, Baltimore) qu'Ingres s'accorde le plus

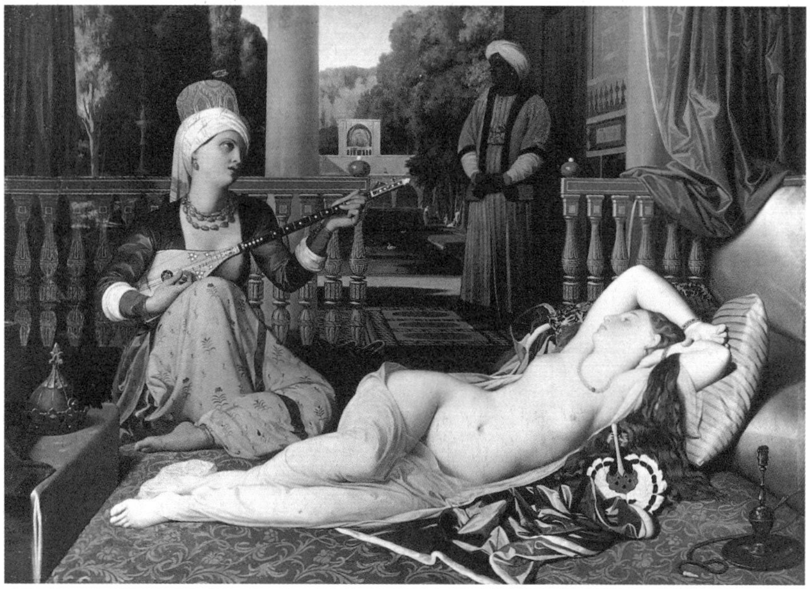

J.A.D. Ingres. *Odalisque à l'esclave.* 1842. Walters Art Gallery, Baltimore.

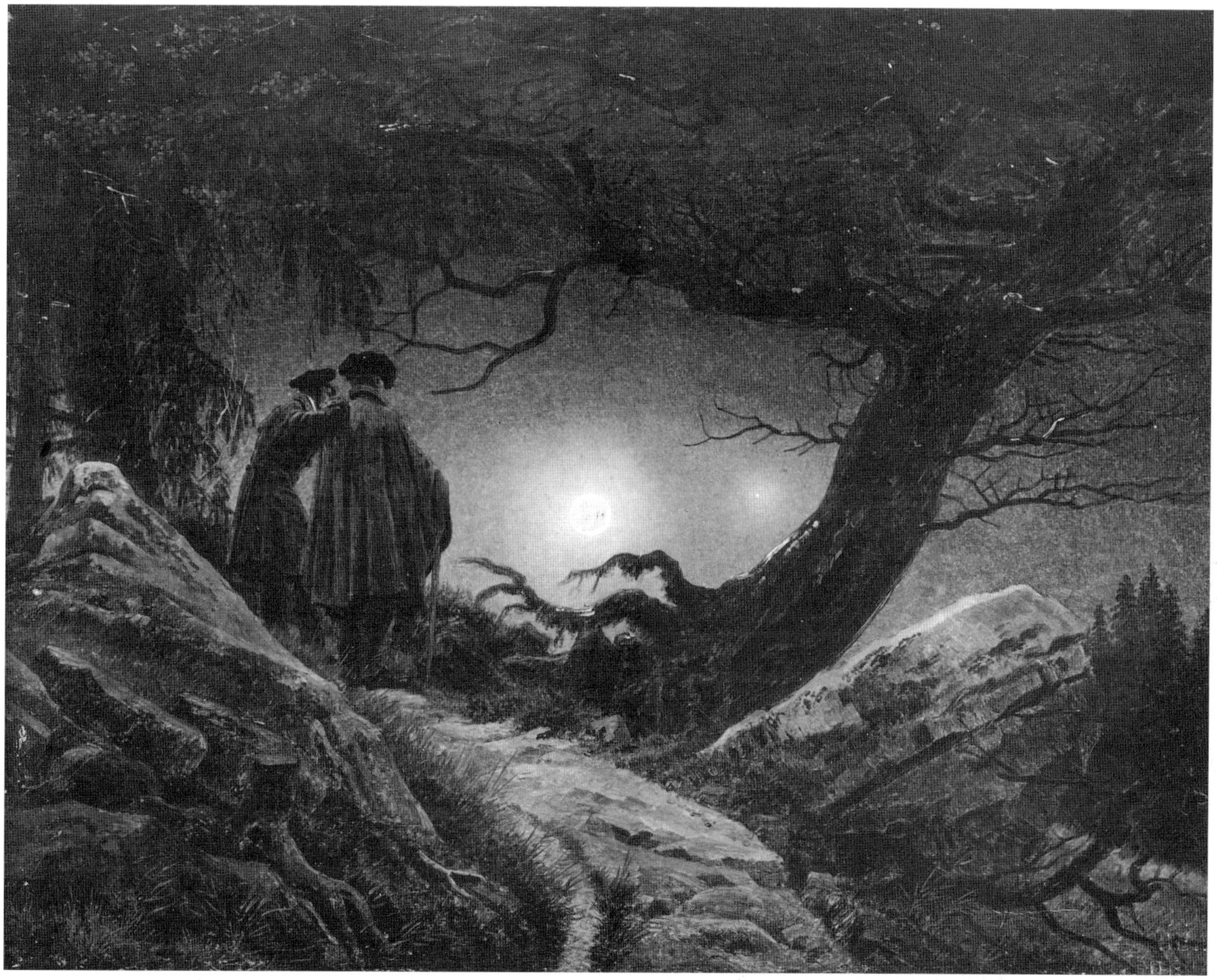

Caspar David Friedrich. *Deux hommes contemplant la lune.* 1819. Gemäldegalerie, Dresde.

de libertés avec la nature ; il en modifie parfois l'anatomie pour parvenir à l'harmonie parfaite de lignes et de volumes qui l'obsédait. Des vertèbres supplémentaires de la *Grande Odalisque* au cou exagérément allongé de Thétis « gonflé comme un sanglot de volupté » (François Fosca), la hardiesse du peintre apparaît toujours justifiée par d'impérieuses nécessités plastiques. Mais n'y a-t-il que cela ? L'urgence de l'instinct, l'émotion qu'Ingres éprouve devant la femme, bousculent le schéma classique, et lui substituent l'audace et la douceur de la chair rêvée.

Le final de cette passion c'est l'admirable *Bain turc* (1863, Louvre). Quoique apparemment désordonné, ce tableau où Ingres a repris plusieurs études de nus exécutées tout au long de sa vie, et dont la première idée est de 1852, consiste en un jeu de courbes qui décentrent la composition, mais créent au milieu un espace où plonge le regard. Puis celui-ci se répartit d'une nudité à l'autre comme le long d'une chaîne se nouant et se dénouant dans les yeux du spectateur.

Rectangulaire à l'origine, le *Bain turc* fut peu après son achèvement transformé en tondo ; c'est tout à fait sciemment qu'Ingres fit de cette somme de ses refoulements et de ses rêves, un miroir.

L'Exposition universelle de 1855 confirma, alors même que le romantisme n'était plus qu'un souvenir, les antagonismes et les rapprochements entre Delacroix et Ingres ; si leurs opinions esthétiques apparurent alors inconciliables elles le sont beaucoup moins aujourd'hui. Ce qui leur est commun, la réduction de l'image peinte à l'espace fictif du tableau, est aussi l'une des principales conquêtes du XIXe siècle ; sans doute Ingres, farouchement opposé à toute nouveauté, ne s'est-il pas rendu compte à quel point, comme son rival Delacroix, il adhérait à la modernité.

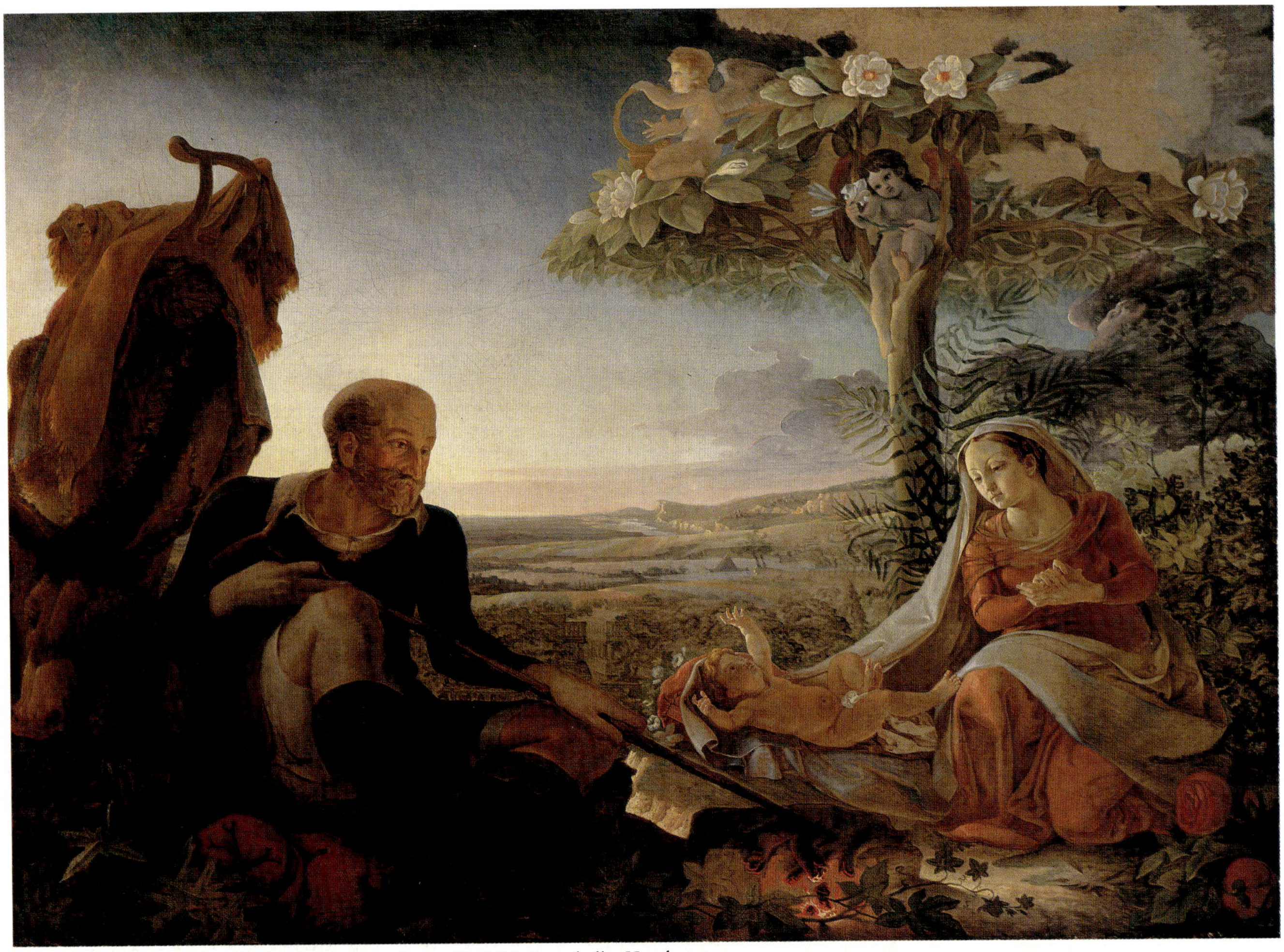

Philipp Otto Runge. *Le repos pendant la fuite en Egypte.* 1805-06. Kunsthalle, Hambourg.

L'âme allemande devant la nature

Le romantisme en Allemagne apparaît plus encore qu'en France lié à la nouvelle évaluation de l'homme et du destin exprimée par les philosophes et par les poètes. On a écrit, et c'est peut-être juste, que l'esprit romantique était, par essence, un phénomène germanique. La littérature étrangère, anglaise avec Shakespeare et suisse notamment, les mythologies nordiques, le goût de la religiosité médiévale, concrétisé dans l'art par le gothique et même par la Renaissance, c'est-à-dire une certaine nostalgie d'un passé au contenu et aux résonances confuses, alimentèrent, souvent en réaction contre la rigueur et la sévérité néo-classiques, les sentiments, les attitudes, qui tendaient à inspirer à l'homme une quête passionnée de lui-même. Des questionnements nouveaux sur son comportement, sa place dans la société, ses rapports avec la nature, avec l'amour, avec Dieu.

C'est au plus profond, au plus intime de l'âme, que plonge le romantisme allemand à la recherche aussi d'une identité neuve. La véritable Allemagne n'était pas celle de l'ordre classique ; à la domination culturelle française, exécrée au nom du refus des « Spitzbergs de la raison pure » (Novalis), avait succédé celle, bien plus terrible, de Napoléon. D'abord regardé comme un idéaliste au destin stimulant le jeune Bonaparte, se transformant en empereur et en occupant, avait provoqué un brutal changement d'attitude ; l'Allemagne s'était réveillée, sous le joug de l'Ogre, nationaliste à outrance.

Romantisme et nationalisme conjuguent leurs aspirations dans un commun retour aux sources purement germaniques. La peinture fait cause commune avec la littérature et avec l'histoire ; il n'est guère d'œuvre d'art romantique qui ne soit liée à l'une ou à l'autre. C'est dire si le romantisme allemand se trouva fort éloigné des révolutions esthétiques accomplies en France par Delacroix ou Géricault, il ne com-

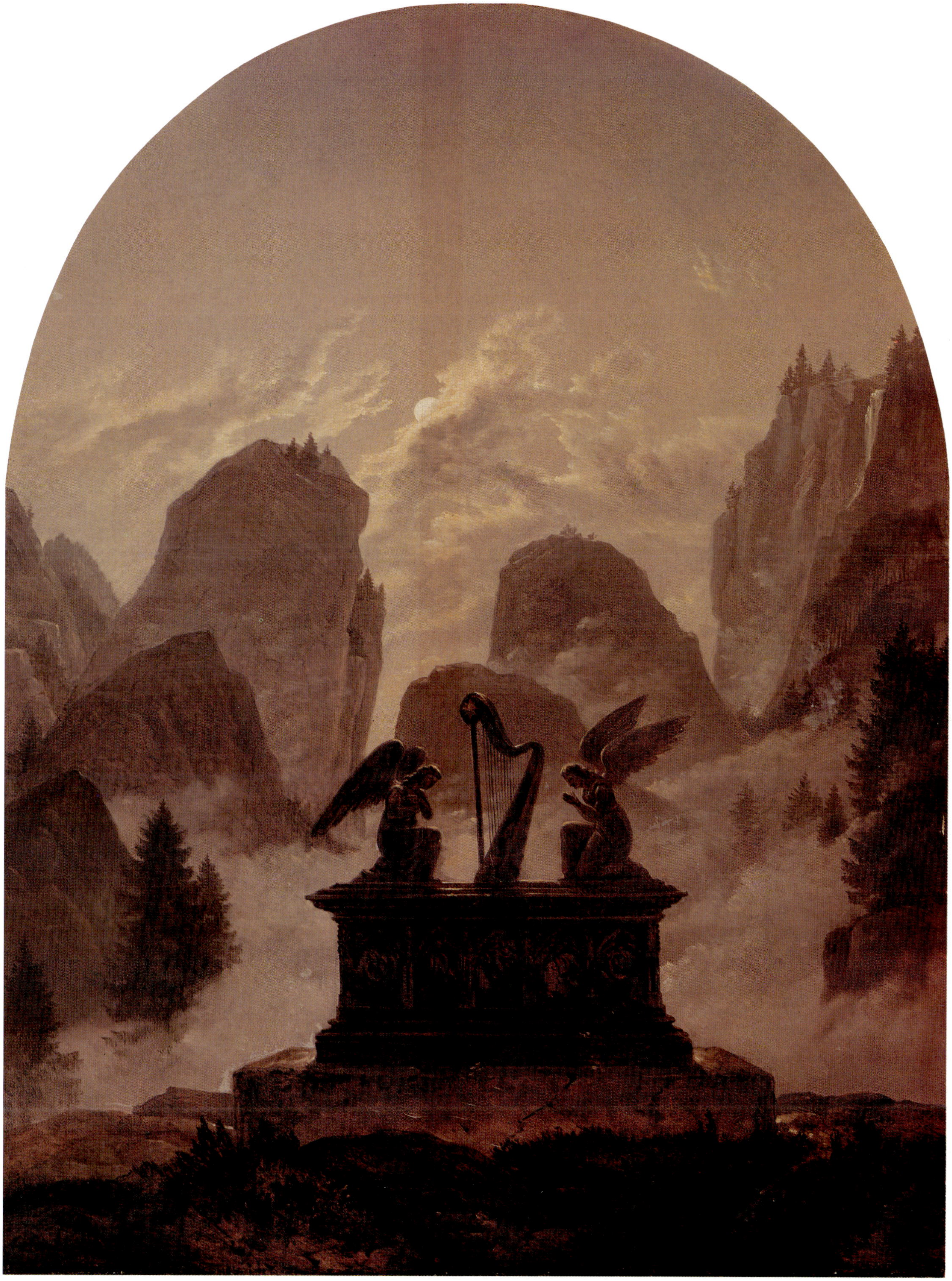

Gustav Carus. *Monument à la mémoire de Goethe*. 1832. Kunsthalle, Hambourg.

portera ni bouleversements ni tumultes. Le fond y prime toujours plus ou moins la forme, et ce fond vient de loin, d'un passé nébuleux mais exaltant, souvent plus mythique que réel.

Le nouveau sentiment de la nature apparu dans la seconde moitié du XVIIIe siècle exacerbera, plus que partout ailleurs, la sensibilité d'outre-Rhin. Il ne s'agit pas de se mesurer avec la nature afin de l'asservir ou de la domestiquer, mais de comprendre son message, celui de ses vastes espaces, de ses bois, de ses océans qui offrent à l'homme, si petit et si humble devant leur immensité, leur grandeur ou leur beauté, des thèmes de méditation infinis. On cite souvent le rapprochement fait par Schlegel entre les colonnes d'arbres des forêts, élancées comme celles du gothique, et les nefs monumentales des cathédrales ; l'espace impose la présence du sacré.

Le face à face de l'homme et de la nature engendre plus l'inquiétude que la sérénité ; c'est que l'idée de nature est liée à celle de création, de genèse. Schelling n'a-t-il pas dans son discours *Du rapport des arts plastiques et de la nature* (1807, Munich) invoqué l'image de l'artiste agissant en analogie avec la « natura naturans », et suggéré l'existence d'une double histoire parallèle, celle de la peinture et celle de la création du monde ? Un même drame les unit, la discorde et le désordre se manifestant au sein de l'unité ; il faut partir de la nature, explique Schelling, pour arriver au moi car tout dans l'art et dans le monde est permanente naissance.

Ainsi naît chez les peintres romantiques allemands l'idée d'une spiritualité nouvelle englobant le « Tout organique » ; Caspard David Friedrich et Philipp Otto Runge, les deux principaux, ambitionnent un art total s'adressant au plus grand nombre où le temps, la nature, la religion, les âges de la vie, les cycles de l'humanité, mais aussi les rapports de formes et de couleurs, se mêleraient en une sorte d'immense système de relations perpétuellement renaissantes. La nature est le symbole de cet éternel retour, d'où l'importance donnée par les peintres allemands au paysage.

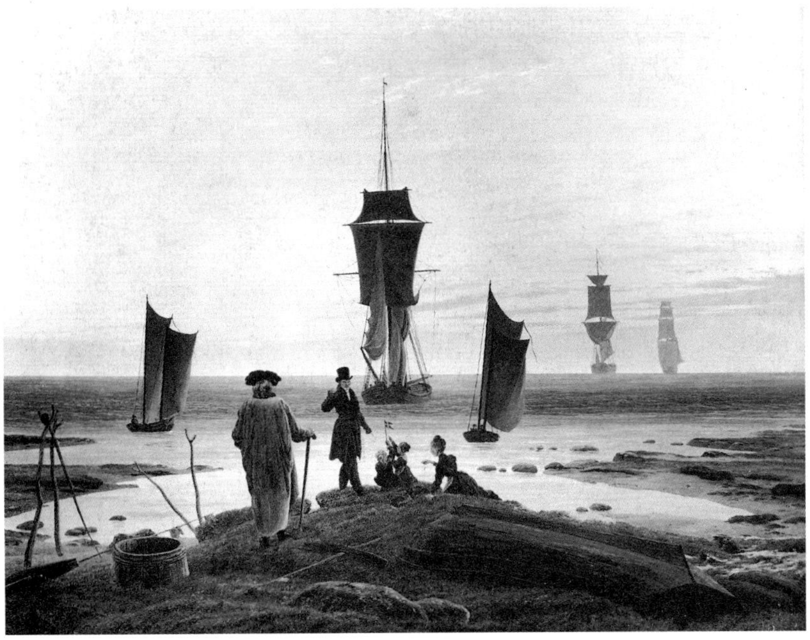

Caspar David Friedrich. *Les trois âges de l'homme.* 1834-35. Leipzig.

Le regard intérieur de Caspar David Friedrich

Le romantisme pictural germanique naît et se développe dans l'Europe napoléonienne de conquête et d'asservissement, et continue après sa chute ; il incarne une liberté de voir et de penser, liée certes à la réaction nationaliste contre l'occupation française, mais n'admettant de sa part aucun dirigisme. Leurs sources, les voies que les peintres empruntent, sont ailleurs.

Asmus Jacob Carstens, de formation néo-classique, mort à Rome en 1798 à quarante-quatre ans, apparaît comme le précurseur des idées que nourrirent et élaborèrent les romantiques. Son art, quoique très rigoureux, austère, souvent froid, à la recherche du "Beau idéal", n'en est pas moins habité par le sentiment tragique de la vie, et il traduit son drame intérieur dans des dessins rehaussés d'aquarelle inspirés par la mythologie, Dante ou Ossian, d'une rare puissance d'exécution. Leur monumentalité au dynamisme retenu est particulièrement sensible dans *La Nuit avec ses enfants* (1795, Kunstsammlung, Weimar) où la plastique néo-classique s'anime de sentiments déjà romantiques.

Caspar David Friedrich avait conservé de la Poméranie, où il était né en 1774 à Greifswald, l'amour des vastes espaces noyés d'une légère brume où se lève le soleil mystique. Face à la nature, où son regard et son imagination se perdaient et se retrouvaient dans les méandres de l'infini, Friedrich ne cessa d'en scruter les mystères, de tenter d'en délivrer les secrets dont son génie inspiré, mélancolique et solitaire, nourrissait son art tout de contemplation, de méditation, d'approfondissement intérieur.

Les thèmes de cet artiste visionnaire qui vécut à Dresde et eut une influence considérable sur de nombreux paysagistes, comptent parmi ceux qui touchaient particulièrement l'âme romantique, la mer, la montagne, les cimetières, les ruines, les paysages désolés, les calvaires (*Deux hommes regardant la lune,* 1819, Gemäldegalerie, Dresde, *Les blanches falaises de Rügen,* Fondation Reinhart, Winterthur). « Les ouvrages de cet homme forcent à rêver, écrivit David d'Angers qui lui rendit visite. Ils sont tellement poétiques. Il sent admirablement bien la tragédie du paysage. »

On pressent, dans l'œuvre de Friedrich, une aspiration à

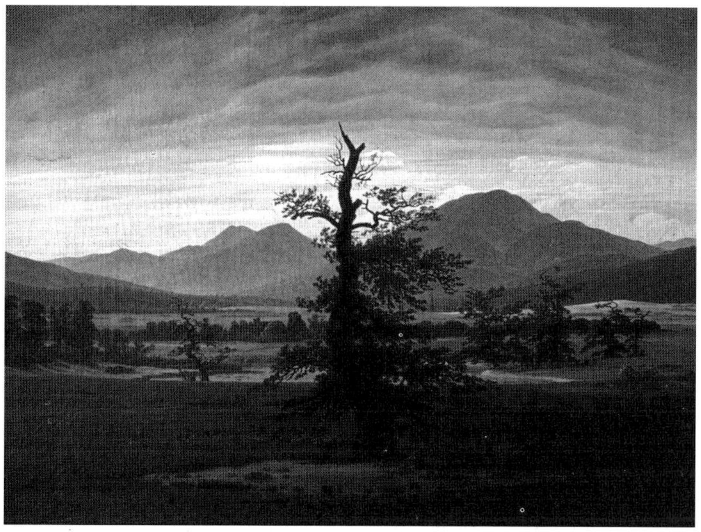

C.D. Friedrich. *Paysage champêtre, le matin.* 1822. Nationalgalerie, Berlin.

la simplicité et à la pureté des origines telle qu'une âme « pure et candide » pouvait l'approcher, et la restituer dans ses tableaux. Fermant son « œil corporel » il ouvrait son regard intérieur sur l'infini à travers lequel se révélait cette confuse religion cosmique où il célébrait la grandeur de Dieu. La mort y est partout présente.

Poméranien lui aussi Philipp Otto Runge, contemporain de Friedrich, était tenu par Goethe, avec qui il correspondit au sujet de la théorie des couleurs, comme l'artiste le plus intelligent de son temps. Runge vécut surtout à Hambourg et ambitionna comme Caspar Friedrich un renouvellement total de l'art à partir du paysage en tant que support spiritualiste ; c'était la mise en œuvre de l'une des grandes idées du mystique baroque Jakob Böhme, le divin conçu comme force originelle éternellement renouvelée. Par là Runge retrouvait Schelling, et exprimait également la théorie de son ami l'esthéticien et romancier Ludwig Tieck pour qui l'art était réalité plastique à partir de l'âme et du sentiment religieux.

Ce mystique, classique par le style, déçoit souvent à cause de la puérilité de ses compositions et de leur idéalisme fade (*Le Repos pendant la fuite en Egypte,* 1805-1806, Kunsthalle, Hambourg). Son cycle de tableaux intitulé les *Heures de la journée,* demeuré à l'état d'esquisses en taille douce du fait de sa mort prématurée, devait être selon lui présenté aux accents d'une musique appropriée.

Carl Gustav Carus, qui fut aussi médecin et botaniste, et vécut également à Dresde, apparaît plus proche par les sentiments poétiques, et la spiritualité qui l'animaient, de la vérité intime des êtres et des choses. Il fut le principal théoricien de la peinture allemande de paysage où se distinguèrent Georg Friedrich Kersting, Ferdinand von Olivier, Ernst Ferdinand Oehme.

Ferveur et candeur des Nazaréens

La peinture religieuse connut, comme le paysage et pour les mêmes raisons spiritualistes ou idéalistes, un remarquable essor dans l'Allemagne romantique ; elle eut comme principal animateur le groupe des Nazaréens. C'est le nom que se donnèrent de jeunes peintres de l'Académie des Beaux-Arts de Vienne, Pforr, Van Cornelius, Overbeck, Wintergeist, von Carolsfeld, les frères Olivier, Sutter, Hottinger, etc., réunis en « Confrérie de Saint-Luc » ayant pour siège le couvent de Sant'Isidoro à Rome.

L'ouvrage de Wackenroder, les *Effusions d'un frère convers artiste,* paru en 1797, le goût retrouvé pour le Moyen Age, l'attrait d'une vie quasi-monastique sous le signe du recueillement et de la méditation, s'accordaient à une croyance assez naïve en un art de ferveur issu de la prière. Les Nazaréens, qui admiraient les primitifs c'est-à-dire pour eux et pour leur époque Raphaël ou Le Pérugin, élaborèrent un art archaïsant touchant de sincerité, mais esthétiquement assez plat.

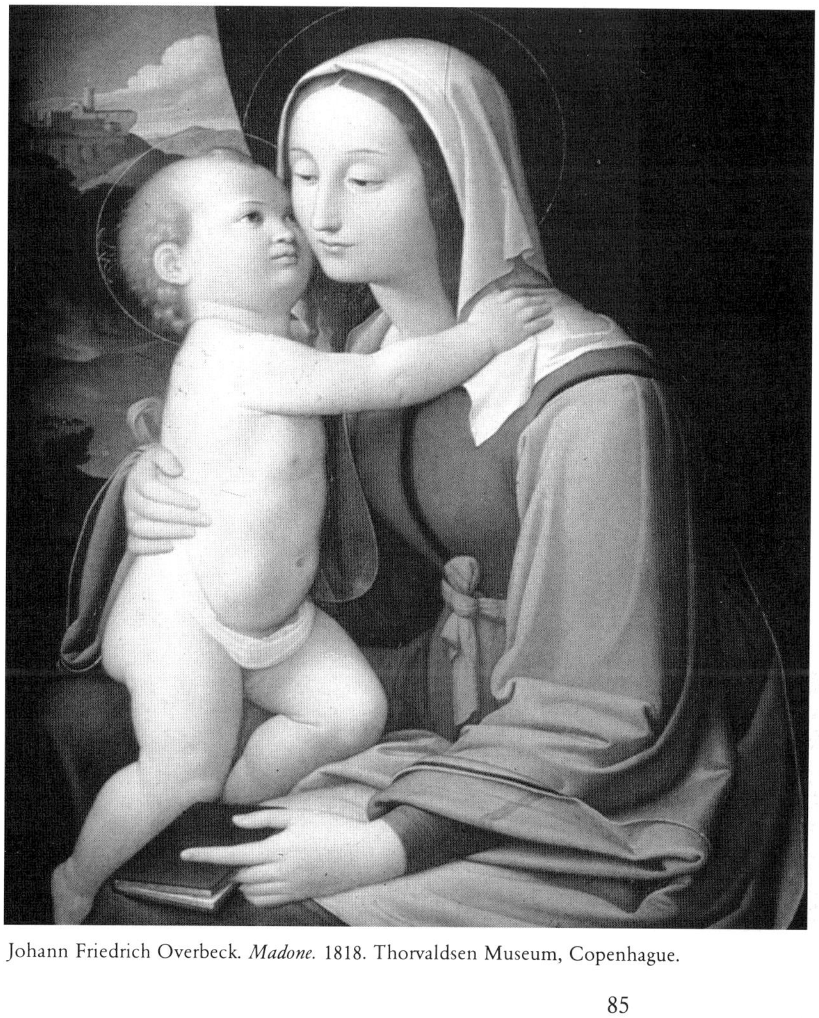

Johann Friedrich Overbeck. *Madone.* 1818. Thorvaldsen Museum, Copenhague.

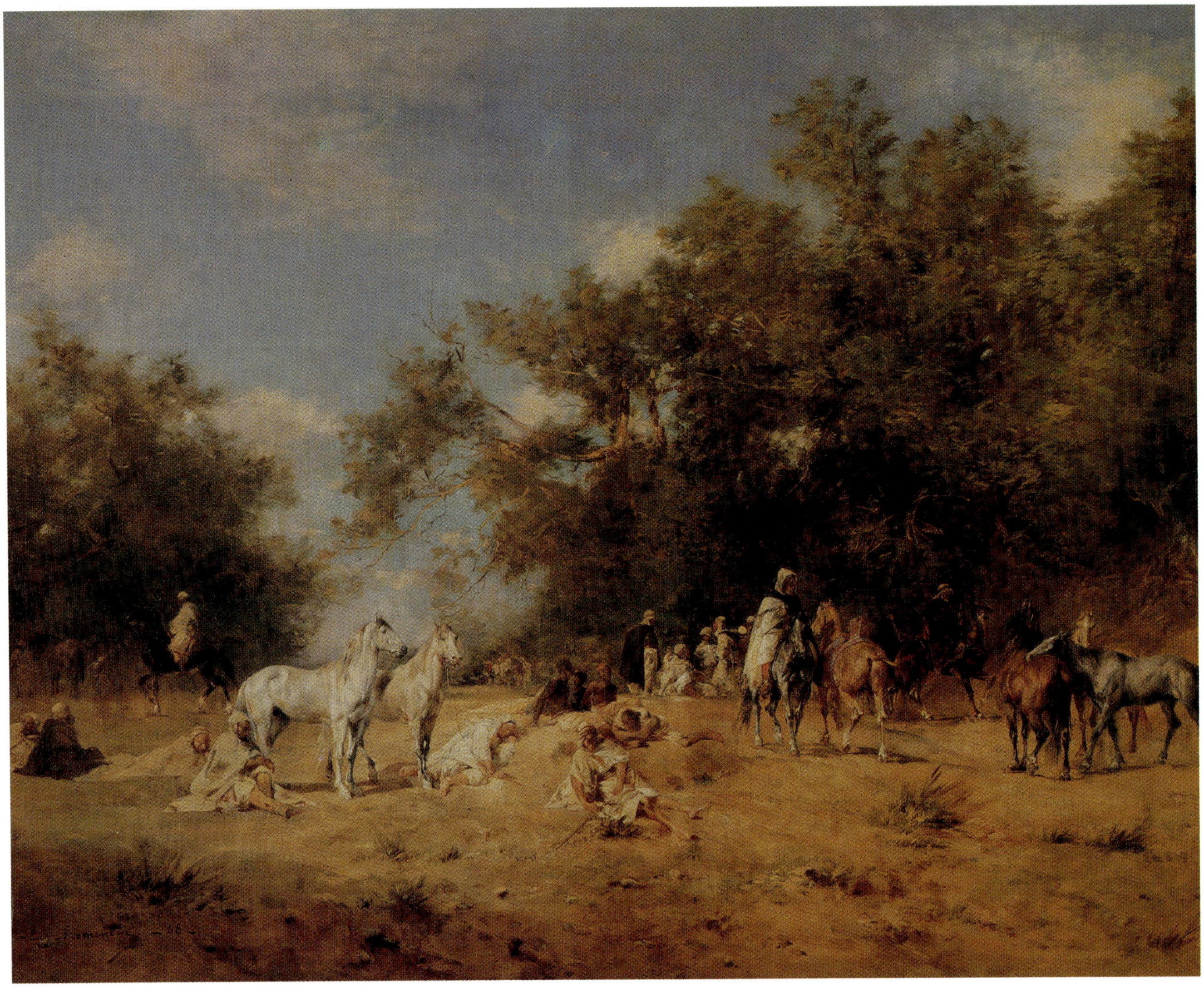

Eugène Fromentin. *Halte de cavaliers arabes dans la forêt.* 1868. Musée d'Orsay, Paris.

Ils réalisèrent essentiellement des fresques dont celles de la Casa Bartholdy (1815, détachées en 1887, aujourd'hui à la Neue Galerie de Berlin-Est) et du Casino Massimo à Rome, qui eurent un succès considérable. Si Overbeck fut l'âme du mouvement, Peter Van Cornelius le domina de sa puissante personnalité, mais ni l'un ni l'autre, ni aucun des Nazaréens, ne furent de véritables créateurs, et Goethe les brocarda de se « plaire à marcher à reculons ».

Si leur spiritualité candide fait sourire, et si leur technique lisse et impersonnelle paraît dénuée de chaleur et de vie, ils furent salués dans toute l'Europe comme les précurseurs d'un nouvel art monumental, et attirèrent à Rome de nombreux peintres. Les Nazaréens eurent une influence sensible sur Ingres et sur Puvis de Chavannes.

Folklore et fantasmes des orientalistes

L'orientalisme est l'un des rameaux du romantisme, sa part d'exotisme. Hormis Delacroix pour qui le Maghreb fut un fabuleux stimulant de formes et de couleurs, et Chassériau après son voyage en Algérie, le monde magique qui déployait ses mystères au-delà de la Méditerranée, fut surtout un réservoir neuf de sujets. Le pittoresque ou la lumière compensèrent, chez de nombreux artistes, un niveau pictural parfois assez bas. L'intérêt documentaire, à une époque où la photographie n'en était qu'à ses balbutiements, n'est pas à négliger.

Que cherchaient les peintres qui, à partir de 1820, se répandirent sur les traces de Bonaparte, de Byron ou de Chateaubriand, dans les pays arabes, turcs ou persans ? Du folklore et des fantasmes. Caravansérails et mosquées, fantasias et harems, déserts et caïds peuplèrent rapidement les Salons ; l'engagement passionné des romantiques en faveur des Grecs contre les Turcs dans les années 1820, la prise d'Alger par les Français en 1830 et la colonisation de l'Afrique du Nord, stimulèrent les imaginations. Les peintres militaires, Horace Vernet, Dauzats, Philippoteaux, Yvon, furent chargés d'illustrer les faits d'armes, et les orientalistes voyageurs représentèrent surtout des paysages et des scènes de mœurs ; ce fut le cas de Dehodencq, Decamps, Fromentin, Marilhat, Berchère, Guillaumet, Gérôme, Ziem, des Anglais John Frederick Lewis et Edward Lear, de l'Allemand Carl Werner, etc.

Ces peintres répondirent à la curiosité d'une société de

profit qui, sous la protection des troupes coloniales, allait se lancer, précédant les touristes littéraires et les archéologues, à l'assaut de cet Orient dont les mirages commençaient à Marseille ou à Gênes. Mais la part de fantasmes joue aussi son rôle ; femmes de harem languissant dans l'attente du seigneur, ou massées par les servantes noires, belles esclaves présentées nues au marché, représailles sauvages de guerriers, mêlaient érotisme et cruauté, offrant aux collectionneurs de troubles délectations. La bourgeoisie trouva en France comme en Angleterre et aux Etats-Unis, dans ces tableaux peints avec précision, un aliment à ses rêves. Le réalisme minutieux et le goût de l'anecdote, de la "chose vue", n'étaient pas moins appréciés que la révélation d'un monde inconnu, intérieurs musulmans ou juifs, cérémonies, richesse des costumes, beauté des femmes, paysages fantastiques inondés de lumière.

Delacroix, qui alla dans son voyage au Maroc et en Algérie d'émerveillements en découvertes, s'intéressa davantage aux individus qu'aux paysages. Outre la couleur chaude et

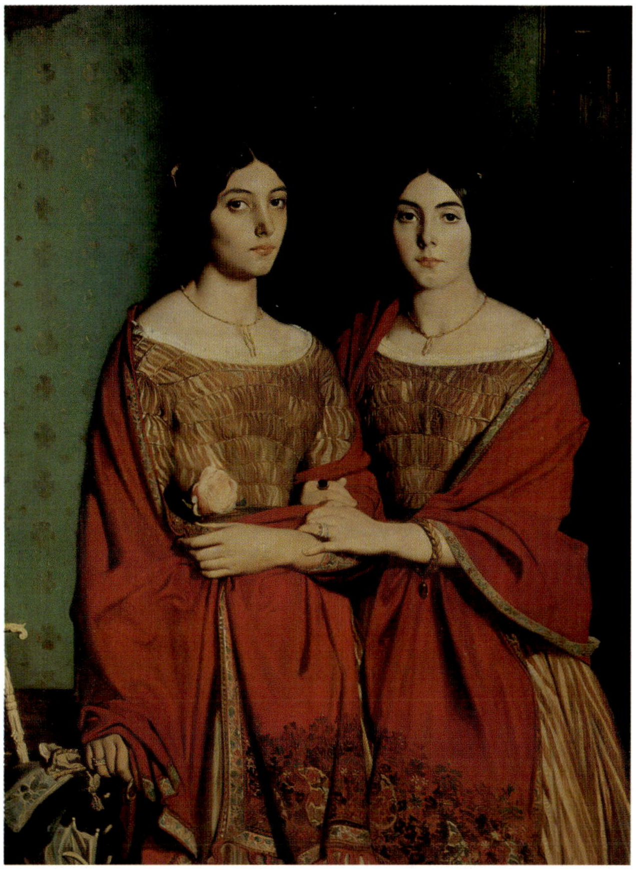

Théodore Chassériau. *Les sœurs de l'artiste.* 1843. Musée du Louvre, Paris.

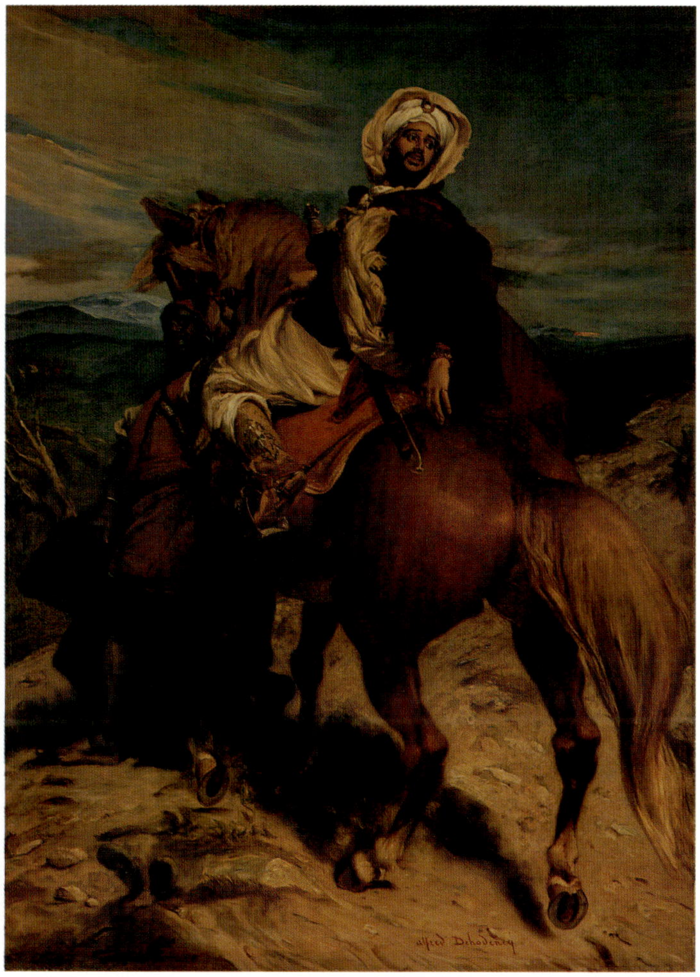

A. Dehodencq. *L'adieu du roi Boabdit à Grenade.* 1869. Musée d'Orsay, Paris.

sensuelle, le mouvement, la violence des combats, des chasses ou des fantasias, l'impressionnèrent, et il en fit d'après des croquis ou des aquarelles pris sur place, des tableaux où il restitua admirablement cette vie primitive (*La Rencontre de cavaliers maures,* Walters Art Gallery, Baltimore, *Fontaine arabe,* Städelsches Kunstmuseum, Francfort). Ayant réussi à pénétrer dans un harem il peignit les célèbres *Femmes d'Alger* (Louvre) qui, présentées au Salon de 1834, furent diversement appréciées, mais affirmèrent aux yeux du public le génie multiforme de Delacroix.

Le harem et ses voluptés secrètes, son atmosphère confinée, l'attrait de l'Orient réel et mythique, fascinèrent également Ingres qui lui n'alla jamais à sa découverte ; son *Odalisque à l'esclave* exposée au Salon de 1840 mêlait, selon Théophile Gautier « l'individualité de l'Orient à l'idéal de la Grèce ». Delacroix crut retrouver au Maghreb l'Antiquité dont les peintres académiques donnaient une image froide et décolorée. Chez Ingres, le *Bain turc* relève d'une recherche semblable de la sensualité primitive libre et heureuse.

Le pittoresque des orientalistes sombra assez rapidement dans le bric-à-brac ; hormis Dehodencq dessinateur fougueux, Fromentin peintre de guerriers, de fauconniers et de caravanes dans la brûlante lumière du désert, et Guillaumet qui s'attacha aux rudes réalités de la vie rurale africaine auxquelles il rendit ses couleurs sobres bien éloignées des mirages de pacotille, la grande majorité des peintres qu'éblouirent l'Orient reste médiocre. Avant d'être orientalistes ils étaient académiques et le restèrent ; l'"ailleurs" de Baudelaire ne sera pour eux que cuisine d'école, folklore de brocante ou faux décor.

Un météore passionné et sensible : Chassériau

C'est à vingt-sept ans que Chassériau se rendit en Algérie sur l'invitation du kalife de Constantine. Né aux Antilles, d'une mère indigène et d'un père français, il était prédisposé à comprendre l'âme de l'Orient ; élève d'Ingres il admirait Delacroix, et son œuvre reflète l'incertain balancement entre le rigorisme du premier, et la fougue, le sentiment poétique et l'angoisse du second. Cette admiration est sensible dans son *Ali Ben Ahmed, kalife de Constantine* qu'il a l'audace de présenter, au Salon de 1845 — à vingt-six ans ! — non loin du *Sultan du Maroc entouré de ses gardes* de Delacroix. « La position que M. Chassériau veut se créer entre Ingres [...] et Delacroix qu'il cherche à détrousser, a quelque chose d'équivoque pour tout le monde, et d'embarrassant pour lui », écrit Baudelaire.

En Algérie Chassériau, comme Delacroix, s'intéressa plus aux types humains qu'aux paysages (*Cavaliers arabes emportant leurs morts,* collection particulière, *Chefs arabes se défiant en combat singulier,* 1852, Louvre), mais il y a souvent plus d'invention et d'audace dans les esquisses que dans les œuvres achevées.

Son orientalisme est plus proche de l'Asie fabuleuse et mythique que du Maghreb ; inspiré également par sa sœur Adèle, il lui permet de créer un type de femme longue et flexible, au charme languide, avec les yeux en amande, le regard mélancolique, le nez droit, les bras et le torse fermes, qu'il répéta comme une quête de la muse idéale. D'*Esther se préparant pour recevoir Assuérus* (1841, Louvre) à la *Nymphe endormie,* le délicieux nu de sa maîtresse Alice Ozy (1850, musée Calvet, Avignon).

Il y a chez Chassériau une ardeur, un feu contenu, un monde intérieur passionné qui transgresse les contraintes d'Ingres dont le peintre ne cessa pourtant de reconnaître les nécessités ; son dessin est d'esprit ingresque alors que la couleur, des formes plus mobiles et des thèmes délibérément romantiques, font éclater l'enveloppe classique.

Chassériau fut un admirable portraitiste, féminin surtout, comme le prouvent *Les Deux sœurs* (1843, Louvre), les portraits de *Mlle Cabarrus* (1848, musée de Quimper), de *Mme de Tracy* (1851, collection particulière), de *la princesse Belgiojoso* (dessin, 1847, Petit Palais, Paris), d'*Alice Ozy* (dessin, 1849, Louvre). Théophile Gautier disait de ses modèles que « ses têtes avaient toujours une expression maladivement étrange, une langueur nostalgique, une volupté douloureuse, un sourire triste, un regard mystérieux s'allongeant à l'infini. » Le portrait de *Lacordaire* (1840, Louvre) est prodigieux d'intensité psychologique.

Le peintre, mort à trente-sept ans, en 1856, fut aussi un remarquable décorateur (*Descente de croix,* 1855, Saint-Philippe-du-Roule, Paris, chapelles à Saint-Merri et à Saint-Roch, escalier de la Cour des Comptes, incendié, vestiges au Louvre). Dans la nébuleuse romantique il apparaît comme un météore attachant et sensible, à la fois réaliste et idéaliste, plein de grâce sauvage et de charme sensuel, « le père spirituel des grands songeurs de notre temps » écrira Focillon.

Spiritualité et paysages lyonnais

La province, au XIXe siècle, compta plusieurs foyers actifs. L'un des plus originaux par la présence de deux courants très différents, et qui n'eurent entre eux aucun rapport, se forma à Lyon. Alors que le groupe de peintres, qui se constitua entre 1825 et 1835 afin de renouveler l'inspiration chrétienne, resta attaché malgré ses nombreuses commandes, à l'atmosphère spiritualiste de la capitale des Gaules, le plein air attirait d'autres artistes plus attentifs aux mystères de la nature, épris de solitude et d'émotion, sur le motif. Les premiers eurent pour maître Ingres, les seconds Corot et Delacroix.

D'attachantes, sinon importantes personnalités, les frères Hippolyte et Paul Flandrin, Louis Janmot, Lamothe qui sera le maître de Degas, illustrèrent cette forme de préraphaélisme français née dans les brumes du Rhône, qui trouva son inspiration chez les primitifs italiens, de Cimabue et Fra Angelico à Raphaël, et sa cohésion dans l'atelier d'Ingres.

Ces chrétiens probes et minutieux, mais sans chaleur, furent principalement des décorateurs d'églises "bien pensants" et "bien peignant" au sens où la société bourgeoise, éprise d'honnêteté et de sérieux, l'entendait alors. Le renouveau du catholicisme provoquant, dans les années 1830, la construction de nombreux sanctuaires néo-romans, néo-byzantins, plus tard néo-gothiques (parfois les trois styles à la fois !), on fit appel à nos Lyonnais, à Hippolyte Flandrin surtout, dont les décors d'église furent particulièrement nombreux.

Les plus caractéristiques, exécutés à la cire, se trouvent à Saint-Germain-des-Prés et à Saint-Vincent-de-Paul à Paris ; leur style décoratif, inspiré par les mosaïques byzantines ou paléochrétiennes et l'art du haut Moyen Age, mêle deux esthétiques contradictoires, les fonds plats "abstraits" d'inspiration byzantine, que l'on retrouve à Saint-Paul-de-Nîmes, et les personnages modelés en volumes. Cette confusion que Flandrin essaie d'atténuer par la rigueur et la principaux représentants furent Ravier, Vernay et Carrand.

Ravier est le peintre des ciels. Autodidacte il séjourne en Italie, voyage en France et se fixe ensuite à Crémieu, Isère, puis à Morestel, un bourg voisin où il œuvra en solitaire jusqu'à sa mort en 1895. Une tristesse sourde pèse sur ses paysages sur lesquels tombe la lumière du soir, mais cette grisaille est incendiée de rouges, d'orangés, de jaunes, de verts que le peintre lance comme des brandons sur les taillis, les sous-bois et les étangs aux empâtements rugueux.

Ravier est autant le peintre de l'impression que de l'émotion. « Tout est dans le ciel ; les nuages et l'atmosphère me grisent » disait-il. Vernay vécut ignoré, presque misérable, à Lyon ; ce coloriste chaud et vibrant peignit surtout des natures mortes aux pourpres et aux ors somptueux. Ses paysages moins "expressionnistes" que ceux de Ravier sont construits, ordonnés, mais tout élément pittoresque en est banni, et sur des motifs simples et sereins se répand une lumière aux vibrations subtiles.

Carrand fut, de tous les trois, le plus sensible à l'atmosphère lyonnaise. Ce lyrique sut dégager ce qu'il y avait d'unique dans les ciels mélancoliques, la grisaille d'automne, les crépuscules aux nuages lourds, de son pays natal.

Seignemartin, mort à vingt-sept ans, paysagiste, portraitiste et peintre de fleurs aux tons généreux, aux coulées de pâte abondantes et lisses, comme pétries de lumière, Pourchet, Adrien Bas, Fargeot, Sénard, comptent parmi les meilleurs peintres de l'école lyonnaise. Aucun d'eux ne participa aux grandes révolutions picturales du siècle, et tous restèrent sans influence en dehors de leur cercle régional, mais chacun a défini un moment particulier de l'art. Leur volonté commune fut de refuser l'académisme et de vivre leur création en pleine liberté.

Les Provençaux entre l'austérité et la féerie

Ce fut également le cas des peintres provençaux, eux aussi sensibles aux paysages et à la lumière de leur pays ; mais la Provence est complètement différente de la région lyonnaise. Ses paysages sont stables, solides, construits, l'intensité solaire découpait les ombres et les lumières violemment contrastées. Les Provençaux sont des réalistes ; leur attachement aux problèmes lumineux, et leur technique, eurent une résonance certaine sur les impressionnistes.

Granet, peintre des cloîtres romains, de leur atmosphère mystérieuse et chaude, sut avec ses aquarelles de Versailles, de Paris et de la région aixoise, son pays natal, se montrer aussi libre dans la technique que sensible dans l'expression de la lumière, plus modérée qu'intense. Ses effets visionnaires refusent le sujet au profit de l'instantanéité du regard, de l'émotion directement ressentie.

Granet sait faire jouer les ombres et les clairs-obscurs, il conseilla Loubon, le peintre de la Provence pierreuse et grise dont le sol brûlé de soleil est écrasé par la torpeur de l'été.

Guigou a été, lui aussi, attiré par la Provence intérieure sévère, âpre et grave ; les effets de lumière soulignent le caractère de cette nature dépouillée, sans pittoresque, éclairée par quelques taches de couleurs vives.

Il peignit souvent en compagnie de Monticelli pourtant fort différent de lui. Alors que ce dernier transpose avec lyrisme la nature où se mêlent les pourpres somptueux, les rouges incandescents, les verts émeraudes, les jaunes éclatants et les ors en fusion, Guigou reste fidèle à la vérité des paysages qui constituent la quasi-totalité de son œuvre, mais son compagnon l'aida à se débarasser d'une certaine sécheresse. Le baroque aux pâtes opulentes qui rêvait de "fêtes galantes" ou d'évocations médiévales qu'était Monticelli a regardé la Provence comme une belle fille sauvage aux cheveux et aux yeux de jais, à la peau brune parée de bijoux étincelants ; elle l'entraînait dans de magiques et lumineuses fantasmagories, mêlant le réel et l'imaginaire, les touches fluides et raffinées aux empâtements grenus d'une truculence appuyée (*Réunion dans un parc au temps des Valois,* 1874, Petit Palais, Paris ; *Festin nocturne,* vers 1875, musée des Beaux-Arts, Marseille). Son influence s'étendit de Guigou à Cézanne et aux symbolistes jusqu'à Van Gogh qui louera sa « couleur amoureuse ».

Il n'y a pas eu d'école provençale, mais comme autour de Lyon, des individualités tout aussi passionnées par les problèmes du plein air ; Lyonnais et Provençaux constituent autant de chaînons entre le réalisme et la vision impressionniste.

La sculpture romantique : Rude et David d'Angers

Si le romantisme s'est manifesté en peinture dès 1820 ce n'est qu'une dizaine d'années plus tard que les sculpteurs commencèrent à se faire connaître. Ainsi Duseigneur, Moine et surtout Préault dont les expressions et les proportions sont souvent outrancières (*La Tuerie,* bas-relief, 1834, musée de Chartres). Rude fut tenté par ces excès, mais il avait le sens de la ronde-bosse et sa forte nature bourguignonne, son tempérament épique, son goût des nobles actions et des héros d'exception (*Napoléon s'éveillant à l'immortalité,* 1846, Fixin, Côte d'Or) ont fait de lui le grand sculpteur monumental du romantisme (*Les Volontaires de 1792* ou *La Marseillaise,* 1833-1836, Arc de Triomphe de l'Etoile, Paris).

Vivement attaqués par la critique académique les sculpteurs romantiques furent régulièrement exclus des Salons, et ne reçurent guère de commandes. Il fallut attendre 1848, puis le second Empire, pour que cette situation cessât.

sobriété des couleurs et du contour des figures, crée une disparité qui nuit à l'originalité et à la nouveauté de ces vastes programmes.

Hippolyte Flandrin fut aussi, dans le sillage d'Ingres, un remarquable portraitiste (*La Femme de l'artiste,* 1846, Louvre) ; le portrait était alors très répandu à Lyon et plusieurs artistes y excellaient. Son frère Paul, que Baudelaire accusait « d'ingriser le paysage », continua, malgré ce reproche à produire des paysages néo-classiques ambitieux mais froids. Caruelle d'Aligny, nourri de l'Italie, enferme dans des arabesques décoratives des volumes sobrement construits.

L'école lyonnaise de plein air se situe dans la proximité des peintres de Barbizon ; passionnée de lumière mais également de vérité, sensible aux rythmes de la nature, à ses variations d'atmosphère, de couleurs, elle apparaît comme un lien capital entre les romantiques et l'impressionnisme. Ses

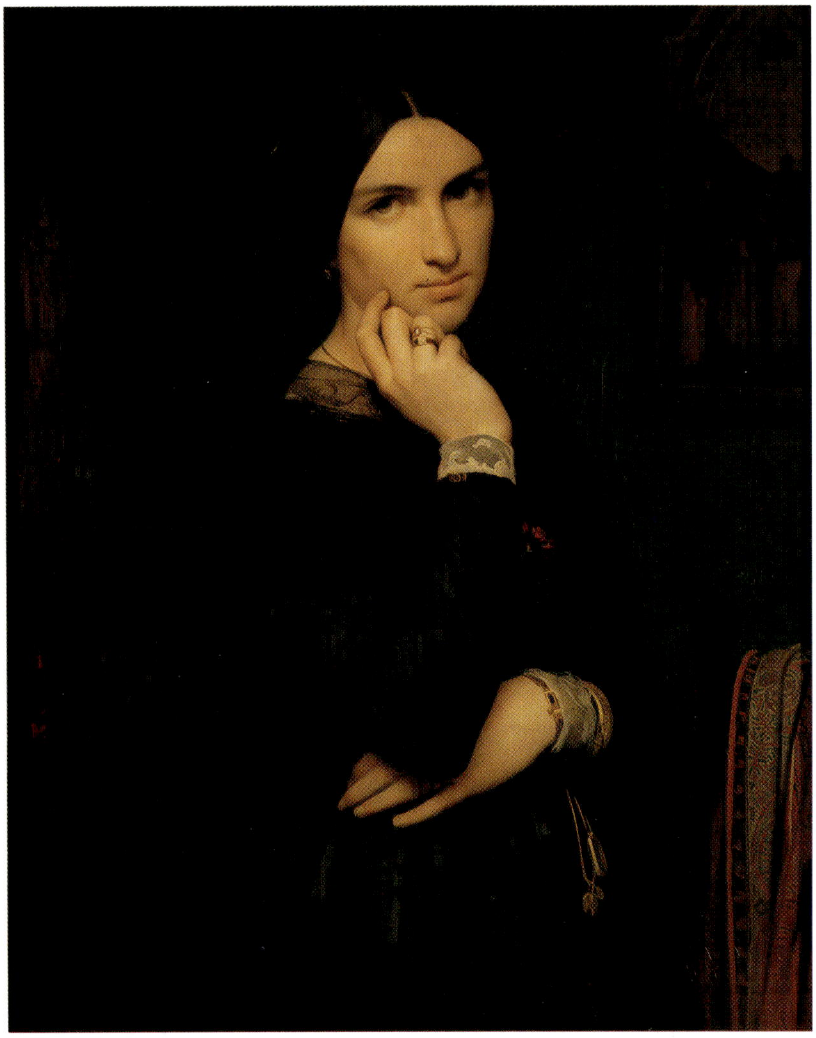

Hippolyte Flandrin. *Madame Flandrin.* 1846. Musée du Louvre, Paris.

Barye, animalier puissant, marqué par l'influence de Géricault et de Delacroix, aurait été plus convaincant s'il ne s'était montré exagérément soucieux de la vérité anatomique, mais il a le sens du mouvement et de la vie. Il apparaît plus libre dans ses figures, malheureusement rares, où son goût de l'Antiquité lui inspire des groupes tumultueux : *Chasse au lion,* vers 1836, *Thésée combattant le Minotaure,* 1841-1846.

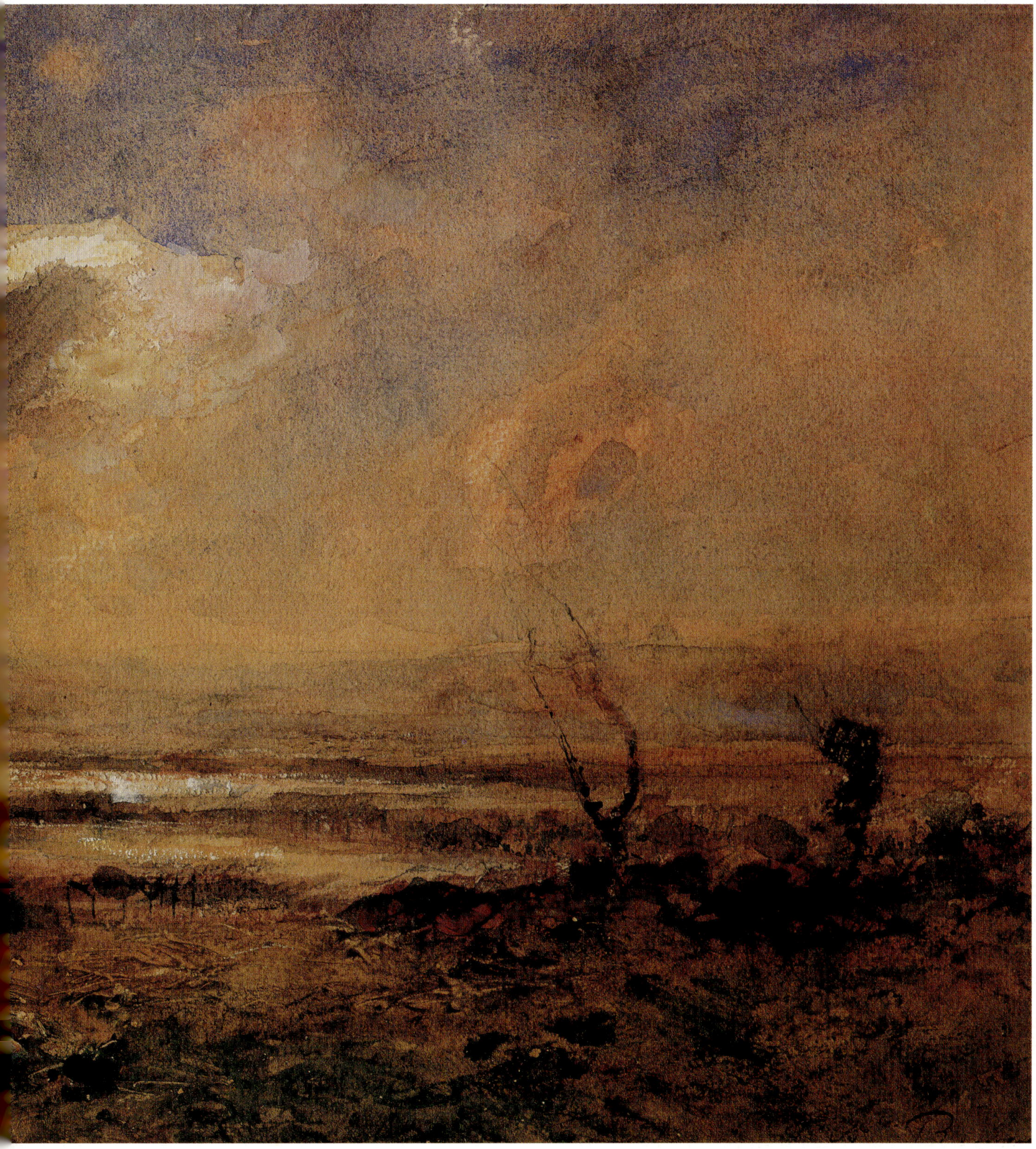

Auguste Ravier. *Paysage au crépuscule.* Vers 1868. Musée du Louvre, Paris.

Victor Hugo consacra à David d'Angers une ode et un poème très longs et enthousiastes qui expriment l'admiration que la génération romantique eut pour lui. Prix de Rome en 1811 il vécut en Italie où l'œuvre de Canova le marqua profondément ; à Londres il admire les marbres enlevés au Parthénon, en Allemagne il a des conversations décisives avec Gœthe et Tieck dont le frère était sculpteur. Son tempérament fougueux dépassa le culte de l'Antiquité par la recherche de l'expression et du mouvement vrais, par sa volonté de placer ses modèles dans leur temps et dans leur milieu, et de donner aux traits de leur visage la réalité du présent. C'est par là que David d'Angers se rattache au romantisme. Mais sobre et mesuré, sans outrance dans le caractère, ni gesticulation dans l'attitude.

Ses bustes souvent colossaux, et les médaillons de ses amis romantiques sont remarquables d'intensité psycholo-

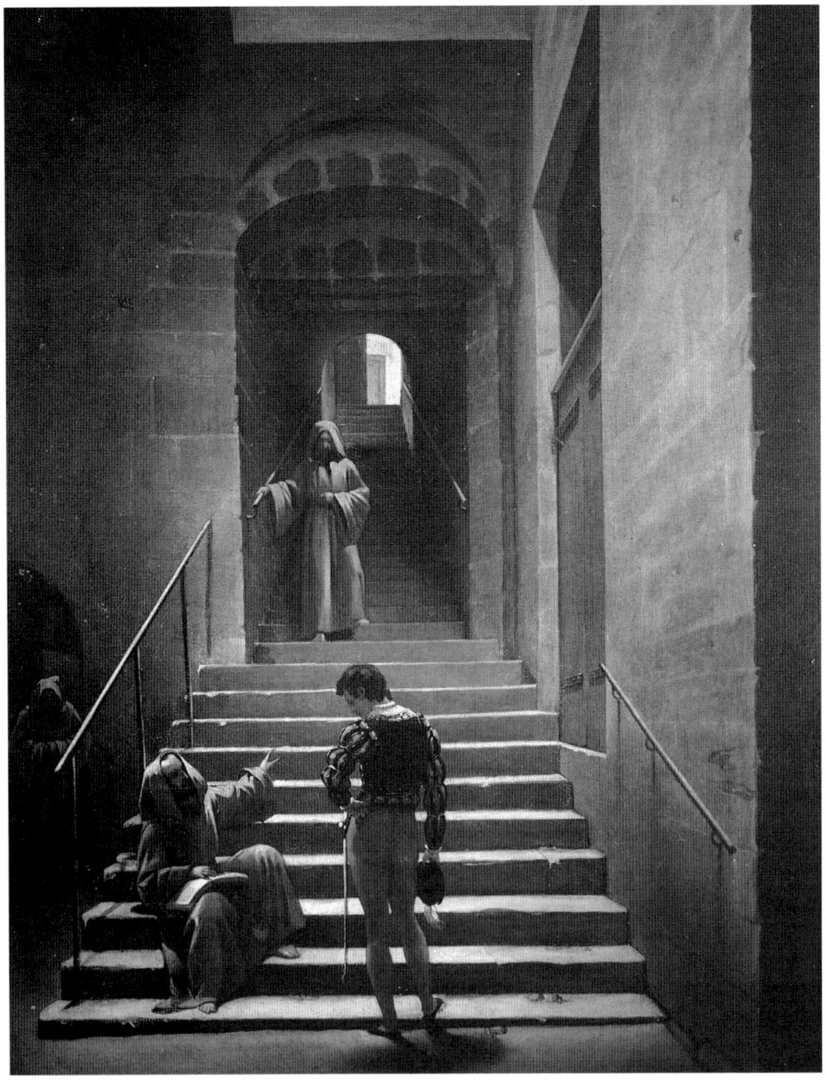

F.M. Granet. *Intérieur de couvent à Rome.* Musée des Beaux-Arts, Pau.

gique ; c'est le portrait moral que David ambitionne de faire, comme dans ses monuments commémoratifs de "grands hommes" qu'il restitue dans leur actualité, et dont il met en relief le rôle exemplaire qu'ils jouèrent dans la société. Son œuvre la plus saisissante est le monument du chef vendéen Bonchamp dans l'église de Saint-Florent-le-Vieil (1819-1825). Il exécuta aussi les hauts-reliefs de la porte d'Aix à Marseille et le fronton du Panthéon à Paris (1830-1837).

La monarchie de Juillet fut une période de grandes commandes tant religieuses que profanes ; les décors intérieurs et extérieurs de Notre-Dame-de-Lorette, Saint-Vincent-de-Paul (*Calvaire* de Rude, peintures murales d'Hippolyte Flandrin) et de la Madeleine, l'un des chantiers de sculpture les plus importants des années 1830, constituent autant d'exemples complets de l'art religieux de l'époque. Les programmes profanes sont fondés, selon le désir de Louis-Philippe sur la réconciliation civique, le symbolisme historique (statues des Villes de la place de la Concorde) et l'exaltation des gloires nationales (tombeau de Napoléon aux Invalides, statues à Versailles et au jardin du Luxembourg, décor intérieur du Palais-Bourbon).

Les maîtres du livre : Delacroix et Chassériau

Le livre, à l'époque romantique, s'adresse à une clientèle nouvelle curieuse d'images ; qu'elle que soit la classe sociale celles-ci sont recherchées pour leur pittoresque, leur contenu didactique ou politique, leur vérité. Elles véhiculent les sentiments nouveaux qu'apportent les écrivains, et que les illustrateurs expriment à leur manière grâce à des procédés de reproduction également neufs. De nombreux ouvrages paraissent en livraisons avec des couvertures pour chaque fascicule, et une couverture générale pour le volume entier.

La reliure connaît à partir de 1814 où sont importés d'Angleterre des instruments nouveaux et des ors plus solides, une remarquable floraison ; la grande innovation est l'apparition des dos plats à nerfs moins apparents ou postiches avec de gros titres, et les tranches non rognées. Le décor, généralement inspiré par le gothique, est riche et lourd ; mais le goût "troubadour" est concurrencé par le procédé "à la fanfare" dont la particularité est un ovale central laissé vide, entouré de compartiments et de feuillages. Puis le gothique laisse la place à l'imitation du XVIe siècle, et la reliure, sous Louis-Philippe, perd son originalité au profit du pastiche. Purgold, Thouvenin, Vogel en avaient été les principaux maîtres.

La grande époque des illustrateurs à l'eau-forte se situe entre 1825 et 1845, et se manifeste surtout dans les livres de voyages aux descriptions pittoresques. En Angleterre Old Crome et Constable contribuent à la découverte du plein air et influencent Turner (*Liber Studiorum,* 1807) émancipateur passionné du paysage. En Espagne Goya n'aura pas d'héritiers ; en France où le cuivre ne retint guère Géricault et Ingres, Delacroix se révèle un virtuose de la taille-douce où il fait vibrer les noirs et les blancs avec une belle franchise. Mais c'est dans la lithographie, inventée en 1796 par le Bavarois Aloysius Senefelder, qu'il trouve l'expression qui convient le mieux à son génie.

Sa *Macbeth consultant les sorcières* (1825) est une planche capitale qui précède la superbe illustration de *Faust* (1828) mal accueillie par la critique bien que Victor Hugo ait déclaré : « Faust est l'œuvre de deux grands poètes, Gœthe et Delacroix. » L'auteur, quoique plus proche du néo-classi-

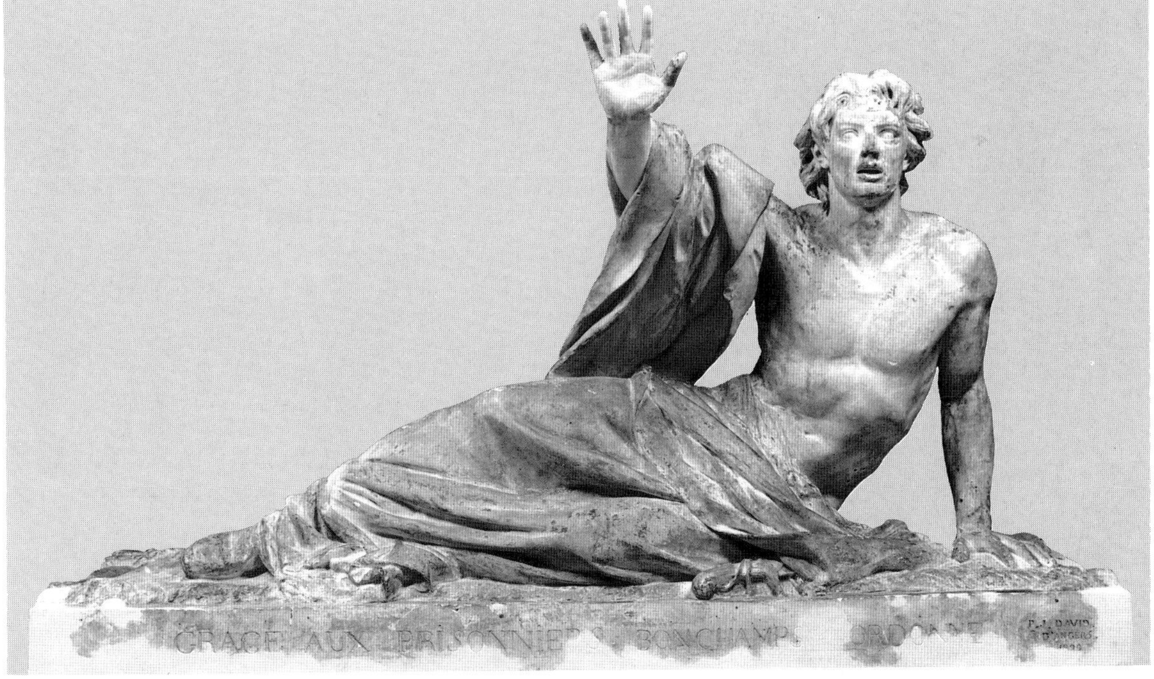

David d'Angers. *Mausolée de Bonchamp.* Plâtre. 1819-25. Musée des Beaux-Arts, Rouen.

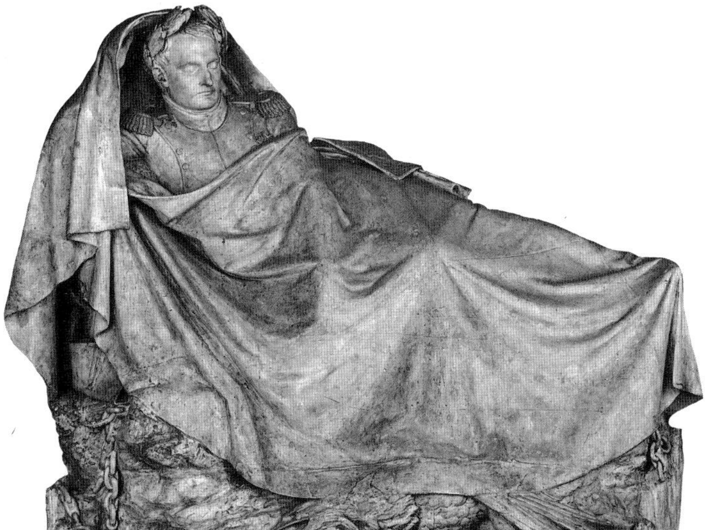

François Rude. *Napoléon s'éveillant à l'immortalité.* Plâtre. 1842. Musée d'Orsay, Paris.

cisme, confiera à Eckermann dans ses célèbres conversations, l'intérêt admiratif qu'il porte à cette interprétation de son œuvre tout en déplorant la « manière désordonnée » de Delacroix.

Celui-ci exécuta, avec sa fougue coutumière et d'étonnantes innovations techniques faites d'instinct, comme au siècle suivant Picasso, de nombreuses lithographies d'après ses études d'animaux. Ses souvenirs du Maroc lui inspirèrent *Les Femmes d'Alger* ou *Les Muletiers de Tétouan.* Delacroix illustra aussi, mais toujours dans l'indifférence du public, Shakespeare, Le Tasse, Walter Scott et Byron.

« Rappelle-toi pour t'enflammer certaines pages de Byron » lit-on dans son *Journal* – où il tombe parfois dans l'excès mélodramatique. C'est dans l'expression directe, la "chose vue", qu'il apparaît le plus maître de lui sous le coup de l'émotion immédiatement ressentie et transportée sur la pierre.

Les quinze eaux-fortes de Chassériau pour *Othello* (1844) sont proches, par la violence de l'expression et l'autorité du trait, de Delacroix dont il a aussi la puissance tragique. Cette technique fut beaucoup utilisée pour les œuvres de petit format, frontispices, culs-de-lampes et lettres ornées, où excellèrent Eugène Lami, Alfred et Tony Johannot, Célestin Nanteuil dont les frontispices atteignent « à la grandeur dans la petitesse » et où, précise Claude-Roger Marx, « le sens du merveilleux s'allie savamment à l'intuition des mystères du cuivre. »

Eugène Delacroix.
Lithographie pour Faust de Gœthe, « l'ombre de Marguerite apparaissant à Faust ».
1827. Coll. part.

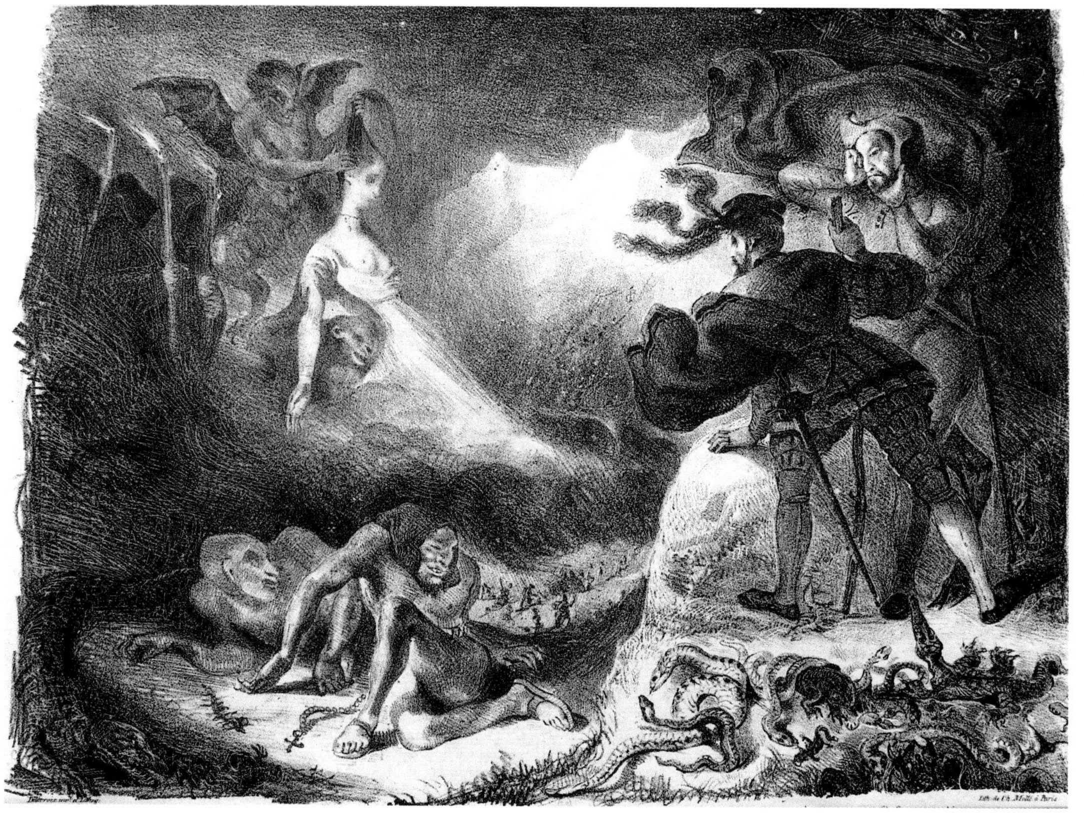

Goya et la lithographie

La gravure sur bois est également très employée dans l'illustration qui, événement marquant de la première moitié du siècle, fait son entrée dans journaux et revues ; d'habiles interprètes, virtuoses du bois debout, dégagent au burin en fac-similé, les dessins de Charlet ou de Raffet, illustrateurs inspirés et précis de l'épopée napoléonienne, Gavarni, Granville, Henry Monnier, Decamps, Daubigny, Vernet, Célestin Nanteuil, Dauzats ou Eugène Lami. L'apparition de caricatures lithographiées dans les feuilles périodiques est également un événement important. *Le Charivari,* premier quotidien illustré, paraît en 1823 et aura pour dessinateur-vedette Daumier ; le *Punch* est publié à Londres à partir de 1841 avec comme sous-titre *or the London Charivari.*

La lithographie, tôt utilisée, eut très vite ses maîtres, parmi lesquels Goya dont les premiers essais datent de 1819 ; les fameux *Taureaux de Bordeaux,* exécutés dans cette ville où le peintre s'était réfugié en 1825, sont généralement regardés comme les premiers chefs-d'œuvre de cet art nouveau qu'était alors la litho, ses séries précédentes, des *Caprices* aux *Malheurs de la guerre* et aux *Disparates* ayant été réalisées à l'eau-forte. Goya travaillait la pierre posée verticalement sur un chevalet comme s'il s'agissait d'une toile ; il se servait de crayons « sans jamais les tailler » couvrant d'abord le support d'une teinte grise uniforme, puis enlevant au grattoir les parties à éclairer. Il renforçait ensuite les ombres et précisait le mouvement des figures, avançant ou reculant pour juger de l'effet, avec ses crayons. Jamais le vieil artiste n'avait montré autant de nervosité et de netteté dans le trait, de dynamisme dans la composition.

Les *Taureaux de Bordeaux* sont exactement contemporains de *Macbeth consultant les sorcières* de Delacroix ; Goya ne connut pas cette planche superbe, si étonnamment "moderne", pas plus d'ailleurs que les lithos de Géricault, fougueuses et dramatiques, *Chevaux se battant dans une écurie* (1818) ou *Chariot de soldats blessés.*

En revanche le maître des *Femmes d'Alger* eut rapidement connaissance des lithographies de Goya, dont le retentissement fut énorme parmi les artistes. Grand admirateur des *Caprices* il acquit, croit-on, une série des *Taureaux de Bordeaux.*

Goya, Géricault et Delacroix ont en commun la puissance du trait, la sensibilité des oppositions de noir et de blanc, le sens du pathétique et ce don d'exprimer la vie qui fait d'eux les premiers maîtres de la lithographie au XIXe siècle.

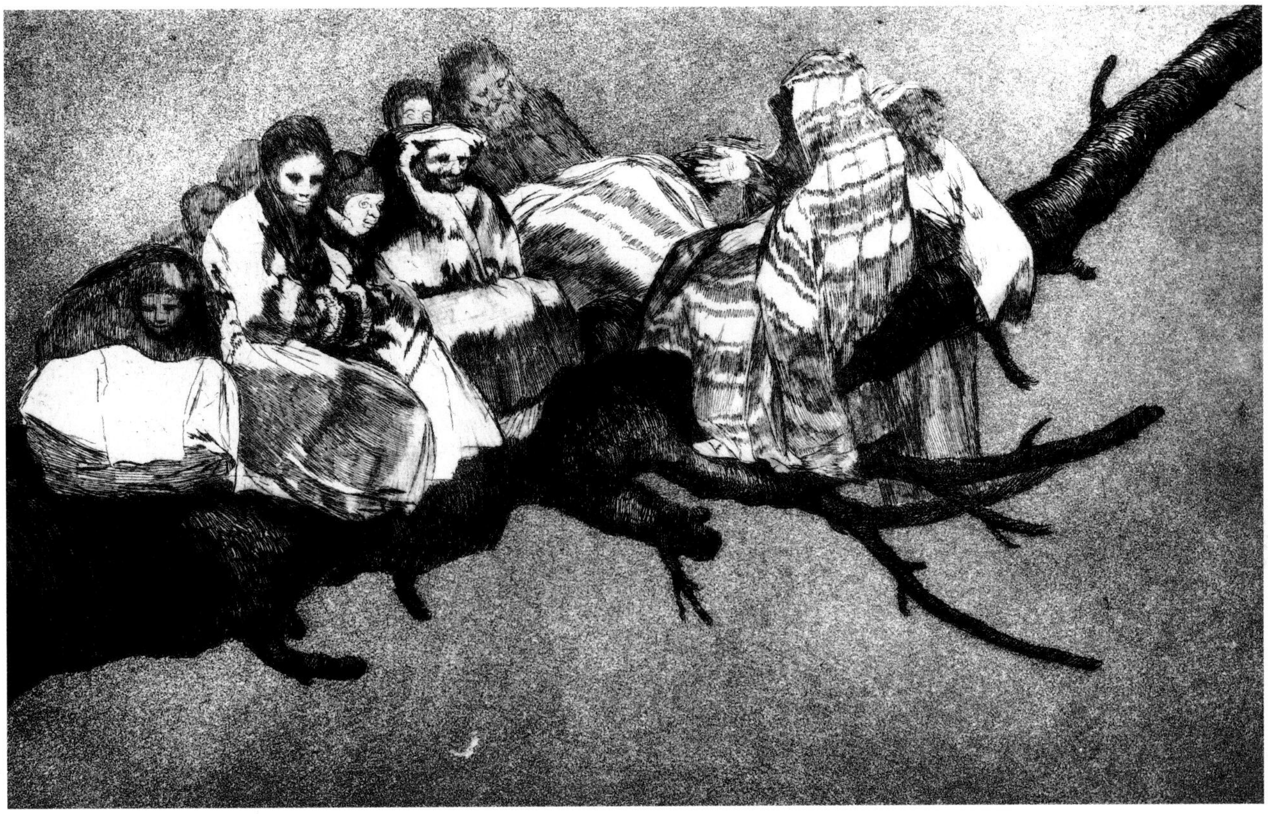

Francisco de Goya y Lucientes. *Les Disparates, « Etrange sottise »*. 1815-24. Bibliothèque Nationale, Paris.

Daumier, accusateur et témoin

La Caricature n'eut pas une existence très longue ; elle parut de 1830 à 1835, mais compta parmi ses collaborateurs les meilleurs dessinateurs sur pierre de l'époque, réunis par son dynamique directeur Charles Philippon, notamment Traviès, créateur du type fameux Mayeux le Bossu, Henry Monnier, père du non mois célèbre Monsieur Prudhomme, et surtout Granville qui libéra son imagination poétique et son sens du fantastique et du merveilleux dans ses *Scènes de la vie publique des animaux* (1842). Mais à partir de 1832 cette feuille satirique et cocasse, dont le public n'était guère très "engagé", va devenir avec l'arrivée de Daumier, une arme redoutable contre les puissants du jour.

De 1830 a 1872 celui-ci produisit une œuvre lithographique colossale comprenant près de quatre mille pièces ! Ses lithos qui étaient — sa peinture ne se vendant pas — son gagne-pain, firent de lui, dans *La Caricature* d'abord, puis dans *Le Charivari*, l'opposant le plus acharné au régime de Louis-Philippe et au "juste milieu". Tirant de la pierre des ressources insoupçonnées, il campe dans des planches grisâtres au début, puis nourries de valeurs subtilement différen-

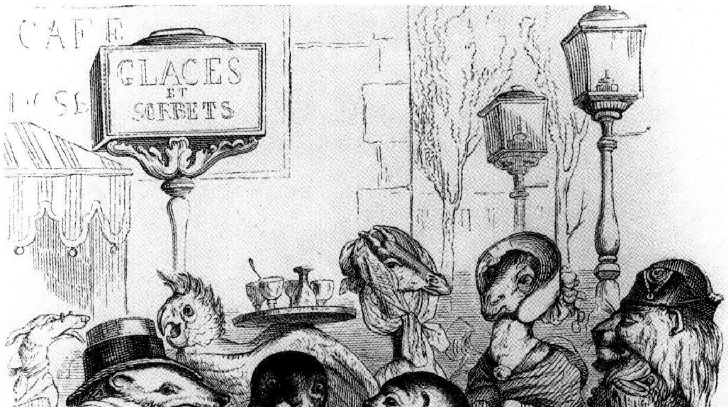

Grandville. *Scènes de la vie publique des animaux, « Un café »*. 1842. Musée Carnavalet, Paris.

Honoré Daumier.
Une cause célèbre.
Coll. part.

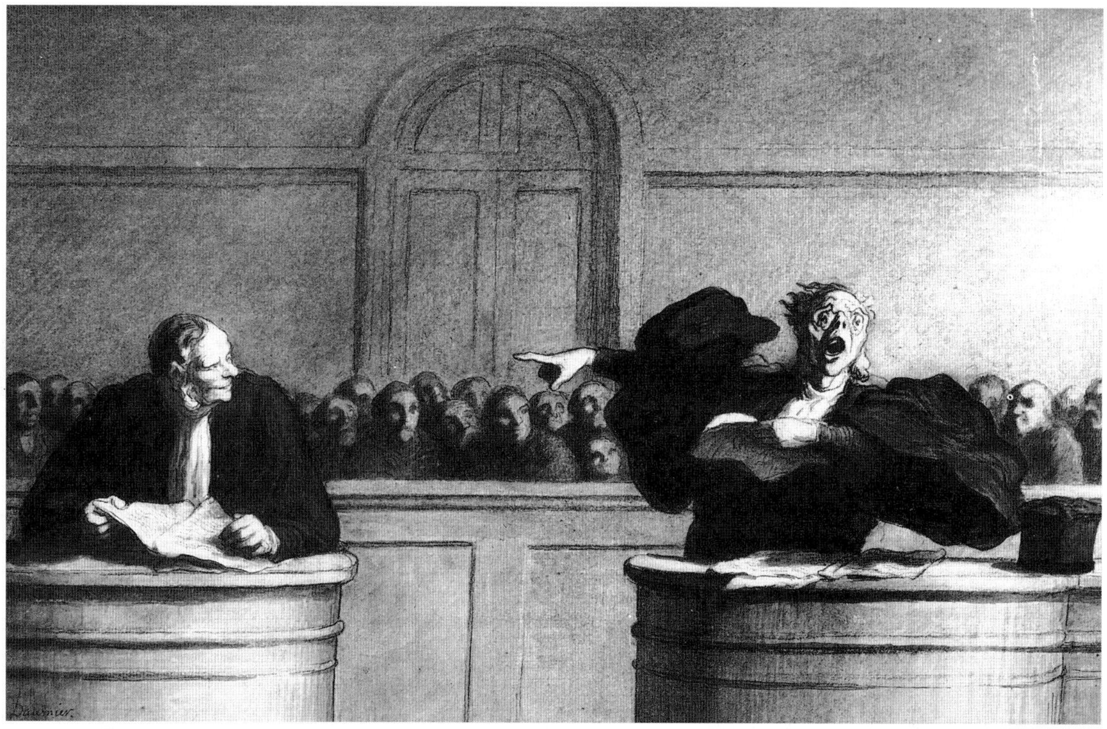

ciées qui donnent leur puissance aux oppositions de blanc et de noir, toute une société fustigée à coups de crayons impitoyables.

La puissance expressive de Daumier égale celle de Rembrandt dont il a l'intensité visionnaire, et sa violence n'est pas moins accusatrice que celle du Goya du *Dos de Mayo ;* comme lui il a pris en compte la colère du peuple contre ses gouvernants. Ses "portraits-charges" au réalisme féroce, *La Rue Transnonain,* terrible témoignage de la répression de l'émeute du 13 avril 1831, *Le Ventre législatif* où il étale dans l'hémicycle du Palais-Bourbon ses victimes parlementaires, les séries fameuses des *Bons bourgeois, Mœurs conjugales, Les Gens de justice, Types parisiens,* etc., parues dans *Le Charivari,* dépassent la caricature. Ces œuvres sont autant de composantes d'une vaste fresque tragi-comique où Daumier, à la fois accusateur et témoin, utilise les pouvoirs de suggestion du noir et du blanc pour faire passer son message dont l'actualité est celle de tous les temps.

La photographie est-elle un art ?

L'invention et le développement de la photographie comptent parmi les grandes révolutions du XIXe siècle ; son rôle dans les arts, l'empreinte dont elle les a marqués, sont si importants et si profonds que, depuis son invention en 1839, ni la peinture, ni la photographie, ne peuvent être regardées sans que l'on étudie les influences que chacune a exercées sur l'autre.

C'est à Nicéphore Niepce que l'on doit reconnaître le mérite d'avoir réussi la première photographie, le premier « point de vue » comme il disait, en 1822 ; mais le procédé était encore dans l'enfance, et son association avec Daguerre lui permit de le perfectionner. Après la mort de Niepce, en 1833, ce dernier parvint à un résultat pratique qui impressionna le grand savant Arago. Grâce à lui, l'Etat, puis l'Académie des Sciences, dont il était le secrétaire perpétuel, et l'Académie des Beaux-Arts, reconnurent l'importance et l'intérêt de l'invention de Niepce dont Daguerre s'était révélé le propagateur dynamique et persuasif. Son entregent est considérable ; en quelques années le "daguerréotype" fera le tour du monde.

En 1840, grâce au virage au chlorure d'or, Louis Frizeau donne à l'image beauté et solidité ; en 1841 de nouveaux perfectionnements rendent les plaques plus sensibles, et dès lors les progrès ne vont pas cesser. Adversaires et défenseurs de la photographie sont également passionnés.

La première intrusion de ce procédé nouveau de reproduction dans la peinture est due à Courbet qui peignit ses célèbres *Baigneuses* du musée de Montpellier d'après des nus photographiés par Vallou de Villeneuve ; il découvre que le corps féminin dans sa réalité ne correspond pas aux canons académiques. La traduction à deux dimensions, en noir et blanc, des volumes permet d'en prendre conscience. En montrant, grâce aux clichés photographiques, la vérité anatomique de ses modèles Courbet déclenche un énorme scandale au Salon de 1853 ; on crie à la "vulgarité", à la "laideur" !

Delacroix est l'un de ces accusateurs. Lui aussi utilise la photo mais il choisit des nus plus "classiques" réalisés en collaboration avec le photographe Durieu qui réunit dans un album trente-et-un clichés ; le peintre, dont le *Journal* et la correspondance témoignent de son intérêt pour la photo, s'en servit à plusieurs reprises. Des esquisses de Delacroix d'après ces épreuves sont conservées au musée Bonnat de Bayonne ; elles datent du séjour de l'artiste à Dieppe en août 1854.

Chassériau, Millet, Daumier, Manet, s'intéressèrent aussi à la photographie et parfois l'utilisèrent, mais ses adversaires ne décolèrent pas ; en 1862 plusieurs artistes dont Ingres, Flandrin, Henriquel-Dupont, signent une pétition contre toute assimilation de la photo à l'art.

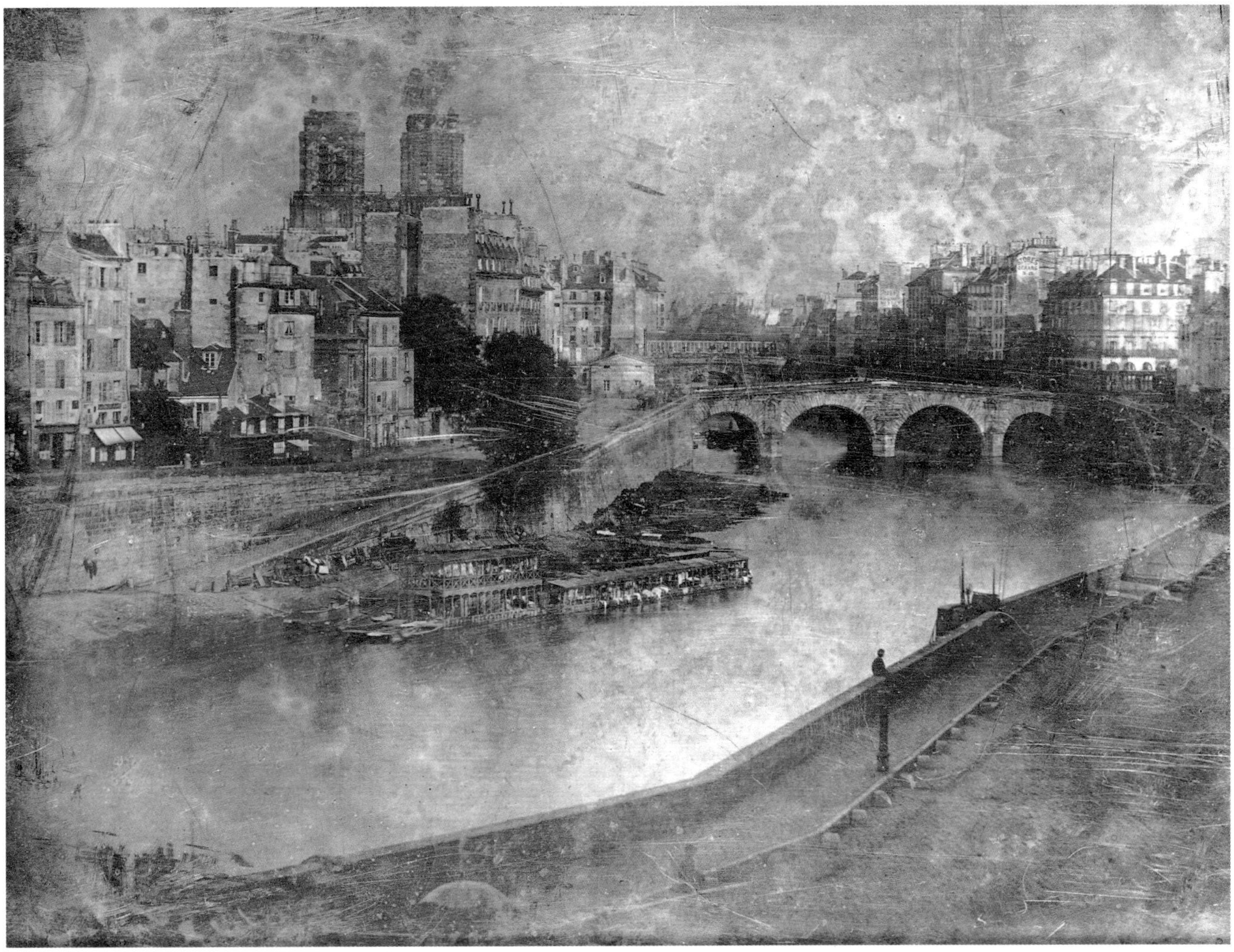

Anonyme. *La Seine et Notre-Dame.* Daguerréotype. Coll. Société française de Photographie.

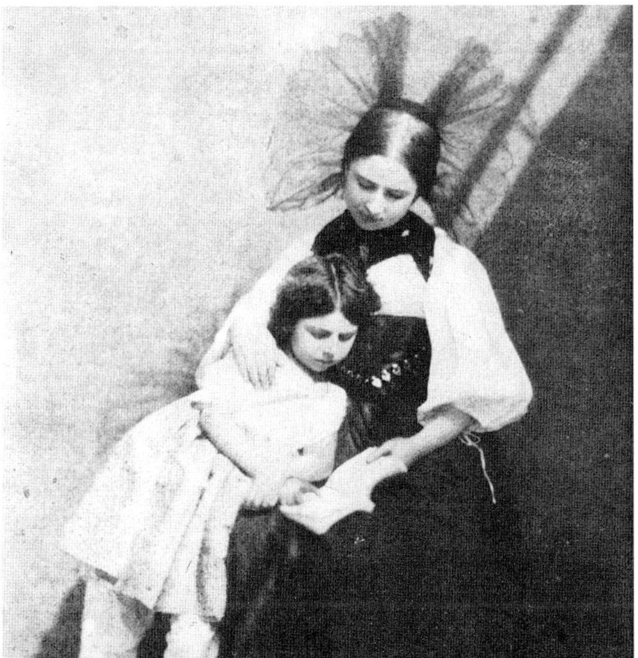

Vallou de Villeneuve. *Femme faisant lire un enfant.* V. 1855. Musée d'Orsay.

« En vérité qu'un homme de génie se serve de daguérréotype comme il faut s'en servir et il s'élèvera à une hauteur que nous ne connaissons pas » prophétisait Delacroix. Cet « homme de génie » fut peut-être Degas qui sut, grâce à son extrême acuité visuelle, transposer dans un langage neuf les caractères originaux de l'image photographique instantanée. Elle lui donna la possibilité de restituer sur la toile la vérité de la scène prise sur le vif.

La photo fut pour Degas une véritable passion. La révélation des clichés pris à grande vitesse par le major Muybridge, certains même au 1/5000e de seconde, lui permit d'étudier la décomposition des mouvements corporels telle que la montrait l'instantané. Marey franchit un pas de plus en produisant l'image unique et synthétique du mouvement ; c'est la chronophotographie (1882) qui réalise dix images par seconde sur une seule et même plaque.

Baudelaire s'était, dès 1859, exprimé avec vigueur sur le conflit concernant la photo en tant qu'œuvre d'art ; pour lui elle ne pouvait être que l'auxiliaire des arts et de la mémoire, il s'inquiétait qu'elle puisse « empiéter sur le domaine de l'impalpable et de l'imaginaire ». La photo doit rester un document, la création étant réservée à la peinture, et Baudelaire ne craint pas de qualifier les photographes de « peintres ratés ». Il faudra attendre de longues années pour que la création photographique soit mise sur le même pied que la création picturale ; encore ce rapprochement provoque-t-il aujourd'hui même des réticences.

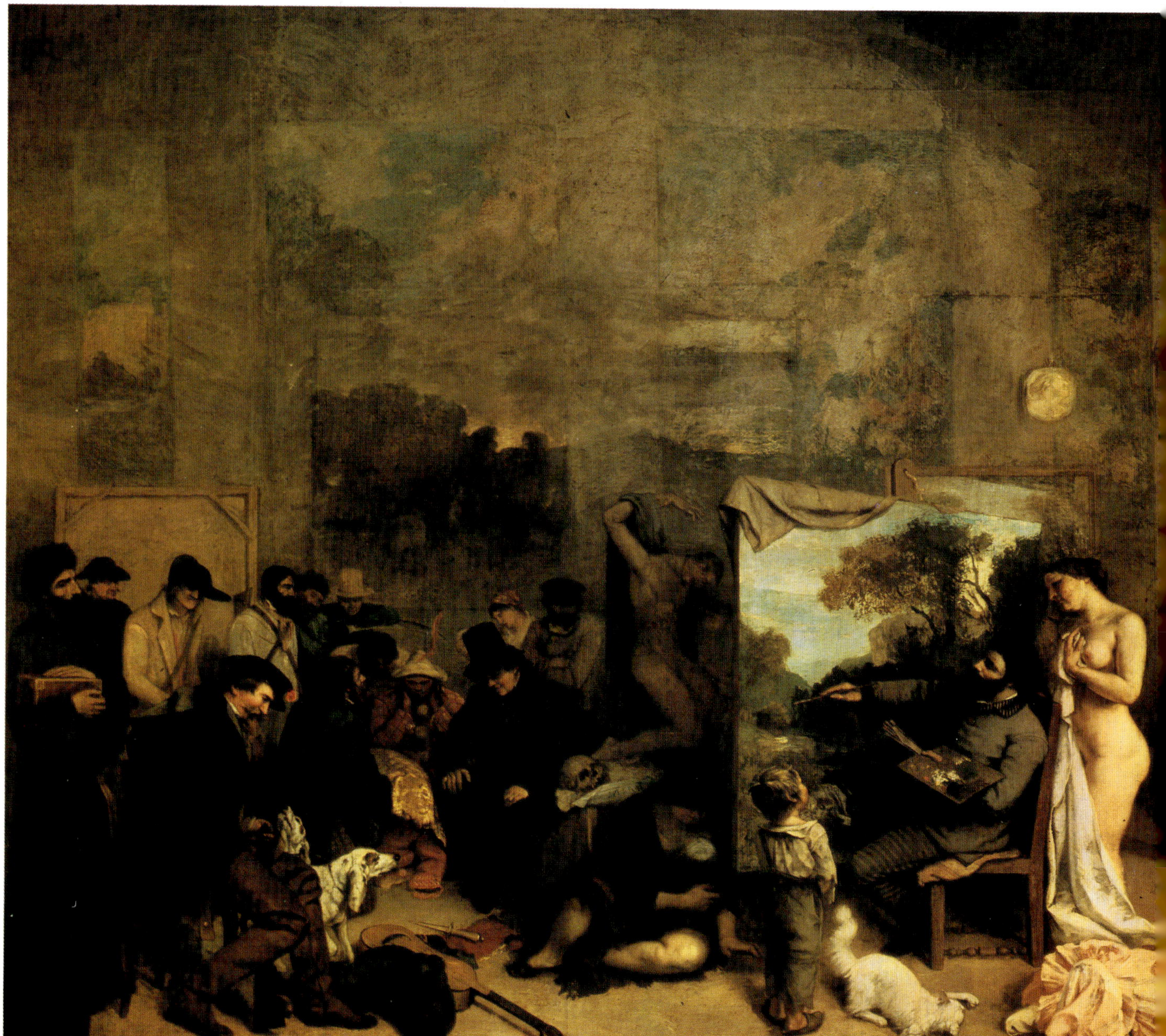

Gustave Courbet. *L'Atelier.* 1855. Musée d'Orsay, Paris.

LA RÉACTION RÉALISTE

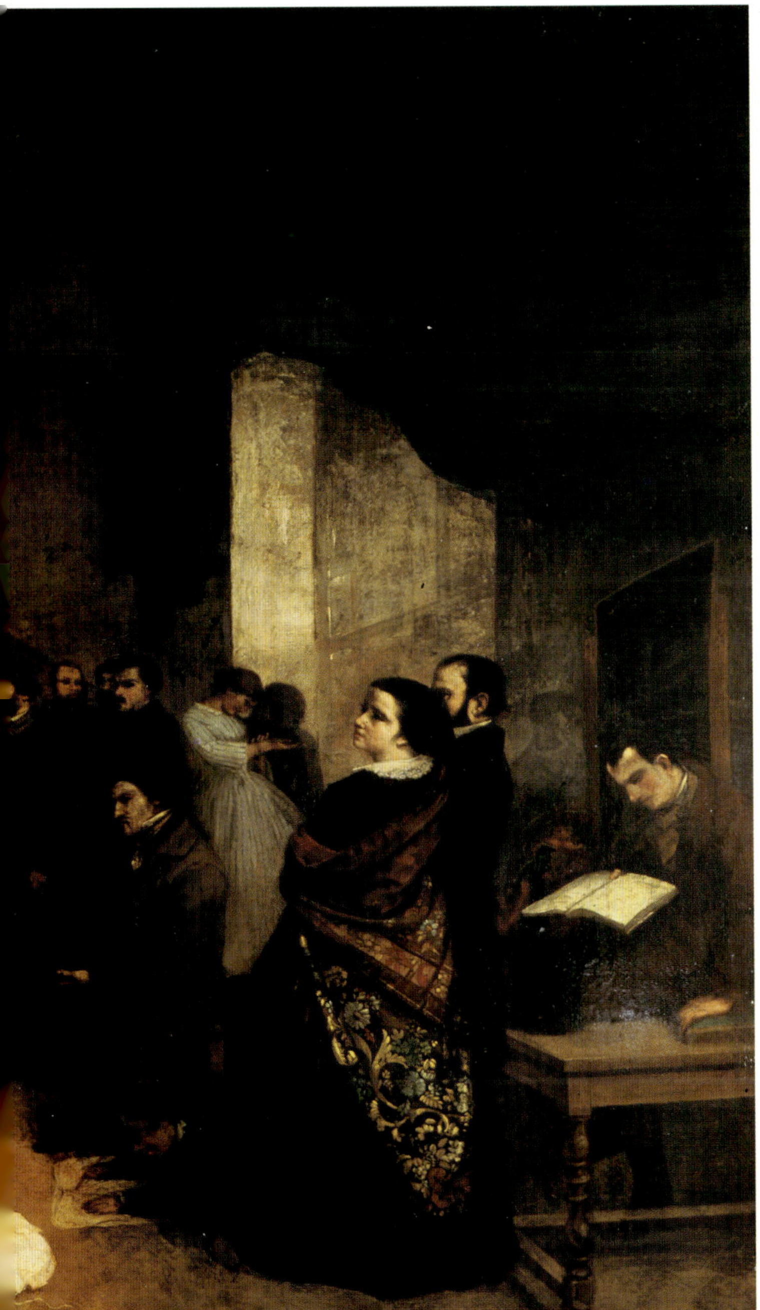

Le réalisme en France et les hommes de 48

Si la peinture a toujours été réaliste, elle ne le fut jamais autant que lorsqu'on décida de lui appliquer ce qualificatif. Cette décision coïncida avec l'explosion de passions sociales et d'appels à la liberté de la révolution de 1848 ; certes celle-ci dura peu et fut impitoyablement écrasée dans le sang, néanmoins le réalisme qui se mua en naturalisme vers 1870 lui survécut. Il se manifesta dans la critique, qui lui donna sa définition et établit ses concepts, dans l'essai et le roman, mais ce sont les peintres qui en fournirent les premières images. Le réalisme s'étendit à toute l'Europe où il correspondit souvent avec l'émancipation des nationalités, et gagna même la Russie.

Les hommes de Quarante-huit, penseurs souvent fumeux aux vagues théories humanitaires, firent pourtant lever des couches profondes de la société une formidable aspiration à la liberté ; de février à juin le peuple cria ses droits, il le fit avec tant de conviction, de force et d'autorité qu'il arracha les écrivains et les peintres à leur isolement, et que la doctrine de l'art pour l'art, énoncée en 1835 par Théophile Gautier, parut désormais caduque ou dépassée. Le romantisme, n'y survécut pas.

Utopistes, les hommes de Quarante-huit n'hésitent pas à proposer à ceux qui s'obstinent à contempler les crépuscules ou les ruines, à chercher dans le spectacle de la nature un refuge à leurs angoisses, un aliment nouveau à leurs rêves, à noyer leur âme de sentiments exaltants et confus, des réalités bien précises, et les invitent à se confronter à elles : la dure vie des hommes, la noble et fière mission du travail, les échanges sociaux. Villes et campagnes sont autre chose que des décors, l'ouvrier, le paysan, sont des individus à part entière, des êtres de chair et de sang, ce dont aucun peintre ne semblait s'être aperçu depuis les Le Nain. Gagnés par les idées politiques et sociales nouvelles, les artistes partent à leur découverte ; ce qui donnera souvent des images bien décevantes, fades ou prétentieuses, et d'une vérité parfois contestable, mais un grand mouvement est lancé.

Le réalisme s'étendra sur toute la seconde moitié du XIXe siècle parallèlement à d'autres mouvements, parfois

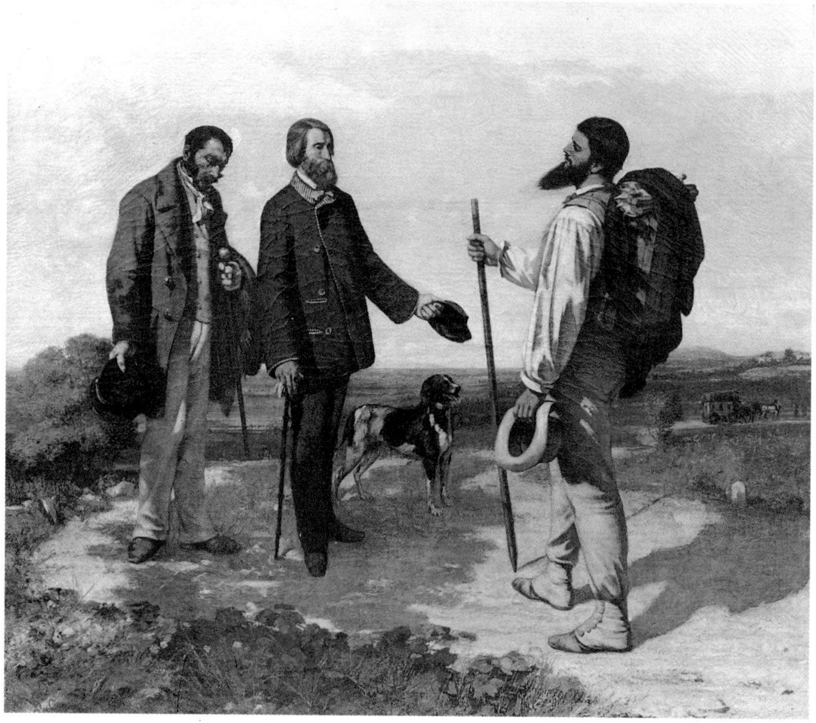

Gustave Courbet. *La Rencontre.* 1854. Musée Fabre, Montpellier.

plus novateurs, comme l'impressionnisme, qu'il a en grande partie nourri ; il inspira des sujets nouveaux, mais surtout un esprit, des curiosités, des ambitions, différents. Une réflexion sur l'homme, sa vie et son travail quotidiens que l'on trouve déjà d'ailleurs chez Géricault, mais qui prend plus d'importance avec l'"engagement" d'un Courbet et d'un Daumier. Car la grande chance du courant réaliste fut d'avoir eu ces deux grands peintres à ses débuts.

Courbet ou la réalité "en direct"

« Ma peinture est la seule vraie ; je suis le premier et l'unique artiste de ce siècle ! » déclarait Courbet avec sa faconde et sa vanité habituelles ; il n'avait pas, pour la première de ces affirmations, tout à fait tort.

Ce Franc-comtois gros, lourd, généreux, sincère, est un autodidacte ; quand il arrive d'Ornans, son bourg natal du Doubs, à Paris, en 1842, il a vingt ans et va travailler dans les académies libres tout en exécutant des copies au Louvre. Il refuse le romantisme, la révolution de 48 le confirme dans ses opinions socialistes qu'il partage avec ses amis Baudelaire, Proudhon, Pierre Dupont, Champfleury l'un des théoriciens du réalisme ; ils ont en haine tous les pouvoirs, particulièrement ceux qu'exercent l'Institut et le Salon – que les dirigeants de 48 libéreront provisoirement – et l'affirment avec véhémence. Combattant à sa manière, avec ses moyens, ceux d'un peintre puissant et dru, Courbet tire au canon deux ans après les événements et fait aussitôt de cruels ravages et un bruit d'enfer ; son *Enterrement à Ornans* (1850, musée d'Orsay, Paris) est la première bombe de l'art vivant. C'est aussi la mise à mort du romantisme et de l'idéalisme en peinture.

Ce qui caractérise l'art vivant, et l'a d'ailleurs baptisé, c'est l'affirmation du respect de la dignité de la vie traitée à sa propre échelle, celle de la nature. Les personnages de l'*Enterrement,* conçu comme une frise, ont les mêmes proportions grandioses réservées jusque-là aux dieux et aux héros ; mais ce n'est pas une scène inventée, c'est une "chose vue" dépourvue d'anecdote, un événement réel avec des personnages qui sont des portraits devant un paysage existant, les falaises d'Ornans.

D'emblée Courbet offusque le pouvoir, les bourgeois qui l'accusent de "vulgarité"; sous le second Empire sa peinture sera qualifiée avec mépris d'« art pour démocrates », il n'y a pourtant dans son œuvre rien de choquant, de trouble ou de scandaleux. On lui a prêté des intentions – Hélène Toussaint a tenté de démontrer que l'*Enterrement* était une allégorie maçonnique – sans doute fort éloignées de la sincérité toute naturelle du peintre et de son goût de la vérité "en direct". Proudhon a également voulu voir dans *Les Casseurs de pierre* (1849, détruit à Dresde en 1945) une métaphore de la condition ouvrière, et dans *Les Demoiselles des bords de la Seine* (1856, Petit Palais, Paris) une critique des mœurs du second Empire, c'est aller un peu loin.

La peinture de Courbet est complètement visuelle, c'est la moins intellectuelle qui soit. Il arrive souvent que les tableaux parlent, qu'ils expriment une psychologie, une morale, certains bavardent trop, d'autres crient exagérément fort, ceux de Courbet se taisent ; c'est sans doute pourquoi certains ont voulu leur faire dire beaucoup de choses. Le peintre est un homme de la terre ; il a beau être hâbleur, prétentieux, démagogue, et s'affirmer le plus grand artiste de son temps, il a les qualités profondes du terrien, la force paisible, la joie austère, le goût de la vérité largement et directement humaine sans fioritures ni artifices, le silence.

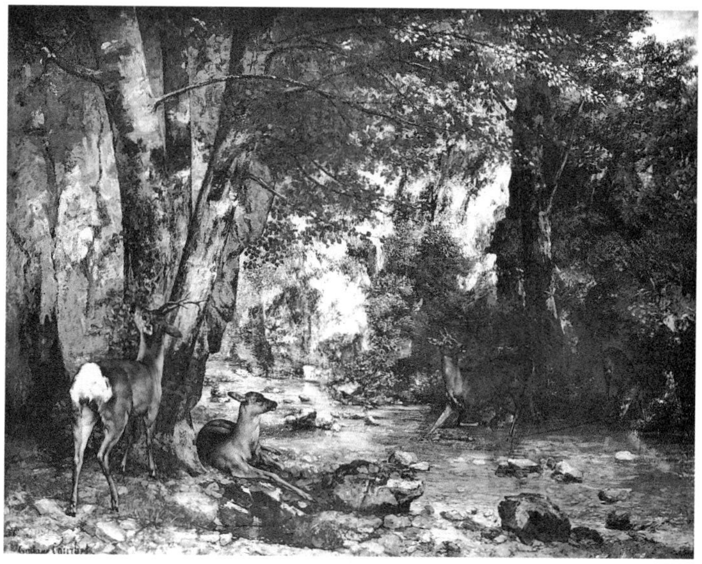

G. Courbet. *Remise de chevreuils au ruisseau de Plaisir-Fontaine.* 1866. Musée d'Orsay.

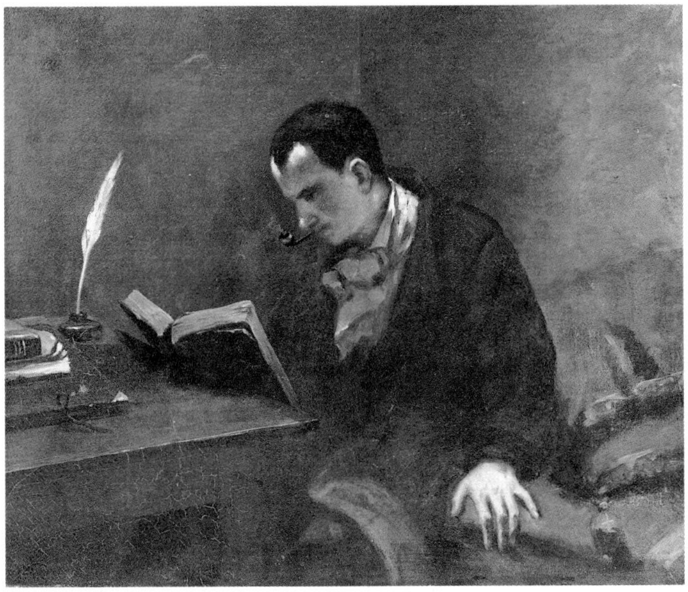

Gustave Courbet. *Baudelaire.* 1847 ? Musée Fabre, Montpellier.

Nulle peinture n'est plus silencieuse que la fameuse *Rencontre ou Bonjour M. Courbet* (1854, musée Fabre, Montpellier). Le peintre, arrivé par diligence, la barbe au vent, le barda sur le dos, est accueilli en pleine campagne par le collectionneur et mécène montpelliérain Alfred Bruyas, et son domestique déférent. Pas un mot n'est prononcé, une chaude lumière méridionale nimbe de sa clarté cette scène d'une incontestable grandeur. Le silence, Courbet en a appris la vertu non seulement avec ses compatriotes terriens, mais dans les gras et frais paysages du Doubs, les forêts où les pas des chasseurs sont étouffés par la neige, les chambres closes où de superbes femmes nues dorment après s'être longuement caressées, les plages désertes de la Méditerranée et de la mer du Nord où, au large des falaises d'Etretat, proches de celles d'Ornans, l'orage monte dans un grondement d'orgue.

La primauté de l'acte de peindre

On a aussi beaucoup glosé sur *L'Atelier* (1855, musée d'Orsay, Paris). Dans cette *Allégorie réelle* s'ordonnent, autour du peintre et d'un modèle nu, sans la moindre unité de composition, à droite « tous les actionnaires » précise Courbet, « les amis, les travailleurs, les amateurs du monde de l'art » (parmi eux Proudhon, Champfleury, Bruyas, un peu à l'écart Baudelaire), à gauche « l'autre monde de la vie triviale », le peuple, la misère, la pauvreté, les exploités et leurs exploiteurs. « Les gens qui veulent juger auront de l'ouvrage » déclara Courbet, sachant quelles significations complexes et opposées on allait donner à son œuvre.

C'est parce que ce tableau est, lui aussi, silencieux, qu'on l'a tant fait parler ; il n'y a, entre les différents protagonistes, aucune communication, ils ne se disent rien et parfois même ne se regardent pas. L'ensemble est d'un style paisible, on y éprouve l'épaisseur profonde du réel, sa chair, sa lumière, une puissance d'émotion à laquelle s'ajoute le mystère de cette « histoire morale et physique de mon atelier » disait Courbet.

Ce qui unifie les nombreux personnages disparates de l'*Atelier* c'est justement ce mystère, cette résistance à l'analyse, à la signification, à l'imagination ; Courbet s'interdit tout ce qui n'est pas le réel, il ne va jamais au-delà du visible, il brocarde Delacroix parce qu'il représente des anges. « Moi je ne peux en peindre, déclare-t-il, je n'en ai jamais vu ! ».

Opposant à l'Empire malgré quelques approches opportunistes, il adhéra à la Commune qui le nomma responsable des Beaux-Arts. Participant à la démolition de la colonne Vendôme, opération dont on le déclarera plus tard l'initiateur, il déclara « Elle m'écrasera ». Ce qui effectivement arriva : rejeté par la bourgeoisie revancharde Courbet fut condamné, dut s'exiler et mourut en Suisse en 1877.

Le premier des maîtres modernes qui, selon une admirable formule de Cézanne, peignait « comme les vieux », est en effet le dernier maillon d'une longue tradition qu'il contribua, de Vélasquez à Titien et Goya, à rajeunir et à revitaliser. Ce qu'il annonce c'est la primauté de l'acte de peindre, et le refus d'un art d'évocation au profit d'un art de célébration. Celle de la vie.

Daumier, historien du banal

« Ce gaillard a du Michel-Ange sous la peau » disait Balzac de Daumier. Jugement lucide certes, mais que l'auteur du *Père Goriot* appliquait à cette autre *Comédie humaine*

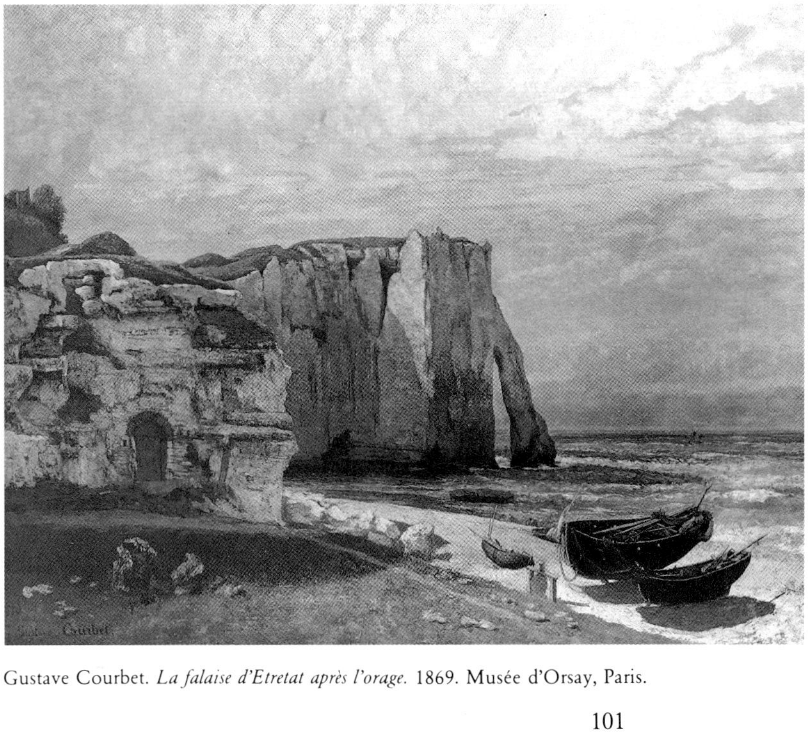

Gustave Courbet. *La falaise d'Etretat après l'orage.* 1869. Musée d'Orsay, Paris.

qu'étaient ses caricatures. On ne découvrira le peintre que plus tard et le sculpteur plus tardivement encore. Daumier ne commença à peindre, il est vrai, que vers la quarantaine ; il exposa peu au Salon où on le remarqua à peine.

Fut-il un réaliste ? Oui par les sujets inspirés de la vie quotidienne : lavandières des bords de la Seine, forgerons et bouchers en plein vent, saltimbanques, avocats et juges du Palais, intérieurs de wagons de 3e classe, représentations théâtrales ; mais Daumier n'est pas, comme Courbet, un observateur scrupuleux, il y a au contraire chez lui quelque chose d'inachevé. Il donne à ses personnages un aspect fantomatique, des visages d'écorchés ; parfois il se limite à de simples silhouettes.

Ce qui l'intéresse n'est pas le sujet en soi, mais son poids d'humanité ; par larges traits et masses compactes il crée des types qu'il ne décrit pas mais qui, dans leur anonymat, leur absence de psychologie même, évoquent la vie politique et sociale d'une époque. Daumier est l'historien du banal exprimé avec le moins de signes reconnaissables possibles ; ses personnages de théâtre sont des pantins désarticulés mais ils sont le Théâtre ; ses juges ou ses avocats se limitent à des ombres noires gesticulantes mais ils sont la Justice, et cette femme qui monte péniblement de la berge, sa fillette par la main, est-ce une blanchisseuse ou une ménagère ? Quelle sorte de fardeau porte-t-elle sous son bras ? Peu importe, c'est un être humain qui ploie sous l'effort.

Cette humanité qu'il accuse, ou pour laquelle il témoigne, Daumier l'éclaire de reflets de brasier ou de blancheur lunaire ; il la sculpte en demi-teintes ou à contre-jour, plonge certains visages dans l'ombre, fait émerger une épaule, une jambe, voire une partie de vêtement, surcharge de matière tel morceau, laisse fluide tel autre, ou superpose des teintes légères et transparentes.

Ce n'est pas la couleur qui passionne Daumier dont la palette est très restreinte, mais des effets d'éclairage modelant ou créant la forme, les contrastes d'ombre et de lumière. Ce baroque est un visionnaire qui dans ses fameux bustes-charges des parlementaires va au-delà de l'enveloppe caricaturale de ses modèles ; ces effrayantes "célébrités du Juste-Milieu" paraissent pétries dans de la lave en fusion.

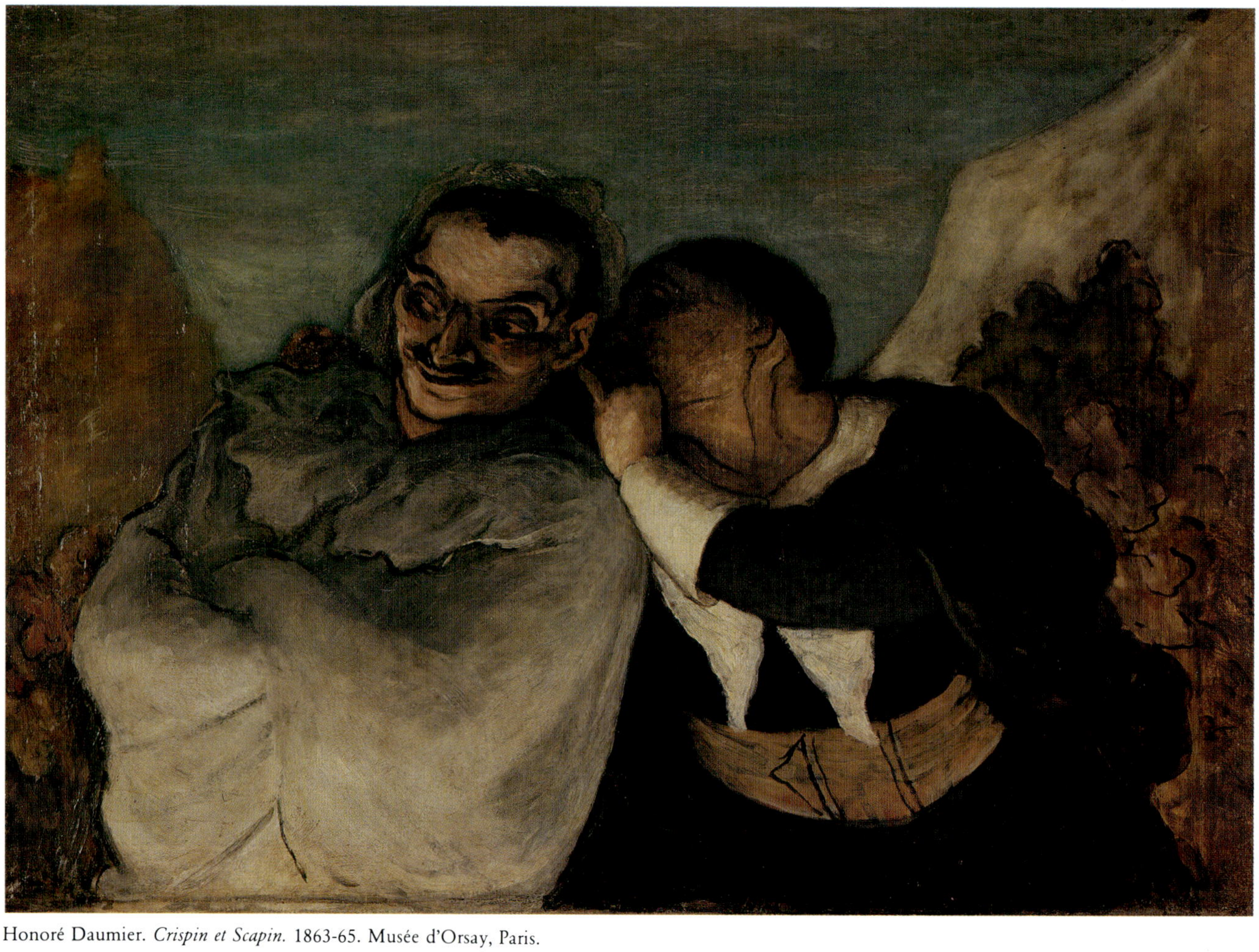

Honoré Daumier. *Crispin et Scapin*. 1863-65. Musée d'Orsay, Paris.

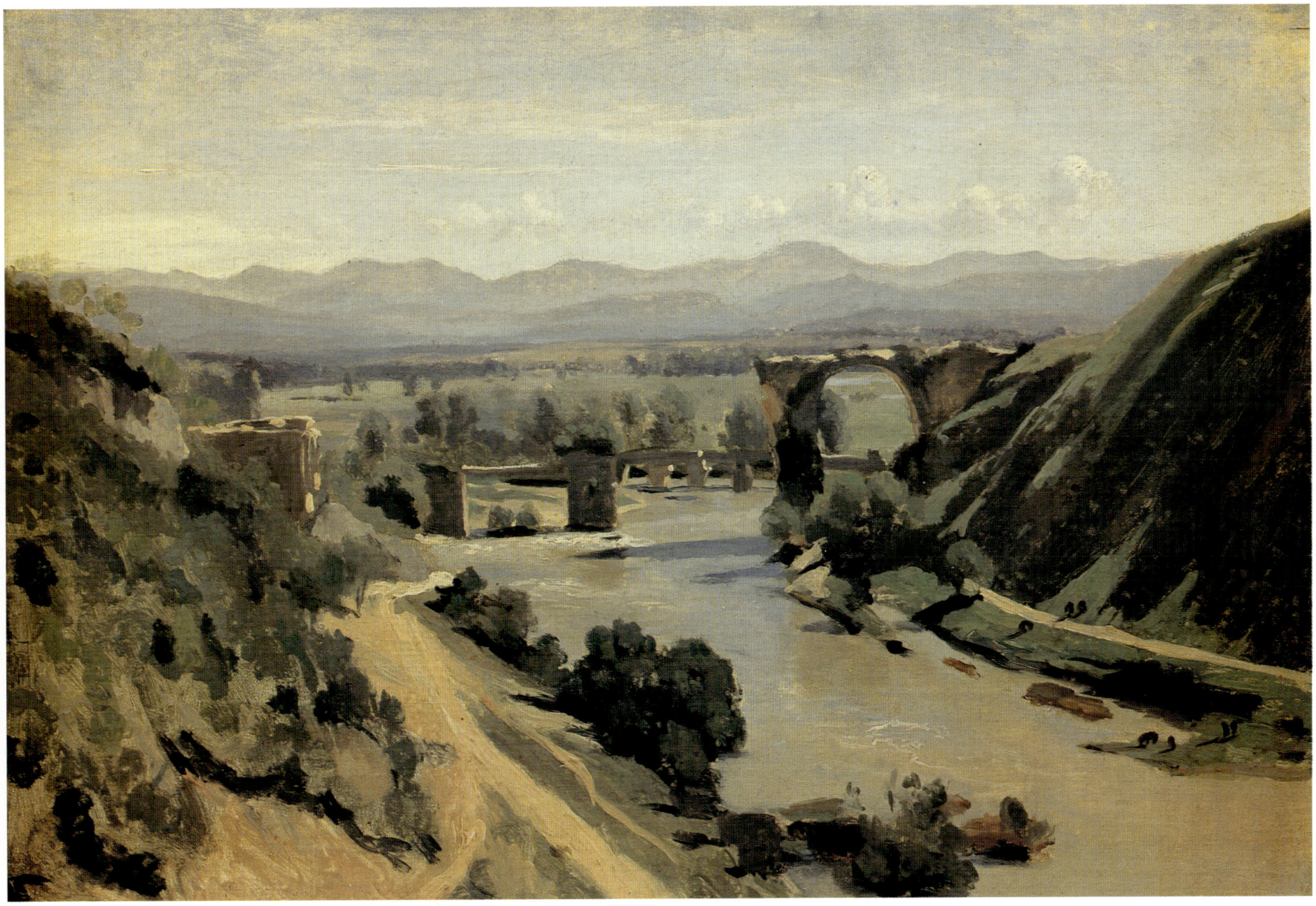

Camille Corot. *Le pont de Narni.* 1827. Musée du Louvre, Paris.

Corot ou l'intimisme de plein air

Le réalisme de Corot est celui du naturel et de la grâce. Cet homme simple, modeste, n'était fait ni pour les expériences hasardeuses, ni pour le risque des novations brutales. « M. Corot n'a pas assez souvent le diable au corps » disait Baudelaire ; faut-il être un agité pour devenir un grand peintre ? Corot est l'antithèse de Courbet, ils furent contemporains et regardèrent, exprimèrent la nature d'une manière tout à fait différente ; au robuste réalisme du maître d'Ornans Corot oppose un art d'une candide simplicité dont les réticences sont celles d'un amoureux qui ne veut pas brusquer sa partenaire.

Sa conception du paysage n'est également pas la même que celle de Rousseau et des peintres de Barbizon qui veulent exprimer des états de sensibilité ; Corot s'est tenu à l'écart de la querelle entre "classiques" et "romantiques", et n'a pas pris parti pour les partisans d'Ingres ni pour les admirateurs de Delacroix dont l'art tumultueux le déroutera longtemps. Celui de Millet ne le convaincra pas davantage, il en avait tout bonnement horreur. Quand il vit les premières toiles des impressionnistes il ne fut pas moins épouvanté.

On pourrait s'attendre que Corot ait cherché un refuge auprès des maîtres anciens, nullement. S'il les admire il n'éprouve guère le besoin de les étudier ; quand, à partir de 1825, à trente ans, il va peindre en Italie, où il retournera à

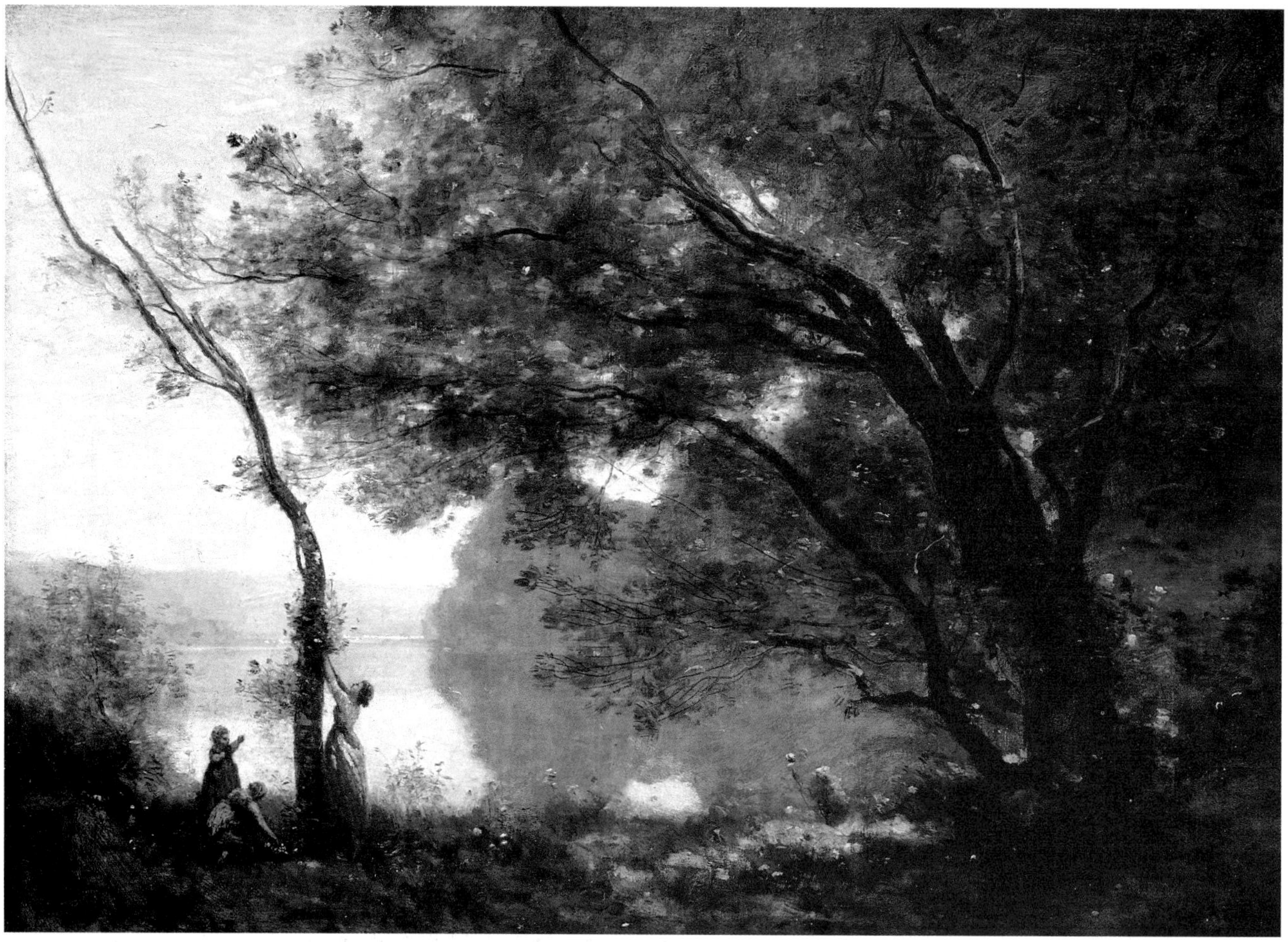

Camille Corot. *Souvenir à Mortefontaine.* 1864. Musée du Louvre, Paris.

deux reprises, en 1834 et en 1843, il ne court pas les musées, les palais de la Renaissance ni même la Sixtine, il regarde la nature avec une liberté, une fraîcheur, une naïveté de vision qu'il ne doit qu'à lui-même, et qu'il exprime avec une désarmante et admirable simplicité.

Peu de couleurs et jamais violentes, des accords subtils de valeurs, une justesse de ton dans l'esquisse comme dans le "fini", un sens de la lumière plein de délicieuses surprises poétiques. Les "Corot d'Italie", mesurés et émus, sont bouleversants de sensibilité retenue. Malgré la simplicité des motifs (*Le Pont de Narni,* 1827, Louvre) ses paysages ont une étonnante ampleur monumentale, mais ses contemporains n'y virent que des esquisses. Aussi, pour être reçu au Salon, le peintre dut-il "achever" certaines toiles qui perdirent ainsi leur spontanéité de vision et d'émotion.

Corot n'en conserva pas moins un faible pour l'Italie dont la lumière le touchait bien plus que la célébrité ou la beauté des monuments ou des sites, ce que d'ailleurs il ne recherchera jamais dans les nombreux voyages qu'il fit en France, en Suisse, en Hollande. Ce ne sont pas ses "états d'âme" qui le guidaient, et les hommes, quelles que fussent leurs occupations, ne le retenaient guère sinon comme taches de couleur, nécessités d'échelle ou signes de vie.

Que peignait Corot et pourquoi ? « Sur la nature cherchez d'abord la forme ; après les valeurs ou les rapports de tons, la couleur et l'exécution ; et le tout soumis au sentiment que vous avez éprouvé. » C'est ainsi qu'il faut regarder *Le Port de La Rochelle* (1852, Yale University Art Gallery, New Haven), *Souvenir de Mortefontaine* (1864, Louvre) ou *La Cathédrale de Mantes* (1868, musée de Reims). Plus tard ses "paysages poétisées", un peu trop systématiques, trop vaporeux aussi, où Corot fait danser nymphes et satyres, auront autant de succès que ses "vues" d'Italie furent incomprises ou méprisées ; c'est cependant à cette époque qu'il peignit ces chefs-d'œuvre de simplicité, de naturel et de charme, *La Toilette* (1859, collection particulière), *La Femme à la perle* (vers 1869, Louvre) ou *La Dame en bleu* (1874, Louvre), l'un des plus beaux portraits féminins du siècle. Il y a dans cette figure une grâce mélancolique qui apparaît comme la qualité dominante de l'œuvre de Corot.

« Je ne suis qu'une alouette, je pousse ma petite chanson dans les nuages gris » disait-il ; quand il ne force pas son chant ou qu'il ne cherche pas à monter plus haut que ses ailes ne l'y invitent, Corot est le pur poète de l'intimisme de plein air.

Millet et les rituels de la terre

Millet mérite mieux que le mauvais succès remporté par les reproductions en chromos de deux de ses toiles, *L'Angélus* dont Dali donna une explication paranoïa-critique personnelle, et *Les Glaneuses.* Ce terrien de vieille souche du

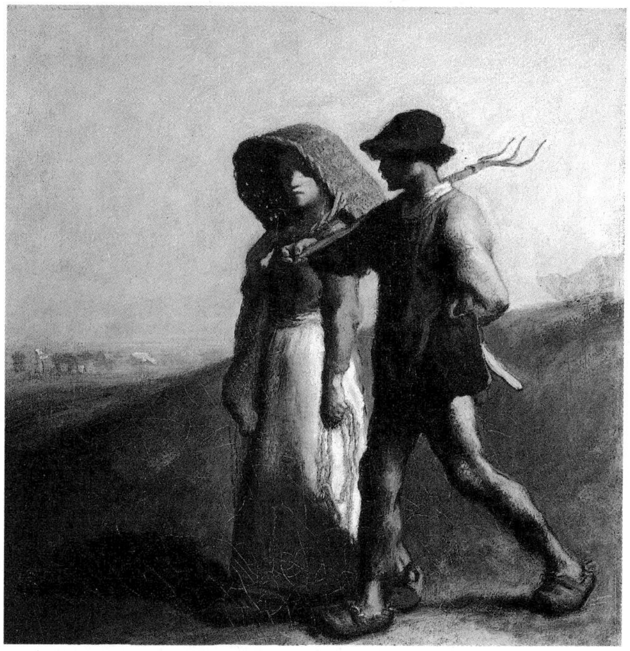

Jean-François Millet. *Le départ au travail.* 1851-53. Cincinnati Art Museum.

Cotentin commença par peindre des pastiches un peu polissons du XVIIIe siècle avant de découvrir à Barbizon, où le choléra qui sévissait à Paris l'avait obligé à se réfugier, sa véritable voie ; c'était aussi un retour aux sources, à ses origines paysannes, mais on se tromperait en ne voyant chez Millet qu'un évocateur un peu fruste des travailleurs de la terre et de leur dur labeur.

C'est un peintre humaniste. Le mot a été galvaudé, il lui convient pourtant parfaitement ; les portraits des siens ou de ses amis qu'il fit entre 1835 et 1846 (*Pauline Ono en bleu,* sa première femme, 1841-42 ; *Armand Ono,* 1843, musée de Cherbourg ; *Officier de marine,* 1845, musée de Lyon) l'avaient préparé, par leur forte intensité psychologique, la simplicité des moyens, à l'appréhension directe de la société paysanne de Barbizon, qui lui sera également familière.

Pas de régionalisme, ni de folklore ou de pittoresque, ni prétentions philosophiques contrairement à ce que croyait Baudelaire ; ni de message à délivrer. Sait-on d'ailleurs à quel siècle, à quelle région, ces hommes appartiennent ? Ils sont hors du temps.

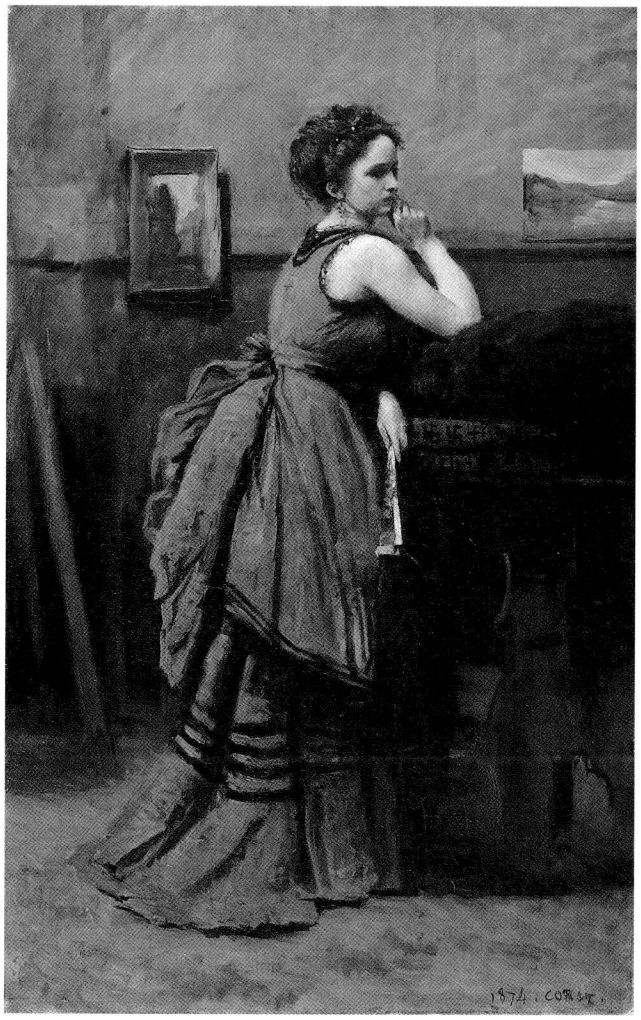

Camille Corot. *La dame en bleu.* 1874. Musée du Louvre, Paris.

Millet n'exprime pas seulement la dignité, la gravité, mais aussi la tristesse, la pauvreté, la solitude des paysans, et la grandeur de leurs tâches. Leurs gestes sont nobles et lents, leurs attitudes presque solennelles comme s'ils accomplissaient — mais ne les accomplissent-ils pas ? — des rites séculaires. Ils ne s'amusent pas, ne boivent pas pour danser après comme chez Bruegel ou Rubens, il n'y a dans l'œuvre de Millet ni noces de village, ni kermesses, pourtant fort prisées dans les tableaux de son époque.

La vie quotidienne du paysan n'est pas idyllique mais austère, d'autant que le peintre n'est pas un coloriste ; la lumière qui nimbe les célébrations de la terre est grise, les harmonies sont sourdes avec de rares taches de couleurs vives sauf après l'usage du pastel, dans quelques œuvres de la fin de sa vie, comme *Le Printemps* (1868-1873, Louvre). Mais Millet a le sens des masses, il synthétise en éliminant les détails superflus ; sa conception de la forme est celle d'un sculpteur et il dresse d'impressionnantes et monumentales statues du recueillement et du silence sur de vastes étendues dépouillées comme *L'Homme à la houe* (1860-1862, collection particulière, U.S.A.) ou *Le Départ au travail* (1851-1853, Cincinnati Art Museum), transforme une scène rustique banale comme *La Mort du cochon* (collection particulière) en une bouleversante tragédie. « Il faut faire servir le trivial à l'expression du sublime » disait Millet, mais ce qui chez d'autres serait trivial a chez lui les dimensions du sacré.

Symboles et réalités des écoles allemandes

Avant que le réalisme ne se répande en Allemagne, surtout sous l'influence de Courbet, l'académisme avait établi des places fortes à Düsseldorf et Munich où l'inspiration

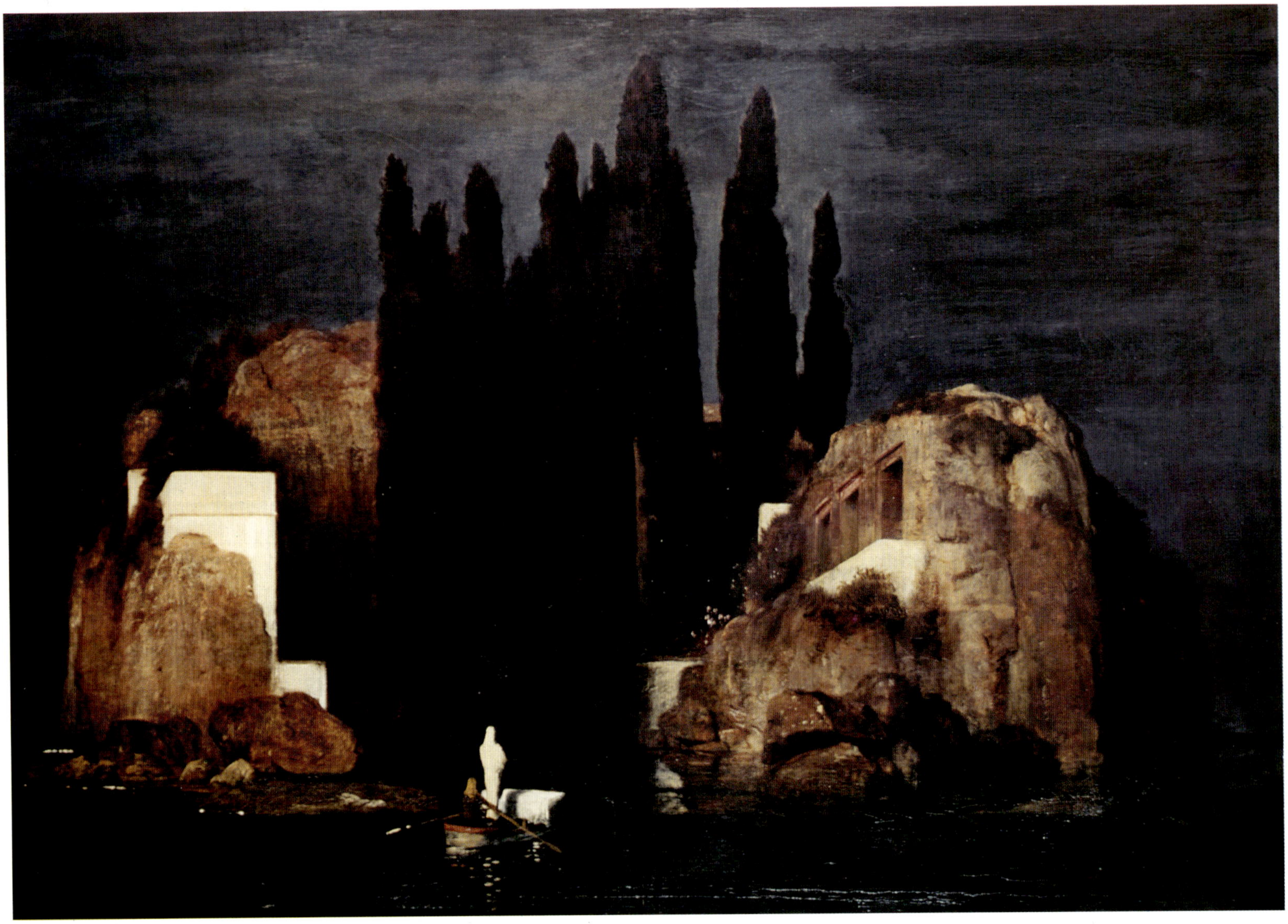

Arnold Böcklin. *L'île des morts.* 1880. Kunstmuseum, Bâle.

nazaréenne domine. La renommée de l'école du Düsseldorf fut considérable, sa période la plus florissante se situe entre 1830 et 1848 où sa spiritualité nourrie de passéisme, alimentée de rêveries humanitaires et sociales, attira des élèves venus de tous les coins de l'Europe.

Elle comporta peu de personnalités originales, hormis Wilhelm von Schadow fondateur de l'école, fidèle à l'esthétique nazaréenne, et Alfred Rethel son continuateur.

Rethel se montra ambitieux, mais trop appliqué, dans ses *Scènes de la vie de Charlemagne* peintes à l'hôtel-de-ville d'Aix-la-Chapelle (1847), mais ses dessins et gravures sur bois reflètent un talent vigoureux et pathétique où Focillon trouvait « quelque chose de dépouillé et de majestueusement funèbre ».

L'académisme historiciste était également pratiqué à Munich dont le rayonnement, sans être aussi étendu que celui de l'école de Düsseldorf, fut grand ; il atteignit Vienne où la vie artistique était intense. On a donné le nom de "style Biedermeier [7)]" à la culture bourgeoise qui s'y développa de 1815 à la révolution de 48 après le romantisme ; il se manifesta par des évocations sensibles de la nature et une peinture de genre et d'histoire spécifiquement viennoise à la fois lyrique et précise. Son meilleur représentant fut F.G. Waldmüller également apprécié pour ses portraits, l'un des genres préférés de ses compatriotes.

Anselm Feuerbach, qui passait à Düsseldorf pour le plus doué des élèves de Schadow, est l'un des premiers représentants, bien que grand voyageur, de l'école de Munich où se côtoient Hans von Marées, Böcklin et Menzel. Von Marées use d'habiles effets de clair-obscur dans ses évocations mi-réalistes mi-visionnaires ; Böcklin, précurseur du symbolisme, exécuta d'abord des compositions animées de faunes et de bacchantes qui lui valurent de grands succès dans la société munichoise, avant d'aborder une expression plus intellectuelle dont la puissance d'émotion fait oublier les artifices ; ceux notamment de ses fameuses *Ile des Morts* dont il fit, à partir de 1880, cinq versions à la théâtralité un peu factice. Longtemps oublié, et même méprisé, il a retrouvé aujourd'hui sa place dans la peinture allemande du siècle dernier où il apparaît comme une personnalité singulière, hantée de fantasmes, obsédée par la mort, enfermée sur des mondes de secrets et d'angoisses.

La plupart des artistes allemands vont étudier à Paris ou à Rome. Courbet expose à Francfort en 1852 l'*Enterrement à*

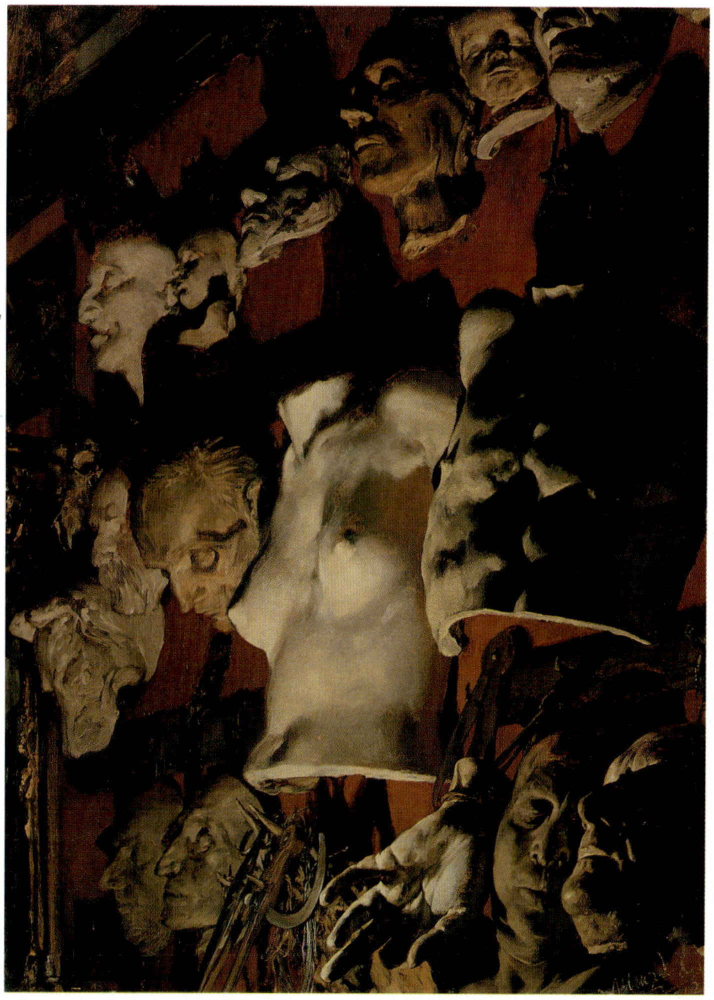

Adolphe von Menzel. *Mur d'atelier.* 1872. Kunsthalle, Hambourg.

Ornans, et en 1858, où il séjourne dans cette ville, *Les Cribleurs de blé* et *La Curée.* En 1869, il est à Munich, il encourage le jeune Wilhelm Leibl à se rendre à Paris où son séjour sera écourté par la guerre. Ce réaliste sobre mais froid n'oubliera pas les leçons du maître français, mais cuirasse son émotion d'une austérité un peu âpre ; il réunit à Munich un groupe d'artistes attirés par le naturalisme dont il est en Allemagne l'un des meilleurs représentants.

Ni l'académisme, ni le romantisme n'avaient détourné ce courant, il s'impose à Berlin avec Adolphe von Menzel qui exprime un sens profond de la réalité où son acuité d'observation parfois méticuleuse, proche de celle de Meissonier dont il fut l'ami, est nourrie d'un amour de la nature, de la lumière et de la couleur fort heureusement issu de Courbet. C'est à lui, et à Daumier, qu'il doit la vivacité de la main, la profondeur de la matière, et l'art de modeler les masses à partir des contrastes d'ombre et de lumière. *Le Bain des Nymphes au Zwinger de Dresde* (1850, Kunsthalle, Hambourg), *Le Théâtre du Gymnase* (1856, Staatliches Museum Berlin), *Le Souffleur de verre,* (vers 1860-1865, collection particulière, Schweinfurt) sont des œuvres fortes ; l'éclairage en répartit les volumes ou les scuplte, comme dans l'étonnant *Mur d'atelier* (1872, Kunsthalle, Hambourg). Son réalisme visionnaire contient des intentions symboliques d'une singulière intensité expressive.

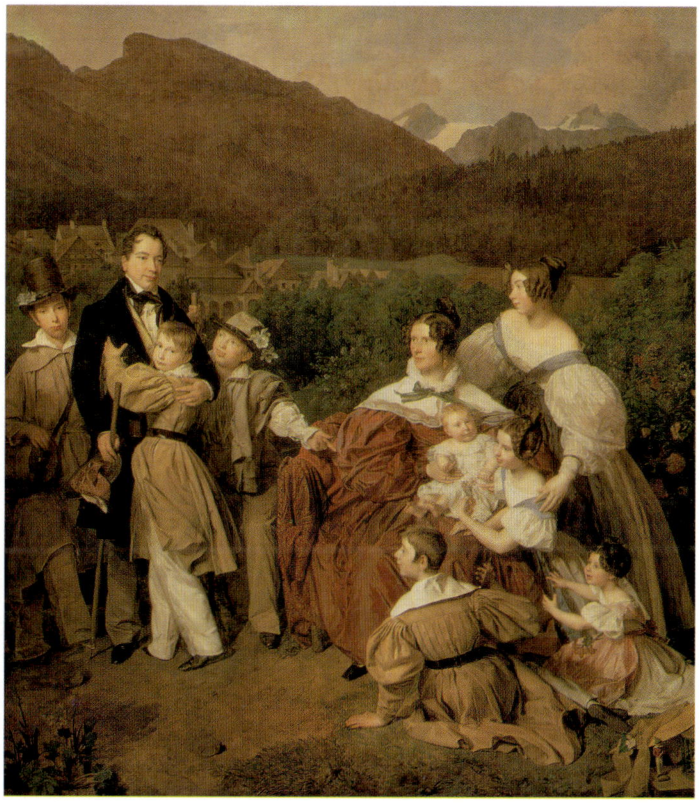

F.G. Waldmüller. *La famille Eltz à Ischl.* Osterreichische Gallerie, Vienne.

Le "style Makart" ou le baroque fin de siècle

La gloire de Franz von Lenbach, portraitiste officiel et mondain adulé, nous paraît bien excessive aujourd'hui. Cet éclectique, au métier assuré, n'est pas dépourvu dans ses portraits fameux de curiosité psychologique (Wagner, Liszt, Bismarck) ; il manie une pâte onctueuse, à coups de pinceau rapides et précis, joue des effets d'éclairage, mais n'est que cela : un habile virtuose.

L'Autrichien Hans Makart, son ami, fit servir des dons non moins extérieurs et débordants d'artifices, à de gigantesques compositions historiques et allégoriques, inspirées de Rubens et des Vénitiens, où la somptuosité des couleurs et l'agencement des formes aux saisissants effets illusionnistes n'aboutissent qu'à des reconstitutions superficielles de parades costumées.

Ces toiles à grand spectacle lui valurent, ainsi que ses nombreux portraits féminins, une réputation énorme, et sa vogue toucha même la mode et la décoration des appartements. Elle atteignit son sommet avec les décors et les défilés costumés qu'il organisa, sur ses propres maquettes, pour les noces d'argent du couple impérial dans la capitale autrichienne en 1879.

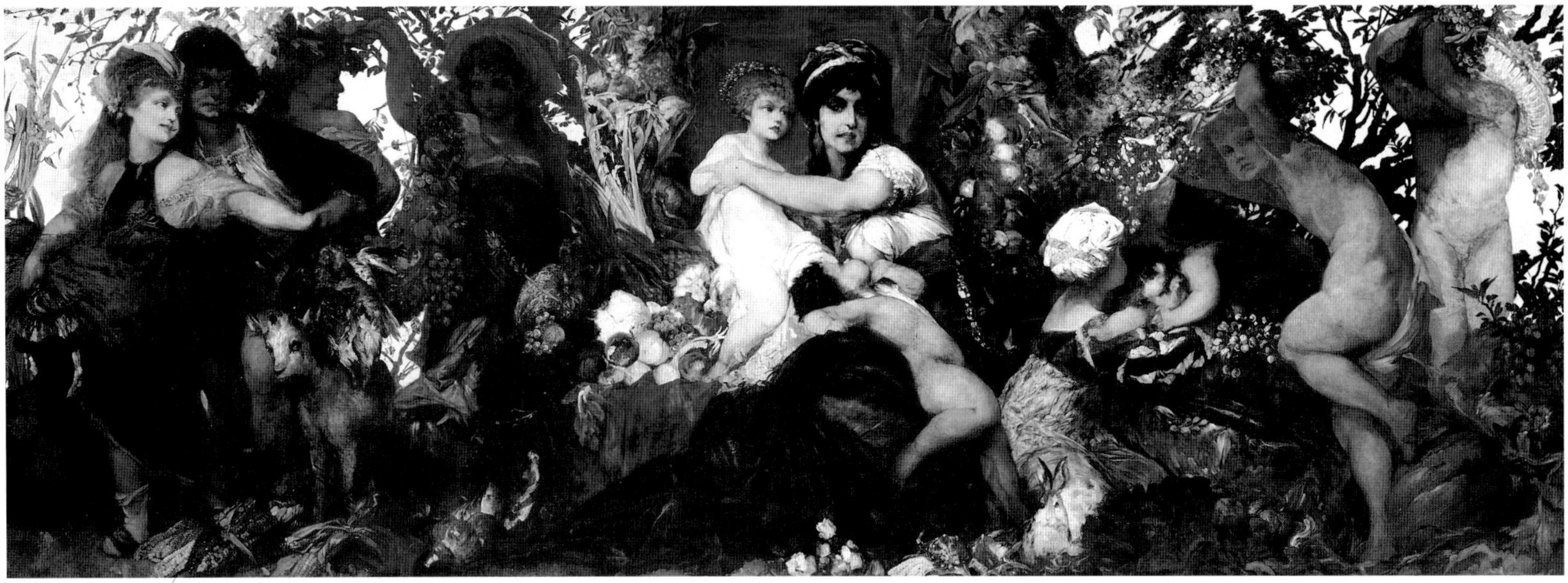

Hans Makart. *Abundantia : les dons de la terre.* 1870. Musée d'Orsay, Paris.

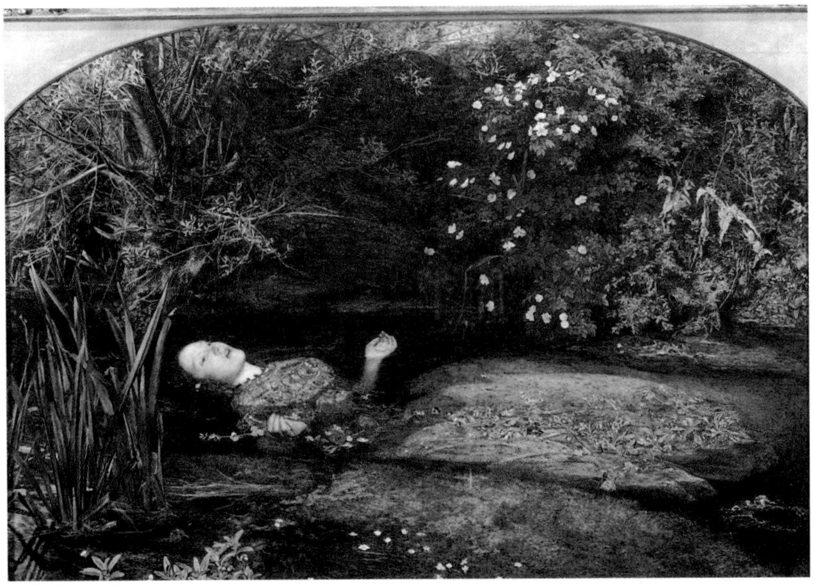

John Everett Millais. *Ophélie.* 1852. Tate Gallery, Londres.

Le "style Makart" fascina Vienne et se répandit dans toute l'Europe centrale ; il correspond à l'apogée de l'Empire dont il apparaît comme le dernier éclat triomphal et baroque avant son crépuscule "fin de siècle".

Josef Manes, père spirituel de l'école tchèque moderne, se nourrit d'abord des tendances contradictoires rencontrées dans sa jeunesse à Munich, mais la crise européenne de 48 le ramena à ses origines, la vie quotidienne et l'histoire nationale où il n'oublie pas les leçons de ses maîtres Titien et Rubens.

Malgré l'attrait de Paris, l'influence de Courbet et des théories naturalistes, l'académisme conservait ses places fortes, il s'opposait à plusieurs autres courants, l'idéalisme hérité du romantisme et un réalisme méticuleux soucieux du "métier". La diversité des références dominera longtemps la peinture germanique, et de nombreux artistes ne verront guère d'inconvénients à confronter les leçons ou les exemples de Courbet, de Daumier et de Meissonier, et même à les mélanger. La dispersion des centres d'arts, Düsseldorf, Munich, Berlin, contribuera également à l'absence de cohésion de l'art allemand au XIXe siècle.

Les préraphaélites, pionniers de l'art moral

Aucun art en ce siècle n'a d'ailleurs suivi de progression logique, il est balisé d'accidents, de chemins de traverse, de parcours buissonniers. Les historiens les ont longtemps négligés parce que, justement, ces péripéties dérangeaient leur démonstration fondée sur la continuité des courants ou des écoles. L'une des caractéristiques du XIXe siècle réside dans la contemporanéité de mouvements opposés et même contradictoires ; l'un d'eux, contemporain du réalisme de Courbet et de Millet comme du symbolisme visionnaire germanique, le préraphaélisme anglais, présente cette particularité d'user d'une technique académique, et même franchement "pompier", et d'être également un mouvement dont l'influence reste indéniable.

En 1820 Constable avait déclaré : « Dans trente ans l'art anglais aura vécu ! » Peu avant l'achèvement de cette période les préraphaélites relevèrent le défi ; c'est en effet en 1848 que plusieurs jeunes peintres, John Everett Millais, Dante Gabriel Rossetti, William Holman Hunt, le sculpteur Thomas Woolner, auxquels se joignirent plus tard William Morris et Edward Burne-Jones, se groupèrent afin de rénover l'art à partir d'une étude et d'une compréhension de la nature inspirées des primitifs. Leur animateur, Ford Madox Brown, était revenu en 1845 d'un voyage sur le continent, enthousiasmé par les primitifs flamands et bien résolu à se démarquer du courant réaliste français ; leur théoricien et porte-parole, Ruskin, confirma les convictions de ces jeunes artistes qui partageaient l'esprit communautaire, l'ardeur religieuse et les goûts primitivistes des Nazaréens.

Des esthètes raffinés, isolés dans leur croyance, admirateurs de la nature qu'étaient les préraphaélites, Ruskin fit des contestataires de la société industrielle, alors en pleine progression, à laquelle ils opposaient un art tout de poésie, de détachement social et de rêve. Leur ambition, peindre « les idées et non les choses », l'assurance que l'esthétique ne pouvait servir à autre chose qu'à une finalité morale, fait de ces romantiques attardés et de ces symbolistes avant la lettre, des marginaux. Eux se disaient des voyants ; leur naturalisme lyrique s'affirma dans des déclarations qui nous paraissent bien ridicules aujourd'hui, et des oeuvres dont la pauvreté plastique est assez consternante.

Aucun des préraphaélites ne fut un grand peintre malgré la gloire que certains connurent ; si plusieurs de leurs œuvres nous retiennent comme l'*Ecce Ancilla Domini* (1849-1850, Tate Gallery, Londres) ou *Beata Beatrix* (1864-1870, Tate Gallery, Londres) de Rossetti, *La Mort d'Ophélie* (1851-1852, Tate Gallery, Londres) de Millais, *L' Escalier d'or* (1876-1880) et *La Roue de la Fortune* (1875-1883, musée d'Orsay, Paris) de Burne-Jones, dont l'œuvre est d'ailleurs postérieure au préraphaélisme, c'est surtout pour leur raffinement minutieux, leur préciosité anachronique, ou leur pittoresque. Néanmoins la place du préraphaélisme dans la peinture du XIXe siècle ne saurait être négligée.

Il constitue une étape importante dans ce que l'on a appelé l'"art moral" qui trouve son répondant en Allemagne chez Böcklin, et plus tard en France chez Gustave Moreau, Puvis de Chavannes ou Maurice Denis. Mallarmé, Huysmans, Robert de Montesquiou, Paul Bourget, Jean Lorrain s'intéressèrent au préraphaélisme que vulgarisa, à la fin du siècle en Angleterre, l'esthétisme décadent d'Oscar Wilde.

Les préraphaélites furent les premiers artistes à se préoccuper des arts décoratifs. Burne-Jones joua un rôle de premier plan dans ce domaine en relations étroites avec son ami William Morris. Ensemble ils fondèrent, en 1861 à Londres, la firme "Arts and Crafts" pour la création et la production d'objets d'art ménager, à laquelle s'associèrent entre autres Rossetti et Ford Madox Brown. Cette firme eut une influence considérable sur les arts décoratifs et le décor de la vie, mais également sur l'architecture, non seulement en Angleterre mais sur le continent. C'étaient, pour la première fois, des artistes et non des artisans qui les produisaient.

Réalisme, romantisme et paysagisme belges

En Belgique, indépendante en 1830, l'art français exerce une influence prépondérante ; le classicisme est présenté par Jean-François Navez, élève de David dès 1813, qui à Rome se lie avec Ingres et devient le porte-drapeau de l'école classique avec des œuvres très influencées par la tradition flamande ou d'un néo-classicisme tardif. Mais ce sont les portraits qui constituent le meilleur de son œuvre, ils représentent avec sensibilité et probité la bourgeoisie de son temps.

Le romantisme est également d'inspiration française. Ses thèmes littéraires et héroïques liés à la révolution de 1830 trouvent dans les leçons de Rubens une fougue baroque en accord avec leur emportement libérateur. « Vive la Belgique et vive Rubens! » crient les révoltés des journées d'août ; mais malgré ce parrainage l'académisme domine. C'est dans le paysage et le portrait que se développe un art plus caractéristique de la nouvelle école belge proche de la nature, appréciant les sentiments familiers et les coloris frais.

Celui que l'on a appelé « le désespoir des critiques » ou « le cauchemar des historiens », bouscule ces nobles ordonnances ; plus romanesque que romantique Antoine Wiertz est par sa fièvre obsessionnelle, son pathétique délirant et farouche... et les formats gigantesques de ses œuvres, une anomalie dans la peinture belge du XIXe siècle. Son musée à Bruxelles donne la mesure de sa puissance où le monstrueux rejoint le ridicule ; voulant rivaliser avec Michel-Ange, Tintoret ou Rubens, il croit que les formes colossales feront de lui le colosse de la peinture qu'il rêve d'être.

Si *La Belle Rosine* (1847, musée Wiertz), cette superbe femme nue à la peau nacrée contemplant pensivement un squelette, exprime sa philosophie de la vie, ses compositions érotiques, visionnaires ou grimaçantes postérieures, atteignent au vertige par l'entassement et le grossissement.

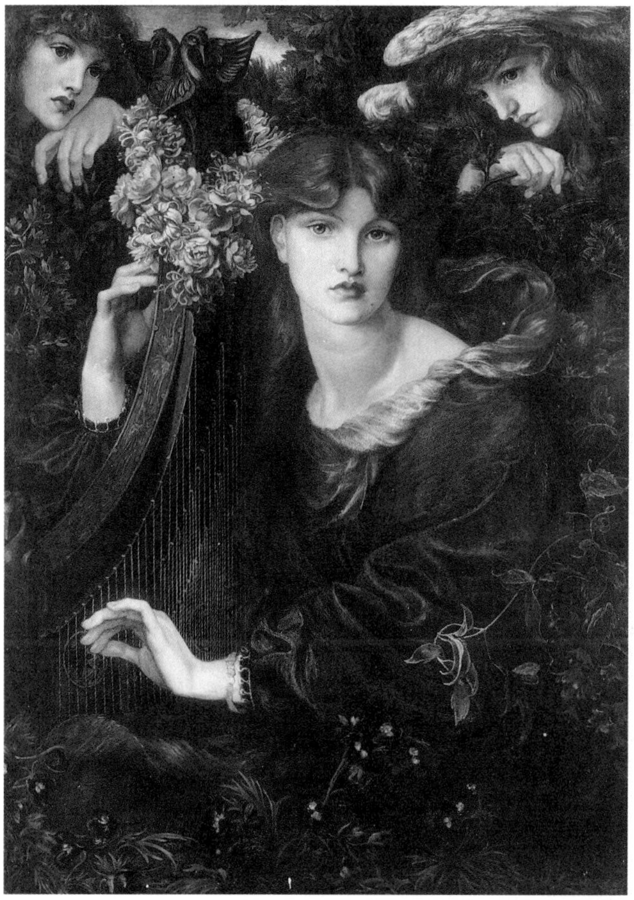

Dante Gabriel Rossetti. *La Ghirlandata.* 1873. Guildhall Art Gallery, Londres.

On ne saurait cependant pas réduire Wiertz à ces exhibitions de Grand Guignol ; ses œuvres de format moyen ou ses esquisses se situent dans la tradition de l'expressionnisme fantastique et ouvrent la voie au symbolisme et plus tard au surréalisme. Son compatriote Rops est son héritier direct.

Avec l'école de Tervueren on retrouve une sensibilité plus ordinaire. Comme la France eut son école de Barbizon la Belgique eut elle aussi, aux abords de la forêt de Soignes, entre 1860 et 1880, son groupe de peintres amoureux des forêts qui, d'ailleurs, ne se limitèrent pas à cette région. Ils plantèrent également leurs chevalets au-dessus des méandres encaissés de la Meuse, dans les vastes plaines de Flandre au ciel bas, devant les horizons de la Campine, ou au bord de la mer. Mais les peintres de Barbizon, ce hameau perdu de la forêt de Fontainebleau, refusaient les contraintes de la société et de l'argent, la vie trépidante de la capitale et la civilisation industrielle ; ce n'était pas le cas de ceux de Tervueren, en outre les paysages émouvants et pittoresques n'avaient pas la farouche grandeur des futaies bellifontaines.

Le Théodore Rousseau belge est Hippolyte Boulenger lui aussi passionné par la vie secrète des forêts (*L'Allée de charmes à Tervueren*, 1871, musée de Bruxelles) qui choisit ensuite les rives de la Meuse pour y étudier les différents effets de la lumière au pied de la falaise de Dinart. Mais Boulenger, mort à trente-six ans, ne put donner toute sa mesure de paysagiste généreux et ému.

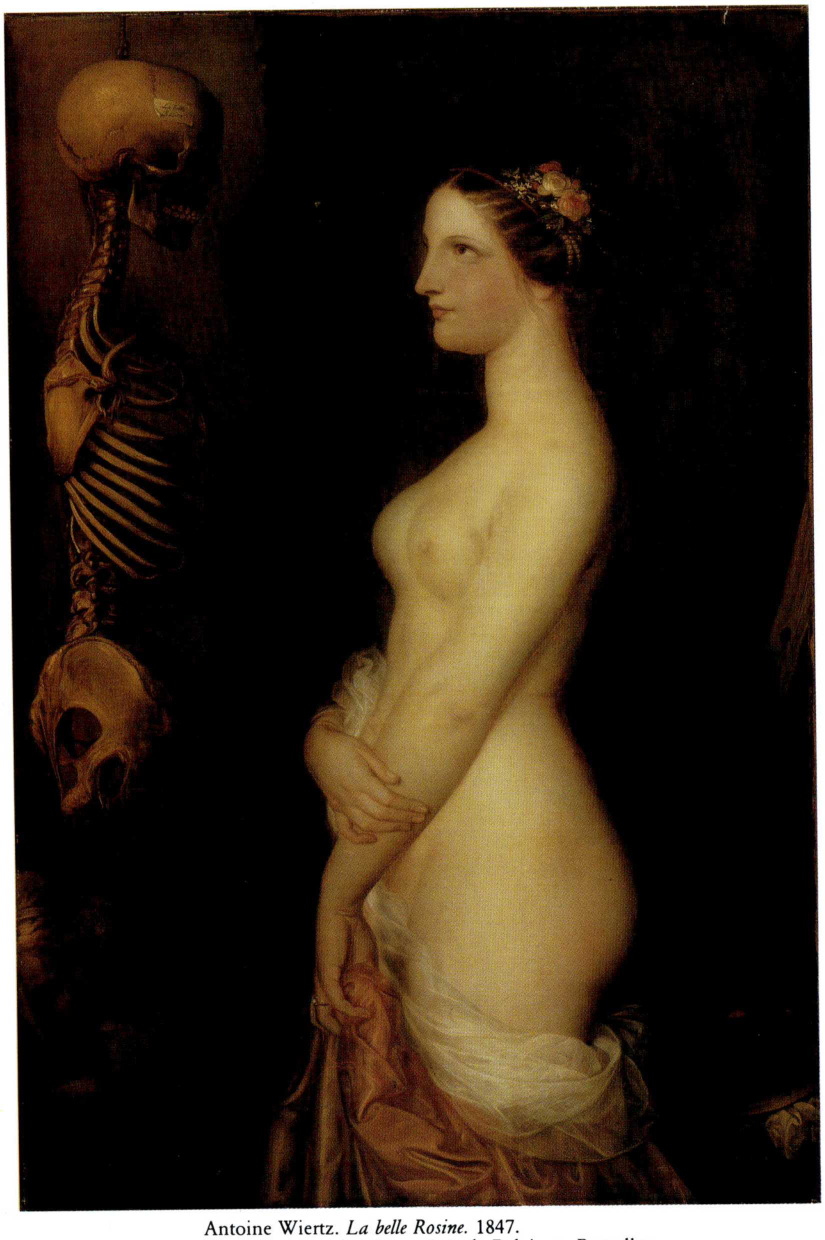

Antoine Wiertz. *La belle Rosine*. 1847.
Musées royaux des Beaux-Arts de Belgique, Bruxelles.

Le luminisme feutré de l'école de La Haye

Il serait hasardeux de regarder l'école de La Haye, telle qu'elle se constitua aux alentours des années 70, comme une résurgence du Siècle d'or ; c'est plutôt d'un retour aux sources qu'il s'agit, à une tradition du plein air qui avait beaucoup marqué le caractère néerlandais.

Des raisons différentes invitèrent de nombreux peintres à se rendre à La Haye, et à y renouer avec le goût du paysage et de la lumière qui avaient inspiré au XVIIe siècle Rembrandt, Van Goyen ou Ruysdaël. Depuis plusieurs années, vers 1850 environ, les artistes hollandais avaient abandonné les évocations romantiques pour une conception différente de la réalité où la nature occupait une place capitale ; nombreux étaient ceux qui se montraient sensibles à l'art de Corot, de Millet, et surtout de Daubigny, que la plupart considéraient comme les héritiers des pleinairistes de jadis.

Regarder leur pays, en connaître l'existence quotidienne, les genres de vie, les villes, ou les sites les plus caractéristiques, était l'ambition de ceux qui adhérèrent à la Société picturale de La Haye, le "Pulchri Studio", fondé en 1847 dont les représentants, exposant à l'Exposition universelle de Paris en 1867, inspirèrent au critique Thoré-Burger cette critique : « S'ils n'ont plus de grande peinture civique, comme au XVIIe siècle, les Hollandais ont toujours du moins le sentiment de la vie familière et l'amour de la terre. » Ces deux termes résument l'école de La Haye.

Héritière de la tradition luministe elle ne l'élargit pas à la mesure des conquêtes du XIXe siècle, elle reste fidèle aux contrastes d'ombre et de lumière feutrés, aux scènes de genre paisibles, aux intérieurs d'église. Privilégiant l'impression générale et l'atmosphère, les peintres de l'école de La Haye ne mettent guère l'accent sur le côté narratif.

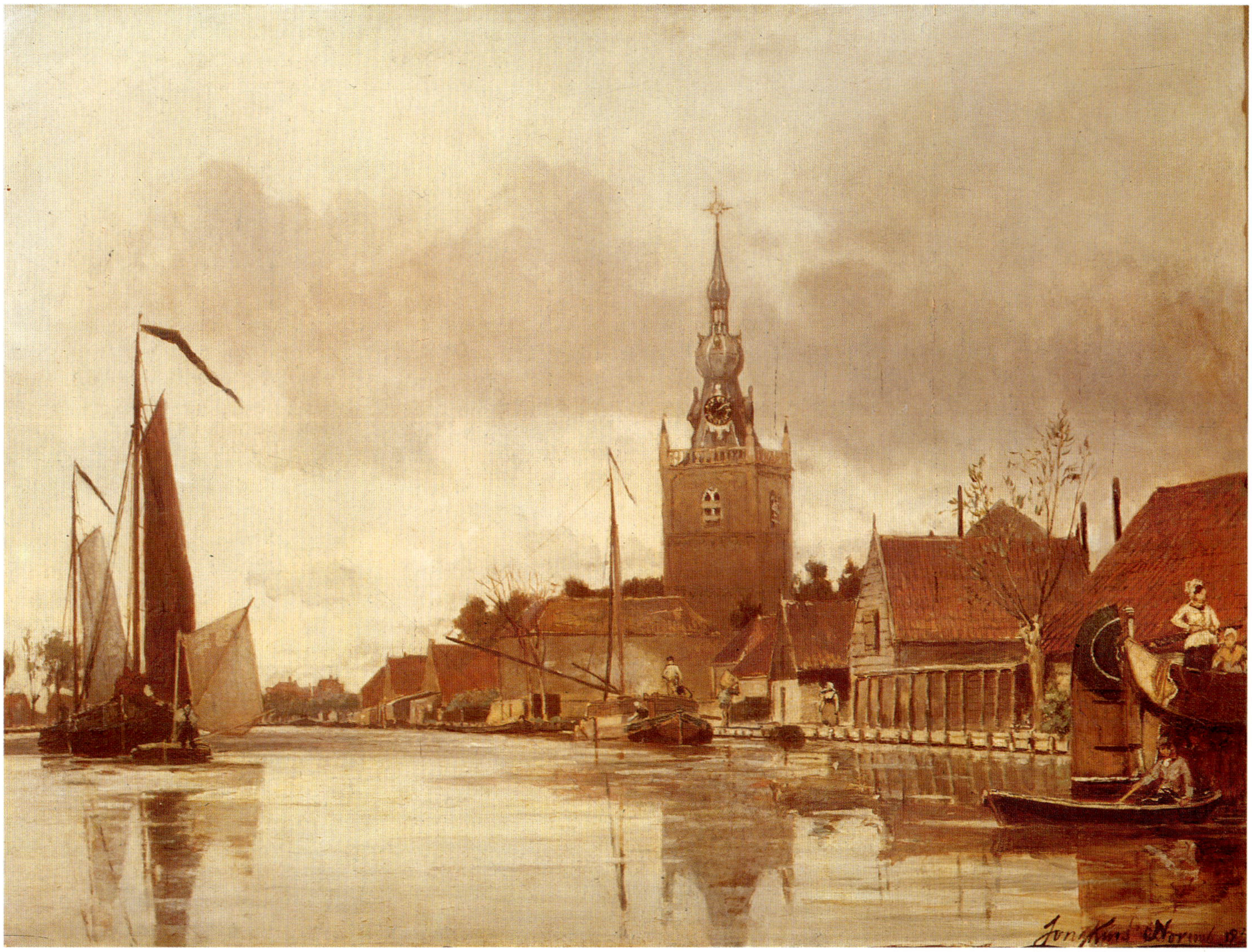

Johann-Barthold Jongkind. *Vue d'Overschie.* 1856. Musée de Douai.

Jozef Israëls, spécialiste de la vie des pêcheurs, Willem Roelofs, Anton Mauve chez qui van Gogh travaillera en 1881, et que les scènes hivernales inspirèrent, Hendrik Mesdag peintre de marines, Bernard Blommers le plus proche des maîtres du XVIIe siècle, Paul Gabriel, Albert Neuhuys, Jan Hendrik Weissenbruch dont les subtils effets de lumière firent la réputation, les trois frères Jacob, Matthijs et Willem Maris, comptent parmi les principaux représentants de l'école de La Haye.

Il faut mettre à part Johan Barthold Jongkind, non seulement parce qu'il eut une personnalité plus forte et plus originale, mais parce qu'il fit partie de ceux qui, au lieu d'être attirés par la Hollande, s'en éloignèrent ; arrivant à Paris en 1843 il s'y considéra comme un peintre français, et c'est sous ce qualificatif qu'il s'inscrivit à l'Exposition universelle de La Haye dans la section française. Il revint ensuite dans son pays natal où il demeura entre 1855 et 1860 peignant dans le style luministe de l'école de La Haye (*Vue d'Overschie,* 1865, musée de Douai).

De retour en France il travailla dans le Nivernais, mais surtout en Normandie, à Honfleur, où ses effets de lumière qui expriment l'aspect vibrant, changeant, de la nature, inspirèrent Monet ; le meilleur de son œuvre, ce sont, à partir de 1862, ses aquarelles d'une transparente fluidité de touche où Jongkind suggère, grâce à une technique qui lui est propre, l'instantanéité de ses sensations. Quand le critique Castagnary écrit des aquarelles exposées au Salon de 1863 : « Chez lui tout gît dans l'impression... », il rend compte involontairement de l'influence qu'il exercera sur l'impressionnisme.

Toutefois Jongkind ne participa pas aux expositions du groupe ; il termina sa vie nomade à la Côte-Saint-André en Dauphiné où il passa ses treize dernières années traversées de crises d'alcoolisme et de folie. Il y mourut en 1891. Ce peintre de l'atmosphère apporta à la peinture de paysage un élément qui la transforma, l'appréhension du plein air par la sensation et l'effusion.

Le provincialisme attardé des Macchiaioli

C'est un critique d'art italien qui, par dérision, donna le nom de *macchiaioli* à un groupe de peintres toscans des années 1860. Ce terme peut se traduire - difficilement - en français par "manipulateurs", ce qui n'est guère élégant, ou mieux "tachistes", qualificatif alors péjoratif. *Macchia* signifie touche ou marque de couleur, mais c'est aussi « une trace de saleté désagréable à voir »! Les *macchiaioli* ne furent pas mieux traités en Italie que quinze ans après les impressionnistes français avec lesquels ils ont des affinités : le goût de la sensation lumineuse, la couleur posée par touches inégales au maximum de son intensité, la révolte contre l'académisme.

Et également contre une bourgeoisie moyenne qui, comme de l'autre côté des Alpes, aspire à être davantage flattée par la peinture que troublée ; c'est d'ailleurs par l'intimisme bourgeois que le groupe de jeunes artistes qui se réunit au café Michelangiolo à Florence, ou sur les rivages ombreux de Castiglioncello tente de se faire un public. Comme il arrive généralement en Italie les discussions sur l'art sont tumultueuses et s'accompagnent de professions de foi non moins bruyantes en faveur du triomphe du libéralisme et de l'unification de l'Italie.

L'influence de Courbet et de Millet change leur optique ; si elle confirme leur goût du plein air elle accentue le contenu social de leurs œuvres. La technique évolue, les effets de clair-obscur dominent que le pinceau rehausse d'éclats, ou décompose en taches contrastées... Signorini est, dès 1854, l'un des premiers à affirmer, sous l'influence de Morelli qui revient d'un voyage à travers l'Europe, la vigueur de la touche ; il ne s'en révèle pas moins un observateur de la vie quotidienne à laquelle il donne parfois des résonances philosophiques ou sociales (*La Salle des agités à San Bonifacio*, 1865, Ca' Pesaro, Venise).

Progressivement ces implications intellectuelles vont disparaître pour faire place à la seule nature exprimée par la sensation directe, le choc visuel. Les objets, les lieux, les figures, sont les uniques sujets, avec la lumière, des toiles de Giovanni Fattori et de ses amis. Le tableau devient de plus en plus petit, l'exécution de plus en plus rapide, l'impression lumineuse domine, qui donne son véritable sens à la *macchia*, la tache.

Fattori, cultivé mais modeste, n'avait pas l'étoffe d'un chef d'école, mais il se révéla dans ses petits formats souvent étirés en longueur, le plus ardent et le plus fervent des *macchiaioli*. *La Rotonde des bains Palmieri* (1866, Galerie d'Art moderne, Florence) est une remarquable synthèse de son art raffiné au lyrisme discret où les taches de couleur sont rapprochées par masses libérées de tous détails superflus.

Silvestro Lega est lui aussi inspiré par des scènes de la vie quotidienne ; son intimisme pleinairiste est surtout traité avec des tons feutrés et sourds (*La Tonnelle*, 1868, musée Brera, Milan). Raffaello Sernesi (*Les Toits au soleil*, 1862, Galerie d'Art moderne, Rome) Vito D'Ancona, le Napolitain Giuseppe Abbati, apportèrent eux aussi un souffle d'air nouveau à la peinture italienne ; mais est-ce l'étroitesse de leur provincialisme, le manque d'audace, la crainte de heurter un public encore mal acquis à leur technique synthétique comme à leurs sujets contestataires ou revendicatifs, les *macchiaioli* se limitèrent toujours au strict réalisme.

Ils n'apprécièrent guère les impressionnistes pourtant proches d'eux, mais qui allèrent beaucoup plus loin dans le rendu de la vision à travers les problèmes de la lumière. Ces réticences, qui pour certains, Fattori notamment, allèrent jusqu'à l'hostilité déclarée, s'expliquent par leur fidélité au passé, à la tradition d'un pays auquel ils étaient profondément attachés. Mais faut-il suivre André Chastel lorsqu'il écrit que « les *macchiaioli* représentent l'un des derniers épisodes authentiques de résistance à l'ivresse de la modernité » ?

Le réalisme russe, des Ambulants à Vroubel

Académisme et romantisme cohabitèrent en Russie ; deux peintres de notoriété égale illustrèrent cette période, Karl Pavlovitch Brullov, d'origine française, dont l'œuvre grandiloquente et pathétique fut regardée comme une renaissance de la peinture, et Alexandre Andreïvitch Ivanov. Celui-ci influencé par les Nazaréens ne parvint guère à mêler l'idéal de pureté qui l'inspirait et la vérité objective qu'il recherchait non moins passionnément. Il avait mis tous ses efforts dans *L'Apparition du Christ au peuple* (1833, Musée russe, Leningrad) son œuvre maîtresse, mais cette composition trop méditée fut un échec.

Aucun de ces deux artistes n'eut de continuateurs, ni de disciples ; leurs grandes œuvres furent révélées trop tard pour avoir une influence sur la génération qui suivit, celle des "Ambulants". Romantisme et idéalisme sont indifférents aux peintres qui commencent à se manifester dans les années 60, et se montrent particulièrement sensibles à la misère du peuple, aux revendications sociales (le servage n'a été aboli qu'en 1861!) et nationales.

Leur premier geste d'indépendance fut de refuser les privilèges de l'Académie de Saint-Pétersbourg. La création à Moscou d'une école de Peinture et de Sculpture, dépendant mais en réalité opposée à la tyrannique institution de la capitale, le refus des sujets de concours, mirent le feu aux poudres ; les dissidents se groupèrent en 1870 en une société des Expositions ambulantes où s'agrégèrent toutes les jeunes forces de la peinture. Vingt ans durant elle dominera l'art russe.

Les Ambulants ne sont pas de grands peintres mais ils ont la foi ; si l'on a pu parler de réalisme mystique c'est qu'ils sont attachés à la terre russe, à ses traditions, et qu'ils manifestent à l'égard de l'art une ferveur religieuse. Si leur technique est pauvre c'est qu'ils la désirent la plus proche possible de la réalité, pour que les sujets - scènes de genre, composi-

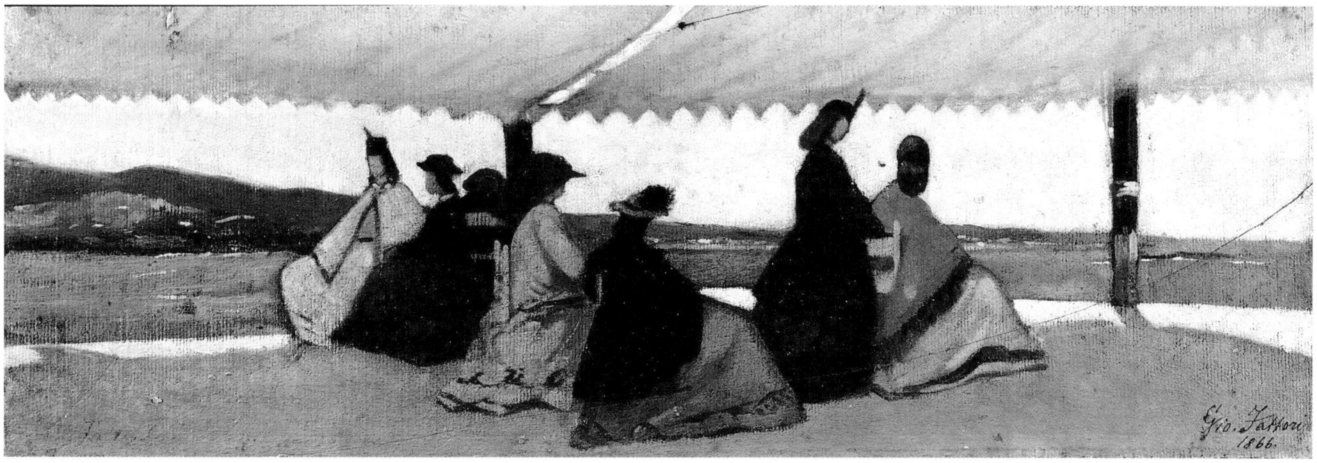

Giovanni Fattori. *La rotonde des bains Palmieri.* 1866. Galerie d'Art moderne, Florence.

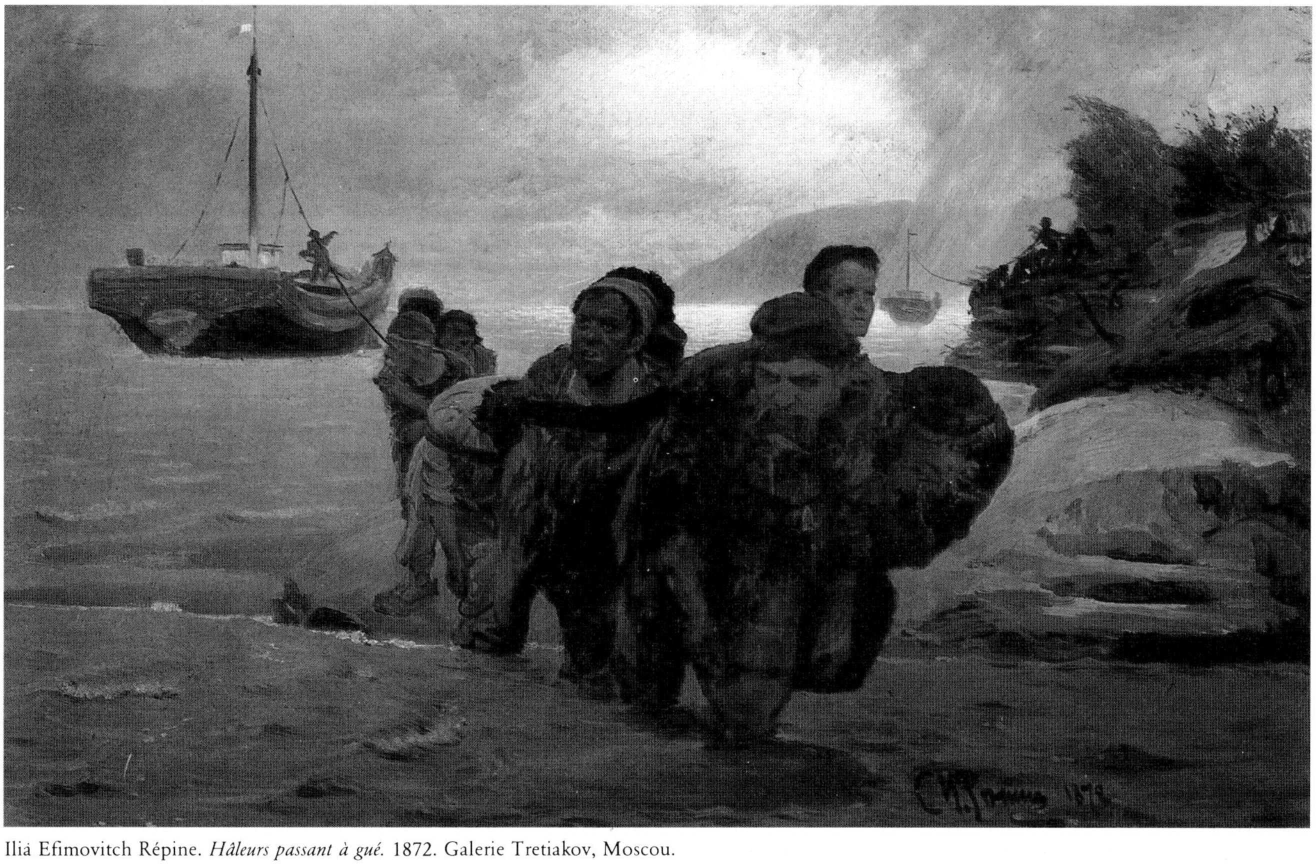

Ilia Efimovitch Répine. *Hâleurs passant à gué.* 1872. Galerie Tretiakov, Moscou.

tions religieuses ou historiques, paysages - marqués des mêmes sentiments édifiants ou moralisants, soient "lus" et compris par tout le monde.

Les Ambulants se déclarèrent dans l'ensemble hostiles à l'art français, de Delacroix aux impressionnistes, dont ils jugeaient l'influence néfaste. Répine domine de haut cette cohorte de talents inégaux par son humanité robuste et son souffle large ; il a le sens de la terre, de la lumière et sculpte comme des blocs ses *Hâleurs de la Volga* (1870, Musée russe, Leningrad) sa toile la plus célèbre, dans la clarté humide du fleuve.

A la fin du siècle apparaît la forte personnalité de Vroubel.

D'abord influencé par Répine, puis passionné par la peinture byzantine, de tempérament instable et nerveux, ce peintre dont l'imagination fantastique atteignait au délire, créa une œuvre singulière où les formes paraissent emportées par un maelstrom de matières écailleuses aux raffinements de nacre, d'opale ou d'émaux. Son chef-d'œuvre, auquel il travailla des années, *Le Démon* (1902, Musée russe, Leningrad) marqua la fin d'une existence passionnée ; sujet à de terribles crises de dépression il dut être interné. Ce visionnaire mourut aveugle et à demi fou en 1910.

Le sculpteur constructiviste Gabo, son compatriote, qui comme nombre d'artistes russes, situait Vroubel parmi les pionniers d'avant-garde de la génération de Malévitch, déclara : « Son influence sur notre conscience visuelle a été aussi décisive que celle de Cézanne. »

Le réalisme américain : l'école de l'Hudson

Les Américains ont peu à peu appris à connaître leur territoire. Ce que l'on a appelé les « paysages du pionnier » est la prise de conscience d'une terre, d'un espace, d'une nation ; formés à Londres comme l'avaient été dans la seconde moitié du XVIIIe siècle, Benjamin West et John Singleton Copley, les jeunes peintres découvrent que l'enseignement académique, le culte du beau idéal et le respect d'une vérité picturale intemporelle, n'ont rien à voir avec la réalité, avec la vie. Pendant qu'ils apprenaient, sur les rives de la Tamise, un langage qui leur était étranger, l'Amérique dans le premier quart du XIXe siècle achevait sa formation territoriale et politique ; en 1823 le président Monroe formule la doctrine nationale à laquelle il laissera son nom, et que résume « l'Amérique aux Américains » !

La représentation du paysage apparaît comme la première manifestation de l'"américanéité" face aux influences étrangères, elle se concrétisa dans l'école de l'Hudson dont les sites grandioses étaient de ceux qui pouvaient le mieux stimuler l'âme nationale. Si le fondateur du groupe est Thomas Cole, qui s'établit en 1826 à Castkill, sur les bords du fleuve, le premier peintre américain à se consacrer entièrement au paysage fut Thomas Doughty, l'un des créateurs de l'école.

Celle-ci comporta de nombreux peintres parmi lesquels les plus représentatifs sont Asher Brown Durand, John Frederick Kensett, John William Casilear ; tous se déclarèrent hostiles aux ingérences européennes acceptant toutefois que leur maître commun fut un Français, mais du XVIIe siècle !, Claude Lorrain.

Les artistes de l'Hudson étaient des passionnés, ils ne cessèrent de célébrer avec une émotion grandissante les paysages qu'ils ressentaient comme la plus sublime, et la plus

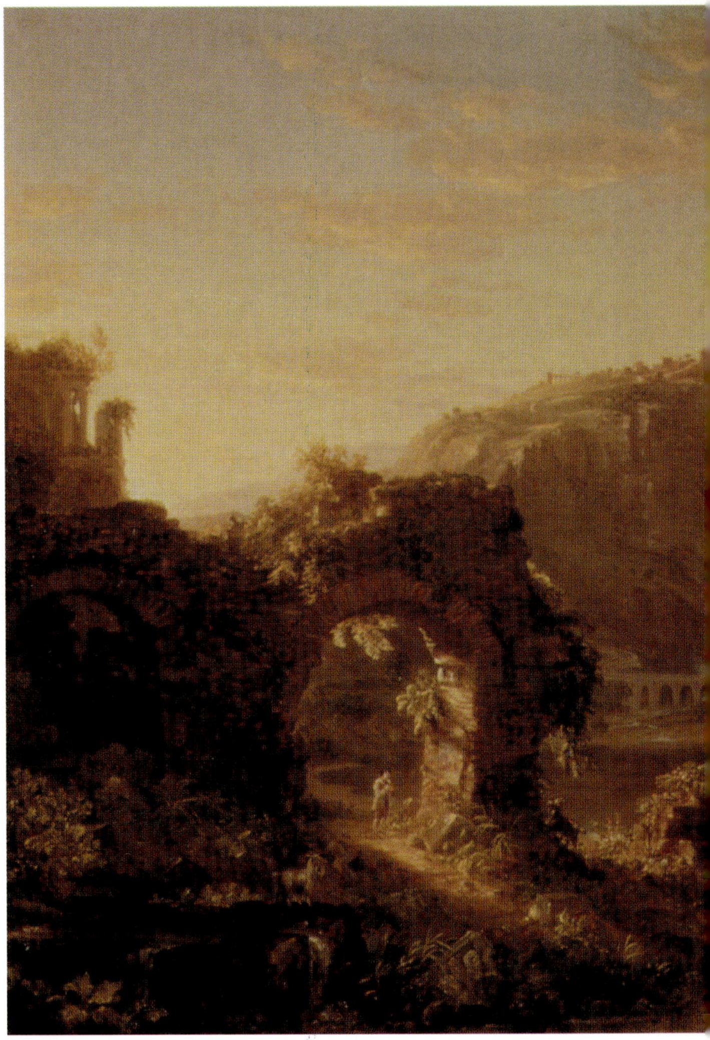

Thomas Cole. *L'Allegro.* 1845. Los Angeles County Museum of Art.

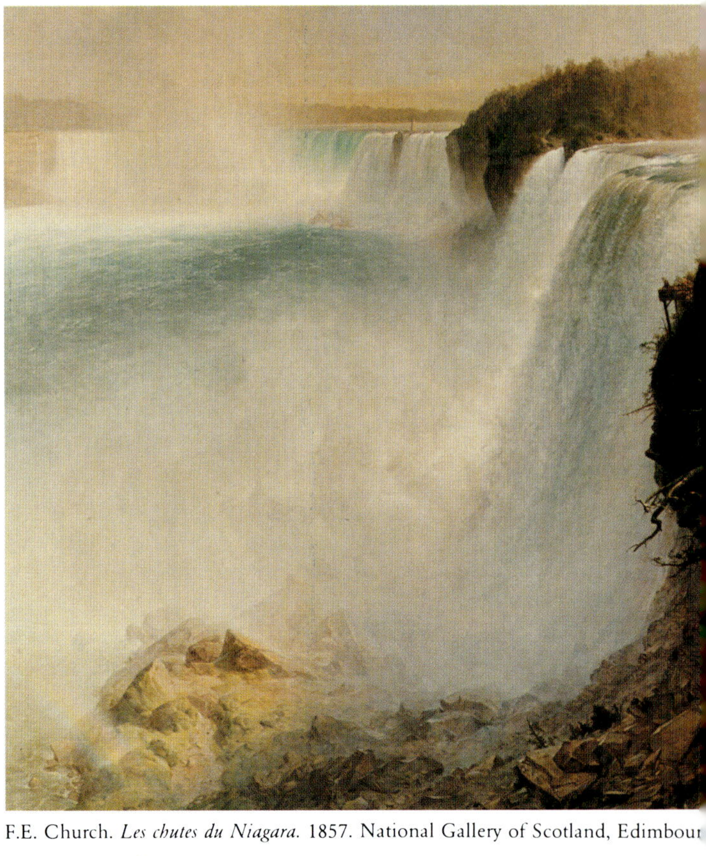

F.E. Church. *Les chutes du Niagara.* 1857. National Gallery of Scotland, Edimbour

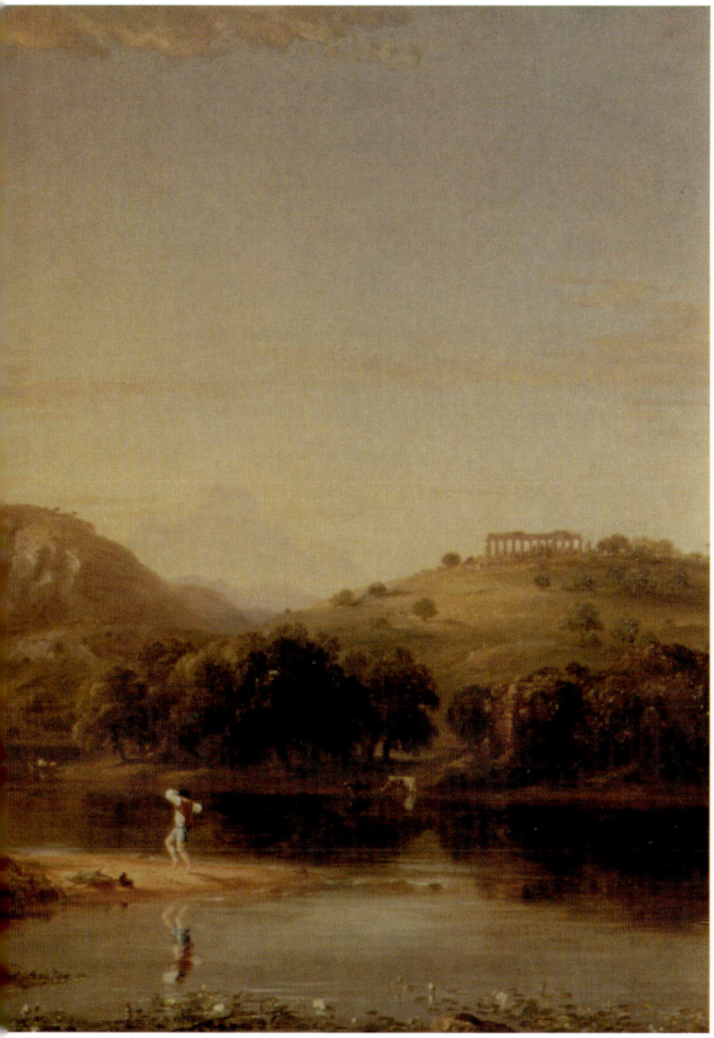

intacte, des créations divines. « Nous sommes encore au Paradis terrestre » déclarait Thomas Cole dont la peinture est l'expression directe de son exaltation, et c'est avec justesse qu'un critique a parlé à son sujet de « vision première et sauvage » (*Vue des Castkills au début de l'automne,* 1837, Metropolitan Museum of Art, New York). Ses voyages en Europe ne firent que renforcer chez Cole son désir de rehausser la peinture américaine de paysage, et de l'enrichir de symboles religieux et allégoriques ; ce qu'il fit dans les quatre toiles du *Voyage de la vie* (1839-1842, National Gallery of Art, Washington).

Ce symbolisme est particulièrement sensible chez Frederick-Edwin Church, qui appartient à la seconde génération des peintres de l'Hudson. Il courut le monde à la recherche de sites exceptionnels témoignant de la présence de Dieu dans la nature ; quand il représente, avec toute la fougue requise, les *Chutes du Niagara* (1857, Corcoran Gallery of Art, Washington) il veut montrer quel fabuleux cadeau le Créateur a fait à l'Amérique !

Il y a plus de simplicité et de vérité dans les vastes horizons tranquilles des marines de Fitz Hugh Lane dont la *Vue de la baie de Penobscot dans le Maine* (1862, musée de Boston) est baignée d'une clarté presque irréelle. Le luminisme délicat du *Coucher de soleil sur l'Hudson* (collection particulière) de Sanford R. Gifford, la nostalgie de Heade où le symbole le dispute au lyrisme, les scènes de la vie sur le Missouri de George Caleb Bingham sensible au pittoresque et à la couleur des bateliers et des marchands dans la brume et la solitude du grand Fleuve, sont autant de poèmes à la beauté de la nature. L'homme y paraît quelque peu dépassé, déphasé ; ce n'est qu'un acteur dans le monde vaste et enivrant de la création à laquelle il semble n'appartenir que comme comparse.

George Catlin et John James Audubon

Deux individualités originales se distinguent de cette Amérique panthéiste, George Catlin et John James Audubon. Le premier, élevé dans l'ouest de la Pennsylvanie, près de la frontière, eut très tôt le désir de se consacrer, après des débuts de portraitiste, à « sauver de l'oubli l'apparence et les costumes des races de l'indigène américain en train de disparaître ». Dès 1832 il entreprend de longues pérégrinations dans l'Ouest américain, vivant parmi les Indiens, apprenant leur langue, se familiarisant avec leurs mœurs et coutumes ; il exécuta ainsi de nombreux, et très précieux portraits de chefs indiens dont le superbe *Nuage blanc, chef des Iowas* (National Gallery of Art, Washington), et environ six cents

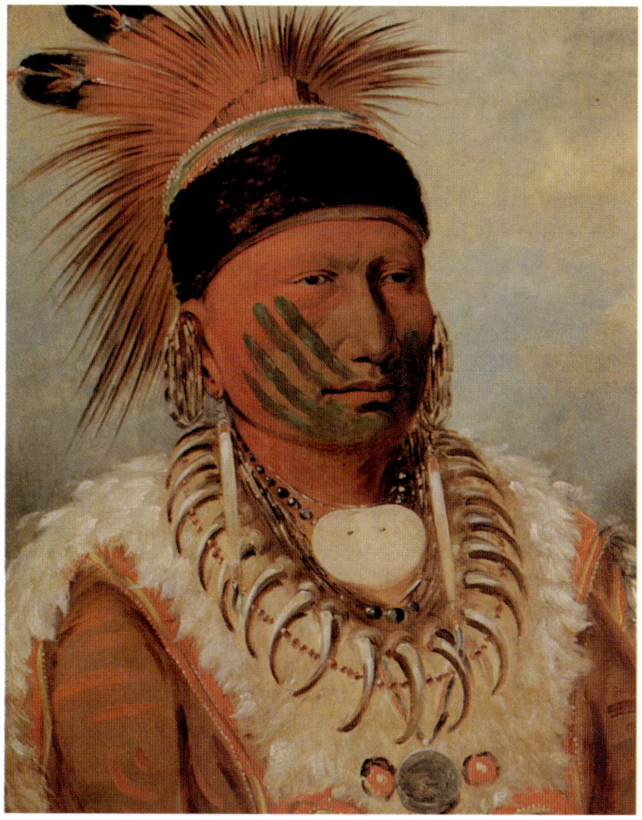

G. Cathin. *Nuage blanc, chef des Iowas.* National Gallery, Washington.

toiles et d'innombrables croquis illustrant la vie des tribus.

Sa réputation fut considérable, Catlin redonnait vie aux récits de Chateaubriand ou de Fenimore Cooper, il leur apportait un aliment supplémentaire de réalité et de rêve ; mais ce rêve était fondé sur des images vraies, des reportages objectifs. « Ces sauvages font comprendre la sculpture antique. Quant à la couleur elle a quelque chose de mystérieux qui me plaît plus que je ne saurais le dire » écrivait Baudelaire lorsque Catlin exposa ses portraits d'Indiens au Salon de Paris en 1846.

A la curiosité anthropologique de Catlin pour les Indiens répond celle de John James Audubon, trappeur et ornithologue, qui a dressé de merveilleux catalogues des oiseaux, et plus tard, voyageant sans cesse, des mammifères d'Amérique du Nord. Non seulement il rend très exactement leur aspect extérieur, mais leur caractère, leur mode de vie ; il met en scène, mêlant la précision scientifique et le pittoresque, cette faune dont il est le familier, avec un sens étonnant de sa réalité qu'il exprime avec autant de sympathie et d'émotion que Catlin devant les Indiens.

Y a-t-il une peinture américaine ?

Tandis que les peintres naturalistes américains poursuivaient l'inventaire de leur pays, contribuant ainsi à la formation d'une école nationale, une tradition se continuait, celle de la peinture populaire issue de ces étonnants "primitifs" de la fin du XVIIIe siècle attachés à exprimer, en autodidactes anonymes attendris et précis, la vie quotidienne.

Dans le deuxième quart du siècle suivant, cette forme d'art prit un soudain développement parmi les sectes allemandes de Pennsylvanie, et chez les Quakers. De nombreux artistes, également anonymes, et pour la plupart itinérants, s'attachèrent à représenter les beautés de la nature ou l'existence familiale provinciale, mais leurs œuvres ont souvent des intentions symboliques, et leur "naïveté" ajoute une force émotionnelle toute particulière à leurs œuvres.

Le seul à avoir un visage est Edward Hicks, qui vécut et travailla à Bucks County, dans la Pennsylvanie orientale ; il était pasteur quaker et sa peinture, des scènes de ferme ou de communautés agricoles, reflète sa foi. Son œuvre principale, *Le Royaume pacifique,* dont il fit une centaine de versions entre 1830 et 1846, illustre les thèmes préférés des artistes quakers, l'amitié entres les hommes, la paix et la fraternité universelles ; ainsi Hicks mettait-il sa prédication en images.

Même dépourvue d'intentions symboliques la peinture de genre qui, parallèlement à l'évocation des paysages, s'attachait à montrer la vie quotidienne de l'Amérique, était très appréciée. Si Bingham établit son domaine sur le Missouri, William Sidney Mount trouva dans Long Island, son pays natal, ses sources d'inspiration ; mais ses scènes paysannes évoluèrent vers la caricature, et firent de lui « le peintre comique de la vie américaine », ce qui lui valut d'énormes succès.

Paysages, scènes de genre, portraits, sujets historiques, prennent leur inspiration et leurs thèmes sur le sol et dans la vie quotidienne de l'Amérique, mais y a-t-il eu, entre 1800 et 1910, une peinture américaine ? C'est l'Europe qui lui donna son langage, et plusieurs artistes furent à ce point conscients de ce paradoxe qu'ils refusèrent comme Mount, de traverser l'Atlantique par crainte d'être influencés par « la splendeur de l'art européen ». Les admirateurs de Thomas Cole le dissuadèrent de s'embarquer pour le Vieux Monde afin de préserver son identité.

L'originalité de Cole, comme celle de Church, de Bingham ou de Mount, ne résidait que dans leurs sujets, ils composaient leurs tableaux selon les archétypes européens, tel Claude Lorrain que l'Europe n'admirait plus depuis longtemps qu'au musée, ou les Hollandais du Siècle d'or, les *vedute* vénitiennes du XVIIIe siècle, ou les œuvres romantiques anglaises contemporaines. C'est au milieu du XIXe siècle que Paris avait commencé à attirer les Américains ; certains furent de véritables artistes itinérants allant de Paris à Düsseldorf, ou de Venise à Rome dans la tradition déjà ancienne du "Grand Tour". A Paris leurs professeurs furent surtout les "chers maîtres" académiques ; le respect du passé les empêcha de regarder le présent, aussi les Américains n'adoptèrent-ils l'impressionnisme que vers 1890 alors qu'il était en train de disparaître. Whistler, ami de Manet et de Courbet, Mary Cassatt, proche de Degas, font exception.

Cet attachement à des formules dépassées n'aura pourtant pas que de mauvais résultats ; il permettra aux peintres

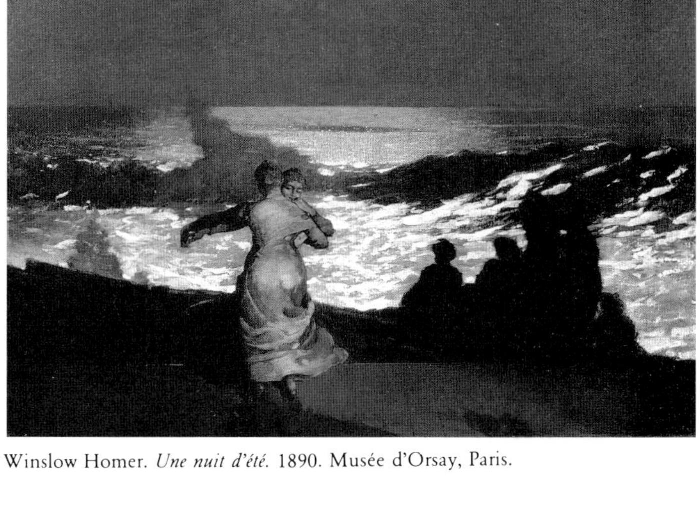

Winslow Homer. *Une nuit d'été.* 1890. Musée d'Orsay, Paris.

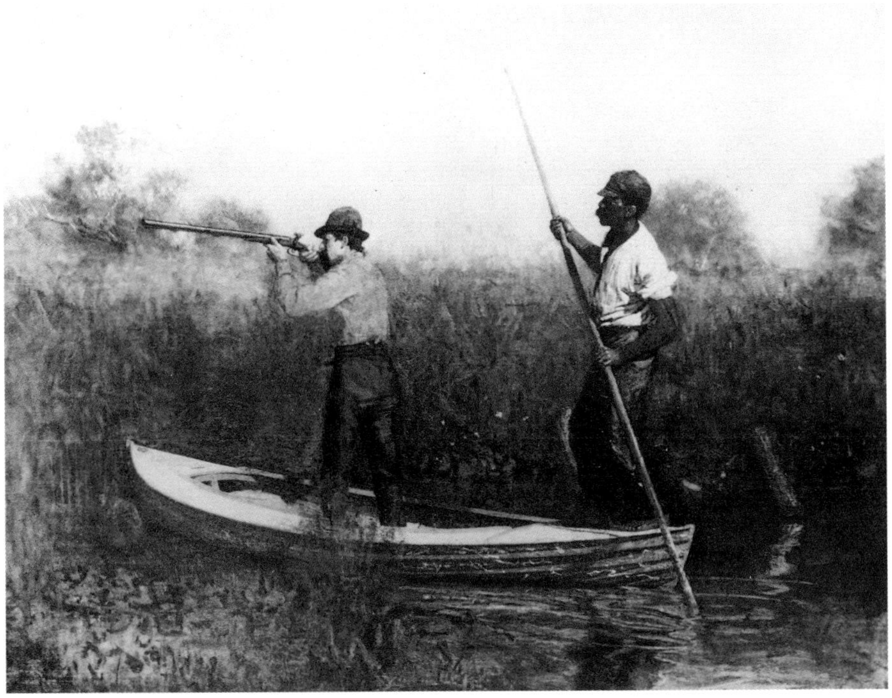

Thomas Eakins.
Will Schuster et un Noir allant tirer le râle. 1876.
Yale University Art Gallery,
New Haven, legs Stephen Carlton Clark.

de préserver une vision anachronique certes, mais très particulière, des rapports de l'homme, créature fragile, avec son environnement grandiose et démesuré. Ce qu'il y a de spécifiquement américain dans la peinture de ce vaste territoire c'est cet affrontement, sensible chez Church, chez Bingham, et plus encore chez Homer, de l'individu et de l'espace.

Le tragique et le mystère : Winslow Homer

L'œuvre de Winslow Homer est, surtout dans la seconde partie de sa vie, liée à une vision pessimiste de l'univers ; l'homme y est sans cesse aux prises avec son environnement dramatique. Homer séjourna à Paris, qui fut sans influence sur lui, en 1866-1867, et de retour aux Etats-Unis exécuta une peinture illustrant dans une optique hédoniste la vie américaine ; c'est à partir de 1873 qu'il fit ses premières aquarelles, désormais son moyen d'expression. Son installation dans un village de pêcheurs anglais de la mer du Nord, puis à Prout's Neck, petite commune isolée du Maine, constituent les deux principales étapes de son renoncement à toute vie sociale ; c'est en solitaire que Homer vivra désormais, explorant tous les aspects de sa vision obsessionnelle du monde.

La Corne de brume (1876, musée de Boston), *Gulf Stream* (1899, Metropolitan Museum of Art, New York) en sont deux émouvants témoignages ; mais son œuvre la plus impressionnante, qui représente un couple dansant au bord d'une mer déchaînée, *Une Nuit d'été* (1890, musée d'Orsay, Paris) est aussi la plus énigmatique ; le mélange de tragique et de rêve, le contraste entre le couple tendrement enlacé dans l'enchantement de la musique et les houles furieuses des vagues contiennent des significations qui nous échappent. Est-ce l'amour qui unit ces deux êtres, ou la menace de l'engloutissement dans l'élément marin déchaîné ?

A l'opposé de Homer, Thomas Eakins fit preuve dans ses scènes de plein air d'un réalisme objectif sans arrière-pensées symboliques ou allégoriques (*Will Schuster et un Noir allant tirer le râle,* 1876, Yale University Art Gallery, New Haven, Connecticut), mais c'est *La Clinique Gross* (1875, Jefferson Medical Collection, Philadelphie) qui, malgré le scandale causé par la brutalité crue de cette opération médicale, fit sa réputation. Un critique y vit « un étalage morbide », sans dessein moral, alors qu'il s'agissait surtout pour Eakins d'un hommage à la science, et à travers elle, à la modernité.

Albert Pinkham Ryder est-il plus américain que les deux précédents ? Ce n'est pas un réaliste, c'est dans l'imaginaire qu'il prit ses sujets, ou dans les œuvres littéraires, celle de Poe notamment dont il subit l'influence, et c'est parce qu'il représente un accident dans la peinture de son pays qu'on le juge plus proche de ses racines profondes ou de ses forces obscures. En ce sens il ouvre une voie nouvelle, et Lewis Mumford n'hésite pas à le regarder comme le premier peintre américain.

C'est sur de petits panneaux que, dans une pâte grasse et lisse et des harmonies sourdes, Ryder peignit ses rêves étranges. *Le Champ de courses ou La Mort sur un cheval pâle* (1895-1910, musée de Cleveland) qu'il travailla quinze ans durant, reste son œuvre la plus caractéristique.

Est-ce pour éviter de tomber dans l'ornière académique, ou pour susciter une voie nouvelle dans la peinture que plusieurs artistes s'adonnèrent au trompe-l'œil ? Raphaelle Peale en avait été, à Philadelphie, l'un des précurseurs (*Une duperie — Après le bain,* 1823, William Rockhill Nelson Gallery of Art and Mary Atkins Museum of Fine Arts, Kansas City, Missouri), et c'est dans cette ville que se manifestèrent les trois principaux représentants du trompe-l'œil : William Harnett, dont *Le Colt fidèle* (1890, Wadsworth Atheneum, Hartford) est l'une des peintures les plus populaires d'Amérique, John Peto et John Haberle. Oubliés, ils furent remis en lumière par les surréalistes.

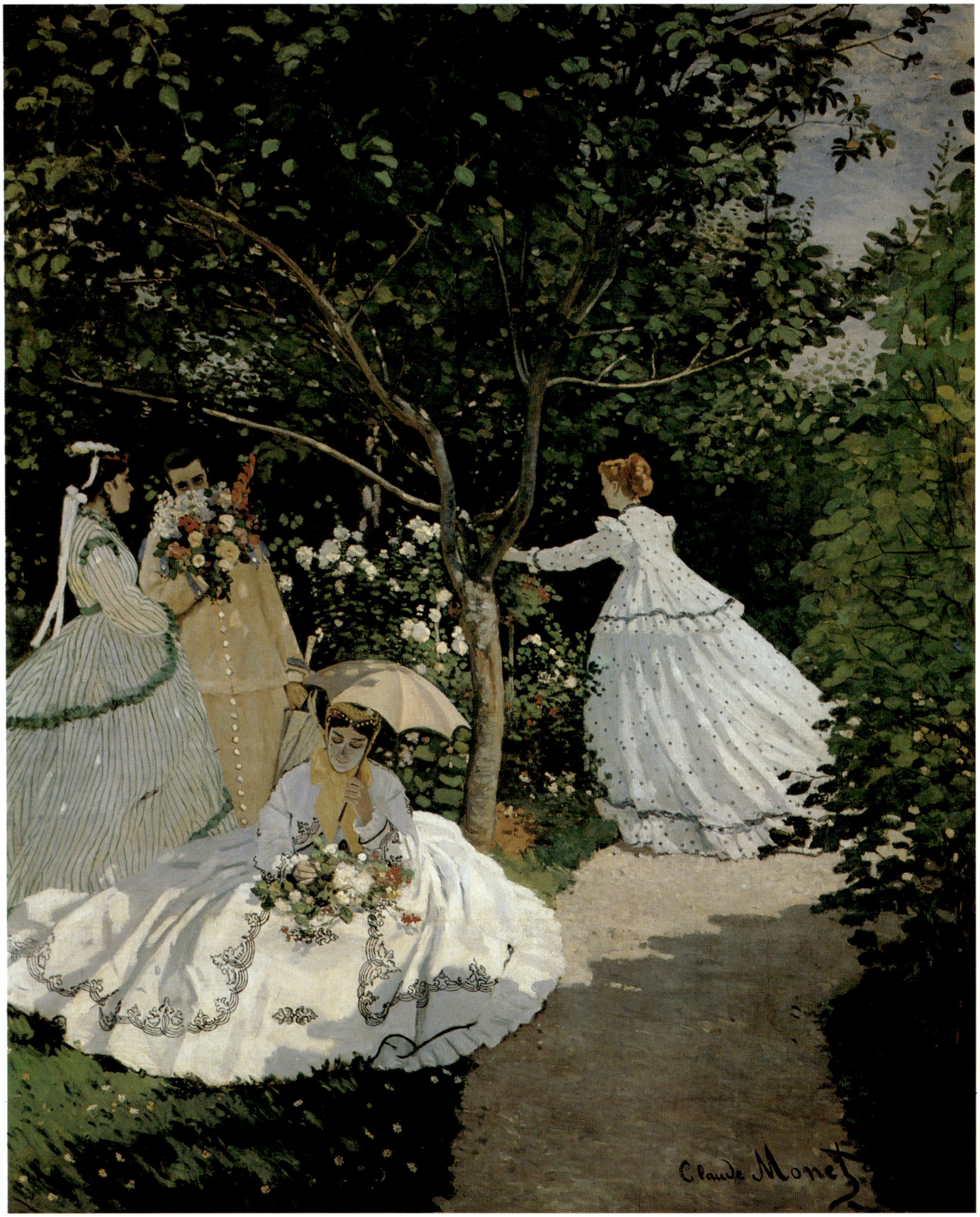

Claude Monet. *Femmes au jardin.* 1866-67. Musée d'Orsay, Paris.

L'IMPRESSIONNISME ET LE BONHEUR EN PEINTURE

1863 : le scandale du Déjeuner sur l'herbe

Une caricature de Cham représente deux artistes, l'un disant à l'autre : « Mon tableau a été reçu à l'exposition, personne ne le regarde ! ». « Le mien, répond l'autre, est dans les refusés, on s'écrase pour le contempler. »

Ce dessin évoque deux événements, le salon des Refusés décidé par Napoléon III pour faire le public juge des nombreux refus, concernant principalement les jeunes artistes, au Salon officiel de 1863 ; et ce dont le caricaturiste Cham ne pouvait se douter : la naissance de la peinture moderne.

Le Salon est la seule chance des artistes de montrer leurs œuvres, or celui-ci est entièrement sous la coupe de l'Académie des Beaux-Arts qui défend l'académisme le plus fade et le plus sclérosé ; l'Empereur n'a pas la moindre connais-

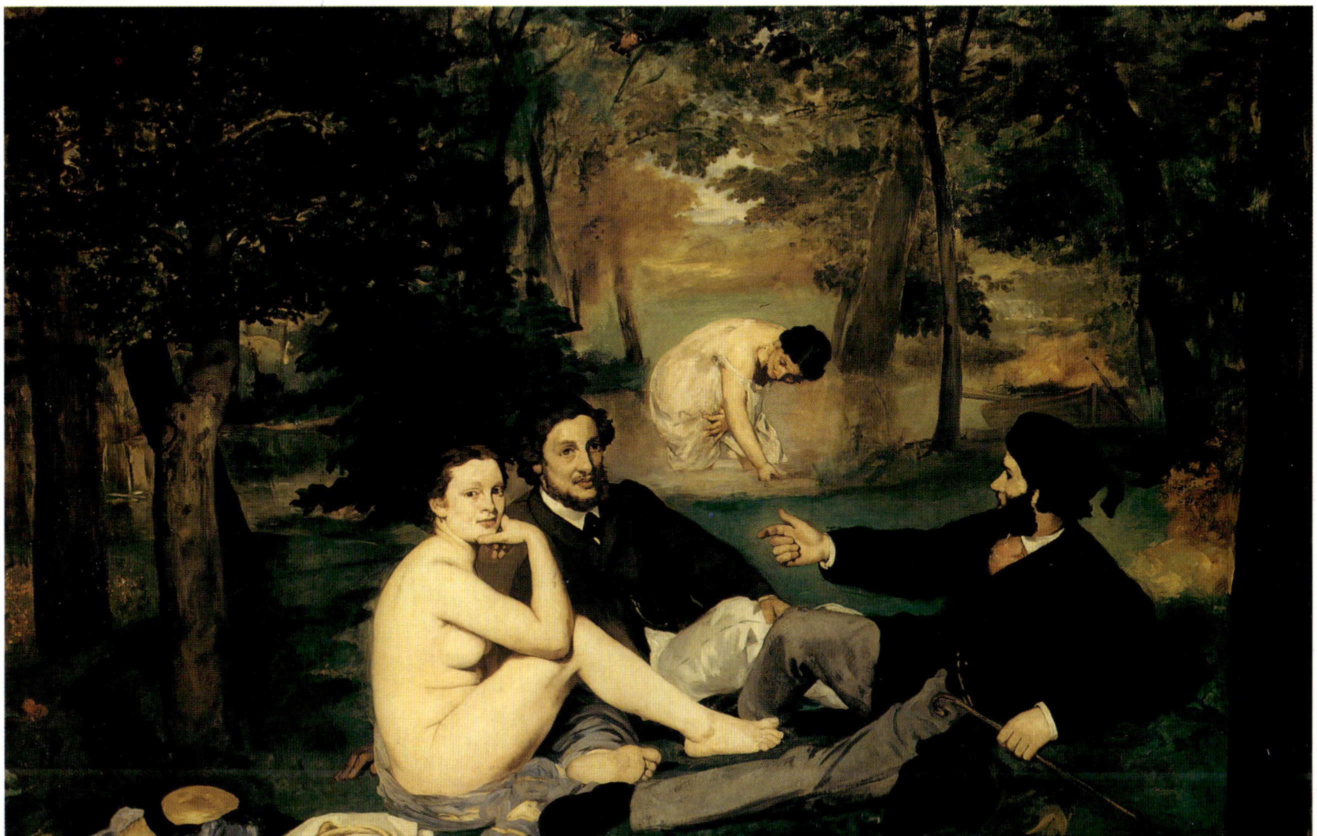

Edouard Manet. *Le déjeuner sur l'herbe.* 1863. Musée d'Orsay, Paris.

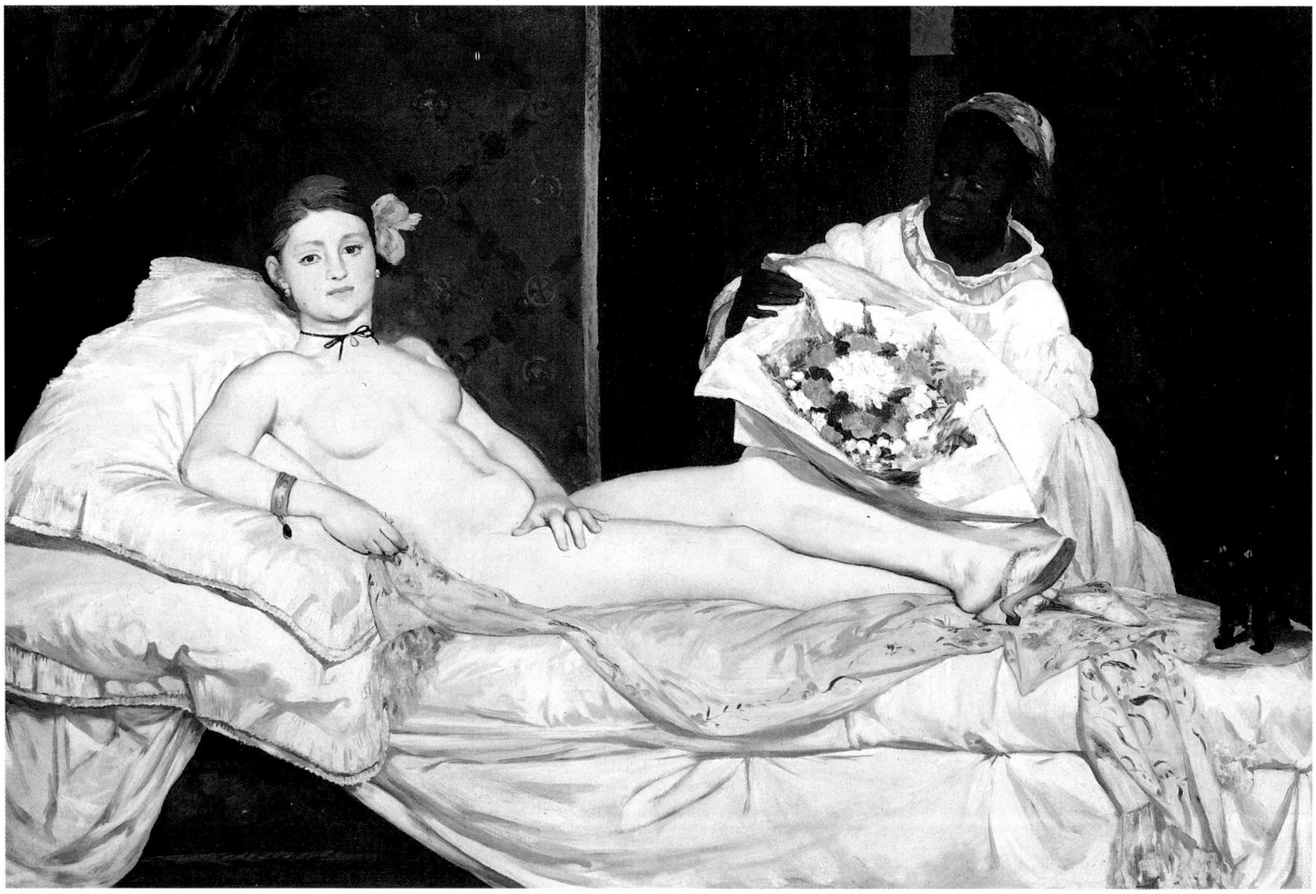

Edouard Manet. *Olympia.* Salon de 1865. Musée d'Orsay, Paris.

sance artistique mais il se veut libéral et devant les nombreuses réclamations ordonne que les œuvres refusées soient exposées. Parmi les exposants, exclus par le jury officiel, on trouve Jongkind, Cazin, Whistler (*La Fille blanche*), Pissarro, Chintreuil, Fantin-Latour, Harpignies, Jean-Paul Laurens qui fera plus tard une carrière officielle de peintre d'histoire, Vollon, Legros, et surtout Manet avec *Le Déjeuner sur l'herbe,* alors intitulé *Le Bain* (musée d'Orsay, Paris).

L'exposition cause un énorme scandale ; on s'y rend pour protester, s'offusquer du libéralisme impérial à l'égard de malheureux fumistes, ou rire. L'« Exposition des Comiques », comme on dit, déchaîne la plus franche hilarité ; après Whistler dont la *Fille blanche* est pourtant fort sage, c'est Manet qui attire le plus de critiques acerbes, injurieuses ou goguenardes. Du *Déjeuner sur l'herbe* Castagnary déclare : « Nous savons maintenant ce qu'est un mauvais tableau » ; or cette œuvre, dont on attaque aussi l'indécence — deux hommes en costume de ville conversant avec une femme nue dans un sous-bois où se baigne une seconde femme en chemise — est étroitement liée à la tradition des musées. Nul ne se rend compte qu'elle s'inspire à la fois du *Concert champêtre* de Giorgione et du *Jugement de Pâris* de Raphaël dont Manet connaît la gravure par Raimondi.

Comment cette œuvre, si peu provocante par la composition, nouvelle par la technique, choquante par le sujet, peut-elle être regardée aujourd'hui comme la naissance de la peinture moderne ? Rares furent, lors de ce mémorable salon des Refusés, ceux qui se rendirent compte de son importance, plus rares encore ceux qui éprouvèrent la rupture qu'à nos yeux elle provoquait. Ce qui nous paraît si indiscutablement nouveau, dans ce *Déjeuner sur l'herbe,* l'était-il en 1863 sur la scène de la peinture où l'académisme faisait la loi ?

Un critique favorable à Manet (il y en a peu) Zacharie Astruc, écrit : « Le talent de Manet a un côté de décision, quelque chose de tranchant, de sobre et d'énergique qui explique sa nature à la fois réservée et exaltée, et par-dessus tout sensible aux impressions internes. » Excellent jugement. « Il parle une langue faite de simplicité et de justesse » précise Zola. Baudelaire est plus réservé ; lorsqu'il écrit que « la grande tradition s'est perdue... la nouvelle n'est pas faite », il ne voit pas en Manet celui qui la ressuscitera. Bien au contraire il lui écrira en 1865 : « Vous n'êtes que le premier dans la décrépitude de votre art. »

Ce qui échappe aux contempteurs du *Déjeuner sur l'herbe* c'est que ce tableau rompt avec le passé, la « décrépitude » que selon Baudelaire il annonce, est le dérèglement dans la tradition, les habitudes visuelles établies ; peut-on d'ailleurs accorder de l'importance à l'attitude du poète, et du crédit au regard qu'il porte sur son temps, lui qui croit que le peintre exprimant « l'héroïsme de la vie moderne » est Constantin Guys !

Manet met un terme à ce que Georges Bataille appelle « l'épuisement de la peinture éloquente », et ouvre la voie au tableau sans autre signification que lui-même, c'est-à-dire à la modernité. A Giorgione et à Raphaël il n'emprunte que le thème dans lequel il introduit, ce que d'aucuns jugèrent « comique » et d'autres « indécent » ; et où il n'est pas interdit de voir, de la part de Manet, une fantaisie un peu blagueuse : le monde présent.

La dame nue entourée de messieurs habillés n'est pas seulement attentatoire aux bonnes mœurs, mais à la dignité de l'œuvre d'art ! C'est donc bien une convention qui s'achève et une nouvelle manière de voir et de concevoir la peinture qui se dessine. Ce que Manet montre c'est un moment d'un épisode certes singulier de la vie quotidienne, mais frappant par l'intensité de sa *présence* : la dame nue regarde non point ses compagnons mais le spectateur du tableau qui devient, dans cet échange de regards, son complice. Ce qui était impensable chez Delacroix, chez Ingres, et même chez Courbet.

Cette dame n'est pas un symbole, une allégorie, ou une divinité, mais une *vraie* femme qui vient de prendre son bain, scène que Manet a vue au cours d'une promenade à Argenteuil, et qui lui donna l'idée de faire un nu « dans la transparence de l'atmosphère, avec des personnages que nous voyons là-bas... » dit-il à l'ami qui l'accompagnait [8]. Le passage du musée (Giorgione, Raphaël) à la vie présente est réalisé.

« Ses personnages se découpent à l'emporte-pièce avec une crudité qu'aucun compromis n'adoucit » déplore un critique. Manet décape la peinture de ses afféteries, perspec-

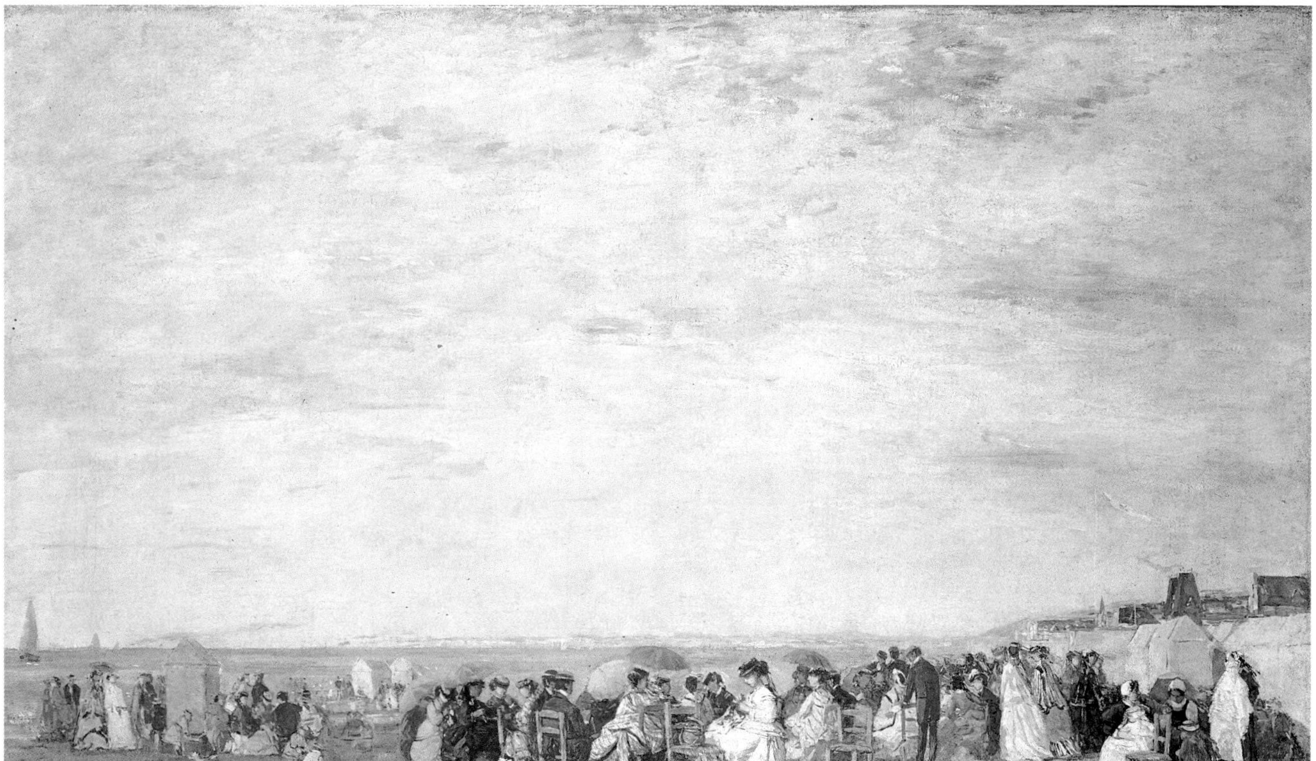

Eugène Boudin. *La plage*. 1867. Coll. part.

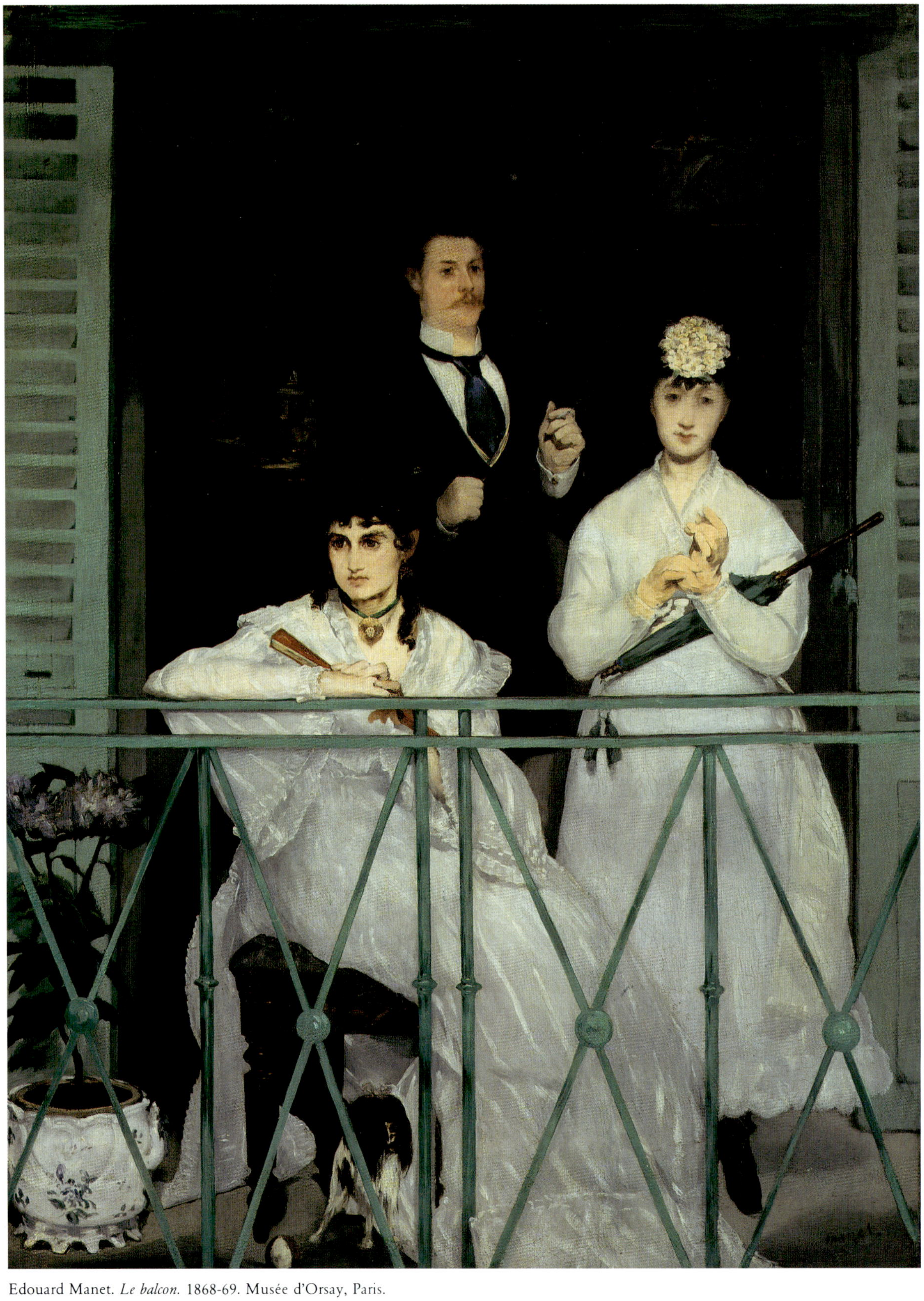

Edouard Manet. *Le balcon.* 1868-69. Musée d'Orsay, Paris.

tives, passages, clair-obscur, etc. Il peint par larges masses, délimitant nettement le clair du foncé, usant d'un étonnant style d'esquisse qui modèle les chairs dans la lumière avec autant d'audace que de maîtrise, et compose au premier plan une admirable nature morte aux tons éclatants. Mais on cherche en vain « la transparence de l'atmosphère » ; c'est dans un décor de théâtre académique que Manet installe ses personnages ; il n'est pas un homme de plein air et travaille à l'atelier dont il ne sortira que plus tard, sous l'influence des impressionnistes dont pourtant il se méfie.

Les rapports singuliers entre le nu et ses compagnons comme saisis par un objectif photographique, et le fond, contribuent à accroître l'ambiguïté de l'œuvre, et à accentuer son caractère novateur. Ce dont Manet ne doutait pas car son ambition était bien de faire avec des moyens simplifiés et une optique résolument neuve un chef-d'œuvre de musée dans un esprit contemporain. A la fois relever le défi de la "grande peinture", et mettre un terme à son imaginaire au profit de la vérité.

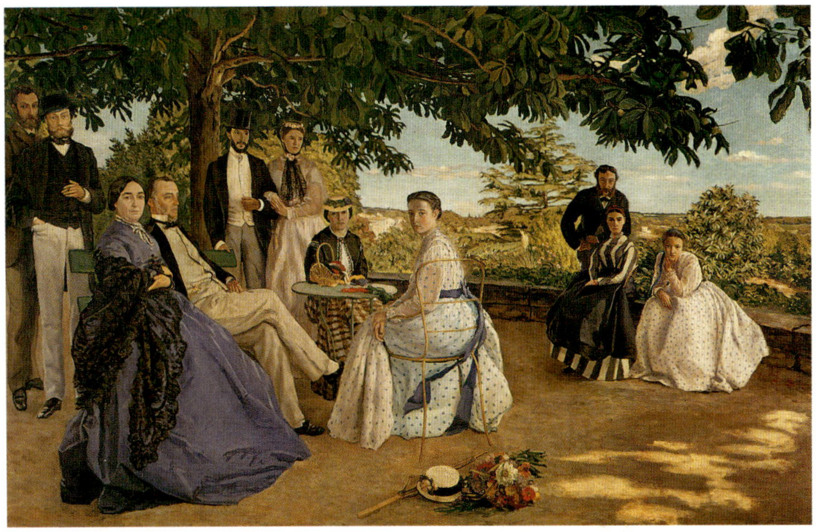

Frédéric Bazille. *Réunion de famille*. 1867. Musée d'Orsay, Paris.

Manet chef d'école malgré lui

Parisien de Paris, de famille grand-bourgeoise, fortuné, aimant les femmes et le plaisir, d'esprit "boulevardier", mais cultivé et passionnément peintre, Edouard Manet s'inscrit après un double échec à l'Ecole navale, à l'atelier de l'insipide Couture, et copie les maîtres au Louvre. Nourri de tradition il apprécie les Flamands, les Hollandais, Frans Hals surtout pour son coup de pinceau, et les Espagnols, Goya notamment. Déjà il est riche d'une technique libre, fougueuse, et d'une sûreté de l'œil qui se manifeste en accords brillants de taches subtilement mêlées comme des bouquets assemblés d'une main élégante et précise.

Pas de passages ni de valeurs, les tons clairs se juxtaposent et s'associent aux beaux noirs mats empruntés aux Espagnols, les roses rapprochés des gris et des roux en des échantillonnages d'une nouveauté savante. Ainsi Manet part-il des maîtres pour aboutir à la plus savoureuse liberté.

Il n'en est pas moins fort peu révolutionnaire, ambitionnant le Salon officiel, et se méfiant des impressionnistes, ses contemporains, qui se recommandent de lui mais dont il se tient à l'écart, refusant d'adhérer à leur vision. Malgré son peu de goût pour les entreprises contestataires il accepte de figurer au salon des Refusés où il provoque le scandale que l'on sait ; celui-ci est plus violent encore quand, deux ans plus tard, il expose au Salon officiel l'*Olympia* (musée d'Orsay, Paris).

Comme *Le Déjeuner sur l'herbe* ce nu superbe, qui fut ridiculisé ou injurié avec une impitoyable cruauté, part du musée, la *Vénus* de Vélasquez, celle du Titien, la *Maja desnuda* de Goya, les grandes odalisques d'Ingres, mais par son esprit, sa technique, la singularité du contraste entre la chair blonde de la jeune femme allongée et de la servante noire, l'éclat du bouquet et le point d'exclamation final du petit chat au bout du lit, c'est une œuvre éminemment moderne. Et un magnifique morceau de peinture.

Ces deux œuvres, *Le Déjeuner sur l'herbe* et l'*Olympia,* font de Manet, contre sa volonté, un chef d'école ; les principaux jeunes peintres novateurs se réunissent autour de lui. Depuis 1862 Renoir, Claude Monet, Sisley, Bazille, travaillent à l'atelier Gleyre ; ils ont noué d'amicales relations avec d'autres débutants, Pissarro et Cézanne, et tous prennent l'habitude de se réunir dans un café des Batignolles, le café Guerbois, où ils forment ce que certains appellent par dérision « la bande à Manet » ou « l'école des Batignolles ».

Fantin-Latour a fait en 1870 un portrait du groupe où sont rassemblés autour de l'auteur du *Déjeuner sur l'herbe,* en train de peindre assis devant son chevalet, Zacharie Astruc, Renoir, Zola, Edmond Maître, « le grand Bazille », Monet, et le peintre allemand Scholderer ; c'est *Un atelier aux Batignolles* (musée d'Orsay, Paris).

Si les jeunes peintres reconnaissent l'importance de Manet ce n'est pas seulement à cause de sa vision directe et de ses thèmes empruntés à la vie courante, à la quotidienneté, mais parce que, étranger aux cuisines d'atelier, il traduit cette modernité en formes brusques et en couleurs franches et claires, malgré son goût pour les beaux noirs profonds. En exprimant sa sensation sur la toile Manet ouvre la voie à une esthétique nouvelle en prise directe avec le monde moderne : un siècle de peinture en est issu.

Le peintre cristallise par la place qu'il acquiert dans les recherches contemporaines, les intentions que de nom-

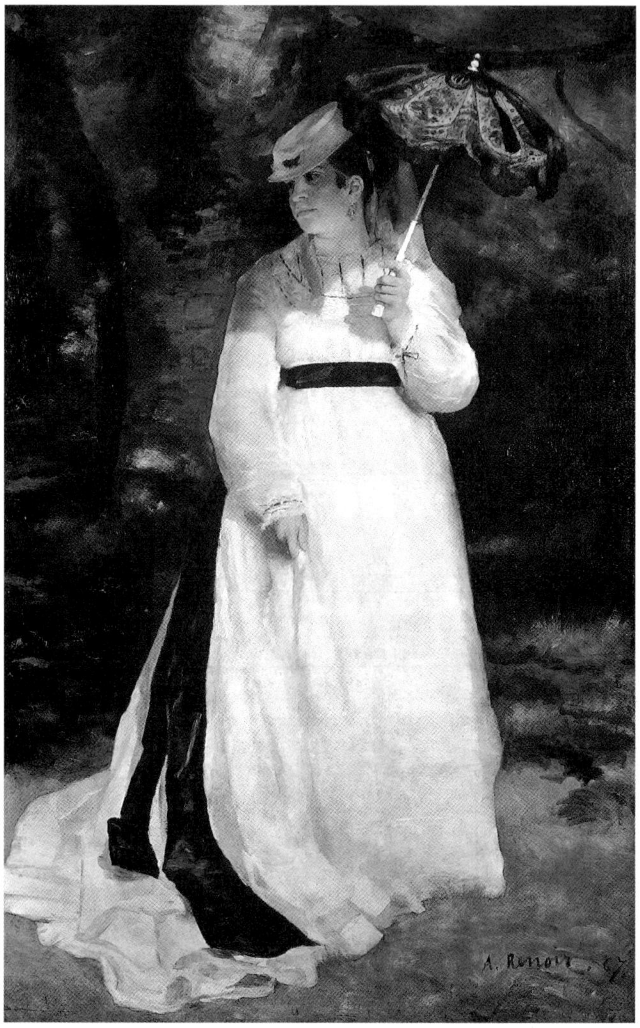

Auguste Renoir. *Lise à l'ombrelle.* 1867. Folkwang Museum, Essen.

breux jeunes peintres tentent d'exprimer depuis plusieurs années ; il n'est pas, comme on l'a dit, l'introducteur de la peinture "claire", bien des peintres, notamment Delacroix et Courbet, avaient employé des couleurs aussi claires et aussi vives opposées à des tons sombres, mais le rôle qu'il leur assigne est totalement neuf. La couleur, chez Manet, ne recouvre pas la forme, elle est la forme elle-même, vivante, sensible ; elle contient la lumière. Non point celle de l'atelier, mais la "vraie" lumière, celle du dehors.

Monet, Bazille et la figure de plein air

C'est cette lumière qu'avaient poursuivie Boudin et Jongkind sur les plages de la Manche et de la mer du Nord ; il est assez paradoxal que les éclatantes variations lumineuses de l'impressionnisme soient en partie issues des harmonies grises, aux accords subtils, de la Normandie ; mais Boudin lui-même n'a-t-il pas dit de son compagnon de motif : « C'est Jongkind qui a ouvert la porte par laquelle lui-même et tous les impressionnistes ont pénétré. »

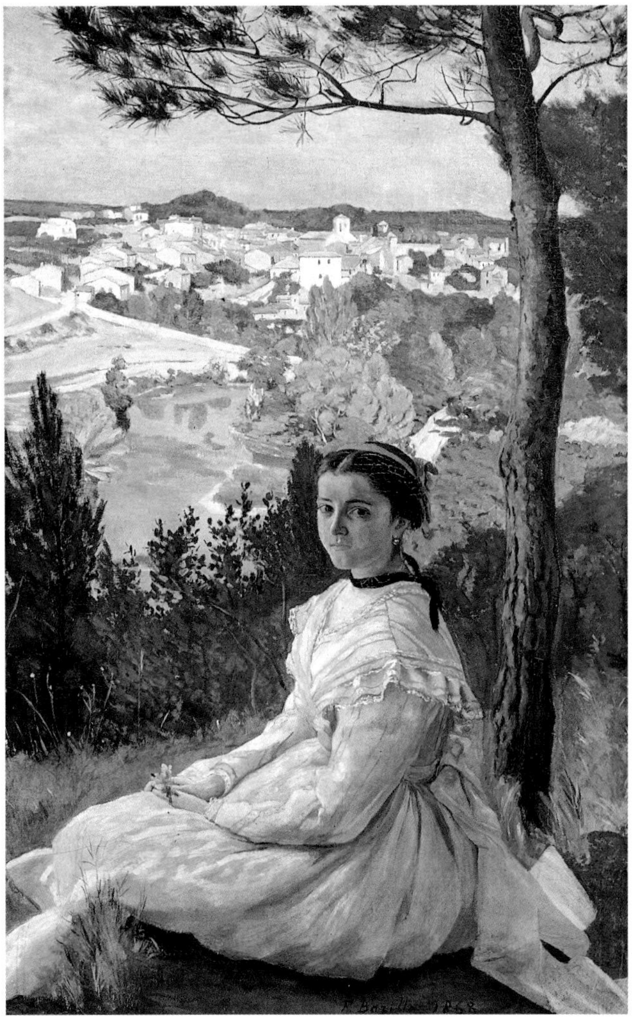

Frédéric Bazille. *Vue de village.* 1868. Musée Fabre, Montpellier.

En 1859 Courbet est au Havre où il fait la connaissance de Boudin dont il a remarqué de petites marines prestement "enlevées" avec des taches claires sur des ciels nacrés. Les deux peintres y rencontrent Baudelaire ; avec plusieurs autres amis ils fréquentent l'auberge de la mère Toutain à la ferme Saint-Siméon face à l'estuaire de la Seine. De retour à Paris le poète consacre aux pastels de Boudin son compte-rendu du Salon de 1859, il y parle de ses « prodigieuses magies de l'air et de l'eau », de « magies liquides ou aériennes ». On a donné un peu abusivement le nom d'école de Saint-Siméon, ou école de Honfleur, à ces rencontres de peintres dont les préoccupations étaient semblables, mais qui ne formèrent jamais une école au sens étroit du terme.

Boudin, que Corot surnomme « le roi des ciels », a initié au plein air le jeune Monet, alors âgé de dix-sept ans et qui vit au Havre avec sa famille. Celui-ci fréquente en 1859-1860 l'Académie Suisse à Paris où il rencontre sans doute Pissarro, puis après son service militaire en Algérie, rentre au Havre où il continue avec Jongkind, puis à Honfleur avec Bazille et plus tard Boudin, des études de plein air. Il entreprend en 1865 une composition ambitieuse où il tente de faire la synthèse de ses recherches autour de la figure de plein air, le *Déjeuner sur l'herbe* (esquisse générale au musée Pouchkine à Moscou, fragments au musée d'Orsay à Paris). Courbet voit cette toile, et malgré quelques critiques, l'approuve.

Frédéric Bazille, originaire de Montpellier, de famille bourgeoise comme Manet, et protestante, a rencontré Monet à l'atelier Gleyre en 1862-1863, puis à Honfleur ; ils vont travailler ensemble dans la forêt de Fontainebleau. Le jeune homme est, lui aussi préoccupé par le problème du plein air, il suit avec intérêt l'élaboration du *Déjeuner sur l'herbe* de Monet pour lequel d'ailleurs il pose. Mais celui-ci éprouve des difficultés pour transposer l'esquisse à l'échelle monumentale, il accentue les contrastes lumineux, "monte" les couleurs ; cependant il ne réussit pas à conserver la spontanéité et l'éclat des esquisses. Aussi décide-t-il de ne pas présenter la toile, dont il attendait néanmoins beaucoup, et ses amis également, au Salon de 1866. Et il entreprend *Femmes au jardin* (musée d'Orsay, Paris) que le jury du Salon de 1867 refusera.

Les tentatives de Monet ont stimulé Bazille qui, cette même année 1867, poursuit ses recherches sur le thème des figures en plein air dans une grande toile, la *Réunion de famille* (musée d'Orsay, Paris), entièrement exécutée à l'extérieur sur la terrasse de la propriété familiale. C'est une composition un peu figée où les personnages posent comme devant l'objectif photographique ; mais la lumière du Midi n'a pas la fluidité de celle de l'Ile-de-France, elle découpe nettement les ombres et les clairs, précise les volumes, et oblige Bazille à des transpositions de tons.

Son intention était de peindre une scène actuelle. « J'ai choisi l'époque moderne parce que c'est celle que je comprends le mieux, que je trouve la plus vivante pour des gens vivants », écrit-il à ses parents. L'année suivante sa *Vue de village* (musée Fabre, Montpellier) plus classique dans la composition et la conception de l'espace que les *Femmes au jardin* de Monet, apparaît comme un pas en avant de plus dans son œuvre.

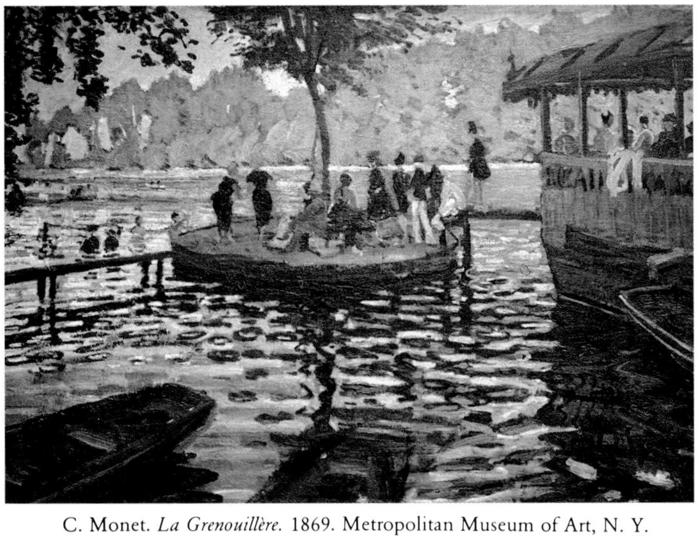

C. Monet. *La Grenouillère.* 1869. Metropolitan Museum of Art, N. Y.

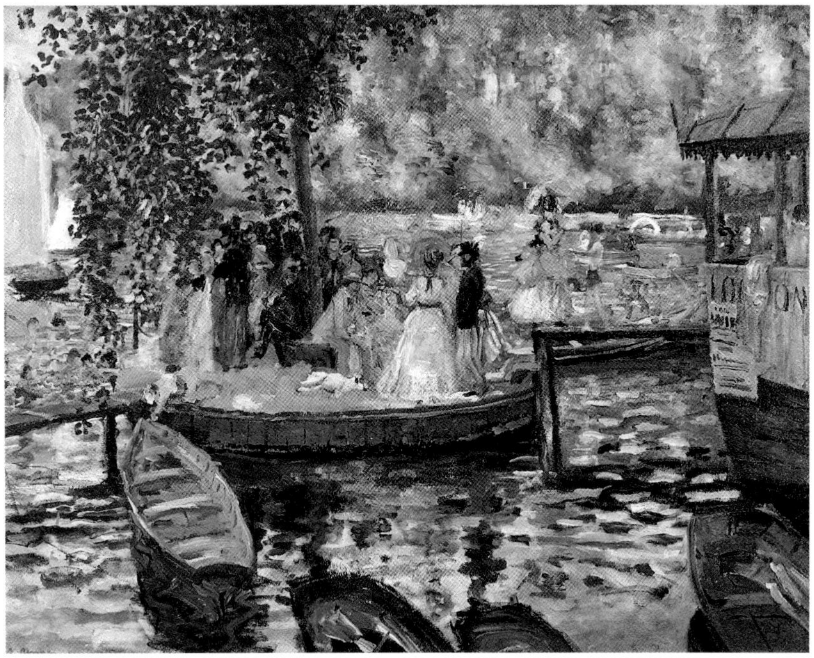

Auguste Renoir. *La Grenouillère.* 1869. National Museum, Stockholm.

Berthe Morisot écrit à sa sœur, le 1er mai 1869, après avoir vu la toile de Bazille au Salon de 1869 : « C'est une petite fille en robe très claire à l'ombre d'un arbre derrière lequel on aperçoit un village. Il y a beaucoup de lumière, de soleil. Il cherche ce que nous avons si souvent cherché, mettre une figure en plein air ; cette fois il me paraît avoir réussi. »

Bazille devait malheureusement être tué durant la guerre de 1870 à vingt-neuf ans.

Monet ne tient pas à faire dans *Femmes au jardin* les mêmes erreurs que dans son *Déjeuner sur l'herbe* ; soucieux de préserver les qualités de spontanéité et d'impression lumineuse prise sur le vif, il travaille directement sur grand format, élaborant les grandes lignes de la composition en plein air. Les quatre femmes en blanc aux ombres grises et bleues, les fleurs, les arbres, le coin de ciel bleu, ont le charme de l'instantané, et la lumière qui les baigne donne à cette scène de jeunesse et de printemps une aura poétique à laquelle le jury du Salon, offusqué par la technique très libre et le découpage audacieux des silhouettes féminines presque sans volumes mêlées au foisonnement végétal, ne fut pas sensible.

Refusées au Salon les *Femmes au jardin* furent acquises par Bazille pour deux mille cinq cents francs, payables par mensualités !

Naissance et développement du japonisme

L'Académie Suisse, l'atelier du peintre Gleyre, le café Guerbois, sont les principaux lieux de rencontres des artistes qui refusent l'académisme, et sont pour la plupart écartés du Salon. Les ateliers étaient alors éclairés au gaz ; quand le jour

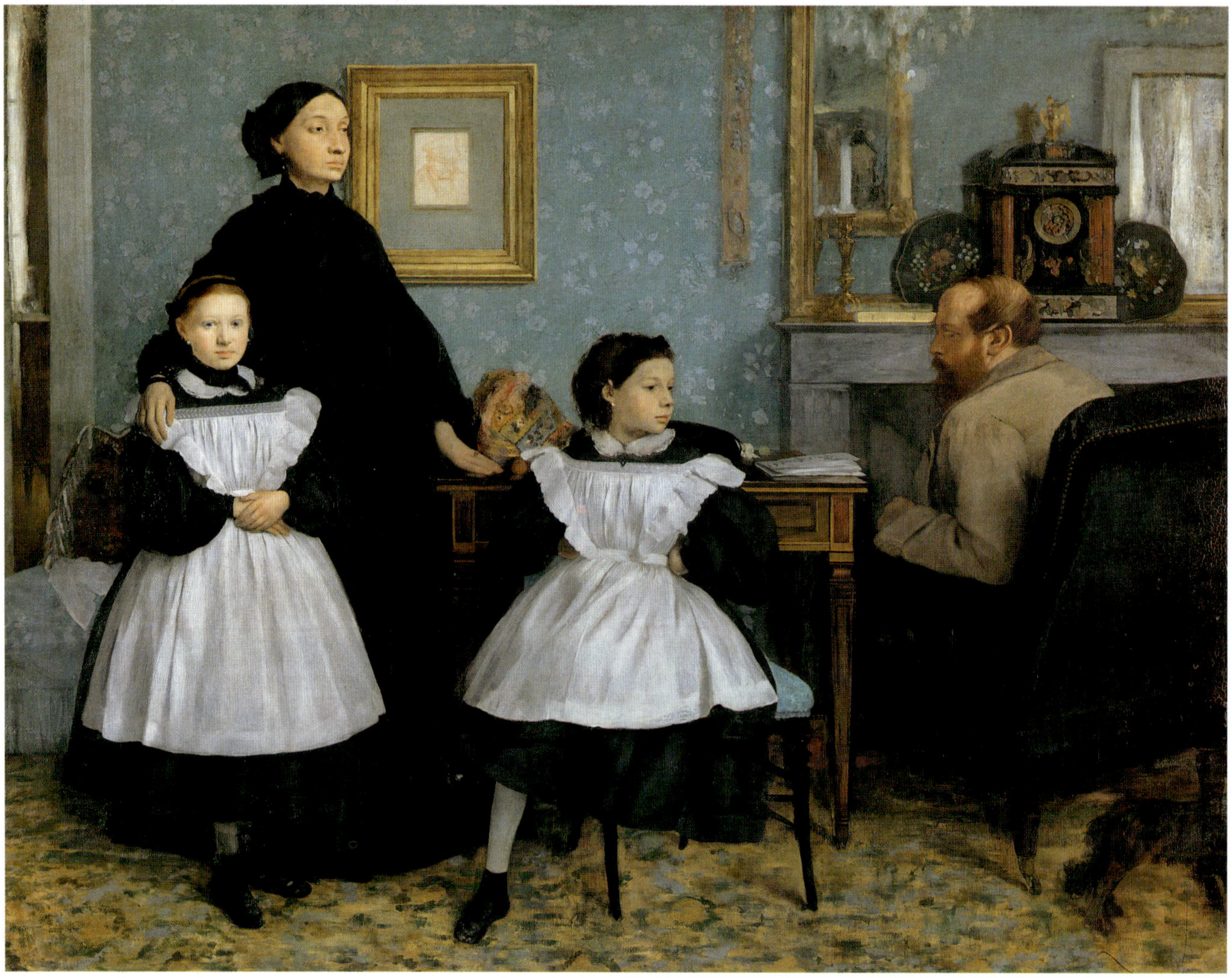

Edgar Degas. *La famille Bellelli.* 1860-62. Musée d'Orsay, Paris.

tombait les peintres posaient les pinceaux, et se retrouvaient au café. Ce lieu de rencontres et d'échanges aura une grande importance dans la peinture et la littérature de cette seconde moitié du siècle, et jusqu'en 1914.

Le café Guerbois, sur l'actuelle avenue de Clichy, est tranquille et accueillant. Manet est le centre d'un groupe où se côtoient avant la guerre de 1870, les critiques Duranty, Zacharie Astruc, Théodore Duret, Armand Silvestre, Zola, le graveur Bracquemond, les peintres Alfred Stevens, Bazille, Fantin-Latour, Degas, Renoir, Cézanne, Sisley, Monet, Pissarro, le photographe Nadar. Monet qui, peignant en dehors de Paris ne venait pas souvent au Guerbois, a néanmoins écrit : « On y faisait provision d'enthousiasme... On en sortait toujours mieux trempé, la volonté plus ferme, la pensée plus nette et plus claire... »

Entre 1868 et 1870 s'élabore au café Guerbois la nouvelle manière de peindre d'où sortira l'impressionnisme.

C'est également à cette époque que se répand, chez les artistes, une inspiration nouvelle : l'estampe japonaise. On a donné à ce courant nouveau le nom de japonisme.

Les ports japonais ayant été ouverts, à la suite du traité de 1854, au commerce international, les œuvres, à la suite arrivèrent en Europe et suscitèrent aussitôt une intense curiosité ; on en vit à l'Exposition universelle de 1855, et une boutique de la rue de Rivoli, chez M. et Mme Desoye, réunit amateurs, artistes et écrivains qui y découvrirent les estampes d'Hokusaï, d'Utamaro et d'Hiroshige. Le rôle du graveur Bracquemond apparaît déterminant, et l'on regarde son acquisition d'un album de la *Manga* d'Hokusaï, en 1856-1857, comme un événement décisif pour la propagation du japonisme qui ne fut, à ses débuts, qu'un ensemble de thèmes avant d'exercer une influence plus profonde sur Whistler, Manet, Fantin-Latour, Degas, Claude Monet. Ils furent les premiers, parmi les artistes, à s'enthousiasmer pour les nouveautés qu'apportaient les albums d'estampes.

Pourquoi un tel engouement ? Certes un monde inconnu, et prodigieusement neuf s'ouvrait, mais ce qui frappa surtout les artistes dans les estampes, notamment celles d'Hokusaï, c'était avec le refus du réalisme anecdotique, le caractère synthétique de l'écriture, la hardiesse de la composition et ses découpages, le raccourci de la perspective et le traitement de l'espace. Le geste du graveur nippon libérait l'image de ses conventions.

C'est Degas qui saisira le mieux les leçons de l'estampe japonaise et les appliquera dans ses mises en page obliques ; Whistler fut influencé dans ses sujets, et vit d'abord dans le Japon un renouvellement décoratif (*Caprice en pourpre et or n° 2 : le paravent doré,* 1864, Freer Gallery of Art, Washington). Les impressionnistes se montrèrent surtout sensibles à l'art d'Hokusaï. « Tous, écrira plus tard le critique Ernest

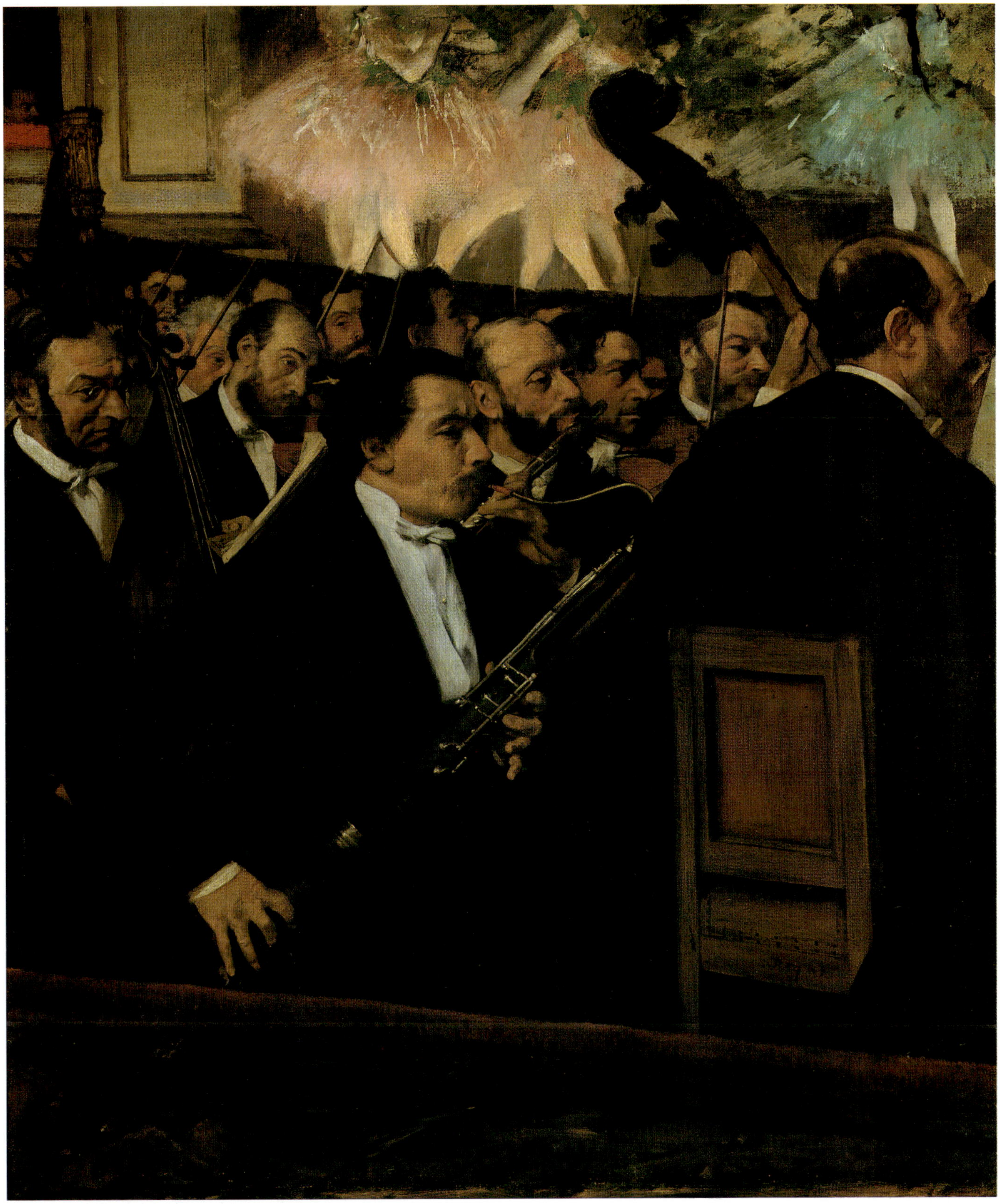

Edgar Degas. *L'orchestre de l'Opéra.* 1868-69. Musée d'Orsay, Paris.

Chesneau [9], y trouvèrent une confirmation à leur façon peronnelle de voir, de sentir, de comprendre et d'interpréter la nature. De là un redoublement d'originalité individuelle au lieu d'une lâche soumission à l'art japonais. »

Renoir et Monet à La Grenouillère

Pendant l'été 1869 Renoir et Monet travaillent côte à côte à "La Grenouillère" un restaurant où l'on dansait et près duquel on canotait sur la Seine entre Chatou et Bougival. Renoir avait été à plusieurs reprises accepté au Salon où en 1867 *Lise à l'ombrelle* (Folkwang Museum, Essen) connaît un réel succès ; les toiles qu'il présente au jury sont traitées dans un esprit classique ; pourtant c'est une figure de plein air que cette *Lise*, proche de Courbet, que la lumière naturelle caresse et métamorphose. Prudent dans ses envois au Salon, Renoir montre dans les *Patineurs au bois de Boulogne* (1868, collection particulière, USA) une liberté de touche dans la transcription de la vie moderne que l'influence de Monet amplifiera.

C'est dans ce même esprit de liberté que se situe la série de toiles que les deux amis exécutent à la Grenouillère ; la vision de Monet, la vivacité et l'autorité de son style, influencent Renoir, et la comparaison de leurs œuvres respectives est éloquente. Dans *La Grenouillère* de Monet (Metropolitan Museum of Art, New York) la touche est en même temps lumière et couleur ; des frondaisons touffues des arbres aux personnages, et aux reflets sur l'eau, des vibrations vives et chatoyantes animent l'espace et substituent à la description l'effuion.

En revanche Renoir, dans le tableau également Intitulé *La Grenouillère* (Nationalmuseum, Stockholm), est plus sensible à l'ambiance de fête et de plaisir dont il détaille, dans des harmonies bleues et vert tendre, les composants que Monet unifie par la lumière. La voie est ouverte à l'impressionnisme.

Renoir et Monet se rendent compte, devant le même motif, que les variations changeantes de la nature impliquent un changement de vision, donc de technique ; l'œil doit suivre les mouvements rapides ou fugitifs de la lumière, et les transcrire aussi vite qu'ils se produisent, d'où le procédé des taches colorées. Guidés par leurs sensations ils ne peuvent travailler que directement, en plein air.

Manet n'y est pas encore converti, *Le Balcon* (musée d'Orsay, Paris) peint la même année que les *Grenouillère* de Renoir et de Monet, est une œuvre d'atelier remarquablement composée qui se réfère encore à l'art des musées. Elle figure au Salon de 1869 où Renoir expose *En été ou la Bohémienne* (Nationalgalerie, Staatliches Museum, Berlin) bien plus sage que *Le Grenouillère,* mais où les *Femmes au jardin* de Monet sont refusées.

L'art moderne commence à Manet

C'est dans la solitude, le face à face avec la toile blanche, un ou deux modèles amis sous les yeux, que Manet concentre cette modernité dont il est aux yeux des jeunes peintres, et malgré l'ambiguïté des propos de Baudelaire, le porte-drapeau. « La transparence de l'atmosphère » qu'il recherchait dans le *Déjeuner sur l'herbe,* et qu'il n'a pas réussi à rendre, réside surtout pour lui dans les spectacles de plein air de la vie parisienne dont il est friand : Paris, le boulevard, les mouvements de la foule, les fêtes, les réunions mondaines, c'est là son monde. Sa modernité.

Dans *La Musique aux Tuileries* (1862, National Gallery, Londres) il substitue au coup d'œil fixe la multiplicité des regards ; devant la toile il faut s'avancer, reculer, aller de droite à gauche ou inversement, saisir à la fois l'ensemble et le détail dans l'« espace d'air » dont parle Baudelaire, où chaque touche, chaque forme, concourent dans leur nervosité d'exécution — les « délices de la brosse » écrit Georges Bataille — à donner l'impression de non-fini qui choque le public.

Manet est moins éloigné qu'on pourrait le penser de la vision de Renoir et de Monet ; cette année 1869 où les deux amis peignent *La Grenouillère,* et où il exécute *Le Balcon,* fort différent en apparence des chatoiements lumineux du dehors, il montre dans *Le Départ du vapeur de Folkestone* (Fondation Reinhart, Winterthur) à quel point il est, lui aussi, sensible au plein air. Il traite, avec une rapidité et une liberté d'exécution étonnantes, les figures en taches colorées, fixant les différentes attitudes mouvantes des voyageurs dans le brouhaha de l'embarquement. Il a plusieurs fois assisté à cette scène à Boulogne où il se trouvait durant l'été 1869, et où il a peint des marines.

De l'*Olympia* au *Fifre* de 1866 (musée d'Orsay, Paris) à la *Dame au perroquet* (1866, Metropolitan Museum of Art, New York) éloquemment décrite par Zola, au *Portrait d'Emile Zola* (1868, musée d'Orsay, Paris) et au *Déjeuner dans l'atelier* (1868, Bayerische Staatsgemäldegalerie, Munich) jusqu'au *Balcon,* la modernité de Manet a pris des accents différents. Son autorité et sa maîtrise ne se sont pas seulement manifestées dans ce sens incisif qu'il a de la vie présente, mais dans les contrastes de la technique, les aplats de couleurs vives soulignés de noir veloutés, la nervosité de la forme, les belles matières grasses et fraîches des natures mortes aux accents savoureux.

Langage de Manet, ce « fini du non-fini » disait Venturi, est aussi tactile que rétinien ; le peintre fait parler le tableau non comme fiction ou histoire, mais en tant que vibrations, sensations, touche, pâte, lumière. A la question que posera Malraux : « Que devenait une peinture qui n'imitait plus, n'imaginait plus et ne transfigurait plus ? » Manet répond : « Peinture ».

C'est pourquoi l'art moderne commence avec lui.

L'œil objectif de Degas

Degas appartient à la même génération et à la même classe sociale que Manet ; ils sont parisiens, mais de rives différentes — la rue Bonaparte pour Manet, les pentes de Montmartre pour Degas dont la famille avait une parenté italienne. Son véritable patronyme était « de Gas », et c'est ainsi que le peintre signa ses œuvres jusque vers 1873.

Manet était sensible aux honneurs, et recherchait la considération, être regardé comme un "révolutionnaire" ne lui plaisait guère, et le hérissait. Degas méprisait médailles et décorations ; nullement mondain, contrairement à Manet il n'appréciait que quelques amis choisis et la solitude de l'atelier, son « enceinte fortifiée ».

Manet débuta sous le signe de l'hispanisme, Degas par l'ingrisme ; il alla rendre respectueusement visite au maître du *Bain Turc* qui lui dit : « Faites des lignes, beaucoup de lignes, d'après nature et de mémoire », conseil qu'il suivit sa vie durant. En 1856-1857 il séjourna en Italie où il revint en 1858-1859, il y copia les maîtres, et peignit au retour, d'après des études faites sur place, *La Famille Belleli* (1860-1862, musée d'Orsay, Paris) où il fait preuve d'un métier sûr, d'un sens rigoureux de la forme et d'un raffinement discret dans les couleurs. La présentation naturelle des personnages ne manque pas d'audace pour l'époque.

Mais Degas a une autre ambition, la peinture d'histoire ; entre 1860 et 1865 il exécute cinq vastes toiles [10)], des sujets "de Salon" qu'il traite avec autorité indiscutable dans la forme, de beaux morceaux souvent mal reliés entre eux, et une noblesse de style qui pallie leur principal défaut ; ce ne sont pas des "choses vues", et Degas a besoin de l'observation, du témoignage en direct.

Aussi revient-il à la vie moderne, sans doute sous l'influence de Manet ; mais plus réfléchi qu'instinctif, son évolution sera méthodique. *La Femme aux chrysanthèmes* (1865,

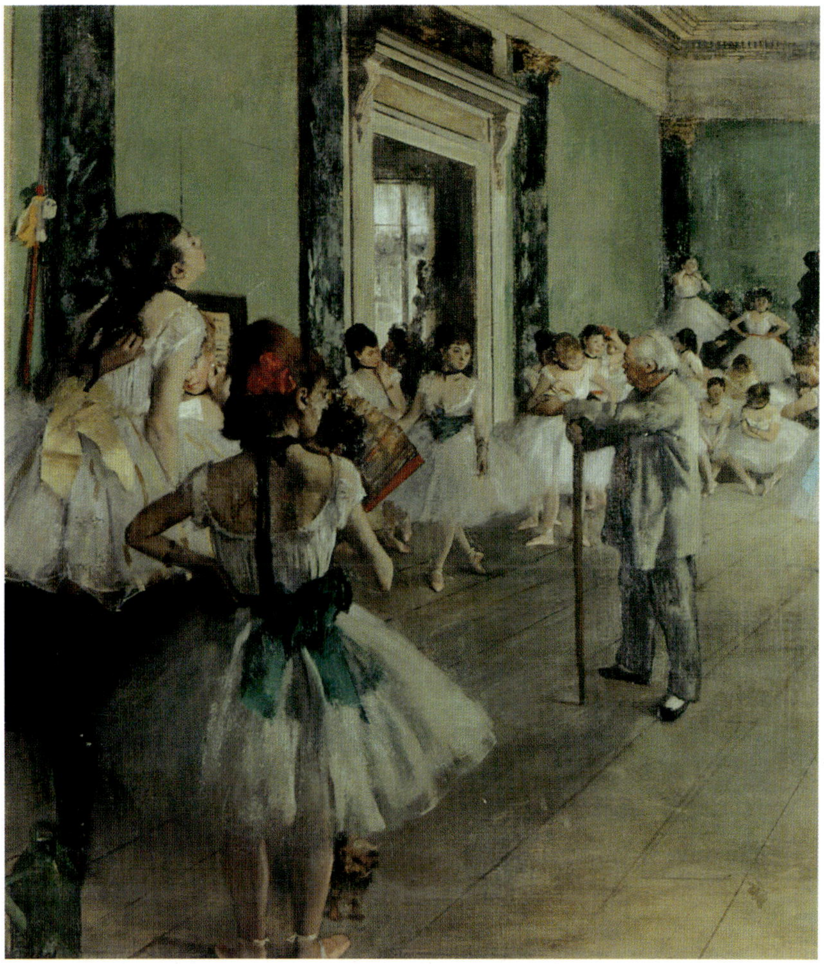

Edgar Degas. *La classe de danse.* Vers 1875. Musée d'Orsay, Paris.

Metropolitan Museum of Art, New York) et *L'Orchestre de l'Opéra* (1868-1869, musée d'Orsay, Paris) trahissent l'influence du japonisme et de la photographie plus sensible encore dans *La Femme à la potiche* (1872, musée d'Orsay, Paris) peinte à la Nouvelle-Orléans où Degas est allé rendre visite à une partie de sa famille qui y est installée. Il en rapporte *Le Bureau de coton à la Nouvelle-Orléans* (1873, musée de Pau) dont la vérité et la familiarité des personnages, représentés en plein travail, sont saisissants de naturel.

Il avait peu auparavant commencé à fréquenter le foyer de la danse à l'Opéra alors rue Le Peletier, et les champs de course qu'appréciait aussi Manet. *La Voiture aux courses* (1870-1873, Museum of Fine Arts, Boston) prouve que le réalisme exact que recherchait Degas n'excluait pas chez lui le goût de la lumière et du plein air.

L'œil de Degas, à la fois impitoyable et tendre, va saisir avec une extraordinaire acuité les spectacles de la vie notamment les danseuses et les champs de course ou, recherchant l'attitude inédite, le geste juste, le peintre ajoute à l'originalité de la mise en page, une ampleur de vision qui, se refusant à la sensation directe de Renoir et de Monet, à la touche libre et fouettée de Manet, s'appuie sur un besoin rigoureusement classique. Des formes denses et pleines, et une répartition de la lumière plus proche de l'éclairage fixe du théâtre que des frémissements du plein air.

1870 : dispersion et regroupements

La guerre de 1870 dispersa les habitués du Guerbois. Manet, Degas, Bazille qui sera tué au combat de Beaune-la-Rolande, Renoir, sont mobilisés ou s'engagent ; Cézanne qui peint à l'Estaque ne juge pas utile d'interrompre son travail, Monet et Pissarro se réfugient à Londres où ils retrouvent Sisley, la révélation de Constable et de Turner sera capitale pour l'avenir. Ils font également connaissance de Paul Durand-Ruel qui sera, avec dévouement et lucidité, le marchand des "impressionnistes".

Les artistes se regroupent vers 1872. Monet s'installe à Argenteuil où l'attirent régates et canotiers, y invite Renoir et Caillebotte, Sisley choisit de peindre à Marly, puis à Louveciennes où il exécute plusieurs paysages frais et aérés, proches par l'atmosphère de Corot. Pissarro s'établit à Pontoise où jardins potagers, fermes et vergers, lui inspirent des toiles dont la poésie bucolique est dans la lignée de Millet. Alors que Monet et Renoir se passionnent pour les variations de la lumière et les reflets changeants sur l'eau, il peint le solide, le

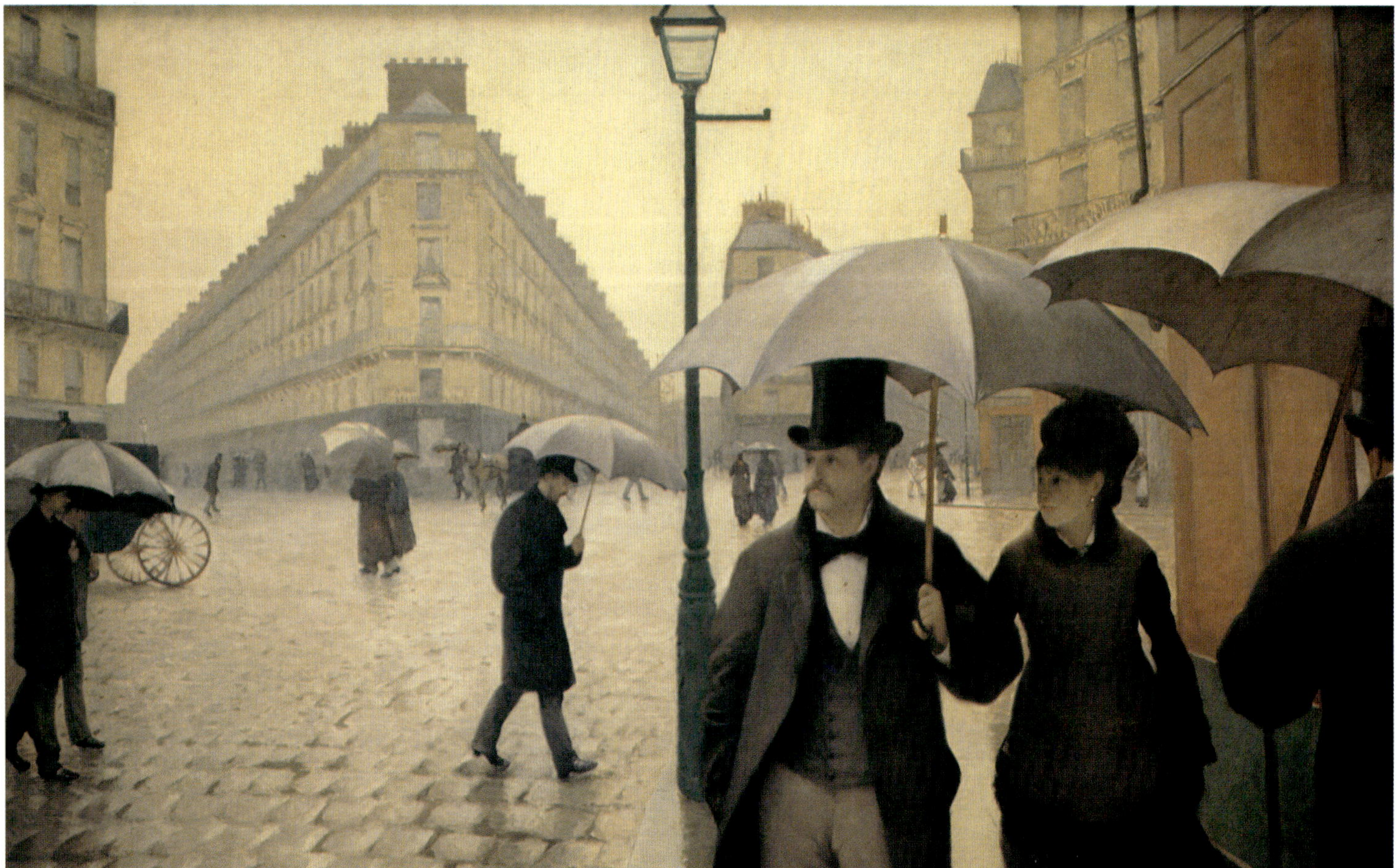

Gustave Caillebotte. *Rue de Paris, temps de pluie.* 1877. Art Institute, Chicago.

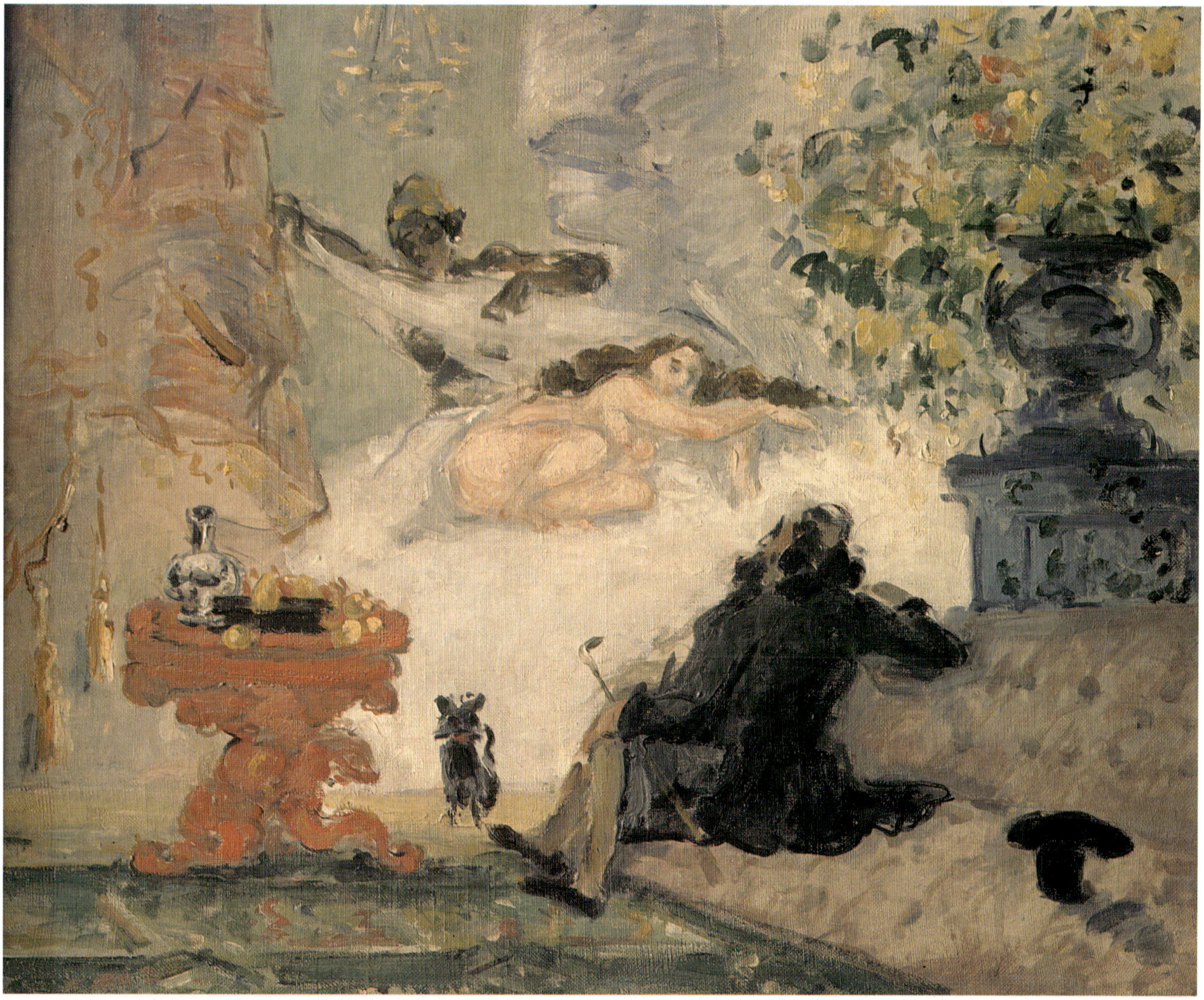

Paul Cézanne. *Une moderne Olympia.* 1873-74. Musée d'Orsay, Paris.

stable, et ne dissocie pas l'homme de la terre qu'il ensemence ou travaille.

C'est ce sens du permanent, et non de l'éphémère tel que l'expriment les peintres de la Grenouillère, qui séduira Cézanne lorsque, après des années de tâtonnements, d'impulsions désordonnées et d'inspirations antagonistes, il ira rejoindre après la guerre Pissarro à Pontoise.

Cézanne du sombre au clair

Un curieux homme que ce Paul Cézanne, né à Aix-en-Provence dans une famille bourgeoise guère intéressée par l'art ; il y passa son adolescence en compagnie d'Emile Zola, son condisciple au collège qu'il retrouva à Paris en 1861. Les professeurs qui lui refusent l'entrée à l'Ecole des Beaux-Arts notent qu'il « peint avec excès » ; l'agitation désordonnée de ses toiles, le romantisme de sa période "couillarde" exprimant l'intensité de ses sentiments dans une pâte grassement colorée (*L'Orgie,* 1864-1868, collection particulière) font progressivement place à une recherche d'ordre dans les rythmes, les matières, les couleurs, qui n'exclut pourtant pas les débordements d'un lyrisme sensualiste passé au crible des *tenebrosi (La Toilette funéraire,* 1869, collection particulière). Régulièrement refusé au Salon il n'en poursuit pas moins une œuvre cahotique qui, dès le moment où il substitue les problèmes plastiques à l'exaspération de sa libido, atteint comme dans *La Pendule noire* (1869-1870, collection particulière) un classicisme aussi solidement architecturé que largement et savamment peint.

Cette toile, ainsi que *Paul Alexis faisant la lecture à Zola*

(1869-1870, collection particulière, U.S.A.), ou *L'homme au chapeau de paille* (1870-1871, Metropolitan Museum of Art, New York) prouvent que Cézanne a beaucoup regardé les Espagnols et Manet.

Il rend hommage à ce dernier dans un *Déjeuner sur l'herbe* (1869-1870), collection particulière), puis *Une Moderne Olympia* (1873-1874, musée d'Orsay, Paris) où sa palette s'éclaircit sans pour autant que sa fougue se calme. Car son romantisme, stimulé par son instabilité, son inquiétude de cyclothymique, son inspiration brutale et impulsive, sa démesure baroque, de source méditerranéenne, demeure sous-jacent dans cette période d'intense et souvent décevante, recherche. « Quand Cézanne reprenait une étude, il reprenait chaque fois toute la peinture » a écrit Focillon. Dès ses débuts le peintre est incompris, tourné en dérision, raillé par la critique, hormis de Zola qui, plus tard, l'abandonnera. Les sarcasmes, les injures, l'accompagneront toute sa vie.

La découverte du plein air s'opère en deux stades successifs. A l'Estaque, où il va peindre en 1870 tandis que la guerre fait rage à l'Est, il ne voit d'abord que des formes lourdes et de larges aplats gras et denses violemment contrastés *(Neige fondue à l'Estaque,* (collection particulière, U.S.A.), des couleurs sombres aux empâtements étouffants *(Paysage près de l'Estaque,* Städelsches Kunstinstitut und Städtische Galerie, Francfort), puis il va retrouver Pissarro à Pontoise et s'établit à Auvers. Les deux années qu'il passa dans cette région seront décisives.

Sa palette s'éclaire, il peint d'après nature par masses maçonnant le motif, ou décomposant son architecture par touches divisées ou par hachures, refusant de s'abandonner comme Monet ou Renoir au vertige de la "sensation". Il étudie les effets de lumière et d'atmosphère qu'il traduit par des tons hauts en couleurs posés comme une mosaïque à laquelle il donne parfois par juxtaposition de touches, un relief étonnant.

C'est durant cette période de réflexion que Cézanne peint *La Maison du pendu* (1873, musée d'Orsay, Paris), *Vue d'Auvers-sur-Oise, La Barrière* (vers 1873, collection Mr et Mrs. Nathan L. Halpern, New York) ou *Pontoise, L'Hermitage* (1875-1877, Stadtliches Museum, Wuppertal), mais également comme s'il regrettait d'abandonner son ancienne manière, l'exubérante *Une Moderne Olympia,* (musée d'Orsay, Paris), *L'Après-midi à Naples* (1876-1877, Australian National Gallery, Canberra) ou *La Tentation de Saint Antoine* (1877, musée d'Orsay, Paris). L'obsession de la femme bien en chair s'y fait jour, avec le goût des empâtements et des contrastes sombres. Encore hésitant devant le motif il modifie progressivement son œil.

Le scandale de l'Impressionnisme

Refusés au Salon, moqués par la critique et ne pouvant montrer leurs toiles nulle part, ce qui les privait de l'éventuel intérêt d'amateurs malgré les efforts de Durand-Ruel, les artistes qui, depuis plusieurs années de rencontres et

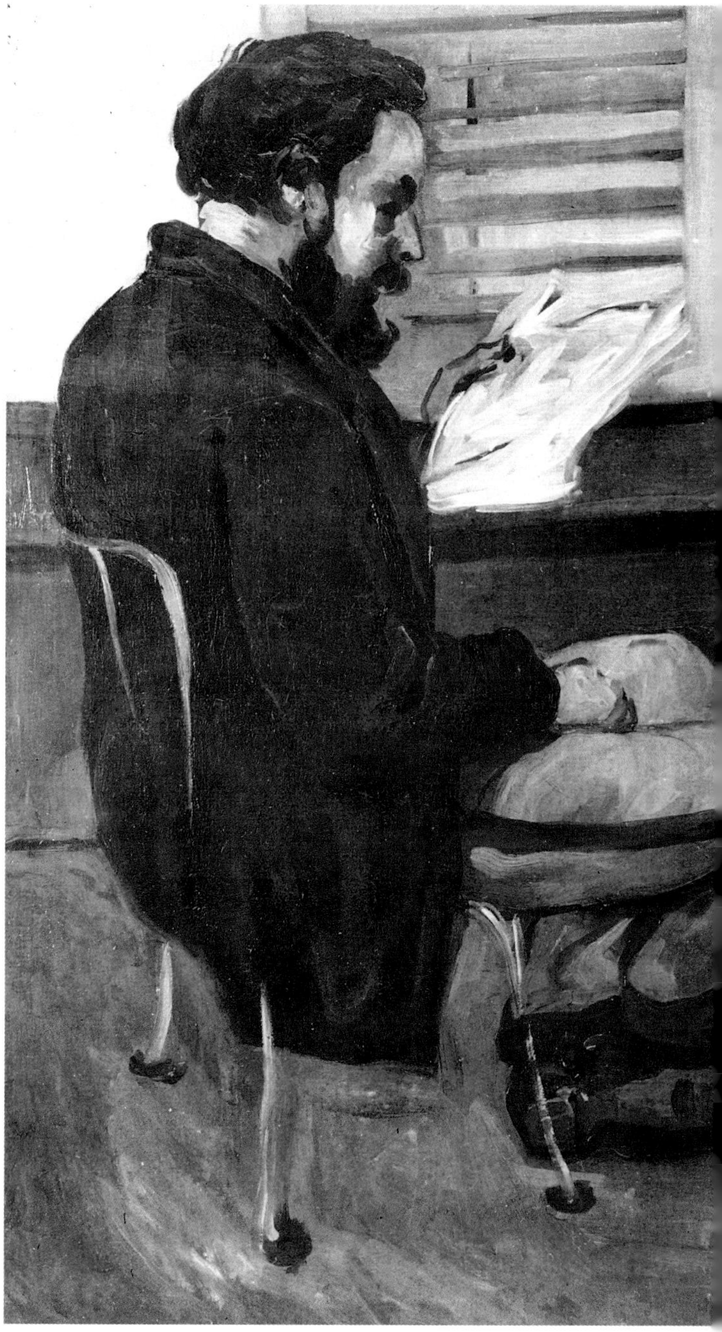

Paul Cézanne. *Paul Alexis faisant la lecture à Zola.* 1869-70. Coll. part., Suisse.

d'échanges, tentaient d'imposer une vision nouvelle de la nature, cherchaient à se regrouper pour exposer ensemble. La guerre et la Commune avaient profondément secoué la société ; mais le Salon n'avait pas changé. L'académisme dominait, les peintres s'érigeaient en représentants de l'ordre face aux errements des "novateurs" ; y pénétrer devenait pour ces derniers impossible, ils brocardaient Manet du

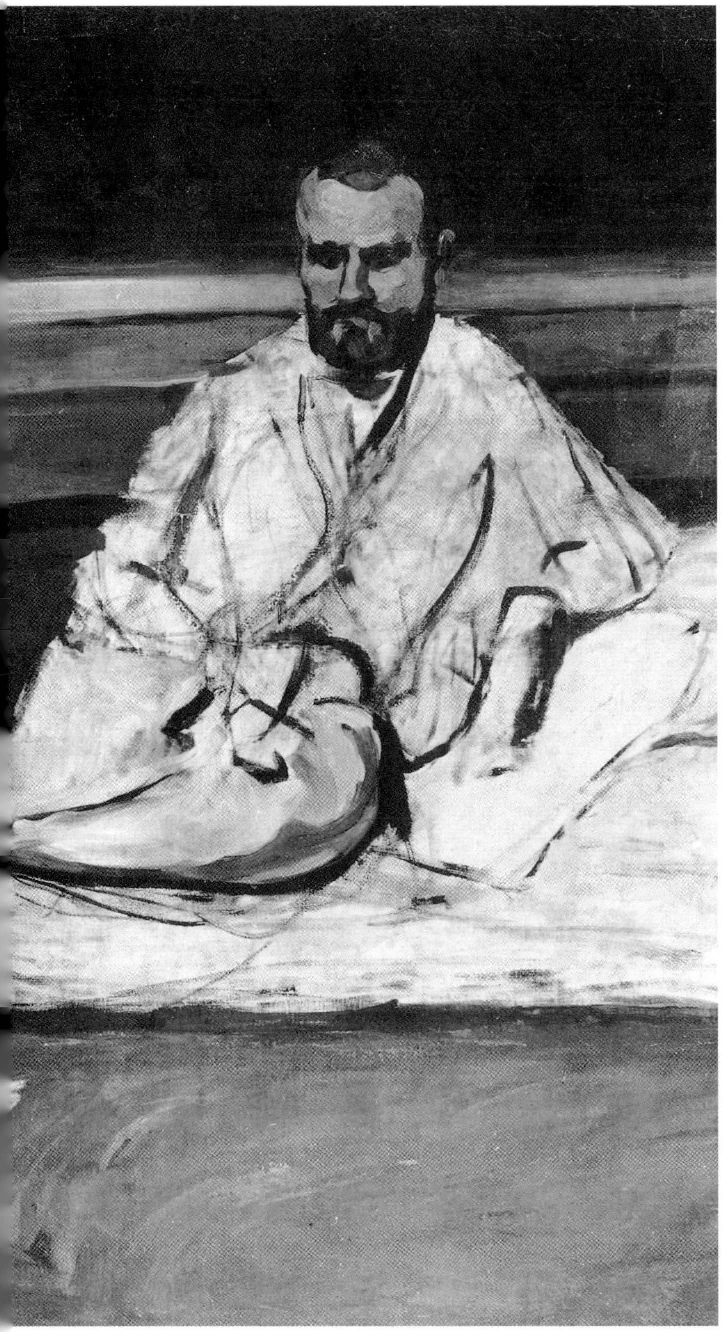

succès qu'il y remporta en 1873 avec le très conventionnel *Le Bon Bock* (musée de Philadelphie) dont le réalisme bonhomme plut au jury !

La préparation d'une exposition réunissant « les peintres de la nouvelle peinture », comme les appelait Duranty, fut longue et difficile ; ce n'étaient pas de jeunes blancs-becs qui voulaient se faire connaître mais des hommes en pleine maturité — en 1874 Pissarro avait quarante-trois ans, Degas quarante, Renoir trente-trois, Monet trente-quatre — dont une partie importante de l'œuvre était faite. Ils désiraient que le public voit et juge leurs tableaux.

Non sans mal une première manifestation d'ensemble est décidée, trente artistes exposeront cent soixante-cinq œuvres dans les anciens salons du photographe Nadar, 35, boulevard des Capucines, du 15 avril au 15 mai 1874. Le titre n'était guère attirant : Exposition de la Société anonyme des Peintres, Sculpteurs, Graveurs, etc. Y participaient : Cézanne, Renoir, Sisley, Pissarro, Monet, Berthe Morisot, Guillaumin, Degas, Boudin et plusieurs autres moins connus aujourd'hui. Manet, refusant d'exposer avec Cézanne, s'était récusé.

Le scandale fut énorme. La majorité des artistes, Cals, Latouche, Astruc, Brandon, Colin, Lepic, Levert, de Nittis et bien d'autres, dont la peinture était sage, ne risquaient pas de provoquer sarcasmes ou injures. Il n'en était pas de même de ceux, peu nombreux, qui choquaient par la nouveauté de leur vision le conformisme visuel du public ; c'est sur eux que se polarisa le feu roulant des critiques, ceux du moins qui ne se contentaient pas, par mépris, de hausser les épaules. Ces provocateurs n'étaient pas plus de six, Renoir, Monet, Sisley, Pissarro, Cézanne, et une demoiselle de bonne famille, Berthe Morisot. Néanmoins l'ensemble n'échappa pas aux accusations portées contre « cette risible collection d'absurdités ».

La mère de Berthe Morisot, affolée des fréquentations de sa fille, demanda à son ancien professeur, un certain Guichard, ami de Corot, d'aller voir ce qu'il en était ; il fut accablé. « On ne vit pas impunément avec les fous, déclara ce brave homme. Certes, l'on trouve çà et là d'excellents morceaux, mais tous louchent plus ou moins du cerveau ! ».

Le 25 avril parut dans *Le Charivari* un article signé Louis Leroy qui, intitulé « Exposition des Impressionnistes » résumait les quolibets de la majorité des critiques. Pissarro, Sisley, Cézanne, Berthe Morisot, Degas, Monet surtout avec son *Impression, Soleil levant* (musée Marmottan, Paris) qui fournit son titre à l'article, firent les frais du déluge de sarcasmes distillé par M. Leroy.

Le mot "impressionnisme" déplut aux artistes, mais fut aussitôt utilisé par les détracteurs comme par les sympathisants, tel Castagnary l'un des habitués du café Guerbois qui écrivit dans *Le Siècle,* quelques jours plus tard, un article aussi pertinent que prémonitoire.

« Pour la première et seule fois sans doute, dans l'histoire de la peinture, le nom qu'on a donné à ce mouvement lui convient » remarquera Elie Faure. C'est en effet l'"impression" que voulaient exprimer Monet et Renoir à la Grenouillère, Sisley sur les bords du Loing, Cézanne et Pissarro à Pontoise ou à Auvers ; la sensation visuelle saisie au vol, l'instant qui passe, les variations changeantes de la lumière. Travaillant toujours en plein air avec peu de reprises, et utilisant des touches plus juxtaposées que superposées, leur palette était, afin d'obtenir le plus d'éclat et de luminosité possible, simplifiée à l'extrême, sept ou huit couleurs, les plus proches du spectre solaire, des jaunes, des orangés, des vermillons, des laques, des rouges, des violets, des bleus, des verts et des émeraudes qui n'étaient pas les couleurs "réelles" des choses, mais celles que les impressionnistes voyaient. Car sous l'action de la lumière, tel arbre, a priori vert, peut devenir mauve ou gris-bleu, telle meule de blé à priori jaune se transforme en masse violette ou bleue.

Les impressionnistes emploient uniquement des couleurs pures ; ils excluent de leur palette les noirs, les gris, les bruns, les terres et les ocres. Simplification des couleurs et division des tons, tels sont les deux principes qui inspireront leur vision ; abandonnant l'atelier ils feront du paysage, principalement du paysage d'Ile-de-France, à portée de leurs regards, le laboratoire ébloui de ces vibrations colorées

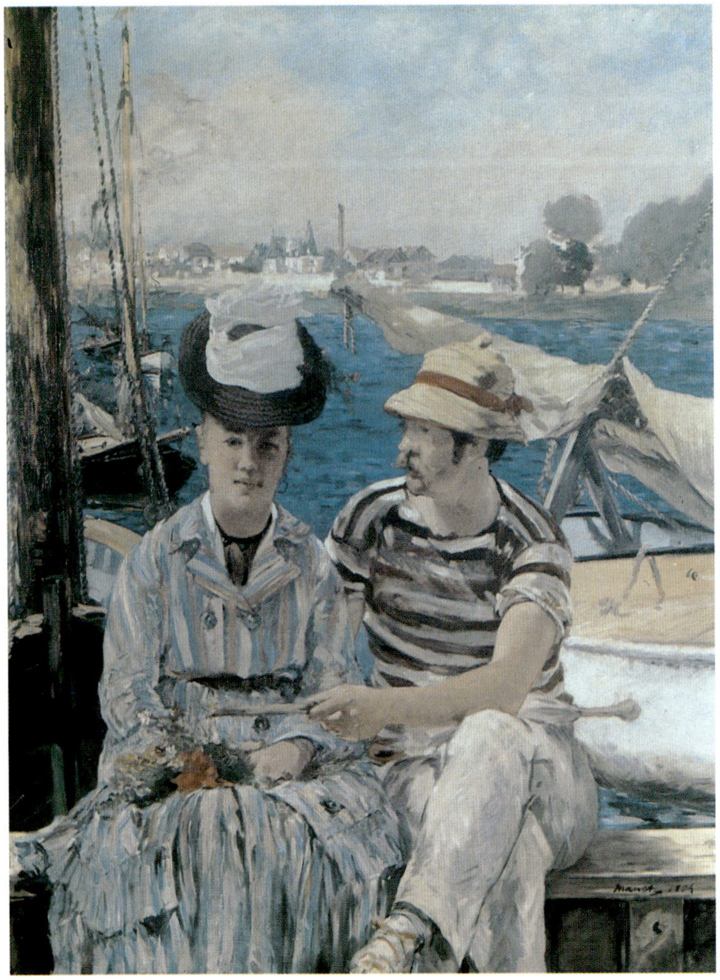

Edouard Manet. *Argenteuil.* 1874. Musée des Beaux-Arts, Tournai.

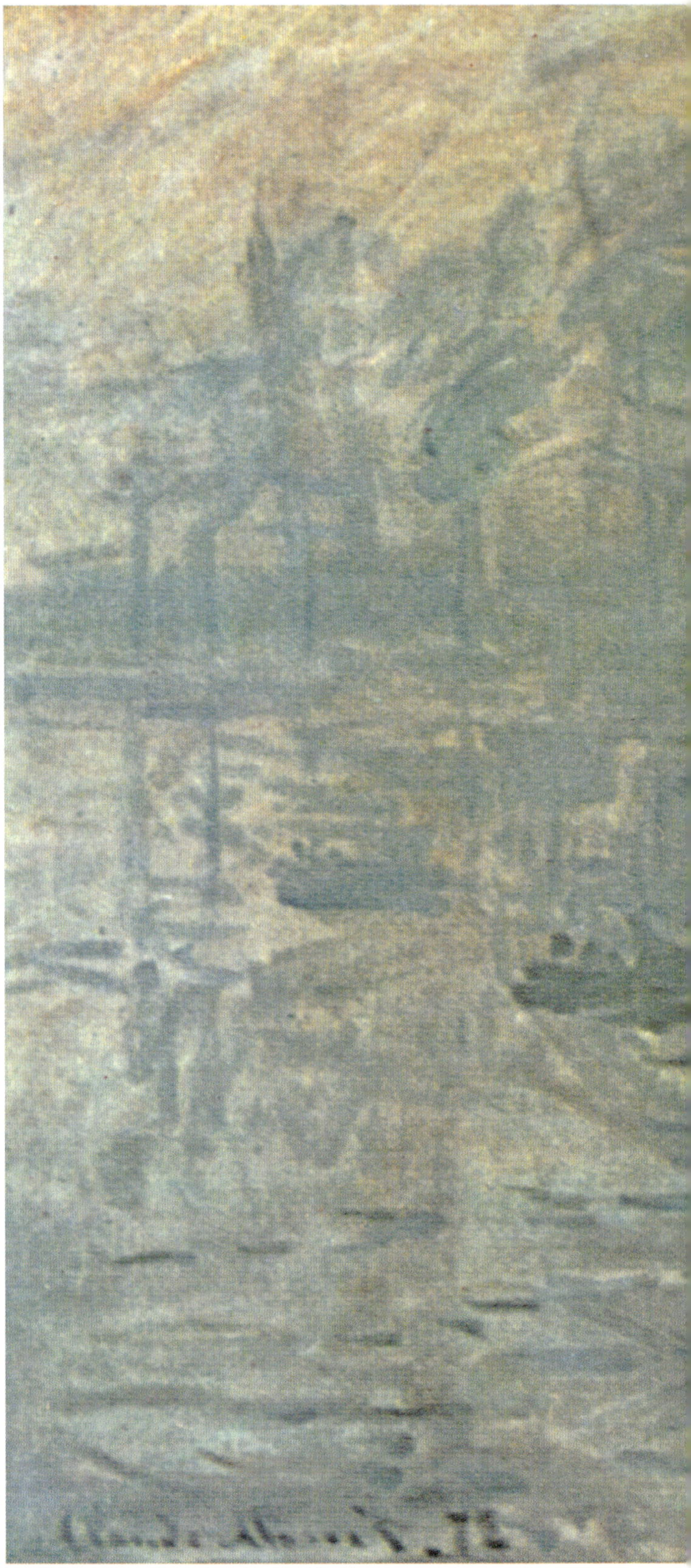

Claude Monet. *Impression, soleil levant.* 1872. Musée Marmottan, Paris.

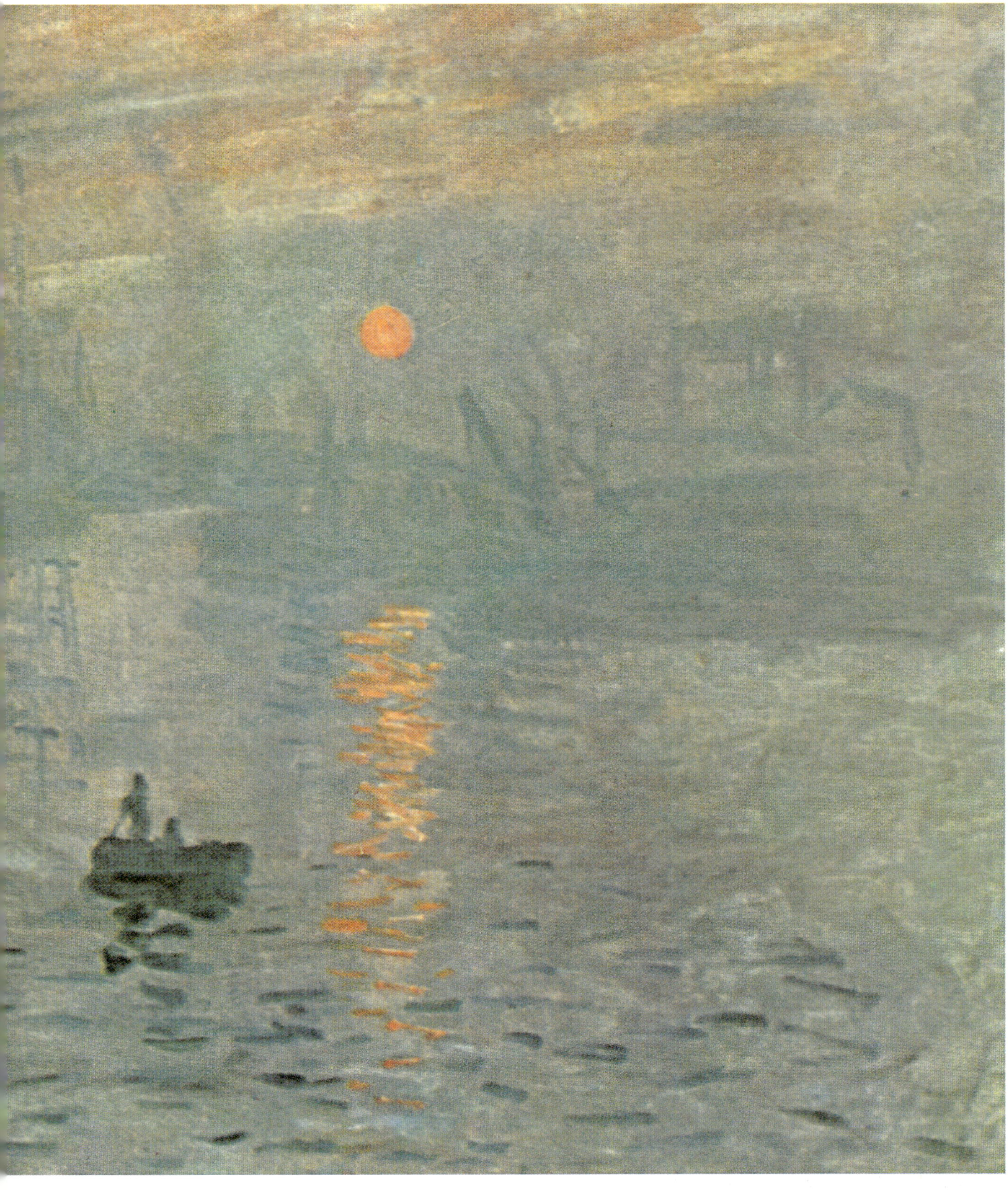

exprimées par des touches de peinture juxtaposées se faisant valoir les unes et les autres, en quoi se reconnaît la véritable nouveauté de l'impressionnisme.

C'est l'œil du spectateur qui devait opérer les mélanges, mais pouvait-on demander à un public guère accoutumé à ces phénomènes, habitué qu'il était, par l'académisme, à ne saisir que le contour extérieur enfermant le modelé des choses, à voir autre chose, devant les toiles impressionnistes, que des barbouillages informes ? Encouragé par la critique, il ne pouvait que rejeter ces trublions, ces « communards », qui contrairement à ce que l'immense majorité croyait, n'étaient nullement des provocateurs, et dont l'art était

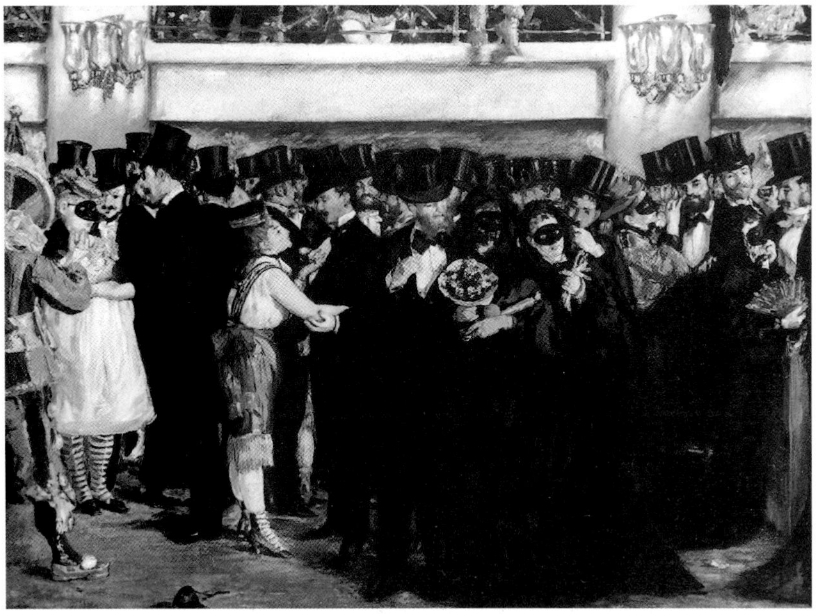

E. Manet. *Bal masqué à l'Opéra.* 1873-74. National Gallery, Washington.

comme soulevé, porté, justifié par la plus pure tradition française. L'amour de la lumière, la recherche de la vérité directe fondée sur l'observation de la nature, les audaces et la liberté de langage, sont des constantes du génie de notre race.

L'impressionnisme n'est pas une explosion imprévue, une sorte de bombe lancée dans la peinture ; Corot qui conseillait : « Ne jamais perdre la première impression qui nous a émus... », Delacroix qui regardait comme capitale « l'impression transmise à l'artiste par la nature... », Courbet, Bazille, Jongkind et les peintres de l'école de Saint-Siméon, l'annonçaient. « Tout, dans la nature, est reflet... » déclarait aussi Delacroix, et l'on ne saurait oublier l'influence de l'aquarelle anglaise, de Constable et de Turner que Monet et Pissarro avaient découverts à Londres.

Evolution et dispersion des impressionnistes

Proust écrira : « Le souvenir d'une certaine image n'est que le regret d'un certain instant ; et les maisons, les routes, les avenues sont fugitives, hélas ! comme les années. » C'est en écho que peu avant sa mort Monet déclarera : « Je n'ai

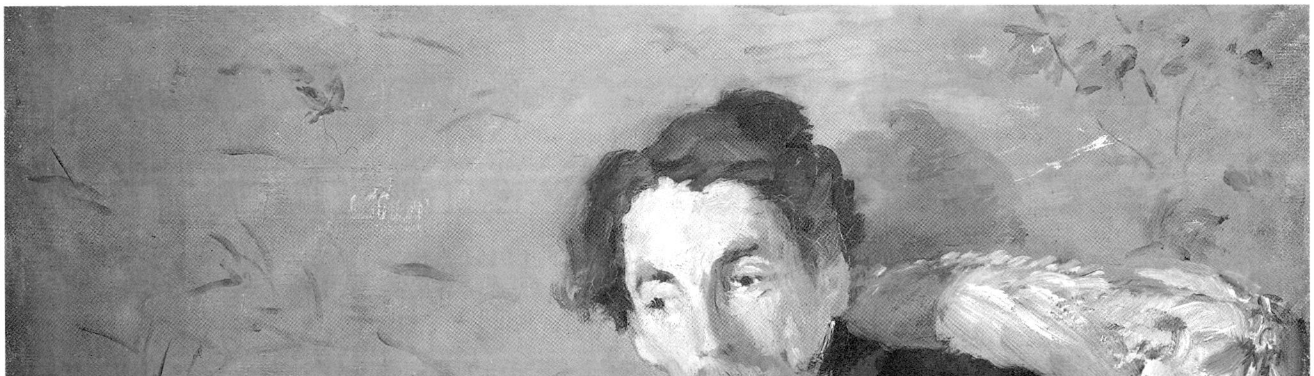

Edouard Manet. *Stéphane Mallarmé.* 1876. Musée d'Orsay, Paris.

que le mérite d'avoir peint directement devant la nature en cherchant à rendre mes impressions devant les effets les plus fugitifs. »

En prenant en compte le temps les impressionnistes répondaient aux réflexions des grands systèmes de pensée de leur époque, de Hegel à Bergson, en passant par Marx ou Kierkegaard que bien sûr ils n'avaient pas lus. Et chez eux le temps fut instinct comme l'était la lumière, n'ayant jamais, ni sur l'un, ni sur l'autre, raisonné, et moins encore réalisé la synthèse entre l'œil et le cerveau. Signac a dans son livre fameux, *D'Eugène Delacroix au néo-impressionnisme,* déploré un tel comportement ; il pense que si les impressionnistes avaient davantage réfléchi sur les problèmes scientifiques des couleurs cette connaissance aurait facilité leur recherche, et permis de placer, non une couleur quelconque, tel rouge ou tel vert, mais le rouge ou le vert exacts.

« Vous arrivez devant la nature avec des théories, la nature flanque tout par terre... » disait Renoir. Pourtant la spontanéité de l'impressionniste ne le transforme pas en une simple plaque sensible ; de la sensation naît l'émotion qui oriente la vibration de la touche, allège les valeurs, hiérarchise les plans colorés...

Huit expositions impressionnistes eurent lieu entre 1874 et 1886, en 1874, 76 et 77, 79, 1880, 81 et 82, 1886. Cézanne n'y exposa que deux fois, en 1874 et 1877, Gauguin en 1879, 80, 81, 82 et 86, Odilon Redon à la dernière à laquelle participèrent également Seurat et Signac. Quoique n'ayant pas pris part à toutes les manifestations — ce que seul fit Pissarro — Renoir, Monet, Sisley, Berthe Morisot, et même Degas si peu "impressionniste" qu'il fut, se montrèrent les plus assidus. Si l'on donne d'ailleurs au terme "impressionniste" un sens précis, il ne peut être appliqué qu'à deux ou trois peintres à des périodes également précises de leur vie : Renoir, Monet ou Pissarro.

Si les sarcasmes et les injures perdirent avec le temps de leur virulence ou de leur haine (néanmoins la fameuse diatribe d'Albert Wolff dans *Le Figaro* du 3 avril 1876 « cinq ou six aliénés dont une femme, un groupe de malheureux atteints de la folie de l'ambition... » reste un monument d'aveuglement) les défenseurs et les collectionneurs de l'impressionnisme, d'abord rares, se firent de plus en plus nombreux. Des articles ou études de Castagnary, Armand Silvestre, Duranty dans sa brochure *La Nouvelle Peinture* parue en 1876, Théodore Duret dans *Les Peintres impressionnistes* en 1878, aidèrent le public à comprendre ces nouveaux venus qui, pour certains, afin d'élargir leur audience et de vaincre l'hostilité, tentèrent à partir de 1879-1880, de se faire admettre au Salon. Renoir, puis Monet y parvinrent, ce qui provoqua des protestations, de Degas notamment, et l'éclatement du groupe.

Dès lors l'impressionnisme évolua : la sensation visuelle exprimée spontanément se transforma en réflexion sur les problèmes de la lumière, et la technique se systématisa, devint procédé. En dépit des divergences, et aussi de la dispersion des peintres, les expositions continuèrent jusqu'en 1886.

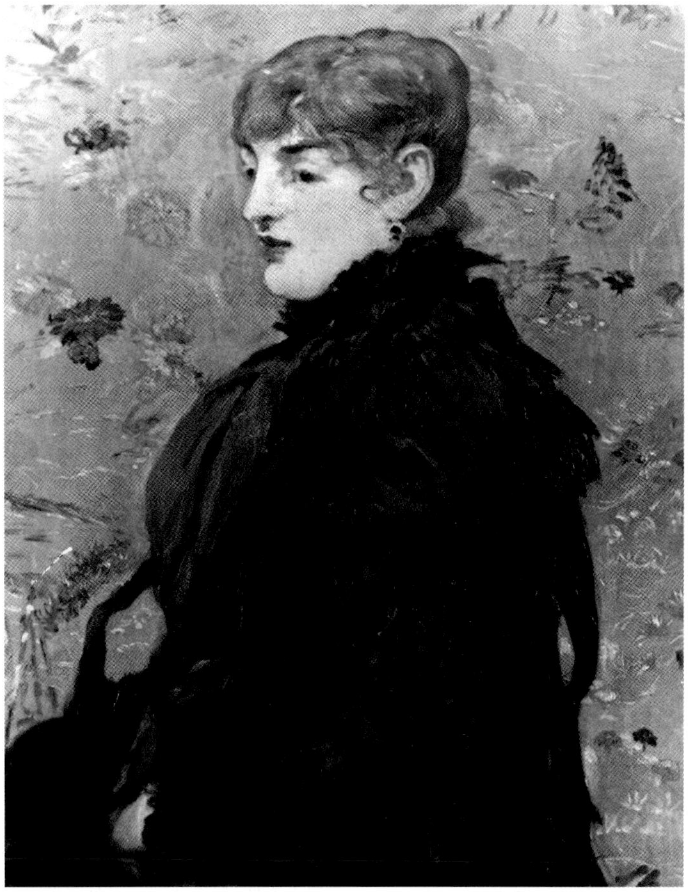

Edouard Manet. *L'Automne.* 1881. Musée des Beaux-Arts, Nancy.

Audace et justesse de Manet

Manet a bousculé l'Ecole, défié — sans le vouloir — le Salon, horrifié bien malgré lui la critique académique et le public. Il n'a jamais adopté la vision impressionniste, la sienne est moins étroitement liée aux problèmes de la lumière ; il voit plus large, plus profond, mais surtout il voit d'une manière concise et rapide la vie moderne dont il exprime la sensibilité "en direct". Sans se soucier des procédés utilisés avant lui, en négligeant la perspective, les valeurs, les demi-teintes, le modelé.

Les sujets contemporains qu'il traite étaient jusque là étrangers au domaine de la peinture, mais non de la littérature ; les brasseries, les cafés-concerts, les théâtres, la rue et ses voitures, les femmes, les passants, le train, les fiacres. Manet ne compose pas, et peint souvent ses personnages comme s'il les voyait de loin ; de près il les fouette de couleurs ou les modèle de touches franches, vives et brusques, qui excluent à la fois les "cuisines" des académiques, et la division du ton des impressionnistes.

Doué d'une faculté d'observation très aiguë Manet explora toutes les facettes de son temps où, pour lui, tout était bon à peindre. *Argenteuil* (1874, musée de Tournai) exécuté sur le terrain, si l'on peut dire, des impressionnistes, montre tout ce qui sépare sa vision de la leur. Au lieu de la diviser par taches dispersées et chatoyantes, il la maîtrise, l'unifie, il ne s'abandonne pas à la féerie de la lumière, il traite un *sujet,* une scène estivale en plein air. Et si c'est en virtuose qu'il peint les vibrations colorées du paysage et des vêtements, c'est également avec exactitude et rigueur.

Il n'a pas une confiance illimitée en la spontanéité, seulement dans son audace, car Manet est un maître de la justesse ; il sait poser les tons qui donnent l'impression d'être jetés sur la toile là où il faut. C'est pourquoi, bien que fidèle à la réalité, il la transcende sans cesse par ses extraordinaires qualités de peintre ; l'au-delà du sujet, le sens nouveau que la peinture lui donne, l'intéressent plus que le sujet lui-même. Sans cette transmutation nous intéresserions-nous autant au *Bal masqué à l'Opéra* (1873-1874, National Gallery of Art, Washington), au *Café-concert* (1878, The Walters Gallery, Baltimore), à *la Serveuse de bocks* (1879, musée d'Orsay, Paris), à la banale conversation *Dans la serre* (Staatliches Museum, Berlin) ou au flirt apparemment difficile à conclure *Chez le Père Lathuile* (musée de Tournai) ?

Imaginons les mêmes thèmes traités par les peintres académiques, on n'y verrait seulement que le sujet.

Car c'est à la fois la peinture, et une perception nouvelle de la peinture que Manet propose ; le principal reproche qu'on lui fait, ne pas terminer ses toiles, y est lié. Le peintre

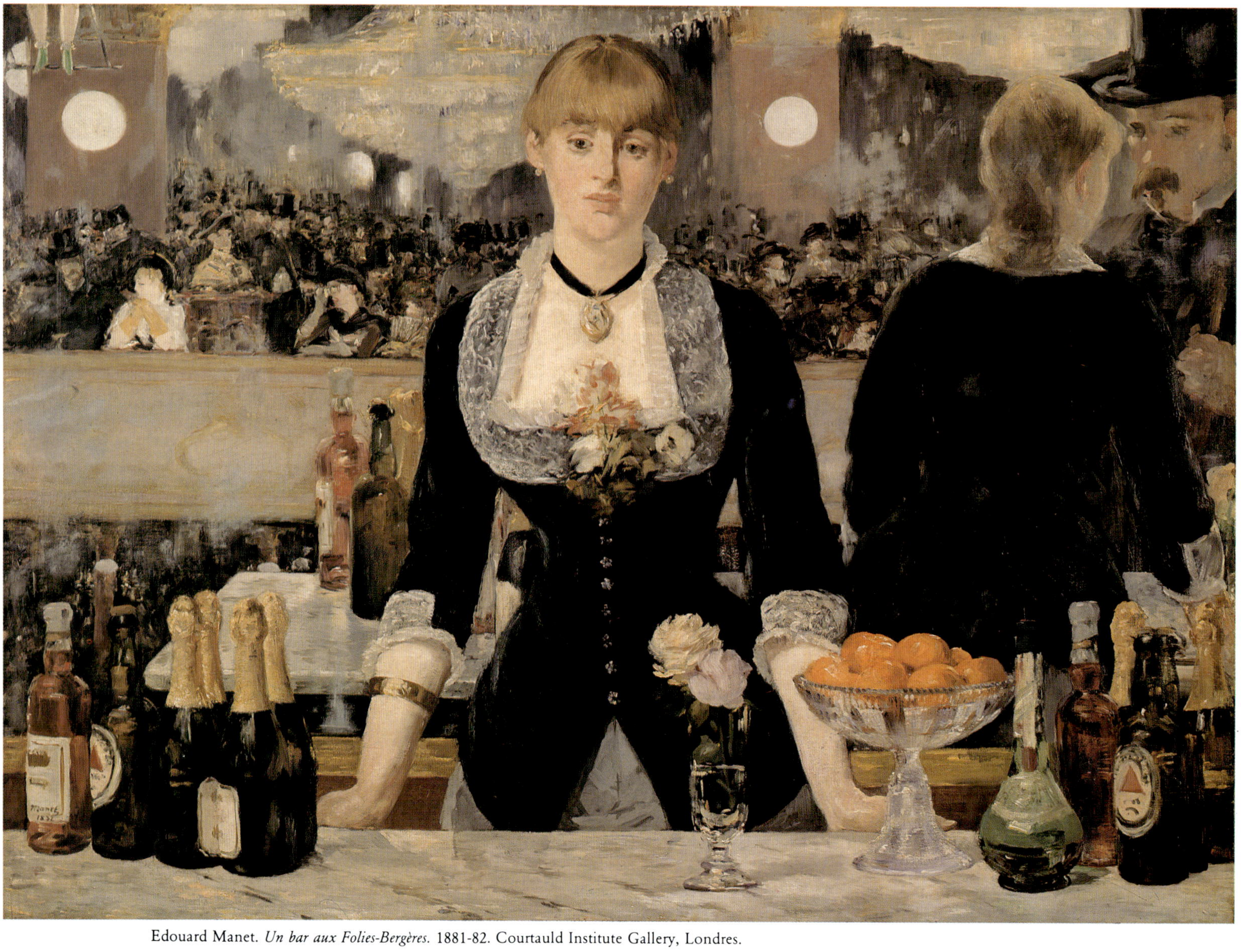

Edouard Manet. *Un bar aux Folies-Bergères.* 1881-82. Courtauld Institute Gallery, Londres.

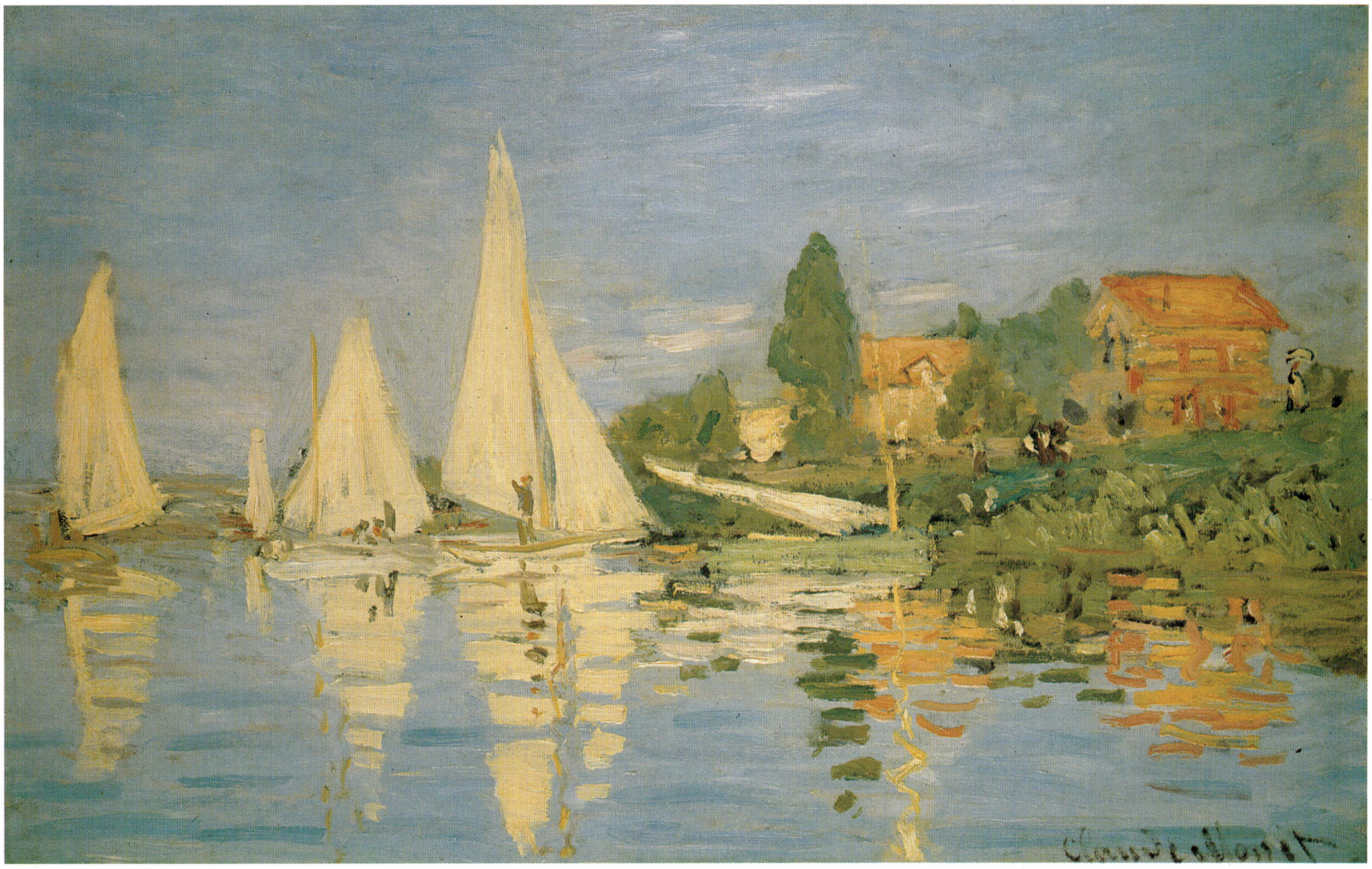

Claude Monet. *Régates à Argenteuil.* Vers 1872. Musée d'Orsay, Paris.

confie aux regards d'autrui le soin d'accompagner, ou d'achever le sien, mais comme l'a remarqué Gaëtan Picon : « Il n'y a pas de dernier regard puisqu'il n'y a pas de position privilégiée. » En effet, devant un tableau de Manet, le spectateur avance, recule, se place de côté, recule ou avance encore ; c'est aussi la multiplicité des regards qui oppose la vision de l'auteur de *L'Olympia* à celle des impressionnistes auxquels il emprunte, dès 1874, leurs couleurs claires, blondes et fluides.

Baudelaire parlant de Delacroix, puis Zola à propos de Manet, avaient compris cette nouvelle distance séparant le spectateur du tableau.

Ses portraits sont confondants de naturel, de simplicité, et de pénétration psychologique. Celui de *Berthe Morisot au bouquet de violettes* (1872, collection particulière, Paris) est surtout remarquable par le contraste entre les tons bruns et rosés du visage, mi-clair, mi-ombré, et les noirs profonds du chapeau, des rubans et du manteau ; « Manet fait résonner son œuvre, compose du mystère à la fermeté de son art. Il combine à la ressemblance physique du modèle, l'accord unique qui convient à une personne singulière, et fixe fortement le charme distinct et abstrait de Berthe Morisot » écrit Paul Valéry.

Le *portrait de Mallarmé* (1876, musée d'Orsay, Paris), saisi au cours d'une conversation familière, le cigare aux doigts, est l'image même de la rêverie intellectuelle, alors que celui de *Zola* (1868, musée d'Orsay, Paris) traduit le caractère appliqué, laborieux, passionné comme Manet par la vie contemporaine, et l'exprimant par la réflexion non exempte d'ailleurs d'une certaine froideur. Odilon Redon dira que le portrait de l'écrivain est « plutôt une nature morte que l'expression d'un caractère humain. »

Mais ce sont surtout les femmes qui ont retenu le pinceau de Manet, leur admirateur passionné ; il ne s'est jamais soucié de les embellir selon le canon conventionnellement adopté par les artistes de son temps. Mais qu'il s'agisse de Berthe Morisot dans *Le Repos* (1870, Museum of Modern Art, Rhode Island School of Design, Providence), de Nina de Callias dans *La Dame aux éventails* (1873-1874, musée d'Orsay, Paris) ou de la jeune actrice Henriette Hauser dans *Nana* (1877, Kunsthalle, Hambourg), de *La Blonde aux seins nus* (1878, musée d'Orsay, Paris), d'Irma Brunner, la *Femme au chapeau noir* (1882, pastel, Louvre), de Mery Laurent dans *L'Automne* (1881, musée de Nancy), de *Mme Gamby dans le jardin de Bellevue* (1879, collection Mellon, Upperville, Virginie) ou de bien d'autres encore, les élans du peintre et de l'homme se conjuguent dans ce langage tactile et visuel qui n'est jamais autant sensible que lorsqu'il exprime l'image féminine.

Les derniers portraits de femmes, de 1879-1882, sont les plus émouvants ; c'est dans la grâce ou l'élégance de ses modèles que Manet, en proie à la lente progression de la

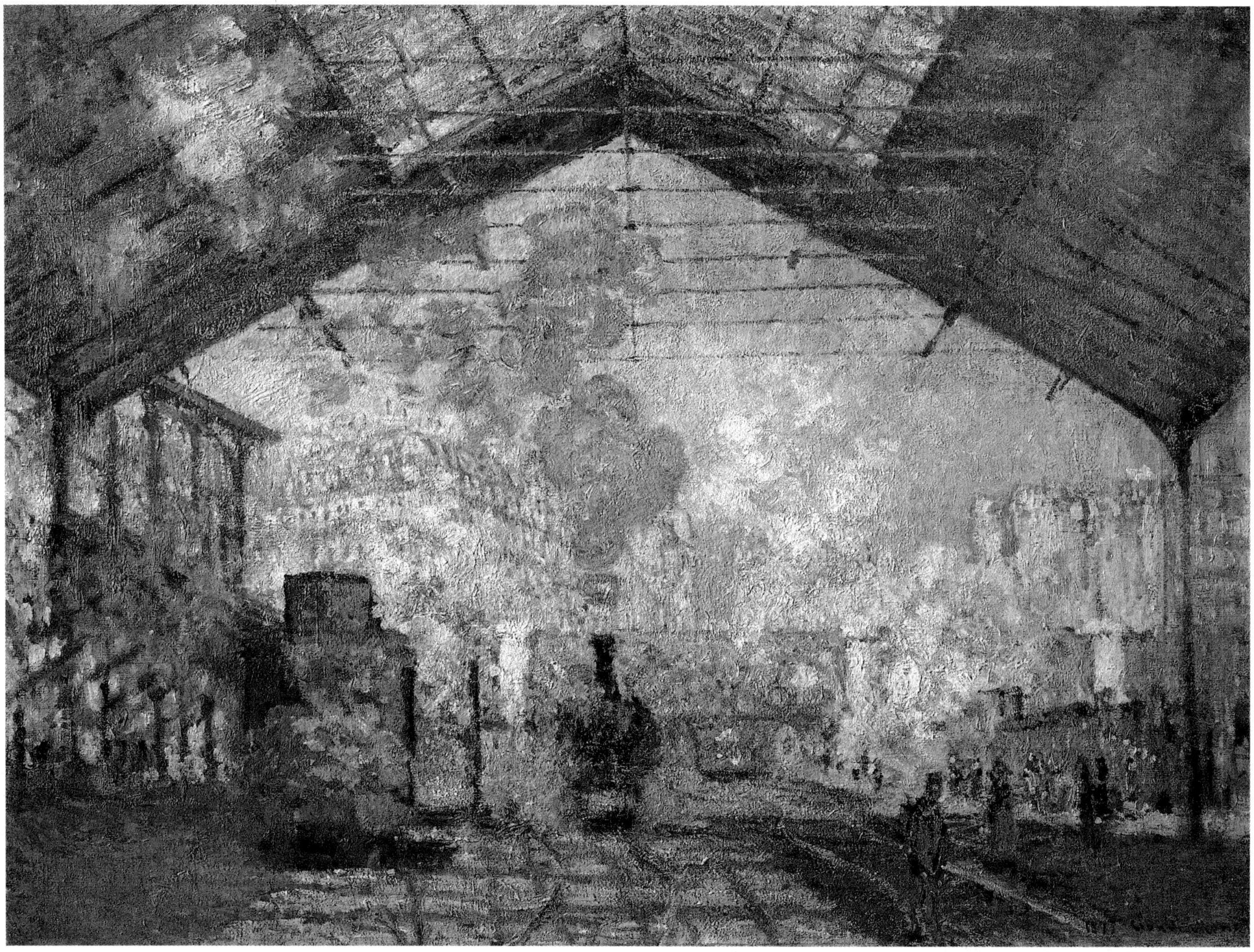

Claude Monet. *La gare Saint-Lazare.* 1877. Musée d'Orsay, Paris.

maladie dont il mourra, en 1883, à cinquante et un ans, trouve les stimulants les plus rares. Dans sa précipitation à capturer ce qu'il quitte, « le vierge, le vivace et le bel aujourd'hui », Manet ne dissimule qu'en apparence l'anxiété du désespoir ; ces femmes, des courtisanes ou des actrices, drôles, frivoles ou faciles, ne sourient pas.

Ce serait pourtant le rôle de la serveuse du *Bar aux Folies-Bergères* (1881, Courtauld Institute, Londres) dont le regard absent est plein d'une étrange mélancolie ; elle est debout derrière son comptoir où Manet a peint l'une de ses plus éblouissantes natures mortes, des bouteilles de champagne et de bière, une coupe de fruits et un bouquet de roses, comme le finale de toutes celles, non moins savoureuses, éclatantes ou pulpeuses, qu'il avait représentées tout au long de sa vie.

La salle illuminée, le mouvement de la foule dont le reflet apparaît dans la glace, la luminosité embuée de vapeurs de fumée résument, avec la présence, au fond, de Jeanne Demarsy et de Mery Laurent, deux des brillantes amies des dernières années, l'existence de plaisir où s'était complu Manet. *Un bar aux Folies-Bergères* est son dernier chef-d'œuvre, l'adieu à la peinture et à la vie.

Monet et la lumière des saisons

C'est entre 1872, où commence la période d'Argenteuil, et 1878, que Monet a peint ses toiles impressionnistes les plus sensibles et les plus vraies. « Ce que Monet a peint c'est l'espace qui existe entre lui et les choses » a écrit Gustave Geffroy ; entre lui et les choses il y eut ces insaisissables vibrations de la lumière qu'il a, presque miraculeusement, fixées par fines tâches de couleurs rapprochées, sur la toile.

Ou en larges touches morcelées comme les reflets dans l'eau des *Régates à Argenteuil* (vers 1872, musée d'Orsay, Paris) qui expriment bien le frémissement solaire sur le fleuve.

Toutes les vues d'Argenteuil, et celles des Tuileries vers 1876-1877, sont autant de variations d'atmosphère, d'expressions de la lumière où les contours des choses se fondent dans un ensemble de sensations où le réel se recrée ; les ombres cessent d'être à proprement parler des ombres, elles deviennent couleur. Tout est couleur, les arbres, les passants dans la rue, les voitures, les monuments, l'air, le ciel. Dans les séries de la *Gare Saint-Lazare* c'est l'atmosphère très particulière, et nouvelle en peinture, de la fumée des locomotives se dissolvant en volutes dans l'air et se mêlant aux nuages en diaprures vaporeuses qui inspire à Monet ses différentes études d'éclairage, du grand soleil aux approches du soir gris bleuté. Il reprendra ce procédé dans ses vues de la cathédrale de Rouen.

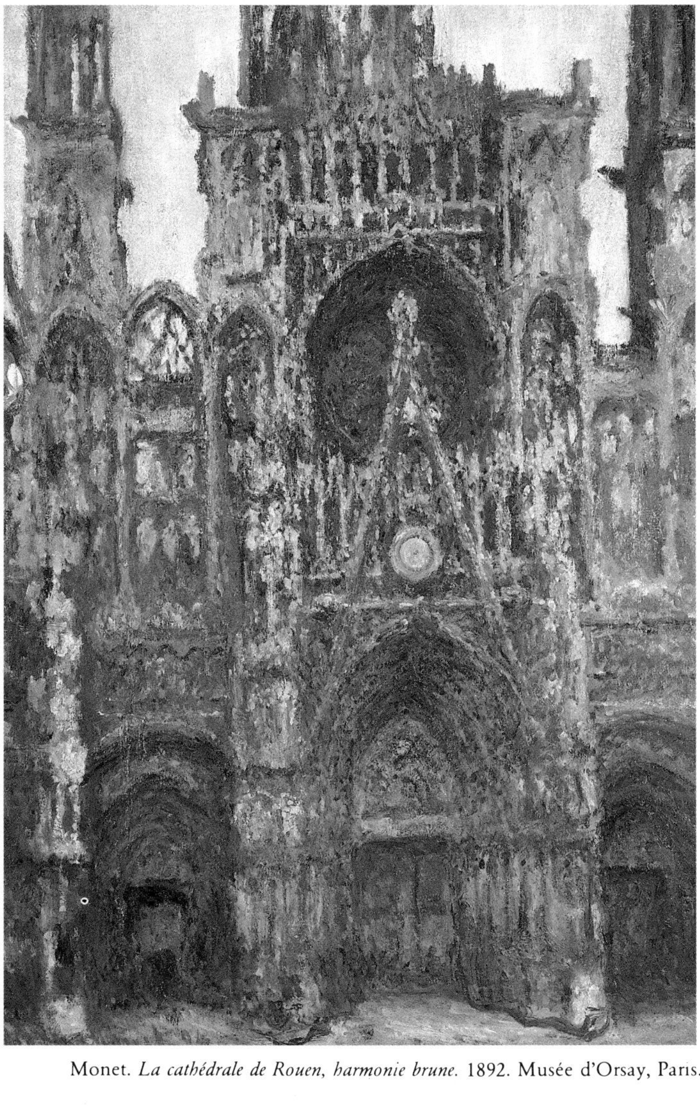

Monet. *La cathédrale de Rouen, harmonie brune.* 1892. Musée d'Orsay, Paris.

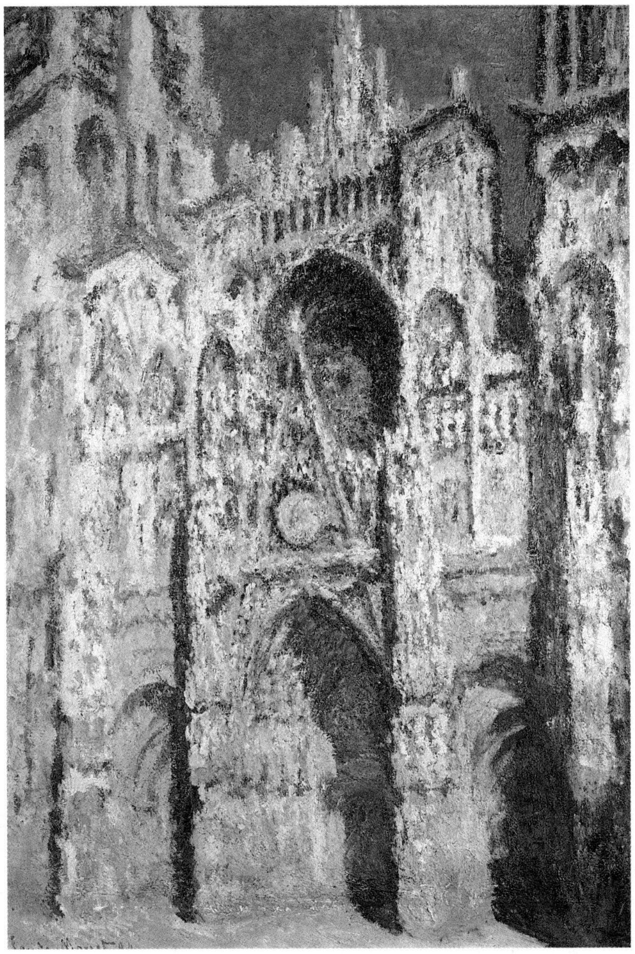

Claude Monet. *La cathédrale de Rouen, harmonie bleue et or.* 1894. Musée d'Orsay, Paris.

« Ce n'est qu'un œil, disait Degas. Mais quel œil ! » L'œil de Monet est continuellement en mouvement ; ses paysages d'Argenteuil, de Paris, de Vétheuil (*Débâcle sur la Seine : les glaçons,* 1880, musée d'Orsay, Paris ; *Le jardin de l'artiste à Vétheuil,* 1880, National Gallery of Art, Washington), ou de Belle-Ile (*Tempête, côtes de Belle-Ile,* 1886, musée d'Orsay, Paris) sont des prodiges d'équilibre entre le stable et l'instable, le fixe et le mouvant, où tous les éléments se fondent ou s'opposent en de changeantes symphonies. Le peintre arrache au temps l'instant qui passe. saisit la seconde imprévisible, et tout à sa « continuelle torture » se plaint que « le soleil décline si vite que je ne peux pas le saisir. »

Une telle tension ne pouvait que provoquer inquiétude et désarroi ; à partir des années 1885 la peinture de Monet se fait moins impulsive, plus réfléchie ; il organise plus ses sensations qu'il ne s'y abandonne. Reprenant le principe des séries il s'attache à démontrer qu'un même site, des meules dans un champ (1890), ou des rangées de peupliers au bord de l'Epte (1891), peut être constamment transformé par le changement d'éclairage ou de saison.

Il en est de même pour la *Cathédrale de Rouen* (1892-1893) où les variations de la lumière donnent à l'architecture, à partir d'endroits légèrement différents, une réalité sans cesse mouvante comme si la structure, à la fois falaise et forêt, de cet imposant monument se dissolvait et se reconstruisait en même temps, sous les yeux du peintre, dans la lumière et par elle. D'où des harmonies blanches le matin, bleu et or en plein soleil, bleues sous le soleil matinal, par temps gris, brume, etc. C'est ce que Proust appellera « la forme du temps ».

Avec les *Nymphéas* auxquels Monet se consacre presque exclusivement après 1900 c'est toujours le temps qui est mis en question, mais en suspension, retrouvé. Le peintre, devant son bassin et ses fleurs de Giverny, fait de la perception une authentique vision ; abandonnant la conception classique du paysage, composition, équilibre, structure, le vieillard inspiré aux rétines rongées de lumière participe au monde total qui est matière inorganisée ; l'eau de l'étang absorbe le ciel et les nuages engloutissent les nénuphars et les massifs de fleurs. Il n'y a plus d'horizon, plus de limites, plus de perspective, ni haut, ni bas, ni centre ; comme en témoignent les grands panneaux exécutés de 1917 à 1926, installés dans l'Orangerie des Tuileries.

Ici commence pour une part la peinture abstraite (bien que le sujet des *Nymphéas* soit réel), non structurelle, fondée sur la sensation et l'effusion, opposée à l'ordre cézannien

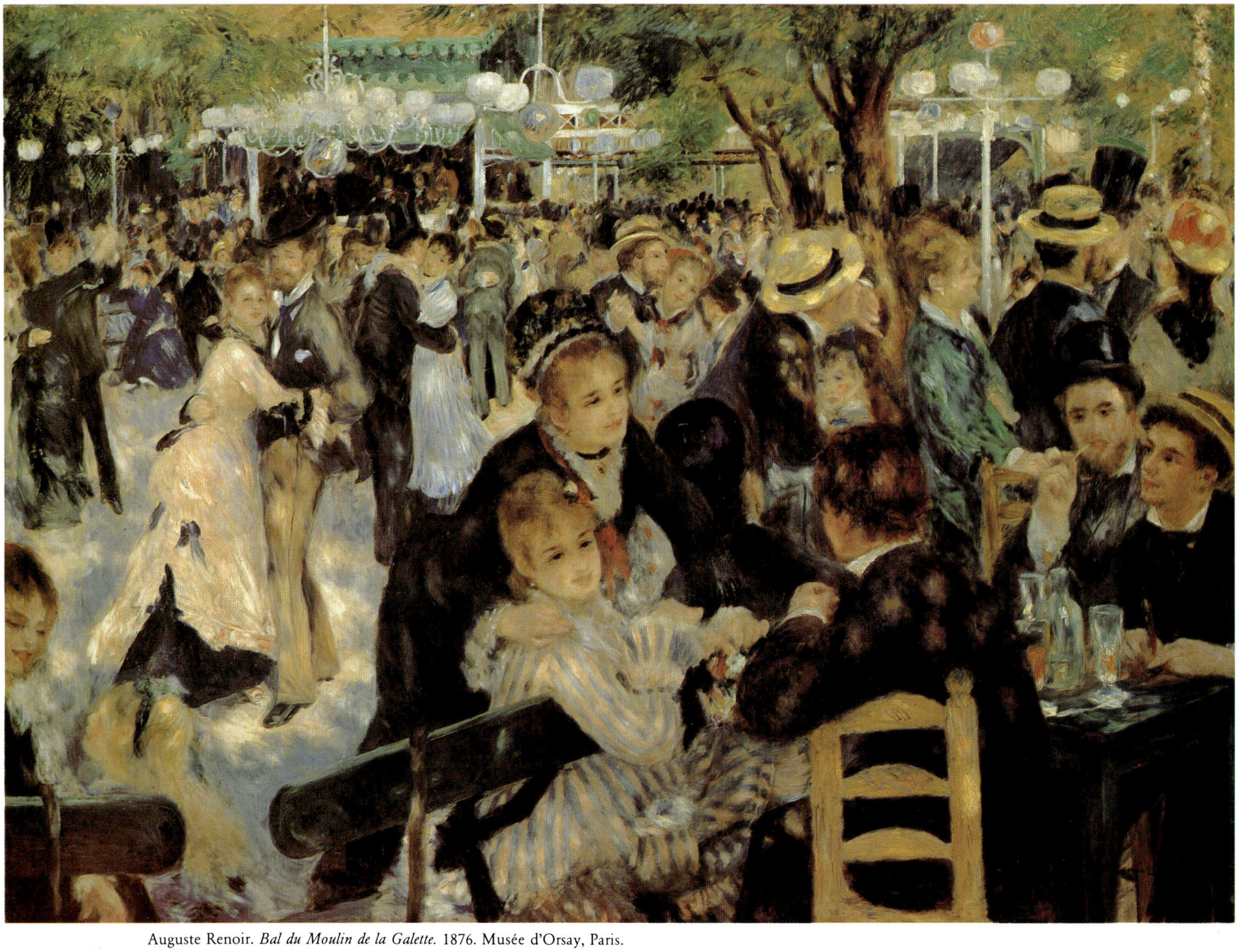

Auguste Renoir. *Bal du Moulin de la Galette.* 1876. Musée d'Orsay, Paris.

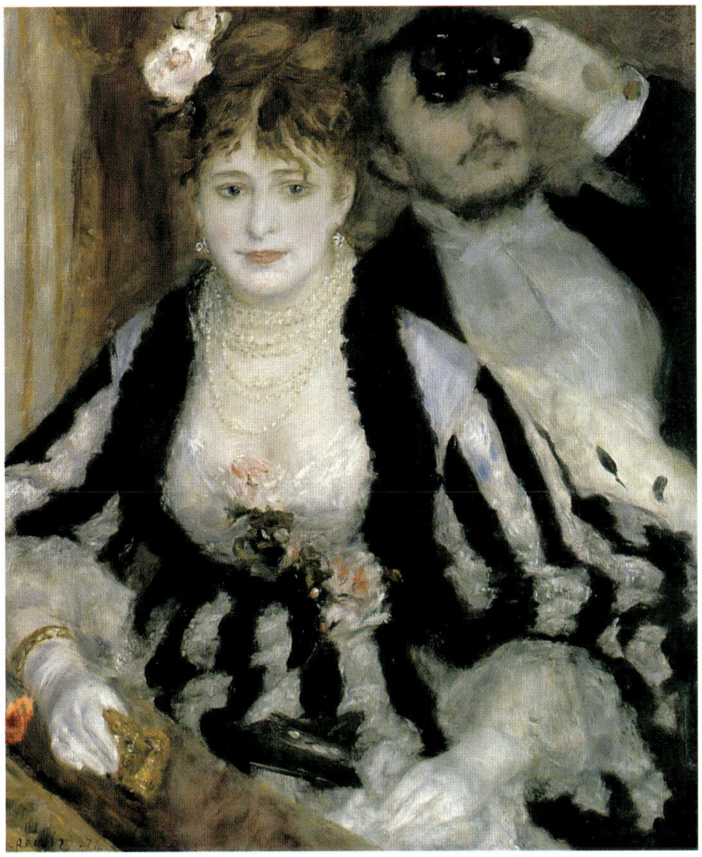

Auguste Renoir. *La loge.* 1874. Courtauld Institute Gallery, Londres.

des représentations géométriques. De ces deux voies sortira presque toute la peinture du XXᵉ siècle.

Renoir peintre du bonheur

Si *Le Moulin de la Galette,* peint par Renoir en 1876 (musée d'Orsay, Paris) évoque le miroitement de l'arc-en-ciel à travers le brouhaha joyeux de ce bal montmartrois, *La Loge* exécutée deux ans plus tôt (Courtauld Institute, Londres), transfigure par les raffinements d'une palette aux richesses veloutées, et l'étrangeté de la lumière froide de l'éclairage au gaz, une scène de la vie mondaine parisienne ; c'est par ces chefs-d'œuvre que débute la période impressionniste du peintre.

Elle est éblouissante de charme et de fantaisie. A Monet le paysage, à Renoir la figure, ou plutôt la femme dont il est, un siècle après Fragonard, le peintre le plus sensuel, le plus ému et le plus vrai, de la délicieuse *Parisienne (*1874, National Museum of Wales, Çardiff) dans sa symphonie de bleus célestes, à la très bourgeoise *Madame Charpentier et ses enfants* (1878, Metropolitan Museum of Art, New York) peints dans l'intérieur cossu du célèbre éditeur. Car Renoir fut un admirable portraitiste ; les commandes qu'il reçut après le portrait de Madame Charpentier l'obligèrent à aller au-delà de l'impression, si joliment exprimée dans *Les Amoureux* (vers 1875) de la Národni Galeri à Prague ou dans *La Balançoire* (1876) du musée d'Orsay. A mieux organiser ses sensations et à "serrer" la forme.

Parisienne et fortunée, comédienne, lorette un peu facile aux yeux rieurs et au nez mutin, femme du monde ou fille de plaisir, les modèles de Renoir sont inséparables de l'univers où le peintre se complut dès ses débuts, malgré les difficultés, les sarcasmes de la critique ou les privations : celui du bonheur. Cette femme, éclatante de beauté ou de grâce, ignore la maladie et la vieillesse comme elle repousse l'ombre, et n'ayant souvent que la lumière pour unique vêtement celle-ci s'épanouit en elle dans sa chair rayonnante. Ces nus, d'un savoureux panthéisme, sont des hymnes à la plénitude de la création ; l'un des plus sensuels est le *Torse de femme au soleil* (1875, musée d'Orsay, Paris) dans sa gamme de roses et de gris caressant les seins ronds ; l'inénarrable Albert Wolff le compara à « l'état de putréfaction d'un cadavre » !

Le Déjeuner des canotiers, peint en 1880-1881, et appartenant à la Phillips Collection à Whashington, n'a pas le charme frémissant et imprévu du *Moulin de la Galette ;* Renoir compose son tableau à partir d'un jeu de nuances diversement colorées, les valeurs claires se détachant sur les foncées, et le contour délimitant les formes qui ne scintillent plus dans la lumière.

Comme Monet à peu près à la même époque, le peintre évolue vers un naturalisme dont sa manière "aigre" ou "ingresque", vers 1884-1890, substitue aux vibrations l'écriture, et à la chair laiteuse des nus une technique porcelainée qui n'est pas pire que celle de certains Bouguereau. Ce changement est particulièrement sensible dans les *Baigneuses* exécutées au printemps de 1887 (The Philadelphia Museum of Art, Philadelphie) où, renonçant désormais à la capture de l'instant Renoir adopte une vision délibérément

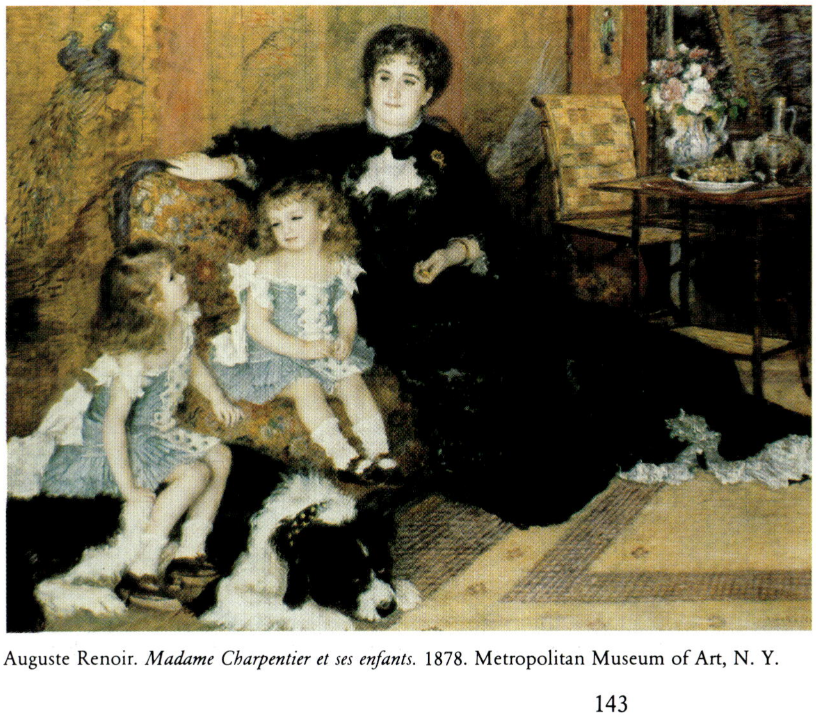

Auguste Renoir. *Madame Charpentier et ses enfants.* 1878. Metropolitan Museum of Art, N. Y.

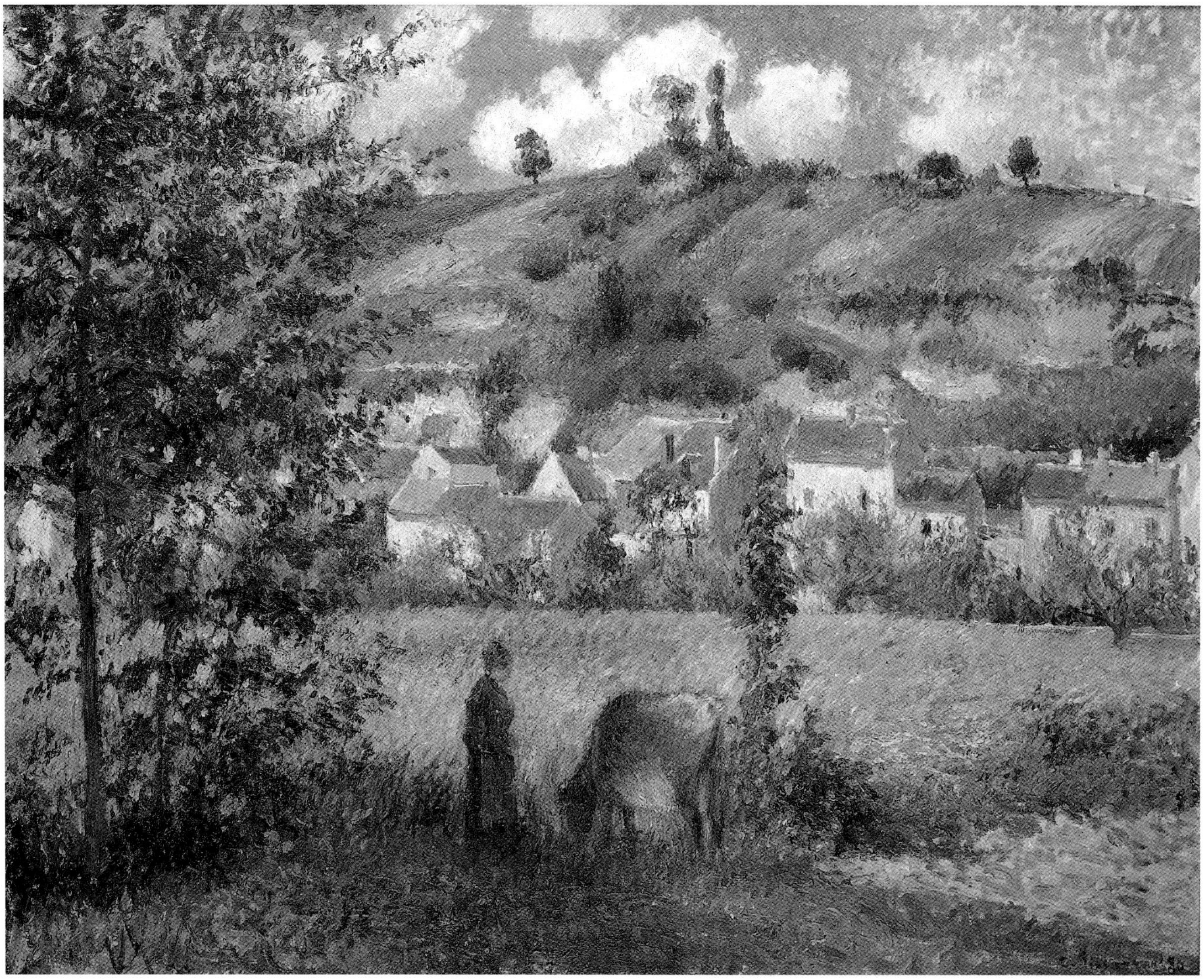

Camille Pissarro. *Paysage à Chaponval.* 1880. Musée d'Orsay, Paris.

intemporelle de la femme dans la nature. Il y aura encore bien des toiles séduisantes dans son œuvre, mais il ne retrouvera pas cet instinct de la vie et ce sentiment de la lumière dont on admire tant la liberté, le charme et le naturel. Il est vrai que Renoir, harcelé par les rhumatismes, est un homme malade dont les émotions hédonistes se limitent, dans le jardin de sa propriété des Collettes au-dessus de Cagnes, où il vit à partir de 1907, aux formes rustaudes et grasses de ses bonnes et aux bosquets d'oliviers où le peintre retrouve parfois la liberté de touche et les scintillements de lumière d'autrefois.

Pissarro, Berthe Morisot, Sisley et les autres

De tous les impressionnistes Pissarro est le seul qui demeura fidèle à la division du ton. La poésie terrienne de la période de Pontoise a fait du « maraîcher impressionniste » comme l'appellera Jean Moréas, ennemi de l'esbroufe et des morceaux de bravoure, un peintre plus attaché aux valeurs et aux nuances de la nature qu'aux vibrations changeantes de Renoir et de Monet. Il apprécie la lumière fixe, les volumes simplifiés, et préfère les roux, les gris et les mauves discrets aux fanfares joyeuses de ses confrères. Ses hachures souples et fluides, ses touches juxtaposées avec précision, évoquent un plein air de matinées délicatement ensoleillées (*Paysage à Chaponval,* 1880, musée d'Orsay, Paris) ou de neige aux clartés ouatées (*Hiver à Eragny-sur-Epte, effet de soleil,* 1895, musée de Boston).

« L'humble et colossal Pissarro », selon Cézanne, eut lui aussi, comme Renoir et Monet, sa crise anti-impressionniste ; il se tourna vers Seurat et Signac qui tentaient de donner à la division du ton des bases scientifiques, et adhéra en 1886 au néo-impressionnisme également qualifié de divisionnisme ou pointillisme. Il le pratiquera deux ans mais sans rigueur, avec la discrétion qui le caractérise, en se contentant de substituer au point de Seurat la virgule impressionniste, et en conservant les libres variations de sa technique antérieure.

Trouvant le procédé d'exécution de Seurat trop lent Pissarro se dégagera rapidement du néo-impressionnisme. Cet anarchiste de conviction, ami de Jean Grave et d'Elisée Reclus, n'est pas en art un homme d'aventure, il reste fort timoré ; ses vues de Paris ou des ports de Rouen et du Havre, ses paysages d'Eragny-sur-Epte où il habite depuis 1884, sont autant d'études de variations d'atmosphère et de

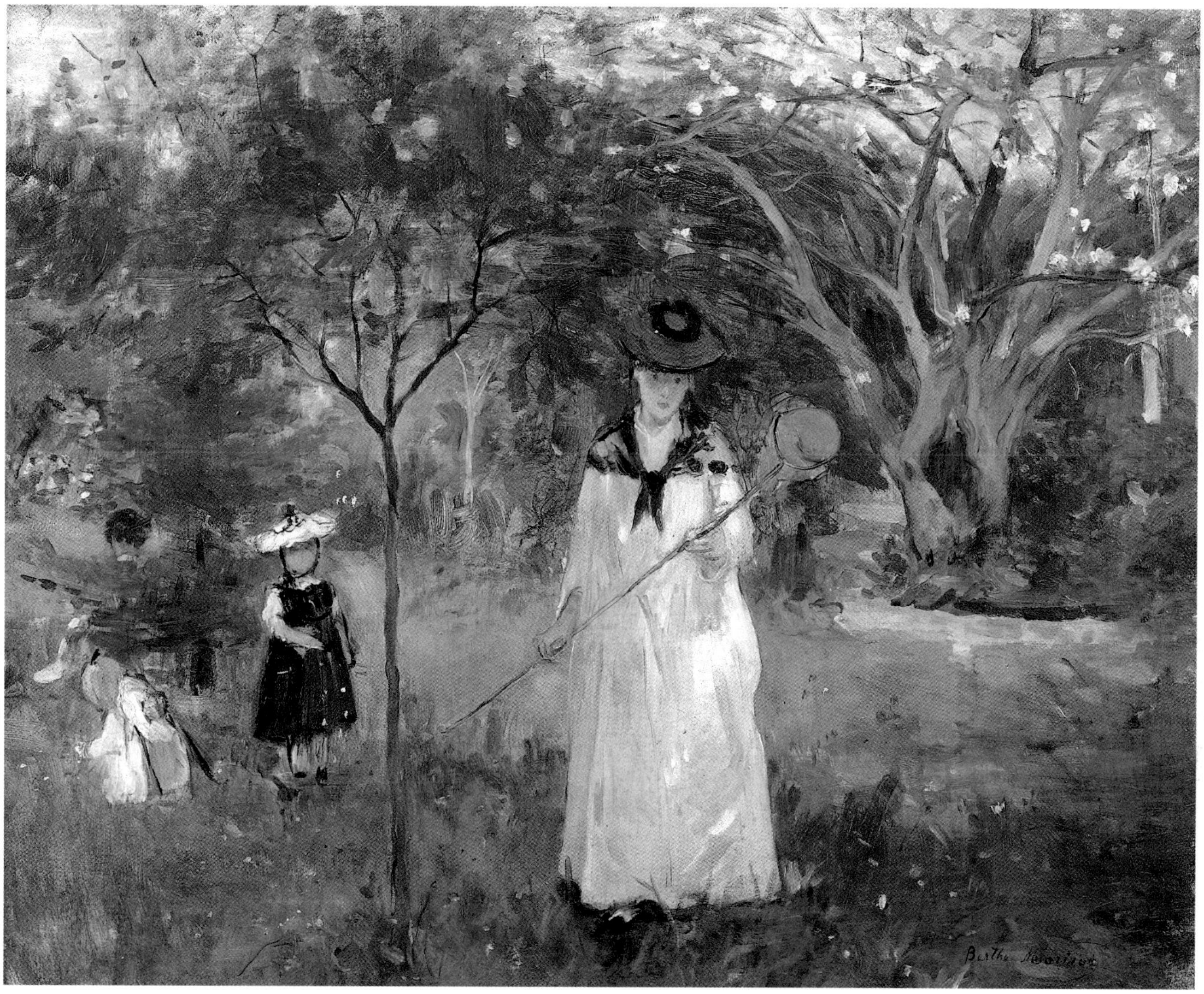

Berthe Morisot. *La chasse aux papillons.* 1874. Musée d'Orsay, Paris.

lumière où, l'âge venant, il se contentera de varier les angles de vue et les "impressions" selon l'heure, le jour, ou la saison.

Seule femme du groupe impressionniste Berthe Morisot s'est surtout attachée à exprimer, à travers des thèmes familiaux simples, l'éblouissement de la lumière. Son coup de pinceau nerveux, rapide, s'attache, selon ses propres termes « à vouloir fixer quelque chose dans ce qui passe... une attitude de Julie (sa propre fille), un sourire, une fleur, un fruit, une branche d'arbre... » Appréciée par Manet, qui la représenta souvent, mariée à son frère, amie de Degas, de Mallarmé, de Renoir, Berthe Morisot n'eut avec les impressionnistes que des affinités de circonstance — elle participa sauf en 1879 à toutes leurs expositions — ; son art à la fois savant et naturel trahit une sensiblilité très vive, comme à fleur de peau, à la grâce féminine, à l'enfance et à la nature, pleine de charme et de pudeur (*La Chasse aux papillons,* 1874, musée d'Orsay, Paris ; *Jeune fille près d'une fenêtre,* 1878, musée Fabre, Montpellier).

Sisley, paysagiste raffiné et serein des villages d'Ile-de-France (*L'Inondation à Port-Marly,* 1876, musée d'Orsay, Paris), puis des bords du Loing, resta fidèle à la sensibilité nuancée héritée de Corot mêlée aux vibrations impressionnistes. Cet art sans audace n'en est pas moins attachant. Le peintre mourut en 1899 à soixante ans, n'ayant jamais connu ni la fortune ni le succès.

Parmi les satellites de l'impressionnisme on peut ranger Guillaumin, coloriste acide et dissonnant, qui trouva dans les paysages de la Creuse un attrait dont il n'évite pas toujours le pittoresque quelque peu artificiel, Lebourg dont les vues délicates et brumeuses de la Seine ou des environs de Rouen sont peintes par petites touches nombreuses et serrées affleurant la toile, Cals, Lépine, Henri Rouart qui fut aussi un collectionneur éclairé de ses amis impressionnistes, Cordey, Vignon, etc. Tous prirent part à la plupart des expositions du groupe avec Raffaëlli, de Nittis, l'Italien Zandomeneghi, etc.

Mary Cassatt, d'origine américaine, joua un rôle capital pour faire connaître, grâce à ses amis Havemeyer, les grands collectionneurs de Philadelphie, les impressionnistes aux Etats-Unis où à partir de 1885 Durand-Ruel entreprit de les exposer, non sans difficultés au début. Liée à Degas, Mary participa aux expositions impressionnistes où son thème favori, trop souvent répété, la mère et l'enfant, eut du succès. Les jolies carnations roses des chaires potelées de ces bébés "à l'américaine" pomponnés et savonnés, ont moins d' accent que ses portraits de jeunes femmes ou de fillettes au pastel.

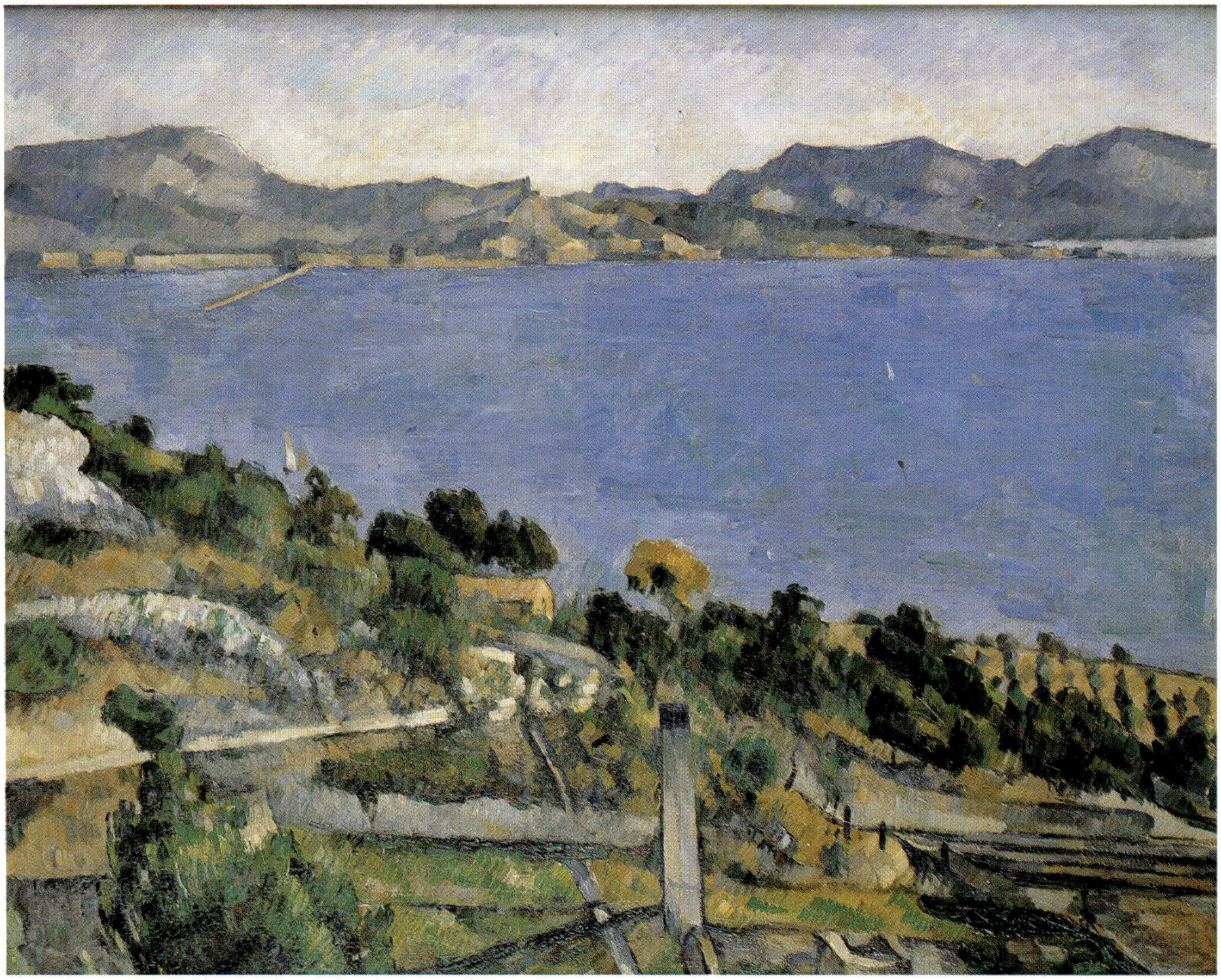

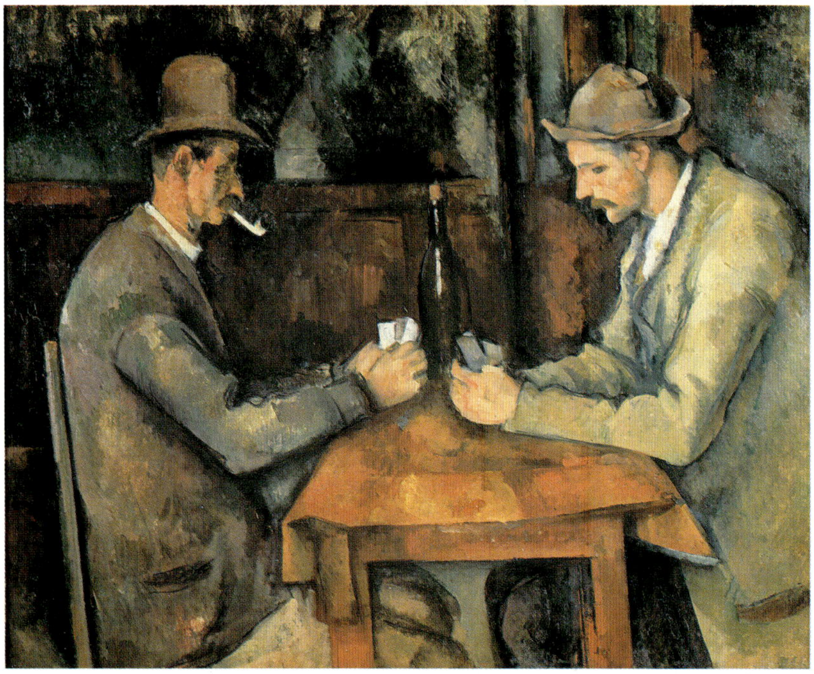

Paul Cézanne. *L'Estaque, vue du golfe de Marseille.*
Vers 1878-79. Musée d'Orsay, Paris.

Paul Cézanne. *Les joueurs de cartes.*
Vers 1890-95. Musée d'Orsay, Paris.

Tout autre est Caillebotte qui fut, grâce à sa fortune, le mécène du groupe et dont la donation de sa superbe collection à l'Etat, après sa mort (1894), provoqua les protestations indignées des académiques. On n'a reconnu que récemment le talent exceptionnel de ce réaliste (*Les Raboteurs de parquet,* 1875, musée d'Orsay, Paris) qui, au contact de ses amis impressionnistes, découvrit la peinture claire et des aspects plus originaux de la vie parisienne. Metteur en page audacieux de vues plongeantes (*Un Refuge, boulevard Haussmann,* 1880, collection particulière) ou de perspectives inattendues, Caillebotte fut, par la manière expressive dont il représenta la société de son temps, de plain-pied avec cette modernité dont il se montra un remarquable témoin.

L'influence de Monet l'orienta, à partir de 1882-1885, vers la technique impressionniste de vibrations lumineuses et d'effets solaires, et ses nombreuses vues de la Seine à Argenteuil expriment bien sa sensiblilité du plein air, mais cette seconde partie de sa courte existence (il mourut à quarante-six ans) est moins originale que la première.

Le marchand et les collectionneurs

Paul Durand-Ruel fut, malgré bien des difficultés, le marchand des impressionnistes. Aussi violemment attaqué que les peintres qu'il défendait, Renoir, Monet, Pissarro, Sisley,

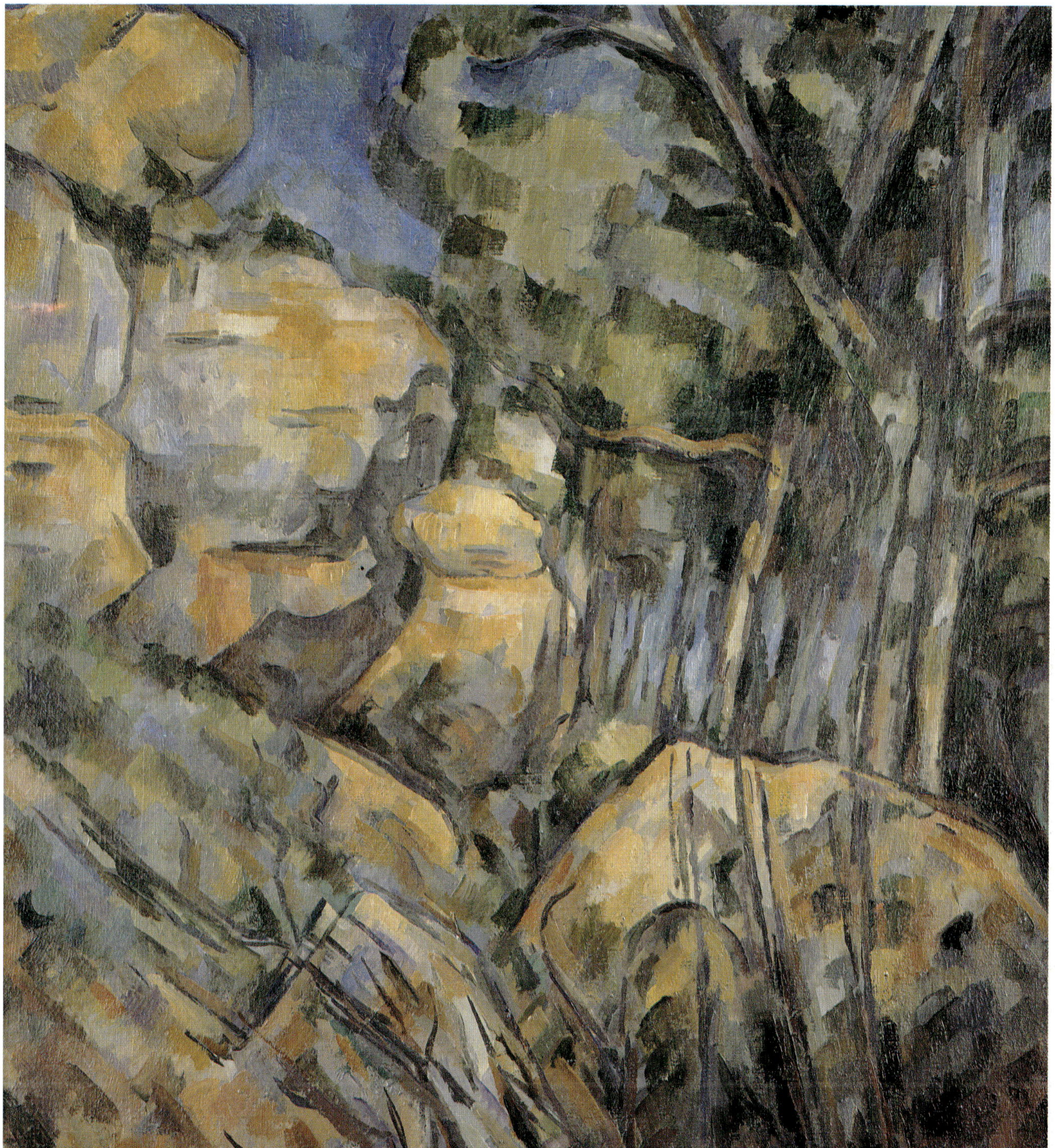

Paul Cézanne. *Rochers près des grottes au-dessus de Château-Noir.* Vers 1904. Musée d'Orsay, Paris.

Degas, etc., il tint tête avec courage malgré de cruels échecs financiers, aux vagues successives d'injures ou de sarcasmes. Monarchiste de cœur et de conviction, Durand-Ruel mit néanmoins toute sa confiance en ces artistes que l'on traitait de "révolutionnaires" ; la « bonne société », à laquelle le marchand, installé rue Laffitte, appartenait, comprenait mal qu'il crut en de tels barbouilleurs tout en acquérant, après s'être intéressé aux romantiques et aux peintres de Barbizon, des Greco, des Rembrandt ou des Goya, qui se vendaient d'ailleurs aussi mal.

Le comportement de Paul Durand-Ruel illustrait sa devise : audace dans l'achat, patience dans la vente, le temps ne compte pas.

Mais pour tenir, car le marchand croyait fermement à la nouveauté et à l'avenir des impressionnistes, il faut de l'argent. Les amateurs étaient rares, les financiers réticents ; Paul Durand-Ruel dut, à plusieurs reprises, cesser ses achats aux peintres qui, presque tous étaient dans le dénuement. La faillite, en 1882, de l'Union Générale, qui l'avait soutenu, lui porta un coup terrible ; ce n'est qu'en 1885 grâce à une première exposition à New York, mais surtout à partir de 1888 qu'il put, en y ouvrant une galerie, et en intéressant de grands collectionneurs, les Havemayer, Erwin Davis, les Widener, Mrs T.A. Scott, Desmond Fitzgerald, Mrs Potter Palmer, sortir de ses difficultés, rembourser les prêts consentis par ses amis, et reprendre ses achats aux artistes.

La conquête du marché américain assura la fortune de la galerie et du nom de Durand-Ruel qui possédait à Paris un concurrent sérieux en la personne de Georges Petit ; celui-ci avait profité de la gêne du marchand de la rue Laffitte pour débaucher certains de ses peintres, Monet notamment, qui lui reprochaient d'avoir une galerie moins attrayante que celle de George Petit luxueusement installé rue de Sèze, et de perdre son temps outre-Atlantique.

Lorsque Durand-Ruel eut réussi tous revinrent, Renoir avait été le seul à n'avoir jamais cessé de lui faire confiance.

Georges Petit, dont la galerie avait été inaugurée par le président de la République, organisa d'importantes expositions mêlant les impressionnistes à Whistler, Carrière, J.E. Blanche ou Thaulow ; son éclectisme modernistes lui valut le qualificatif de "magasins du Louvre de la peinture". L'apogée impressionniste de la galerie Petit se situe lors des "Expositions internationales" que celle-ci organisa en 1886 et 1887, et qui connurent un réel succès financier. Mais nul ne contestera le rôle de pionnier de Paul Durand-Ruel.

Les impressionnistes n'eurent pas que des détracteurs ; les brochures publiées en 1876 et 1878 par Duranty et Théodore Duret soutinrent le combat mené par Zola, Philippe Burty, Armand Silvestre, ou Georges Rivière qui fit paraître en 1877 une modeste publication intitulée « L'impressionniste. Journal d'art ». Parmi les premiers amateurs du groupe, le docteur de Bellio, Henri Rouart, le peintre Caillebotte, le baryton de l'Opéra Faure, le docteur Gachet d'Auvers-sur-Oise, le pâtissier Murer, le banquier bayonnais Personnaz qui appréciait particulièrement Guillaumin, et surtout le fonctionnaire des Douanes Chocquet, furent les plus passionnés. Celui-ci posséda plus d'une dizaine d'œuvres de Monet et de Renoir, cinq Manet, des toiles de Pissarro et de Sisley voisinant avec des Delacroix ; mais surtout trente et un Cézanne pour lequel il avait un véritable culte.

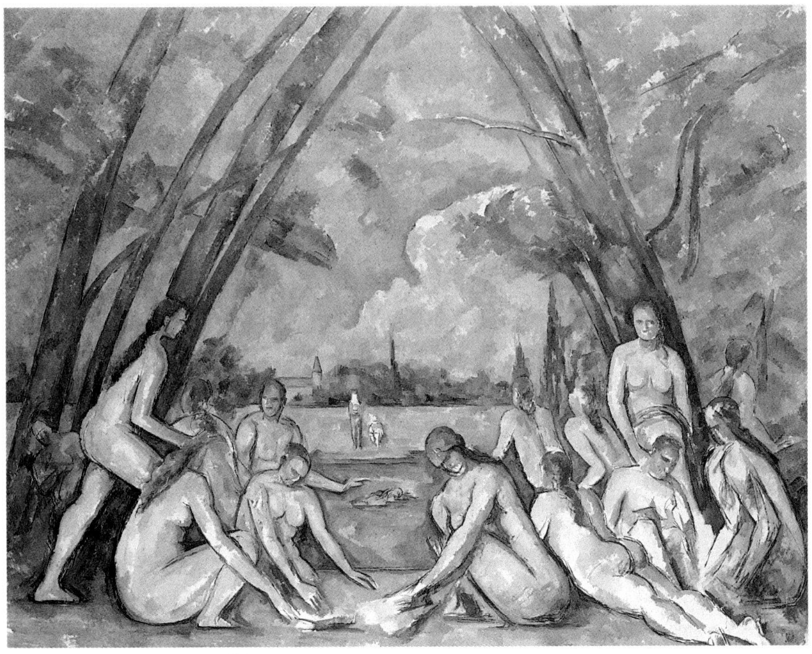

P. Cézanne. *Les grandes baigneuses.* 1898-1905. Philadelphia Museum of Art.

Cézanne et la construction par la couleur

Cézanne ne participa qu'aux expositions impressionnistes de 1874 et de 1877 où il fut, chaque fois, notamment à cette dernière où il présentait dix-sept toiles, l'objet d'un déferlement d'invectives particulièrement violent. Il renonça dès lors à exposer avec ses amis — qui, quoique reconnaissant son originalité, ne le retinrent pas — et se retira en Provence. Il peignit à l'Estaque, où sa rupture avec l'impressionnisme se confirma, revint à Pontoise avec Pissarro, retourna à l'Estaque, puis s'installa dans la propriété familiale du Jas de Bouffan d'où il rayonna dans la région aixoise qu'il ne quittera pratiquement plus jusqu'à sa mort en 1906, vivant et travaillant dans une pesante solitude, sans amis, ni confident. N'ayant rien à attendre ni de sa femme, ni des siens, il souffrit beaucoup de la "trahison" de son compa-

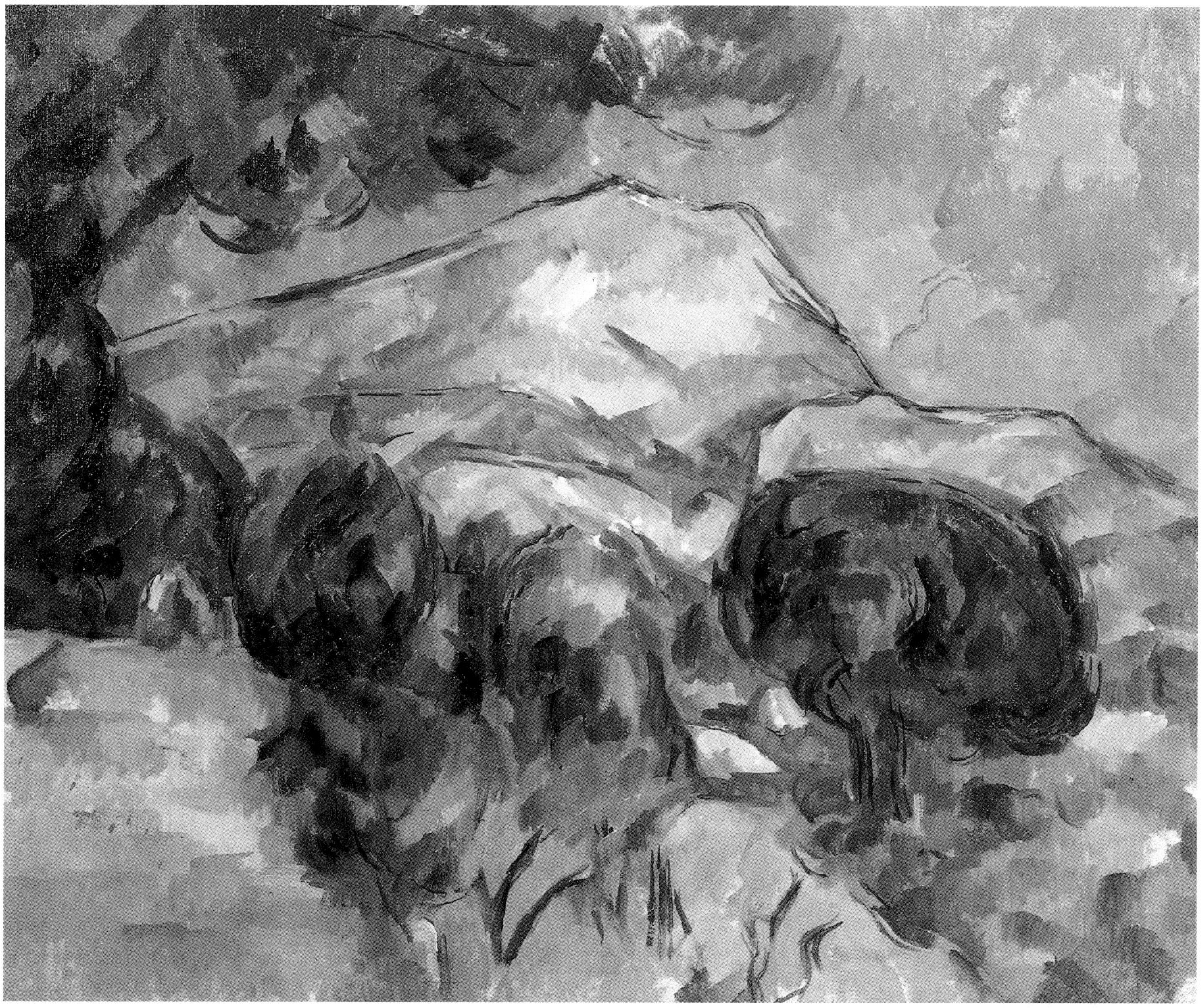

P. Cézanne. *La montagne Sainte-Victoire au-dessus de la route du Tholonet.* Vers 1904. Cleveland Museum of Art.

gnon d'adolescence Zola qui s'inspira de lui dans *L'Œuvre* où il dépeint un artiste velléitaire et impuissant.

Cézanne se rend compte dès 1878-1880 que la peinture d'atmosphère et la division du ton diluent l'objet qui perd sa forme propre ; la palette des impressionnistes était restreinte, la sienne sera bien plus chargée, les verts, les rouges, les bleus, les jaunes permettent des modulations graduées de chauds et de froids qui répartissent la forme et la lumière. Il renonce aux reflets, à leurs miroitements, aux vibrations de l'air, aux effets solaires ; le flou, les évanescences ne l'intéressent pas, ce qu'il cherche c'est d'abord la sensation, ensuite à faire de la lumière l'élément constructif de la nature. Au lieu d'être éparpillée comme dans les toiles impressionnistes elle est, au contraire, localisée ; elle est l'élément catalyseur du tableau.

Ainsi à la perspective linéaire héritée de la Renaissance Cézanne substitue la perspective par la couleur ; chaque touche colorée est un plan et l'ensemble de ces plans architecture l'espace auquel il donne solidité et matérialité. Le dessin, dans le tableau, doit donc résulter de la couleur. « Plus la couleur s'harmonise, plus le dessin se précise. Quand la couleur est à sa richesse, la forme est à sa plénitude » déclare Cézanne.

Les paysages de l'Estaque, de 1883-1885, illustrent cette théorie qui est, d'ailleurs, surtout une façon de voir et d'exprimer ce qui existe à laquelle le peintre s'attache avec patience et lenteur ; chaque touche de couleur répond à une multiplicité de questions et doit satisfaire non moins de conditions. *Le Golfe de Marseille vu de l'Estaque* (1883-1885, Metropolitan Museum of Art, New York) ou *La Sainte-Vic-*

toire, environs de Gardanne (1885-1886, National Gallery of Art, Washington) sont structurés à partir de rapports spatiaux répartis avec une parfaite maîtrise du premier plan au lointain. Cézanne, qui peint toujours "sur le motif" part de la réalité pour aboutir à un tout organisé où la raison plastique l'emporte sur les habitudes visuelles, sans pour autant que cette réalité soit bousculée ou déformée. Attaquant son tableau de tous les côtés à la fois, son regard en saisit les différents aspects partiels qu'il réunit les uns aux autres et soude entre eux par la couleur ; progressivement le tableau, patiemment modulé, se lie, s'harmonise dans la lumière fixe de la Provence.

« *Je me sens coloré de toutes les nuances de l'infini* »

C'est entre 1885 et 1887 que se place la série des montagnes Sainte-Victoire, énorme cône calcaire dominant Aix et sa région ; Cézanne y atteint un équilibre parfait entre la forme, la lumière et la couleur pour exprimer la plénitude de la nature. Il a peint cette montagne, dont il avait étudié la géologie, une soixantaine de fois, variant l'angle de vue mais procédant chaque fois de la même manière, « les plans dans la couleur », et reprenant la même idée « Je cherche à rendre la perspective uniquement par la couleur ».

Les mêmes préoccupations se retrouvent dans les natures mortes, qu'il s'agisse de *La Commode* (1883-1887, Neue Pinakothek Staatsgalerie Moderner Kunst, Munich), de la *Nature morte au panier. La table de cuisine* (vers 1889-1890, musée d'Orsay, Paris) ou de *L'amour en plâtre* (vers 1895, Nationalmuseum, Stockholm) où, quoique les objets gardent leur identité propre, Cézanne définit par le jeu subtil des dégradés de couleurs un espace uniquement pictural et autonome. Sous un apparent désordre la *Nature morte aux oignons* (vers 1895, musée d'Orsay, Paris) est composée avec autant de science que de naturel.

La figure avait toujours préoccupé Cézanne autour duquel l'hostilité ne désarme pas. Si la solitude lui pèse elle est également nécessaire à l'élaboration de son œuvre ; passionnément attaché à elle il est autant travaillé par le doute que conforté par sa confiance en lui. Ce qui ne l'empêche pas de traverser des crises de découragement et de connaître de terribles accès de colère si on veut lui "mettre le grappin dessus" !

Ce Méridional de vieille souche, farouchement attaché à sa terre, quoique méprisant ses compatriotes qui le regardaient comme un peu "dérangé", n'a pas bougé d'un pouce, malgré les injures ou les moqueries, dans sa "réalisation". Non point par vanité, il en est totalement dépourvu, mais parce que, croyant en sa mission, il désirait la mener à terme contre vents et marées. Peu avant sa mort il écrivait « Arriverai-je au but tant cherché et si longtemps pousuivi ?... J'étudie toujours sur nature, et je fais de lents progrès... ». « Je suis tout de même très peintre... » confiait-il timidement, mais il est vrai que « le sentiment de sa force rend modeste » avouait Cézanne.

On a cru pouvoir écrire qu'il était un "classique", ce qui n'est pas l'exacte vérité ; certes il avait au plus haut degré le sentiment de l'ordre, de l'équilibre, de l'harmonie, mais on ne saurait réduire Cézanne à la continuité, d'ailleurs contestable, de la tradition française. Il était resté un baroque, possédant toutes les qualités d'ordre qu'on lui attribue, mais à l'intérieur d'un tempérament fougueux nourri à la fois de sa puissante volonté artistique, de ses frustrations, de ses impatiences, de ses refus.

La figure, celle surtout de la femme, l'avait toujours obsédé. Du *Jugement de Pâris* de 1862-1864, l'une de ses premières toiles, jusqu'à la fin de sa vie, il a poursuivi, d'abord en copiant les maîtres qu'il admirait, puis d'après des croquis furtifs, craignant la présence du modèle, de soldats se baignant dans la rivière, et en se servant surtout de son imagination, l'étude du corps humain.

La succession de ses *Baigneuses*, dont les éléments constitutifs, corps et arbres, ciel et eau, ne changeront pas durant les nombreuses années où il poursuivra ce thème, trahit autant la sensualité taraudante et insatisfaite du peintre que ses exigences picturales. Dans ses portraits, le sien et ceux de ses familiers (*La Femme à la cafetière,* 1890-1894, musée d'Orsay ; *le Garçon au gilet rouge,* 1890-1895, Fondation Buhrle, Zurich), dans *Les joueurs de cartes,* dont Cézanne peignit cinq versions, la psychologie de ses modèles ne le retient guère, le contenu humain passe après la tentative de

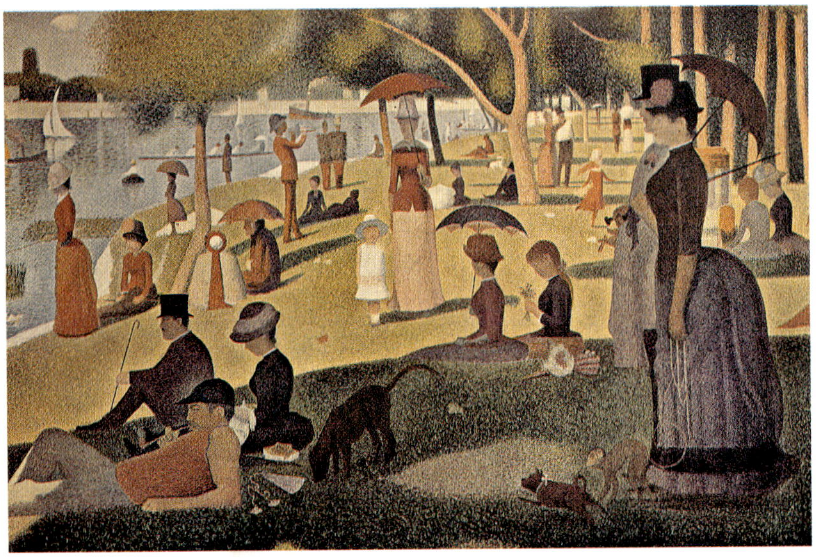

Georges Seurat. *Un dimanche après-midi à l'île de la Grande-Jatte.* 1884. Art Institute, Chicago.

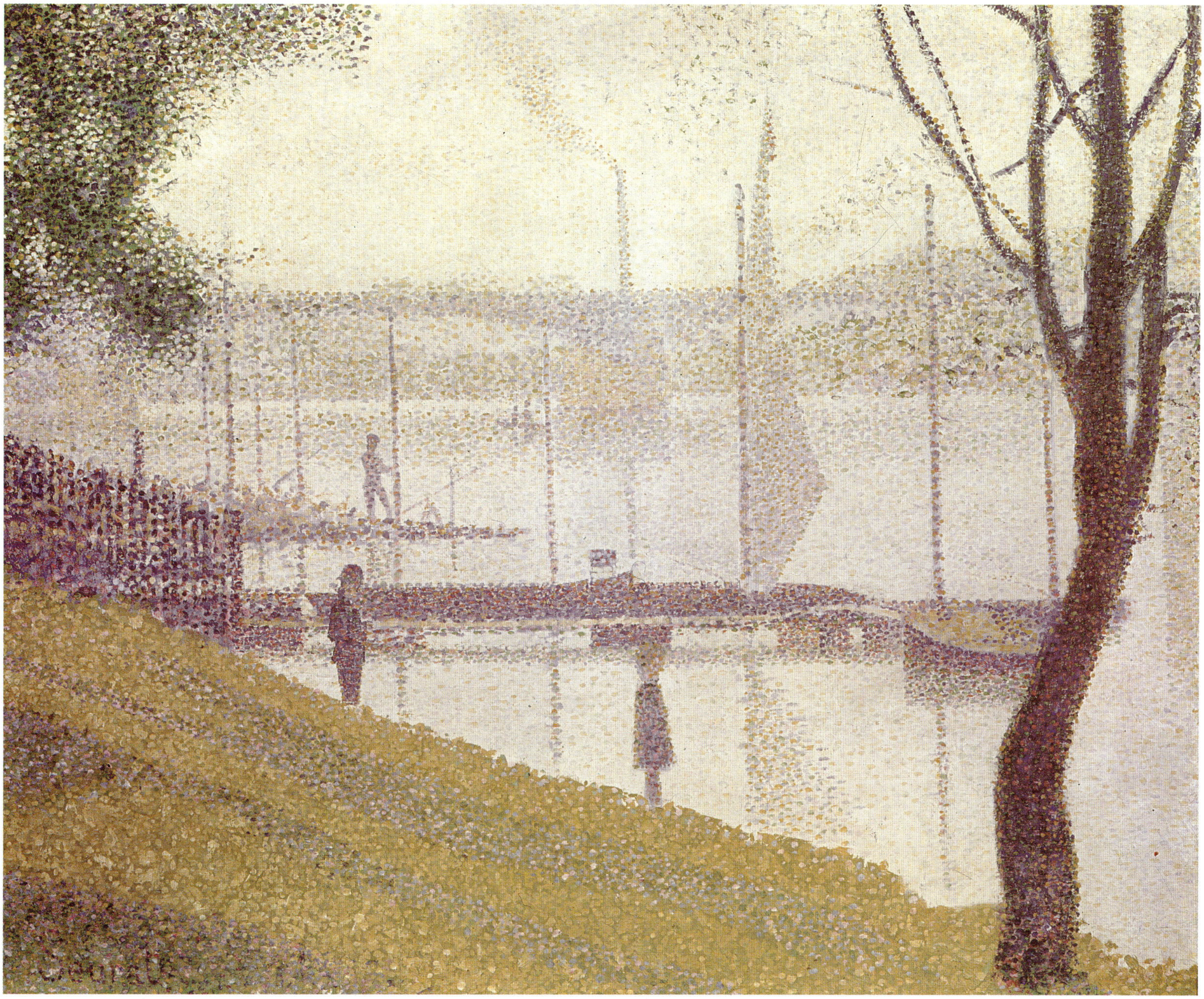

Georges Seurat. *Le pont de Courbevoie.* 1886. Courtauld Institute Gallery, Londres.

solution des problèmes plastiques, l'accord entre la valeur architectonique des volumes, les couleurs et l'espace.

Progressivement une liberté de plus en plus grande dans l'appréhension lyrique de la nature transformera les paysages des dernières années de Cézanne en modulations de taches et de rythmes, sans contours ni passages, où les sites sauvages d'arbres et de rochers des environs d'Aix atteignent une saisissante dimension visionnaire (*Vue du Château Noir,* 1894-1896, Fondation Reinhart, Winterthur ; *La carrière de Bibemus,* 1898-1900, Folkwang Museum, Essen) dont l'influence sera grande sur les fauves et les cubistes.

Les contemporains de Cézanne ne comprirent guère ses recherches ; certains n'y virent, comme l'écrivait un critique, qu'une « peinture de vidangeur saoul ». Mais il est vrai qu'André Breton, en 1924, déclarait avoir « toujours jugé l'attitude humaine et l'ambition artistique (de Cézanne) imbéciles. »

De 1898 à 1905, le peintre, que de jeunes artistes n'hésitent pas à aller rencontrer à Aix, travaille à ses *Grandes baigneuses* dont le musée de Philadelphie renferme la version la plus architecturée. C'est à la fois l'aboutissement et la synthèse de ses études ou peintures sur ce thème. Le groupe de figures, peu féminines, peintes par larges touches d'ombres et de lumière, s'inscrit dans une pyramide d'arbres dont le mouvement, d'une incontestable majesté, évoque la nef d'une cathédrale.

« Je me sens coloré de toutes les nuances de l'infini » disait le vieil homme dont les dernières toiles, *La montagne Sainte-Victoire au Château Noir* du musée Bridgestone à Tokyo ou *Le cabanon de Jourdan* de la collection Riccardo Jucker à Milan, atteignent par l'intensité de la couleur passionnelle au paroxysme de l'harmonie cosmique. Mais dans les ultimes regards de Cézanne sur les choses il y avait autant de curiosité et de joie douloureuse et conquérante que jadis.

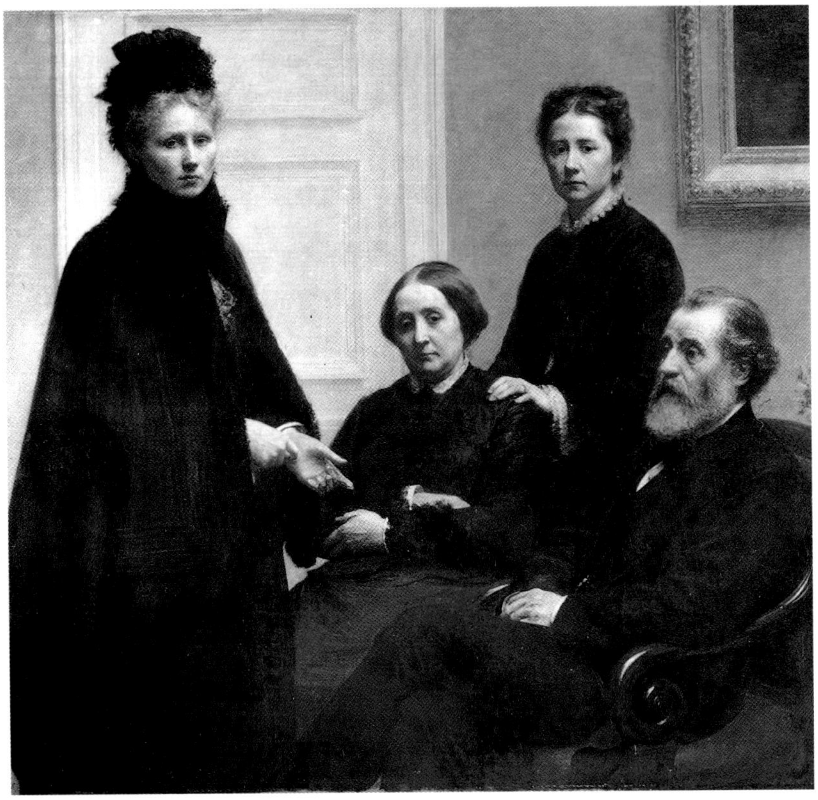

Henri Fantin-Latour. *La famille Dubourg.* 1878. Musée d'Orsay, Paris.

Seurat et le néo-impressionnisme

A la huitième et dernière exposition des impressionnistes, en 1886, une composition de grand format attira les regards, et déchaîna les critiques, pour la plupart désobligeantes, *Un Dimanche après-midi à l'île de la Grande-Jatte* (1884-1886, Art Institute, Chicago) de Georges Seurat.

La technique employée était particulièrement révolutionnaire ; formes et couleurs étaient rendues par une multitude de petits confettis de couleurs pures, choisis, équilibrés et mélangés optiquement selon une méthode raisonnée. Ainsi Seurat appliquait-il dans sa rigueur scientifique, à partir des études de Chevreul, notamment *De la loi du contraste simultané des couleurs,* le principe de la division du ton pratiqué par les impressionnistes par instinct.

Jusqu'en 1884 Seurat s'était presque exclusivement consacré au dessin, des études en noir et blanc où masses sombres et masses claires s'équilibrent donnant aux figures ou aux paysages des aspects presque fantomatiques. En 1884, au premier salon des Indépendants, il avait présenté *Une baignade à Asnières* (1883-1884, National Gallery, Londres) dont les différents éléments, lumière, ombres, rapports de couleurs, sont méthodiquement séparés afin de leur donner un équilibre et des proportions monumentales. Seurat qui avait fait précéder cette vaste toile de très nombreuses études, agit de même pour *Un Dimanche après-midi à l'île de la Grande-Jatte* dont les personnages hiératiques semblent se livrer à un étrange sur-place dans la paix solennelle de l'après-midi ensoleillé.

Baptisée "néo-impressionnisme" divisionnisme ou pointillisme, la technique de Seurat inspirera Signac son propagateur et défenseur, auteur de l'ouvrage *D'Eugène Delacroix au Néo-impressionnisme,* Dubois-Pillet, Henri-Edmond Cross, Angrand, et plusieurs autres peintres ; mais Seurat leur est infiniment supérieur. Non seulement il sut allier sa volonté scientifique à une sensibilité à la lumière particulièrement vive, mais parce que paysages et figures, *Le Pont de Courbevoie* (1886, Courtauld Institute, Londres), *Les Poseuses* (1888, Fondation Barnes, Merion, Philadelphie), *Le Chahut* (1888-1890, Rijksmuseum Kröller-Müller, Otterlo) ou *Le Cirque* (1890-1891, musée d'Orsay, Paris) expriment non plus la fixation momentanée de l'instant mais l'arrêt dans le temps.

La réalité est comme pétrifiée dans un concept géométrique dont la rigueur, ou la gravité, sont transcendées par la qualité cristalline de la lumière qui conserve, malgré les théories, ses vibrations. Les sujets qu'il choisit se prêtent à cet équilibre précaire mais fascinant ; néanmoins lorsqu'il s'agit d'exprimer le mouvement dynamique, comme dans *Le Cirque,* Seurat échoue complètement. Quoique inachevée cette toile fut exposée au salon des Indépendants de 1891 ; quelques jours après le peintre mourait à trente-deux ans.

L'affirmation réaliste : Fantin-Latour et Degas

Parallèlement à l'impressionnisme, quoique parfois contre lui, son goût de l'éphémère, ses évanescences, son attachement excessif aux variations atmosphériques, le réalisme poursuivait son inventaire des apparences dans son attachement à la modernité. Des peintres comme Carolus-Duran à ses débuts (*L'Assassiné*, 1866, musée de Lille), l'his-

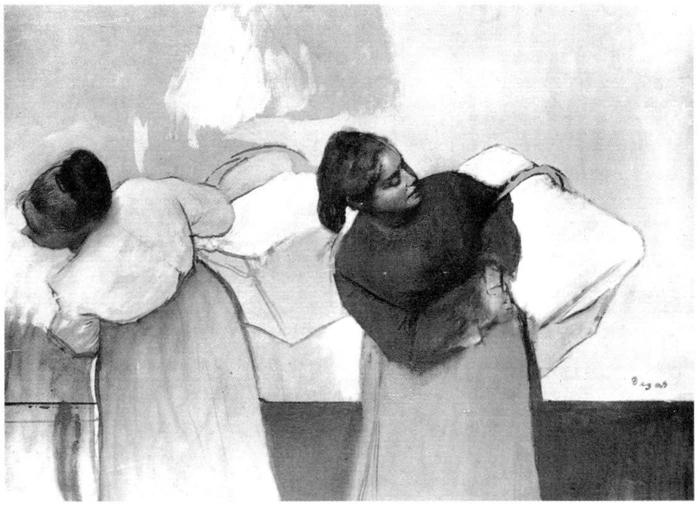

Edgar Degas. *Blanchisseuses portant du linge.* 1876-78. Coll. part.

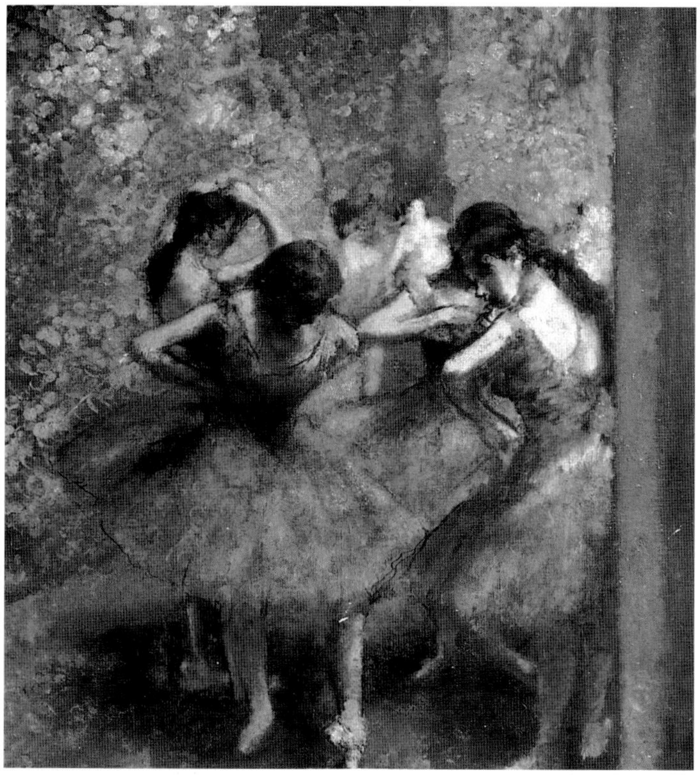

Edgar Degas. *Danseuses bleues.* Vers 1890. Musée d'Orsay, Paris.

panisant Henri Regnault, romantique attardé aux couleurs chaudes et vibrantes, mais trop épris de pittoresque, qui fut tué pendant la guerre de 1870, Vollon et ses natures mortes aux clair-obscurs dramatiques, Théodule Ribot naturaliste puissant de l'école de Courbet, Legros, François Bonvin, Fantin-Latour, appartiennent à ce courant. On y trouve aussi plusieurs peintres académiques avant qu'ils sombrent dans l'artifice officiel ou mondain, comme Léon Bonnat, Jean-Paul Laurens ou Gervex.

Fantin-Latour aurait pu, lui aussi, tomber dans l'ornière académique ; son absence de passion, sa timidité, son attachement au passé l'y prédisposaient. Ses amitiés — Zola, Renoir, Manet, Bazille, Monet, Verlaine, Rimbaud — le sauvèrent à travers ces "portraits de groupe" où il prenait, par la bande, parti pour l'avant-garde, et moralement s'y agrégeait sans s'en douter.

Fantin-Latour ne s'intéressa pas au plein air et ne peignit pas de paysages, ses natures mortes florales ont de la grâce et du métier ; appréciées surtout d'amateurs britanniques elles lui permirent de vivre. Quant à ses portraits ils sont souvent fort beaux (Manet, Mme Léon Maître, Charlotte Dubourg, Louise Riesener) ils expriment le même naturalisme un peu morne, un peu gris, et manquent d'élan, sinon de vie. Comparée à la *Famille Bellelli* de Degas, *La Famille Dubourg* (1878, musée d'Orsay, Paris) pose pour le photographe.

« Ne me parlez pas des impressionnistes, il faudrait les... » Et Degas, ajustant sa canne, met en joue... Pourtant il prit part à sept des huit expositions du groupe qu'il avait contribué à former, et c'est autour de son autorité qu'elles s'organisèrent. Principalement contre le sectarisme du Salon.

La vie moderne intéressait bien plus Degas que les vibrations de la lumière ; il souhaitait fermement la création d'un « Salon réaliste », et déplorait que Manet « ne comprenne pas ça » ! S'il s'est joint à ceux que l'on baptisera "impressionnistes" c'est surtout pour ne pas rester un isolé ; et c'est parce qu'il se rend compte, quoique ne partageant ni leur technique, ni leurs idées, qu'ils sont des novateurs. D'où ce compagnonnage où Degas reste lui-même et où les autres le respectent, bien qu'il les brocarde parfois avec acidité.

En réalité le peintre restera toujours une énigme. Son comportement ne cessera d'être imprévu, paradoxal, insolite. Opposé à la mode, aux courants qui marquent l'époque, refusant le plein air, c'est au retour d'une promenade à Longchamp qu'il peint à l'atelier ses scènes de course, et parce qu'il observe tous les spectacles de la vie, qu'il est passionnément attaché à la figure — le paysage n'est pour lui qu'un décor — il représente avec autant de scrupule que de passion les danseuses, les blanchisseuses ou les femmes à la toilette.

Son terrain de chasse favori est l'Opéra. *Le Foyer de la danse à l'Opéra,* de 1872, *Répétition de ballet sur la scène,* de 1874, tous deux au musée d'Orsay, *Danseuses au foyer* (1879, pastel, collection particulière, U.S.A.), *L'Attente* (vers 1882, collection particulière, U.S.A.), *Danseuses au repos* (vers 1881-1885, musée de Boston) témoignent non seulement de l'acuité de son regard mais de son souci de vérité. A la fée-

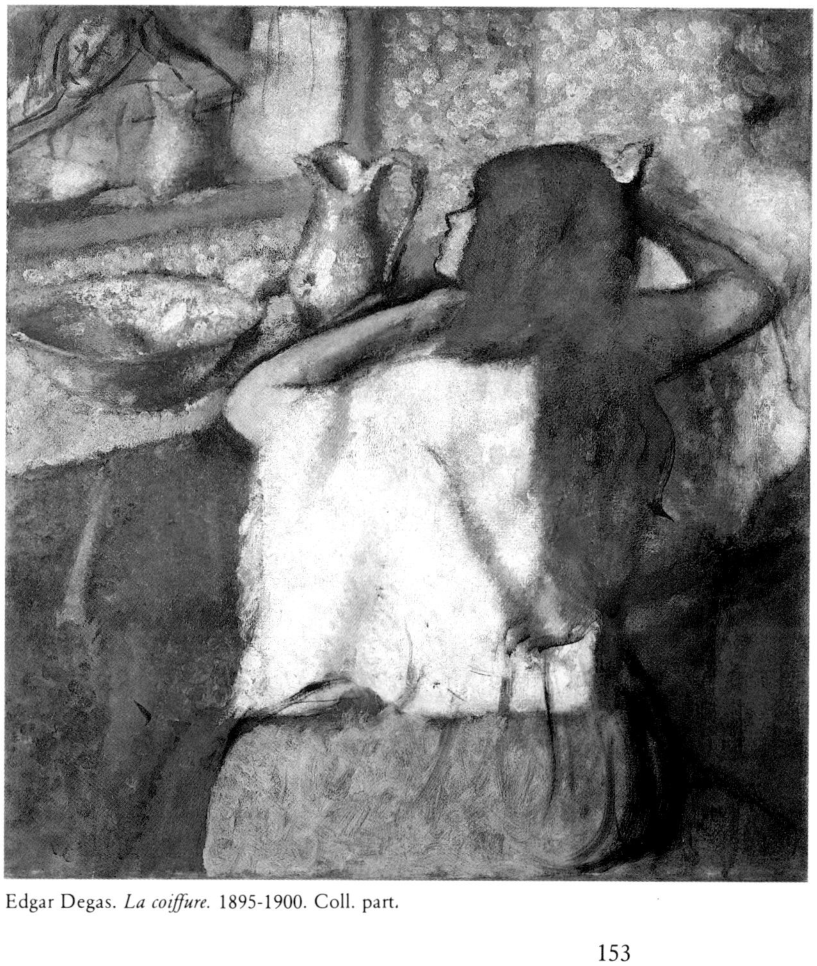

Edgar Degas. *La coiffure.* 1895-1900. Coll. part.

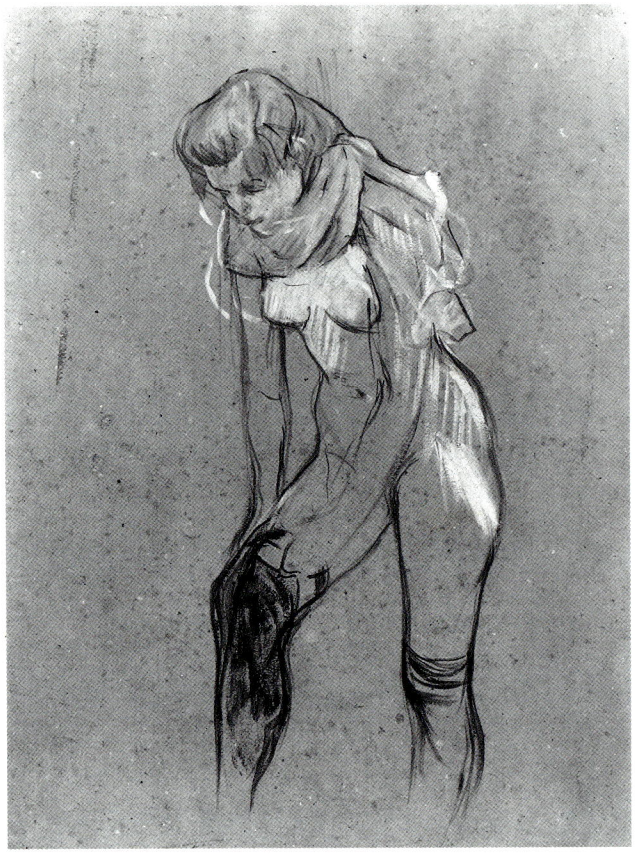

Henri de Toulouse-Lautrec. *Femme qui tire son bas.* 1894.
Musée Toulouse-Lautrec, Albi.

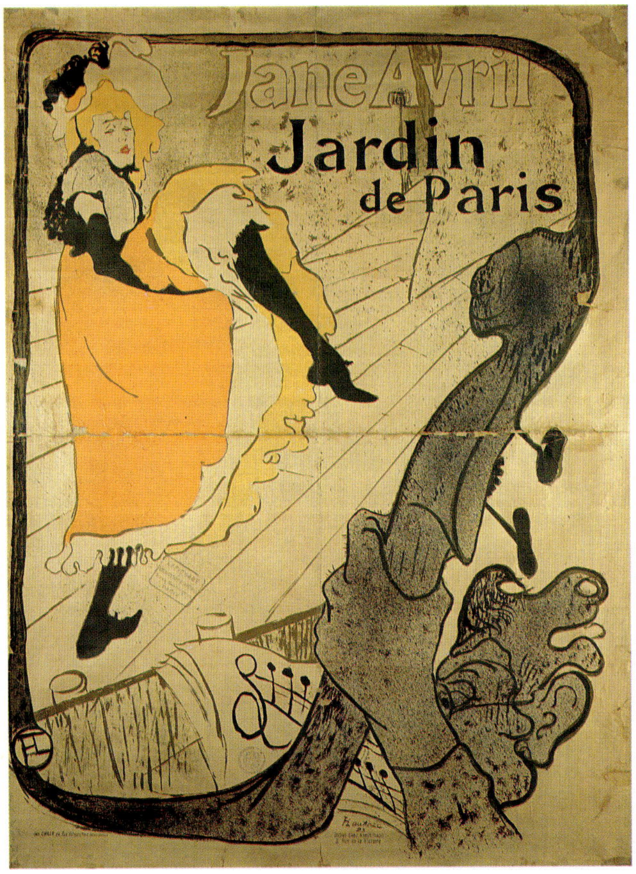

Henri de Toulouse-Lautrec. *Jane Avril au Jardin de Paris.* 1893.
Musée des Arts décoratifs, Paris.

rie de la scène, à l'éblouissement des paillettes et à la grâce des attitudes il adjoint le rendu implacable de l'effort, la fatigue, l'amertume. Comme à l'organisation classique du tableau il juxtapose les audaces des compositions décentrées, des diagonales accélérées qui repoussent l'image vers le fond, des coupes brutales décapitant les danseuses ou arrêtant net l'envol.

Ecartelé, déchiré entre la tendresse et la justesse, Degas opte pour la précision, « le moment juste, juste... » ; du tableau aux dessins, aux pastels et aux sculptures, il poursuit farouchement cet équilibre, et quand il l'a trouvé plante son pinceau ou son crayon comme un scalpel.

Il n'a foi que dans le réel visible, reconnaissant néanmoins le droit à l'imagination de collaborer avec la mémoire. « Son art se compare à celui des moralistes : une pose des plus nettes enfermant ou articulant avec force une observation neuve et véritable » écrira Valéry. La lumière pour Degas n'est pas celle du dehors, mais l'éblouissement de la rampe, le demi-jour des ateliers de blanchisseuses ou de modistes, la clarté pâle des cabinets de toilette à la moiteur étouffante. Pour mieux rendre les éparpillements impalpables de ces clartés diffuses, la douceur des chairs comme l'enchantement frémissant des robes des danseuses, il utilisera de plus en plus, sa vue baissant, le pastel.

La passion du corps féminin

La « Suite de nuds *(sic)* de femmes se baignant, se lavant, se séchant, s'essuyant, se peignant ou se faisant peigner » que Degas expose à la dernière exposition des impressionnistes, en 1886, est l'aboutisssement d'une succession de recherches, marquée de cadrages imprévus sur les attitudes des femmes à leur toilette qu'il détaille sans grand souci de leur féminité, et montre dit-il « à l'état de bêtes qui ne nettoient. » *Femme se coiffant* (vers 1887-1890, musée d'Orsay, Paris), *La Toilette* (pastel, 1885, Metropolitan Museum of Art, New York), *Le Tub* (pastel, 1886, musée d'Orsay, Paris), *Femme à son lever : La Boulangère* (pastel, vers 1886, collection particulière) illustrent cette passion obstinée, presque douloureuse, du corps féminin que le peintre décompose pour mieux l'observer, déforme pour mieux le définir.

C'est en 1881 que Degas avait exécuté sa première sculpture, la célèbre *Petite Danseuse de quatorze ans* (musée d'Orsay, Paris) prélude à de nombreuses études de mouvements de danseuses et de chevaux coulées en bronze après sa mort ; il fit un peu plus tard une suite de monotypes de paysages, des « effets de nature », des « états d'yeux », disait Degas, où se mêlent encre, pastel ou sanguine. Les pastels des dernières années, qu'il reprenait inlassablement, mélangeant les matières, cherchant toujours des effets neufs, aboutissent

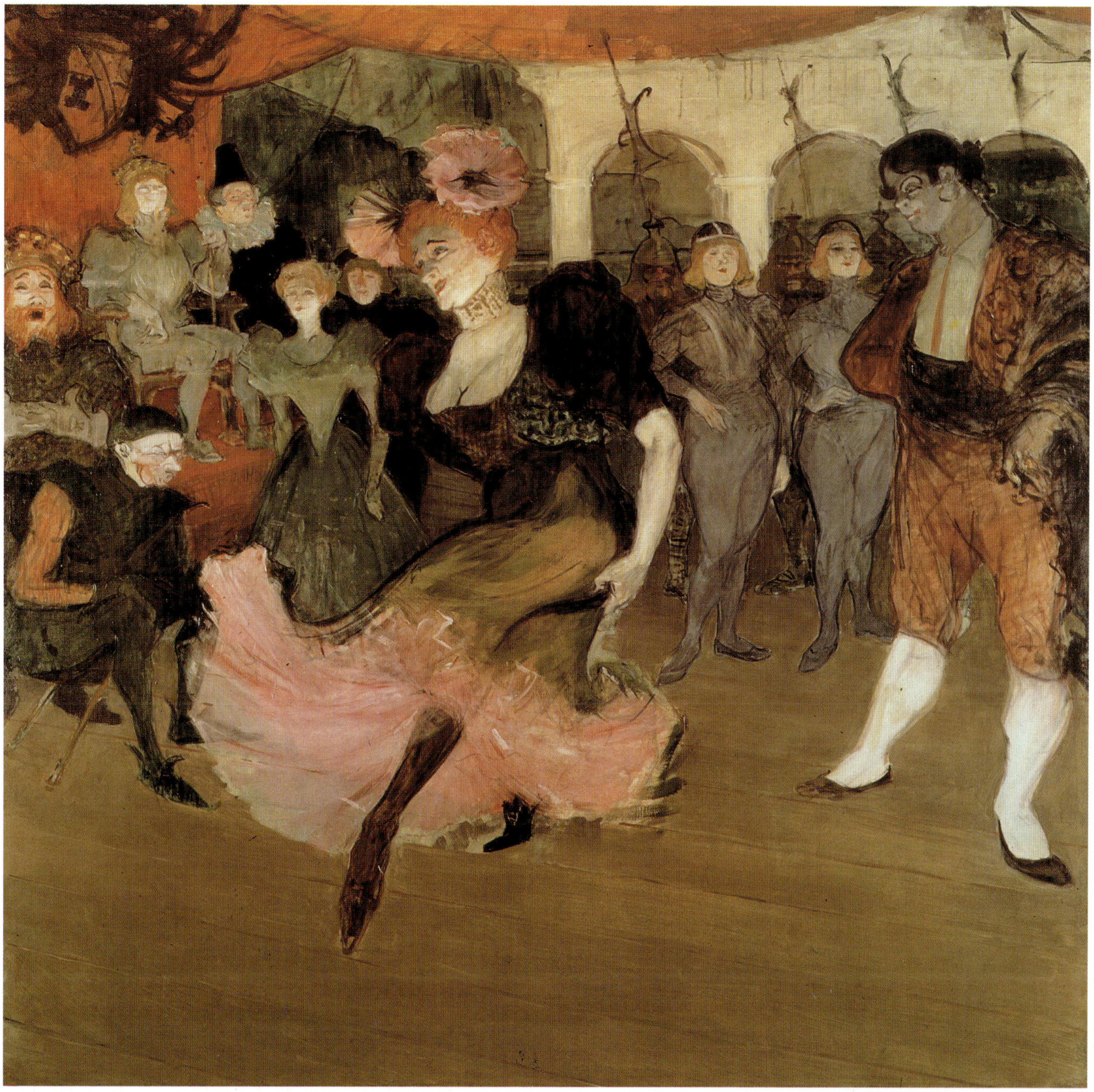

Jan Toorop. *Les trois fiancées.* 1893. Rijksmuseum Kröller-Müller, Otterlo.

sur des structures vivantes à de pathétiques rutilances de lumière faites d'éclaboussures, de hachures, de couleurs pétries ou écrasées, des pourpres, des jaunes, des turquoises, des mauves dont les acidités ou les dissonnances ont des rutilances d'émail.

Ces bouquets de femmes, tremblants d'autant de maladresses que d'émois, sont également des victoires sur l'ombre et sur la mort.

Toulouse-Lautrec entre la noce et la rue

Toulouse-Lautec fut lui aussi un isolé mais d'une tout autre manière que Degas. Rejeton d'une vieille et illustre famille languedocienne où les personnages singuliers ne manquaient pas, il était postérieur d'une génération aux impressionnistes, ne participa à aucune de leurs manifestations et se contenta d'utiliser, dans ses œuvres de jeunesse où apparaît son goût pour les chevaux et les scènes de plein air, leurs touches en hachures juxtaposées, fluides et rapides.

Toulouse-Lautrec eut, comme Manet et Degas, un sentiment très aigu de la vie moderne ; rendu infirme par deux chutes successives durant son adolescence, il avait l'apparence d'un nabot et prit très jeune le parti de vivre parmi ceux qui comme lui étaient des marginaux ou des rejetés de la société, les habitués de la noce montmartroise, les danseuses des bals populaires et les prostituées.

Serrant d'un trait précis, quoique sans cruauté, l'exacte vérité de ses modèles, soucieux comme Degas du mouvement juste, mais également passionné par la courbe pulpeuse d'une croupe ou l'affaissement prématuré d'un sein, sa comédie humaine est comme lui-même pathétique et

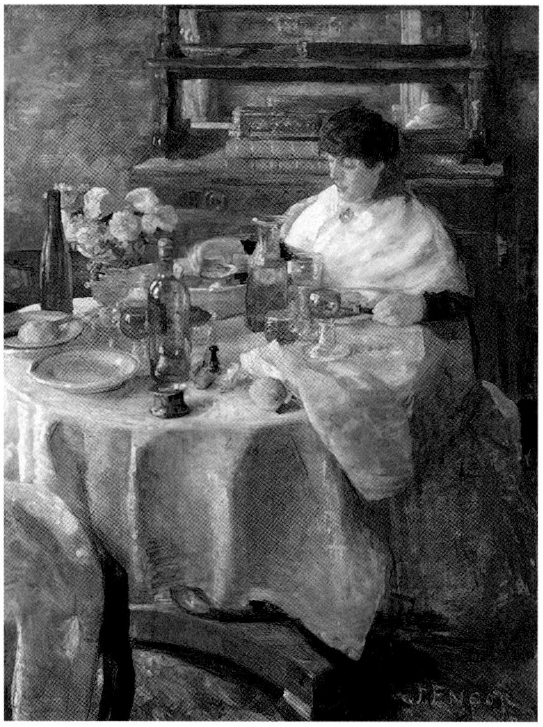

J. Ensor. *La mangeuse d'huîtres.* 1882. Musée royal des Beaux-Arts, Anvers.

dérisoire. Il fait des spectacles canailles où il se complaît, *Au bal du Moulin de la Galette* (1889, Art Institute, Chicago), *La Danse au Moulin-Rouge* (1896, collection P. Mac Ilhenny, Philadelphie) *Jane Avril dansant* (1892, musée d'Orsay, Paris) ou *La Goulue et Valentin le désossé* (1890, collection particulière, Suisse) des féeries de lumière, de mouvement et de couleur, où la danse débridée, sauvage, prend dans les odeurs et les bruits, l'allure d'un rite grave célébré par des créatures aux gestes et aux fards violents, désarticulées, presque inhumaines.

Le cirque, le cabaret, les maisons closes (*Au salon de la rue des Moulins,* 1895, musée d'Albi) le théâtre (*Le ballet de Chilpéric : Marcelle Lender* (collection Mr. et Mrs. John Hay Whitney, New York) les danseuses et les filles de théâtre ou de music-hall (*Yvette Guilbert saluant,* 1894, musée d'Albi) stimulèrent la curiosité insatiable du petit homme au lorgnon qui fut aussi un portraitiste attentif et ému.

Pour lui l'art n'était pas réservé à une élite de collectionneurs il s'adressait au grand public ; c'est pourquoi il exécuta des affiches pour Jane Avril au Jardin de Paris, La Goulue au Moulin-Rouge, Le Divan Japonais, ou Aristide Bruant à l'Eldorado, des couvertures de romans-feuilletons, de chansons, de programmes de théâtre, de revues illustrées (la célèbre affiche de *La Revue blanche,* 1895, représentant Misia Natanson) ou de livres, de menus etc. Il ne dédaigna pas faire la publicité d'une marque de bicyclettes...

Certains de ses tableaux sont de simples études pour ces affiches, ces dessins de presse ou ces illustrations, tous réalisés en lithographies.

La production graphique de Toulouse-Lautrec est tout à fait autonome dans son œuvre ; elle est techniquement exécutée dans un but précis et répond aux besoins d'un public assoiffé d'images, celles de la rue, des journaux, des lieux de distraction ou de plaisir, mais ignorant les conquètes de l'art contemporain et à qui Lautrec a ouvert une voie nouvelle. Il est le premier à avoir tenté d'unir ces trois composantes jusque là étrangères l'une à l'autre, la peinture, la rue et la vie urbaine.

Le rayonnement de l'impressionnisme: la Belgique, l'Allemagne et les pays latins

L'impressionnisme apparut en Europe occidentale, et plus tard aux Etats-Unis, comme une libération ; le goût du plein air et de la vie moderne, et surtout la prééminence rendue à la peinture pure· sur l'image et le sujet, violemment combattue par les académiques ou les conservateurs, produisirent une sorte de choc opératoire sur les peintres des nouvelles générations. Nombreux étaient ceux qui venaient étudier à Paris ; ils allaient le plus souvent dans les ateliers académiquees mais la révélation de l'impressionnisme, chez Durand-Ruel, Georges Petit, ou dans les expositions du groupe, les détourna des cuisines de l'Ecole. Ils apportèrent à leur retour, dans leur pays d'origine, non les leçons sclérosantes des "chers maîtres" mais l'amour de la nature et de la peinture claire.

La proximité de France de la Belgique fit que, très tôt, celle-ci fut touchée par la grâce impressionniste. La fondation en 1884 du groupe puis du salon des XX à Bruxelles par Octave Maus qui avait créé deux ans plus tôt le journal *L'Art Moderne,* préluda à une série d'expositions groupant les peintres séduits par l'impressionnisme, Ensor, Vogels, Van Rysselberghe, Khnopff etc. ; son programme reposait, comme au salon des Indépendants à Paris, sur la liberté totale. Le salon des XX, dissous en 1893, accueillit la grande majorité des "novateurs" français, de Monet à Seurat et Gauguin, et de Renoir à Cézanne, précédant Toulouse-Lautrec et Van Gogh.

Emile Claus, futur promoteur de "Vie et Lumière" fondé en 1904, Henri Evenepoel, James Ensor dans les toiles comme *La mangeuse d'huîtres* (1882, musée d'Anvers), adoptèrent les couleurs claires qui séduisirent, dans la génération suivante, Rik Wouters dont les compositions (*Fleurs d'anniversaire,* 1912, collection particulière, Anvers) mêlent le moelleux sensuel de Renoir à la construction de Cézanne.

C'est au néo-impressionnisme, mais édulcoré et souvent systématisé, que se rattachent Van Rysselberghe, Georges Lemmen, Alfred William Frich, et plusieurs autres liés au mouvement de rénovation de l'art décoratif animé par Henry Van de Velde, peintre pointilliste lui-même à ses débuts, qui aboutit à l'Art Nouveau bruxellois.

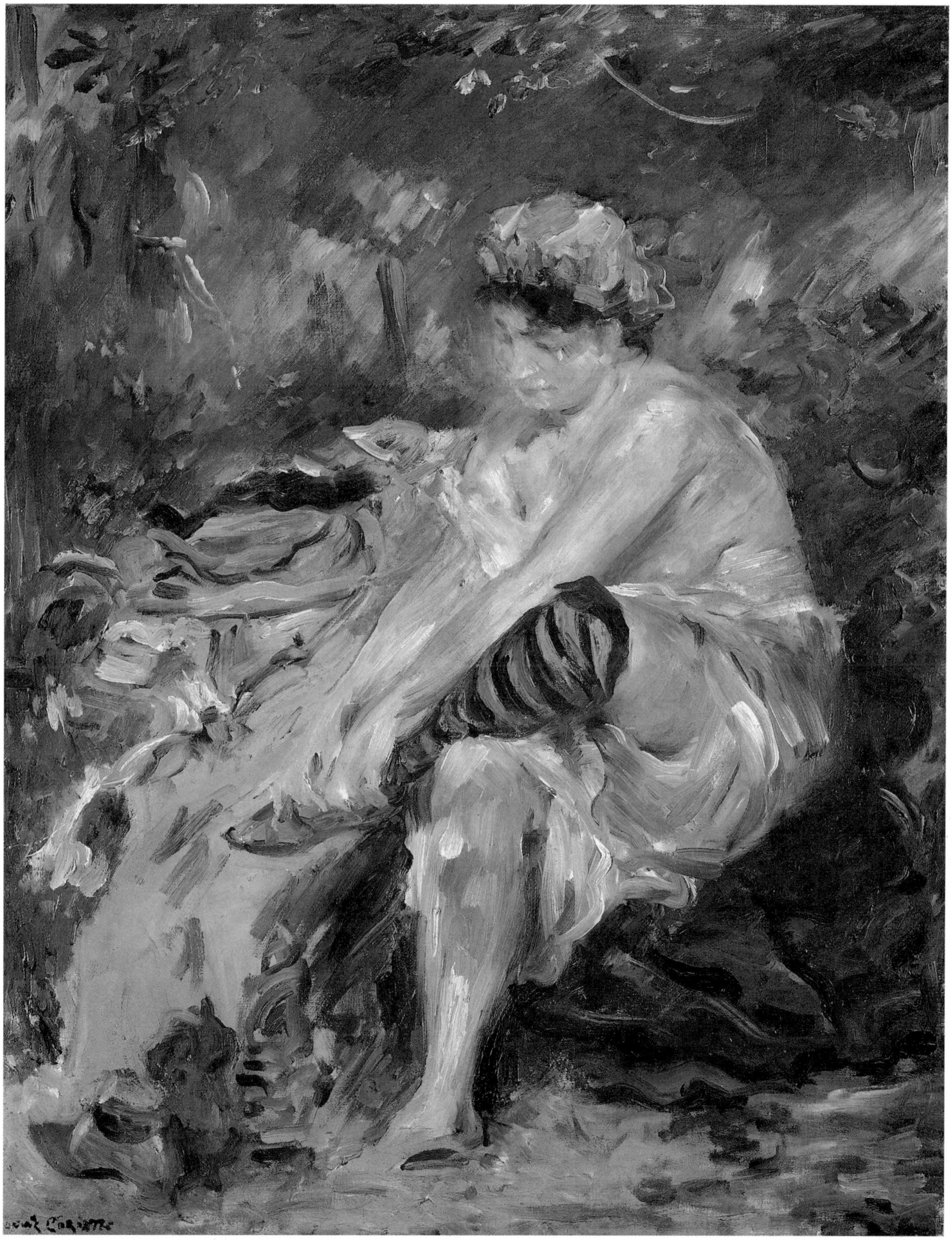

Lovis Corinth. *Après le bain.* 1906. Kunsthalle, Hambourg.

Malgré leurs contenus inégaux les Sécessions allemandes – Munich en 1892, Vienne en 1897, Berlin en 1898, – furent de salutaires armes de combat contre l'académisme qui pesait très lourd sur la peinture. Fondateur de la Sécession de Berlin Max Liebermann ne parvint que fort tard à se libérer du pathos socialisant de ses toiles sur le travail et la vie populaire ; mais l'impressionnisme chez lui n'est qu'un procédé qui juxtapose la peinture claire à des sujets quotidiens (*Terrasse du restaurant Jacob à Nienstedten*, 1902-1903, Kunsthalle, Hambourg). L'influence de Degas lui donnera une écriture plus nerveuse et des mises en page plus hardies.

Liebermann garde néanmoins le mérite d'avoir introduit la peinture française moderne en Allemagne ; Lovis Corinth et Max Slevogt en subirent l'influence avant d'adopter l'expressionnisme, Christian Rohlfs, proche de Monet, fut ensuite inspiré par Van Gogh. Mais les "officiels" veillaient,

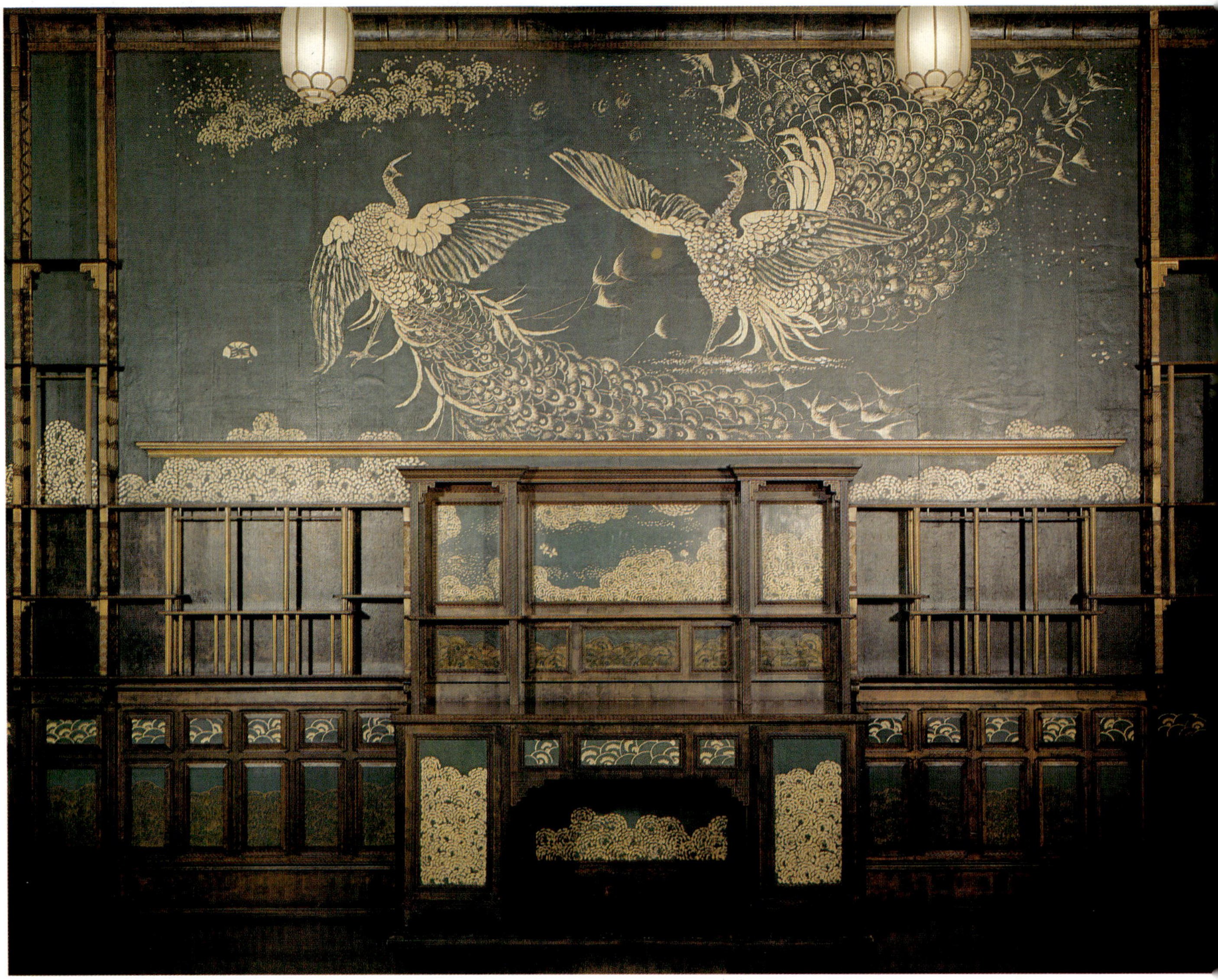

James Abbott Mac Neill Whistler. *La chambre des paons. Harmonie en bleue et or.* 1876-77. Freer Gallery of Art, Washington.

le directeur de la Nationalgalerie de Berlin, Hugo Von Tschudi, ayant fait entrer des œuvres impressionnistes dans son musée, en fut chassé ; il alla poursuivre sa politique rénovatrice à Munich, plus libérale.

Dès 1878 le critique italien Diego Martelli, dont Degas fit le portrait, donna à Livourne des conférences sur l'impressionnisme ; éditées deux ans après elles furent rapidement connues des jeunes peintres, ceux surtout qu'influençaient les *macchiaioli,* novateurs de la peinture de plein air mais farouchement opposés aux impressionnistes. Leur chef, Giovanni Fattori, surtout.

C'est au marchand milanais devenu peintre, Vittore Grubicy, d'origine hongroise, que l'Italie doit la révolution du néo-impressionnisme ; il l'avait découvert en Belgique grâce aux expositions et au journal des XX.

Les *divisionisti* transalpins comptèrent plusieurs artistes inégaux, meéthodiques comme Pelliza, Previati, Morbelli, ou plus libres à l'égard des théories scientifiques de Seurat, tels Segantini, peintre de paysages et de scènes de la terre qui s'orienta vers le symbolisme, Longoni ou Morello ; malheureusement tous ces peintres ne virent dans le divisionnisme que procédé technique systématiquement appliqué à un naturalisme davantage influencé par la sombre école de La Haye que par les éblouissements solaires de l'impressionnisme.

Si la Roumanie eut, avec Grigoresco qui travailla à Barbizon, où il connut entre 1862 et 1870 Renoir, Millet ou Rousseau, un sensible promoteur du plein air au lyrisme raffiné, dont les disciples furent nombreux, la Hongrie s'honore de posséder en Szinyei Merse un an avant l'impressionnisme puisque *Le déjeuner sur l'herbe* (musée des Beaux-Arts, Budapest) est de 1873, un adepte du plein air et des effets de lumière ; mais cette œuvre, jugée révolutionnaire, causa un tel scandale que son auteur dut momentanément cesser de peindre. Ses compatriotes préféraient les thèmes dramatiques au spiritualisme sombre de Munkacsy.

L'Espagne et le Portugal

Mariano Fortuny, ce Catalan dont la célébrité fut considérable dans les milieux mondains "avancés" ou croyant l'être du milieu du XIXe siècle, mêlait une minutie, mais

LA RÉSISTANCE ACADÉMIQUE ET LE SYMBOLISME

L'art et la société sous le second Empire

La société française du second Empire à la IIIe République se préoccupa peu des mutations de l'art. Certes l'esprit d'entreprise domine le règne de Napoléon III ; c'est l'époque où s'instaure la politique du libre échange et où se concluent de fructueux traités de commerce, où se fondent et prospèrent les banques, les établissements de crédit. Où l'on perce le canal de Suez (1869) et où se crée la Compagnie générale transatlantique. Où le réseau ferroviaire se développe. Où les fortunes naissent et grandissent selon le mot d'ordre : « Enrichissez-vous ».

Les transformations sociales, où idéologues et réformateurs, Saint-Simoniens, Fouriéristes ou Proudhoniens, jouent un rôle important, accentuant les contradictions entre les différentes classes que domine la toute-puissante bourgeoisie, garante de l'ordre. Son esprit entreprenant est lié à ces transformations comme à ces contradictions, mais pas toujours dans un sens constructif ; ce qui la préoccupe surtout c'est d'affirmer et d'agrandir son pouvoir.

La société du second Empire est essentiellement urbaine. Les principales villes de province, à l'image de Paris où se donne « le grand spectacle gratis du tréteau impérial » (Victor Hugo), changent de visage ; qu'elles soient la cause ou la conséquence des transformations sociales les mutations dont les métropoles régionales, Lyon, Marseille, Grenoble, les agglomérations minières et les cités manufacturières du Nord et de l'Est, sont le théâtre, se situent dans le droit fil du triomphalisme parisien : larges percées bouleversant ou détruisant les vieux quartiers, espaces verts, vastes monuments administratifs pseudo-Renaissance, églises néo-romanes ou néo-gothiques. On est loin de la mesure, de la simplicité souvent grandiose mais harmonieuse, de l'esprit créatif de l'Ancien Régime.

L'art et l'industrie se développent de conserve sous les ailes de l'Aigle impérial et sous le signe de la quantité. La profusion est confondue avec le luxe qui tient lieu de goût, celui-ci presque uniquement fondé sur le pastiche ; la peur d'innover se mêle au respect d'un passé que l'on se croit capable d'égaler voire de dépasser sur le plan technique grâce aux "progrès de l'industrie" jugés dignes de concurrencer les réalisations créatrices de la main. L'art, sous le second Empire, est fondé en grande partie sur cette ambiguïté, et cette vanité. L'idée que les chefs-d'œuvre de l'art pourraient se répandre dans toutes les couches de la société, était particulièrement chère à l'Empereur ; elle stimule de nombreux exécutants, ceux surtout qui participaient aux grandes compétitions internationales.

L'admiration du passé se retrouve dans les commandes officielles ; les artistes académiques, soutenus par les pouvoirs en place, l'Etat, l'Eglise, l'Institut, le Salon, le Jockey-Club, la bourgeoisie, qui les couvrent d'honneurs, se jugent les égaux des maîtres du passé, et n'ont pas d'autre ambition que de s'inspirer d'eux. Ils sont les Titien, les Tintoret, les Corrège, les Raphaël, les Le Brun de l'époque, et il n'y a guère de place dans leur musée imaginaire pour ces malheureux égarés qui tentent de saisir les variations de l'atmosphère et de la lumière en plein air, les tenants de la "peinture claire". Ils sont pourtant moins méprisés que les réalistes, ces « démocrates » que M. de Nieuwerkerke, surintendant des Beaux-Arts, accuse de « ne pas changer de chemise tous les jours » !

Bouguereau, dont la glorieuse carrière commence sous le second Empire, résumera plus tard ce dédain, ou cet opprobre en ces termes : « Un art nouveau ? Mais pour quoi faire ? L'art est éternel, il n'y en a qu'un ! Nous faisons le mieux que nous pouvons et quand nous égalons les maîtres nous sommes bien heureux. »

La magnanimité de Napoléon III, peu sensible aux arts et libéral quand il s'agit de faits sans importance, avait permis l'ouverture du fameux salon des Refusés en 1863, mais cette initiative ne sera pas renouvelée.

Pourtant dans le grand courant de réformes administratives de cette même année 1863, l'Institut a vu son rôle notoirement diminué à l'Ecole des Beaux-Arts comme au Salon ; ce n'est plus qu'à titre individuel que les académiciens pourront faire partie du jury mais ils y seront les plus nombreux et les plus actifs. Il n'y a donc aucun changement, et les "novateurs" continueront à être écartés systématiquement. Une modification intervient lorsqu'est créé, en 1870, le ministère des Beaux-Arts ; le corps électoral du Salon est étendu à tous les exposants qui y ont été précédemment admis — sauf celui "républicain" de 1848 — et l'on y voit entrer aux côtés des académiques les plus fameux, Daubigny, Corot, Millet, Fromentin et même Courbet. La guerre mettra fin à cette tentative de réforme.

Si Manet, Monet ou Renoir sont écartés du Salon, et bien entendu des commandes officielles, c'est que l'art sous le second Empire a pour principal objet de ne pas montrer la vie contemporaine. Ces bourgeois industrieux, entreprenants, tournés vers l'avenir, ne se complaisent dans le décor de leur vie, comme dans les formes d'art qu'ils protègent ou commandent, que dans le passé. Ce n'est pas tout à fait de leur faute, Balzac, Victor Hugo, Théophile Gautier, Mérimée, dans leurs romans, et ce dernier dans sa mission d'inspecteur des Monuments Historiques, Viollet-le-Duc avec ses restaurations, ont mis le Moyen Age et l'archéologie à la mode, et ridiculisé le décor moderne que l'auteur de *La Cousine Bette* qualifie de « magnifique spécimen du luxe des sots » ! Il tourne en dérision ceux qui, refusant le pastiche, veulent vivre avec leur temps ; mais qu'est-ce que la modernité sous Napoléon III ? Un compromis. A l'Exposition universelle de 1855 la section des « industries concernant l'ameublement et la décoration » est patronnée par l'archéologue et collectionneur Du Sommerard, fondateur du musée de Cluny !

Un refuge frileux dans le passé

Il n'y a pas que le mobilier, les objets, le décor des appartements qui soient passéistes, la peinture et la sculpture se complaisent dans la reconstitution ; le Salon et les salons bourgeois sont remplis d'épisodes de l'Ancien ou du Nouveau Testament, de scènes grecques, romaines, médiévales ou Renaissance, d'évocations orientalistes, d'anecdotes historiques, assortis d'allégories aux nudités affriolantes — car le bourgeois s'il est "héroïque" devant les batailles napoléoniennes de Meissonier, se sent devenir polisson grâce aux nymphes roses et dodues de Cabanel ou Bouguereau — voire de paysages ou de thèmes paysans reposants ou édifiants.

Les événements contemporains sont aussi des reconstitutions, tels la *Réception des ambassadeurs siamois par l'Empereur au palais de Fontainebleau* par Gérôme (1861-1864, château de Versailles) ou *La bataille de Solférino* par Meissonier (1864, musée d'Orsay, Paris) dont l'exactitude photographique est d'une perfection miniaturisée.

Le Second Empire aime les images. La nouveauté l'effraie, le passé le sécurise comme en témoigne la « Maison pompéienne » édifiée pour le prince Napoléon sur l'actuelle avenue Montaigne, « élégante fantaisie moderne sur un mode antique » écrit-on. L'Impératrice s'attache à reconstituer dans ses appartements des palais impériaux l'ameublement (souvent authentique) et le décor de Marie-Antoinette, tandis que chez les banquiers qui se font construire des palais Louis XV ou Louis XVI plaine Monceau, le meuble de Boulle voisine avec la pendule "troubadour". Guère d'éclats sur les murs ou les tableaux, le Second Empire n'est pas coloré, malgré les uniformes chamarrés et les crinolines, pas d'audace non plus sinon dans la juxtaposition florentino-byzantine ou gothico-turque. Par manque de goût ou de style ? Certes, mais aussi de confiance dans ses capacités et ses ambitions créatrices.

Cette impuissance, ces renoncements, ce refuge frileux dans le passé aboutissent, par les voies du compromis, à l'éclectisme, fils bâtard du pastiche dont, après la chute du Second Empire, la IIIe République héritera.

Commandes publiques et décorateurs

L'éclectisme se développera parallèlement à la peinture vivante, libre et aérée de Manet et des impressionnistes. A leurs nouveautés de sensibilité et de vision répond cet art d'imitation et de reconstitution, conçu pour la sécurité ou la délectation des regards, qui est aussi l'art du pouvoir.

C'est par la commande publique et par les récompenses, médailles, décorations, prébendes diverses, que l'Etat intervient dans l'art ; ainsi le fait-il sien car enchaînant les artistes à son propre service il les met à sa disposition. En premier lieu les membres de l'Académie des Beaux-Arts dont fait partie le comte de Nieuwerkerke qui distribue les commandes ; puis le gros de la troupe des producteurs en compositions historiques, portraits, allégories, scènes paysannes et autres anecdotes.

Ceux-là vivent du Salon puisqu'il n'y a guère de galeries à Paris ; c'est chaque année la grande manifestation artistique nationale (elle le restera jusqu'en 1914), et y exposer est un label de qualité ; y recevoir des médailles l'aurore ou la consécration d'une carrière. Y décrocher des achats et des commandes est la porte ouverte aux honneurs et à la fortune. L'importance du Salon dans la vie d'un artiste est telle que Manet ne voudra exposer que là, que Renoir abandonnera l'impressionnisme, qui y est honni, pour la "manière aigre" qui lui en ouvrira l'accès. Cézanne consentit, afin d'y être admis après plusieurs échecs, à l'humiliante mention d'"élève d'Antoine Guillemet", tout membre du jury ayant droit à présenter l'œuvre d'un élève. Et Cézanne a, cette année 1882, quarante-trois ans !

Certes c'est sous le Second Empire que Delacroix peignit

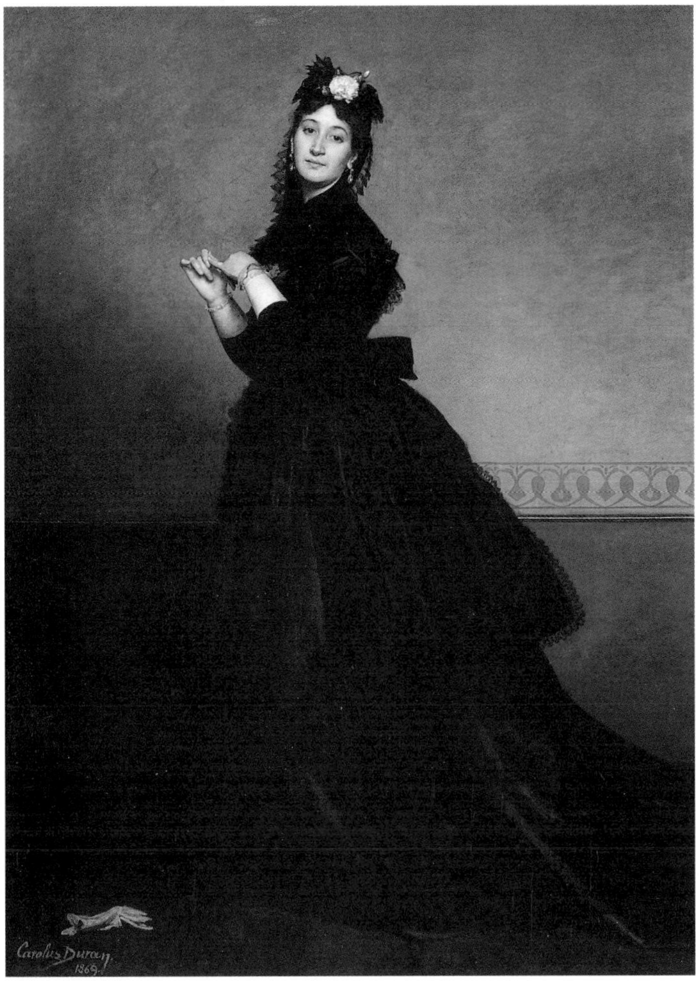

Carolus-Duran. *La dame au gant.* 1869. Musée d'Orsay, Paris.

ses grandes décorations de Saint-Sulpice et que Chassériau exécuta celles de Saint-Philippe-du-Roule et de Saint-Roch, mais ce sont des initiatives exceptionnelles les grandes commandes étant réservées aux peintres académiques. Tels Paul Baudry, qui se situe avec ses peintures allégoriques pour le nouvel Opéra, dans ce qu'il croit être la tradition des grands décorateurs de la Renaissance italienne, Victor Galland qui passe pour le Tiepolo des fastueux appartements du quartier Monceau, Henri Lehmann, Charles Chaplin, Bénouville.

L'ingrisme se répand dans les décorations d'églises à travers les prolifiques frères Flandrin ; mais Ingres lui-même, au sommet de sa gloire, est chargé avec Lehmann, Riesener, et Delacroix, d'importants travaux à l'Hôtel de Ville qui disparaîtront dans l'incendie de la Commune. Il y peint dans le style d'un camée antique un plafond *Le triomphe de Napoléon,* tandis que Delacroix décore le salon de la Paix.

Profane ou religieuse la grande majorité des commandes décoratives est d'une accablante médiocrité ; l'architecture n'y est pas prise en considération, ni l'environnement, et la plupart des peintures murales ne sont que des illustrations agrandies.

La raison est simple, l'importance des vastes entreprises décoratives suscitées d'une part par le nombre des constructions nouvelles, de l'autre par le goût du faste et l'attrait des images de la société, dépassait les capacités des artistes. Guère formés à ce qu'on attendait d'eux, ils crurent que l'application à l'exactitude, ou la virtuosité dans le décor théâtral ou pompeux, palliaient leurs carences. Ils les mirent malheureusement en évidence.

Le règne de la femme

La femme est constamment présente dans l'art et la vie de la société au Second Empire. On proteste hypocritement devant le *Déjeuner sur l'herbe* de Manet où une dame nue s'exhibe en pleine nature en compagnie de messieurs habillés et chapeautés, pourtant la nudité idéalisée ou érotisée, la chair opulente et offerte, sont partout. Mais travesties sous le masque de l'allégorie, de la mythologie ou du symbolisme, à moins qu'elles ne soient réservées aux boudoirs capitonnés ou aux chambres de style Pompadour, ou qu'elles ne s'alanguissent dans les moiteurs du harem. Les jeunes femmes dévêtues du *Déjeuner sur l'herbe* ou de l'*Olympia* sont de *vraies* femmes, d'où le scandale.

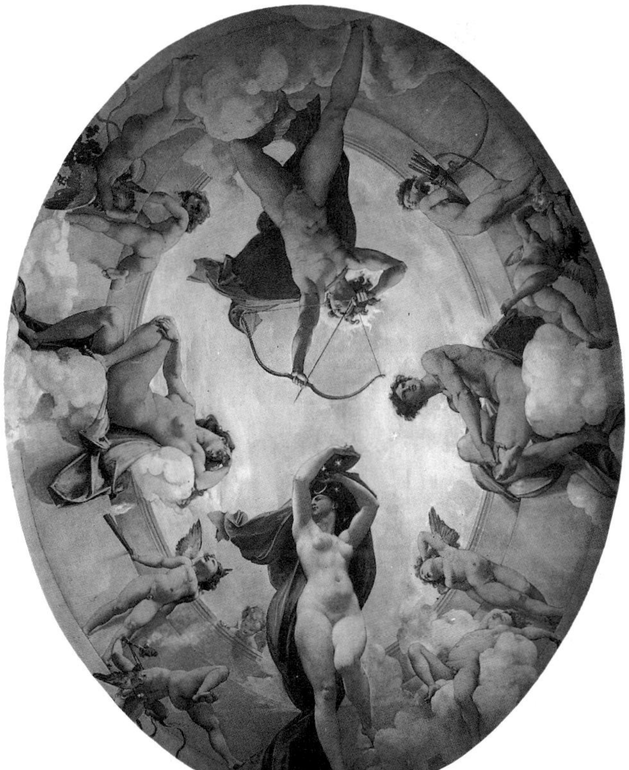

P. Baudry. *Le jour chassant la nuit.* 1865. Plafond, hôtel de la Païva, Paris.

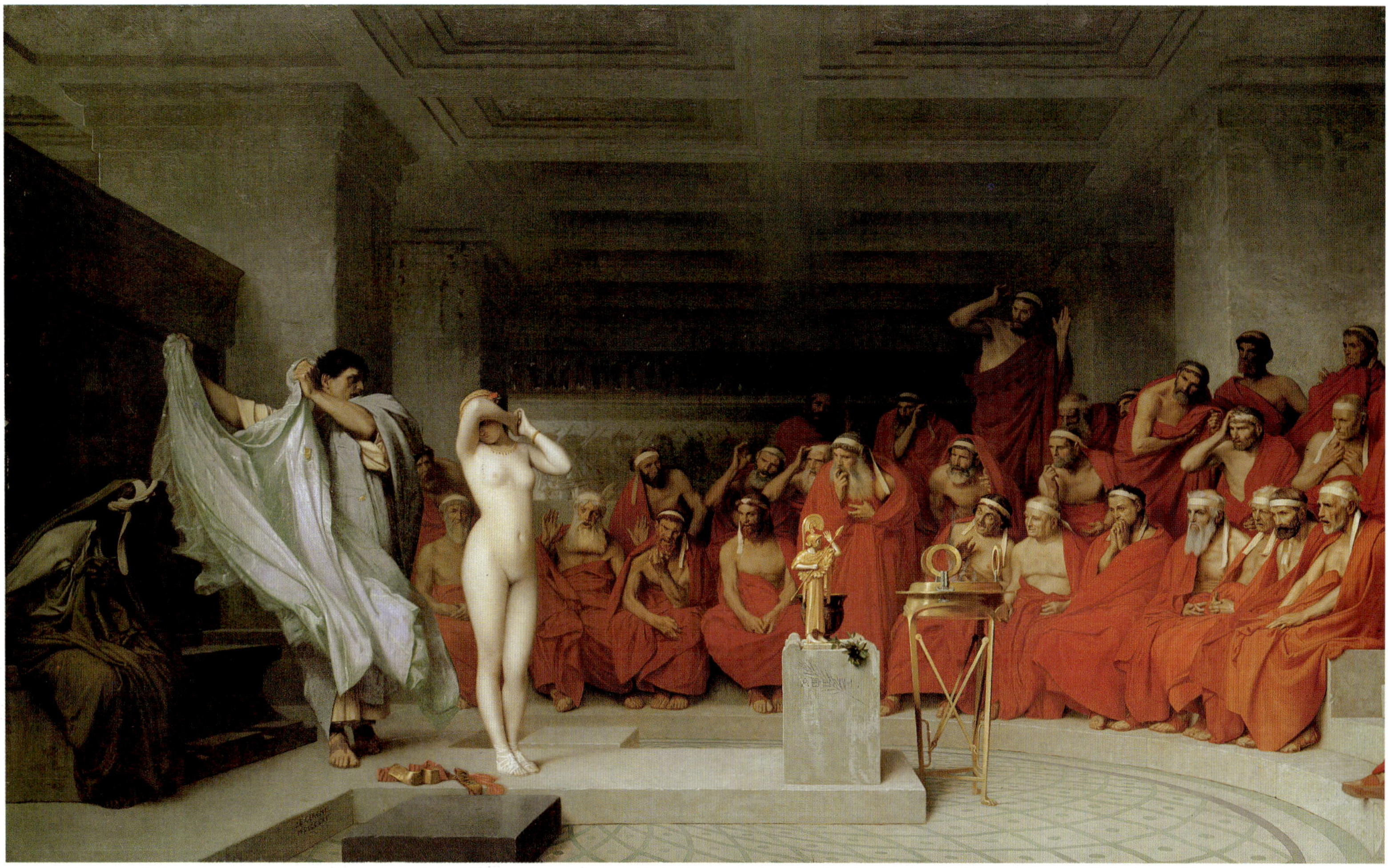

Jean-Léon Gérôme. *Phryné devant l'aéropage.* 1861. Kunsthalle, Hambourg.

Si la morale de l'époque est maussade et sourcilleuse, la chair, elle, n'est pas triste ; le nu arbore une belle santé et une sensualité à toute épreuve. La femme du Second Empire est plus proche des tendrons rebondis de Courbet ou Renoir que des beautés marmoréennes de Winterhalter qui est pourtant le peintre de l'Impératrice et des femmes du monde ; elle apprécie le plaisir pour lequel apparemment elle est faite, et si l'on comprend mal pourquoi les bourgeois de Napoléon III couvrirent de sarcasmes ou de plaisanteries grossières les modèles drôles ou sensuels de Manet ou de Renoir, c'est qu'ils ne concevaient de tels objets de chair que dans l'écrin confortable des intérieurs. Toujours l'hypocrisie.

La femme est le prétexte de maintes peintures anecdotiques, mythologiques, allégoriques, du Salon. La peinture d'histoire descend fréquemment au niveau de l'historiette, prend ses sujets dans la littérature romanesque, emprunte à l'exotisme son mystère et sa chaleur. Gérôme, l'un des peintres les plus appréciés de l'époque, fait alterner sous les regards extasiés du public, les belles esclaves à la nudité lisse, le sucre d'orge néo-grec et les chrétiens aux bêtes. Le rêve, l'histoire et l'horreur.

Le premier grand succès de Gérôme, qu'un critique osa qualifier de « chercheur d'idées », fut une niaiserie pauvrement peinte, au dessin mou, le célèbre *Combat de coqs* (1847, musée d'Orsay, Paris). Il mit à la mode ce que l'on appela le néo-grec ou le néo-pompéien ; abordant tous les genres il flatta tous les publics, fut trois fois médaille d'honneur au Salon, invité personnel des souverains à Compiègne, professeur à l'Ecole des Beaux-Arts, membre de l'Institut, et accumula toutes les prébendes, décorations et autres titres honorifiques auxquels un peintre officiel pouvait prétendre. Quoique lié à Manet et à Degas, il poursuivit d'une haine vigilante les "novateurs" ; le qualificatif d'« ordures » qu'il décocha aux impressionnistes a plus fait pour sa triste gloire que son œuvre.

L'érotisme laborieux des "chers maîtres"

Gérald M. Ackerman, professeur d'université américaine, a tenté de réhabiliter Gérôme à qui il a consacré un important ouvrage [11)] et plusieurs rétrospectives aux Etats-Unis où se trouvent nombre de ses compositions. Selon lui l'admiration inconditionnelle de l'artiste pour Ingres et son ambition à l'égaler seraient responsables de sa conception de l'art selon laquelle seule compte d'abord l'idée, et non l'exécution qui n'est que pure technique. D'où, chez l'auteur de *Phryné devant l'aéropage,* ajoute Gérald M. Ackerman, la succession d'études préparatoires, esquisses, la recherche de détails "vrais", « pour n'arriver au tableau qu'après l'acquisition d'un métier aussi complet, aussi parfait que possible. »

Si Gérôme n'est qu'un artisan scrupuleux et minutieux dépourvu de la moindre sensibilité, dont les anecdotes souvent laborieuses, parfois égrillardes ou franchement lubriques (*Un Marché d'esclaves,* Sterling and Francine Clark Art Institute, Williamstown, Massachusetts) sont d'un total vide plastique, il n'en est pas de même pour Paul Baudry, déjà rencontré comme décorateur de l'Opéra.

Les leçons des grands maîtres étaient sa vérité, et la copie une nécessité et une ascèse qui lui tint lieu de personnalité ; c'est à Rome où il s'était rendu avec ferveur, aussitôt reçue sa prestigieuse commande, pour revoir ses maîtres Raphaël, Corrège, Michel-Ange, les Bolonais, qu'il mit au point en communion avec eux ses décorations parisiennes. Ses nus, quoiqu'un peu trop roses, sont peints avec légèreté, et leur grâce faubourienne est plus proche des modèles à la Courbet que des nymphes éthérées de Corrège.

Ils sont aux antipodes des nudités douceâtres de Cabanel dont *La Naissance de Vénus* (musée d'Orsay, Paris) connut au Salon de 1863 – d'où Manet et Whistler avaient été exclus – un véritable triomphe ; elle fut acquise aussitôt par l'Empereur qui la paya quarante mille francs, somme énorme pour l'époque. Autre spécialiste de nus, Bouguereau n'aurait guère sa place dans une histoire de la peinture,

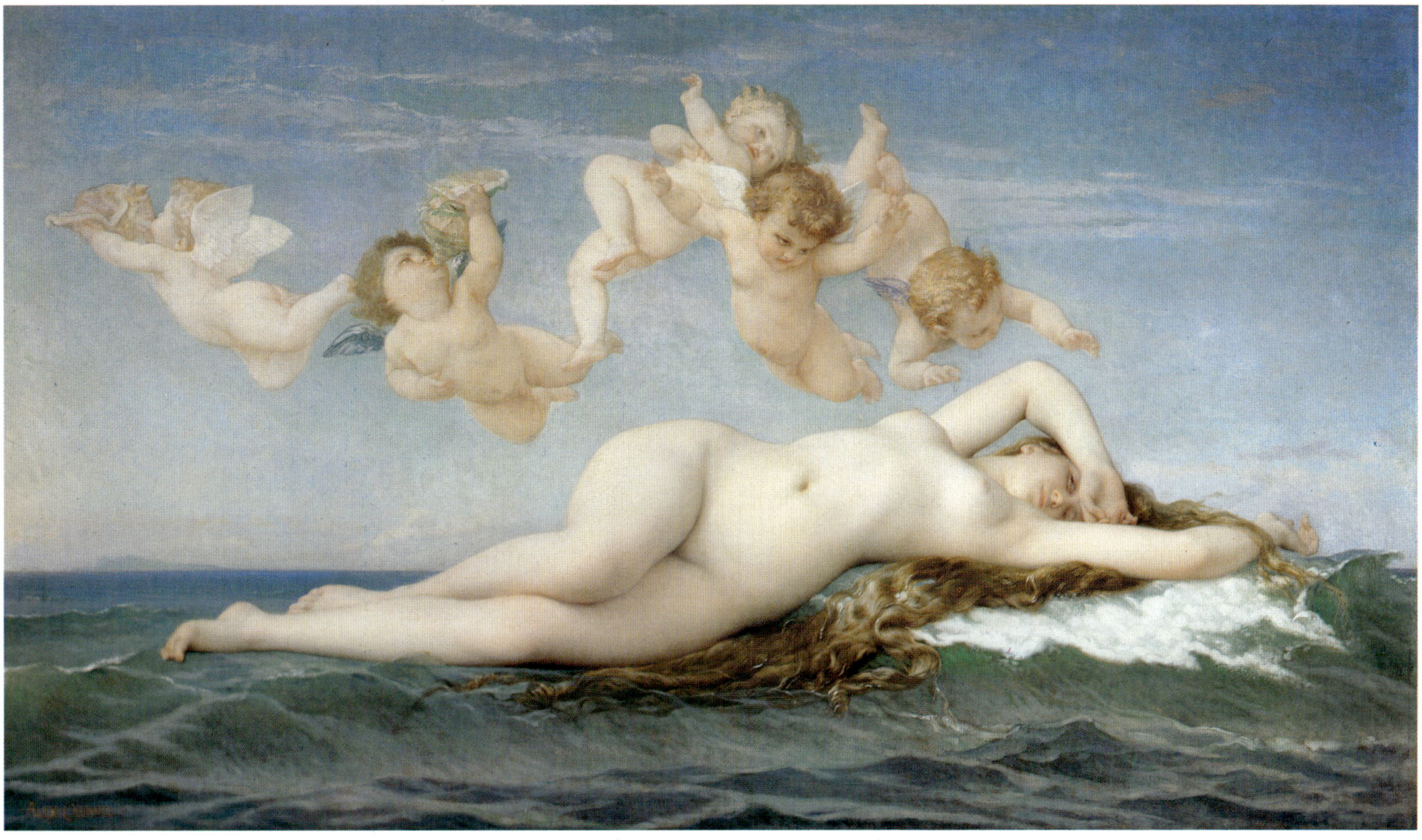

Alexandre Cabanel. *La naissance de Vénus.* Salon de 1863. Musée d'Orsay, Paris.

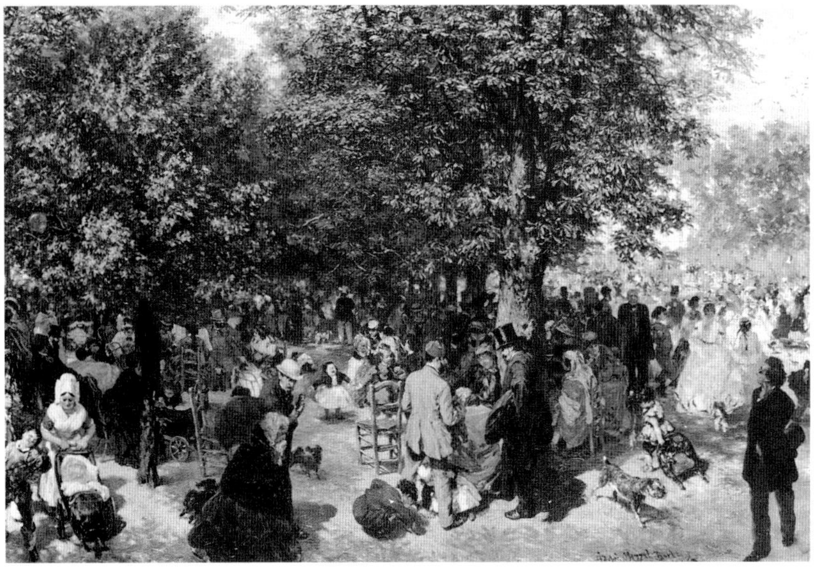

Adolph von Menzel. *Un après-midi au jardin des Tuileries.* 1867. Gemäldegalerie, Neue Meister, Dresde.

tant il est étranger à celle-ci, s'il n'avait connu une gloire quasi universelle fondée il est vrai sur un système commercial parfaitement réglé.

L'absence totale de personnalité et le vide plastique de ce "maître", que l'on a également tenté de ressusciter, répondaient au goût pour l'image caractéristique de la société du Second Empire, puis de la IIIe République, où la perfection scolaire tenait lieu de vie. L'érotisme de Bouguereau, polisseur laborieux de croupes lascives et de triangles pubiens soigneusement épilés, est celui du maquignon en ribote ; la nullité du confiseur académique n'a d'égale que sa vulgarité.

Autre producteur de nus, Henner multiplia les femmes rousses aux chairs blanches partiellement noyées de brumes cotonneuses ; mais ses portraits robustes et francs ont de l'accent. Il est vrai qu'il s'agissait rarement de commandes mondaines mais de visages familiers ; le musée Henner à Paris en compte plusieurs.

Curieusement on trouve chez la plupart de ces peintres, comme chez Jules Lefebvre, Glaize ou Gendron, autres spécialistes de nudités, et même chez Courbet, Corot ou Delacroix, un type féminin très proche, croupe opulente, poitrine lourde et haute, yeux en amande, cheveux longs. Leurs attitudes généralement mouvementées, à l'érotisme savamment calculé, répondait au voyeurisme de l'époque ; mais la lubricité besogneuse est, chez les artistes académiques, à l'opposé de la sexualité libre, robuste et heureuse d'un Courbet, d'un Manet ou d'un Renoir.

La peinture du Second Empire manipule le corps féminin qu'elle transforme en simple objet de consommation, attitude que l'on rencontre également souvent dans la littérature ; cette forme insidieuse de la perversité serait-elle de l'antiféminisme, d'autant plus surprenant que la société de l'époque fait de la femme une idole ? De semblables complexités se retrouvent dans les scènes orientalistes où sexisme et racisme concourent à faire de la femme, spécialement de la femme de harem, le prototype de la soumission féminine ; ce qui permettait de mettre en valeur l'homme, maître de ces beaux corps surchauffés, résignés à sa domination. Dans certains cas cet homme, à la virilité triomphante, est identifié au colonisateur, la femme étant la proie "colonisée".

On imagine aisément la résonance de tels sujets, comme ceux de l'enlèvement ou de l'offrande charnelle fréquents dans les toiles de l'époque, sur une société dominée par les désirs sexuels inassouvis que tant de romans du Second Empire décrivent avec complaisance, et par l'hypocrisie. Confinée dans ses intérieurs pelucheux et clos, bardée de préjugés, bridée par ses principes, cette société qui fut aussi celle des contes de Maupassant, des romans d'Octave Feuillet, et des opérettes d'Offenbach, trouvait dans l'art l'exutoire de ses fantasmes. Le Salon est le lieu où la bourgeoisie rencontre leur concrétisation sous les formes les plus aimables et les plus tentatrices.

Le Salon est aussi, comme les intérieurs, un lieu fermé où le voyeurisme peut se donner libre cours ; lorsque cet art tentateur est situé à l'extérieur, l'hypocrisie ne connaît plus ses limites. Le père de famille qui prétend ne plus pouvoir conduire ses filles à l'Opéra depuis que *La Danse* de Carpeaux, qu'il qualifie d'"enseigne de mauvais lieu" a été ins-

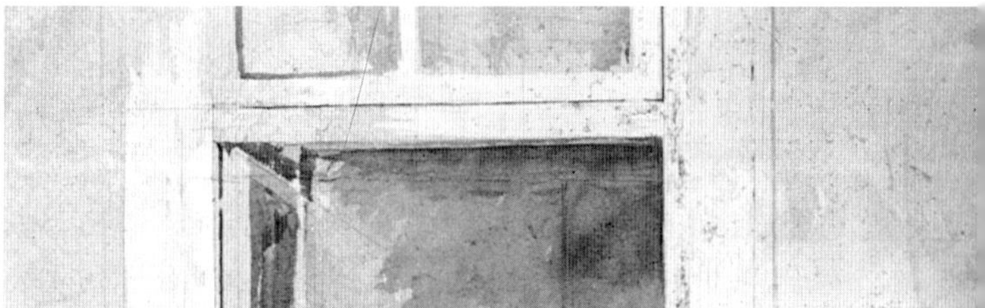

Mariano Fortuny. *Madame Fortuny.* 1874. British Museum, Londres.

tallée sur la façade, se serait certainement délecté de cette admirable danse dyonisiaque en voyeur solitaire. L'hypocrisie réside également dans le choix du terme « mauvais lieu » autre exutoire de la société, mais réservé aux hommes.

L'art officiel et la dictature des "pompiers"

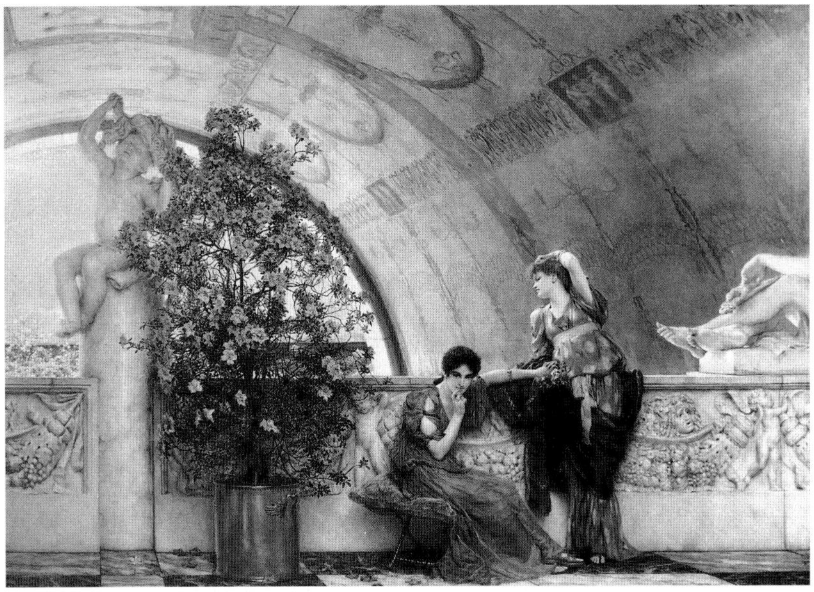

Laurens Alma Tadema. *Rivales inconscientes*. 1893. Bristol City Art Gallery.

La politique manichéenne des musées français, encouragée par la majorité des historiens d'art, a eu pour résultat d'écarter des cimaises et de tenir pour négligeable ou médiocre toute une partie de la peinture de la seconde moitié du XIXe siècle qui, à cette époque, eut un succès considérable ; et fut presque exclusivement l'objet des commandes et des acquisitions de l'Etat, des différentes institutions ou établissements officiels.

Certes cette attitude se trouvait assez largement justifiée par le comportement de ces pouvoirs à l'égard de ce qu'il est convenu d'appeler, face à l'art "officiel", l'art "vivant". On sait que les impressionnistes, Cézanne, Van Gogh, Gauguin, furent écartés des Salons, des commandes ou achats de l'Etat sous la pression de l'Institut dont l'ostracisme fut, pour une grande part, responsable du mépris plus tard infligé à l'académisme.

Même après la thèse de Pierre Vaisse [12)] qui a tenté de minimiser l'action de l'Académie des Beaux-Arts et des pouvoirs publics lors du refus, puis de l'acceptation partielle du legs Caillebotte [13)], il est difficile d'ignorer la violence de la réaction hostile des académiciens et l'attitude dilatoire de M. Henry Roujon, directeur des Beaux-Arts, à l'égard de la décision finale. Les outrances de langage de Gérôme accusant ces derniers de faire « de la peinture sous eux », et de plusieurs autres adversaires du legs, sont connues.

Le rejet quasi général de l'art "officiel", et les campagnes de presse qui l'accompagnèrent, les ouvrages de nombreux critiques et historiens excluant les "pompiers", furent aussi véhéments, et bien entendu aussi injustes, que les proscriptions de leurs adversaires. Il s'ensuivit une mise à l'écart presque totale d'une peinture dont l'importance avait été grande, et qui reflétait le goût d'une société certes nullement "artiste", mais pour laquelle l'art, ou plus exactement l'image, occupaient une part notable de son existence.

La conséquence fut une baisse généralisée du marché ; payés fort cher au temps de leur gloire, les "pompiers" chutèrent vertigineusement, et disparurent même des ventes publiques pendant plusieurs années.

Pourquoi des "pompiers" ? Ce qualificatif, donné aux "chers maîtres" académiques, aux sculpteurs et peintres "officiels", d'abord ironique, devint péjoratif quand il désigna les tenants de l'Ecole en opposition farouche aux "novateurs". Le pompiérisme eut surtout sa période d'activité dans la seconde moitié du XIXe siècle, et ses places-fortes furent les trois institutions traditionnellement hostiles à toute évolution dans l'art. Et rigoureusement fidèles — ou croyant l'être — à un classicisme dont David et Ingres étaient les mentors : l'Académie, l'Ecole des Beaux-Arts et le Salon.

Les critiques les plus haineusement opposés aux impressionnistes étaient allés jusqu'à les traiter de "communards", ce qu'aucun d'eux d'ailleurs ne fut ; par extension on en fit des démocrates, terme jugé outrageant déjà employé par M. de Nieuwerkerke à l'égard de Courbet et des réalistes sous le Second Empire, autre identification discutable, par rapport aux "officiels" conservateurs et bourgeois. Il y avait donc d'un côté les bandes révolutionnaires, de l'autre les honorables représentants de la tradition liés à la bourgeoisie capitaliste qui avait applaudi à la répression versaillaise, les défenseurs de l'ordre dans la société comme dans l'art. Or cette juxtaposition du clivage esthétique et du clivage politique est absurde, voire malhonnête, car "révolutionnaires" et "conservateurs" se rencontraient autant chez les impressionnistes que chez les académiques. C'est néanmoins à ces derniers, qui ne risquaient ni de déranger ni de révolter les bonnes consciences, que la IIIe République s'adressera, pour décorer ses monuments, perpétuer ses grandes heures, portraiturer ses gloires.

Cette peinture "officielle", "pompier", n'était pas un phénomène spécifiquement français, mais un courant international apprécié et défendu partout, jusqu' aux Etats-Unis, pour les mêmes raisons qui lui firent connaître le succès en Europe ; toutefois si les musées et les institutions publiques étrangères acceptaient de voir la France rejeter cette part importante de leur art, ils ne suivirent jamais son exemple, et refusèrent que le terme de "pompiers" fut appliqué à leurs artistes académiques. Ceux qui travaillèrent à Paris et connurent dans leur pays une gloire égale à celle de leurs maîtres français, que parfois ils imitèrent, n'ont jamais quitté les cimaises et sont toujours considérés, à titre historique, comme des gloires nationales.

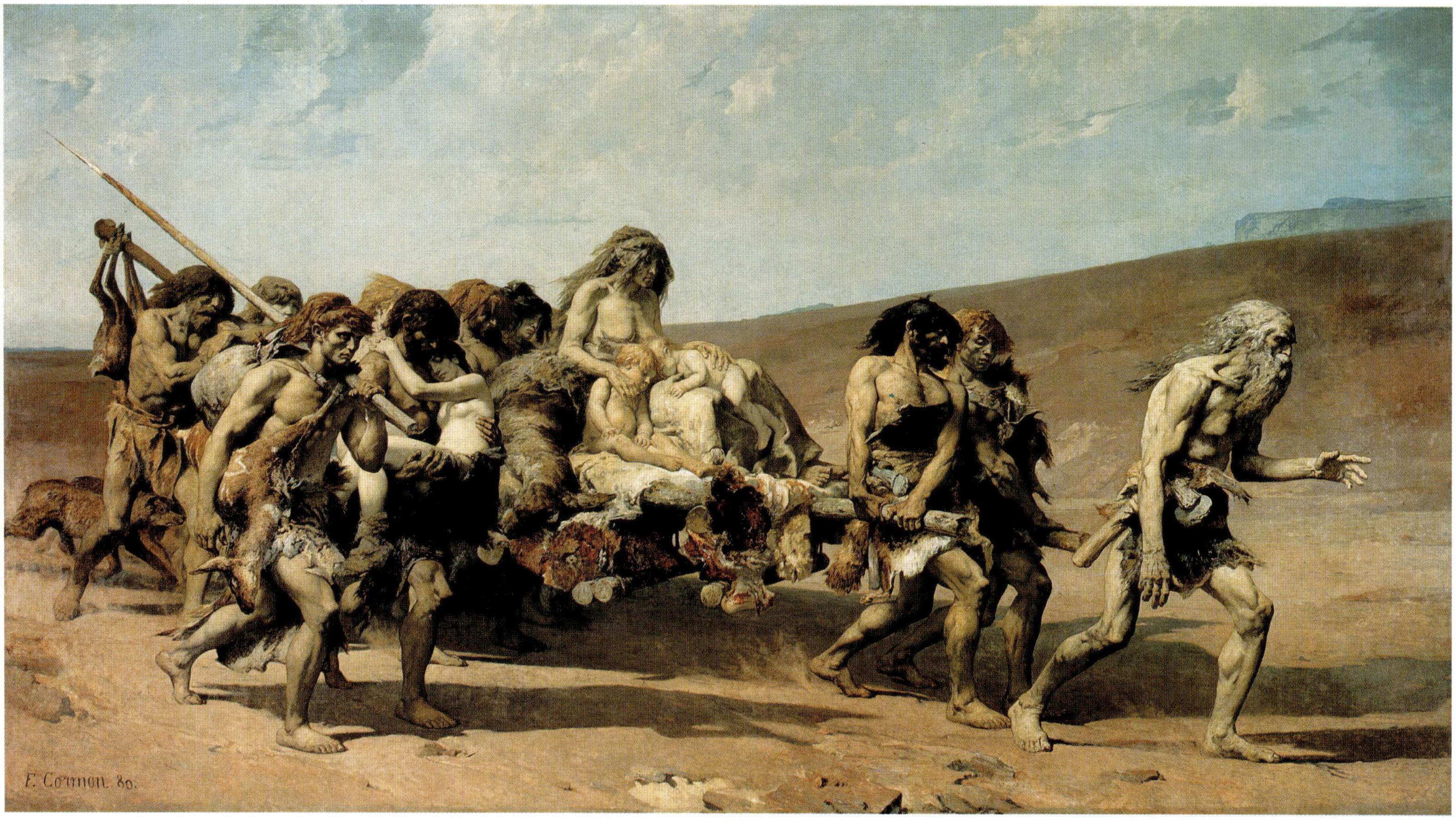

Fernand Cormon. *Caïn.* Salon de 1880. Musée d'Orsay, Paris.

C'est le cas de Jan Matejko en Pologne, de Hans Makart en Autriche, de Lenbach ou de Menzel en Allemagne, d'Alma Tadema en Angleterre, de Fortuny et de Zuloaga en Espagne, de Munkacsy en Hongrie, et de bien d'autres qui, en France, auraient été impitoyablement rejetés. Mais il est vrai que, dans ces différents pays, les débats esthétiques ou d'idées n'entraînèrent pas les oppositions violentes que le notre connut, donc l'ostracisme et la revanche qui suivirent.

Bien peindre c'est rassurer

Le rôle de l'hydre à trois têtes du pompiérisme militant, l'Académie, l'Ecole, le Salon, s'il ne fut pas aussi dictatorial que certains polémistes [14)] ont tenté de le démontrer, reste néanmoins considérable. Jamais, depuis la monarchie, si peu de responsables culturels n'avaient eu autant de pouvoirs entre leurs mains ; jamais un petit groupe de notables cooptés n'avaient contrôlé et dirigé, avec autant de fermeté farouche, la manière de peindre, ou de sculpter, et le circuit qui permettait à ses exécutants de faire carrière. Et d'écarter les autres.

Le système mis en place par les trois institutions, se complétant et s'épaulant, s'étendait à un certain nombre de réseaux satellites (les écoles des Beaux-Arts de province rabattant sur Paris et son enseignement officiel leurs meilleurs sujets) et demeura des générations durant, infaillible. Le Grand Prix de Rome, tenu en main par l'Académie et l'Ecole, garantissait à la fois la gloire et l'argent ; l'étape décisive était le Salon et ses médailles, l'aboutissement un siège à l'Académie. Tous les "pompiers" y tinrent boutique.

Le succès de l'académisme, son audience dans le public, reposaient sur un postulat : bien peindre c'est rassurer. Or, bien peindre c'était représenter très exactement ce que l'on voyait selon les principes de l'Ecole qui ne s'écartaient pas de la "vérité". Rassurer est, pour les académiques, le rôle primordial de l'image ; elle doit aussi faire rêver. Le pompiérisme est un art d'illusion. « Le collectionneur se rêve non seulement dans un monde lointain et ancien, mais en même temps dans un monde meilleur... où les choses sont dispensées de la corvée d'être utiles » écrit Walter Benjamin.

La défaite de 1870, la Commune, l'instauration de la République, avaient entraîné d'importantes mutations sociales ; la bourgeoisie d'affaires et d'argent a pris le pouvoir, rejetant le prolétariat qui, terrorisé par les trente mille fusillés de la répression anti-communarde, ne bouge plus jusqu'à la crise économique de 1883-1887 qui provoque chômage et mouvements sociaux sanglants. Bientôt c'est la montée de l'anarchie, les attentats et l'assassinat en 1894 du président Carnot ; la France a peur.

Face à cette peur, la peinture se propose comme un refuge. L'Etat lui assigne la mission d'exalter l'histoire, d'où les mises en scène, simples illustrations agrandies, du Panthéon mêlant le geste mélodramatique (*Martyre de saint Denis* par Léon Bonnat, 1881) à l'action d'éclat (*Vie de saint Louis* par Cabanel, 1878, de *Jeanne d'Arc* par Lenepveu) et au récit édifiant (*Scènes de la vie de sainte Geneviève* par Puvis de Chavannes, 1896, Jean-Paul Laurens, Elie Delaunay). Ces mêmes intentions se retrouvent dans les monuments publics, préfectures, mairies, universités, églises, écoles, etc. où la morale, la religion et la loi sont l'objet de représentations symboliques également exaltantes et édifiantes, mais où vers la fin du siècle la scène de genre s'impose ; à travers le spectacle des mœurs, la morale se fait moins didactique, la religion plus humaine, la loi plus souple. Le vent de l'impressionnisme a, malgré l'hostilité des "chers maîtres", soufflé ; le plein air et la lumière remplacent les reconstitutions sévères et terreuses.

Cette évolution est sensible à l'Hôtel de Ville de Paris, temple de l'art "officiel" où les vertus civiques ont l'aspect imprévu de nudités rebondies aux attitudes curieusement équivoques également chargées d'évoquer, dans d'autres poses non moins ambiguës, les vertus sociales, les arts, le retour à la terre ou les conquêtes de la science. L'illustration d'un Paris encore agreste et de sa banlieue toujours campagnarde, où l'"impression" et les couleurs claires dominent, témoigne à la fois de l'évolution du goût, et de la prise de conscience grandissante de la réalité urbaine, de la croissance et des mutations de la cité. Au contenu didactique de l'allégorie, à ses évocations passionnelles, et aux grandes exaltations historiques, se juxtapose cette sensibilité à la vie qui passe, et au plein air où se glisse un souffle de modernité.

La peinture officielle se veut également pédagogique, son développement coïncide avec le grand effort fait par Jules Ferry en faveur de l'enseignement laïque et obligatoire d'Etat ; le maître de cette imagerie est incontestablement le Toulousain Jean-Paul Laurens. Ses vastes décorations murales couvrant de très nombreux édifices publics, surprenantes et très exactes "pages d'histoire", illustrent les grandes heures et les principes républicains, et fleurent bon l'anticléricalisme tout en dénonçant ou en tournant en dérision, les spéculations métaphysiques et les illusions de l'idéalisme.

Spécialistes et fournisseurs

L'érotisme égrillard qui, à mesure que l'on se rapproche de la fin du siècle, se substitue à la sensualité, l'exotisme (le harem est toujours très apprécié), l'allégorie, la mythologie, l'histoire, la campagne et les travaux rustiques sont autant de fantasmes où se complaisent les "chers maîtres" et leur clientèle. Il serait excessif de les mettre tous dans le même sac de la médiocrité, mais les recettes étaient interchangeables, la routine immuable, le vide plastique à peu près général.

Chaque peintre avait sa spécialité, Carolus-Duran les femmes du monde, Cormon la préhistoire, Gérôme l'historiette et les scènes de cirque romain, Cabanel les nus sucrés et épilés, Bouguereau la confiserie mythologique, Benjamin Constant le bazar orientaliste, Luc-Olivier Merson le Moyen Age, Jean-Paul Laurens l'histoire de France, Alfred

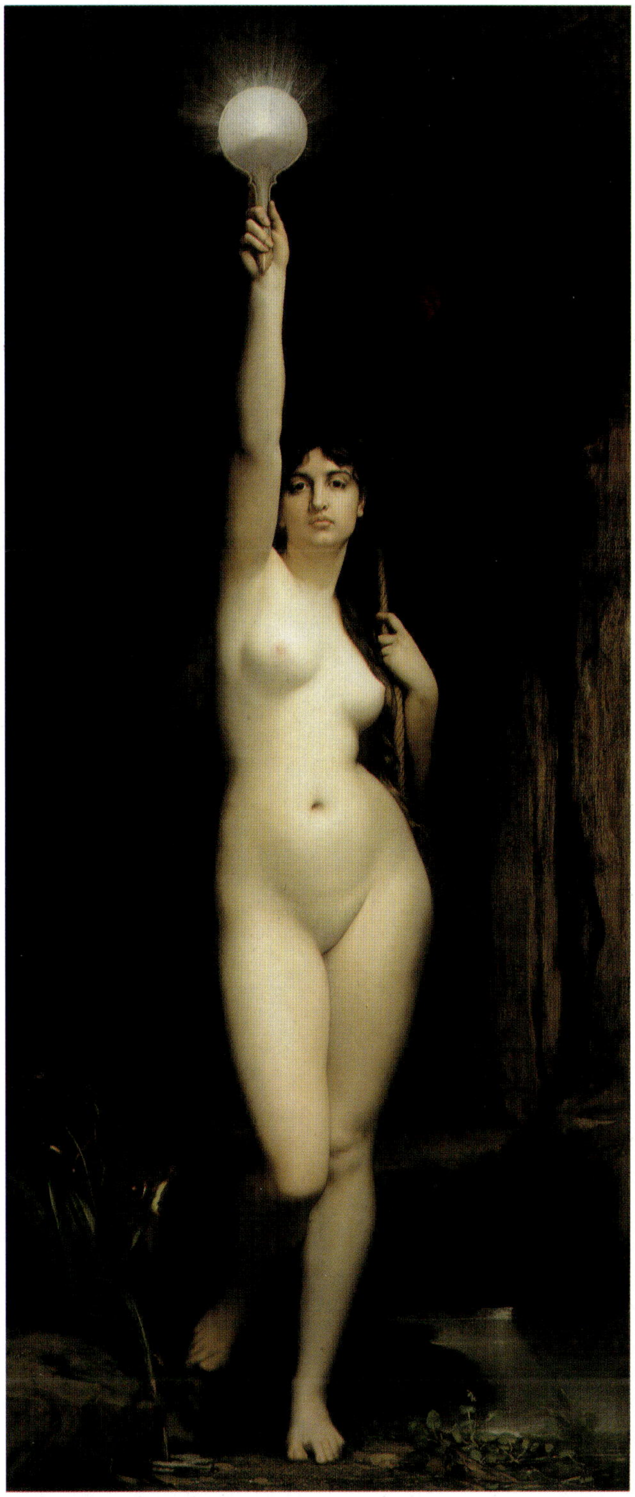

Jules Joseph Lefèbvre. *La Vérité.* 1901. Musée d'Orsay, Paris.

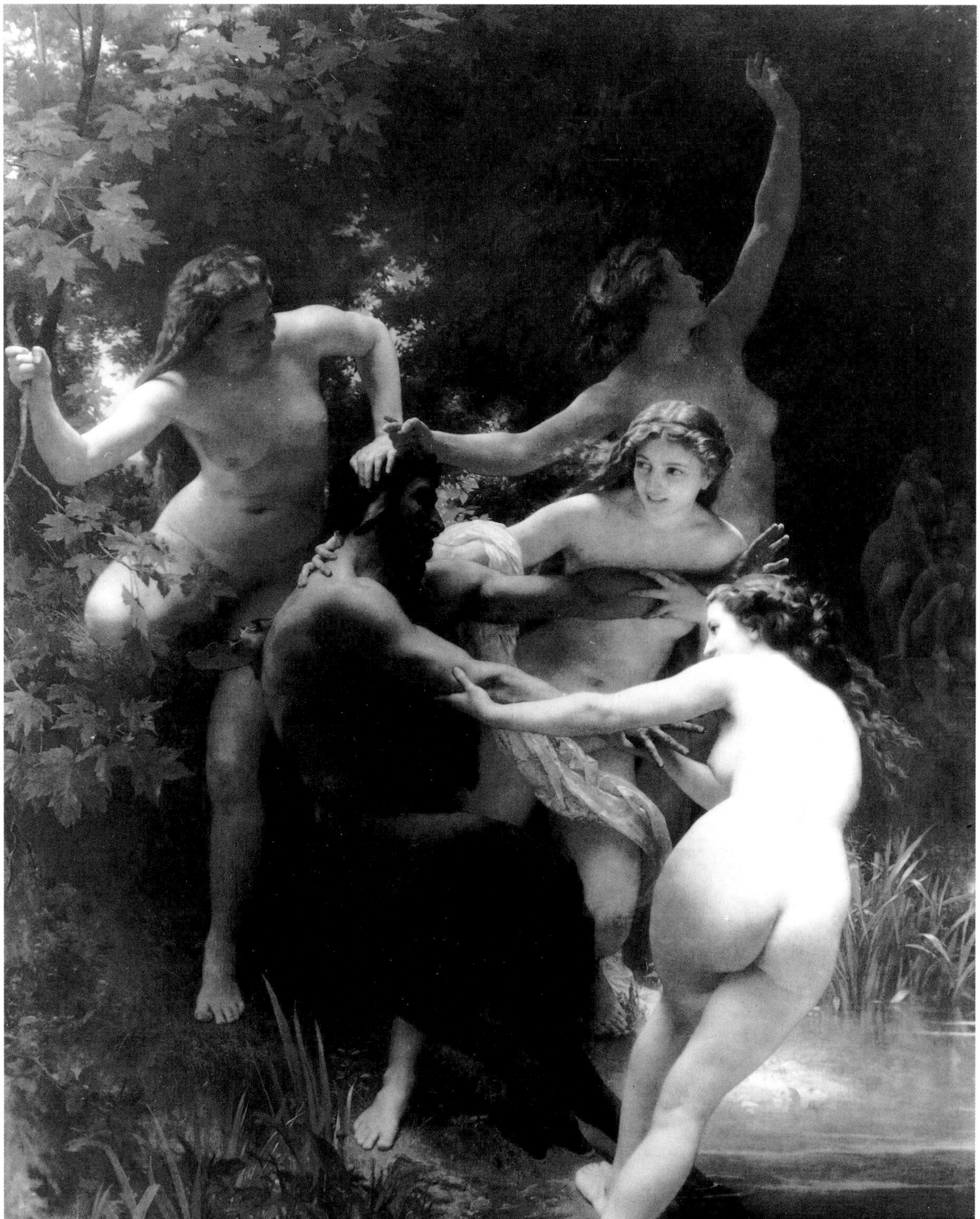

William-Adolphe Bouguereau. *Nymphes et satyre.* 1873. Sterling and Francine Clark Art Institute, Williamstown.

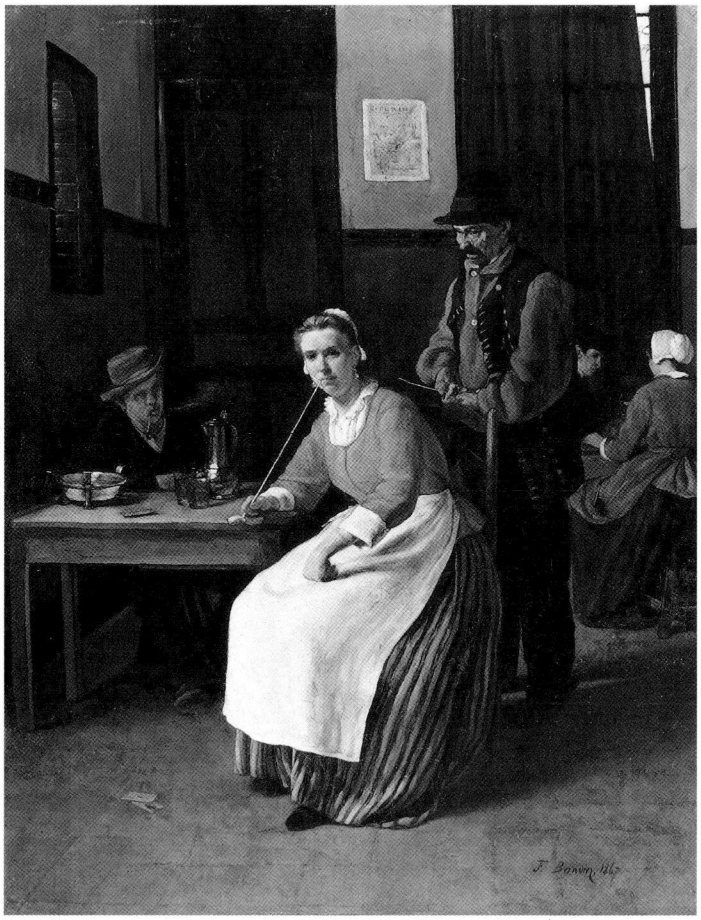

François Bonvin. *Intérieur de taverne.* 1867. Walters Art Gallery, Baltimore.

Roll le réalisme social, Meissonier l'épopée miniaturisée et la scène de genre intimiste, Gervex la vie parisienne, Detaille et Alphonse de Neuville les épisodes militaires, Jules Breton les travaux des champs, Léon Bonnat les célébrités de la IIIe République. Le public accourait au Salon admirer le dernier avatar de leur maître préféré.

Tout autour fourmillait la foule des troupiers de l'anecdote, de la reconstitution historique, du nu lascif, de l'effigie mondaine, des retours du troupeau ou des esclaves du sérail. Pour quelques exceptions où le talent du peintre rejoignait la recherche plastique et le caractère du sujet — c'est le cas de *La Femme au gant* ou du portrait d'*Hector Brame enfant* de Carolus-Duran, du *Cimetière de Saint-Privat* d'Alphonse de Neuville — le Salon forteresse quasi imprenable de l'Académie (Manet, Renoir, Monet, Cézanne en firent l'expérience !) se résumait à ces trois qualités : fabrication en série, division du travail, sérieux de la production.

Deux officiels : Meissonier et Puvis de Chavannes

Nés tous deux à Lyon à neuf ans de distance, disparus à la fin du siècle, Meissonier (1815-1891) et Puvis de Chavannes (1824-1898), représentent pour l'inspiration, le comportement artistique, la situation sociale et le format de leurs œuvres, le premier miniaturisant ses sujets, le second les appliquant aux murs, les deux pôles de l'art officiel. Ils eurent l'un et l'autre tous les honneurs qu'un artiste pouvait ambitionner.

Ce qui les rapproche au premier abord c'est la caution des écrivains, des collectionneurs et des officiels. Aucune fausse note, si ce n'est au Salon de 1867 un coup d'épingle de Zola, alors jeune et actif soutien des novateurs ; il raille Meissonier qui « joue joliment de son petit flageolet ». Tous deux, ce dernier et Puvis, illustrent un type de culture tourné vers le passé, l'une reposant sur la reconstitution historique minutieuse, l'autre sur l'idéalisation. Leur conception de l'anecdote diffère dans le format, mais guère dans l'esprit ; la même absence d'imagination conduit les deux artistes à pratiquer une égale neutralité devant l'image.

Meissonier comble cette lacune par la recherche maniaque du détail vrai (il a beaucoup de peine à exécuter la figure de Napoléon dans *1814* parce que l'Administration refuse de lui prêter la redingote grise de l'Empereur !), Puvis de Chavannes par la répétition d'un univers intemporel dont les figures interchangeables sont succinctement animées de gestes lents solennels ou retenus.

Meissonier tente de restituer la vie (*1807 Friedland*, 1875, Metropolitan Museum of Art, New York ; *Les Amateurs de*

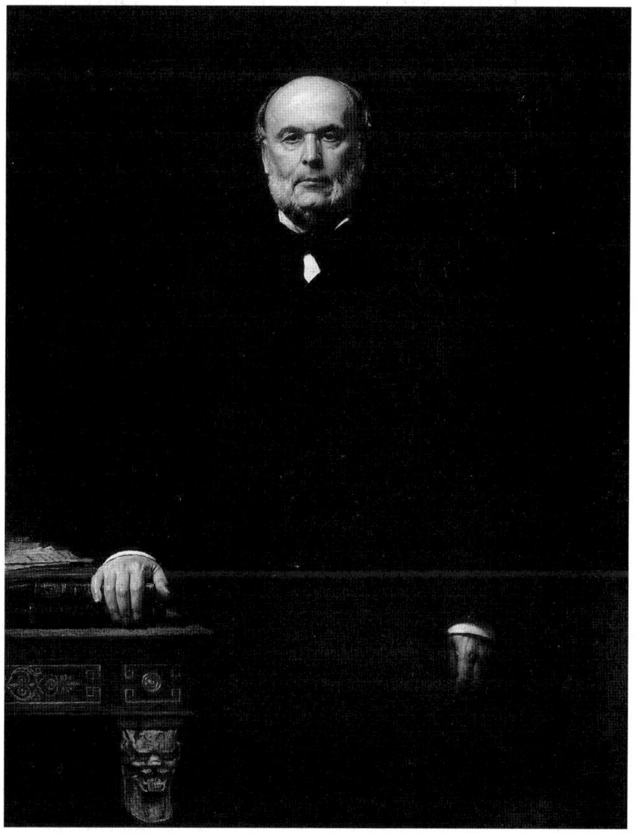

Léon Bonnat. *Jules Grévy.* 1879. Musée d'Orsay, Paris.

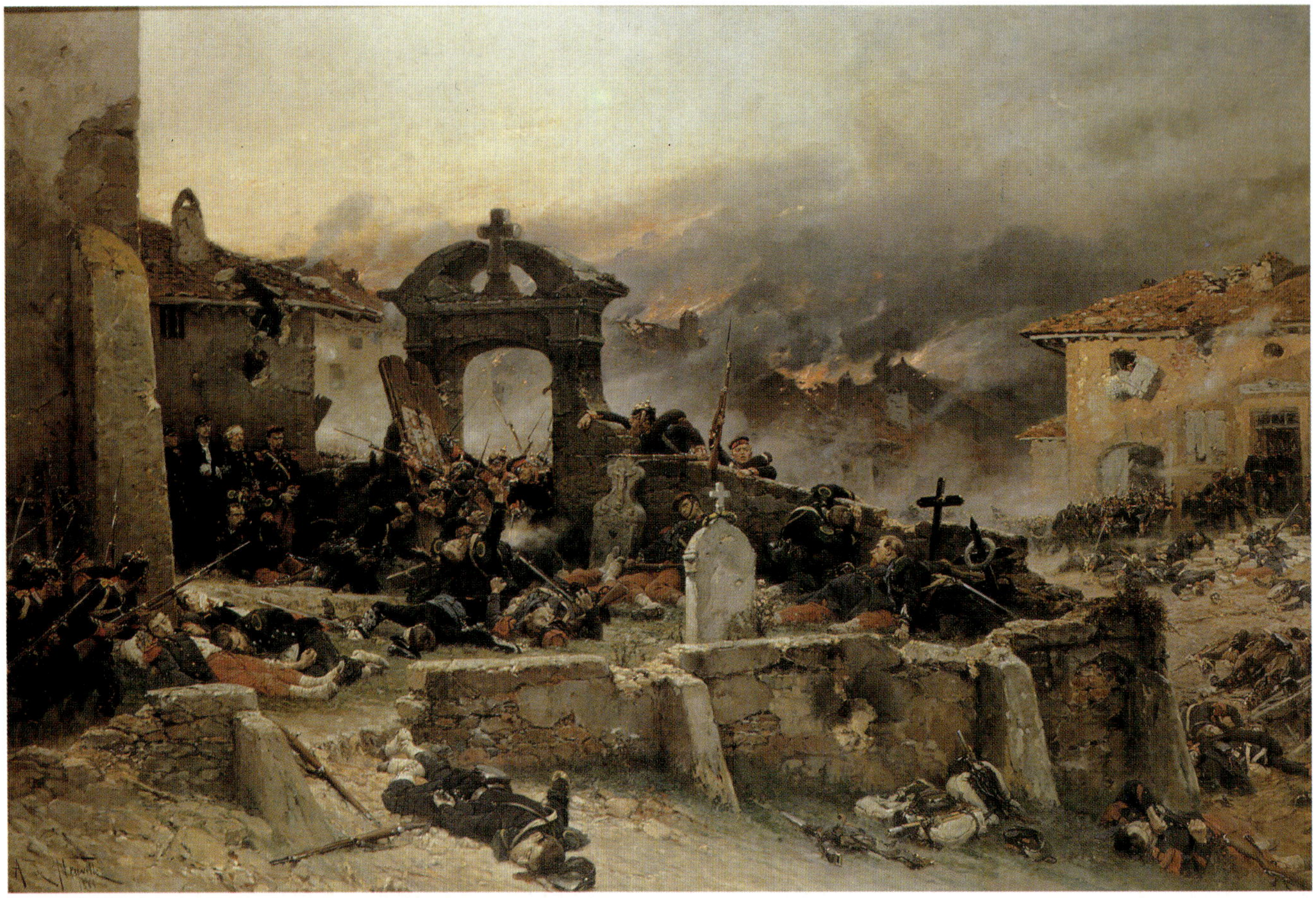

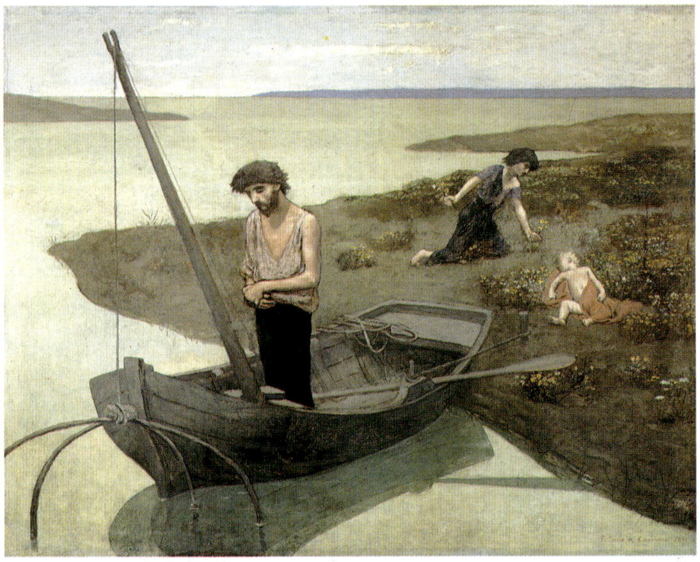

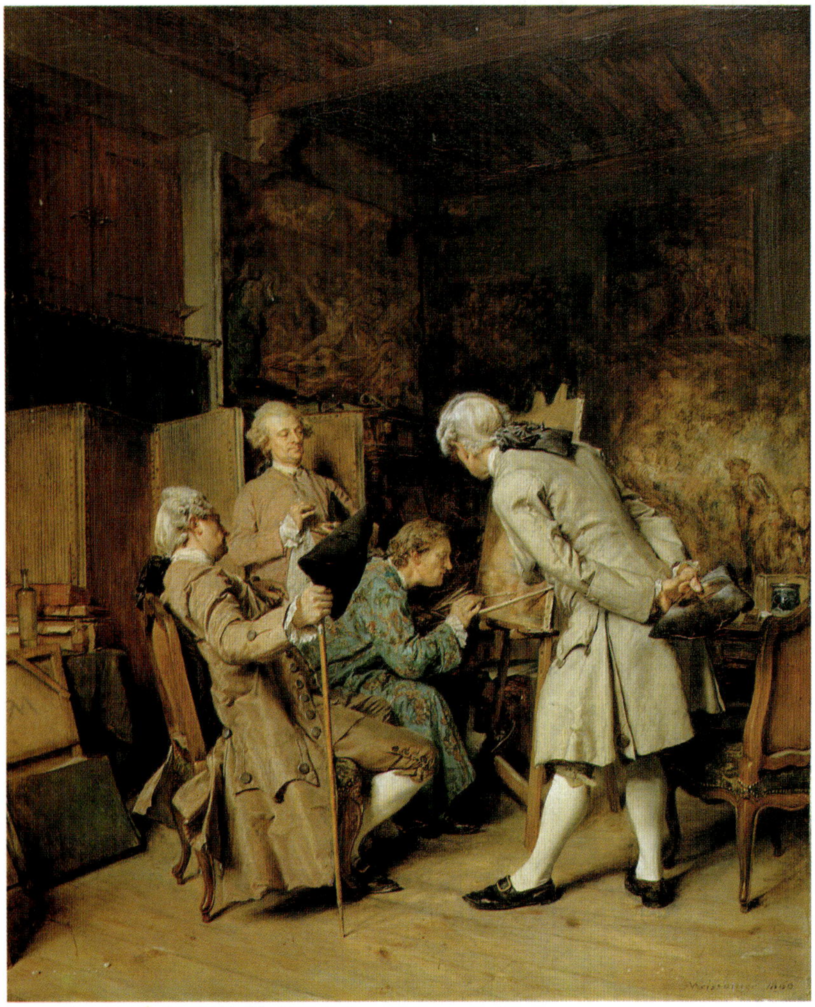

Alphonse-Marie de Neuville. *Le cimetière de Saint-Privat.* 1881. Musée d'Orsay, Paris.

Pierre Puvis de Chavannes. *Le pauvre pêcheur.* 1881. Musée d'Orsay, Paris.

Ernest Meissonier. *Les Amateurs de peinture.* 1860. Musée du Louvre, Paris.

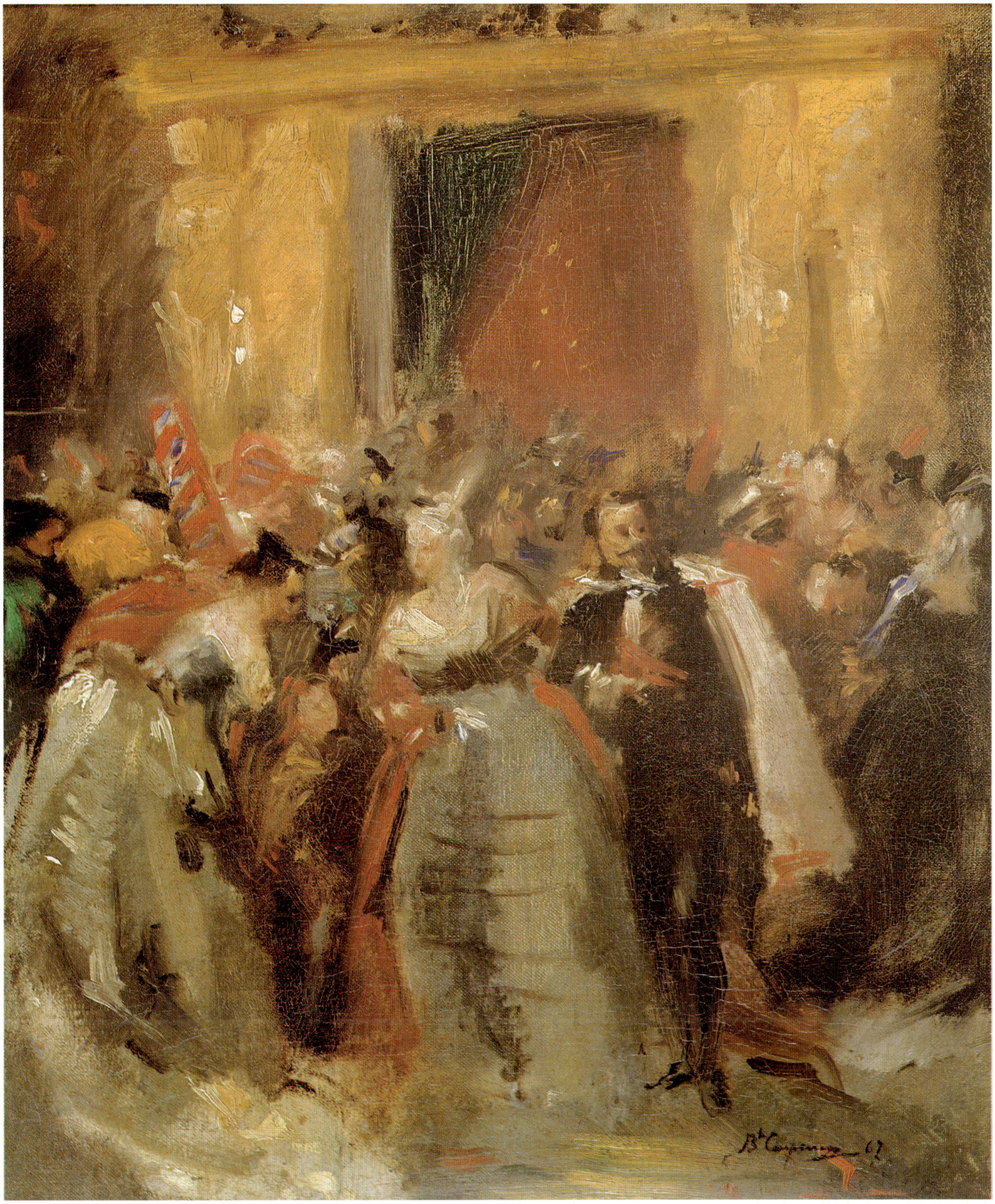

Jean-Baptiste Carpeaux. *Bal costumé au palais des Tuileries.* 1867. Musée d'Orsay, Paris.

peinture, 1860, Louvre ; *Halte d'un cavalier à l'entrée d'un bois,* vers 1865, Wallace Collection, Londres) par des coloris vifs et un peu heurtés, le jeu des physionomies, l'attitude parlante, qui ne sont d'ailleurs que mimiques d'acteurs. L'habileté tient lieu d'expression plastique ; dans *La Barricade* (1848, Louvre) la mise en scène naturaliste que Delacroix jugeait « horrible de vérité » est substituée au sentiment.

Cette distance se retrouve chez Puvis. Ce prolifique décorateur de murs pétrifie ses figures dans une quasi immobilité ; il crée un art visuellement serein, spirituellement raisonnable, dont la monochromie à dominante grise engendre un climat de demi-sommeil.

Ainsi mit-il au point les recettes d'un style officiel, républicain et laïque, laborieux et naïf, dont les poncifs couvriront, entre les mains de multiples utilisateurs, les murs de nombreux édifices publics. Qu'il s'agisse des peintures d'Amiens (*Ludus Pro Patria, Concordia, Ave Picardia Nutrix,* etc.), de Marseille, de la *Vie de sainte Geneviève* du Panthéon exécutée en deux phases, la première en 1874-1878, la seconde (confiée préalablement à Meissonier) en 1893-1898), des décorations de l'Hôtel de Ville de Paris (salon du Zodiaque 1887-1892, escalier d'honneur 1892-1894), de celui de Poitiers, ou du *Bois sacré* dans le grand amphithéâtre de la Sorbonne, Puvis représente une France travailleuse, recueillie, qui expie par le travail dans le giron régénérateur de la République vertueuse et humanitaire, les sanglantes folies du second Empire et de la Commune.

Il se montra surpris de se voir rangé parmi les symbolistes ; certaines de ses œuvres de chevalet : *L'Espérance* (1872, Walters Art Gallery, Baltimore), *L'Enfant prodigue* (1879, Fondation Bührle, Zurich), *Le Pauvre pêcheur* (1881, musée d'Orsay, Paris) s'accordent pourtant assez bien à la pauvreté de pensée et à l'indigence plastique qui, dans certains cercles symbolistes s'identifiaient au synthétisme laconique, dépaysant et éthéré, de ce courant artistique et littéraire. Seurat vint souvent autour de 1885, avec son ami Aman-Jean, travailler chez Puvis dont ils quadrillaient les compositions préparatoires pour leur agrandissement sur le mur. La solennité onirique du maître se retrouve dans *Un Dimanche après-midi à l'île de la Grande Jatte* dont les personnages ont l'allure hiératique, et un peu majestueuse, de ses figures.

L'influence de Puvis fut également sensible sur Gauguin et l'école de Pont-Aven ; ce dernier enviait son aisance à ordonner ses compositions et leur esprit monumental, il s'inspira de *L'Espérance,* dont il aura la reproduction au mur de sa case des Marquises, dans *Vairumati tei oa* (Ermitage, Leningrad), et du *Pauvre pêcheur* dans *Le Pêcheur assis près de sa barque* (Ermitage et musée de São Paulo). « Puvis procède par synthèse et simplification ; il trouve des attitudes généralisatrices de la sculpture grecque, il est tout au service de l'idée » déclarera l'un des principaux critiques du symbolisme, Mellerio. Mais l'idée chez Puvis demeure au stade du flou poétique, et ses vastes décorations, celles du Panthéon notamment où l'agnostique qu'il était tenta de s'élever par le dessin et la couleur jusqu'à une apparence de spiritualité, ont la morne ordonnance des cérémonies laïques d'une République sans panache ni grandeur.

L'Age d'or dont il avait la nostalgie, un mélange de Grèce et de Quattrocento, déboucha finalement sur un désert chlorotique et crayeux que n'annonçaient nullement ses études ou compositions préparatoires pleines de vie, de liberté et de couleur. Passant du tableau au mur Puvis de Chavannes gagne un style mais perd la peinture.

Meissonier et lui achevèrent leur vie en pleine gloire, le premier en 1891, le second en 1898. Quand l'auteur de *1814* mourut l'empereur d'Allemagne Guillaume II envoya un télégramme de condoléances au président Carnot, et quelques années plus tard sa statue fut érigée devant le Louvre [15]. *Le Pauvre pêcheur* de Puvis était entré au musée du Luxembourg en 1887, il y fut longtemps l'une des œuvres favorites de la jeunesse.

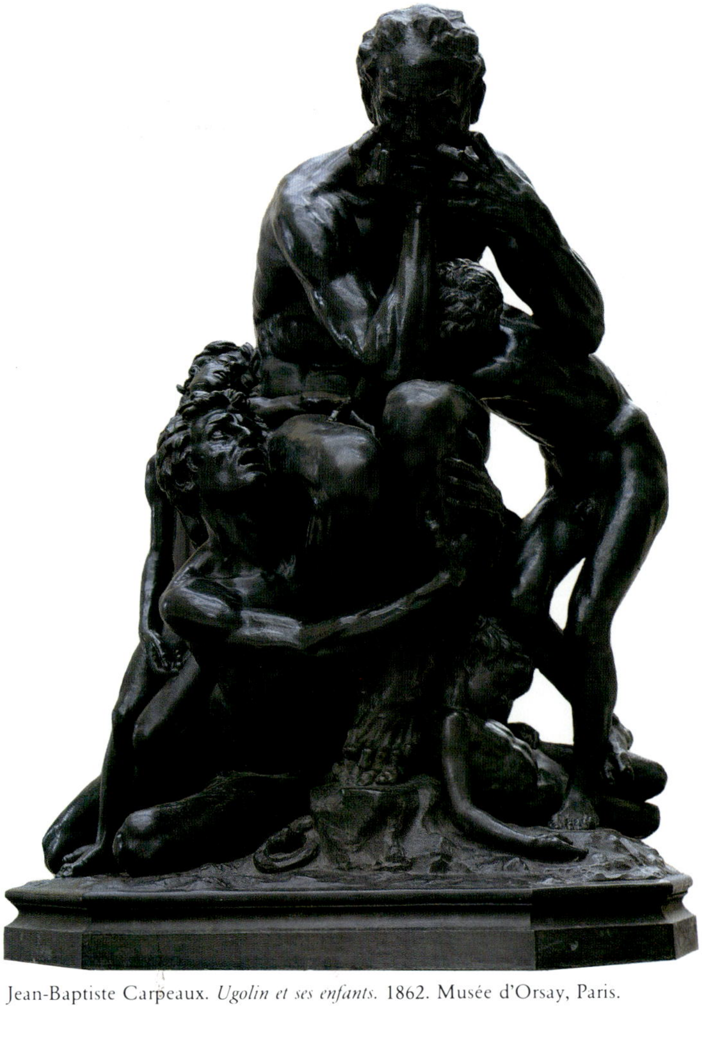

Jean-Baptiste Carpeaux. *Ugolin et ses enfants.* 1862. Musée d'Orsay, Paris.

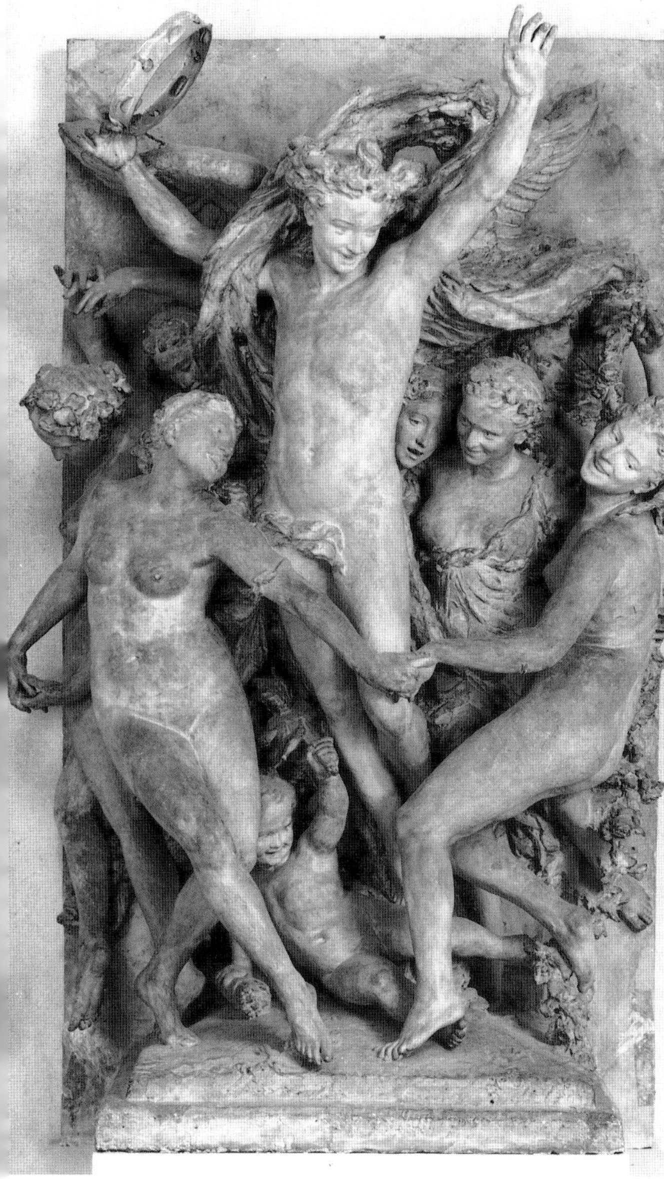

Jean-Baptiste Carpeaux. *La Danse*. 1865. Musée d'Orsay, Paris.

La vitalité pathétique de Carpeaux

Les grands travaux du second Empire, à Paris comme en province, ainsi que l'édification de nombreux hôtels particuliers, reflets de la richesse, de la vanité et du pouvoir, appelaient la statuaire. De l'ensemble de la production, principalement académique — Aimé Millet, Eugène Guillaume, Jouffroy, Cavelier, Augustin Dumont, Hippolyte Maindron, Carrier-Belleuse, Gumery, Bartholdi, etc. — se détache la personnalité attachante et singulière de Carpeaux.

Cet homme du Nord égaré en Italie où l'avait envoyé son prix de Rome, maladif, ombrageux, doté d'une frénésie de travail absolument extraordinaire, mais d'une foi en lui non moins violente, débute par des œuvres assez conventionnelles (*Le Pêcheur à la coquille*, 1857), mais ouvre avec son *Ugolin et ses enfants* (1861) la voie à une plastique mouvementée et pathétique qui aboutira à Rodin.

En même temps Carpeaux, peu mondain et guère flatteur, devient le sculpteur attitré de Napoléon III et de la société impériale. On lui confie la décoration du pavillon de Flore et différentes commandes, il s'abaisse jusqu'à faire du *Prince impérial et son chien Nero* (1863) une statuette assez niaise, mais exécute d'admirables bustes des personnalités de la cour dans la tradition du XVIIIe siècle. Néanmoins il se rend compte que cette statuaire de commande, si libre soit-il dans son exécution, fige son art ; il est plus à l'aise dans la peinture où la promptitude de son regard et la vitesse de sa main lui permettent de saisir, avec quelle maîtrise, les spectacles de la vie impériale (*Un Bal aux Tuileries*, 1867, Louvre). Ses dessins, de saisissantes "choses vues", ne sont pas inférieurs à ceux de Manet.

Mais c'est le sculpteur qui est sans cesse sollicité ; ses études en glaise ou en cire sont superbes de vie, de mouvement. Sous les doigts de Carpeaux la matière, pétrie, bousculée avec une impatience tumultueuse et pathétique exprime, comme la peinture, la hâte, l'effervescence qui exaspèrent son génie. Ce qu'il retient dans ses bustes, où il se doit de respecter la personnalité du modèle, ou dans ses commandes officielles où il exécute des sujets aussi invraisemblables que *La France impériale portant la lumière dans le monde, et protégeant la Science et l'Agriculture* (fronton du pavillon de Flore), il le libère dans ses maquettes et ses peintures où la recherche expressive atteint autant son maximum d'intensité dans les stries et les griffures de l'ébauchoir que dans le jeu de l'ombre et de la lumière.

Le premier il fait bouger les formes vouées à l'immobilité de leur fonction ; ainsi la fontaine des *Quatre Parties du monde soutenant la sphère céleste* dans les jardins de l'Observatoire où Carpeaux parvient à faire "tourner", par la seule tension des corps en mouvement, les figures nues au-dessus d'un bassin orné de chevaux de Frémiet.

Dans le groupe de *la Danse* (original au Louvre, copie à la façade de l'Opéra) le mouvement de cette « ronde légère autour d'un génie inspirateur », plus populaire qu'allégorique, se continue au-delà de l'œuvre qui causa, quand elle fut installée, un scandale énorme. La guerre de 1870 lui évita d'être enlevée.

Cette vitalité presque frénétique fait de Carpeaux, qui mourra en 1875 à quarante-huit ans d'un cancer à la vessie dont il souffrit horriblement, le plasticien le plus original et le plus libre de son temps ; sa sensibilité d'écorché répondait bien à celle d'une époque instable dont le nervosisme était aussi celui des Goncourt, de Baudelaire ou de Flaubert, mais ce n'est pas chez lui complaisance d'esthète, seulement souci de vérité prise sur le vif. Qu'il modèle la figure de *La ville de Valenciennes repoussant l'invasion de 1793,* le buste de l'admirable *Mademoiselle Fiocre,* ou la *Flore accroupie,* le haut-relief du pavillon de Flore, Carpeaux met partout une égale passion du vrai qu'il oppose à la mollesse ou à la grandiloquence des artistes académiques. « Les sculpteurs naturalistes seront les maîtres de demain » écrivait Zola en 1868. Prédiction vérifiée.

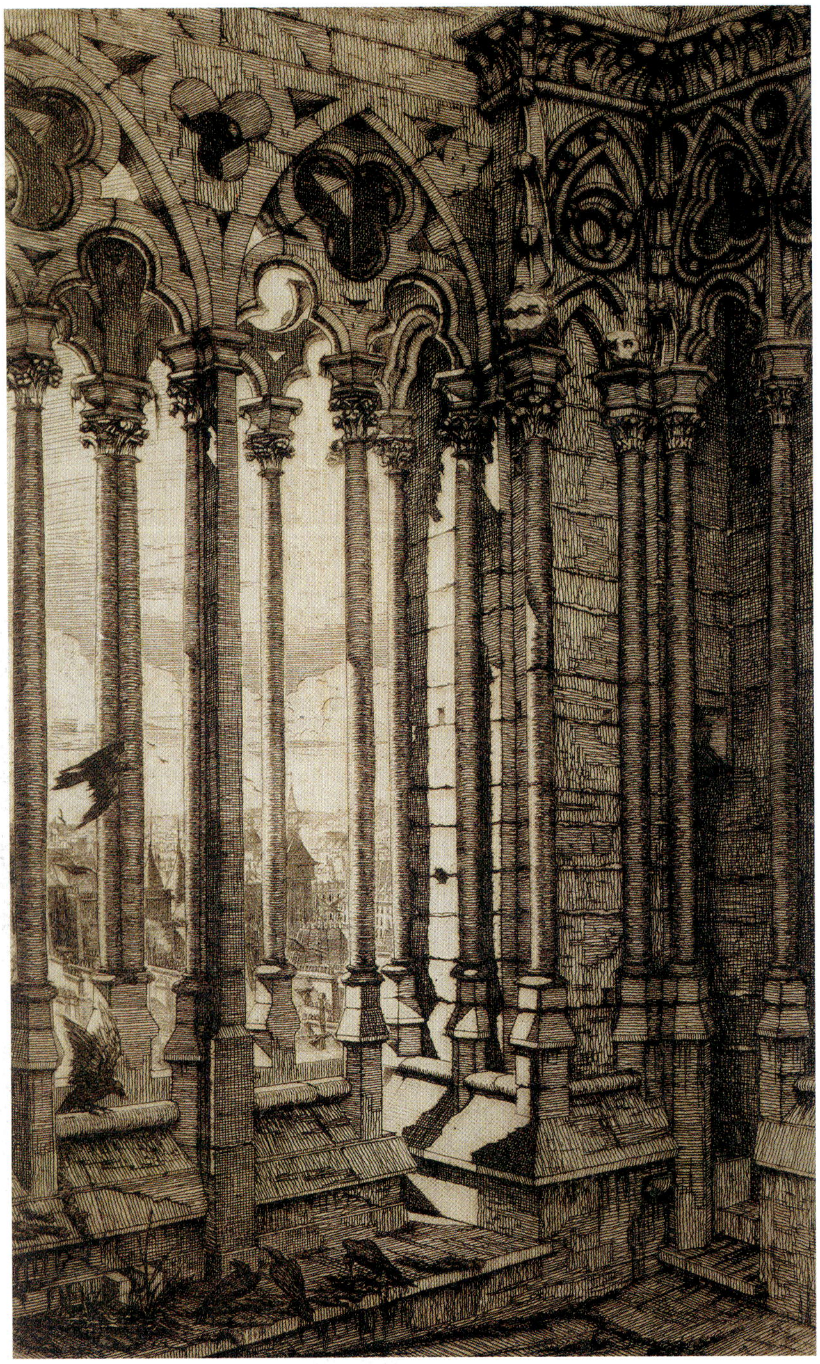

Charles Meryon. *La galerie Notre-Dame.* 1853. Musée Carnavalet, Paris.

Deux graveurs visionnaires : Meryon et Bresdin

Après des années de gloire la lithographie avait perdu la place qu'elle avait occupée au profit d'une renaissance de la gravure originale sur cuivre marquée en 1862 par la création de la « Société des Aquafortistes ». Elle comportera plusieurs membres prestigieux, Manet, Daumier, Jongkind, Fantin-Latour, Boudin, Whistler, Degas, Pissarro, Courbet. Sa formation répondait au cri d'alarme lancé par Théophile Gautier, le critique Burty et surtout Baudelaire ; en 1863 la société prit le nom de « L'Illustration nouvelle ». « L'Eau-forte moderne », qui paraît de 1874 à 1881, comportera à peu près les mêmes artistes.

La plupart de ces graveurs sont également des peintres ce qui n'est pas le cas de Meryon, étonnant visionnaire d'un Paris inquiétant dont les oppositions d'ombre et de lumière détaillent les monuments et en précisent l'architecture avec autant de force que Piranèse. Baudelaire et Hugo célébrèrent cette funèbre fantasmagorie de pierre habitée par le mystère, les clairs-obscurs et les ciels tourmentés de ce curieux artiste, spiritualiste et halluciné, que sa schizophrénie conduira à l'asile où il mourra en 1868 à quarante-sept ans. (*La Galerie Notre-Dame,* 1853 ; *La Morgue,* 1854 ; *Le Collège Henri IV vu de la lanterne du Panthéon,* vers 1864).

Rodolphe Bresdin, dit Chien-Caillou, traversa sa vie extravagante et misérable comme un somnambule. Il avait la hantise de l'Amérique qu'il peuplait de chimères et de paysages fantastiques, mais où il n'alla jamais ; bohème impénitent il fut à Bordeaux en 1862-1864 le maître d'Odilon Redon, et à Paris l'ami de Baudelaire, de Théophile Gautier, de Courbet et de Victor Hugo que fascinèrent ses lithographies ou ses eaux-fortes minutieuses et foisonnantes (*La Comédie de la Mort,* 1854 ; *Le Bon Samaritain,* 1861 ; *Le dindon et les paons,* 1864).

Son microcosme visionnaire est proche du réalisme fantastique de Meryon, mais celui-ci reste fidèle au réel tandis que Bresdin le transcende par l'imagination et le rêve. Le premier incise le cuivre avec précision d'une pointe acérée, et en fait surgir une lumière dure dont l'acide renforce les contrastes ; le second couvre la pierre ou le métal de petits points très fins qui usèrent ses yeux gorgés de mirages. Sa dernière eau-forte, en 1885, où se juxtaposent en un inextri-

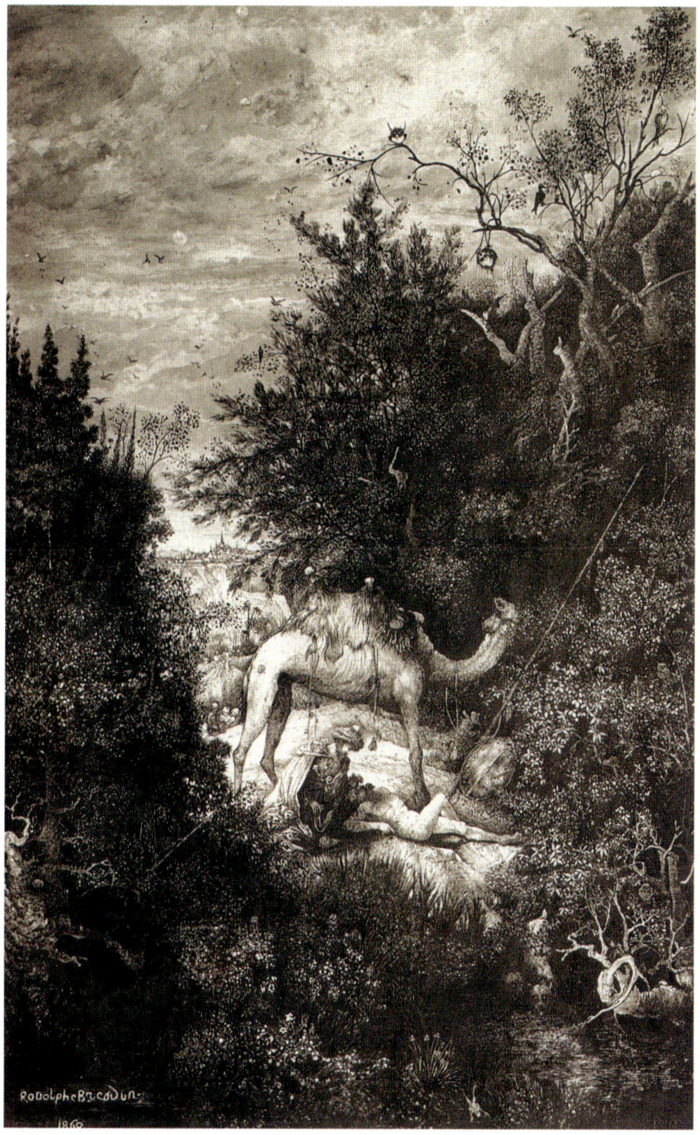

Rodolphe Bresdin. *Le bon Samaritain.* 1861. Bibliothèque Nationale, Paris.

Whistler et l'eau-forte de plein air

L'Angleterre a un excellent graveur à l'eau-forte, Seymour Haden, dont les paysages fouillés mais aérés, proches de l'école de Barbizon, annoncent l'impressionnisme. Son influence sera grande sur ses confrères insulaires marqués par Legros et Meryon, et dominés par Whistler. Virtuose

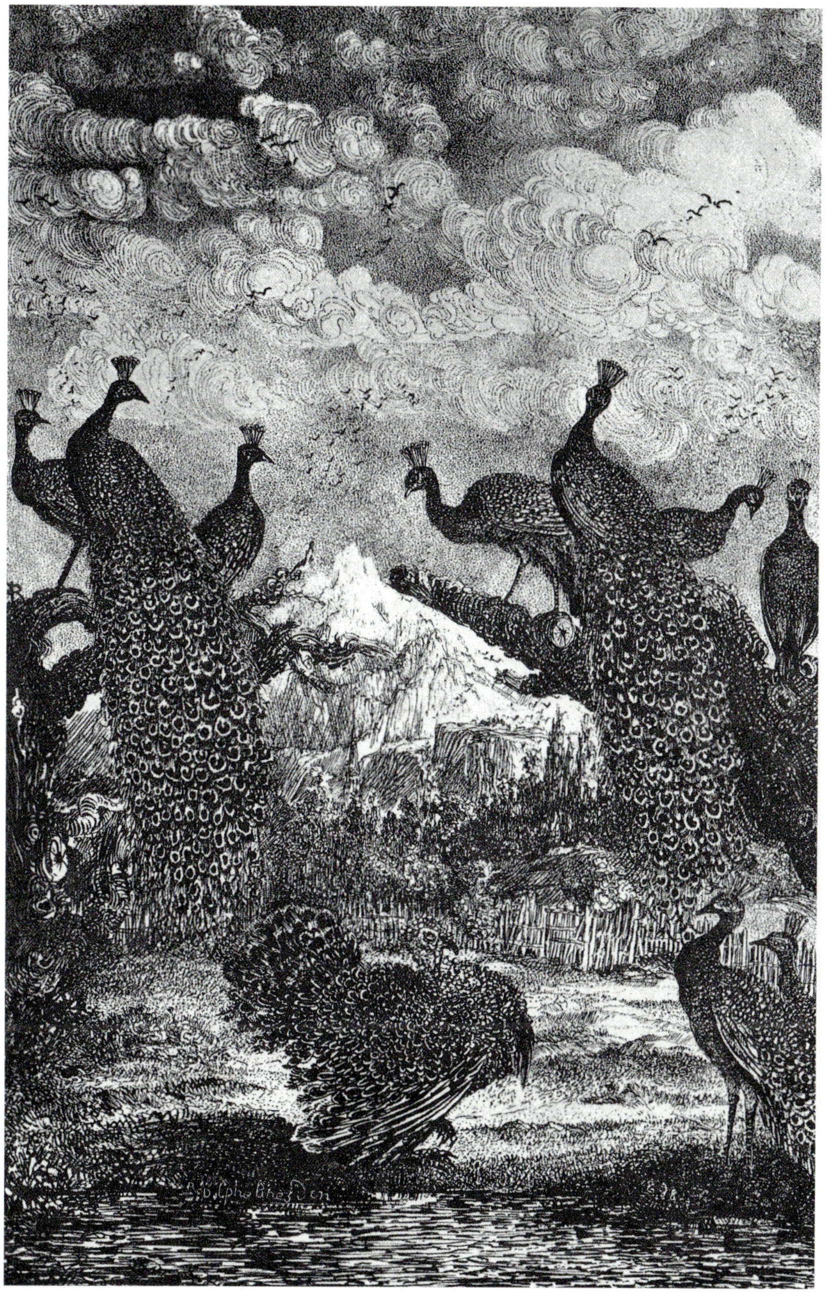

Rodolphe Bresdin. *Le dindon et les paons.* 1869. B. N., Paris.

cable mélange vergues, bateaux, clochers, palais, statues colossales et nuées tumultueuses, se nomme *Mon Rêve.*

Vers 1862 la lithographie retrouva sa vogue perdue ; c'est l'époque des dernières œuvres de Daumier qui, d'une force polémique extraordinaire, ne le cèdent en rien aux précédentes. La guerre et la défaite de 1870, qu'il avait prévue, lui inspirent des planches soulevées d'un souffle épique ; mais le vieux démocrate n'oublie pas le régime abhorré qui a conduit la France à l'abîme. Au lendemain de Sedan Daumier publie dans *Le Charivari* une litho représentant une ville en ruines. Titre : *L'Empire c'est la paix.*

Perdant la vue il cessera progressivement de travailler.

impulsif et nerveux, il fut l'un des premiers à graver directement en plein air ; il se fait la main dans sa première série de *Douze eaux-fortes d'après nature* publiée en 1859, puis exécute les *Seize vues de la Tamise*, « chaos de brumes, de fourneaux et de fumées tirebouchonnantes ; poésie profonde et compliquée d'une vaste capitale » écrira Baudelaire.

Quatre cents planches, de 1858 à sa mort en 1903, témoignent de la diversité de ses thèmes traités soit en eaux-fortes, soit en lithos influencées parfois par le japonisme à la mode ; on y trouve d'admirables paysages frémissants de petites tailles serrées, et le sensible portrait lithographié de Mallarmé. Ses suites d'eaux-fortes sur Venise (1882 et 1883) ont une qualité d'atmosphère, de touche et d'écriture vaporeuse et concise, d'un charme impressionniste certain.

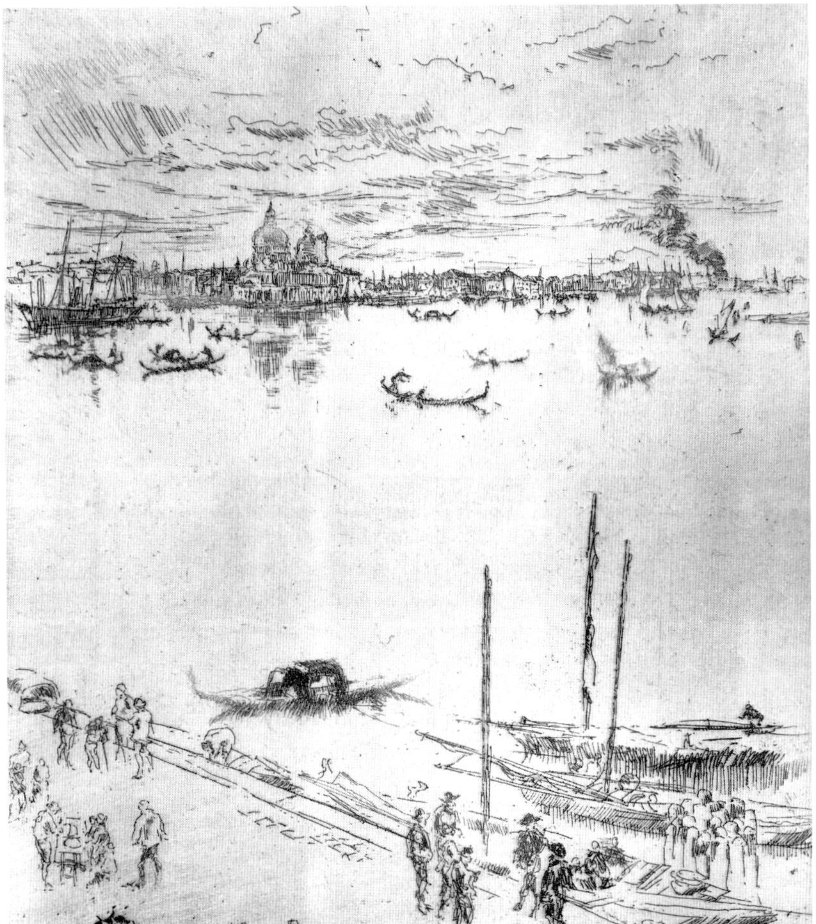

James Abbott Mac Neill Whistler. *Venise*. 1882-83. B. N., Paris.

Le symbolisme ou la fuite dans le temps

Issu du romantisme et du préraphaélisme le symbolisme est une réaction contre l'impressionnisme et contre le naturalisme ; entre 1880 et 1910 il n'est pas de domaine, ni de pays en Europe, qui n'ait été touché par ce mouvement. De l'architecture à la musique, de la poésie à la peinture et la sculpture, du théâtre au roman, sans oublier la danse et les arts mineurs. Dans *Le Figaro* du 18 septembre 1886 Jean Moréas définit le contenu du symbolisme : « vêtir l'idée d'une forme sensible. »

L'expression est juste, mais le vêtement restera toujours un peu lâche et flottant, quant à l'idée si elle se veut exploratrice de l'esprit, elle se pare d'artifices, voire d'afféteries, qui la travestissent ou la déforment. L'"esthète", personnage typique de la fin du siècle, pour qui l'art est la valeur suprême primant tout le reste, est lié aux manifestations symbolistes dont il exprime l'une des nombreuses variations vers le décor et la curiosité des "choses d'art" ; l'esthète a mis à la mode l'"esthétisme" terme qui prend un sens nouveau lorsque les Français découvrent dans les années 1880 le petit cercle qui, groupé à Londres autour d'Oscar Wilde et Whistler, pratique sous le qualificatif d'"æsthetism" le culte de la beauté, et se signale par un comportement quelque peu excentrique.

Esthétisme et symbolisme ont de nombreux rapports ; dans le goût "esthète", où l'anti-réalisme côtoie l'allégorie, se rencontrent aussi bien Odilon Redon, Gustave Moreau que Fernand Khnopff ou Filiger, et les exposants des salons de la Rose-Croix organisés par le Lyonnais Joséphin Peladan, dit le Sâr, visionnaire à demi-fou au talent d'écrivain singulier. Robert de Montesquiou qui fait connaître Gustave Moreau, Whistler et Bresdin aux gens du monde, est l'un des premiers admirateurs de Gallé, et Jean Lorrain des poteries de Carriès.

Le prototype de l'esthète est Des Esseintes, de Huysmans dans son roman *A rebours* (1884) ; le romancier est un ami de Gustave Moreau, de Puvis de Chavannes, d'Odilon Redon, Whistler fréquente les « mardis » de Mallarmé où se rencontrent artistes et écrivains symbolistes. Si la littérature joue un rôle important dans le symbolisme, la musique, notamment Wagner — très combattu — exerce un empire incontestable sur les sens, le comportement, les relations mystérieuses de l'âme.

Le symbolisme n'a pas été un mouvement concerté, mais la convergence de révoltes et d'idéalismes individuels, le lieu de rencontres et d'échanges de plusieurs idéologies, dont certaines assez vagues ou ridicules, dont le terrain commun mêle le refus du matérialisme et du positivisme à l'ex-

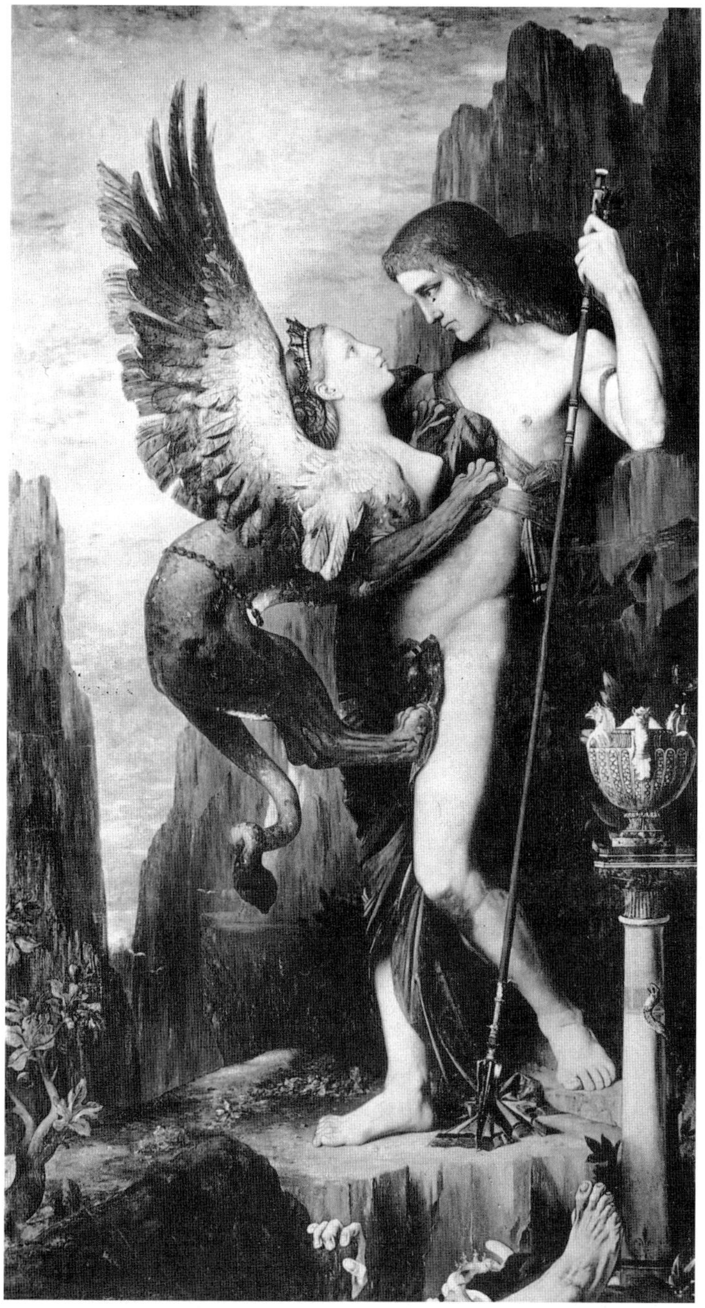

Gustave Moreau. *Œdipe et le Sphinx*. 1864. Metropolitan Museum of Art, New York, legs William H. Herriman.

ploration de l'âme par l'appréhension de l'idéal. Les symbolistes veulent aller « au centre mystérieux de la pensée. Dans cette seconde moitié du XIXe siècle où s'opposent académiques et novateurs, ils ne prennent parti ni pour les uns, ni pour les autres, et se tiennent au-dessus de la mêlée, hors d'une réalité qui les oppresse ou les agresse. L'art symboliste est par essence évasion.

Evasion dans le rêve, l'imaginaire, fuite dans le temps ou hors du temps, utopie d'une « vraie vie » selon le mot de Rimbaud, à reconquérir ou à régénérer, où disait Baudelaire « l'action serait la sœur du rêve ». Ambition fumeuse, mais aussi appel parfois touchant vers l'Arcadie, l'Age d'Or dont Puvis de Chavannes, symboliste malgré lui, illustre le morne et grave refus du présent que l'on retrouve chez nombre de poètes ou de romanciers de l'époque. Il apparaît aussi comme l'un des mobiles de la fuite de Gauguin, et l'une des inspirations majeures de nombreux artistes. La peinture s'ouvre aux puissances troubles du mystère, aux fantasmes de l'inconscient et du rêve, aux tortures de l'âme ; et pour la première fois des hommes, peintres, philosophes ou écrivains, assurent qu'une existence humaine n'a de chance de s'épanouir qu'en se fondant sur une mythologie en devenir.

Gustave Moreau : une peinture complaisante du vice

« L'Art est la poursuite acharnée par la seule plastique de l'expression du sentiment intérieur » écrit Gustave Moreau, l'un des principaux symbolistes français qui, lié à Chassériau, formé par l'Italie, connut au Salon, où il essuya également plusieurs refus, d'éclatants succès avec *Orphée* (1866, musée d'Orsay, Paris), *Oedipe et le Sphinx* (Metropolitan Museum of Art, New York), puis plus tard, en 1876, avec *L'Apparition* (aquarelle, musée d'Orsay, Paris) et *Salomé dansant devant Hérode* (collection A. Hammer, Los Angeles). Dès lors sa gloire ne connaîtra plus d'éclipse.

Son goût pour la solitude, dont témoigne son curieux hôtel-atelier de la rue La Rochefoucauld à Paris, aujourd'hui transformé en musée, où il vivait pratiquement cloîtré, ne l'empêcha pas d'entrer à l'Académie des Beaux-Arts en 1888, et d'être l'un des professeurs les plus appréciés de l'Ecole et le seul libéral (il eut comme élèves Matisse, Rouault, Marquet, Manguin, Evenepoel, Lehmann, etc.).

Son œuvre est aussi étrange que l'homme ; familier de la mythologie et des mythes, il multiplia les longues nudités androgynes aux yeux de volupté froide ou d'épouvante, couvertes de bijoux ou de voiles constellés de gemmes. Femmes fatales ou vierges impitoyables entre les griffes desquelles se pâment ou se débattent les Orphées ou les Oedipes à la sexualité non moins douteuse, hantés par la mort. Ces figures sont-elles le produit d'une imagination délirante ou de désirs sexuels refoulés ? Ou des protestations, sinon des défis, contre l'hypocrisie d'une époque à la morale faussement rigide ?

Tous les poncifs d'une angoissante remise en question

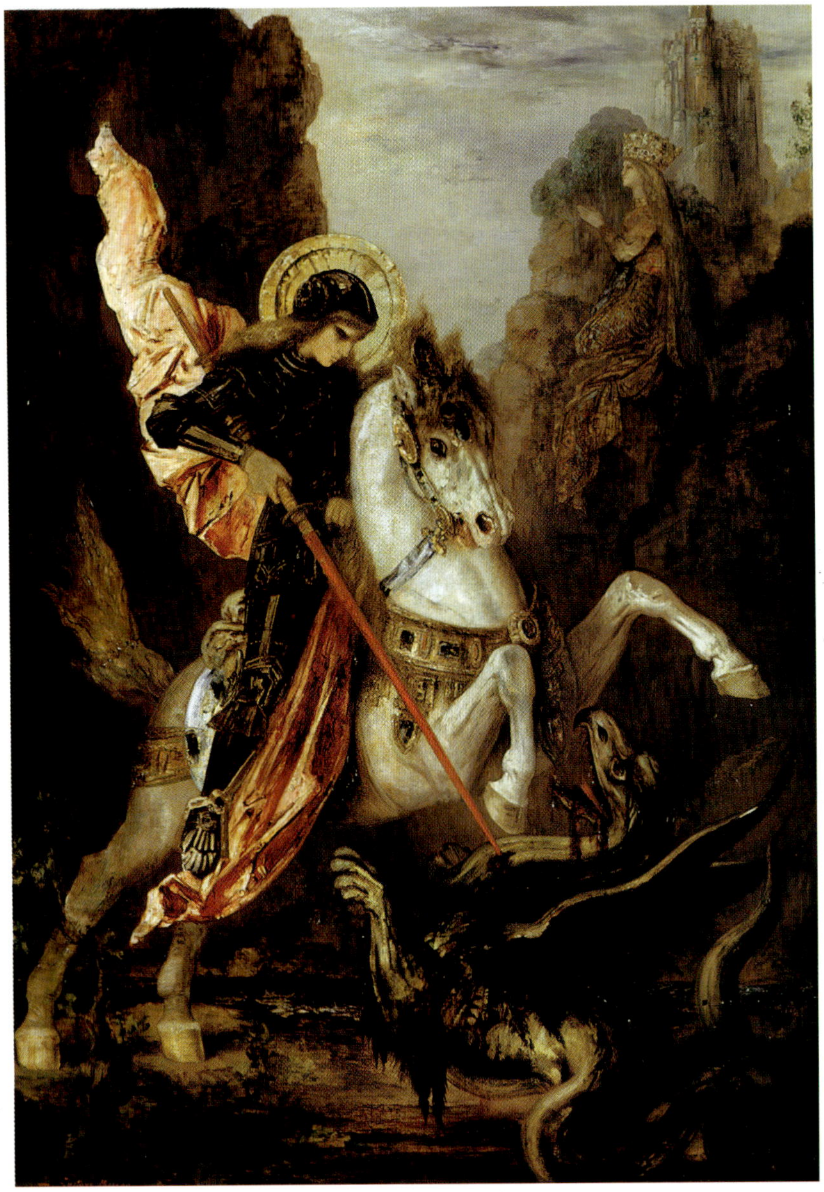

G. Moreau. *Saint Georges et le dragon.* 1890. National Gallery, Londres.

sont incarnés dans le phénomène Moreau ; poètes et écrivains ont été fascinés par les ambiguïtés de l'homme et de l'œuvre. Grâce à eux ses Salomés, ses Messalines, ses Licornes, son *Prométhée* (1868, musée Gustave Moreau, Paris), sa *Déjanire* (1872, collection particulière, Paris), son *Saint Sébastien baptisé martyr* (vers 1876, Fogg Art Museum, Harvard University, Cambridge, USA), son *Phaéton* (1878, aquarelle, musée d'Orsay, Paris) ne sombrèrent pas dans le bric-à-brac symboliste, et ses vieilleries emperlées ; elles en perpétuent la légende, les ambiguïtés, l'expression de la liberté et de la beauté. Gustave Moreau a fourni à une époque curieuse ou passionnée d'occultisme, de magie noire, de toutes sortes de perversions, d'obsessions, où homosexualité, triolisme et saphisme fournissaient le thème de nombreux romans, une peinture complaisante du vice dans le but à la fois d'envoûter et d'effrayer le spectateur. Sa critique morale n'est pas moins équivoque que le contenu de ses tableaux.

Pour André Breton la découverte du musée Gustave Moreau à seize ans, a, a-t-il écrit, « conditionné pour toujours ma façon d'aimer. La beauté, l'amour, c'est là que j'en ai eu la révélation à travers quelques visages, quelques poses de femmes. » Le maître de *Salomé,* cette anti-Madone, image d'amour et de mort, a eu une influence considérable sur le surréalisme, et nombre de ses esquisses ou tableaux de petit format des années 1890 anticipent l'abstraction.

Fantasmes et névroses d'Odilon Redon

Ce n'est pas l'incompréhensible qui attirait Odilon Redon, comme Manet l'en accusait, mais l'invisible qu'il tenta de rendre visible sans rompre avec la réalité ; il s'adresse à « ceux qui cèdent docilement aux lois secrètes et mystérieuses » au nombre desquels il se situe. Ces lois

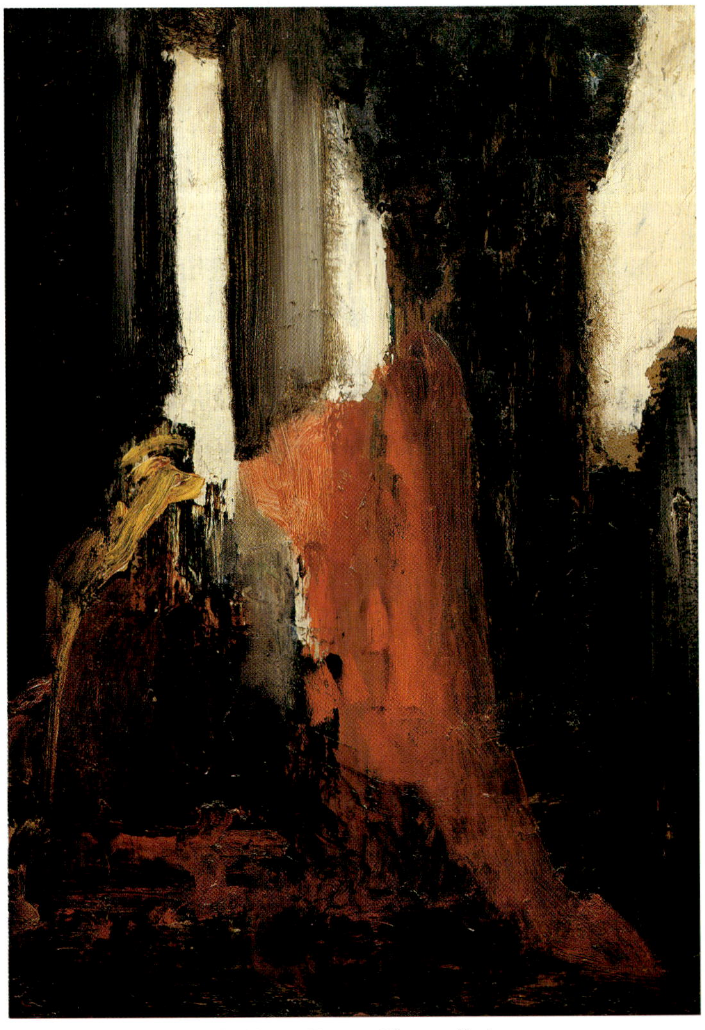

Gustave Moreau. *Ebauche.* Musée Gustave Moreau, Paris.

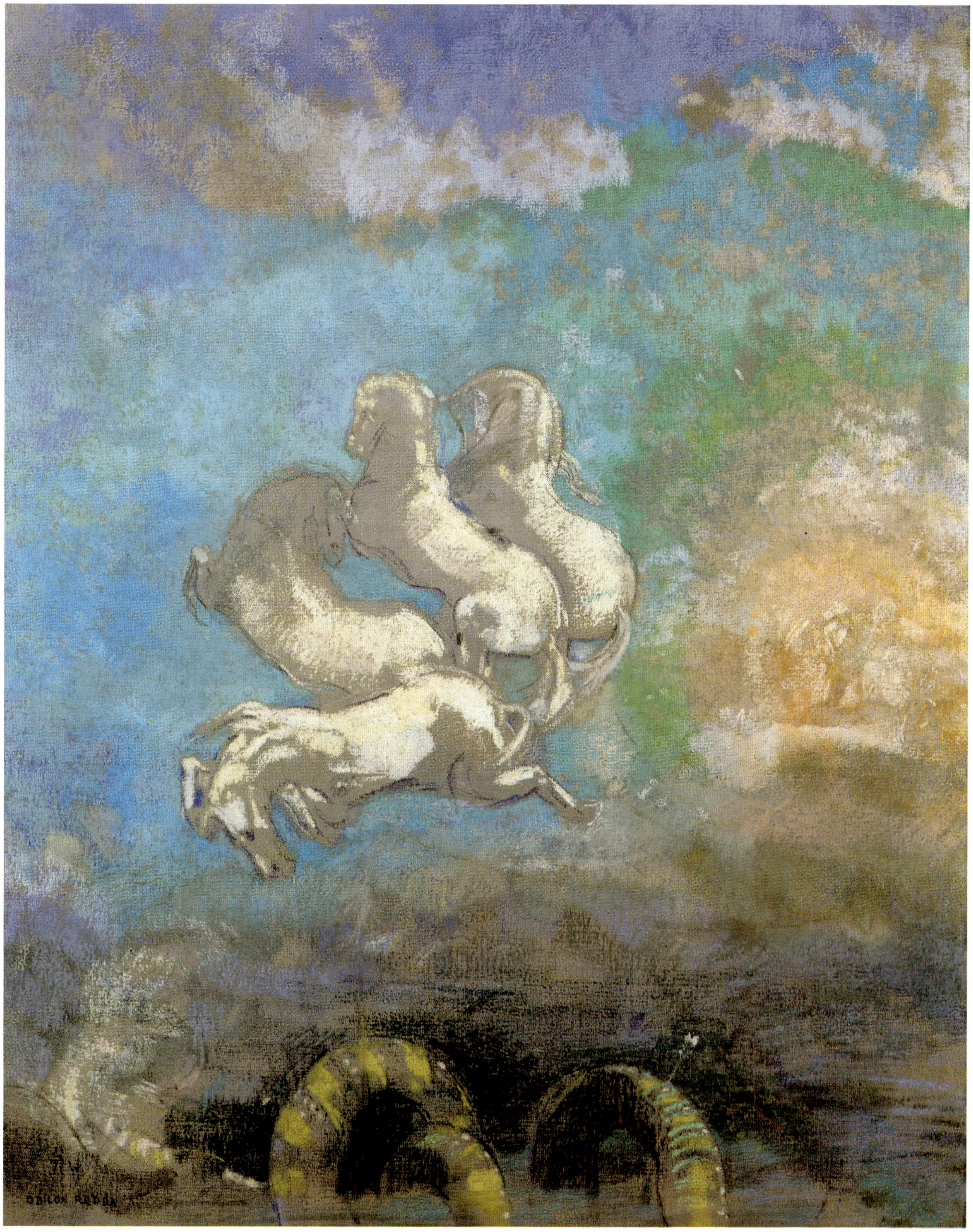

Odilon Redon. *Le char d'Apollon.* 1905-14. Musée d'Orsay, Paris.

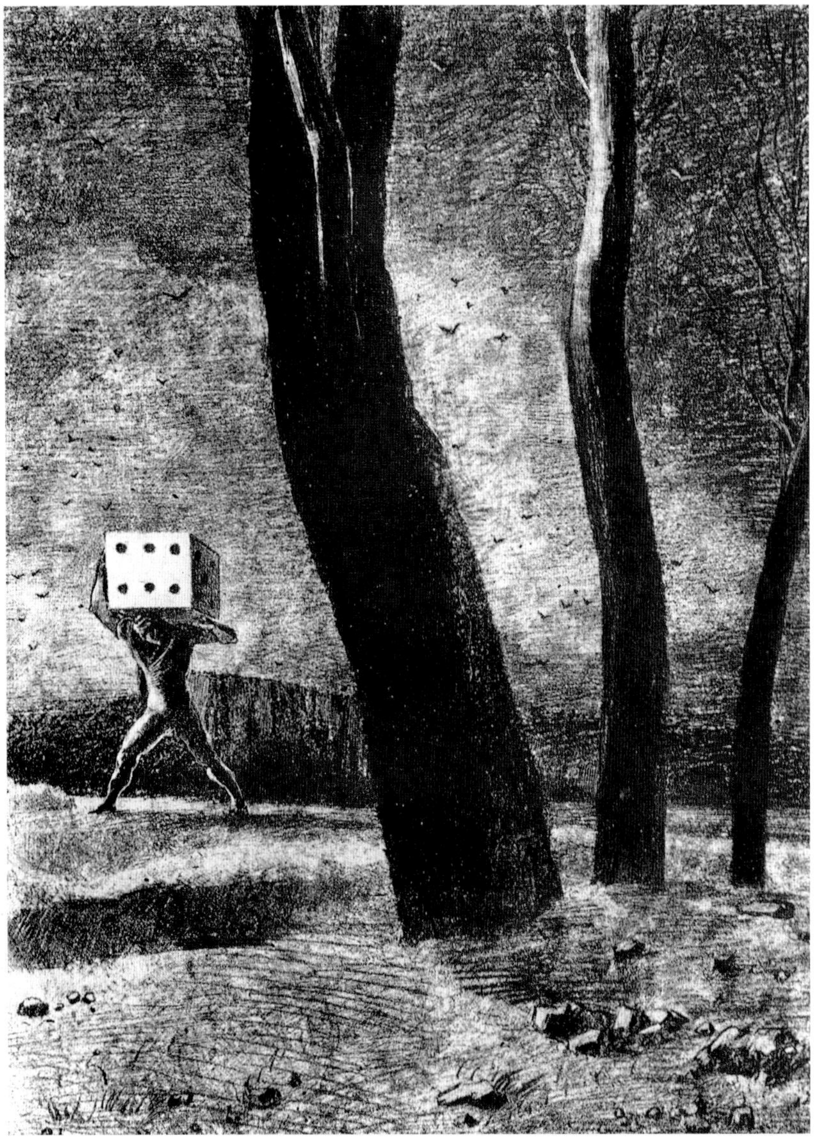

Odilon Redon. *Dans le rêve, « le joueur ».* 1879. Bibliothèque Nationale, cabinet des Estampes, Paris.

répondent à une sorte d'évolutionnisme fantastique, les êtres imaginaires procèdent de la nature et y retournent ; celui qui les représente, ou s'en inspire, ne perd ni sa lucidité, ni sa raison.

Bourgeois paisible, d'origine bordelaise, il passa son enfance dans la propriété familiale de Peyrelevade ; ces années de solitude et de rêve pèseront sur l'imagination du peintre qui se lie avec Bresdin, autre familier des fantasmes. Ses *Noirs,* dessins au fusain, expriment de 1862 à 1898, ses visions venues de l'inconscient exactement comme s'il s'agissait de choses réelles ; Redon met, selon sa propre expression, « la logique du visible au service de l'invisible ».

Quelques amitiés, la publication de plusieurs albums lithographiques jalonnent ces années de travail intensif, mais aux errements de certains symbolistes qui cherchent à l'annexer, il réplique : « Je ne peins que le vrai », et « Le surnaturel n'est pas ma nature ». Eux croient qu'il dessine ou peint ses névroses, en fait il se défend d'elles et les expulse, ou les exorcise.

Le pastel marque son passage de l'œuvre noire à l'œuvre colorée ; l'adhésion de Redon à la peinture claire, à la lumière, sera diversement appréciée. Aux velours ténébreux, propices aux rêves, des *Noirs* succède le flamboiement des tons, mais l'artiste n'a nullement renoncé à son univers onirique. Il reprend à plusieurs reprises, à l'huile et au pastel, ses thèmes préférés, *Le Char d'Apollon, Ophélie, La Naissance de Vénus, Pégase, Bouddha,* et multiplie — un peu trop — les *Vases de fleurs* ou les *Fleurs et papillons.* A l'étrangeté, ou à la poésie symboliste du sujet, se mêlent les rutilances ou les flamboiements de la couleur qui remplacent les terreurs nocturnes, mais conservent les fantasmes et les mystères de la période précédente.

Les grands panneaux décoratifs qu'il exécute en 1910-1911 pour la bibliothèque de l'abbaye de Fontfroide (Aude), *Le Jour* et *La Nuit,* sont des œuvres superbes ; la victoire sur les ténèbres y est définitivement accomplie. Le peintre souffre de la désaffection de la jeunesse au profit de Cézanne qu'il admire, mais à qui il reproche l'absence d'âme. Comme pour Moreau, les surréalistes le compteront parmi leurs précurseurs.

« On a encore fumé dans la chambre des enfants ! ». Cette boutade cruelle de Degas a plus fait pour la — mauvaise — réputation de Carrière que son œuvre, très admirée puis oubliée, et depuis peu retrouvée. Rembrandt et Turner furent les maîtres de ce curieux artiste qui entoura ses *Maternité, Sommeil, Méditation* d'une atmosphère floue d'ocres pâles, de bruns et de gris, puis en élimina tout détail pittoresque pour exprimer seulement l'intériorité des êtres, leurs « clartés intérieures ».

Le symbolisme belge : nostalgie et mystère

Le symbolisme eut en Belgique un retentissement et des résonances considérables ; le bouillonnement intellectuel des années 1880-1895, le rôle influent de la bourgeoisie libérale, avocats, médecins, banquiers, tous lettrés, appréciant l'art, la musique, la poésie, qui se réunissent pour confronter leur savoir ou leurs goûts, sont la toile de fond où apparaissent plusieurs personnalités créatrices éveilleuses d'idées et de sentiments nouveaux.

Max Waller crée en 1880 *La Jeune Belgique* à laquelle fait écho *L'Art moderne* dont l'animateur est l'avocat Edmond Picard aidé par Octave Maus futur fondateur du groupe des XX, puis directeur de la *Libre Esthétique ;* le rôle du poète Emile Verhaeren est capital, il est l'une des chevilles ouvrières, avec Camille Lemonnier, de ces mouvements.

En 1886, le jeune Albert Mockel lance *La Wallonie* où collaborent symbolistes français et belges dont pour ces derniers Rodenbach, Maurice Maeterlinck, Grégoire Le Roy, Jules Destrée. Parmi les peintres Puvis de Chavannes, Odilon Redon en relations étroites avec les poètes d'outre-Quiévrain pour qui il dessine des frontispices et dont les œuvres sont publiées et appréciées, Gustave Moreau, affrontent l'influence, non moins profonde des artistes allemands et nordiques dont les inspirations nostalgiques, l'attrait du mystère et de l'insolite, exercent sur l'âme wallonne et flamande un incontestable ascendant.

Le salon des XX, fondé en 1884, regroupait les impressionnistes et néo-impressionnistes belges, et leurs invités français, Seurat qui y présenta dans la même atmosphère mêlée de réprobation et d'admiration qu'à Paris, *Un Dimanche après-midi à l'île de la Grande-Jatte,* Renoir, Gauguin, Cézanne, Lautrec, Van Gogh. Mais le dernier salon, en 1893, accusera une évolution vers le symbolisme qui s'épanouit avec la *Libre Esthétique.*

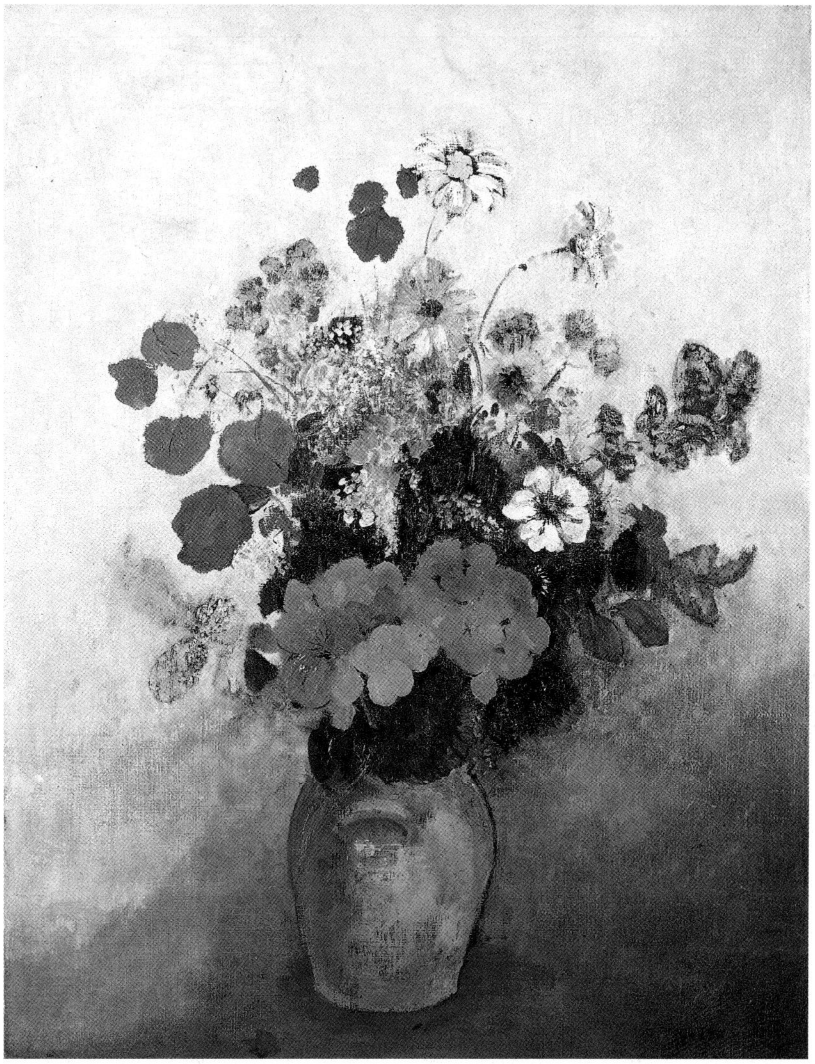

Odilon Redon. *Bouquet.* Vers 1908-10. Coll. part.

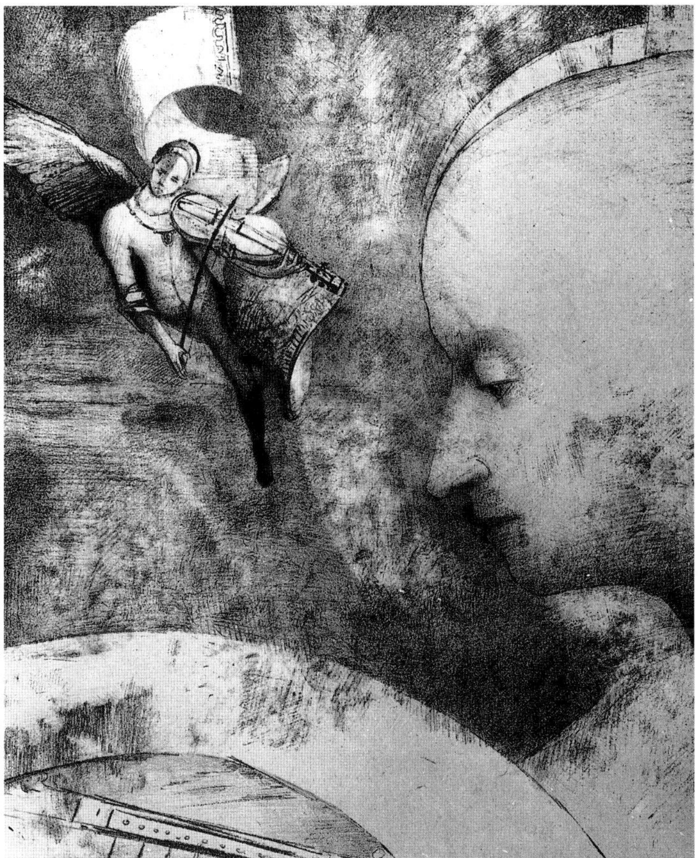

Odilon Redon. *L'art céleste.* 1894. Bibliothèque Nationale, Paris.

Ce salon dura de 1894 à 1914, Octave Maus y fut appelé, pour éviter les discussions entre artistes, à décider seul du programme d'exposition et des invités ; ce fut le principal lieu de rencontres et d'échanges avec l'étranger des symbolistes belges, et une place importante y fut réservée aux arts graphiques et décoratifs. La *Libre Esthétique* privilégia cette tendance avec l'Art Nouveau et présenta des affiches de Chéret, Lautrec, Grasset, des illustrations de Beardsley, des reliures, des tissus, des verreries et orfèvreries ainsi qu'un "intérieur d'artisan" de Serrurier-Bovy et une "salle de five o'clock" de Van de Velde (1896). La peinture reprit le dessus dans les premières années du XXe siècle.

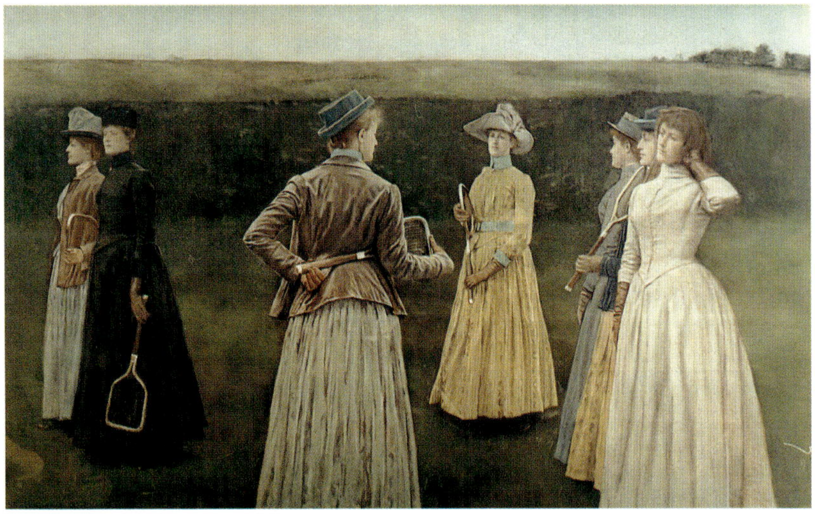

F. Khnopff. *Memories.* 1889. Musées royaux des Beaux-Arts de Belgique, Bruxelles.

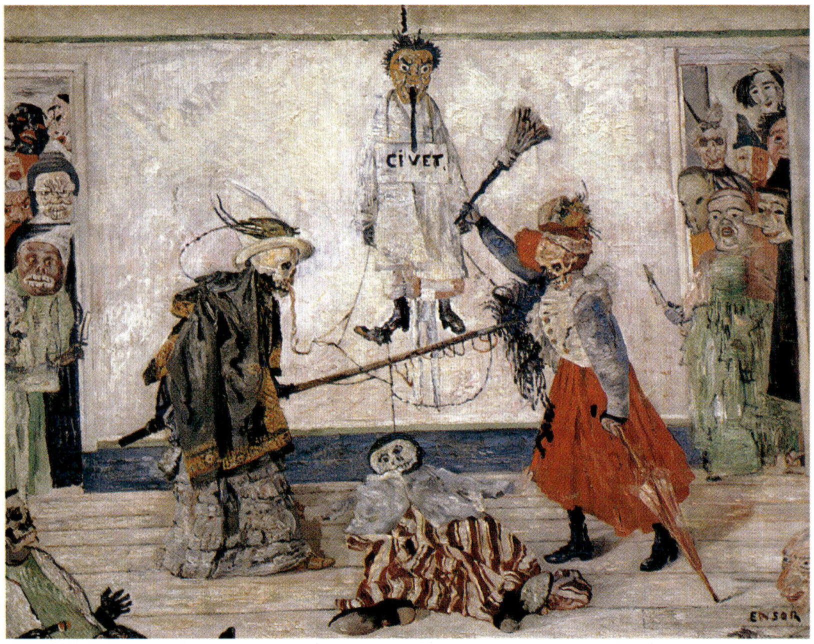

J. Ensor. *Squelettes se disputant un pendu.* 1891. Musée royal des Beaux-Arts, Anvers.

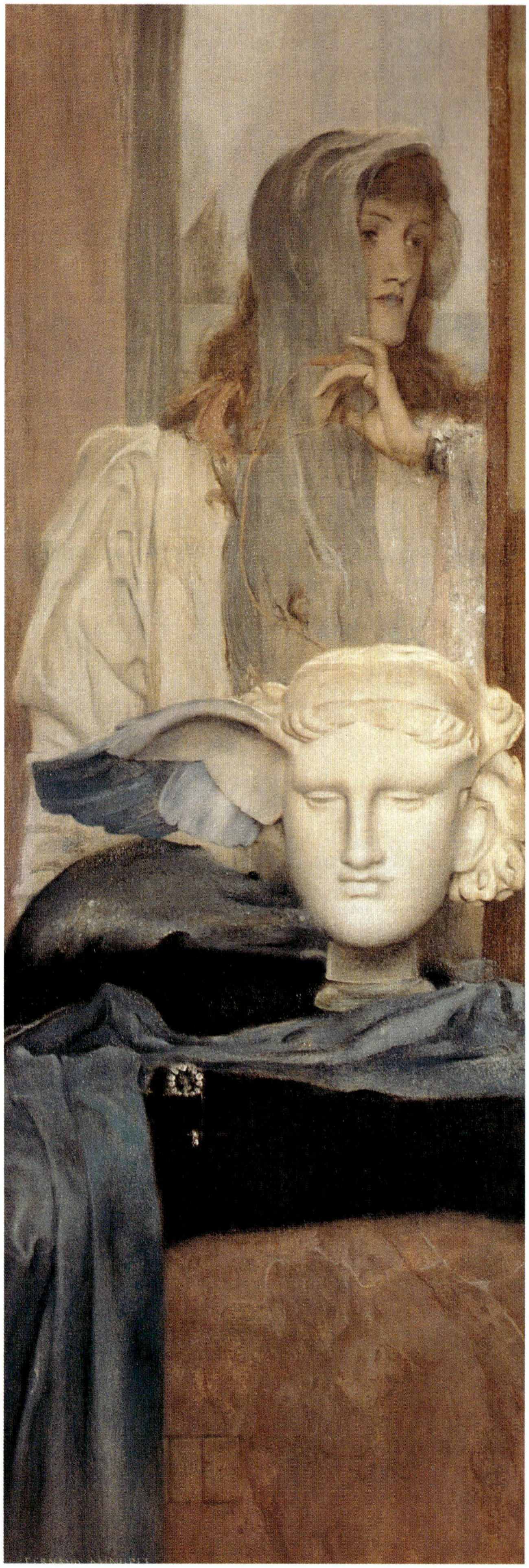

Fernand Khnopff. *Une aile bleue.* 1894. Coll. part.

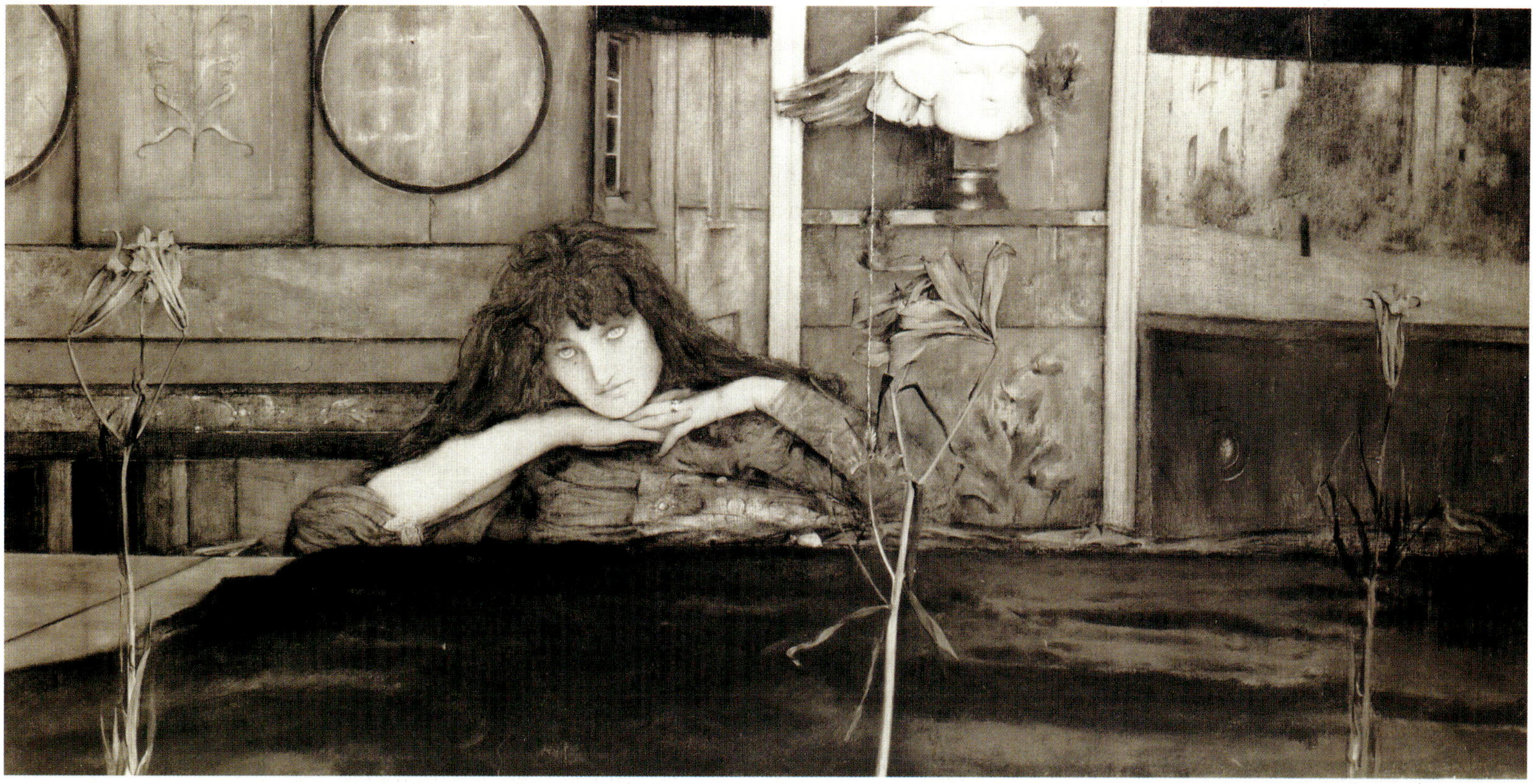

Fernand Khnopff. *I lock my door upon myself.* 1891. Neue Pinakothek, Munich.

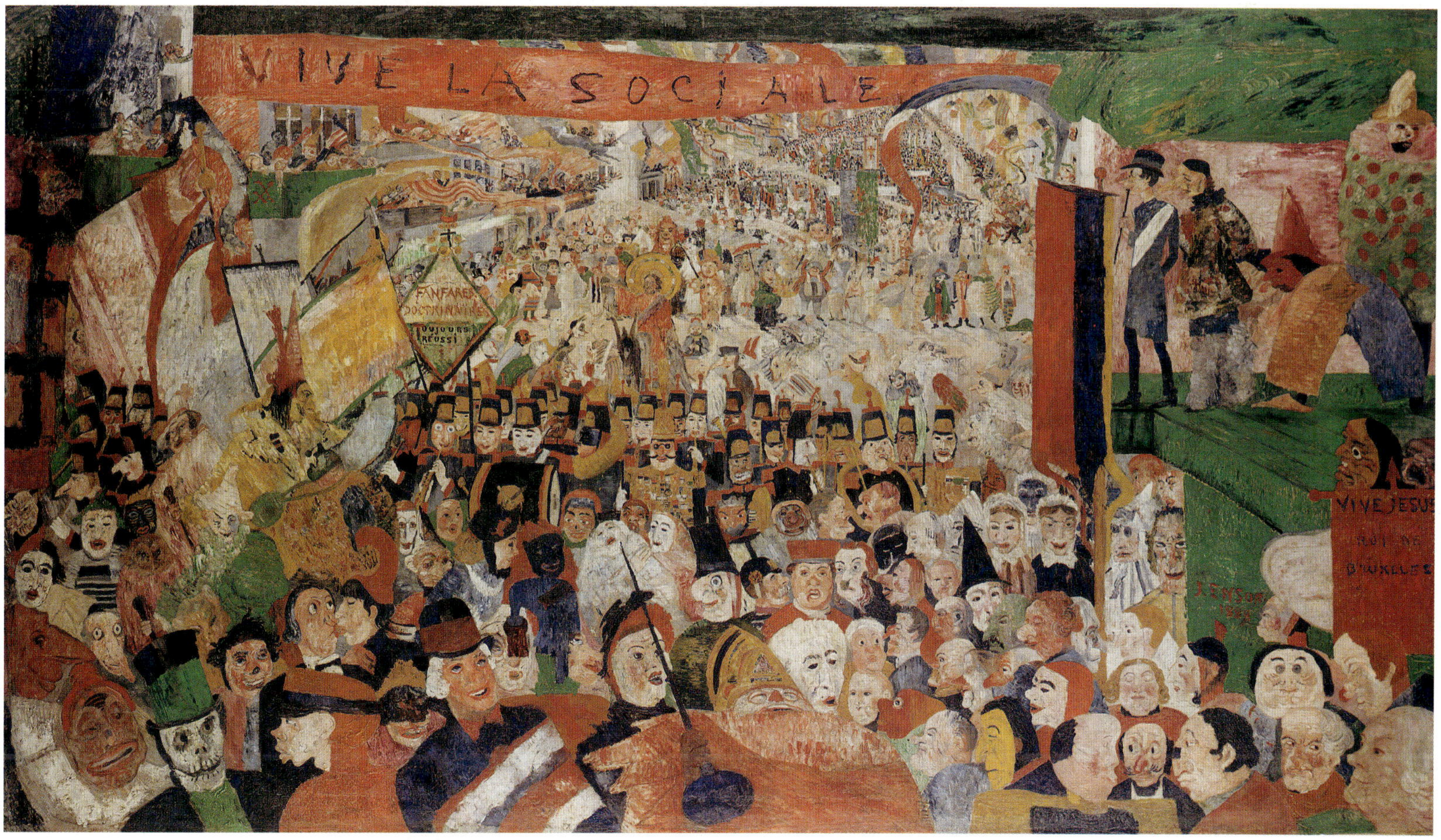

James Ensor. *L'entrée triomphale du Christ à Bruxelles.* 1888. Musée royal des Beaux-Arts, Anvers.

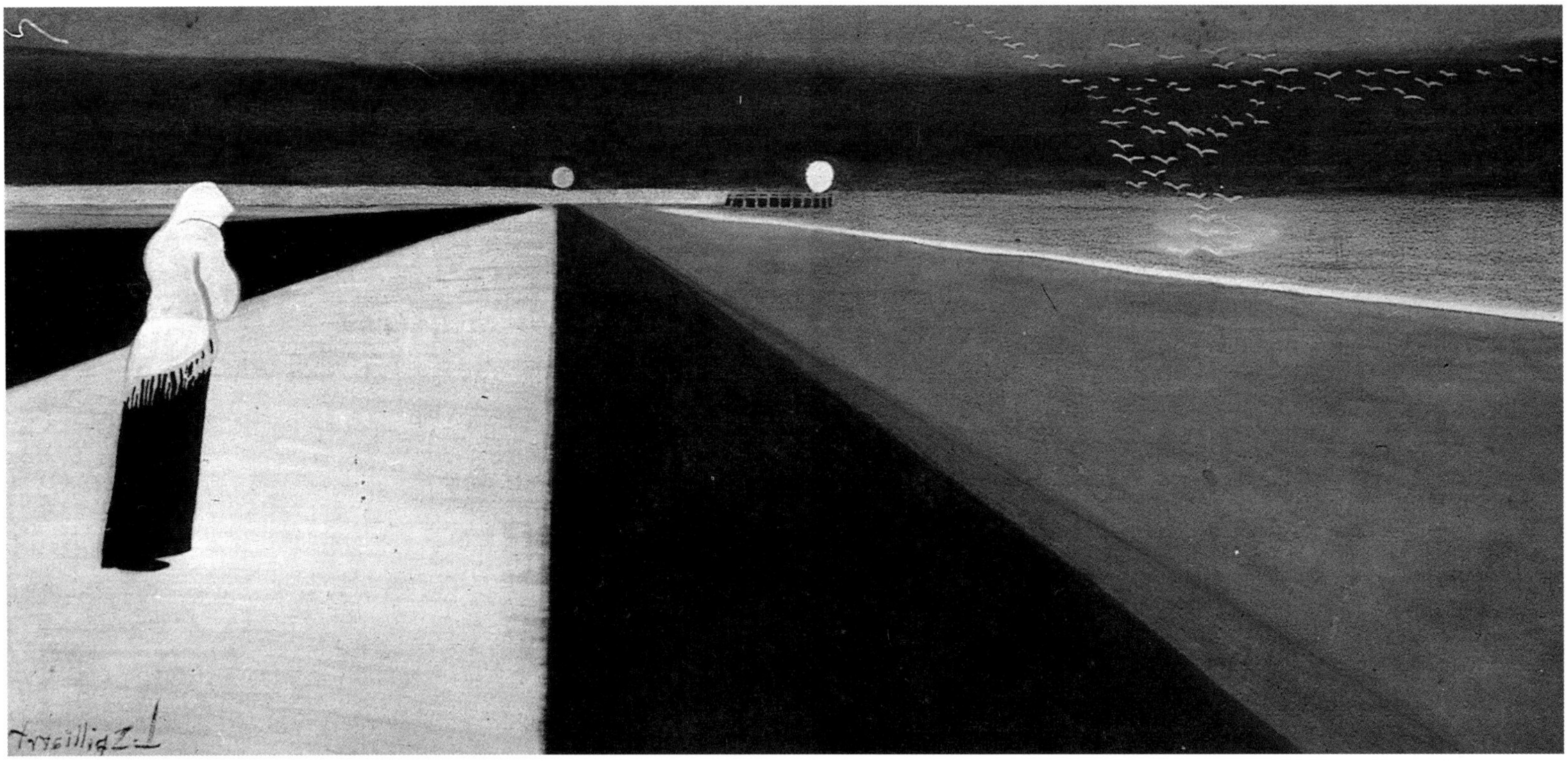

Léon Spilliaert. *Femme sur la digue.* 1908. Musées royaux des Beaux-Arts de Belgique, Bruxelles.

Le maniérisme angoissé de Khnopff

Le Sâr Peladan jouit d'un prestige considérable en Belgique où en retour il manifesta une grande attention aux peintres symbolistes. S'il montra d'abord un intérêt très vif pour Félicien Rops dont le réalisme quotidien s'accordait à un érotisme, un goût pour le macabre et pour la mort, d'une qualité esthétique parfois discutable, il s'attacha surtout à l'œuvre de Fernand Khnopff sur lequel il exerça un ascendant profond.

Cet artiste étrange, étroitement associé au symbolisme délicat, empreint de cette féminité tendre et rêveuse qui fleurit autour de Rodenbach et de Maeterlinck à partir des années 1880, fut lié à Gustave Moreau, à Burne-Jones et Rossetti qui l'influencèrent, plus tard à Klimt ; il exposa aux salons de la Rose-Croix et de la Sécession viennoise. Son art apparaît comme une quête, à la fois ardente et distante, aux couleurs pâles, d'un idéal de beauté qui n'est qu'une fuite devant la réalité ; pour se préserver des atteintes de la vulgarité et de la laideur Khnopff se fit construire à Bruxelles un hôtel particulier-citadelle, aujourd'hui disparu, où il enferma ses fantasmes et ses hantises.

Celles-ci tournent autour de la figure de sa sœur bien-aimée et vénérée, sorte d'épouse mystique et mère au visage pensif, au corps chaste, projection de la femme à la fois protectrice et damnatrice, inquiétante et secrète dont on ne sait trop ce qu'il faut en attendre tant son comportement est ambigu.

La femme est omniprésente dans l'œuvre de Khnopff, mais elle n'est jamais tout à fait accessible ; ses toiles énigmatiques ne le sont pas davantage d'ailleurs, dans *Memories* (Musées royaux, Bruxelles) où la même joueuse de tennis est répétée plusieurs fois dans des attitudes différentes aussi mystérieuses que hiératiques, *Des caresses ou l'Art et le Sphinx* (1896, Musées royaux, Bruxelles), *L'Encens* (1898, collection particulière), les nombreux portraits de femmes dont ceux de la sœur du peintre, indéfiniment répétée et présente partout, ou de Christina Georgina Rossetti (1891, Bayerische Staatsgemäldesammlungen, Munich), ses paysages de silence et de rêve, témoignent du maniérisme éperdu et suranné, fasciné par le sépulcral, de l'équivoque Fernand Khnopff.

Curieusement il s'est constamment servi de la photographie, qu'il faisait lui-même, pour tenir la réalité à distance, et en même temps l'immobiliser dans l'instant. Sa sœur, véritable double de l'artiste, pose constamment devant l'objectif sous des déguisements et dans des poses variées qu'on retrouve dans ses tableaux.

La femme de Khnopff c'est l'idole de Gustave Moreau désemperlée et dénudée, et comme elle androgyne mais plus sylphide que courtisane au regard noyé de désirs refoulés.

Tandis que les impressionnistes et leurs suiveurs poursuivaient les féeries changeantes du plein air, que les réalistes représentaient le monde et la société en mutation, les pessimistes parmi lesquels Khnopff se rangeait, ne voyaient dans les changements formidables de cette fin de siècle que calamités, débâcles, ruines, anarchie et mort. La mort est, d'ailleurs, comme la femme, présente dans de nombreuses œuvres.

Plusieurs idéalistes se rattachent à Khnopff, tel Jean Delville qui se présentait comme un initié afin de combattre le désordre moral, s'affilia à la Rose-Croix et aux théosophes ; il fonda en 1896 le salon d'Art Idéaliste où son art spiritualiste, théâtral et parfois même assez ridicule (*Les Trésors de Satan,* 1895, musées royaux, Bruxelles) eut de nombreux adeptes. Emile Fabry, Constant Montald, Léon Frédéric auteur à la fois allégorique et naturaliste de l'hallucinant triptyque *Le Ruisseau* (musées royaux, Bruxelles) accumulation de corps d'enfants aux attitudes innocentes, lascives ou macabres, appartiennent à ce courant.

Ensor caricatural et désespéré

Curieux personnage qu'Henry de Groux ; son *Christ aux outrages* [16)] peint à vingt-et-un ans, peu après le décès de sa mère, eut un succès considérable au Salon triennal de Bruxelles en 1890 ; il connut un égal intérêt à Paris où les symbolistes et autres, tel Léon Bloy, s'enthousiasmèrent, regardant de Groux comme un visionnaire et un prophète. Triomphes et échecs, admirations et haines violentes jalonneront la vie, fort justement qualifiée de "terrible", de ce mégalomane exalté qui rêva d'égaler les maîtres, et réalisa des œuvres d'un romantisme débordant et désespéré. Leur exécution véhémente, cahotique, exprimait son imagination hallucinée.

Peignant par cycles les vastes actions mythologiques, historiques ou symboliques (la retraite de Russie, Siegfried, la fiancée de la Mort, les Vendanges, le Grand chambardement...) ou portraiturant ses héros, Napoléon, Balzac, Wagner, Louis II de Bavière, Zola, etc., ce lyrique déchaîné et écorché, prototype littéraire du "peintre maudit", passa sans doute à côté d'une grande œuvre ayant finalement plus d'intentions avortées, qu'il croyait être de l'ambition combattue, que de talent. Alors qu'il se donnait du génie.

Tout autre est James Ensor. Influencé à ses débuts, après une période naturaliste, par les couleurs et les reflets lumineux de l'impressionnisme (*La Mangeuse d'huîtres,* 1882), « la première peinture vraiment claire exécutée en Belgique » selon Verhaeren, il aborde bientôt l'expressionnisme ; le regard inquiet et curieux de son *Autoportrait au chapeau à fleurs* (1883, musée d'Ostende) se porte sur un autre monde que les plages à la lumière nacrée ou les intérieurs bourgeois feutrés et étouffants, qu'il abandonne pour les masques de carnaval, les travestis grotesques, les squelettes grimaçants où il met son ironie désespérée et sa verve caricaturale fustigeant une société confinée dans ses préjugés.

Né à Ostende en 1860 d'un père anglais, et dont la mère tient un magasin de coquillages-souvenirs, masques et chinoiseries, Ensor passera toute son existence dans ce vaste port qui vit deux mois par an au rythme de la foule élégante de ses "bains de mer", et où abordent dans la grisaille de l'hiver et l'odeur de la marée, les bateaux porteurs de rêves. James, si pâle et si maigre qu'on le surnomme "Trompe-la-Mort" défie ses compatriotes par l'étrangeté de ses œuvres.

Ils ne voient pas à quel point son art est issu directement de la tradition flamande, de Bosch et de Bruegel (*Foudroiement des anges rebelles,* 1888, musée d'Anvers), des mascarades et des carnavals hauts en couleurs (*L'Etonnement du masque Wouze,* 1889, musée d'Anvers ; *Masques (squelettes) se disputant un pendu,* 1891, musée d'Anvers), mais aussi du magasin maternel.

La famille d'Ensor est aussi disparate que son œuvre ; son père, ingénieur raté, noie ses chagrins dans l'alcool, sa sœur sujette aux fugues finira par s'amouracher d'un Chinois qui

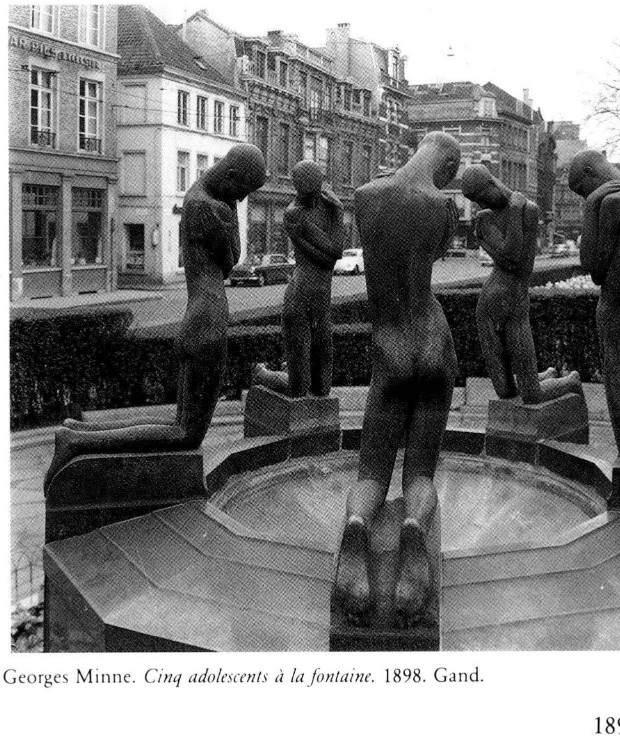

Georges Minne. *Cinq adolescents à la fontaine.* 1898. Gand.

William Degouve de Nuncques. *La maison aveugle.* 1892. Rijksmuseum Kröller-Müller, Otterlo.

fournit la boutique en pacotille d'Extrême-Orient ; sa mère et sa tante, en revanche, sont de fortes femmes qui dominent leur monde, et font marcher le commerce. James a besoin de ce milieu baroque, exotique et étouffant ; rejeté par tous, conservateurs et avant-garde, il ne reçoit au Salon des XX, où il expose, que ricanements et injures. On le juge outrancier, abracadabrant, détraqué ; il retourne aux paysages marins de ses débuts, mais ils sont maintenant soulevés de houles furieuses, balayés d'orages (*Le Christ apaisant la tempête,* 1891, musée d'Ostende).

Bafoué, moqué, Ensor solitaire et blessé, n'est accepté ni par les néo-impresionnistes, ni par les symbolistes, alors les deux courants principaux de l'époque ; pour oublier cet ostracisme il appelle à lui les cauchemars, les phantasmes, tout le théâtre truculent et bigarré des réjouissances populaires, des carnavals et des kermesses. A travers les masques il avoue ses hantises intimes, se débarrasse de ses révoltes et de ses haines.

Dans son chef-d'œuvre, *L'Entrée du Christ à Bruxelles* (1888, Getty Museum, Malibu, Californie), qui provoqua un énorme scandale, Ensor s'identifie au Christ ; il pénètre entouré d'un cortège de bouffons et d'anarchistes, au son d'une musique allègre, au milieu d'une foule tumultueuse et colorée, dans cette Bruxelles-Jérusalem qui n'a cessé de le railler ou de l'injurier. Cette toile est son propre, mais faux triomphe ubuesque et grouillant, son affiche-manifeste, son blasphème et son cri ; Ensor trace sa vie dans l'imbroglio fin-de-siècle, il ouvre une brèche dans le mur des conventions picturales et des habitudes visuelles.

Pendant une douzaine d'années James Ensor manifestera son étrange et bouleversant génie dans ses tableaux, dessins, gravures, aquarelles, à la fois sinistres et lumineux, où son pessimisme, sa hantise de la mort et du néant contrastent avec le charme de la couleur rutilante et suave, sa technique légère aux effleurements délicats.

Brusquement les pinceaux glissent de ses doigts ; mais c'est au moment où son art s'affadit, se répète et se systématise qu'Ensor connaît la gloire et les honneurs. Le paria devient un héros admiré, décoré, statufié de son vivant et anobli par le roi. Jusqu'à sa mort, en 1949, il savourera dans la même maison d'Ostende, jouant de l'harmonium et peignant au-dessus de la boutique familiale, cet encens officiel et ses souvenirs de "Trompe-la-Mort" désormais bien nourri.

Comme Ensor, Spilliaert est à la charnière du symbolisme et de l'expressionnisme. Né également à Ostende il aime les plages désertes et les digues interminables, il a souvent l'arabesque lourde mais son amour de la solitude, du silence et de l'insolite quotidien lui inspire des œuvres denses, exécutées le plus souvent au pastel, à l'aquarelle et à la gouache, ou aux crayons de couleurs. Ses espaces inquiets aux larges aplats nocturnes, à la limite de l'abstraction *(Digue et Kursaal d'Ostende,* 1908, collection particulière, Bruxelles) annoncent Chirico ; ses ports expriment à la fois la détresse ou la mélancolie, et ce fantastique social qui, débarrassant la réalité de ses artifices, en donne une image visionnaire.

Dans L'*Autoportrait au miroir* (1908, collection particulière, Dilbeek) la hantise de la mort marque le visage décharné, le regard à la fois interrogateur et hagard du peintre, et c'est sans doute la même peur qui poursuit sur *l'Escalier magique. Vertige* (1908, musée d'Ostende) cette femme vêtue de noir aux longs voiles épars, l'une des œuvres les plus bouleversantes de Spilliaert.

Georges Minne et le groupe de Laethem-Saint-Martin

Les symbolistes belges sont idéalistes, mystiques ou plus simplement rêveurs, épris de langueur, de silence, d'aspirations fumeuses vers l'au-delà, rejoignant par les sentiments

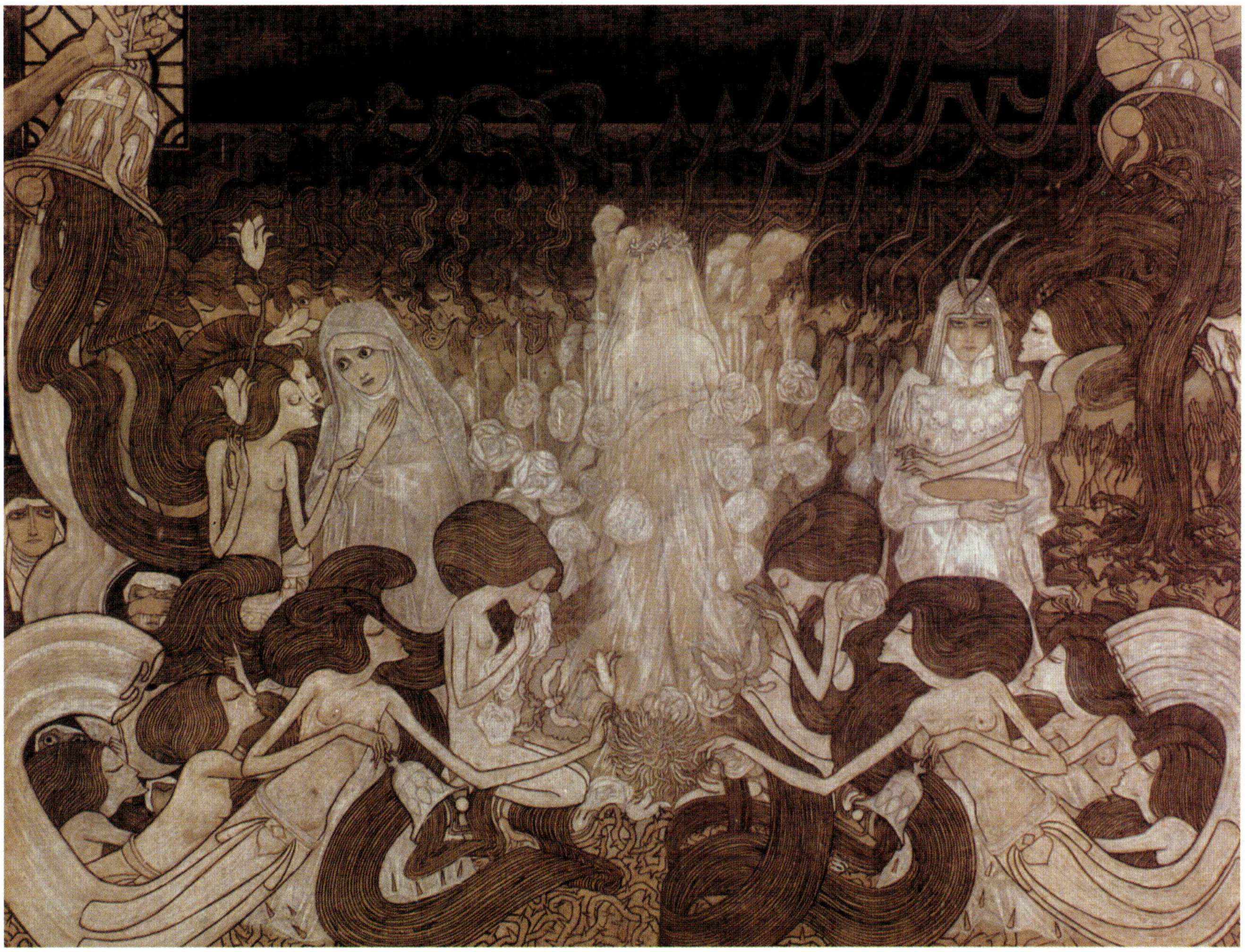

Jan Toorop. *Les trois fiancées.* 1893. Rijksmuseum Kröller-Müller, Otterlo.

diffus qu'ils portent, la musique ou la poésie. Le culte de Wagner encourage le goût des mythes, l'influence des préraphaélites véhicule un intérêt croissant pour le primitivisme qui conduit à redécouvrir les charmes naïfs de l'imagerie populaire et du folklore d'où, dans la nébuleuse symboliste, un passéisme pratiqué par certains artistes comme une sorte de retour à la mémoire.

Sculpteur, mais aussi graveur et dessinateur, Georges Minne se fait une spécialité de la douleur qu'il représente d'une manière parfois exagérément mélodramatique jouant des courbes et contre-courbes de sa *Mère éplorée* (1890) ou de *L'Agenouillé* qui aboutira à ses *Cinq adolescents à la fontaine* (1898) sa sculpture la plus célèbre, expression de l'inquiétude, du repli sur soi et des aspirations spiritualistes du temps.

Charles Doudelot est aussi le peintre de la douleur, ou de l'attente. Dramatisme également chez Jakob Smith, inspiré par les primitifs, qui transpose la Bible dans les paysages et la vie quotidienne de la Campine mêlant parabole et symbole ; chez Degouve de Nuncques, ami des poètes et grand voyageur, peintre de figures et de compositions aux mystérieuses résonances, qui s'abandonne parfois à une imagination aussi extravagante que confuse dont les maladresses de facture limitent les qualités picturales. Ainsi aboutit-il à une sorte d'imagerie où il traduit sa vision du monde, ses pensées et ses songes d'une manière très personnelle. Ses "nocturnes" en sont la meilleure part ; *La Maison aveugle* (1892, Rijksmuseum Kröller-Müller, Otterlo) évoque Edgar Poe et annonce Magritte.

En 1898 Georges Minne va se fixer dans le petit village de Laethem-Saint-Martin sur les bords champêtres de la Lys, loin de la ville oppressante et de ses spectacles de misère ; il n'a pourtant que trente-deux ans mais il a les nerfs à bout ; avec les frères Van de Woestyne l'un peintre, l'autre poète,

Valerius de Soedeler et Servaes, il forme le premier groupe d'artistes installé dans le village où ils se lient avec un peintre naïf du cru, sorte de douanier Rousseau gantois, paysagiste et écrivain, Albijn van Abeele. On discute philosophie, peinture, spiritualité parmi les eaux vives, les bois et les champs de lin.

Minne s'oriente vers un médiévisme inspiré des primitifs tandis que Servaes aborde un expressionnisme tragique à tendance mystique ; son art vigoureux trouve dans la vie rurale des thèmes à résonance symbolique (*Soirée sainte*, 1905, collection particulière). Gustave Van de Woestyne est, lui aussi, inspiré par les primitifs auxquels il faut ajouter l'influence des préraphaélites ; son symbolisme vaguement mystique, ou à tendance socialisante, débouchera sur un maniérisme décoratif au dessin précis qui n'est pas dénué d'une certaine poésie (*Printemps* ou *Généreuse hospitalité*, 1911, collection particulière, Bruxelles).

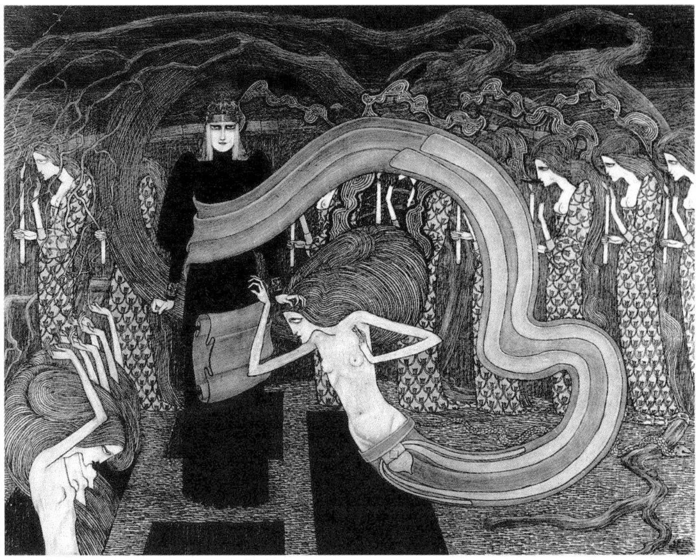

Jan Toorop. *Fatalité*. 1893. Rijksmuseum Kröller-Müller, Otterlo.

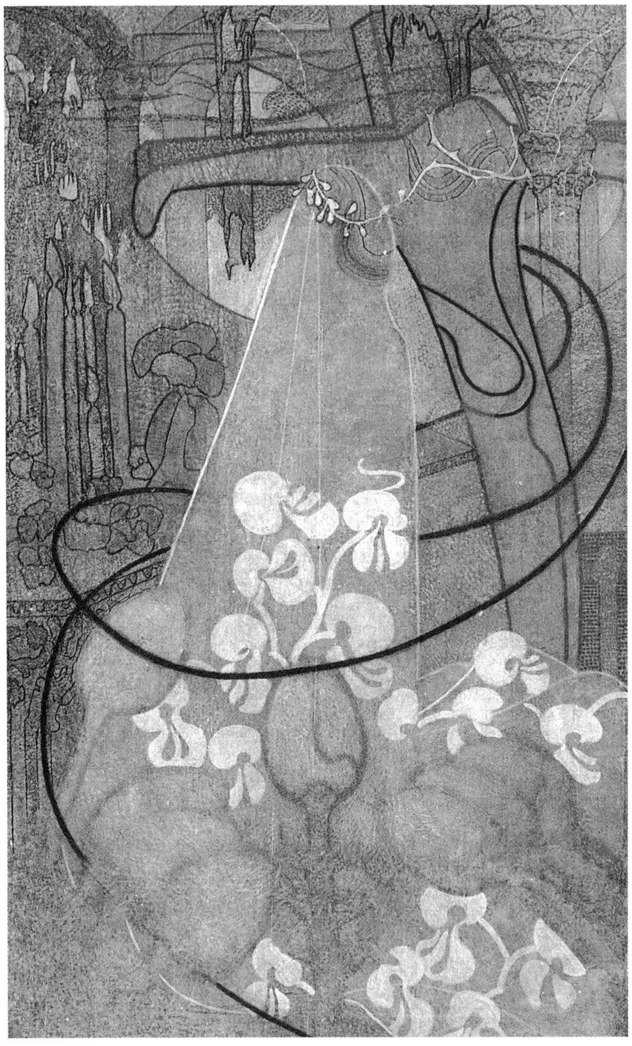

Johan Thorn Prikker. *La mariée*. 1892. Rijksmuseum Kröller-Müller, Otterlo.

L'idéalisme linéraire des Hollandais

Les symbolistes néerlandais se rattachent à l'école belge car les deux principales personnalités, Jean Toorop et Johan Thorn Prikker, participèrent aux salons bruxellois. Le style curviligne de Toorop, inspiré par les batiks de l'île de Java où il était né, subit aussi l'influence de Blake et des préraphaélites ; il le qualifiait d'"idéalisme linéraire", et il donne, en même temps qu'un climat décoratif, une impressionnante puissance à ses œuvres dessinées ou peintes. *Les Trois fiancées* et *Le Chant des temps*, de 1893, tous deux au Rijksmuseum Kröller-Müller d'Otterlo, sont caractéristiques à la fois de ses investigations spirituelles aux curieuses inclinations mystiques et de son maniérisme dont les symboles naissent de ses jeux d'arabesques ou se mêlent à eux.

Thorn Prikker est très proche de Toorop ; lui aussi enferme sa sensibilité spiritualiste dans des courbes subtiles auxquelles il donne une fonction autant décorative que mystique *(La Mariée*, 1892, Rijksmuseum Kröller-Müller, Otterlo). Le linéarisme hollandais apparaît dans le symbolisme comme le précurseur de l'arabesque proliférante de l'Art Nouveau ; la période créatrice de Toorop et de Thorn Prikker est contemporaine de la construction à Bruxelles de l'hôtel Tassel où Victor Horta, en 1893, applique la ligne "coup de fouet". On y trouve, dans la pierre et le fer, comme dans le plan et la répartition de l'espace, toutes les impulsions décoratives et symboliques des peintres et des poètes symbolistes. Trois ans plus tard, en 1896, l'architecte belge Henry Van de Velde présentera au salon de la Libre Esthétique un mobilier "Art Nouveau". Bruxelles sera le foyer le plus créatif de ce mouvement.

Les pays scandinaves mêlent dans le symbolisme leur goût des mythologies anciennes et l'inspiration des sagas. Au Danemark Willumsen pratique sous l'influence de Gauguin différentes techniques, bois sculpté et peint, céramique, affiche, où les sollicitations complexes du symbolisme se mêlent à des archaïsmes volontaires. En Finlande Akseli

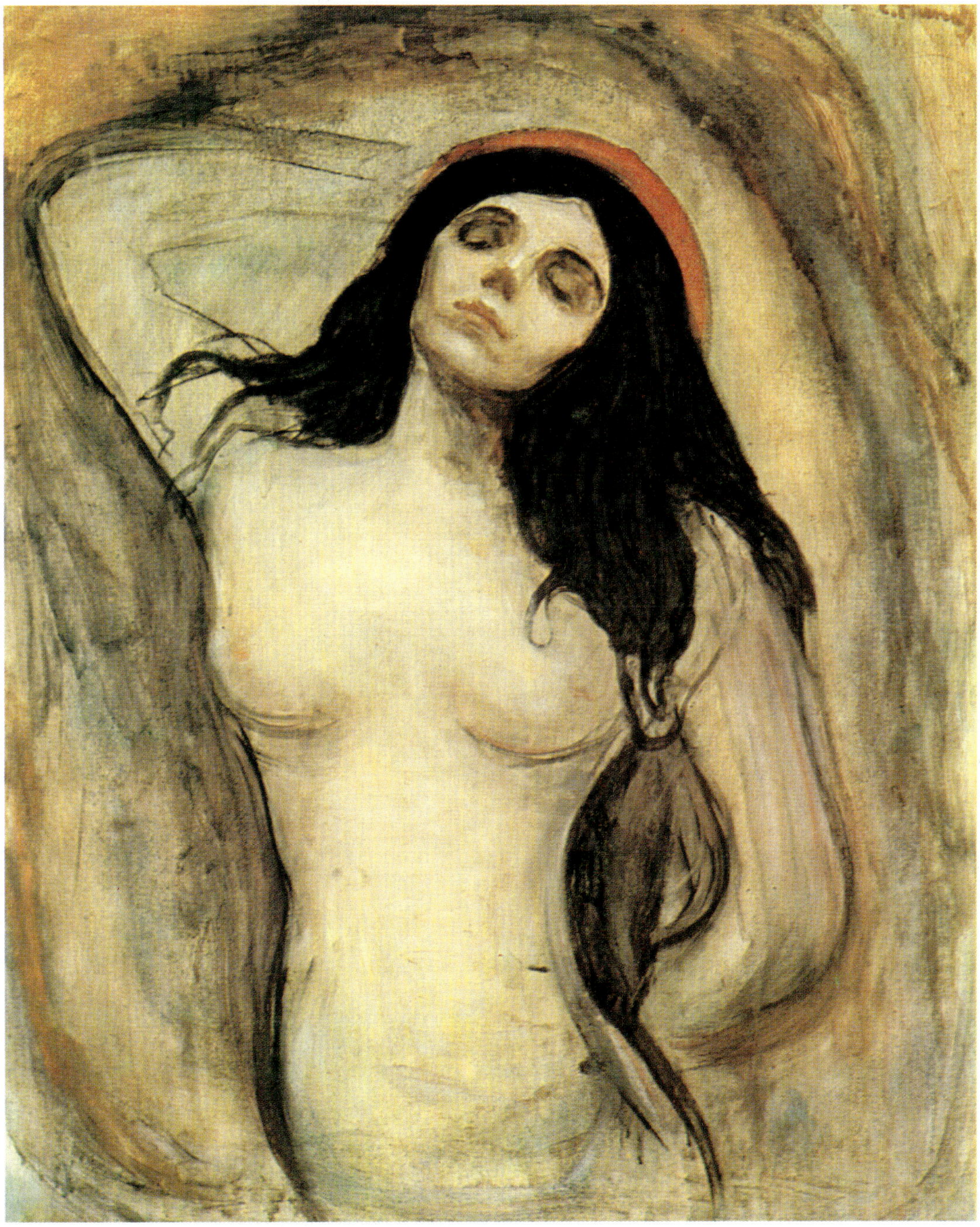

Edvard Munch. *Madone.* 1894. Nasjonalgalleriet, Oslo.

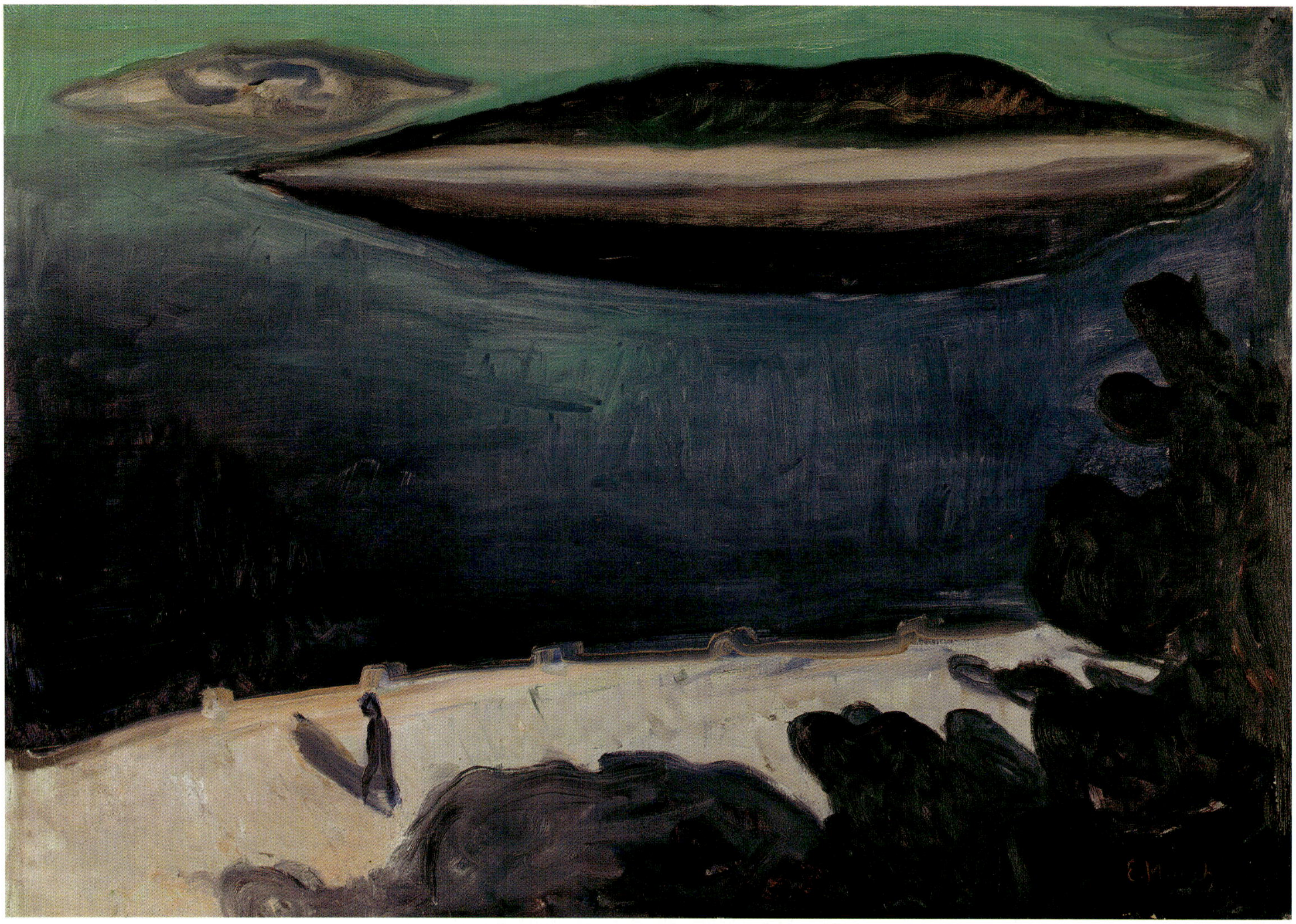

Edvard Munch. *Nuit d'été au bord du fjord d'Oslo.*
Vers 1900. Stadtische Kunsthalle, Mannheim.

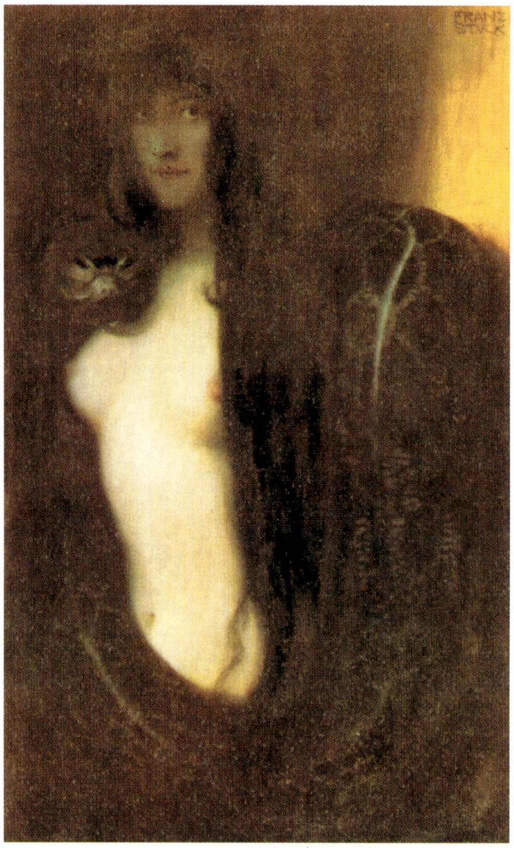

Franz von Stuck. *Le péché.*
1899. Neue Pinakothek, Munich.

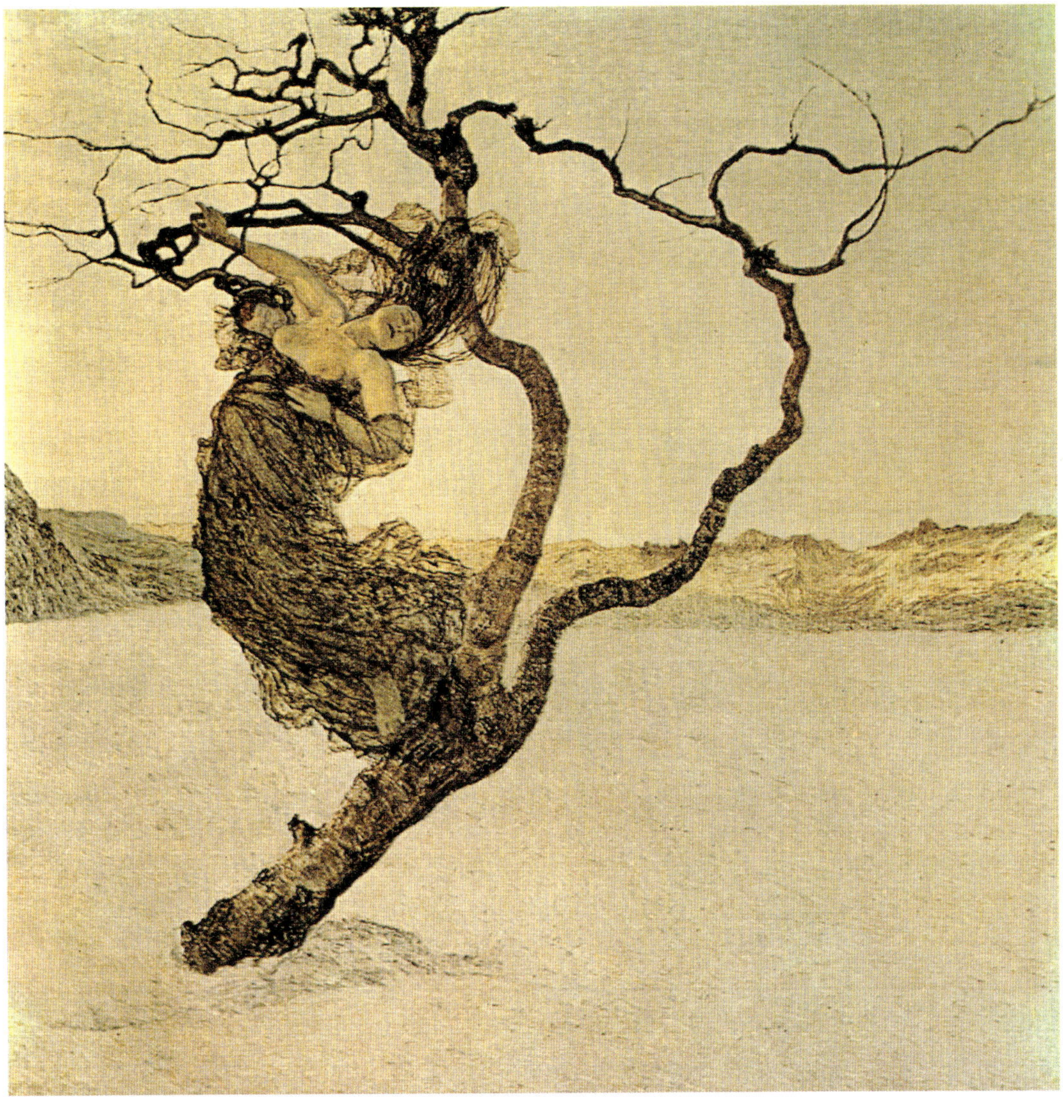

Giovanni Segantini. *Les marâtres.* 1894. Kunsthistorisches Museum, Vienne.

Gallen-Kallela exécute des paysages spiritualistes et de curieuses évocations de l'épopée finnoise.

L'itinéraire pathétique et solitaire de Munch

Le Norvégien Edvard Munch, l'une des grandes figures de l'expressionnisme nordique, est-il également symboliste ? Fils d'un médecin des pauvres, ayant perdu très jeune sa mère il grandit dans une atmosphère confinée. « La maladie, la folie et la mort sont les anges noirs qui ont veillé sur mon berceau, et m'ont accompagné toute ma vie » dira-t-il. Mystique jusqu'à la névrose, taraudé par une sexualité trouble, il quitte en 1889 la sinistre maison familiale de Christiania (Oslo) pour Paris où il découvre la lumière impressionniste, mais elle ne chasse pas les ombres de son adolescence angoissée. A partir de 1893, et jusqu'en 1908, il séjourne fréquemment à Berlin ou à Paris ; son œuvre, peintures ou gravures, exprime avec une force grandissante, dans un registre à la fois moraliste et spiritualiste, son pessimisme et sa conviction, fondée sans doute sur des échecs physiques, du rôle maléfique de la femme.

Son amour fou, qu'il partage avec Strindberg, pour l'épouse d'un ami commun, le marque profondément

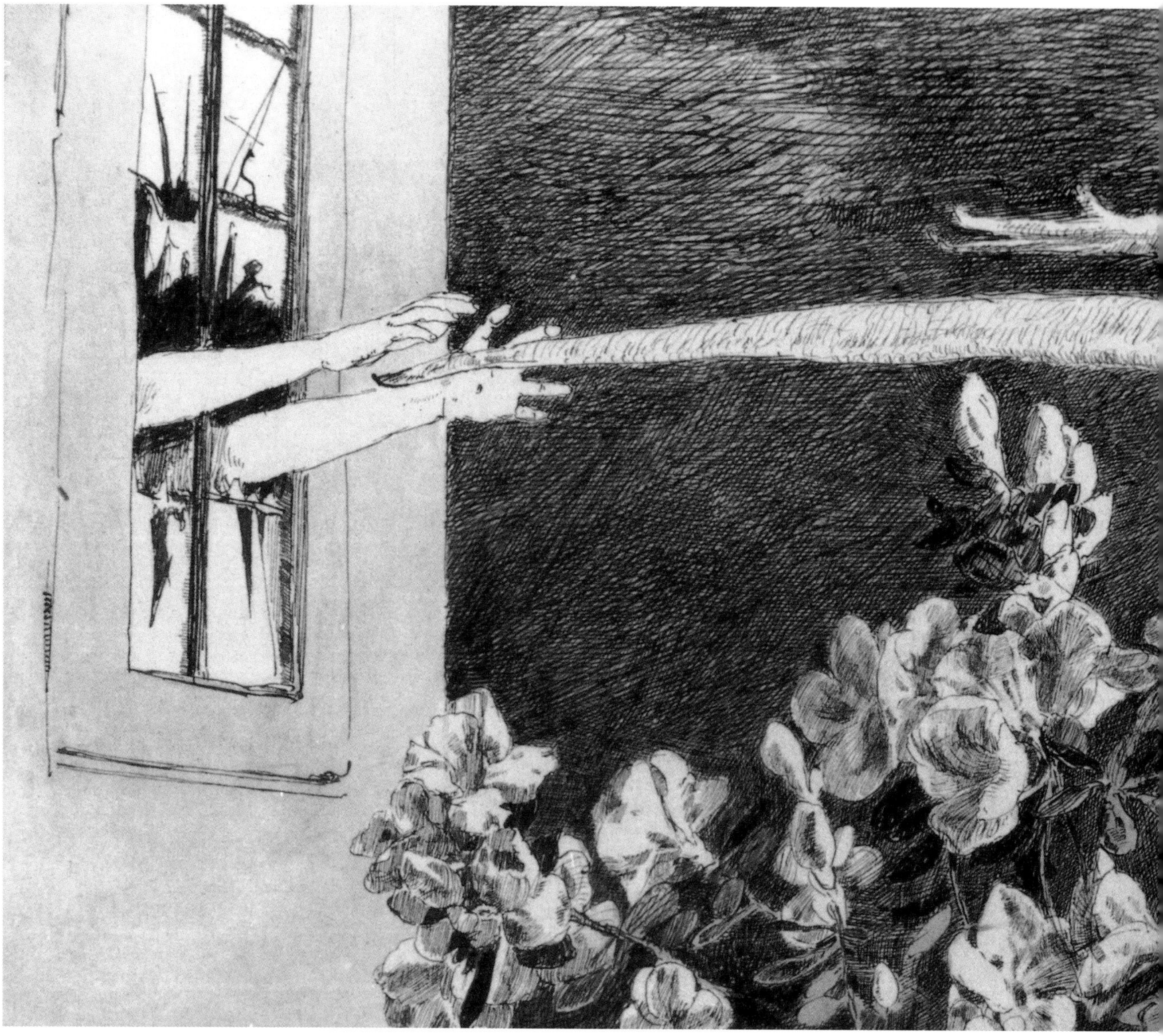

Max Klinger. *Paraphrase sur la découverte d'un gant, « le rapt »*. 1881. Kunsthalle, Hambourg.

(Séparation, 1893, musée Munch, Oslo) ; la difficulté des relations homme-femme est l'un des moteurs de son œuvre, dominée par l'incommunicabilité entre les êtres, et le fait que tout homme pose un problème à déchiffrer. Chaque expression, chaque geste deviennent des signes qu'il faut interpréter ; dans le *Vampire* (vers 1893, musée Munch, Oslo) la femme attire un homme qu'elle couvre de sa longue chevelure et lui mord la nuque. La *Madone* (1894, Nasjonalgalleriet, Oslo) est une synthèse des sollicitations érotiques et mystiques du peintre.

Sa spiritualité trouble, ses hantises sexuelles, la violence de ses élans sentimentaux, et les déconvenues, ou les humiliations, qui en découlent, sont autant de liens qui rattachent Munch au symbolisme ; mais on ne saurait oublier l'empreinte de la littérature scandinave, son angoisse, sa sensualité sauvage, sa hantise de la mort. Certaines de ses figures semblent sorties des livres de Strinberg, d'Ibsen ou de Hamsun ; mais il est proche également de Mallarmé avec qui il se lie en 1896. Il exprime dans ses tableaux, comme l'auteur de *L'Après-midi d'un faune* l'entend de la poésie, « le sens mystérieux des aspects de l'existence ».

Les œuvres de Munch sont à la fois le creuset et l'exutoire de ses pulsions, sa vie et son œuvre s'enlacent étroitement ; celle-ci apparaît comme une sorte de message autobiographique à travers lequel il trace son itinéraire pathétique et solitaire dont l'une des étapes capitales est *La Frise de la vie* (1899-1900 Nasjonalgalleriet, Oslo). Cette somme du pessimisme foncier du peintre, principalement à l'égard du destin de la femme, mêle le synthétisme de Gauguin, les inspirations du Jugendstil et les stylisations dues à la gravure sur bois qu'il pratique assidûment.

Les fantasmes et les hantises germaniques

En Allemagne le symbolisme est l'un des prolongements du romantisme ; Friedrich, Otto Runge et Gustav Carus sont les précurseurs de ce courant qu'inspirent aussi les

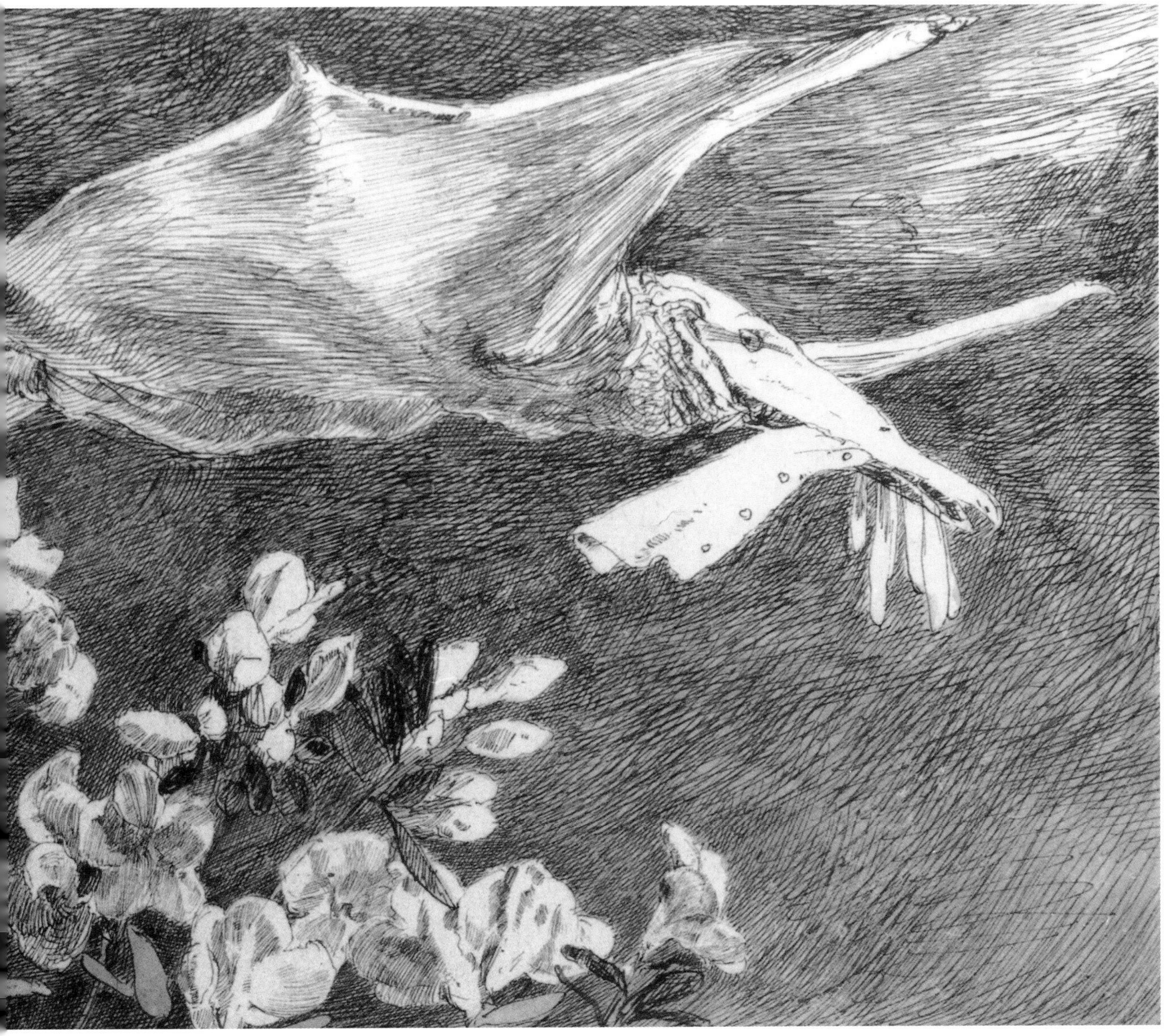

préoccupations spiritualistes des Nazaréens. Il prépare le Jugendstil où l'esprit symboliste se manifeste dès les premiers numéros de la revue *Jugend* publiée à Munich en 1896, et l'année suivante dans *Pan* édité à Berlin par le critique d'art Meier-Graefe.

Si les symbolistes allemands se manifestent dans les Secessions à Munich et à Berlin ils ne suscitent pas un mouvement unitaire et demeurent des isolés, presque tous marqués par l'influence de Böcklin, soutenus par les cénacles de poètes et d'écrivains. L'un des plus originaux, Max Klinger, retient moins l'intérêt pour ses immenses peintures allégoriques officielles et pompeuses que pour son œuvre gravée. Il regardait la gravure comme le moyen d'expression de la modernité, le « véritable organe de l'imagination dans l'art », et il mit en elle son interprétation symbolique du monde, l'air signifiant la liberté, la mer la puissance, un cercle pouvant non seulement évoquer le soleil, mais aussi la liberté, la chaleur, l'espace.

C'est en 1878 que Klinger a publié ses premières séries d'eaux-fortes, mais progressivement son inspiration devint plus sombre ; elle culmine dans le macabre et l'horreur avec les suites de *La Mort I* et *II* (1889 et 1898-1909) qui sont aussi des réflexions sur la souffrance, l'éternel devenir, puis l'anéantissement de l'humanité. Sa série intitulée *un Gant* (1880), où cet objet perdu par une femme au skating devient un fétiche érotique animé d'une vie extravagante, passionna les surréalistes.

Les gravures de Klinger rivalisent de puissance avec celles de Goya et annoncent parfois la liberté fantasque de Picasso ; comme les dessins ou les eaux-fortes paniques d'Alfred Kubin elles prouvent que l'apparition de Freud n'avait rien d'imprévu. La fin du XIXe siècle, en Allemagne et en Autriche, plongeait déjà ses racines dans le rêve et l'inconscient.

Les gravures de Klinger furent pour Kubin une révélation, il y découvrit l'importance qu'il y avait à délivrer « l'expression allusive de tous les mondes de la sensation, les seuls possibles », et consacra sa vie à exprimer l'autre côté de la connaissance et du visible. Dans des gris verdâtres ou bleutés aux nuances troubles il distille les angoisses et les hantises de son être profond hanté par la maladie, les infirmités et la mort, vivant dans une peur constante.

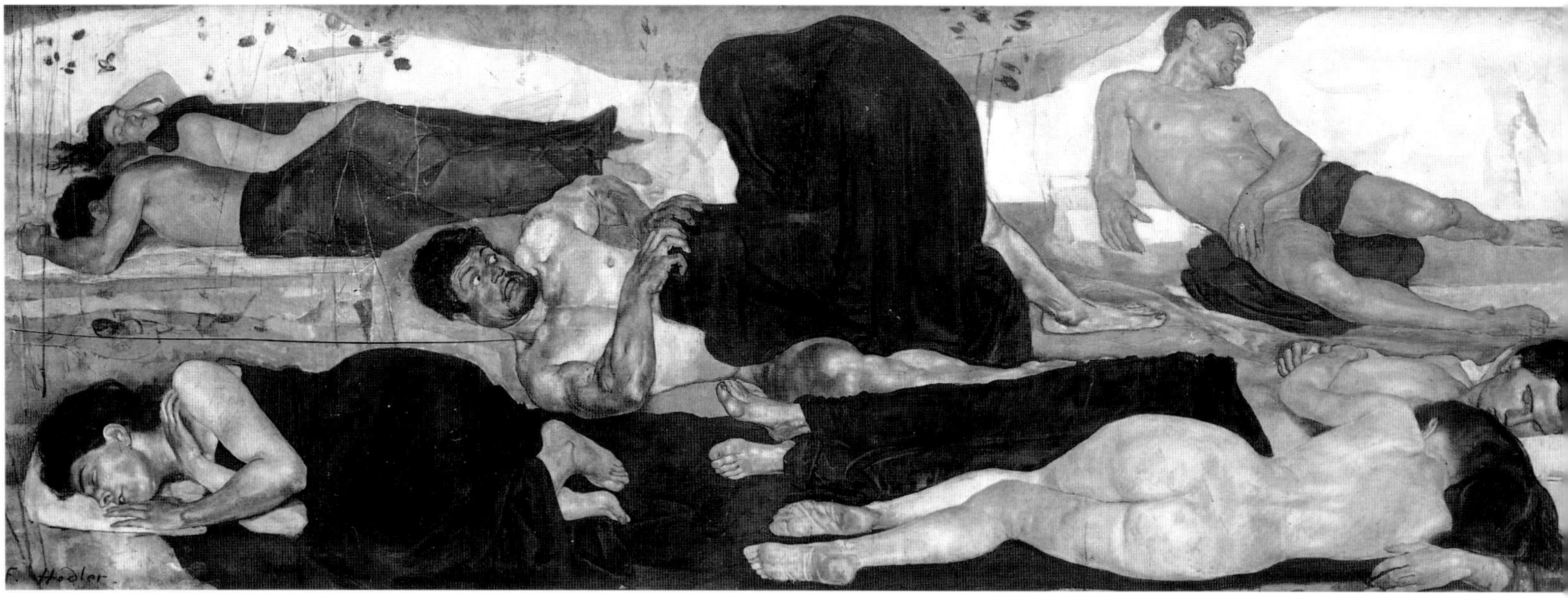

Ferdinand Hodler. *La Nuit.* 1890. Kunstmuseum, Berne.

Ses illustrations de Poe, Nerval, Dostoïevsky, Hoffmann, Strindberg ou Kafka servirent d'exutoire à ses fantasmes et à ses rêves qui côtoient sans cesse le monstrueux, l'horrible, le macabre. Lui aussi, comme Klinger, impressionnera les surréalistes qui trouveront dans ses œuvres les projections nocturnes d'un monde irrationnel recréé par les névroses et le cauchemar.

Franz von Stück, fondateur en 1892 de la Sécession munichoise, peignit des compositions allégoriques, *Le Péché* (1899) *La Guerre* (1895) ou *Le Sphinx* (1895) toutes trois à la Neue Pinakothek de Munich, où il mêle l'érotisme et le légendaire ; il fut aussi le maître de Kandinsky, d'Albers et de Klee. Carlos Schwabe mit de l'étrangeté dans ses gravures, et ses peintures ne sont pas dénuées d'un goût pour le décoratif qui sera apprécié par l'Art Nouveau. Son style symboliste, sinueux et lyrique, s'exprime dans l'une de ses œuvres les plus caractéristiques, *Spleen et Idéal* (1896, collection particulière).

De Hodler à Kupka

La puissante personnalité du Suisse Ferdinand Hodler, né à Berne, devenu peintre à Genève, trouva dans un symbolisme mystique et moralisateur l'expression qui convenait le mieux à ses représentations d'une humanité souffrante ou laborieuse, celle de son enfance et de ses débuts. Les rythmes répétitifs, la symétrie dans l'ordonnance rigoureuse de ses compositons d'esprit monumental donnent à son œuvre une « unité forte et puissante » synonyme pour lui d'« harmonie religieuse ».

Hodler applique dans *La Nuit* (1890, Kunstmuseum, Berne) écartée de l'Exposition municipale de Genève pour “obscénité”, admirée et louée à Paris, sa théorie du parallélisme basée sur la répétition des formes identiques qui n'échappe pas, dans *La Vérité* (1903, Kunsthaus, Zurich), au systématisme. Mais son ambition d'atteindre à un dépouillement qui frôle parfois l'abstraction, trouve dans ses paysages de montagnes et de lacs l'expression d'un idéalisme panthéiste non sans grandeur.

La confrontation du *Coucher de soleil sur le lac Léman* (1915, Kunsthaus, Zurich) et de *Valentine sur son lit de mort, 26 janvier 1915* (Fondation famille Staechelin) donne à la théorie du parallélisme chère à Hodler une pathétique force expressive : son symbolisme et son naturalisme ont fini par s'accorder.

Il en est de même chez Segantini dont les paysages très précisément réalistes se peuplent de créatures hallucinées ou éthérées *(L'Ange de la Vie,* 1894, Galleria d'Arte moderna, Milan ; *Les Marâtres,* 1894, Kunsthistorisches Museum, Vienne), mais le climat, sinon la mise en scène, demeurent d'un idéalisme quelque peu laborieux dans leurs sous-entendus. La panthéisme mystique de cet artiste singulier, grand lecteur de Maeterlinck, de Tolstoï, mais aussi de Goethe et de Nietzsche, marqua fortement Gaetano Previati et Giuseppe Pelliza de Volpedo tandis que, sous les auspices de la revue *Il Convito* (1895-1898), Nino Costa et Sartorio prônaient l'imitation des préraphaélites anglais.

Alberto Martini apparaît lui aussi comme un cas des plus

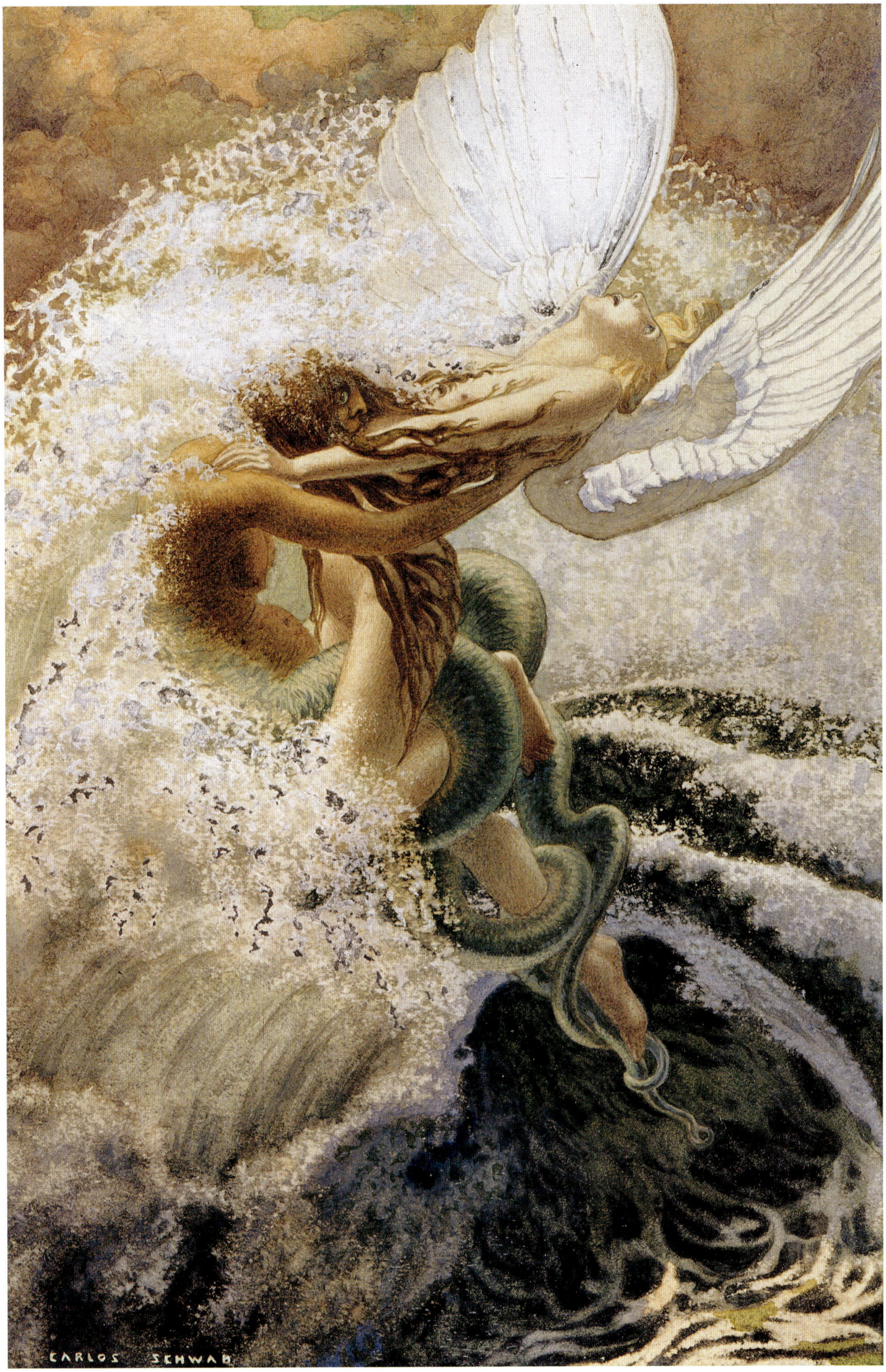

Carlos Schwabe. *Spleen et idéal.* 1896. Coll. part.

étranges du symbolisme italien ; ses cinquante dessins pour les *Histoires extraordinaires* de Poe, qui lui assurèrent une réputation internationale, entremêlent le fantastique, la sensualité, le rêve, et créent un climat auquel les surréalistes ne resteront pas insensibles.

Du symbolisme slave se détache la personnalité des plus singulières du Tchèque Francizek dit Frank Kupka qui, avant de s'installer à Paris en 1895 et d'y devenir, après maintes expériences picturales, l'un des pionniers de l'art abstrait, vécut à Vienne où il lut les philosophes et les poètes allemands, les traités d'astrologie et d'occultisme. Cette culture hétérogène, expérimentale, où le baroque d'Europe centrale nourrit les goûts du peintre pour la mythologie, le symbolisme et le mysticisme, s'exprime dans des toiles d'une facture académique *(Méditation,* 1899, Vytvarneho Umeni Galerie, Ostrava) aux arrières-pensées philosophiques dans le climat de bouillonnement esthétique et de curiosité du Jugendstil.

En 1900-1905 Kupka exécute à Paris de nombreuses illustrations pour des livres et des périodiques où il stigmatise la misère et la décomposition sociale ; leur symbolisme se rattache, par le style, au fantastique caricatural de la Mitteleuropa.

L'arabesque perverse d'Aubrey Beardsley

Rarement artistes et hommes de lettres ont été aussi proches les uns des autres que dans le symbolisme, leur communion d'idées aussi étroite. L'internationale symboliste est un réseau de correspondances ; si les peintres trouvent leurs sujets chez les écrivains et les poètes ces derniers s'inspirent des tableaux, leur vérité est commune et c'est la même recherche de l'intériorité qui conduit les uns et les autres sur les voies de l'inconscient. L'image devient le signe de l'inexprimable, de l'inconnaissable ; toute l'Europe symboliste est à l'écoute des esprits.

Pour Freud lorsque l'écriture consiste à « faire couler d'une plume un liquide sur une feuille de papier blanc » elle prend « la signification symbolique du coït » ; cette définition semble s'appliquer tout particulièrement aux "images" de l'Anglais Aubrey Beardsley, ce météore du symbolisme mort à vingt-six ans après avoir exprimé ses fantasmes sexuels d'une insolente perversité. Et son mysticisme non moins trouble dans une œuvre graphique d'une séduction aussi irritante qu'inquiétante.

Illustrateur de *La Mort d'Arthur* de Malory, et de la *Salomé* d'Oscar Wilde, engagé par un éditeur spécialisé dans la littérature érotique, ses compositions chargées d'arabesques souples enlacées comme des lianes, lourdes de motifs décoratifs compliqués, sont autant inspirées de l'art japonais que des nouvelles tendances de la gravure sur bois ; mais la vocation de *graphic designer* de Beardsley doit beaucoup à l'influence de William Morris, l'ami des préraphaélites, dont l'influence est considérable sur l'architecture et la décoration.

Londres est, dans les années 90, la Mecque de l'esthétisme ; l'œuvre et la vie étrange, déconcertante, d'Aubrey et ses « fleurs du péché » comme disait Wilde de ses dessins, ne sont pas seulement les symboles de la jeunesse révoltée contre l'étouffante société victorienne et ses préjugés hypocrites, mais l'expression de cet « âge de la décadence » qui prépare les élongations et les stylisations de l'Art Nouveau.

Si sophistiquées que soient les compositions de Beardsley elles sont d'une force expressive remarquable ; cet art linéaire, fondé sur un jeu contrasté de noirs et de blancs dans des mises en page qui évoquent le théâtre, a pour prétexte et moteur capital le sexe ; le jeune homosexuel fantasque et diaphane de Chelsea a joué avec ses dessins, dans le Londres des "mauves nineties", le même rôle accusateur et libérateur que Warhol, avec ses films, dans le New York des années 70.

L'Art Nouveau s'annonce aussi dans les réalisations décoratives de Charles Rennie Mackintosh qui, en 1896, montre son originalité dans l'architecture et le décor de la Glasgow School of Art à Glasgow, et de plusieurs *tea-rooms* proches également des recherches de la Sécession. Sa femme Margaret MacDonald-Mackintosh exécuta dans le même esprit décoratif et sur des thèmes symbolistes, des œuvres graphiques où le jeu sinueux de l'arabesque touche parfois à l'abstraction.

Le style Napoléon III existe t-il ?

La société du second Empire recherche la sécurité et le confort. S'il n'y a pas à Paris que des Morny, des Pereire, des Fould, des Rothschild, des "nababs" peints par Alphonse Daudet, ou des Nana, prototype de la courtisane signé Zola, qui se font construire des hôtels somptueux plaine Monceau ou faubourg Saint-Honoré, ou vivent dans des intérieurs non moins fastueux et surchargés, la bourgeoisie, honnête et laborieuse, ne se préoccupe du décor de son existence et de son ameublement que pour se protéger ou se rassurer. D'où l'importance qu'elle donne au passé ; il est le creuset de ses nostalgies et de ses ambitions.

Le style Napoléon III existe-t-il ? S'il n'a pas l'évidence, ni la personnalité du Louis XV ou du Louis XVI, tel galbe de meuble ou tel effet décoratif dans l'orfèvrerie, tel ornement de vase, telle torsion de torchère ou d'applique, permettent d'affirmer sans l'ombre d'un doute, mais avec un certain sourire : « C'est du Napoléon III ». Ce qui aurait beaucoup étonné ce dernier plus préoccupé de développement social et d'industrie que de style ou de formes artistiques. Si les découvertes de la galvanoplastie permettent au bourgeois d'avoir le même "bronze d'art" que les grands amateurs de la "haute société" — qui eux ont l'original — c'est aux progrès de l'industrie qu'on le doit.

Ils passionnent tout le monde éberlué des fantastiques conquêtes de cette époque bouillonnante, inventive dans les domaines les plus divers, aiguillonnée par la course au profit, où les frontières s'ouvrent aux produits des pays les plus lointains, le Japon par exemple dont la vogue des estampes est l'un des rares exemples d'art importé. Où la concurrence bouleverse les économies nationales.

Secouée dans ses fondements la société française ne craint pas moins pour son avenir ; les conquêtes de la machine, l'expansion industrielle, les transformations urbaines et l'effort d'équipement que le pouvoir impose, gares, hôtels de ville, préfectures, routes, installations portuaires, le développement de l'économie, la profusion commerciale angoissent le bourgeois plus qu'ils ne le rassurent ou le stimulent.

Quant à l'art... Les époques de grand développement économique sont rarement des périodes d'intense création artistique ; ce fut le cas du second Empire où dans le domaine du meuble et de l'objet d'art l'imitation des styles antérieurs est l'unique source d'inspiration. Le "Napoléon III" pastiche moins qu'il n'emprunte ; l'artiste ne copie pas d'une manière servile, sa personnalité intervient dans le choix des formes, la répartition des motifs, la destination des meubles.

Le grand débat de l'époque réside dans le conflit entre l'artisanat, la sensibilité, le savoir-faire manuel, et le monde mécanique. La révolution industrielle commence avec le coup d'Etat de 1851, et désormais elle s'insinue partout ; elle triomphe quand Louis-Napoléon Bonaparte accède au pouvoir suprême entraînant avec lui toute une foule de parvenus. Les Expositions universelles de 1855 et de 1867 seront, pour l'Europe entière, les prestigieuses vitrines de ce formidable essor. L'Empire y invite toute la terre, il n'oublie qu'une seule personne, l'artiste créateur.

Si l'authentique est privilégié dans le réameublement des châteaux, Versailles en particulier, lorsqu'il fait défaut on ne peut éviter la copie, et dans ce domaine les fournisseurs impériaux font des merveilles, tandis que les ornemanistes pratiquent un éclectisme sans faiblesse. Ils passent du néogothique au néo-Renaissance, et au néo-oriental, selon les engouements du moment nourris ou stimulés par les événements extérieurs, guerres d'Italie ou de Crimée, expédition de Chine, "pacification" en Afrique du Nord.

Eclectisme mais aussi virtuosité, habileté, qualité irréprochable, goût du "chef-d'œuvre" au sens artisanal et prestigieux du terme ; ce qui n'évite ni l'artifice ni la surcharge. La passion de l'objet transforme les appartements, dont l'opulence est à la mesure des façades et des toits, en véritables magasins d'antiquités "modernes" ; sombres, encombrés, alourdis de tentures ou de revêtements muraux en cuir de Cordoue. Les torchères et les candélabres alternent avec les plantes vertes qui conduisent au "jardin d'hiver", très apprécié ; celui de la princesse Mathilde, dans son hôtel de la rue de Courcelles, a été représenté par Charles Giraud (musée des Arts décoratifs, Paris).

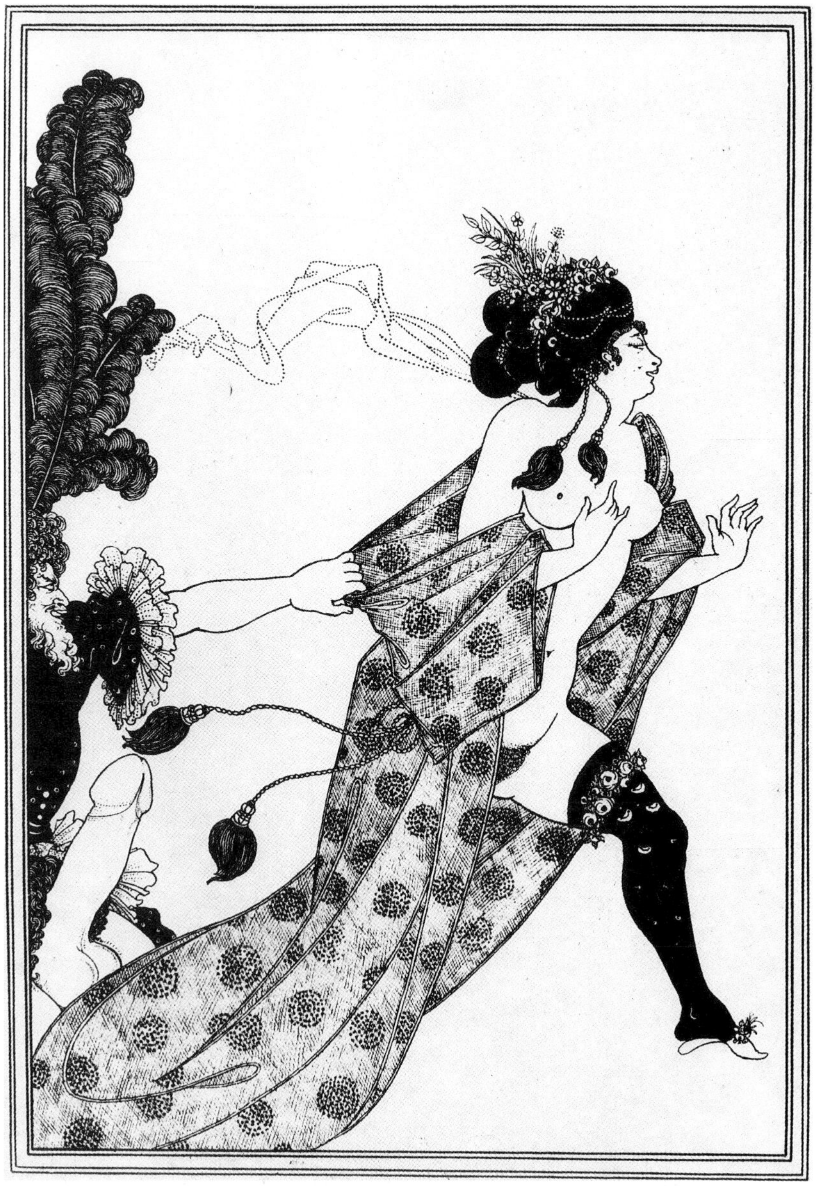

Aubrey Vincent Beardsley. *Illustration pour Lysistrata.* 1896.

Éclectisme et meubles nouveaux

Le décor de la vie sous le second Empire est le reflet du comportement de la société, prudente, feutrée, sans audace. L'éclectisme la rassure, l'illusionne sur elle-même. Le "goût bourgeois", qui inaugure son règne amorcé sous Louis-Philippe, ne se manifeste pas seulement par le recours au passé, mais par le refus en art du naturalisme et du réalisme qui

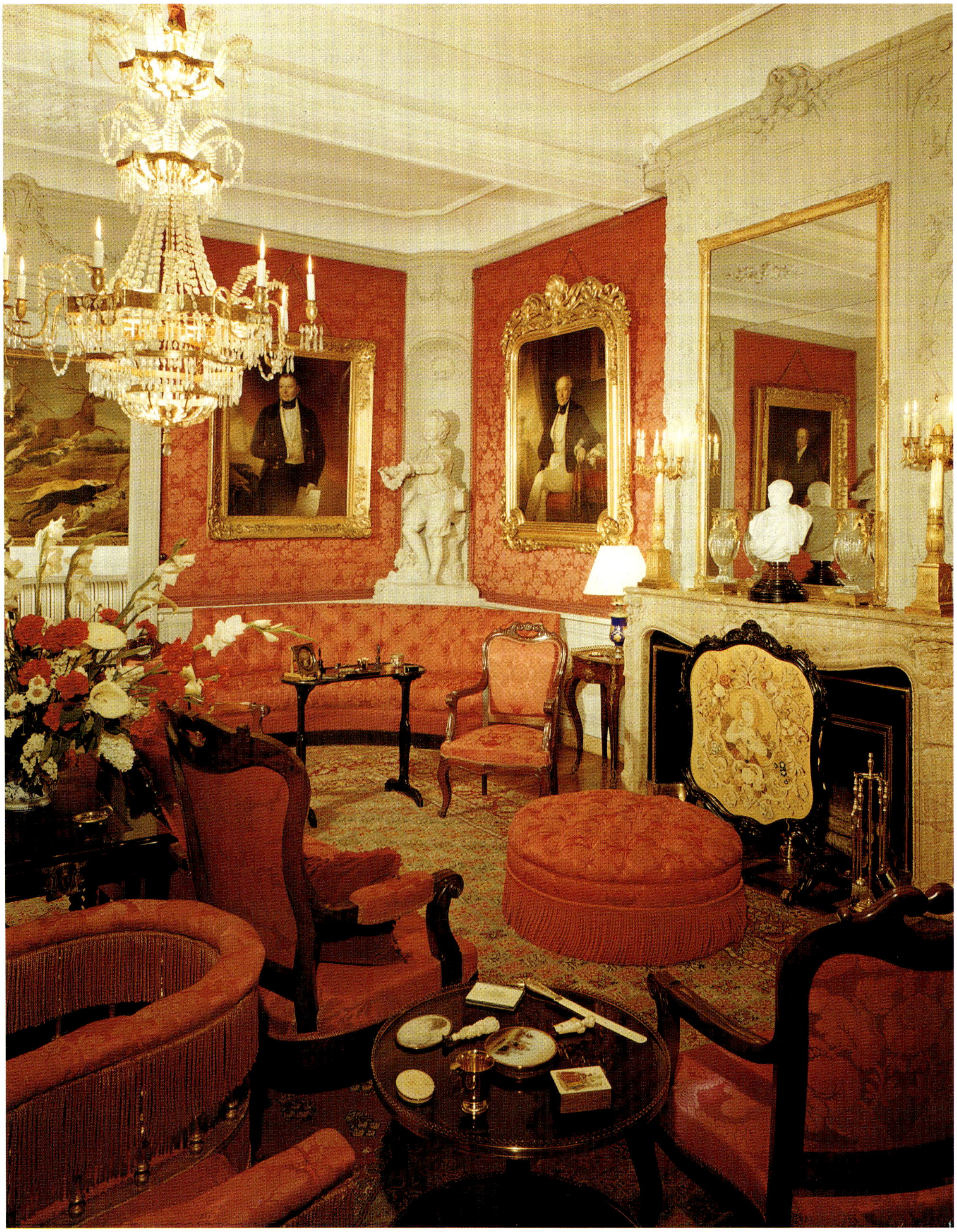

Salon style Napoléon III, Château-Laffite, Médoc.

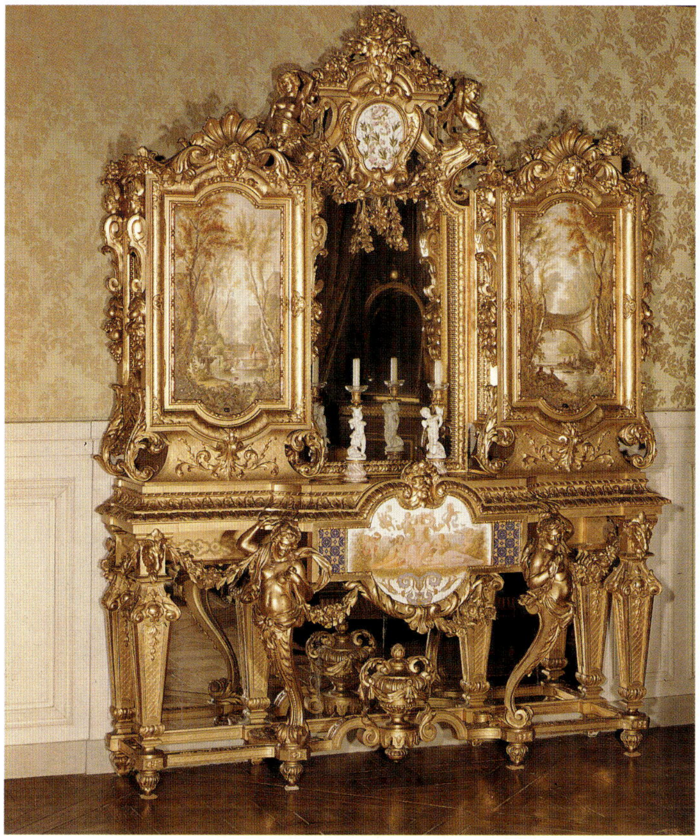

J.A. Fossey. *Armoire à bijoux en bois doré, avec plaques de porcelaine et ornements de style Louis XIV.* 1855. Musée national du château, Compiègne.

donnent des images où la bourgeoisie ne se reconnaît pas, paysans, ouvriers, bohèmes, marginaux, et le rejet plus violent encore de toute novation. Ceux qui ont honni Courbet couvrent Manet de sarcasmes et d'injures ; ils riront un peu plus tard devant les impressionnistes qu'ils traiteront de barbouilleurs ou de fous.

Il n'y a pas dans l'ameublement, ou l'objet, de personnalités aussi novatrices que dans les arts plastiques. D'où l'absence d'originalité qui durera jusqu'à l'Art Nouveau.

Richesse ostentatoire, lourdeur et gracilité, matériaux rares et précieux caractérisent les meubles Napoléon III en dehors de l'éclectisme dominant ; les bois foncés – souvent artificiellement – sont très appréciés, les cabinets Henri II en hêtre ou noyer noirci, décorés avec profusion, voisinent avec les bureaux moitié dos-d'âne, moitié bonheur-du-jour en poirier noirci, à décor de fleurs claires sur fond noir brillant, les fauteuils capitonnés aux lignes Louis XV contorsionnées. Les tables, également en poitier noirci ou en palissandre, côtoient les chaises et tabourets, ou "poufs" en bois sculpté, doré ou peint, dont le piètement simule parfois des cordages noués ou enchevêtrés.

Le capiton est roi, symbole de confort et du goût de l'époque pour les tissus. Aux fauteuils, grands canapés, chaises longues, "crapauds" et "poufs" enjuponnées de franges, sièges de prédilection des crinolines, tous recouverts de lampas, velours de Gênes, soies brochées, tapisseries de Beauvais et d'Aubusson, draps avec applications de velours et de broderies, s'ajoutent des modèles nouveaux comme la "fumeuse" ou chaise à jeux que l'on chevauchait à rebours ce qui permettait, les bras sur le dossier, de suivre une partie de cartes tout en fumant. Le "confident" ou "vis-à-vis", est pourvu d'un dossier en forme de S ménageant deux places côte à côte, l'"indiscret" est à trois places, et la "borne" est un canapé circulaire entourant un socle dominé par une statue ou un vase.

Le pseudo-Renaissance, les néo-Louis XV ou Louis XVI encombrent les salons ; le premier est généralement sculpté dans le noyer, le chêne ou l'ébène, parfois orné de bronzes, de pierres dures ou de porcelaines. Henri Fourdinois en est le fournisseur attitré. Le Boulle Louis XIV connaît un énorme succès ; mais il n'est pas toujours très bien exécuté, les pastiches Louis XV ou Louis XVI sont également très répandus.

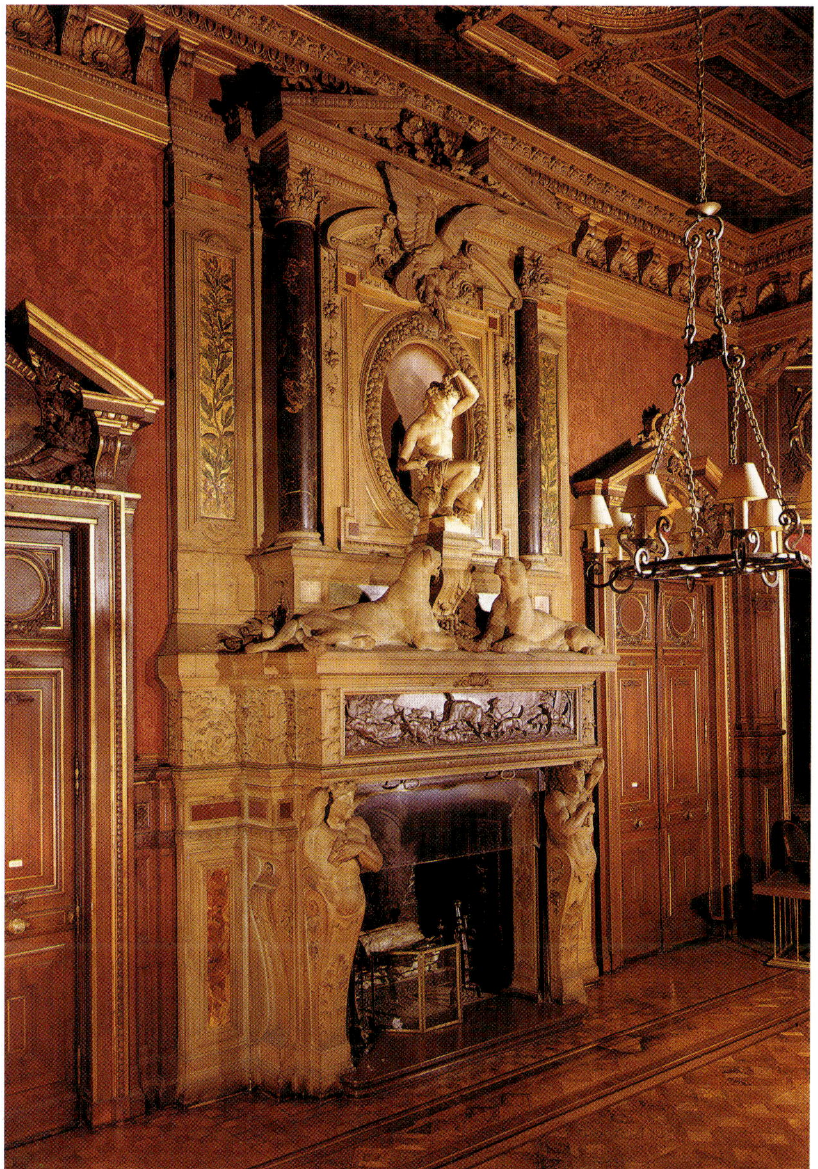

A.J. Dalou. *Cheminée de la salle à manger.* 1860. Hôtel de la Païva, Paris.

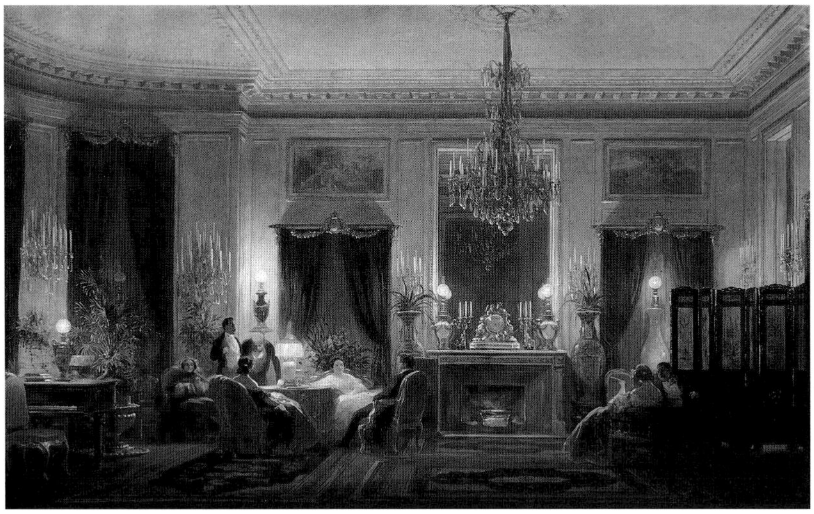

Sébastien-Charles Giraud. *Le salon de la princesse Mathilde.* 1859. Musée national du château, Compiègne.

A ce mobilier d'usage courant il faut ajouter des meubles de parade également caractéristiques de l'éclectisme régnant, comme le berceau du Prince impérial conçu par Baltard avec figure allégorique de la Ville de Paris par Simart et bronzes de l'atelier Froment-Meurice (1856, musée Carnavalet, Paris), le monumental serre-bijoux, en bois doré enrichi de glaces et de plaques de porcelaine de Sèvres, de l'Impératrice (1855, musée du château de Compiègne), ou l'incroyable médaillier en chêne, placage de cèdre, noyer, ébène, ivoire et bronze argenté, par Brandely (1867, Louvre) dont le succès fut considérable à l'Exposition universelle de 1867. Le bas-relief central représente le triomphe de Mérovée par le sculpteur Frémiet.

Il est aisé de relever dans ces meubles d'apparat les apports de styles disparates ; ils sont également fréquents dans les appartements. Ceux des grands bourgeois comportent un vaste salon en bois doré Louis XV ou Louis XVI recouvert de damas rouge, une salle à manger Renaissance pourvue d'un monumental dressoir en chêne sculpté et un bureau-bibliothèque en bois noir rehaussé de cuivre dans le style de Boulle.

Dès son mariage l'impératrice Eugénie s'installe au château de Saint-Cloud dans le décor et les meubles de Marie-Antoinette, les élégantes de l'aristocratie et de la haute bourgeoisie l'imitent aussitôt ; les boudoirs Louis XVI font florès. L'Impératrice emprunte au garde-meuble ou achète, faisant parfois modifier ou "compléter" l'authentique ; les grandes dames, qui n'ont pas ces facilités, commandent des copies, et les mêlent aux originaux. Les grands financiers ou les industriels, souvent collectionneurs et gens de goût, ne reculent pas, dans leurs fastueux appartements, devant ces surprenants mélanges où se complaisent, l'exubérance ostentatoire en plus, les courtisanes de haut vol. Comme en témoigne l'hôtel de la Païva — « Qui paie y va ! » dit-on — sur les Champs-Elysées.

Une curieuse perversion du goût

Peintres et aquarellistes nous ont laissé des intérieurs second Empire de précieux documents : le cabinet de toilette de l'Impératrice à Saint-Cloud et son cabinet de travail par Fortuné de Fournier (1860, musée du château de Compiègne), les salons et l'atelier de peintre de la princesse Mathilde par Giraud (1859, musée du château de Compiègne, et musée des Arts décoratifs), le salon de M. Basile-Joseph Parent, place Vendôme, également par Giraud (aujourd'hui transformé, inclus dans la maison Chaumet, 1866, collection particulière), la chambre à coucher du duc de Morny à l'hôtel de Lassay résidence du président du Corps Législatif par Jean Sorieul (1866, collection Fabius), les différentes pièces, peintes par Edmond Duthoit, du château médiéval de Roquetaillade reconstitué intérieur et extérieur par Viollet-le-Duc. Ces aquarelles, toujours conservées au château, montrent avec quel soin, illustré parfaitement par Duthoit, l'esprit et le goût du Moyen Age furent adaptés aux nécessités de la vie moderne.

Archéologie, éclectisme et compromis sont les caractères dominants de ces décors.

Le tapissier-décorateur est le personnage capital. Il multiplie les étoffes lourdes et sombres, les damas, les soieries, les tapisseries qui couvrent les murs ou recouvrent les sièges, les velours, la "perse" toile imprimée et glacée dont on faisait des applications murales, le papier peint. Le décor est écrasé par de pesants et encombrants drapés, tentures, rideaux, portières, embrasses, etc. ; si le mobilier était disparate le tapissier-décorateur s'attachait néanmoins à créer une harmonie d'ensemble à partir d'une tonalité dominante.

Dessinateur de la Commission historique, restaurateur de monuments, Pierre Manguin, de formation mal définie, est surtout connu pour la construction et la décoration intérieure de l'hôtel de la Païva qu'il dirigea de 1856 à 1866, et qui constitue l'un des meilleurs exemples dans ce domaine. Edifié dans le style Renaissance sans la moindre limite financière, l'utilisation abondante des marbres de couleur, de la malachite, du bronze doré, patiné, argenté, la prolifération de sculptures de Carrier-Belleuse, Legrain, Delaplanche, Dalou, la participation des peintres, Baudry qui représenta la maîtresse de maison sur un plafond, entièrement nue, Barrias, Thirion, Picou, Ranvier, des bronziers et des ébénistes, témoignent de la recherche, sous la direction de Manguin, d'une unité décorative fondée sur le faste et l'effet de puissance plutôt qu'une démonstration d'esthétisme et de goût. Quoique en partie transformé l'hôtel de la Païva existe toujours.

L'ébéniste est davantage un traducteur qu'un créateur ; Alexandre Fourdinois fournit à l'Impératrice dès 1855 des meubles sculptés pseudo-Renaissance et du néo-Louis XVI assez gracieux ; avec son fils Henri, qui lui succède en 1867, il est le principal représentant de l'ébénisterie parisienne du second Empire. L'Exposition universelle de 1867 lui valut un véritable triomphe. Les Fourdinois ont du goût ; ils ont le sens du faste, et leurs meubles sont exécutés avec élégance et précision.

Alphonse Giroux se spécialisa dans le mobilier léger, petites tables, bureaux de dames, tables à ouvrage, caves à liqueurs. Les frères Jean-Michel et Guillaume Grohé passèrent de l'imitation gothique et Renaissance au XVIIe et au XVIIIe siècles : ils collaborèrent au berceau du Prince impérial. Leur interprétation des styles leur valut de nombreuses commandes pour Saint-Cloud, Fontainebleau, Chantilly, etc.

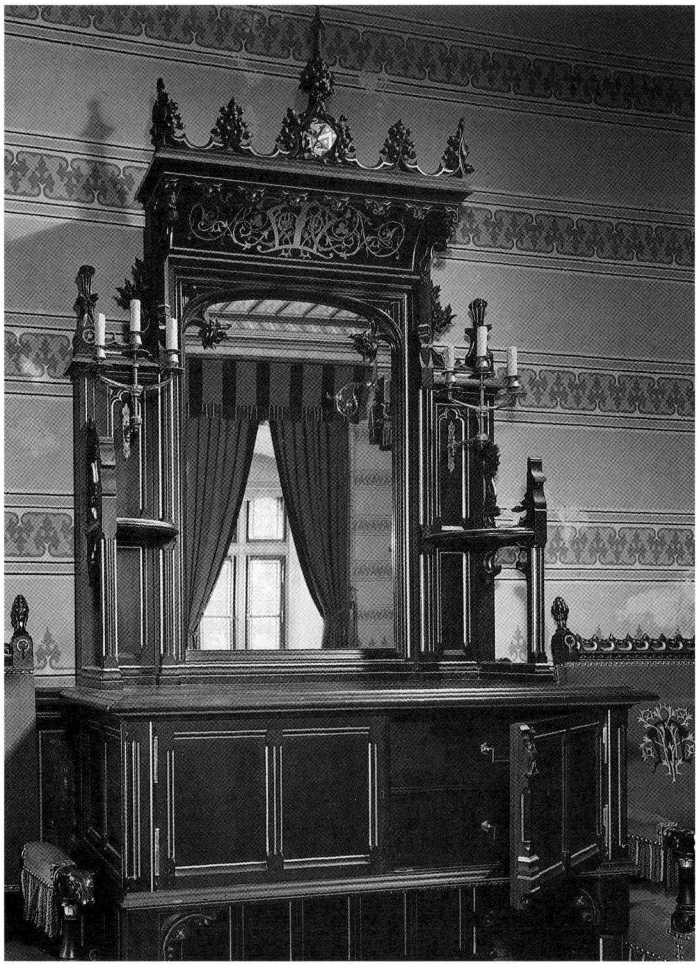

Dressoir. D'après Eugène Viollet-le-Duc. 1870. Château de Roquetaillade, Mazères, Gironde.

Les Janselme père et fils, Henry Dasson bronzier et ébéniste, Edouard Kreisser, la firme Ribailler aîné et Mazaroz, la première à utiliser des machines-outils, Auguste Sauvrezy, Paul Sormani, les frères Wassmus, Zwiener, Julien-Nicolas Rivart spécialiste des "meubles de fantaisie" qui inventa la "marqueterie de porcelaine", Charles-Guillaume Diehl dont on appréciait les « petits meubles riches et gracieux », Michel Victor Cruchet qui donna, au château de Saint-Cloud, son nom à un petit salon néo-Louis XVI d'une éblouissante virtuosité, les Beurdeley réputés pour la qualité de leurs ornements de bronze, etc. comptent parmi les plus habiles fournisseurs de la cour, de l'aristocratie et de la haute bourgeoisie. Ce sont eux qui ont créé le style Napoléon III, et dans les installations nouvelles qu'ils aménagent pour son épouse, et sur ses directives, le "Louis XVI-Impératrice", dont l'apothéose fut le grand appartement des Tuileries construit sur la terrasse de Philibert Delorme par Lefuel en 1858. On peut, selon son propre goût, le trouver pompeux, touchant ou hideux.

Qui mieux que l'architecte Rouyer a donné une définition de l'art du Second Empire ? « Un prolongement et une adaptation des styles antérieurs aux besoins et aux moyens d'exécution très perfectionnés de la seconde moitié du XIXe siècle. » Mais, étant donné ces besoins et ces moyens comment les ébénistes et autres artisans et artistes ne se sont-ils pas unis pour créer du neuf? Pourquoi n'ont-ils pas réagi contre ce "prolongement" et cette "adaptation", cet avilissement du goût et cette perversion de l'art qui caractérisent l'époque!

Opulence des orfèvres, habileté et luxe des bijoutiers

Pas d'invention dans le mobilier et le décor mais une débauche décorative, reflet du luxe et du confort. Quand les meubles ne sont pas jugés suffisamment ornés on les surcharge ; bronziers et sculpteurs s'en donnent à cœur joie, rien n'est jamais trop orné, trop lourd, trop doré.

Le nom de Christofle est attaché à l'orfèvrerie ; Charles Christofle, couvert de commandes dès l'avènement de Napoléon III, meurt en 1863 et a pour successeurs son fils Paul Christofle et son neveu Henri Bouilhet qui exécutent des pièces d'une somptuosité exceptionnelle et de l'orfèvrerie courante, couverts, services, etc. Leur nom est surtout lié à l'aventure de la galvanoplastie qui permet de remplacer la vaisselle d'argent massif de la table de l'Empereur par du métal argenté, et d'exécuter des "pièces d'art" qui vont des portes de l'église Saint-Augustin à Paris aux "bronzes" dorés Louis XVI de l'appartement de l'Impératrice aux Tuileries.

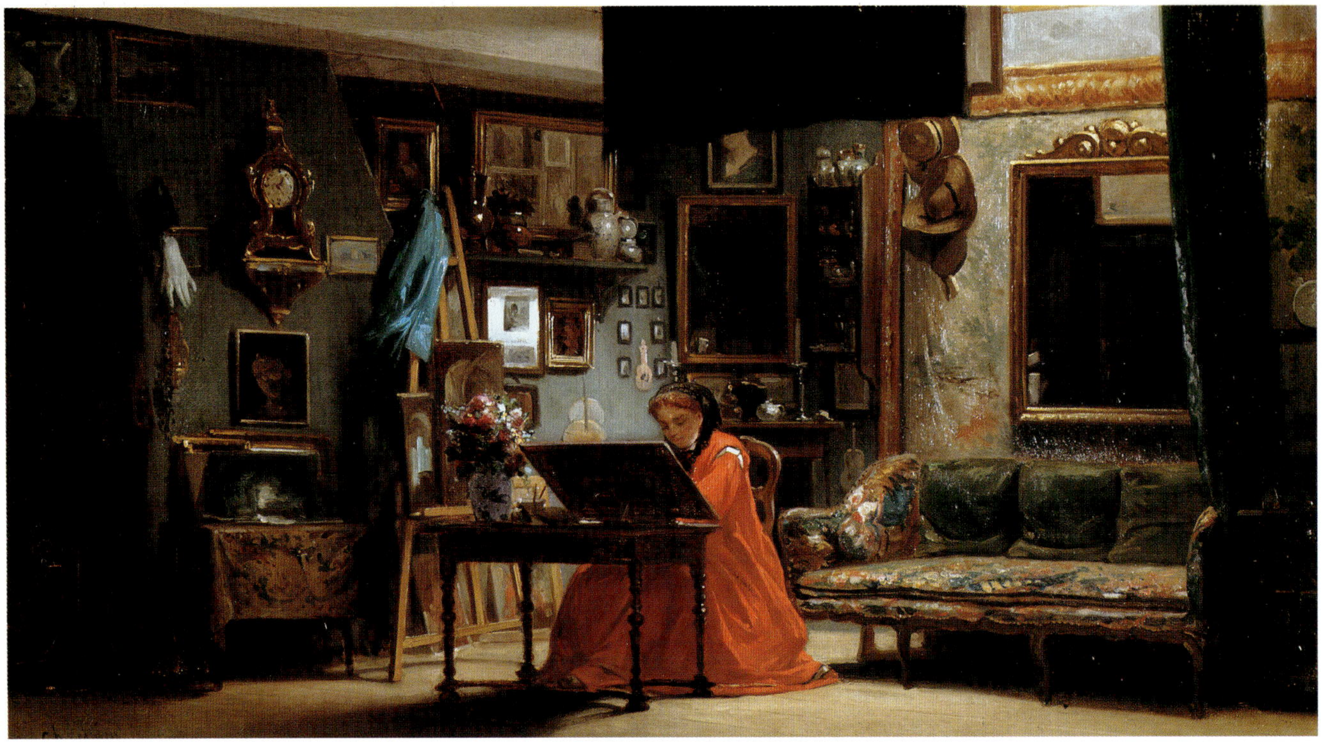

Sébastien-Charles Giraud. *La princesse Mathilde dans son atelier.* Musée national du château, Compiègne.

Quand il fut nommé empereur du Mexique l'infortuné Maximilien commanda à Christofle un service de table semblable à celui de Napoléon III, aussi fastueux et surchargé ; certaines pièces sont conservées aujourd'hui au Museo nacional de Historia de Mexico.

D'une manière générale l'opulence caractérise toutes les productions somptuaires de l'époque, Froment-Meurice rivalise avec Christofle dans le luxe, l'abondance et l'apparat. La réputation d'habileté de la maison et la qualité des œuvres lui valut d'importantes commandes officielles (bureau du Prince impérial) et privées. Barbedienne, Louis-Constant Sévin, Désiré Attarge ciseleur de grand talent, Gustave Baugrand joaillier réputé, Mathurin Moreau, les frères Fannière, Cartier, Frédéric-Jules Rudolphi, concourent à l'impulsion donnée à l'orfèvrerie, à la bijouterie et à la joaillerie dont la Chambre syndicale est fondée en 1864, l'Ecole professionnelle de dessin et de modelage en 1868.

L'activité des bijoutiers et joailliers parmi lesquels Charles-Martial Bernard, Alexis Falize, Jules-Baptiste Fossin, Honoré ou Gabriel Lemonnier, n'est pas nettement distincte de celle des orfèvres, les uns et les autres s'adonnant souvent à ces différentes spécialités. En province Armand-Calliat, de Lyon, est le seul des vingt-cinq orfèvres participant à l'Exposition universelle de 1867 qui ne soit pas parisien ; c'est vers la fin du second Empire l'un des deux principaux fournisseurs d'orfèvrerie d'église avec Poussielgue-Rusand, l'éclectisme y est, comme ailleurs, de rigueur. Armand-Calliat est spécialisé dans le byzantin et le roman, Poussielgue-Rusand dans le roman et le gothique.

L'émail appartient à Claudius Popelin, que l'on regarde comme l'égal des grands émailleurs de la Renaissance qu'il plagie d'ailleurs avec habileté ; lui aussi est loin d'être un créateur, mais il reçoit de nombreuses commandes de la cour, de la princesse Mathilde dont il est l'amant, de Louis II

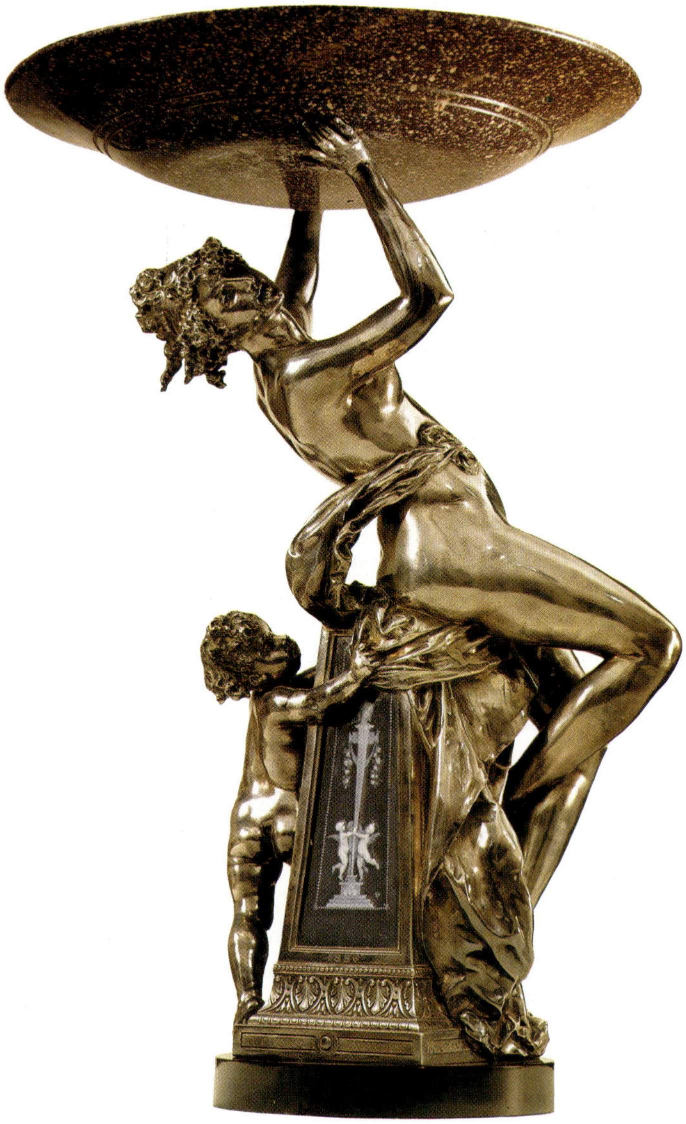

Carrier-Belleuse. *Coupe en porphyre et argent ciselé.* 1886. Musée d'Orsay, Paris.

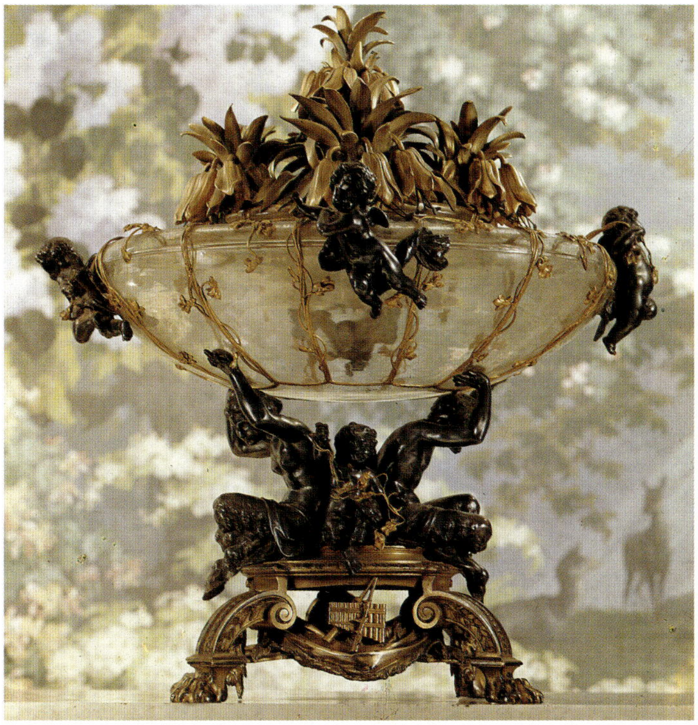

Emile Froment-Meurice ; modèle de la sculpture d'Emile Carlier. *Coupe.* 1867. Musée des Arts décoratifs, Paris.

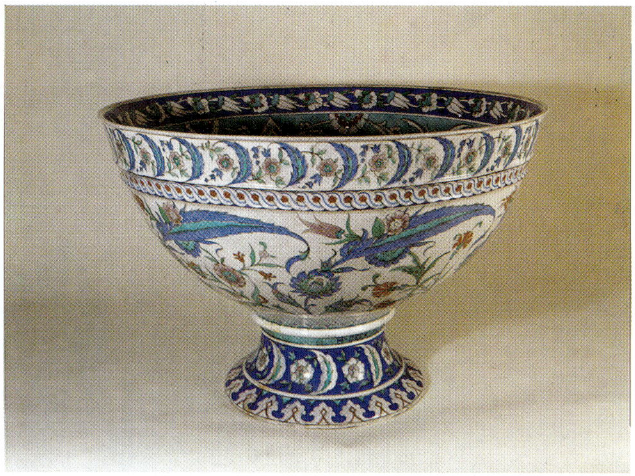

Théodore Deck. *Coupe en porcelaine de Sèvres.* 1867. Musée national de céramique, Sèvres.

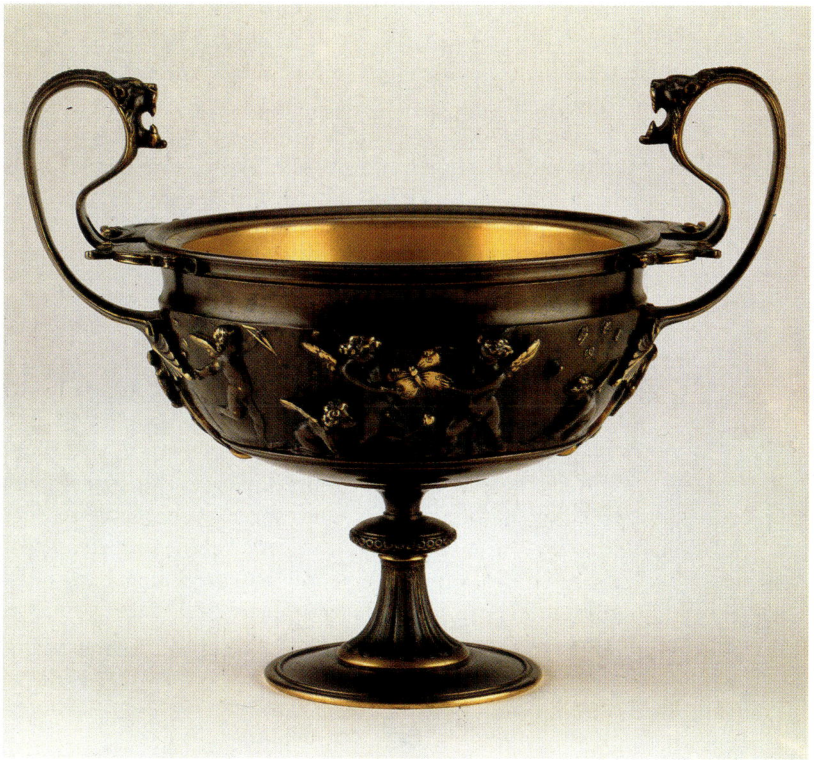

Ferdinand Barbedienne. *Coupe.* Vers 1875. Musée d'Orsay, Paris.

de Bavière, du duc d'Aumale, du comte Henckel de Donnersmarck protecteur de la Païva, etc.

Sèvres produit, séduit, mais ne crée pas

Remarquable directeur de la manufacture de Sèvres qu'il ne quitta qu'en 1847, Alexandre Brongniart lui donna, de Napoléon à Louis-Philippe, un essor considérable ; il rechercha de nouveaux procédés de fabrication et de décoration, sa grande innovation fut la pâte dure et l'établissement de la formule de sa composition.

Les vases, particulièrement appréciés sous Louis-Philippe, constituèrent avec les services de table (service Historique de Fontainebleau, 1839-1844) l'essentiel de la production de l'époque. Le second Empire verra naître un grand nombre de modèles nouveaux, expression de l'éclectisme à la mode ; une nouvelle gamme de couleurs obtenues au grand feu, le rétablissement de la pâte tendre, la fabrication des faïences, et la création d'un atelier de bronzes d'art marquent l'activité de la Manufacture impériale de Sèvres qui continue à fabriquer des porcelaines à décor de figures et de paysages de style XVIIIe. Mais le caractère disparate et surchargé des inspirations, de la Grèce et Rome à Louis XVI, atténue singulièrement l'intérêt de sa production.

Une grande partie est consacrée à l'exécution de grands vases baroques dus pour la plupart à l'architecte Nicolle, chef des Travaux d'art jusqu'en 1871 ; l'arrivée en 1875 du sculpteur Carrier-Belleuse provoquera un total renouvellement des formes, plus simples, plus stylisées, et aux vases baroques succédèrent les vases japonisants.

Les sujets anecdotiques plaisaient beaucoup à la clientèle impériale, *Vénus à la goutte de lait* de Jean-Esprit Marcellin (1858) et le *Prince impérial au lévrier* par Carpeaux (1865) connurent un énorme succès tout comme plus tard *Mozart enfant* de Barrias. De 1880 à 1902 Dalou exécuta pour Sèvres une douzaine de sculptures dont plusieurs en grès ; il fut le premier utilisateur des techniques mises au point par Théodore Deck, l'un des grands céramistes de la seconde moitié du XIXe siècle.

Faïences et terres vernissées eurent pour principaux exécutants Charles-Jean Avisseau de Tours qui réussit à retrouver et à appliquer les procédés de Bernard Palissy, Collinot spécialiste des faïences "persanes", François-Eugène Rousseau qui commanda à Bracquemond, en 1866, le célèbre Service japonais dont le succès fut grand. A partir de 1875 celui-ci se consacra à la décoration du verre ; ses verreries à décor japonisant gravé connurent un engouement mérité.

Théodore Deck fut remarqué à L'Exposition des Arts industriels de 1861 pour ses imitations des faïences de Saint-Porchaire, et ses plats à figures ou autres pièces inspirées des majoliques italiennes, mais c'est surtout sa passion pour l'Orient islamique qui lui valut avec ses faïences "persanes", autant pour ses qualités de technicien que pour ses dons de coloriste, un succès triomphal. Un critique loua leurs « reflets électriques » et leurs « lueurs féeriques », et en 1867 Deck était reconnu comme étant « au premier rang des fabricants français de faïence ».

Sa réputation ne fut pas moins grande sous la IIIe République qui le nomma en 1887 administrateur de la manufacture de Sèvres ; son activité y fut remarquable. C'est avec le même éclectisme dont il avait, sous Napoléon III, nourri son œuvre qu'il continua à produire des pièces d'inspirations diverses, mais avec le souci de plus en plus grand d'intégrer la céramique à l'architecture et à la décoration.

En dehors de Sèvres la firme Utzschneider à Sarreguemines fut la plus importante manufacture de faïences fines au XIXe siècle, et l'une des grandes productrices de grès dont les Expositions universelles de 1855 et de 1867 affirmèrent la qualité. Après la défaite de 1870 et l'annexion de Sarreguemines par l'Allemagne, de nouvelles usines furent créées à Digoin, puis plus tard à Vitry-le-François.

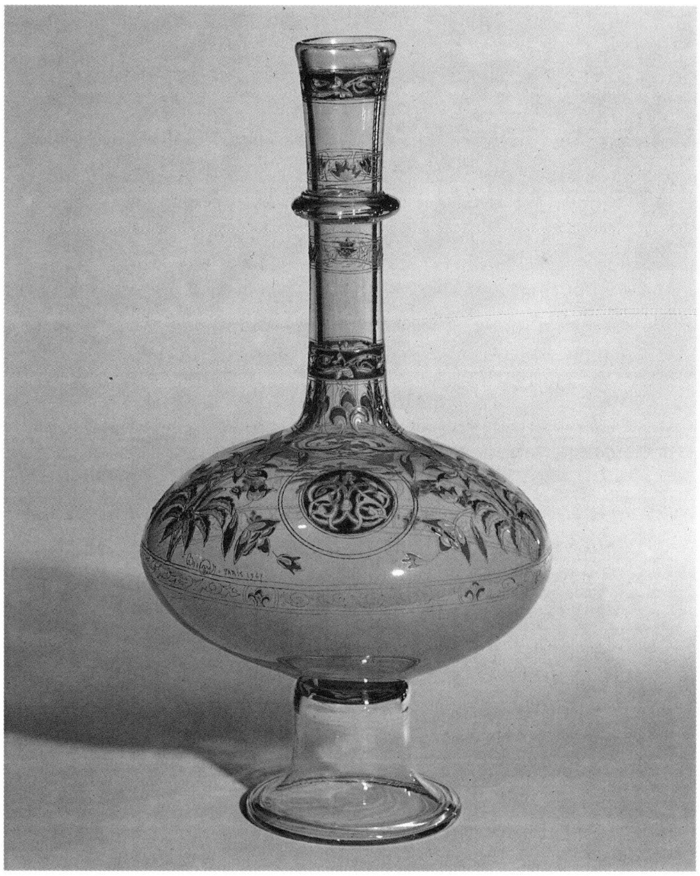

Philippe Brocard. *Vase à décor émaillé.* 1867. Musée d'Orsay, Paris.

En Angleterre les faïences lustrées du Staffordshire, groupées autour de la manufacture principale de Stoke-on-Trente, avaient toujours autant de succès, mais Sarreguemines fabriqua des pièces lustrées qui les concurrencèrent sérieusement. François Utzschneider qui avait travaillé chez Josiah Wedgwood imita si bien ses faïences anglaises qu'elles lui valurent le nom de "Wedgwood français".

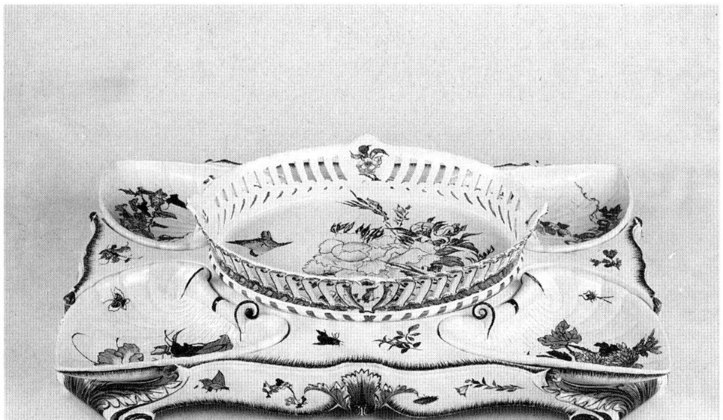

F.E. Rousseau. *Surtout de table.* 1867. Musée d'Orsay, Paris.

La verrerie et le vitrail

Le goût du second Empire pour la verrerie donna une impulsion remarquable aux Cristalleries de Baccarat, la plus importante fabrique française de cristal au siècle dernier dont la production était regardée comme l'égale des plus beaux cristaux anglais, supérieure aux verres de Bohême. Philippe-Joseph Brocard fut le plus réputé des verriers de l'époque ; ses verres émaillés triomphèrent à l'Exposition de 1867 et eurent le même succès à celle de 1878, ils confirmèrent la suprématie de la France dans ce domaine. Dans les années 80 Brocard, influencé par le naturalisme floral de Gallé, qu'il avait inspiré à ses débuts, abandonna le style oriental pour des formes et des décors plus modernes.

La Cristallerie de la Villette et les Cristalleries de Saint-Louis en Moselle connurent une vogue analogue ; cette dernière fut le principal rival de Baccarat — avec qui elle fut pendant quelque temps associée — autant pour la qualité de ses pièces que pour son esprit de recherche. Les verriers de Saint-Louis surent conjuguer avec habileté l'art du souffleur et celui du tailleur, jouer de la transparence et de l'opacité, et mettre au point des effets décoratifs qui annoncent les futures recherches de Gallé et de l'école de Nancy.

La renaissance de l'art d'église sous le règne de Louis-Philippe avait eu pour conséquence l'exécution ou la restauration de nombreux vitraux ; dans le premier cas le pastiche fut très répandu, dans le second les peintres-verriers montrèrent souvent plus d'habileté que de culture ou de goût, des panneaux furent malheureusement mis au rebut et remplacés par des œuvres médiocres. Les "embellissements" discutables de certains restaurateurs, dont Viollet-le-Duc, au nom de la sacro-sainte « unité de style », furent souvent si audacieux qu'il fallut, en 1884, dresser « l'inventaire des panneaux anciens non replacés au cours des restaurations dans les édifices diocésains et les monuments historiques, et restés sans emploi chez les peintres-verriers ». Certains furent restitués à leur lieu d'origine.

Le même phénomène se produisit en Angleterre et en Allemagne.

La personnalité de Laurent-Charles Maréchal lui confère une place à part parmi les peintres-verriers ; initiateur d'un groupe d'artistes dénommé école de Metz il débuta avec d'importantes commandes pour différentes églises en 1841.

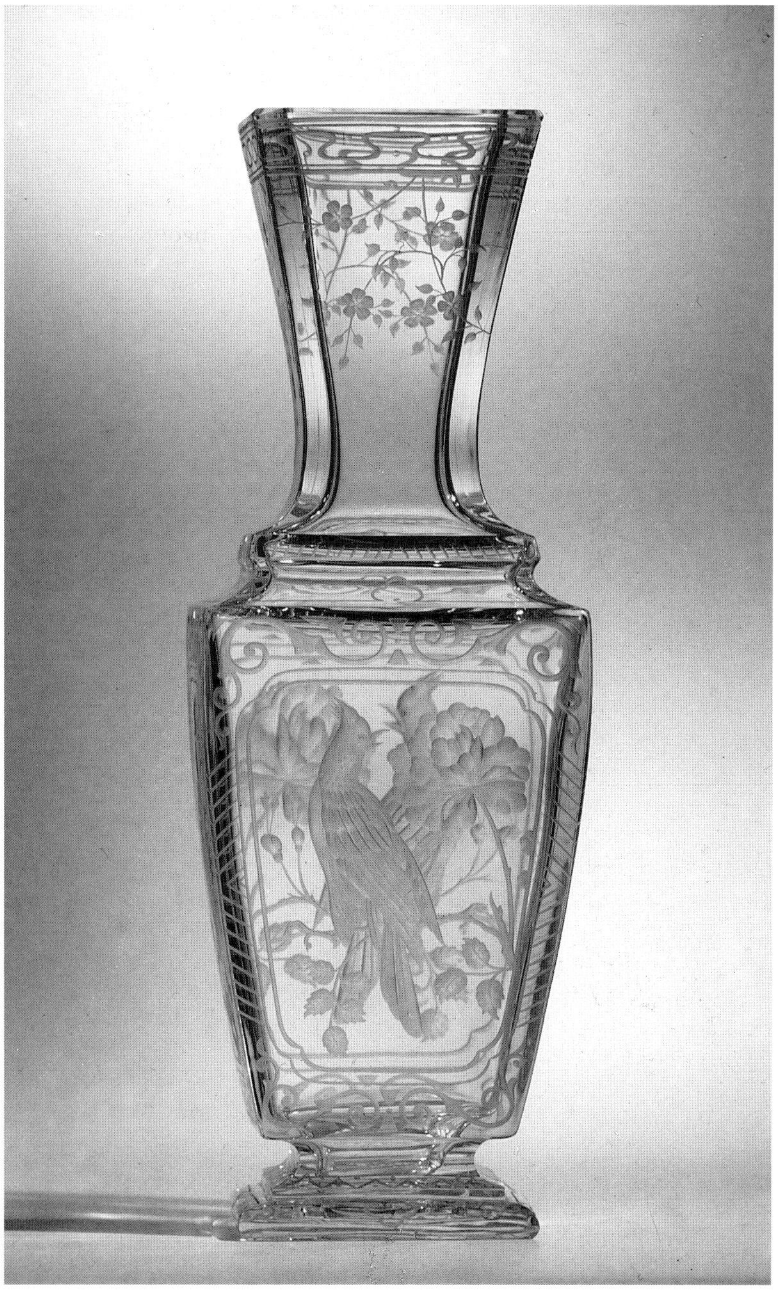

Opalines. Compagnie des Cristalleries de Saint-Louis.

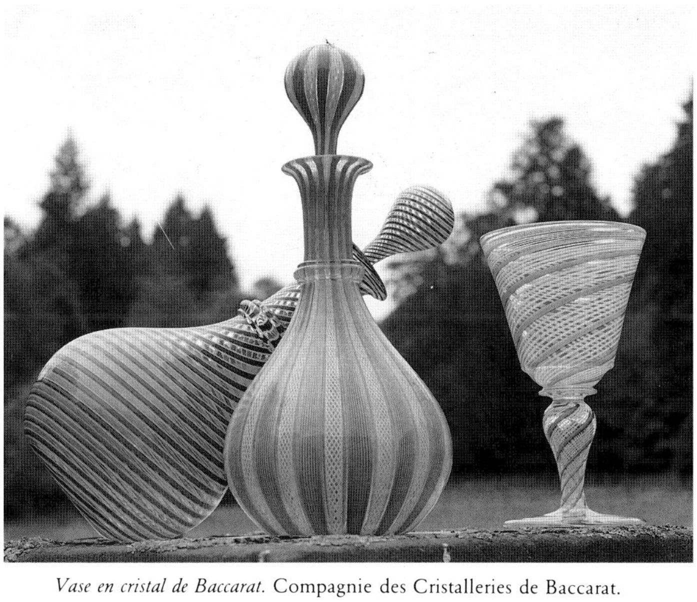

Vase en cristal de Baccarat. Compagnie des Cristalleries de Baccarat.

Son style, que l'on jugea plus approprié à la peinture à l'huile qu'au vitrail, lui valut maintes critiques, mais les différentes Expositions universelles de Paris et de Londres consacrèrent son talent et la nouveauté de ses recherches. Ses vitraux religieux et profanes lui valurent d'être regardé comme ayant « planté le drapeau de la renaissance de la peinture sur verre » ; celle-ci pourtant ne viendra que plus tard.

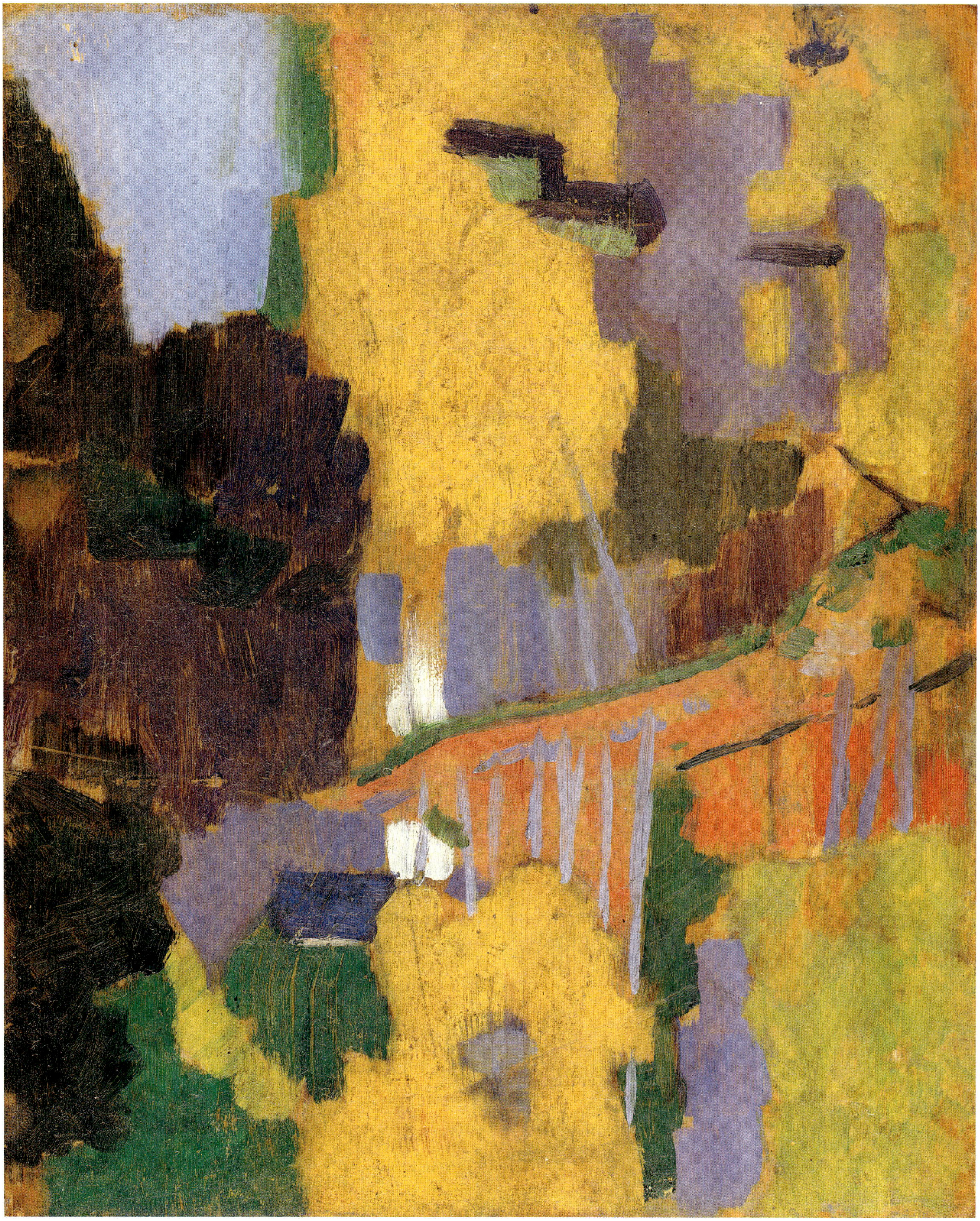

Paul Sérusier. *Le Talisman.* 1888. Musée d'Orsay, Paris.

LES CHEMINS DE LA LIBERTÉ

Après l'impressionnisme, une nouvelle génération de peintres

La dernière exposition du groupe impressionniste a lieu en 1886 ; dix-sept artistes y participent dont Degas, Guillaumin, Berthe Morisot, Pissarro, Seurat, Signac, Odilon Redon, Gauguin, et Renoir qui poursuivra jusqu'en 1890 son style linéaire « aigre », d'une sécheresse sans aisance ni esprit, auquel il doit d'avoir été reçu au Salon. Monet, Sisley, Cézanne, en sont absents. Peu à peu les critiques se sont faites moins injurieuses, les sarcasmes moins violents ; les regards d'un public longtemps hostile se sont accommodés à l'optique impressionniste.

Cette même année 1886 Durand-Ruel a exposé avec succès « ses peintres » à New York sous le titre « Works in oil and pastel by the Impressionnists of Paris » ; la critique est enthousiaste, les amateurs de plus en plus nombreux. Monet, Renoir et Pissarro sont invités à exposer au Salon des XX à Bruxelles, la cause est désormais gagnée. Seuls les irréductibles de l'Institut et l'Administration des Beaux-Arts restent hostiles, et le font savoir, soit par de violents diatribes, notamment lors de la donation Caillebotte en 1894, soit pour l'Etat en refusant d'Acquérir des toiles impressionnistes. Lorsqu'une souscription permit d'acheter l'*Olympia* à la veuve d'Edouard Manet et de l'offrir au Louvre, les « Beaux-Arts » refusèrent la toile et l'envoyèrent au musée du Luxembourg où elle resta dix-sept ans, jusqu'à ce que Clemenceau, président du Conseil, exigeât en 1907 son entrée au Louvre.

L'impressionnisme n'était plus, lors de sa dernière manifestation, le mouvement révolutionnaire au bouillonnant foisonnement créatif des années héroïques ; même les pratiquants les plus orthodoxes de la division du ton l'avaient, hormis Pissarro malgré sa courte période pointilliste, abandonné. A l'instinct, la spontanéité, la légèreté de touche et le sens de l'éphémère, succédaient la réflexion, l'analyse, la synthèse, et la durée.

Le néo-impressionnisme avait, le premier, marqué sa différence ; partant de l'impressionnisme dont Cézanne s'était rapidement détaché, et auquel Degas, malgré son attachement aux manifestations du groupe, n'avait jamais adhéré, des courants nouveaux se créent. Gauguin qui participa aux expositions impressionnistes de 1879, 1880, 81, 82 et 86, Odilon Redon exposant à la dernière, suivent désormais des voies différentes.

Tandis que Seurat et Signac étudient les phénomènes de décomposition du spectre solaire à partir de données scientifiques, une nouvelle génération de peintres s'élabore, des centres de ralliement également nouveaux apparaissent. L'un des plus actifs est le salon des Indépendants, « sans jury ni récompense », créé en réaction contre l'ostracisme du Salon officiel en 1884, et dont le but est de permettre aux artistes de montrer librement leurs œuvres, et de les soumettre au seul jugement du public. Autre lieu de rencontre, le café Volpini à l'Exposition Universelle de 1889 au Champ-de-mars : il réunit le « Groupe Impressionniste et Synthétiste » qui compte pour les synthétistes Gauguin, Emile Bernard, Anquetin. Ils représentaient la nouvelle peinture qui se formait en Bretagne, à Pont-Aven.

Gauguin à Pont-Aven le synthétisme

Le krach de l'Union Générale en 1882 avait privé Gauguin de sa place à la banque Bertin où un brillant avenir l'attendait. Il se consacre à la peinture où, comme pour Cézanne dix ans plus tôt, Pissarro est son mentor ; mais son impressionnisme tardif n'est guère original, Huysmans n'hésite pas à qualifier ses toiles de « dilution de Pissarro ».

Un séjour au Danemark, pays de sa femme, l'amène à réfléchir sur son art ; le 14 janvier 1885 il écrit à son ami Schuffenecker qu'il a connu à la banque et qui est également peintre : « Travaillez librement et follement vous ferez des progrès et tôt ou tard on saura reconnaître votre valeur si vous en avez. Surtout ne transpirez pas sur un tableau, rêvez dessus et cherchez-en la forme la plus simple ».

Après la huitième et dernière exposition des impressionnistes en 1886, démuni matériellement et moralement désespéré, il part pour Pont-Aven et s'installe à l'auberge Gloanec. La même année, en mars, Vincent Van Gogh arrive à Paris.

C'est lors de son second séjour à Pont-Aven, en 1888, que Gauguin rencontre Emile Bernard ; les relations entre les deux hommes ont provoqué maintes exégèses. Lequel des deux influença l'autre ? Bernard, qui est curieux de nouveauté, a rencontré à l'atelier Cormon dont il fut passagèrement l'élève, Lautrec et Van Gogh, il admire Cézanne, ne s'attarde ni à l'impressionnisme ni au divisionnisme, et déclare qu'il faut atteindre un « simplisme personnel » ce qui coïncide fort avec la déclaration de Gauguin conseillant à Schuffenecker de chercher « la forme la plus simple ». Pour parvenir à ce « simplisme » Bernard conseille de peindre par aplats, de synthétiser, de cerner les teintes, ce qu'il fait dans les *Bretonnes dans la prairie verte* (1888, collection particulière, Paris) dont Gauguin reçoit le choc. C'est tout au moins Bernard qui le dit, mais on peut raisonnablement penser, même si le futur auteur du *Christ jaune* refusa plus tard de reconnaître son influence directe, que cette toile insolite fit sur lui une forte impression.

Car il était sur la voie où l'illumination devait intervenir. N'avait-il pas, dès l'hiver 1886-87, employé dans les céramiques qu'il exécutait alors, une ligne dépouillée et des couleurs en aplats annonçant le cloisonnisme ? Les *Bretonnes dans la prairie verte,* et les propos tenus par Bernard pour expliquer la technique employée, auraient seulement servi de déclic.

Un vase de Gauguin de cette époque (Musées royaux, Bruxelles) porte les mêmes petites Bretonnes stylisées qu'un tableau de 1888 postérieur à celui de Bernard, appartenant à la Neue Pinakothek de Munich, *La Danse des quatre Bretonnes ;* sa mise en page imprévue, les cadrages qui paraissent couper une composition plus vaste, et même la thématique, annoncent *La Vision après le sermon* (1889, National Gallery of Scotland, Edimbourg), premier tableau où est appliqué le cloisonnisme qui libérait définitivement Gauguin de l'impressionnisme.

Le rôle d'Emile Bernard se voit donc limité à celui de révélateur non de créateur ; c'est son expérience de céramiste qui a orienté Gauguin vers une formule dont son compagnon avait pressenti la nouveauté plastique, et qu'il lui suggéra. Ainsi partant de ses recherches antérieures l'auteur de *La Vision après le sermon* trouva-t-il chez Bernard, plus jeune et audacieux que lui, le passage de la stylisation décorative à l'organisation du tableau ; mais on ne saurait ignorer le « primitivisme » inhérent au caractère de Gauguin, son enfance au Pérou où son père, militant socialiste, avait entraîné sa famille après l'élection de Louis-Napoléon Bonaparte à la présidence de la République en 1848, son voyage en 1887 dans le Pacifique et à la Martinique avec le peintre Charles Laval qu'il avait connu à Pont-Aven. Le sens nouveau de la forme que Gauguin apporte à son œuvre était déjà « primitif » avant la découverte de l'art océanien ; dans *La Vision après le sermon* c'est peut-être encore inconsciemment que le peintre affirme que l'artiste moderne est proche, dans sa création, de l'esprit de simplification anti-naturaliste du primitif. Mais de quel « primitif » s'agissait-il alors ?

Le cloisonnisme, palier de la « synthèse », sépara Gauguin de Bernard ; celui-ci accusa son ami de lui avoir volé sa découverte car il ne comprit jamais que si son rôle avait été important dans son évolution, Gauguin avait fait de cette découverte une nouvelle vision du monde. Rien dans l'œuvre très inégale, souvent médiocre, d'Emile Bernard ne laisse croire qu'il put dépasser ses propres expériences sur la réduction des plans à des aplats colorés et l'abandon de la perspective traditionnelle. Anquetin, jeune peintre ami de Bernard, partageait d'ailleurs ces idées ; peut-être fut-il l'un des premiers à vouloir appliquer au tableau la technique du vitrail.

La brouille entre Bernard et Gauguin fut définitive, le premier qui ne pouvait tolérer d'être regardé comme un suiveur du second, le poursuivit sa vie durant d'une haine violente. Un seul point aurait pu, néanmoins, les réunir ; l'école de Pont-Aven était née de leur étroite collaboration amicale, de leur stimulation réciproque, chacun essayant sur l'autre ses nouvelles conceptions, et tous deux échangeant leurs réflexions ; mais au-delà des spéculations intellectuelles il y avait la peinture, et dans ce domaine Bernard ne put suivre Gauguin qui continua seul la route où ils s'étaient engagés ensemble.

La « bande à Gauguin » et le Talisman.

De nombreux peintres, en cette fin du XIXe siècle, fréquentaient la Bretagne ; la plupart, en rupture d'académisme ou d'impressionnisme, cherchaient dans ses paysages austères et dépouillés une nouvelle vision du réel. Certains étaient attirés par la spiritualité celto-chrétienne de cette terre rude dont les racines plongeaient au fond des siècles.

A Pont-Aven une pension qui allait devenir célèbre, la pension Gloanec, consentait des prix très avantageux pour les peintres ; c'est ce qui en 1886 avait attiré Gauguin, alors fort démuni. Il y reviendra à plusieurs reprises, passant aussi de longs mois dans le village voisin du Pouldu jusqu'à son départ pour « les Iles » en 1891.

La « bande à Gauguin » domina vite les coteries d'artistes de la pension Gloanec ; elle comprenait avec Emile Bernard, Charles Laval, Henry Moret, Chamaillard, Schuffenecker, Maufra, Jan Verkade, Sérusier et plusieurs autres de talent inégal, tous respectueux et soumis à la puissante personnalité de Gauguin toujours bouillonnant d'activité, agité, discoureur, impatient, fébrile. Il peint, sculpte sur bois, décore des assiettes, des portes d'armoires, des volets,

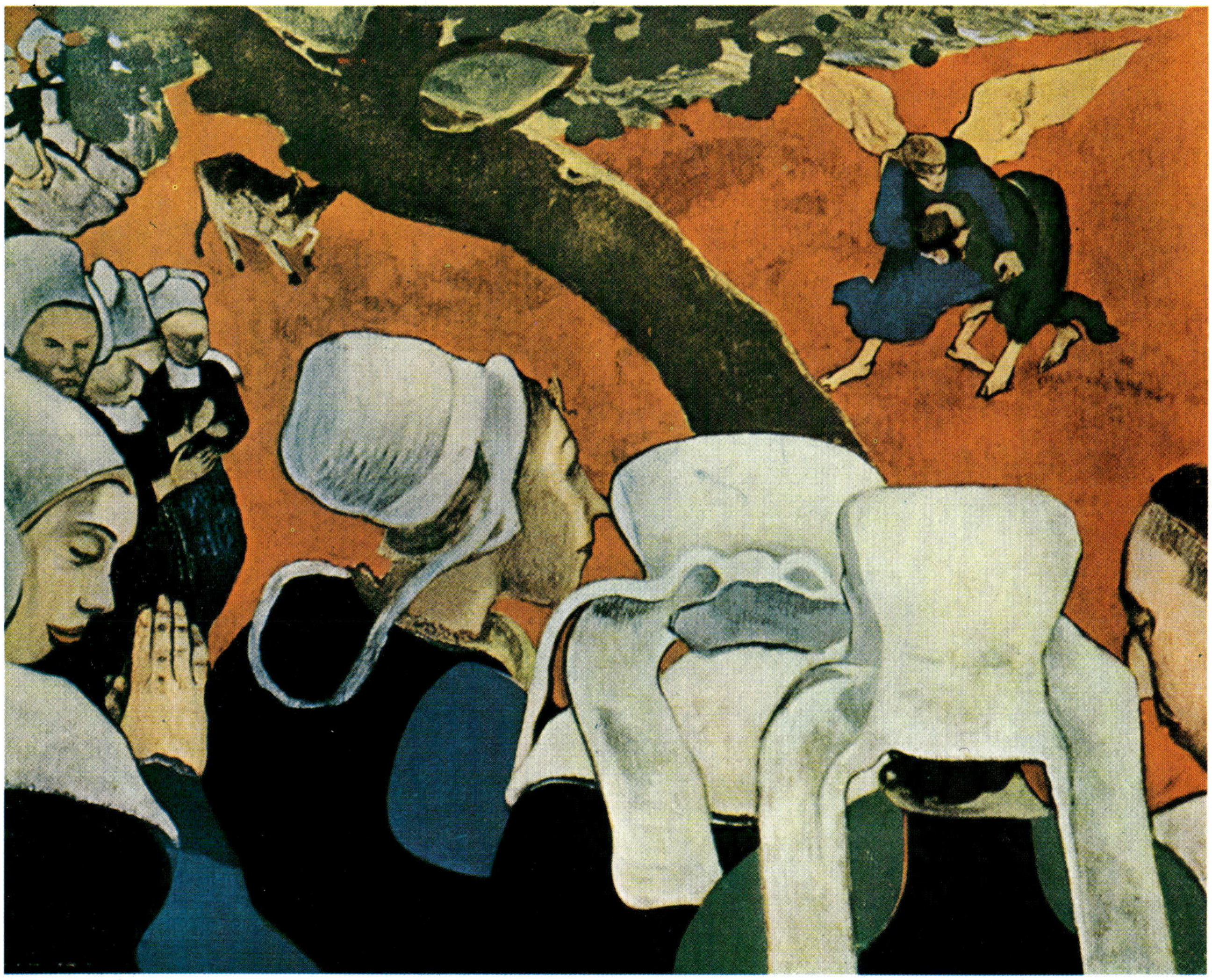

Paul Gauguin. *La vision après le sermon.* 1889. National Gallery of Scotland, Edimbourg.

des murs, des plafonds. « J'aime la Bretagne, dit-il, j'y trouve le sauvage, le primitif. Quand mes sabots résonnent sur le sol de granit j'entends le son sourd, mat et puissant, que je cherche en peinture ».

Cette période bretonne de l'œuvre de Gauguin, coupée par le séjour qu'il fait d'octobre à décembre 1888 à Arles avec Van Gogh, comporte de nombreuses toiles parmi les plus remarquables de son œuvre. *La Vision après le sermon* est suivie de la *Nature morte à la fête Gloanec* (musée d'Orléans), de l'*Autoportrait dit « Les Misérables »* dédicacé à Van Gogh (Rijksmuseum V. Van Gogh, Amsterdam), *Le Christ jaune* (Albright-Knox Art Gallery Buffalo), *Le Christ vert* (Musées royaux, Bruxelles), l'*Autoportrait au Christ jaune* (collection particulière, France).

En septembre 1888 Gauguin avait rencontré Sérusier en train de peindre dans le Bois d'Amour près de Pont-Aven. « Comment voyez-vous cet arbre ? lui demande-t-il. Il est vert ; mettez donc du vert, le plus beau de votre palette. Et cette ombre ? Plutôt bleue. Ne craignez pas de la peindre aussi bleue que possible... » Sérusier suit point par point les conseils de son aîné ; ce condensé de la doctrine synthétiste que son auteur appellera *Le Talisman* (musée d'Orsay, Paris) bouleversera, par son audace quasi abstraite, et sa puissance colorée, ses camarades de l'Académie Jullian, les futurs « nabis ».

Les leçons de Gauguin affrontaient « l'abominable erreur du naturalisme », et s'opposaient à la vision des impressionnistes stigmatisant « ceux qui ne voient que la matière avec un œil sans cerveau », comme l'ambition de Cézanne de « donner l'image de ce que nous voyons en oubliant tout ce

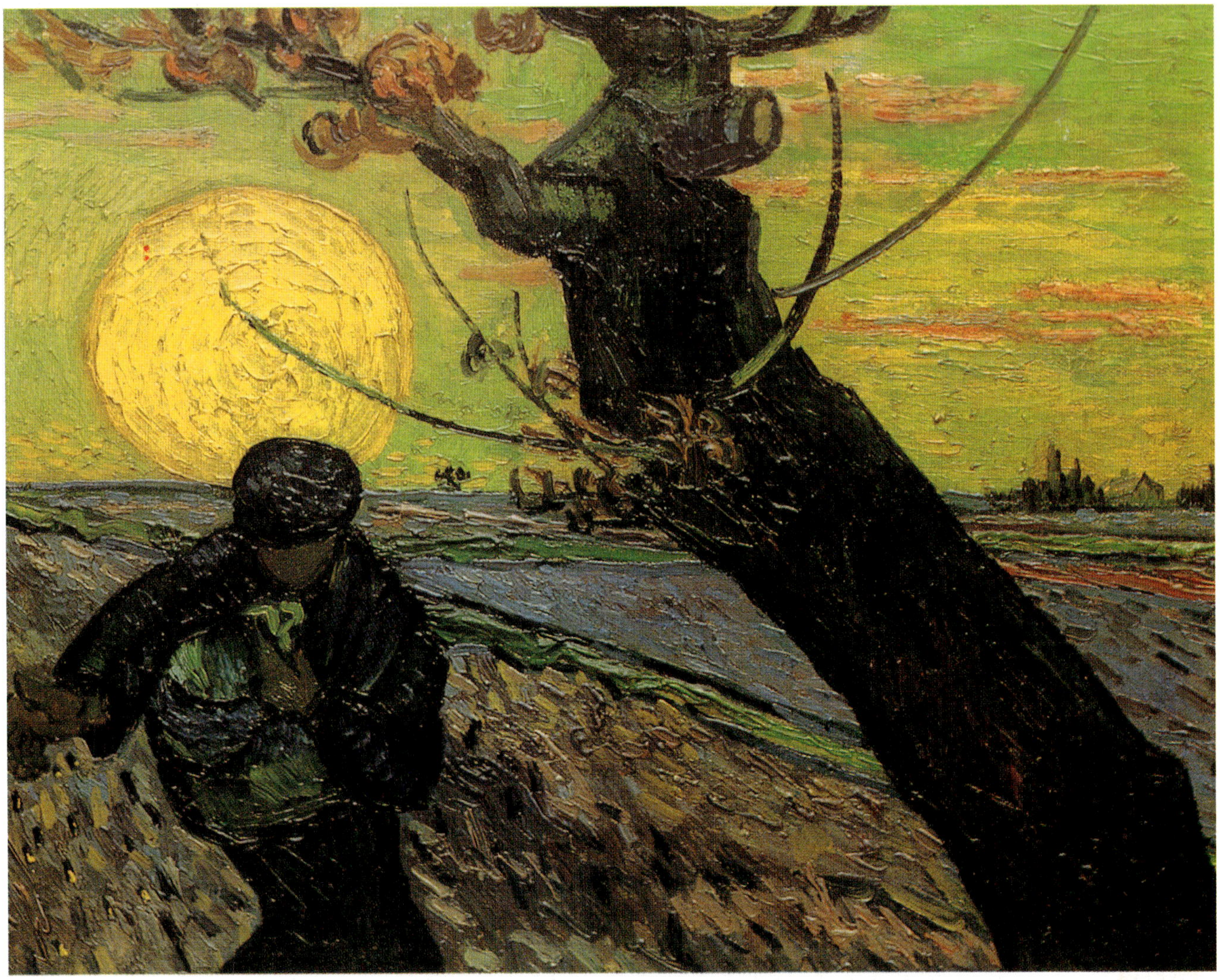

Vincent Van Gogh. *Le semeur.* 1888. Fondation Vincent Van Gogh/Musée national Vincent Van Gogh, Amsterdam.

qui est apparu avant nous ». Il s'agissait moins désormais de reproduire la réalité que d'exprimer sa sensation, ses états d'âme ; l'harmonie interne du tableau, si arbitraire fut-elle, passait avant le rapport à la nature. L'œil du peintre basculait de l'extérieur vers l'intérieur.

La pratique de la « synthèse », l'expression de la forme par le signe vecteur de l'idée, proche de la conception des cultures archaïques, des arts primitifs ou populaires, statuettes pré-colombiennes, calvaires bretons, dessins d'enfants, tels seront les liens des principaux participants de l'école de Pont-Aven – qui à vrai dire ne fut jamais une école – dont, par la suite, les destinées seront très différentes.

Emille Bernard sombra dans un spiritualisme fumeux puis partit pour l'Orient, Sérusier reprenant les motifs de Gauguin leur appliqua un graphisme plus aigu, accentuant leur étrangeté *(Jeune Bretonne à la cruche,* 1892, musée de Quimper), avant de s'orienter, sous l'influence de Verkade, devenu bénédictin au couvent de Beuron, foyer de spiritualité philosophico-primitiviste, vers les « Saintes mesures » que celui-ci prônait, et le Nombre d'Or. Les compositions allégoriques et religieuses d'inspiration médiévale succèdèrent, après 1900, aux sujets bretons,

Arrivé à la pension Gloanec en 1889 Filiger, fort curieux personnage, adopta le cloisonnisme mais pour en faire le véhicule d'un art ésotérique, nourri de ses fantasmes et d'une spiritualité exaltée et confuse à la recherche de l'essence de l'être et du monde. Rémy de Gourmont et Jarry s'intéressèrent à lui ; son œuvre, dont on ne connaît que des fragments *(Christ au tombeau,* v. 1892, musée du Prieuré, Saint-Germain-en-Laye) passionna Breton qui avait disposé ses peintures autour de son lit pour en recevoir la protection bénéfique.

Van Gogh à la découverte de la lumière

Vincent Van Gogh débarrassé du qualificatif de « peintre maudit » dont on croit pouvoir l'affubler, apparaît comme véritablement possédé par la peinture. Fils d'un pasteur du Brabant hollandais, il demeura toujours un homme du Nord lié à sa terre et au milieu rural ; les paysans de Neunen où il vit de 1883 à 1885 sont ses premiers modèles, figures farouches dans des paysages tragiques. Millet est son premier maître dont il admirera toute sa vie la grandeur des scènes terriennes.

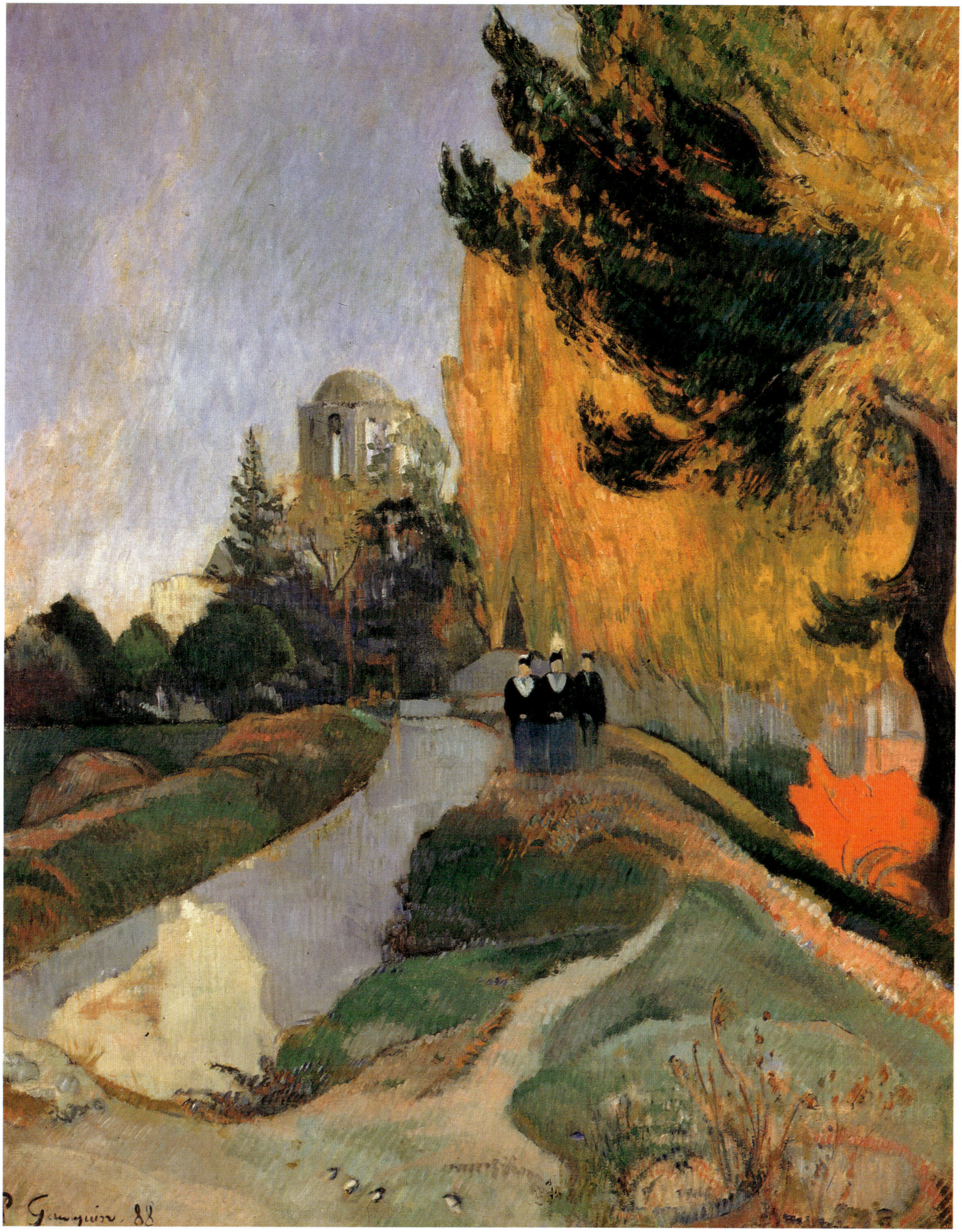

Paul Gauguin. *Les Alyscamps*. 1888. Musée d'Orsay, Paris.

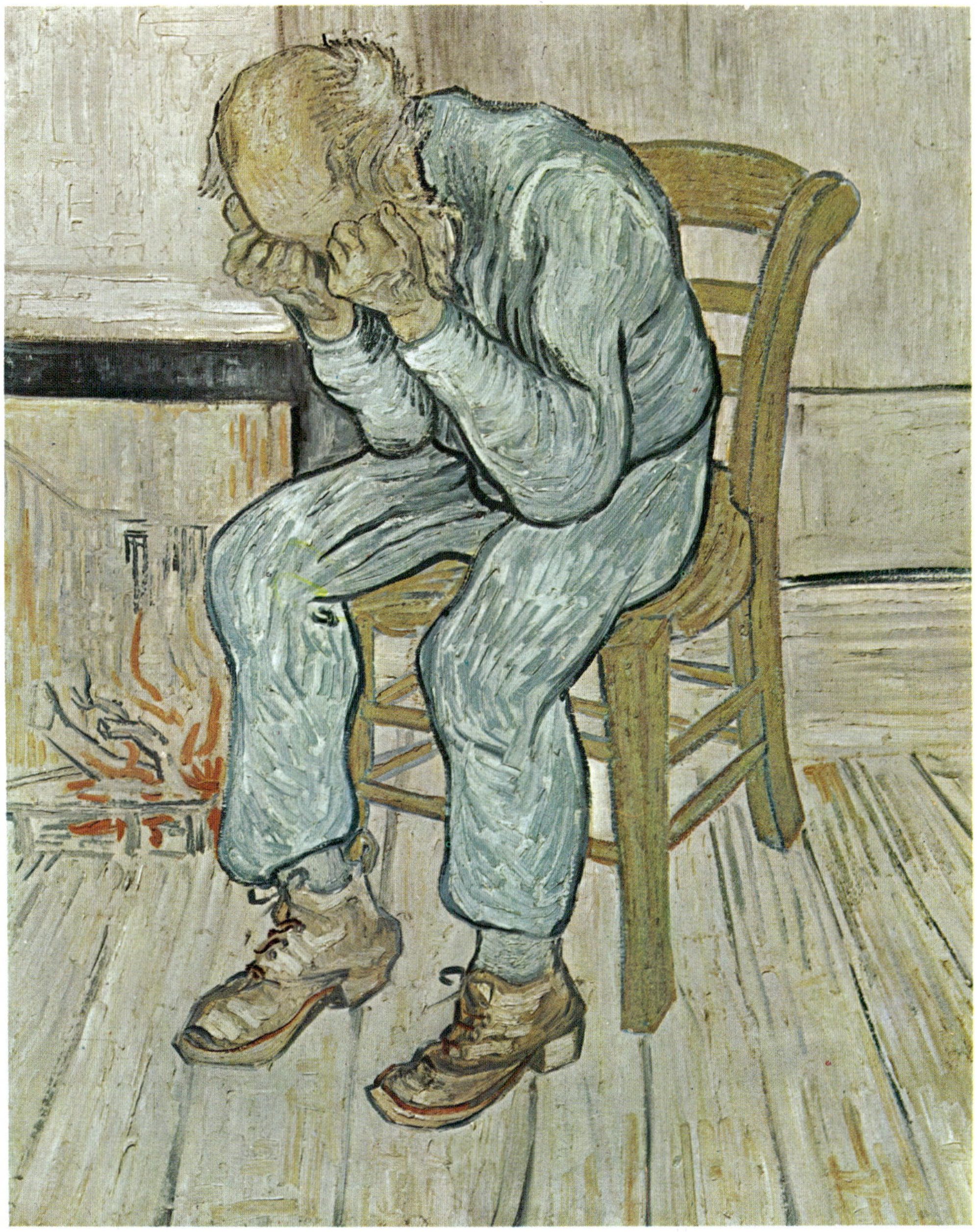

Vincent Van Gogh.
Au seuil de l'éternité. 1890.
Rijksmuseum Kröller-Müller, Otterlo.

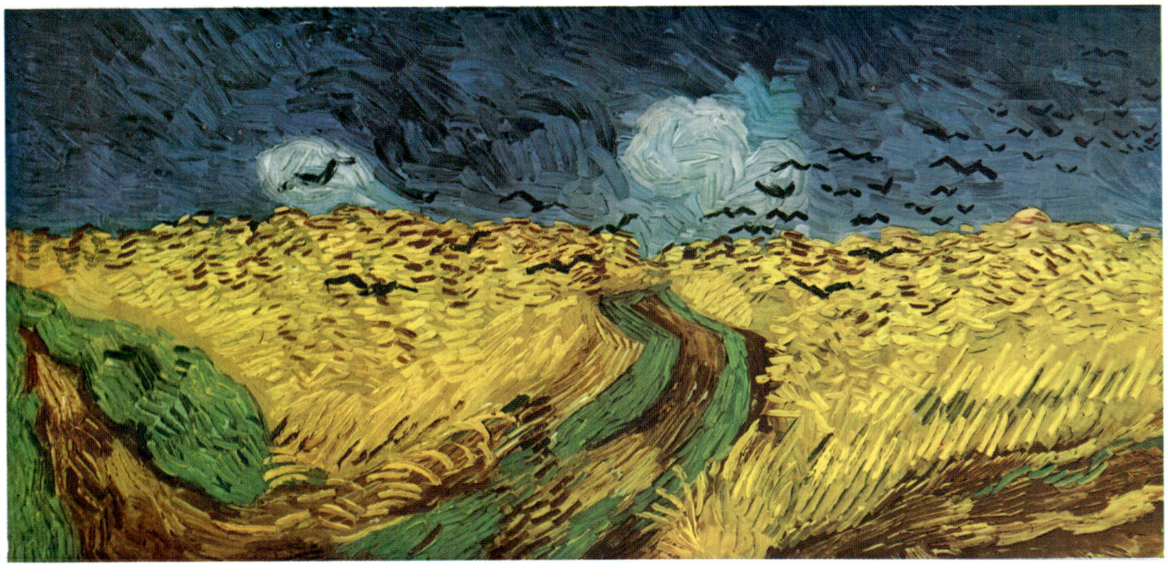

Vincent Van Goh.
Le champ de blé aux corbeaux. 1890.
Fondation Vincent Van Gogh/Musée national
Vincent Van Gogh, Amsterdam.

Cette grandeur il l'exprime dans ce festin de ténèbres, entre fantômes de chair vieillis, ravagés par d'épuisants travaux, et comme pétris dans la boue de la glèbe, que sont les *Mangeurs de pommes de terre* (mai 1885, Rijksmuseum V. Van Gogh, Amsterdam) dont l'expressionnisme est aussi direct que puissant. Nombre de toiles aux tonalités sombres datent de cette période. Angoissé et taciturne, n'ayant reçu aucune formation artistique, Vincent avait désiré être pasteur, mais son comportement parmi les mineurs du Borinage fut jugé si exalté qu'il dut abandonner sa mission ; sa passion de peindre sera un transfert de son besoin de communication, de sa recherche tâtonnante d'autrui dont on suit le pathétique déroulement dans les lettres à son frère Théo.

Son art, également emporté et violent, apparaît comme l'une des expressions extrêmes du baroque mêlant la puissance instinctive de la matière et la conviction éclairante de l'esprit, la recherche éperdue de l'absolu ; le réaliste débouche sur le visionnaire, il spiritualise la nature à l'image de son propre univers intérieur.

Van Gogh découvre Paris et la lumière d'Ile-de-France en mars 1886 ; entre-temps il a vécu à Anvers où il a acheté des estampes japonaises, découvert Rubens qui le « plonge dans l'exaltation ». Il veut comme lui rendre « l'atmosphère de joie, de sérénité, de douleur par la combinaison des couleurs ». A Paris la couleur claire entre dans sa peinture ; l'année qu'il y passera est marquée par la révélation de l'impressionnisme et du japonisme, mais Seurat et Signac l'intéressent également. Les paysages que Vincent exécute à cette époque sont frémissants de lumière, peints par virgules ou bâtonnets de tons vifs, parfois par touches divisées comme chez Seurat.

Le Moulin de la Galette (Kröller-Muller Museum, Otterlo), *Jardinets sur la Butte Montmartre* (Stedelijk. Mus. Amsterdam), *Ponts à Asnières* (Fond. Bührle, Zurich), *Le restaurant de la Sirène à Joinville* (musée d'Orsay, Paris) témoignent de ses découvertes et de ses expériences successives. Impressionnisme et japonisme se mêlent dans le superbe *portrait du Père Tanguy* (1887-1888, musée Rodin, Paris) assis devant un fond d'estampes japonaises ; la même technique par bâtonnets construisant la forme rythme la figure éclatante de vermillons et de jaunes solaires d'*Une Italienne* (1887-1888, musée d'Orsay, Paris).

Les autoportraits de la période parisienne (on en comptera plus d'une trentaine de 1886 à 1890) sont, contrairement aux paysages ou aux natures mortes, tendus, crispés ; il expriment les tourments et les contradictions des ses recherches. L'*Autoportrait au chevalet* (1888, Rijksmus. V. Van Gogh, Amsterdam) offre, à la veille du départ pour le Midi, le résumé des inquiétudes et des conquêtes parisiennes ; l'influence du néo-impressionnisme est sensible sur la construction par demi-teintes contrastées de couleurs vives, veste bleue, visage ocre, barbe rouge, chevalet jaune clair, sur un fond vert intense. Le visage, partagé en deux zones, lumineuse et sombre, se contracte douloureusement sous l'effet de l'effort créateur

Van Gogh-Gauguin, une « électricité excessive »

Vincent a fait la connaissance de Gauguin peu avant le départ de ce dernier pour la Martinique ; il en revient en novembre 1887 malade et totalememt démuni. Comme Théo est employé chez le marchand de tableaux Goupil son frère le presse d'aider Gauguin qu'il devine aussi intensément possédé que lui par la peinture bien que ses idées soient opposées aux siennes.

En février 1888 Van Gogh part pour Arles, il pense que « tout l'avenir d'un art nouveau se trouve dans le Sud » et il regarde la Provence comme un « pays équivalent du Japon » ; il rêve d'y fonder l'« Atelier du Midi » et d'y inviter Gauguin.

Il a découvert Arles sous la neige, mais vite l'intensité de la lumière, puis le violent soleil de l'été, décuplent l'exaltation de Van Gogh qui perçoit désormais la nature par chocs colorés instantanés et violents. Sa technique rompt définitivement avec l'impressionnisme et le divisionnisme ; la touche, de plus en plus fragmentée en bâtonnets, exprime davantage l'éblouissement de la lumière sur de vaste espaces, la plaine de la Crau, la mer, la nuit étoilée au-dessus d'Arles, que la construction par la forme. Vincent semble produire dans un état second qui le pousse à une exaltation presque mystique devant « l'éternel soleil fort ». « Un soleil, une lumière que faute de mieux je ne peux appeler que jaune, jaune soufre pâle, citron pâle, or ». Il porte la couleur à son maximum de puissance suggestive *(Terrasse de café la nuit*, septembre 1888, Rijksmus. Kröller-Muller, Otterlo) ou d'éclat *(Les Tournesols*, 1888, Stedelijk Mus. V. Van Gogh, Amsterdam), et son anxiété naturelle à la recherche d'un équilibre entre cette Provence ardente, solaire, qui le dévore et le stimule à la fois, et le contenu spirituel de sa peinture qu'elle embrase, l'entraîne à tous les excès dont il pressent les dangers pour son propre psychisme.

L'arrivée de Gauguin en octobre ne fera qu'accentuer cette situation dramatique ; critiquant ou niant tout, mais terriblement sûr de lui-même, du moins dans l'ascendant qu'il exerce sur Vincent, il engage des discussions dont l'« électricité excessive » conduit ce dernier aux confins de la folie. La crise du 23 décembre, au cours de laquelle il se tranche le lobe de l'oreille et va le porter à une prostituée, met fin à leur pathétique cohabitation. Gauguin rentre à

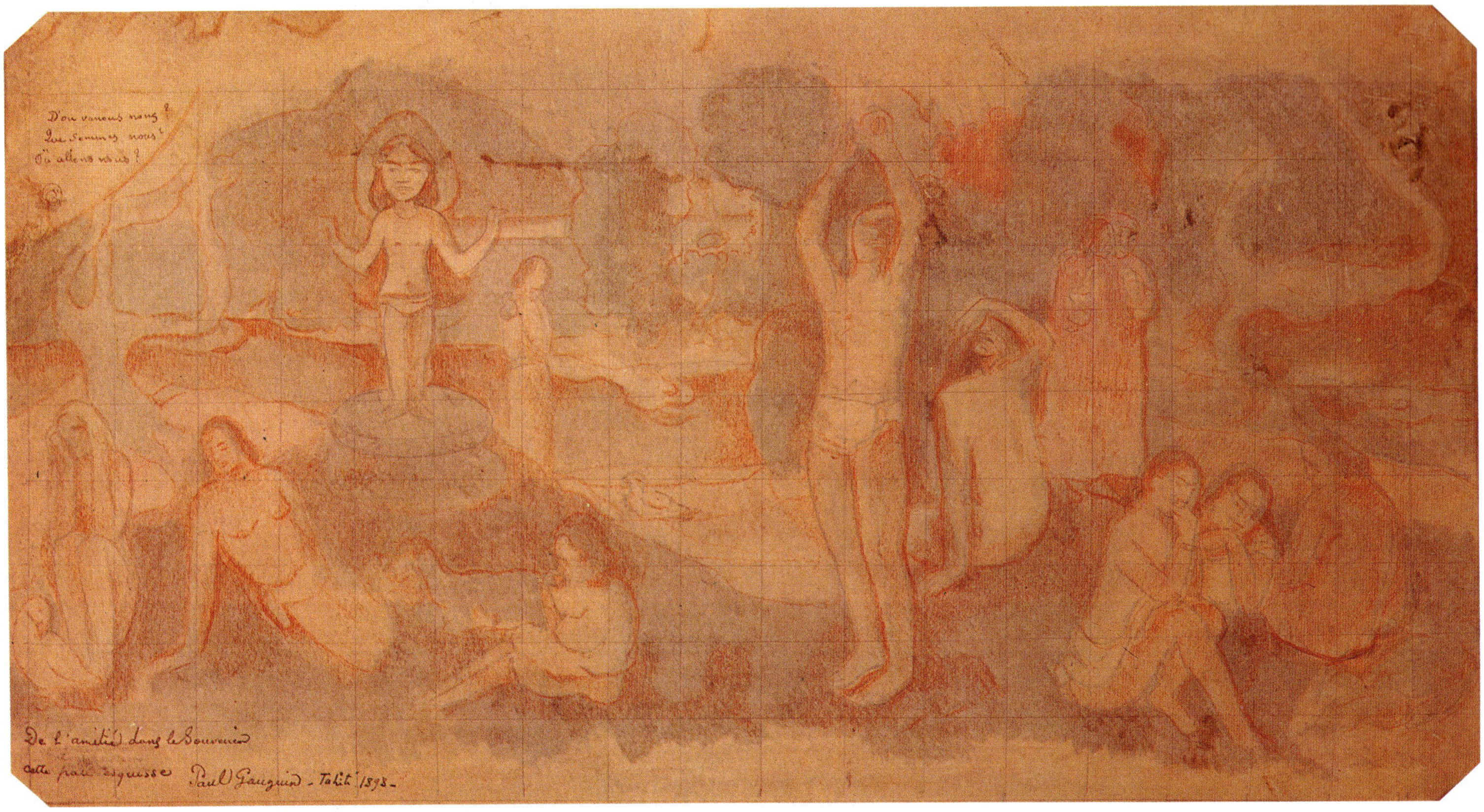

Paul Gauguin. *D'où venons-nous ? Que sommes-nous ? Où allons-nous ?* Aquarelle bleue et pastel brun sur dessin préliminaire sur calque. 1898. Musée des Arts africains et océaniens, Paris.

Paris, Van Gogh est emmené à l'hôpital où il peint, malgré plusieurs crises, des portraits dont le sien « à l'oreille coupée » (janv.-févr. 1889, collection particulière, Chicago), avant de demander lui-même son internement à l'hospice Saint-Paul-de-Mausole près de Saint-Rémy. Il y restera de mai 1889 à mai 1890.

Vincent de Saint-Rémy à Auvers

Gauguin à Arles a exécuté une douzaine de toiles dont certaines très proches des sujets choisis par Van Gogh comme s'il voulait se mesurer avec lui ; il peint *Les Alyscamps* (musée d'Orsay) représentés en plongée coupée verticalement par des troncs d'arbres par Vincent (Rijksmus. Kröller-Muller), *Femme à Arles* (musée d'Indianapolis) où il adopte les tons flamboyants, orangés, rouges et jaunes solaires, de son ami. Dans *Des vieilles filles traversant un jardin, l'hiver, à Arles* (Art Institute, Chicago) proche de *Promenades à Arles, souvenir du jardin à Etten*, de Vincent, Gauguin stylise et schématise les formes comme il l'avait rarement fait avec une telle intensité depuis *La Vision après le sermon.* La perspective y est complèrement « aplatie ».

De telles œuvres, si voisines l'une de l'autre, ne pouvaient qu'alimenter la rivalité grandissante, nourrie des paradoxes et des affirmations péremptoires de Gauguin, entre les deux peintres. L'équilibre mental fragile de Vincent n'y résista pas. De retour en Bretagne en juin 1889 Gauguin s'installe cette fois au Pouldu, à l'auberge de Marie Poupée où il apprendra en juillet 1890 la mort de Van Gogh à Auvers-sur-Oise ; quelques mois plus tard il s'embarque, le 1er avril 1891, à Marseille, pour Nouméa d'où il gagne Tahiti.

Les premiers mois de Vincent à Saint-Paul-de-Mausole sont calmes, il peint des paysages, des autoportraits, copie des gravures de Delacroix et Millet. « Je laboure comme un vrai possédé... » écrit-il à Théo. Les crises reviennent entrecoupant le travail intensif où l'exaspération baroque tord les cyprès comme des flammes, lance dans le ciel où tournoient des météores fous des rythmes convulsés, bouleverse le sol secoué par un séisme, transforme les routes en des torrents de lave en furie.

Le Blé jaune et les cyprès (Tate Gallery, Londres), *Le Champ clôturé* (Rijksmus. Kröller-Muller, Otterlo), *Le Jeune paysan* (collection particulière, Florence), *Les Paveurs* (musée de Cleveland), *La Route aux cyprès* (Rijksmus. Kröller-Muller, Otterlo), *La Ronde des prisonniers, d'après Gustave Doré* (Musée Pouchkine, Moscou) et *La résurrection de Lazare, d'après Rembrandt* (Rijksmus. V. Van Gogh, Amsterdam) *La Promenade du soir à Saint-Rémy* (musée de Sao-Paulo) et bien d'autres toiles, paisibles ou hallucinées, jalonnent ces mois douloureux dont Vincent fait la bouleversante synthèse dans *Au seuil de l'éternité* (Rijksmus. Kröller-Muller, Otterlo) où l'homme assis sur une chaise, la tête dans ses poings, se désespère de son tragique destin.

A Auvers, auprès du Dr. Gachet dont l'attitude ne laissera pas d'être étrange à l'égard du malade que Théo lui confie, Vincent connaît les mêmes alternances de calme et d'angoisse. Il passera près de trois mois dans ce petit village d'Ile-de-France, de mai à juillet 1890, et peint intensément d'abord avec une sorte de sérénité grave, de fraîcheur apaisée *(Le jardin de Daubigny*, juin 1890, Rijksmus. Kröller-Muller, Otterlo), puis cette âme solitaire retrouve ses tourments, il exécute plusiers figures, son dernier *Autoportrait* et le superbe *Portrait du Dr. Gachet* (tous deux au musée d'Orsay), celui-ci « à l'expression navrée de notre temps » note Vincent.

Dans les dernières semaines de sa courte existence réapparaît cette hantise de l'espace déjà appréhendée à Saint-Rémy ; elle s'exprime dans des houles de couleurs soulevées de tempêtes où dominent le rouge et le vert. *Le champ de blé aux corbeaux* (juillet 1890. Rijksmus. V. Van Gogh, Amsterdam) vide de toute présence humaine, est le finale de la vie et de l'œuvre ; les vagues de blés dorés se confondent dans un chaos dramatique avec l'infini de la plaine et du ciel traversés de vols de corbeaux, selon une perspective inversée où le soleil pose son disque halluciné.

Les derniers rêves de Gauguin

En 1891 les frères Natanson fondent « La Revue Blanche » ; en décembre une série de manifestations organisées par la galerie Le Barc de Boutteville débute par la première exposition des « Peintres Impressionnistes et Symbolistes » à laquelle participent Gauguin, Bernard, Anquetin, Maurice Denis, Bonnard, Filiger, Sérusier, Toulouse-Lautrec, Vuillard, Zuloaga, Signac, etc. c'est-à-dire la nouvelle peinture postérieure à l'impressionnisme.

Gauguin demeure à Tahiti deux ans. Il se plonge dans l'existence indigène à laquelle il souhaite s'intégrer pleine-

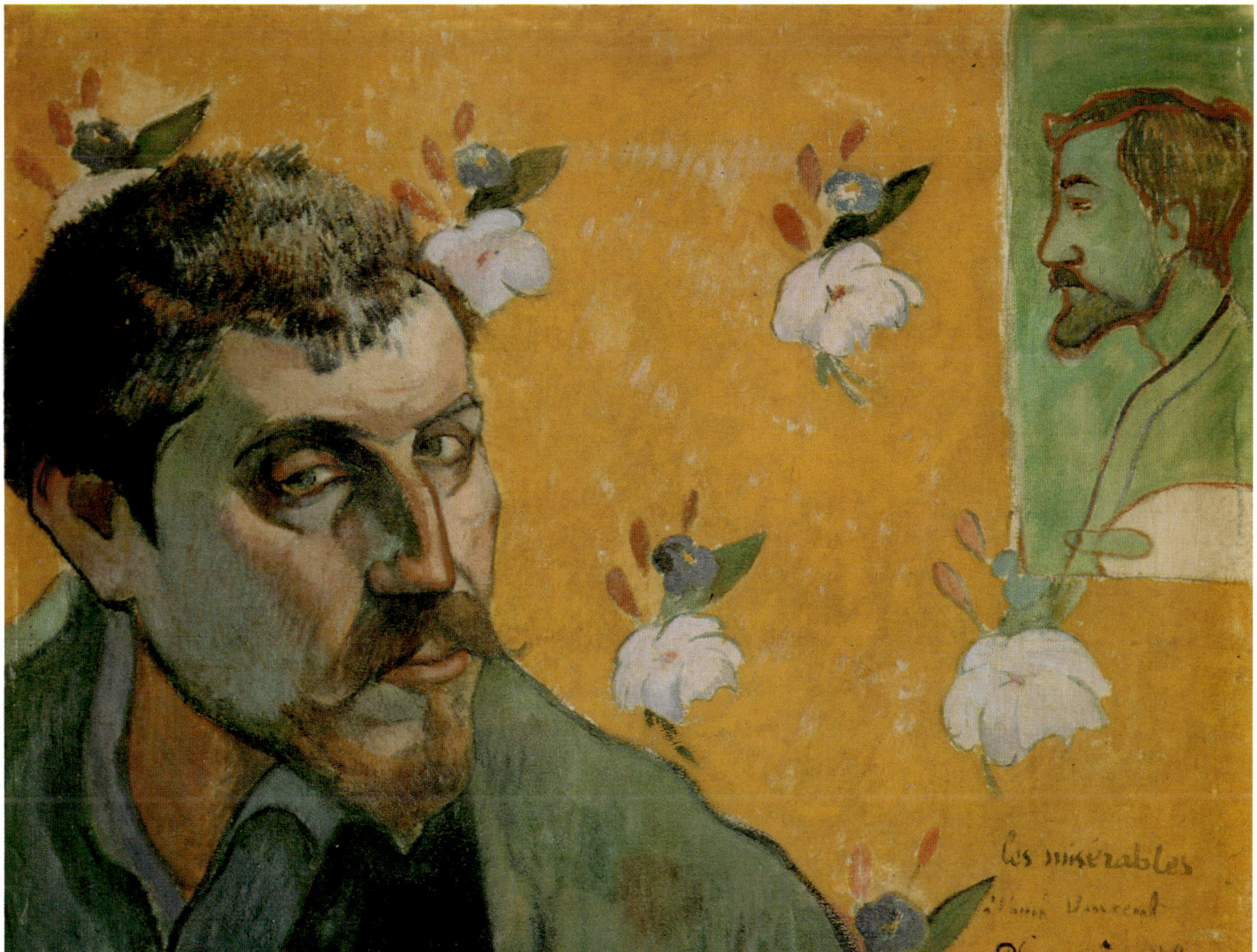

Paul Gauguin. *Autoportrait dit « Les misérables »*. 1888. Fondation Vincent Van Gogh / Musée national Vincent Van Gogh, Amsterdam.

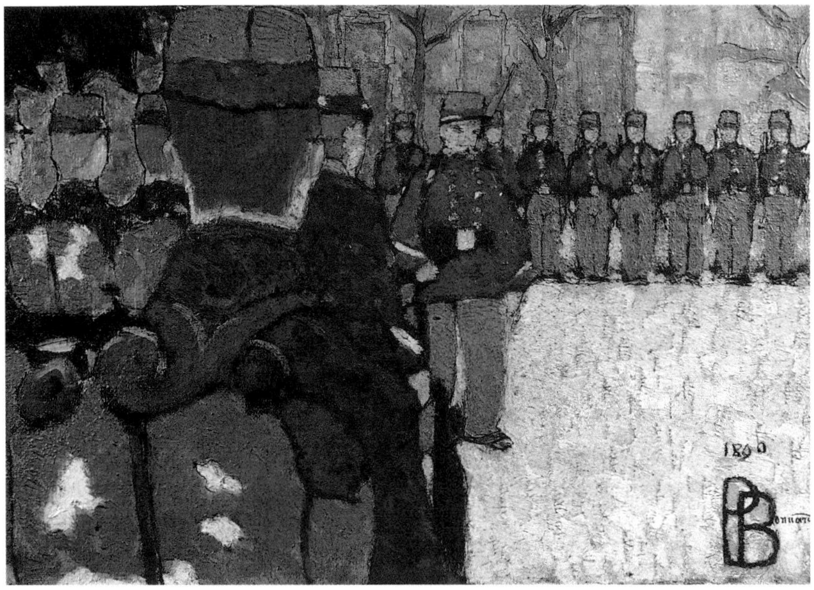

Pierre Bonnard. *L'exercice.* 1890. Coll. part.

ment comme par un « retour aux sources », aux origines ; ce rêve qui se révélera irréalisable, le peintre lui donnera vie dans un livre, « Noa Noa » [17]. Il exécute plusieurs toiles dont l'*Eveil du printemps* (The Chrysler Museum Norfolk, Virginie), *Ia orana Maria* (Je sous salue Marie. Metropolitan Museum, New York) ou *Femmes sur la plage* (Musée d'Orsay, Paris). Rentré en Europe Gauguin séjourne à Paris et en Bretagne, peint nue et hiératique sur son fauteuil, sa compagne *Annah la Javanaise* (collection particulière, Winterthur), et revient à Tahiti où il restera jusqu'en 1901, date de son installation aux Marquises.

Dans cette dernière période du séjour aux « Iles » il a atteint une puissance raffinée et sauvage aux couleurs alternativement chaudes et froides, savamment orchestrées, dont témoignent *Nafea Faa ipoipo* (Quand te maries-tu ? 1892, coll. partic. Bâle) ou *Manao tupapan* (L'Esprit des morts veille. 1892. Albright-Knox Art Gall. Buffalo). C'est au milieu des pires épreuves physiques et morales qu'il travaille, rêvant « à des harmonies violentes dans les parfums naturels qui me grisent » écrit-il au poète Fontainas. *Te Nave Nave fenua* (Terre délicieuse, 1892, Musée Ohara, Kurashiki) ou *No te aba oe riri* (Pourquoi es-tu fâchée ? 1896, Art Institute, Chicago), *Les seins aux fleurs rouges* (1899. Metrop. Mus.), expriment son ambition d'un art à la fois sensualiste et spiritualiste à travers « la musique du tableau ». Il prête à ses figures des gestes et des attitudes rituelles comme si, jusque dans leur comportement quotidien, elles répondaient à une sorte de liturgie sacrée.

Epuisé, assailli par de multiples soucis Gauguin tente de faire la synthèse de ses idées dans une vaste composition exécutée « de chic, du bout de la brosse, sur une toile à sac pleine de nœuds et rugosités, aussi l'aspect en est terriblement fruste » écrit-il. Ce testament pictural, exécuté en 1897, *D'où venons-nous ? Que sommes-nous ? Où allons-nous ?* (Museum of Fine Arts, Boston) mesure plus de quatre mètres de long sur un mètre soixante-dix de hauteur, et Gauguin l'a longuement décrit à Daniel de Monfreid et à Charles Morice. L'impressison générale est plus de résignation et de tristesse que d'angoisse ; c'est l'appel d'un homme à bout de forces, qui se révèle impuissant à sonder le mystère de la vie et du monde alors qu'il avait toujours voulu tout expliquer. Maintenant qu'il a renoncé à comprendre il ne reste plus à Gaugin qu'à mourir. Dans sa « Maison du Jouir » décorée par ses soins, à Fatu-Iva, île des Marquises, le 8 mai 1903.

Maternité (1899, Ermitage, Leningrad), *Cavaliers sur la plage* (1902, collection Niarchos, Paris), *L'Appel* (1902, musée de Cleveland) prolongent jusqu'aux derniers jours le rêve de l'Age d'or au contact d'un peuple qui, aux yeux de l'incurable romantique qu'était Gauguin, avait conservé l'innocence primitive. Aux confins du XXe siècle, alors que bien des révolutions esthétiques auxquelles il a participé, bouleversent la jeune peinture, le solitaire des Marquises est le dernier peintre à avoir donné des visages aux dieux.

Gauguin apparaît comme le précurseur du primitivisme qui est l'une des caractéristiques essentielles de l'art du XXe siècle ; certes on peut discuter du mélange de ses inspirations, de leur équivoque aussi, car ses innovations ne sont pas seulement issues des civilisations « sauvages » mais de l'art occidental, de Cézanne comme de Degas, et de l'art japonais. Kirk Varnedoe [18] écrit même à propos de *Manao Tupapan* que « les fantômes de Manet et d'Ingres sont beaucoup plus perceptibles dans la composition de cette peinture que les sources exotiques d'ailleurs hybrides... ». Il note l'influence de Puvis de Chavannes sur *D'où venons-nous...* et il ajoute qu'« en regard d'un authentique idéal d'évasion et de découverte, le primitivisme de Gauguin apparaîtra inévitablement comme une simple façade, un ensemble de demi-vérités ».

Il est vrai que la « légende » de Gauguin, en grande partie forgée par lui-même, a beaucoup joué quant à son propre primitivisme et à son influence ; mais cette notion a considérablement évolué depuis la fin du XIXe siècle, elle n'a d'ailleurs pas le même contenu, et la même valeur pour ceux qui en ont été marqués. L'idée que le peintre de *Manao Tupapan* se faisait de la « sauvagerie » était à la fois simpliste et littéraire ; il était attiré par des lieux que leur distance, et leur mystère, rendaient fabuleux, par le comportement « naturel » ou présumé tel des indigènes, et la richesse d'une civilisation inchangée depuis des siècles, ses traditions, son art.

Il avait eu d'ailleurs le même comportement en abordant

la Bretagne qu'il regardait également « primitive », et où il avait exprimé son ambition d'un art d'une simplicité élémentaire expressive ; là avait commencé l'équivoque qui restera attachée au terme « primitif » dans son esprit, et à la notion de « primitivisme » dans son œuvre.

Les nabis : un ordre plastique pur

La génération de 1890 prise entre l'héritage de l'impressionnisme, les suggestions décoratives, l'harmonie des aplats colorés du japonisme, et les effusions lyriques des « peintres de l'âme » symbolistes cherche sa voie ; l'influence de Cézanne et celle de Gauguin, quoique fort différentes, s'exercent néanmoins dans le même sens. Les jeunes peintres, qui découvrent dans la boutique du Père Tanguy, marchand de couleurs rue Clauzel — dont Van Gogh a fait le portrait en 1887 — les toiles du maître d'Aix, alors guère connu, voient moins en lui un révolutionnaire qu'un peintre attaché à élaborer un ordre purement pictural à partir de la nature, aussi éloigné de la vision impressionniste que des évocations symbolistes.

La célèbre phrase de Cézanne, « faire du Poussin d'après nature », était l'un des motifs de réflexion de la jeune peinture ; certains, à partir des dernières années du siècle, iront recueillir de sa bouche, dans les environs d'Aix où il travaille, de précieux conseils dont l'essentiel renouait, par-delà les courants de l'époque, avec la grande tradition classique, travestie ou déformée par les académiques. Les leçons d'Ingres, qui étaient à l'origine de la formation de Degas, retrouvaient leur actualité ; et si Monet restait fidèle aux jeux de la lumière dont il multipliait les variations changeantes sur l'étang des nymphéas, Gauguin donnait à la couleur une autre intensité, plus franche, plus limitée dans son cloisonnisme, plus décorative aussi ; telle était la leçon du *Talisman* de Sérusier.

S'y ajoutaient l'éloignement du peintre, ses rêves d'exotisme, l'appel au primitivisme, l'invitation à l'Age d'or ; ils faisaient de l'exilé des Marquises un être presque mythique dont l'aventure hantait bien des esprits.

Le petit groupe de l'Académie Jullian avait recueilli les paroles de Gauguin comme le Credo d'une conception nouvelle de la peinture ; Ranson, Ibels, Bonnard, Maurice Denis, Sérusier, se sentent liés par une sorte de dépôt sacré — et secret — et se veulent par là unis par une discipline semblable à celle des communautés religieuses. L'œuvre d'art véritable, au service de la pensée, doit être décorative, subjective et arbitraire ; ceux qui professent cette théorie, exposée par Maurice Denis en 1890 dans la revue « Art et Critique » (sous le pseudonyme de Pierre Louys), se donnent le qualificatif de « nabis » — prophètes en hébreu.

Par-delà la blague de rapin, le goût naïf du cérémonial et du jargon — l'atelier du peintre Ranson où ils se réunissent est le « Temple », madame Ranson « La Lumière du Temple », Sérusier est « Le Nabi à la barbe rutilante », Bonnard « Le Nabi japonard », Denis « Le Nabi aux belles icônes » etc. — leur ambition de se grouper en une fraternité annonciatrice de l'art nouveau est sérieuse. Leur adhésion à la phrase célèbre de Maurice Denis selon laquelle un tableau « avant d'être un cheval de bataille, une femme nue ou une quelconque anecdote, est essentiellement une surface plane recouverte de couleurs en un certain ordre assemblées », montre bien leur désir commun de faire table rase des artifices, aussi bien ceux des impressionnistes que des académiques, et de revenir à un ordre plastique pur.

Le groupe des nabis acquerra une réelle cohérence, attirant à lui plusieurs artistes plus ou moins liés à l'évangile doctrinal de Gauguin, Piot, Jan Verkade, Vallotton, le danois Mögens Ballin, Armand Seguin, le sculpteur Georges Lacombe, et même Maillol alors peintre ; son influence évoluera avec la création du Théâtre d'Art (1890) par Paul Fort, continué par Lugné-Poe sous le nom de Théâtre de l'Oeuvre où les nabis réaliseront plusieurs décors, et l'audience grandissante de « La Revue Blanche » des frères Natanson.

Une liberté de ton « fin-de-siècle »

La bourgeoisie avait, à quelques exemples près, pris fait et cause pour l'académisme, les « chers maîtres » étaient les garants de la tradition, de l'ordre, du métier ; mais les temps

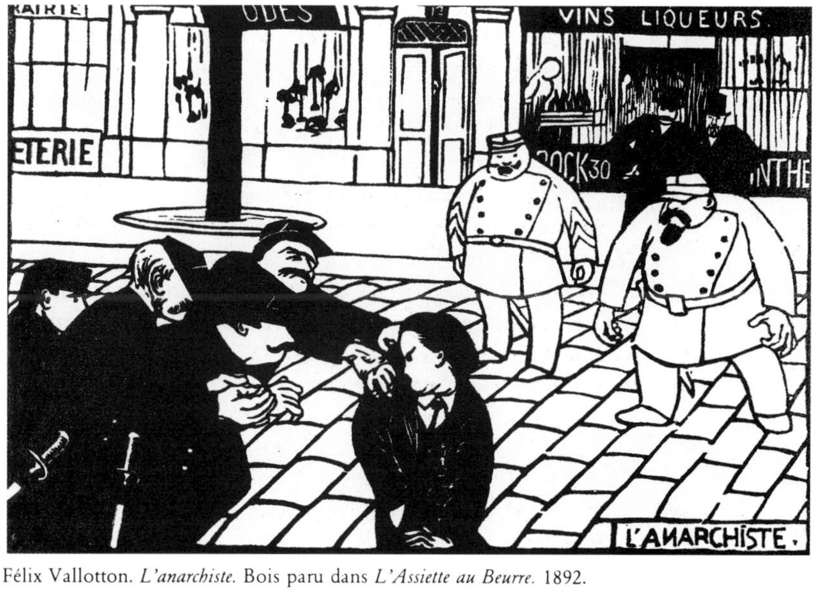

Félix Vallotton. *L'anarchiste.* Bois paru dans *L'Assiette au Beurre.* 1892.

avaient changé, l'époque des nabis est celle de l'affaire Dreyfus, du socialisme, de l'antimilitarisme, de l'anarchie militante. L'art, la littérature, se sont engagés, l'« Affaire » les partage en deux camps également combatifs. Le théâtre participe à ce bouleversement des valeurs et la première représentation d'« Ubu-Roi » de Jarry à l'Oeuvre, en 1896, avec des décors de Sérusier, Bonnard, Lautrec, Vuillard, auxquels le critique Jules Lemaître déclare ne rien comprendre, est un événement dont l'une des conséquences est le passage de l'avant-garde de la rive gauche à la rive droite où règne l'esprit du « Boulevard ».

L'adhésion des frères Natanson, grands bourgeois israélistes cultivés, (l'un d'eux, Thadée est le mari de Misia, muse adulée des peintres et des poètes), à la peinture nouvelle, est le signe d'une évolution notable. « La Revue Blanche » rassemble de nombreux écrivains "de gauche" pour qui leurs affinités avec les peintres ne sont pas seulement esthétiques mais intellectuelles et morales. En même temps que les Natanson, plusieurs grands bourgeois d'affaires, républicains de conviction, attachés au bien public et au progrès social, s'ouvrent aux idées et aux formes nouvelles : Arthur Fontaine, Claude Anet, les Desmarais, les Rouart, le musicien Ernest Chausson, Denys Cochin.

Grâce à la plupart d'entre eux, les nabis purent effectuer

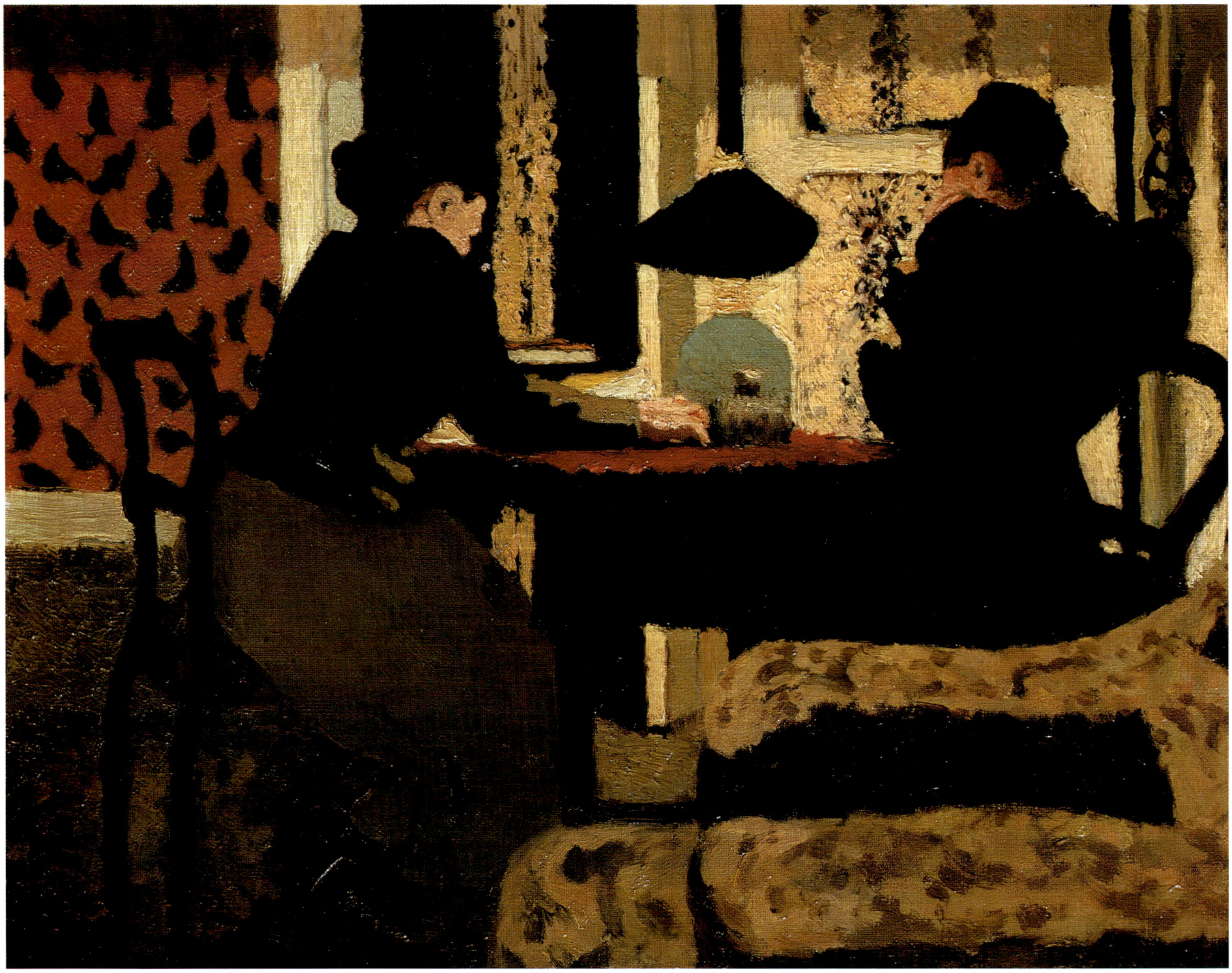

Edouard Vuillard. *Deux femmes sous la lampe.* 1892. Musée de l'Annonciade, Saint-Tropez.

plusieurs décorations d'appartements. Ainsi Vuillard travaille pour les Desmarais en 1892, les Natanson en 1894, le Dr Vaquez en 1896, Claude Anet en 1898, et Maurice Denis pour le peintre Henri Lerolle en 1892, Ernest Chausson en 1894, Denys Cochin en 1897. Leurs aplats colorés, leurs arabesques qui annoncent le goût floral de l'Art Nouveau, leur japonisme modern'style, s'adaptent fort bien aux murs ; en outre ils peignent des scènes de la vie heureuse, réunions de famille ou d'amis, divertissements, jardins, épisodes de la rue, et créent ainsi un style décoratif que l'on retrouve dans les affiches, les programmes de spectacles, les décors de théâtre, l'illustration de livres.

L'attrait des nabis pour les métiers les invite à l'artisanat ; ils exécutent des tapisseries, des vitraux, des lithographies, des gravures sur bois, et Bonnard modèle même des marionnettes. Georges Lacombe, le « nabi sculpteur », fils d'un ébéniste d'art, exécute un grand lit dont les décorations sculptées d'intentions symboliques évoquent celles de Gauguin.

Ce qui frappe surtout chez les nabis, et a séduit dans une époque particulièrement troublée leurs amateurs, c'est leur vision amusée, à la fois ironique et caustique, de la vie contemporaine, une liberté de ton très « fin-de-siècle », qu'expriment avec un esprit désinvolte et d'une rare qualité Vuillard, intimiste raffiné et coloriste sensible aux accords subtils, oscillant entre la féerie bourgeoise et la décoration *(Sous la lampe,* 1892, musée de Saint-Tropez), et Bonnard. Celui-ci peint par petites touches vibrantes juxtaposées, des nus à la toilette à la chair frémissante et ouatée ; des scènes familières ou des rues de Paris dans des gris, des ocres pâles et des teintes plus claires où progressivement apparaîtront des éclats vifs *(Le Cheval de fiacre,* 1895, coll. Mellon Bruce, New York).

Vallotton, plus froid, recherche des formes découpées, stylisées, simplifiées par aplats de tons purs ; Sérusier et Ranson conserveront les cernes cloissonnants, Maurice Denis théoricien et peintre, se fait tendre et délicat dans des compositions symboliques et poétiques aux arabesques décoratives *(Les Muses,* 1895, musée d'Art Moderne, Paris), puis exécute d'importantes décorations murales où il cherche à retrouver les leçons du Quattrocento et de Poussin. Croyant, il s'attacha très tôt à tenter de régénérer l'art religieux où son imagerie archaïque « néo-traditionniste » débouchera finalement sur l'académisme.

Le temps des Sécessions

Constituées afin de réagir contre l'académisme et l'art officiel, les Sécessions apparaissent aussi comme l'expression des différentes formes de libéralisme qui se font jour dans les pays germaniques pour combattre le nationalisme isolationniste de l'Allemagne et l'absolutisme de la monarchie austro-hongroise. L'un et l'autre tiennent farouchement à l'écart de la vie artistique les novateurs qui, en France, en Belgique, et dans une moindre mesure en Grande-Bretagne ont enfin trouvé, après 1890, des amateurs, des marchands, des défenseurs parmi la critique, quoique les pouvoirs publics persistent à les ignorer, ou à les combattre.

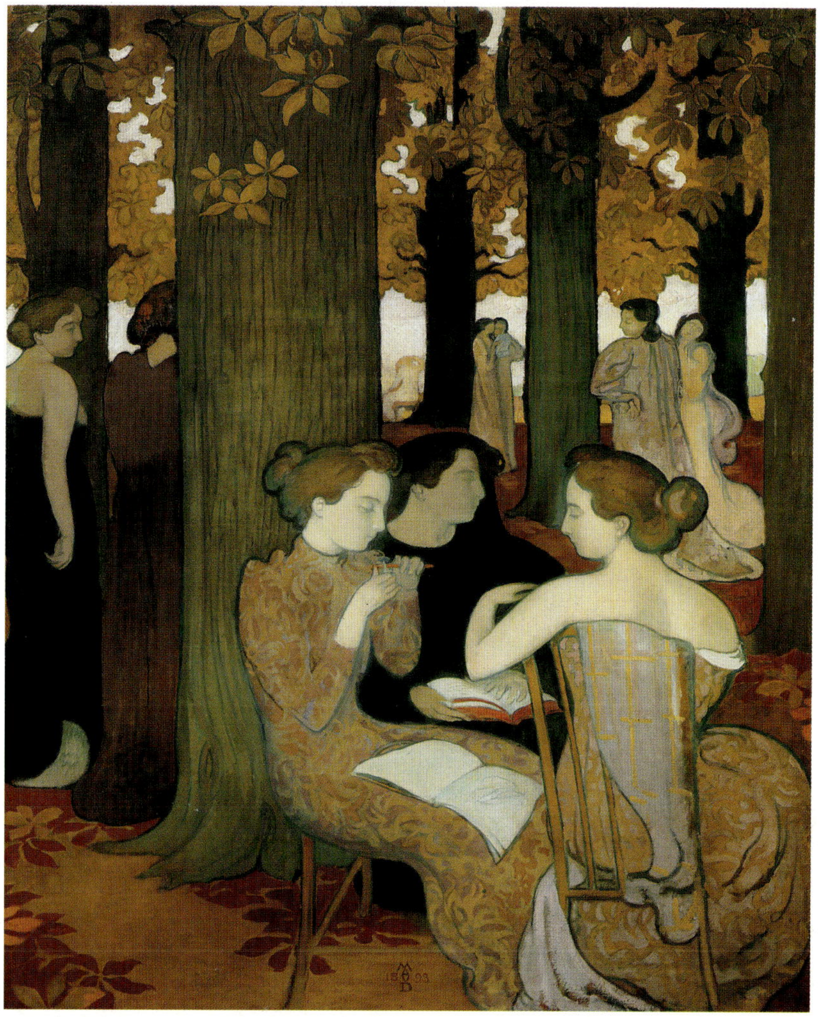
Maurice Denis. *Les muses.* 1893. Musée d'Orsay, Paris.

Les peintres allemands avaient été très influencés par le naturalisme, ils étaient venus nombreux en France où les Expositions universelles avaient attiré les artistes étrangers curieux des nouvelles écoles ; en 1879 une exposition de toiles impressionnistes avait eu lieu à Munich, elle concrétisa aux yeux des peintres germaniques, tout comme en France en 1884 la formation du salon des Indépendants, le phénomène de « sécession », de rupture avec les conventions de l'académisme et l'ostracisme du Salon officiel.

La notion de modernité en Allemagne n'est guère révolutionnaire, elle est surtout défendue par des tranfuges de l'académisme qui adoptent une facture plus libre, des couleurs claires et le goût du plein air, cherchent dans la vie quotidienne des sujets susceptibles d'illustrer cette modernité à travers les variations de la lumière.

La première Sécession est créée à Munich le 4 avril 1892, elle a pour fondateurs Franz von Stuck, Wilhelm Trübner et Fritz von Uhde ; deux mois plus tôt s'était constitué à Berlin le groupe des XI. La première exposition de la Sécession munichoise dont l'animateur était l'éditeur George Hirth, fondateur trois ans plus tard de la revue « Jugend », se tint de juin à octobre 1894 ; les Berlinois créèrent à son exemple leur propre Sécession le 21 mai 1898. Celle de Vienne était née un an plus tôt.

Fritz von Uhde à Munich, et Liebermann à Berlin, joueront un rôle de premier plan dans les groupes sécessionnistes, ce dernier surtout dont les études avaient eu pour cadre l'école des Beaux-Arts de Weimar qui défendait les formes d'art les plus novatrices, et où parmi les professeurs se trouvait l'un des premiers peintres allemands à adopter le pleinairisme, Th. Hagen. Liebermann était un grand admirateur de Degas et de Manet ; on a vu que l'impressionnisme ne fut chez lui qu'un procédé, mais il lui permet d'éclairer ses toiles et de peindre de lumineuses scènes de plein air. En revanche Von Uhde ne dépassa jamais des épisodes réalistes de genre ou bibliques assez rétrogrades, mais ses œuvres tardives seront influencées par l'impressionnisme.

Von Stück, dont les portraits et les compositions allégoriques ou symboliques avaient fait la réputation à Munich, fut le lien principal avec la Sécession de Berlin puis de Vienne où il fit d'ailleurs une exposition retentissante à celle de 1898.

Si la Sécession de Munich se montra fort peu novatrice, elle eut du moins le mérite de créer dans la capitale de la Bavière un climat d'émulation, et son exposition à Vienne, en 1894, fut saluée par les écrivains, tels Hermann Bahr ou Hugo von Hofmannsthal, et par les artistes, comme une démonstration capitale de la nouvelle modernité ; elle prit valeur d'exemple. C'est dans ce contexte qu'à leur arrivée dans la capitale bavaroise, en 1896, Jawlensky et Kandinsky venant de Russie, découvrirent l'art contemporain.

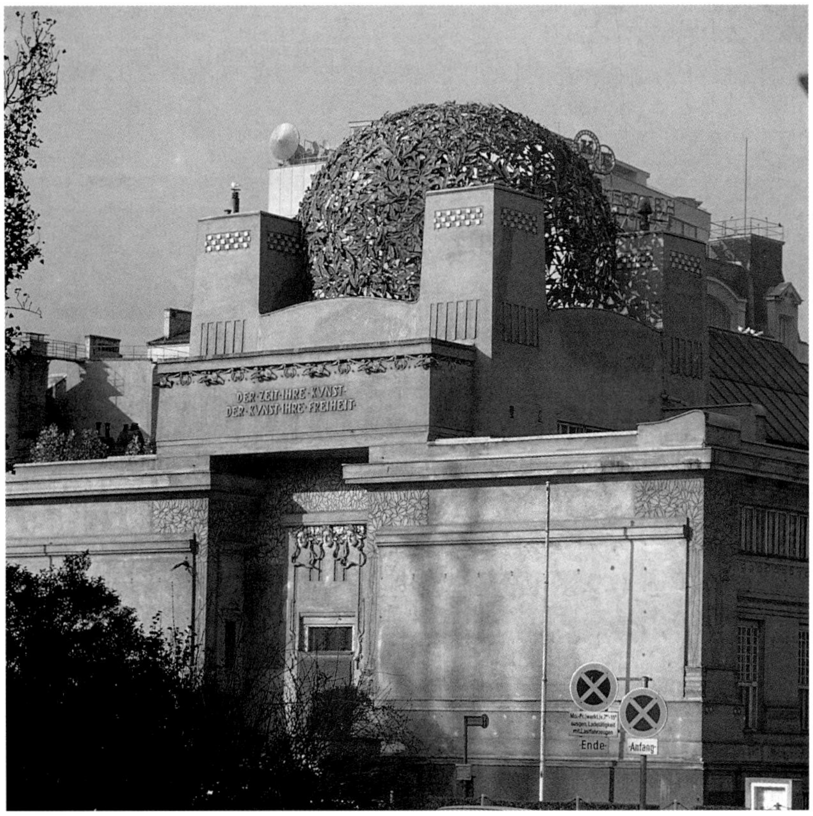

Josef Maria Olbrich. *Vienne, Palais de la Sécession.* 1898.

Vienne, crépuscule et renouveau

La Sécession berlinoise eut, grâce à l'activité de Liebermann, une activité bien plus grande, elle avait contrairement à Munich, valeur de rupture car en 1892 à l'exposition de l'Association des Artistes Berlinois, Munch qui y avait présenté quinze toiles, avait été obligé de les retirer tant le scandale qu'elles provoquèrent secoua les milieux conservateurs. Cet événement provoqua une scission parmi les exposants ; Munch et ses amis trouvèrent des défenseurs dans les milieux littéraires de la ville, notamment le directeur de la revue satirique « Pan », Bierbaum, le critique d'art Meier-Graefe, les écrivains Prybyszewski, Scheebart, Strinberg, et c'est de leurs discussions que naquit la Sécession de Berlin.

L'avant-garde occidentale y trouva place dès les premières manifestations notamment la postérité impressionniste des deux côtés du Rhin, et les courants nouveaux français que défendait, non sans problèmes, le directeur de la Galerie Nationale de Berlin, Hugo von Tschudi.

Lorsque les idées sécessionnistes atteignirent Vienne, la capitale de l'empire austro-hongrois cachait sous une façade brillante des conflits sociaux et des dissensions politiques graves. La monarchie était à son couchant. L'art officiel, tout-puissant, était symbolisé par l'« art du Ring » qui développait le long de la Ringstrasse ses riches demeures privées et ses bâtiments publics gigantesques et pompeux, véritable projection artistique et culturelle du pouvoir des libéraux maîtres de la ville ; mais ce décor comportait de persistantes lézardes.

Les artistes membres de la très officielle « Maison des Arts » qui disposait de l'autorité sur la vie artistique, expositions, acquisitions, déterminées par le goût de la haute société et de la Cour, se rebellaient contre cette tutelle, comme également contre le genre historique et allégorique en faveur. Les écrivains n'étaient pas moins révoltés ; le poète et critique Hermann Bahr déclare en 1894 : « L'art s'éloigne du naturalisme, il cherche quelque chose de nouveau. Personne ne sait encore ce que nous réserve l'avenir... Ce que l'on souhaite c'est fuir à n'importe quel prix la réalité visible... ».

Etonnante prémonition qui se vérifiera autant dans la lit-

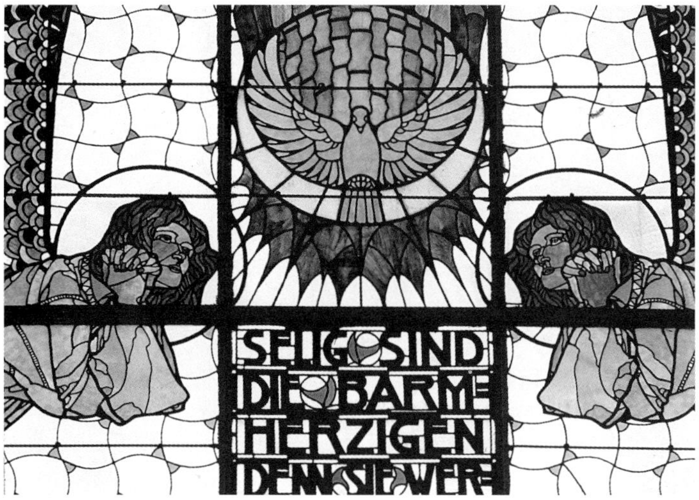

Koloman Moser. *Vienne, église Saint-Léopold au Steinhof, vitraux.* 1904-07.

térature, la poésie, la musique, que dans les arts plastiques ; la Wiener Sezession naît le 3 avril 1897, elle aura pour premier président Gustave Klimt. Parmi ses membres on compte plusieurs architectes dont Josef Maria Olbrich qui construira la « Maison de la Sécession » inaugurée en 1898, temple du culte de l'Art et de la Beauté.

La Sécession viennoise est, dans ses idées comme dans ses réalisations, la plus avant-garde de toutes, celle qui s'affirme avec le plus de force porteuse d'un renouveau au nom de la liberté créatrice pour une nouvelle culture dont le fondement serait l'« œuvre d'art totale ».

Une ambition : l'œuvre d'art totale

L'apparition de revues d'art porteuses des idées nouvelles est un phénomène d'époque. « La Revue Blanche » est née à Paris en 1891, « Pan » à Berlin en 1895, « Jugend » (La Jeunesse) est fondée à Munich en 1896 par Otto Beckmann. « Ver Sacrum » (Printemps sacré) créée en même temps que la Sécession, paraîtra jusqu'en 1903 et deviendra l'organe des artistes viennois d'avant-garde. S'adressant au grand public comme aux amateurs d'art elle apparaît comme la contribution autrichienne au nouveau « style international » prônant l'art total représenté à Londres par la revue « The Studio » qui, fondée en 1893, répand les idées esthétiques de William Morris et de son groupe.

L'« œuvre d'art totale » est la grande ambition des sécessionnistes ; ils y parviendront dans leurs différentes manifestations grâce surtout aux architectes Hoffmann et Olbrich qui, dès la première Sécession de mars 1898, créèrent des espaces d'intégration des principales disciplines plastiques. Dans ce même esprit, qui causa à Vienne une véritable révolution, Hoffmann et Koloman Moser mettront sur pied en 1903, les Wiener Werkstätte, les ateliers d'arts appliqués dont le rôle sera considérable dans l'évolution du décor intérieur et de l'objet usuel.

Ce prolongement de l'esprit sécessionniste, influencé par les idées de Ruskin et de William Morris, fut précédé en 1900 par la création de l'Ecole viennoise des Arts appliqués qui forma les artistes auxquels on devra les structures nouvelles ; elle répondait à l'ambition d'« œuvre d'art totale » de la Sécession dont les deux exemples de dimensions monumentales seront l'église Saint-Léopold au Steinhof (1904-1907) édifiée par Wagner, ornée de sculptures de Schimkowitz, de vitraux de Koloman Moser et de mosaïques de Forstner, et l'hôtel Stoclet construit par Hoffmann à Bruxelles (1905), aménagé par les Wiener Werkstätte et décoré par Klimt.

Le Jugendstil de Munich à Vienne

Le Jugendstil est le moteur activitste des Sécessions. Dérivé de la revue « Jugend » il qualifie le moment de l'histoire de l'art et des idées qui, dans les pays germaniques, caractérise la résurgence baroque, essentiellement décorative, qui préluda au « style 1900 ». Ce courant, inspiré par l'ornement végétal et l'Extrême-Orient, privilégiant la ligne sinueuse et l'entrelac, se répandra surtout dans l'architecture et les arts appliqués, et correspond à différents autres mouvements européens de même origine. Ils s'appellent « Art Nouveau » en Belgique et en France, ou par anglophilie « modern'style », « Nieuwe Kunst » en Hollande, « stile Liberty » ou « stile Nuovo » en Italie, « Modernista » ou « Arte Joven » en Espagne, « Sezessionstil » en Autriche.

Les Expositions universelles avaient, depuis la première en date à Londres en 1851, permis un brassage de formes dans l'art et le décor, dans les conceptions esthétiques et les

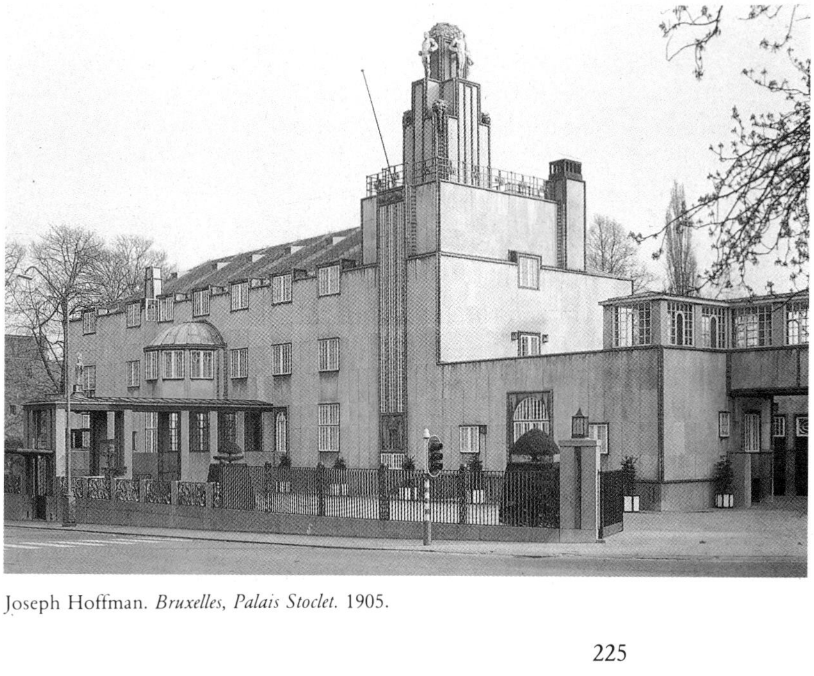
Joseph Hoffman. *Bruxelles, Palais Stoclet.* 1905.

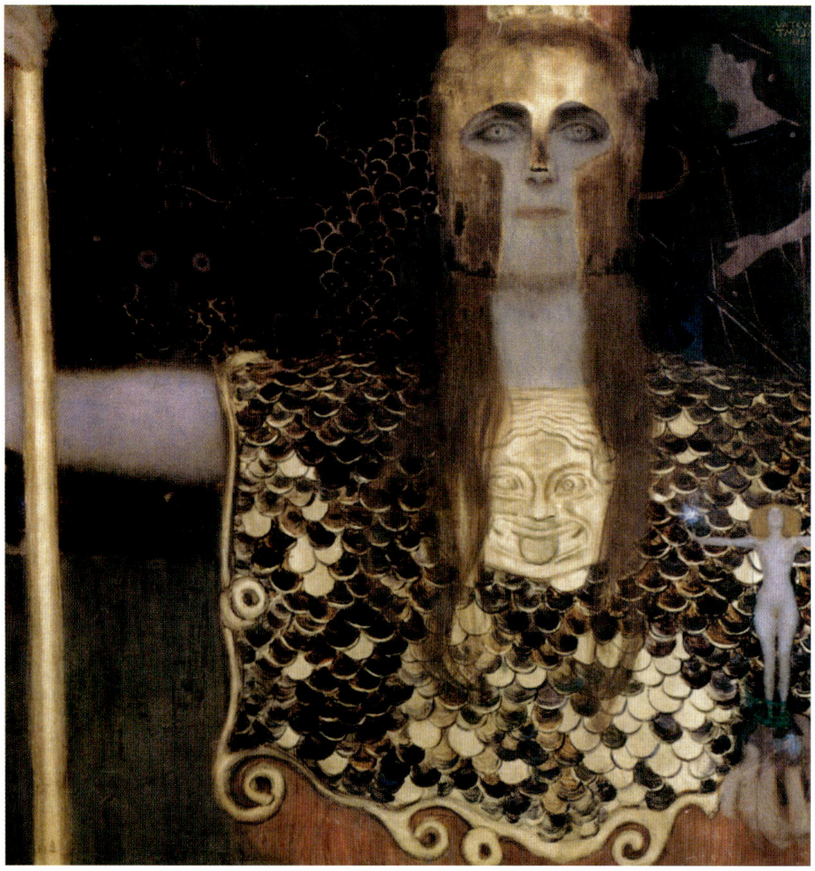

Gustav Klimt. *Pallas Athéna.* 1898. Historisches Museum der Stadt, Vienne.

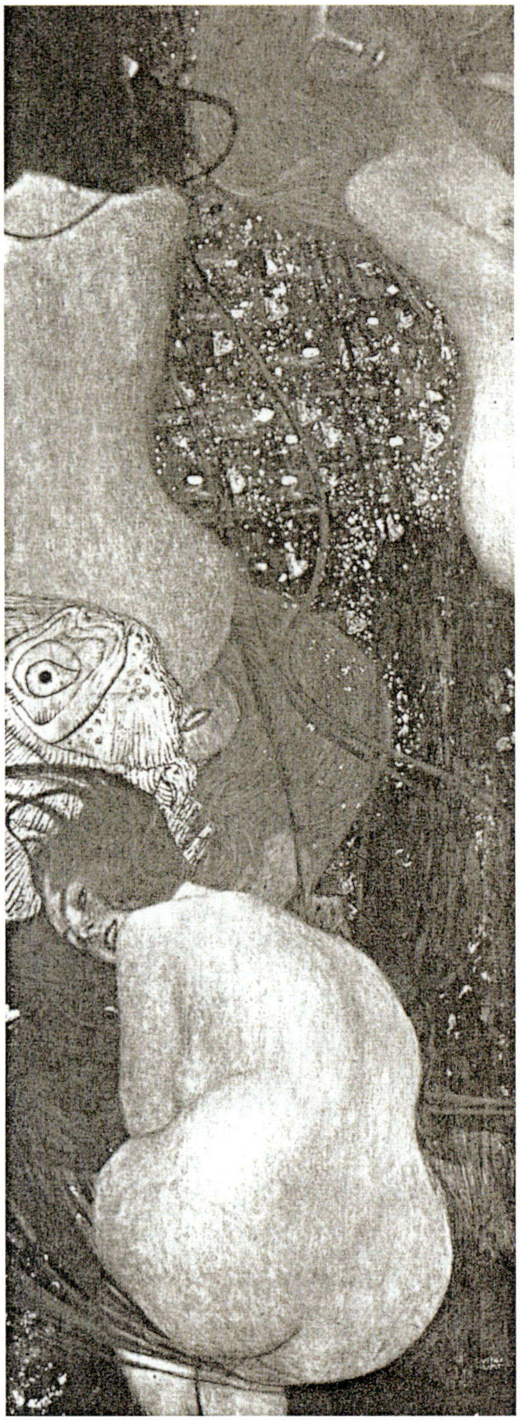

Gustav Klimt. *Poissons rouges.* 1901-02.
Schweizerisches Institut für Kunst und Wissenschaft, Zurich.

idées, tout à fait neuf entre artistes et artisans, architectes, décorateurs, mais également responsables sociaux. L'opinion selon laquelle la création artistique ne s'adresse pas seulement à une élite mais à tous, s'était considérablement développée. L'Angleterre était à la tête de ce mouvement fondé sur des communautés de pensée et de travail ; la Morris, Marshall and Faulkner Society, créée à Londres en 1861 par William Morris dans la mouvance du préraphaélisme pour la production artisanale de meubles, objets, tissus, de qualité, et celle d'Arts and Crafts, en 1888, se situent dans cette optique.

La volonté de réforme sociale est liée dans l'Europe de la fin du XIXe siècle à celle de rénovation artistique ; elle est soutenue, en Allemagne surtout, par des collectionneurs-mécènes dont Karl-Ernst Osthaus, le « manager des muses », est le plus engagé dans ses actions de propagande, et les commandes qu'il passe aux artistes auxquels, sous son impulsion, commencent à s'intéresser les milieux fortunés. En Belgique l'architecte Van de Velde, préoccupé d'intégration sociale et communautaire, jouera un rôle déterminant dans l'orientation de l'architecture et des arts appliqués ; en Angleterre Charles Rennie Mackintosh pose clairement le problème de la destination fonctionnelle de l'art.

A Barcelone c'est dans l'ambiance moderniste de la « génération de 1890 » éprise d'idées nouvelles que naissent, à l'exemple du « Jugend » munichois, les revues « Joventut » et « Arte Joven » ; tout un groupe d'artistes en est l'animateur dont Picasso qui, désireux de connaître les foyers les plus actifs du nouvel art, hésitera d'ailleurs entre Munich et Paris.

Le Jugendstil munichois culmine à la VIIe Exposition d'Art International du Glaspalatz en 1897 où s'affirment les formes linéaires et le graphisme dépouillé diffusé par « Pan » et « Jugend » dans un mélange d'expressionnisme, de symbolisme et d'Art Nouveau. Des groupes d'artistes, stimulées

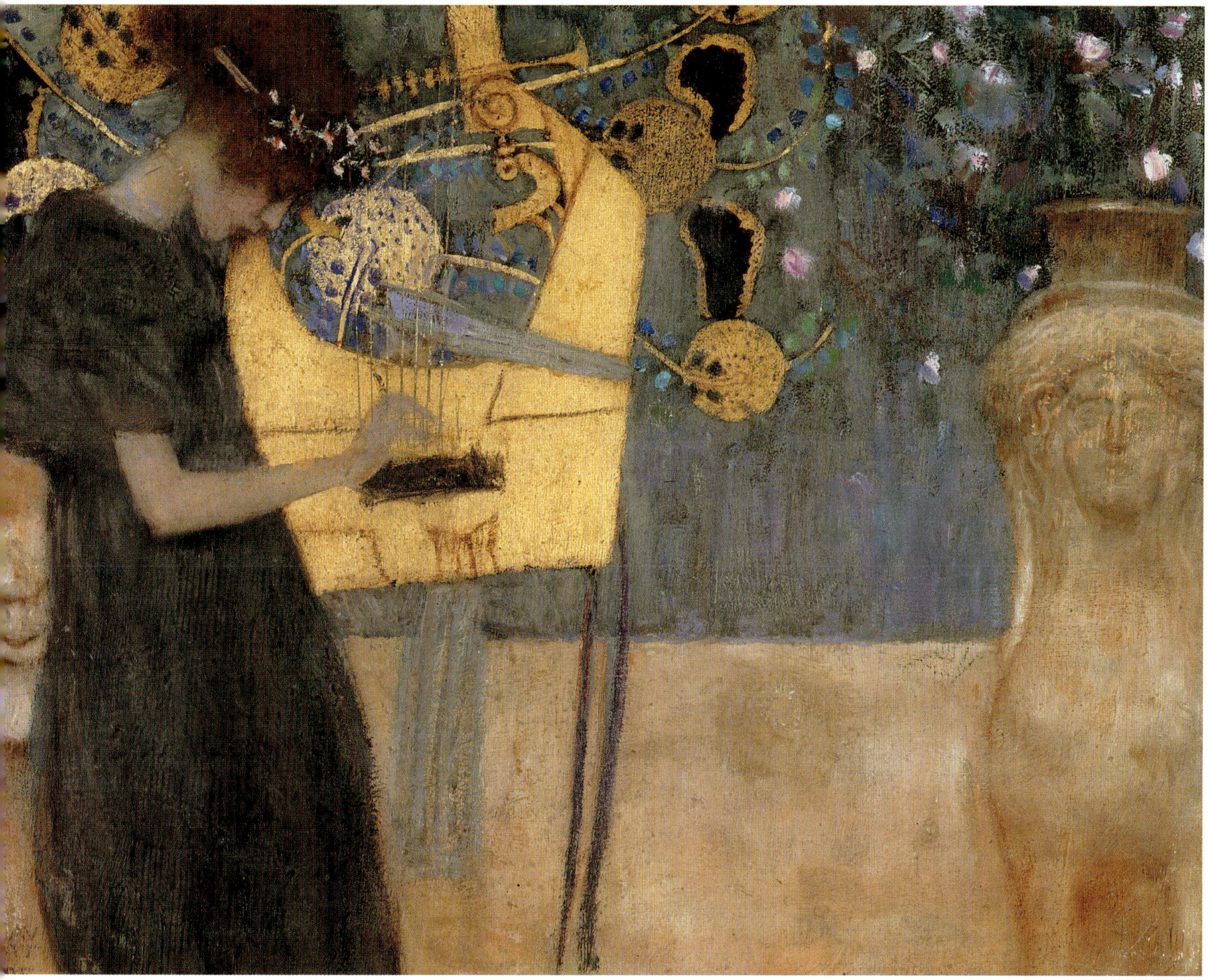

Gustav Klimt. *La Musique.* 1895. Neue Pinakothek, Munich.

par l'exemple de la capitale bavaroise, se constituent ; attirés par la vie à la campagne, comme à Barbizon et à Laethem-Saint-Martin, ils s'installent à Grötzinger, à Dachau, à Worpswede. A Munich même le groupe Die Scholle (la Glèbe) exprime bien l'orientation de ces différents courants.

Darmstadt est influencé par Munich mais aussi par Vienne ; le grand-duc de Hesse, Ernst Ludwig, y fonde en 1899 une communauté d'artistes qui construit sur la Mathildenhöhe un ensemble de bâtiments fonctionnels propres à la vie et au travail en commun dû à Josef Maria Olbrich, l'auteur de la « Maison de la Sécession » dans la capitale autrichienne. Membre fondateur de la Sécession munichoise Peter Behrens travaille également à Darmstadt où se rencontrent plusieurs autres architectes, peintres et sculpteurs qui se proposent, sous le signe Die Sieben (les Sept), d'intensifier les rapports entre les diverses disciplines plastiques.

Comme cela se passe dans la mouvance germanique du Jugendstil le groupe de Darmstadt est très différencié, et le style d'Olbrich est même opposé à celui de Behrens. Le dénominateur commun des artistes est le refus des facteurs historiques, l'économie des moyens, les rythmes décoratifs, l'utilisation de l'ornement, discrète ou exubérante selon les personnalités ou les écoles. A Munich l'influence du Catalan Gaudi est sensible sur l'architecte August Endell et le sculpteur Obrist.

Mais c'est dans la Vienne cosmopolite, bouillonnante et raffinée de la fin du siècle, que le Jugendstil allait trouver son plein épanouissement ; la suprématie politique qu'avait exercée l'empire des Habsbourg était sur son déclin. Une extraordinaire domination, pacifique celle-là mais combien plus durable, allait lui succéder grâce à ses artistes, ses intellectuels, ses musiciens, ses penseurs, ses écrivains. Ce renouveau a pour moteur la Sécession qui, durant huit années, de 1897 à 1905, bénéficiant du soutien d'une grande partie de la critique non-officielle et de la bourgeoisie industrielle, aura une action capitale sur le présent mais aussi sur l'avenir.

Les jeunes artistes sont nombreux dans la capitale de l'Autriche. Gustave Klimt est le plus important, il a trente-cinq ans lorsqu'il est porté à la tête de la Sécession.

Klimt choisit la modernité

La carrière de Klimt a commencé sous le digne de l'académisme et de l'art officiel. Chargé, en 1886-87 de la décoration de l'escalier d'honneur et des plafonds du nouveau Burgtheater, il connaît un immense succès ; d'autres commandes suivent dont l'achèvement des peintures du Kunsthistorisches Museum interrompues par la mort de Hans Makart. Klimt exécute aussi des portraits mondains très appréciés.

Quoique guère novateur, il fréquente les milieux d'avant-garde ; la Sécession de Munich, les courants symbolistes, les œuvres de Whistler, de Félicien Rops, de Khnopff ou de Klinger qu'il voit à l'exposition de Vienne en 1895, le stimulent ; son académisme mièvre et précis s'oriente vers un style plus nerveux où le nu féminin joue un rôle capital. Sa première version de *La Musique* (1895, Neue Pinakothek, Munich) accuse cette évolution vers l'esprit et les formes sécessionnistes ; elle traduit également, sous l'inspiration des milieux intellectuels viennois, un changement dans son comportement. Son indépendance, en tant qu'artiste, en subit le contrecoup.

La Sécession, dont il accepte la présidence, lui donne l'occasion de s'affirmer. Est-il conscient qu'il risque sa réputation et ses commandes ? Choisit-il cette voie pour prendre rang dans la modernité dont il pressent l'avènement dans le bouillonnement des cercles « avancés » viennois, notamment le Jung Wien. Il quitte la très officielle Corporation des Artistes Autrichiens, la Kunsterlhaus, en compagnie d'une quarantaine d'amis, et participe à la création de « Ver Sacrum » où il publiera de nombreux dessins et gravures.

Klimt prend au sérieux sa tâche présidentielle ; il ne se considère pas, opinion qu'il partage avec la majorité des sécessionnistes, comme un révolutionnaire, et il ne lutte pas pour la modernité à tout prix. L'ambition de la Sécession viennoise est surtout, à l'exemple d'Arts and Crafts, d'abolir la différence entre arts mineurs et « Grand Art », les objets utilitaires et les œuvres de pure délectation. Le décorateur prestigieux du Burgtheater, le peintre des belles Viennoises, se donne une mission, éveiller et former les consciences en refusant toute compromission avec les conventions établies et les préjugés bourgeois.

Pallas Athéna (Historisches Museum der Stadt, Vienne) rompt, à la seconde exposition de la Sécession en 1898 avec le style poétique et raffiné auquel son public s'était habitué ; ce naturalisme symboliste choque, mais le scandale éclate lorsque Klimt montre trois des toiles qui lui avaient été commandées, en 1896, pour l'« Aula Magna » de l'Université de la capitale, *La Philosophie, la Médecine* et *le Droit.* Les ambiguïtés de la composition, les corps nus et grouillants, aux regards hagards ou désespérés, leur sensualité agressive associée à des symboles équivoques, déchaînent des tempêtes de protestations ; la provocation atteint son paroxysme avec *La Jurisprudence* exposée en 1902. Ces peintures n'orneront jamais les murs de l'Université.

A partir des années 1902-1903 Klimt commence sa période réellement novatrice ; il ne recevra plus de commandes d'Etat, les autorités se détournent de lui mais il conquiert un nouveau public fasciné par l'originalité d'une œuvre où la richesse de la matière se mêle à la subtilité du

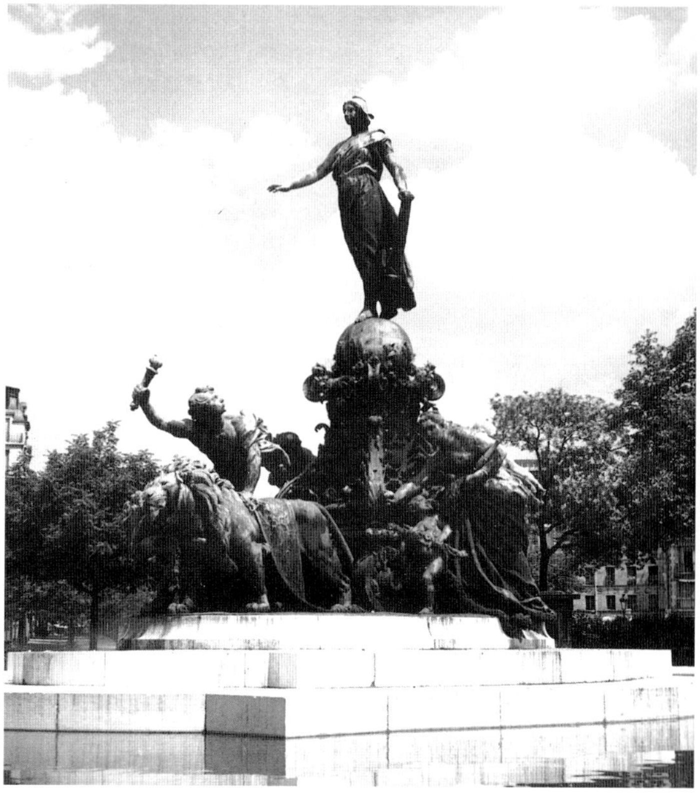

A.J. Dalou. *Paris, place de la Nation, Triomphe de la République.* 1879-99.

graphisme et aux audaces de la composition. Mais celle-ci appartient, comme Egon Schiele et Kokoschka, au XXe siècle.

L'art social : Constantin Meunier et Dalou

Les naturalistes et les positivistes avaient pris, au milieu du siècle, une position franche : l'art est du domaine public ; cette revendication touchait surtout les sculpteurs. Bien qu'il traitât la sculpture d'« art des Caraïbes » Baudelaire lui assignait, peut-être parce qu'il la jugeait « ennuyeuse », un rôle bien défini : inviter l'homme à « penser aux choses qui ne sont pas de la terre » en lui racontant « dans un langage muet les pompeuses légendes de la gloire, de la guerre, de la science et du martyre ».

Ainsi était née la statuaire commémorative, édifiante ou didactique, de plein air ; mais hormis Rude et David d'Angers sous la monarchie de Juillet, et Carpeaux sous le second Empire, les commandes avaient été attribuées à des artistes médiocres. Installée au cœur de la ville, inaugurée par ses édiles, l'œuvre d'art propriété de la communauté sociale, et sa protégée, devait plaire et être comprise par tous. L'éducation politique, historique, voire artistique, se faisait grâce à elle ; si le symbole et l'allégorie autorisaient, de la part de l'artiste, certaines fantaisies où l'imagination primait la vérité, il n'en était pas de même des personnages historiques surtout contemporains!

Le courant naturaliste ajouta, dans le dernier quart du XIXe siècle, l'art social à l'art public. La commande, d'abord limitée aux « grands hommes », connut avec la glorification des travailleurs et du travail, un regain d'intérêt, et grâce à Constantin Meunier en Belgique, Dalou en France et Vincenzo Vola en Italie, de qualité. Plusieurs années auparavant l'ouvrier et le paysan étaient entrés dans la peinture grâce à Courbet, Daumier ou Millet, les voilà désormais dans la rue!

L'art académique, soucieux de sensibilité « moyenne », avait popularisé l'image, qui touchait facilement le public, de l'ouvrier accablé par le travail et la misère, du débardeur écrasé sous la charge, du paysan courbé sur la glèbe ; Constantin Meunier qui, d'abord peintre, n'aborda la sculpture que la cinquantaine passée, choisit cette voie dans le but de familiariser le citadin, sans artifices ni sentimentalisme, avec l'effort de l'homme subissant la lourde servitude du travail. Son groupe *Le Coup de grisou* (1887), inspiré par une catastrophe minière, souleva une intense émotion ; mais dans son célèbre *Monument au travail* interrompu par sa mort en 1905, et érigé à Bruxelles seulement en 1930, il substitue à la représentation réaliste la célébration. Le travailleur n'est plus un esclave ; jadis inférieur, il est maintenant grâce aux conquêtes sociales l'égal des autres hommes, il relève la tête et regarde la vie avec confiance.

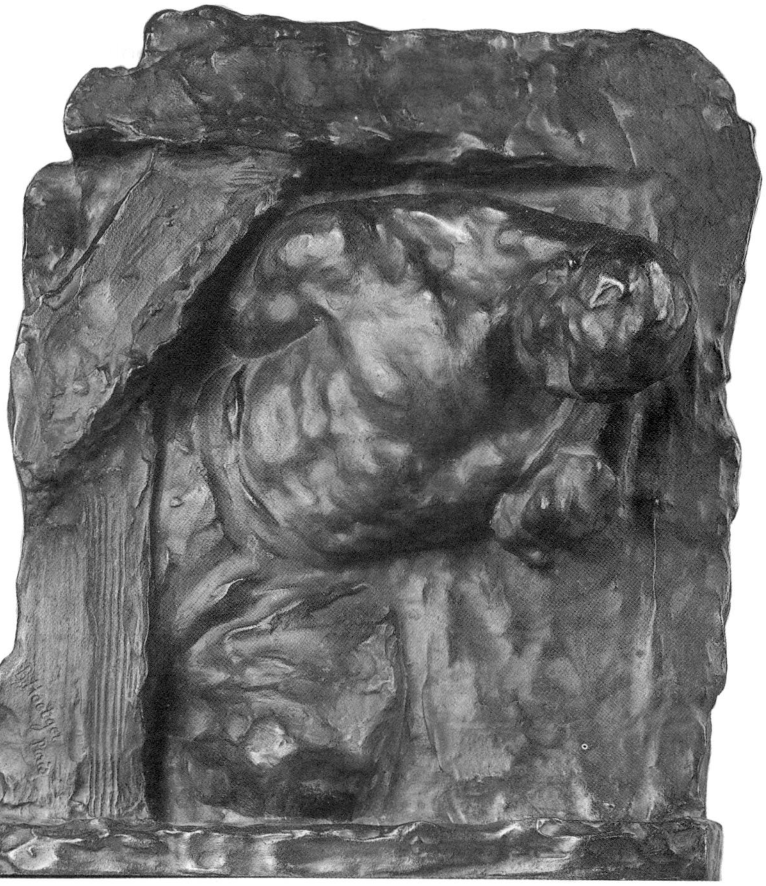

Bernhard Hoetger. *La machine humaine.* 1902. Musée d'Orsay, Paris.

Chaque type de Constantin Meunier est un symbole, comme dans les monuments commémoratifs des grands hommes Gambetta l'est de l'éloquence, Victor Hugo de la poésie, le député Baudin du sacrifice ; la commande publique a reconnu l'art social mais Dalou, mort en 1902, n'eut pas la possibilité d'achever le monument qu'il rêvait d'élever à la gloire des ouvriers et des travailleurs, et pour lequel il avait exécuté plusieurs figures.

Il reste le sculpteur par excellence de la IIIe République comme Carpeaux l'avait été du second Empire ; ses engagements politiques dans la Commune de 1871 l'avaient obligé à s'exiler en Angleterre, et il fut condamné par contumace aux travaux forcés. Bénéficiant en 1879 de l'amnistie il rentra en France où il poursuivit une œuvre marquée par les intentions sociales, la *Boulonnaise au rameau* (1871) *Paysanne française allaitant* (1871), *La Charité* (1877). Un an

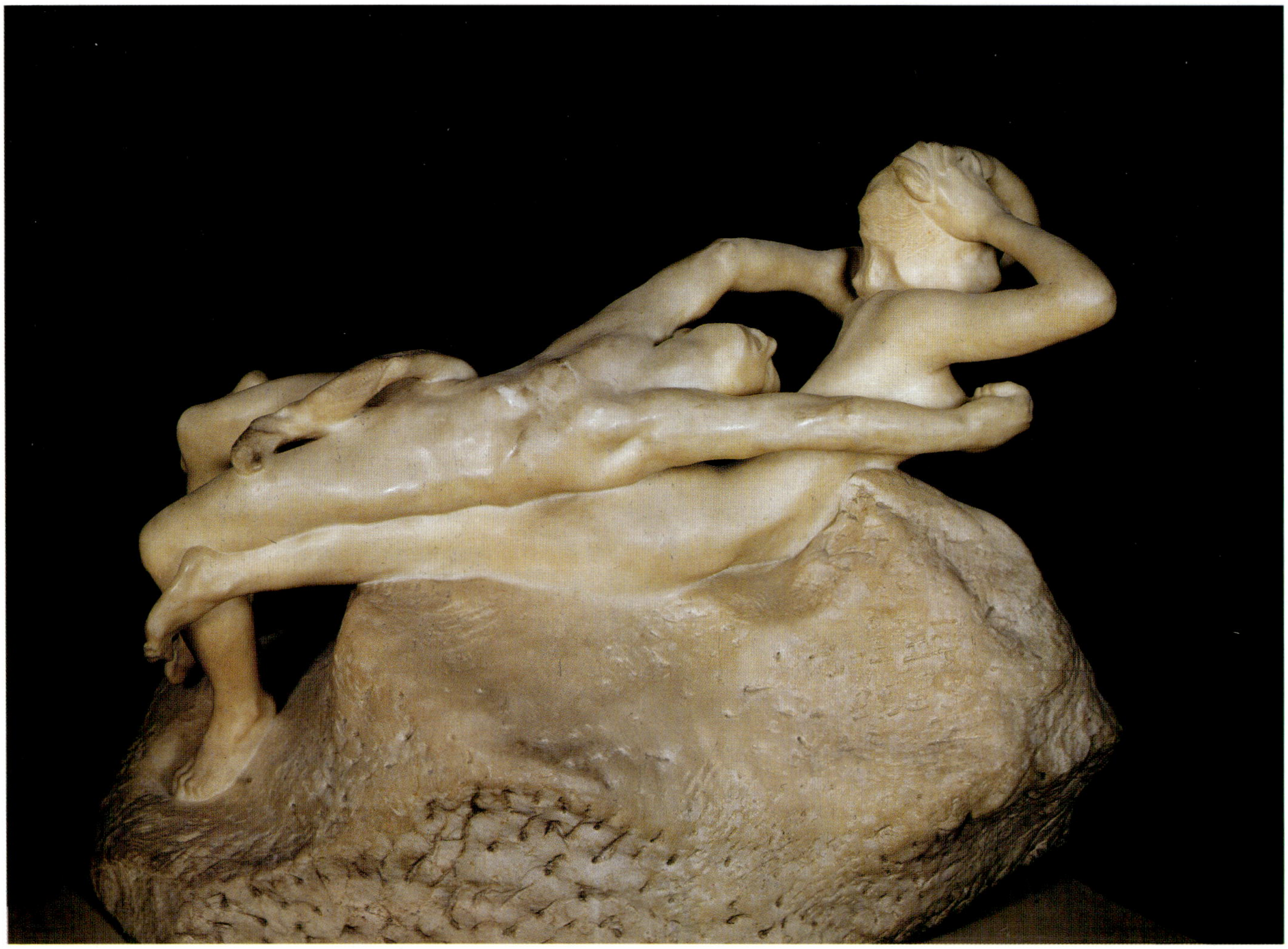

Auguste Rodin. *Fugit Amor.* Avant 1887. Musée Rodin, Paris.

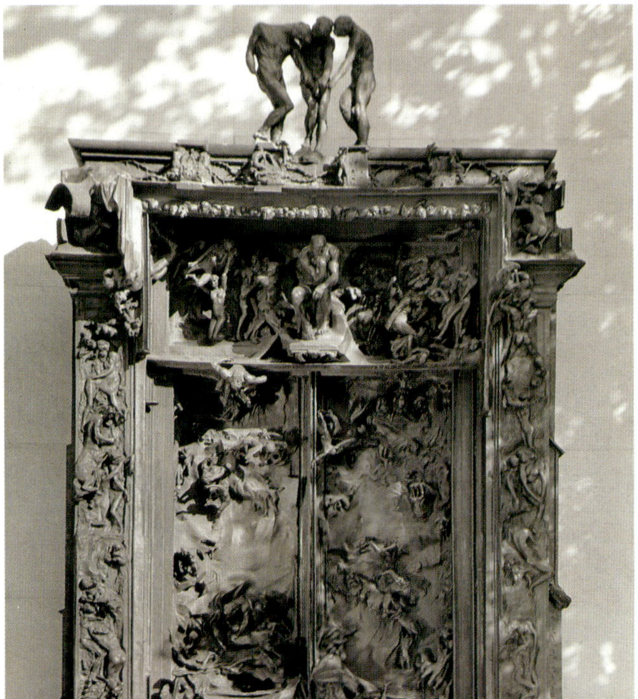

Auguste Rodin. *La Porte de l'Enfer.* 1880-1917. Musée Rodin, Paris.

avant son retour il avait envoyé au concours ouvert par la Ville de Paris, la maquette du *Triomphe de la République ;* bien que ne répondant pas au programme imposé pour la place de ce nom, cette œuvre fut jugée si remarquable qu'elle fut installée place de la Nation et inaugurée en 1899.

Inspirée par l'art triomphal de Versaillés cette composition au baroque superbement ordonnancé, présente une nouveauté symbolique, la figure du travailleur en sabots et tablier, la masse sur l'épaule, pousse la roue du char de l'Etat.

Dalou exécuta aussi les tombeaux de Blanqui, de Victor Noir, et de Charles Floquet au Père Lachaise, qui illustrent bien ses orientations politiques ; mais son œuvre reste inégale, marquée d'influences souvent contradictoires. En dehors des commandes officiellles il fit quantité d'œuvres plus sensibles dont beaucoup destinées à son monument aux ouvriers ; seul le *Grand Paysan* fut réalisé grandeur nature (1898-1902). C'est dans la même optique que l'Italien Achille d'Orsi réalisa son impressionnant *Proximus Tuus* (1880) représentant un piocheur saisi, exténué, pendant un court moment de repos.

Les Victimes du travail (1882) évoquant le difficile percement du tunnel du Saint-Gothard, par Vincenzo Vola, inaugurent une forme de sculpture processionnelle qui apparaît comme la transposition contemporaine et profane des thè-

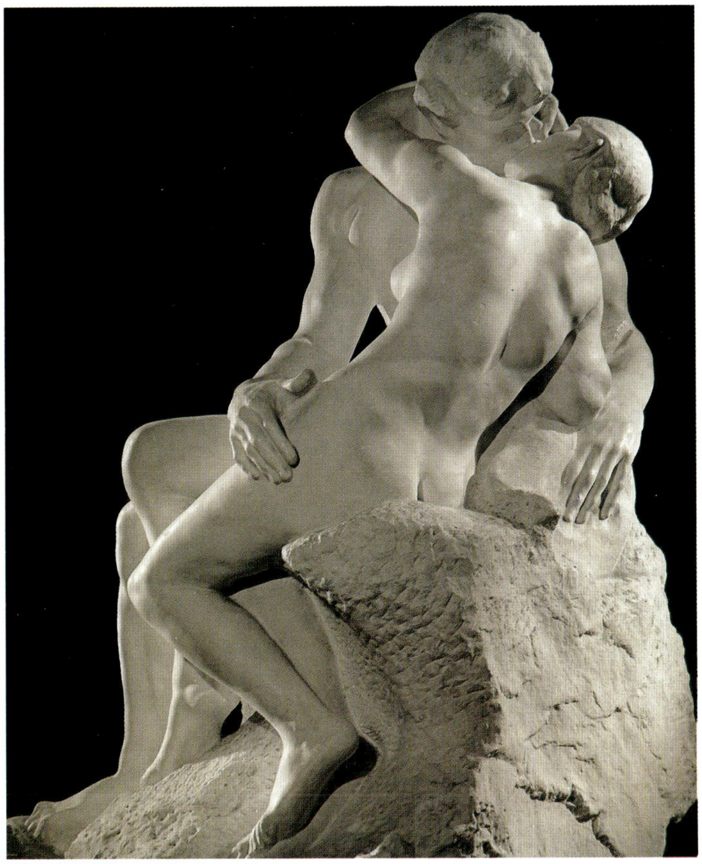

Auguste Rodin. *Le baiser.* 1886. Musée Rodin, Paris.

mes du Christ mort et de la Pietà. L'épopée de l'industrialisation a son prix souvent cher à payer comme l'exprime *La Machine humaine* (1902) de Bernhard Hoetger.

Ce style réaliste deviendra dans toute l'Europe occidentale le langage du monument public, statues ou groupes commémoratifs, bas-reliefs, tombeaux, etc. Rodin, si peu « officiel », reçut d'importantes commandes dans cet esprit, notamment en 1880 *La Porte de l'Enfer* pour le musée des Arts décoratifs qui, prévu quai d'Orsay (aujourd'hui quai Anatole France), ne fut jamais construit (on éleva à la place la gare d'Orsay), et en 1885 les *Bourgeois de Calais* pour cette ville. La commande publique était pour Rodin, dont l'art était violemment contesté, non seulement le moyen de prouver l'originalité de son talent, mais d'accéder à la réussite sociale et à la considération officielle. Or, refusant de se soumettre aux règles, qu'il jugeait caduques, de la statuaire monumentale, et déniant aux commissions d'acceptation le droit de le juger, il connaîtra les pires mécomptes.

Rodin puissant et passionné

L'œuvre immense de Rodin éclaire la double démarche de l'homme et de l'artiste, éclectisme et voracité. Comme plus tard Picasso, il interrogea avec passion toutes les civilisations, dont il collectionna de multiples exemples, de l'Egypte, de l'Inde, de la Grèce, du Moyen Age, etc. Son avidité trahissait son inquiétude sur la nature et la destination de la sculpture ; toute sa vie il chercha à concilier le travail de la matière à travers la recherche des volumes, et le mouvement de la vie qu'il appréhendait avec plus de force dans les fragments de corps. Ainsi parvenait-il à faire « parler » le plâtre ou le marbre silencieux par nature ; Rodin ne représente pas la vérité anatomique d'un corps individuel, il évoque la transformation des formes dans la mobilité même de la matière et fixe dans l'œuvre la somme d'instants de cette mobilité ; la *Porte de l'Enfer* à laquelle il travailla, malgré l'échec du projet initial, sa vie durant, est l'expression grandiose de la puissance créatrice du sculpteur dans l'agencement sensible et savant des formes. La plupart des figures qu'il exécuta dans l'esprit du thème dantesque s'y intégrent ; plus tard il les détacha pour leur donner une vie indépen-

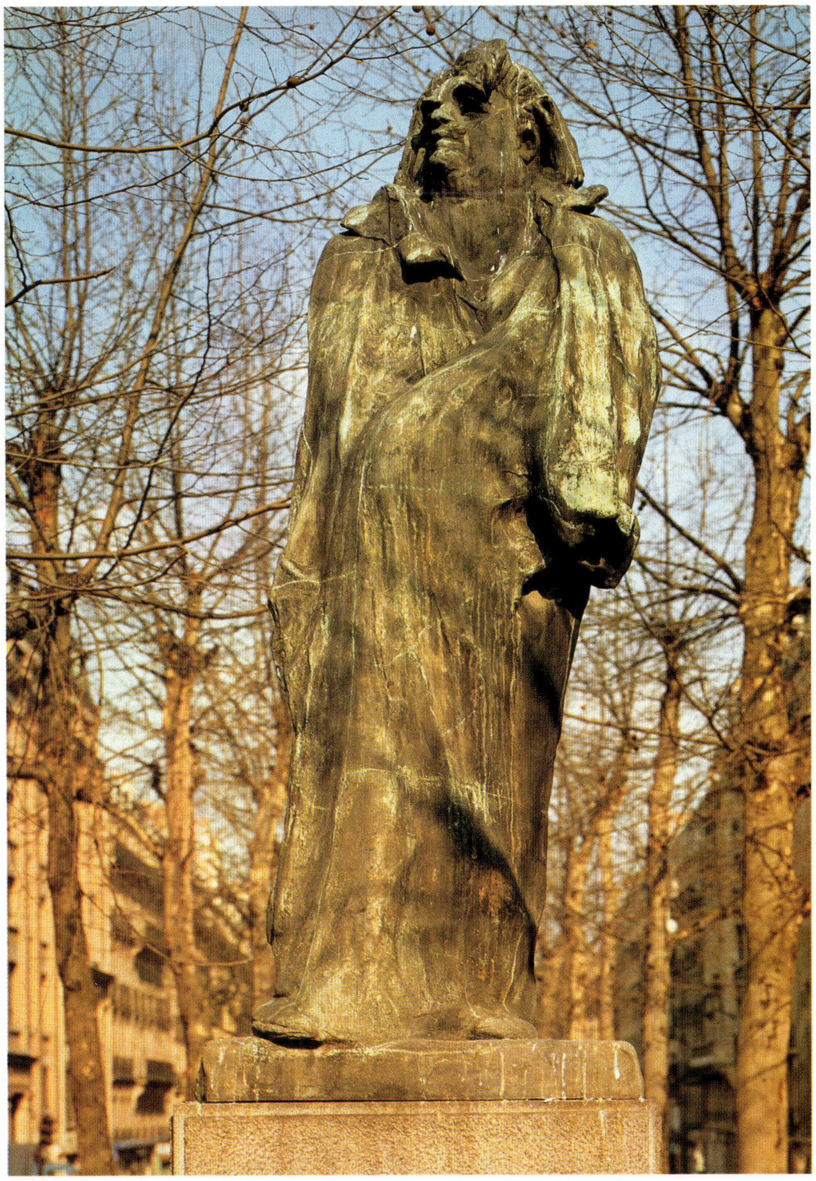

Auguste Rodin. *Paris, statue de Balzac au carrefour Vavin-Raspail.* 1891-98.

dante, *Le Penseur* (1880), *Adam* et *Eve* (1881), *La Luxure* (1882), *Fugit Amor* (avant 1887), *Le Baiser* (1886) etc.

C'est Emile Zola président de la Société des Gens de lettres qui lui commanda, en 1892, le monument de Balzac dont Rodin fit de nombreuses études avant de parvenir à cette silhouette massive, altière et dédaigneuse, drapée dans une robe de chambre, qui causa un énorme scandale et fut refusée par la Société. Elle ne fut érigée, carrefour Vavin à Montparnasse, qu'en 1939. C'est l'un des plus impressionnants chefs-d'œuvre du maître ; poursuivant la vérité intérieure sous la forme Rodin la fouille par plans violemment accusés là où pénètre, ou s'accroche, la lumière. Il met dans ce travail en profondeur une puissance et une sensualité rarement égalées dans la sculpture de son époque.

Aussi ne cessa-t-il d'accumuler les esquisses, les ébauches modelées, les dessins et les sanguines qui tous expriment sa passion du corps humain.

Carpeaux excepté, Rodin fut le plus saisissant modeleur de bustes que le XIXe siècle ait produit ; cherchant le caractère par d'innombrables études il parvient à une vérité qui ne plut pas toujours à ses modèles, qu'il s'agisse de *Clemenceau* ou du pape *Benoît XV.* Ses portraits les plus libres sont ceux des femmes auxquelles il était le plus sentimentalement attaché, soit à cause de leur beauté comme *Madame Vicuna* (1884), ou des liens intimes qu'il entretenait avec elles, comme Rose Beuret, le modèle de ses débuts, épousée peu avant sa mort après plus d'un demi-siècle de liaison, ou Camille Claudel avec qui il eut des amours passionnées.

Cette jeune femme volontaire et obstinée, sœur du poète du *Partage de Midi,* qui devait mourir en 1943 après trente ans d'internement, a réalisé une œuvre certes proche de celle de son maître, mais d'un lyrisme maîtrisé, d'une sensibilité douloureuse où perce le drame de sa vie exaltée et humiliée (*L'Age mûr,* 1899, musée d'Orsay, Paris).

Quand le siècle commence Rodin est parvenu, malgré les difficultés, à la notoriété internationale ; son exposition rétrospective au pavillon de l'Alma, en 1900, assure sa réputation et le consacre le plus grand sculpteur de son temps. Son influence est énorme, et rares sont les jeunes plasticiens qui y échappent ; ce sera le mérite des plus originaux, Maillol et Brancusi, aussi différents que possible l'un de l'autre, de s'en détacher.

Lorsque Rodin eut achevé en 1898 son *Balzac,* il eut une controverse très vive avec le sculpteur italien Medardo Rosso sur leur priorité respective dans l'introduction du modelé impressionniste en sculpture. Une polémique non moins violente suivit ; reprise par la critique, elle brouilla les deux artistes pourtant fondamentalement opposés par la conception de leur art et ses problèmes techniques.

Medardo Rosso était déjà connu et apprécié en Italie quand il arriva à Paris en 1884 ; il exposa, alors que l'impressionnisme commençait à être admis, une sculpture *Impression d'omnibus* (détruite par accident en 1927). Son intention était de capter l'atmosphère *(Impression de boulevard, la nuit,* vers 1895, détruit), ou l'instant *(Conversation dans un jardin,* vers 1896) en usant d'effets de matière afin de rendre le frémissement de la forme, ou son enveloppement par la lumière.

Pour mieux rendre cette vision picturale du réel, Rosso utilisa la cire, matériau malléable et fluide qui lui permit des effets d'une poésie mélancolique exprimant la grâce de l'enfance *(L'Enfant au soleil,* vers 1892) ou la délicatesse du visage féminin *(La Dame à la voilette,* 1893).

Cette conception de la forme, comme modelée par la lumière et l'air, était profondément originale ; pour Rosso la figure émerge du chaos originel sous l'effet de la lumière, et elle conserve les traces de ce passage plus ou moins rapide et incertain. Le visage apparaît comme une surface lumineuse tremblante et voilée.

De *La Conversation dans un Jardin,* Margaret Barr écrit fort justement : « dans un instant les personnages auront changé de place, la conversation aura pris un autre tour et cette "impression" de la scène sera le seul souvenir de l'événement ». Medardo Rosso fige en un contraste ombre-lumière un moment fugitif du premier coup d'œil ; ainsi le frémissement de la vie peut-il animer la matière comme si elle était un corps vivant. C'était aussi l'ambition de ces peintres-sculpteurs qu'étaient Renoir et Degas, et naturellement de Rodin.

Le primitivisme dans l'art et chez Gauguin

Le primitivisme est l'un des courants principaux de l'art à la fin du XIXe siècle. Il est surtout important par les résonances qu'il eut au siècle suivant, mais son influence fut déterminante sur certains artistes, notamment Gauguin.

Si la découverte des arts tribaux provoqua une rupture dans la tradition occidentale, elle ne constitua pas le seul apport « exotique » ; le XIXe siècle avait englobé dans le qualificatif de « primitives » toutes les civilisations qu'il aracha aux ombres d'un pasé encore mal connu, l'Egypte, la Perse, l'Inde, l'Asie du Sud-Est, le Mexique, l'Afrique, et même les styles occidentaux antérieurs à la Renaissance appréciés pour leur « simplicité », leur sincérité », leur « pureté ».

Les connotations de « primitif » et de « sauvage » se complétaient, ce dernier qualificatif étant réservé aux arts non accidentaux. Van Gogh traitait de « primitifs » les styles égyptien et aztèque du Mexique, mais il parlait d'artistes « sauvages » à propos des maîtres de l'estampe japonaise qu'il admirait. Gauguin utilisait indifféremment les termes

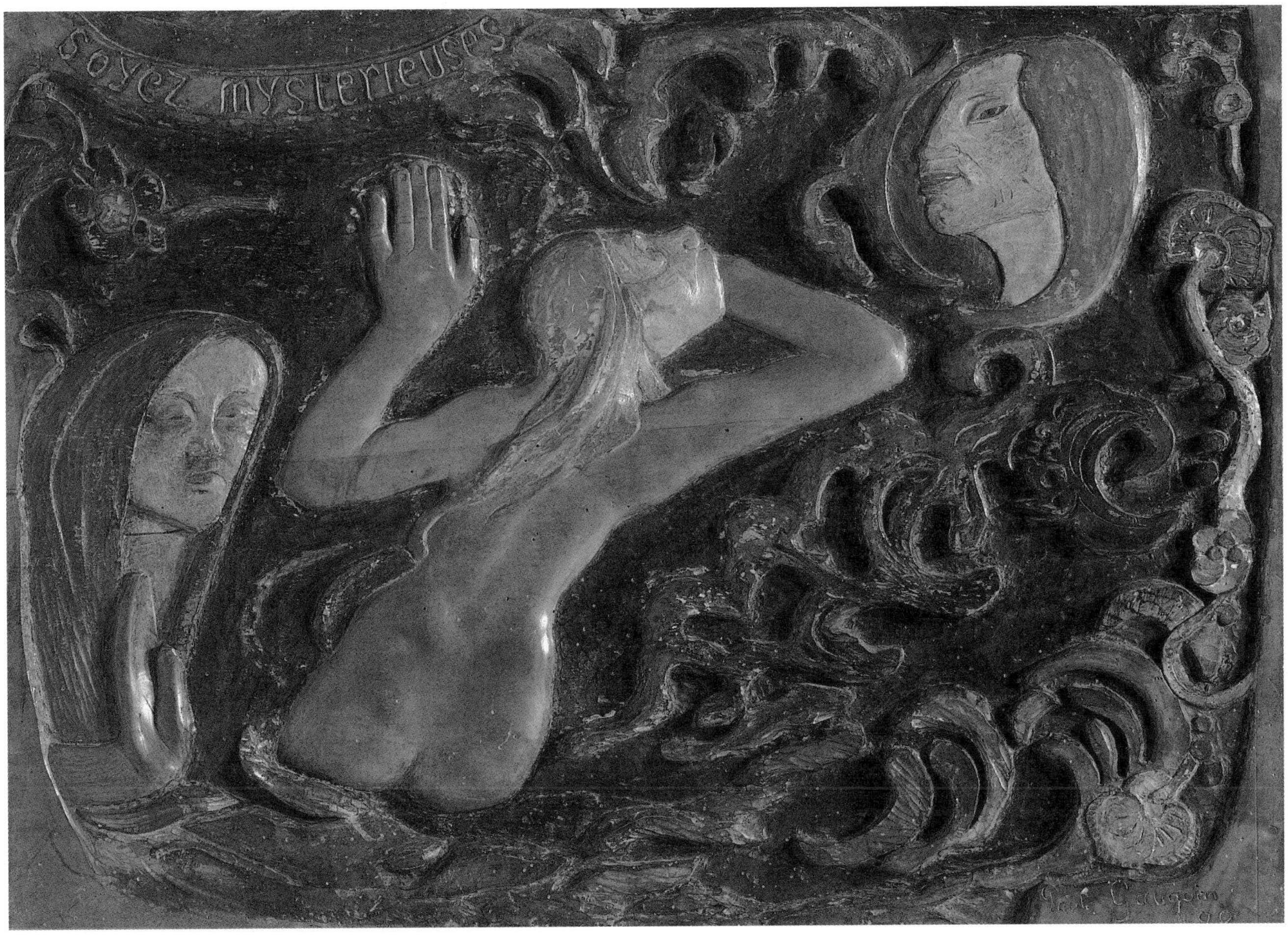

Paul Gauguin. *Soyez mystérieuses.* 1890. Musée d'Orsay, Paris.

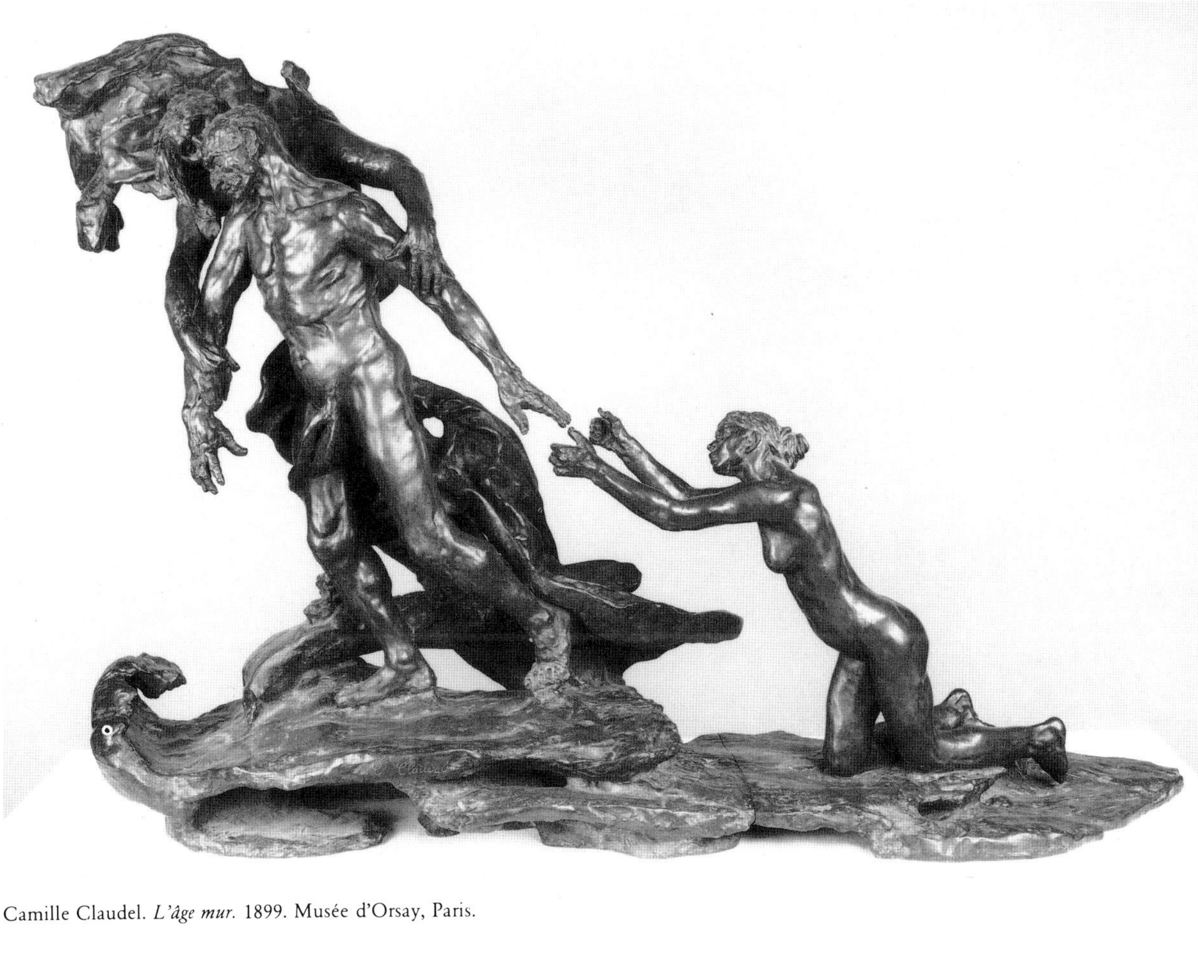

Camille Claudel. *L'âge mur.* 1899. Musée d'Orsay, Paris.

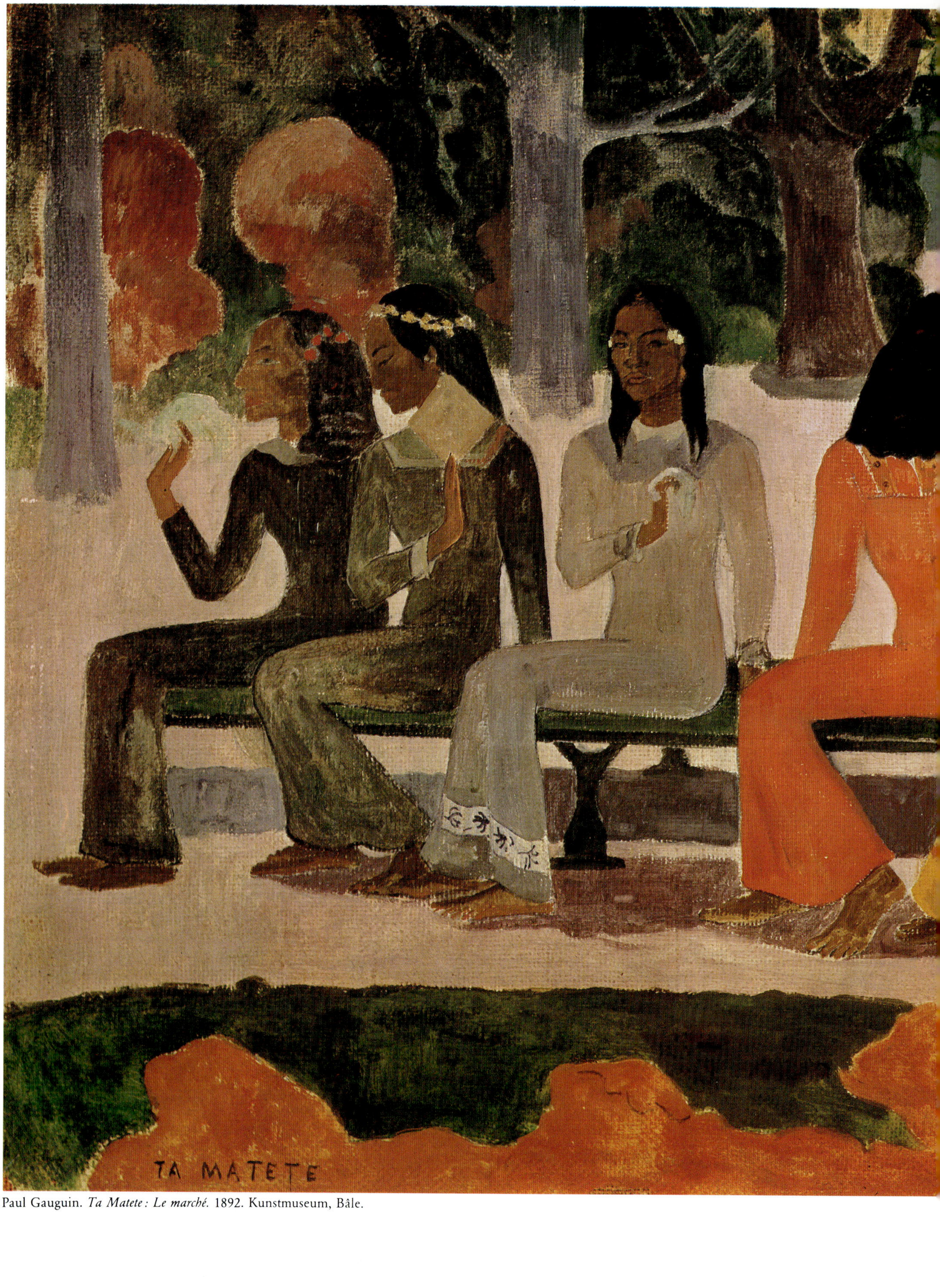

Paul Gauguin. *Ta Matete : Le marché.* 1892. Kunstmuseum, Bâle.

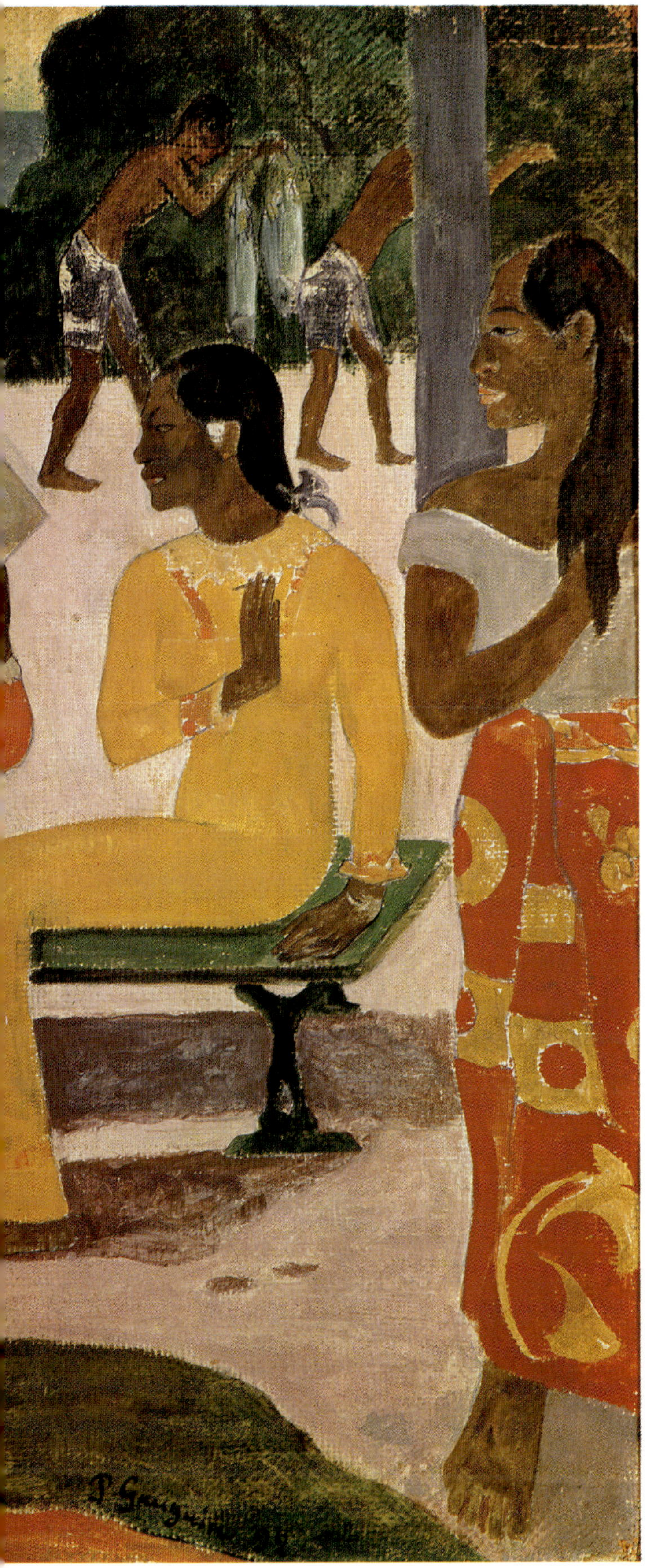

de « primitif » et de « sauvage » pour qualifier les arts de la Perse, de l'Egypte, de l'Asie du Sud-Est, et il alla en Océanie pour retrouver la « barbarie » c'est-à-dire pour lui l'innocence. Il était moins attiré par leur art que par leur religion et leur style de vie.

L'introduction du primitivisme dans l'art occidental est une longue histoire depuis les objets insolites réunis dans les « cabinets de curiosités » jusqu'à l'exotisme du XVIIIe siècle où eurent lieu les premiers voyages au long cours de Bougainville et Cook ; les conquêtes coloniales du XIXe siècle et les missions religieuses jouèrent un grand rôle, ce sont les missionnaires qui constituèrent les premiers musées d'art « primitif ». Avec le développement de l'archéologie et de

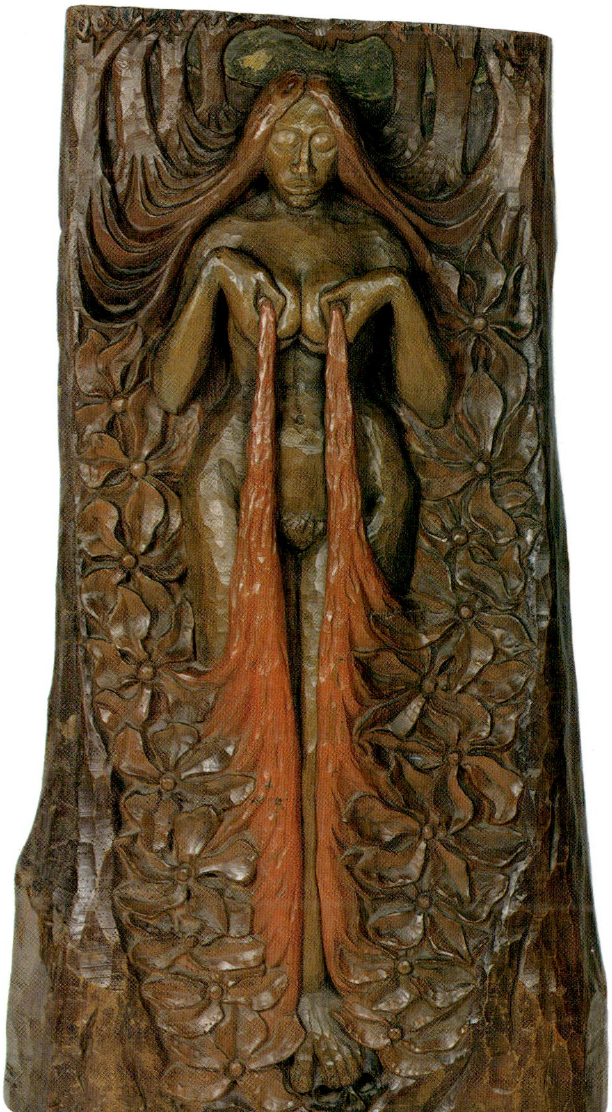

Georges Lacombe. *Isis.* 1895. Musée d'Orsay, Paris.

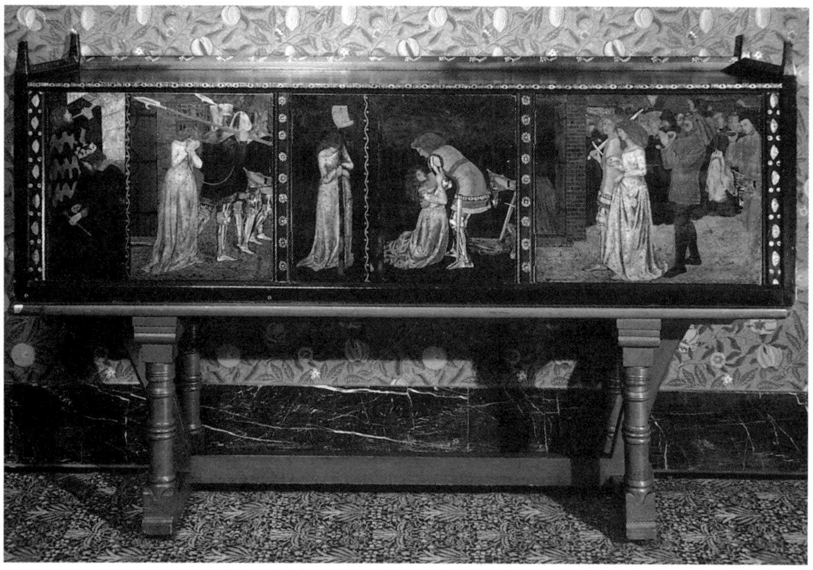

P. Webb. *Cabinet.* 1861. Victoria and Albert Museum, Londres.

l'ethnologie les objets apportés en Occident, statuettes ou masques, furent scientifiquement étudiés ; les musées « profanes » les accueillirent, les Expositions universelles les mirent en valeur. En 1882 s'ouvrit le Musée ethnographique du Trocadéro à Paris, mais depuis 1856 une section ethnologique existait au musée des Antiquités de Berlin ; l'Allemagne avait été la première à mettre en place cet instrument nouveau d'investigation et de connaissance.

Si le primitivisme de Gauguin, objet de bien des équivoques, est mêlé à plusieurs inspirations occidentales, les références à l'art polynésien se rencontrent dans ses sculptures et deux ou trois peintures ; plus nombreuses, issues de photographies de monuments ou d'œuvres d'art, sont les influences cambodgienne et javanaise *(Ia Orana Maria,* 1891) ou égyptienne (*Ta Matete,* Jour de marché, 1892, Kunstmuseum, Bâle).

Tout autant que de primitivisme on pourrait parler de mysticisme, sensible dans l'attirance du peintre vers le mystère, le christianisme breton, l'ancien culte maori dont les superstitions et certains rites restaient vivaces à Tahiti. Son panthéisme ne se limitait pas à l'admiration d'une nature riche et colorée, il était d'essence sacrée.

« Primitiviser » sa vision consistait surtout pour Gauguin à fusionner la modernité avec la nouveauté, l'originalité, l'étrangeté de ses emprunts « barbares ». Le premier bois sculpté qu'il exécute, à Paris, en 1889, *Soyez amoureuses et vous serez heureuses* (Museum of Fine Arts, Boston) est suivi, un an après, de *Soyez mystérieuses* (musée d'Orsay, Paris) d'une exceptionnelle qualité dans la maitrise du sujet, la beauté du nu dont le tracé linéaire s'harmonise avec les sinuosités Art Nouveau des vagues, les valeurs du relief et la richesse aux tons ambrés de la polychromie. Contrairement à Georges Lacombe qui, dans le relief acajou polychrome d'*Isis* (1895, musée d'Orsay), s'attache à la représentation hiératique frontale et à l'esprit décoratif nabi, Gauguin choisit un canon anatomique mouvementé, une frontalité inversée et un espace syncopé. La figure centrale de *Soyez mystérieuses* s'inspire d'un thème déjà traité en Bretagne, baigneuse ou ondine, et réutilisé par le peintre avant son départ pour Tahiti. Les corps souples et nus des belles indigènes étaient déjà en lui.

Le *Masque de Tehura,* en bois peint (1892, musée d'Orsay, Paris), sans doute le visage de sa vahiné tahitienne Tehamana, l'*Idole à la coquille,* statuette de bois avec auréole de nacre (1893, musée d'Orsay, Paris),la *Crucifixion* (vers 1892, collection particulière) intégrée dans la structure d'un casse-tête marquisien dont Gauguin imite également l'abondance décorative, un *Cylindre en bois avec la Crucifixion* (1891-92, coll. partic.) *Hina et Te Fatou* (1892-93, Art Gallery of Ontario, Toronto) jalonnent avec différents dessins et gravure sur bois, les séjours du peintre à Tahiti et aux Marquises où nous avons vu quelle fut leur influence sur ses peintures. Différentes sources sont à noter dans ces œuvre ; Gauguin insiste dans ses lettres sur le mélange de religion et de sexualité de la Polynésie ; cette symbiose physique et métaphysique pour une vitalité nouvelle n'apparaît pas seulement comme une adhésion au comportement « primitif » des indigènes, mais comme une réaction du peintre contre l'Europe à ses yeux décadente.

Gauguin put, à Atuana aux Marquises, où il s'installa en septembre 1901, réaliser son goût d'« un pays plus simple, des éléments nouveaux et plus sauvages » ; il y construisit une case à laquelle il donna le nom de « Maison du Jouir » et qu'il décora de panneaux de bois sculptés où il mêla l'image et le mot — Il y reprenait les thèmes de *Soyez amoureuses*... et

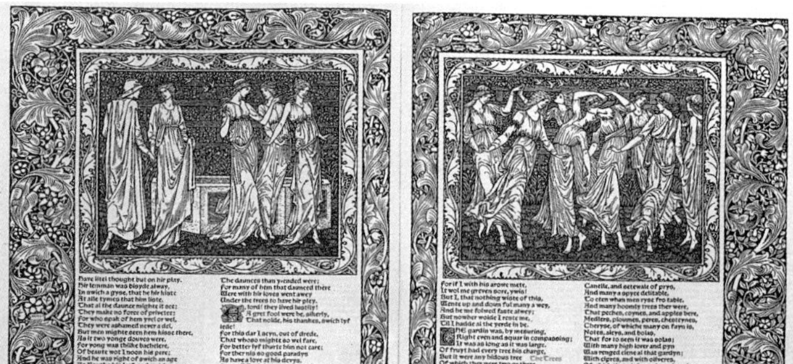

W. Morris. *Double page du « Kelmscott Press ».* W. Morris Gallery, Londres.

Soyez mystérieuses, harmonisés à des éléments décoratifs, des fleurs, des fruits ou des animaux, donnant aux panneaux verticaux l'allure de totems.

Ces sculptures, aujourd'hui au musée d'Orsay (le panneau horizontal de *Soyez mystérieuses* appartenant à une collection privée américaine y est en dépôt) sont traitées en léger par arabesques et méplats avec une grande maîtrise, les nœuds sur bois étant utilisés pour les motifs floraux.

William Morris et le Renouveau de l'Artisanat

En 1861 William Morris fonde avec quelques-uns de ses amis préraphaélites, la Morris, Marshall and Faulkner Society pour la production artisanale d'objets d'art quotidiens ; trois principes le guident : respect du matériau, goût du bel ouvrage, réhabilitation du travail manuel.

Etudiant à Oxford avec Burne-Jones, Morris subit comme lui l'influence du philosophe John Ruskin ; abandonnant leurs études de théologie tous deux s'engagent dans un nouvel apostolat. Ruskin n'aborde jamais les problèmes des arts appliqués et du décor de la vie, mais cet esthète également occupé d'économie, de géologie, de botanique, de géographie, et de toutes sortes d'autres domaines, n'entrevoit pas chacun d'eux en particulier mais les différentes relations existant entre tous. C'est en cela que sa pensée exerça une grande influence sur ses contemporains ; ce qu'on appelle « œuvre d'art » était pour lui l'aboutissement par la synthèse de connaissances économiques et sociologiques, les rapports avec la collectivité, sa destination et son utilité. Si l'artiste peut rester indépendant de ce processus il n'en est pas de même de l'artisan qui doit prendre en compte toutes ces considérations, et savoir modifier l'œuvre selon les changements dont elle peut être l'objet.

Ainsi Ruskin regarde-t'il l'exercice de l'art comme une activité liée à l'économie et aux conditions sociales qui lui imposent un style homogène opposé tout autant aux préjugés de la très rétrograde bourgeoisie victorienne qu'au machinisme grandissant. « Tout travail au moule et à la machine est mauvais en tant que travail, secondement il est malhonnête » déclare Ruskin qui n'imagine pas que la machine puisse faire naitre une beauté nouvelle ; l'objet fait mécaniquement « fausse le sens du travail humain et de l'attention accordée à sa fabrication ». La production mécanique comporte à la fois un mensonge et une duperie.

Ruskin a exposé son amour du Moyen Age et son refus du présent dans *Seven Lamps of Architecture* (1849) où il condamne les faux objets de la production contemporaine, et donne en exemple les éléments naturels, plantes, rochers, arbres, nuages, comme bases d'une réforme des arts appliqués à partir de leurs structures intimes, et de leur aspect pittoresque. Ses dessins d'esprit romantique comportent des effets décoratifs qui annoncent l'Art Nouveau.

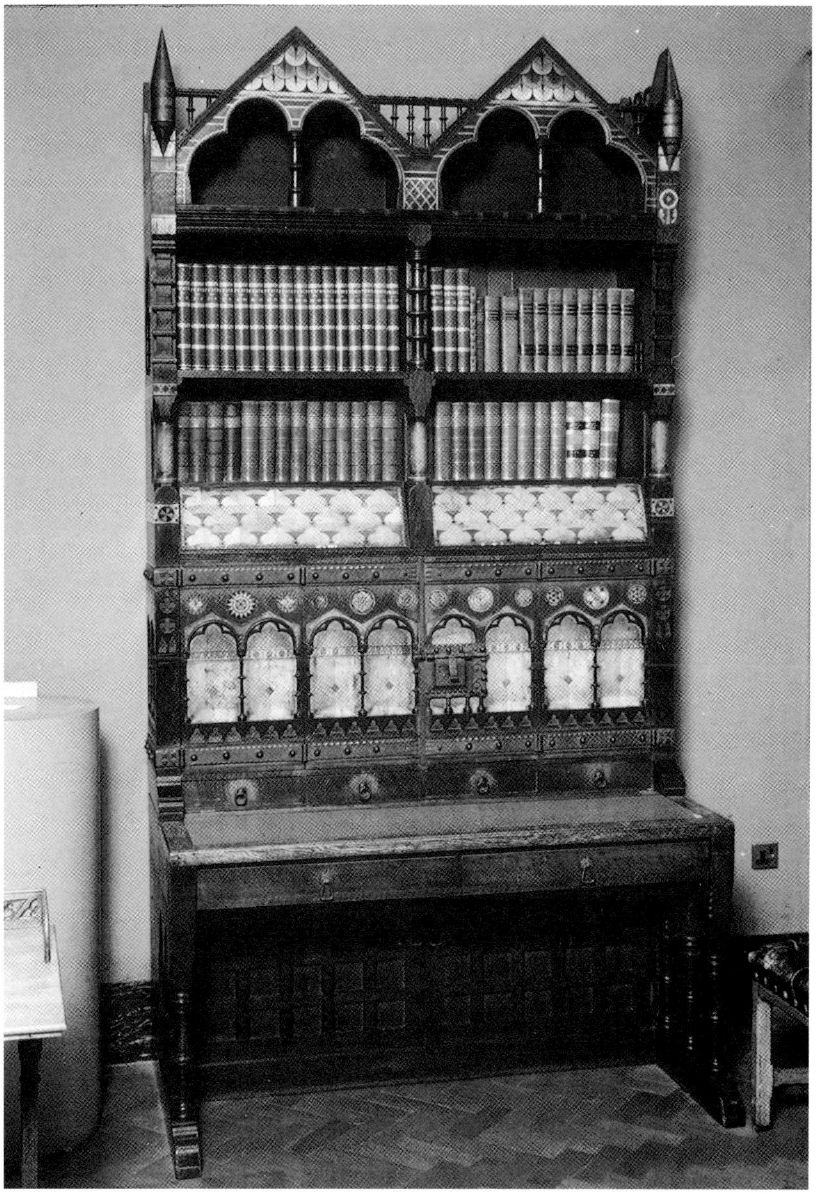

Richard Norman Shaw. *Meuble-bibliothèque.* 1861. Victoria and Albert Museum, Londres.

William Morris suit à la lettre les préceptes de Ruskin, le côté messianique de son enseignement le stimule ; en même temps que l'art c'est l'ouvrier que Morris et ses amis veulent défendre, leur intention est de susciter un art « du peuple pour le peuple », et la firme se présente sous la dénomination « Les ouvriers d'art en peinture, sculpture, ameublement et sur vitraux ». Son activité est remarquable, elle pro-

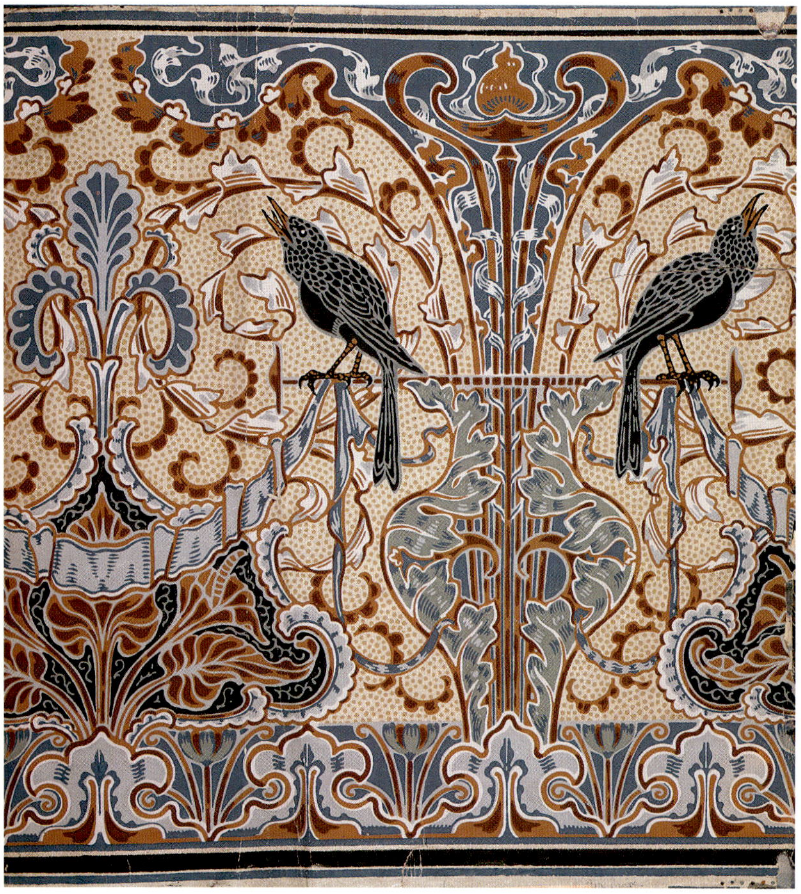

Walter Crane. *Papier peint.* Musée des Arts décoratifs, Paris.

duit des tapis, des tissus, des meubles, des verreries, des papiers peints, des vitraux, des objets en métal, et la maison que Morris demande à l'architecte Philip Webb de lui construire à Upton dans le Kent. « The Red House » (la Maison Rouge) est décorée à partir des dessins exprimant les idéaux artistiques de son propriétaire.

Ceux de Ruskin en inspirèrent l'architecture où Webb, appliquant les méthodes de construction du Moyen Age, sut pourtant se garder du pastiche historique.

Refusant comme son maître la fabrication mécanique Morris ne peut produire que des meubles coûteux, donc accessibles seulement à une clientèle fortunée, ce qui allait à l'encontre de ses principes ; en outre il ne réussit jamais à influencer la production de l'époque. La firme ne se développa guère et connut des moments difficiles jusqu'à ce que Morris, inlassable missionnaire du beau, en devienne en 1875 le principal propriétaire. Ce qui stimula davantage son zèle.

Il crut jouer un rôle important auprès des mouvements ouvriers en s'inscrivant à la Ligue socialiste, mais celle-ci était noyautée par les anarchistes et il dut abandonner son activité politique. En 1878 Morris quitta Londres et s'installa à Merton Abbey, dans le Surrey, où il s'adonna à des recherches chimiques pour obtenir des tapisseries, des tentures et des papiers peints aux couleurs naturelles et éclatantes en réaction contre les couleurs tristes des intérieurs victoriens. Il créa également un atelier typographique, lança en 1883 l'« Art Workers Guild » et publia en 1882 et 1887 deux volumes d'essais ; le troisième parut après sa mort.

Morris ne suivit pas Ruskin dans toutes ses options ; il ne retint des idées souvent paradoxales contenues dans *Seven Lamps* que la convergence entre utilité et beauté dans l'œuvre d'art, où il donne la primauté à l'idée de « métier » sur l'inspiration ou la sensibilité. Mais il s'agissait surtout pour lui de métier manuel, car selon lui la machine détruit « la joie du travail » et anéantit la notion même d'art.

Si ses idées politiques furent assez naïves, et ses goûts quelque peu rétrogrades, notamment son admiration inspirée de Ruskin pour le Moyen Age où selon lui « tout homme qui fabriquait un objet faisait en même temps une œuvre d'art et un instrument utile », William Morris eut le mérite de réagir contre la médiocrité de la production industrielle, et les décors ternes et étouffants de la bourgeoisie. A la fin de sa vie il reconnut que les machines pouvaient être employées utilement à condition que l'homme réussisse à les dominer.

L'Arts and Crafts transforme le décor de la vie

Morris avait ouvert la voie à un mouvement qui aboutit en 1888 à la fondation de l'Arts and Crafts Exhibition Society par C.R. Ashbee ; entre 1861 où fut créée la Morris Company, et cette date, les initiatives pour renouveler la production artisanale et transformer le décor de la vie s'étaient multipliées grâce surtout à la fondation de plusieurs « guildes » où l'on relève les noms de Mackmurdo, de Walter Crane ou Lewis F. Day. Ashbee lui-même avait lancée la Guild and School of Handicrafts qui précéda de quatre ans l'Arts and Crafts. Les fondements sociaux, voire « socialistes », de ces mouvements étaient contemporains des recherches pour une urbanisation plus humaine des villes, et d'une évolution de l'architecture vers la construction industrielle inaugurée en 1851 par le Crystal Palade.

Parmi les initiateurs, selon l'esprit de Morris, d'un style décoratif nouveau, Walter Crane est le plus actif. Formé à la peinture sous l'influence du préraphaëlisme, graveur sur bois, illustrateur de revues et de livres dont certains furent imprimés dans l'atelier de Morris, il adhéra dès 1888 à l'Arts and Crafts où il représenta les tendances les plus rétrogrades, le médiévisme et la défiance envers l'industrie ; il y ajoutait toutefois un goût plus actuel, celui des estampes japonaises. Nommé président de l'Association Crane fit obstacle à son ouverture bien que parmi ses participants figurassent des architectes avant-gardistes comme Ch. A Voysey, Edwin L. Lutyens, Lethaby, George Walton.

Ashbee réagit contre l'esprit rétrograde de Crane ; d'abord sympathisant à ses idées et à celles de Morris il en prit ensuite le contre-pied adoptant une position très nette à l'égard du médiévisme qu'il jugeait inactuel. Il affirmera par la suite l'impossibilité de continuer la croisade en faveur des arts appliqués en méconnaissant le rôle de la machine. Ses pièces d'orfèvrerie, d'une simplicité et d'une commodité remarquables, annoncent, bien qu'Ashbee ne se préoccupât guère de créer un style, les productions du Werkbund et du Bauhaus. Il fut aussi un excellent architecte.

Prolifique et fort réputé dessinateur d'ornements Richard Norman Shaw joua un rôle prépondérant dans la renaissance du décor ; quoique fidèle à l'éclectisme il choisit dans les styles historiques ceux qui se prêtaient le mieux à une interprétation contemporaine, le Queen Anne notamment.

William Richard Lethaby eut également une grande importance comme premier directeur, de 1893 à 1911, de la Central School of Arts and Crafts ; il fut aussi professeur de dessin au Royal College of Arts, et son enseignement compta pour beaucoup dans le renouveau de l'architecture et de la décoration.

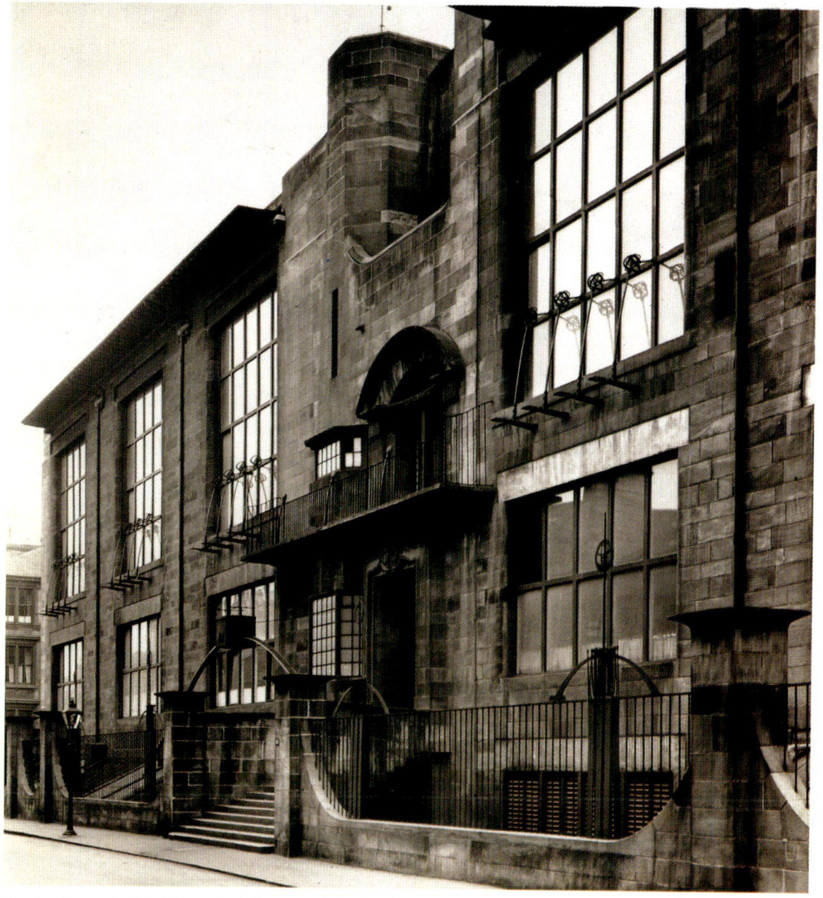

Charles Rennie Mackintosh. *Glasgow, école des Beaux-Arts.* 1898-99.

Charles Rennie Mackintosh. *Chaise à haut dossier.* Musée d'Orsay, Paris.

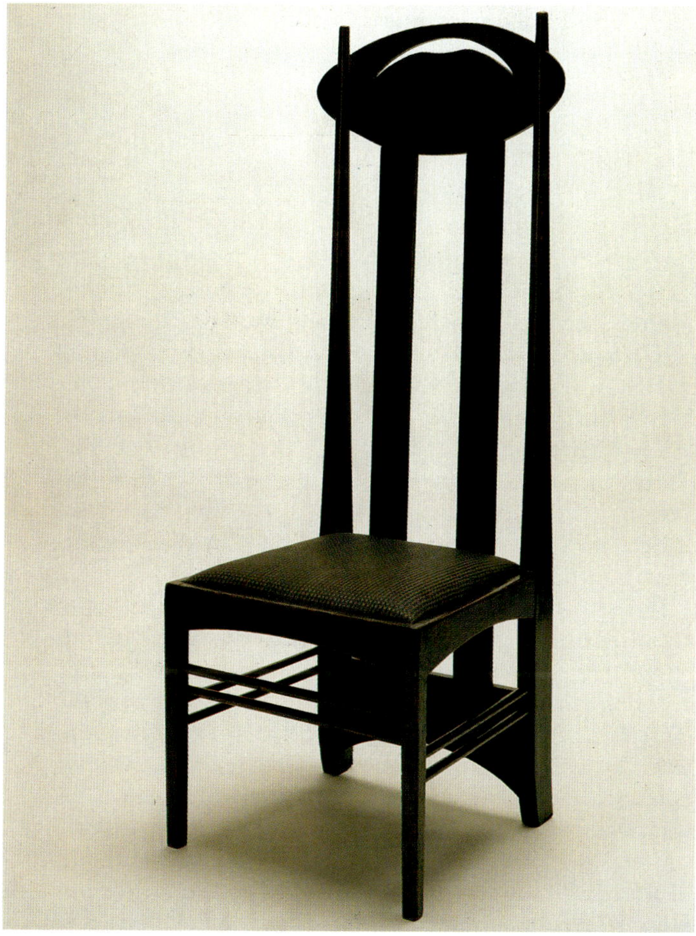

Charles Annesley Voysey, architecte et dessinateur industriel, rompit le premier avec les imitations de styles historiques, et conçut ses projets décoratifs directement pour la machine. Il jouera un rôle non négligeable dans le développement du modern'style en Angleterre. Celui de Whistler, prônant le dépouillement des murs, la simplicité ornementale et les couleurs claires, ne saurait être ignoré ; la décoration en 1878 de sa propre demeure, la White House, Tite Street, à Londres — murs lisses peints en blanc ou en jaune, ornés de quelques tableaux ou gravures dans de minces cadres foncés — servit d'exemple à plusieurs architectes et décorateurs. Le succès des arts chinois et japonais y apporta une note d'exotisme qui connut rapidement un grand succès.

Mackintosh et le style de Glasgow

En 1896 quatre jeune Ecossais présentaient à l'exposition d'Arts and Crafts, malgré l'opposition de Crane, des tissus, objets d'art et meubles qui provoquèrent le scandale. Ils se nommaient Charles Rennie Mackintosh, Herbert McNair, Margaret et Frances Mac Donald. Leur production fut assimilée à des travaux d'esthètes, et rapprochée du maniérisme pervers de Beardsley ; seuls quelques rares amis les défendirent! Mais à l'étranger le style nouveau qu'ils proposaient connut un grand succès, il influença particulièrement les architectes et des designers de l'école de Vienne.

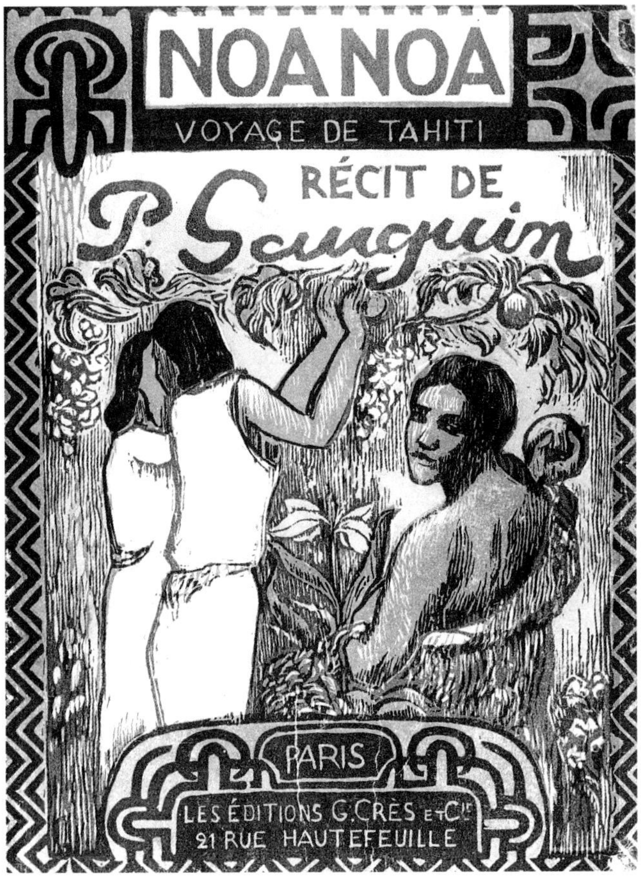

P. Gauguin. « *Noa Noa* », *la couverture.* Bibliothèque des Arts décoratifs, Paris.

Adversaire déterminé des styles historiques, Mackintosh se déclarait non moins résolument attaché à la destination fonctionnelle de l'art ; ses débuts dans la décoration intérieure se manifestèrent dans l'aménagement, avec le concours des sœurs Mac Donald, d'appartements d'amis ; en architecture ses prises de position anti-académiques s'affirmèrent dans la tour d'angle du « Glasgow Herald » en 1984. Les affiches qu'il présenta, l'année suivante, à l'exposition inaugurale de la galerie Bing, à Paris, retinrent par leur style linéaire l'attention des novateurs.

C'est à la Glasgow School of Art, qu'il construisit de 1898 à 1909, que Mackintosh donna la mesure de son esprit prospectif exprimé par un rationalisme délibérement affirmé, et un parti pris décoratif où les rôles respectifs de l'ornement et de la fonction étaient pris en compte avec une étonnante audace. Mackintosh avait parfaitement assimilé les leçons de Whistler, et admiré les innovations graphiques aux arabesques mouvantes de Beardsley et Toorop ; les estampes japonaises lui avaient appris la valeur des contrastes, le jeu des vides et du découpage linéaire.

Mackintosh employa avec une rare intelligence du matériau le fer, la pierre et le verre, dans l'architecture de la Glasgow School où la répartition des volumes dans l'espace constitue une heureuse réussite ; mais c'est dans l'ornement intégré à la structure, et dans le mobilier, qu'il développa son remarquable sens de la ligne précieuse et souple, son esprit géométrique et son goût des couleurs claires. Il appliqua ces principes en 1897-1898 à la décoration du salon de thé de la Buchanan Street, également à Glasgow, où son style curvilinéaire se déploya dans une série de figures murales séparées par de grands vides, enfermées dans des réseaux de lignes verticales ou circulaires entrelacées mêlées à des ornements floraux.

Le maniérisme « aesthetic » de Beardsley s'y harmonise au dépouillement pictural des nabis et aux élégants rapports des figures au décor dont Klimt fera, par le jeu des courbes et des arabesques, l'un des procédés originaux de ses peintures décoratives.

Ce style auquel « The Studio » consacrera dès 1897 plusieurs reproductions, connut un grand succès l'année suivante à Munich ; mais c'est en 1900 à l'exposition annuelle de la Wiener Sezession qu'il agit directement sur les créateurs et sur le public. L'apogée de l'œuvre architecturale de Mackintosh se situe dans les premières années du nouveau siècle avec les deux maisons, qu'il construisit et équipa, de « Windy Hill » à Kilmacolm (1899-1901) et « Hill House » à Helensburgh (1902-1903), près de Glasgow, la superbe Bibliothèque de la Glasgow School (1907-09) et le Cranston Tea-room, Ingram Street (1907-1911).

Le purisme fonctionnaliste de l'architecture, l'utilisation de la lumière et de l'espace, les couleurs claires, la simplicité géométrique et la commodité du mobilier, font de Mackintosh l'un des précurseurs directs, par delà l'Art Nouveau avec lequel il n'entretint guère d'affinités, du néo-plasticisme hollandais et du constructivisme russe.

Du livre d'art au « livre de peintre »

Maurice Denis fut le premier dans la « nouvelle peinture » à se préoccuper des problèmes de l'illustration. Dès 1890, dans le texte fondateur du « néo-traditionnisme », il posa le problème des rapports du texte et de l'image ; celle-ci doit, non point se soumettre au texte, mais en donner une équivalence plastique. Ainsi agit-il avec « Sagesse » de Verlaine, dont il exposa les dessins en 1891 (le livre ne sera édité par Vollard qu'en 1911) et « le Voyage d'Urien » de Gide (1893) ; mais ses illustrations sont fades et d'un symbolisme assez mièvre.

Il n'en est pas de même avec Aubrey Beardsley. Morris avait, avec sa Kelmscott Press, l'atelier typographique et l'imprimerie ouverts en 1891, inauguré une nouvelle conception « totale » du livre — papier, caractères , mise en page, illustration et ornements, reliure — reprise par Charles Ricketts qui avait tenté dans son illustration de « A house of Pomegranates » (la Maison de grenades) d'Oscar Wilde, d'appliquer les principes de Denis. Il ouvrit sa maison d'édition en 1896, et y appliqua les préceptes du « livre total » de Morris, mais sans suivre ses conceptions archaïques médiévales. Beardsley va remettre tout en question.

La publication en 1893 et 1894 de « Le Morte d'Arthur » et « Salomé » celui-ci d'après Oscar Wilde, furent des événements dans l'édition ; son style curviligne, les recherches d'ornements et de décors, répandues également par les revues d'art, notamment « The Studio » et « The Yellow Book » dont pour cette dernière Beardsley était directeur artistique, eurent des résonances à l'étranger, aux Etats-Unis et en France autour de « La Revue Blanche ».

La Kelmscott Press avait publié, à la mort de Morris en 1896, cinquante-deux titres en soixante-quatre volumes ; son activité avait donc été considérable et ses ouvrages étaient très recherchés. Elle suscita nombre d'autres initiatives. Mais le livre avait tendance à devenir un objet précieux ; cet écueil fut évité en France grâce à l'intelligente collaboration des écrivains et des peintres, et des correspondances que ceux-ci surent faire naître, malgré la méfiance de Mallarmé, à partir des œuvres littéraires. La bonne entente entre l'auteur et l'illustrateur fut parfois longue à s'établir ; quoique attentifs à la typographie plusieurs jeunes écrivains d'avant-garde des années 90, Gide, Claudel, Valéry, se montraient indifférents, voire hostiles, à l'illustration.

Dans les milieux artistiques la lutte était chaude entre partisans de la gravure sur bois défendue par la revue « L'Image » de l'éditeur Edouard Pelletan, de l'eau-forte menés au combat par Bracquemond, et de la lithographie qui, abandonnée par les peintres, retrouvait leur faveur. L'affiche lui donnera une actualité imprévue.

C'est par amitié pour Manet que Mallarmé avait accepté qu'il accompagne de lithographies sa traduction du « Corbeau » d'Edgar Poe ; exécutées au pinceau elles sont admirables de concision et de liberté. Manet illustra également « L'Après-midi d'un faune » ; Odilon Redon révéla dans ses lithographies aux noirs veloutés et profonds les correspondances qui le liaient aux poètes, Poe, Baudelaire, Verhaeren ou Mallarmé. Mais les peintres comme les écrivains ne manifestèrent pas un grand enthousiasme pour des équivalences qui ne se justifiaient selon eux que par une sorte de fraternité, ou de solidarité respective, d'inspiration commune. « Un parallélisme corrélatif » écrit fort justement André Mellerio à propos d'Odilon Redon.

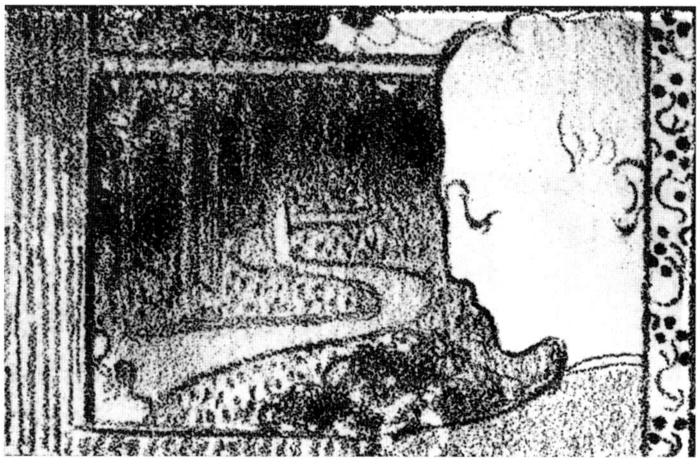

Maurice Denis. *Illustration pour « Le voyage d'Urien » d'André Gide.* 1893. Musée du Prieuré, Saint-Germain-en-Laye.

L'article d'« Art et Critique » de Maurice Denis définissant le « néo-traditionnisme » était arrivé à point au milieu de ces querelles ; Gide rebelle à l'illustration confia néanmoins au peintre celle du « Voyage d'Urien », comme « un voyage vraiment fait ensemble » assurait-il.

Toulouse-Lautrec, illustrateur, est d'une autre trempe ; son album « Elles » (1897) inspiré par les pensionnaires de la « maison » de la rue des Moulins où le peintre avait ses habitudes, les montre avec une aisance sans perversité, ni gauloiserie, dans leur intimité quotidienne. Les dix planches lithographiques se présentent sans titre, ni ordre ; cinq sont en couleurs, les autres ont un fond teinté ou blanc sur lequel le modèle est représenté en vert ou vieux rose.

Dans les « Histoires naturelles » de Jules Renard, 1899, chacune des vingt-deux lithographies originales est composée à partir des grandes capitales de chaque titre de page, « L'Escargot », « Les Lapins », « Le Chien »... Lautrec joue avec les blancs, les rapports du trait et de l'espace ; ses dessins d'animaux ont un naturel dont la liberté, plus allusive que descriptive, ne convainc guère l'auteur de ces petits récits, sortes de « microscopiques comédies humaines » (François Chapon) qui les accompagnent plus que les différents types de bêtes ne les illustrent au sens banal du terme.

Ambroise Vollard, le fameux marchand de tableaux, créa le « livre de peintre » auquel les bibliophiles de l'époque, organisés en sociétés puissantes, ne comprirent rien. Les libertés que les artistes novateurs prenaient avec l'illustration ne répondaient guère à ce goût du « fini » réclamé par les amateurs, et que respectaient les illustrateurs académiques. Vollard accorda une entière liberté de création aux artistes, et il mit à « construire » ses livres, une intelligence et une sensibilité que ceux-ci reconnurent. Le premier ouvrage paru, en 1900, « Parallèlement » de Verlaine, est illustré de lithographies de Bonnard ; suivirent plusieurs des principaux chefs-d'œuvre du « livre de peintre » avec Dufy, Bonnard, Rouault, Picasso, Redon, etc.

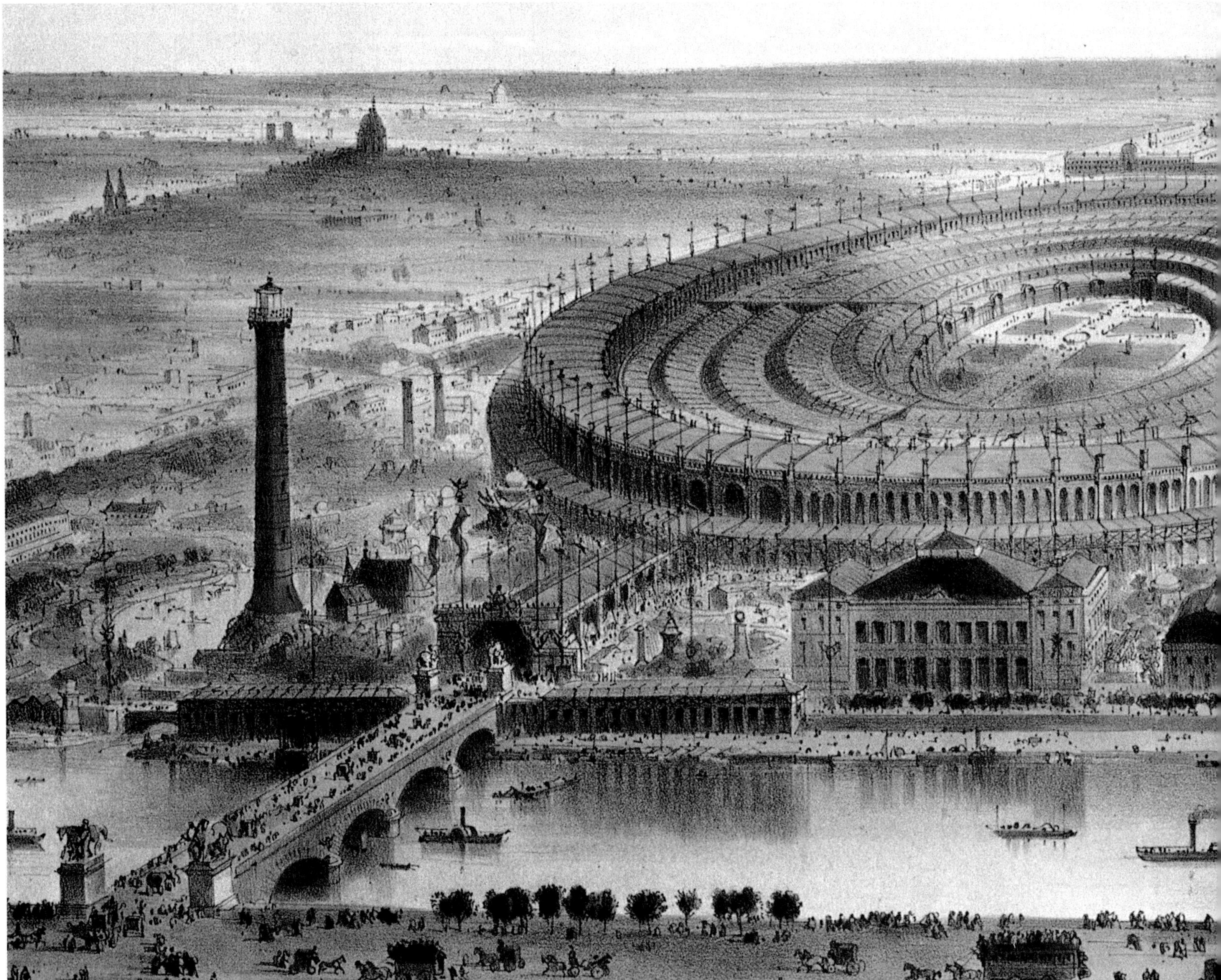

Paris, vue générale de l'Exposition Universelle de 1867.

L'ARCHITECTURE ENTRE LES URBANISTES ET LES INGENIEURS

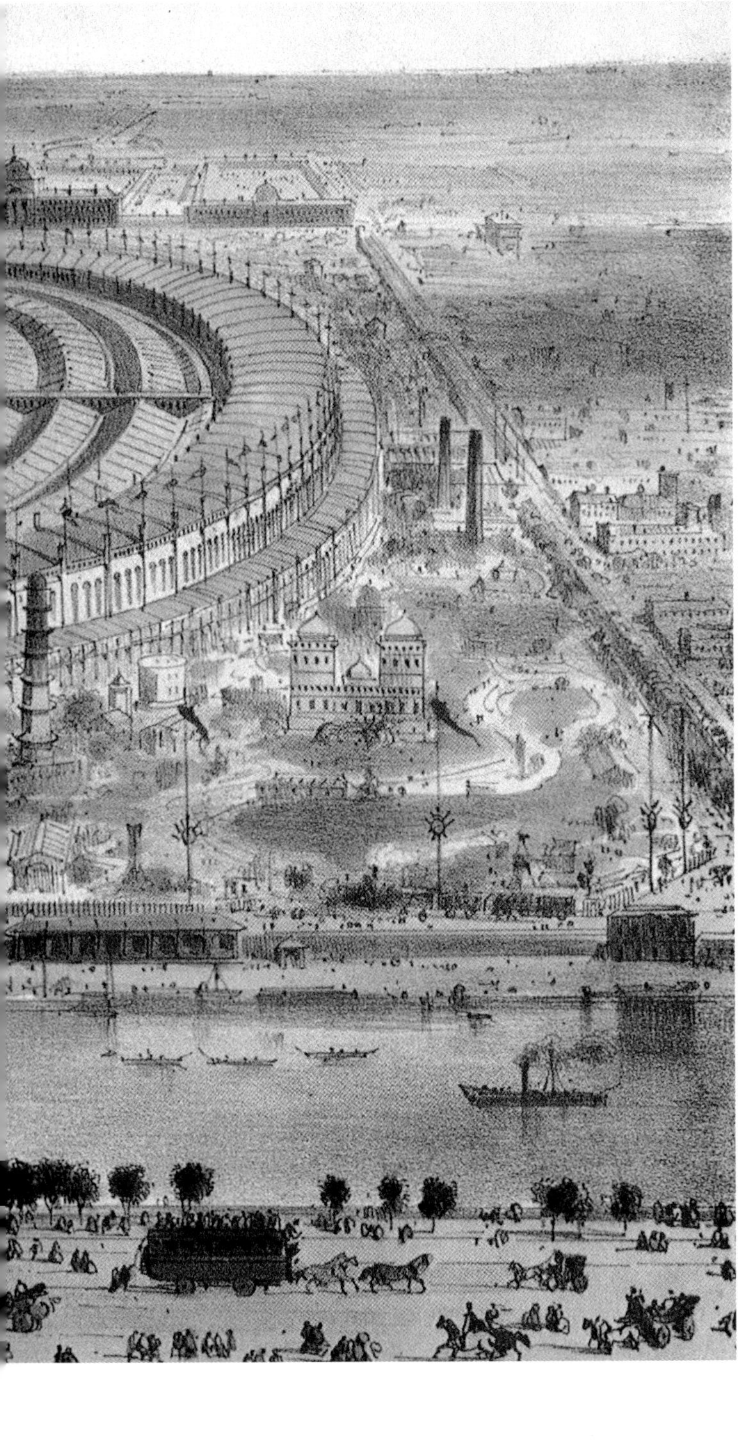

Naissance et développement de l'urbanisme moderne

Chaque forme nouvelle de civilisation invente sa ville. A la révolution industrielle du milieu du XIXe siècle correspond un type urbain nouveau ; le développement du chemin de fer et des affaires, l'extension du commerce, la promotion de la bourgeoisie, sont des phénomènes concomitants qui vont transformer les villes où apparaissent, de plus en plus nombreux, expressions des différents pouvoirs ou des conquêtes industrielles, sociales, financières, culturelles, les « monuments publics ». Les styles les plus divers, de préférence « historiques », s'y rencontrent ; la pierre triomphe, le fer et le verre, matériaux modernes mais moins nobles, sont réservés aux gares, seules constructions vraiment nouvelles dans les villes anciennes.

Les programmes, souvent mal ou hâtivement définis, d'architecture civile, religieuse ou industrielle, s'insèrent sans plan véritablement établi dans le tissu urbain où l'on trace, sacrifiant l'habitat privé, les espaces verts ou les quartiers historiques, des voies rectilignes qui favorisent la circulation de plus en plus intense.

La ville marchande avait, très tôt, trouvé sa configuration idéale dans l'échiquier, c'était « la ville du profit, réglée comme un livre de comptes » (Michel Ragon) ; la ville industrielle, en croissance permanente et résultant d'initiatives souvent contradictoires, a surtout pour but de servir le capitalisme. Hormis pour les riches, qui apportent les capitaux, les conditions de vie y sont généralement négligées. Les spéculateurs construisent avec le maximum de rentabilité, des blocs d'immeubles dénommés « maisons de rapport », où s'entasse une population décimée par la misère et les épidémies.

La ville industrielle est un monstre contre lequel s'élèvent de nombreuses voix, Blanqui et Victor Considérant en France, Engels et Karl Marx en Angleterre, ou Gustave Doré plus tard dans ses bouleversantes illustrations de la vie ouvrière londonienne ; tous protestent contre les conditions de travail, celles notamment imposées aux femmes et aux enfants, les bas salaires, etc.

Face aux terribles mutations de la ville par l'industrialisation les socialistes français « utopistes », Saint-Simon,Fou-

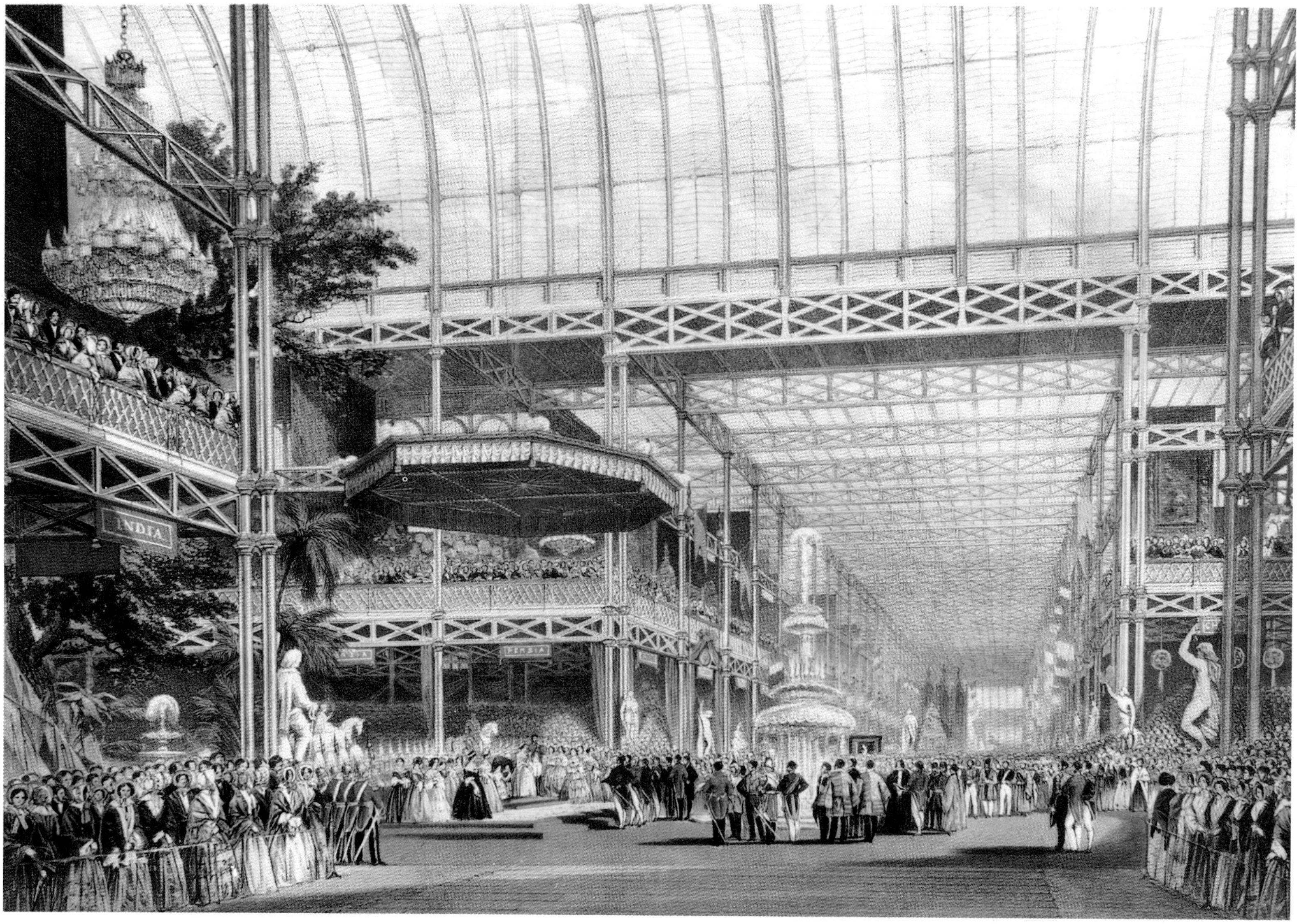

Joseph Paxton. *Londres, Crystal Palace.* Exposition Universelle de 1851.

rier,Cabet, Considérant, et les théoriciens anglo-saxons, Robert Owen, Ruskin, William Morris, Henry George, promoteurs des « villes idéales », proposent des solutions qui, sans nier pour certains l'importance du machinisme, et le rôle du capitalisme dans la société, envisagent d'humaniser la ville.

Ces philanthropes ont un commun défaut, ils ignorent la véritable mentalité, les besoins et les désirs de la classe ouvrière ; ce sont des idéologues généreux mais naïfs. Leurs modèles de villes sont souvent nés d'idées humanitaires, d'une philanthropie active, nourrie de fraternité, de liberté, mais éloignée des réalités. Ils pensent candidement que leurs théories peuvent s'appliquer à tout le monde, et que tous peuvent en apprécier, et partager le bien-fondé.

De l'Icarie de Cabet, uniformisée et standardisée, au « phalanstère » de Charles Fourier, ancêtre de l'Unité d'habitation de Le Corbusier, à la « désurbanisation » souhaitée par Proudhon, reprise plus tard par Engels et Kropotkine, les propositions « utopistes » n'ont pas manqué. Karl Marx refusant toute planification déclare : « On ne légifère pas l'avenir ». Et Engels, « Les formes de la cité nouvelle ne pourront se déterminer que par elles-mêmes ». Mais il pense aussi que « les grandes villes modernes ne seront supprimées que par l'abolition du mode de production capitaliste ». Autre utopie.

Ruskin et la fièvre médiévale

Les années 1830, où commencent à se poser les problèmes touchant l'urbanisme et les réformes sociales, ont vu l'apogée du courant néo-gothique dans l'architecture. Le « Gothic revival » en Angleterre et le style « troubadour » en France sont pratiquement contemporains ; cette fascination pour le Moyen Age vient surtout du désir de « casser » la continuité de la tradition classique pervertie par l'antiquomanie des néo-classiques. Sa plus récente manifestation était, outre-Manche, le « Greek revival » de Robert Smirke, et dans une moindre mesure, de John Soane ; en France le « retour au gothique » était apparu sous Louis XVI et avait influencé le décor intérieur sous l'Empire. Le romantisme fit entrer dans les mœurs la « gothicomanie ».

Augustus Welby Pugin avait affirmé dans ses Houses of

Parliament construites par Charles Barry, son admiration inconditionnelle pour le gothique, le style architectural supérieur par excellence. Ruskin le relaie dans ses ouvrages et son action ; on sait l'influence qu'il exerça sur William Morris. Dans son « Eloge du gothique », paru en 1853, il déplore le manque d'architectes dont, à ses yeux pâtit l'Angleterre. « Nous ne comprenons même plus ce que le mot *architecture* signifie ! écrit-il.

Ruskin proteste avec violence contre l'utilisation du fer, particulièrement dans le Crystal Palace qui vient d'être achevé, et apparaît pourtant comme une réussite exceptionnelle, mais il n'hésite pas à le qualifier de « serre à concombres » !

Il s'élève d'ailleurs contre tout ce qui est nouveau dans les domaines les plus divers ; car son horizon culturel est immense et rien ne lui est étranger. Il abomine la révolution industrielle et les conditions d'existence qu'elle a apportées ; il est l'adversaire non moins résolu du machinisme, et si son combat en faveur de l'« ornement gothique » paraît fort dépassé aujourd'hui il faut se souvenir qu'il était alors à ses yeux l'arme absolue contre le « décor grec » et contre l'académisme.

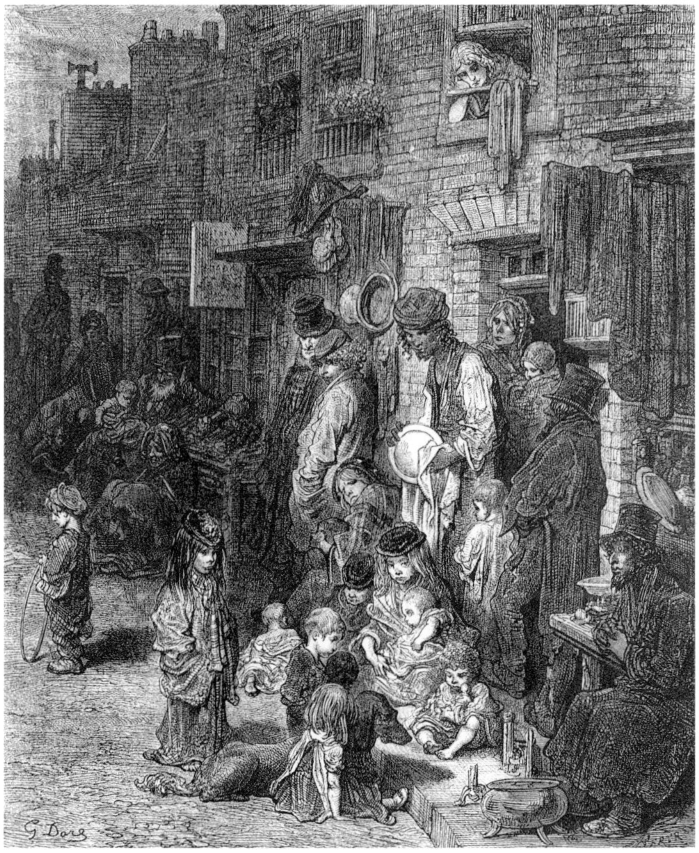

Gustave Doré. *Wentworth street à Whitechapel.* B. N., Paris.

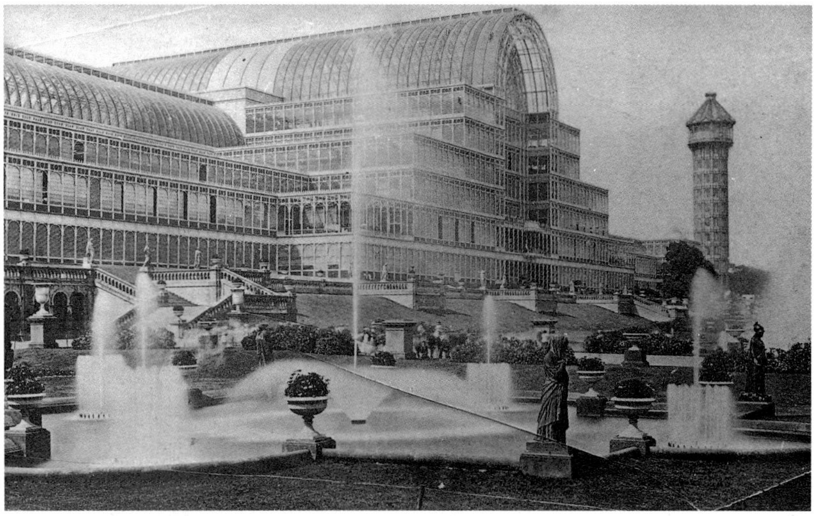

Joseph Paxton. *Londres, Crystal Palace.* Remonté à Sydenham en 1854 et brûlé en 1936.

A l'époque où, après la parution de ses « Pierres de Venise » (1851-1853), le « gothique vénitien » est à la mode en Angleterre, l'Allemagne, où l'on achève d'après les plans originaux la cathédrale gothique de Cologne, se couvre d'églises du même style. En France c'est en néo-gothique

La fièvre médiévale fait également fleurir dans toute la France des châteaux « moyenâgeux », à moins que l'on ne travestisse des constructions antérieures dont on détruit l'unité. L'architecte René Hodé édifia en Anjou quantité de castels à tourelles et mâchicoulis attendrissants aujourd'hui.

En 1846 l'Académie Française émet une déclaration où elle condamne l'imitation des styles du Moyen Age jugée artificielle et arbitraire, mais beaucoup y voient un manifeste contre le romantisme. Néanmoins à deux reprises, en 1837 et en 1847, Montalembert proteste à la tribune de la Chambre contre l'envahissement de constructions parodiques qui annihile toute recherche créatrice dans l'architecture et le décor (le mobilier néo-gothique des églises est d'une effrayante laideur), et condamne des excès qui tournent souvent à la caricature.

L'architecte a-t-il vraiment abandonné sa mission de créateur ?

Viollet-le-Duc ou l'architecture d'amalgame

Paradoxe : tandis que l'Europe occidentale se couvrait de pastiches gothiques, le patrimoine médiéval était à l'abandon ! Mais c'est, autre paradoxe, à partir de la fièvre « néo » que l'on allait redécouvrir ses prestigieux modèles ; ainsi se rencontrent deux éminents esprits, aussi opposés que discutables : Ruskin et Viollet-le-Duc. Ils ont néanmoins en commun, le premier étant anglican, le second agnostique, un intérêt passionné pour l'âge des cathédrales ; partant de là ils ont formulé des principes sur l'art et la manière de bâtir dont l'importance sera capitale pour l'avenir.

Viollet-le-Duc, architecte, peintre, restaurateur, auteur de dictionnaires et d'ouvrages, mais surtout dessinateur aussi précis et habile que lyrique, dont on a loué « le délire de rigueur », théoricien prolixe et pédagogue dans l'âme, a suscité autant de détracteurs que d'admirateurs. Il est vrai que son œuvre immense contient le pire et le meilleur.

Refusant d'entrer à l'Ecole des Beaux-Arts, ce « moule à architectes », dit-il, la passion du Moyen Age lui est venue très tôt devant Chartres, révélation décisive au cours des nombreux voyages qu'il fait à travers la France. Pourquoi le passé ? Parce que, comme Ruskin, il déplore l'absence d'architectes créateurs et le néant de l'architecture "moderne". Pourquoi le Moyen Age ? Parce que la cathédrale est, aux yeux de cet agnostique, un organisme vivant et qu'elle préfigure, il ne cessera de le démontrer, ce que sera l'architecture du XXe siècle.

Les bâtisseurs de cathédrales ont laissé selon lui d'inoubliables et salutaires leçons qu'il a exposées dans ses ouvrages, principalement le « Dictionnaire raisonné de l'architecture française du XIe au XVIe siècle », paru en fascicules de 1854 à 1864, et les « Entretiens sur l'architecture, (1863-1872). En théoricien de l'architecture fonctionnelle, Viollet-le-Duc y décrit l'édifice comme un système d'expression appelant la contribution de tous les métiers sous la direction d'un maître d'œuvre. Et que si l'architecture médiévale peut être la source de la réforme intellectuelle et morale dont l'architecture du XIXe siècle a un urgent besoin, c'est parce qu'elle est la plus vraie, la plus respectueuse des matériaux, la plus inventive aussi.

Les idées de Viollet-le-Duc sur l'architecture y trouvent leurs sources : respect du matériau et de ses possibilités, adéquation de la forme au fond (c'est-à-dire au programme), substitution du dynamisme des différentes parties aux contraintes de la symétrie, refus des ornements superflus ou abusivement plaqués, utilisation du métal dans les structures (mais que toutefois il emploie peu). Cependant ce connaisseur érudit et sensible du « rationalisme » médiéval n'est pas un créateur — son projet « fonctionnaliste » pour l'Opéra fut écarté au profit de l'éclectisme baroque de Garnier, et ses

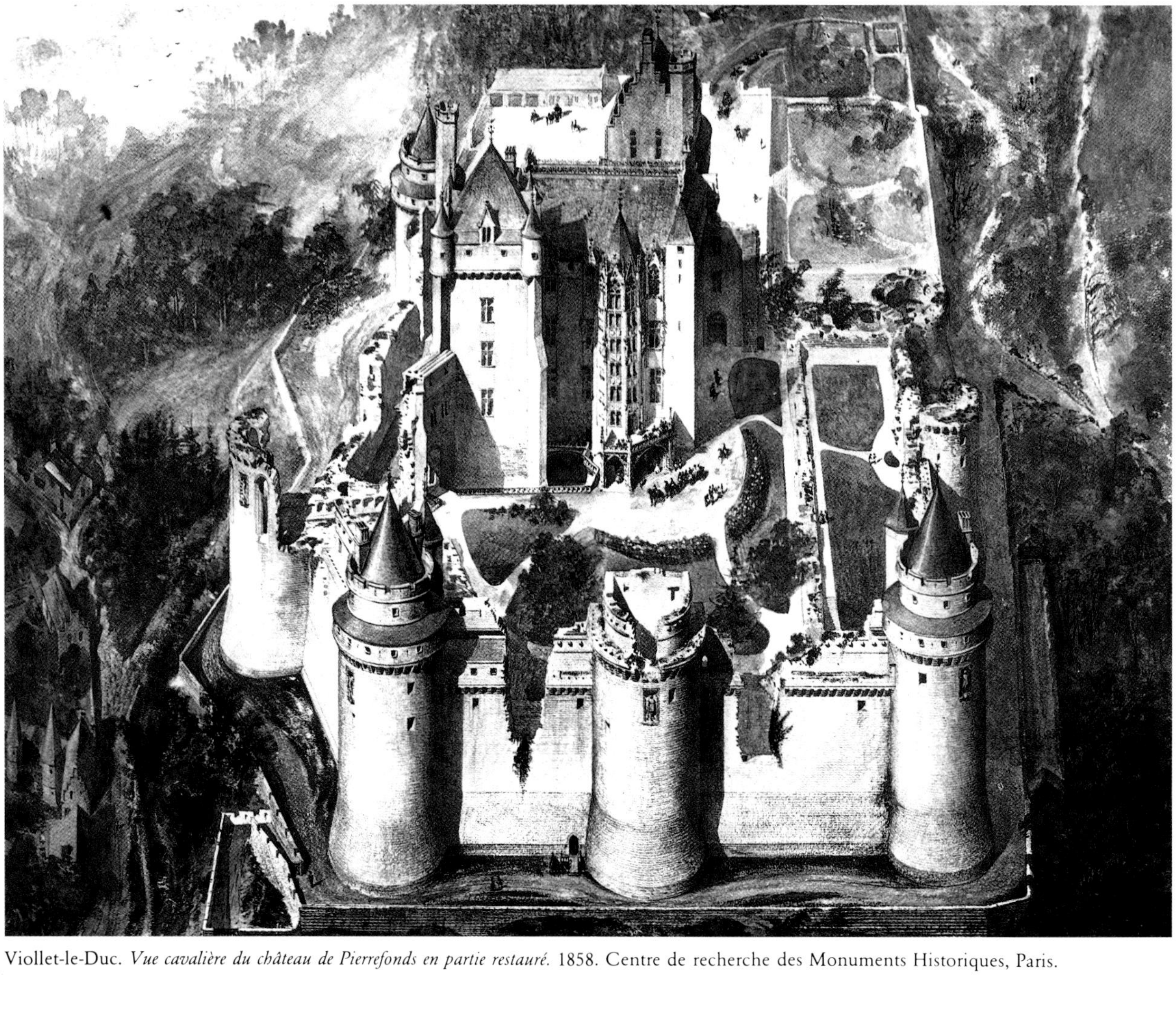

Viollet-le-Duc. *Vue cavalière du château de Pierrefonds en partie restauré.* 1858. Centre de recherche des Monuments Historiques, Paris.

immeubles parisiens ne s'élèvent pas au-dessus d'une très conventionnelle moyenne — c'est un interprète sans génie qui s'est contenté, dans ses différentes constructions, religieuses surtout, de faire servir tout un répertoire de pièces rapportées à des « montages » d'une navrante platitude : Saint-Denis-de-l'Estrée à Saint-Denis, la façade de la cathédrale de Clermont-Ferrand, ou le château de Pierrefonds. Mais il n'hésite pas à qualifier la Sainte-Clotilde de Gau, de « pastiche pâle » !

Viollet-le-Duc n'a bâti aucun des édifices propres à son temps, des gares ou des halles qui restaient à ses yeux de simples « hangars » ; apôtre convaincu de l'utilisation du métal il croit qu'il faut laisser ce genre d'architecture aux ingénieurs. C'est là l'une des ambiguïtés, ou des carences, de ses positions ; ainsi cet admirateur passionné du passé s'est-il tenu à l'écart des nécessités du présent.

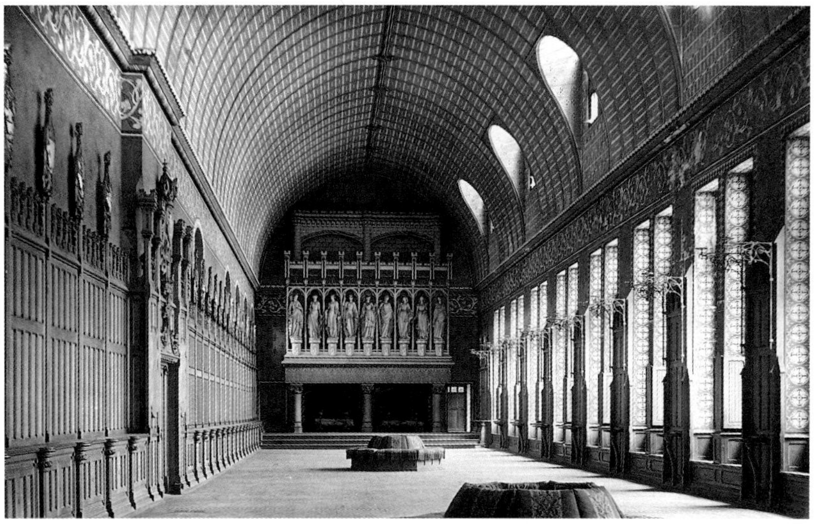

Eugène Emmanuel Viollet-le-Duc. *Château de Pierrefonds, salle des Preuses.* 1865-66.

Un restaurateur discutable

Viollet-le-Duc restaurateur, soutenu par Mérimée, s'engagea corps et âme dans une succession de travaux de sauvetage où il allait, pendant des années, déployer un zèle extraordinaire ; ce zèle lui fut, presque toujours, fatal. Certes il sauva de nombreux monuments, mais à quel prix ! La « religieuse discrétion », l'« abnégation complète de toute opinion personnelle » qu'il recommandait au début de sa carrière lui firent à la fin cruellement défaut.

Ses « révisions » effectuées au mépris de l'authenticité fonctionnelle et plastique, au nom de l'« unité de style », ont surtout consisté à « compléter » ou à « achever » les monuments ou les ensembles qui lui furent confiés, et auxquels il donna souvent un aspect tout à fait mensonger ; il suffit de comparer ce qu'ils étaient avant leur restauration et ce qu'ils sont devenus après lui !

Les cruelles erreurs dont Viollet-le-Duc est responsable, à Carcassonne, à Saint-Sernin de Toulouse, à Vézelay, à Notre-Dame de Paris (encore Mérimée l'empêcha-t-il de « terminer » la cathédrale en la coiffant de flèches !) où il fit refaire la statuaire des portails dans un style académique savonneux, les libertés qu'il prit avec l'histoire (à la cité de Carcassonne il construisit sans raison , devant les Tours Narbonnaises, un châtelet entièrement neuf), ne sont guère excusables. La reconstruction de Pierrefonds sur des moignons de pierre capétiens est une sottise de mégalomane empressé à répondre aux goûts dispendieux de l'Impératrice. « Les ruines si pittoresques qu'elles soient ne donnent guère l'idée de ce qu'étaient ces habitations de grands seigneurs du Moyen Age » assurait Viollet-le-Duc. Mais ce Disneyland médiéval non plus !

Son action contre l'enseignement académique aurait pu être infiniment plus bénéfique si elle ne s'était heurtée à des bastilles alors imprenables, l'Ecole et l'Académie des Beaux-Arts. Viollet-le-Duc s'était élevé avec violence, dans de très courageux articles, contre les pouvoirs de l'institution académique et contre l'inanité d'une pédagogie tournée vers le passé, ignorant les nécessités du présent et uniquement dominée par l'obsession de Rome et de la Grèce. Or, le 13 novembre 1863, un décret du surintendant des Beaux-Arts retirait « le monopole d'enseignement et de distribution de récompenses » à l'Académie, et lui enlevait la tutelle des lauréats des concours de Rome lors de leur séjour à la Villa Médicis. En même temps Viollet-le-Duc était nommé professeur d'histoire de l'art et d'esthétique.

Ces deux décisions provoquèrent la fureur des académiciens, Ingres en tête, et une cabale fut montée contre le nouveau professeur qui, chahuté avec une rare violence, ne put prononcer ses cours et dut démissionner. Ceux-ci réunis en volume sous le titre « Entretiens sur l'architecture » eurent néanmoins un retentissement considérable.

Il ne cessera pas d'ailleurs de poursuivre sa campagne contre les institutions académiques et la déplorable pédagogie de l'Ecole des Beaux-Arts, comme de défendre les réformes qu'il estimait indispensables pour voir naître une architecture des temps modernes. Mais qu'était donc la modernité pour Viollet-le-Duc à la fois génie visionnaire et ravaudeur nostalgique de monuments ?

Si dans ses écrits il se montre résolument novateur, dans ses constructions il se révèle prisonnier de formules qu'il interprète sans esprit ; en fait il incarne le batisseur-type d'une époque peu créative, et comme lui écartelée entre un passé qu'elle vénère et un avenir qu'elle craint.

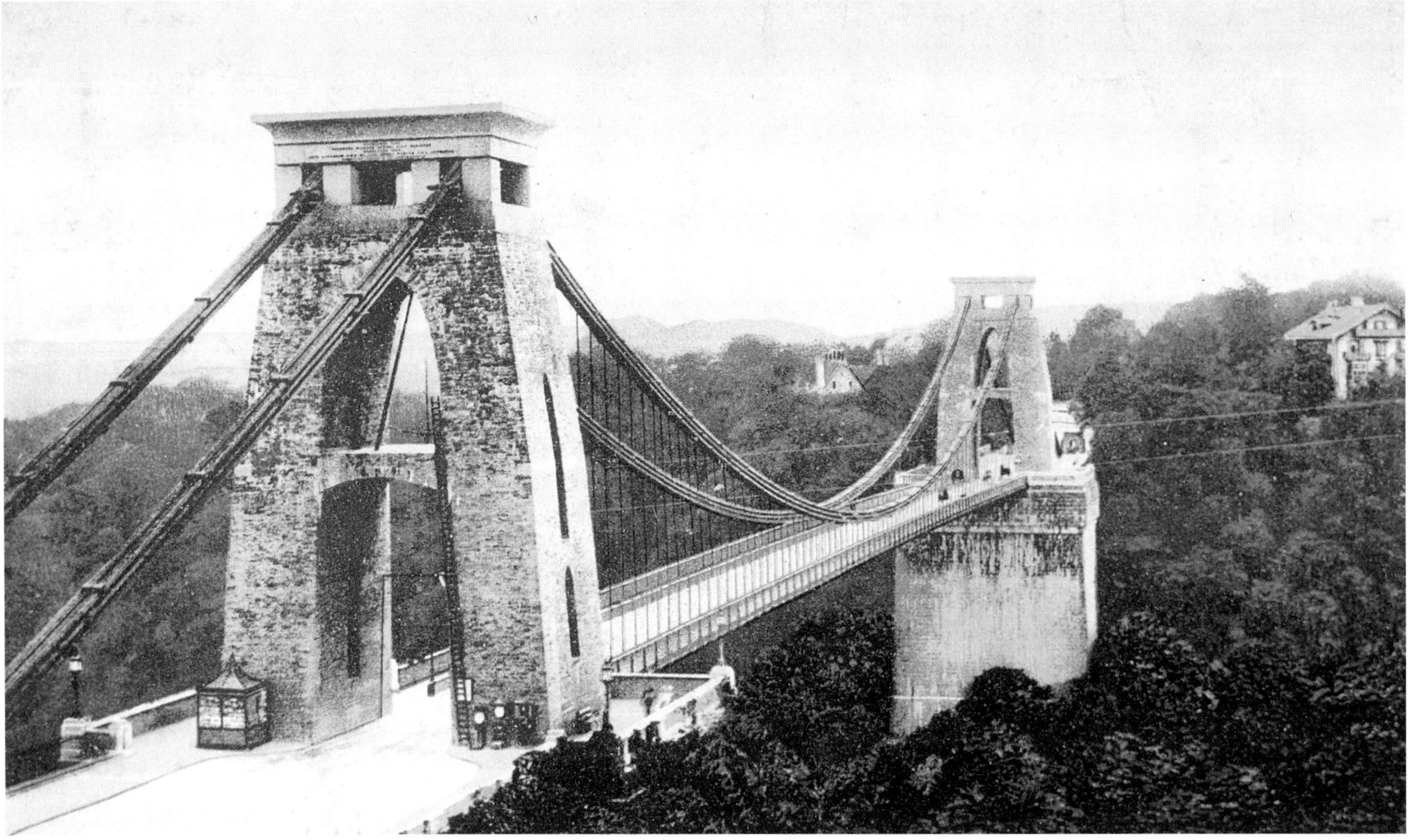

Isambard Kingdom Brunel. *Clifton-sur-l'Avon, pont suspendu.* 1836-59.

Paxton pionnier du métal

Comme Ruskin, Viollet-le-Duc avait dénoncé la séparation entre beaux-arts et arts appliqués, arts majeurs et arts mineurs, et quoique leurs positions aient été différentes sur de nombreux points — l'emploi du fer par exemple — elles annoncent, malgré bien des équivoques et des réticences, l'avenir. Contrairement à l'auteur des « Sept lampes de l'architecture », et à Morris, Viollet-le-Duc recommande l'utilisation de la machine.

En Angleterre un homme s'était fait le défenseur du métal, Joseph Paxton, qui débutant comme jardinier-chef du duc de Devonshire à Chatsworth en 1826, eut l'idée de construire des serres comportant des tubes de fonte de grandes portées, des parois de verre et des structures de bois ; ces constructions trouvèrent leur accomplissement dans le "Great Stove" ou "Great Conservatory" que Paxton édifia entre 1836 et 1840. C'était, à l'époque, avec ses quatre-vingt mètres de long sur trente-sept de large pour une hauteur de vingt mètres, le plus grand bâtiment de verre et de fer du monde.

Paxton, horticulteur devenu constructeur autodidacte, réalisa pour l'Exposition Universelle de Londres, en 1851, à partir de sa serre géante de Chatsworth, le célèbre Crystal Palace, qui couvre soixante et onze mille mètres carrés et comporte uniquement du fer et du verre en éléments modulés, standardisés et préfabriqués. Reconstruit en 1854 à Sydenham dans la banlieue londonienne, il fut malheureusement détruit par un incendie en 1936.

L'initiative de cette Exposition Universelle, première grande manifestation du monde industriel, était due à un journaliste, Henry Cole, qui en fut avec le prince consort Albert, l'organisateur. Cet homme d'avenir, passionné à la fois de machinisme et d'art extrême-oriental, ne joua pas le rôle que son intelligence prospective — il fut l'un des premiers à annoncer le rôle considérable qu'allait jouer l'Amérique dans le domaine social et industriel — semblait lui réserver. Ses notes « Fifty years of Public Works » ne furent publiées qu'après sa mort.

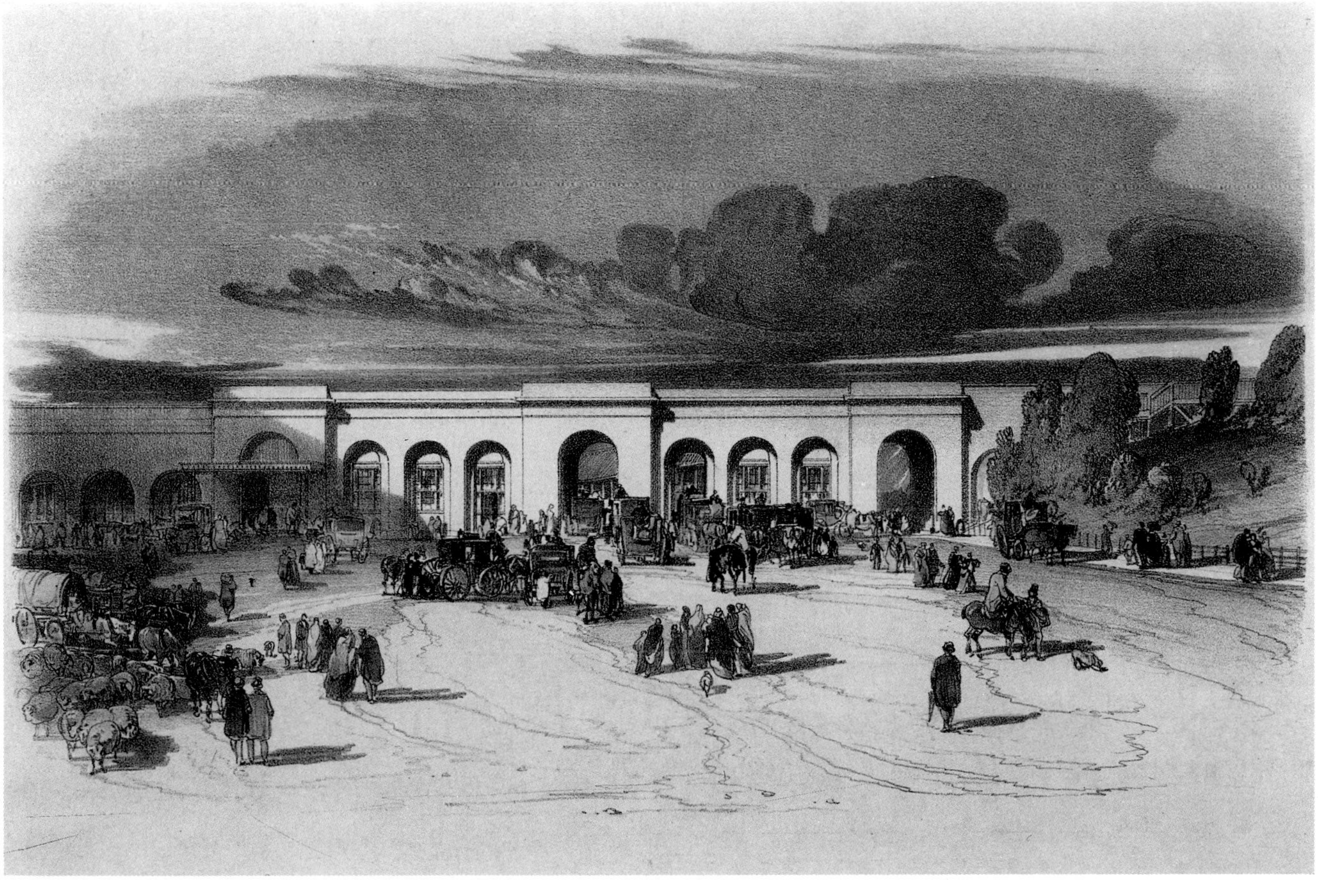

Isambard Kingdom Brunel et M.D. Wyatt. *Londres, gare Paddington II.* 1854-64.

Paxton n'était guère apprécié par les « vrais » architectes, et il dut subir de violentes attaques ; son projet de Great Victorian Way (1855), un boulevard périphérique ceinturant Londres, recouvert d'un toit en verre et comportant des rues piétonnes bordées de magasins et des voies ferrées, resta à l'état de projet. Il construisit des maisons de campagne, sa propre demeure à Barbrook (v. 1850), la gare de Rowsley, le Spa-saloon à Scarborough, mais les énormes châteaux pseudo-Renaissance qu'il bâtit à Mentmore (1851-1859) près de Cheddington, et à Ferrières (Seine-et-Marne) pour la famille Rothschild, apparaissent comme une régression sur son œuvre antérieure. A moins que le fameux « goût Rothschild » ne lui ait été imposé.

Malgré l'hostilité des architectes, Paxton n'était pas un isolé, ni un marginal. Il était en contact avec des ingénieurs, des techniciens, et la jeune architecture le regardait comme un précurseur.

Parmi les hommes d'avenir de cette Angleterre victorienne enfermée dans ses conventions passéistes, George et Robert Stephenson, promoteurs de la construction des chemins de fer, occupent une place capitale ; ils sont à l'origine de nombreuses gares, ponts, tunnels et autres installations ferroviaires. Le pont de Menai Strait (1845-50) par Robert Stephenson et Francis Thompson, est un excellent exemple de collaboration entre ingénieur et architecte historiciste.

Le pont suspendu de Clifton-sur-l'Avon, près de Bristol, dû à Isambard Kingdom Brunel (1836-1859), est l'un des chefs-d'œuvre de l'art des ingénieurs au milieu du siècle dernier. Comme à Menai Strait l'historicisme était associé à la structure métallique ; les piliers de pierre du pont de Clifton sont gréco-égyptiens !

Brunel construisit, avec M.D. Wyatt, de 1854 à 1864 l'impressionnante gare Paddington II, la plus remarquable de toutes celles qu'il édifia.

Dans le domaine ferroviaire la collaboration entre architectes historicistes et ingénieurs fut particulièrement fructueuse quoique équivoque comme en témoigne notamment la gare de St Pancras des Midland Railways à Londres (1866-68) due à Gilbert G. Scott masquant le travail technologique de l'ingénieur W. Barlow.

Développement et équivoque de la construction en fer

La coupole de fer et de verre de la Halle aux blés construite à Paris en 1811 par l'architecte Belanger et l'ingénieur Brunet, était, avec ses quarante mètres de portée, un exploit ; mais les premières intégrations de structures métalliques dans l'architecture le furent dans les combles de plusieurs théâtres, à la Bourse, et dans la réalisation de marchés et d'abattoirs. Le premier exemple de pont suspendu en France est celui que lança sur le Rhône, à Tournon, Marc Seguin en 1823. Il s'agit là exclusivement de constructions utilitaires et d'architecture d'ingénieur.

Le fer est désormais un matériau nécessaire, mais il n'est pas reconnu comme noble, aussi lorsque Henri Labrouste l'emploie à la Bibliothèque Sainte-Geneviève à Paris (1843-1850) il cache ce squelette métallique sous un revêtement de pierre de style néo-Renaissance ; à la Bibliothèque Nationale (1858-1868) le parti est plus franc, dans la grande salle de lecture seize colonnes de fonte élancées soutiennent une voûte en verrière. Cette réussite exceptionnelle est complétée par l'agencement métallique de la Réserve composée de quatre étages et d'un sous-sol, et coiffée d'un plafond de verre. Nul n'a malheureusement accès, hormis le personnel, à ce chef-d'œuvre de l'architecture métallique du XIXe siècle.

Longtemps ignoré Hector Horeau passe, à cause du nombre de projets avortés qu'il conçut, pour un architecte « maudit » ; en 1848 il présenta celui des futures Halles de Paris, de vastes parapluies de fer que cinq ans plus tard Victor Baltard, s'inspirant sans vergogne de cette remarquable conception, se vit chargé de réaliser en pierre ! Or le premier parapluie de pierre apparut si ridicule qu'on dut le démolir,

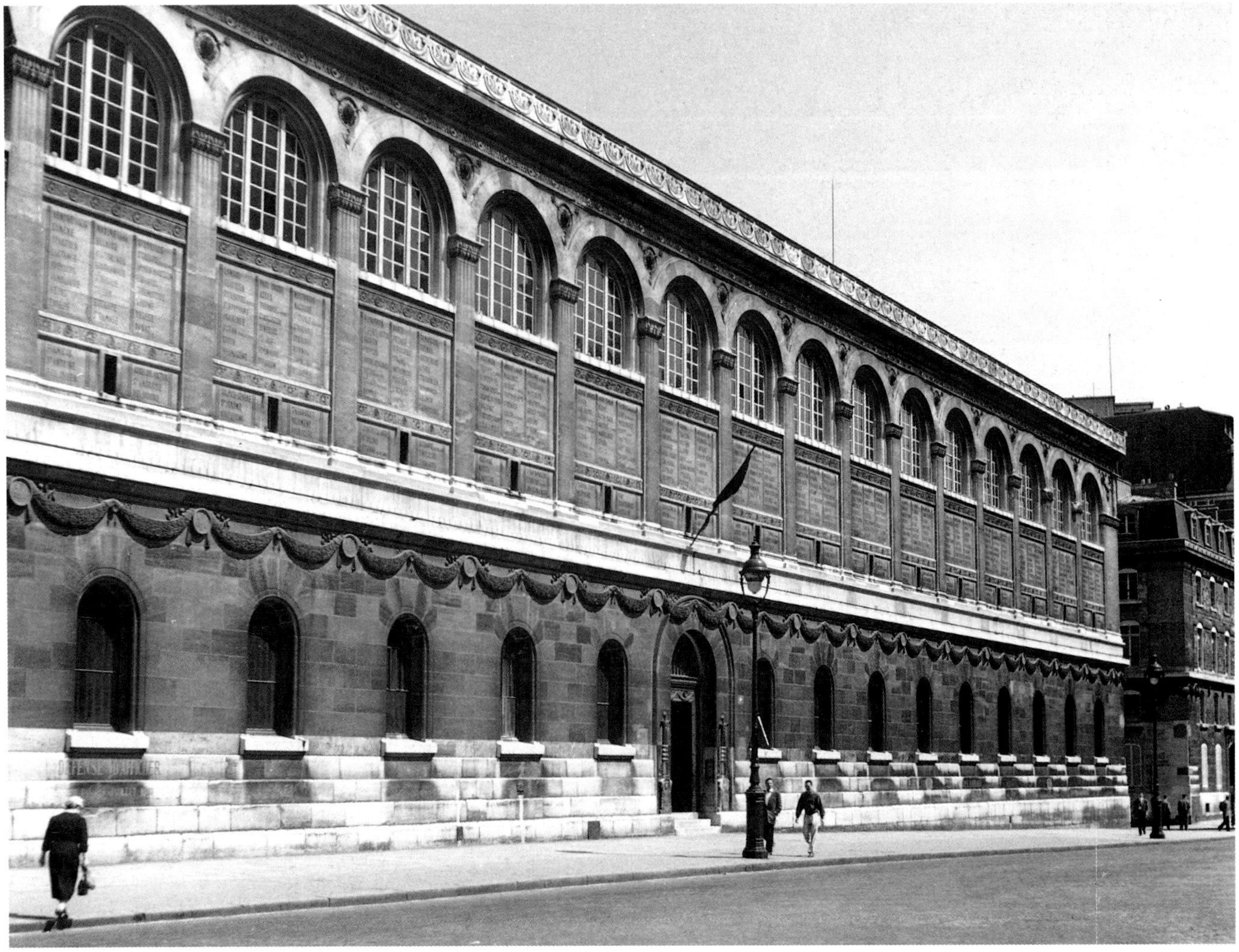

Henri Labrouste. *Paris, Bibliothèque Sainte-Geneviève.* 1843-50.

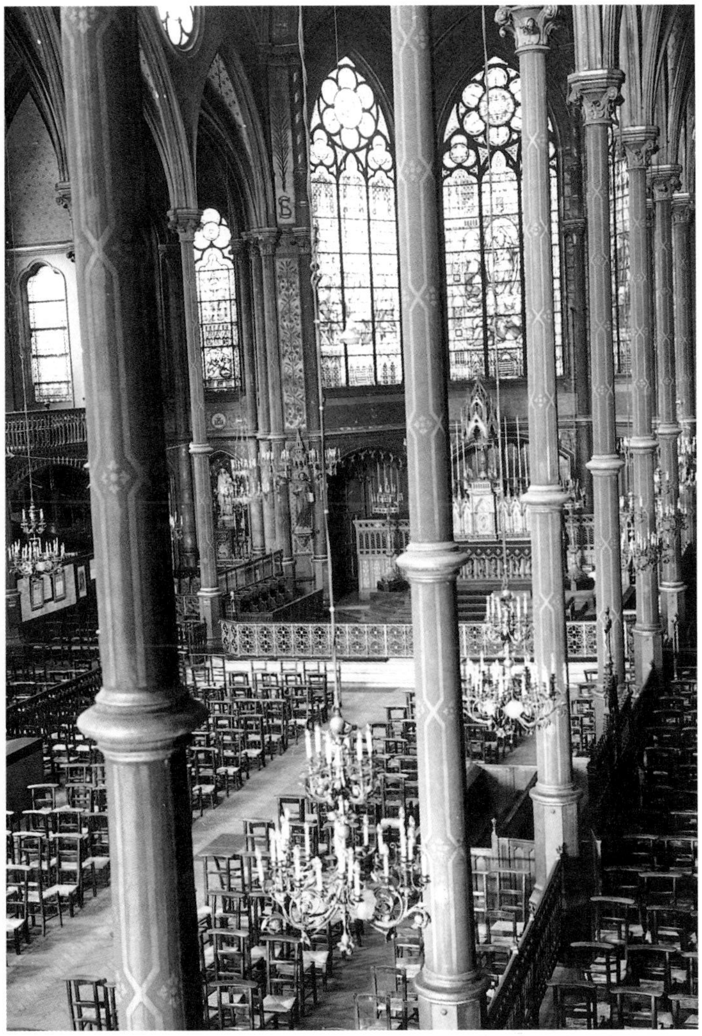

Louis Auguste Boileau. *Paris, église Saint-Eugène-Sainte-Cécile, nef.* 1854-55.

et c'est finalement en fer que Baltard construisit les Halles avec l'approbation du préfet Haussmann et de Napoléon III ! En 1878 les douze pavillons couvrant une surface de quatre hectares étaient achevés. Ils demeureront le « ventre de Paris » jusque dans les années 1970-80, date à laquelle on remplaça les Halles de Baltard par un conglomérat architectural moderniste absolument consternant.

Maudit, le malheureux Horeau le fut vraiment ; en 1850 il avait remporté le premier prix du concours pour la réalisation du Crystal Palace, mais c'est Paxton qui reçut la commande; à Paris son remarquable projet d'Opéra fut repoussé au profit de celui de Garnier. Il se vengea en le qualifiant de « tas de pierre dispendieusement amoncelé, mouluré, modillonné ». Hittorf pilla selon lui, à la gare du Nord, un autre de ses projets pour l'Exposition Universelle de Londres en 1851 ; celui qu'il présenta, toujours à structure métallique, pour un palais des Expositions destiné à l'Exposition Universelle de Paris en 1867, n'eut pas un meilleur sort.

Sa conception originale de la maison individuelle, et du passage couvert appliqué à de larges boulevards coiffés de gigantesques verrières et ornés de lustres floraux, étonnante adaptation à de vastes espaces de commerce et de circulation du thème de la serre et du jardin d'hiver, son projet d'un Palais municipal pour la ville de Rouen (1865) sorte de château à quatre tours, enveloppé d'étages à arcades et couvert d'une immense verrière pyramidale, font de Hector Horeau un extraordinaire architecte, moins utopiste qu'il ne paraît. A la fois saugrenu et novateur, dont les idées comportaient une part notable de l'avenir.

Celles-ci fort nombreuses et variées, furent exposées dans des brochures qui ne provoquèrent que sourires ou sarcasmes ; à les lire attentivement aujourd'hui on se rend compte de toutes les nouveautés, incompréhensibles ou déconcertantes pour l'époque, qu'elles contenaient. Mais comment croire en un homme qui, arrêté pour sa participation à la Commune, emprisonné pendant plusieurs années, conçoit

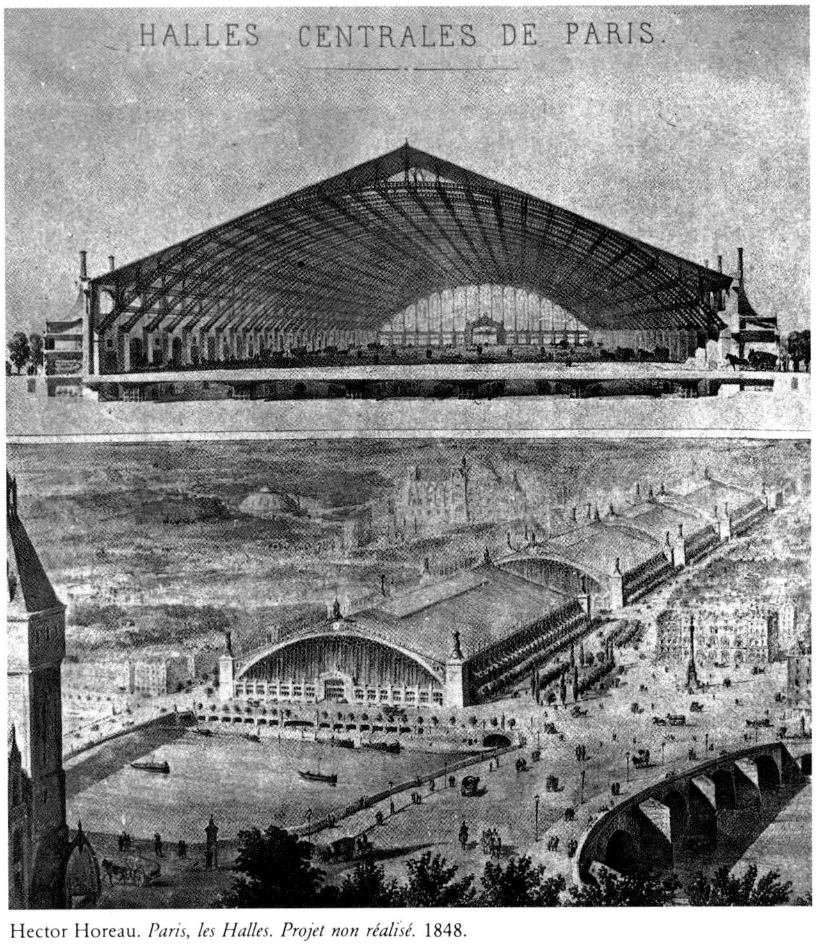

Hector Horeau. *Paris, les Halles. Projet non réalisé.* 1848.

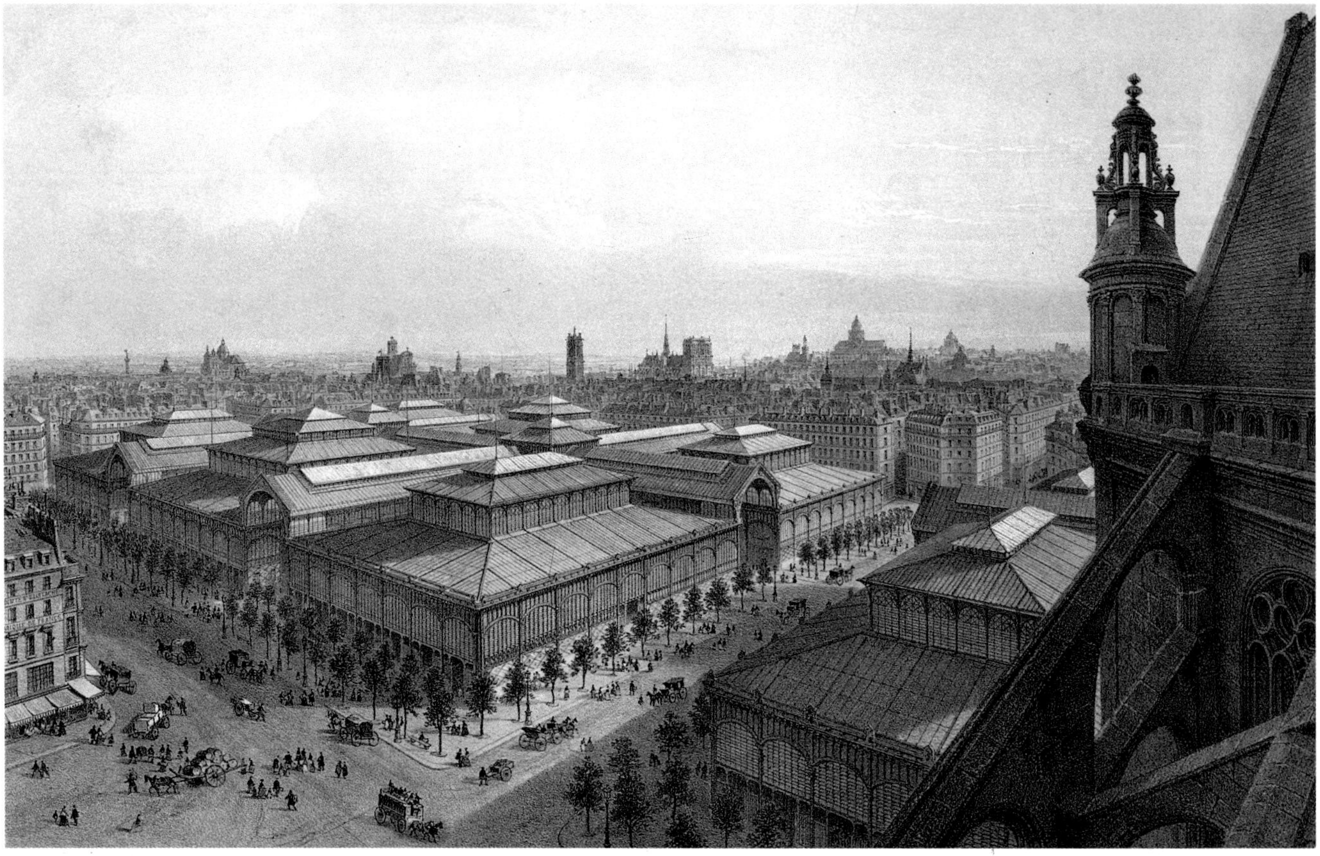

Victor Baltard. *Paris, les Halles.* 1854. Musée carnavalet, Paris.

dans sa cellule un projet de reconstruction de l'Hôtel de Ville de Paris ! Absolument stupéfiant dans sa conception révolutionnaire, ce « palais de rêve de la communion sociale dans une architecture utopique et prospective » (François Loyer) annonçait certaines réalisations du XXe siècle.

L'utilisation du fer s'étendra de plus en plus. Les gares, cathédrales utilitaires et fonctionnelles du siècle du progrès, offraient un domaine d'expériences nouvelles dans le tissu urbain que bouleversait la pénétration des voies ferrées ; les premiers embarcadères se révélant insuffisants, il fallut construire plus vaste, et fidèles à l'éclectisme en vogue, c'est au passé que, paradoxalement, les architectes demanderont des leçons pour ces monuments de l'avenir.

Hittorf employa pour la nouvelle gare du Nord (1861-65) une charpente métallique qu'il dissimula derrière une façade mariant le néo-Renaissance et le néo-grec, couronnée par un fronton surmonté de statues. Il en fit néanmoins — Viollet-le-Duc, qui aurait préféré une gare « gothique », critiqua les styles utilisés — un monument triomphal à la gloire de la puissance ferroviaire dont la décoration de figures, symbolisant les villes des régions du Nord, fut appréciée. Le parti adopté par Hittorf sera beaucoup imité en France et à l'étranger.

Celui-ci construisit des grands magasins, également une nouveauté pour l'époque, des églises, des hôtels et des maisons particulières ; sa transformation de la place de la Concorde fait de lui, malgré les difficultés de l'entreprise, un maître de l'espace urbain au siècle dernier. Le CirqueNapoléon (Cirque d'Hiver) est également une réussite sur le plan spatial, mais son originalité vient aussi de l'intelligente utilisation de la polychromie.

Le "Bon Marché" est généralement regardé comme la première réalisation, en 1852, de ces temples du commerce dont Zola dans « Au Bonheur des Dames » prédit la vogue rapide et les conséquences sociales, mais ce n'est qu'en 1876 que Gustave Eiffel et L.A. Boileau construisirent les nouveaux magasins, d'une conception totalement neuve, à partir d'un immense espace central en fer et en verre inondé de lumière, non moins audacieux que le Magasin des réserves de Labrouste à la Bibliothèque Nationale. Cette lumière que les impressionnistes répandaient dans leurs tableaux, entrait aussi — et cela stupéfiait ou scandalisait les contemporains — dans la vie.

A Noisiel-sur-Marne, à la chocolaterie Menier construite par Jules Saulnier de 1870 à 1872, l'ossature métallique, nettement visible, porte le bâtiment, mais la façade n'en est pas moins ornée de carreaux de faïence, concession décorative exceptionnelle à une architecture d'une réelle nouveauté.

Technique et esthétique s'affrontent

Que l'on hésite à montrer le fer — Viollet-le-Duc citera dans le second tome de ses « Entretiens sur l'architecture » la chocolaterie Menier comme un excellent exemple de cet emploi — qu'on le cache, qu'on le protège, ou qu'on le exhibe comme l'une des conquêtes capitales de l'époque, pose un vrai problème : celui de la cohabitation de l'éclectisme et du rationalisme constructif qui avait guidé dans l'utilisation monumentale du nouveau matériau, Labrouste, puis Hittorf et d'autres architectes. Les représentants de ce courant, quoique méfiants, ne pouvaient pas ne pas être séduits par leur exemple ; à l'Ecole des Beaux-Arts, sanctuaire de l'académisme le plus rétrograde, Duban couvre la cour intérieure du vaste palais des Etudes d'une toiture vitrée sur chapente métallique (1863), et si ses constructions sur le quai Malaquais sont moins audacieuses, avec leurs plafonds de fer apparent, elles sont contenues dans une ossature de contreforts tandis que les pilastres de fonte s'effacent presque de la surface des façades de pierre.

Le caractère noble, volontiers imposant des églises ne pouvait guère s'accommoder d'un matériau comme le fer, propre à l'architecture d'ingénieur ; la construction des ponts, des usines, des halles, des grands magasins, des navires, était affaire de technicien. Le vieil antagonisme entre technique et esthétique, qui avait marqué les débuts du siècle, resurgissait.

Si le fer est largement utilisé par Baltard à Saint-Augustin (1862-1863) l'architecte n'hésite pas à ceinturer l'ossature métallique, couronnée d'un dôme construit dans le même matériau, d'un revêtement de pierre d'inspiration néo-byzantine ; Labrouste avait fait de même à la Bibliothèque Sainte-Geneviève, mais dans le style Renaissance italienne ! A Sainte-Cécile-Saint-Eugène, l'une des plus extraordinaires églises de Paris, dans le IXe arrondissement, L.A. Boileau l'architecte du "Bon Marché", réussit à l'intérieur ce qui apparut alors comme un tour de force dans l'utilisation du fer ; une forêt de fines colonnes soutiennent une succession de voûtes aux courbures variées tandis que des galeries courant tout autour de la nef, vaste espace de lumière, évoquent davantage un palais des expositions, ou une halle, qu'un édifice religieux.

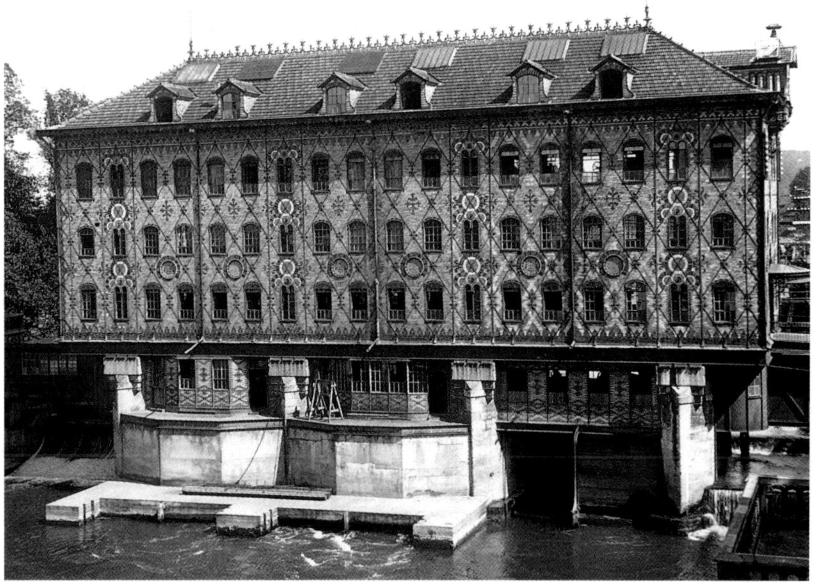

Jules Saulnier. *Noisel-sur-Marne, chocolaterie Menier, façade.* 1870-72.

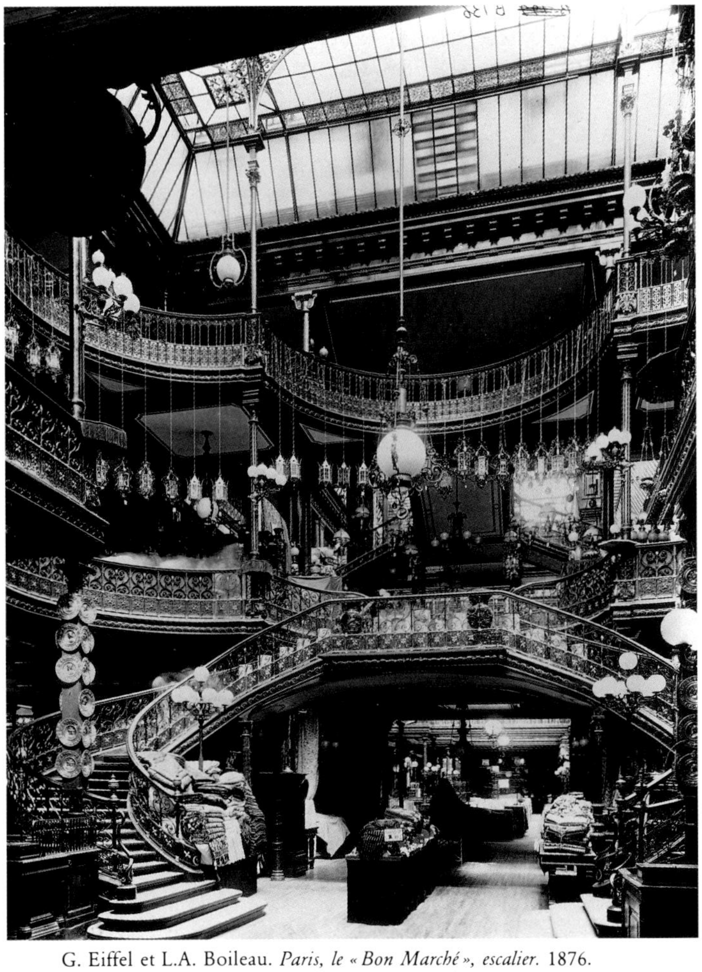

G. Eiffel et L.A. Boileau. *Paris, le « Bon Marché », escalier.* 1876.

L'emploi dans un tel lieu du métal, l'organisation intérieure saisissante de nouveauté, ne vont pas, car Boileau est comme Viollet-le-Duc, un admirateur du Moyen Age, sans éclectisme, et les références au gothique sont nombreuses. L'architecte va même jusqu'à transposer dans le métal les éléments architecturaux ou décoratifs propres aux constructions médiévales en pierre, ce qui provoque la colère de Viollet-le-Duc. Sainte-Cécile moquée par les uns, dénigrée par les autres, les procédés de Boileau ayant paru « inconvenants » dans une église, reste le modèle original de l'utilisation poétique d'un ensemble de citations qui, chez d'autres, ne sont que placage.

C'est le cas de la cathédrale de Marseille, commencée en 1856 par Vaudoyer et qu'Espérandieu n'acheva qu'en 1893 ; bâtie en matériaux polychromes, hérissée de coupoles, elle est inspirée à la fois de modèles romains, byzantins, siennois et romans auvergnats ! C'est l'exemple le plus

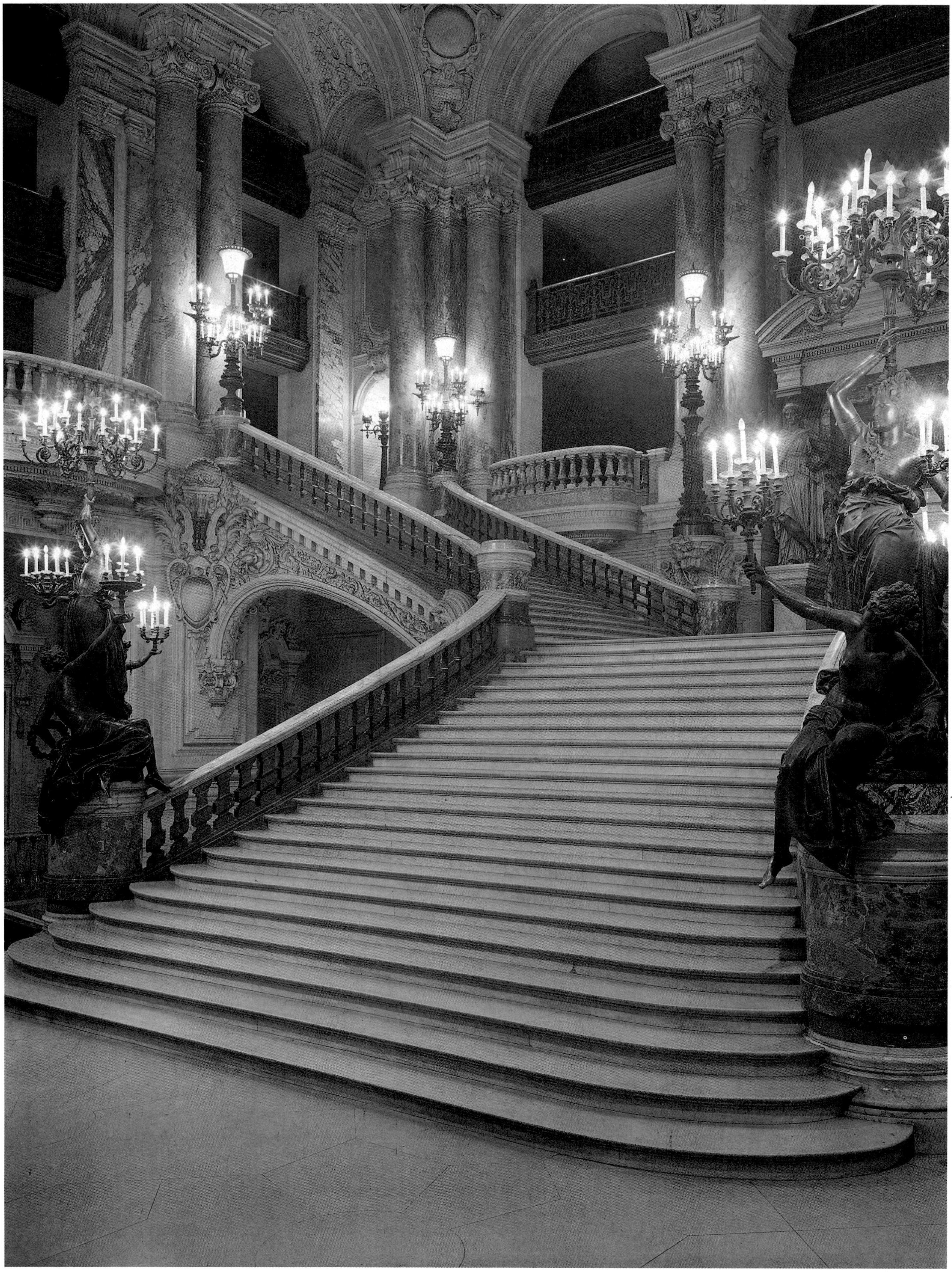

Charles Garnier. *Paris, Opéra, Grand escalier.* 1861-75.

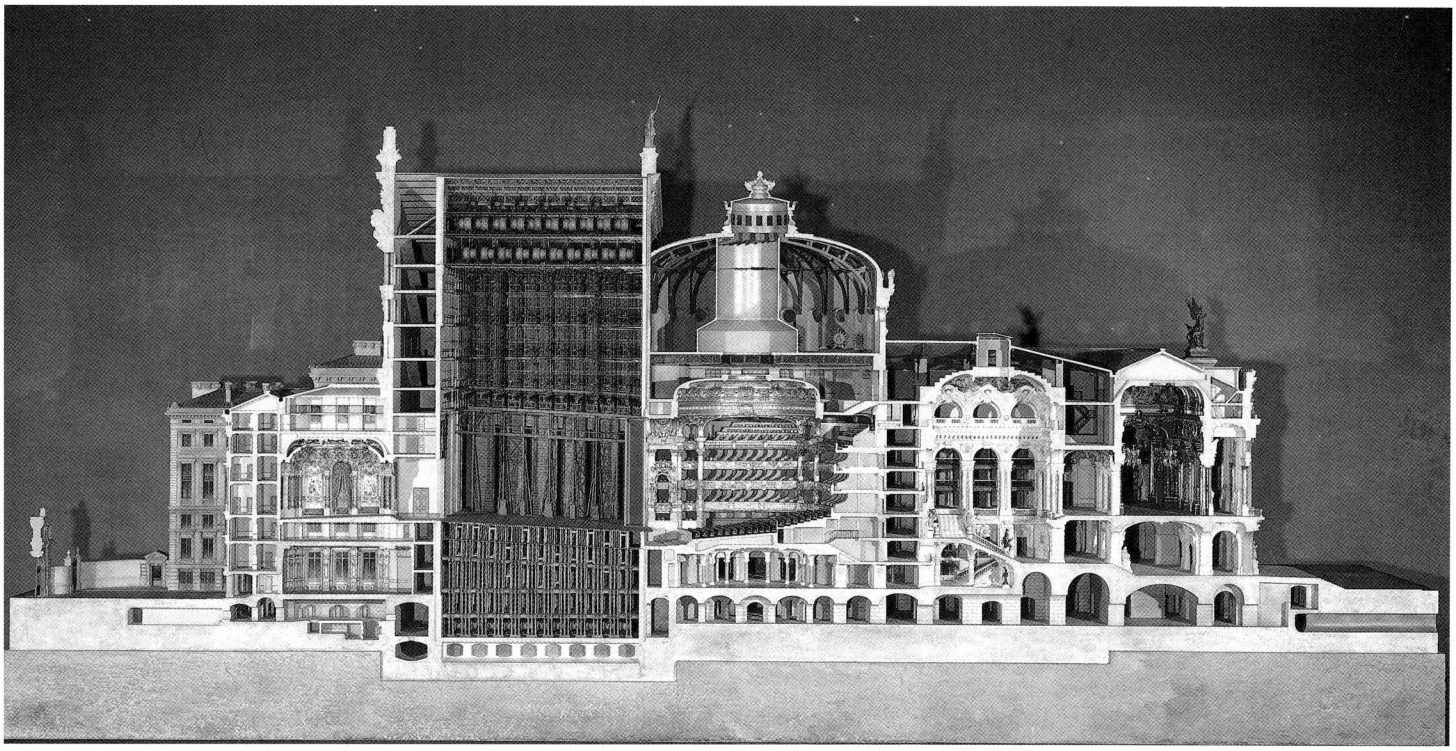

Paris, Opéra, maquette de la coupe longitudinale.

accompli de la stagnation des architectes du second Empire qui, éloignés de tout esprit créatif, ne visent qu'à réaliser des combinaisons de styles consacrés par l'histoire.

Haussmann et le nouveau Paris

Par décret du 22 juin 1853 Napoléon III livra Paris à Georges-Eugène Haussmann qu'il venait de nommer préfet de la Seine. Le Paris « moderne » est celui qu'a modelé ce parfait fonctionnaire, serviteur ambitieux et opportuniste depuis plus de vingt ans de tous les régimes, à la fois exécutant fidèle de l'Empereur mais ayant des idées personnelles sur le traitement qu'il fallait appliquer à cette ville en pleine croissance, inadaptée aux exigences sociologiques, économiques et sanitaires, de la capitale d'un grand pays en plein développement.

Dix-sept ans durant Haussmann trancha, tailla, ouvrit de terribles saignées rectilignes dans les vieux quartiers qu'il abattit sans vergogne, refoulant dans la périphérie du Nord et de l'Est la frondeuse population de 1830 et de 1848, et ses barricades dans les rues coupe-gorge. De cela Haussmann s'est vanté ; « l'éventrement du quartier des émeutes, des barricades » fit disparaître au centre de Paris tout un lacis de vieilles maisons et de rues pleines de souvenirs sanglants (la rue Transnonain immortalisée par Daumier !) et ses menaces.

Commandé davantage par la stratégie que par l'esthétique, le culte de la ligne droite s'imposa avec une impitoyable rigueur. Haussmann ouvrit au centre de la capitale quatre vingt quinze kilomètres de voies nouvelles, et dans la périphérie soixante-dix, formant un réseau cohérent de communication entre les foyers vitaux de la capitale et les nouvelles gares. Ce réseau, fondé sur un certain nombre d'axes rectilignes,provoqua la destruction de plusieurs monuments, leur adaptation discutable aux nouveaux tracés, ou leur isolement, mais également la création, pour « animer » ces perspectives, de réalisations monumentales qui devaient également susciter, selon Haussmann, de nouveaux dialogues architecturaux : fontaine Saint-Michel, dôme du Tribunal de Commerce, Saint-Augustin, Opéra, l'église de la Trinité, etc.

L'éventrement du quartier Latin et du faubourg Saint-Germain, la destruction presque complète de la Cité provoquèrent la démolition de nombreux hôtels, églises, collèges, couvents ; ces deux univers fermés qu'étaient le quartier de l'Université et le « noble faubourg », celui-ci pourtant bien peu menaçant pour l'Ordre établi, « éclatèrent » littéralement et perdirent leur unité. Pratiquement anéantis, les abords de Notre-Dame, où ce qui restait d'églises et de chapelles vénérables fut mis à bas, virent s'élever d'énormes bâtisses administratives d'une écrasante laideur ; isolée, la cathédrale que Viollet-le-Duc accommodait à sa façon, perdait tout contact avec le vieux quartier, cœur historique et religieux de la ville dont elle était l'âme.

Si l'installation des Halles au centre de la capitale était une énorme erreur, du moins peut-on créditer l'impitoyable préfet de la mise en place d'un remarquable réseau d'égouts et de la relative salubrité du Paris actuel, ainsi que de la création d'espaces verts publics — avec la collaboration de l'ingénieur Alphand, au détriment souvent de jardins privés — notamment au nord-est les Buttes-Chaumont, et le bois de Boulogne à l'ouest des quartiers riches d'Auteuil et de Passy. L'Est et ses arrondissements ouvriers furent, malgré l'aménagement du bois de Vincennes, abandonnés à l'emprise de la petite industrie.

Fort heureusement Haussmann « oublia » le Marais,

superbe et cohérent quartier aristocratique du XVIIe siècle dont les magnifiques hôtels étaient livrés au vandalisme ; les aberrants projets de larges voies de pénétration ne furent pas réalisés.

Parallèlement à ces opérations chirurgicales, la spéculation favorisée par le préfet – qui, dit-on, en profita... – fit surgir de terre de lourds immeubles, aussi tristes qu'opulents, bordant les nouvelles voies, ou de faux hôtels Louis XVI pour banquiers, industriels enrichis, ou courtisanes à la mode. Aucune recherche d'orchestration, nulle ordonnance monumentale, et toujours le règne du pastiche, seul évangile esthétique de cette époque de décadence et de faux-semblant.

L'Opéra chef-d'œuvre du décor

La plus spectaculaire réalisation du second Empire, l'Opéra, en est aussi le symbole. Charles Garnier, qui le construisit après avoir triomphé de plusieurs concurrents, dont Viollet-le-Duc, en a fait le monument le plus achevé et le plus cohérent, de la vanité et du faste, du « contentement de soi » (Monika Steinhausen) du règne de Napoléon III. Non seulement il en assura la construction, mais il supervisa également la décoration dont il confia le programme iconographique à des peintres académiques aidés de sculpteurs, stucateurs, mozaïstes, etc.

L'Opéra fait partie des grandes réalisations urbaines du XIXe siècle. C'est la pièce maîtresse de l'élaboration, au prix de démolitions et d'expropriations impitoyables, d'un espace construit qui devait apparaître comme l'exemple même de l'urbanisme impérial. Au cœur du quartier des affaires, du commerce de luxe et des résidences élégantes, à proximité de la Bourse, temple de l'argent, et du Boulevard, lieu privilégié de l'esprit « parisien », en liaison directe et en ligne droite avec le Louvre et les Tuileries, résidence du couple régnant.

L'énorme pièce montée, sculptée, dorée, précédée par une longue avenue de prestige, que réalisa Garnier de 1861 à 1875 (c'est la République qui l'inaugura), cette « cathédrale mondaine de la civilisation » selon Théophile Gautier, était d'abord un espace de fête et de faste, d'où l'incroyable abondance et la somptuosité de la décoration. A l'impératrice Eugénie demandant à son auteur de quel style était ce monument, Garnier répondit « C'est du Napoléon III » ; rien n'indique mieux à quel point l'Empereur et l'architecte s'étaient parfaitement entendus pour faire de l'Opéra le chef-d'œuvre d'un style dans une époque qui n'en avait pas ; c'est-à-dire un décor.

Si Garnier bâtit l'Opéra, Baltard les Halles, Hittorf la gare du Nord, ce sont également des serviteurs zélés du pouvoir,

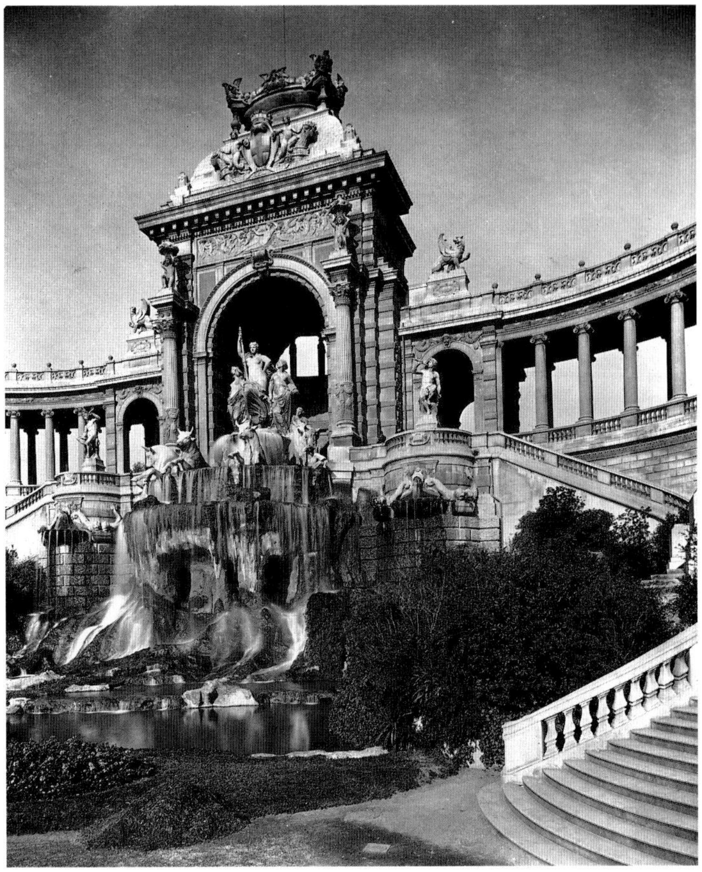

Jacques Henri Espérandieu. *Marseille, Palais Longchamp.* 1862-69.

sinon des représentants de l'académisme, qui construisent ou reconstruisent dans Paris et les principales villes françaises, parfois même à l'étranger.

Visconti, auteur de nombreuses fontaines, aménagea le tombeau de Napoléon aux Invalides, et réalisa la jonction, prévue depuis des siècles, du Louvre et des Tuileries qu'achèvera Lefuel. Davioud bâtit dans le style néo-palladien les deux théâtres se faisant face place du Châtelet, mais préféra le XVIIe pour la fontaine monumentale Saint-Michel ; il construisit aussi l'incroyable palais mauresque du Trocadéro pour l'Exposition Universelle de 1878.

Vaudremer s'inspira de l'architecture paléo-chrétienne et du roman pour Saint-Pierre de Montrouge et Notre-Dame d'Auteuil, mais sa prison de la Santé est une réalisation fonctionnelle remarquable ; Louis-Joseph Duc élit le néo-classique pour la façade du palais de Justice place Dauphine, mais dans le même bâtiment insère, avec Daumet, des ailes néo-gothiques entre les tours de la Conciergerie ! Ballu choisit la Renaissance à l'église de la Trinité, le gothique à Saint-Jean-Baptiste de Belleville et à Notre-Dame-de-la-Treille à Lille ; il mélange le roman et le gothique à Saint-Ambroise de La

Chapelle. Et l'on sait quel amalgame de styles présida à l'édification de la cathédrale de Marseille de Vaudoyer.

Le même éclectisme servit à la construction de nombreux immeubles, hôtels et demeures privées, et en province de châteaux ; toute l'histoire de l'art y fut employée, même les périodes les plus inattendues. Ainsi c'est une « maison pompéienne » (aujourd'hui disparue) que se fit construire, par l'architecte Alfred Normand, le prince Napoléon ; quant au fameux hôtel de la Païva c'est à un véritable mixage du répertoire architectural et décoratif que se livra, avec une pléiade de décorateurs, son auteur Pierre Manguin.

Haussmannisme et éclectisme

Haussmannisme et éclectisme se répandirent en province; à Lyon où le préfet Vaïsse reçut du gouverneur militaire le maréchal de Castellane, des ordres impératifs afin de créer au centre de la ville de véritables voies stratégiques propres aux mouvements des troupes, à Marseille, à Rouen où l'un des quartiers les plus anciens, la célèbre rue du Gros-Horloge et deux églises, furent impitoyablement rasés, à Toulouse, à Avignon, à Montpellier, etc.

L'éclectisme inspira à Marseille, à l'architecte Espérandieu, le colossal palais à la fois baroque et classique de Longchamp et sa non moins gigantesque fontaine centrale ; en revanche c'est en néo-roman qu'il édifia le basilique Notre-Dame-de-la-Garde où il introduisit également des éléments byzantins ! La basilique de Sainte-Anne-d'Auray (Morbihan) de Pierre Deperthes est Renaissance comme la Bourse de Lyon, par Dardel ; c'est d'ailleurs ce style qui servira, avec de légères modifications, à la construction de la grande majorité des bâtiments officiels, préfectures, hôtels de ville, hôtels des postes, palais de Justice, Chambres de commerce, Théâtres municipaux, Bibliothèques sous le second Empire et la IIIe République. A cause de leurs servitudes fonctionnelles les gares, abattoirs ou hôpitaux, échappèrent à cette monotonie.

La solennité des façades des monuments officiels était le garant de l'honorabilité de l'édifice dont l'escalier d'honneur symbolisait l'accès au pouvoir ; cette pompe, agrémentée d'une décoration sculptée abondante et allégorique, valorisait le centre de la ville. On ne demandait aux utilisateurs des formules imposées ni un esprit créatif, ni des innovations, aussi ces lauréats de l'Ecole des Beaux-Arts, prix de Rome ou membres de l'Institut, sont-ils demeurés dans leur grande majorité inconnus.

Les disciples et émules d'Haussmann et de Viollet-le-Duc sévirent longtemps ; tandis qu'on taillait dans le corps des villes et qu'on le mutilait ou le détruisait, les pastiches architecturaux ou ornementaux s'élevaient un peu partout, profanes ou sacrés. Les restaurations des continuateurs de Viollet-le-Duc furent dans l'ensemble catastrophiques, comme en témoignent celles, particulièrement outrancières, de la cathédrale d'Angoulême et de Sainte-Croix de Bordeaux par Abadie qui construira, à partir de 1875, le Sacré-Cœur de Montmartre dans les styles néo-byzantin et roman du sud-ouest mélangés !

La liste serait longue des spectaculaires réalisations éclectiques de la seconde moitié du siècle ; mais on ne saurait ignorer le château de Chantilly entièrement refait par Daumet dans le style abâtardi de la Renaissance française, et la gare d'Orsay où Victor Laloux, déjà auteur de la néo-romaine basilique Saint-Martin de Tours, bâtit sur les rives de la Seine une pesante pâtisserie ornée de sculptures allégoriques cachant un magnifique hall métallique à verrière. Celui-ci, ridiculement transformé et mutilé, a été intégré dans ce qui est aujourd'hui le musée d'Orsay.

Dans un domaine où le tour de force s'accorde pour une fois assez bien avec la monumentalité académique, Henri Nénot fit de la Sorbonne, où il avait à réaliser un vaste programme d'amalgame d'amphithéâtres, laboratoires, salles de cours, bibliothèques, bureaux, le prototype des monstres universitaires. Il réussit à y intégrer sans l'écraser l'ancienne chapelle XVIIe de Lemercier.

Car l'éclectisme n'était pas uniformément médiocre ; certains architectes réussirent à conserver sobriété et rigueur dans leurs constructions, Gilbert édifia à l'Hôtel-Dieu de Paris une remarquable cour à arcades superposées de style néo-florentin. Le ministère de l'Agriculture par Gotebœuf, celui de la Guerre par Bouchot, la mairie du 1e arrondissement par Hittorf, le Cercle de la librairie par Garnier, les bâtiments de la Bibliothèque Nationale par Labrouste et Pascal, le Musée-bibliothèque de Quesnel à Grenoble mon-

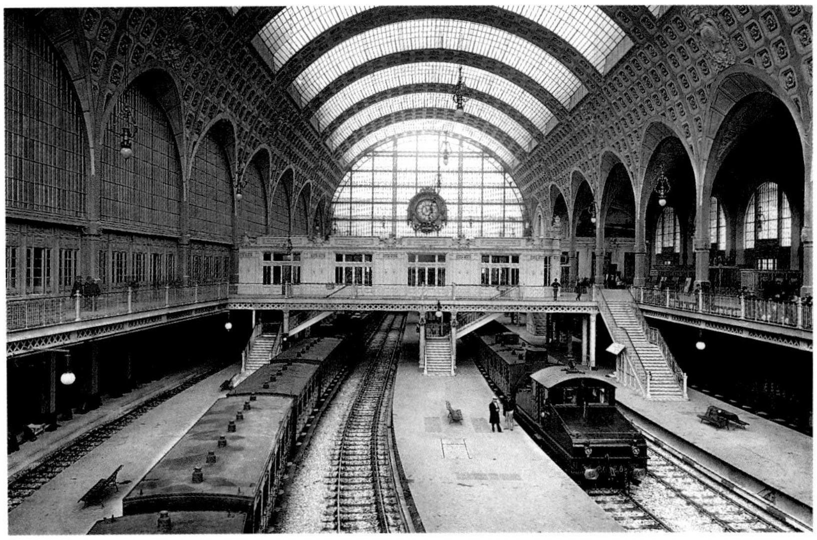

Victor Alexandre Laloux. *Paris, gare d'Orsay.* 1897-1900.

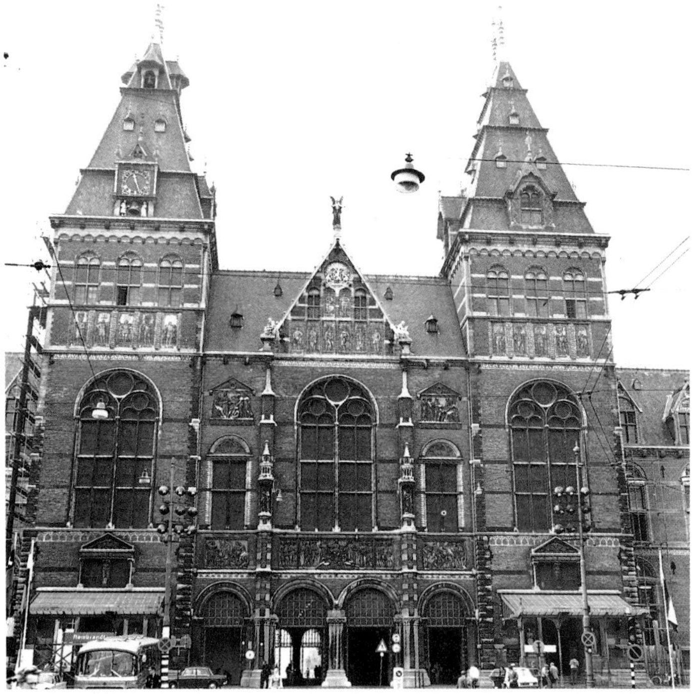

Petrus Josephus Hubertus Cuypers. *Amsterdam, Rijksmuseum.* 1876-85.

trent malgré la diversité des inspirations, un certaine mesure, et présentent d'évidentes qualités de structure et d'ordonnance.

Un incroyable mélange de styles

La fièvre du gothique emprunta en Angleterre les formes les plus diverses, et de nombreux architectes hésitaient sur la période qu'ils allaient employer. Si beaucoup jugeaient que le gothique français du XIIIe siècle était le plus pur, ils le mêlaient aux inspirations vénitiennes, pisanes, à celle de l'Italie occidentale et au gothique orné anglais, les quatre styles que louait et recommandait Ruskin dans les « Pierres de Venise ». Le byzantin n'etait pas oublié.

L'«Architecture de brique et de marbre dans l'Italie du Nord » que G.E. Street, architecte et théoricien, publia en 1855 après un périple à travers la péninsule, eut un grand retentissement. Dans les églises c'était le style perpendiculaire anglais qui prévalait, mêlé parfois au gothique orné ; les catholiques privilégiaient le romano-bysantin, le bizarre amalgame de la cathédrale de Marseille se retrouvera à celle de Westminster, l'église catholique de Londres, véritable patchwork de styles et d'époques différents dû J.F. Bentley (1895-1903).

Le gothique est également utilisé dans les monuments civils ou commémoratifs ; le plus curieux est le colossal monument au prince consort Albert, en bronze doré, assis sur un socle énorme sous un immense dais à flèche très orné (1871). Le palladianisme, si longtemps en faveur, n'était pas mort ; on le retrouve dans différents ministères, à l'Université par J. Pennethorne (1863), au New Record Office (1872). Dans certains édifices il est mêlé aux inspirations, voire à des éléments rapportés, de Inigo Jones, Wren, ou au style Queen Ann.

Toute l'Europe est à l'heure de l'éclectisme. Représentant de l'historicisme en Belgique, Alphonse Balat construit en 1875 le Jardin d'hiver du château royal de Laeken, et en 1880 le palais des Beaux-Arts de Bruxelles ; le romano-byzantin, le gothique, sévissent, l'énorme palais de justice de Poelaert (1866-83) est un écrasant assemblage d'éléments gréco-romains et XVIIIe.

En Hollande, au Rijksmuseum d'Amsterdam, P.H. Cuypers, auteur de plusieurs monuments éclectiques, que l'on appela « le Viollet-le-Duc hollandais », n'a pas hésité à mélanger les formes médiévales aux styles traditionnels du XVIIe.

Le maître de l'éclectisme en Allemagne est Gottfried Semper dont l'œuvre, particulièrement abondante, à Dresde notamment où il construisit la Galerie de peintures, la Synagogue et l'Opéra (1841), témoigne, avec une grande connaissance des différents styles, de solides compétences techniques. Ayant dû, après la révolution de 1849, quitter l'Allemagne, il travailla en Angleterre, en Suisse, puis à Vienne où il éleva le Burgtheater (1873), les musées et la Neue Hofburg (1879).

A Berlin Friedrich Hitzig a laissé à la Bourse (1859-1863) une remarquable salle principale où le fer se marie avec des éléments archaïsants ; il utilisa également la structure métallique aux Halles. La plupart des gares allemandes qui, dans la seconde moitié du siècle, illustraient les mariages plus ou moins heureux de l'historicisme et du fer, ont été détruites par les bombardements alliés en 1943-45.

La nouveauté américaine : Bogardus

A Munich où l'eclectisme s'imposa sous le règne de Louis 1er, le roi-mécène (1825-1848), halls d'expositions et serres révèlent l'influence grandissante du fer et du verre ; J.L. Werder et A. von Holt y sont les principaux représentants de l'architecture métallique dont deux des plus remarquables réalisations sont le Jardin d'hiver de la Résidence (1853) et la serre des palmiers du Jardin botanique (1865).

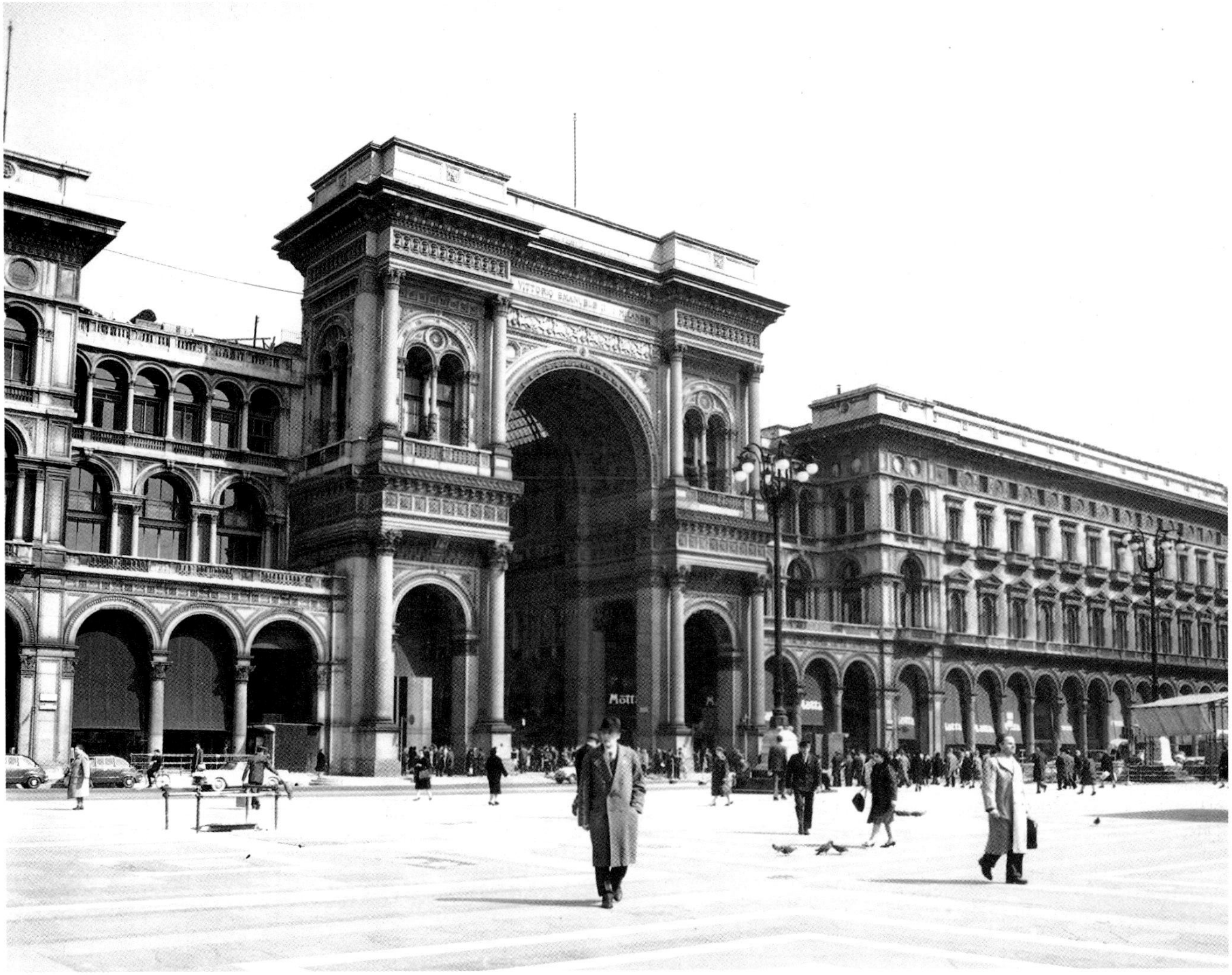

Giuseppe Mengoni. *Milan, Galerie Victor-Emmanuel.* 1861-67.

A Vienne où le Ring, nouvellement tracé sur l'anneau de l'enceinte détruite, est bordé de monuments colossaux qui sont autant de pastiches exubérants des styles les plus variés ; au Danemark où l'architecture est dominée par la prolifique famille Hansen, et où Michaël Bindesboll construisit de 1838 à 1847 le très classique Thorvaldsen-Museum ; en Suède et en Norvège, en Suisse, en Italie, l'histoire de l'art est à la base de toute construction architecturale. L'une des principales réalisations urbanistiques de l'époque, la Galleria Vittorio-Emmanuele à Milan (1865-67) de Mengoni, fournit un nouvel exemple de camouflage d'une structure en fer et en verre par un revêtement triomphaliste dont les principaux éléments sont empruntés à la Renaissance. Ce style qui inspira en Italie plusieurs monuments est souvent mêlé au baroque et pourvu de dômes.

La nouveauté apparaît aux Etats-Unis avec l'industriel et inventeur James Bogardus qui, en 1848, construit à New York une fabrique où les murs extérieurs de maçonnerie sont remplacés par des piliers métalliques soutenant les cinq étages. Quatre ans plus tard il présente au concours pour l'Expostion Universelle de New York, un projet de construction circulaire gigantesque surmonté d'une tour où dominait la fonte. En 1854 il édifia à Pearl Street l'immeuble des éditions Harper and Brothers dont la façade est presque entièrement vitrée.

Bogardus représente un type nouveau dans l'histoire de l'art, le *self made man* issu de la civilisation industrielle, travailleur acharné, multipliant les inventions les plus extraordinaires ou les plus insolites, passionné de mécanique et de technique. Visionnaire un peu mégalomane il fait paraître en 1858 un livre, « Cast Iron Buildings : their construction and Advantages » où il déclare — il écrit à la troisième personne — avoir été le premier à pouvoir rivaliser, grâce à la fonte, avec la sobriété et la pureté de l'architecture antique. « M. Bogardus croit fermement que s'il avait eu la possibilité de construire une maison d'habitation au lieu d'une usine, il rencontrerait la même faveur... » écrit-il.

Le moment n'est pas encore venu ; avec les immeubles de bureaux, futurs gratte-ciel, ce sont les usines, les ponts, les gares, et les grands magasins, qui sont les bancs d'essai des techniques nouvelles.

Utilité et mérite des Expositions Universelles

Le matériau métallique a suscité un nouveau langage. Si l'Europe envisageait son emploi sous le poids contraignant d'une tradition culturelle, d'une continuité historique, qui sous bien des aspects imposait la présence du passé, il n'en était pas de même aux Etats Unis ; les conditions politiques, sociales et esthétiques étaient bien différentes, et la contrainte de la tradition n'y existait pas. La production industrielle se révélait capable de créer des formes dégagées des styles antérieurs, dépendant uniquement du procédé technique qui les produisait selon des normes visant à la standardisation.

Un renouvellement complet de l'architecture lié à un élan artistique et culturel également neuf va naître après l'incendie qui, en 1871, détruira presque entièrement Chicago ; ce sont les années les plus fécondes, les plus riches d'expériences diverses et d'inventions, de l'Amérique du XIXe siècle avant le coup d'arrêt de l'Exposition Universelle de 93.

Le métal avait d'abord été utilisé pour sa malléabilité, Bogardus se félicitait de ce qu'il pût se plier à n'importe quel style gothique ou Renaissance, en dix ans il est devenu un matériau constructif ; l'usine Menier en 1871 est, il est utile de le rappeler, le premier édifice entièrement exécuté en ossature de fer.

Six millions de visiteurs avaient admiré en 1851 la monumentalité et l'élégance du Crystal Palace où le fer et le verre avaient affirmé leur autonomie ; quatre ans plus tard, à l'Exposition Universelle de Paris, le palais de l'Industrie, construit par F.A. Cendrier, Alexis Barrault et J.M.V. Viel, présente la structure métallique la plus vaste de l'époque sans piliers intermédiaires, quarante huit mètres de portée contre vingt deux au Crystal Palace.

La Galerie des Machines, d'une portée de trente cinq mètres, soutenue par des arcs métalliques, révèle à l'Exposition de 1867 un jeune ingénieur, collaborateur de l'architecte J.B. Krantz, Gustave Eiffel. Une seconde Galerie des Machines sera construite pour l'Exposition de 1878, mais c'est la troisième, en 1889, qui est la plus remarquable ; due à l'architecte Dutert et à l'ingénieur Contamin c'est aussi l'une des réalisations métalliques les plus importantes du siècle. Et le symbole, avec la tour Eiffel qui se dresse un peu plus loin sur le Champ de Mars, du triomphe de l'architecture du fer.

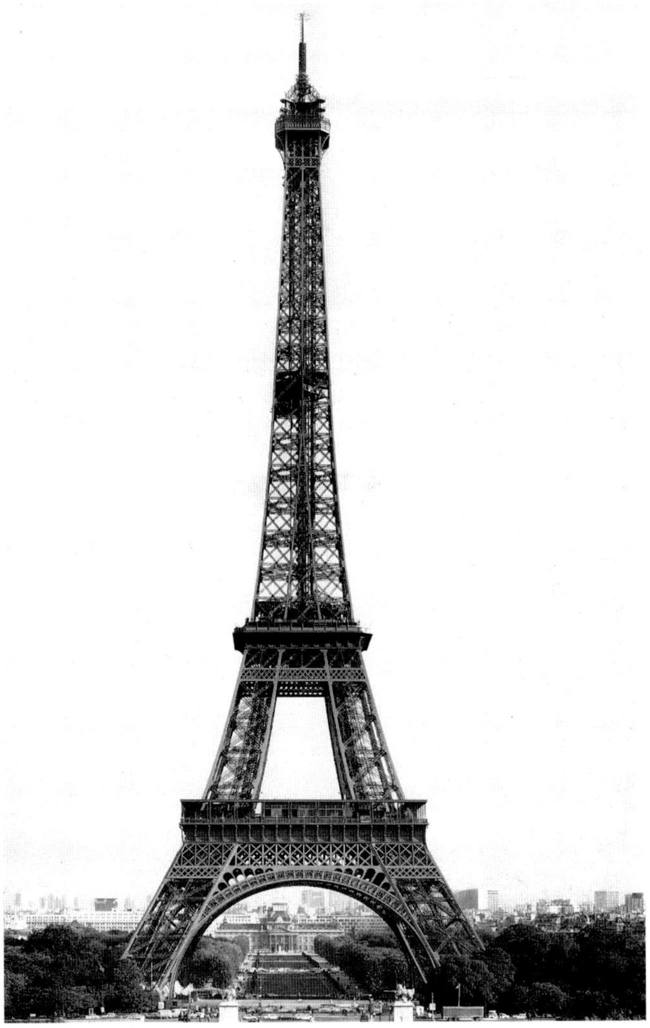

Gustave Eiffel. *Paris, tour Eiffel.* 1887-89.

Les trois Galeries des Machines seront détruites, la tour Eiffel, plusieurs fois menacée, sera sauvée par l'utilisation qu'en feront successivement la T.S.F. et la télévision.

La Galerie des Machines de Dutert et Contamin suscita à la fois enthousiasme, stupeur et crainte, la tour Eiffel provoqua un fort mouvement de colère ; pourtant Eiffel n'était pas un débutant, il avait construit de nombreux ponts, notamment l'impressionnant viaduc de Garabit, dans le Cantal (1880-84), qui franchit le gouffre de la Truyère à plus de cent vingt deux mètres de hauteur par une portée de cent soixante cinq mètres. On lui devait aussi l'ossature métallique de la statue de la Liberté de Bartholdi, monumental et médiocre « signal » au large de New York, et les écluses de Panama entreprises en 1887.

« Nous venons, écrivains, sculpteurs, architectes, peintres, amateurs passionnés de la beauté jusqu'ici intacte de Paris, protester de toutes nos forces, de toute notre indignation, au nom du goût français méconnu, au nom de l'art et de l'histoire français menacés, contre l'érection, en plein cœur de notre capitale, de l'inutile et monstrueuse tour Eiffel... ». Ainsi débute la violente diatribe signée par un grand nombre de personnalités académiques ou conservatrices qui avaient jusque-là admiré et servi le passé plutôt que le présent, et à plus forte raison l'avenir ; les mêmes avaient été contre l'impressionnisme, et en règle générale hostiles à toute nouveauté. Aux côtés de Bouguereau, Meissonier, François Coppée, Leconte de Lisle, Maupassant, Gounod (qui changera d'avis), Sully Prudhomme, Charles Garnier, Alexandre Dumas fils... on trouvera avec surprise Verlaine.

La Galerie des Machines éblouit, avec sa fantastique portée de cent quinze mètres un jeune architecte, Franz Jourdain, qui la juge « aussi belle, aussi pure, aussi originale, aussi élevée qu'un temple grec ou une cathédrale »!

Le mérite de ces différentes réalisations spectaculaires, et donc celui des Expositions Universelles successives, était de faire connaître aux visiteurs français et étrangers les grandes conquêtes du siècle, et de les mettre en relation avec les réalisations édilitaires que le progrès machiniste imposait dans les villes, les ponts, les gares, les voies ferrées. De les habituer à vivre avec la nouveauté. Mais peu nombreux étaient ceux qui pensaient que, comme l'écrira l'historien de l'architecture Giedion, « la France était devenue, comme à l'âge gothique, le lieu des constructions les plus audacieuses ». Et qui s'en félicitaient.

La croissance et l'industrie changent les villes

Les Expositions Universelles ne résolvent en rien le problème de l'urbanisme ; aucun nouveau quartier "moderne", aucune évolution du tissu urbain ne sont intervenus à Paris, dépecé et reconstruit selon les principes d'Haussmann, ni à Londres. En s'attaquant à la destruction des quartiers anciens le préfet de Napoléon III a ouvert la voie à l'une des plus graves erreurs de la seconde moitié du XIXe siècle, con-

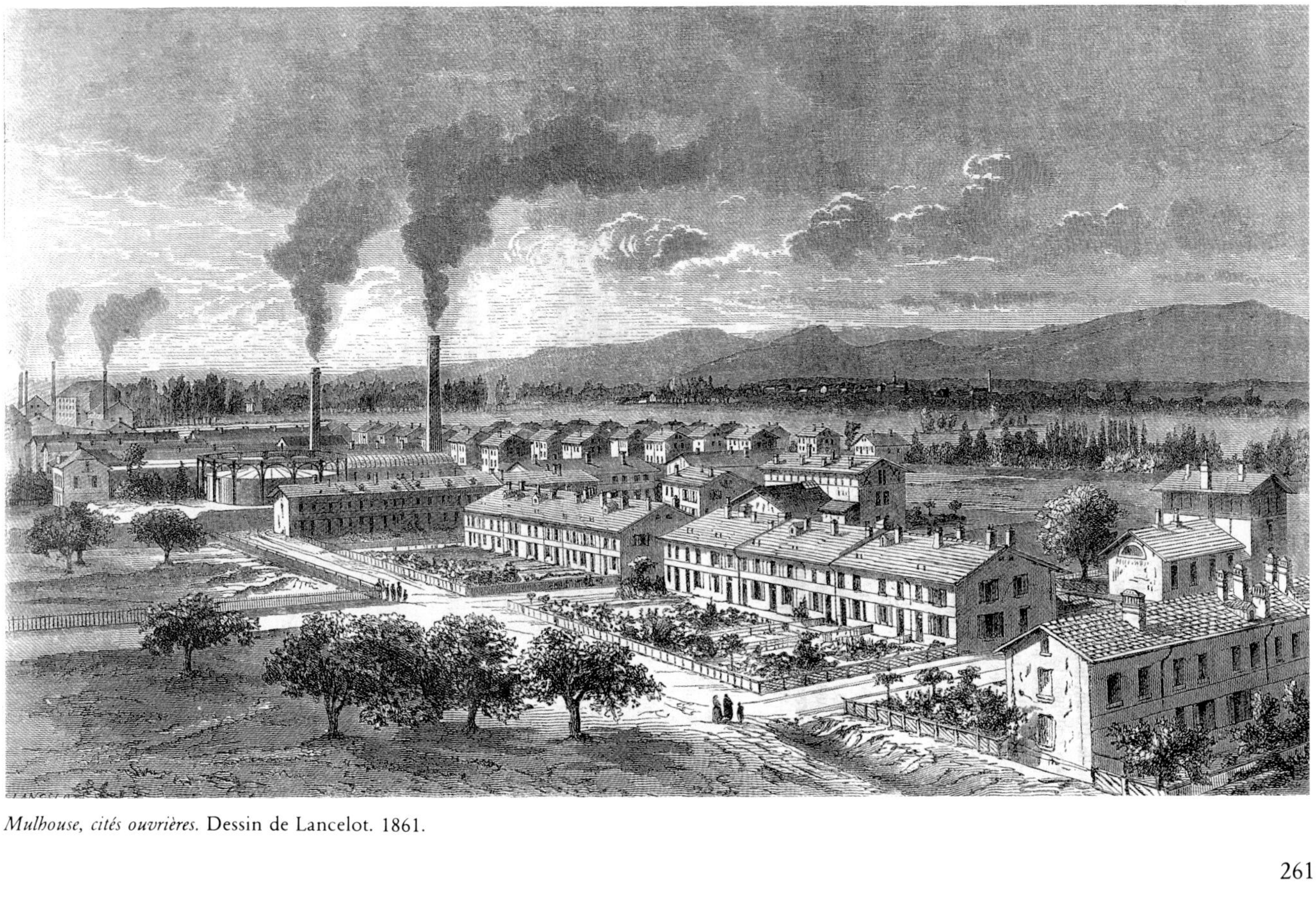

Mulhouse, cités ouvrières. Dessin de Lancelot. 1861.

tinuée par le XXe, le rejet de l'histoire au profit du pastiche ou du faux-semblant. Et par conséquent celui de la population traditionnelle de ces quartiers, laborieuse et attachée à son cadre séculaire. Le respectant et l'aimant.

Toutes les villes qui, à cause de la croissance de la population, du développement des chemins de fer, des affaires, du commerce, de la petite et moyenne industrie, réorganisent leurs structures et tentent de régler les problèmes de circulation, d'hygiène, de salubrité, n'ont pas subi la terrible loi d'Haussmann. Si les voies rectilignes perçant à vif le tissu urbain se multiplient, nombreuses sont les municipalités qui tentent, et parfois réussissent à éviter les mises en pièces inspirées par l'implacable préfet ; ainsi à Florence Giuseppe Poggi, auteur d'un plan de développement qui respecte les quartiers anciens, à Barcelone avec le projet de Cerda, à Stockholm avec celui de Lindhagen. A Vienne c'est autour du centre historique ceinturé par le Ring que s'étend, audelà d'espaces verts, la ville nouvelle.

C'est à Londres que certains intellectuels prennent conscience avec le plus de réalisme des nécessaires transformations urbaines imposées par la civilisation industrielle ; le pont du chemin de fer qui franchit Ludgate Hill et cache la perspective de la cathédrale Saint-Paul, est-il une abomination ? Samuel Butler, dont l'œuvre de critique sociale et esthétique est abondante, le justifie, car « la vapeur qui sort de la locomotive enveloppe de nuages la coupole de Saint-Paul, et fait de ce spectacle un mélance de réalité terrestre et de quelque mystérieux palais du monde des rêves »! [19)]

George-Bernard Shaw prend parti pour la défense des paysages ferroviaires ; dans « Cashel Byron's Profession » paru en 1882 il exprime, par l'intermédiaire de son héroïne, son admiration pour les gares et les locomotives, et affirme qu'« il y a des millions d'adultes pour qui le bruit lointain du train suggère des sensations aussi plaisantes que le sifflement d'un merle... ». Pour Monet la gare Saint-Lazare n'est pas seulement le symbole de la modernité, mais un motif pictural où le stable et le vaporeux se rencontrent.

Les premières cités-jardins

A l'urbanisme administratif, militaire et policier de Haussmann et de ses émules, répond le mouvement des cités-jardins qui tend à humaniser la ville. Ruskin avait souhaité, dès 1865, « des rues bien propres avec de libres campagnes au dehors ; une ceinture de beaux jardins et de vergers, de sorte que de tous les points de la ville un air parfaitement pur, de l'herbe et un horizon lointain, puissent être atteints en quelques minutes de promenade ». Son projet de faubourg-jardin près d'Oxford en 1871 n'aboutit que plusieurs années plus tard à Port-Sunlight, près de Liverpool, grâce à un industriel-mécène, Mr. Lever qui aménagea, sur cinquante six hectares, des groupes de cottages de style néogothique séparés par des jardins d'agrément et potagers, des édifices publics, des écoles, des clubs. Une autre expérience du même genre fut réalisée en 1889 par un autre industriel, à Bournville près de Birmingham ; les premières cités-jardins étaient nées.

Elles avaient été précédées d'une expérience de nature différente puisque réservée à une population aisée, mais en liaison avec le paysage, Le Vésinet (Yvelines) créé de 1856 à 1875 par l'architecte-paysagiste Olive. Soixante dix kilomètres de voies serpentent entre les habitations, les jardins, les bosquets, les lacs. Commerces et industries y ont leur zone à part.

Le mouvement des cités-jardins prit de l'ampleur en Angleterre grâce à l'activité d'un militant socialiste, sténographe de son métier après avoir échoué dans l'exploitation d'une ferme aux Etats-Unis, Ebenezer Howard. Héritier des utopistes, cet esprit généreux conçut une ville expérimentale qui serait en même temps une « communauté socialiste » ; il exposa ses idées dans un petit livre illustré paru en 1898 « Tomorrow, a Peaceful Path to Real Reforme ».

La première des cités-jardins construite selon ses principes — habitations suffisamment éloignées les unes des autres et hors des grandes voies de circulation, terres cultivables à la périphérie, usines et petites industries — sera située à Letchwork, à une cinquantaine de kilomètres de Londres ; entreprise en 1902 elle est due à Barry Parker et Raymond Unwin. Ce fut un demi-échec et la seconde tentative, celle de Welwyn confiée en 1919 à Louis de Soissons n'atteignit que partiellement le but recherché. En effet si les Londoniens s'y installèrent ce n'était pas pour les raisons souhaitées par Howard, créer une communauté économique autonome, mais parce que la proximité de Londres permettait de se rendre plus aisément à son travail.

L'initiative de Howard eut, quoique sensiblement modifiée, d'importantes répercussions à l'étranger, notamment en Belgique grâce à Octave Maus et à l'architecte Van de Velde, en Allemagne, dans le nord de la France, puis après la première guerre mondiale avec les *greenbelts* américains.

L'urbanisme humain de Camillo Sitte

Une autre personnalité, de formation de d'orientation différentes, aura une grande influence sur l'évolution de l'urbanisme, Camillo Sitte, architecte autrichien né à Trieste, directeur de l'Ecole impériale et royale des Arts Industriels à Vienne, auteur de « l'Urbanisme selon ses fon-

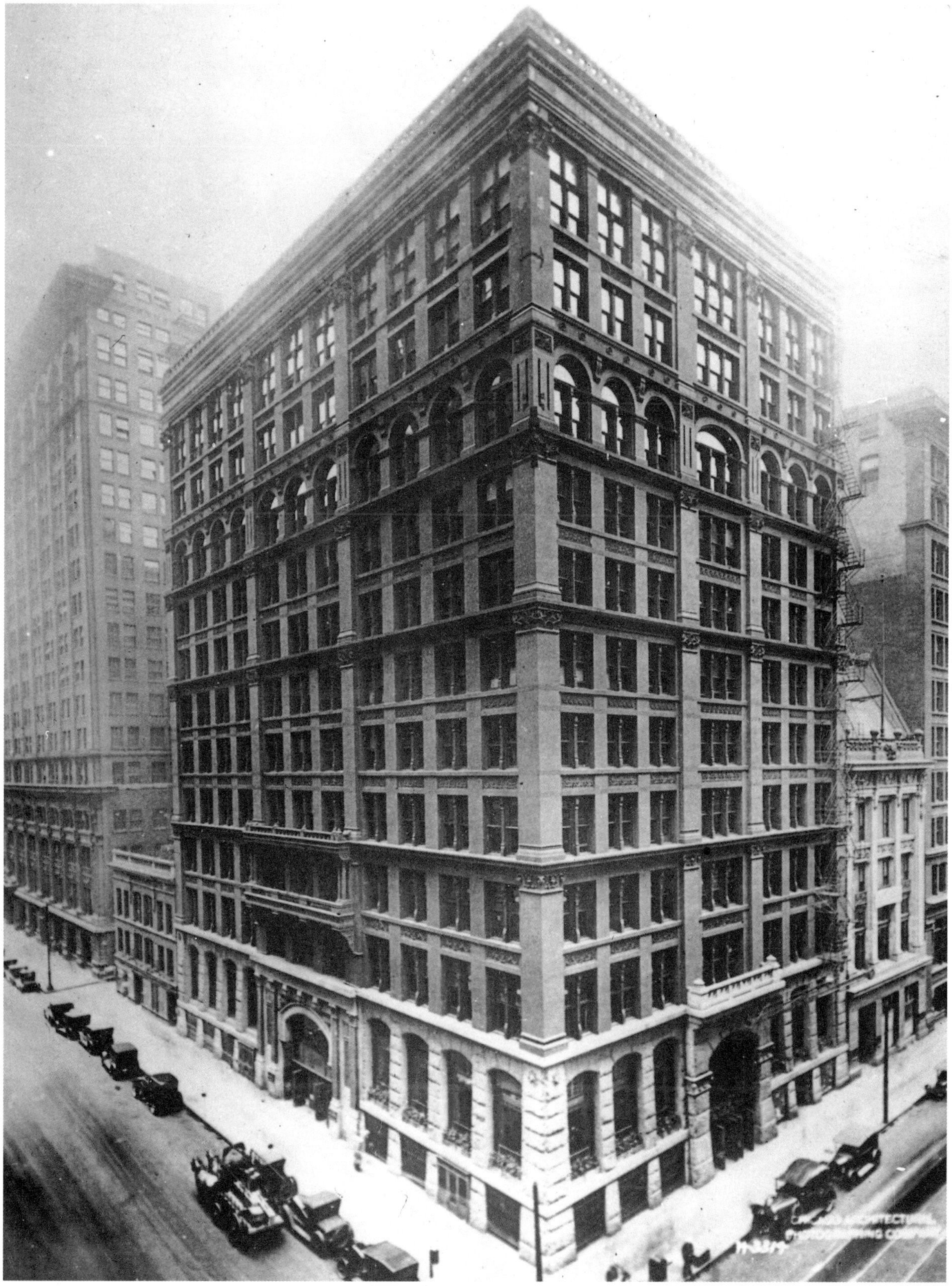

William Le Baron Jenney. *Chicago, Home Life Insurance Company Building.* 1883-85.

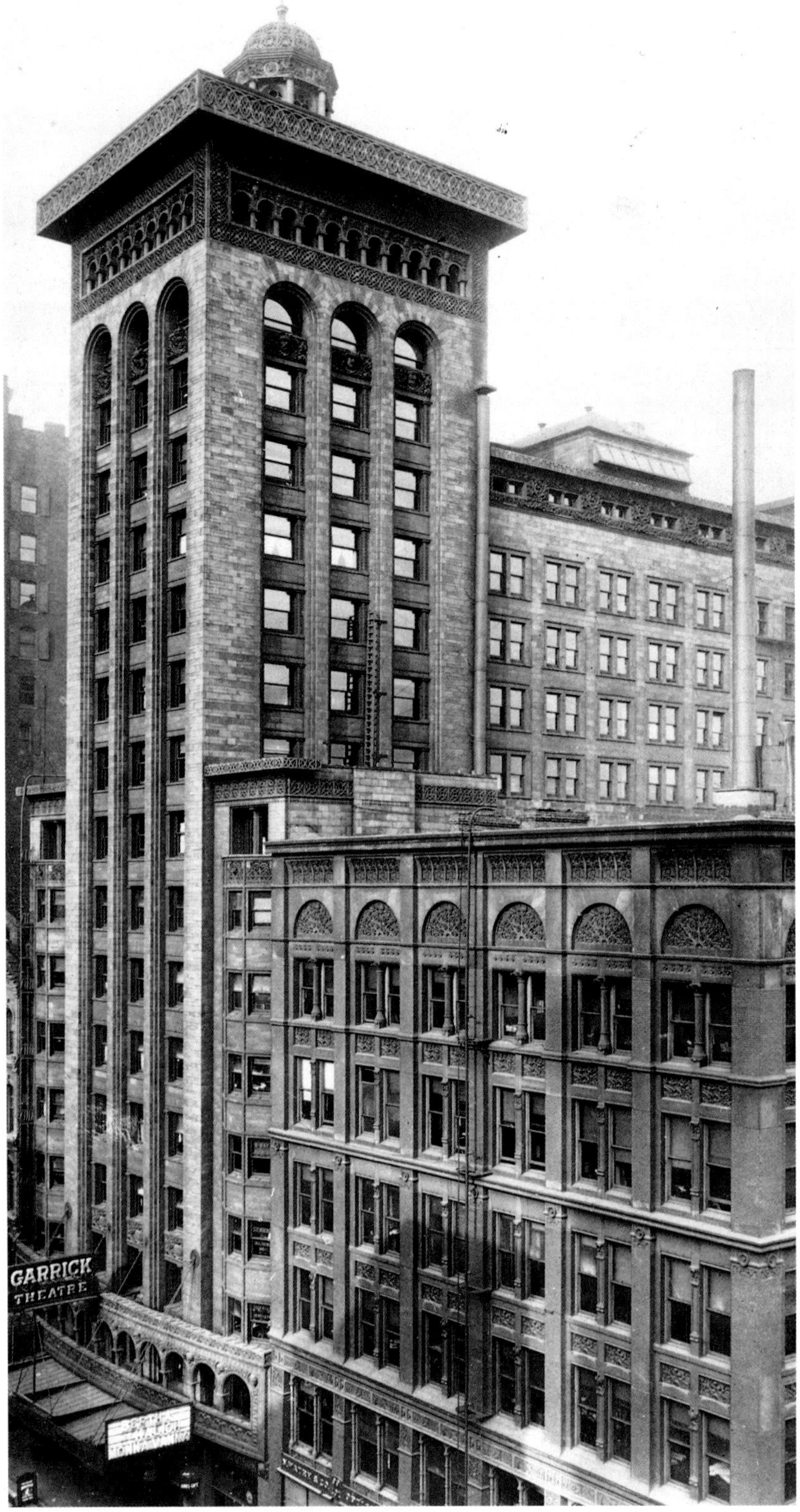

Louis-Henri Sullivan. *Chicago, Schiller Building*. 1892.

dements artistiques », plus connu sous le titre, inexactement traduit, de « L'Art de bâtir les villes » publié en 1889. Ses théories furent diversement appréciées, et son succès inégal.

Sitte écrit simplement, sans intentions poétiques, ni ambitions visionnaires ; son livre s'adresse à tous car il pose des problèmes également simples. Il s'élève contre les transformations abusives qui dénaturent les villes et détruisent les quartiers anciens, et situe le débat entre le passé et le présent, l'héritage ancien et le machinisme, sur le plan artistique. Comme directeur de l'école des Arts Industriels il n'ignorait pas l'importance et l'emprise grandissantes de l'industrie, mais il pensait qu'il pouvait y avoir recherche d'harmonie entre l'architecture ancienne ou traditionnelle et les constructions utilitaires modernes. Le premier il s'intéresse aux problèmes de l'environnement.

Il s'élève avec vigueur contre la politique haussmannienne d'isolement des monuments, insignes du passé où les cathédrales s'inséraient dans la croissance organique de la ville ; isoler Notre-Dame de Paris et la précéder d'une vaste esplanade, comme l'avait fait Haussmann, était non seulement une erreur, mais une sottise.

Erreur aussi les places tracées en étoile, « fort dangereuses pour les piétons » malgré la création de refuges, véritables « îles de salut », et la multiplication des croisements de rues.

Il s'élevait également contre les voies rectilignes dont il condamnait « l'emploi machinal », et protestait contre la symétrie qui, selon lui, pouvait être corrigée par des asymétries partielles. Il souhaitait qu'une telle subdivision puisse être appliquée au Ring en créant des places disproportionnées autour des principaux monuments.

C'est l'étude approfondie des villes médiévales qui avait conduit Sitte à ces différents principes ; il y admirait la supériorité esthétique de la ligne courbe opposée à l'haussmannisme et à ses voies droites.

L'auteur de « L'Art de bâtir les villes » n'a cessé de plaider pour un urbanisme humain apportant aux habitants la sécurité et le bonheur ; il prend avec netteté position contre l'urbanisme administratif et stratégique.

Il écrit qu'« un plan de ville qui devrait produire un effet artistique est aussi une œuvre d'art et non un simple acte de voirie » ; et réalisa un projet démonstratif de ses idées à partir du quartier de la Votivkirche, l'église votive, de style néogothique,construite à Vienne de 1856 à 1879. Malheureusement celui-ci ne fut même pas pris en considération, et les architectes viennois l'ignorèrent complètement.

Si Camillo Sitte exerça une influence considérable dans les pays anglo-saxons, les pays francophones se montrèrent violemment hostiles à ses principes ; les premières éditions de son livre qui y furent publiées furent même corrigées ou tronquées ! [20)]

Les gratte-ciel naissent à Chicago

L'architecture moderne aux Etats-Unis est née, et est provisoirement morte, à Chicago entre 1871 et 1893. L'Amérique avait une avance sérieuse sur l'Europe dans le domaine du design comme le prouvèrent les meubles bon marché et en série exposés à l'Exposition Universelle de Paris en 1867, et l'outillage perfectionné que présenta celle de 1878. Le terrible incendie qui ravagea Chicago en 1871 provoqua une fièvre de reconstruction d'autant plus grande que la ville était un centre de commerce et d'affaires dont l'activité était considérable ; il fallait rebâtir vite, et donc utiliser des méthodes industrielles fondées sur la préfabrication et la standardisation les plus performantes.

La métropole du Middle West n'ayant aucune tradition architecturale tout était possible.

La première génération d'architectes qui entreprit la reconstruction de Chicago comportait des ingénieurs de valeur formés dans le Génie militaire pendant la guerre de Sécession ; le plus important était William Le Baron Jenney. Ancien élève de Polytechnique et de l'Ecole Centrale à Paris, il s'établit à Chicago, le conflit achevé, en 1868 ; il y posa les fondements de ce qui allait être l'école de Chicago en employant dans son agence d'architectes ceux qui en deviendront les principaux protagonistes.

Sa formation d'ingénieur avait préservé Le Baron Jenney de la tentation de l'éclectisme que subissaient les étudiants en architecture venant s'éduquer à Paris ; considéré à tort comme le premier architecte américain moderne Henry Hobson Richardson avait été élève à l'Ecole des Beaux-Arts et travaillé chez Labrouste, et quand il revint aux Etats-Unis où il s'installa, à New York puis à Boston, il tenta d'adapter l'esprit et les formes historicistes à une architecture américaine originale, mais il ne parvint qu'à des solutions hybrides. C'est à partir des années 80 qu'il abandonna ses inspirations néo-gothiques et romanes ; ces dernières sont néanmoins sensibles dans le Marshall Field Warehouse Building qu'il construisit à Chicago en 1885-87 [21)]. Il fut longtemps considéré comme le prototype de l'immeuble de bureaux.

C'est, malgré ses réminiscences médiévales, une formule originale que proposait Richardson — le motif des arcs en plein cintre fit école — pourtant il n'innove en rien puisque la maçonnerie était porteuse. Avec Le Baron Jenney on peut véritablement parler de prototypes, donc de modernité ; bien que les structures métalliques fussent utilisées depuis plusieurs annnées (c'est l'architecte George H. Johnson qui avait introduit cette technique à Chicago en 1869-70) il n'est pas déplacé de regarder le Home Insurance Building (1883-85) comme le premier immeuble de bureaux de grande hauteur — onze étages — dont l'ossature était entièrement métallique. L'innovation de Jenney consistait à dissocier cette ossature de la façade, ce qui limitait considérablement les risques d'incendie et offrait d'excellentes conditions d'éclairage.

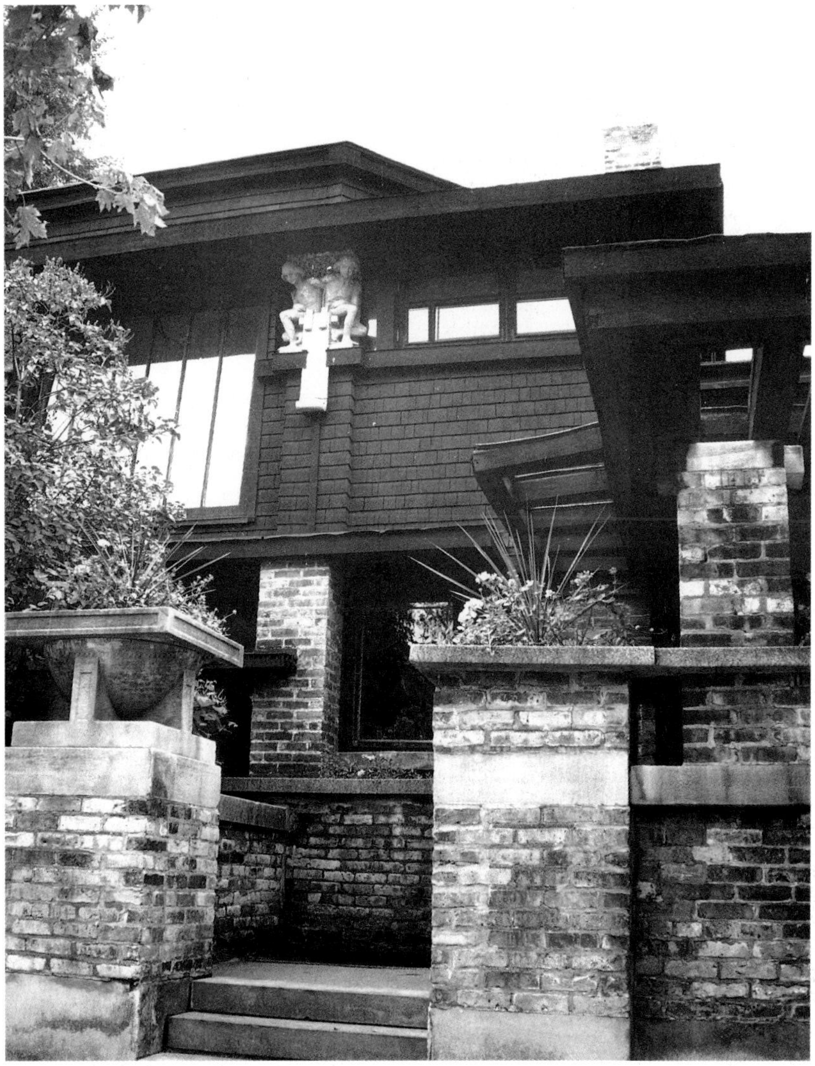

Frank Lloyd Wright. *Oak Park, Illinois, maison personnelle de l'architecte.* 1889.

Dans le premier Leiter Building que Le Baron Jenney construisit en 1879, l'intérieur comportait une ossature de colonnes de fonte mais la façade était porteuse ; le second, en 1889-91, présentait une surface entièrement vitrée supportée par une mince structure de fer. Conçu pour l'espace, la lumière, l'aération et la sécurité, ce bâtiment constituait une avancée considérable dans l'expression de l'ossature réalisée avec une grande économie de moyens.

La façade de ce second Leiter Building ne présentait plus la succession de divisions et de morcellements, avec utilisation d'arcs en plein cintre historicistes, du Manhattan Building que Le Baron Jenney avait construit entre-temps ; elle

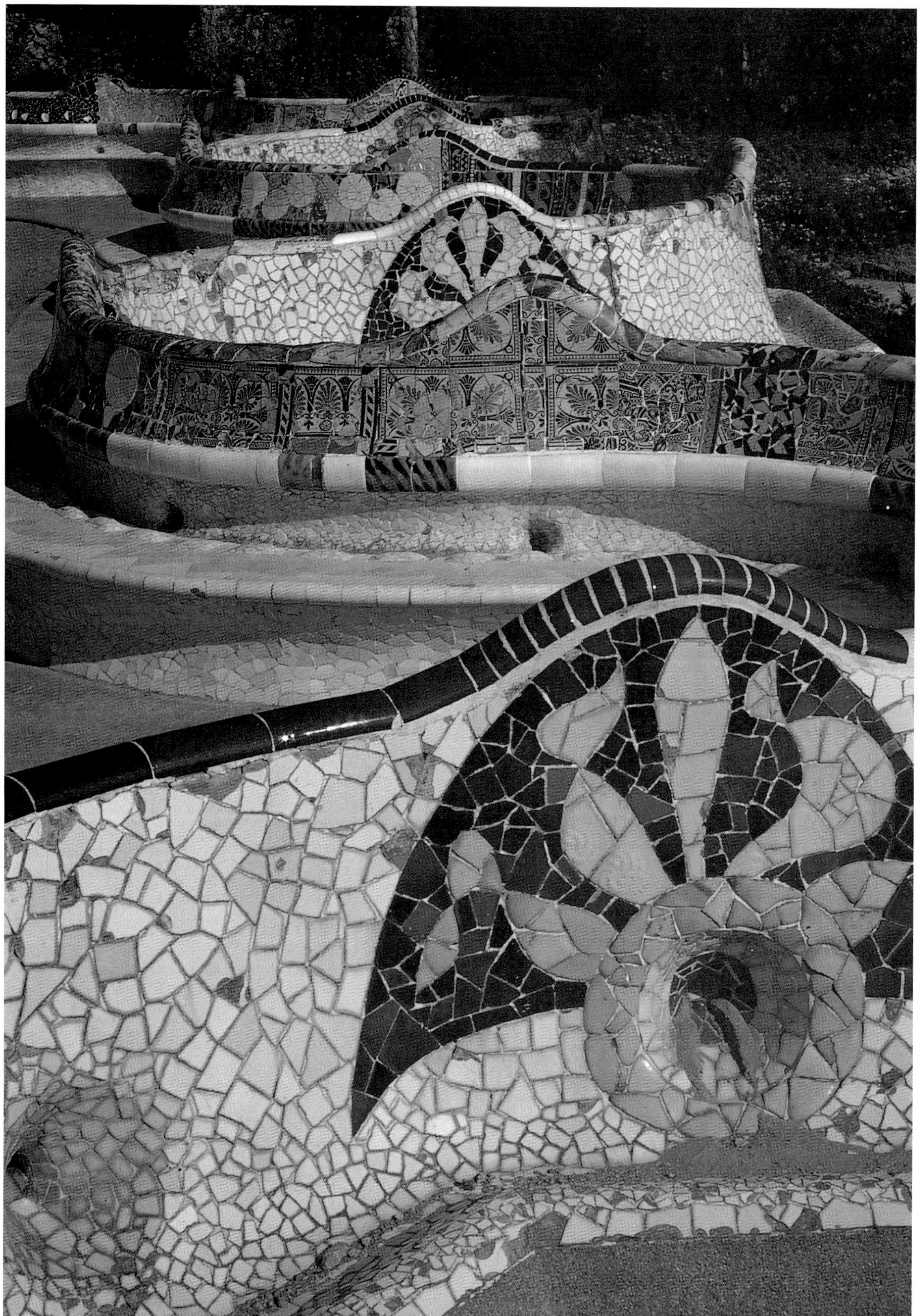

Antonio Gaudí y Cornet. *Barcelone, parc Güell.* 1900-14.

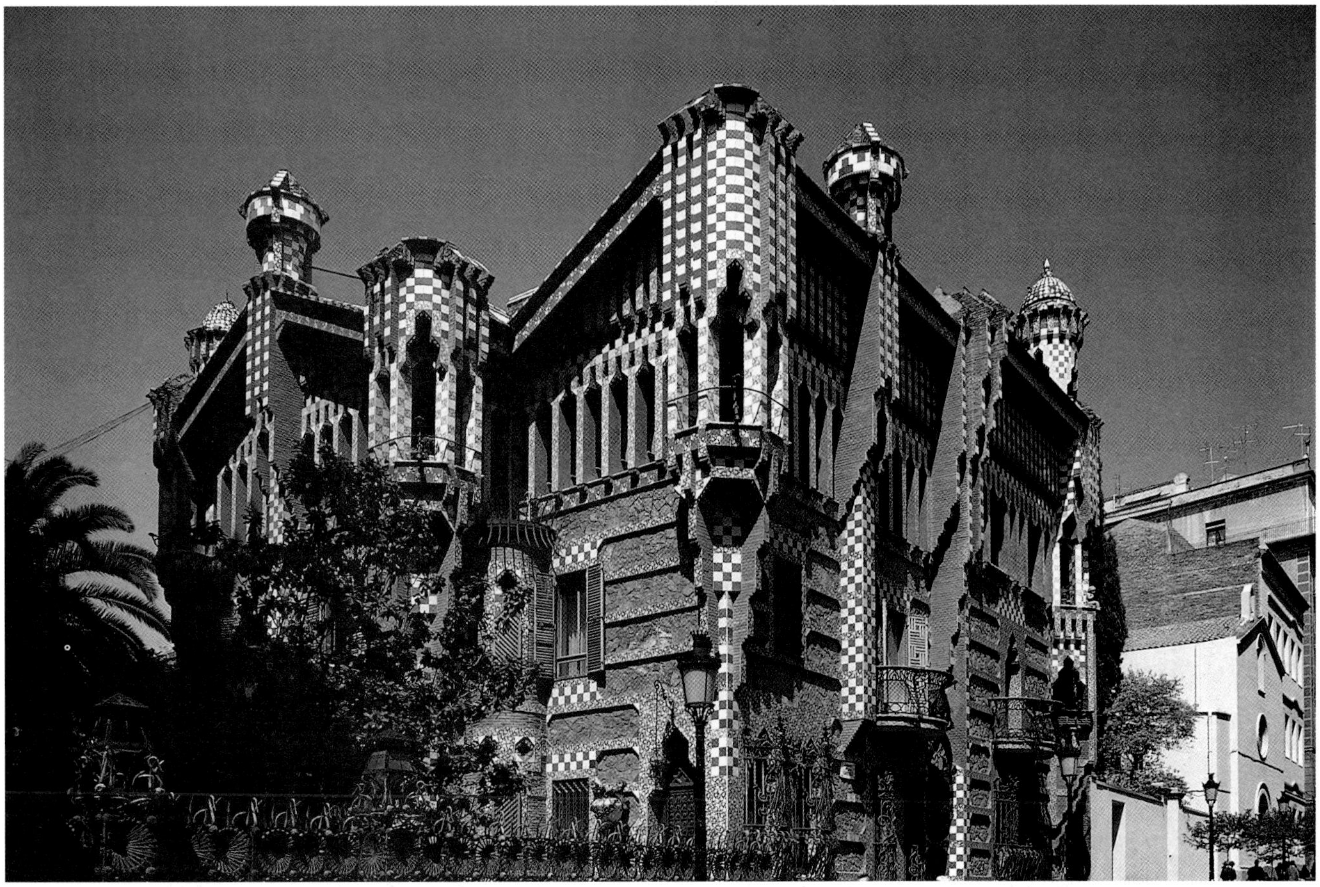

Antonio Gaudí y Cornet. *Barcelone, casa Vicens.* 1883-85.

était d'une simplicité et d'une régularité remarquables.

L'épopée des gratte-ciel avait commencé.

En 1887 était apparu le premier ascenseur électrique ; avec le téléphone et la poste pneumatique s'installait un système de communications qui permettait des relations rapides entre les immeubles de bureaux et les hôtels du « Loop » de Chicago, et avec le reste de l'Amérique. Mais quelles que fussent les solutions apportées à la volonté de gigantisme des constructeurs il semble que bien des problèmes n'aient pas été sérieusement abordés. « Le gratte-ciel n'est pas une symphonie de lignes et de masses, de pleins et de vides, de forces et de résistances, écrira Emilio Cecchi [22)], il s'agit plutôt d'une opération arithmétique, d'une multiplication », en liaison avec le terrain, lui-même soumis à une division arithmétique. Le prestige qui s'attachait à la construction et à la possession d'un gratte-ciel allait de pair avec le désir de rentabilité, et l'utilitarisme l'emporta sur les considérations d'ordre artistique ; étroitement associés aux hommes d'affaires les architectes répondaient à des besoins précis et immédiats : toujours plus haut, toujours plus vite.

Le « Loop » de Chicago reste néanmoins l'extraordinaire banc d'essai de l'architecture utilitaire américaine. Le Tacoma Building de Holabird et Roche, de douze étages, en 1889, le Monadnock Building, seize étages, de Burnham et Root (1891) qui construisirent aussi le Great Northern Hotel (1892), et dans le vieux Chicago le Capitole également dénommé Masonic Temple qui grimpe à vingt deux étages et quatre vingt dix mètres (1892), illustrent la vitalité de l'école de Chicago.

L.H. Sullivan fonctionnaliste et visionnaire

La nouveauté du Reliance Building, construit par Burnham & Co de 1890 à 1895 réside dans sa transparence et dans sa blancheur. Une étape considérable était franchie de la massivité à l'élancement ; la façade, vitrée, où Giedion voyait « le premier mur-rideau » est superbe, et pour la première fois à Chicago la beauté s'harmonisait à l'utilité. Ce building en était à son cinquième étage lorsque Root mourut, en 1898 ; Burnham et l'ingénieur E.C. Shankland y ajoutèrent dix étages en superposant les mêmes motifs architecturaux sans la moindre volonté d'établir une gradation dans le sens de l'élévation ; une telle « opération de multiplication » (E. Cecchi) peut surprendre, mais il n'est pas interdit de regarder cette architecture structurelle, où la dématérialisation de la façade s'affirme avec netteté, comme le précurseur direct des projets de Le Corbusier et de Mies van der Rohe dans les années 20.

Louis-Henri Sullivan fut la personnalité dominante de l'Ecole de Chicago, il en est le symbole et l'architecte le plus créatif de l'Amérique avant F.L. Wright. Après de brillantes études d'ingénieur il entra à l'agence de Jenney, son aîné de quatorze ans, puis visita l'Italie et la France où il s'inscrivit à l'Ecole des Beaux-Arts de Paris à l'atelier libre de Vaudremer (1874).

On peut s'étonner que Sullivan ait qualifié Richardson de

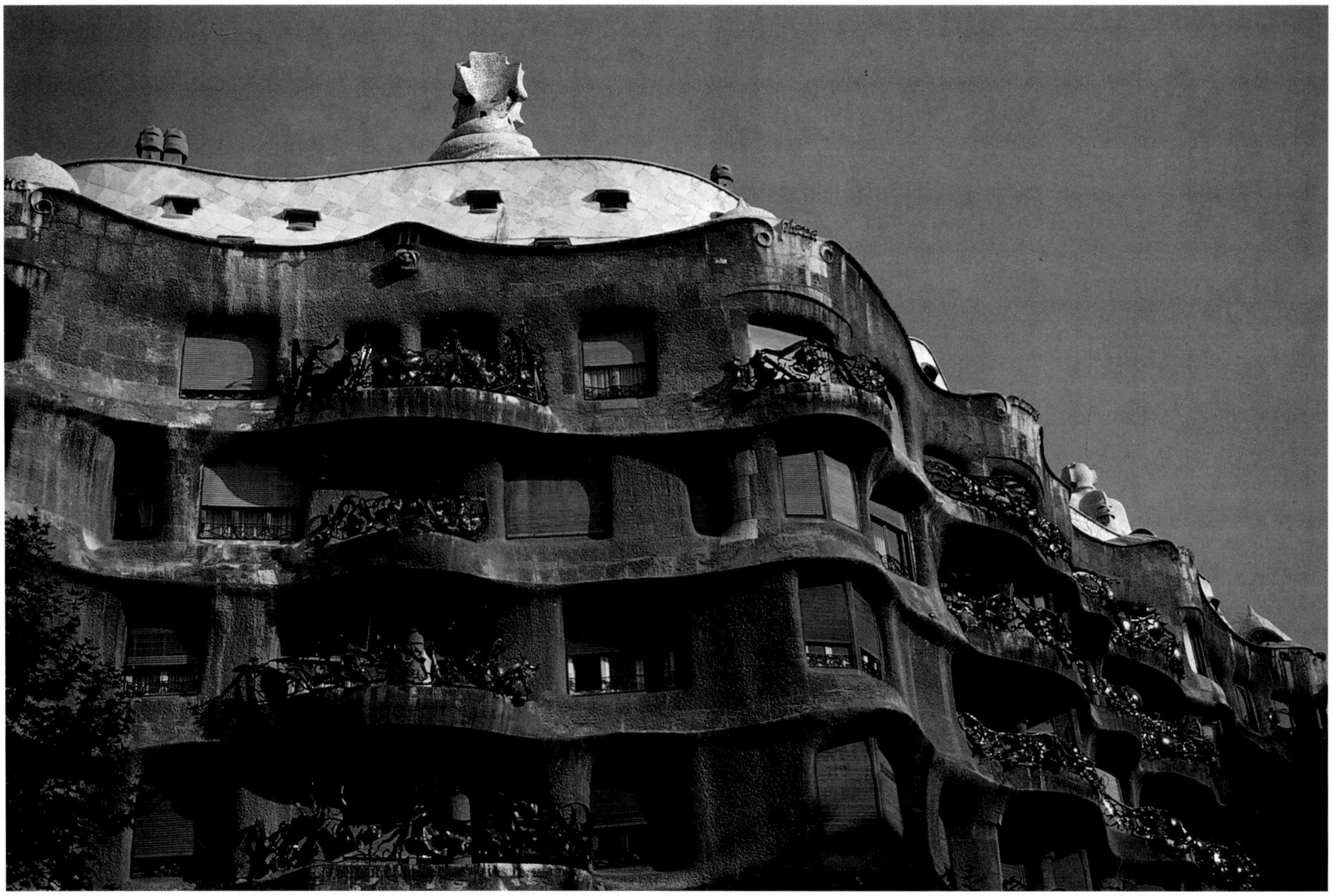

Antonio Gaudí y Cornet. *Barcelone, Casa Mila.* 1905-10.

« seul géant de son temps » dans le domaine architectural ; mais il avait été, à son retour aux Etats-Unis, en 1875, très frappé par le Marshall Field Warehouse Building pour sa sobriété de volumes et la pureté de ses formes qu'il n'avait pas rencontrées, à un tel degré, assurait-il, durant son séjour en France. Il y avait lu les « Entretiens sur l'architecture » de Viollet-le-Duc, et remarqué l'importance que celui-ci donnait au matériau et à la forme qui en résultait ; il avait été également impressionné par les idées de William Morris, et l'emploi des thèmes végétaux dans l'ornement l'inspirera plus tard.

Sa réputation fut établie par l'Auditorium Building (1887-89) gigantesque construction très inspirée par le Marshall Field Warehouse ; le Wainwright Building de Saint-Louis (1890-91), premier gratte-ciel structurel de l'agence Sullivan-Adler, (Adler, ingénieur militaire puis architecte, s'associa à son chef d'agence Sullivan en 1881) précède le Schiller Building (1892) à Chicago, dont le plan est en U, puis le Guarantee Trust Building à Buffalo (1894-95) bâti sur pilotis. Les larges ouvertures vitrées du rez-de-chaussée soulignent la conception « ouverte » de la structure, permettant une facilité de circulation alors nouvelle.

Le credo de Sullivan, « la forme suit la fonction », résume en une formule frappante les théories contemporaines du fonctionnalisme. Il illustrait selon lui l'élan prodigieux de l'école de Chicago symbole de la civilisation industrielle génératrice d'une société nouvelle. Le rôle qu'il jouait, l'importance et la nouveauté de ses constructions, la force de sa personnalité, et son génie visionnaire, désignaient Sullivan comme l'architecte en chef de la Grande Exposition, la World's Fair, qui se préparait à Chicago pour 1893. Il n'en fut rien, c'est le couple Burnham et Root qui fut choisi.

Ils portèrent un terrible coup d'arrêt à l'école de Chicago dont l'élan et les nouveautés architecturales furent brusquement paralysés par le retour offensif au pastiche ; après le décès de Root, Burnham exagéra plus encore l'éclectisme académique qui allait faire de cette « Exposition Colombienne », où dominait le néo-romain — dômes, colonnes corinthiennes, portiques, frontons et débauche de statues allégoriques — la revanche des promoteurs et des architectes les plus rétrogrades et les plus médiocres. Les structures métalliques, bases de la créativité de l'architecture nouvelle, furent remplacées par le stuc et le bois, le machinisme écarté ; l'Exposition de Chicago était le symbole du renoncement de l'Amérique à la modernité.

« L'architecture mourut dans un pays de liberté... un pays qui se déclare démocrate, audacieux, inventeur, entreprenant et progressif » constata avec tristesse Sullivan qui ajoutait non sans lucidité « Le dommage créé par la World's Fair va durer pendant un demi-siècle, sinon plus longtemps ».

L'échec de l'avant-garde provoqua la rupture de l'association Adler-Sullivan. Adler mourut peu après, en 1900 ; Sullivan, n'ayant plus guère de commandes, vécut en se faisant l'apôtre de la décoration florale inspirée de Morris adaptée à des tombeaux dont les lignes simples et les volumes sobres resteront l'une des constantes de son art (monument funéraire de la famille Getty, cimetière de Graceland, 1890).

La grammaire décorative que Sullivan utilisait trouva un débouché imprévu en France où la maison Christofle réalisa un moulage en plâtre de la porte de la tombe Getty présentée à l'Exposition Colombienne ; elle en fera en 1894 une galvanoplastie acquise par l'Union Centrale des Arts Décoratifs à Paris.

L'intérêt grandissant de Sullivan pour l'ornement reposait sur un postulat simple ; la vérité de la structure ne s'opposait plus à l'utilisation du décor. Ainsi apparaît-t'il comme l'un des premiers utilisateurs de ce que seront l'esprit et le répertoire floral de l'Art Nouveau.

L'ère des fondateurs : Wright et Gaudi

Frank Lloyd Wright appartient, pour la partie la plus créative de son œuvre, au XXe siècle ; c'est aux alentours de 1900 qu'il parvint à la modernité avec les plans de sa première « Maison pour une villa de la Prairie » reproduits dans le « Ladies Home Journal ». Ils devaient donner lieu à toute une succession de remarquables maisons individuelles.

En 1887, à dix huit ans, Wright est l'élève de Sullivan, mais il n'est en rien son sontinuateur et il n'a aucun rapport avec l'école de Chicago. Il n'aime d'ailleurs pas cette métropole active et bouillonnante ; en 1889, à vingt ans, il construit sa propre maison à Oak Park, Illinois. Son originalité, où transparaît l'influence japonaise, ses idées d'horizontalité, d'harmonisation de la construction avec son environnement, la plasticité qu'il sait donner à l'espace intérieur et sa continuité organique, feront de Wright l'un des plus grands artistes de l'architecture américaine. A partir de ses nombreuses maisons individuelles, de 1900 à 1909, va se développer une œuvre dont la continuité et la grandeur sont de tout premier ordre.

La période d'innovations dont l'architecture a été, grâce à des personnalités exceptionnelles, le théâtre à partir des années 1885-90, a été dénommée « l'ère des fondateurs » ; elle coïncide avec une nouvelle phase de la créativité et du goût, l'Art Nouveau, terme utilisé pour la première fois par des amateurs et mécènes belges acquis à la modernité en 1881.

Ces personnalités se nomment Sullivan et Wright aux Etats-Unis, en Europe Gaudi, Otto Wagner, Van de Velde, Hoffmann, Olbrich, Horta, Hennebique, Guimard, Berlage, Peter Behrens.

Maudit, mégalomane, scandaleux, trois accusations lourdes à porter pour Antoni Gaudi, homme sage et pieux, architecte, artisan, sculpteur et peintre, qui fit de Barcelone où il s'était installé en 1869 à dix sept ans pour y apprendre l'architecture, le laboratoire de ses rêves fous. Fous, mais fondés sur une parfaite connaissance des structures et des techniques comme le prouvent ses maquettes et projets, et une collaboration étroite entre les différents corps de métiers qu'il animait.

C'est à partir de 1883 qu'abordant l'éclectisme librement interprété des « revivalismes », il conçoit une plastique et des formes structurales où, passant de l'inspiration hispano-arabe au néo-gothique, Gaudi surprend autant qu'il défie la très conservatrice Barcelone : la Casa Vicens (1883-85) précède de peu le Palais Güell (1886-91). Grâce à ses deux mécènes, Vicens Milà et le comte Güell il pourra réaliser ses rêves ; il est le seul architecte visionnaire qui ait eu cette chance. Ou connu ce miracle.

Une nouvelle étape de son œuvre s'amorce avec la Casa Calvet (1898-1904) ; son modernisme répond au dynamisme des écrivains, peintres, poètes, amateurs d'art, de ceux que l'on nomme la « génération de 1890 », cosmopolite, anarchisante, regardant du côté de Paris, de Londres ou de Munich, qui fascine les jeunes artistes dont Picasso. Gaudi ne manifeste guère d'intérêt pour l'Art Nouveau, c'est le passé qui est le creuset de ses innovations, de ses contradictions ; le passé et la nature inspiratrice des protubérances monstrueuses du parc Güell ou de la prolifération florale de la Casa Milà. Gaudi édifiera en moins de quinze ans, de 1904 à 1916, ses œuvres maîtresses.

En 1883 il avait été chargé de continuer dans le style néo-gothique le plus rétrograde, la Sagrada Familia, la basilique entreprise l'année précédente, il la transforme en un fantastique monstre de pierre aux clochers élancés en forme d'épis de maïs, couvert d'effarantes figures d'un pompiérisme déconcertant qui s'échelonnent de la base au sommet, et où la mosaïque et la pierre se concurrencent ou s'harmonisent.

Toujours inachevée plus d'un demi-siècle après la mort de Gaudi, la Sagrada Familia est une des rares constructions religieuses de la seconde moitié du XIXe siècle qui soit un acte de foi. Peut-on en dire autant du Sacré-Cœur de Montmartre, de la Sainte-Clotilde de Christian Gau, ou de la basilique de Fourvière à Lyon ? Mais Gaudi ne pouvait pas avoir de postérité ; ce lyrique également fonctionnaliste réfléchi, comme le prouvent ses maquettes, est une entorse à l'histoire et une anomalie dans l'art. Mais aussi l'un des artisans de la renaissance artistique catalane que devaient illustrer par la suite Picasso, Dali, Gonzalez, Mirô, Tàpies ou Clavé.

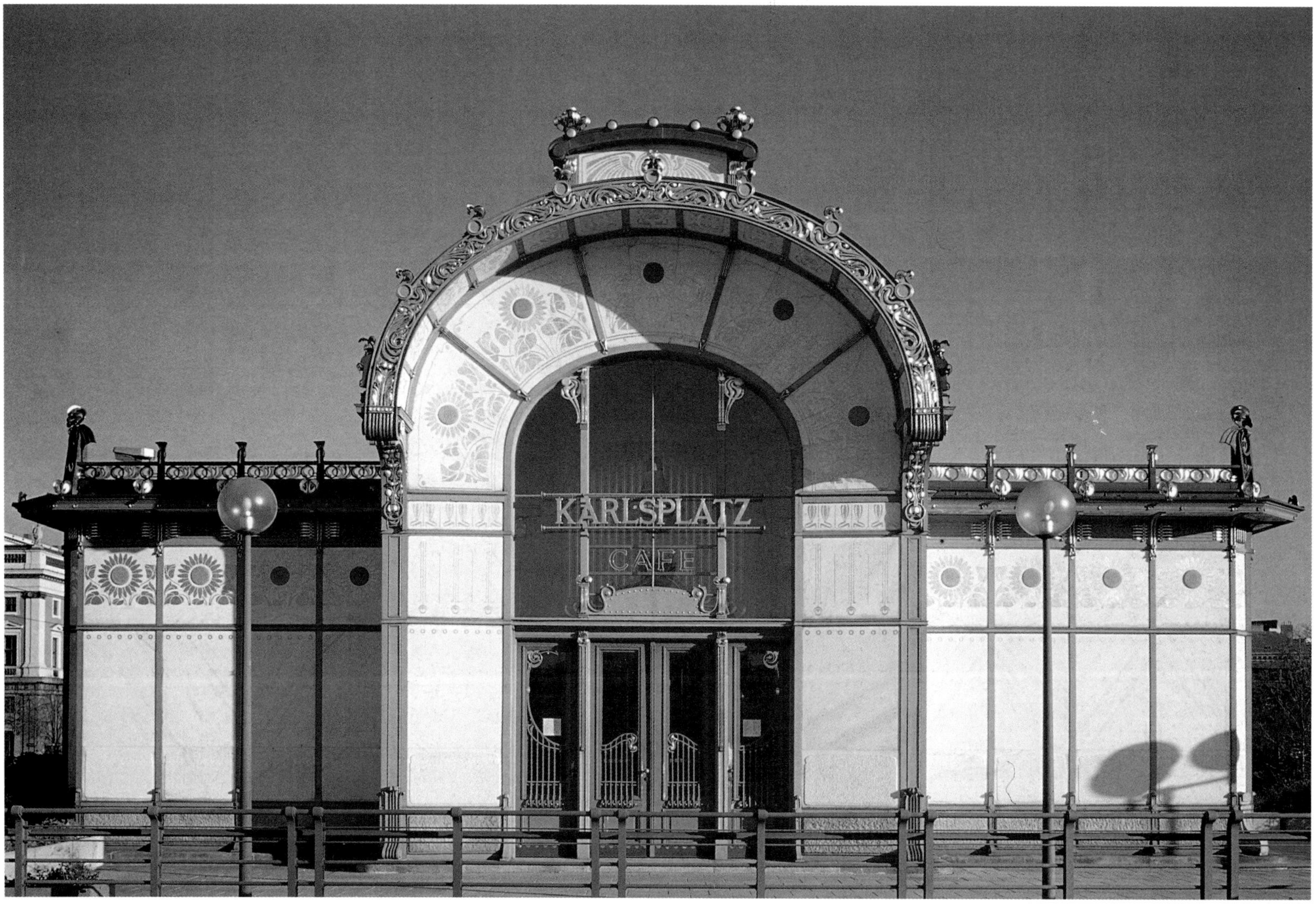

Otto Wagner. *Vienne, station de métro Karlplatz.* 1898-99.

Wagner et l'école de Vienne

L'architecte Otto Wagner est chargé en 1890 d'étudier un plan d'urbanisme pour Vienne. Il est de formation historiciste, et ses premières réalisations illustrent sa prédilection pour la haute Renaissance toscane et florentine ; il a travaillé avec Makart dans le cadre des cérémonies officielles pour les noces d'argent du couple impérial en 1879, ou la réception de la princesse Stéphanie de Belgique, fiancée au prince héritier Rodolphe en 1881.

Son projet visait à mettre de l'ordre dans la ville en créant des blocs d'habitation ponctués d'espaces verts et de plans d'eau, ce qui n'était guère original ; finalement Wagner ne réalisa que le métro, le Stadtbahn (1894-97) dont il conçut le tracé souterrain et aérien, et construisit toutes les stations. Celle de la Karlplatz (1898-99) libérée de l'ornement classique, et adoptant les formes libres de l'Art Nouveau, s'adapte parfaitement à la vaste place où s'élève la fameuse église baroque de Fisher von Erlach, la Karlskirche, Saint-Charles-Borromée.

Les ponts, galeries et tranchées des quelque quarante kilomètres du métro avaient inspiré à Wagner des vues nouvelles sur la construction industrielle et l'urbanisme ; sans doute, à cette époque, avait-il lu « L'Art de bâtir les villes » de Camillo Sitte paru à Vienne en 1889. Refusant désormais le pluralisme des styles réactionnaires et rétrospectifs du Ring, il condamne « les expériences aux tendances stylistiques

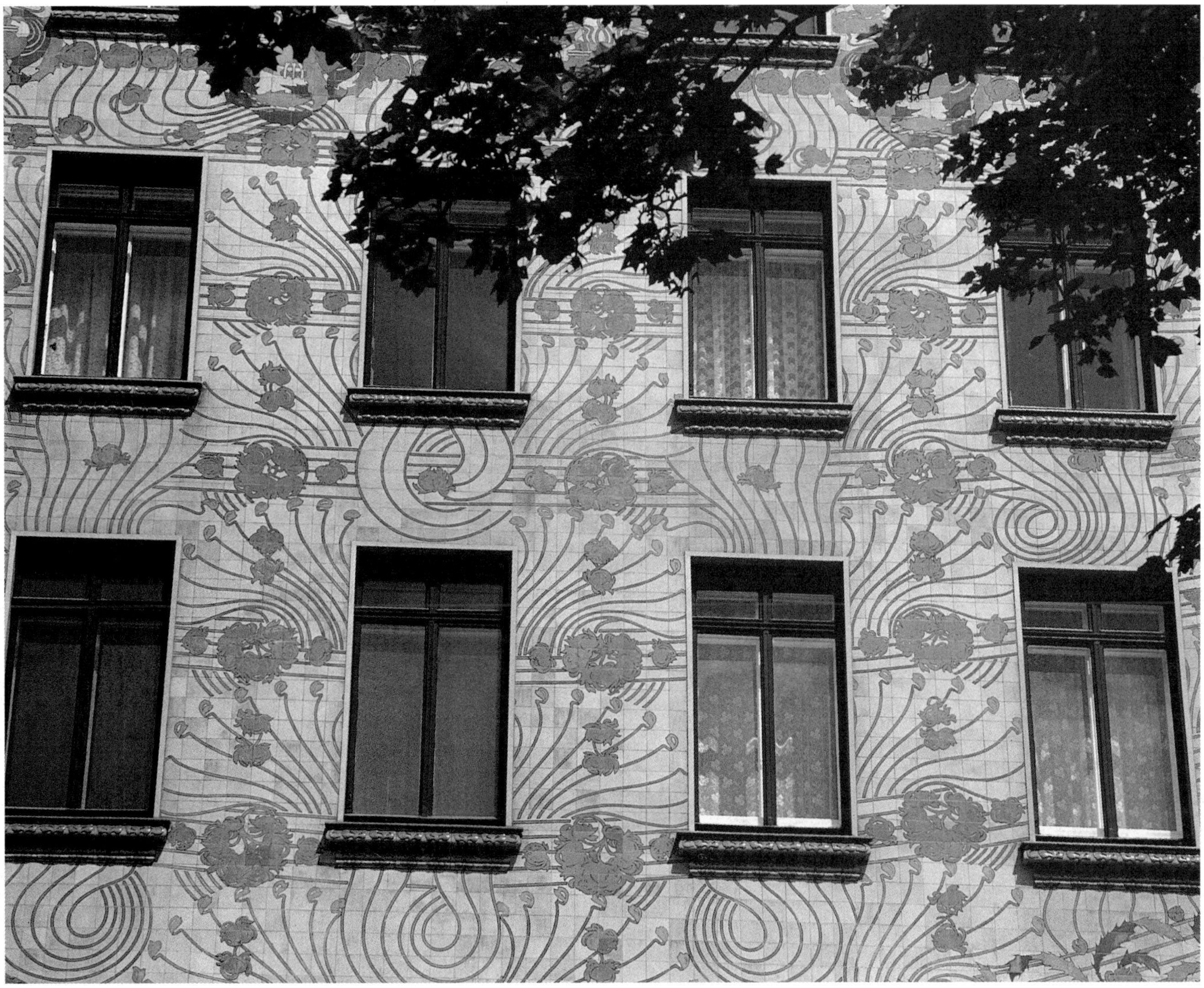

Otto Wagner. *Vienne, Majolikahaus, façade.* 1898

diverses poursuivies, ces dernières années, par la majorité des architectes », et prend position en faveur des « puissantes aspirations pratiques de notre temps ». C'est d'elles, affirme Wagner, que naitra le « style utilitaire » de l'avenir soumis aux exigences de la fonction, à la commodité et au confort.

Conseiller artistique auprès de la commission de régulation du Danube il est chargé de deux des quatre projets d'écluse de Nuszdorf, près de Vienne, et de l'aménagement des quais (1894-98) ; la passerelle, le treillis métallique et le barrage encadrés par deux pylônes monumentaux surmontés de lions, font sensation. « Toutes les formes modernes doivent correspondre au nouveau matériau, aux nouvelles exigences de notre temps, si elles veulent être conformes à l'humanité moderne... » affirme Wagner ; la station de la Karlplatz et le barrage de Nuszdorf sont deux exemples convaincants de la synthèse de l'architecture et de la construction d'ingénieur.

Wagner, qui a formulé sa doctrine en 1894 dans son discours d'ouverture comme professeur de l'Ecole spéciale d'architecture auprès de l'Académie des Beaux-Arts de Vienne, et dans son livre « Moderne Architektur », apparait désormais comme le chef de file viennois du courant en faveur de l'épuration du langage architectural qu'anime à Bruxelles Van de Velde, et à Paris et Munich, les adeptes de l'Art Nouveau. Il utilise pour le Warenhaus Neumann, depuis détruit, une ossature de fer et couvre le hall central d'une verrière suspendue par des câbles, tandis qu'à l'Ankerhaus, sur le Graben (1895), l'attique surmonté de demi coupoles et de pyramides vitrées illustre ce « baroque de verre » aussi pratique que poétique, qui se présente comme spécifiquement « wagnérien ».

En revanche la Majolikahaus (1898) arbore une façade plane habillée sur cinq étages de carreaux de céramique figurant un arbre gigantesque dont les rameaux se développent sans tenir compte des ouvertures régulières qui les interrompent. Ainsi Wagner passe-t'il de la technologie à l'Art Nouveau.

C'est à la Caisse d'Epargne de la capitale autrichienne qu'il réalise son chef-d'œuvre (1903-1912). Le hall central est une remarquable intégration fonctionnelle du fer, du verre, du béton armé, de l'ébonite et du marbre, dont l'unité est néanmoins absolue, d'une pureté sans compromis. Si l'architecte parait régresser en adoptant à l'église du Steinhof (1902) des styles historiques, l'intérieur n'en est pas moins original car Wagner y démontre que l'on peut construire de vastes espaces dégagés sans piliers intermédiaires. C'est une parfaite illustration de sa définition : « Seul ce qui est pratique peut être beau ».

Des principes et des réalisations d'Otto Wagner naquit l'école de Vienne. Le palais de la Sécession, construit en 1898, par l'un de ses principaux disciples et son assistant, Joseph-Maria Olbrich, comme lieu d'expositions de ce mouvement, est un étonnant et harmonieux mélange de géométrisme et d'éléments baroques, orientalistes et méditerranéens, dominé par une coupole en métal doré et ajouré, ornée de feuilles de laurier ; des têtes de Méduse réunies par des serpents surmontent la porte d'entrée. A l'intérieur des cloisons amovibles permettent de varier les espaces.

En 1899 le grand-duc de Hesse chargea Olbrich de réaliser à Darmstadt, sur la Mathildenhöhe, une colonie d'artistes dans l'esprit communautaire d'Arts and Crafts et des cités-jardins ; plusieurs membres du Cercle artistique de la ville, dont Peter Behrens, l'un des fondateurs de la Sécession munichoise, collaborèrent à sa construction. Le bâtiment sera ouvert au public comme lieu d'expositions. En 1907 Olbrich compléta l'ensemble par la fameuse « Tour des Mariages », la Hochzeitsturm, en briques, pierre de taille et cuivre.

Wagner, Josef Hoffmann et Adolf Loos illustrent les innovations, les contrastes et les ruptures de l'école de Vienne. « Vienne fut la première sur le continent à revenir dans le chemin de la ligne droite, du carré et du rectangle, et étant Vienne elle parvint à conserver l'élégance et le sens des matières précieuses de l'Art Nouveau » a écrit Nikolaus Pevsner. En réalité l'école viennoise se situe à la fois en marge et au-delà de l'Art Nouveau ; le palais de la Sécession est le manifeste et le symbole de toutes les libertés qu'elle se permit au nom des antagonismes, des audaces et des virtuosités désinvoltes de l'éclectisme.

Eclectisme et mise en scène ; Vienne aima le spectacle, c'est-à-dire l'illusion et l'artifice sous ses différentes formes. Elle est à la fois l'héritière des cortèges fastueux de parade historique de Makart, de la cacophonie architecturale du Ring et de son exubérance solennelle, et le laboratoire expérimental d'une modernité qui n'est peut-être, sous le masque de la Gesamtkunstwerk, l'Oeuvre d'art totale, qu'une autre forme de cette fascination du théâtre continuée avec brio, au début du nouveau siècle, par Hoffmann. Jusqu'à la mise en place, au palais Stoclet de Bruxelles (1905), d'un répertoire différent géométrique et dépouillé, au décor schématisé et précieux.

A la richesse artistique de la capitale répondent une fécondité et une originalité égales dans tous les autres domaines de la création, la musique — Mahler fut directeur de l'Opéra de Vienne de 1897 à 1907 — le roman, l'essai, la poésie, le théâtre, la science, la philosophie,. A partir de 1900 l'esprit créatif de Vienne s'oriente, à travers l'influence d'Arts and Crafts, vers le décor quotidien, le mobilier et les objets usuels où architectes et designers retrouvent, dans les formes fonctionnelles et les matériaux sobres ou bruts, les sources traditionnelles autrichiennes, paysannes et bourgeoises, artisanales ou pré-industrielles. En 1903 Hoffmann et le décorateur-ensemblier Koloman Moser, fondent la Wiener Werkstätte, l'Atelier Viennois, qui crée le style décoratif moderne.

Un certain Dr Freud publie en 1895, en collaboration avec Josef Breuer, « Etudes sur l'hystérie », puis seul, en 1900, « l'Interprétation des rêves » ; en attaquant de front une société vivant sur des apparences fragiles et trompeuses, cachant sous de faux-semblants les tourments ou les hantises de ses pulsions refoulées, il lève le masque de cette capitale d'un empire à son déclin, hésitant sur le présent, angoissé pour l'avenir. Qui se travestit d'habillages ostentatoires pour déguiser sa détresse et couvrir ses haillons, et joue sa vie comme si de rien n'était, fermant les yeux sur le mal dont elle est rongée. Certains en sont conscients, mais on ne les écoute pas.

Vienne, qualifiée par Karl Kraus de « laboratoire pour une apocalypse » qu'Hermann Broch juge « fröhlich » (joyeuse) au sens nietzschéen du terme, apparait en ce début du XXe siècle partagée entre cette irrémédiable décadence, et la révélation d'un art nouveau qui fait d'elle, malgré elle, le creuset de la modernité.

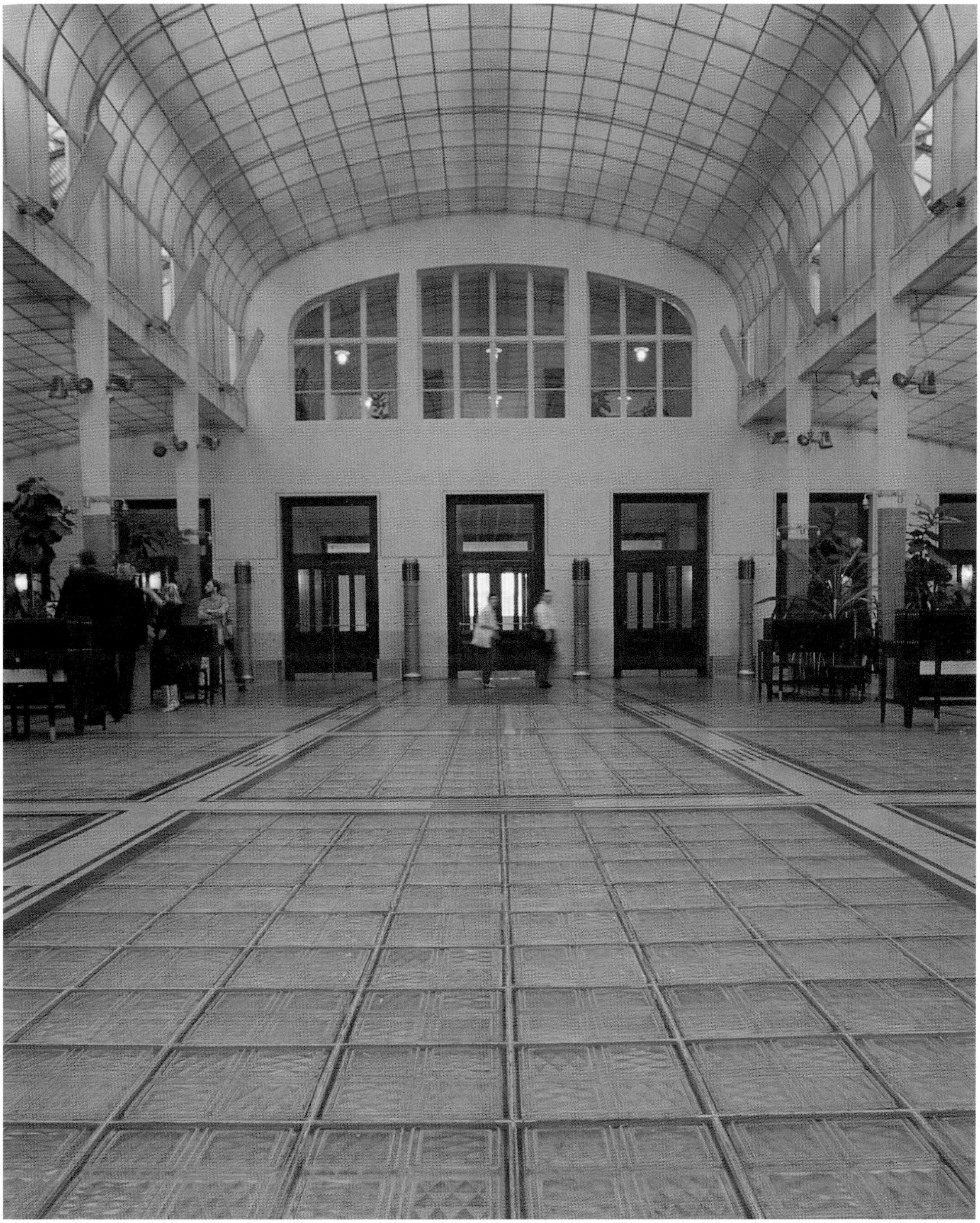

Otto Wagner. *Vienne, Caisse d'Epargne, hall central.* 1903-12.

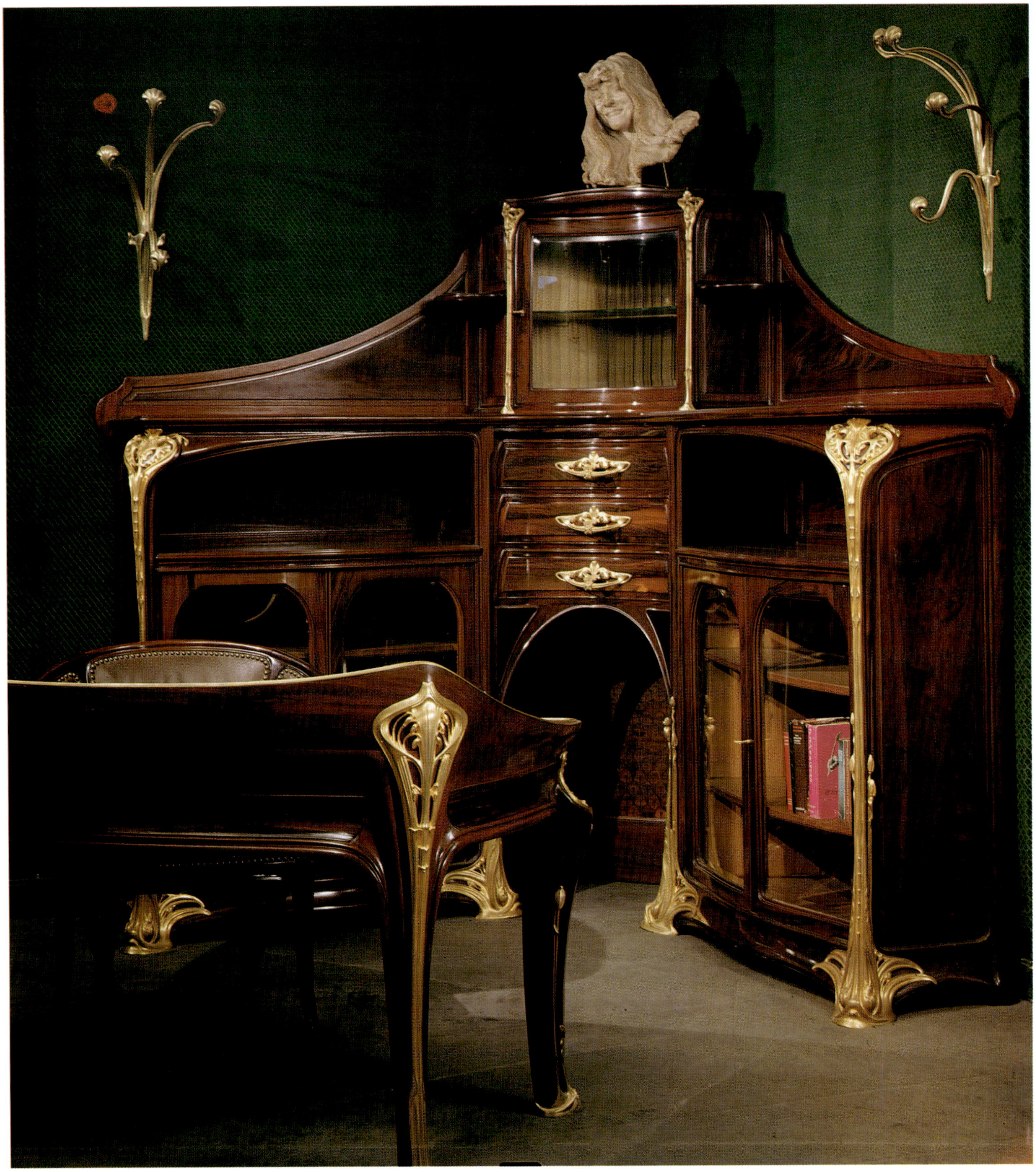

Louis Majorelle. *Bibliothèque.* Coll. part.

VERS UN NOUVEL ART DE VIVRE

Les changements esthétiques en Europe

« Ce que nous éprouvâmes vers 1894 je ne peux le comparer à rien d'autre qu'à la délivrance que nous éprouvons aux premiers indices du printemps » a écrit Van de Velde, l'un des pionniers du renouveau de l'architecture et des arts décoratifs.

Les prémices étaient nombreuses, William Morris et Arts and Crafts, Mackintosh et l'école de Glasgow, les recherches nouvelles dans le décor de la vie et l'influence du japonisme, la notion d'« ensemble harmonieux » appliquée par Whistler, prince et modèle des esthètes, à la « White House », sa maison de Londres, la renaissance de l'artisanat répondant à la méfiance des « élites » à l'égard de la production industrielle, entraînaient des courants nouveaux, artistiques, économiques et sociaux. En architecture l'influence de Viollet-le-Duc, désastreuse dans d'autres domaines, est capitale ; il ressortait du second tome des « Entretiens sur l'Architecture », paru en 1872, qu'une forme doit naître, non de principes esthétiques formulés à priori, comme on l'enseignait à l'Ecole des Beaux-Arts, mais de la fonction et des techniques.

« L'architecture ne peut revêtir des formes neuves que si elle va les chercher dans une application rigoureuse d'une structure nouvelle » écrivait Viollet-le-Duc qui, quoique posant les fondements de l'avenir, n'a guère appliqué ses propres idées ; elles étaient en contradiction formelle avec le pastiche historiciste tel qu'il le réalisa, mais elles nourrirent la pensée et les actes de Horta, de Sullivan, de Van de Velde, de Hankar, de Guimard et même de Gaudi. Ceux-ci trouvèrent dans les « Entretiens » quelques-uns des principes qui allaient gouverner l'architecture qu'ils élaboraient : rôle de la structure porteuse métallique, interdépendance de l'ossature et du décor, utilisation de matériaux nouveaux. Par opposition à l'ornement éclectique, Viollet-le-Duc conseillait l'emploi de deux types de décor : les formes géométriques et les formes organiques et végétales.

Ce mouvement d'idées coïncidait avec de nombreuses conquêtes techniques issues de découvertes importantes dans la chimie, la physique et l'industrie dont allaient profiter la verrerie, la cristallerie et la céramique où les recherches entraînaient des applications nouvelles. Les architectes employèrent la céramique pour les parements des églises et les remplages des bâtiments en fer. Le développement de ce qu'on appelait alors les « arts appliques » provoqua la fondation en 1877 de l'Union Centrale des Arts Décoratifs dont les collections seront présentées en 1905 au Musée des Arts Décoratifs installé au Louvre, au pavillon de Marsan. En 1874 avait été créée l'Ecole Nationale des Arts Décoratifs.

Si la peinture nouvelle n'avait pas changé la vision du monde, du moins certains apprenaient à regarder et à comprendre, moins pour leur sujet que pour leurs qualités plastiques, simplification de la forme et l'intensité expressive de la couleur, les tableaux de Seurat, de Gauguin et de Cézanne. L'exposition que fit Vollard en 1895 du Provençal farouche et solitaire, provoqua le scandale, mais aussi et surtout, l'attention et la ferveur de jeunes peintres, Camoin, Emile Bernard, ce dernier également lié à Van Gogh disparu cinq ans plus tôt, Maurice Denis.

La formule fameuse que celui-ci avait écrit dans son article d'« Art et Critique », « Se rappeler qu'un tableau — etc... » n'était pas seulement l'acte de baptême de la peinture moderne, mais l'affirmation d'une liberté qui contrastait avec les incertitudes, ou les équivoques, de la génération précédente, les lentes investigations, les expériences longuement et durement mûries.

C'était d'ailleurs la première fois depuis longtemps qu'en peinture un article de revue prenait un telle valeur de manifeste ; la formule de Maurice Denis était aussi l'expression de la volonté de nouveauté de la génération des trente à trente-cinq ans, de sa volonté de marche en avant.

Les jeunes peintres français de 1890-95 ne veulent pas être seulement des continuateurs, des héritiers, mais des défricheurs, des explorateurs, des conquérants, même si telle autre parole de Maurice Denis peut surprendre. « Je pense qu'une peinture doit orner... » dit-il. Et même également s'il ajoute, reprenant sa déclaration « Art et Critique » : « C'est par la surface colorée, la valeur des tons, l'harmonie des lignes, que je prétends atteindre l'esprit, éveiller l'émotion ». L'intention décorative est clairement affirmée.

A l'étranger les choses se présentent différemment ; le

symbolisme, l'expressionnisme y ont plus de cohésion et de poids qu'en France en tant que courant d'idées ; et les maîtres n'y ont pas la puissance et l'originalité créatrice d'un Cézanne ou d'un Gauguin. Mais l'esprit est le même. « La manière de peindre est subordonnée à la forme. Tout ce qui pourra distraire le spectateur de l'ensemble, je le supprime », écrit Hodler[24]. Le peintre parvient ainsi à une monumentalité sobre et austère d'une ordonnance rigoureuse où le jeu insistant des lignes annonce le style de l'Art Nouveau tout en retrouvant en partie les préoccupations synthétiques de l'école de Pont-Aven.

La Belgique à la pointe de la modernité

Ce style quel était-il ? La ligne en forme de liane, l'arabesque, créent un décor à l'écriture envahissante et mouvementée qui s'intègre à l'architecture, rampe du sol au plafond, tord les rampes d'escalier, s'enroule autour des lustres, incurve les poignées de porte ; sa prolifération fut aussi spontanée que généralisée.

C'est à Bruxelles que naquit l'Art Nouveau ; l'expression apparaîtra pour la première fois comme raison sociale du magasin que le spécialiste des arts d'Extrême-Orient, S. Bing, ouvrit en décembre 1895 rue de Provence à Paris. Mais elle avait été lancée par les fondateurs belges de la revue « L'Art Moderne » en 1881, Octave Maus et Edmond Picard qui s'intitulaient « les croyants de l'Art Nouveau ».

Le terrain d'un renouvellement artistique, psychologique et social, avait été préparé par l'activité de la "Libre Esthétique" et des XX, la curiosité de la bourgeoisie progressiste et ses cercles d'avant-garde où dominent les avocats, où prolifèrent les journaux et les petites revues. Ces individualités et ces groupes veulent ouvrir au peuple les voies d'un loisir éclairé et de l'art en le libérant d'un travail épuisant, en améliorant ses conditions d'existence. En 1898 Jules Destrée écrit dans "Art et Socialisme" : «A mesure que les lois protectrices des humbles auront assuré aux foules plus de loisirs et de bien-être les besoins intellectuels s'accroîtront ; il sera permis de s'intéresser aux sciences et aux arts... partout naîtront de nouveaux besoins d'instruction et d'émotion artistique... »

Généreuse utopie, mais elle fait partie du climat de l'époque ; l'énorme masse des travailleurs reste marginalisée par rapport aux recherches et aux besoins nouveaux ; néanmoins le chef du Parti Ouvrier belge, Emile Vandervelde, inscrira l'art à son programme, et Victor Horta construira à Bruxelles la « Maison du Peuple ». Les intentions démocratiques de l'Art Nouveau sont clairement affirmées, et les

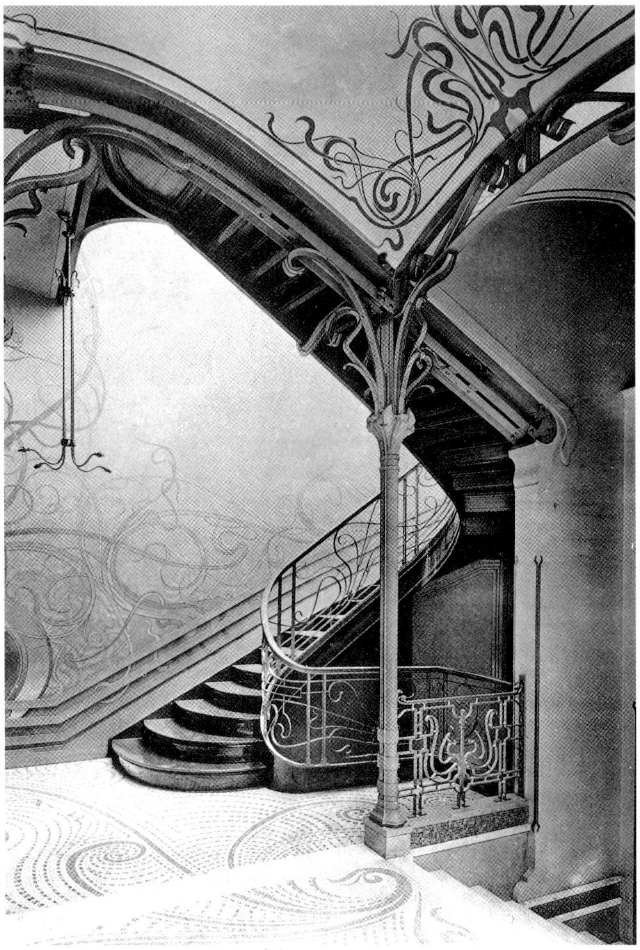

Victor Horta. *Bruxelles, hôtel Tassel, 6 rue P.-E. Janson, escalier.* 1892-93.

« ouvriers d'art » ont conscience de participer au mouvement social, et de s'engager dans les combats que mènent certains dirigeants politiques comme Jean Lahor, disciple français de William Morris, apôtre des « Habitations à bon marché », et animateur de groupements qui s'intitulent « L'Art pour le peuple », « L'Art dans la rue », « L'Art pour tous ». Ils ambitionnent de rendre les maisons ouvrières plus vivables, de changer le décor, les objets familiers, cherchant à concilier utilité, qualité et beauté.

L'Art Nouveau belge a trouvé son style et son essor grâce à quatre personnalités : les architectes Victor Horta, Van de Velde, Paul Hankar, et le décorateur et fabricant de meubles Serrurier-Bovy. Tous étaient liés à la « Libre Esthétique », et c'est dans son premier salon, en 1894, que ce dernier avait exposé un ensemble complet d'ameublement intérieur qui fit sensation ; c'est aussi la « Libre Esthétique » qui présenta à Bruxelles l'œuvre de William Morris, et permit à Van de Velde de faire des débuts remarqués.

Horta construit, Van de Velde théorise

La première maison Art Nouveau construite en Europe le fut à Bruxelles, 12 rue de Turin (aujourd'hui rue Paul-Emile Janson) en 1892 par Victor Horta. Il avait alors trente-deux ans et une œuvre modeste, plusieurs maisons particulières, mais dont l'économie de moyens, la sobriété de lignes, laissaient prévoir ses programmes futurs. Son nouveau client est un de ses amis, Emile Tassel, professeur de géométrie descriptive à l'Université et collaborateur du bureau d'études de Solvay ; le terrain qu'il possède dans une rue nouvelle de Bruxelles a trente-cinq mètres de profondeur sur un peu plus de sept de façade. Célibataire, il reçoit beaucoup et est passionné de photographie, il laisse les mains libres à Horta qui se montre enchanté de la commande.

L'extérieur en pierre, verre et fer, avec son bow-window typiquement bruxellois, est presque traditionnel ; mais à l'intérieur un vestibule octogonal débouche sur un large escalier commandant la répartition des pièces à des niveaux différents. Simplicité, unité, lignes proliférantes de l'escalier et des structures, colonnes de fonte et poutrelles de fer mises en évidence, arabesques de la mosaïque du sol et des murs accompagnant la montée de l'escalier, la volonté de transparence, de flexibilité, de simplicité, est exemplaire. Le vestibule et la cage d'escalier sont baignés de lumière grâce à une verrière zénithale.

Un peintre de formation académique, de la même génération que Horta, Henry Van de Velde, expose au Salon des XX de 1892 un « projet de broderie ornementale » ; les œuvres de Morris et les ouvrages de Ruskin l'aident à évoluer. Son intérêt pour les métiers d'art se précise, il se consacre à l'élaboration typographique et ornementale (gravure sur bois) de la revue « Van Nu en Straks ». Van de Velde est un homme d'entreprise et d'idées, et son esthétique était celle d'un sociologue doublé d'un moraliste ; il eut le don de découvrir et de cataloguer ce qu'il considérait comme des concepts neufs, de les faire vivre, voire de les personnaliser et de les présenter comme siens.

En 1895, deux ans après l'hôtel Tassel, Van de Velde qui n'avait encore rien construit, se vit offrir les possibilités financières de concevoir les plans et de construire sa propre maison de campagne, « Bloemenwerf », à Uccle-Bruxelles. La recherche de l'« œuvre d'art totale » faisait partie de ses préoccupations autant artistiques que sociales et économiques, et l'aménagement de sa maison répondait à ces principes ; l'ensemble est conçu à partir d'une synthèse organique, architecture, équipement, décor, dans un style sobre où sont principalement prises en compte les attitudes que l'homme est appelé à adopter dans le travail, le repos, la nourriture, la conversation, etc.

Van de Velde analyse et explique ses options dans différentes publications, « Déblaiement d'art » en 1894, « L'Art futur » et « Aperçu en vue d'une synthèse d'art » en 1895. Il prononce des conférences où il se déclare partisan de l'utilisation de la machine et de la production en série ; il « démocratise » les idées de Morris qu'il juge trop élitistes. C'est néanmoins une élite qui le soutient et qui le suit.

Tandis qu'Horta construit, Van de Velde théorise ; le premier n'envisage que le présent selon les commandes dont il bénéficie, le second, qui n'a pour tout bagage architectural que « Bloemenwerf » regarde surtout, à travers ses théories et la propagande qu'il leur donne, l'avenir. Son comportement ne plaît pas à tout le monde, ses livres sont discutés, souvent rejetés, la volonté prospective qu'il attache à ce qu'il appelle le « style nouveau », qui comporte selon lui le refus du passé, lui attire de nombreux et virulents ennemis. Sa conviction selon laquelle le monde peut être régénéré par « la forme adéquate précise et pure » à partir de la ligne « organique et vivante », ne provoque que railleries.

Réprouvé dans son pays Van de Velde est en revanche apprécié à l'étranger ; S. Bing accompagné du critique allemand Meier-Graefe l'un des principaux écrivains d'art de l'époque, qui le soutiendra avec ardeur, vient lui rendre visite à Uccle, et lui commande quatre pièces de son magasin « L'Art Nouveau » à Paris. Van de Velde doit abandonner la sobriété de ses conceptions, et recourir à des matières luxueuses et chères, recouvrir divans et fauteuils de tissus et tapisseries, faire appel à la mosaïque, aux vitraux.

Il est ensuite chargé de l'équipement du bureau de Meier-Graefe à la « Maison Moderne », succursale de « L'Art Nouveau », du salon de lecture Bruno et Cassirer à Berlin où il aménage également les magasins de la « Habana Compagnie ». Dans l'installation intérieure du Folkwang Museum à Hagen (1902) il adopte les formes néo-baroques, la courbe sinusoïdale et le décor floral, mêle le constructif et le décoratif, et réalise ainsi l'un des ensembles typiques de l'esprit et

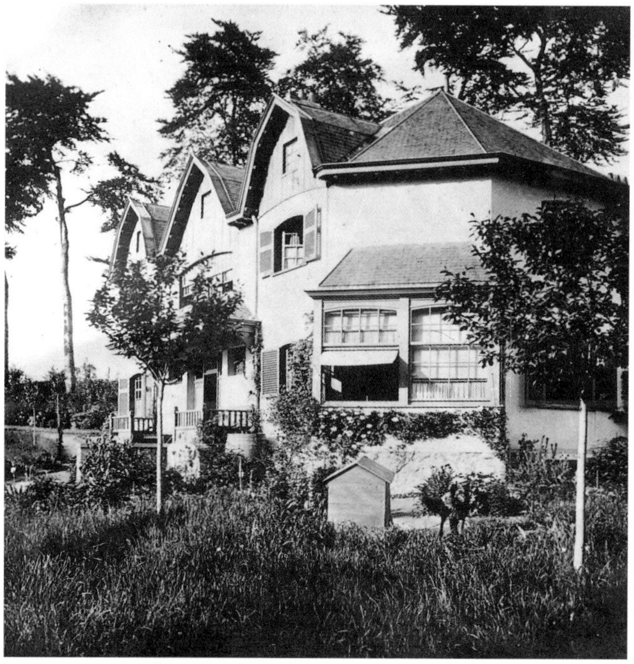

Henry Van de Velde. *Uccle-Bruxelles, « Bloemenwerf ».* 1895-96.

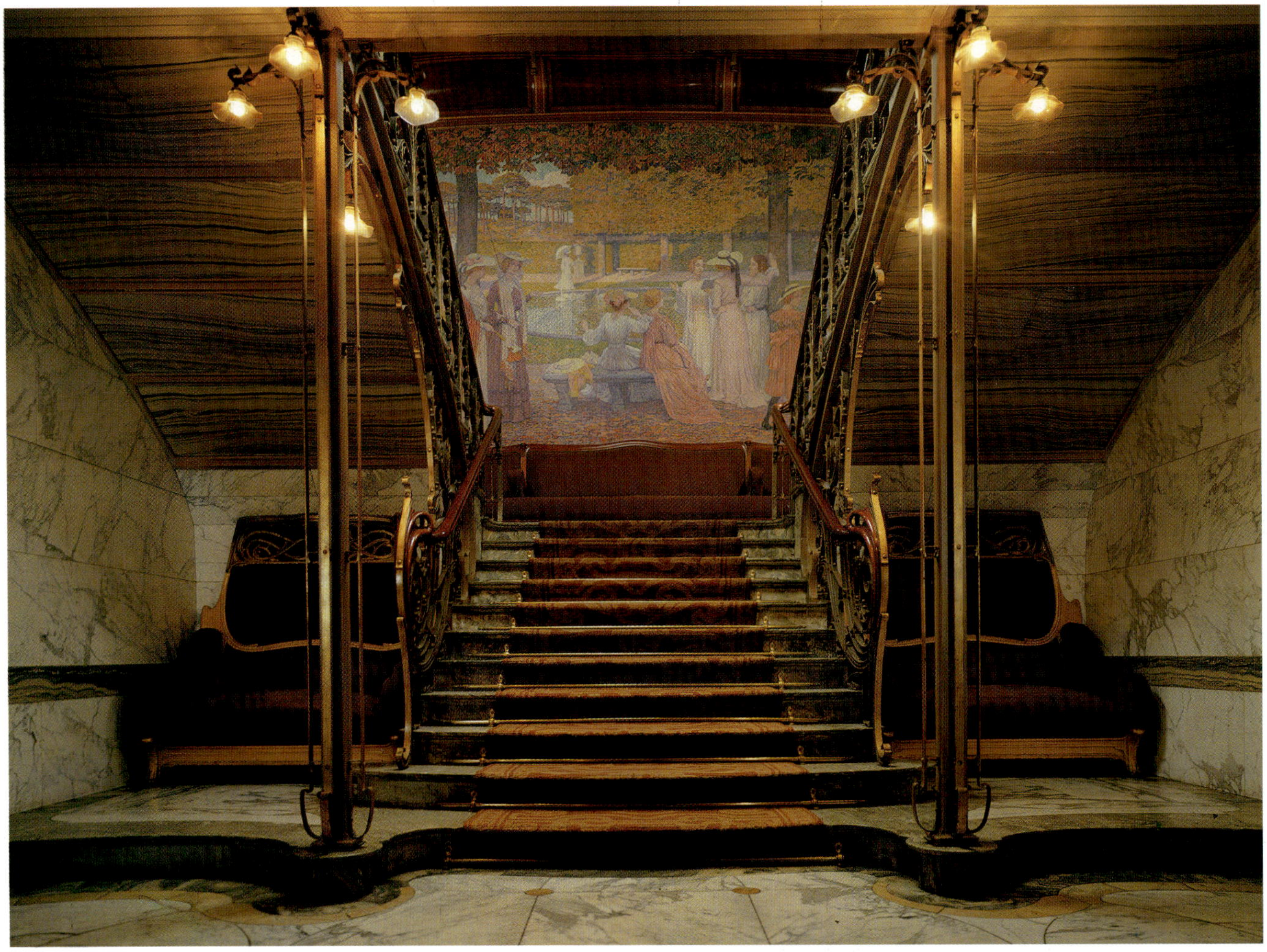

Victor Horta. *Bruxelles, hôtel Solvay, 224 avenue Louise, escalier.* 1895-1900.

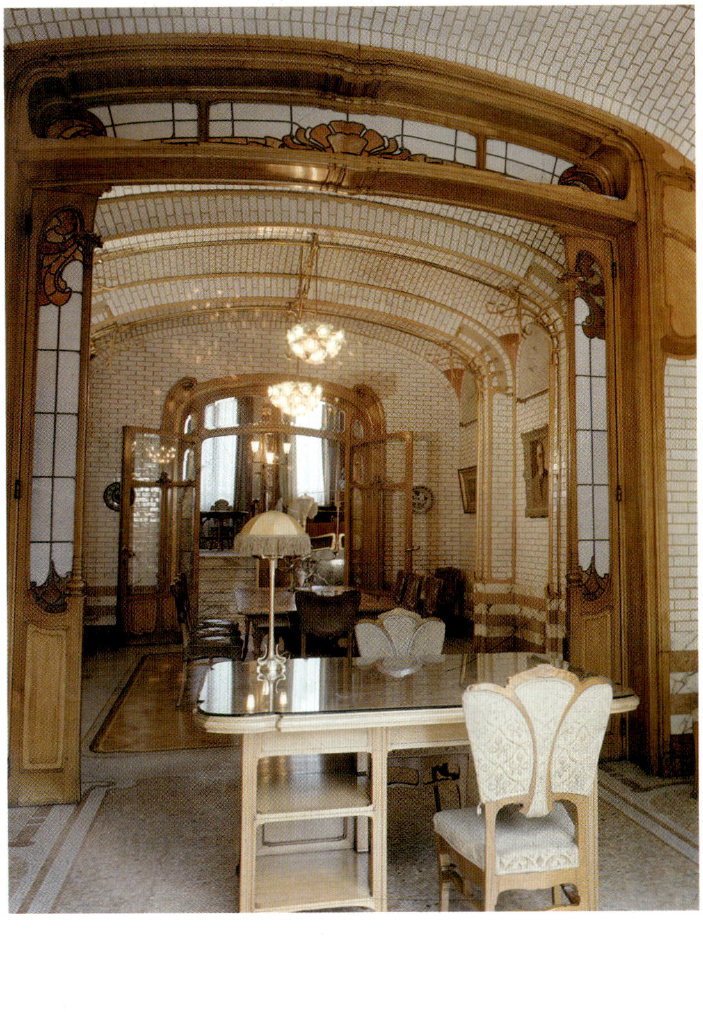

Victor Horta. *Bruxelles, hôtel-atelier de l'artiste aujourd'hui musée Horta, 23-25 rue Américaine.* 1898-1900.

de la poétique du Jugendstil. Après cette installation l'ornement disparaîtra de son œuvre.

En 1902 le grand-duc de Saxe-Weimar le nomme son conseiller artistique avec mission de « relever le niveau esthétique de toute la production artisanale et industrielle » du pays.

Chargé de diriger, en 1904, à Weimar, la Kunstgewerbeschule, l'Ecole des Arts Décoratifs, dont il construit le nouveau bâtiment, il en fait un établissement pilote qui deviendra, après la guerre, le Bauhaus de Gropius.

Architecture-manifeste à l'image de celle de Horta mais dans un tout autre esprit, l'Atelier de photographie Elvira de Munich (1897-98, détruit en 1944) par August Endell, apparaît surtout comme l'expression d'une exubérance décorative qui se rattache davantage à l'esthétisme symboliste du Jugendstil qu'à l'Art Nouveau. Si la recherche structurale n'est pas négligée c'est le décor, notamment la grande forme évoquant un dragon pourpre sur fond vert plaquée sur la façade, d'un dynamisme provocant, qui prime. Endell recherchait « un art entièrement nouveau, déclarait-il, un art avec des formes qui ne signifient ou ne représentent rien, ne rappellent rien, et qui pourtant peut émouvoir nos âmes aussi profondément que seuls les sons de la musique peuvent le faire ».

C'est dans une optique proche, mais en respectant les contraintes fonctionnelles, que Endell bâtit le Buntes Thea-

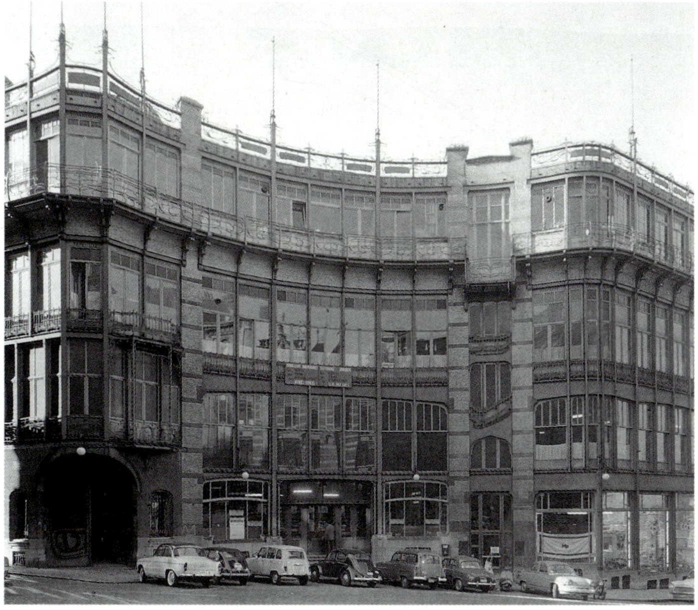

Victor Horta. *Bruxelles, Maison du Peuple, façade.* 1896-99.

ter de Berlin en 1901, l'année même où Richard Riemerschmidt construisait à Munich l'un des témoignages les plus remarquables de l'Art Nouveau en Allemagne, le Kammertheater du Münchener Schauspielhaus. Avec son beau-frère Karl Schmidt, Riemerschmidt avait été l'un des fondateurs des Vereinigten Werkstätte qui prônaient l'intégration des arts appliqués au décor quotidien.

La Maison du Peuple, chef-d'œuvre détruit

L'hôtel Solvay, que construit Horta 224 avenue Louise, en 1895-1900, affirme la vitalité du nouveau style. Armand Solvay, fils du fondateur des importantes usines chimiques de ce nom, est aussi l'ami du socialiste Vandervelde et, dans le domaine économique, un homme d'avant-garde doublé d'un mécène ; peu connaisseur en matière d'art sa fortune lui permet de commander son hôtel à l'architecte le plus cher de la ville.

On y retrouve les mêmes qualités qu'à l'hôtel Tassel, interpénétration et fluidité des espaces, utilisation du fer notamment dans la cage d'escalier ornée d'une peinture décorative de Van Rysselberghe ; les rythmes à la fois élégants et audacieux de la rampe sont prolongés par les colonnes de support doublées de tiges ornementales soulignant la structure porteuse. Ce jeu de lignes introduit à l'intérieur de l'hôtel, à la fois fonctionnel et somptueux, une écriture spatiale qui apparaît comme la principale qualité du vocabulaire visuel de Horta – « Laissez les fleurs et les feuilles, prenez la tige » conseillait-il – Comme à l'hôtel Tassel l'escalier est abondamment éclairé par la verrière zénithale.

Ce qui frappe dans l'architecture de Horta c'est l'harmonisation entre la rigidité de la structure et la virtuosité de l'ornement ; même la richesse, un peu trop ostentatoire, du décor ne crée guère de conflits entre les différents matériaux, marbre, mosaïque, bois précieux, verre américain, peau de satin broché, aux couleurs chaudes et froides mêlées, où les dissonnances sont habilement recherchées.

Avec un excès de soin peut-être ; mais les contrastes entre ce faste et la nudité du fer, le raffinement de l'artisanat dans le mobilier et les objets, et la brutalité industrielle, sont si remarquablement maîtrisés, que l'unité s'installe. Nul mieux que Horta n'a su marier les contradictions de l'Art Nouveau, unir la droite et la courbe, animer les vides en y plongeant les délices perverses de l'arabesque envahissante, faire rayonner les lignes en « coup de fouet ». L'espace est mis en scène comme au théâtre.

Horta a également construit à Bruxelles l'hôtel Wissinger (1895-96), l'hôtel Van Eetvelde (1898-1900) entièrement décoré de bois exotiques du Congo, et dont le jardin d'hiver, placé au centre, ajoute à cette dématérialisation de l'espace qui est l'une des caractéristiques de l'architecte. On lui doit aussi l'hôtel Frison, malheureusement dénaturé, et l'hôtel Aubecq avenue Louise. L'intérieur de cet hôtel a été détruit, mais le musée d'Orsay a acquis quarante-six pièces provenant du décor et de l'ameublement.

Le chef-d'œuvre de Horta était la Maison du Peuple, construite de 1896 à 1899, et dont la destruction non exempte d'arrière-pensées politiques, en 1965, est un véritable crime. « Avec la Maison du Peuple tous les résultats atteints par Horta apparurent comme hissés à un niveau supérieur » a écrit Udo Kultermann. L'énorme structure de fer et de verre, prise dans des éléments porteurs discontinus en maçonnerie, s'insère sur un terrain difficile, frappé de servitudes, et affirme au cœur de la ville – ce qu'on ne pardonnera pas à l'audace du Syndicat des Travailleurs socialistes – la modernité. L'unité est parfaite entre la structure et la décoration.

La suite de l'œuvre de Horta, à l'exception de plusieurs hôtels et villas de 1896 à 1900, de son propre hôtel-atelier, 23-25 rue Américaine (aujourd'hui musée Horta), de la Maison du Peuple, conservée après transformations, de Molenbeek-Saint-Jean, du pavillon du Val-Saint-Lambert à l'Exposition internationale de Bruxelles en 1897, appartient au XXe siècle.

Abandonnant progressivement le modern' style Horta remplaça le fer par le béton et adopta un classicisme académique fort peu inventif. On ne sait pourquoi, deux ans avant sa mort, en 1945, il détruisit presque totalement l'importante documentation graphique de son œuvre entière.

Ministre du Congo, le baron Van Eetvelde avait persuadé Léopold II de faire appel, pour l'Exposition coloniale de Tervueren, en 1897, aux architectes-décorateurs de la jeune génération ; le roi, indifférent aux courants nouveaux, accepta, mais confia à Charles Giraud, l'architecte éclectique du Grand et du Petit Palais à Paris, les plus importants bâtiments officiels. Paul Hankar se vit néanmoins chargé de l'organisation générale de cette manifestation dont il fit le

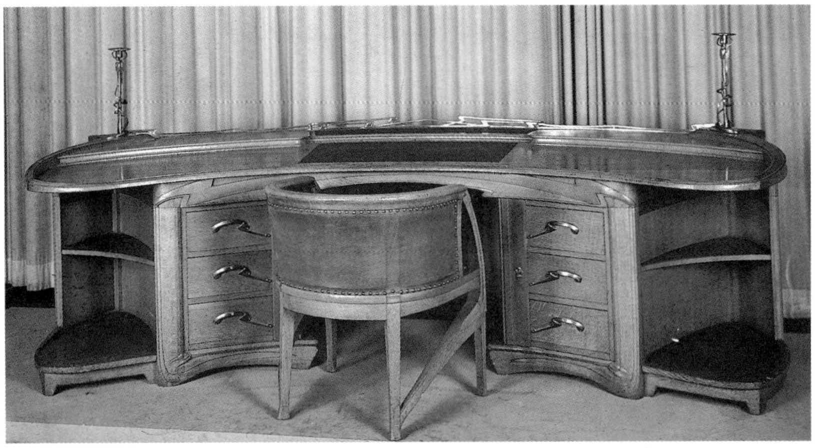

Henry Van de Velde. *Bureau et fauteuil en chêne naturel.* 1896. Germanisches Nationalmuseum, Nürnberg.

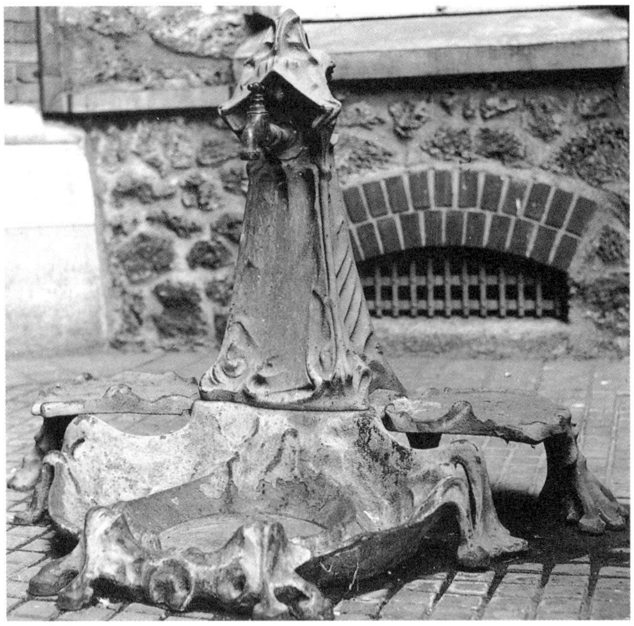

Hector Guimard. *Paris, Castel Béranger, 14 rue La Fontaine, cour intérieure, fontaine.* 1895-98.

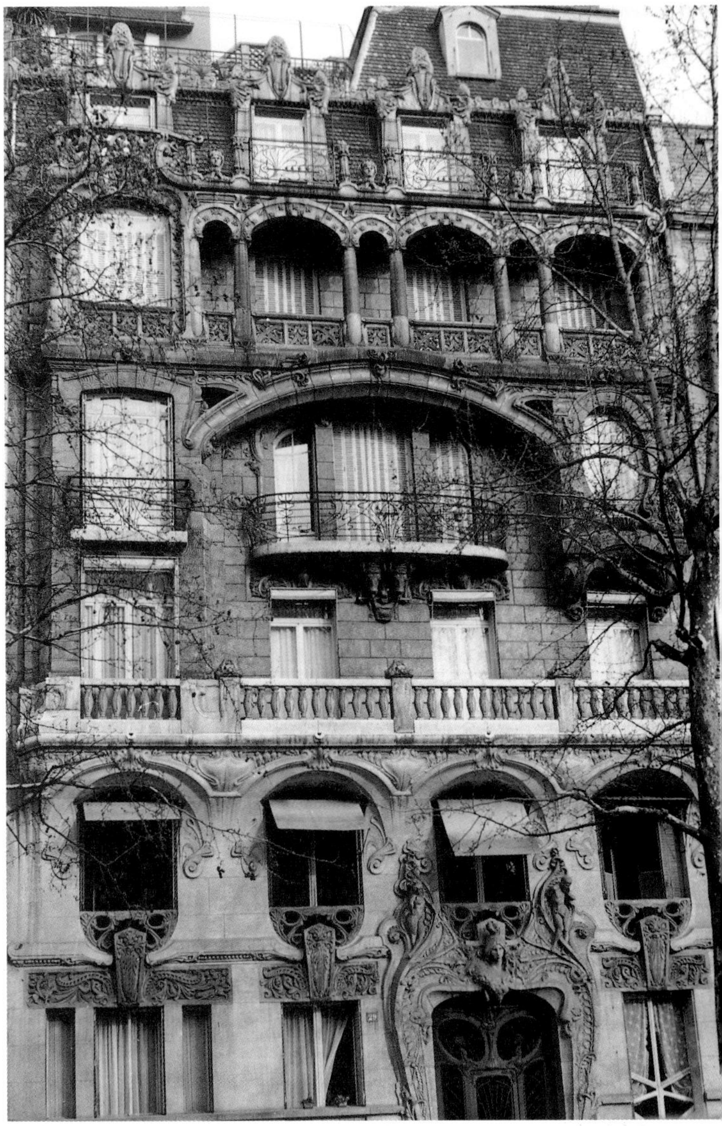

Jules Lavirotte. *Paris, immeuble de rapport, 29 avenue Rapp, façade.* 1901.

symbole du mariage de l'Art Nouveau et des matériaux exotiques. Georges Hobé, Horta, Serrurier-Bovy, Van de Velde, y participèrent.

Van de Velde et le nouveau mobilier

L'Art Nouveau avait beau vouloir, à travers les idées généreuses de ses principaux acteurs, réconcilier l'art et le peuple, améliorer les conditions d'existence des travailleurs, changer le décor de la vie et leurs objets familiers, c'est la bourgeoisie libérale éclairée, en quête de nouveauté, stimulée par l'expansion industrielle, qui en fut le mécène. Les clients des architectes et des décorateurs étaient des médecins, des avocats, des industriels qui, croyant à la démocratie et au progrès, se déclaraient volontiers socialistes et anticléricaux ; certains étaient francs-maçons, et l'architecture de Horta apparaissait, aux yeux du parti catholique au pouvoir, comme un manifeste politique « rouge ».

Les meubles, les bijoux, les luminaires, les vitraux, les pièces d'ofèvrerie, la céramique, la verrerie, la reliure, témoignent des goûts de cette société. Originalité, préciosité et faste, s'épanouissent dans les courbes ondulantes, les rythmes contrariés, le foisonnement et les contrastes de matériaux ; le mobilier est plus simple, moins recherché, et dans celui qu'il conçut pour sa propre maison, « Bloemenwerf », Van de Velde utilisa des lignes souples et élancées, aux courbes tendues ou arrondies, dont l'influence fut très grande. Les commandes reçues en sont la preuve.

C'est dans son atelier d'Ixelles qu'il exécuta les meubles que lui avait demandés S. Bing et différents magasins ou galeries d'art berlinois ; pour Meier-Graefe il réalisa le remarquable bureau de direction en chêne naturel dont il existe quatre variantes entre 1896 et 1900. Il offre une structure pleine et arrondie, d'une sobriété exemplaire. Dans la version de l'Osterreichisches Museum für Angewandte Kunst à Vienne (1897), l'ossature est apparente ; Maurice Rheims juge ce meuble « parfait, mais inquiétant comme les ossements séchés de quelque monstre ».

L'influence de Mackintosh et de l'école viennoise est sensible dans le mobilier de la salle à manger et du bureau du comte Kessler à Weimar (1902-1903).

L'universalité de la curiosité de Van de Velde, et son penchant au prosélytisme, l'incitèrent à s'intéresser, selon la notion d'«œuvre d'art totale», autant à l'architecture et au mobilier qu'aux arts appliqués à la vie quotidienne, la typographie et la mise en page, l'affiche et le placard publicitaire pour lesquels il collabora avec les meilleurs graphistes de son temps, la mode, l'art textile, etc. A Weimar grâce à la confiance du grand-duc la vaste expérimentation collective qu'il souhaitait avait pris forme ; il put, avec la fondation de l'Ecole des Arts Décoratifs, exercer à la fois sa vocation pédagogique et sensibiliser tout un pays à la modernité.

Paul Hankar, également préoccupé de synthèse des arts, est l'inventeur du type de magasin modern'style qui se répandit dans toute l'Europe occidentale. Formé par la lecture de Viollet-le-Duc et Arts and Crafts Gustave Serrurier-Bovy créa un style personnel, proche de celui de Van de Velde, mais moins audacieux ; ses lignes courbes et leur ornementation florale illustrent ses influences anglaises et japonisantes marquées par l'esprit symboliste. Il collabora avec l'architecte Dulong pour le « Pavillon bleu », très modern'style, de l'Exposition Universelle de Paris en 1900, exécutant des meubles et des lustres de ferronnerie ; l'année précédente Serrurier-Bovy avait ouvert à Liège une usine pour la fabrication en série de ses créations qui devinrent progressivement plus construites et plus pures de lignes.

Horta ne créa des meubles que pour les maisons qu'il construisit lui-même, d'où le soin apporté à les harmoniser au décor également conçu en relation avec ce mobilier. Il utilisa souvent des bois coûteux comme l'acajou du Congo ou le frêne d'Amérique dont il laissait les fibres apparentes.

De l'élitisme au social

En 1893 deux salles entières du Salon des XX furent consacrées aux arts décoratifs ; céramique, orfèvrerie et textiles apportaient, dans un domaine jusque-là traditionnaliste, les formes de l'Art Nouveau. Dans les arts du feu, Alfred Willy Finch, qui travaillait aux faïenceries Boch, joua à partir de 1895 un rôle d'initiateur exécutant des terres vernissées et de la faïence avant de se voir confier la direction de l'atelier « Iris » ouvert à Provoo en Finlande où il fut à l'origine du modern' style dans ce pays comme également en Hollande. Il continua néanmoins à envoyer des pièces aux salons successifs de la Libre Esthétique ; ses poteries sgraffitées et flammées sont d'une remarquable pureté de formes.

Omer Coppens, fondateur à Bruxelles du cercle symboliste « Pour l'Art », compte également, avec Arthur Craco, qui traita la terre cuite glaçurée et le grès en sculpteur, parmi les novateurs de la céramique en Belgique. Celui-ci exécuta également des masques aux expressions variées proches de ceux que Jean Carriès, sculpteur et céramiste, avait réalisés en grès dans ses ateliers de la Puisaye vers 1891. Dès 1900 la céramique sera très utilisée en Belgique dans le revêtement de l'architecture et l'ornementation des meubles.

La modernité s'est peu à peu imposée dans tous les domaines, de l'architecture à la décoration et à l'objet usuel. L'art était partout, et chaque chose était œuvre d'art ; mais la recherche décorative n'apparaît nullement comme un supplément gratuit, elle est inhérente à la structure d'une maison de Horta, même au travers des contraintes spatiales, comme à celle d'un bijou de Wolfers ou d'un sucrier de Fernand Dubois. Elle naît avec eux, elle est leur raison d'être, aussi toute discrimination est-elle annihilée entre arts dits majeurs et arts appliqués ; la ligne proliférante lie les différentes formes de la création, mais elle reste attachée à la logique fonctionnelle et constructive commandée par l'architecture et le mobilier.

A partir des premières années du XXe siècle cette ligne ondulante et foisonnante s'assagit ; les débordements lyriques le cèdent à un style plus sobre qui apparaît dans les expositions étrangères. L'esprit change, amorçant une simplicité et une rigueur qui annoncent déjà le constructivisme et l'« Art Déco ». Les projets sociaux reçoivent des solutions plus concrètes liées à de meilleures conditions d'existence, on construit des habitations plus saines et plus aérées. A l'Exposition internationale de Liège, en 1905, une rue entière est bordée de maisons claires et accueillantes comportant un mobilier fonctionnel sobre ; cette évolution d'un art, au début élitiste, vers son prolongement social, se situe toujours dans le contexte de la modernité.

Guimard et le Castel Béranger

Le rôle de révélateur des courants nouveaux qu'assuma Van de Velde reste capital ; il est à la charnière de l'évolution de l'art au début du siècle. Ce créateur fut un apôtre, une sorte de missionnaire de l'esprit moderne, et sa maison « Bloemenwerf », le domaine expérimental où il appliqua et développa les formes et les techniques nouvelles. Meier-Graefe, qui lui consacra le premier numéro de « L'Art Décoratif » en octobre 1898, l'avait compris dès qu'il la visita trois ans plus tôt, et l'on sait le rôle qu'il joua avec S. Bing dans la promotion et la diffusion de ce style.

Le voyage que Guimard fit en Belgique au cours de l'été 1895 eut l'importance et la résonance d'un électro-choc. Ce jeune architecte de vingt-huit ans a lu Viollet-le-Duc qu'il admire, et ses premières constructions, les hôtels Roszé (1891), Jassedé (1893) et Delfau (1894), tous trois à Paris dans le XVIe arrondissement, une maison particulière à Issy-les-Moulineaux en 1893, témoignent de ses inspirations éclectiques mais aussi de sa modération à l'égard du répertoire ornemental issu du classicisme. Après un voyage en Belgique où Guimard visite à Liège l'exposition d'avant-garde intitulée « L'Œuvre Artistique », et découvre les réalisations et les projets de Horta, Van de Velde, Serrurier-Bovy, tout change.

Le Castel Béranger, qu'il construit de 1895 à 1898 à Paris, rue La Fontaine, est l'expression de ce changement l'année ou S. Bing ouvre son magasin de "l'Art Nouveau" ; le projet exécuté avant le voyage en Belgique est complètement remanié, la structure et la répartition de l'espace demeurent tributaires des leçons de Viollet-le-Duc, mais sur cette ossature métallique Guimard diversifie les matériaux de revêtement, maçonnerie, pierre de taille, brique, fer et fonte, différencie les volumes jusqu'à la plus surprenante asymétrie, et déploie afin d'unifier la variété ou la fragmentation des structures, une décoration proliférante où la liane aux torsions ondulantes se marie aux houles marines héritées du japonisme.

Guimard a fait du Castel Béranger une "œuvre d'art totale " dessinant tout, de la façade aux pignons, des balcons aux boutons de portes de porcelaine, des cheminées aux grilles d'entrées, au mobilier et aux vitraux. Cette surprenante habitation est diversement interprétée, mais elle reçoit en 1899 le prix de la plus belle façade parisienne à la suite d'un concours lancé par le "Figaro" ; la même distinction sera décernée, deux ans plus tard, à la façade du 29 avenue Rapp due à Jules Lavirotte. Son délire ornemental, juxtaposant les éléments les moins propres à s'harmoniser dans une telle profusion, est caractéristique des excès, mais également du charme insolite du modern'style.

Le succès équivoque — les uns louent son style néo-gothique, les autres sa nouveauté — du Castel Béranger, procure à Guimard une flatteuse commande, les entrées du métro qui comportent aussi bien des structures de fer et de verre à l'écriture souple et déliée servant de pavillons d'accès, que les supports floraux des plaques indicatrices des stations. Certains de ses éléments demeurent encore dans Paris, témoins de ce "style Guimard" désormais appelé "style métro", qualifié aussi de "style nouille" auquel se limite, pour beaucoup, l'Art Nouveau.

Cette image, à première vue péjorative, n'est pas fausse ; la ligne ondulante, envahissante et tourbillonnante, caractérise bien ce modern'style à la française dont le baroquisme s'insinue dans le paysage parisien. Il reste relativement discret, à quelques exceptions près, dans le décor des façades, mais transforme celui de la vie, grimpe sur les murs, enlace chaises et tables, se love autour des objets les plus banals, des lustres aux rampes d'escalier, des parures féminines aux pieds de lampe ou aux services à thé. La rue, à son tour, mêle les arabesques florales des entrées de métro de Guimard aux torsions de chevelures et de tiges des affiches de Mucha, et les évasements en jupe tulipe des balcons aux spirales des ferronneries, ou aux modelés en demi-relief de la pierre.

Guimard est, avant tout, comme Horta et Van de Velde, un architecte. Les techniques nouvelles, l'utilisation des matériaux également nouveaux à travers lesquels il expérimente une transformation complète de l'art décoratif, le passionnent au premier chef ; tout comme l'appréhension et la maitrise de la totalité d'une habitation, extérieure et intérieure. Il est également un artiste, et à ses yeux l'architecture, "parce qu'elle comprend dans son essence, dans sa formule, dans sa fonction, et dans toutes ses manifestations, *tous les autres arts* sans exception", est d'abord une affaire de sentiment.

Diversité et fragilité du modern' style en architecture

La « Maison du Peuple » de Guimard a été comme celle de Horta, détruite ; mais bien plus tôt, en 1905. La salle Humbert de Romans, véritable « complexe culturel » avant la lettre, rue Saint-Didier à Paris XVI^{e}(1897-1901), comportait une vaste ossature métallique cachée sous un revêtement de pierre ; la juxtaposition de ses différents éléments, dont une vaste salle de concert de douze cents à quinze cents places, illustrait l'étonnante virtuosité de l'architecte à fondre imperceptiblement l'une dans l'autre l'architecture et la décoration. « Ces deux constructions d'ingénieurs, la salle tout en longueur de Horta et la pièce marquant le centre de Guimard sont, écrit Robert Schmutzler, des *espaces linéaires,* des créations spatiales déterminées par des lignes de force et par des membranes minces ou transparentes ».

Le Castel Béranger et la salle Humbert de Romans sont contemporains, ils sont pourtant très différents l'un de l'autre. Le premier est un objet de luxe, le second un vaste immeuble utilitaire ; leur dénominateur commun est dans la recherche de la forme spatiale d'ensemble. Ces deux architectures sont, chacune dans leur genre, remarquablement élaborées et accomplies.

Par la suite Guimard construisit plusieurs maisons Art Nouveau où l'on retrouve les caractéristiques du Castel Béranger : conception dynamique de l'espace, asymétrie des volumes, effusions ornementales ondulantes, variété des matériaux, etc. Certaines ont été détruites dont l'extraordinaire Castel Henriette (1899-1906) à Sèvres, dont la démolition se fit avec l'assentiment d'André Malraux, alors ministre des Affaires Culturelles, qui ne le connaissait pas et refusa, détestant Guimard, d'aller le visiter !

Hormis la charmante maison de céramique Coilliot, rue

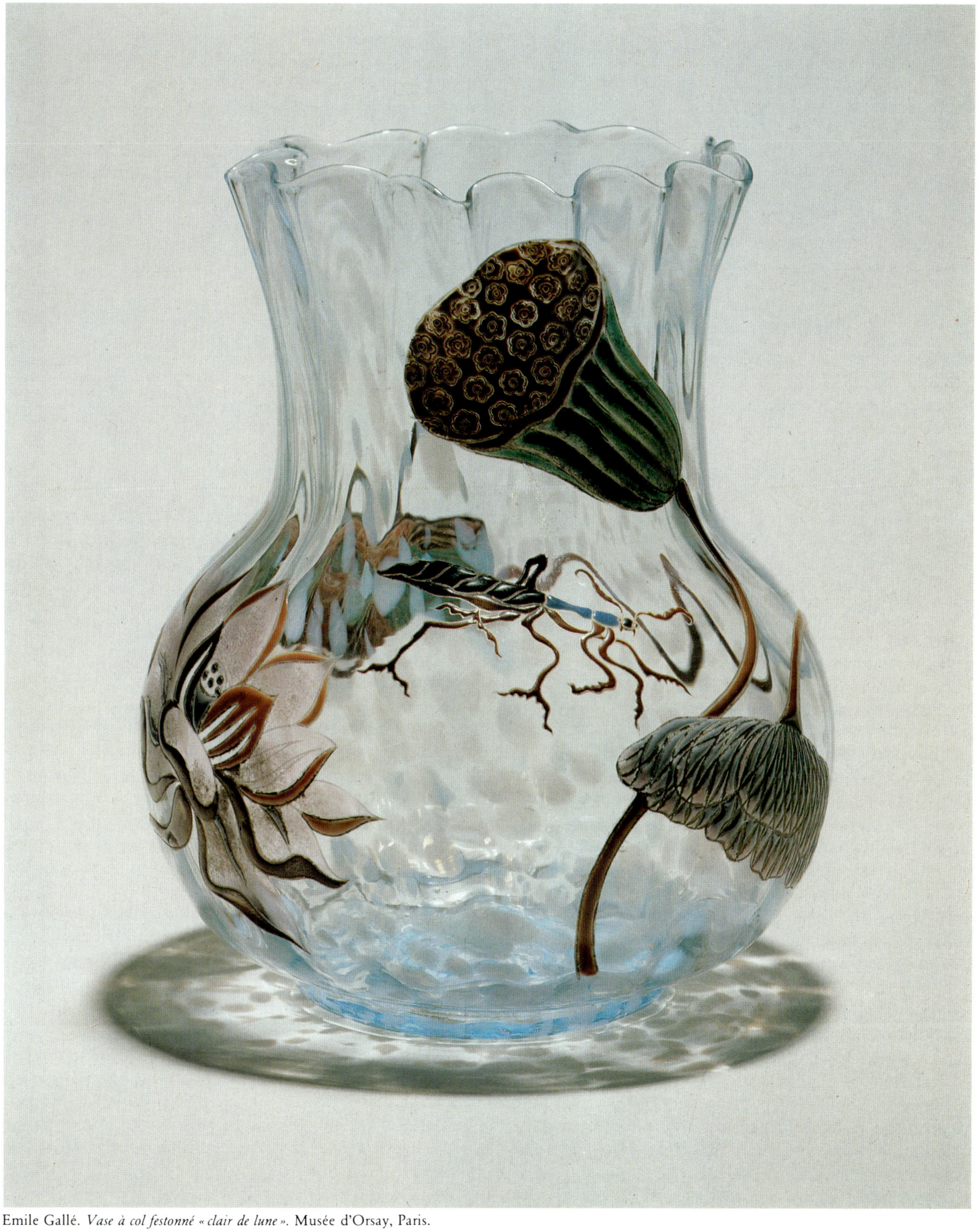

Emile Gallé. *Vase à col festonné « clair de lune »*. Musée d'Orsay, Paris.

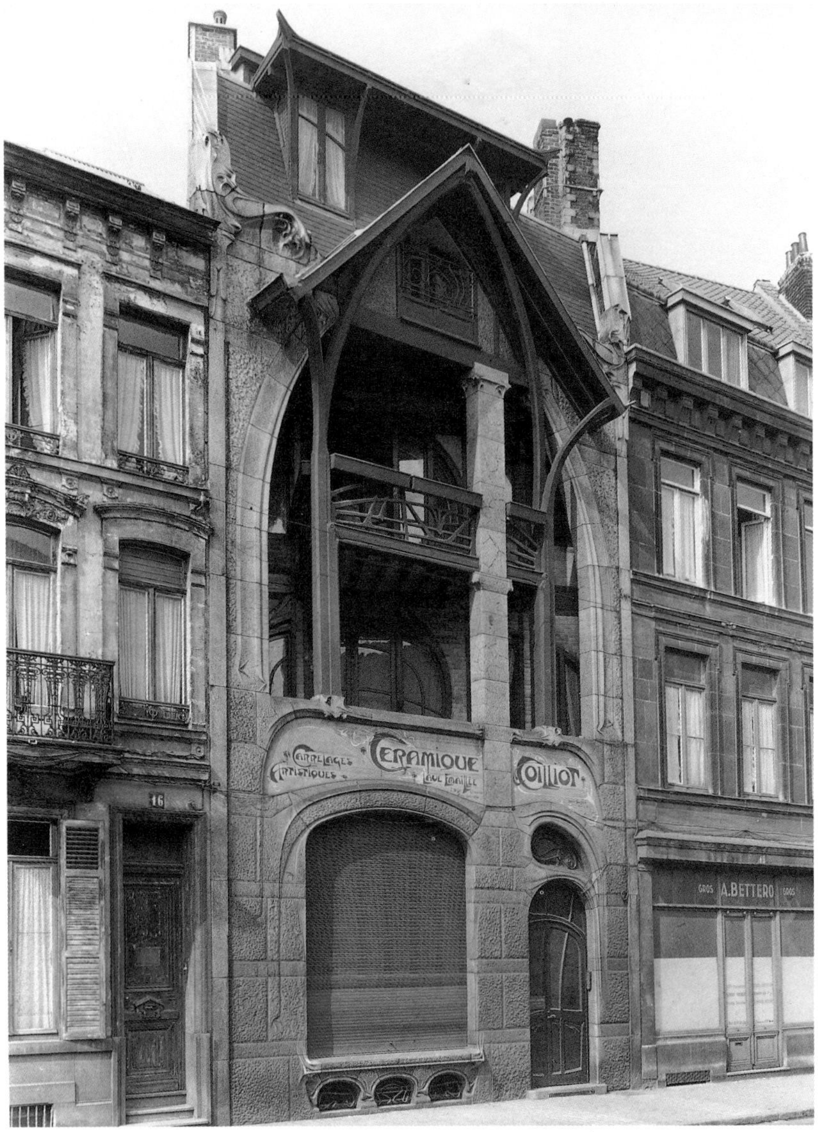

Hector Guimard. *Lille, maison de céramique Coilliot, rue Fleurus.* 1898-1900.

de Fleurus à Lille (1898-1900), la plupart des constructions de Guimard postérieures à 1900 se situent dans le XVIe arrondissement à Paris qui, lontemps campagnard, commençait à se peupler de petits hôtels. Le vocabulaire architectonique et plastique de l'architecte ne restera pas immuable ; l'hôtel Nozal à Paris (1902-05, détruit), et le Castel Orgeval à Villemoisson (1905), marquent une évolution vers un baroque lyrique mais néanmoins parfaitement structuré. La synagogue de la rue Pavée, dans le Marais (1913), construite en béton armé, présente à l'extérieur une concavité de la façade ponctuée de lignes verticales qui l'apparente à Borromini.

L'hôtel (détruit) de la chanteuse Yvette Guilbert, édifié boulevard Berthier en 1900 par Xavier Schoellkopf, le Ceramic Hôtel avenue de Wagram (1904) par Lavirotte, les réalisations élégantes, la plupart disparues, de Plumet, de Georges Pradelle ou de Charles Klein, illustrent à des titres divers ce déconcertant, mais séduisant, modern' style architectural à la française. Guimard fait figure d'isolé, ou de marginal, par rapport à la fois aux institutions, car pressé de commandes il n'eut le temps, ni de présenter son diplôme d'architecte, ni d'assurer ses cours de perspective à l'Ecole des Arts Décoratifs, et en regard des goûts de l'époque. La seule commande publique qu'il reçut fut celle des entrées de métro.

Architecte presque exclusivement élitiste Guimard n'apparaît en rien concerné, comme ses confrères belges, par les problèmes sociaux — du moins jusqu'en 1914 — mais il fut à leur exemple, et même davantage qu'eux, préoccupé par l'intégration beaux-arts-arts appliqués ; il l'a surtout prouvé au Castel Béranger. Ce pionnier d'une nouvelle modernité souffrit de ne pas être suivi ; aspirant au rôle de chef de file de l'avant-garde, il fut à la fois effrayé par les abus ornementaux de la plupart de ses confrères en Art Nouveau, et déçu par l'hostilité de la majorité des architectes qui l'accusaient de mégalomanie. Mais il avait définitivement mis fin à l'académisme et à l'éclectisme qui dominèrent presque entièrement le XIXe siècle dans l'habitation privée.

Le « goût 1900 » qu'est-ce que c'est ?

C'est dans le décor intérieur que l'Art Nouveau connut ses plus durables réussites ; le magasin de S. Bing joua un rôle considérable, il confronta dans les salles que Van de Velde avait aménagées et meublées tous ceux qui, décorateurs, orfèvres, joailliers, verriers, sculpteurs, représentaient à ses yeux la création moderne. Le pavillon de l'Art Nouveau qu'il présenta à l'Exposition Universelle de 1900 en était une intéressante synthèse ; Georges de Feure, l'un des principaux décorateurs de l'époque, et le plus « esthète », en composa l'entrée, très modern' style, encadrée de panneaux représentant des femmes à la tournure symboliste, plus évanescentes que capiteuses. Tandis qu'Eugène Gaillard à qui revenaient deux salles, la salle à manger et la chambre, modulait avec une louable discrétion, recommandée par S.Bing pour ne pas effaroucher le bourgeois, la ligne ondulante des meubles dans des environnements floraux, ou sur des boiseries aux tons recherchés.

Dans le salon qu'il composa pour ce pavillon, le décorateur allemand Edward Colonna rechercha, tout comme de Feure qui, dessina plusieurs meubles au bâti harmonieux, le raffinement à travers des formes effilées. Cette « architecture pour araignée rêveuse », écrit Maurice Rheims, est à l'opposé de la plastique rigoureuse de Van de Velde. La tige dans la structure, la fleur brodée ou peinte, toutes deux stylisées, se courbent ou s'enroulent, cernent avec grâce — une grâce qui croit n'avoir rien à envier au XVIIIe siècle — le contour du meuble, ou égaient le décor. Une tradition, rompue par le géométrisme néo-classique et les tarabiscotages de l'éclectisme, est renouée.

Le pavillon de S. Bing est « moderne » ; si ses intérieurs

n'ont pas la qualité plastique, ni le fini harmonieux de l'Ecole de Nancy, du moins y voit-on la marque d'une équipe qui s'attache à créer un cadre nouveau pour une société nouvelle. C'est d'ailleurs l'une des très rares réalisations contemporaines de cette Exposition Universelle dont les différents pavillons ou palais constituent, à quelques exemples près, un déplorable échantillonnage architectural alambiqué, surchargé, bigarré, ou simplement monstrueux, de tous les pays du monde.

Le « goût 1900 » qu'est-ce que c'est ? Le pavillon de Bing en donne une idée, un certain maniérisme floral appliqué à des structures qui s'alanguissent comme des tiges, s'épanchent comme des chevelures. Rien à voir donc avec le dépouillement géométrique des Viennois qui aboutira à « l'ornement est un crime » d'Alfred Loos, la souplesse de Horta, la simplicité et la logique de Van de Velde. Au modern' style français reviendraient la fantaisie et la préciosité gracile, la « molle pâmoison » que Gallé admirait chez Georges Hoentschel,décorateur naturaliste du pavillon de l'Union Centrale des Arts Décoratifs à l'Exposition de 1900.

A Klimt la morbidité névrotique, Beardsley l'érotisme trouble des « mauves nineties », Félicien Rops la chair maléfique, Munch les madones spectacles, et à Camille Claudel les élongations pathétiques des corps torturés par le désir.

Quant à Tiffany et Lalique, leur reviendra le raffinement du vitrail ou du bijou, et à Décorchemont, Dammouse ou Deck les grès et les pâtes d'émail translucides...

Conscient de rompre les amarres avec le passé, l'Art Nouveau, englobant malgré lui « l'Art 1900 » et que l'on a, à tort, identifié à la « Belle Epoque » à travers ses multiples appellations, est protéiforme dans ses manifestations, mais unitaire dans son ambition ; technique plastique et pensée s'accordent pour créer une nouvelle modernité.

On sait le rôle d'animateur et de diffuseur des formes de l'Art Nouveau que joua Meier-Graefe, à travers notamment sa « Maison Moderne » où il influença dans le sens de l'industrialisation son chef d'atelier Abel Landry. Plus élitiste est le groupe des Cinq, bientôt baptisé « L'Art dans Tout », dont les membres recherchent, comme l'assure leur programme de 1896, « le succès du mouvement de rénovation des arts domestiques », dans « l'honnêteté artistique, le respect de la matière, l'utilisation d'objets destinés à faire partie de notre vie ». Son fondateur : Alexandre Charpentier.

Renaissance et originalité du décor

Sculpteur reconverti dans l'art décoratif, Charpentier fait figure d'initiateur et de fédérateur des plasticiens attachés aux mêmes ambitions esthétiques. C'est avec le graveur en médailles et décorateur Henri Nocq, les sculpteurs Carabin et Dampt dont la *Fée Mélusine et le chevalier Raymondin* en acier, ivoire taillé, or et diamant (1894), fut l'une des statuettes les plus populaires de 1900, les architectes Plumet et Aubert, qu'il mit sur pied le groupe des Cinq dont la première exposition eut lieu le 21 décembre 1896 à la galerie des Artistes Modernes, rue Caumartin. Ils y firent connaître leur programme.

Leur première réalisation — par Charpentier, Nocq, Aubert et Plumet — est le décor d'un boudoir dont les éléments furent présentés au salon de la Société Nationale des Beaux-Arts en 1897 : de 1899 à 1902 les Cinq exécuteront plusieurs ensembles mobiliers complets, et participeront à différents travaux de décoration.

L'un des plus remarquables a été conservé : la salle de billard de la villa « La Sapinière » à Evian, aujourd'hui Fondation Jean Foa. Charpentier en réalisa le grand billard et les sièges, Bracquemond les boiseries et Chéret les peintures. La salle à manger qu'il présente à l'Exposition Universelle est une commande des Magasins du Louvre, mais c'est un particulier, le banquier Bénard, qui demanda à Charpentier, pour sa villa de Champrosay, une salle à manger qu'il réalisa avec la collaboration du céramiste Bigot en 1901 (musée d'Orsay, Paris). Dans les panneaux d'acajou sculpté aux formes enveloppantes s'insèrent symétriquement deux consoles-dessertes et deux argentiers en angle ; sur l'un des petits côtés, le grès vert pâle d'une grande vasque murale de Bigot répond aux trois fenêtres qui s'ouvrent en face sur le parc.

Bien des décors intérieurs Art Nouveau ayant disparu — la bijouterie Fouquet, rue Royale, par Mucha (1900-1901), le magasin Jansen, également rue Royale, par Henri Sauvage (v. 1900) auteur de l'aménagement intérieur du Café de Paris (1899), le restaurant Konss par Bruno Möhring, l'architecte du métro aérien de Berlin, décoré de peintures de Georges de Feure — la salle à manger de Champrosay est d'autant plus précieuse qu'elle illustre la volonté de l'auteur de créer un décor continu auquel s'intègrent des éléments fonctionnels ou décoratifs. Une globalité architecturale et ornementale.

C'est aussi le cas, à la même époque, de l'intérieur du restaurant Maxim's, rue Royale, par Louis Marnez, orné de panneaux décoratifs d'Edouard Martens et Ernest Sonnier, du Bouillon Chartier par Edmond Navarre, rue du Faubourg Montmartre, et dans une moindre mesure, car certaines parties furent refaites, de la Brasserie Bofinger, rue de la Bastille, et du restaurant Lucas-Carton — habituellement attribué à Majorelle — place de la Madeleine. Ils reflètent bien ce qui apparaît comme la principale caractéristique de l'Art Nouveau, l'artisanat du meuble et du décor.

L'un des membres du groupe des Cinq est à mettre à part, l'étonnant Rupert Carabin, célèbre puis oublié, redevenu illustre et recherché avec le retour de la mode 1900. Pas-

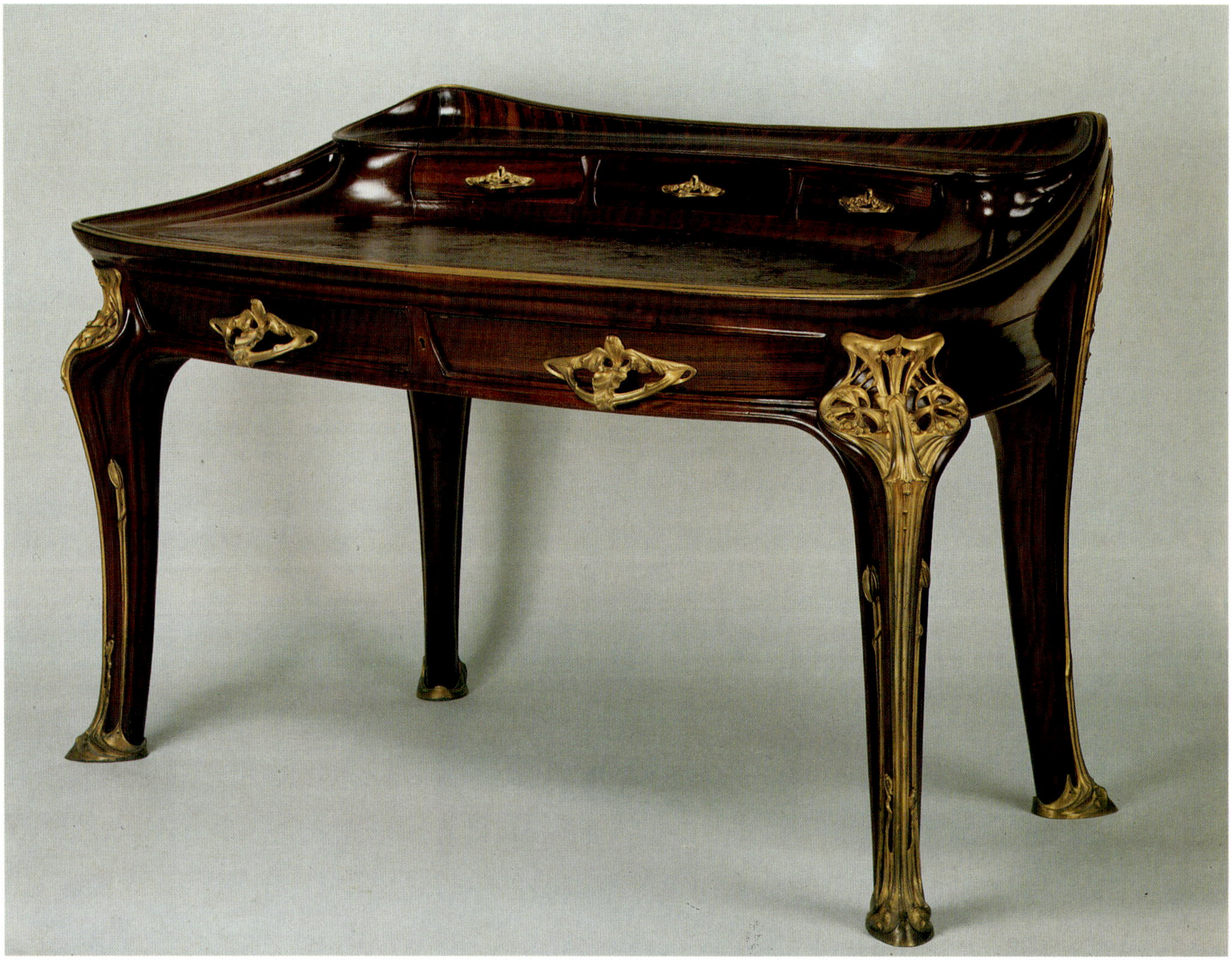

Louis Majorelle.
Bureau « Orchidées ». Vers 1905-09.
Musée d'Orsay, Paris.

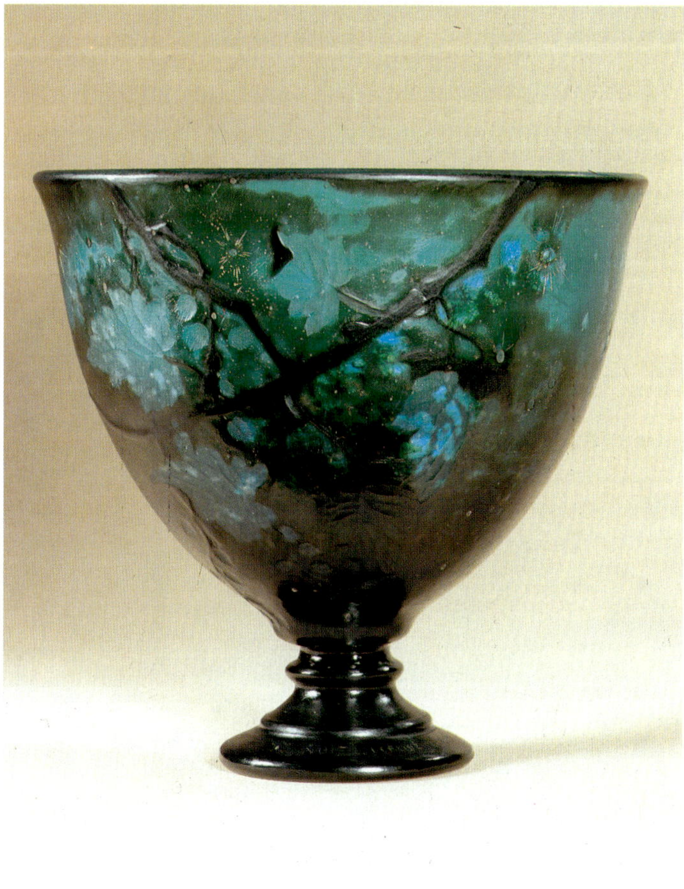

Emile Gallé.
Coupe « Par une telle nuit ».
Musée d'Orsay, Paris.

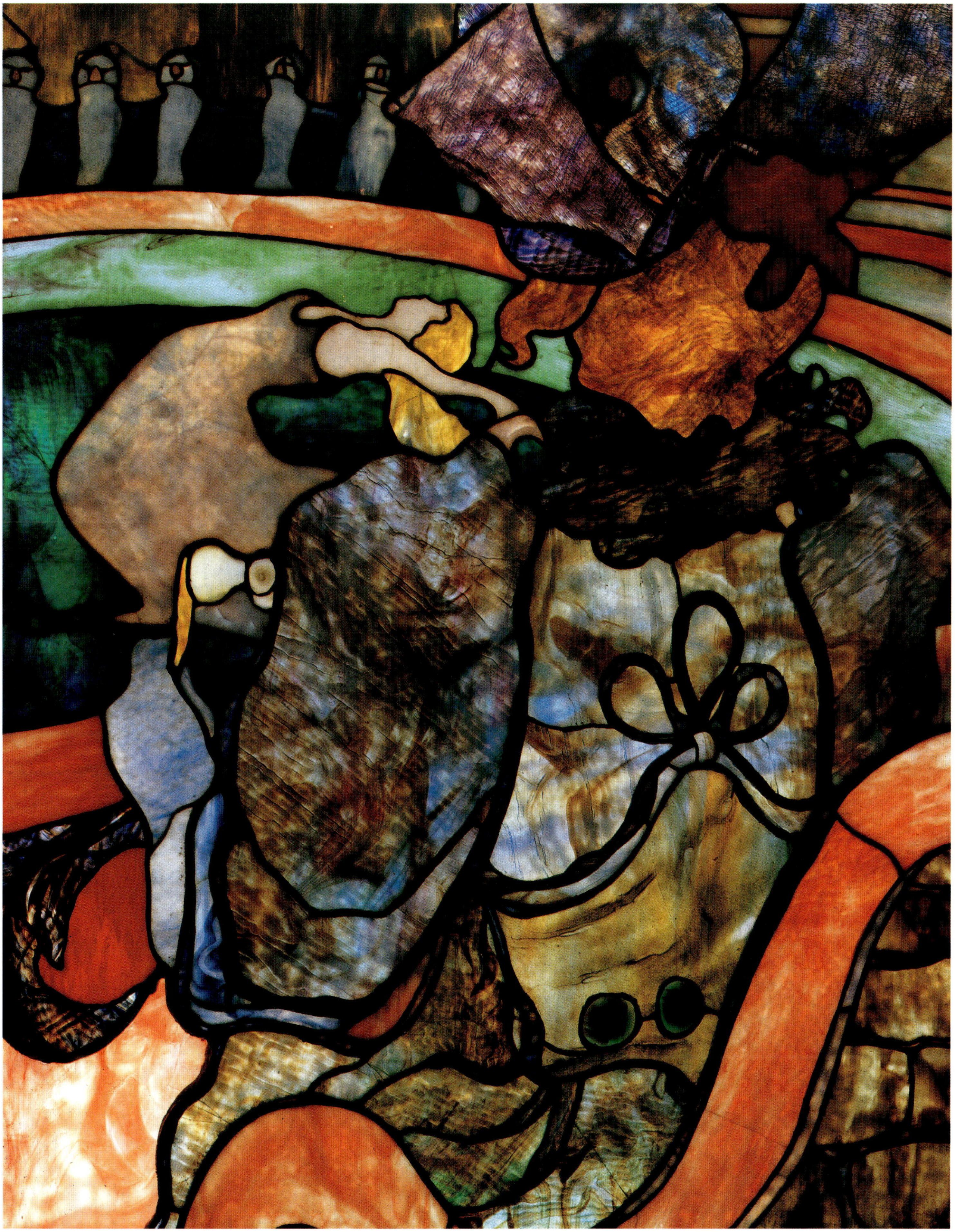

Henri de Toulouse-Lautrec et Louis-Comfort Tiffany. *Au nouveau cirque, Papa Chrysanthème.* Vitrail. 1894-95. Musée d'Orsay, Paris.

sionné par le corps féminin il l'intègre, nu, opulent, et contorsionné, mêlé à des chats, des souris ou des grenouilles, à des meubles ou à des objets dont il repense, à partir de ces postures suggestives, les structures et l'ornement. Peu préoccupé de fonctionnalisme il invente ses propres lois d'équilibre, et leurs rapports entre elles avec une liberté, et une audace, qui font de ses meubles-sculptures, exécutés dans des bois précieux, autant des œuvres d'art que des exploits (Bibliothèque d'Henry Montandon, 1889, coll. pat. Table-livre, 1896, coll. Walker, Piano pour la maison Hertz, 1900, Musée des Arts Décoratifs. Paris). A partir de 1900, les formes de ses meubles s'assagirent, Carabin revint à des compositions plus traditionnelles.

Gallé, Majorelle, l'école de Nancy

Emile Gallé, que l'on retrouvera plus loin comme verrier et céramiste, explique dans « Le Mobilier contemporain orné d'après la nature », publié par la « Revue des Arts Décoratifs » en novembre 1900, sa conception du « meuble d'art » inspiré par la flore, très soigné mais fort peu accessible à la masse malgré le désir de ce Nancéen épris de « social ». Si la structure se veut simple et fonctionnelle elle évoque toujours, tout comme le décor, la plante, la feuille, la fleur « de certaines ombellifères ou certaines orchidées de nos bois », dont Gallé étudie « les stries qui les sillonnent... alternativement larges et fines », qu'il conseille d'examiner « avec un fort grossissement ».

Sa *Flore hivernale,* vitrine en noyer, loupe d'amboine avec incrustations de bois variés et cuivres ciselés et dorés (1889, musée d'Orsay), *Flora marina Flora exotica,* jardinière en poirier sculpté (1889, musée de l'école de Nancy, Nancy), *Orchidées lorraines,* secrétaire-bureau en chêne lacustre sculpté (1900, coll. part.) ou la *Vitrine aux libellules,* en bois de fer, chêne et acajou, pierre dure et bronzes (1897, musée d'Orsay) sont caractéristiques du mobilier de Gallé qui n'innova guère en matière de structures, négligeant même parfois l'équilibre des masses et des volumes, et s'attachant exagérément au décor.

Majorelle, autre Nancéen, alla plus loin. Il chercha de nouvelles formes, et ses meubles sont d'autant mieux réalisés qu'il disposait d'une main-d'œuvre de qualité, son père possédant un atelier d'ébénisterie où il se fit la main en exécutant des copies XVIIIe.

Dans une certaine mesure Majorelle est l'anti-Gallé ; il récuse toute fantaisie et s'écarte du naturalisme parfois excessivement orné de son concitoyen au profit d'un style plastique plus élégant et plus sobre, qui évoque souvent un peu trop le Louis XV ; il utilise de préférence les bois durs alors que les bois tendres dominent chez Gallé. Quoique inspirée de la nature la sculpture n'occupe qu'une place discrète dans ses meubles ; certaines ornementations en bronze doré imitent le nénuphar ou l'orchidée.

Gallé louait chez son autre compatriote Eugène Vallin, « menuisier d'art », le travail « honnête et sincère » qui l'apparentait selon lui aux "huchiers français des XIIe et XIIIe et XIVe siècles". C'était effectivement un excellent artisan exécutant des meubles massifs dans un bois dur et épais. La salle à manger que possède le musée de l'école de Nancy est caractéristique de son travail.

C'est Gallé qui en 1909 eut l'idée de grouper les artistes en activité dans la capitale de la Lorraine en une société qui prit le nom d'école de Nancy. Il en fut nommé président ; les membres étaient Majorelle et Vallin, les verriers Jacques Gruber, Auguste et Antonin Daum, Lucien Weissenburger et Emile André, deux architectes qui s'attachaient à donner une spécificité « provinciale » aux constructions Art Nouveau, et quelques autres.

Peintre, dessinateur de broderies, de ferronneries, de marquèteries, graveur, décorateur, joaillier, Victor Prouvé fut l'inlassable animateur de ce très vivace foyer créatif des débuts du siècle dont le musée de l'école de Nancy expose de nombreux et remarquables témoignages.

Ce creuset lorrain resta attaché à la ville où chacun de ses membres avait son activité professionnelle ; il n'eut guère de relations, sinon à travers plusieurs expositions, avec les autres centres de l'Art Nouveau. Ses membres œuvrèrent surtout pour leurs concitoyens ; artistes et amateurs étaient conscients de créer et d'encourager des créations de qualité. Quand Gallé présentera en 1903 au pavillon de Marsan à Paris, l'Exposition de l'école de Nancy, il insistera sur l'« unité d'art » de ses différentes productions, et il louera ce « style naturaliste contemporain qui s'inspire des formes d'art naturelles pour en décorer les constructions établies d'après la destination et le sens commun ».

L'école de Nancy ne saurait être comparée aux mouvements étrangers de réputation ou d'audience européenne, issus de Vienne, de Bruxelles, ou de Paris, mais il faut reconnaître ce qui lui appartient en propre, un artisanat probe, sincère et inventif, au service d'une élite éclairée.

Des verres de Gallé aux abats-jour de Tiffany

Ce sont ses verreries qui firent, beaucoup plus que ses meubles, la réputation de Gallé ; certes il s'y est trop souvent abandonné à son exaltation décorative issue de l'amour passionné de la nature, mais ses expériences successives, où il accumule les défis et multiplie les risques, sont sans cesse mises au service d'une imagination poétique très séduisante. De ses recherches acharnées naquit une production inégale, fougueuse, traversée d'éclairs de génie et d'innovations discutables, coupée de ruptures, de retours en arrière, dont le sommet, la période « opaque », qui coïncide avec le plein succès commercial de Gallé, se situe de 1884 à sa mort en 1904.

Dans les œuvres de cette époque il transcende le motif naturaliste pour parvenir à la seule expression plastique où le matériau et les formes acquièrent leur pleine individualité. Afin de varier les colorations et les matières Gallé injecte dans le verre des oxydes métalliques, des feuilles d'or et d'argent, des bulles d'air ou des impuretés ; en 1897 il avait mis au point, en incorporant dans la masse encore chaude des morceaux de verre ou d'émaux, la marqueterie de verre. Il entreprit même de « patiner » le verre, de le souiller, de le dévitrifier partiellement pour obtenir des effets de neige, de brouillard ou de pluie.

Délibérément éloignées de toute logique, ces pièces expriment parfois un thème littéraire, ou symbolique, et deviennent des « poèmes vitrifiés ». Le répertoire est toujours emprunté à la nature, mais stylisé, hypertrophié ; les « morbidesses de pétales et de chair » y répondent, dans le style « artiste » de l'époque, à « l'entêtante blancheur des lys ».

Le pouvoir étrangement suggestif de cette œuvre agit, malgré les fluctuations de la mode, sur les verriers de l'époque, ceux de Lorraine d'abord, les frères Muller, Auguste et Antonin Daum, Alphonse-Georges Reyen, et plusieurs autres firmes en France et à l'étranger.

Les frères Daum, concurrents directs de Gallé, utilisèrent plusieurs techniques pour la production de verreries artistiques dans le style floral de l'Art Nouveau où l'on retrouve les tours de force du maître nancéen. Sous l'effet d'une décoration de plus en plus sophistiquée le verre s'opacifie progressivement, fleurs, feuilles et plantes s'épanouissent et se diversifient dans l'atmosphère d'une serre symboliste fin-de-siècle.

C'est le sculpteur Henry Cros qui en 1884 eut l'idée d'utiliser du verre pulvérisé pour exécuter des bas-reliefs ; cette initiative fut reprise chez les Daum à partir de 1906 par Amalric Walter. Cros mit au point la pâte de verre colorée avec laquelle il réalisa des œuvres murales ou des fontaines qui prirent plus d'importance quand la Manufacture de Sèvres mit un atelier à sa disposition ; il exécuta des reliefs-fontaines où les tons diaphanes de la pâte de verre trouvent de séduisantes équivalences avec les transparences de l'eau. Les premières pièces de Decorchemont datent de 1903 ; joaillier à la préciosité inventive Lalique pratiqua le verre après 1900 réagissant contre l'esthétique florale de Gallé.

Les cristalleries du Val-Saint-Lambert et les poteries Keramis fondées par la famille Boch en 1841 eurent, en Belgique, une part importante dans l'évolution du verre et des arts du feu ; mais c'est surtout dans les premières années du XXe siècle que Léon Ledru joua un rôle primordial au Val-Saint-Lambert ; il y exécuta des vases de cristal à décor floral taillés et gravés à l'acide. L'orfèvre-bijoutier bruxellois Philippe Wolfers y créa, entre 1895 et 1903, une vingtaine de pièces uniques en cristal, notamment des vases, taillées en camée dont le répertoire décoratif, fleurs, papillons, chauves-souris, est poétique et varié. Ces créations étaient parfois rehaussées de garnitures en argent ou en vermeil, et agrémentées de pierres précieuses.

Louis-Comfort Tiffany connut aux Etats-Unis une gloire égale à celle de Gallé en Europe. Au début des années 80 la maison de décoration fondée par son père était la plus en vogue à New York ; Louis Comfort créa son propre atelier en 1885, et dix ans plus tard les premières lampes, dont les abats-jour étaient faits de différentes qualités de verre enchâssé épousant des motifs floraux, étaient mises en vente. Elles connurent aussitôt un succès énorme ; S.Bing, qui les découvrit au cours d'un voyage à New York, les commercialisa et les lança sur le marché européen.

Les abats-jour, les verres et les vitraux symbolisèrent l'Art Nouveau aux Etat-Unis ; la modernité de la vieille Europe venait à la rencontre de la jeune Amérique qui lui apportait le dynamisme et la fantaisie d'un style décoratif d'une richesse et d'un éclat incomparables. C'est la pratique du vitrail qui inspira à Tiffany ses *favrile glass* (verres faits à la main) dont les effets résultent de la juxtaposition de couches fondues avec subtilité ; les vapeurs de métaux en fusion projetées sur le verre chaud provoquaient des irisations auxquelles la manière de souffler le verre apportait des diversités de tons sans égales à l'époque.

Les créations de Tiffany devinrent rapidement inséparables du décor de la vie à la mode aux Etats-Unis, principalement les lampes à abat-jour en vitrail et pied en bronze ; ces abats-jour, de couleurs différentes, représentaient des motifs floraux, des libellules, des toiles d'araignée, ou des dessins abstraits. Ils apportaient aux intérieurs américains une illumination de fantaisie d'une séduction toute nouvelle.

Comme Gallé Tiffany eut une influence considérable ; tous deux furent très imités, et le verrier américain eut même en Bohême un émule, Johan Loetz-Witwe, qui exécuta des verres en tous points semblables aux siens. Louis Comfort Tiffany fit également des pièces d'orfèvrerie et des bijoux qui, pour ces derniers, adoptèrent des formes et les styles de l'Art Nouveau.

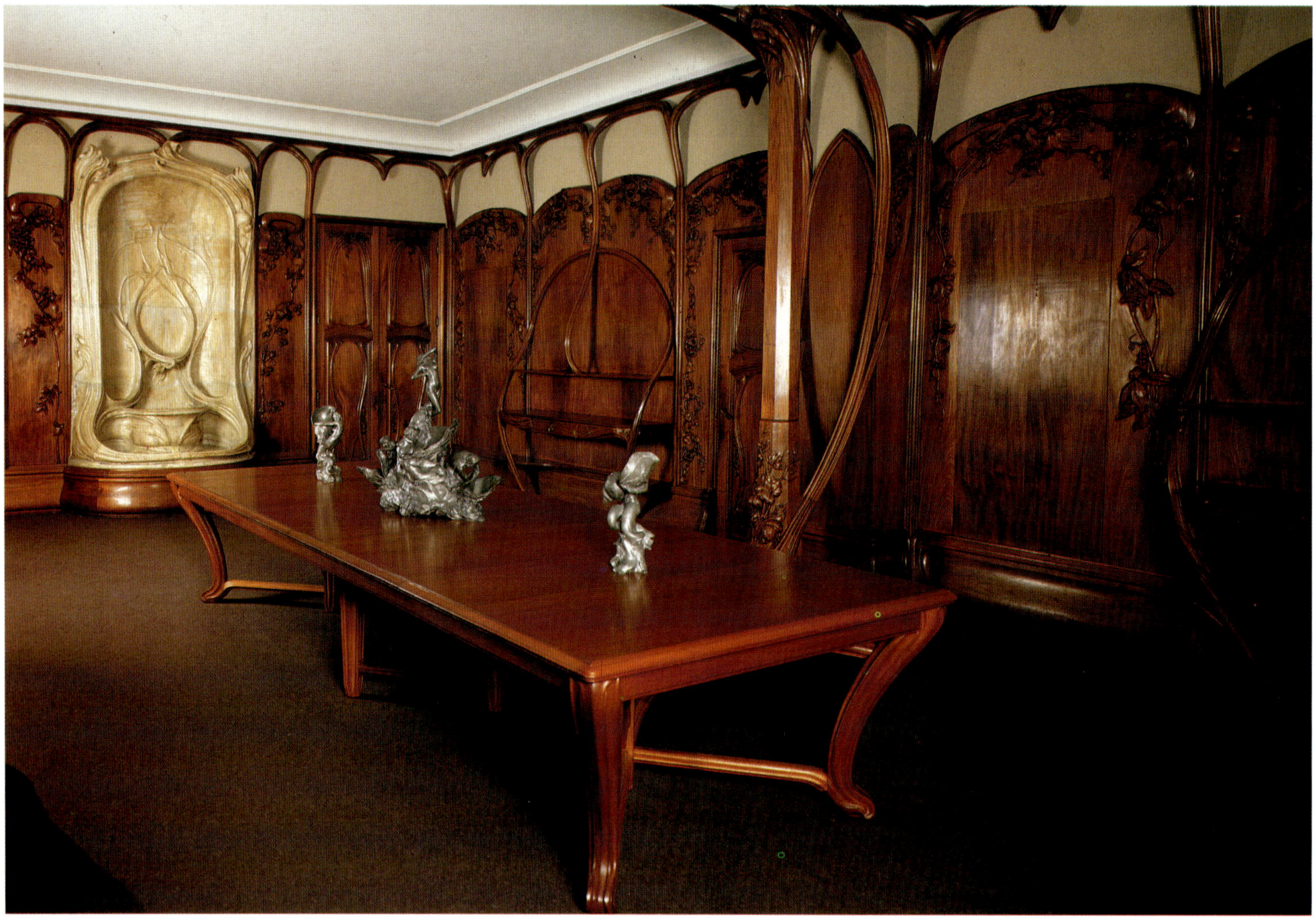

Alexandre Charpentier. *Salle à manger de A. Bénard pour sa villa à Champrosay avec un décor en céramique de Bigot.* 1901. Musée d'Orsay, Paris.

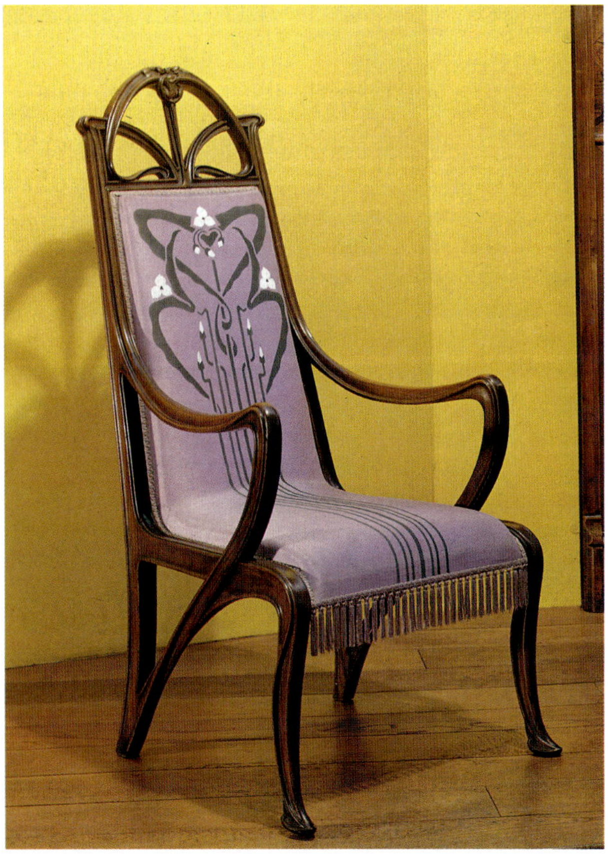

A. Fourdinois. *Fauteuil en noyer.* 1867. Victoria and Albert Museum, Londres.

La céramique a la recherche d'un style

Maria Longworth Nichols Storer fut, aux Etats-Unis, la première, dans les années 80, à apporter à la Rookwood Pottery de Cincinnati qu'elle avait fondée à partir de modèles européens japonisants, les inspirations de l'Art Nouveau dans la céramique. Celles-ci se répandirent au cours de la dernière décennie du siècle où les « Tiffany Studios » exécutèrent de nombreuses pièces qu'ils présentèrent, avec les productions de plusieurs de leurs compatriotes, à l'Exposition Universelle de Saint-Louis en 1904. Mais on ne sait quelle part personnelle Louis Comfort prit à ces objets aux motifs souvent floraux.

C'est après avoir vu les œuvres de Delaherche à Chicago en 1893, que William H. Grueby, propriétaire d'une fabrique de Boston, s'attacha à trouver un émail mat destiné à mettre en valeur les formes structurées de ses vases sans décor ; il réussit à mettre au point, vers 1897-98, plusieurs gammes d'émaux colorés, jaunes, bruns, et surtout verts. Delaherche etait, depuis son succès à l'Exposition Universelle de 1889 — qui se révèlera plus triomphant encore à celle de 1900 — l'un des potiers français les plus réputés. Il avait,

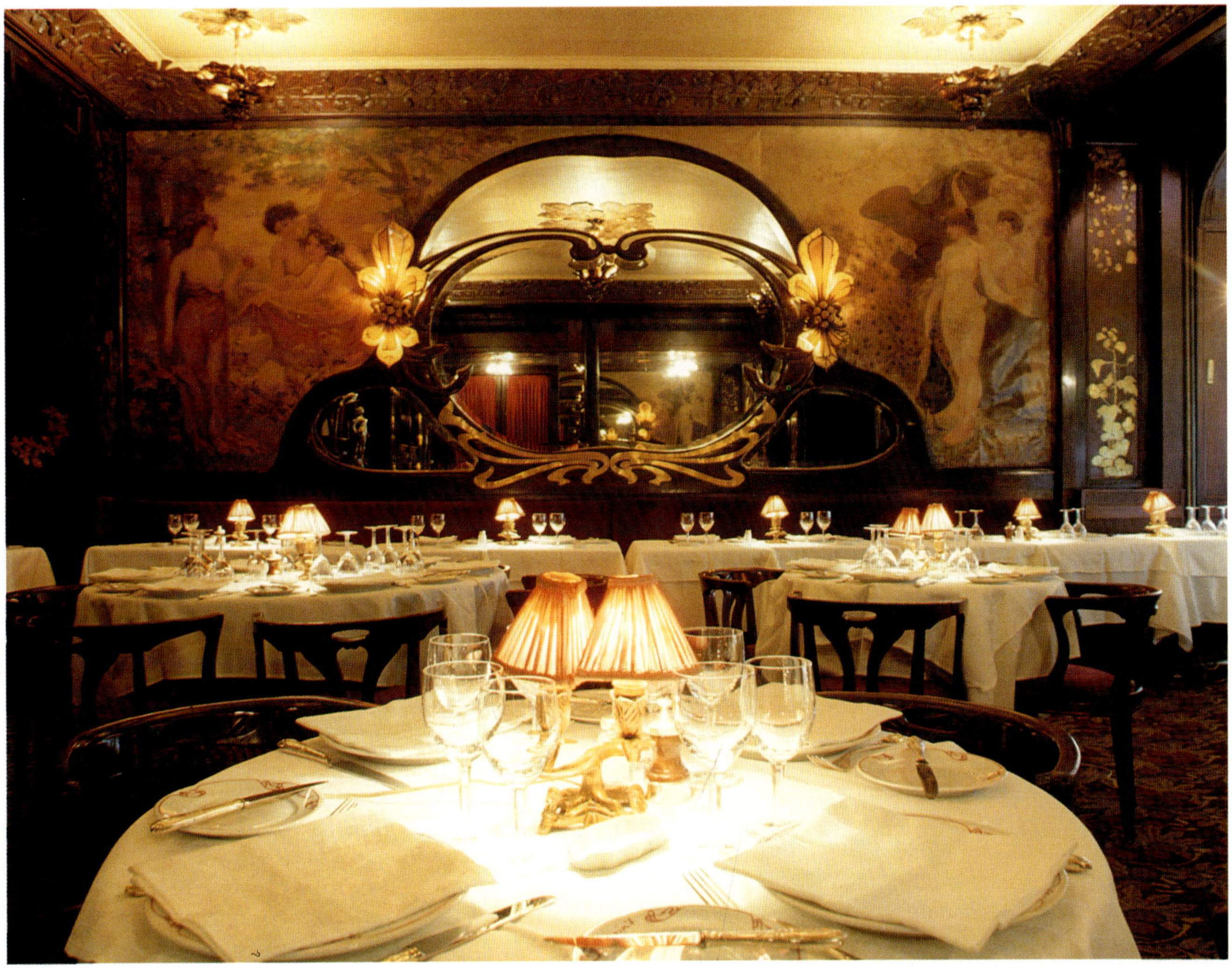

Louis Marnez. *Paris, restaurant Maxim's, 3 rue Royale, panneaux décoratifs d'*Edouard Martens. Vers 1900.

Emile Gallé. *Vitrine aux libellules.* 1904. Musée d'Orsay, Paris.

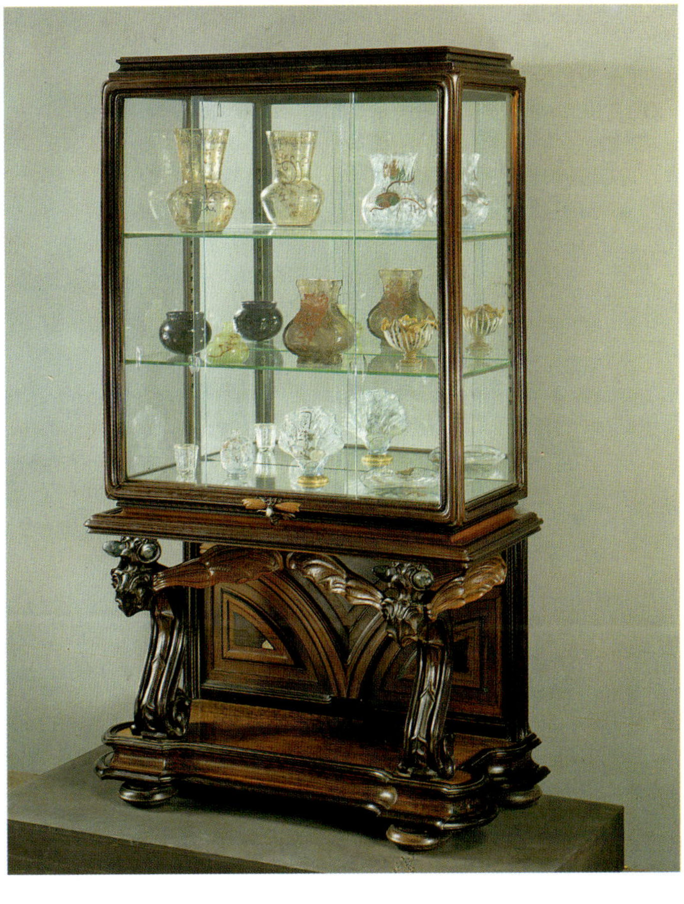

en 1885, acquis l'atelier d'Ernest Chaplet auquel revenait le mérite d'avoir initié Gauguin au grès ; ainsi celui-ci fut-il le premier peintre à avoir fait œuvre de céramiste. Chaplet quittant l'atelier ouvert à Auteuil par les frères Haviland — où il avait mis au point le procédé dit « barbotine » — avait installé un atelier de porcelaine à Choisy-le-Roi.

Delaherche, recouvrant ses grès d'émaux mats ou brillants, principalement de couleur brun-rouge avec des coulures bleues, jaunes et rouges, inaugura une forme de production inspirée de l'Extrême-Orient tout à fait nouvelle, à contre-courant de la mode florale de l'Art Nouveau. Il s'en écarta plus encore lorsqu'il s'établit en 1894 à la Chapelle-aux-Pots, près de Beauvais, où il exécuta à la fois des grès et des porcelaines.

Les grès couverts d'émaux firent aussi la réputation de Bigot qui, vers 1900, s'adonnera à la décoration architecturale, tandis que Jean Carriès choisissait de mêler aux masques grimaçants ou souriants des vases aux formes irrégulières, ou imitant des fruits ou des légumes. C'est également le grès que travaillèrent Dammouse, Hoentschel qui passa de l'inspiration japonaise à un modern' style parfois outré, utilisant feuillages, fleurs, sarments de vigne, etc.

Le japonisme exerça une grande influence sur les potiers de cette fin de siècle tant français, comme Carriès, Dalpayrat, Dammouse, Bigot, Delaherche qui pour certains entre prirent des recherches sur les modèles d'Extrême-Orient, qu'anglais, autrichiens ou allemands. Ceux-ci, Richard et Hermann Mutz à Altona près de Hambourg, Richard à Berlin, Scharvogel à Munich, bénéficièrent dans leurs études des collections de grès japonais du musée de Hambourg.

Le modern' style inspira également Dalpayrat qui donna son nom à un « rouge » aux effets originaux, ou Emile Decœur dont les grès mêlés de kaolin sont d'une finesse encore jamais atteinte. Lachenal, très influencé lui aussi par le « style 1900 » lui emprunta ses décors de feuillages, ses iris, ses pavots, ses algues et ses oiseaux polychromes ou en camaïeu.

Le retour aux matériaux traditionnels, qui avait provoqué un engouement pour le grès, se vérifia également dans la mode des terres vernissées et de la faïence ; des techniques anciennes abandonnées furent retrouvées. Dans toute l'Europe les recherches furent nombreuses, les expériences se succédèrent, les personnalités s'imposèrent. En Amérique, Van Briggle, fortement influencé par son séjour en France de 1893 à 1896, travailla surtout les couvertures mates avant de s'installer dans le Colorado où il utilisa les terres locales. En Angleterre William Frend de Morgan retrouva le secret des lustres métalliques, et exécuta vases et carreaux dont les décors sont influencés par les faïences hispano-mauresques.

En Allemagne la manufacture de Berlin, qui avait été la première d'Europe avec Sèvres, adopta les formes et l'esprit du Jugendstil, multipliant comme sa rivale française les petits objets décoratifs, les statuettes et les bibelots ; Theodor Schmuz-Baudiss en fut l'initiateur et renouvela complètement la production. A Munich Hermann Gradl, profitant de l'impulsion donnée à la célèbre fabrique de porcelaines de Nymphenburg par Albert Bäuml en 1888, laissait sa marque au fameux service « Moderna » (avant 1900) caractérisé par des motifs d'algues et de poissons.

A Vienne où le fonctionnalisme de Hoffmann et de Koloman Moser s'opposait aux efflorescences de l'Art Nouveau, la Wiener Keramik, fondée en 1905 par Berthold Löffler et Michaël Powolny, répandit des vases à décor linéaire, des figures et des objets décoratifs aux couleurs vives rehaussées d'or ; leurs formes géométriques ou lourdement stylisées contrastaient avec les ondulations et les complexités décoratives du modern' style.

Sèvres évolue, mais résiste a l'art nouveau

Sèvres avait, non sans succès, pratiqué l'éclectisme, mais son attachement à l'esprit et aux formes du passé l'écartait du présent. Si les confrontations des Expositions Universelles, les expériences techniques, la création par la célèbre manufacture en 1879 d'une école de Céramique, stimulaient la production, celle-ci restait néanmoins figée, comme la tapisserie l'était aux Gobelins, dans le culte de l'histoire. Les thèmes de l'Art Nouveau, feuillages, fleurs, plantes ou figures féminines, pénétrèrent le répertoire de Sèvres mais sans changer l'esprit de la maison qui résista aux stylisations virtuoses et aux grâces ondoyantes de l'ornement.

C'est à Théodore Deck, nommé en 1887 administrateur de la manufacture, que l'on doit cette évolution sans révolution ; il enrichit aussi la production des statuettes en biscuit XVIIIe, ou en réduction des œuvres académiques les plus admirées dans les Salons. Elles avaient beaucoup de succès et rapportaient gros.

Car cet Alsacien de Guebwiller était un éclectique qui, dès ses débuts, s'inspira avec brio, en les enrichissant de procédés de coloration nouveaux, des faïences de la Perse, de Rhodes ou des majoliques italiennes. Ses grès « flammés » — décor d'émaux jouant surtout sur les nuances du rouge intense au bleu — eurent autant de succès que ses fonds d'or, et lui donnèrent une réputation qui rejaillit sur la manufacture où il apporta le reflet des décors « modernes » principalement à travers la variété des formes et l'éclat de la polychromie.

Mais les principaux représentants de l'Art Nouveau ne vinrent pas à Sèvres où celui-ci ne sera évoqué que par des artistes de faible talent, tel Joseph Chéret, frère de l'illustre affichiste, fort apprécié comme directeur de l'atelier de modelage de la manufacture, mais qui mourut en 1894. On doit à son beau-père, le médiocre sculpteur académique Carrier-Belleuse, l'initiative d'avoir fait engager Rodin, son ancien praticien, à Sèvres.

L'auteur des *Bourgeois de Calais* y travailla de 1879 à 1882 ; il essaya de mettre au point un procédé consistant à graver le décor dans la pâte crue pour le reprendre après cuisson par des rehauts de pâtes colorées. Mais cette invention n'eut guère de succès. A l'Exposition Universelle de 1900 Sèvres affirma son désir d'évoluer sans toutefois changer de technique adaptée aux recherches décoratives nouvelles : simplicité de lignes, inspiration naturaliste, décors floraux peints ou en relief ; mais pouvait-on aller bien loin avec un Joseph Chéret, un Carrier-Belleuse, un Sandier, un Barberis ou un Agathon Léonard dont les quinze figures du *Jeu de l'écharpe* connurent un incroyable vogue ? Elles reflétaient le pire goût anecdotique de 1900.

La femme, ses attitudes ondulantes et ses gestes graciles prolongés par des envols ou des enroulements de voiles, fut l'un des thèmes préférés de la petite sculpture décorative de la « Belle Epoque » dont Charpentier ou Dampt se firent la spécialité.

Raoul Larche et Pierre Roche connurent un immense succès

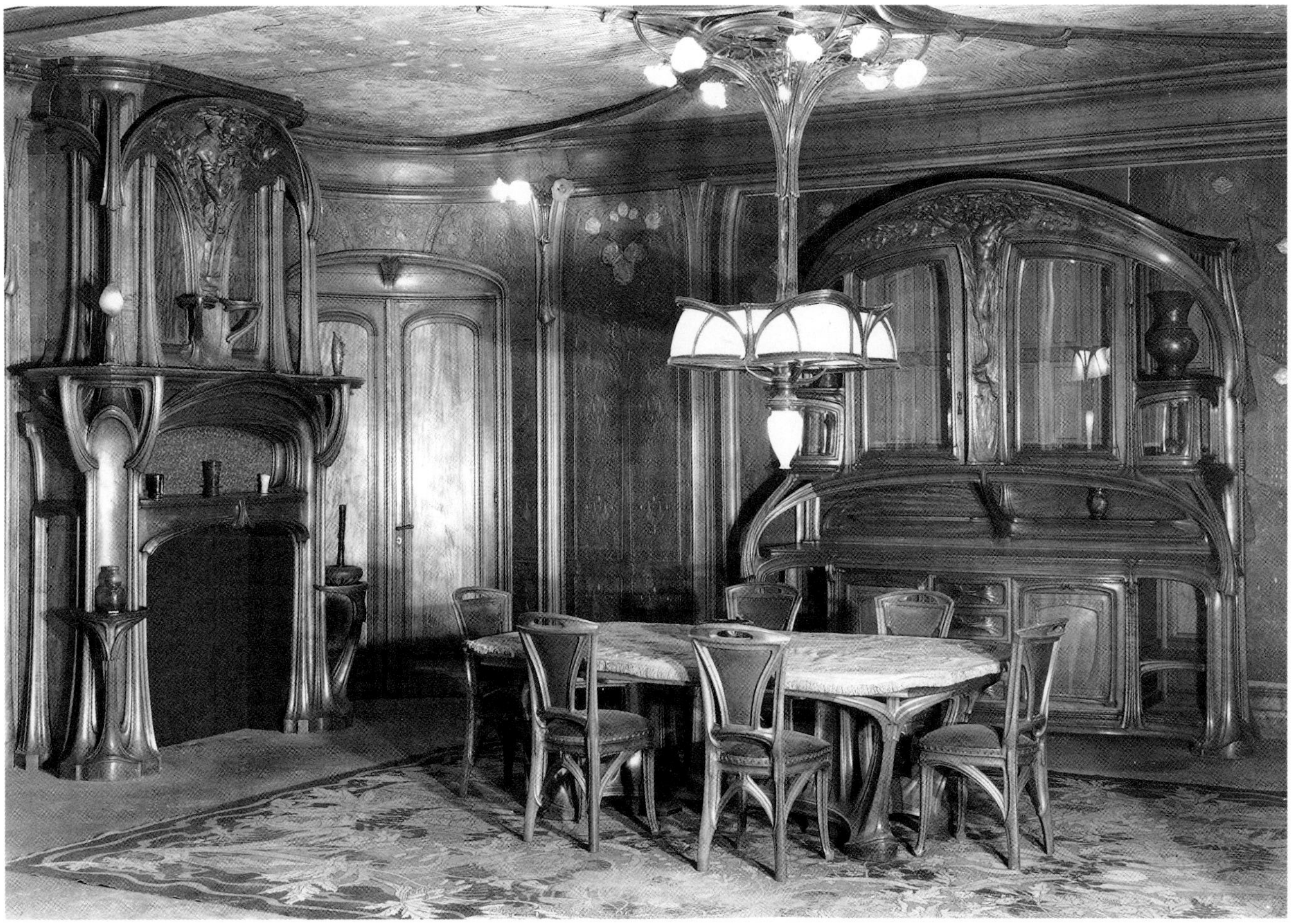

Eugène Vallin. *Salle à manger.* 1903-06. Musée de l'Ecole de Nancy, Nancy.

en prenant pour modèle la danseuse américaine en vogue Loïe Fuller dont la chorégraphie, liée à la féerie nouvelle de l'électricité, s'accompagnait d'amples mouvements de voiles où jouait la lumière. Carabin exécuta d'après elle, en 1896-97, des statuettes où la danseuse paraît surgir, dans une sorte de délire dyonisiaque, d'une corolle symbolique.

S. Bing demanda à Georges de Feure et à Colonna, de créer des modèles « Art Nouveau » pour la fabrique de porcelaine G.D.A. (Gérard, Dufraissex et Abbott) à Limoges ; c'est l'une des rares, mais brèves, applications de ce style à une forme d'art restée traditionnelle. Les décors des deux artistes s'inspirent des courbes florales, mais insérées dans une symétrie rassurante elles perdent quelque peu de leur dynamisme ; les couleurs de grand feu, bleu pâle, vert céladon ou Véronèse, rose et mauve, gris et beige rosé, créent des harmonies d'une suavité subtile parfois à la limite de la fadeur. Ces vases ou services de table eurent peu d'influence sur la production limousine.

Lalique, Fouquet, Mucha et l'art du bijou

Lalique fit triompher une forme nouvelle, précieuse, décorative et quelque peu sophistiquée, de la joaillerie à laquelle il donna un style. Décorateurs et stylistes occupent une place importante dans l'Art Nouveau ; ils lui ont apporté une part capitale de son originalité et de sa virtuosité, alimenté ses forces vives. Nul n'égala, dans sa spécialité le prolifique et inventif René Lalique auquel tous les joailliers, orfèvres, artisans du métal ouvré, et sculpteurs, ont rendu hommage ; sa renommée fut considérable dans le monde entier.

Quand il connaît son premier grand succès, au Salon de 1894, il a déjà créé pour Sarah Bernhardt une série de bijoux qui couvrent cette divinité du théâtre de parures à l'imagination inépuisable. Les pièces qu'il présente à l'Exposition

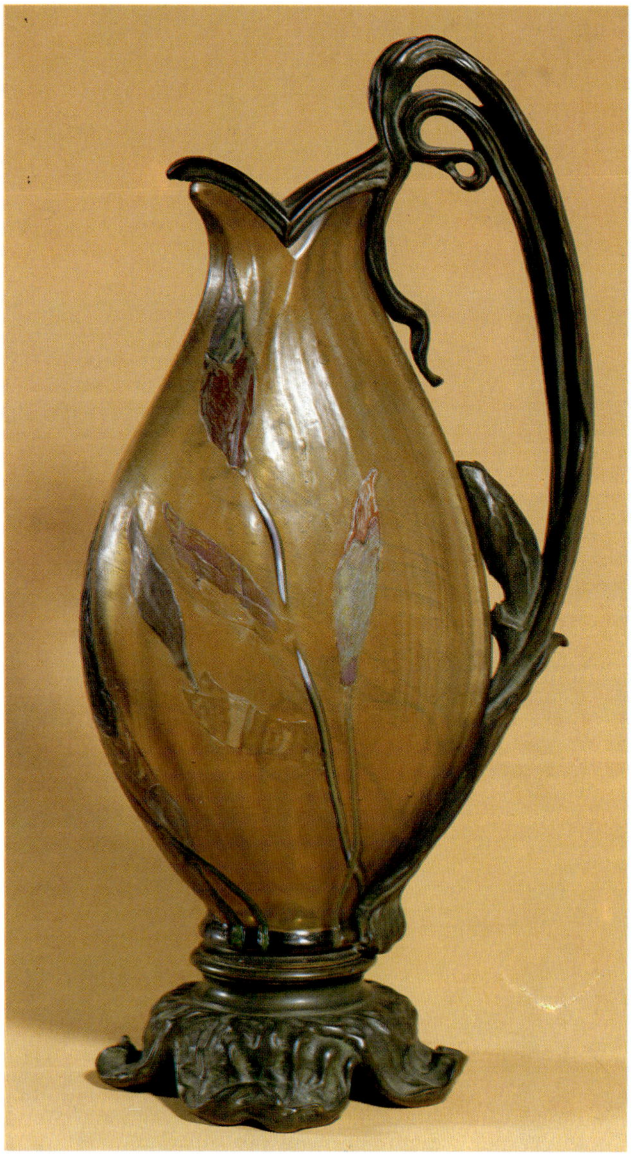

Emile Gallé. *Vase « Les iris ».* Musée du Petit-Palais, Paris.

Universelle de 1900, où il triomphe, concrétisent sa passion pour les matières qui supplante chez lui l'attrait de la nature ; s'il utilise la flore c'est pour le plaisir de marier le chardon à l'opale, le narcisse à la corne sculptée et aux perles fines, l'orchidée à l'ivoire taillé et à l'émail.

Ses énormes libellules aux ailes émaillées, ses têtes de femmes à la chevelure épandue, ou ses papillons d'or vert et d'émaux, ses serpents ou ses dragons en argent doré et émaillé qui s'enroulent ou s'étirent en des formes stylisées, ou transposées à partir de la richesse ou de la fantaisie des matériaux, visent moins à l'ostentation qu'à l'effet décoratif raffiné, imprévu ou précieux. Lalique utilisa aussi bien des pierres rares et chères que de prix modeste méprisées par ses devanciers.

S'il cède parfois aux complexités et aux audaces souvent gratuites des amalgames tige-chevelure ou ailes-membres du plus discutable « goût 1900 », il y a dans ses créations quelque chose de poétique, d'onirique même, qui est particulièrement séduisant. Les cent cinquante pièces acquises ou commandées par le grand collectionneur Calouste Gulbenkian, exposées dans la Fondation portant son nom à Lisbonne, illustrent la variété, l'ingéniosité et l'intelligence de ses montages ; Lalique n'a pas son pareil pour associer la hardiesse harmonieuse des rythmes floraux et le choix des pierres, des pâtes de verre ou des émaux, à la forme usuelle de l'objet, peigne ou miroir.

A partir de 1910 le célèbre joaillier, devinant que la vogue du modern' style était passée, abandonna le bijou pour le verre.

Les bijoux de l'orfèvre belge Wolfers, remarquable technicien de l'émaillage, ne cachent pas ce qu'ils doivent à Lalique, mais son utilisation de la faune et de la flore, ainsi que des figures féminines qu'il combinait avec plantes et fleurs, reste très personnelle. Wolfers utilisait également dans ses bijoux des rubis, diamants, émeraudes, opales, ou de l'ivoire et de la cornaline qui s'ajoutaient aux émaux.

L'identité de démarches entre le sculpteur et l'orfèvre, sensible chez Wolfers, se retrouve chez A. Craco ou Fernand Dubois, mais à la recherche de la préciosité, comme à l'emploi de la flore et de figure féminine. Van de Velde et l'architecte de la Wiener Sezession, Josef Hoffmann qui, venu à Bruxelles en 1905 pour construire le palais Stoclet, exerça une influence sur le bijou Art Nouveau en Belgique, préférèrent un style linéaire, géométrique ou abstrait.

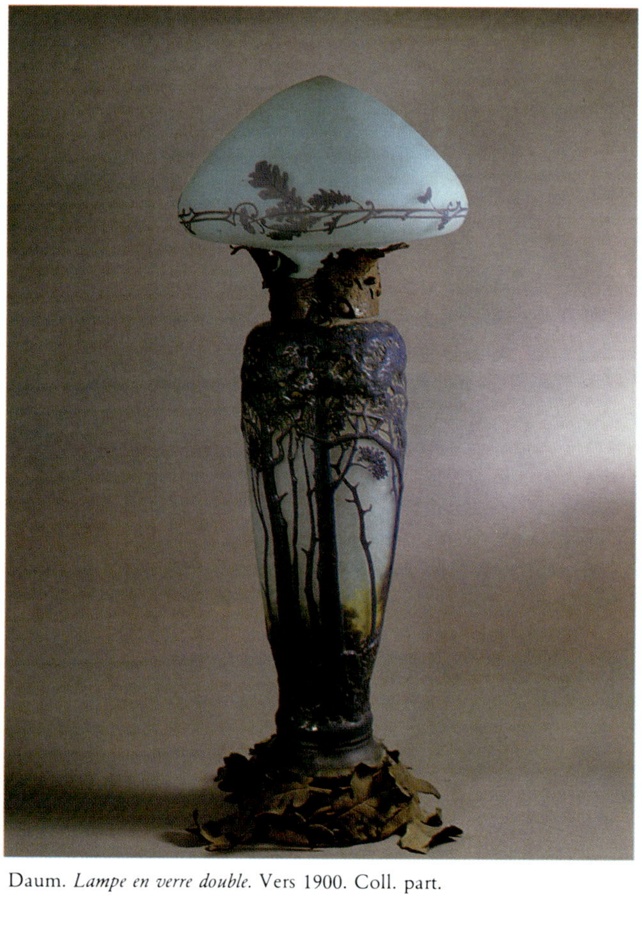

Daum. *Lampe en verre double.* Vers 1900. Coll. part.

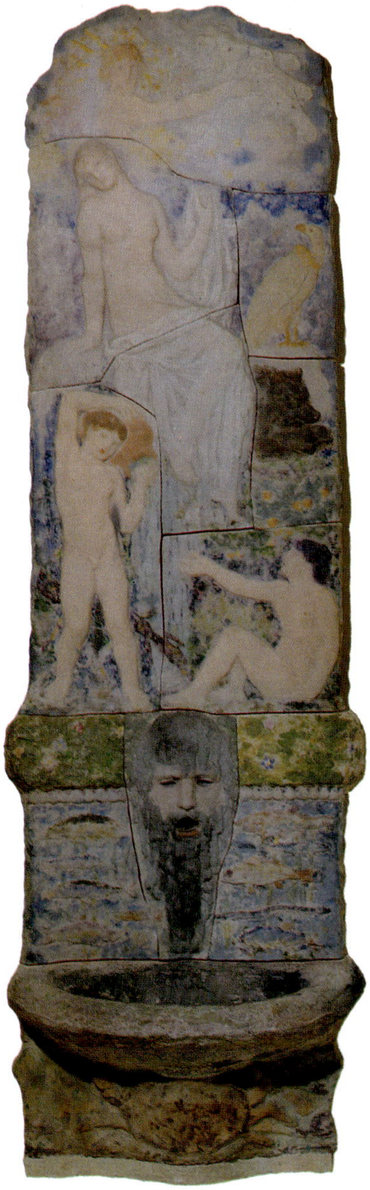

H. Cros. *Bas-relief en pâte de verre «l'histoire de l'eau».* Musée d'Orsay, Paris.

La sobriété des créations de Van de Velde contrastait avec la richesse ostentatoire des bijoux à la mode ; celles-ci n'étaient appréciées que d'une minorité, et leur auteur ne fit pas école.

De l'éclectisme du second Empire et des débuts de la IIIe République à l'Art Nouveau, d'Alphonse à Georges Fouquet, cette dynastie de bijoutiers-joailliers parisiens qui s'est continuée après la première guerre mondiale avec Jean Fouquet, fils de Georges actif pendant la période « Art Déco », occupe une place importante dans l'histoire du bijou. C'est à partir de 1895 que la maison choisit d'abandonner les modèles médiévaux ou Renaissance pour adopter le modern' style ; Georges Fouquet prit comme dessinateur Charles Desrosiers, dont le succès fut aussitôt très grand, mais pour l'Exposition Universelle de 1900 il fit appel à Mucha.

D'origine tchèque, le célèbre affichiste était en pleine gloire. Refusant d'accorder la moindre identité à l'Art Nouveau alors même qu'il en exprimait le style et l'esprit, il dessina pour Georges Fouquet pendentifs, ornements de corsage, broches, bracelets, bagues et parures diverses, exceptionnelles par le raffinement des rythmes, souvent symétriques. L'exubérance ou la fantaisie de leurs combinaisons avec l'or, l'émail à jour, les perles baroques, la pâte de verre, les pierres précieuses, le cristal, font de Mucha, quoiqu'il en ait pensé, l'un des interprètes les plus caractéristiques du modern' style. C'est pourquoi les Fouquet lui demandèrent de concevoir la façade et le décor intérieur de leur magasin de joaillerie rue Royale ; cette remarquable réussite, hélas disparue, de l'architecture commerciale Art Nouveau fut regardée, dès son achèvement, comme particulièrement réprésentative du « style moderne ».

Certaines pièces monumentales, également dessinées par Mucha, eurent pour bénéficiaire l'héroïne de ses affiches aux floraisons d'arabesques ondulantes et luxuriantes, Sarah Bernhardt. Ainsi dessina-t-il pour elle un bracelet-bague-serpent (1899, coll. partic.) en or, mosaïque d'opales, émail, rubis et diamants, où la tête de l'animal qui termine le bracelet et repose sur la main, est articulée ; elle est reliée par une chaîne à la bague.

Les dimensions parfois encombrantes — comme cette dernière pièce — des création de Mucha et leurs singularités décoratives, en font souvent plus des œuvres d'art à admirer

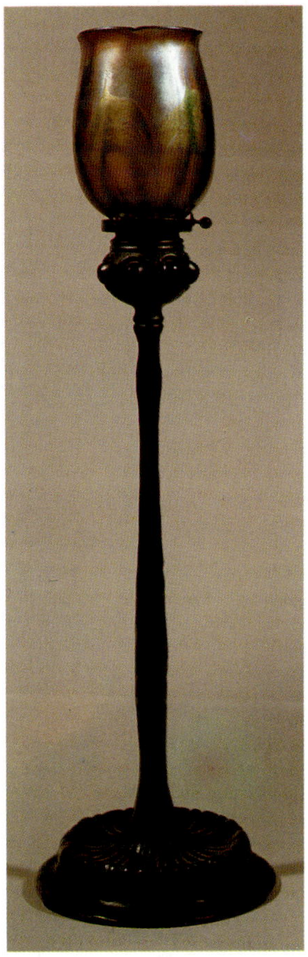

Louis-Comfort Tiffany. *Lampe en bronze et verre irisé.* Vers 1900. Coll. part.

que des bijoux à porter ce qui lui attira, ainsi qu'à Fouquet, des critiques ; la subordination de la bijouterie — l'art de travailler l'or et les émaux — à la joaillerie destinée à faire valoir l'éclat des pierres précieuses ne plut pas aux puristes, et certains regrettèrent que l'étrangeté des effets décoratifs de Mucha vint rompre « le dessin pur et médité » de la tradition française. On ignore d'ailleurs quelle fut la part exacte des rapports de travail entre Mucha et Georges Fouquet.

Mucha, comme Lalique et les autres joailliers de 1900, Lucien Gaillard ou les frères Paul et Henri Vever, auteurs de l'un des chefs-d'œuvre de la joaillerie 1900, le pendentif « Sylvia », illustrent dans leur parti-pris de perfection, la qualité et la préciosité des matières employées, leur souci d'esthétisme, l'ambition à la fois artistique et sociologique de la nouvelle classe possédante. Bing exposait leurs œuvres ainsi que celles de Paul Follot et de Manuel Orazi.

Ces objets-décor que sont les bijoux Art Nouveau sont inséparables du culte de la femme et de sa parure ; les pierres précieuses qu'arborent, dans des montures au travail savant, les élégantes du monde et du demi-monde, vont de pair avec les riches étoffes qui les habillent, les plumes et les fourrures, les ombrelles et les éventails.

La lourde sensualité ou la fantaisie décorative des créations de Mucha, de Lalique, des frères Vever en France, de Wolfers en Belgique, de Ricketts ou d'Ashbee en Angleterre, vont se heurter à la rigide géométrie et au refus de l'ornement des Wiener Werkstätte. A l'Art Nouveau exubérant ou précieux répond l'Art Nouveau puriste ; à ses efflorescences mouvementées s'oppose la rigueur, comme la ligne droite à la courbe et au « coup de fouet ».

Hoffmann, Moser, Prutscher, Czeschka, Dagobert Peche, Winner, dessinèrent les bijoux des Wiener Werkstätte qu'exécutèrent d'excellents artisans, notamment Karl Ponocny auquel on doit sans doute ceux de Hoffmann et de Moser, Anton Pribil ceux de Czeschka. Disciplinée par la géométrie, la floraison de l'Art Nouveau s'apaise, adopte le linéaire, se soumet à la symétrie, mais l'on devine à quel point les rythmes frémissent et s'énervent, impatients d'adopter ici l'ondulation florale, là l'effet issu de la variété ou de la richesse des matières. La simplicité sied mal à l'objet Art Nouveau qui mourra d'ailleurs de ses excès ; la ligne puriste, elle, engendrera l'Art Déco ».

Les arts graphiques : le livre et l'affiche

L'esprit militant, épris d'idées sociales, avec lequel William Morris entreprit le renouveau de la typographie et du livre, eut de multiples résonances. Son ambition, lorsqu'il créa en 1891, avec Emery Walker et Burne Jones, la Kelmscott Press, était d'ouvrir les classes les plus défavorisées à la connaissance par la lecture et l'image ; mais paradoxalement ces intentions généreuses le conduisirent à l'élitisme et à une esthétique archaïque imprévue. Il fabriquait en effet ses livres sur le modèle des anciens imprimeurs, utilisant des papiers faits à la main, dessinant et faisant fondre ses propres caractères ; il demanda également à Burne-Jones de graver sur bois des illustrations dans l'esprit des manuscrits médiévaux, et enlumina lui-même certains livres imités des incunables sur un vélin spécial avec de l'or et des encres dont il surveilla la fabrication.

La vieille tradition, toujours vivace en Angleterre, des « presses privées » fondées sur les méthodes artisanales, favorisait l'exécution de ces ouvrages enluminés très soignés et à tirage limité ; et c'est après avoir travaillé chez différents imprimeurs que Morris avait fondé la Kelmscott Press, qui suscita des initiatives semblables à la sienne, non seulement en Angleterre, mais en Amérique, en Suisse, en Belgique et en Hollande.

Les ouvrages qu'il publia — le premier fut, en 1892, la « Légende dorée » de Jacques de Voragine, parue en 1475 — étaient des objets précieux qui retinrent surtout l'attention des collectionneurs-bibliophiles, ce qui lui fut vivement reproché ; le « East Journal » l'attaquera en 1899 avec d'autant plus de véhémence que Morris se déclarait socialiste, et prétendait travailler pour le peuple !

Van de Velde appréciait les louables intentions du créateur de la Kelmscott Press pour une renaissance de la typographie et du livre, mais refusait de le suivre dans son entreprise élitiste et sa fascination pour le Moyen Age ; le retour aux incunables lui paraissait aberrant. Il y avait d'autres manières de maintenir la tradition de l'artisanat d'art.

Dans la revue « Van Nu en Straks », dont on lui confie la mise en page et la décoration en 1893, il se limite à de très harmonieux rapports entre le texte, les marges, l'ornement et les initiales au graphisme expressif ; les couvertures qu'il dessine, deux ans plus tard, pour « En symbole » et « Six chansons du pauvre » sont de conception purement décorative. Elles annoncent ce qui sera chez Van de Velde une véritable esthétique de l'ornement qu'il appliquera surtout à ses très nombreuses maquettes de reliure.

Entre l'illustration du « Voyage d'Urien » d'André Gide par Maurice Denis, et celles de « La mort d'Arthur », ou « Salomé » d'Oscar Wilde par Beardsley exécutées à la même époque (1893-94), il y a toute la distance séparant l'inspiration symboliste appliquée à « accompagner » plastiquement un texte littéraire, et le dépassement de ce texte par un jeu d'écriture et d'aplats résolument noir et blanc. Ce qui est, chez Beardsley, issu des préraphaélites, de Morris, des Japonais, de Whistler, ou de cet étonnant Mackmurdo qui, dix ans plus tôt, avait appliqué au livre la stylisation florale ondulante, est réévalué dans une optique et une écriture résolument nouvelles.

Avec Beardsley le livre entre dans le monde de formes de l'Art Nouveau ; même si son esthétisme apparaît quelque peu « décadent » le style d'illustration qu'il propose a une portée sociale bien plus large que les ouvrages de Morris ; il rend la modernité accessible au grand nombre. La presse artistique anglaise de l'époque, notamment « The Studio », puis « The Yellow Book » dont Beardsley est directeur artistique, et « Evergreen », « The Chap Book » aux Etats-Unis, en Belgique « Van Nu en Straks », en France « La Revue Blanche », « L'Art Décoratif », « Art et Décoration », « L'Estampe moderne », Ver Sacrum » à Vienne, « Jugend » et Simplicissimus » à Munich, « Pan » à Berlin, « Deutsche Kunst und Dekoration » à Damstadt, « Arte decorativa moderna », « Il giovane artista moderno » à Turin, et bien d'autres revues qui paraissent dans les années 90, relaient ce nouveau décor qu'accompagne celui de la rue. L'affiche, le livre, la revue, l'estampe, connaissent un égal développement ; il correspond à une préoccupation décorative à laquelle on a donné le nom de modern' style. Ce terme désigne à la fois l'esprit et les formes auxquels répondent, ou qu'inventent, durant la même période, les artistes qui aménagent le décor de la vie, et ceux, peintres ou sculpteurs, dont les intentions sont purement plastiques.

Les différentes manifestations de l'affiche, du livre ou de la presse artistique, ne sont pas toutes d'inspiration florale, symboliste ou linéaire ; dans le domaine technique elles correspondent au renouveau de la lithographie en couleurs et au rôle que va désormais assumer l'imprimeur. D'où, en dehors de tout parti-pris stylistique, l'extraordinaire floraison de l'affiche qui ne se contente pas de vanter la qualité d'un produit mais confère à son message la liberté, l'audace, la fantaisie de l'esthétique nouvelle. Elle met la rue en mouvement et en couleurs.

Elle répand en même temps, aux dimensions de la ville, le répertoire de l'Art Nouveau qui, grâce à elle, passe du domaine privé au domaine public, étonne, déconcerte, scandalise parfois, mais détermine la nouvelle vision collective liée à la modernité.

Si pour les artistes l'affiche est un manifeste, pour l'historien elle est le témoignage d'une époque, à la fois reflet et création du goût. C'est le véritable art populaire de la fin du XIXe et des débuts du XXe ; s'il ne relève pas toujours de l'Art Nouveau dont ni Toulouse-Lautrec, ni Steinlen, ne sont directement redevables, du moins l'affiche adopte-t-elle sa stylisation ornementale, son goût de l'arabesque, ses enroulements de chevelures ou de tiges. Elle célèbre également la femme, mystérieuse, pimpante ou sophistiquée, dont Beardsley, Mucha, Grasset ou Chéret créent des types nouveaux.

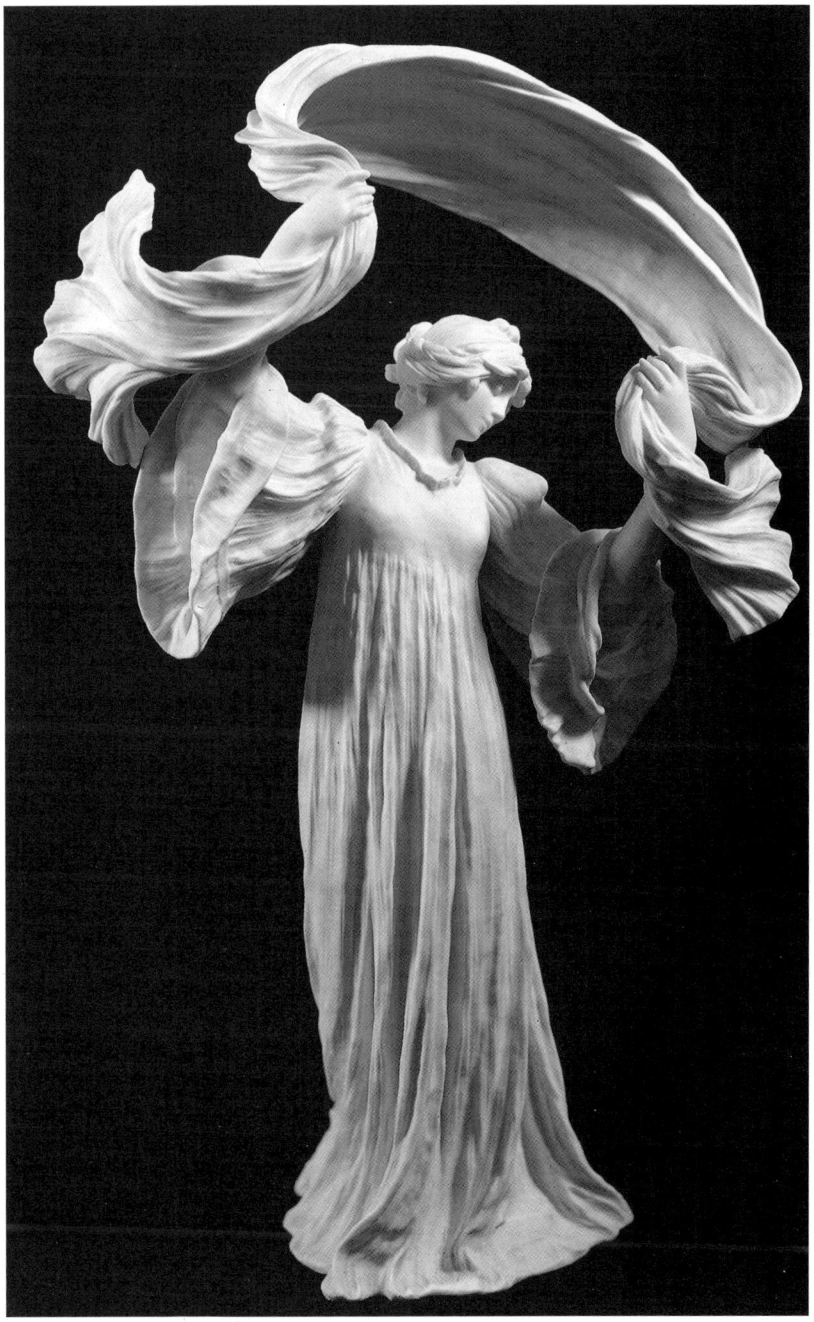

Statuette en porcelaine de Sèvres inspirée de la danseuse Loïe Fuller. 1900.
Musée national de céramique, Sèvres.

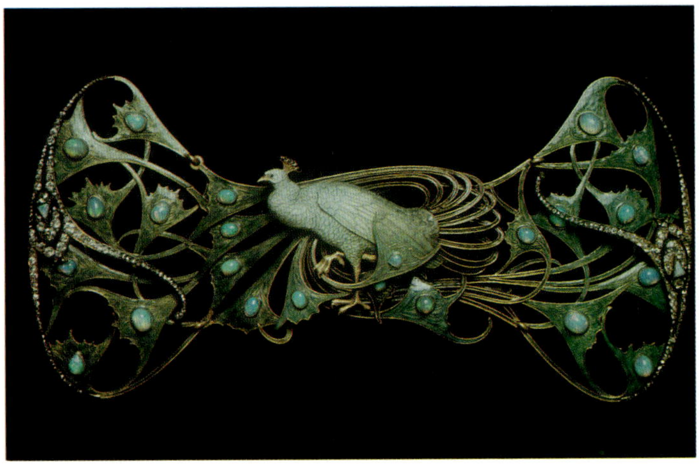

René Lalique. *Pectoral.* Fondation Calouste Gulbenkian, Lisbonne.

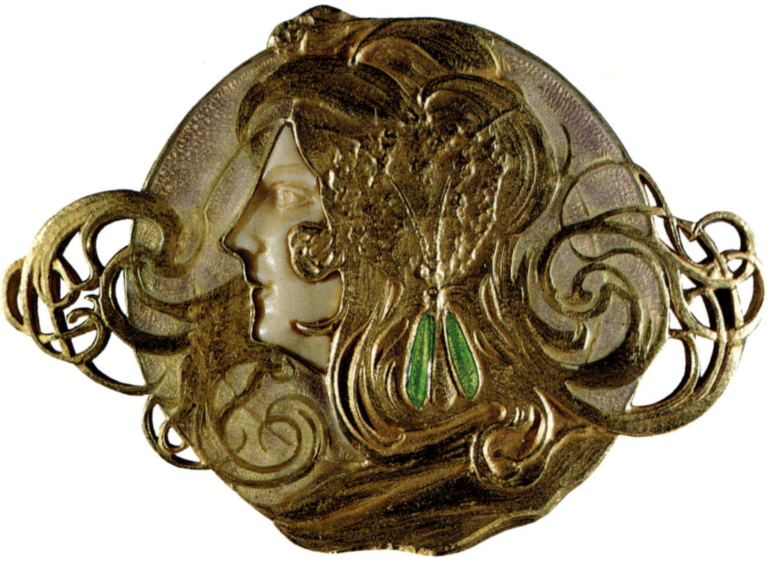

Broche 1900 en or, émail et ivoire.

La femme symbole de l'imagerie des rues

Jules Chéret, le premier, changea avec ses affiches mouvementées et éclatantes de couleurs, l'aspect de la ville. Son succès fut considérable, Manet le salua du qualificatif de « Watteau des rues », et Seurat reconnut sa dette envers lui. Ses plus belles planches sont contemporaines des années 1880-90 : *Le Vin Mariani, Palais de Glace. Champs-Elysées* (1894), *Papier à cigarettes Job* (1895), *La danse du feu. Loïe Fuller* (1897). Chéret composa avant 1900 près de neuf cents affiches, mais à partir de 1896, sa vue baissant, ses « chérettes » frou-froutantes et endiablées se firent rares ; l'illustre affichiste avait montré la voie à l'Europe entière.

Bonnard exécuta en 1891 pour la marque *France-Champagne,* une affiche d'un style très « japonard », arabesques, cernes et aplats, influencée à la fois par Utamaro et Gauguin ; celle que, trois ans après, il compose pour « *La Revue Blanche* » — une jeune femme en gros plan se profilant sur un fond monochrome et deux personnages dans des harmonies de gris et de roses — est aussi graphique que picturale, à la fois humoristique et expressive, un peu mystérieuse aussi dans son jeu de lignes concises et d'aplats. Cette passante frileuse, saisie dans la rue, est une « chose vue », d'une grâce exquise.

Vuillard, Maurice Denis, Vallotton, Ibels le plus prolifique, furent également tentés par l'affiche ; celle de Vuillard pour l'*Apéritif Becane,* bizarrement composée, reste une expérience isolée.

C'est l'affiche de Bonnard pour *France-Champagne* qui donna à Toulouse-Lautrec l'envie de se mesurer à son tour avec l'imagerie des murs ; il créa un style, cadrage japonisant, cernes appuyés, aplats de couleurs vives, effets de silhouettes, auquel il intégra la lettre, et dont l'originalité suscita de nouvelles données décoratives. En moins de dix ans, de 1891 à 1900, il composa trente et une affiches qui ont immortalisé les « types » du music-hall de la « Belle-Epoque » qu'on retrouve dans son œuvre peinte : La Goulue, Valentin le Désossé, Jane Avril, May Milton ou Aristide Bruant.

Ainsi, se succèdent *Le Divan Japonais* (1892), *Aristide Bruant aux Ambassadeurs* (1892), *Jane Avril* (1893), *Bruant au Mirliton* (1894), *May Milton* (1895), *La Revue Blanche* avec le portrait de la pimpante Misia Natanson (1895), *La chaîne Simpson* (une marque de bicyclette, 1896), *La Vache enragée* (journal mensuel illustré créé par l'humoriste Willette, 1896)... La dernière affiche de Lautrec, en 1900 fut composée pour une pièce de Jean Richepin, *La Gitane.*

Eugène Grasset, d'origine suisse, apparaît comme le pur

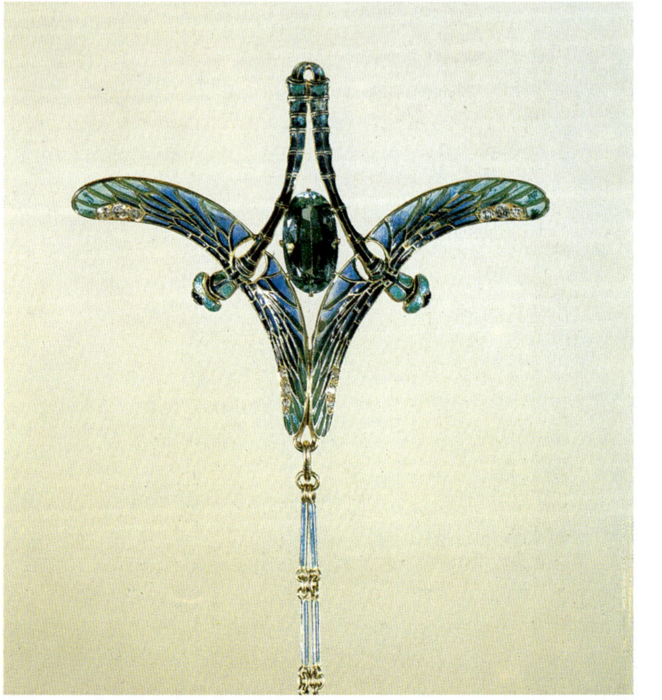

R. Lalique. *Pendant de cou « Libellule ».* Vers 1903-05. Musée d'Orsay, Paris.

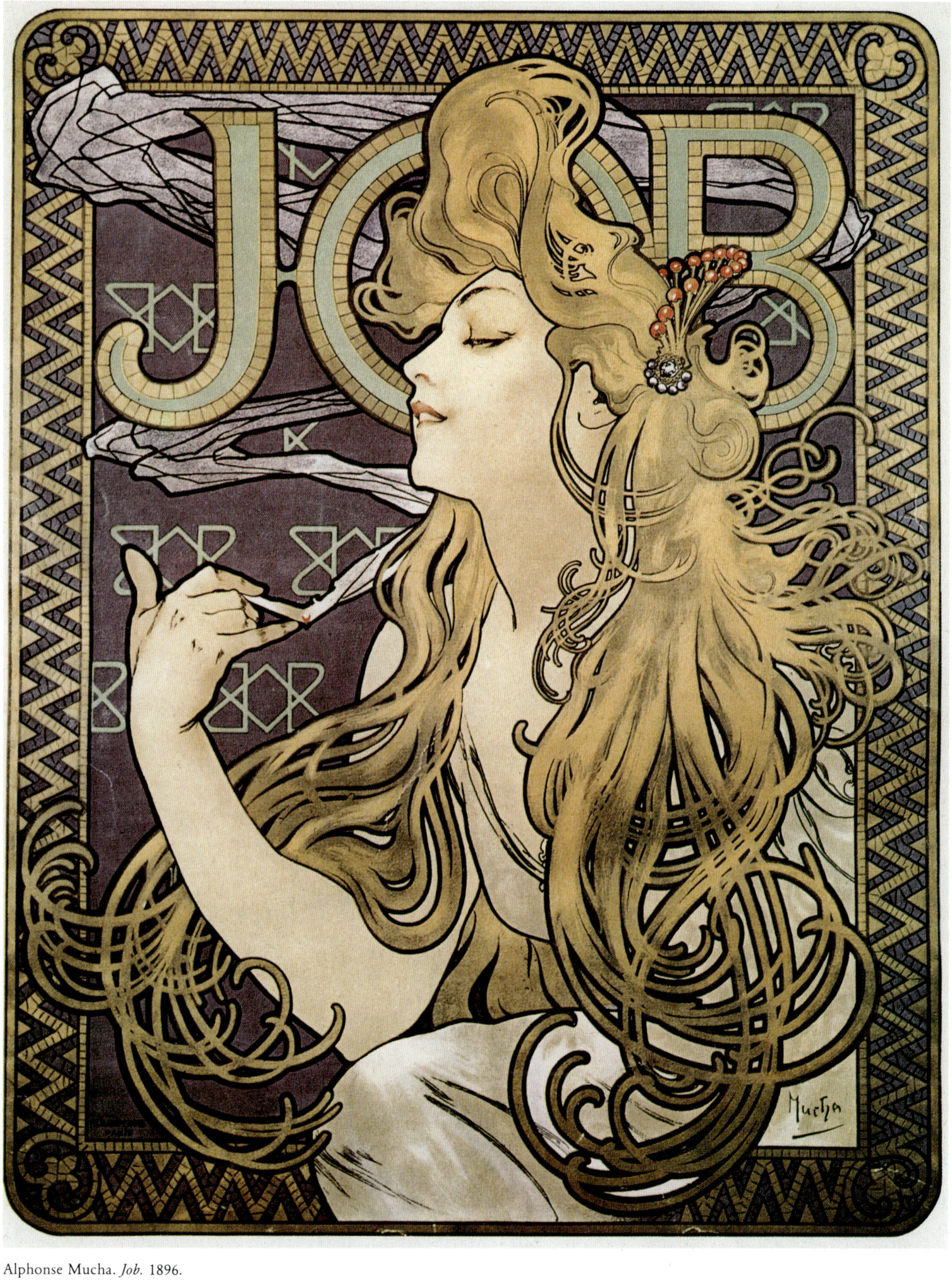

Alphonse Mucha. *Job.* 1896.

produit de la stylisation décorative et de la féminisation de l'Art Nouveau. Les estampes japonaises et le goût du Moyen Age orientèrent ses débuts ; son premier grand livre illustré, « Les Quatre Fils Aymon » (1883), où l'image et le texte se mêlent en des compositions uniques eut un succès énorme. Dans son ouvrage, « La Plante et ses applications ornementales », Grasset montre qu'il n'est pas, malgré son attachement aux fleurs auxquelles il donne des significations poétiques ou symboliques, insensible aux préocupations sociales. Il exécuta de nombreuses affiches où il répandit un type féminin flexible, un peu nostalgique, correspondant plus à la sensibilité rêveuse des romans pour dames qu'à la gaminerie pimpante des « chérettes » ou à la sensualité canaille de Lautrec.

Georges de Feure fut aussi un aimable et mélancolique poète de la femme florale, et comme Grasset le symbole même de l'artiste modern' style dont il utilise le vocabulaire décoratif mêlé d'un érotisme discret et de sous-entendus littéraires.

Avec Mucha on entre dans un autre monde. Paul Morand lui a reproché d'avoir « accablé les murs de femmes pâles qui mâchent des iris » ; il a en effet abondamment multiplié sur les affiches de théâtre — dont Sarah Bernhardt était la vedette — ou publicitaires, calendriers, panneaux décoratifs, vignettes, cartes postales, et dans les livres ou l'estampe, ces figures féminines étirées, pâmées, aux chevelures envahissantes et aux sinuosités stylisées, qui constituent l'un des aspects originaux de l'Art Nouveau.

Mucha oppose à l'ingénue symboliste la femme fatale 1900 en qui se mêlent le baroque exaspéré de la Mitteleuropa, les ors de Byzance, les entrelacements languides et les décors modern' style portés à leur suprême degré d'affectation. Ses affiches pour *Gismonda* de Sardou (1894), qui le lança, *La Dame aux camélias* d'Alexandre Dumas et *La Samaritaine* de Rostand (1897), *Hamlet* (1899), *L'Aiglon* également de Rostand (1900), le *papier à cigarettes Job,* le *Champagne Ruinart,* le *Vin des Incas* ou les *Biscuits Lefèvre-Utile,* sont toujours fondées sur le fétichisme féminin. Mais Mucha n'est pas seulement un virtuose de la femme-fleur ; la séduction sensuelle de son graphisme s'accorde admirablement aux contraintes de l'affiche où il réussit à intégrer la lettre à l'image avec une confondante habileté.

Observateur au naturalisme souvent revendicateur de la vie quotidienne, Steinlen mit son goût des couleurs franches au contour délié au service du cabaret *"Le Chat Noir"* (1896), du *Lait pur stérilisé de la Vingeanne* (1894), ou de la *Compagnie française des chocolats et des thés (1895).* Ses convictions socialistes s'affirmèrent avec vigueur dans ses affiches pour le journal *"Le Petit Sou"*, ou au théâtre pour « *L'Assommoir* » d'après Zola.

Avec sa petite fille aux tresses inscrivant sur un mur les letres du *Chocolat Menier* (1893) Firmin Bouisset est, comme

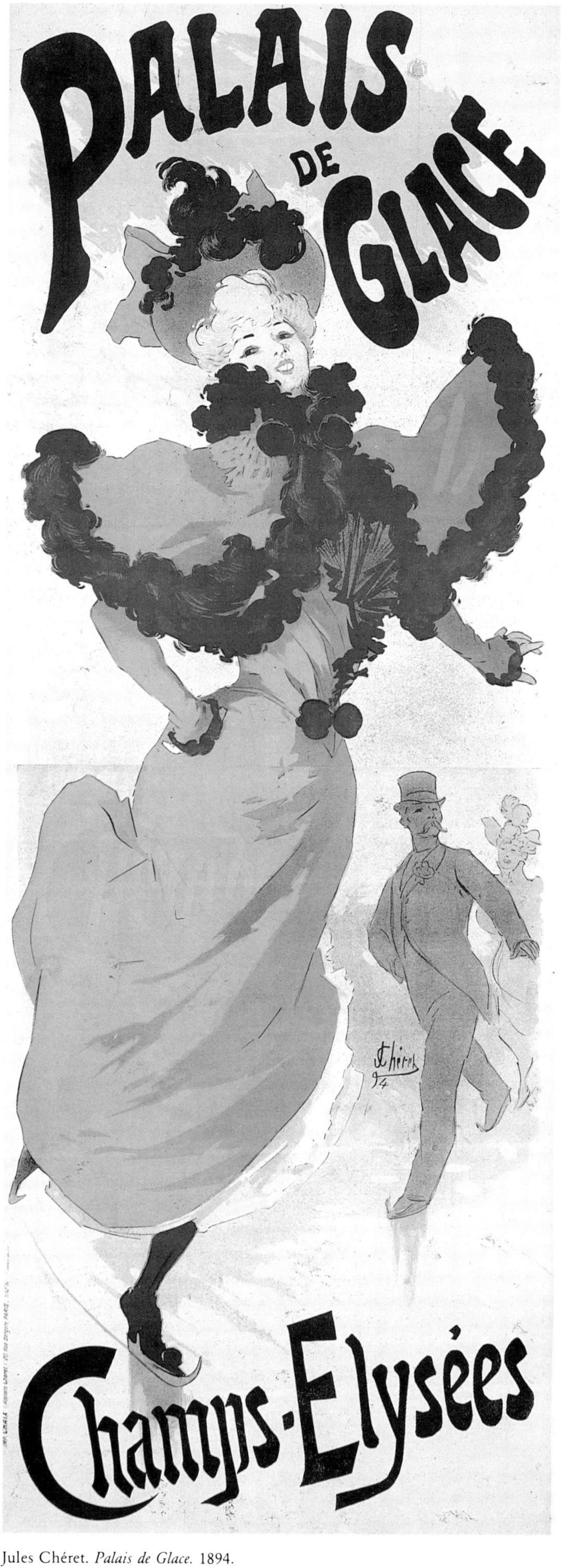

Jules Chéret. *Palais de Glace.* 1894.

Eugène Vavasseur, auteur des peintres en file indienne écrivant au pinceau, sur le dos du précédent, les mérites de *Ripolin peinture laquée* (1898), passé à la postérité.

L'affiche conquiert le monde

L'affiche française fût très répandue et appréciée à l'étranger; des expositions lui furent consacrées à Londres en 1894, plusieurs villes américaines en 1895, Dresde, Vienne, Barcelone, Bruxelles et Liège en 1896, Saint-Pétersbourg en 1897, Berlin et Cracovie en 1898, etc. Journaux et revues reproduisaient les œuvres de Lautrec, Grasset, Mucha, de Feure, Steinlen dont l'originalité, le graphisme délié et les couleurs franches des images féminines, contrastaient avec la tristesse ou la convention des affiches académiques.

La proximité de la Belgique favorisa l'influence française, celle de Chéret en premier lieu. Pionniers outre-Quiévrain de l'affiche illustrée, Khnopff, Van Rysselberghe, Combaz, Lemmen, Stevens, Delville, exécutèrent les affiches des principaux salons d'avant-garde, les XX, la Libre Esthétique, le Sillon, etc. Le mouvement fit tache d'huile, et dans les années 90 Bruxelles devint, grâce à Privat Livemont, le « Mucha belge », à Victor Mignot, à Henri Meunier ou à Henri Cassiers, l'une des capitales européennes de l'affiche.

Le style ornemental et linéaire de Van de Velde eut une influence considérable ; comme pour le meuble et l'objet il associe dans l'affiche la signification de la ligne et la fonction de l'ornement à la sensation psychologique qu'ils suscitent : la courbe ample incite à la méditation, la contre-courbe au repos, la diagonale à l'élan, etc. Ainsi s'entremêlent des éléments contradictoires, rationnels et irrationnels, qui concourent à l'impact de l'image sur le public. L'affiche de Van de Velde pour *Tropon l'aliment le plus concentré* (1898), d'une stylisation décorative audacieuse, illustre ses théories.

En Angleterre Walter Crane avait pris une position très nette contre la médiocrité de l'affiche, l'obligation de « devoir crier fort » et « l'association avec un vulgaire battage commercial ». Son cri d'alarme eut pour conséquence de mettre les artistes face aux réalités de l'image ; une fois de plus Beardsley, avec l'affiche qu'il composa pour *l'"Avenue Theater"* en 1894 fit scandale, mais elle apparut surtout comme l'annonciatrice du renouveau.

Si l'audace de la composition et les bizarreries du style surprirent, ils secouèrent néanmoins l'indifférence du public et l'apathie des créateurs ; les *"Yellow Girls"*, à l'écriture allègre et aux couleurs vives de Dudley Hardy, firent de lui l'affichiste à la mode, réputation qu'il partagea avec John Hassal plus libre et plus original. Tous deux se démarquèrent de l'influence française, et créèrent un style vraiment britannique.

L'intrusion imprévue des Beggarstaff's brothers, James Pryde et William Nicholson, bouleversèrent ces données. Partant de Lautrec qu'ils admiraient ils parvinrent à une écriture, à des rapports de couleurs sans cernes et à des jeux graphiques d'un dépouillement absolu (*A Trip to China Town, 1895*) ; mais les industriels britanniques renaclèrent devant cette conception aussi radicalement neuve du message publicitaire, et l'œuvre des Beggarstaff's brothers resta, du fait de l'absence de commandes, fort limitée.

Si c'est à travers l'affiche d'opéra qu'on peut lire l'évolution de l'art de la rue en Italie, grâce surtout à Adolfo Hohenstein dont le réalisme se pare d'une éblouissante richesse de couleurs, les affiches de revues « Simplicissimus » ou « Jugend » à Munich, « Pan » à Berlin, jouèrent le même rôle en Allemagne. Les cernes vigoureux, les aplats de couleurs vives et les compositions audacieuses de Thomas Theodore Heine, le « Lautrec allemand », provoquèrent un

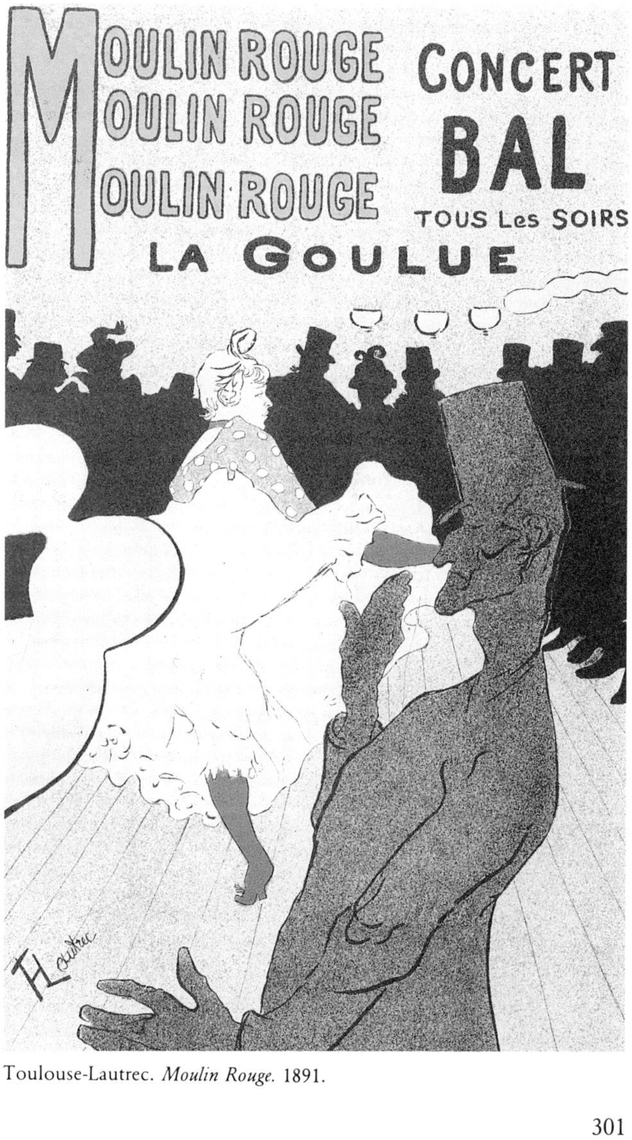

Toulouse-Lautrec. *Moulin Rouge.* 1891.

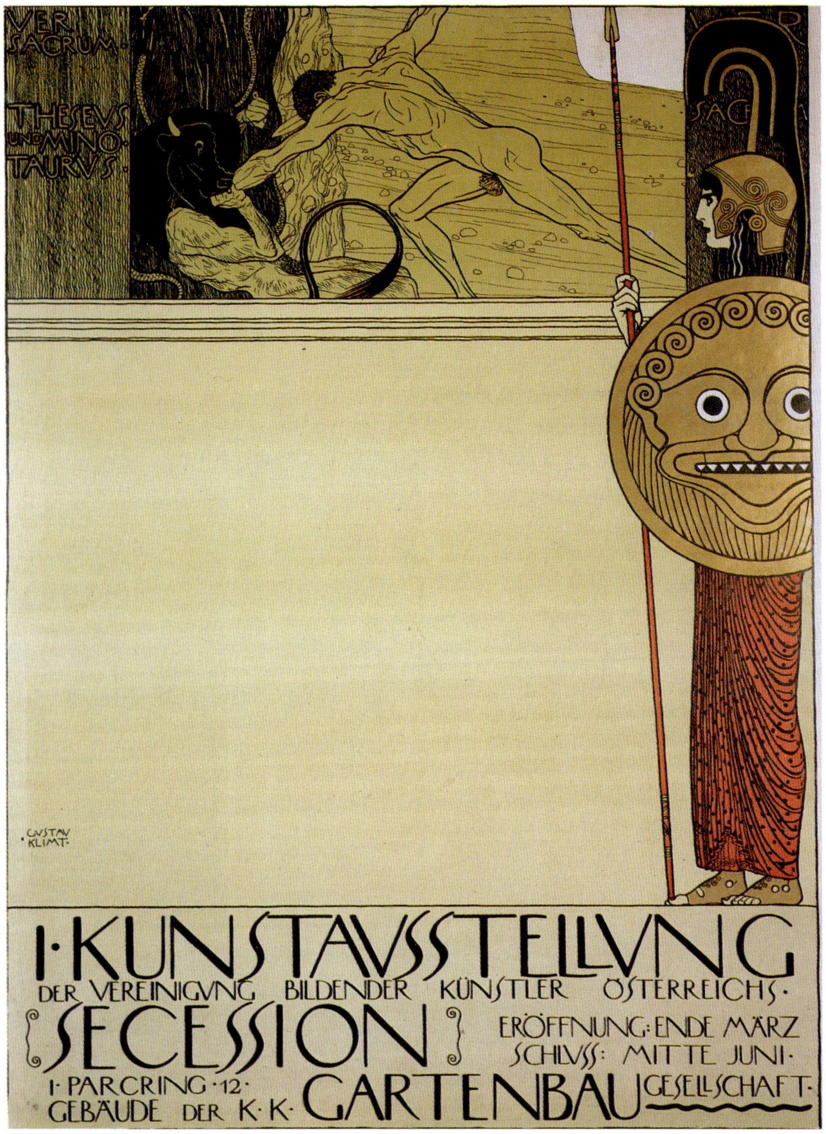

Gustav Klimt. *Thésée tuant le Minotaure, affiche pour la première exposition de la Sécession.* 1898. Museen der Stadt, Vienne.

sursaut de créativité et inspirèrent de nombreux artistes.

Comme en Angleterre les industriels n'apprécièrent pas la hardiesse et la verve de Heine ; mais Berlin, ville des affaires, releva le défi du message publicitaire grâce à l'Autrichien Lucian Bernhard dont le style dépouillé à l'impact direct, ouvrit de nouvelles voies à l'affiche. Avec ce remarquable artiste comme avec Julius Gipkens, Klinger ou Ludwig Hohlwein, nous entrons dans le XXe siècle.

Le renouveau dans les arts décoratifs de la Sécession viennoise s'étendit tout naturellement à l'affiche. Un coup de force de la censure, l'interdiction de celle qu'avait dessinée Klimt, *Thésée tuant le Minotaure,* pour la première exposition des sécessionnistes en 1898 (il dut couvrir la nudité du héros) fut le signal du renouveau qu'illustrent les quelque trois mille affiches – pour des produits divers, le théâtre, les expositions – de ces peintres. L'Athéna de l'affiche de Klimt, déesse de la vie publique et de l'art, dressée le visage grave et la lance au poing, apparut comme le symbole de la vérité face à une société sclérosée et à la culture conservatrice qu'elle évinçait.

En ces années où Vienne connaît la plus extraordinaire intensité créatrice, la stylisation Art Nouveau transforme

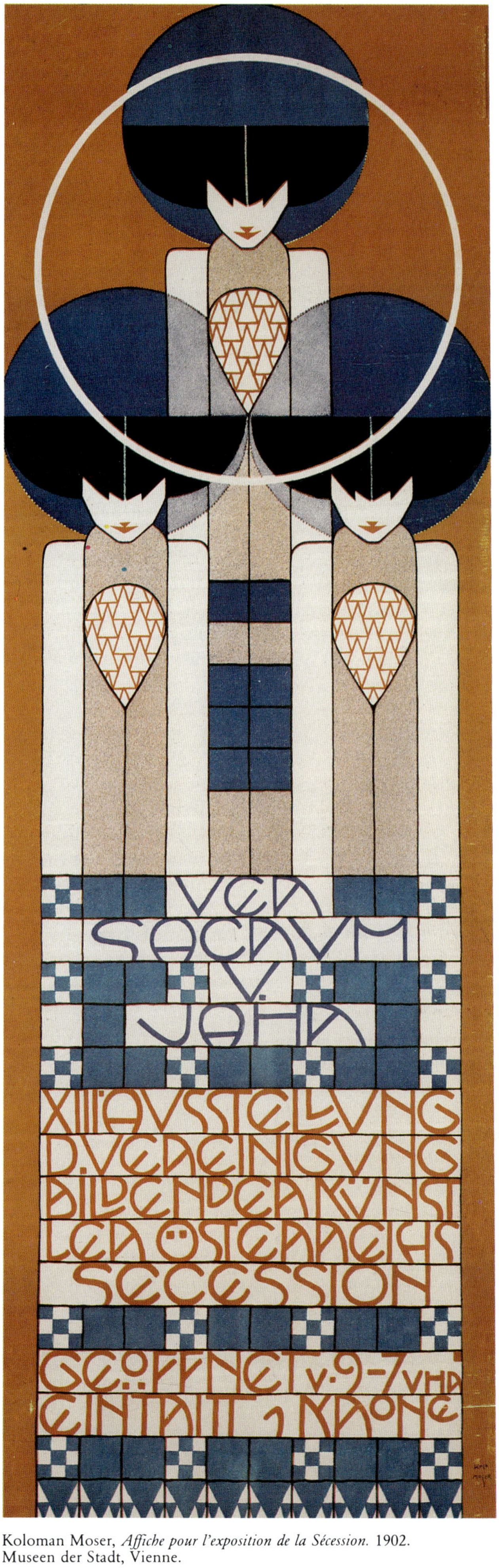

Koloman Moser, *Affiche pour l'exposition de la Sécession.* 1902. Museen der Stadt, Vienne.

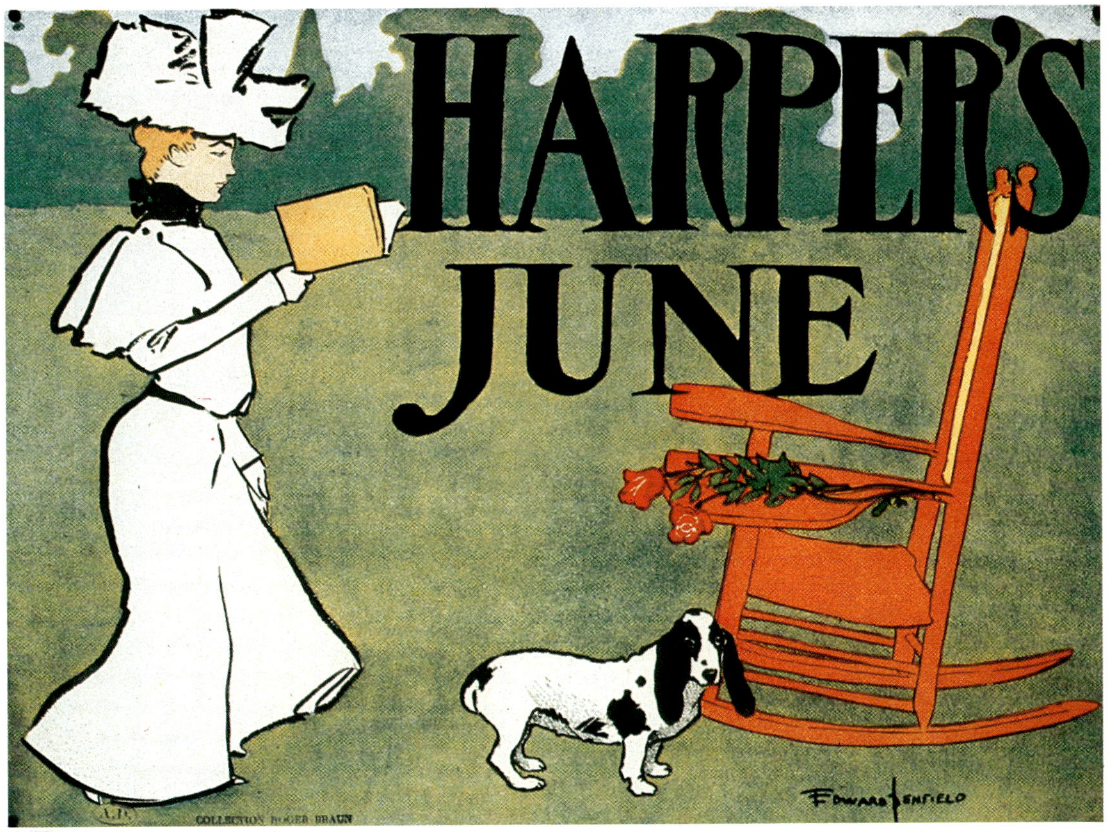

Edward Penfield. *Harper's February.* 1895.

l'image ; l'ornement s'allège, perd sa complexité et ses ondulations florales, la structure se simplifie, et les recherches des peintres atteignent dans l'adéquation du texte et de l'image une audace inventive d'une grande liberté. C'est surtout après 1900 que Koloman Moser, Hoffmann, Egon Schiele, Kokoschka, Viktor Schufinsky ou Klimt à Vienne, Arpad Basch et Geza Faragoy en Hongrie, et Hynais à Prague, exécutèrent leurs plus remarquables affiches.

Si celles-ci bénéficièrent, entre 1890 et 1900, des conquêtes de la peinture, elle le leur a bien rendu. Par son emploi des couleurs pures appliquées en aplats, et d'un graphisme élancé, l'affiche a préparé l'œil aux audaces violentes des fauves ; quant à Braque et Picasso c'est à partir des rapports lettre-image qu'ils composèrent certains de leurs tableaux cubistes de 1908-1910. L'impact du message publicitaire ne comptera pas pour peu dans l'esthétique de choc de la peinture moderne.

Jusque vers 1890 l'affiche américaine donna dans le gigantisme et le mauvais goût ; comme dans les pays germaniques ce sont les couvertures de revues, notamment « Harper's », qui à partir de 1893, suscitèrent un mouvement dont le principal responsable, Edward Penfield, le premier grand affichiste américain, assure qu'il emprunta son inspiration aux sarcophages égyptiens du Metropolitan Museum ! Les couleurs en aplats de ses œuvres, aux cernes bien marqués, évoquaient aussi les maîtres français.

Rien de plus américain, c'est-à-dire de plus aseptisé dans le graphisme et la fraîcheur du coloris, que les compositions de Penfield, véritables illustrations de la vie heureuse et saine de la bonne société. Bradley est plus proche de l'Art Nouveau et de Morris à la fois, Louis Rhead de Grasset ; c'est le début d'une inflation qui ira grandissant, l'affiche publicitaire remplaçant à partir de 1900 le poster artistique, et l'influence allemande se substituant à celle de Penfield et Bradley.

La photographie témoin de son temps

En 1859, alors que Baudelaire ne reconnaissait en la photo qu'un auxiliaire des arts et la réduisait à un rôle documentaire, celle-ci faisait son entrée au Salon, au palais de l'Industrie, à côté et sur le même plan que la peinture et la sculpture ! N'allait-elle pas les concurrencer ? « Guerre à l'art vénal ! » proclamait Ernest Chesneau en écho à la protestation de nombreux artistes et écrivains. Néanmoins les peintres utilisaient directement la photographie ; Courbet, Delacroix qui compta parmi les membres fondateurs de la Société Héliographique en 1851, Manet, Degas passionné de photo, et bien d'autres, reconnaissaient son précieux apport dans l'approche de la réalité. Les dessins aux contrastes violents et aux jeux de lumière d'aspect fantastique de Victor Hugo ne sont pas très éloignés des clichés d'inspiration non moins baroque que ses fils, sous sa direction, prirent à Jersey.

Dans le portrait ceux que, de 1865 à 1870, Nadar fit des principales personnalités de l'époque, Baudelaire, Corot, Daumier, Gustave Doré, George Sand, Liszt, Napoléon III, Alfred de Vigny, Alphonse Daudet, Jules Verne, Alexandre Dumas, etc. sont des documents psychologiques et sociologiques de premier ordre. En Angleterre les deux grands portraitistes sont, Julia Margaret Cameron, et Lewis Carrol, qui libres des contingences économiques et de la production industrielle des photographes professionnels, exécutent des portraits de modèles seuls ou de groupes d'une rare séduction artistique. Ce sont aussi des documents sociologiques irremplaçables. Les portraits de petites filles de Lewis Carroll, l'auteur d'« Alice au pays des merveilles », ce « Barbe-Bleue des Lolita » disait Brassaï, ont un charme anachronique quelque peu ambigu. La photographie apparaîtra de plus en plus comme le moyen irremplaçable de fixer la diversité des caractères et des comportements humains, les habitudes et les modes de vie. Dans ce domaine les photographies prises dans les rues de Londres (« Street Life in London ». 1877) par John Thomson sont particulièrement saisissantes ; leur but n'est pas seulement pittoresque ou artistique, mais social, il vise assure Thomson, à mettre sous les yeux des riches et des nantis de la *gentry* la misère du petit peuple laborieux qu'il ignore ou refuse de voir.

C'est le même sentiment qui anime son compatriote Paul Martin ; il ne photographie pas seulement les types de la rue londonienne, mais des scènes de baignades ou de jeux sur les plages où il se propose de montrer à la très rétrograde société victorienne que, contrairement à ce qu'elle pense, le peuple a un comportement honnête dans ses loisirs !

Le photographe et journaliste américain Jacob Riis qui, appareil en main, entreprend en 1887 sa « guerre de dix ans contre les taudis », l'Allemand Heinrich Zille, l'Italien Francesco Paolo Michetti, suivent les mêmes voies qu'ignorent,

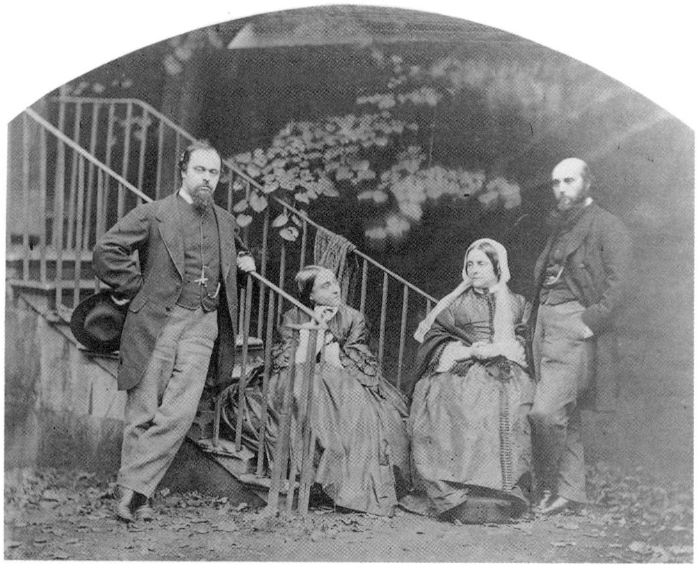

Lewis Carroll. *Dante Gabriel Rossetti et sa famille.* 1863.

malgré la vogue du naturalisme, les photographes français.

Est-ce parce qu'une loi, en vigueur jusqu'en 1890, interdit de photographier sur la voie publique sans autorisation ? Entre 1895 et 1900 Eugène Atget, premier reporter « engagé », étonnant personnage bohême, réalise d'étonnantes vues des vieux quartiers de Paris, cours et rues sinistres et sordides, boutiquiers, miséreux, gagne-petits, chiffonniers et « zoniers » auxquels il donne une étrange poésie ; comme s'il s'agissait d'une ville révélée par des sortilèges imprévus. Ceux d'un pittoresque où le temps semble ne pas avoir de prise, mais voué à disparaître et déjà menacé.

La fin du siècle apporta à la photo de précieux progrès, développement des procédés de reproduction grâce à la similigravure, invention des obturateurs permettant d'obtenir des photos au 1/100e de seconde, constitution des premières archives photographiques, reportages photographiques dans la presse. Les premiers, exécutés durant la guerre des Etats-Unis avec l'Espagne, parurent dans les revues américaines en 1898.

Félix Nadar. *Théophile Gautier.* Coll. Société Française de Photographie.

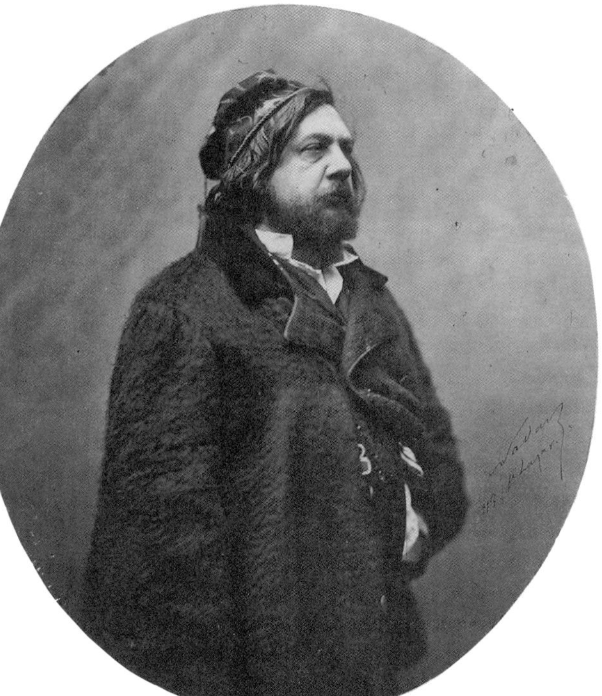

Alfred Stieglitz et la photo au naturel

A Vienne, en 1891, la première exposition du Camera Club de cette ville l'affirme : « La photo est un art » ! Vingt-cinq photographes sur trois cent cinquante candidats ont été retenus pour cette seule raison qu'ils donnent la primauté à la recherche artistique sur les prouesses techniques ; l'un de ces vingt cinq se nomme alfred Stieglitz. Sa qualité dominante n'est pas le « bon goût » mais le naturel.

Stieglitz, Américain d'origine allemande, a fait ses études d'ingénieur mécanicien à Berlin, et commencé à photographier en 1883 ; il est rentré à New York en 1890 et s'oppose aux défenseurs de la « photo d'art » où l'auteur veut rivaliser avec le peintre en lui empruntant — du moins le croit-il — ses procédés. Stieglitz travaille à l'intuition, au jugé, persuadé que la qualité d'une photo dépend davantage de l'inspiration de l'artiste que des prouesses techniques, des truquages ou des effets (le flou « impressionniste » ou « symboliste »). Ses photos de New York sous la neige, d'une impressionnante sensibilité « en direct », sont des chefs-d'œuvre.

En 1897 Stieglitz lança la revue « Caméra Work », dont le rôle sera considérable dans l'évolution de la photographie ; en 1902 il franchira une nouvelle étape en créant la « Photo-Sécession » américaine à l'exemple des nombreuses associations qui, fondées en Europe depuis plusieurs années, groupaient les « pictorialistes », et posaient la question des rapports entre la peinture et la photographie. L'un des photographes les plus originaux de l'époque, Pierre Dubreuil, dépassant le cadre imitatif du tableau, réussit en fragmentant l'image au lieu de la composer, des vues quotidiennes où, sans pour autant nier le cadre social du pictorialisme, se dessine un langage moderne.

New York est alors la plaque tournante de ce mouvement qui prendra un essor considérable dans la première décennie du XXe siècle ; l'invention et la mise au point de l'autochrome donna au pictorialisme de nouvelles raisons de se rapprocher de la peinture. Et qui sait, de la concurrencer ?

Du 10 au 12 juin 1895 les Sociétés françaises de photographie tiennent leur congrès à Lyon ; à cette occasion les frères Lumière présentent, pour la première fois au monde, des films de cinématographe. Un journaliste écrit dans « Le Moniteur de Photographie » : « De toutes les manifestations de l'art photographique, il n'en est aucune qui puisse rivaliser avec celle qui rend simultanément le dessin, la forme des êtres et des objets, et qui nous les montre en pleine vie, avec toutes les phases du mouvement... ». Le cinéma était né, le XXe siècle en fera le « 7e art ».

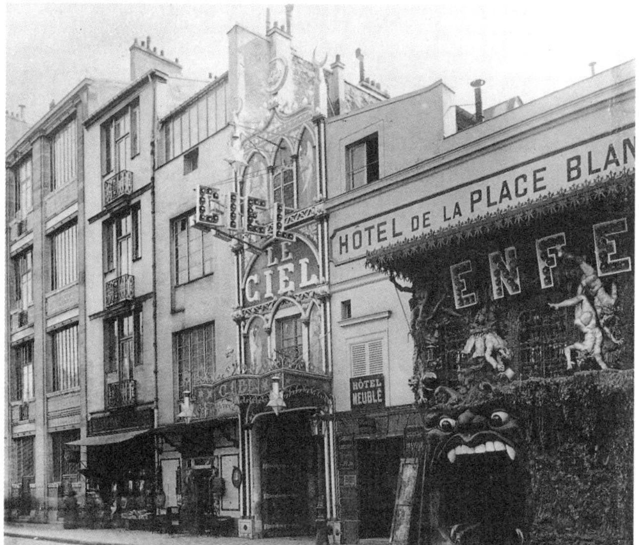

E. Atget. *Le Ciel et l'Enfer.* 1898. B. N., Paris.

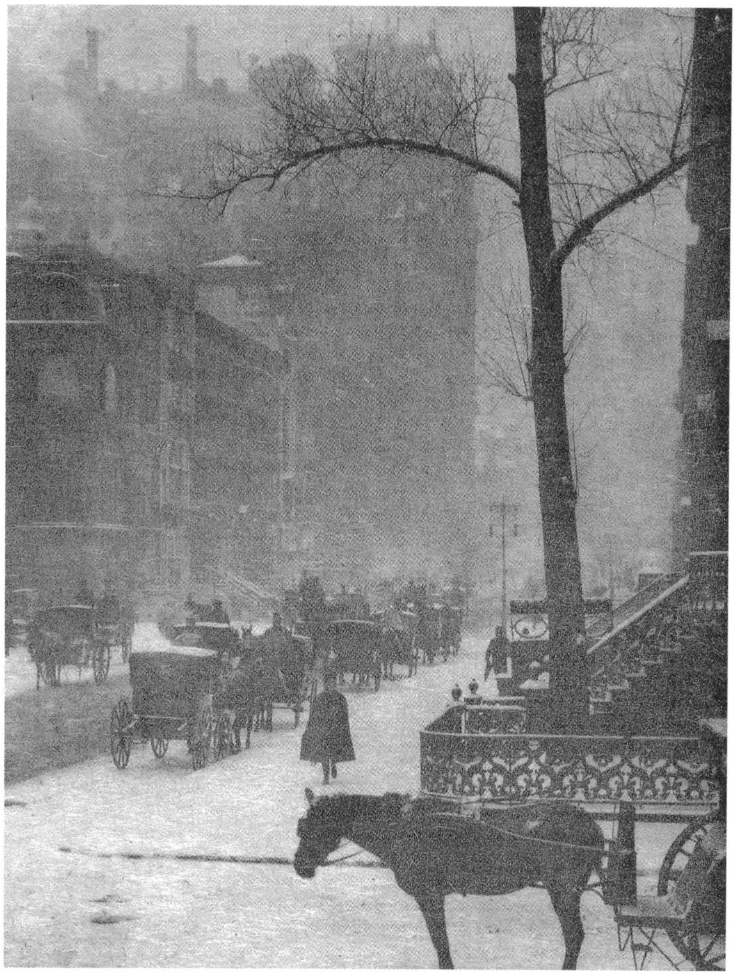

A. Stieglitz. *The street-design for a poster.* Musée d'Orsay, Paris.

Une poétique nouvelle de la vie

Si les mots » Art Nouveau » avaient été inscrits sur l'enseigne du magasin de S. Bing en 1895, depuis plusieurs années un « art nouveau » caractérisait l'architecture et les arts graphiques en Belgique ; le Castel Béranger, antérieur d'un an au magasin de Bing, portait toutes les caractéristiques que l'on retrouvera dans les objets et le mobilier qui y étaient présentés. On sait les différentes appellations que cet art porta dans toute l'Europe et jusqu'en Amérique où il reçut le nom du verrier Tiffany. A Londres le magasin « Liberty's » héritier de l'« East India House » fondée en 1875 par Arthur Lasenby Liberty, proposait aux esthètes « décadents » — Oscar Wilde se flattait de compter parmi ses clients — et aux dames de la *gentry,* objets, meubles, étoffes, bijoux à la mode. Toute l'intelligentsia des « mauve nineties » s'y précipita, et son succès fut aussi rapide que vaste ; des succursales s'ouvrirent dans plusieurs grandes villes européennes. Si le terme de « stile Liberty » par lequel les Italiens baptisèrent leur « stile Nuovo » paraît quelque peu abusif, les tissus de la firme londonnienne, inspirés de l'Extême-Orient, connurent un engouement international.

Bing et Liberty's se partagèrent l'éclectisme de l'Art Nouveau, mais aussi sa modernité. Eclectisme et modernité séduisirent plus une élite, toujours prompte à adopter la nouveauté, ou l'originalité, qu'ils ne parvinrent à con-

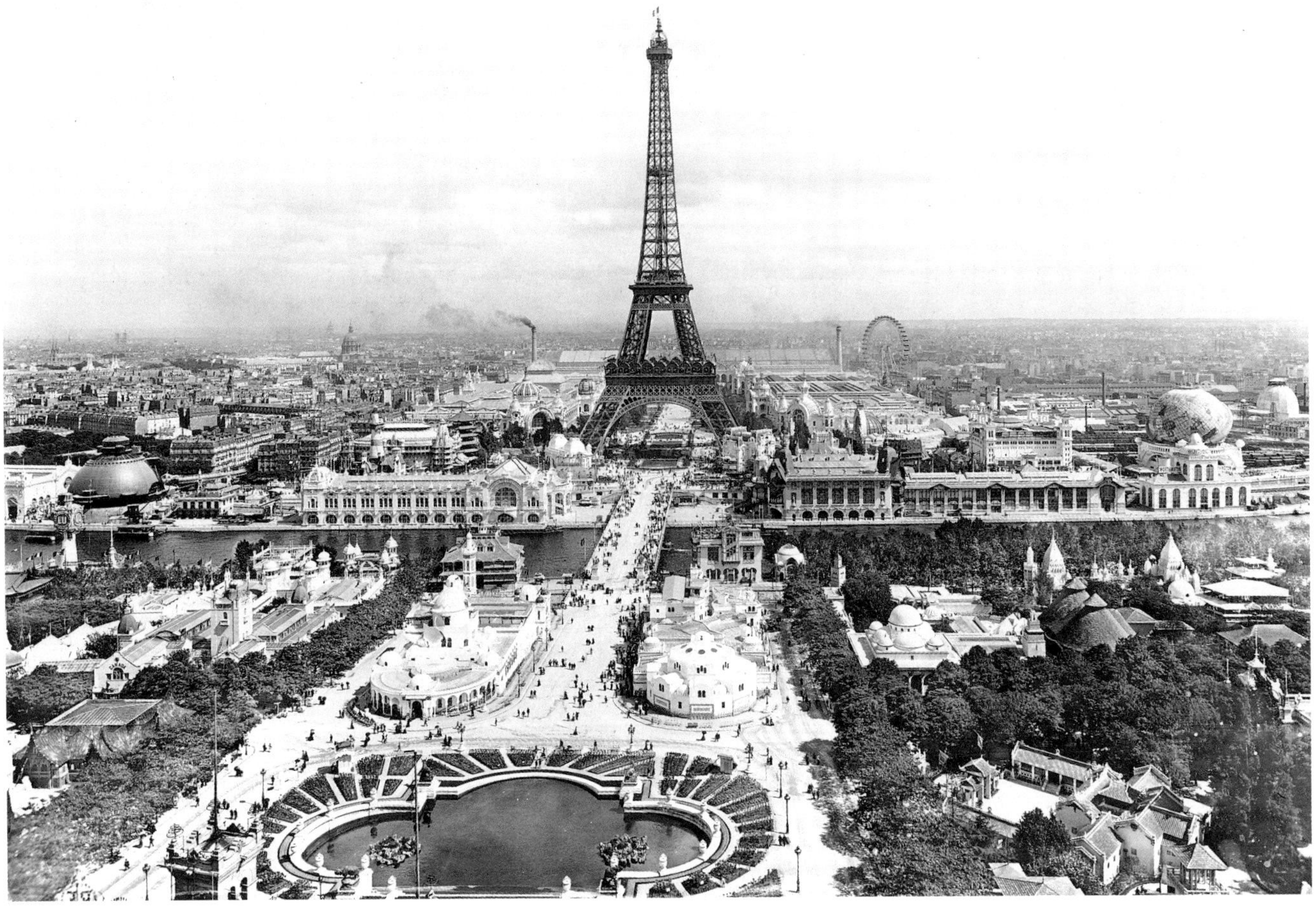

Paris, Exposition Universelle de 1900, vue générale du Champ de Mars prise des hauteurs du Trocadéro.

vaincre le grand public. Les réticences, voire même l'hostilité, des conservateurs se répandirent en sarcasmes quand « L'Art Nouveau » et « Le Magasin Moderne » ouvrirent leurs portes, le Castel Béranger amusa comme la fantaisie d'un excentrique, les créations de Bing et de Meier-Graefe mirent en fureur les nationalistes — tous deux étaient Allemands et juifs ! —. Un critique d'art pourtant favorable aux courants nouveaux, Arsène Alexandre, se déchaîne dans « Le Figaro ». « Tout cela, écrit-il, sent l'Anglais vicieux, la Juive morphinomane ou le Belge roublard, ou une agréable salade de ces trois poisons » !

A Londres, Mrs Homing, « porte-parole du bon sens » dans l'hebdomadaire satirique " Punch " , n'est pas moins sévère contre le magasin à la mode de l'Art Nouveau et proclame : "Liberty ! Liberty ! Que de crimes on commet en ton nom ! »

Au « grenier » des Goncourt, où l'on est plutôt « artiste », la colère contre Bing est quasi générale ; le vieux maître parle de « délire de la laideur », de « perversion morale » ; ce sont à peu près ces mêmes termes qui avaient été employés contre Courbet, Manet, les impressionnistes, contre Cézanne dont l'exposition chez Vollard qui s'est ouverte en même temps que le magasin de Bing, provoque insultes et moqueries.

Celui-ci écrira quelques années plus tard que son ambition était de montrer « le travail des forces encore méconnues de notre temps », ce qu'il a réussi à faire en mêlant artistes et artisans, et en confrontant les créations des « beaux-arts » et celles des arts appliqués, mais sans la qualité artisanale et l'homogénéité de l'équipe formée à Nancy autour de Gallé, Majorelle, Vallin, Prouvé, ni la rigueur ou la cohérence plastique de l'école de Vienne. Pourtant on trouve chez Bing, et chez son collaborateur Meier-Graefe, la volonté de créer des ensembles reflétant les différents modes d'expression de l'Art Nouveau, les courants parisiens et belges comme les mouvements d'origine germanique et d'Europe Centrale, ou les créations de l'Américain Tiffany. Ces efforts divergents, mais non point opposés, ne témoignaient pas seulement de la diversité de l'Art Nouveau ; ils étaient bien la preuve d'une situation nouvelle esthétique et sociologique, comme également le manifeste d'une philosophie et d'une poétique de la vie ouvertes sur l'avenir.

L'Exposition Universelle de 1900, qui eut lieu au moment même où l'Art Nouveau atteignait sa pleine expansion, aurait pu en montrer les multiples aspects, les rapprochements comme les antagonismes ou les différences ; il n'en fut rien. L'Art Nouveau se limita à quelques exercices de style, isolés et qui ne convainquirent personne, qu'il s'agisse du pavillon de Bing, du Pavillon Bleu d'un certain Dulong, mais dont la décoration intérieure homogène du restaurant était de Serrurier-Bovy, le pavillon Majorelle par Sauvage, également auteur du théâtre de la Loïe Fuller dont la façade imitait les houles rythmées de ses voiles.

A ces rares exemples s'ajoutaient des œuvres éparses comme les vitraux de Tiffany au pavillon des Etats-Unis, et les remarquables ensembles mobiliers signés Hoffmann, Olbrich, Pankok, Riemerschmidt ou Bruno Paul dans les pavillons autrichien et allemand. La presse dénonça « la camelote et les horreurs du modern' style » qui « n'offrent ni harmonie raisonnée ni beauté sévère ou gracieuse », tandis que les feuilles nationalistes vitupéraient les « poisons » juifs et allemands !

Equivoques de l'architecture « artiste »

S. Bing n'appréciait pas l'architecture ; il l'accusait de ne pas avoir tiré profit des autres arts, et de s'être révélée incapable de « les guider audacieusement » ! Il récusait également tout intérêt à la peinture pourtant présente dans son magasin à travers ses différentes expressions contemporaines de Pissarro à Albert Besnard ; à ses yeux elle n'avait provoquée, disait-il « aucun renouveau ». Ces propos surprennent de la part d'un homme qui s'était montré si librement ouvert à toutes les audaces, mais qui néanmoins n'avait pas jugé bon de mettre en accord stylistique le contenant et le contenu de son magasin. En effet il n'a pas demandé à Guimard ou à Van de Velde de le construire. Mais un architecte de talent moyen, Louis Bonnier, a été chargé de transformer et d'adapter à sa destination nouvelle, un petit hôtel Louis XVI de la rue de Provence !

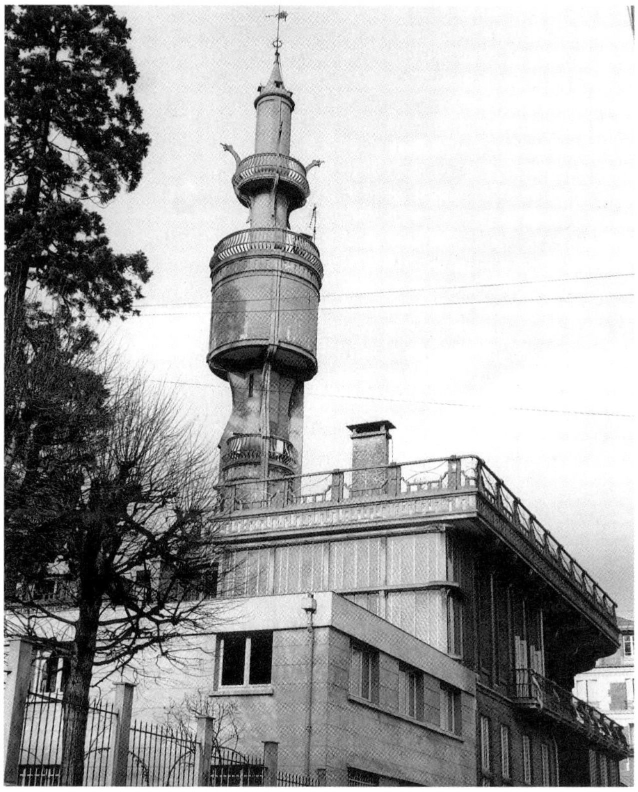
François Hennebique. *Bourg-la-Reine, rue Lakanal, villa de l'architecte.* 1903.

Lorsque Bing participe à l'Exposition de 1900 le pavillon de l'Art Nouveau n'est pas confié à un architecte, mais au décorateur et affichiste Georges de Feure le plus esthéte de ses collaborateurs modern' style. A l'extérieur comme à l'intérieur il « s'agit moins de volumes et d'espaces, remarque Jean-Paul Bouillon[25], que de l'addition typiquement française d'éléments décoratifs juxtaposés par l'« ensemblier... ».

Nikolaus Pevsner déplore que l'architecture Art Nouveau ait été « artiste », c'est-à-dire individualiste comparée aux arts du décor intérieur et de l'objet. Horta à Bruxelles, Guimard à Paris – plus précisément à Passy-Auteuil – Weissenburger à Nancy, Giuseppe Sommaruga à Milan, Ernesto Basile à Palerme, Lev Kelouchev et Fédor Chekhtel à Moscou, Gaudi à Barcelone, ont construit pour des clients-mécènes, et quand Guimard et Horta abordèrent les programmes collectifs ils abandonnèrent l'Art Nouveau.

« Cet individualisme, écrit Pevsner[26], lie l'Art Nouveau au siècle passé ; comme cette insistance sur les métiers d'art et l'antipathie manifestée à l'égard de l'industrie, et finalement ce goût de la matière précieuse, ou tout au moins expressive ». Il lui reconnait néamoins le mérite d'avoir découvert les qualités esthétiques du fer et du verre, même si colles-ci ne furent pas utilisées dans l'armature.

L'architecture de l'Art Nouveau est un manifeste de l'artiste – l'architecte et le client – contre l'ingénieur, une protestation aristocratique, au nom de l'œuvre d'art, face à l'invasion de la production industrielle et du commerce.

L'éthique influe sur l'esthétique, le rapport à l'histoire que Pevsner comprend mal, est également d'ordre sociologique et économique ; ce n'est d'ailleurs pas dans ce domaine que la rupture est sensible ; les constructeurs de l'Art Nouveau sont des hommes de tradition, ils construisent comme les éclectiques, et s'ils emploient des matériaux nouveaux, tels le fer et le verre, ils les cachent derrière des habillages décoratifs. Comme ils se bornent à les regarder en tant qu'éléments ou assemblages de résistance, ils ne savent pas quelles solutions adopter pour la façade. Alors ils la couvrent d'ornements où l'exubérance le dispute à la gratuité.

Avec le béton tout change, la structure s'allège, le volume se substitue au squelette et l'ornementation disparaît ; les architectes de l'Art Nouveau, et leurs clients, ne pouvaient qu'être réticents à ces solutions qui, à leurs yeux, n'étaient que pratiques et techniques, et ne constituaient pas un style nouveau. Ce n'était pas l'intention des premiers utilisateurs du béton, François Coignet, J. Monier et François Hennebique ; pour eux ce matériau n'était qu'un succédané de la pierre et ils n'envisageaient pas qu'il put modifier la plastique architecturale. C'est quand Anatole de Baudot l'utilisa, à Saint-Jean-de-Montmartre, commencé en 1894, dans un but esthétique, que des problèmes sérieux se posèrent.

Un langage nouveau : le béton armé

François Coignet avait eu l'idée, en 1847, de couler du béton entre des coffrages ; quelques années plus tard un jardinier, Monier, créa des caisses à fleurs en introduisant des armatures de fer tubulaires dans le ciment. Il prit un brevet qu'il vendit dans différents pays. En 1892 Coignet fit accepter par la Ville de Paris l'emploi du béton armé pour la construction du viaduc d'Achères ; peu auparavant l'ingénieur Cottancin avait utilisé des dalles armées de treillages munies d'épais contreforts faisant saillie, dans des usines, et au pavillon des diphtériques à l'hôpital des Enfants-Malades à Paris.

Hennebique, qui est à l'origine ingénieur, prend son brevet en 1892 après des années d'études théoriques et expérimentales ; multipliant les expériences concrètes de résistance des matériaux, il passe progressivement des utilisations partielles aux usages globaux, construit la première usine à ossature en béton armé, en 1888, à Lombartzeide en Belgique, puis son premier réservoir également en béton armé à Dinard, et son premier silo à Roubaix en 1895. Son répertoire constructif est en place ; il bâtit plusieurs usines à ossature de béton armé et remplissage léger dont les minoteries de Nantes, sa première grande réalisation, quatorze mille mètres carrés de surface (1894-95).

Les « produits » Hennebique d'architecture industrielle en béton armé sont diffusés, à partir de 1898, par une revue publicitaire qui porte le titre « Le béton armé » ; deux constructions importantes, exécutées intégralement dans ce matériau, servent d'éléments de propagande : la villa Hennebique rue Lakanal à Bourg-la-Reine, dominée par une tour de quarante mètres portant un réservoir de vingt-cinq mètres cubes (1903), et un immeuble 1 rue Danton à Paris.

Dès 1887 s'était constitué en Allemagne l'Aktion Gesels-chaft für Beton und Monierbau qui construisit de nombreux ports dans les pays germaniques, et de nouveaux perfectionnements du béton sont importés, à la fin du siècle, des Etats-Unis.

Avec Anatole de Baudot un langage nouveau se détache de son utilisation industrielle ; associé pour la construction de Saint-Jean-de-Montmartre, qui durera de 1894 à 1904, à l'ingénieur Cottancin, il laisse, audace inouïe à l'époque dans l'architecture religieuse, l'ossature porteuse visible de l'extérieur. Cet apôtre du fonctionnalisme et du retionalisme, élève de Labrouste et de Viollet-le-Duc dont il répandit les théories dans ses cours au musée des Monuments français, était pour ses idées jugées subversives honni par l'Institut et l'Administration des Beaux-Arts. C'est en ciment armé, expérimenté au lycée Victor Hugo rue de Sévigné, également avec Cottancin (1894-1896), qu'Anatole de Baudot réalisera, au milieu des pires difficultés, Saint-Jean-de-Montmartre dont l'exécution ne lui avait été confiée que parce que son devis était moins cher que celui des autres candidats !

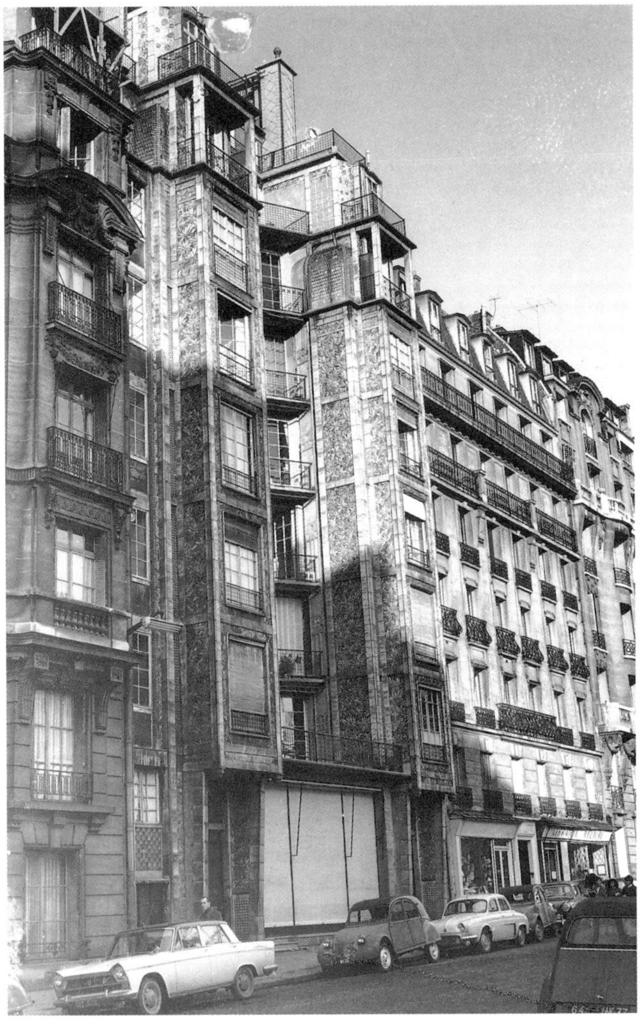

Auguste Perret. *Paris, immeuble de rapport, 25 bis rue Franklin. 1903.*

Le système Cottancin combinait des membrures portantes en ciment armé avec des panneaux de remplissage en briques, ou carreaux de céramique insérés dans des armatures métalliques. Baudot reste fidèle à Viollet-le-Duc puisqu'il utilise les formes « gothiques », bizarrement mêlées à des éléments orientalisants, mais il donne aux voûtes une minceur telle que les commanditaires furent épouvantés. L'ensemble est très proche, par l'esprit, de Sainte-Cécile-Saint-Eugène de Boileau, mais il est marqué dans sa décoration, les céramiques de Bigot, les sculptures de l'autel de Pierre Roche, l'un des spécialistes des statuettes de Loïe Fuller dansant, la ferronnerie d'Emile Robert, par le goût Art Nouveau dont l'architecte récuse néanmoins le style floral.

Anatole de Baudot apparaît comme le précurseur des deux principaux utilisateurs du béton armé, Auguste Perret avec son célèbre immeuble du 25 bis rue Franklin (1903), Tony Garnier dont le projet de ville industrielle en béton, fer et verre, présenté comme envoi de Rome où il était pensionnaire à la Villa Médicis, provoqua la colère de l'Académie des Beeaux-Arts (1904). Garnier pourra appliquer ses principes d'urbanisme fonctionnel, mais par éléments séparés, à Lyon grâce à l'appui du maire Edouard Herriot.

Le XXe siecle est commencé

Pendant qu'Anatole de Baudot construisait Saint-Jean-de-Montmartre l'architecte hollandais Hendrik Berlage, qui s'était rendu à Chicago pour y connaître les méthodes de Sullivan et de la nouvelle architecture du « Loop », élevait la Bourse d'Amsterdam (1897-1903), qui n'est pas un monument révolutionnaire mais où s'affirme avec force la conception nouvelle d'une architecture de brique « fermée », dont la structure métallique du toit est laissée apparente.

La Bourse d'Amsterdam n'a, comme les autres constructions de Berlage, aucune affinité avec le modern' style ; c'est également le cas, en Allemagne de Peter Behrens. Peintre, pratiquant les arts graphiques sous l'influence de l'Art Nouveau et du Jugendstil, préoccupé par l'intégration des arts appliqués au décor, il fut appelé en 1899 par le grand-duc de Hesse à faire partie d'un groupe d'artistes réunis à Darmstadt pour étudier ces problèmes.

Tout comme Van de Velde cinq ans plus tôt Behrens aborda l'architecture en construisant et en équipant en 1900 sa propre maison ; il va progressivement adopter des formes cubiques, massives, d'une sticte sobriété fonctionnelle, qu'il appliquera à la construction d'usines. Ainsi l'architecture allemande prendra-t'elle un nouveau tournant ; Behrens sera également, grâce à l'A.E.G. l'Allgemeine Elektrizitäts Gesellschaft, qui l'appela à Berlin, l'un des premiers designers de l'objet quotidien dans son pays.

Ainsi un peu partout en Europe se mettent en place les personnalités, les mouvements, les techniques du XXe siècle ; Anatole de Baudot a beau se référer aux formes du passé et s'affirmer hanté par l'idéal « gothique », lorsqu'il déclare qu'« une œuvre d'architecture n'est autre chose qu'une réunion d'éléments et de matériaux aboutissant à une structure conçue et exécutée avec art » il annonce une part d'autant plus importante de l'avenir qu'il considère le ciment armé « comme un élément de rénovation architecturale », qui conduira à renoncer « aux ordonnances, aux proportions et aux décorations ». Il ne se trompe pas, mais il sera très irrégulièrement suivi.

Quoiqu'il en soit, et malgré les survivances de l'éclectisme orné que pratiquent parfois avec une déconcertante virtuosité des architectes acquis aux techniques nouvelles comme Boileau, Georges Chédanne ou Frantz Jourdain — dont le vaisseau de pierre armé de fer, mais exagérément décoré de « La Samaritaine » (1905-1911) est une date dans l'histoire de l'architecture moderne — contrairement à ce qui s'était passé des dernières décennies du XVIIIe aux débuts du XIXe, les mutations sont sensibles entre le XIXe siècle finissant et le XXe.

C'est que l'art apporte, dans tous les domaines, les prémices des changements qui vont transformer les habitudes visuelles, les sensibilités et le comportement de l'individu, l'évolution des sociétés ; il aide également à comprendre les bouleversements dont celles-ci sont l'objet, malgré la solidité et la stabilité qu'en apparence elles présentent.

Un esprit différent inspire la création artistique que vont affecter les grandes découvertes des dernières décennies du siècle ; un phénomène également neuf, la vitesse, va modifier considérablement la notion de temps marquée par la tension, la violence passionnelle, aiguillonnée par l'impatience de l'intensité, de la nouveauté. L'artiste, créateur solitaire, est devenu progressivement tout au long du siècle, de par sa volonté de convaincre pour être, par le plus grand nombre, « reconnu », l'objet des inquiétudes ou des doutes d'un public qui s'était longtemps cru sécurisé par la lisibilité et le contenu sensible de l'image. Le jour où cette inquiétude s'est transformée en rejet le créateur et la société se sont opposés, mais l'art moderne est né.

« Larguer l'amarre qui nous retient, autant par routine que par sentimentalité, au terre à terre de la *perception* ne pouvait s'accomplir en un jour » a écrit André Breton. C'est vrai ; les révolutions esthétiques ont commencé dans le dernier quart du XIXe siècle, mais ce sont ses oppositions et ses ruptures qui, dès leur entrée dans le XXe, ont fait naître ce monde nouveau issu de délivrances passionnées, d'exaltations inquiètes et de défis, lié à des champs d'activité hier inconnus, la science et la technique, dont le cours foisonnant, jalonné de crises, de ruptures ou de chocs, aura pour moteur principal la liberté.

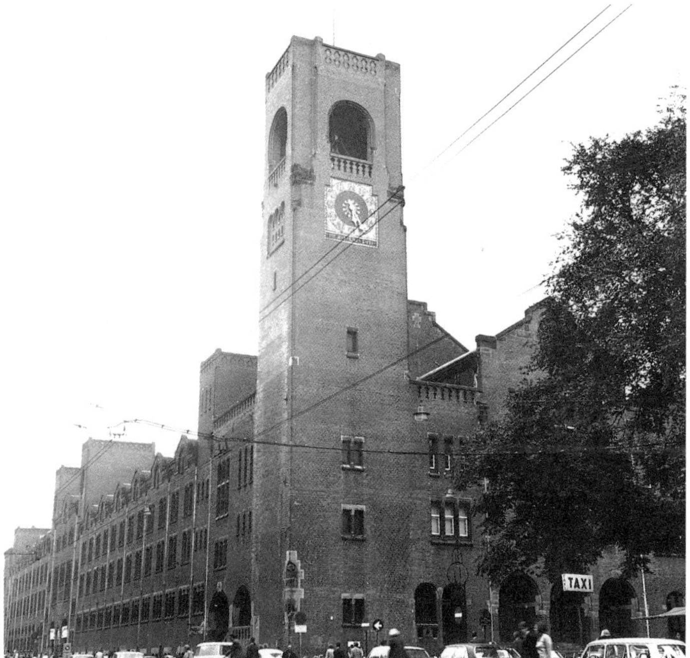

Hendrik Petrus Berlage. *Amsterdam, Bourse.* 1897-1903.

Notes

1 Un dessin d'Anatole Devosge d'après le tableau disparu de David est conservé au musée des Beaux-Arts de Dijon.
2 *Les Licteurs apportent à Brutus le corps de son fils* (1789, Louvre)
3 Cinq versions au moins existent de ce tableau. La première est une commande de Charles IV d'Espagne, vraisemblablement peinte en juillet 1800, aujourd'hui au château de la Malmaison. Satisfait de l'œuvre Bonaparte en commanda trois, où il est représenté sur un cheval bai, pour le château de Saint-Cloud emporté par Blücher en 1815 au palais de Charlottenburg à Berlin ; sur un cheval gris maintenant au Kunsthistorisches Museum à Vienne ; sur un cheval noir aujourd'hui disparue. Une quatrième version, exécutée hors commande par David, fut offerte par son propriétaire à Louis-Napoléon Bonaparte prince-président, et resta dans les collections impériales jusqu'en 1979 où l'Etat français l'acheta. Les élèves de David exécutèrent, à sa demande et sous sa direction, d'autres répliques non situées.
4 *Les Ambassadeurs d'Agamemnon et des principaux chefs de l'armée des Grecs, précédés des hérauts, arrivent dans la tente d'Achille pour le prier de combattre.* (Ecole Nationale Supérieure des Beaux-Arts, dépot au Louvre).
5 L'église ayant été détruite pendant la seconde guerre mondiale, les restes conservés sont à la Nationalgalerie de Berlin.
6 Une réplique moins surchargée est au musée Napoléon I[e] du château de Fontainebleau ; elle est due à Jacob-Desmalter.
7 Due au poète L. Eichrodt cette dénomination vient de la contraction des noms Biederman et Bummelmeier désignant deux personnages de la bourgeoisie allemande en 1848.
8 Souvenirs d'Antonin Proust, in « La Revue Blanche », février-mai 1897.
9 Ernest Chesneau, « Le Japon à Paris » in « Gazette des Beaux-Arts », 1878.
10 *Petites filles spartiates provoquant des garçons,* 1860, National Gallery, Londres. *Semiramis construisant Babylone,* 1861, musée d'Orsay, Paris. *La fille de Jephté,* 1861-64, Smith Coll. Northampton. *Scène de guerre au Moyen Age (les malheurs de la ville d'Orléans),* 1865, musée d'Orsay, Paris.
11 Gérald Ackerman : « Jean-Léon Gérôme », Paris 1986.
12 Pierre Vaisse : « La Troisième République et les peintres de 1830 à 1914 ». Thèse de doctorat, Université de Paris 1980.
13 La donation Caillebotte comprenait 69 œuvres de Manet, Pissarro, Monet, Cezanne, Degas, Renoir, etc. 29 furent refusées.
14 Jeanne Laurent, « Arts et Pouvoirs, de 1793 à 1981 ». Centre Interdisciplinaire d'Etudes et de Recherches sur l'expression contemporaine 1982.
15 Elle a été retirée en 1967.
16 Fondation Flandresy-Espérandieu, palais du Roure, Avignon.
17 Paul Gaugin : « Noa-Noa », ed. complète publiée par Jean Loize à Paris en 1966, ed. en fac-similé, illustrations du manuscrit de 1895, publiée par l'Association des Amis du musée Gauguin à Tahiti et la « Gauguin and Oceania Foundation » à New York.
18 Kirk Varnedoe, « Gauguin » in « Le Primitivisme dans l'art du 20e siècle », New York 1984, Paris 1987.
19 Samuel Butler : « Alps and Sanctuaries », Londres 1881.
20 La traduction du D. Wieczorek « L'Art de bâtir les villes », Paris 1980) a permis d'apprécier le texte dans son intégrité et sa vérité.
21 Détruit en 1930.
22 E. Cecchi, « America amara », Florence 1946.
23 Interview publié in « l'Echo de Paris », 28 décembre 1891.
24 in « Mes tendances actuelles », 1891-92.
25 Jean-Paul Bouillon, « Journal de l'Art Nouveau » 1870-1914. Genève 1983.
26 N. Pevsner, E. Langui, Jean Cassou, « Les Sources du XXe siècles », Bruxelles 1961.

Biographies

A

ATGET, Eugène. Photographe français. Libourne 1857 - Paris 1927. D'abord comédien ambulant puis peintre, il ouvre en 1900 un studio de photographie ; il a laissé de la rue parisienne, entre 1900 et 1920, plusieurs milliers de photographies d'un intérêt documentaire et d'une sensibilité inégalés. De caractère difficile, il affronta de graves difficultés matérielles, et ne fut reconnu qu'après sa mort.

AUGUSTE, Henry. Orfèvre français. Paris 1759 - Paris 1816. Principal créateur du style Empire en orfèvrerie il innova plusieurs procédés techniques et exécuta principalement, sur dessin de Percier, le surtout de vermeil offert par la Ville de Paris à Napoléon à l'occasion du Sacre (1804) et la toilette de l'impératrice Joséphine.

B

BALTARD, Victor. Architecte français. Paris 1805 - Paris 1874. Auteur de l'église Saint-Augustin à Paris (1866) dont l'ossature de fer supporte les voûtes et encadre des murs très ajourés, il construisit également les pavillons des Halles Centrales (1854-1870) aujourd'hui détruits, où il utilisa les mêmes charpentes métalliques. Il participa, après 1871, à la reconstruction de l'Hôtel-de-Ville où il édifia l'escalier d'honneur.

BARRY, sir Charles. Architecte anglais. Londres 1795 - Londres 1860. Influencé par les Italiens, puis adepte de l'éclectisme, il conçut les plans du Parlement anglais de Westminster (1836 Londres). On lui doit également plusieurs monuments à Manchester, le Reform club de Londres (1837), l'Hôtel de Ville de Halifax (1862) etc.

BARYE, Antoine-Louis. Peintre et sculpteur français. Paris 1796 - Paris 1875. Il est l'auteur de nombreuses aquarelles d'une facture puissante et, surtout, de sculptures d'animaux sauvages représentés souvent en plein combat (*Jaguar dévorant un lièvre, Lion écrasant un serpent, Lion en marche* pour la colonne de la Bastille, 1840), qui firent scandale malgré leur perfection anatomique. Son goût de l'Antiquité s'exprima dans des groupes animés de beaux mouvements dramatiques, *Thésée combattant le Minotaure, Lapithe et Centaure.*

BAZILLE, Frédéric. Peintre français. Montpellier 1841 - Beaune-la-Rolande 1870. En 1862, dans l'atelier de Gleyre, il rencontra Renoir, Monet et Sisley avec lesquels il va peindre à Fontainebleau, au Havre et à Honfleur, participant ainsi aux premières expériences de la peinture de plein air. Son œuvre au dessin vigoureux, aux volumes affirmés dans la lumière, aux couleurs claires, est d'une grande fermeté de style. L'un des premiers, il sut mettre en relation le ton des figures avec celui du paysage (*La Réunion de famille,* 1867, Louvre, *Vue de village,* 1868, Montpellier). Il fut tué pendant la guerre de 1870.

BEARDSLEY, Aubrey Vincent. Peintre et dessinateur anglais. Brighton 1872 - Menton 1898. Inspiré d'abord par les préraphaélites, Beardsley trouva très jeune un style personnel marqué par l'obsession érotique. Ses dessins très contrastés, où domine le noir sont faits d'arabesques voluptueuses et sophistiquées, et de personnages stylisés, luxueusement parés. Editeur du célèbre « Yellow Book » (1894) il exécuta dans ce style caractéristique des illustrations pour la « Salomé » d'Oscar Wilde et pour les « Contes » d'Edgar Poe. Son écriture incisive et ses jeux d'aplats contrastés influencèrent l'Art Nouveau.

BONINGTON, Richard Parkes. Peintre anglais. Arnold, près de Nottingham, 1802 - Londres 1828. Il exécuta la majeure partie de son œuvre à Paris où il rencontra Delacroix. Si ses scènes de genre (*François Ier et Marguerite de Navarre)* manquent d'originalité, il sut faire preuve dans ses paysages, principalement dans ses aquarelles, d'un sens de la lumière et de la couleur qui, par-delà Corot, eut une grande influence sur les impressionnistes ; c'est surtout dans ses aquarelles de Venise qu'il manifesta sa sensibilité aux varia-
tions de la lumière. A partir de 1824 il travailla pour les « Voyages pittoresques dans l'ancienne France » du baron Taylor que sa mort prématurée interrompit.

BONNARD, Pierre. Peintre français. Fontenay-aux-Roses 1867 - Le Cannet, 1947. Etudiant à l'Académie Jullian il y connut Maurice Denis, Ibels, Ranson, Sérusier, puis à l'Ecole des Beaux-Arts où il rencontra Vuillard ; il subit l'influence de Gauguin et fit partie en 1889 du groupe des nabis. Il exécute en 1891 sa fameuse affiche pour « France-Champagne », et commence à exposer au Salon des Indépendants, puis à la galerie Le Barc de Boutteville. Ses peintures sont remarquées pour leurs couleurs claires et leurs traits souples et spirituels (*L'Exercice,* 1890, *La Partie de croquet,* 1892, coll. partic., *Le Cheval de fiacre,* 1895, New York). En 1893 il illustra avec verve les « Petites scènes familières » et le « Petit solfège » de Claude Terrasse, et l'année suivante réalisa l'affiche de « La Revue Blanche » des frères Natanson auprès desquels il trouve ses premiers admirateurs et mécènes. Ses paysages parisiens (*Rue de Clichy,* 1900, coll. partic. New York), ses scènes d'intimité (*La Petite fille au chat,* 1899) et ses nus sensuels (*L'Indolente,* 1899, musée d'Orsay) expriment l'originalité d'une vision qui sait saisir l'imprévu et le charme des choses. Bonnard illustre en 1900 « Parallèlement » de Verlaine pour Vollard, et exécute plusieurs estampes qui traduisent son goût de la vie quotidienne, des scènes de rue, de l'intimité familiale, autant de thèmes que l'on retrouvera durant toute son existence dans son œuvre peint.

BOUDIN, Eugène-Louis. Peintre français. Honfleur 1824 - Deauville 1898. Fils de marin, libraire au Havre, il expose dans sa boutique des toiles d'amis peintres. Il rencontre Isabey, Troyon, Millet qui l'encouragent, en 1858 le jeune Monet qu'il entraîne sur le motif, et enfin Courbet qui lui présente Baudelaire. Il abandonne la librairie pour peindre, et découvre, à travers Jongkind, la palpitation de la lumière. Il devient alors le peintre des plages de la

Manche dont il rend l'atmosphère subtile aux brouillards nacrés. La légèreté de sa touche, la transparence de ses ciels et la luminosité de sa palette retiendront l'attention des impressionnistes avec qui il exposa lors de leur première manifestation, en 1874. Ses vues de Hollande, de Bretagne, de la Côte d'Azur révèlent son sens aigu du paysage marin dont il reste l'un des maîtres les plus attachants.

BOUGUEREAU, William. Peintre français. La Rochelle 1825 - La Rochelle 1905. Membre de l'Institut, symbole de l'académisme et du Salon officiel, il connut une célébrité considérable grâce à ses nus à la matière lisse et comme vitrifiée (*La Naissance de Vénus,* 1879, Nantes), et à ses tableaux religieux d'une aberrante fadeur (*Mater Afflictorum,* 1877, Strasbourg). Le romancier J.K. Huysmans voyait en lui « la négation absolue de l'art ». Bouguereau exécuta plusieurs décorations murales d'églises ; champion avec Cabanel et Gérôme de l'« art pompier », il connaît depuis peu un regain d'intérêt, plus sociologique que plastique, notamment aux Etats-Unis, où il écoula jadis nombre de ses compositions religieuses.

BRESDIN, Rodolphe. Graveur français. Ingrande (Ille-et-Vilaine) 1825 - Sèvres (Hauts-de-Seine) 1885. D'une extraordinaire précision, ses dessins et ses eaux-fortes d'inspiration fantastique ont une puissance hallucinatoire étonnante : *Le Bon Samaritain, La Jeune Fille et la Mort.* Bresdin émigra en Amérique d'où il rapporta des paysages visionnaires dont la profusion stupéfiante de détails n'a d'égale que l'imagination. Admiré par Victor Hugo, Banville et Baudelaire, il initia à la gravure Odilon Redon.

BURNE-JONES, Edward. Peintre anglais. Birmingham 1833 - Londres 1898. Son œuvre est marquée par deux influences prédominantes : Rossetti, dont il fut l'élève, et Botticelli dont il admira les œuvres en Italie. Passionné par les primitifs italiens il fonda avec William Morris le second groupe des préraphaélites où il fait preuve d'un réalisme scrupuleux dans la mise en scène de thèmes inspirés du Moyen Age, de la poésie romantique et des écrits mystiques. Cet esthétisme artificiel est racheté parfois par une inspiration poétique qui donne à ses œuvres une réelle originalité comme dans *Le Roi Cophetua et la Jeune Mendiante* (1884, Tate Gallery, Londres) *Chants d'Amour* (New York), *Le Chevalier miséricordieux* (Worcester), *L'Annonciation,* dont l'inspiration symboliste doit beaucoup à la poésie de Morris.

C

CABANEL, Alexandre. Peintre français. Montpellier 1823 - Paris 1889. Brillant virtuose du nu allégorique, mythologique ou historique, il connut un immense succès. Ce « trop célèbre pâtissier » comme l'appelait Huysmans, fut l'un des représentants les plus sirupeux de l'« art pompier ». Sa *Naissance de Vénus* (1863, musée d'Orsay, Paris), aux chairs trop nacrées, eut autant de succès que sa mélodramatique *Mort de Phèdre* (1880, Montpellier). Cabanel exécuta aussi d'importantes décorations murales dans des hôtels particuliers ou des bâtiments officiels ; il peignit au Panthéon une *Vie de Saint-Louis* (1878) qui n'est que de l'illustration agrandie.

CANOVA, Antonio. Sculpteur vénitien. Possagno 1757 - Venise 1822. Considéré comme le principal représentant de la sculpture néo-classique en Italie, il fut autant influencé par l'art français du XVIIIe siècle que par l'Antiquité. Les tombeaux monumentaux des papes Clément XIV dans l'église des Saints Apôtres (1782-1787) et de Clément XIII à Saint-Pierre de Rome (1792) le rendirent célèbre dans l'Europe entière où le type de beauté féminine idéalisé qu'il avait créé dans *Les Grâces* et *L'Amour et Psyché* fut inlassablement reproduit. Canova travailla pour Napoléon tout en demeurant le sculpteur favori des Habsbourg et de la papauté, mais l'Empereur fut mécontent de la statue où il l'avait représenté nu, une statuette de la Victoire à la main (1803-1809, musée Brera, Milan). Il exécuta aussi de nombreux bustes de la famille impériale et la fameuse statue couchée de *Pauline Borghèse en Vénus Victrix* (1804-1808, Villa Borghèse, Rome). Canova fut considéré comme le plus grand sculpteur de son temps ; seule la renommée de Thorvaldsen pouvait se mesurer avec la sienne.

CARPEAUX, Jean-Baptiste. Sculpteur et peintre français. Valenciennes 1827 - Courbevoie 1875. Elève de Rude, il obtint après son prix de Rome en 1855, d'éclatants succès (*Ugolin et ses enfants,* 1860, Louvre). Mais les milieux officiels accueillirent froidement ses œuvres que l'Institut jugeait « non conformes aux règlements ». Sa vie brève et passionnée ne sera qu'une longue lutte, malgré la protection de Napoléon III et de la cour, contre l'incompréhension de ses contemporains, et son chef-d'œuvre *La Danse,* réalisé pour la façade de l'Opéra (original au musée d'Orsay) fut ridiculement outragé. Néanmoins Carpeaux put réaliser d'importantes commandes : *Le Triomphe de Flore* pour le nouveau Louvre (1803-1866) et la *Fontaine des quatre parties du monde* avenue de l'Observatoire (1867-1872) ; il exécuta également plusieurs bustes d'une attachante sensibilité. Sa peinture, d'une vibrante rapidité de touche, aux accords sombres ou violemment colorés (l'*Attentat de Berezowski,* 1867, musée d'Orsay, *Bal costumé aux Tuileries,* 1867, musée d'Orsay) exprime une saisissante intensité visionnaire ; il fut aussi un excellent portraitiste. Marquée par le cancer et les déboires privés, la fin de sa vie ne fut qu'un pathétique calvaire.

CASSATT, Mary. Peintre américain. Pittsburg 1845 - Le Mesnil-Théribus (Oise) 1927. Formée à l'Académie de Pennsylvanie elle travailla à Paris ; Degas, l'ayant remarquée au Salon, l'invita à participer aux expositions impressionnistes. Interprète appréciée de maternités (*Mère et enfant,* musée d'Orsay) et de scènes de la vie moderne (*La Loge,* 1878-79, coll. part.), elle excella également dans l'estampe. Elle consacra une partie de son activité à faire connaître l'impressionnisme aux Etats-Unis.

CATLIN, George. Peintre américain. Albany 1796 - Washington 1872. Il fut le premier à partir pour l'Ouest où il vécut à partir de 1830, accumulant les documents qui lui serviront pour exécuter des tableaux inspirés de la vie des Indiens et de nombreux portraits aux couleurs vives et au pittoresque animé. Il composa ainsi un « Musée Indien » qu'il exposa aux Etats-Unis, puis dans différentes capitales d'Europe à partir de 1840. C'est ainsi que son œuvre put être connue de Baudelaire qui parle avec enthousiasme du colorisme de Catlin dans son « Salon de 1846 ».

CEZANNE, Paul. Peintre français. Aix-en-Provence 1839 - Aix-en-Provence 1906. Issu d'une famille bourgeoise opposée à sa vocation artistique, il réussit pourtant à persuader son père de l'autoriser à faire de la peinture en même temps que ses études de Droit. A Paris, en 1861, il rencontre, à l'Académie Suisse, Guillaumin, Pissarro et Renoir, mais revient ensuite à Aix où il exécute des copies et des compositions gauches et indécises ; il décore de grands panneaux signés par jeu « Ingres » le salon de la propriété familiale du Jas de Bouffan près d'Aix. Revenu à Paris il peint, sous l'influence de Delacroix et de Courbet, des toiles très empâtées, aux tons sombres, dont les thèmes sont généralement érotiques, qu'il appelle sa période « couillarde ». Sa vie instable et son caractère emporté l'opposent au groupe de peintres novateurs du café Guerbois ; il préfère la solitude. Il se lie avec une jeune ouvrière, Hortense Fiquet, dont il aura un fils, mais qu'il épousera seulement en 1886. Ses œuvres, jusqu'en 1870, ne révèlent qu'un tempérament véhément, hanté d'obsessions sexuelles, pour qui la peinture est un exutoire. Convulsées, souvent triviales, d'un romantisme baroque, ses toiles (*La Tentation de saint Antoine, L'Enlèvement, Une moderne Olympia, L'Idylle,* etc.), témoignent pourtant d'une remarquable puissance de conception et de vision. En 1872, sous l'influence de Pissarro, la palette de Cézanne s'éclaircit, il abandonne la peinture « couillarde » ; *La Maison du pendu* (Louvre) et les paysages de la région de Pontoise traduisent sa découverte de la nature et de la couleur. Mais à la fugacité et à la légèreté des peintres impressionnistes - avec qui il expose en 1874 et 1877 - Cézanne ajoute une recherche plus approfondie de l'espace, de l'équilibre et du poids des choses. Sa manière s'élargit (*La Mer à l'Estaque,* 1876, Louvre), et sa peinture s'ordonne désormais entre plusieurs thèmes inlassablement repris, la *Montagne Sainte-Victoire* (1885-87, New York et Nat. Gall. Londres), les baigneurs (*Le Grand Baigneur,* 1885-87 New York), les natures-mortes et les paysages (*La Route,* 1883-87, Chicago, *Le Lac d'Annecy,* 1896, Saint-Louis). Cézanne, de plus en plus solitaire, expose peu, et la révélation de ses toiles chez le Père Tanguy (1887-1893), mais surtout chez Vollard en 1895, provoque de violentes critiques. Sa dernière période, caractérisée par la monumentalité des figures (*Femme à la cafetière,* v. 1890, musée d'Orsay, *Les Joueurs de cartes,* 1890-95, Fond. Barnes, Philadelphie, Metr. Mus. New York, Nat. Gall., Courtauld Inst. Londres, et coll. part.) et une analyse très profonde des formes dans la lumière, trouve dans les ultimes *Sainte-Victoire,* le *Château Noir* (1904-1906, Washington) le *Portrait de Vallier, Le Cabanon de Jourdan,* et surtout les *Grandes Baigneuses* (Philadelphie, Fond. Barnes, et Nat. Gall. Londres) le plus émouvant accomplissement. Construction et lyrisme se mêlent dans ces œuvres qui annoncent une grande partie de l'art du XXe siècle.

CHASSERIAU, Théodore. Peintre français, Saint-Dominique 1819 - Paris 1856. Son art qu'il assimilait lui-même à une « poésie du réel » oscille entre deux tendances. L'une issue d'Ingres dont il fut l'élève préféré, se caractérise par le réalisme et la précision du trait ; l'autre lui vient du pays où il est né et se traduit par la liberté de la couleur et par une sensualité chaleureuse. Son succès au Salon de 1839 avec *Vénus marine* et *Suzanne au bain,* précédant le fameux *Portrait de Lacordaire* (1840, Louvre), préludèrent à une courte carrière de peintre où progressivement ses tendances ingresques, la *Toilette d'Esther* (1841, Louvre), le *Portrait de Mlle Cabarrus* (1848, Quimper), le cédèrent à un goût grandissant pour la couleur et des formes plus frémissantes que confirme son voyage en Orient marqué par l'influence de Delacroix. Ses peintures murales allèrent dans le sens de cette évolution *(Descente de Croix,* 1855, Saint-Philippe-du-Roule). *Nymphe endormie* (1851, Avignon), l'admirable nu de sa maîtresse Alice Ozy, fut son dernier chef-d'œuvre.

CONSTABLE, John. Peintre anglais. East Bergholt (Suffolk) 1776 - Londres 1837. Célèbre en France à la suite de sa participation au Salon de 1824, il y impressionna suffisamment Delacroix pour que celui-ci refît, après avoir vu *La Charette de foin* (1821, Nation. Gall., Londres), le paysage de ses *Massacres de Scio.* L'originalité de Constable est tout entière dans sa traduction, par une technique très audacieuse, des effets atmosphériques ; ainsi fonda-t-il esthétiquement mais aussi techniquement, le romantisme et plus tard l'impressionnisme : *Le Printemps* (v. 1814, Londres), *Vue de la Stour* (1822, Londres), la *Cathédrale de Salisbury* (1823, Londres) dont Constable fit plusieurs versions, le *Château de Hadleigh* (1829, coll. Mellon, New York). Son œuvre, peu appréciée en Angleterre où Ruskin en contesta l'intérêt, eut en revanche une grande résonance sur le continent.

COROT, Jean-Baptiste Camille. Peintre français. Paris 1796 - Paris 1875. De famille aisée, il entra à vingt-six ans à l'Ecole des Beaux-Arts. Attiré par la lumière de l'Italie, il y séjourna en 1826, puis de nouveau en 1834, accumula les études, les carnets de notes, et exécuta de nombreux paysages sobres et lumineux dont le réalisme poétique est très attachant (*Le Forum, Le Colisée, Vue de la Ville d'Este,* etc. Travaillant sans problèmes esthétiques avec le seul souci de rendre le plus fidèlement possible les différentes vibrations du paysage, il se détacha de tout académisme et se hissa au niveau des plus grands noms de la peinture, entre Poussin et Monet. *La Cathédrale de Chartres* (1830), *Vue de la forêt de Fontainebleau* (1846), et les fameux *Femme à la perle* (1868-1870) et la *Dame en bleu* (1874), tous deux au Louvre, le montrent aussi sensible au plein air qu'à la figure où il fait preuve d'une tendresse nostalgique très attachante. Ses derniers paysages d'Ile-de-France, au répétitisme parfois gênant, n'atteignent pas à la plénitude de sa maturité, mais ils témoignent avec non moins de simplicité, de son amour de la lumière aux valeurs nacrées. Baudelaire l'admira et Delacroix, qu'il déroutait par sa « naïveté », reconnut néanmoins son génie sensible et vrai. Corot mourut en 1875 quelques mois après la première exposition des « impressionnistes » qu'il combattit violemment.

COURBET, Gustave. Peintre français. Ornans (Doubs) 1819 - La Tour-de-Peilz (Suisse) 1877. C'est devant les paysages de son enfance franc-comtoise et à l'Ecole de dessin de Besançon qu'il se forma. Il arriva à Paris en 1839 et effectua de nombreuses copies au Louvre ; il voyagea ensuite aux Pays-Bas en 1847 pour y admirer ses maîtres préférés, Franz Hals et Rembrandt. Abordant des genres différents, notamment le portrait (*Les Amants heureux,* 1845, Lyon, *L'Homme à la pipe,* 1846, Montpellier) il expose au Salon où certains de ses tableaux sont acceptés. Devant ses *Casseurs de pierre* (1849, détruit à Dresde) Proudhon déclare : « C'est la première peinture socialiste », mais l'*Enterrement à Ornans* (1850, Louvre) d'un naturalisme provocant pour l'époque - tout le village, cinquante personnes, y est représenté grandeur nature - révolte le public conformiste qui taxe Courbet de subversion. A la suite d'un voyage dans le Midi chez son ami le collectionneur Bruyas (1854) d'où il rapportera *La Rencontre,* le fameux *Bonjour Monsieur Courbet,* (musée de Montpellier), la lumière le frappe et sa palette s'éclaircit. Mais le réalisme dont il est, sinon le seul, du moins le plus fougueux représentant, est loin d'être admis, et Courbet doit lutter de toutes ses forces pour l'imposer. Il ne craint pas le combat et le rechercherait plutôt, car c'est une force de la nature que ce Franc-Comtois arrogant, insolent, tumultueux, d'une vanité primaire, mais totalement et furieusement peintre. *L'Atelier* (1855, Louvre) qu'il expose la même année avec un grand nombre de ses toiles, dans un baraquement installé place de l'Alma, non loin de l'Exposition Universelle où cette immense toile a été refusée, est à ses yeux le résumé de sept ans de sa vie artistique et l'allégorie du Réalisme. *Les Demoiselles des bords de la Seine* (1856, Petit Palais, Paris) montrent un Courbet amateur à la fois de paysages et de nus dont la plénitude sensuelle s'exprimera aussi dans *Les Dormeuses* (1866, Petit Palais) ou *La Femme au perroquet* (1866 New York). Ses paysages témoignent d'un amour pour la nature, notamment celle d'Ornans où il revient chaque année qui ne se démentira jamais. Républicain et anticlérical farouche, il participe à la Commune et est accusé d'avoir été parmi les destructeurs de la Colonne Vendôme ; incarcéré il peint en prison son dernier *Autoportrait* (1871, musée d'Ornans), puis contraint de s'expatrier il va vivre en Suisse où il mourra en 1877.

D

DAGUERRE, Louis-Jacques. Peintre, décorateur et inventeur français. Cormeilles-en-Parisis 1787 - Bry-sur-Marne 1852. Il rénova l'art de la décoration théâtrale, notamment à l'Opéra et inventa le diorama puis, reprenant les expériences de Niepce, auquel il s'associa après la ruine de ce dernier (1829), il parvint en 1838 à créer un mode opératoire pratique de reproduction en plaques sensibles. Ce procédé, acquis par l'Etat, fut rendu public en 1839.

DALOU, Aimé-Jules. Sculpteur français. Paris 1838 - Paris 1902. Dalou traduisit en volumes le naturalisme de Courbet (*La Brodeuse,* 1870, *La Berceuse,* 1874), avant d'aborder des œuvres plus ambitieuses, le haut-relief du Palais-Bourbon : *Mirabeau répondant au marquis de Dreux Brézé,* et surtout l'immense *Triomphe de la République,* place de la Nation à Paris (1889). Il est aussi l'auteur du *monument de Delacroix* (1890, jardin du Luxembourg) d'une impressionnante intensité psychologique, et du pathétique *tombeau de Blanqui* (1885, Père Lachaise).

DAUMIER, Honoré. Peintre, graveur et sculpteur français. Marseille 1808 - Valmondois 1879. C'est comme dessinateur de journaux satiriques et polémiques qu'il débuta, non sans de sérieux mécomptes, avant de se consacrer à la lithographie et à la peinture. La première est pour lui une arme contre le pouvoir, qui le fait condamner à plusieurs reprises pour ses dessins subversifs (*Gargantua,* 1831, *Rue Transnonain,* 1834), puis après la loi de censure de 1835 il se consacre à des scènes de mœurs satiriques (les *Gens de justice,* 1845-48). Sa peinture débute en 1848 par une *République nourrit ses enfants et les instruit,* puis il expose au Salon de 1849 *Le Meunier, son fils et l'Ane* (Glasgow). Largement et grassement brossés, *L'Homme à la corde* (Boston), *Don Quichotte et Sancho Pança* (Fondation Reinhart, Winterthur), *Nymphes poursuivies par des satyres* (Montréal), témoignent d'un goût du baroque à la fois véhément et puissamment modelé, que l'on retrouve dans sa sculpture : *Ratapoil, Les Emigrants* (Louvre). La fin de sa vie fut assombrie par la pauvreté et une demi-cécité. C'est grâce à la générosité de Corot qu'il put se retirer à la campagne, à Valmondois où il mourut.

DAVID, Jacques-Louis. Peintre français. Paris 1748 - Bruxelles 1825. Elève de Vien, Prix de Rome en 1774, il part pour l'Italie et envoie à Paris plusieurs œuvres inspirées par l'Antiquité, puis, à son retour en France, exécute *Bélisaire reconnu par un soldat* (1781). En 1784 il est reçu membre de l'Académie avec *La douleur d'Andromaque,* et c'est en 1785 qu'il termine *Le Serment des Horaces* (Louvre) manifeste du néo-classicisme et dernière commande officielle de l'Ancien Régime. David continue à choisir ses sujets dans l'histoire ancienne ; au Salon de 1787, il expose *La Mort de Socrate* (New York) et, en 1788 il termine son *Pâris et Hélène* (Louvre). Dans *Brutus rentrant dans ses foyers après la mort de ses fils,* exposé au Salon de 1789, il a particulièrement étudié le décor archéologique ; pourtant ce n'est pas ce souci qui stimule le spectateur, mais le sujet, la portée politique et morale de l'œuvre. Poussé par le parti de la Révolution, David devient le chantre de l'épopée jacobine ; il entreprend *Le Serment du Jeu de paume,* demeuré inachevé, met en scène les grandes cérémonies révolutionnaires, mais fait également de fort beaux portraits dont la recherche psychologique vivante contraste avec la froideur de ses compositions néo-classiques : *le marquis et la marquise de Sorcy-Thélusson, Mme d'Orvilliers, Lavoisier et sa femme, Mme Trudaine, M. et Mme Seriziat, Mme de Verninac* sœur de Delacroix, etc.

Adversaire de l'Académie royale, David parvient à la faire supprimer en 1793. Dès lors il règne en maître sur l'art de son temps ; il peint *Marat assassiné* (Bruxelles), dont la pâte transparente et les vernis légers révèlent l'étonnante maîtrise du dessin. *Bara nu* (Avignon) est une étude de nu d'une vibrante sensibilité. Après Thermidor il est incarcéré, mais rendu à la liberté, il revient à son art et met son pinceau au service de Bonaparte dont il fait un admirable portrait. En 1799 il exécute *L'Enlèvement des Sabines* (Louvre) dont les grandes figures sculpturales ont un beau mouvement malgré la raideur des attitudes. Peintre officiel de l'Empire, David est surtout l'auteur du *Sacre* et de la *Distribution des aigles*, puis, tout en continuant ses portraits, dont celui de *Napoléon* (New York) et du *pape Pie VII* (Louvre), il revient au néo-classicisme et achève en 1814 *Léonidas aux Thermopyles* (Louvre). La Restauration l'exile à Bruxelles où il exécute des scènes de genre, des tableaux mythologiques et des portraits (*L'Amour et Psyché*, 1817, Cleveland). Refusant de rentrer en France où Louis XVIII a pourtant acquis le *Léonidas* et les *Sabines*, il meurt à Bruxelles le 29 décembre 1825.

DAVID D'ANGERS, Pierre-Jean David, dit. Sculpteur français. Angers 1788 - Paris 1856. D'une famille de sculpteurs, Grand Prix de Rome en 1811, il partit en Italie étudier l'Antiquité et rencontra Canova à Rome. Classicisme et romantisme réalisent, dans ses meilleures œuvres, une impressionnante synthèse de forme et d'esprit. *La Patrie distribuant des couronnes au génie* (fronton du Panthéon, Paris 1837) ou le *Tombeau de Bonchamps* (1819-1825, église de St Florent-le-Vieil) expriment ses conceptions monumentales et sons sens de l'expression dramatique. Statuaire fécond (*Gutenberg*, 1840, Strasbourg, *Fénelon, Le Roi René, Armand Carrel, P.P. Riquet,* etc.) il fit aussi de nombreux bustes (*Paganini, Chateaubriand, Goethe, Victor Hugo*) d'une grande intensité de vie, et des médailles monumentales des célébrités de son temps.

DECK, Théodore. Céramiste français. Guebwiller 1823 - Sèvres 1891. Influencé par les styles persan, arabe et chinois, il obtint des émaux transparents et des porcelaines d'une rare qualité. Directeur de la Manufacture de Sèvres en 1887, il publia la même année « La Faïence » pour faire connaître ses procédés.

DEGAS, Edgar de Gas, dit. Peintre français. Paris 1834 - Paris 1917. Dans sa jeunesse il fit, sous l'influence d'Ingres, des peintures d'histoire dans un style classique (*Sémiramis élevant les murs d'une ville,* 1860, *Les Malheurs de la ville d'Orléans,* 1865, etc.), puis, rompant avec ce genre de composition, il s'adonne au portrait (*La Famille Belleli,* 1860-62, Louvre) et commence ses scènes de courses et d'opéra (*Musiciens à l'orchestre,* 1872, Francfort) qui l'orientent vers l'expression de la vie moderne. En 1873, à la suite d'un séjour dans sa famille aux Etats-Unis, il peignit le *Bureau de coton à la Nouvelle-Orléans* (Pau), véritable document dont toute effusion affective semble écartée. Ami des impressionnistes, mais ne pratiquant ni leur esthétique ni leur technique, il participa néanmoins à leurs expositions, dès 1874, avec *La Classe de danse* et *La Répétition d'un ballet* (tous deux au Louvre). Se méfiant du plein air, peu imaginatif, passionné de vérité, son œil aigu et sa mémoire infaillible lui permettaient de reconstituer à l'atelier les spectacles les plus divers d'une vie qui le passionnait par ses singularités autant que par ses banalités. Attentif au geste juste et sachant donner au détail exact une valeur de synthèse, il exprima le caractère des êtres et des choses en « voyant », prompt à saisir le mouvement surpris comme par un objectif photographique : *Le café-concert des Ambassadeurs* (1876-1877, Lyon) ; *Les Repasseuses* (v. 1882, musée d'Orsay), *Chez la modiste* (1882, coll. Thyssen-Bornemisza). Il aborde ensuite un thème nouveau, les femmes à la toilette, qu'il montre, dit-il, « à l'état de bêtes qui se nettoient » (*Le Bain,* v. 1890, Chicago, *Femme se coiffant,* 1887-90, musée d'Orsay). Sa vue baissant il pratique de plus en plus la sculpture (*La Petite danseuse de quatorze ans,* 1879-1881), étudiant les mouvements des chevaux ou des danseuses, les attitudes des femmes au bain avec la même intensité aiguë. Progressivement ses pastels deviennent plus audacieux, plus rutilants, la couleur « mangeant » la forme transforme les groupes de danseuses en blocs de lumière aux hachures puissantes et aux éclats pailletés. En 1893 a lieu, à la galerie Durand-Ruel, sa première et unique exposition personnelle. Il termine sa vie dans une cécité presque complète et meurt à Paris en 1917, célèbre et méconnu à la fois.

DELACROIX, Eugène. Peintre français. Saint-Maurice (Val-de-Marne) 1798 - Paris 1863. Fils de Charles Delacroix, diplomate, sa mère était apparentée à Oeben et à Riesener. Ce n'est qu'à l'issue d'études solides au lycée Louis-le-Grand qu'il entre chez le peintre Guérin puis à l'Ecole des Beaux-Arts où ses coloris chauds et violents ne sont pas appréciés. Admirateur, dans le passé, de Rubens et de Michel-Ange, et parmi ses contemporains de Gros et de Géricault, il débute au Salon de 1822 avec *La Barque du Dante* (Louvre), mais à celui de 1824 il s'impose comme le maître incontesté des outrances et des tumultes romantiques avec *Les Massacres de Scio* (Louvre). Il voyage en Italie, en Angleterre, et présente au Salon de 1827 *La Mort de Sardanapale* (Louvre) qui fait scandale. Passionné de mouvement et de couleur, ce grand lyrique a contre lui les irréductibles tenants de l'Ecole et leur chef Ingres qui l'accuse de peindre avec un « balai ivre ». Les paysages de Constable lui révèlent qu'en multipliant les touches de tons similaires, mais non identiques, on obtient une vibration de couleurs bien supérieure à un ton uniforme. En 1830, après les journées de Juillet, il peint *La Liberté guidant le peuple* qu'il expose au Salon l'année suivante en même temps que des portraits et des compositions romantiques. Mais en 1832 un voyage au Maroc lui ouvre les portes d'un monde neuf, coloré, vibrant, où il accumule notes et croquis qui lui serviront toute sa vie, notamment dans *La Noce Juive au Maroc* (Louvre), *Le Sultan Moulay Abd er-Rahman et sa garde* (Toulouse), *Femmes d'Alger dans leur appartement* (Louvre et Montpellier). « J'ai bien ri des Grecs de David, écrit-il dans son *Journal* ; je les connais maintenant, les marbres sont la vérité grecque mais il faut y savoir lire et nos pauvres modernes n'ont vu que des hiéroglyphes ». Fidèle à l'idéal classique, Delacroix ne le conçoit pas comme un monde figé et livresque mais comme une réalité vivante dont le poème grandiose, d'une pureté farouche, lui a été révélé par l'Afrique. Dès 1838 il a entrepris le cycle des décorations qui, à la bibliothèque du Palais-Bourbon, à celle du Luxembourg (1840-1846), à la Galerie d'Apollon du Louvre (1850-1851), au Salon de la Paix à l'Hôtel de Ville (1852-1854) — disparu pendant l'incendie de la Commune — et à l'église Saint-Sulpice, feront de lui le plus grand peintre mural de son temps. En 1837, il peint pour Versailles *Saint Louis au pont de Taillebourg* et, en 1841, *L'Entrée des Croisés à Constantinople.* Il multiplie les portraits (*George Sand, Chopin,* etc.) les scènes de chasse, les sujets inspirés de son voyage africain où il renouvelle l'orientalisme. Il entreprend en 1849, dans une chapelle de l'église Saint-Sulpice, *Héliodore chassé du temple* et *Le Combat de Jacob avec l'Ange* terminés en 1861. A l'Exposition Universelle de 1855 son génie longtemps combattu triomphe enfin et, deux ans après, il entre à l'Institut où il avait d'irréductibles ennemis. Son Journal, tenu pendant la plus grande partie de sa vie, est un passionnant témoignage sur l'homme, sa peinture et l'art de son temps.

E

EAKINS, Thomas. Peintre américain. Philadelphie 1844 - Philadelphie 1916. Elève à Paris des peintres académiques Gérome et Bonnat, il exécuta, à son retour aux Etats-Unis, des portraits d'une recherche psychologique intense et des scènes prises sur le vif où il manifeste un goût presque obsessionnel du détail vrai (*La Clinique Gross*, 1875, Philadelphie). Il marqua aussi sa prédilection pour les scènes d'intérieur ou de sport en plein air ; très malade il fit un séjour à Dakota qui lui rendit la santé et il consacra le reste de sa vie au portrait où ses recherches psychologiques restent remarquables (*Amelia Van Buren*, v. 1886, Washington, *Le Penseur, portrait de Louis N. Kenton,* 1900, New York).

EIFFEL, Gustave. Constructeur et ingénieur français. Dijon 1832 - Paris 1923. Ses premières réalisations, le plafond vitré et les grands escaliers du Bon Marché (1876), le pont Maria Pia à Porto (1878), et surtout le viaduc de Garabit (1884) firent sa réputation. Mais son œuvre la plus importante est la Tour Eiffel, construite pour l'Exposition Universelle de 1889 ; elle comportait alors 7 000 tonnes de fer pour 300 mètres de hauteur.

ENSOR, James. Peintre belge. Ostende 1860 - Ostende 1949. Après avoir fait ses études à l'Académie de Bruxelles, il aborda une « période sombre » marquée par plusieurs autoportraits de petit format, où le réalisme imprègne de sensibles scènes d'intimité (*La Dame en bleu,* 1881, Bruxelles). C'est en 1882 que commence la « période claire », Ensor entre en même temps dans l'univers fantastique, cruel et ironique des masques où il traduit son angoisse et sa dérision devant la destinée humaine ; il peint des pantins et des squelettes auxquels il prête des attitudes macabres, insolites ou absurdes, et des couleurs d'une éclatante richesse (*Masques se disputant un pendu,* 1891, musée d'Anvers). Il traduit l'agitation humaine en accords stridents rouges, jaunes ou vert émeraude. En 1888 il entreprend l'*Entrée du Christ à Bruxelles* (Getty Mus. Malibu, U.S.A.), sa toile capitale, qui évoque à la fois les carnavals, les processions religieuses, et les « drôleries » inspirées de Bosch ou de Bruegel. Cette période très féconde est marquée par des paysages, des autoportraits, des scènes parodiques ; et surtout par une œuvre gravée d'une originalité surprenante (*La Cathédrale,* eau-forte, 1886 et 1896, *Les Bains à Ostende,* eau-forte, 1899). Mais progressivement sa verve inventive, grotesque et fantasmagorique à la fois, s'émoussa ; la seconde partie de sa vie, après 1900, ne fut qu'exploitation et redite des thèmes déjà représentés. L'anarchiste finit sa vie en personnage officiel unanimement admiré ; en 1929 il fut fait baron, et ayant dans son extrême vieillesse, cessé de peindre, savoura une gloire que son génie ne justifiait plus.

F

FANTIN-LATOUR, Henri- Théodore. Peintre français. Grenoble 1836 - Buré (Orne) 1904. Remarquable portraitiste il figura à partir de 1864 au Salon (*Edouard Manet,* 1867, Chicago, *Mr and Mrs Edwards,* 1875, Washington), il fit d'importantes compositions de groupes (*Hommage à Delacroix,* 1864, *Un atelier aux Batignolles,* 1870, *Un coin de table,* 1872). Il excella aussi dans les natures-mortes, et exécuta à la fin de sa vie des compositions visionnaires inspirées par la musique et des lithographies.

FATTORI, Giovanni. Peintre italien. Livourne 1825 - Florence 1908. Membre du groupe des Macchiaioli (tachistes), il se distingue par ses couleurs claires et vives baignées d'une lumière dure et éclatante (*La rotonde des Bains Palmieri,* 1866, Florence). Professeur à l'Académie de Florence il y exécuta des tableaux militaires et des épisodes rustiques ; ses dernières œuvres sont marquées d'un vérisme social attachant. Ce fut un excellent graveur.

FONTAINE, Pierre. Architecte français. Pontoise 1762 - Paris 1853. Il travailla surtout en collaboration avec Percier. Sous l'autorité de Napoléon, tout deux imposèrent un style néo-classique qui caractérise le régime impérial. Sous Louis XVIII Fontaine construisit la Chapelle expiatoire (1816) élevée à Paris à l'emplacement du cimetière où avaient été enterrés Louis XVI et Marie-Antoinette, et édifia au Palais-Royal la galerie d'Orléans (1829, démolie en 1833). Il participa sous Louis-Philippe aux travaux qui transformèrent Versailles en musée de l'Histoire de France.

FOUQUET, Alphonse. Bijoutier et joaillier français. Alençon 1828 - Paris 1911. Ses bijoux, présentés pour la première fois à la 5e Exposition de l'Union Centrale des Beaux-Arts appliqués à l'Industrie en 1876, s'inspiraient surtout de la Renaissance ; il alla dès lors de succès en succès. Associé à son fils Georges, 1862 - Paris 1957, il lui laissa en 1895 la direction de la maison dont celui-ci orienta la production vers l'Art Nouveau. Le peintre et affichiste Mucha réalisa de nombreux dessins pour ses bijoux originaux et raffinés ; il conçut aussi la boutique de joaillerie de la rue Royale à Paris.

FRIEDRICH, Caspar-David. Peintre allemand. Greifswald 1774 - Dresde 1840. Ses premiers succès, dûs à des dessins de l'île de Rügen, précèdent des paysages d'une grande intensité émotionnelle : *Dolmen dans la neige* (Dresde), *La Croix sur la montagne* ou *l'Autel de Tetschen* (1808, Dresde), *Le Moine au bord de la mer* (1809, Berlin, Charlottenburg). Ses voyages sur les bords de la Baltique en 1809 et en 1815-1818, et ses excursions en montagne lui inspirent des réflexions sur les rapports de l'individu et de la nature qu'il traduit dans des compositions d'une haute intensité métaphysique (*Deux hommes regardant la lune,* Dresde) où les allusions au destin tragique de l'homme sont nombreuses. Aprécié par la génération romantique, il connut à partir de 1810 des succès flatteurs que couronna sa nomination comme membre et professeur de l'Académie de Dresde en 1816 et 1824 ; il fut ensuite oublié et ne sera redécouvert qu'au début du XXe siècle. Il apparaît aujourd'hui comme l'un des plus remarquables paysagistes allemands dont la conception symbolique n'exclut pas la réalité vivante.

FROMENTIN, Eugène. Peintre, romancier et critique d'art français. Saint-Maurice près La Rochelle 1820 - La Rochelle 1876. L'un des principaux orientalistes du siècle dernier, il sut mêler l'expression de la vie à la richesse du coloris (*Halte de cavaliers arabes,* 1868, Louvre), mais son roman psychologique « Dominique » et surtout ses remarquables études d'art (« Les Maîtres d'autrefois » 1876) ont fait davantage pour sa renommée. Il est aujourd'hui regardé comme l'un des plus perspicaces critiques d'art du siècle dernier.

FUSSLI. Famille d'artistes zurichois.
Jean Gaspard, peintre de portraits et écrivain d'art, 1707-1782. - **Jean Rodolphe** son fils, peintre, dessinateur et graveur, 1737-1806. -
Jean Henri, le plus célèbre, appelé Fuseli en Angleterre. Zurich 1741 - Putney Heath (près de Londres) 1825, second fils de Jean Gaspard. Elève de Reynolds, ami de Winckelmann et de Mengs, toute son œuvre est le reflet théâtral d'un caractère porté vers l'hallucination ou un érotisme compliqué, un symbolisme annonçant le surréalisme. *Le Cauchemar* (1781, Détroit) ouvre la voie au fantastique et au rêve qu'illustrent ses cycles d'après Shakespeare. Professeur à la Royal Academy dont il était également membre, il s'inspira de 1814 à 1820 des *Chants de Nibelungen ;* son influence sur le romantisme fut considérable.

G

GALLE, Emile. Verrier et ébéniste français. Nancy 1846 - Nancy 1904. Il commença sa carrière comme peintre verrier et travailla le verre moulé. Fondateur en 1900 de l'Ecole de Nancy, il s'attacha à renouveler les aspects traditionnels de la verrerie grâce à ses recherches techniques sur les verres opaques et translucides, à son sens de la couleur et des formes nouvelles. Ses meubles en marqueterie prouvent également son esprit d'invention et son sens plastique original inspiré des formes végétales. Gallé fut l'un des principaux représentants de l'Art Nouveau.

GARNIER, Charles. Architecte français. Paris 1825 - Paris 1898. Grand prix de Rome d'architecture, il voyagea beaucoup en Italie où il étudia les monuments anciens. Son œuvre comporte des ouvrages très divers : le Cercle de la Librairie et le Théâtre Marigny à Paris, l'Observatoire de Nice, le Casino de Monte-Carlo, et de nombreux hôtels particuliers et villas. Mais sa réalisation la plus remarquable est l'Opéra de Paris, entrepris en 1861, inauguré en 1875, qui malgré l'originalité de sa construction reste le symbole de la profusion décorative et du faste du « style Napoléon III ».

GAUDI Y CORNET, Antonio. Architecte espagnol. Reus (Catalogne) 1852 - Barcelone 1926. Etudiant en architecture à Barcelone, il suit aussi des cours de philosophie et d'esthétique, et adhère au mouvement « moderniste » de renaissance catalane. Dès ses premières réalisations Gaudi fit une utilisation plastique de tous les matériaux : pierres de couleur, décorations d'extérieurs en céramique polychrome, motifs végétaux exubérants en fer forgé, provoquant ainsi une modulation savante de la lumière ; la Casa Vicens (1878) et le Palais Güell à Barcelone (1885-89) définissent déjà son style. En 1883 il entreprit la construction de l'église de la Sagrada Familia à Barcelone, puis bâtit la Casa Battlo (1905-1907) et la Casa Mila (1905-1910). Dans sa dernière œuvre, le parc Güell (1900-1914) l'insolite, le délire formel et l'imaginaire triomphent : colonnes inclinées, collages monumentaux de mosaïques de verre et de céramique composent, avec la végétation luxuriante, des ensembles colorés d'une extraordinaire résonance baroque. La science constructive de Gaudi s'exerça dans la remarquable école de la Sagrada Familia (1909) l'une de ses œuvres maîtresses dans ce domaine, alors que dans le domaine plastique, la Casa Mila surnommée « la Pedrera » (la Carrière), reste son œuvre la plus originale. Ses formes organiques aux contours horizontaux ondulés fascineront les surréalistes.

GAUGUIN, Paul. Peintre français. Paris 1848 - Atuona (La Dominique, les Marquises) 1903. Pilotin dans la marine marchande, puis employé chez un agent de change, ce bougeois tranquille et de condition aisée vint d'abord à la peinture en amateur avec des toiles impressionnistes. Il exposa pour la première fois au Salon de 1876, et en 1883 il abandonna définitivement sa profession pour se consacrer à son art. Il séjourna une première fois à Pont-Aven, en Bretagne, en 1886, avant de partir pour la Martinique avec le peintre Charles Laval. De retour en France, et de nouveau installé à Pont-Aven, il se lie avec le peintre Emile Bernard. Rencontre décisive au moment où Gauguin, de plus en plus éloigné de l'esthétique impressionniste, tente d'énoncer, à partir des recherches de son ami, ce qui sera le synthétisme (*La Vision après le sermon,* 1888, Edimbourg). Influencé par le symbolisme, il partage les idées utopiques de Van Gogh concernant l'« Atelier du Midi », et va le rejoindre à Arles d'octobre à décembre 1888, mais cette expérience se solde par un échec (*Les Alyscamps,* Paris, *Portrait de Vincent peignant les tournesols,* Amsterdam). Dans le cadre de l'Exposition Universelle de 1889, Gauguin expose au Cercle Volpini quelques toiles qui soulèvent l'enthousiasme de plusieurs jeunes peintres qui le suivent en Bretagne, à Pont-Aven puis au Pouldu (1889-90). Là se forme ce qui a été appelé l'école de Pont-Aven avec Filiger, Meyer de Haan, Moret, Maufra, Séguin, Sérusier, etc. C'est là que Gauguin peint quelques-uns de ses chefs-d'œuvre (*Le Christ jaune,* 1889, Buffalo), où il expose avec des couleurs franches et un dépouillement particulièrement expressif, sa vision synthétique du monde. Le succès relatif d'une vente aux enchères lui permet de partir, en 1891, pour Tahiti où il crut retrouver l'innocence et la pureté des civilisations primitives ; il y resta jusqu'en 1893, date à laquelle il rentre à Paris et expose chez Durand-Ruel. De ce séjour il a rapporté d'admirables toiles dont la *Vahiné au gardénia* (Copenhague), *Sur la plage* (Paris), *Tahitiennes au bain* (New York), *Quand te maries-tu ?* (Bâle). Déçu de l'accueil qui lui est réservé par la critique, et ceci malgré l'admiration de Mallarmé, de Degas, et de toute une nouvellegénération de peintres, il décide de repartir pour Tahiti (1895). Harcelé par la maladie, la solitude et une détresse morale que l'éloignement accentue, il exécute pourtant des toiles aussi puissantes que *Nevermore* (Londres), les *Seins aux fleurs rouges* (New York) et le fameux : *D'où venons-nous ? Que sommes-nous ? Où allons-nous ?* (Boston) où s'exprime une préoccupation méthaphysique qui côtoie une sensualité sauvage d'une bouleversante intensité. Après son installation en 1901 à Atuona, îles Marquises, Gauguin donne, malgré de difficiles problèmes matériels et moraux, de plus en plus d'éclat à ses toiles dont les accords sont d'un raffinement très sensible *Et l'or de leurs corps* (1901, musée d'Orsay, Paris), *Chevaux sur la plage* (1902, coll. partic. Paris). La maladie a finalement raison de lui et il meurt en 1903. Son œuvre comporte également des céramiques, des bois sculptés, ceux notamment qu'il exécuta pour sa case d'Atuona, et des écrits dont « Noa Noa ».

GERARD, François, baron. Peintre français. Rome 1770. Paris 1837. Prix de Rome en 1789 il expose aux Salons de 1791 et 1793 mais c'est deux ans plus tard que son *Bélisaire* (1795) lui apporte le succès ; *Psyché et l'Amour* (1798, Louvre) connaît un triomphe. Peintre d'histoire, ses portraits de la famille impériale et des célébrités de l'Empire *(Madame Récamier,* 1802, musée Carnavalet, Paris) furent très appréciés ; il connut une gloire égale sous la Restauration et sous la Monarchie de Juillet (*Corinne au cap Misère,* 1819, Lyon, *Le Sacre de Charles X,* 1829, Versailles et Reims).

GERICAULT, Théodore. Peintre français. Rouen 1791 - Paris 1824. Elève de Carle Vernet, de Guérin et de Gros, il rompt dès 1812 avec l'académisme (*Officier des chasseurs de la garde impériale chargeant*) en posant les jalons du romantisme naissant (*Le Cuirassier blessé,* 1816, Louvre) dont le véritable manifeste fut, en 1819, *Le Radeau de la Méduse* (Louvre). Son succès, admiration et scandales mêlés, fut considérable. Il vécut ensuite trois ans en Angleterre où il peignit la *Course de chevaux à Epsom* (Louvre) et mourut à son retour des suites d'une chute de cheval. Scrupuleux jusqu'au réalisme le plus morbide, il n'hésita pas à fréquenter les salles de dissection (pour *Le Radeau de la Méduse*) ou les asiles d'aliénés (portraits de fous). Il disparut prématurément sans avoir pu donner toute sa mesure mais son influence fut grande, notamment sur Delacroix.

GEROME, Jean-Léon. Peintre et sculpteur français. Vesoul 1824 - Paris 1904. Elève de Delaroche, il se spécialisa dans les scènes orientalistes ou antiques qui ne sont, hélas, que de froides reconstitutions sans réel intérêt plastique (*La Mort de César,* 1865, Baltimore). Ses toiles de petits formats ont davantage de sensibilité. Adversaire haineux de l'impressionnisme, il fit de son atelier de l'Ecole des Beaux-Arts une citadelle de l'académisme. Son œuvre a connu un succès imprévu, à partir de 1972, aux Etats-Unis.

GIRODET-TRIOSON, Anne-Louis Girodet de Roucy, dit. Peintre français. Montargis 1767 - Paris 1824. Elève de David et disciple de Prud'hon, il exécuta de nombreuses compositions historiques ou allégoriques (*Apothéose des Héros français morts pour la patrie...* 1800, Malmaison, *Scène du déluge,* 1806, Louvre). Il fut également portraitiste, son œuvre la plus célèbre est le portrait de *Chateaubriand* (Versailles) qui lui inspira ses populaires *Funérailles d'Atala* (1818, Montargis).

GRANET, François. Peintre français. Aix-en-Provence 1775 — Aix-en-Provence 1849. Elève de David, il vécut à Rome de 1802 à 1819 et peignit des vues de la campagne environnante qui comptent parmi les premiers « paysages purs » du XIXe siècle. Il se fit également une spécialité des intérieurs d'églises ou de couvents aux effets de lumière mystérieux (*Chœur de l'église des Capucins à Rome,* 1815, New York). Sa réputation grandissante fit de lui un véritable chef de file des peintres « romains ». En 1826 Granet fut nommé conservateur des peintures du Louvre, et en 1830 directeur des Galeries historiques de Versailles pour lesquelles il exécuta plusieurs tableaux. Il légua sa fortune et ses collections à sa ville natale qui donna son nom au musée.

GROS, Antoine-Jean, baron. Peintre français. Paris 1771 - Meudon 1835. Après avoir été l'élève de David, il participa à la campagne d'Italie et peignit *Bonaparte au pont d'Arcole* (1799, Louvre). Plus particulièrement doué pour les grandes compositions d'histoire (*Les Pestiférés de Jaffa,* Louvre, *Champ de bataille d'Eylau,* 1808, Louvre), il n'en exécuta pas moins plusieurs tableaux mythologiques (*Sapho à Leucate,* 1801, Bayeux) et des portraits. En 1811 il reçut la commande de la coupole du Panthéon dont il modifia l'iconographie sous la Restauration, où il peignit plusieurs compositions historiques (*La Duchesse d'Angoulême s'embarquant à Pauillac,* 1819, Bordeaux). Voulant continuer la tradition de David, il exécuta des toiles antiques ou allégoriques, mais *Hercule et Diomède* (Toulouse) fut mal accueilli au Salon de 1831 et Gros, de dépit, se suicida.

GUIMARD, Hector. Architecte français. Paris 1867 - New York 1942. Etudiant à l'Ecole des Beaux-Arts et à l'Ecole des Arts Décoratifs de Paris, influencé par Horta, il est le principal représentant français de l'Art Nouveau. Prônant une esthétique naturaliste, il élabora un style fondé sur la courbe et la contre-courbe. Ses œuvres les plus célèbres furent le Castel Béranger à Paris (1897-1898) dont il créa les moindres détails, employant toutes sortes de matériaux (pierre de taille, brique, meulière, etc.), les entrées des stations de métro parisiennes (1899-1904), la synagogue de la rue Pavée (1913), ainsi que plusieurs hôtels particuliers dans le XVIe arrondissement à Paris.

H

HITTORF, Jacob-Ignace. Architecte français. Cologne 1792 - Paris 1867. D'origine allemande, il se fixa à Paris en 1810 et construisit l'église Saint-Vincent-de-Paul (1824), le Cirque d'Hiver (1852), l'hôtel du Louvre ; son inspiration néo-grecque s'est manifestée surtout à la gare du Nord de Paris (1861-1863) dont le grand hall à charpente métallique est d'une construction néanmoins très moderne. Il dessina les plans du Bois de Boulogne et aménagea la place de la Concorde à laquelle il donna sa physionomie actuelle ; il construisit également les douze hôtels entourant l'Arc de Triomphe de l'Etoile (1857). Il a publié divers ouvrages sur l'architecture ancienne.

HODLER, Ferdinand. Peintre suisse. Gürzelen (canton de Berne) 1853 - Genève 1918. Formé selon la tradition de Corot et les principes de l'académisme munichois, il acquit un dessin précis et sobre. Il commença par peindre des portraits d'ouvriers et d'artisans au travail et des paysages. En 1891, il se rallia au symbolisme comme le prouvent sa fameuse trilogie, *Les Las de vivre, Les Ames déçues, Eurythmie* (1891-1895, Berne), et plusieurs autres toiles d'une inspiration grandiloquente et pessimiste. L'application systématique du parallélisme dans le paysage lui inspira des œuvres plus originales (*Soir d'automne,* 1892, Neuchâtel) que ses essais de peinture murale historique monumentale ; ces compositions eurent pourtant du succès (*La Retraite de Marignan,* 1900, Zurich) et consacrèrent sa réputation. La seconde partie de son œuvre, marquée au début par le bonheur et la grâce féminine, s'acheva peu avant sa mort par la succession pathétique de dessins et de peintures consacrés, en 1914-15, à l'agonie de sa maîtresse Valentine Godé (musée de Bâle).

HOMER, Winslow. Peintre américain. Boston 1836 - Prout's Neck, Maine, 1910. Son apprentissage fut traditionnel, et en 1859 il entra comme dessinateur au « Harper's Weekly » à New York où il demeura jusqu'en 1875. Il se consacra à la peinture après la guerre de Sécession où il fut envoyé comme reporter, et peignit *Prisonniers revenant du front* (1866, New York) qui eut un énorme succès. Homer séjourna à Paris en 1866-67 et à son retour aux Etats-Unis vécut à New York, puis exécuta ses premières aquarelles à partir de 1873 à Gloucester (Mass.). Ce sera alors son moyen d'expression le plus personnel. En 1881 il choisit de vivre dans le petit village de pêcheurs de Lullercoats près de Tynemouth, sur la mer du Nord, et passa les trente dernières années de sa vie dans la solitude ; ce fut avec *La Corne de brume* (1885, Boston), *Une Nuit d'été* (1890, Paris, musée d'Orsay), *Doublé* (1909, Washington, Nat. Gall.) où il exprime la lutte de l'homme contre les éléments, ou au contraire leur complicité, la période la plus impressionnante de son œuvre.

HORTA, Victor. Architecte belge. Gand 1861 - Bruxelles 1947. Il fut le créateur le plus original et le plus inventif de l'Art Nouveau en Belgique. Dès 1892-1893, il définit son style avec l'hôtel Tassel, à Bruxelles, où il employa le fer comme élément de structure et comme matériau décoratif, utilisant souvent la ligne courbe et les formes végétales (style « coup de fouet »). Avec l'hôtel Solvay (1895-1900) il conçut une œuvre d'ensemble, l'extérieur comme l'intérieur, dessinant tous les détails de la décoration et de l'ameublement. Dans ses nombreuses maisons particulières et ses bâtiments publics (Maison du Peuple 1896-1899, Magasins Innovation, Bruxelles, 1901, malheureusement détruits), il fit une large utilisation de la structure portante métallique et des parois vitrées, procédés qui annoncent l'esthétisme fonctionnaliste. Après la guerre, Horta abandonna ce style et revint à des formes plus classiques, voire académiques où il utilisa le béton, comme au Palais des Beaux-Arts de Bruxelles (1928) et au musée de Tournai (1928).

HUET, Paul. Peintre français. Paris 1803 - Paris 1869. Ami de Delacroix et de Bonington, c'est ce dernier qui lui fit découvrir la beauté de la mer. Il apprécia aussi le spectacle toujours différent de l'eau dans le paysage (*Inondation à Saint-Cloud,* Louvre). L'un des premiers, il eut le sens du plein air, mais il exprima surtout le caractère farouche ou véhément de la nature, qu'il traduit par des effets de contrastes (*La Château d'Arques,* 1838, Orléans, *Les brisants à la pointe de Gandville,* 1853, Louvre). Ses nombreux voyages à travers la France, en Angleterre, en Belgique, en Hollande, lui donnèrent l'occasion de peindre les spectacles les plus variés ; ils font de lui l'un des principaux novateurs du paysage au siècle dernier.

I

INGRES, Jean-Dominique. Peintre français. Montauban 1780 - Paris 1867. D'abord élève à l'école des Beaux-Arts de Toulouse, puis, à Paris, de David, il remporta en 1801 le prix de Rome mais ne put gagner l'Académie de France que cinq ans après. Entretemps, il exécuta des portraits : *Bonaparte, Premier Consul* (1805, Liège), *M., Mme et Mlle Rivière,* tous trois au Louvre, *La Famille Forestier* (crayon, Louvre), *La Belle Zélie* (1806, Rouen) où il affirme à la fois sa rigueur classique, son sens psychologique et son attrait pour les singularités, voire les bizarreries où transparaît l'influence des arts archaïques. Son œuvre romaine, de 1806 à 1810, est également marquée par de magnifiques portraits (*Mme Devaucay, le peintre Granet, M. Marcotte, Mme Panckoucke, la comtesse de Tournon*) auxquels il préférait les compositions historiques ou mythologiques, (*Œdipe et le Sphinx,* Louvre, *Jupiter et Thétis,* Aix) et des nus. Malmené par la critique parisienne qui lui reprochait son « naturalisme éhonté », Ingres, souffrant de cette incompréhension, résolut de demeurer à Rome où il se maria, en 1813, et continua à peindre de nombreuses œuvres : *La Grande Odalisque* (1814, Louvre) *Roger délivrant Angélique* (1819, Louvre). Résolu à revenir en France en frappant un grand coup, il accepta d'exécuter pour la cathédrale de Montauban *Le Vœu de Louis XIII* qu'il présenta au Salon de 1824. Ses « bizarreries » avaient choqué ou déplu, mais cette composition inspirée de Raphaël connut un triomphe, Ingres entra à l'Institut et ouvrit un atelier bientôt florissant ; il devint le porte-drapeau de la tradition face au romantisme de Delacroix. Il peint pour un salon du Louvre *L'Apothéose d'Homère* (1827) et, pour la cathédrale d'Autun *Le Martyre de saint Symphorien* (1834) que les davidiens attaquent. Vexé, Ingres demande la direction de l'Académie de France à Rome où il s'exile volontairement de 1835 à 1841. Il retourna à Paris après le succès de *Stratonice et Anthiochus* (1840, Chantilly) et , dès lors, ne quitta plus son rôle ; il put à loisir manifester ses humeurs souvent contradictoires et affronter Delacroix qu'il accusait publiquement de « corruption ». Il traite en même temps l'allégorie (*L'Age d'or,* 1842-1849, château de Dampierre), le portrait (*la comtesse d'Haussonnille,* 1845, New York, *Mme Moitessier* 1851, Washington), la scène de genre, l'histoire, la mythologie et le nu (*Vénus Anadyomène* 1808-1848, Chantilly). Le chef-d'œuvre de ses dernières années *Le Bain turc* (1859-1863), est un admirable poème sensuel. Ingres, qui mourut couvert d'honneurs, à quatre-vingt-sept ans, avait fait don d'une partie de son œuvre, notamment de près de six mille dessins, au musée de Montauban qui reçut son nom.

J

JACOB-DESMALTER, François-Honoré. Ebéniste et menuisier d'art français. Paris 1770 - Paris 1841. Second fils de Georges Jacob, il prit, à la mort de son frère aîné (1803), la direction des ateliers familiaux, et transforma la raison sociale Jacob-frères en Jacob-Desmalter. Principal fournisseur de Napoléon, il collabora avec les architectes Percier et Fontaine, ou des peintres tels que Prud'hon, à l'ameublement des résidences impériales. Sa production fut très variée, depuis les meubles en bois peint jusqu'aux modèles en acajou richement ornés de bronze, en passant par ceux incrustés d'ébène, d'étain, de nacre, de plaques de porcelaine ou de faïence de Wedgwood. Après la chute de l'Empire, c'est encore à lui que s'adressèrent la duchesse de Berry pour le palais de l'Elysée, Versailles et les Tuileries, et l'empereur du Brésil.

JONGKIND, Johan Barthold. Peintre hollandais. Latdorp (Hollande) 1819 - Grenoble 1892. Après des débuts à La Haye, il se fixe à Paris et travaille en 1845-46 dans l'atelier d'Isabey qui lui fait connaître les côtes de la Manche. Il peint aussi de nombreuses vues de Paris, mais son échec à l'Exposition Universelle de 1855 le décide à retourner en Hollande. Il regagne ensuite Paris, et se lie avec Boudin ; de 1863 à 1865, il travaille chaque été à Honfleur où il rencontre Baudelaire. Dès cette époque ses œuvres accusent, avec une fraîcheur et une légèreté de touche très fluide, tous les impondérables de la nature dans l'instantanéité de la vision (*Le Pont du chemin de fer à Honfleur,* 1865). En 1863, il expose au Salon des Refusés puis, à partir de 1865, il commence à connaître le succès et a de nombreuses commandes (*Barques sur la Meuse,* 1866, *Rade d'Anvers,* 1867, *Paysage en Hollande,* 1868). Il voyage en Hollande, en Belgique et en France ; mais sa mauvaise santé, aggravée par l'abus de l'alcool, l'oblige plusieurs fois à interrompre son œuvre où il répète les mêmes thèmes et les mêmes effets. Retiré en Dauphiné, à partir de 1873, il s'installe en 1878 à la Côte-Saint-André et y exécute de remarquables aquarelles entièrement soumises à l'impression qui fragmente la touche et suggère la forme sans vouloir la définir. Ainsi Jongkind apparaît-il comme le précurseur direct de l'impressionnisme.

K

KHNOPFF, Fernand. Peintre belge. Grembergen-lez-Termonde 1858 - Bruxelles 1921. Etudiant à Bruxelles, puis à Paris dans l'atelier de Gustave Moreau, co-fondateur des XX, il reçut les influences successives du préraphaélisme et du symbolisme dont il fut, en Belgique, l'un des principaux représentants. Son art, d'inspiration littéraire, s'entoure d'allégories ou de sous-entendus ambigus, notamment autour de la figure ambivalente de la femme à la fois symbole de pureté et porteuse de maléfices. (*Portrait de la sœur de l'artiste,* 1887, Bruxelles, *Mémories,* 1889, Bruxelles, *L'Art ou le Sphinx,* 1896, Bruxelles, Musées royaux).

KLIMT, Gustave. Peintre autrichien. Vienne 1865 - Vienne 1918. Formé à l'Ecole des Arts Décoratifs de Vienne, il eut des débuts académiques ; il décora en 1890-91 le grand escalier du Kunsthistorisches Museum à Vienne. Son évolution, influencée par le symbolisme, le conduisit à être l'un des fondateurs et le premier président de la Sécession viennoise (1897). Il collabora à la revue « Ver Sacrum ». L'érotisme provocant et désespéré des trois grandes peintures décoratives, dont il avait reçu la commande pour la salle des Fêtes de l'Université, causa un immense scandale et on dut les retirer. Ses recherches ornementales d'inspiration symboliste marquèrent deux autres importantes œuvres murales, *La Frise de Beethoven* (1902) et les mosaïques du palais Stoclet à Bruxelles (1905-09), mais aussi ses portraits (*Fritza Riedler, Adéle Bloch-Bauer, la baronne Bachofen-Echt, Mademoiselle Lieser,* etc.), ses compositions allégoriques, ou ses paysages. L'art de Klimt dégage une sensualité très « modern'style » qui reflète les ambiguïtés et les complexités de sa personnalité.

KLINGER, Max. Peintre, sculpteur et graveur allemand. Plagwitz (près Leipzig) 1857 - Grossjena (près Naumburg) 1920. A la recherche d'un art complet, c'est finalement dans la gravure où les thèmes psychologiques se mêlent à l'inspiration sociale (*Histoire d'un gant,* 1880), et dans la sculpture où il fit des essais de polychromie (*Beethoven,* 1900, Leipzig) qu'il s'est le mieux réalisé. Les bustes (*Nietzche*) restent le meilleur de son œuvre. Son œuvre peint est inégale (*Le Christ dans l'Olympe,* 1879, Vienne).

L

LABROUSTE, Henri. Architecte français. Paris 1801 - Fontainebleau 1875. Rationaliste, opposé à l'architecture officielle académique de l'époque, il édifia sur une structure métallique à double vaisseau, la Bibliothèque Sainte-Geneviève à Paris (1843-1850). Il adopta le même parti à la Bibliothèque Nationale (1862-1868).

LALIQUE, René. Bijoutier, verrier et joaillier français. Ay (Marne) 1860 - Paris 1945. Travaillant avec des matériaux précieux, il renouvela l'art du bijou par l'utilisation de motifs décoratifs empruntés à la faune et à la flore. Il fit dans le domaine de la verrerie d'importantes découvertes techniques, notamment grâce à l'adoption du verre moulé. Ses nombreux objets en verre (flacons, lampes, vases) ont répandu son nom dans le monde entier.

LIEBERMANN, Max. Peintre allemand. Berlin 1847 - Berlin 1935. Il introduisit en Allemagne la peinture française, et ouvrit l'art de son pays aux grands courants européens. Influencé d'abord par Munkàkcsy, il voyagea en Hollande et étudia Frans Hals. Il découvrit ensuite Manet et les impressionnistes qui éclaircirent sa palette, et donnèrent à ses scènes de mœurs ou à ses paysages (*Les joueurs de polo,* 1902, Hambourg) une vivacité dont certaines audaces de composition amplifient l'effet. Membre de l'Académie de Berlin il fut de 1889 à 1912 président de la Sécession berlinoise.

M

MAJORELLE, Louis. Ebéniste et décorateur français. Toul 1859 - Nancy 1928. Fils du céramiste et ébéniste Auguste Majorelle, il lui succéda en 1879 et se consacra surtout aux meubles auxquels il apporta le raffinement floral de l'Art Nouveau. Il collabora à partir de 1900 avec le verrier Daum avec lequel il crée différents supports pour ses lampes et ses verreries. Il fut l'un des membres les plus actifs de l'Ecole de Nancy.

MAKART, Hans. Peintre autrichien. Salzbourg 1840 - Vienne 1884. Grand ordonnateur des fêtes viennoises, il est également l'auteur de scènes narratives et historiques de format gigantesque (*Le Triomphe d'Ariane,* 1873-75, Vienne) et au lyrisme tumultueux. Il fit aussi de nombreux portraits de femmes. Le « style Makart » domina la fin du siècle à Vienne dans la mode et la décoration ; la réputation, déjà considérable, du peintre atteignit son apogée avec les grandes peintures et les spectacles qu'il organisa pour les noces d'argent du couple impérial en 1879.

MANET, Edouard. Peintre français. Paris 1832 - Paris 1883. Fils de grands bourgeois parisiens, il s'engagea dans la marine puis renonça à cette carrière pour pratiquer la peinture et entra dans l'atelier du peintre académique Couture auquel il préfère les copies du Louvre. Il fait ensuite plusieurs voyages, visitant les musées et continuant les copies de ses maîtres de prédilection dont l'influence se retrouve dans les œuvres de ses débuts (*Portrait de ses parents,* 1861, musée d'Orsay, Paris). La puissance de sa touche comme le modernisme de ses sujets, que louera Baudelaire, font déjà de lui un novateur. *Le Déjeuner sur l'herbe* (Salon des Refusés, 1863), et l'*Olympia,* (Salon de 1865) lui attirent les sarcasmes de la critique et du public : il devient malgré lui le porte-drapeau de la réaction contre l'académisme du Salon, le héraut de la peinture claire et de la vie moderne face au bitume et aux « grands sujets » de l'Institut. Mais il goûte peu ce rôle et, après le scandale de l'*Olympia* il part pour l'Espagne où les leçons de Vélasquez le marqueront profondément. Refusé en 1866 au Salon avec *Le Fifre* (musée d'Orsay) et *L'Acteur tragique* (Washington) il est vigoureusement défendu par Zola ; de 1868 date d'une de ses œuvres capitales, *Le Balcon* (musée d'Orsay) et en 1873 il est reçu au Salon avec *Le Bon Bock* (Philadelphie) qui apparaît comme une concession à la scène de genre académique. L'influence de l'impressionnisme l'aide à éclaircir sa palette et il peint d'admirables compositions de plein air (*En bateau,* 1874, New York, *Argenteuil,* 1874, musée de Tournai) ; mais son art déchaîne toujours les critiques et il est refusé au Salon de 1876 ; c'est pourtant l'époque de ses chefs-d'œuvre tels *Le Linge* (1875, Fondation Barnes, Merion, Philadelphie), « le plus grand effort de la peinture en plein air », écrit Berthe Morisot, *La Rue Mosnier aux drapeaux* (1878, coll. part. New York), *La Serveuse de bocks* (1878, Londres) *Le Printemps* (1881, coll. part. New York), *Un bar aux Folies-Bergères* (1882, Inst. Courtauld, Londres). Malade, il loue en 1880 une maison à Meudon où il exécute plusieurs toiles, puis à Rueil, mais la paralysie le gagne ; il peint des portraits de femmes, dont plusieurs au pastel, et des natures-mortes avant de disparaître en 1883 à 51 ans.

MARIS, Jacob. Peintre hollandais. La Haye 1837 - Karlsbad 1899. Etudiant à l'Académie de La Haye, il travailla à Anvers avant de regagner en 1857 sa ville natale où le retrouva son frère Matthijs avec qui il collabora. De 1865 à 1871 Jacob vécut à Paris ; il fut l'un des paysagistes les plus sensibles de l'Ecole de La Haye (*Le Moulin tronqué,* 1872, Amsterdam, Rijksm., *Les Cinq moulins,* 1878, Utrecht).
Matthijs MARIS. La Haye 1839 - La Haye 1917. Vivant à Paris il participa à la Commune, mais échappa à la répression ; il revint à la Haye et se consacra au paysage (*Souvenir d'Amsterdam,* 1871, Amsterdam, Rijksm., *Les Papillons,* 1874, Glasgow). Ses dernières toiles, fantastiques et visionnaires, n'ont plus rien de commun avec l'Ecole de La Haye.
Frère de Jacob et de Matthijs, **Willem Maris**, La Haye 1844 - La Haye 1910, fut également paysagiste et peintre de genre.

MEISSONIER, Jean-Louis-Ernest. Peintre français. Lyon 1825 - Paris 1891. La réputation considérable dont ce peintre de genre jouit de son vivant est un des phénomènes les plus surprenants de la peinture. Rien en effet ne justifiait cette gloire et les honneurs qu'il reçut ; ses tableaux (*1814, Friedland, La Rixe, Napoléon III à Solférino, Une lecture chez Diderot,* etc.) qui atteignaient des prix considérables, sont aujourd'hui considérés bien plus pour leur intérêt documentaire, qui est réel, que pour leurs qualités plastiques fort minces. Le meilleur de son œuvre réside dans les scènes de genre ou les paysages qu'il fit, dans le Midi notamment (*Promenade à Antibes,* 1868, musée d'Orsay).

MENZEL , Adolf von. Peintre allemand. Breslau 1815 - Berlin 1905. D'abord lithographe, il travailla à Berlin et voyagea beaucoup avant de s'installer dans la capitale allemande où il se révèle un sensible peintre de paysages (*Le bain des Nymphes au Zwinger de Dresde,* 1850, Hambourg) et des scènes réalistes à l'observation subtile (*Mur d'atelier,* 1872, Hambourg).

MERYON, Charles. Graveur français. Paris 1821 - Charenton 1868. Solitaire, il a gravé dans le cuivre les aspects les plus saisissants, les plus dramatiques aussi, d'un Paris visionnaire qui l'obsédait. Ses séries les plus originales ont été réalisées en 1850-54. Atteint d'une mélancolie héréditaire il fut interné et mourut fou, laissant une œuvre de plus de 700 planches.

MEUNIER, Constantin. Sculpteur belge. Etterbeck, Bruxelles 1831- Ixelles 1905. D'abord peintre il n'aborda la sculpture qu'en 1885, à 54 ans, et *Le Puddleur,* sa première œuvre importante, fit sensation. Inspiré par la vie des ouvriers et désirant donner à ses œuvres un contenu social, il fit quelque peu du Zola en sculpture avec une puissance revendicatrice qui s'exprime aussi dans ses peintures, ses pastels et ses fusains (*Le Coup de Grisou,* 1887, *Le Débardeur,* 1905). Pendant des années il travailla à un vaste ensemble symbolique, le *Monument au Travail,* qui sera installé à Bruxelles en 1930, vingt-cinq ans après sa mort.

MILLAIS, sir John Everett. Peintre anglais. Southampton 1829 - Londres 1896. Chef de file des préraphaélites il exécuta de nombreuses toiles symboliques ou allégoriques (*Ophelia,* 1852, Londres, Tate Gall.) d'un archaïsme curieux. Directeur de la Royal Academy de Londres, il se tourna vers la peinture officielle et reçut de multiples honneurs ; il exécuta de nombreux portraits très appréciés (*Mrs Bischoffsheim,* 1873, *Carlyle, Gladstone,* 1876).

MILLET, Jean-François. Peintre français. Gruchy (Manche) 1814 - Barbizon 1875. Fils d'un paysan normand, il s'attacha à représenter la vie des humbles tout au long d'une existence difficile au cours de laquelle il dut souvent lutter pour vivre et avoir des commandes. Ses portraits solides et puissants (*Un officier de marine,* 1845, Lyon) préludent v. 1840 à cette expression terrienne volontairement sobre et drue dont le décor et les personnages étaient ceux de Barbizon où il s'installe en 1849. *Le Semeur* (1850, Louvre), *Le Repas des moissonneurs* (1853, Boston), *L'Homme à la houe* (1862, Hillsborough), mal compris, souvent violemment critiqués, jalonnent une vie de privations qu'éclaireront deux succès inattendus : *Les Glaneuses* (1857, Louvre) et surtout *L'Angélus* (1859, Louvre) dont la popularité allait être considérable. Millet dut attendre l'Exposition Universelle de 1867 pour convaincre le public de sa grandeur et de sa vérité populaire si souvent confondues avec la vulgarité. Peintre du paysan, Millet est surtout celui de l'homme au travail, mais après 1860 il se consacra de plus en plus au paysage, grâce surtout à l'influence de son camarade de Barbizon Théodore Rousseau (*L'Hiver aux corbeaux,* 1862, Vienne). Il retourne peindre dans son pays natal (*L'église de Gréville,* 1871-74, Louvre), puis s'adonne au pastel qui correspond à sa période de succès. L'admirable suite des Quatre Saisons (*Le Printemps,* Louvre, *L'Automne,* New York, *L'Eté,* Boston, *L'Hiver,* musée de Cardiff) clôt une œuvre dont la simplicité ou le lyrisme s'harmonisent à son amour sincère de la nature et à l'attachement du peintre à la difficile condition du travailleur auquel il donna noblesse et dignité.

MINNE, Georges. Sculpteur belge. Gand 1866 - Læthem-Saint-Martin 1941. Après des débuts traversés par des crises de découragement et de longue inaction, où il exécuta néanmoins sa célèbre figure de l'*Adolescent agenouillé* (1897), il s'intègre à partir de 1899 au groupe de Læthem-Saint-Martin et subit l'influence du réalisme de Constantin Meunier. Hanté par les thèmes de la Pietà et de la maternité, son art à la fois naturiste et symboliste, d'une grande spiritualité, s'exprime dans sa célèbre *Fontaine aux agenouillés* qui, entreprise en 1898, fut plusieurs fois répétée. Il ne fut vraiment reconnu qu'à la rétrospective de son œuvre présentée à Bruxelles en 1929.

MONET, Claude. Peintre français, Paris 1840 - Giverny 1926. Sa rencontre avec Boudin au Havre l'orienta vers la peinture de plein air ; il alla ensuite à Paris en 1856 et travailla à l'Académie Suisse où il connut Pissarro, puis à l'Ecole des Beaux-Arts avec Renoir, Sisley et Bazille, en compagnie de qui il alla peindre dans la forêt de Fontainebleau. En 1865 il exécute sa première grande composition, *Le Déjeuner sur l'herbe* (Paris, musée d'Orsay) et l'année suivante obtient un vif succès au Salon avec *La Dame à la robe verte,* mais celui-ci est sans lendemain. Chargé de famille, sans ressources, refusé au Salon de 1869, critiqué par Manet qui lui reproche de peindre en plein air, Monet connaît une période difficile. Il ne continue pas moins ses paysages lumineux et aérés, en Île-de-France, en Normandie, puis, en 1870, à Londres où il fait la connaissance du marchand Paul Durand-Ruel et découvre Turner. En 1874, il participe à Paris à la première exposition des « impressionnistes », d'après le titre d'une de ses toiles : *Impression Soleil levant* (musée Marmottan, Paris). Désormais il partagera les aléas de la vie du groupe, continuant à exprimer dans son style luministe, par touches prestement colorées, son goût du plein air, surtout du soleil et de l'eau dont les reflets lui inspirent d'admirables toiles : *Régates à Argenteuil* (1872-1876, Paris). Cette période sera la plus remarquable de son œuvre, elle est suivie, en 1877, des 7 vues de la *Gare Saint-Lazare,* puis de nombreuses toiles exécutées à Vétheuil. Peu à peu il abandonne la technique impressionniste pour une conception plus large, mais de plus en plus soumise aux effets lumineux qui parfois diluent les formes ou les fondent entre elles. Les difficultés matérielles s'atténuant Monet voyage, il peint en Normandie (1882-1883), sur la Côte d'Azur avec Renoir, en Hollande, en Bretagne, en Norvège (1895), à Venise (1908). Il en rapporte de nombreux paysages rayonnant de lumière dont il étudie l'incidence sur les choses (série des *Meules,* 1891, de la *Cathédrale de Rouen,* 1892) à des heures ou durant des saisons différentes. En 1890 il a acheté dans l'Eure, à Giverny, une maison entourée d'un jardin où il commence ses longues et patientes études des *Nym-*

phéas où ses effusions avec la nature touchent à l'abstraction. Plusieurs vastes compositions sur ce thème seront installées au musée de l'Orangerie à Paris (1927). Opéré de la cataracte il peut continuer à peindre, découvrant de nouveaux rapports de couleurs, avant de s'éteindre, à Giverny, à 86 ans.

MONTICELLI, Adolphe. Peintre français. Marseille 1824 - Marseille 1886. Dernier romantique et précurseur de l'expressionnisme, c'est à partir de 1856, à la suite d'années d'études d'après les maîtres, Watteau, Rembrandt, et de recherches qu'apprécia Delacroix, qu'il touva sa technique propre. Installé à Marseille, il peint beaucoup dans les environs, souvent en compagnie de Cézanne. De 1866 à 1874 se situe la période dite « écossaise », ainsi nommée parce que de nombreux clients écossais acquirent ses tableaux (*Le Port de Cassis,* v. 1875, *La Fontaine,* v. 1872, *La Dame au chien* v. 1874-1875, musée d'Alger), puis une période d'épanouissement où, revenu à Marseille, ses thèmes préférés, conversations galantes, scènes d'opéra, sujets allégoriques, se succèdent dans les tons pourpres ou dorés qui rendent plus sensuelle encore la pâte travaillée en profondeur (*La Tireuse de cartes,* v. 1875-1876, musée de Lyon), donnant à ses tableaux un extraordinaire aspect féerique (*Conversation dans un parc,* v. 1878, coll. Daber, Paris). Monticelli exécute aussi plusieurs portraits (*Madame René,* musée de Lyon, *Madame Teissier,* Louvre) et d'éblouissants bouquets de fleurs. Si l'éclat de ses couleurs annonce les fauves, c'est au romantisme et au symbolisme que se rattachent ses toiles dont le contenu ésotérique ou fantasmatique fait de ce peintre rare un visionnaire inspiré.

MOREAU, Gustave. Peintre français. Paris 1826 - Paris 1898. Passionné par Delacroix et Chassériau qui, pour ce dernier, l'influença beaucoup, il séjourna deux ans en Italie, où il se lia avec Degas, et eut ses premiers succès au Salon avec *Œdipe et le Sphinx* (1864, Métrop. Mus.). *Le Jeune homme et la Mort* (1865) et *Jeune fille thrace portant la tête d'Orphée* (1865, musée d'Orsay). Admiré et attaqué à la fois, refusé à plusieurs reprises au Salon, il s'enferme dans une solitude farouche où il exécuta ses principales œuvres *Salomé dansant devant Hésiode* (1876, New York), *Hérode et les Muses* (1891, musée G. Moreau, Paris), *Les Prétendants* (1898) ou *Jupiter et Sémélé,* qui lui apportent peu à peu le succès public et l'amitié des écrivains et poètes symbolistes. Elu membre de l'Académie des Beaux-Arts en 1888, son atelier de l'Ecole des Beaux-Arts où il enseigna à partir de 1891, fut une pépinière de talents divers que son libéralisme stimula (Matisse, Rouault, Marquet, Manguin). Une grande partie de son œuvre est rassemblée dans son ancien atelier devenu musée Gustave Moreau où l'on peut aussi admirer ses dessins.

MORISOT, Berthe. Peintre français. Bourges 1841 - Paris 1895. Elève de Guichard ami de Corot, qui la conseilla à ses débuts, elle rencontre Manet dont elle épousera le frère en 1868. Elle exposa aux côtés des impressionnistes, et sa sensibilité féminine s'exprime dans des harmonies très subtiles et une touche personnelle, onctueuse et rapide (*Eugène Manet et sa fille,* 1883, coll. partic., *Dans l'herbe à Maurecourt,* 1884, Toledo). Elle disparut malheureusement à 54 ans.

MORRIS, William. Dessinateur, peintre et décorateur anglais. Walthamstow (Essex) 1834 - Hammersmith (Middl.) 1896. Il fonda en 1861 avec ses amis peintres préraphaélites la Morris Company dans le but de faire revivre l'artisanat d'art. Ses ateliers créèrent de nombreuses pièces : ameublement, objets d'art, tissus, vitraux, papiers peints. Il aménagea selon ses goûts sa propre maison, la « Red House ». Mais l'esprit rétrograde de la plupart de membres de son équipe lui fit progressivement abandonner ses projets. Toutefois il fut un animateur dont l'activité reste capitale dans son époque ; il écrivit « Les Arts Décoratifs, leur relation avec la vie moderne » (1878) et exposa ses idées sociales dans plusieurs ouvrages. En 1891 il fonda une imprimerie à Kelmscott où il exécuta des livres illustrés très soignés auxquels collaborèrent ses amis artistes.

MOSER, Koloman, dit Kolo. Peintre, dessinateur autrichien. Vienne 1868 - Vienne 1918. Il fit ses études à l'Académie et à la Kunstgewerbeschule, l'école des Métiers d'art de Vienne. Membre fondateur de la Sécession viennoise, il fut nommé en 1900 professeur à la Kunstgewerbeschule et fonda en 1903 avec Hoffmann, les ateliers des Wierner Werkstätte. Il travailla également pour la revue « Ver Sacrum », fit des décors de théâtre pour le Jung Wiener Theater, des meubles qui préfigurent le géométrisme et les recherches décoratives de l'« Art Déco ».

MUCHA, Alphonse. Peintre et affichiste tchèque. Ivančice (Moravie) 1860 - Prague 1939. Après des débuts difficiles de décorateur de théâtre, il fut dessinateur de presse ; une commande imprévue pour la comédienne Sarah Bernhardt fit de lui le plus sollicité et le plus célèbre affichiste de l'époque 1900. Ses affiches de théâtre, « Gismonda » (1894) « La Dame aux camélias » (1896), « Médée » (1898) mais également pour des produits commerciaux, papier à cigarettes « Job » (1896 et 1898), « Cycles Perfecta » (1897) « Biscuits Lefèvre-Utile » (1896) sont particulièrement remarquables pour le jeu des arabesques aux entrelacements très modern style. Chef de file de l'Art Nouveau dans l'imagerie de la rue il composa également des vitraux, des tapisseries, dessina des bijoux, etc. A partir de 1910 il se consacra à la peinture d'histoire et exposa à Prague, en 1928, une série d'importantes compositions, « l'Epopée slave ».

MUNCH, Edward. Peintre norvégien. Loïten 1863 - Ekely, près d'Oslo 1944. Après des débuts réalistes marqués par de cruels deuils familiaux, il voyagea beaucoup durant la première partie de sa carrière, notamment en France où il subit à partir de 1885 l'influence des impressionnistes, puis en 1890 celle de Van Gogh, Gauguin, Seurat et Toulouse-Lautrec. Son style, qui s'exprima d'abord dans plusieurs eaux-fortes et bois gravés d'une grande intensité expressive, s'affirma dans des formes larges aux courbes sinueuses tandis que ses tableaux symboliques traduisaient ses obsessions : l'amour, la mort, la douleur. Il s'était installé en 1892 à Berlin où il se lia avec Strinberg, s'initia à la gravure, à l'eau-forte puis à la lithographie et à la gravure sur bois ; il concentre son œuvre de peintre dans des compositions très expressives aux harmonies sombres (*Le soir rue Karl-Johann à Oslo,* 1892, Bergen) dont les chefs-d'œuvre sont *Le Cri* (1893, Oslo) et *Angoisse* (1894, Oslo, musée Munch). Il expose à Paris en 1896 et présente l'année suivante au salon des Indépendants l'une des versions de la *Frise de la Vie* : la *Danse de la Vie* (1899-1900, Oslo) qui est la synthèse de cette somme d'aspirations confuses, d'impulsions sexuelles, de désirs inassouvis. Nomade impénitent il fait de fréquents séjours en Allemagne, en France, en Norvège, en Italie, peint de nombreux paysages et s'oriente vers un naturalisme descriptif décanté de sa force expressionniste (*Enfant dans la rue,* 1910, Oslo, musée Munch), mais continue à évoquer dans ses gravures les thèmes de l'amour, de la mort, de la femme maléfique et du couple symbolisé par *Le Baiser* dont il fit plusieurs variantes durant sa vie.

N

NADAR, Félix Tournachon, dit. Photographe, peintre et dessinateur français. Paris 1820 - Paris 1910. Caricaturiste et journaliste, il fonda « La Revue Comique » (1849) et commença à publier à partir de 1854 le fameux « Panthéon Nadar », piquante galerie des principales personnalités de l'époque. En 1858, il réalisa en ballon de nombreux clichés et réussit la première photo aérienne du monde. En 1860 il fit ses premières expériences de photographie artificielle avec des piles Bunsen et déposa son brevet l'année suivante. Après la guerre de 1870 Nadar continua sa galerie de portraits, documents psychologiques inégalables sur cette époque.

NASH, John. Architecte anglais. Londres 1752 - East Caves (île de Wight) 1835. Sa vogue commença avec la faveur du prince de Galles (1810), futur Georges IV (1820), qui lui confia, à Londres, d'importants travaux : le plan de Regent's Park, la construction de Regent Street, Park Crescent et les « Terraces ». De 1815 à 1822 il édifia le curieux Pavillon royal de Brighton, impressionnant mélange d'éléments chinois et indiens, hétéroclite et pourtant de grande allure. Le meilleur de son œuvre réside dans les hôtels particuliers et les villas de style neo-classique qu'il construisit à Londres autour de Regent's Park et Regent Street, ainsi que dans la campagne environnante.

NIEPCE, Nicephore. Photographe français. Châlon-sur-Saône 1765 - Châlon-sur-Saône 1833. Il s'occupa d'abord de lithographie puis il découvrit qu'une couche de bitume de Judée, naturellement noir, blanchissait dans les parties recevant l'impression d'une source de lumière ; ce fut le point de départ des recherches d'où naquit, après son association avec Daguerre, ce qui deviendra la photographie.

O

ODIOT, Jean-Baptiste-Claude. Orfèvre français. Paris 1763 - Paris 1850. Il fut l'un des représentants les plus réputés du style Empire. Ses œuvres principales sont la toilette de Marie-Louise et, en collaboration avec Thomire, le berceau du Roi de Rome (1811, Vienne).

P

PAXTON, sir Joseph. Architecte anglais. Milton-Bryant (Bedforshire) 1803 - Sydenham 1865. Autodidacte, il débuta comme horticulteur et trouva dans la construction des serres du domaine de Chatsworth (Derbyshire), où il travaillait, les principes qui orienteront ses dons d'architecte. Il y édifia une serre géante, mais sa réalisation la plus remarquable est le célèbre Crystal Palace pour l'Exposition Universelle de Londres. Couvrant 70 000 m^2, il était entièrement en verre et en poutrelles métalliques préfabriquées et standardisées. Cette œuvre, détruite par le feu en 1936, fit de son auteur l'un des précurseurs de l'architecture moderne. Mais comblé d'honneurs et de commandes, malgré les critiques acerbes de Ruskin, il ne continua pas dans cette voie et adopta dans ses constructions d'églises ou de châteaux le goût éclectique de l'époque victorienne (château de Ferrières, Seine-et-Marne, 1857).

PERCIER, Charles. Architecte français. Paris 1764 - Paris 1838. C'est à Rome que se noua, dans sa jeunesse, son amitié avec Fontaine qui sera, trente ans durant, son collaborateur ; ils y étudièrent les monuments antiques, Renaissance ou néo-classiques dont l'influence se retrouvera dans leur œuvre. Celle-ci commença, sous le Directoire, par l'exécution de nombreux travaux communs : hôtel du financier Ouvrard, décoration de l'hôtel Chauvelin rue Chantereine, de la Malmaison pour Joséphine de Beauharnais, etc. Sous l'Empire, Napoléon confia à Percier et à Fontaine (1762-1853) les principales réalisations architecturales de son règne : aménagement intérieur des Tuileries, construction de l'arc de triomphe du Carrousel (1806-1808), travaux au Louvre (Grande Galerie), aménagement des rues de Rivoli et de Castiglione, de la place des Pyramides, qui ne seront achevés que beaucoup plus tard. Ils ne purent malheureusement pas mettre à exécution leurs projets les plus grandioses : la réunion des Tuileries au Louvre et la construction du palais du roi de Rome sur la colline de Chaillot.

PISSARRO, Camille. Peintre français. Saint-Thomas (Antilles) 1830 - Paris 1903. Venu à Paris en 1855 pour se consacrer à la peinture, il reçoit les conseils de Corot, se lie avec Monet (1859), Cézanne et Guillaumin (1861). Ses envois au Salon sont acceptés de 1859 à 1870, sauf en 1861 et 1863. Il expose au Salon des Refusés en 1863. A Londres, en 1870, il retrouve Monet et se lie avec le marchand Durand-Ruel. De retour en France, il participe au mouvement impressionniste. Attiré principalement par la terre, il est avant tout un peintre rustique qui sait exprimer la poésie de la campagne et des travaux des champs. C'est de sa période dite de Pontoise, de 1872 à 1884 environ, que datent ses meilleures œuvres, solides et sensibles à la fois, (*La Moisson à Montfoucault,* 1876, *Les Toits rouges,* 1877, *Le Printemps à Pontoise,* 1877, Louvre). Vers 1881 il aborde une période dominée par un esprit plus constructif, puis en1886 il adhère au néo-impressionnisme qu'il pratiquera jusqu'en 1888 mais avec moins de rigueur que Seurat et

Signac (*Soleil de printemps dans un pré à Eragny,* 1877, Louvre). Refusant de prendre la tête du mouvement divisionniste à la mort de Seurat, en 1892, Pissarro revient à la sensation impressionniste, mais en cherchant de plus en plus le lyrisme et l'éclat de la couleur. A partir de 1893, désormais connu et apprécié, il exécute une série de vues plongeantes de Paris (*Boulevard des Italiens, Effet de soleil, matin,* 1897, Washington, *Place du Théâtre-Français, printemps,* 1898, Ermitage, *Le Carrousel, matin d'automne,* 1899, coll. partic., *Le Pont-Royal et le pavillon de Flore,* 1903, Paris, Petit Palais).

PREAULT, Antoine-Augustin, dit Auguste. Sculpteur français. Paris 1809 - Paris 1879. Son goût pour les sujets cruels ou mélodramatiques valut à cet élève de David d'Angers de voir ses œuvres refusées par tous les Salons successifs. Il exécuta, pour vivre, des sculptures religieuses (*Christ en croix,* 1840, Saint-Gervais, Paris) où s'exprime son expressionnisme dramatique également sensible dans le bas-relief *Tuerie* (1834-1850, m. de Chartres). Son chef-d'œuvre *Ophélie* (1842-1843), exposé au Salon de 1850, ne sera fondu qu'en 1876 !

PRUD'HON, Pierre, dit Pierre-Paul. Peintre français. Cluny 1758 - Paris 1823. Acquis aux influences de Vinci et du Corrège lors de son séjour en Italie, il fut l'un des plus sensibles interprètes du retour à l'hellénisme, préparant le romantisme par la grâce mélancolique qui s'attache aux sujets qu'il traite. Des portraits (*Mme Anthony et ses filles,* 1784, Lyon) aux scènes de genre (*L'Amour séduit l'Innocence, le Plaisir l'entraîne, le Repentir suit,* coll. part.) et aux compositions allégoriques (*La Justice et la Vengeance divine poursuivant le Crime,* 1808, Louvre), *L'Enlèvement de Psyché* (1808, Louvre), qui marquèrent l'apogée de sa réputation entre 1808 et 1815 ; professeur de dessin de l'Impératrice il dessina les sujets du mobilier impérial. Le suicide de son élève préférée, Constance Mayer, assombrit sa vie ; il exécuta encore plusieurs portraits et de pathétiques scènes religieuses (*Le Christ expirant sur la croix,* Louvre).

PUGIN, Augustus Charles. Dessinateur anglais d'origine française. Né en 1762 - Londres 1832. L'un des principaux promoteurs du mouvement qui détermina la vogue du néo-gothique. - *Augustus Welby Northmore,* son fils, Londres 1812 - Ramsgate 1852, architecte anglais, fut le principal théoricien de la Renaissance gothique. Auteur de la cathédrale gothique de Birmingham, il décora les « Houses of Parliament ».

PUVIS DE CHAVANNES, Pierre. Peintre français. Lyon 1824 - Paris 1898. Elève de Ary Scheffer et admirateur des Florentins, il introduisit l'idéalisme dans la grande décoration murale où il exécuta d'importantes commandes pour les musées de Rouen, de Marseille et d'Amiens, la Sorbonne (*le Bois sacré,* 1888-89), l'Hôtel de Ville de Poitiers et celui de Paris, le Panthéon (l'*Enfance* et la *Vie de sainte Geneviève*), la Bibliothèque de Boston, le Palais des Arts de Lyon, etc. Ses compositions calmes et bien ordonnées, ses harmonies de couleurs adoucies, expriment une émotion assez singulière, mais ne s'accordent généralement pas à l'architecture et ne comportent guère de souci décoratif. Ses tableaux de chevalet expriment, en revanche, une poésie simple et familière (*Le Pauvre Pêcheur,* 1881, Louvre), ou une grande noblesse classique (*Le Printemps,* Lyon). Puvis de Chavannes exerça une influence sensible sur Seurat, Gauguin et les nabis.

R

REDON, Odilon. Peintre et graveur français. Bordeaux 1840 - Paris 1916. Elève de Gérome à l'Ecole des Beaux-Arts, il subit surtout l'influence du graveur Bresdin qui l'initia à l'eau-forte, tandis que Fantin-Latour lui apprit la lithographie. Personnalité originale, à la fois éloignée de l'impressionnisme et de l'académisme, il choisit essentiellement des thèmes fantastiques, s'intéressant successivement à toutes sortes de techniques capables de traduire son goût de la fantasmagorie, de l'irréel. En 1879, il publie son premier album lithographique : *Dans le rêve,* et en 1884 participe à la fondation du Salon des Indépendants. Ses plus belles œuvres, aux noirs profonds, exprimant une imagination visionnaire à la limite du cauchemar, datent de cette période (*La Tentation de saint Antoine, Les Fleurs du mal,* etc.). Il participe à la huitième exposition des impressionnistes (1886) qu'il juge pourtant « bas de plafond » et, en 1889, à la première exposition des Peintres-graveurs. Abandonnant progressivement, à partir de 1890, ses « noirs » il choisit le pastel pour tenter leur transposition colorée d'abord dans des portraits, mais surtout dans des thèmes mythologiques ou symboliques : *Naissance de Vénus,* Paris, Petit-Palais, *Le Cyclope,* Kröller-Müller, Otterlo, *Le Bouddha,* musée d'Orsay, Paris, *Saint-Sébastien,* Bordeaux, *Le Char d'Apollon,* Paris, Petit-Palais). Ses décorations de la bibliothèque de l'abbaye de Fontfroide (Aude) en 1910-1914 expriment une poésie visionnaire très raffinée. Redon eut une grande influence sur la jeune génération de peintres symboliques et nabis.

RENOIR, Pierre Auguste. Peintre français. Limoges 1841 - Cagnes 1919. Sa famille s'étant installée à Paris, il devint à quatorze ans apprenti dans une fabrique de porcelaine puis entre, en 1862, à l'Ecole des Beaux-Arts et à l'atelier Gleyre. Il y connut Monet, Sisley et Bazille avec qui il alla travailler dans la forêt de Fontainebleau. Ses premiers envois au Salon furent acceptés en Fontainebleau. Ses premiers envois au Salon furent acceptés en 1864 et 1865, mais il fut refusé l'année suivante. Ses œuvres mêlent l'influence de Courbet au goût du plein air : *Le Cabaret de la mère Anthony* (1864, Stockholm). En 1867, *Lise à l'ombrelle* (Essen) confirme son goût de la lumière et l'intérêt qu'il porte aux grandes figures claires dans un paysage. Il travaille ensuite à la Grenouillière, au bord de la Seine, à de vibrants paysages puis, après 1870, à Argenteuil avec Monet (*La Famille Henriot,* v. 1871, Fond. Barnes, Merion, *Cavaliers au Bois de Boulogne,* 1873, Hambourg). *la Loge* (1874, Inst. Courtauld, Londres) est contemporaine de la première exposition des impressionnistes ; à la seconde, en 1876, Renoir expose *Le Moulin de la Galette* et *La Balançoire* (tous deux aux musée d'Orsay), où dans un scintillement de couleurs claires, vibrantes de lumière, il exprime son amour de la vie, comme dans *Le Déjeuner des canotiers* (1880-81, Washington), *La Danse à Bougi-*

val (1883, Boston), *La Danse à la ville* (1883, musée d'Orsay). Vers 1879-1880 Renoir abandonne la technique papillonnante de l'impressionnisme et affiche son intention de se « remettre à l'école » en adoptant un style plus classique. Reçu au Salon, il est accusé de « trahison » par ses amis qui, comme lui jusque-là, n'avaient pas cessé de lutter contre la toute-puissante institution académique. *Mme Charpentier et ses enfants* (1879, New York) y est accueilli avec faveur, et ce succès confirme le peintre dans la direction qu'il a prise. Une exposition particulière lui est consacrée en juin 1879 à la galerie « La Vie moderne ». En 1881 il séjourne à Alger avant d'entreprendre un long voyage en Italie où il étudie les maîtres et visite longuement les musées. Les *Grandes Baigneuses* (Philadelphie), peintes de 1884 à 1887 illustrent la période « aigre » ou « ingresque » de Renoir, mais son goût du plein air et l'attrait qu'exerce sur lui le nu développent progressivement sa conception de la peinture vers des thèmes plus simples où la femme domine (*Baigneuse endormie,* 1897, Fond. Reinhart, Winterthur, *Gande Baigneuse en chapeau,* v. 1904-1906, *La Boulangère,* 1904, *La Source,* 1901). Mais Renoir est aussi le peintre de la famille, et ses enfants lui fournissent des sujets nombreux (*La Famille de l'artiste,* 1896, Fond. Barnes, Merion, *le Jardin d'Essoyes,* 1903, coll. Gangnat). A partir de 1899 il séjourne dans le Midi, notamment à Cagnes où il s'installe définitivement en 1903 ; l'année suivante le salon d'Automne lui rend un éclatant hommage. Renoir, qui souffrit dans ses dernières années de rhumatismes déformants, montre néanmoins le même plaisir de peindre et fait alterner les paysages de sa propriété des Collettes avec des natures-mortes et des portraits ; à partir de 1913 il utilisa un praticien, le sculpteur Guino, qui, sur ses indications, modela plusieurs œuvres monumentales, une *Vénus, La Laveuse,* le bas-relief du *Jugement de Pâris,* etc.

REPINE, Ilia Efimovitch. Peintre russe. Tchougouiev 1844 - Kuokkala (Finlande) aujourd'hui Repino, 1930. Après avoir travaillé à Saint-Pétersbourg et à Paris, il exécuta des tableaux satiriques, des portraits et des scènes de genre ; mais c'est surtout comme peintre de l'histoire russe qu'il connut ses plus grands succès. Il fut l'un des principaux membres du groupe des Ambulants. Ses œuvres les plus célèbres, *Les Haleurs de la Volga* (1873, Léningrad), *Ivan le Terrible et son fils* (Moscou), témoignent de son réalisme tourmenté, véhément, mais très académique d'esprit.

RODIN, Auguste. Sculpteur français. Paris 1840 - Meudon 1917. Refusé trois fois de suite à l'Ecole des Beaux-Arts, il fait, pour gagner sa vie, de nombreux métiers — ornementiste, mouleur, ciseleur etc. — qui lui donnent une grande habileté manuelle. Collaborateur du sculpteur académique Carrier-Belleuse il exécute des travaux décoratifs dans le goût de l'époque, notamment à Bruxelles où il reste sept ans. Il envoie au Salon de 1864 *L'Homme au nez cassé* qui est refusé. En 1875, il part pour l'Italie où la révélation de Michel-Ange le libère de son passé académique. Il sculpte peu après son premier chef-d'œuvre, *L'Age d'airain ;* on l'accuse de l'avoir moulé sur nature mais il peut se justifier et cet ouvrage, exposé au Salon de 1877, est acquis par l'Etat. Ce païen épris d'art religieux, qui écrira un livre admirable sur les cathédrales, exécute un *Saint Jean-Baptiste prêchant* (1879) avant de mettre en œuvre l'immense *Porte de l'Enfer* destinée au musée des Arts Décoratifs à laquelle il travaillera toute sa vie. Il y incorporera des figures isolées, *Adam* (1880), *Le Penseur* (1880), ou en détacha des fragments, *La Luxure* (1882), *L'Enfant prodigue, Le Baiser* (1886), d'abord conçus dans cet ensemble. A partir de 1880 la puissance et l'originalité de son travail commencent à être reconnues, mais ses audaces choquent le public et déconcertent les « officiels » comme dans la longue et pénible affaire des *Bourgeois de Calais* qui étaient achevés depuis dix ans lorsqu'ils furent mis en place en 1895. En revanche son *Balzac* fut refusé par la Société des Gens de Lettres, et ce n'est qu'en 1939 que cette figure saisissante a été érigée à Montparnasse. En 1900, Rodin organise une importante rétrospective de ses œuvres dans un pavillon de l'Alma et, dès lors, son génie ne fit plus de doute pour personne, sauf pour l'Académie des Beaux-Arts qui ne cessa de s'acharner contre lui, puisqu'elle faillit compromettre le don fait par l'artiste de son œuvre à l'Etat. Installé à Meudon depuis 1900, il y exécute la version définitive du *Penseur* (1904), *L'Homme qui marche* (1907), etc. Ses bustes (*Clémenceau, J.-P. Laurens, Benoît XV, Dalou, Antonin Proust, Puvis de Chavannes,* etc.) ; ses lavis de nus en mouvement, ses dessins, prouvent, comme les innombrables ébauches ou études qu'il a laissées, la puissance de son esprit créateur. L'hôtel Biron à Paris, qu'il habita à partir de 1907, et le musée installé près de sa villa de Meudon, où le sculpteur repose sous une réplique du *Penseur,* abritent son œuvre.

ROSSETTI, Dante Gabriel. Peintre anglais. Londres 1828 - Birmingham 1882. Après des études à la Royal Academy et un séjour dans l'atelier de Ford Maddox Brown, il fonde avec Hunt et Millais la compagnie préraphaélite. De tempérament mystique, il traitait volontiers des sujets se rattachant aux légendes médiévales, aux vieilles ballades anglaises, auxquels il ajoutait une grâce florentine mélancolique (*L'Enfance de la Vierge Marie,* 1849, Londres, Tate Gallery). Il consacra principalement son œuvre à la beauté féminine surtout à travers son modèle favori, plus tard sa femme, Elisabeth Siddal. A la mort de celle-ci en 1863 il exécuta *Beata Beatrix* (1863, Londres) où il confondit la vision de Dante avec celle de la femme aimée. L'épouse de William Morris Jane Burden devint ensuite son inspiratrice, il en fit l'idéal de beauté préraphaélite. Rossetti passa ses dernières années dans la solitude.

ROUSSEAU, Théodore. Peintre français. Paris 1812 - Barbizon 1867. De formation classique, il se fit, par amour de la nature « peintre des pays » et commença à exécuter des paysages dans la forêt de Compiègne, en Normandie et en Vendée (*L'allée des châtaigniers* (1834, musée d'Orsay). En 1833 il découvrit la forêt de Fontainebleau où, avec Millet, Diaz, Daubigny, il forma l'école de Barbizon. Il s'installa dans le village en 1846 et peignit toute une succession de toiles qui évoquent les sites les plus pittoresques ou les plus grandioses de la forêt ; il s'attacha surtout à montrer la majesté des arbres, symboles de la vie : *Les gorges d'Apremont* (Limoges), *La lande d'Arbonne* (New York), *la Mare* (Reims). Régulièrement refusé au Salon il ne put s'y manifester qu'après la réforme de 1848, mais son originalité de paysagiste pur ne fut reconnue, après bien des mécomptes et des échecs, qu'à l'Exposition Universelle de 1855.

RUDE, François. Sculpteur français. Dijon 1784 - Paris 1855. Après avoir été l'élève de Desvoges à Dijon, Rude alla à Paris où il obtint le Prix de Rome, mais il ne se rendit pas en Italie. Ses premières œuvres sont des sujets de genre ; *Le Petit Pêcheur napolitain* (1833, Louvre) est le plus connu. Il trouva sa première grande chance auprès de Thiers qui lui commanda pour l'Arc de Triomphe de l'Etoile à Paris *Le Départ des volontaires de 1792,* appelé aussi *La Marseillaise* (1835-1836) dont le souffle lyrique est véritablement impressionnant. Son art tumultueux, fougueux, d'un réalisme brutal, choqua ses contemporains, et Rude eut du mal à s'imposer. On lui doit le superbe gisant du *tombeau de Cavaignac* (1847, cimetière Montmartre, Paris), la *statue de Ney* (1852-1853, Paris) d'une magnifique envolée, *Napoléon s'éveillant à l'immortalité* (1847, Fixin, près de Dijon), *Hébé jouant avec l'aigle de Jupiter* (1855, m. de Dijon) qui témoignent de ses qualités souvent contradictoires de puissance épique et d'expressionnisme dynamique.

RUNGE, Philipp Otto. Peintre allemand. Wolgast 1777 - Hambourg 1810. Dessinateur et graveur des *Heures du jour,* il se tourna ensuite vers le paysage qu'il regardait comme l'expression sans cesse changeante des rapports de l'homme avec la création. Il exécuta aussi plusieurs portraits *Les enfants Hülsenbeck* (1806, Hambourg) et des compositions religieuses, puis revint au thème des « Heures du jour » qu'il conclut, peu avant sa mort, par le *Matin* (1809, Hambourg). Il écrivit à cette époque un important traité des couleurs. La plus grande partie de son œuvre est à la Kunsthalle de Hambourg.

S

SCHINKEL, Karl Friedrich. Architecte allemand. Neuruppin 1781 - Berlin 1841. Il voyagea en Italie à plusieurs reprises et s'imposa à Berlin comme le principal représentant du néo-classicisme. A partir de 1816 il édifia un grand nombre de monuments néoclassiques aussi vastes que grandioses. A Berlin il construisit la Neue Wache, sur Unter den Linden (1816-1818), le théâtre royal du Gendarmenmarkt (1821), l'Altes Museum (1828), plusieurs châteaux aux environs, et l'église St Nikolaï de Postdam (1830-1837). Tenté par l'éclectisme, il employa le style néo-gothique particulièrement sensible à Berlin à l'église dite Friedrich Werdersche Kirche (1825-1828).

SEURAT, Georges. Peintre français. Paris 1859 - Paris 1891. Après avoir étudié au Louvre les maîtres anciens il se consacre d'abord aux copies des musées, puis à partir de 1881 il se passionne pour les théories scientifiques sur le contraste simultané des couleurs, et peint, selon ses procédés, *Une Baignade à Asnière,* refusée au Salon de 1884, qu'il expose à celui des Indépendants dont il est l'un des fondateurs. Il pousuivit ses recherches chromatiques en mettant au point la division de tons par la juxtaposition de pastilles de couleurs qui, à distance, crée sur la rétine les mélanges voulus. De nombreuses études et esquisses précèdent *Un dimanche à la Grande Jatte* (1884-1886, Art Institute, Chicago), *La Parade,* (1887-1888, coll. Stephen-Clark, New York), *Jeune femme se poudrant* (1889-1890, Inst. Courtauld, Londres), *Le Chahut* (1889-1890, Kröller-Müller, Otterlo), *Le Cirque* (1890-1891, Louvre). Seurat exécuta aussi selon ses procédés « divisionnistes » plusieurs paysages de la mer du Nord, Port-en-Bessin, Le Crotoy, Gravelines, etc. Ses dessins, aux subtils contrastes de noirs et de blancs enveloppés de gris, constituent une part capitale de son œuvre. Seul un petit noyau d'amis comprit l'importance de ses recherches à propos desquelles Félix Fénéon inventa le terme « néo-impressionnisme ». Seurat mourut à 32 ans, en 1891.

SIGNAC, Paul. Peintre français. Paris 1863 - Paris 1935. D'abord influencé par l'impressionnisme, il fut en 1884 parmi les fondateurs de la Société des Artistes Indépendants. La rencontre de Seurat fut déterminante et il devint à ses côtés le principal adepte et théoricien du divisionnisme sur lequel il écrivit un ouvrage capital : « D'Eugène Delacroix au néo-impressionnisme » (1899). Après la mort de Seurat il découvrit Saint-Tropez et s'y installa, peignant des paysages plus libres et plus frais. De nombreux voyages par bateau le conduisent de la Méditerranée à la Hollande où sa technique progressivement s'allège. Son œuvre comporte des scènes d'intérieur *(Les Modistes,* 1885-86, Fond. Bührle, Zurich), des portraits (*Félix Fénéon,* 1890, New York, Metr. Mus.), mais surtout des paysages à l'huile et à l'aqarelle (*Vue du port de Marseille,* 1905, New York).

SIGNORINI, Telemaco. Peintre italien. Florence 1835 - Florence 1901. Ecrivain et polémiste, il participa aux recherches et aux manifestations du groupe des Macchiaioli (tachistes) ; il traita des sujets réalistes marqués d'intentions sociales (*La Salle des agitées à San Bonifacio,* 1865, Venise) et des paysages lumineux. L'influence de Degas, qu'il avait connu à Paris, l'orienta vers la traduction expressive de la vie moderne (*La Toilette du matin,* 1898, Milan).

SISLEY, Alfred. Peintre anglais. Paris 1839 - Moret-sur-Loing 1899. Quoique de nationalité britannique il vécut et travailla en France. Il rencontre à l'atelier Gleyre, en 1862, Bazille, Monet et Renoir qui le convertissent à la peinture claire. Il peint en leur compagnie dans la forêt de Fontainebleau (1864-1865) mais est refusé au Salon après une première réussite en 1866. Ruiné par la guerre, il partage les aléas de l'aventure impressionniste, supportant stoïquement une vie de privations et d'humiliations qui se poursuivra même après le succès du mouvement. Sa vie solitaire et discrète eut pour cadre l'Ile-de-France, notamment Moret-sur-Loing dont il peignit les paysages lumineux avec une sensibilité retenue (*Inondation à Port-Marly,* 1876, Louvre, *Neige à Louveciennes,* 1878, Louvre, *L'Eglise de Moret après la pluie,* 1894, Detroit).

SMIRKE, Sir Robert. Architecte anglais. Londres 1781 - Cheltenham 1867. Ses séjours en France, en Italie et en Grèce (1801-1805) enrichirent sa formation. Il utilisa d'une manière quelque peu formaliste les ordres antiques (théâtre de Covent Garden, 1808, incendié en 1856) et construisit le British Museum (1823-1847), il employa également le style néo-gothique à la mode à Eastnor Castle, Herefordshire (1808-1815).

SOANE, Sir John. Architecte anglais. Goring 1753 - Londres 1837. L'un des principaux représentants du style néo-classique ; l'emploi de la fonte fait de lui le précurseur de l'architecture métallique. Il travailla pour la Bank of England (1792-1808), l'Art Gallery de Dulwich, et construisit les nouveaux bâtiments de l'Hôpital de Chelsea. Sa propre maison à Lincoln's Inn Fields à Londres (1813) est devenue le musée Soane.

STIEGLITZ, Alfred. Photographe et marchand de tableaux américain. Hoboken (New Jersey) 1864 - New York 1946. Fils d'émigrés allemands il passa sa jeunesse à New York, puis vécut en Allemagne où il fit des études d'ingénieur mécanicien (1880). Il s'intéresse à la photo dès 1883 ; en 1890 il retourne à New York où il ouvre en 1902 la galerie Photo-Sécession et publie la revue « Camera Work » l'année suivante. En 1907 il commence à exposer des dessins et des tableaux modernes dans sa galerie qu'il baptise « 291 » ; il expose Matisse (1908), le Douanier Rousseau, Picasso, Picabia, l'art nègre et, plus tard, des artistes américains dont John Marin. En 1916 il publie la revue « 291 » à laquelle collaborent Marcel Duchamp, Picabia, Man Ray, etc., elle sera le principal instrument de propagande du groupe Dada de New York.

SULLIVAN, Louis Henry. Architecte américain. Boston 1856 - Chicago 1924. Après avoir fait ses études au Massachusetts Inst. of Technology à Cambridge, puis à Chicago, en 1874 il alla travailler à l'Ecole des Beaux-Arts de Paris et visita successivement l'Italie et le France puis, à son retour, il se fixe à Chicago où il entre dans la firme de Dankmar Adler avec qui il travailla jusqu'en 1895 ; il construisit durant cette période l'Auditorium Building (1886-1889), le Wainwright Building de Saint-Louis (1891) puis seul le Gage Building (1898) et les magasins Carson (1899-1904) à Chicago, où son style se distingue par la mise en évidence des structures verticales et par l'utilisation d'une décoration florale qui rejoint les recherches du modern style. Au tournant du siècle, 1899 et 1903-04, le Schlesinger and Mayer Department Store à Chicago apparaît comme son œuvre maîtresse dont l'influence sera grande dans l'avenir.

T

THOMIRE, Pierre-Philippe. Fondeur et ciseleur français. Paris 1751 - Paris 1843. Nommé ciseleur de la manufacture de Sèvres en 1785, il fit passer l'art du bronze du stade artisanal au stade industriel. Après avoir travaillé pour Louis XVI et Marie-Antoinette il devint l'un des principaux orfèvres de l'Empire, collabora avec Odiot au berceau du Roi de Rome, et exécuta la toilette de l'impératrice Marie-Louise sur dessin de Prud'hon (1810).

THORVALDSEN, Bertel. Sculpteur danois. Copenhague 1768 - Copenhague 1844. Pionnier du retour de l'antique, il est la figure centrale de la sculpture néo-classique de la première moitié du XIXe siècle. On lui doit la restauration abusive des frontons antiques du temple d'Egine (Glyptothèque, Munich), l'exécution de nombreuses statues aussi élégantes que froides, la frise de la *Campagne d'Alexandre* pour le palais du Quirinal à Rome (1811), l'*Amour triomphant* (Vienne 1819), *Les Grâces et l'Amour* (1819), les statues du Christ et d'apôtres de l'église Notre-Dame à Copenhague, de nombreux bustes et monuments funéraires. Sa ville natale lui a consacré un musée.

TIFFANY, Louis Comfort. Peintre verrier américain. New York 1848 - New York 1933. Fils de Charles Lewis Tiffany, fondateur de la maison d'orfèvrerie, il vint étudier la peinture à Paris et en 1875 commence à travailler le verre ; il substitua à l'influence orientalisante de ses premières œuvres, vases et vitraux, une inspiration fantastique ou féerique. Ses vases de l'époque 1900 eurent un grand succès, notamment son *Favrile glass* iridescent, combiné à des métaux et des alliages. Il conçut également plusieurs objets décoratifs. Ses vitraux, pour lesquels Vuillard, Bonnard ou Toulouse-Lautrec lui fournirent des cartons, connurent une vogue considérable en France comme aux Etats-Unis ; ils étaient exécutés en « verre américain », matière opaline d'une exceptionnelle richesse. Tiffany redécora l'intérieur de la « Maison Blanche » à Washington et des intérieurs d'églises.

TOOROP, Johannes Theodoor, dit Jan. Peintre hollandais. Poerworedjo (Java) 1860 - La Haye 1928. Il se forma à Amsterdam puis à Paris où il subit principalement l'influence de Gustave Moreau, peignant dans un style nerveux, aux contours durs et aux coloris violents. Puis ses contacts avec Redon et Rops l'orientèrent vers un symbolisme linéaire aux arabesques à la fois enveloppantes et aiguës et aux effets recherchés (*Les Trois fiancées,* 1893, Otterlo). Il s'orienta ensuite vers le néo-impressionnisme, puis converti au catholicisme, revint au symbolisme où il développa des thèmes religieux.

TOULOUSE-LAUTREC, Henri-Marie-Raymond de Toulouse-Lautrec Monfa. Peintre français. Paris 1864 - Château de Malromé (Gironde) 1901. Sa famille le destinait à la carrière militaire, mais s'étant brisé les deux jambes dans son adolescence il dut y renoncer, se consacrant désormais à la peinture qu'il pratiquait depuis son enfance (*Artilleur sellant un cheval,* 1879, Albi). En 1882 il entre dans l'atelier de Bonnat à l'Ecole des Beaux-Arts, puis dans celui de Cormon où il se lie avec Van Gogh, mais peu fait pour l'enseignement académique, il s'installe en 1865 à Montmartre dont il observe et peint avec une extraordinaire acuité de regard, la faune singulière de la vie de plaisir (*Le Bal du Moulin de la Galette,* 1889, Chicago, *Au Moulin-Rouge, entrée de la Goulue,* 1892, New York, *Jane Avril dansant,* v. 1891-92, Paris, musée d'Orsay). Lautrec s'attache aussi à observer les filles de joie et s'installe dans une maison close pour peindre leur mœurs intimes (*Au salon de la rue des Moulins,* 1894, Albi) avec autant de tendresse perspicace que de vérité. Il fréquente également le cirque, le théâtre, portraiture Polaire, May Bedfort, Yvette Guilbert ou la clownesse Cha-U-Kao. Très influencé par Degas dont il n'a pas la cruauté, il recherche aussi les mises en page à la japonaise, et s'impose comme un remarquable dessinateur au trait aigu principalement dans ses affiches aux larges aplats de couleur cernés de noir (*Jane Avril au Jardin de Paris,* 1893, *Aristide Bruant,* 1891). Il exécuta entre 1892 et 1899 plus de 300 lithographies, et travailla même au théâtre pour Lugné-Poe à l'Œuvre, et pour Antoine au Théâtre Libre, composant maquettes de décors, programmes etc. En 1895 il réalise la fameuse décoration de la baraque de la Goulue à la foire du Trône (musée d'Orsay) ; interné en 1899 à la suite de crises de délirium provoquées par l'abus de l'alcool il exécute de mémoire, aux crayons de couleurs, une série pour le cirque tout aussi remarquable que celle qu'il avait composée en 1896 d'après les pensionnaires de maisons closes, « Elles ». Refusant de renoncer à ses funestes habitudes, il vit sa santé se détériorer rapidement mais peignit jusqu'au bout (*Un examen à la faculté de Médecine de Paris,* 1901, Albi) ; il mourut dans le château familial à Malromé en 1901 à 37 ans.

TROYON, Constant. Peintre français. Sèvres 1810 - Paris 1865. D'abord peintre décorateur de la Manufacture de Sèvres, il voyagea en Hollande où il admira les artistes animaliers, mais c'est au contact des peintres de Barbizon qu'il trouva sa voie. Ses paysages, d'une pâte riche et vibrante, sont généralement peuplés d'animaux (*Le Retour à la ferme,* 1859, Louvre). Ses derniers paysages maritimes exécutés v. 1860 sur les bords de la Manche, auprès de Boudin, attestent son influence sur l'impressionnisme.

TURNER, Joseph Mallord William. Peintre anglais. Londres 1775 - Londres 1861. Fils d'un barbier il apprend à dessiner dans les rues et au bord de la Tamise. Il exécute de nombreuses aquarelles et ne commence à peindre à l'huile qu'en 1796. Il voyage en France, en Suisse, en Italie, mais il a une prédilection pour les paysages du Yorkshire, la plage de Margate et l'architecture gothique anglaise. *Le Château de Norham,* exposé au salon de la Royal Academy en 1798, consacre sa réputation. Les commandes affluent. Passionné par Claude Lorrain et ses effets de lumière, il peint de nombreux tableaux mythologiques et historiques *Le Naufrage* (1805, Londres), *La bataille de Trafalgar* (1808, Londres), *Annibal traversant les Alpes* (1812), et aborde en même temps les scènes de la vie rurale anglaise (*Le Matin de gel,* 1813, Londres). Dans ses voyages en Italie, à partir de 1819, il donne libre cours à son obsession de la lumière vue et éprouvée comme un pouvoir universel de dissolution des formes et de la matière, mais il n'abandonna pas pour autant le paysage composé et la scène historique (*Le Combat du « Téméraire »,* 1838, Londres). A partir de 1840 environ ses toiles ne sont plus que des symphonies de ciel et d'eau d'où toute forme est bannie. *La Locomotive* (1844), *Pluie, Vitesse, Vapeur* (1844) annoncent l'impressionnisme.

V

VALLOTTON, Félix. Peintre français d'origine suisse. Lausanne 1865 - Paris 1925. Son admiration pour Ingres marqua des débuts difficiles ; il adopta rapidement une technique lisse et un graphisme contourné qui le rapprochèrent des nabis avec lequels il exposa à partir de 1893. Son art quoique souvent froid, est d'une grande nouveauté par rapport aux recherches de son temps ; il annonce certains cadrages cinématographiques et les mises en page décentrées du pop'art. Intimiste sensuel et rigoureux, Vallotton se montra également caustique, voire cruel : *La Partie de poker* (1902, musée d'Orsay, Paris), *Nu couché* (1909, Fond. Oscar Ghez, Genève). Ce fut aussi un remarquable graveur sur bois.

VAN DE VELDE, Henry. Architecte belge. Anvers 1863 - Zurich 1957. Préoccupé très tôt de réalisations sociales et communautaires, apôtre de l'esthétique fonctionnaliste et de la « forme pure » il exerça d'abord une grande influence sur les arts appliqués. Après des études à Anvers et à Paris où il rencontra les impressionnistes ainsi que plusieurs écrivains symbolistes, il revint en Belgique où il collabora en 1886 à la fondation du groupe culturel « Als ik Kan », et en 1887 à celle de l'« Art indépendant ». La découverte du mouvement anglais « Arts and Crafts » et l'influence de William Morris déterminèrent son évolution ; il participa dès 1889 aux expositions des Vingt, et à partir de 1890 appliqua ses initiatives très nouvelles de typographie d'ornements graphiques et de mise en page à la revue « Van Nu en Straks ». Il se consacre ensuite à l'illustration, dessine une tenture murale brodée (*La Veillée des Anges,* 1891) et crée ses premiers meubles en 1894. En 1895 Van de Velde construit sa première maison, « Bloemenwerf », à Uccle près de Bruxelles, qui représente la synthèse organique de toutes ses préoccupations architecturales et sensibles ; elle est entièrement équipée de meubles et d'objets conçus par lui dans un style unitaire d'inspiration anglaise que Van de Velde explique dans plusieurs publications : « Déblaiement d'art » 1894, « L'Art futur » 1895, etc. En 1896 le marchand promoteur de l'Art Nouveau S. Bing lui demande d'équiper quatre pièces pour son magasin parisien ; ce mobilier eut beaucoup de succès à l'Exposition des Arts appliqués de Dresde en 1897. A partir de 1901, appelé par le Grand-duc de Saxe-Weimar à devenir son conseiller artistique pour le renouveau de l'industrie et de l'artisanat, c'est en Allemagne que se déroula la plus grande partie de sa seconde carrière.

VAN GOGH, Vincent. Peintre hollandais. Zundert (Brabant) 1853 - Auvers-sur- Oise 1890. Fils d'un pasteur, de tempérament instable et tourmenté, il dessine très jeune, et à seize ans devient employé dans une galerie d'art à La Haye, puis à Londres. Voulant devenir pasteur il s'inscrit à l'école Evangéliste de Bruxelles ; sans attendre sa nomination il part comme prédicateur dans le Borinage en 1878, il échoue par excès de zèle et de tempérament passionné, et est congédié. Son impulsion artistique, qui est chez lui un autre besoin de communication, l'aide à surmonter cette crise douloureuse ; il dessine beaucoup et, à Bruxelles, en 1880, sous l'influence de Van Rappart, son désir d'être peintre s'affirme. Il exécute des natures mortes et de nombreux dessins (études de *Semeurs*). Après une succession de déconvenues sentimentales qui le marquent profondément, Vincent traverse, en 1883, une grave crise spirituelle ; il peint des figures et des scènes populaires dans des tonalités sombres qui trouvent leur synthèse dans *Les Mangeurs de pommes de terre* (1885, Amsterdam et musée Kröller-Müller, Otterlo). En novembre 1885 il s'installe à Anvers où il travaille à l'Académie puis, en février 1886 il arrive à Paris où il vit avec son frère Théo ; il y peindra en moins de deux ans deux cents tableaux où l'influence de l'impressionnisme éclaire sa palette (*Portrait du père Tanguy,* musée Rodin, Paris, *Le Moulin de la galette,* Otterlo, *Le Restaurant de la Sirène à Joinville,* musée d'Orsay). Il décide de partir pour le Midi et d'y réaliser son rêve, « L'Atelier de l'avenir » ; arrivé à Arles en février 1888 il commence aussitôt une période de travail intense qui avec l'été, sous l'« éternel soleil fort », atteint une impressionnante exaltation. Il peint avec « une rage de travail » les paysages environnants éclatants de lumière (*La Crau,* Amsterdam, *Les Saintes-Maries-de-la-Mer, Les Tournesols*) et exécute, dans Arles même, de nombreuses toiles : *Le Café de nuit,* (Otterlo), *La Nuit étoilée* (coll. partic. Paris), *Le Pont de Trinquetaille* (coll. Kramansky, New York), *La Maison jaune* (Amsterdam). Abandonnant les nuances lumineuses de l'impressionnisme il exalte les couleurs, voulant traduire avec le rouge et le vert, « les terribles passions humaines ». Il fait de nombreux portraits d'amis et de voisins, et le sien plusieurs fois répété. Toujours désireux de fonder l'« Atelier de l'avenir », il demande à Gauguin de le rejoindre, mais des discussions opposent les deux hommes, aggravant le caractère hypernerveux de Vincent qui, le 24 décembre 1888, se mutile l'oreille. Il est aussitôt interné et passe par des alternatives de crises de délirium et de calme, peignant avec une fougue passionnée (*Le Jardin de l'hôpital,* Fond. Reinhart, Winterthur). En mai 1889 il entre à l'hospice Saint-Paul-de-Mausole près de Saint-Rémy ; pendant les quatorze mois passés à Arles il a peint plus de 190 tableaux. Les paysages qu'il exécute de la fenêtre de sa cellule, ou dans le jardin de l'hospice, traduisent son exaltation visionnaire (*Champ d'oliviers au soleil levant,* Otterlo, *Les Oliviers,* New York, coll. partic.). En mai 1890 il s'installe à Auvers-sur-Oise où il peindra en deux mois plus de 90 tableaux (*L'Eglise d'Auvers,* musée d'Orsay, *Champ de blé aux corbeaux,* Amsterdam) et où il meurt le 27 juillet. Son frère, mort en janvier 1891, repose auprès de lui, dans une tombe jumelle, au cimetière d'Auvers.

VIOLLET-LE-DUC, Eugène Emmanuel. Architecte français. Paris 1814 - Lausanne 1879. S'appuyant sur une conception rationaliste de l'art médiéval, il restaura abusivement un grand nombre d'églises et de cathédrales (Vézelay, Amiens, Notre-Dame de Paris, etc.) mais sauva de la ruine, malgré son goût excessif de la reconstitution « d'époque », la Cité de Carcassonne et plusieurs autres monuments. Il reconstruisit à la demande de Napoléon III le château de Pierrefonds, Ses écrits théoriques, notamment le « Dictionnaire raisonné de l'architecture française », qui constituent le meilleur de son apport à l'architecture, exercèrent une grande influence sur de nombreux architectes (Horta, Perret, Wright) car il y exposait, comme dans ses « Entretiens sur l'Architecture », les principes qui allaient orienter l'esthétique fonctionnaliste du XXe siècle.

VUILLARD, Edouard. Peintre français. Cuiseaux (Saône-et-Loire) 1868 - La Baule 1940. D'origine modeste, il se destinait à la carrière des armes lorsque, sous l'influence de son camarade de lycée K.-X. Roussel, il se tourna vers la peinture. C'est à l'Académie Julian, en 1888, qu'il rencontra Sérusier et Bonnard et milita avec eux dans les rangs des nabis, en pratiquant un art intimiste, schématique et coloré, très influencé par les estampes japonaises et par Gauguin (*Au lit,* 1891, musée d'Orsay, Paris). Il expose avec ses amis chez Le Barc de Boutteville de 1891 à 1894, et est introduit à la « Revue Blanche » des frères Natanson. Il travaille pour le Théâtre de l'Œuvre, élargissant son inspiration qui, toutefois, reste fidèle aux sujets intimistes ; il exécute aussi de grandes décorations chez les Natanson, Claude Anet, le docteur Vaquez, Antoine Bibesco, plus tard Henry Bernstein, etc. Il montre dans ses intérieurs (*Le Salon aux trois lampes,* 1899, coll. part. Zurich, *la Soupe d'Annette,* 1900, musée de Saint-Tropez) une délicatesse et une subtilité d'un charme un peu vieillot, mais attachant. Dans la seconde partie de son œuvre, qui appartient au XXe siècle, il développa sous différentes influences mondaines, cette tendance qui sclérosa et systématisa son art.

W

WAGNER, Otto. Architecte autrichien. Penzing (près de Vienne) 1841 - Vienne 1918. Etudiant à Vienne puis à Berlin, il compte parmi les fondateurs de l'Ecole de Vienne, il débuta en maintenant la tradition historique dans le sillage de Viollet-le-Duc. Il s'orienta ensuite progressivement vers l'Art Nouveau et se fit le défenseur d'une architecture fonctionnelle : volumes géométriques, lignes épurées, toit plat, utilisation du fer, dont il énoncera les principes dans son livre « Modern Architektur ». C'est dans cet esprit qu'il réalisa la station de métro de Karlsplatz à Vienne, et surtout son œuvre principale, la Caisse d'Epargne de la Poste à Vienne également (1904-1906). Sa doctrine, plus importante que son œuvre, et la portée de son enseignement donné à partir de 1894 à l'Académie de Vienne, le placent parmi les pionniers de l'architecture prospective du début du siècle.

WHISTLER, James Abbot McNeil. Peintre et graveur américain. Lowell (Mass.) 1834 - Londres 1903. Cadet à West Point (1851-1854) il se consacre ensuite à la peinture, va à Paris en 1855, où il expose au Salon des Refusés de 1863 la *Jeune Fille en Blanc.* Admirateur de l'art japonais qu'il introduit à Londres, coloriste savant et délicat, il est très prisé des milieux artistiques, mondains et intellectuels de la capitale britannique et de Paris. En 1859 il commence sa série d'eaux-fortes de la Tamise publiée en 1871, puis représente le vieux pont de Battersea dans différentes gammes colorées (*Nocturnes en bleu et or,* v. 1871-75, Londres, Tate Gall.). Ses portraits constituent la partie la plus originale de son œuvre (*Arrangement en gris et noir n° 1, portrait de la mère de l'artiste,*

1871, musée d'Orsay) également remarquable par la sensibilité et la virtuosité de ses eaux-fortes (*Suite vénitienne,* 1880) où la recherche des effets est fondée sur la dissolution des contours dans la lumière. Whistler défend ses positions esthétiques dans des conférences et des écrits souvent polémiques ; il est soutenu en France par les Goncourt, Huysmans et Mallarmé qui traduit son pamphlet « Ten O'Clock ». En Angleterre son procès contre Ruskin a un grand retentissement. Dans le domaine décoratif il réalisa à Londres pour un de ses amis la *Chambre des paons* (1878) aujourd'hui reconstituée à la Freer Gallery of Art à Washington qui possède également l'une de ses œuvres maîtresses : *La Princesse du pays de la porcelaine* (1865).

WIERTZ, Antoine-Joseph. Peintre belge. Dinant 1806 - Bruxelles 1865. Profondément marqué par l'œuvre de Rubens et de Michel-Ange, il commença par peindre des compositions historiques et s'établit, en 1844, à Bruxelles où le gouvernement lui construisit un vaste atelier, transformé en musée à sa mort. Il avait une prédilection pour les scènes violentes et horribles, le sens du morbide et du macabre, comme en témoignent *La Belle Rosine* (v. 1843) et *Faim, Folie et Crime* (1853, musée Wiertz, Bruxelles).

WROUBEL ou VROUBEL, Mikail Aleksandrovitch. Peintre russe. Omsk 1856 - Saint-Pétersbourg 1910. Grand voyageur, il se lia à Moscou avec le groupe de Savva Mamontov, mais son caractère instable et sa perpétuelle angoisse transformaient ses toiles en compositions visionnaires d'une pathétique intensité (*la Dame de Tamara,* 1890, Léningrad). Sa technique, inspirée par la mosaïque, qui désarticulait la toile avec une violence proche de l'expressionnisme (*Pan,* v. 1900, Moscou, galerie Tretiakov), le place en marge de l'activité picturale russe, mais fait de lui l'un des précurseurs des courants nouveaux du début du XXe siècle. Hanté par la déchéance et la mort Vroubel se suicida.

Table des illustrations

INDEX

Burty Philippe : 148, 178.
Butler Samuel : 262.
Byron George Gordon Noël (lord) : 78, 86, 93.

Imprimé en Espagne par Gráficas Estella S.A., 1989